Schutz von Sanierungsfinanzierungen in Liquidationsverfahren

Ein deutsch-französischer Rechtsvergleich

Inauguraldissertation
zur Erlangung der Doktorwürde

der Fakultät der Rechtswissenschaften
der Albert-Ludwigs-Universität Freiburg

vorgelegt von
Johannes Locher

unter Betreuung von
Prof. Dr. Jan Felix Hoffmann

Institut für deutsches und ausländisches Zivilprozessrecht,
Abteilung 1
Albert-Ludwigs-Universität Freiburg

Dekan	Prof. Dr. Katharina von Koppenfels-Spies
Erstgutachter	Prof. Dr. Jan Felix Hoffmann
Zweitgutachter	Prof. Dr. Alexander Bruns
Tag der mündlichen Prüfung	30.1. und 1.2.2023
Dissertationsort	Freiburg
Erscheinungsjahr	2023

Veröffentlichungen zum Verfahrensrecht

Band 199

herausgegeben von
Rolf Stürner

Johannes Locher

Schutz von Sanierungsfinanzierungen in Liquidationsverfahren

Ein deutsch-französischer Rechtsvergleich

Mohr Siebeck

Johannes Locher, geboren 1995; Studium der Rechtswissenschaften in Freiburg und Grenoble; Wissenschaftlicher Mitarbeiter am Institut für deutsches und ausländisches Zivilprozessrecht der Universität Freiburg i.Br.; 2019 Erste Juristische Staatsprüfung; 2023 Promotion; Rechtsreferendariat am OLG Karlsruhe.
orcid.org/0009-0001-3329-4629

ISBN 978-3-16-162580-0 / eISBN 978-3-16-162581-7
DOI 10.1628/978-3-16-162581-7

ISSN 0722-7574 / eISSN 2568-7255 (Veröffentlichungen zum Verfahrensrecht)

Die Deutsche Nationalbibliothek verzeichnet diese Publikation in der Deutschen Nationalbibliographie; detaillierte bibliographische Daten sind über *https://dnb.dnb.de* abrufbar.

© 2023 Mohr Siebeck Tübingen. www.mohrsiebeck.com

Das Werk einschließlich aller seiner Teile ist urheberrechtlich geschützt. Jede Verwertung außerhalb der engen Grenzen des Urheberrechtsgesetzes ist ohne Zustimmung des Verlags unzulässig und strafbar. Das gilt insbesondere für die Verbreitung, Vervielfältigung, Übersetzung und die Einspeicherung und Verarbeitung in elektronischen Systemen.

Das Buch wurde von Gulde Druck in Tübingen auf alterungsbeständiges Werkdruckpapier gedruckt und gebunden.

Printed in Germany.

Vorwort

Die vorliegende Arbeit wurde im Wintersemester 2022/2023 von der Rechtswissenschaftlichen Fakultät der Albert-Ludwigs-Universität Freiburg als Dissertation angenommen. Das Manuskript wurde im Dezember 2022 fertiggestellt; für die Drucklegung konnten Rechtsprechung und Literatur bis Juni 2023 berücksichtigt werden.

Mein besonderer Dank gilt meinem Doktorvater Professor Dr. Jan Felix Hoffmann, der die Entstehung dieser Arbeit nicht nur durch wertvolle Anregungen und Kritik in erheblichem Maße gefördert hat. Ohne die organisatorischen und kreativen Freiräume, die er mir während meiner gesamten Zeit an seinem Lehrstuhl gewährt hat, wäre die Erstellung dieser Arbeit nicht möglich gewesen. Dank gebührt weiterhin Herrn Professor Dr. Alexander Bruns für die außerordentlich zügige Erstellung des Zweitgutachtens. Zu danken habe ich auch Professor Dr. Dres. h.c. Rolf Stürner für die Aufnahme dieser Arbeit in die Schriftenreihe „Veröffentlichungen zum Verfahrensrecht".

Zur Entstehung dieser Arbeit hat eine Vielzahl von Personen in unterschiedlichster Weise beigetragen. Stellvertretend für alle möchte ich an dieser Stelle meinen Freiburger Lehrstuhlkollegen Hannah Borchers, Tobias Hölzer und Paul Pommerening für ihre rege und stete Diskussionsbereitschaft sowie Victoria Marini für die akribische Durchsicht der Arbeit danken.

Mein größter Dank gilt jedoch meinen Eltern sowie Annika Maneval, die mich während meiner Studien- sowie Promotionszeit bedingungslos unterstützt und in allen Lebenslagen begleitet haben.

Freiburg im Breisgau, im Juli 2023   Johannes Locher

Inhaltsübersicht

Einleitung 1

Teil 1
Die Sanierungsförderung zwischen Gläubigerschutz
und Allgemeininteressen – Frankreich und Deutschland als Gegenpole

1. Kapitel: Die Interessenlage bei Sanierungsversuchen 19
2. Kapitel: Die Positionierung des deutschen und französischen
Insolvenzrechts – Sanierung wegen oder trotz der Gläubigerinteressen? 31

Teil 2
Die Behandlung von Sanierungsfinanzierungen im deutschen
und französischen Recht de lege lata

3. Kapitel: Risiken für Sanierungsfinanzierer aus Liquidationsverfahren 83
4. Kapitel: Schutzmechanismen im deutschen
und französischen Recht *de lege lata* 86

Teil 3
Die Schaffung von Schutzmechanismen nach französischem Modell

5. Kapitel: Die französischen Mechanismen als Modell
und das Ausscheiden ungeeigneter Instrumente 341
6. Kapitel: Allgemeine Parameter im Kontext der Verfahrenszwecke 357
7. Kapitel: Ein *privilège de conciliation* im deutschen Recht? 404
8. Kapitel: Modifikation der Masseverbindlichkeiten 473

Schlussbetrachtung 493
Zusammenfassung der wesentlichen Ergebnisse 499

Literaturverzeichnis 505
Sachregister 537

Inhaltsverzeichnis

Vorwort V

Inhaltsübersicht VII

Einleitung 1

A. Problemaufriss 1

B. Fragestellung und Ziel der Arbeit 5

C. Methode 7

    I. Rechtsvergleichung als Methode – Frankreich als
       Vergleichsgegenstand 7

    II. Konzeptionelle Grenzen der Rechtsrezeption 9

       1. Die Rechtsübertragung als „transfert culturel" 9

       2. Übersetzungsprobleme 13

*D. Konkretisierung des Untersuchungsgegenstands –
Begriffsbestimmungen und Themenbegrenzung* 14

E. Gang der Untersuchung 15

Teil 1

Sanierungsförderung zwischen Gläubigerschutz und Allgemeininteressen – Frankreich und Deutschland als Gegenpole

1. Kapitel: Die Interessenlage bei Sanierungsversuchen 19

A. Gläubigerseite 19

    I. Die Gläubigerinteressen im Allgemeinen 19

       1. Befriedigungsaussichten 19

       2. Besondere Kontinuitätsinteressen 21

    II. Besonderheiten bei (Sanierungs-)Kreditgebern 23

B. Schuldnerseite 24
C. Allgemeininteressen 26
   I. Der Unternehmenserhalt als wirtschafts- und
      sozialpolitisches Anliegen 26
   II. Das insolvenzbedingte Marktausscheiden als Instrument der
       Marktordnung und Voraussetzung echten Wettbewerbs 27
   III. Das Insolvenzrecht als Sanktionsinstrument 27
D. Analyse der Interessenlage und Konsequenzen für die Ausrichtung
   eines Insolvenzrechts 28

2. Kapitel: Die Positionierung des deutschen und französischen Insolvenzrechts – Sanierung wegen oder trotz der Gläubigerinteressen? 31

A. *Das Primat der Gläubigerinteressen als Konstante des deutschen Insolvenzrechts* 31
   I. Unter Geltung von KO und VglO 31
      1. Das Konkursverfahren als Liquidationsverfahren 32
      2. Die VglO: Gesamtwirtschaftlich motivierter
         Unternehmenserhalt? 32
   II. Seit Inkrafttreten der Insolvenzordnung 34
      1. Die Urfassung der Insolvenzordnung: Der Unternehmenserhalt
         als Instrument der Gläubigerbefriedigung 34
      2. Paradigmenwechsel durch das ESUG? 38
      3. Paradigmenwechsel durch SanInsFoG und StaRUG? 39
         a) Vorgaben der Richtlinie 2019/1023 40
            aa) Zielvorgaben der Richtlinie 40
            bb) Tatsächlicher Normbestand 41
                (1) Ausschluss von Arbeitnehmerforderungen 41
                (2) Das Kriterium des Gläubigerinteresses 42
                   (a) Kriterium des Gläubigerinteresses im
                       Richtlinienentwurf 42
                   (b) Kriterium des Gläubigerinteresses in der
                       endgültigen Richtlinie 43
            cc) Gesamtbild 44
         b) Umsetzung durch das StaRUG 45
            aa) Gesetzesbegründung 45
            bb) Tatsächlicher Normbestand 46

    (1) § 4 S. 1 Nr. 1 StaRUG als Anreiz zu holdout-
     Strategien der Arbeitnehmer 46
     (a) Die Zweckmäßigkeit von Eingriffen in
      Arbeitnehmerforderungen als Beweis fehlender
      Bestandsfähigkeit? 47
     (b) Der fehlende Anspruch auf Insolvenzgeld und die
      besondere Schutzwürdigkeit der Arbeitnehmer 48
     (c) § 4 S. 1 Nr. 1 StaRUG als Sanierungshindernis und
      Fremdkörper innerhalb des StaRUG 48
    (2) Umsetzung des Kriteriums des Gläubigerinteresses,
     § 6 Abs. 2 StaRUG 49
   cc) Zwischenergebnis 50
 4. Fazit 51

B. Die Entwicklung vom vollstreckungsrechtlichen *droit des faillites*
zum gemeinwohlorientierten *droit des entreprises en difficulté*
in Frankreich 52
 I. Das droit des faillites als repressives Gesamtvollstreckungsrecht –
  Die Rechtslage vor 1967 52
 II. Die Reformen von 1967 als Zwischenschritt 56
 III. Der Unternehmenserhalt im Zentrum des Interesses: Die Reformen
   ab 1985 59
 IV. Die loi de sauvegarde 2005 und folgende Reformen 63
  1. Persönlicher Anwendungsbereich 64
  2. Procédures amiables 65
   a) Mandat ad hoc 65
   b) Procédure de conciliation 65
  3. Procédures collectives 67
   a) Procédure de sauvegarde 67
   b) Redressement judiciaire 71
   c) Liquidation judiciaire 73
  4. Zwischenergebnis 75

C. Vergleichende Würdigung: Frankreich und Deutschland
als Gegenpole 76

Teil 2
Die Behandlung von Sanierungsfinanzierungen im deutschen und französischen Recht de lege lata

3. Kapitel: Risiken für Sanierungsfinanzierer aus Liquidationsverfahren 83

A. Das Risiko einer weiteren Inanspruchnahme 83
B. Insolvenzbedingte Ausfallrisiken 84
C. Haftungsrisiken 85

4. Kapitel: Schutzmechanismen im deutschen und französischen Recht de lege lata 86

A. Der Schutz vor einer weiteren Inanspruchnahme 86
    I. Deutsches Recht 86
        1. Auszahlungsansprüche als Teil der Insolvenzmasse 87
            a) Generelle Unpfändbarkeit von Kreditansprüchen? 87
                aa) Besonderes Vertrauensverhältnis als Hindernis? 87
                bb) Pfändbarer Vermögenswert? 88
            b) Zweckbindung als Hindernis? 89
                aa) Unpfändbarkeit zweckgebundener Forderungen? 89
                bb) Dissoziation von Pfändbarkeit und Massebeschlag 91
                cc) Kritik 92
                    (1) Die zweckentsprechende Verwendung der Valuta als Inhalt der Leistungspflicht des Kreditgebers? 92
                    (2) Vollstreckungsrechtliche Relevanz der vereinbarten Zweckbindung? 94
                        (a) Beeinträchtigung legitimer Interessen des Drittschuldners im Fall der Pfändung? 94
                        (b) Vereinbarte Zweckbindungen und die Teleologie des § 851 Abs. 2 ZPO 96
                        (c) Die Unpfändbarkeit kraft vereinbarter Zweckbindung und die Privatautonomie der Parteien 97
                    (3) Fehlende Parallelität von § 851 ZPO i.V.m. § 399 BGB und § 36 InsO 99
                dd) Zwischenergebnis 99

c) Das Abruferfordernis als Fortsetzungshindernis? – Besonderheiten des Krediteröffnungsvertrags 100
    aa) Pfändbarkeit? 100
    bb) Übertragbarkeit auf die Insolvenz? 102
d) Zwischenergebnis 102
2. Vertragsbeendigung kraft Insolvenz? 103
    a) Folgen des StaRUG-Verfahrens 103
    b) Folgen der Eröffnung eines Insolvenzverfahrens 103
        aa) Vertragsbeendigung aufgrund eines besonderen Vertrauensverhältnisses 103
        bb) Gelddarlehen i.S.d. § 488 BGB 105
        cc) Krediteröffnungsvertrag 106
        dd) Die Kontokorrentbindung als Fortsetzungshindernis 108
            (1) Direkte Anwendung der §§ 116, 115 InsO auf das Kontokorrent? 109
            (2) Dennoch Beendigung des Kontokorrents insgesamt? ... 110
            (3) Anwendung der allgemeinen Maßstäbe 110
    c) Zwischenergebnis 112
3. Kündigungsrecht des Kreditgebers 113
    a) Voraussetzungen der Kündigungsrechte 113
    b) Wirksamkeit von Lösungsrechten in der Insolvenz? 115
        aa) Insolvenzabhängige Lösungsrechte ohne gesetzliches Vorbild als Verstoß gegen § 119 InsO? 115
        bb) Kündigungsrechte als „insolvenzbezogene Reurechte"? 117
    c) Modifikation bei vereinbartem Sanierungszweck 120
4. Ergebnis 121
II. Französisches Recht 122
1. Fortsetzung von Verträgen „intuitu personae" auch in Kollektivverfahren? 123
2. Die Behandlung des contrat de prêt 126
    a) Ansichten in der Literatur 128
    b) Die Position der Rechtsprechung 131
    c) Einordnung und Stellungnahme 135
        aa) Fehlende Einschränkung als Versehen 136
        bb) Der Darlehensvertrag als Realvertrag? 136
        cc) Zusammenspiel von Konsensualvertrag und sog. thèse volontariste 138
        dd) Zusammenspiel von Konsensualvertrag und Eigentumsübergang solo consensu 139
        ee) Weder paiement noch Verwirklichung des objet du contrat qua Vertragsschluss 140
            (1) Kein Eigentumsübergang solo consensu 141

  (2) Verzerrung von objet du contrat und paiement –
    funktionsloses „Eigentum" 143
 ff) Wertungswiderspruch zur ouverture de crédit 143
 d) Fazit 144
3. Die Einbindung in ein Kontokorrent als Hindernis für eine
Fortsetzung? 145
 a) Vereinbarkeit der Fortsetzung mit den Prinzipien
  der procédures collectives 145
 b) Fortsetzung auch in der liquidation judiciaire? 147
 c) Keine indivisibilité: Die Teilbarkeit von Kreditbeziehung
  und Kontokorrent 148
4. Das Kündigungsrecht aus Art. L. 313-12 C.mon.fin. 149
 a) Anwendbarkeit trotz Art. L. 622-13-I, 641-11-1, I C. com. 149
 b) Voraussetzungen und Rechtsfolgen 150
  aa) Erfasste Kredite 150
   (1) Art der Kredite 151
   (2) Kredite auf bestimmte oder unbestimmte Zeit 151
  bb) Kündigungsgründe Art. L. 313-12 al. 2 C.mon.fin. 152
   (1) Comportement gravement répréhensible 152
   (2) Situation irrémédiablement compromise 152
5. Das Scheitern von Sanierungsplänen als Beendigungsgrund
für Kreditverträge? 155
 a) Scheitern eines accord de conciliation 155
 b) Scheitern eines plan de sauvegarde/redressement 157
6. Ergebnis 157
 a) Kreditverträge im Spiegel der Reformen 158
 b) Sanierungsförderung durch Zwang – Instrumentalisierung
  von bestehenden Verträgen 159
 c) Sanierungsförderung durch Anreize für Kreditgeber? 159
 d) Sanierungsförderung nach Verfahrenseröffnung zulasten der
  Sanierungsaussichten vor Verfahrenseröffnung und der
  impérialisme des procédures collectives 160
III. Vergleichende Würdigung 161
 1. Historische Perspektiven 161
 2. Gläubigerschutz zwischen Selbstzweck und Sanierungstool 162

B. *Der Schutz vor insolvenzbedingten Ausfallrisiken* 164

I. Deutsches Recht 164
 1. Kreditvergabe im Rahmen eines StaRUG-Verfahrens 164
 2. Masseforderungen 165
  a) Neue Kredite 165
  b) Bestehende Kredite im eröffneten Verfahren 166
   aa) Erfasste Verträge 167

bb) Rechtsfolge 170
c) Bestehende Kredite im Eröffnungsverfahren 173
   aa) Darlehen als Dauerschuldverhältnisse i.S.d.
       § 55 Abs. 2 S. 2 InsO 173
   bb) „Inanspruchnahme" der Gegenleistung 174
d) Einordnung 175
   aa) Masseverbindlichkeiten aus dem Eröffnungsverfahren
       und die Abweisung mangels Masse gem.
       § 26 Abs. 1 S. 1 InsO 176
   bb) Masseunzulänglichkeit im eröffneten Verfahren 178
   cc) Konsequenzen 179
3. Kreditvergabe nach Annahme eines Insolvenzplans: Der
   Kreditrahmen gem. § 264 InsO als Anreiz zur Kreditvergabe? 180
   a) Voraussetzungen 180
   b) Rechtsfolge 181
   c) Einordnung 182
4. Bestellung von Kreditsicherheiten 185
   a) Wirkungsmechanismus von Sicherheiten
      am Schuldnervermögen 185
      aa) Verwertungsrecht und Zeitpunkt der Befriedigung 186
      bb) Kostenbeiträge und der Umfang der Befriedigung 187
      cc) Plangestaltbarkeit von Realsicherheiten? 188
   b) Personalsicherheiten und Sicherheiten an schuldnerfremden
      Gegenständen 189
   c) Einordnung 190
5. Anfechtungs- und Nichtigkeitsrisiken 191
   a) Die besondere Gefährdungslage der Sanierungsfinanzierer
      im Rahmen der Insolvenzanfechtung 191
   b) Schutzmechanismen für Sanierungsfinanzierer? 193
      aa) Deckungsanfechtung und Bargeschäfteprivileg 194
          (1) Kreditsicherheiten 195
          (2) Zahlung von Zins und Tilgung 196
          (3) Zwischenbefund 197
      bb) Vorsatzanfechtung und Sanierungsgutachten 197
      cc) Privilegierung der §§ 89 f. StaRUG 199
      dd) Vollzug von Planmaßnahmen, § 90 StaRUG 201
   c) Nichtigkeit gem. § 138 BGB 202
      aa) Anfängliche Übersicherung 203
      bb) Knebelung 203
      cc) Gläubigergefährdung 205
      dd) Zwischenergebnis 207
   d) Ergebnis 208
6. Ergebnis 209

        a) Schutz und Schutzlücken 209
        b) Die Gläubigerinteressen als Paradigma 210
II. Französisches Recht 211
   1. Die Kreditvergabe außerhalb von Kollektivverfahren und das
     privilège de conciliation 212
     a) Voraussetzungen 212
        aa) Begrenzung der Reichweite nach der Art des Beitrags 212
        bb) Begrenzung der Reichweite nach dem Ziel des Beitrags 213
        cc) Homologation 215
     b) Rechtsfolgen 216
        aa) Das Konzept des privilège général 216
        bb) Fortbestehen über mehrere Verfahren? 217
        cc) Recht zur Zahlung bei Fälligkeit (paiement à
            l'échéance)? 218
     c) Einordnung 220
     d) Zwischenergebnis 221
   2. Die Kreditvergabe nach Eröffnung eines Kollektivverfahrens:
     Das privilège des créanciers postérieurs méritants
     und das privilège de sauvegarde/redressement 222
     a) Die Kreditvergabe innerhalb der liquidation judiciaire: Die
        Kreditgeber als einfache créanciers postérieurs méritants 222
        aa) Entstehungsgeschichte 222
        bb) Auszahlungen in der liquidation judiciaire 224
            (1) Neue Verträge 225
            (2) Fortsetzung bestehender Verträge 225
            (3) Rechtsfolgen 227
                (a) Paiement á l'échéance 227
                (b) Paiement par privilège 229
     b) Kreditvergabe in einem Sanierungsverfahren: Die
        progressive Anerkennung einer rechtlichen Sonderrolle? 230
        aa) Das privilège des créanciers postérieurs méritants als
            vor der Reform von 2020 allein maßgeblicher Rahmen 230
            (1) Umwandlung in eine liquidation judiciaire 231
            (2) Die Kreditvergabe in einem abgeschlossenen
                vorangegangenen Verfahren: Die sog. „créanciers
                antéro-postérieurs" 232
                (a) Fortbestehen des Privilegs und paiement
                    à l'échéance 232
                (b) Rangfragen 234
            (3) Zwischenergebnis 235
        cc) Die Einführung eines „privilège de sauvegarde/
            redressement" im Zuge der Covid-19-Pandemie 236
            (1) Kreditvergabe während der période d'observation 236

        (2) Kreditvergabe nach Annahme eines Plans 239
        (3) Zwischenergebnis 241
      dd) Verstetigung durch die Reform 2021? 241
        (1) Kreditvergabe während der période d'observation 242
        (2) Die Kreditvergabe nach Annahme eines Plans: Das
            „privilège post-plan" 243
      ee) Zwischenergebnis 244
    c) Einordnung 245
      aa) Entwicklungslinien – Sonderstellung der
          Sanierungsfinanzierung? 245
      bb) Das privilège des créanciers postérieurs méritants als
          „Papiertiger"? 246
        (1) Das Bestehen eines wirksamen Rangvorrechts als
            Trugbild 247
        (2) Bezahlung aus dem verfügbaren Vermögen –
            Paiement à l'échéance 251
          (a) Pflicht zur Einzahlung sämtlicher verfügbarer
              Summen 251
          (b) Die Sonderrolle des super privilège
              der Arbeitnehmer 253
    d) Ergebnis 253
  3. Die Bestellung von Kreditsicherheiten als Ausweg? 255
    a) Realsicherheiten ohne Exklusivität: Die sûretés réelles
        traditionelles 256
      aa) Traditionelle Realsicherheiten im Spiegel der
          Insolvenzrechtsreformen 256
        (1) Fortschreitende Entwertung der Realsicherheiten
            ab 1967 257
        (2) Wiedererstarken der traditionellen Realsicherheiten
            1994? 260
        (3) Die Bedeutung der Realsicherheiten de lege lata 260
      bb) Zwischenbefund 262
    b) Drittsicherheiten 263
    c) Sûretés exclusives 265
      aa) Droit de rétention 267
        (1) Das Blockadepotential des Besitzpfands 267
        (2) Die Zwitterstellung der besitzlosen Pfandrechte 269
          (a) Gleichstellung mit traditionellen Realsicherheiten
              in sauvegarde und redressement 269
          (b) Erstarken zur exklusiven Sicherheit in der
              liquidation 271
      bb) Fiducie-sûreté 271

        (1) Teilweise Unverwertbarkeit in sauvegarde und redressement 272
        (2) Die fiducie als „reine des sûretés" innerhalb der liquidation 273
    d) Sonderfall: Die Besicherung eines accord de conciliation 274
      aa) Sicherheiten für „alte" Forderungen 275
      bb) Sicherheiten für neue Forderungen 277
    e) Zwischenbefund 279
      aa) Der Einfluss auf die Sanierungsaussichten als Determinante der Wirksamkeit 280
      bb) Konstruktionen als Schleier für einen neuen Pragmatismus 281
4. Anfechtungs- und Nichtigkeitsrisiken 283
    a) Grundstrukturen der Anfechtung und die besondere Gefährdungslage der Sanierungsfinanzierer 283
    b) Die nullités de la période suspecte 284
      aa) Relevanter Zeitraum und die Einwirkungen der conciliation 285
      bb) Angreifbare Rechtshandlungen 285
        (1) Begründung von Verbindlichkeiten 287
        (2) Bestellung von Sicherheiten 288
        (3) Erfüllung von Verbindlichkeiten 289
      cc) Fazit 292
    c) Die action paulienne 294
      aa) Abgrenzung von den nullités de la période de suspecte und Anwendbarkeit bei Eröffnung einer procédure collective 294
      bb) Voraussetzungen im Allgemeinen 294
        (1) Objektive Voraussetzungen 295
        (2) Subjektive Voraussetzungen 296
      cc) Ausübungsberechtigte und Rechtsfolgen 297
        (1) Grundsatz 297
        (2) Im Rahmen der procédures collectives 298
      dd) Die Anfechtung von neuen Verbindlichkeiten, Zahlungen und Sicherheiten im Besonderen 299
        (1) Anfechtbarkeit der Begründung neuer Verbindlichkeiten 299
        (2) Anfechtbarkeit der Erfüllung von Forderungen 300
        (3) Bestellung von Sicherheiten 302
      ee) Zwischenergebnis 303
    d) Zwischenbefund 303
5. Ergebnis 304

a) Die Sanierungsfinanzierer als Schlüsselfiguren der
Verfahren? 304
b) Sanierungsaussichten als Leitmotiv und Rückkehr zu alten
Lösungen? 306
c) Wertungspluralismus? 307
aa) Die Wirksamkeit von Kreditsicherheiten als
Sanierungshemmnis 307
bb) Die Wirksamkeit von Kreditsicherheiten und der
Anfechtungsschutz als „Sanierungstool" 308
cc) Auswirkungen auf die Kreditwürdigkeit außerhalb von
Insolvenzverfahren 309
III. Vergleichende Würdigung 310
1. Schutzniveau in Theorie und Wirklichkeit 310
2. Die Bedeutung der Gläubigerinteressen 312

C. *Schutz vor Haftungsrisiken* 314

I. Deutsches Recht 314
1. Die Sanierungsfinanzierung als Beihilfe
zur Insolvenzverschleppung 314
2. Sanierungsfinanzierung als Sittenverstoß 316
a) Haftung wegen vorsätzlicher sittenwidriger Schädigung
gem. § 826 BGB 316
b) Das Privileg aus § 89 Abs. 1 StaRUG 319
3. Ergebnis 319
II. Französisches Recht 320
1. Die deliktische Haftung für missbräuchliche Finanzierungen:
Soutien abusif und crédit ruineux 320
2. Die begrenzte Haftungsfreistellung durch ein
„principe d'irresponsabilité" 321
3. Verbleibende Haftungsrisiken 323
4. Rechtsfolgen 325
5. Ergebnis 327
III. Vergleichende Würdigung 328

D. *Gesamtschau – Sonderrolle der Sanierungsfinanzierer de lege lata?* 329

I. Französisches Recht 329
1. Entwicklungslinien 329
2. Der impérialisme des procédures collectives und
die Suche nach einem Interessenausgleich 330
3. (In-)Effektivität der Schutzmechanismen und Erfolg der
Sanierungsverfahren 332
II. Deutsches Recht 333
1. Entwicklungslinien 333

2. Primat der Gläubigerinteressen 334
III. Gesamtvergleich 335
  1. Historische Perspektiven 335
  2. Der theoretische Stellenwert der Gläubigerinteressen und
     praktische Konsequenzen 336

Teil 3

Schaffung von Schutzmechanismen nach französischem Modell

5. Kapitel: Französische Mechanismen als Modell – Ausscheiden ungeeigneter Instrumente 341

A. Aussonderungskraft gewisser Realsicherheiten 341
  I. Ungeeignetheit zur Bewältigung des Anreizproblems 342
  II. Übergehen der Differenzierung zwischen Aus- und
     Absonderungsrechten 342
  III. Störung der Betriebsfortführung: Das Insolvenzverfahren als Weg
     zur „Entdeckung der optimalen Verwertungsart" 343
  IV. Fazit 345

B. Haftungsfreistellung für Kreditvergaben 345

C. Rangvorrecht für Kreditvergaben im StaRUG-Verfahren 346

D. Beschränkung von Masseverbindlichkeiten 346
  I. Beitrag zur Bewältigung des Anreizproblems 346
  II. Interpretationsoffenheit des französischen Vorbilds und
     Übertragung 347

*E. Privilegierung von Kreditforderungen bei Masseunzulänglichkeit
   bzw. als Supermasseforderung* 348

*F. Exkurs: debtor-in-possession-financing nach
   US-amerikanischem Recht* 348
  I. Kreditforderungen als administrative expenses,
     11 U.S.C. § 364 (a), (b) 349
  II. Bevorrechtigung von Kreditforderungen nach 11 U.S.C. § 364 (c) 350
    1. Massevorrang, 11 U.S.C. § 364 (c)(1) 350
    2. Besicherung an unbelastetem Vermögen,
       11 U.S.C. § 364 (c)(2) 351
    3. Nachrangige Besicherung an belastetem Vermögen,
       11 U.S.C. § 364 (c)(3) 352

III. Vorrang auch vor gesicherten Gläubigern nach
11 U.S.C. § 364 (d) 352
IV. Ergebnis 354
G. Ergebnis 355

6. Kapitel: Allgemeine Parameter im Kontext der Verfahrenszwecke 357

A. *Verfassungsrechtliche Zulässigkeit* 357
    I. Verletzung der Eigentumsfreiheit? 358
        1. Umgestaltung für die Zukunft 358
            a) Sicherungsrechte als „Eigentum" i.S.d.
            Art. 14 Abs. 1 S. 1 GG? 358
            b) Rechtfertigung einer Umgestaltung 360
        2. Vorrang auch gegenüber schon bestehenden
           Sicherungsrechten 364
        3. Die Stellung der übrigen Gläubiger 365
    II. Die Bevorrechtigung von Sanierungsfinanzierern als
       Gleichheitsverstoß? 366
    III. Ergebnis 368
B. *Gläubigergleichbehandlung und Verfahrenszweck* 369
    I. Stand der Diskussion in Frankreich 370
        1. Pragmatismus vor 1985 370
        2. „Désacralisation" des Grundsatzes nach 1985 371
        3. Übertragbarkeit ins deutsche Recht? 372
            a) Ungleichbehandlung von Ungleichem? 372
            b) Gemeinwohlbelange 375
            c) Zwischenfazit zur Rolle der Verfahrenszwecke 376
            d) (Un-)Gleichbehandlung (nur) als Frage der Zweck-
            mäßigkeit? 376
    II. Meinungsbild in Deutschland 377
        1. Gleichbehandlung als ordnungsrechtliches Gebot 377
        2. Gleichbehandlung (nur) als verfassungsrechtliches Prinzip 378
        3. Gleichbehandlung als verfahrensrechtliches Prinzip 379
        4. Gleichbehandlung als Ausdruck einer Interessengemeinschaft 380
        5. Gleichbehandlung als (hypothetische) privatautonome
           Regelung 382
        6. „Ausgleichshaftung" nach Häsemeyer 385
        7. Gleichbehandlung als Auffangprinzip 388

8. Verhältnis zum Prioritätsprinzip 390
   a) Das Prioritätsprinzip als Ausfluss der Privatautonomie des
      Schuldners? 391
   b) Das Prioritätsprinzip als gerechte Lösung? 393
III. Ergebnis 395

C. Die ökonomische Effizienz als Prinzip des deutschen Insolvenzrechts? . 396

I. Ökonomische Effizienz 396
II. Stellenwert der ökonomischen Effizienz im Kontext des deutschen
    Insolvenzrechts 397
    1. Die Effizienz als Leitmotiv der Gesetzesbegründung 398
    2. Gläubigerautonomie und Effizienz im System der
       Insolvenzordnung 399

D. Ergebnis und weiterer Gang der Darstellung 402

7. Kapitel: Ein privilège de conciliation im deutschen Recht? . 404

A. Bisherige Reformdiskussion 404

I. Deutsche Diskussion 404
II. „Fresh-money"-Privilegien als Gegenstand von
    Reformvorschlägen 405
    1. Der UNCITRAL Legislative Guide on Insolvency Law und
       der Vorentwurf für ein europäisches Wirtschaftsgesetzbuch der
       Association Henri Capitant 405
    2. Der europäische Richtlinienentwurf zur Harmonisierung
       bestimmter Aspekte der nationalen Insolvenzrechte 406

B. Gläubigergleichbehandlung als Hürde? 408

I. Stand der Diskussion in Frankreich 408
   1. Beurteilung des privilège de conciliation 408
   2. Übertragbarkeit ins deutsche Recht? 409
      a) „Ungleichheit" der Geber von Sanierungsfinanzierungen
         aufgrund ihres Beitrags zum Unternehmenserhalt? 409
      b) Gemeinwohlbelange 410
      c) Zwischenbefund 410
II. Bisherige Ansätze im deutschen Recht 411
    1. Konstruktionsbezogene Begründungsmuster 411
       a) Konstruktionsmöglichkeiten einer Bevorrechtigung 411
       b) „Dinglichkeit" als petitio principii 412
       c) Vorinsolvenzlichkeit des Rechts 413
    2. Privatautonomie als Grundlage? 414

a) Privatautonome Rekonstruierbarkeit des Vorrechts?................. 414
b) Disponibilität der Haftungsordnung? 415
3. Wirtschaftliches Leistungsprinzip nach Dorndorf 416
4. Ausgleichshaftung und haftungsrechtliche Neutralität? 418
5. Wertverfolgung 421
6. Gläubigerinteressen 422
III. Gläubigergleichbehandlung als Grundprinzip eines
Kreditsicherungsrechts? 423

C. *Funktionelle Analyse* 426

I. Funktionen und Funktionsbedingungen von Kreditsicherheiten......... 426
II. Die ökonomische Effizenz einer vorrangigen Kreditsicherheit 428
 1. Die Reduktion von Kreditkosten zwischen Modigliani-Miller-
 Theorem und nonadjusting creditors 429
 2. Kreditsicherheiten als Voraussetzung für die Kreditvergabe:
 Mittel zur Wertsteigerung oder Anreiz für
 „debtor misbehavior" und „overinvestment"? 432
 a) Kreditrationierung als Reaktion auf Unsicherheiten................. 433
 b) Ausbleiben solcher Vorhaben als effizientere Alternative? 434
 3. Die Auswirkungen auf „einfache" Kreditsicherheiten:
 Effizienzverluste durch die Möglichkeit zur vorrangigen
 Besicherung? 436
 a) Verlust von Kostenvorteilen der einfachen Kreditsicherheiten
 am Schuldnervermögen und mögliche
 Ausweichbewegungen 437
 b) Internalisierung von Risiken und Vermeidung von
 ineffizienten Maßnahmen 440
 c) Beseitigung von Blockadepotentialen und -interessen 441
 aa) Blockadepotentiale in StaRUG- und Insolvenz-
 planverfahren 441
 bb) Anreiz zur Beteiligung an freien Sanierungen 441
 d) Zwischenfazit 442
 4. Entstehung von „effets pervers" und die Abstimmung mit
 anderen Schutzmechanismen 442
 a) Verhältnis zur freien Sanierung 443
 b) Verhältnis zu den Vorrechten bei Kreditvergabe
 im eröffneten Verfahren 444
 5. Ergebnis 444
III. Die Publizität als Voraussetzung einer vorrangigen
Kreditsicherheit? 445
 1. Publizität als Voraussetzung für eine bevorrechtigte
 Befriedigung? 446
 a) Inkonsequente Verwirklichung in KO und InsO 447

b) Fehlende Eignung der sachenrechtlichen Publizität als
Informationsgrundlage für eine Kreditgewährung 447
   aa) Beschränkte Reichweite der Publizität in personeller
   Hinsicht 447
   bb) Beschränkte Reichweite der Publizität in sachlicher
   Hinsicht 449
c) Ergebnis 450
2. Publizität als Frage der Zweckmäßigkeit 451
  a) Schadenswirkungen der Publizität 451
  b) Die Publizität als wirtschaftliche Notwendigkeit 452
  c) Praktische Fragen 452
IV. Verfahrensmäßige Umsetzung 454
  1. Gläubigerbeteiligung und Rechtsmittel 454
  2. Insolvenzgerichte als Entscheidungsinstanz? 455
    a) Entscheidungsmonopol von Schuldner und Kreditgeber? 456
    b) „magistrature économique" oder Gläubigerherrschaft? 458
      aa) Mindeststandard der Restrukturierungsrichtlinie 458
        (1) Das Kriterium des Gläubigerinteresses und
        „unangemessene" Beeinträchtigungen der Interessen
        durch neue Finanzierungen 458
        (2) Diktat der Mehrheit und Verhinderung
        von Missbrauch 460
      bb) Weitere materielle Bestätigungsschwellen? 461

D. Das privilège de conciliation als Vorbild auch für einen
wirkungsvollen Kreditrahmen? 463
  I. Funktionelle Analyse 464
  II. Verhältnis zur Gläubigergleichbehandlung 465
    1. Begründungsbedürftigkeit gegenüber
    Absonderungsberechtigten? 467
    2. Begründungsbedürftigkeit und Begründbarkeit gegenüber
    Insolvenzgläubigern 467
      a) Gegenüber den Gläubigern des ersten Verfahrens 468
      b) Gegenüber den Gläubigern des zweiten Verfahrens 470
  III. Ergebnis 470

E. Gesamtschau 471

8. Kapitel: Modifikation der Masseverbindlichkeiten 473

A. Bisherige Reformdiskussion 473

B. Ökonomische Effizienz 474

I. Auswirkungen auf die Kreditkosten 475
  1. Auswirkungen auf die vorinsolvenzliche Kreditgewährung 475
  2. Auswirkungen auf die Kreditgewährung im Rahmen eines
     Insolvenzverfahrens.. 475
     a) Folgen eines Supervorrangs... 475
     b) Folgen einer Begrenzung der Masseverbindlichkeiten.............. 476
II. Ermöglichung von Finanzierungen – Vermeidung von
   underinvestment... 477
III. Setzung von Fehlanreizen?... 477
  1. Die Privilegierung als Ursache für overinvestment?...................... 478
  2. Anreiz zu übermäßig riskantem Verhalten....................................... 478
  3. Anreiz zum Gang ins Insolvenzverfahren und Entstehung von
     Wettbewerbsverzerrungen... 479
IV. Ergebnis 480

C. *Vereinbarkeit mit dem Grundsatz der Gläubigergleichbehandlung* 481
  I. Vorrang von neuen Kreditgebern gegenüber Massegläubigern
     („Supervorrang").. 481
    1. Begründungsbedürftigkeit gegenüber dem Grundsatz der
       Gläubigergleichbehandlung?... 481
       a) Sicherheiten für Kreditierungen nach Eintritt der materiellen
          Insolvenz und die Gläubigergleichbehandlung 481
       b) Masseunzulänglichkeit und Gläubigergleichbehandlung 482
    2. Begründbarkeit einer Abweichung... 483
    3. Ergebnis... 485
  II. Die Beschränkung von Masseverbindlichkeiten als Problem der
     Gläubigergleichbehandlung?.. 485
    1. Französische Diskussion... 485
    2. Die Beschränkung von Privilegierungen als
       Gleichbehandlungsproblem?.. 487

D. *Die Beschränkung der Masseverbindlichkeiten als Durchbrechung
   des Gleichlaufs von Freiheit und Verantwortung*.. 488
  I. Der Gleichlauf von Freiheit und Verantwortung als Grundsatz.......... 488
  II. Sonderrolle der öffentlichen Hand?... 490

E. *Ergebnis*.. 491

Gesamtschau: Die Verfahrensziele als Determinanten der Übertragbarkeit von Bevorrechtigungen 491

Schlussbetrachtung ... 493

A. Perspektiven einer (europäischen) Rechtsvereinheitlichung ... 493
B. Gesamtergebnis ... 497

Zusammenfassung der wesentlichen Ergebnisse ... 499

1. Teil ... 499
2. Teil ... 500
3. Teil ... 503

Literaturverzeichnis ... 505
Sachregister ... 537

Einleitung

A. Problemaufriss[1]

Soll ein krisenbehaftetes[2] Unternehmen saniert werden, erfordert das in aller Regel die Zufuhr neuer Liquidität durch Kreditgeber; bleibt diese aus, ist das meist gleichbedeutend nicht nur mit dem Scheitern des Sanierungsversuchs, sondern des Unternehmens insgesamt, so dass dessen Zerschlagung droht.[3] Diese birgt jedoch die Gefahr, im Unternehmen verkörperte Werte zu vernichten, die bei Gelingen einer Sanierung möglicherweise erhalten werden könnten.[4] Umgekehrt ist aber auch ein Sanierungsversuch nicht *per se* wünschenswert,[5] sondern kann auch die Lage aller Beteiligten verschlechtern, wenn hiermit nicht bestandsfähige Unternehmen am Leben gehalten werden, die für ihre Gläubiger bei sofortiger Zerschlagung mehr wert sind als bei einer Fortführung.[6]

Die Schlüsselstellung, die potentiellen Kreditgebern hiernach für die Sanierung zukommt, droht vor diesem Hintergrund zum Problem zu werden. Denn Kreditgeber werden ihre Finanzierungsentscheidungen in einer Marktwirtschaft nicht aufgrund altruistischer Erwägungen, sondern allein auf Grundlage ihrer eigenen Interessen- und Anreizlage treffen, so dass diese Anreizsituation

---

[1] Siehe zu den gängigen, hier verwendeten, französischen Abkürzungen, insbesondere von Zeitschriftentiteln etwa die Übersicht bei https://bibliotheques.u-paris2.fr/sites/default/files/bu-paris2/fichiers/liste-abreviations-droit.pdf (zuletzt abgerufen am 30.06.2023).

[2] Zu den betriebswirtschaftlichen Krisenbegriffen vgl. K. Schmidt/Uhlenbruck/*Sinz*, Krise, Restrukturierung und Insolvenz, Rn. 1.1 ff.

[3] Plakativ *Norton*, Bankruptcy Law, § 94:21: „The most important person in the world to a new debtor in possession is its lender. […] [W]ithout financing, the case cannot take life; without financing, the debtor cannot survive."; ähnlich *Knof*, ZInsO 2010, S. 1999, 2000; Knops/Bamberger/Lieser/*Bamberger*, Sanierungsfinanzierung, § 1 Rn. 106; *Claussen*, ZHR 147 (1983), S. 195, 210; *Uhlenbruck*, GmbHR 1982, S. 141, 143; *Kiethe*, KTS 2005, S. 179, 185; für Frankreich *Pérochon*, Contentieux bancaire, S. 35, 37, Rn. 3; vgl. auch BT-Drs. 12/2443, S. 216.

[4] Vgl. etwa das vielzitierte Jaegersche Bonmot vom Konkurs als „Wertvernichter schlimmster Art" *Jaeger*, Lehrbuch⁸, S. 216.

[5] *K. Schmidt*, Möglichkeiten der Sanierung, D. 23; *Meyer-Cording*, NJW 1981, S. 1242, 1242 f.; *Knof*, ZInsO 2010, S. 1999, 2000; vgl. auch BT-Drs. 12/2443, S. 77 f.

[6] Aus französischer Sicht kritisch zu einem solchen „acharnement thérapeutique" etwa *Pérochon*, Entreprises en difficulté, Rn. 18.

gleichsam zur Schicksalsfrage der Sanierung wird.[7] Dabei erweist sich die Gewährung einer Sanierungsfinanzierung für Kreditgeber, die in aller Regel keine Veranlassung haben, Kredite zu gewähren, an deren Rückzahlung sie zweifeln,[8] *a priori* als ausgesprochen problematisch: Aus deren Sicht stellt sich eine solche Kreditierung als bewusstes[9] Kontrahieren mit einem Schuldner zweifelhafter Solvenz dar, der überdies ein Vorhaben mit ungewissen Erfolgsaussichten verfolgt. Gelingt die Sanierung, können die Kreditgeber bestenfalls mit vollständiger und pünktlicher Zahlung von Zins und Tilgung rechnen. Scheitert die Sanierung hingegen, droht den Kreditgebern, weil in Insolvenznähe typischerweise kein werthaltiges, unbelastetes Sicherungsgut mehr verfügbar sein wird[10] und auch Dritte kaum zu Besicherungen bereit sein werden, ohne besondere Schutzmechanismen als einfache, ungesicherte Insolvenzgläubiger ein weitgehender Forderungsausfall.[11] Zu einer gewissen Zurückhaltung der Kreditgeber wird neben dem Risiko, bei Scheitern des Versuchs Haftungs- oder Anfechtungsklagen ausgesetzt zu werden, weiter das europäische Bankenaufsichtsrecht beitragen, das durch seine an die Risikoträchtigkeit des Kredits gekoppelten Eigenkapitalanforderungen[12] die Unattraktivität entsprechender Kredite weiter erhöht.

Damit Sanierungen nicht prinzipiell an dieser Grundproblematik scheitern, sind folglich gewisse Anreize in Gestalt von Mechanismen erforderlich, die den Kreditgeber vor diesen Risiken schützen. Sind diese Anreize aber zu stark ausgestaltet, werden Kreditgeber Sanierungen auch dort unterstützen, wo eine sofortige Abwicklung für die Interessen der Gläubiger vorteilhafter wäre; dann werden unter Umständen auch Sanierungen durchgeführt, die mit Blick auf deren wirtschaftliche Auswirkungen besser unterbleiben sollten. Dieser Konflikt lässt sich zwar theoretisch auflösen, indem die Anreizsituation für Kreditgeber

---

[7] Ähnlich *Knof*, ZInsO 2010, S. 1999, 2000 f.; vgl. auch *Uhlenbruck*, GmbHR 1982, S. 141, 141, 143.

[8] *Knof*, ZInsO 2010, S. 1999, 2000 f.; BT-Drs. 12/2443, S. 216; vgl. für Frankreich *Vasseur*, Égalité, S. 18; *Chapon-Le Brethon*, Égalité, Rn. 112, S. 73 f.

[9] Vgl. die Anforderungen des § 18 KWG für Kreditinstitute und die Maßgaben von MaRisk BTO 1.2.5 Nr. 4 f.; vgl. zum Kenntnisstand der Kreditgeber etwa *Paulus*, ZRI 2022, S. 45, 49.

[10] *Knof*, ZInsO 2010, S. 1999, 2001; *Madaus/Knauth*, ZIP 2018, S. 149.

[11] Siehe zu den durchschnittlichen Befriedigungsquoten einfacher Insolvenzgläubiger in Deutschland und in Frankreich, die sich jeweils im unteren einstelligen Prozentbereich bewegen, *AGS*, Rapport Annuel 2020, S. 78 (abrufbar unter https://www.ags-garantie-salaires.org/files/ags-theme/ags/2021/rapports_annuels_2020/rapport-annuel-dactivité_20 20.pdf; zuletzt abgerufen am 30.06.2023) und die deutsche Insolvenzstatistik, https://www.destatis.de/DE/Themen/Branchen-Unternehmen/Unternehmen/Gewerbemeldungen-Insolvenzen/Tabellen/deckungsquoten-nach-art-des-schuldners.html (zuletzt abgerufen am 30.06.2023).

[12] Vgl. etwa *Schluck-Amend*, NZI-Beil. 2019, S. 14, 16; *L. Aynès/Crocq/A. Aynès*, Droit des sûretés, Rn. 7.

so ausgestaltet wird, dass diese nur Anlass zur Unterstützung derartiger Vorhaben haben, wenn dies auch wirtschaftlich sinnvoll ist.[13] Praktisch ist dieser aber nicht reibungsfrei auflösbar, weil es sich bei den Erfolgsaussichten einer Sanierung immer auch um eine Prognose auf unsicherer Tatsachengrundlage handelt.[14]

Die Einordnung dieser Konstellation als Anreizproblem beruht insbesondere auf der Prämisse, dass Kreditinstitute jenseits von rechtsgeschäftlich begründeten Leistungspflichten keine *Pflicht* trifft, angeschlagene Unternehmen mit Kreditmitteln zu versorgen.[15] Verschiedentlich hat man jedoch sowohl in Deutschland als auch in Frankreich, etwa unter Rückgriff auf Treuepflichten i.S.d. § 242 BGB oder die besondere wirtschaftliche Stellung von Banken, dafür plädiert, Kreditinstituten auch ohne rechtsgeschäftlich begründete Leistungspflicht eine solche Kreditversorgungspflicht aufzuerlegen.[16] Dabei hätte eine derartige Verpflichtung durchaus das Potential, den hier beschriebenen Konflikt aufzulösen, indem Banken von vornherein das Recht abgesprochen würde, eine Kreditierung bei aussichtsreichen Sanierungsversuchen zu verweigern.

Eine Verpflichtung von Privatrechtssubjekten, unabhängig von ihrem rechtsgeschäftlichen Willen vermögensaufstockende Leistungen zu erbringen, erwiese sich in einer Privatrechtsordnung, die Rechte gerade zur privatautonomen und privatnützigen Verwendung zuweist,[17] jedoch als fundamental frei-

---

[13] Vgl. etwa Uhlenbruck/*Pape*, § 1 InsO Rn. 4: Eine Unternehmensfortführung sei „[...] betriebswirtschaftlich sinnvoll, volkswirtschaftlich erwünscht und juristisch geboten, wenn der Wert des Unternehmens im Fall der Fortführung größer ist als bei einer Liquidation."

[14] Allgemein zu diesem Konflikt *Heese*, Funktion, S. 19; *Heese*, JZ 2018, S. 179, 181.

[15] Vgl. etwa Staudinger/*Mülbert*, § 490 BGB, Rn. 40 f.; Staudinger/*Freitag*, § 488 BGB Rn. 116; OLG Zweibrücken, ZIP 1984, S. 1334, 1339; *Rümker*, KTS 1981, S. 493, 503 ff.; Ellenberger/Bunte/*Häuser*, BankR-HdB, § 65 Rn. 41 ff. insbes. Rn. 58; etwas offener MüKo-BGB/*K. P. Berger*, vor § 488 BGB Rn. 102; *K. P. Berger*, BKR 2009, S. 45, 47 ff.; *K. P. Berger*, FS Westermann, S. 109, 113 ff.; für Frankreich deutlich in diesem Sinne *Cass. Ass. Plén.*, 09.10.2006, n° 06-11.056: „[...] [H]ors le cas où il est tenu par un engagement antérieur, le banquier est toujours libre, sans avoir à justifier sa décision qui est discrétionnaire, de proposer ou de consentir un crédit quelle qu'en soit la forme, de s'abstenir ou de refuser le faire [...]."

[16] Für Deutschland insbesondere *Canaris*, ZHR 143 (1979), S. 113, 120 ff., 132 ff.; *Canaris*, Bankvertragsrecht, Rn. 1271 f.; *Eidenmüller*, Unternehmenssanierung, S. 741 ff., 775 ff.; offen gegenüber einer solchen Pflicht auch *Vuia*, Verantwortlichkeit, S. 337 ff.; für Frankreich jüngst wieder *Nicolle*, Droit au crédit, S. 19 ff.; vgl. auch den Überblick bei *Hopt*, ZHR 143 (1979), S. 139, 142 ff.

[17] Vgl. zur Privatrechtsordnung als Rechtszuweisungsordnung etwa *Lobinger*, Rechtsgeschäftliche Verpflichtung, S. 89 f.; *Lobinger*, Grenzen, S. 6 f.; *J. F. Hoffmann*, Zession, S. 35 ff.; *Schlüter*, Rückabwicklung, S. 104 f.

heitswidrig und ist bereits aus diesem Grund zu verwerfen.[18] Das gilt für Banken nicht weniger als für alle übrigen Privatrechtssubjekte. Ganz im Gegenteil geriete eine solche Pflicht auch in Konflikt mit den aufsichtsrechtlichen Pflichten eines Kreditinstituts zur sorgfältigen Kreditwürdigkeitsprüfung (vgl. § 18 Abs. 1 KWG, MaRisk BTO 1.2.5 Nr. 4 f.) und ist auch aus diesem Grund nicht anzuerkennen.[19]

Der Umgang mit Sanierungsfinanzierungen ist aber nicht nur als praktisches Problem von Bedeutung, sondern ist auch deshalb von besonderem Interesse, weil sich hier die im Insolvenzfall allgegenwärtigen Interessenkonflikte der Gläubiger[20] in größter Deutlichkeit zeigen. Teils werden die Gläubiger ein Interesse an einer sofortigen Zerschlagung des Unternehmens, also auch einem Ausbleiben von Sanierungsfinanzierungen und -versuchen haben, teils können diese aber auch ein unbedingtes Interesse am Unternehmenserhalt und dementsprechend ein intensives Interesse am Zustandekommen auch von riskanten Sanierungsfinanzierungen haben.

Mit der Frage nach Erhalt oder Untergang eines Unternehmens betrifft die Sanierungsfinanzierungen daneben und grundsätzlich unabhängig von den Gläubigerinteressen auch vielfältige Interessen der Allgemeinheit, die sowohl zugunsten einer Zerschlagung als auch zugunsten eines Fortbestands bestehen können. Die konkrete Auflösung dieser Gemengelage zeigt demnach nicht nur, wie ein Insolvenzrecht mit entsprechenden Risiken und Unsicherheiten umgeht,[21] sondern vor allem, wie dieses die Interessen der Beteiligten und der Allgemeinheit gewichtet. So wird etwa ein Insolvenzrecht, das Interessen der Allgemeinheit am Erhalt von Unternehmen priorisiert, insoweit zu deutlich anderen Ergebnissen gelangen, als ein Insolvenzrecht, das die Befriedigungsaussichten der Gläubiger in den Vordergrund rückt. Damit verspricht eine nähere Untersuchung dieser Konstellation über diese konkrete und sehr spezifische

---

[18] Im Kern auch Staudinger/*Freitag*, § 488 BGB Rn. 116; *OLG Zweibrücken*, ZIP 1984, S. 1334, 1339; siehe allgemein zum „Prinzipienmonismus" dergestalt, dass eine Pflicht, vermögensaufstockende Leistungen zu erbringen, nur aus einer dahingehenden privatautonom eingegangenen Verpflichtung resultieren kann *Lobinger*, Rechtsgeschäftliche Verpflichtung, S. 90 ff.; *Lobinger*, Grenzen, S. 6 ff.

[19] Vgl. schon *Hopt*, ZHR 143 (1979), S. 139, 172; *Rümker*, KTS 1981, S. 493, 503 ff.; siehe auch Ellenberger/Bunte/*Häuser*, BankR-HdB, § 65 Rn. 57 f.

[20] Zu diesen Interessenkonflikten und der Unmöglichkeit diese im Rahmen eines Insolvenzrechts vollständig und reibungsfrei aufzulösen bereits *Percerou/Desserteaux*, Des faillites & banqueroutes, Bd. I, Rn. 24, S. 37: „[…][É]tant donnés le nombre et la complexité des intérêts auxquels touche l'institution, il est impossible qu'elle ne soit pas imparfaite sur certains points […]. […] [T]out le monde perd dans une faillite et, par un sentiment bien humain, encore que peu justifié, on s'en prend au législateur des pertes que l'on subit, alors qu'elles tiennent en réalité à la situation de fait. On ne remarque point que la loi ne peut pas pourtant modifier cette situation, ni créer de toutes pièces un actif qui fait défaut […]."; eingehend hierzu auch *Roussel Galle*, GP 2008, S. 1741, 1741 ff.

[21] Ähnlich *Knof*, ZInsO 2010, S. 1999, 2000.

Frage hinaus grundsätzliche Erkenntnisse über die Ausrichtung des Insolvenzrechts.

Es handelt sich bei der Behandlung der Sanierungsfinanzierer insoweit aber nicht nur um eine Problemlage von grundsätzlicher praktischer und theoretischer Bedeutung. Ganz besonders in jüngster Zeit ist diese Konfliktlage vielmehr auch verschiedentlich Gegenstand von Gesetzgebungsmaßnahmen und Reformvorschlägen gewesen und weist daher auch einen hohen aktuellen Bezug auf. So sieht etwa Art. 17 Abs. 4 der Richtlinie 2019/1023 über präventive Restrukturierungsrahmen[22] die Möglichkeit der Mitgliedstaaten vor, (Sanierungs-)Finanzierungen, die im Rahmen eines präventiven Sanierungsverfahrens gewährt werden, in Folgeverfahren ein Befriedigungsvorrecht einzuräumen. Auch der jüngste Richtlinienentwurf der EU-Kommission betreffend die Harmonisierung bestimmter Aspekte des Insolvenzrechts[23] sieht in seinem Art. 33 Abs. 1 b) die Privilegierung von sog. Zwischenfinanzierungen (vgl. Art. 2 i) des Richtlinienentwurfs) in Folgeverfahren vor, wenn diese im Rahmen eines sog. *pre-pack*-Verfahrens gewährt wurden. Entsprechende Regelungsvorschläge enthalten darüber hinaus der UNCITRAL Legislative Guide on Insolvency Law,[24] der insoweit eine deutliche Ähnlichkeit zum US-amerikanischen sog. *DIP-financing* aufweist,[25] sowie der insoweit hierauf Bezug nehmende Vorschlag der *Association Henri Capitant* für ein europäisches Wirtschaftsgesetzbuch.[26]

B. Fragestellung und Ziel der Arbeit

Ausgehend von dem skizzierten Spannungsfeld will sich diese Arbeit in einem ersten Schritt der Frage widmen, wie dieser Konflikt im deutschen Recht in Bezug auf Sanierungsfinanzierungen behandelt wird. Entscheidend ist hierfür weniger der Fall des Gelingens des Sanierungsvorhabens, in dem die Kreditgeber auch ohne besonderen Schutz mit vollständiger und pünktlicher Zahlung

---

[22] Richtlinie (EU) 2019/1023 des Europäischen Parlaments und des Rates vom 20. Juni 2019 über präventive Restrukturierungsrahmen, über Entschuldung und über Tätigkeitsverbote sowie über Maßnahmen zur Steigerung der Effizienz von Restrukturierungs-, Insolvenz- und Entschuldungsverfahren und zur Änderung der Richtlinie (EU) 2017/1132 (Richtlinie über Restrukturierung und Insolvenz), ABl. L 172 vom 26.06.2019, S. 18 ff.

[23] Proposal for a directive of the European Parliament and of the Council harmonising certain aspects of insolvency law, COM (2022) 702 final.

[24] *UNCITRAL*, Legislative Guide on Insolvency Law, S. 113 ff; siehe hierzu noch 7. Kapitel, A.II.

[25] Vgl. *McCormack/Keay/Brown*, European Insolvency Law, S. 126; eingehend zum *DIP-financing* noch unten, 5. Kapitel, F.

[26] Siehe Art. 2.3.3, S. 15, abrufbar unter: http://henricapitant.de/content/wb/media/Ceda/TexteDe/Avant-projet_Insolvenzrecht_DE.pdf (zuletzt abgerufen am 30.06.2023).

rechnen können und auch typischerweise nicht mit Schadensersatz- oder Anfechtungsansprüchen konfrontiert werden. Maßgeblich wird insbesondere aus der Sicht eines rationalen Kreditgebers vielmehr sein, wie er im Fall des endgültigen Scheiterns des Vorhabens, das in eine Liquidation des Unternehmens mündet, behandelt wird. Hierbei handelt es sich typischerweise um den *worst case,* in dem sich diese Konflikte in größter Deutlichkeit zeigen und an dem ein rationaler Kreditgeber seine Finanzierungsentscheidung zumindest mit ausrichten wird.

Es soll also untersucht werden, ob die skizzierte Anreizsituation im deutschen Recht so ausgestaltet ist, dass potentielle Kreditgeber Sanierungsvorhaben ihre Unterstützung nicht verweigern, wenn diese *ex ante* erfolgversprechend und die Interessen aller Beteiligten zu fördern geeignet sind, ohne zugleich entsprechende Anreize auch in den Fällen zu setzen, in denen ein solches Vorhaben mit Blick auf die Interessen der übrigen Gläubiger besser unterbliebe. Konkret soll demnach auch geklärt werden, inwiefern im deutschen Recht Schutzmechanismen bestehen, die (potentielle) Kreditgeber vor grundsätzlich mit einem Liquidationsverfahren bzw. dem Scheitern eines Sanierungsversuches verbundenen Risiken bewahren. Dabei soll es auch darum gehen, ob und wenn ja inwiefern die Behandlung der Sanierungsfinanzierer bereits unter dem geltenden Recht Ergebnis eines nur für diese geltenden Sonderregimes ist oder diese den allgemeinen Bestimmungen unterworfen sind.

Bei einer solchen Betrachtung der *lex lata* will diese Arbeit aber nicht stehen bleiben, sondern auf Grundlage einer rechtsvergleichenden Untersuchung der Behandlung dieser Konstellation im französischen Recht eruieren, ob sich aus diesem etwas für die Fortentwicklung des deutschen Rechts (*de lege ferenda*) insoweit gewinnen lässt. Insbesondere soll es dabei um die Frage gehen, ob – ohne mit der Grundausrichtung des deutschen Insolvenzrechts auf Gläubigerinteressen zu brechen[27] – besondere Schutzinstrumente für Kreditgeber des französischen Rechts auch für das deutsche Recht fruchtbar gemacht werden können, um Kreditgewährungen in Insolvenznähe im deutschen Recht attraktiver zu machen, wie dies seit längerer Zeit für das deutsche Recht verschiedentlich gefordert wird.[28]

---

[27] Dass sich entsprechende Schutzmechanismen bei einem Paradigmenwechsel des deutschen Insolvenzrechts weg von den Gläubigerinteressen hin zu einem Sanierungsrecht im wirtschafts- und sozialpolitischen Interesse recht unproblematisch einfügen würden, dürfte unzweifelhaft sein; siehe zu den insoweit allein relevanten verfassungsrechtlichen Gesichtspunkten unten 6. Kapitel, A.

[28] *Uhlenbruck,* KTS 1981, S. 513, 572; *Uhlenbruck,* GmbHR 1982, S. 141, 141 ff.; in Anschluss hieran *Obermüller,* Insolvenzrecht^9, Rn. 5.85; etwas zurückhaltender jetzt Obermüller/*H. Huber,* Insolvenzrecht, Rn. 5.151.

C. Methode

I. Rechtsvergleichung als Methode – Frankreich als Vergleichsgegenstand

Diese Arbeit will sich dem beschriebenen Konflikt insbesondere aus einem rechtsvergleichenden Blickwinkel nähern. Über das reine Erkenntnisinteresse einer solchen Untersuchung[29] hinaus bietet das gegenüber einem allein rechtsdogmatischen Vorgehen den Vorteil, dass die Betrachtung einer anderen Rechtsordnung gerade für die Frage nach der Verbesserung der eigenen Rechtsordnung einen nicht durch die eigene Kreativität oder Zwänge der eigenen Rechtsordnung limitierten „Vorrat an Lösungen"[30] liefern kann. Damit kann ein solcher Ansatz auch konkretes Anschauungsmaterial für eine mögliche Fortentwicklung liefern.[31] Das hat darüber hinaus den Vorteil, dass nicht nur konkrete Lösungsvorschläge, sondern auch die praktischen Erfahrungen mit diesen Ansätzen betrachtet werden können.[32] Hinsichtlich der Auswirkungen der betrachteten Normen besteht also bereits ein Erfahrungsschatz, so dass für die übernehmende Rechtsordnung nicht „bei null" begonnen werden muss.[33]

Voraussetzung jeder Rechtsvergleichung ist die Vergleichbarkeit der zu untersuchenden Rechtssätze.[34] Dabei ist zu beachten, dass verschiedene Rechtsordnungen die gleichen Probleme auf sehr unterschiedliche Art und Weise bewältigen und daher Rechtsinstitute und Figuren herausgebildet haben können, für die es in anderen Rechtsordnungen keine exakte Entsprechung gibt.[35] Zwischen diesen ist dementsprechend auch kein sinnvoller Vergleich möglich.[36] Erforderlich ist es daher, sich von den Systembegriffen der eigenen Rechtsordnung zu lösen, um den Untersuchungsgegenstand als Sach- und nicht als Rechtsproblem zu erfassen.[37] Zu vergleichen sind dann die Institute, mit denen das Sachproblem in den einzelnen Rechtsordnungen bewältigt wird, die also die gleiche *Funktion* haben.[38]

---

[29] Vgl. schon *Zitelmann*, DJZ 1900, S. 329, 330.

[30] *Zweigert/Kötz*, Rechtsvergleichung, § 2 I, S. 14, der die Wendung *Zitelmann* zuschreibt; bei *diesem* findet sich diese Wendung zwar nicht exakt, aber doch in der Sache, siehe *Zitelmann*, DJZ 1900, S. 329, 330 f.

[31] *Zweigert/Kötz*, Rechtsvergleichung, § 2 I, S. 14, § 3 VII, S. 46 f.; *Kischel*, Rechtsvergleichung, § 2 Rn. 29, S. 60.

[32] *Kischel*, Rechtsvergleichung, § 2 Rn. 29.

[33] *Kischel*, Rechtsvergleichung, § 2 Rn. 29.

[34] *Zweigert/Kötz*, Rechtsvergleichung, § 3 II, S. 33.

[35] *Zweigert/Kötz*, Rechtsvergleichung, § 3 II, S. 33.

[36] *Zweigert/Kötz*, Rechtsvergleichung, § 3 II, S. 33.

[37] *Zweigert/Kötz*, Rechtsvergleichung, § 3 II, S. 33.

[38] Siehe zur funktionalen Rechtsvergleichung grundlegend *Zweigert/Kötz*, Rechtsvergleichung, § 3 II, S. 33 ff., eingehend auch zur hieran geübten Kritik *Michaels*, Oxford Handbook, S. 345 ff.

Eine Erfassung des Untersuchungsgegenstandes als Sach- und nicht als Rechtsproblem ist hier bereits erfolgt. So soll es darum gehen, wie das Problem des Ausgleichs von wirtschaftlichen Vor- und Nachteilen einer Sanierung bzw. einer Liquidation in Bezug auf Sanierungsfinanzierungen in der deutschen und der französischen Rechtsordnung bewältigt wird. Konkret ist zu untersuchen, wie Geber von Sanierungsfinanzierungen in Liquidationsverfahren behandelt und insbesondere vor den wirtschaftlichen Risiken des Scheiterns eines Sanierungsversuchs geschützt werden.

Die Auswahl gerade des französischen Rechts als Vergleichsgegenstand erfolgt hier insbesondere vor dem Hintergrund des in jüngerer Zeit mit großem Einsatz vorangetriebenen politischen Wunsches der Vereinheitlichung des (europäischen) Wirtschaftsrechts auch auf Grundlage eines deutsch-französischen Wirtschaftsgesetzbuches. Gegenstand dieser Harmonisierungsbestrebungen ist dabei insbesondere das Insolvenzrecht der beiden Staaten.[39] So hat zuletzt etwa die *Association Henri Capitant* einen Vorentwurf für ein europäisches Wirtschaftsgesetzbuch vorgelegt, der auch die Schaffung eines Vorrechts für neue Finanzierungen vorsieht.[40]

Auch unabhängig von dieser Diskussion scheint eine eingehende Auseinandersetzung mit dem französischen Recht aber lohnenswert. Dafür spricht zunächst, dass das französische Recht – anders als insbesondere das US-amerikanische Recht[41] – insoweit in der deutschen Diskussion bislang wenig berücksichtigt worden ist.[42] Darüber hinaus ist eine eingehende Betrachtung des französischen Rechts aber vor allem deshalb von Interesse, weil das französische Insolvenzrecht durch seine offene Ausrichtung auf wirtschafts- und sozialpolitische Ziele klarer konzeptioneller Gegenentwurf zum deutschen Insolvenzrecht ist.[43] Gerade diese Konfrontation mit einer Rechtsordnung, die das gleiche wirtschaftliche Problem auf Grundlage eines grundsätzlich anderen Ansatzes zu bewältigen sucht, vermag es, Perspektiven zu einer kritischen Hinterfra-

---

[39] Vgl. zu diesem Vorhaben etwa *Gruber*, EuZW 2019, S. 181, 181 ff.; *Paulus/Dammann*, ZIP 2018, S. 249, 250 ff.; *Gruber/Herrmann/Lehmann/Schulze/Teichmann*, EuZW 2021, S. 413, 413 ff.; *Lehmann/J.Schmidt/Schulze*, ZRP 2017, S. 225, 225 ff.; sehr kritisch *d'Avout*, ZEuP 2019, S. 653, 657 ff.

[40] Siehe wiederum Art. 2.3.3, S. 15, http://henricapitant.de/content/wb/media/Ceda/TexteDe/Avant-projet_Insolvenzrecht_DE.pdf.

[41] Insbesondere *Parzinger*, Fortführungsfinanzierung, S. 81 ff.; *Parzinger*, ZIP 2019, S. 1748, 1751 f.; *Jaffé*, FS Görg, S. 233, 240 ff.

[42] Sehr kursorisch *Parzinger*, Fortführungsfinanzierung, S. 162 ff.; *Parzinger*, ZIP 2019, S. 1748, 1754; überblicksartig auch *Merle*, Insolvenzzwecke, S. 259; näher *Medla*, Unternehmenssanierung, S. 148 ff., 486 f.; vor der Reform des französischen Rechts von 2005 allgemein zu Befriedigungsvorrechten im französischen Recht auch *Gassert-Schumacher*, Privilegien, S. 213 ff.

[43] Eingehend hierzu unten, 2. Kapitel; zurückhaltender *Paulus/Dammann*, ZIP 2018, S. 249, 250 f.; die Unterschiede zwischen den beiden Insolvenzrechten deutlich relativierend auch *Vallens*, BJE juillet-août 2022, S. 38.

gung und Fortentwicklung oder theoretischen Absicherung der deutschen Ansätze und Lösungen zu eröffnen.[44] Schließlich hat eine solche Konfrontation auf grundsätzlicher Ebene das Potential, Klarheit über die Bedeutung der Verfahrensziele zu erzielen, ob diese also tatsächlich und notwendig zu unterschiedlichen Ergebnissen führen müssen oder ob sich trotz allem – entsprechend einer *praesumtio similitudinis* – ähnliche Lösungen ergeben.[45] Dieser Ansatz kann daher insoweit auch einen (Grundlagen-)Beitrag zur Harmonisierungsdebatte und den Hürden einer solchen Vereinheitlichung liefern.[46]

II. Konzeptionelle Grenzen der Rechtsrezeption

Widmet man sich dem Komplex der Übertragung von Rechtsnormen aus einer anderen Rechtsordnung, wie das im Rahmen dieser Arbeit geschehen soll, stellt sich die Frage nach der Möglichkeit der Übertragung von Rechtsnormen, deren Grenzen und der Implikationen hiervon für das weitere Vorgehen. Die *Möglichkeit* der „Übertragung" von Rechtsnormen ist in der Vergangenheit vor allem von *Legrand*,[47] in Widerspruch zu den Thesen *Watsons* von den allgegenwärtigen *„legal transplants"*, die weitgehend unabhängig von gesellschaftlichen Besonderheiten möglich seien,[48] grundsätzlich bestritten worden.

1. Die Rechtsübertragung als „transfert culturel"

Ausgangspunkt muss insoweit der Umstand sein, dass sich der Inhalt einer Rechtsnorm nicht ausschließlich aus den Worten, die sie ausdrücken, ergibt,[49] sondern die Bedeutung einer Rechtsnorm maßgeblich aus deren Interpretation

---

[44] Vgl. *Zweigert/Kötz*, Rechtsvergleichung, § 2 IV, 1, S. 20 f.; vgl. schon *Zitelmann*, DJZ 1900, S. 329, 330 f.

[45] So *Zweigert/Kötz*, Rechtsvergleichung, § 3 III, S. 39; eingehend hierzu und der an dieser geübten Kritik *Michaels*, Oxford Handbook, S. 345, 375 ff.

[46] Die Frage nach der „Kontextabhängigkeit" insbesondere der nationalen Kreditsicherungs- und Insolvenzrechte aufwerfend etwa *Eidenmüller*, JZ 2007, S. 487, 493; *Brinkmann*, Kreditsicherheiten, S. 8 f.; vgl. auch *J. F. Hoffmann*, Prioritätsgrundsatz, S. 231.

[47] *Legrand*, Maastricht Journal of European and Comparative Law 4 (1997), S. 111, 113 ff.; *Legrand*, Adapting Legal Cultures, S. 55, 57 ff.

[48] Insbesondere *Watson*, Legal transplants, S. 95 f.

[49] *Larenz*, Methodenlehre, S. 206; *Graziadei*, Oxford Handbook, S. 443, 470; *Sacco*, American Journal of Comparative Law 39 (1991), S. 343, 344 f.; *Legrand*, Maastricht Journal of European and Comparative Law 4 (1997), S. 111, 114 f.; *Legrand*, Adapting Legal Cultures, S. 55, 57 ff.; ein solches Verständnis unterstellt *Legrand*, Maastricht Journal of European and Comparative Law 4 (1997), S. 111, 113 aber *Watson*; ebenso *Legrand*, Adapting Legal Cultures, S. 55, 57.

folgt,[50] die wiederum erheblich vom „Vorverständnis"[51] des Interpreten geprägt ist.[52] Dieses Vorverständnis ist insbesondere von den historischen Entstehungsbedingungen der Norm, deren Gesamtkontext sowie dem (rechts-)kulturellen Verständnis des Interpreten beeinflusst.[53] Die Übertragung einer Rechtsnorm stellt sich damit als Transfer eines jedenfalls auch kulturell geprägten Objekts dar.[54] Insbesondere die jüngere kulturwissenschaftliche Forschung hat gezeigt, dass ein solcher „*transfert culturel*"[55], d.h. die Übertragung eines Kulturobjekts von einem kulturellen Kontext in den anderen, aufgrund der beschriebenen Kontextabhängigkeit stets zu einer inhaltlichen Veränderung des transferierten Objekts führen wird.[56]

Dabei ist zwar nicht von der Hand zu weisen, dass in Folge der Globalisierung und vor allem der (europäischen) Rechtsangleichung (kulturelle) Unterschiede zwischen den nationalen Rechtsordnungen geschwunden sind.[57] Auch existieren völlig homogene Kulturräume aufgrund der vielfältigen Austauschbewegungen, die seit jeher stattfinden, ohnehin nicht; vielmehr ist auch eine

---

[50] *Larenz*, Methodenlehre, S. 206; *Sacco*, American Journal of Comparative Law 39 (1991), S. 343, 344 f.; *Legrand*, Maastricht Journal of European and Comparative Law 4 (1997), S. 111, 114 f.; *Legrand*, Adapting Legal Cultures, S. 55, 57 f.

[51] Der Begriff wurde maßgeblich durch *Gadamer*, Wahrheit und Methode, S. 270 ff. geprägt, wobei *Gadamer* die Begriffe Vorentwurf, Vor-Meinung, Vorverständnis und Vorurteil insoweit wohl weitgehend synonym verwendet.

[52] *Legrand*, Maastricht Journal of European and Comparative Law 4 (1997), S. 111, 114 f.; *Legrand*, Adapting Legal Cultures, S. 55, 58; *Sacco*, American Journal of Comparative Law 39 (1991), S. 343, 345; *Kischel*, Rechtsvergleichung, § 2 Rn. 38; *Wörner-Schönecker,* Rechtstransfers, S. 57; zur Bedeutung des Vorverständnisses als Vorbedingung des Verstehens im Rahmen des „hermeneutischen Zirkels" *Gadamer*, Wahrheit und Methode, S. 271 ff.; *Larenz*, Methodenlehre, S. 207 ff.

[53] *Legrand*, Maastricht Journal of European and Comparative Law 4 (1997), S. 111, 114 f.; *Legrand*, Adapting Legal Cultures, S. 55, 58; zustimmend *Kischel*, Rechtsvergleichung, § 2 Rn. 38; vgl. auch *Kramer*, JZ 2017, S. 1, 3: „[…] Rechtsnormen [kommt] kein autonomes, von der sie tragenden Gesellschaft zu abstrahierendes Dasein [zu]."; *Stolleis*, Rg 20 (2012), S. 72, 75; *Larenz*, Methodenlehre, S. 209 ff.; *Sacco*, American Journal of Comparative Law 39 (1991), S. 343, 345; vgl. auch *Hendry*, Engaging Translation, S. 87, 93; *Wörner-Schönecker,* Rechtstransfers, S. 57.

[54] *Legrand*, Maastricht Journal of European and Comparative Law 4 (1997), S. 111, 115 f.; *Legrand*, Adapting Legal Cultures, S. 55, 59 f.; *Graziadei*, Oxford Handbook, S. 443, 469 f.; *Stolleis*, Rg 20 (2012), S. 72, 74 f.; *Wörner-Schönecker,* Rechtstransfers, S. 57; wohl auch *Kischel*, Rechtsvergleichung, § 2 Rn. 38; vgl. auch *Kramer*, JZ 2017, S. 1, 3; zum Recht als Kulturerscheinung schon *Zitelmann*, DJZ 1900, S. 329, 330.

[55] Grundlegend zum Konzept des *transfert culturel* als „passage d'un objet culturel d'un contexte à l'autre" *Espagne*, Revue Sciences/Lettres, Nr. 1 2013, Rn. 1 und passim; *Espagne*, Transferts culturels, S. 1 ff.; vgl. auch *Stolleis*, Rg 20 (2012), S. 72, 76, der von einem „Kulturaustausch" spricht.

[56] Grundlegend *Espagne*, Transferts culturels, S. 1 ff.; *Espagne*, Revue Sciences/Lettres, Nr. 1 2013, Rn. 1.

[57] *Kramer*, JZ 2017, S. 1, 3.

„deutsche" oder „französische" Kultur Ergebnis vielfältiger Vermischungen.[58] Es ist daher in der Tat zu bezweifeln, dass sich der für das Vorverständnis maßgebliche kulturelle Hintergrund von Staat zu Staat *völlig* verändert.[59] Jedoch bestehen gerade im Bereich der *nationalen Rechtssetzung* nationale Eigenheiten, die die Interpretation, also auch die Bedeutung einer Rechtsnorm, entscheidend mitprägen werden. So wird sich etwa der historische Entstehungsprozess einer Norm, die z.B. Reaktion auf ein besonderes Problem der Ausgangsrechtsordnung sein kann, das sich in der übernehmenden Rechtsordnung so gar nicht stellt, regelmäßig ebenso wenig übertragen lassen wie der systematische Gesamtzusammenhang, in dem die Norm steht oder etwa Auslegungsmethoden und -regeln, die Ergebnis nationaler Idiosynkrasien sein können.[60]

Der Transfer einer Rechtsnorm bzw. eines Regelungsmodells in eine andere Rechtsordnung stellt daher trotz aller Vermischung und Annäherung von Traditionen und (Rechts-)Kulturen einen *transfert culturel* dar und wird – anders als die Metapher *Watsons* von den *„legal transplants"* impliziert[61] – als solcher unweigerlich zu einer inhaltlichen Veränderung führen.[62] Aus dieser Unmöglichkeit der *unveränderten* Übertragung folgt nun aber nicht das – ahistorische[63] – Ergebnis der generellen Unmöglichkeit der Übertragung von Rechts-

---

[58] *Espagne*, Revue Sciences/Lettres, Nr. 1 2013, Rn. 7.
[59] *Kramer*, JZ 2017, S. 1, 3; *Teubner*, FS Blankenburg, S. 233, 238.
[60] *Kramer*, JZ 2017, S. 1, 3; vgl. aber die – im Kontext *nationaler* Rechtsordnungen absurd anmutende – Debatte zwischen *Legrand* und *Watson*, ob sich an unterschiedlichen Verständnissen der Worte *Brot* und *pain* in Deutschland und Frankreich die Existenz nationaler (Rechts-)Kulturen ablesen lässt, so zunächst *Legrand*, Maastricht Journal of European and Comparative Law 4 (1997), S. 111, 117 und die Replik von *Watson*, European Private Law, S. 2 f.
[61] *Kramer*, JZ 2017, S. 1, 3; *Teubner*, FS Blankenburg, S. 233, 233 f. Später hat sich *Watson* allerdings ausdrücklich gegen ein solches Verständnis gewendet und im Gegenteil betont, dass die übertragene „Regel" nicht dieselben Wirkungen haben könne, wie das „Original", *Watson*, European Private Law, S. 3; so auch schon *Watson*, Legal transplants, S. 97: „[...] [A] voluntary reception or transplant almost always [...] involves a change in the law [...].", wobei diese Veränderung aber von gesellschaftlichen und historischen Faktoren unabhängig sei, *ebd.*
[62] *Stolleis*, Rg 20 (2012), S. 72, 75 f.; zurückhaltender *Kischel*, Rechtsvergleichung, § 2 Rn. 38; *Kramer*, JZ 2017, S. 1, 3.
[63] Vgl. insbesondere die vielfältigen Beispiele bei *Watson*, Legal transplants, passim. Als bemerkenswertes Beispiel für eine solche Rezeption mag auch die aus der deutschen Pandektistik des 19. Jahrhunderts stammende sog. *Zweckvermögenslehre* dienen (insbesondere *von Brinz*), die in Deutschland kaum mehr Bedeutung beanspruchen kann, in Frankreich, beginnend im ausgehenden 19. Jahrhundert, aber breit rezipiert wurde und dort heute Grundlage für positivrechtlich anerkannte Spaltungen des Vermögens etwa bei *fiducie, entrepreneur individuel à responsabilité limitée* (EIRL) und *entreprise individuelle* (vgl. zu den Vermögensspaltungen bei letzteren *Menjucq*, RPC janvier-février 2022, S. 1 f.) bildet, vgl. zur

normen,[64] sondern vielmehr, dass eine solche immer nur Pastiche, anpassende Nachahmung der Ausgangsnorm sein kann,[65] die entstehende Rechtslage also Hybrid der beiden Rechtsordnungen ist.[66]

Als anschauliches Beispiel für diese Veränderungen mag das später noch im Detail zu untersuchende *privilège des créanciers postérieurs méritants* dienen: Mit diesem soll im französischen Recht eine Konvergenz von Privilegierung und Verfahrenszwecken erreicht werden.[67] Eine „Übertragung" der betreffenden Normen in das deutsche Recht, die den im französischen Recht erzielten Wirkungen bezüglich der Auswahl der zu privilegierenden Forderungen entspräche, geriete aber jedenfalls auf den ersten Blick mit dem Verfahrenszweck der (gleichmäßigen) Gläubigerbefriedigung in Konflikt. Auch in Bezug auf die von diesem *privilège* vorgesehene Befriedigungsrangfolge[68] muss eine exakte Übertragung scheitern, da eine entsprechende Rangordnung im deutschen Recht nicht existiert, so dass auch insoweit nur eine anpassende Übertragung in Betracht kommt. Schließlich existiert im deutschen Recht, da ein den *privilèges généraux*, d.h. Generalhypotheken entsprechendes Institut nicht besteht, auch keine Art. 2330 al. 2 C.C. entsprechende Auslegungsregel, wonach *privilèges* eng auszulegen seien. Das hat zur Folge, dass sich – sofern diese Auslegungsregel nicht mitübernommen oder im deutschen Recht eigenständig entwickelt würde – aufgrund der abweichenden Auslegungsregeln ein eigenes, vom Original abweichendes Normverständnis entwickeln kann.[69]

Rezeptionsgeschichte dieser Lehre in Frankreich *Fix*, Fiducie-sûreté, S. 71; *Bellivier*, Science juridique, S. 165, 171 ff.

[64] So aber *Legrand*, Maastricht Journal of European and Comparative Law 4 (1997), S. 111, 114 ff.: übertragen werde bestenfalls „a meaningless form of words" (S. 120); dagegen *Graziadei*, Oxford Handbook, S. 443, 470; *Kischel*, Rechtsvergleichung, § 2 Rn. 38.

[65] *Espagne*, Revue Sciences/Lettres, Nr. 1 2013, Rn. 1: „Transférer, ce n'est pas transporter, mais plutôt métamorphoser [...]. C'est moins la circulation des biens culturels que leur réinterprétation qui est en jeu."; vgl. *Kramer*, JZ 2017, S. 1, 3: „rechtskulturelle Adaption und [...] Assimilierung an die rezipierende Rechtsordnung [...]".

[66] Von „*hybridisation*" als Ergebnis eines *transfert culturel* ist die Rede bei *Espagne*, Revue Sciences/Lettres, Nr. 1 2013, Rn. 7; vgl. auch *Foljanty*, KritV 2015, S. 89, 93, die das Phänomen des Rechtstransfers als „Übersetzung" umschreiben möchte, S. 97 ff. Die Debatten um die „richtige" Metapher scheinen jedoch kaum weiterführend. Gerade die „Übersetzungsmetapher" birgt die Gefahr, dass die Fortentwicklung einer übertragenen „Norm" aus dem Blickfeld gerät, die aber ebenso Teil des Vermischungsprozesses ist, wie der eigentliche Übertragungsakt.

[67] Siehe unten, 4. Kapitel, B.II.2.a)aa).

[68] Zu dieser 4. Kapitel, B.II.2.a)bb)(3)(b).

[69] Vgl. zur eigenständigen Fortentwicklungen des übertragenen Rechts *Kramer*, JZ 2017, S. 1, 10 f.; siehe auch *Wörner-Schönecker*, Rechtstransfers, S. 36 f.

2. Übersetzungsprobleme

Im hier in Rede stehenden deutsch-französischen Kontext ergibt sich die Folge der inhaltlichen Veränderung im Übrigen schon aus der Notwendigkeit der Übersetzung, die, da sie immer einen Akt der Interpretation darstellt,[70] unvermeidbar zu inhaltlichen Abweichungen führt.[71]

Als anschauliches Beispiel mag auch insoweit das *privilège des créanciers postérieurs méritants* dienen, das in seinen Voraussetzungen an die *„besoins de la procédure ou de la période d'observation"* anknüpft: Eine nah am Wortlaut anknüpfende Übersetzung im Sinne der Bedürfnisse oder Zwecke des Verfahrens müsste wegen der unterschiedlichen Vorstellungen von den Zwecken dieser Verfahren zwischen den beiden Rechtsordnungen notwendig zu einer anderen Wirkung führen. Stellt man hingegen auf eine konkrete Bedeutung ab, die der Norm in Frankreich gegeben wird, muss man sich den Einwänden ausgesetzt sehen, dass diese Auslegung nicht zwingend und durchaus umstritten ist[72] und ein solcher Ansatz die Interpretationsoffenheit der Ausgangsformulierung aufgibt.[73]

Für die hiesige Untersuchung hat all dies zweierlei zur Folge: Zunächst kann aus den Wirkungen von Schutzmechanismen im französischen Recht, deren Übertragung zu diskutieren sein wird, nicht geschlossen werden, dass diese im deutschen Recht ebenso wirken würden. Vielmehr sind die Auswirkungen von diesen nachgebildeten Mechanismen im deutschen Recht eigenständig zu untersuchen. Das schließt freilich nicht aus, dass die im französischen Recht bereits gemachten Erfahrungen berücksichtigt werden können, sofern man sich der veränderten Rahmenbedingungen gewahr ist. Aufgrund der Unmöglichkeit der unveränderten „Transplantation" soll schließlich auch nicht versucht werden, französische Mechanismen und deren Funktionsweise möglichst exakt nachzubilden; vielmehr kann es nur darum gehen, ob diese als modellhaftes Vorbild im Rahmen einer anpassenden Nachbildung zur Schließung von möglichen Schutzlücken in Betracht kommen könnten.

---

[70] *Glanert*, Engaging Translation, S. 1, 5; *Glanert*, Rethinking, S. 161, 168.
[71] *Espagne*, Revue Sciences/Lettres, Nr. 1 2013, Rn. 20; *Legrand*, Maastricht Journal of European and Comparative Law 4 (1997), S. 111, 117; *Sacco/Rossi*, Rechtsvergleichung, 2. Kap., Rn. 39.
[72] Siehe unten 4. Kapitel, B.II.2.c)bb)(1).
[73] Vgl. zu derartigen Schwierigkeiten *Hendry*, Engaging Translation, S. 87, 91 f.

D. Konkretisierung des Untersuchungsgegenstands – Begriffsbestimmungen und Themenbegrenzung

Um den Gegenstand dieser Arbeit, die Behandlung von Sanierungsfinanzierungen in Liquidationsverfahren im deutsch-französischen Vergleich, näher zu bestimmen, ist zunächst der Begriff der Sanierungsfinanzierung zu klären. Nach gängigem Verständnis handelt es sich hierbei um die „darlehensweise Zuführung von finanziellen Mitteln durch Banken oder andere Kreditgeber an sanierungsbedürftige Unternehmen mit dem Ziel, die Insolvenz abzuwenden und die wirtschaftliche Leistungsfähigkeit des Unternehmens wiederherzustellen."[74] Kennzeichnend ist folglich zunächst die Zweckbindung der Finanzierung, dass der Kreditgeber also die finanzielle Gesundung des Unternehmens beabsichtigt und dieses vor dem Zusammenbruch bewahrt werden und wieder ertragsfähig gemacht werden soll.[75]

Finanzierungswirkung hat zwar auch die sog. Innenfinanzierung, die aus Umsatzerlösen oder sonstigen Freisetzungen von Kapital erfolgt,[76] bei der sich die hier als Ausgangspunkt genommene Anreizproblematik aber nicht in gleicher Weise stellt wie bei der sog. Außenfinanzierung im Sinne einer Kapitalzuführung von „außen" über den Kapitalmarkt.[77] Außer Betracht bleiben soll jedoch auch im Rahmen der Außenfinanzierung die Finanzierung durch Gesellschafter bzw. diesen gleichgestellte Personen, weil die hiermit verbundenen Sonderregelungen – insbesondere der Nachrang nach § 39 Abs. 1 Nr. 5 InsO sowie die Anfechtungsregeln in § 135 InsO – gegenüber der Finanzierung durch „außenstehende" Personen von eigenen, abweichenden Erwägungen getragen, die den geschilderten Grundkonflikt überlagern.[78] Nicht in derselben Weise stellt sich dieses Anreizproblem auch bei Kreditierungen gegenüber natürlichen Personen, die nicht unternehmerisch tätig sind, weshalb auch diese außer Betracht bleiben sollen. Ausgegrenzt sein soll auf Grundlage dieser

---

[74] Ellenberger/Bunte/*Häuser*, Bankrechts-HdB, § 65 Rn. 11; *Vuia*, Verantwortlichkeit, S. 55; Gottwald/Haas/*Drukarczyk/Schöntag*, InsR-Hdb, § 3 Rn. 85; vgl. auch Knops/Bamberger/Lieser/*Knops*, Sanierungsfinanzierung, § 14 Rn. 1; *Kiethe*, KTS 2005, S. 179, 185.

[75] *Vuia*, Verantwortlichkeit, S. 55; *Kiethe*, KTS 2005, S. 179, 185; Ellenberger/Bunte/*Häuser*, Bankrechts-HdB, § 65 Rn. 11.

[76] Knops/Bamberger/Lieser/*Riegel*, Sanierungsfinanzierung, § 3 Rn. 59; Brealey/Myers/Allen, Principles, S. 365 f.

[77] Vgl. zu dieser Knops/Bamberger/Lieser/*Riegel*, Sanierungsfinanzierung, § 3 Rn. 60; Brealey/Myers/Allen, Principles, S. 366 f.; eingehend zu den verschiedenen Finanzierungsarten auch *J. Roth*, Sanierungsdarlehen, S. 5 ff.

[78] Vgl. zur – umstrittenen – Teleologie des Nachrangs für Gesellschafterdarlehen etwa Bitter/Laspeyres, ZInsO 2013, S. 2289, 2291 ff.; Jaeger/*Mylich*, § 39 InsO Rn. 87 ff.; eingehend hierzu Scholz/*Bitter*, Anh. § 64 GmbHG Rn. 14 ff.; eingehend rechtsvergleichend, aus schweizerischer Perspektive zur Behandlung von Sanierungsdarlehen, die von Gesellschaftern gewährt werden, *J. Roth*, Sanierungsdarlehen, *passim*.

gängigen Definition auch die Gewährung insbesondere von Haftungskrediten, etwa Avalen, die sich gegenüber dem Gelddarlehen ebenfalls durch eigene, besondere Interessenlagen auszeichnen,[79] die über den skizzierten Grundkonflikt hinausgehen.

Unbeachtlich muss auf dieser Grundlage hingegen der Umstand sein, ob das schuldnerische Unternehmen bereits formell oder materiell insolvent ist, weil sich das beschriebene Anreizproblem im Grundsatz unabhängig hiervon stellt, solange eine gewisse „Sanierungsbedürftigkeit"[80] des Unternehmens besteht. Zu beleuchten sind daher Finanzierungen sowohl außerhalb als auch innerhalb eines Insolvenzverfahrens. Erhebliche Auswirkungen auf die Anreizsituation eines potentiellen Kreditgebers werden in dieser Situation regelmäßig auch steuer- sowie bankenaufsichtsrechtliche Bestimmungen entfalten. Diese sind jedoch ebenfalls durch Erwägungen geprägt, die über das hier gegenständliche Anreizproblem hinausgehen bzw. von diesem unabhängig sind,[81] weshalb diese Themenkomplexe hier außer Betracht bleiben sollen.

Übrig bleibt damit erstens die Frage, wie Sanierungsfinanzierungen jenseits von aufsichts- und steuerrechtlichen Fragen vor den wirtschaftlichen Risiken des Scheiterns des Sanierungsversuches im Rahmen eines Liquidationsverfahrens im deutschen und französischen Recht geschützt werden. Der Begriff der Sanierungsdarlehen soll hier im Sinne einer darlehensweisen Zuführung von Mitteln an ein Unternehmen durch Außenstehende verstanden werden, mit der das Ziel verfolgt wird, die wirtschaftliche Leistungsfähigkeit des Unternehmens wiederherzustellen. Zweitens soll untersucht werden, ob insoweit im französischen Recht existierende Schutzmechanismen in das deutsche Recht übertragen werden könnten, ohne mit der Grundausrichtung des deutschen Insolvenzrechts zu brechen.

E. Gang der Untersuchung

Ausgehend von der theoretischen Einordnung dieser Konstellation als Anreizproblem will sich diese Untersuchung in einem ersten Teil der Frage widmen, wie die Interessenlage der Beteiligten und der Allgemeinheit im Einzelnen durch die Durchführung oder das Ausbleiben von Sanierungsversuchen beeinflusst wird. In einem zweiten Schritt ist anschließend zu untersuchen, inwiefern die deutschen und französischen Insolvenzrechte sich grundsätzlich

---

[79] Vgl. allgemein hierzu Staudinger/*Mülbert,* § 488 BGB Rn. 396 ff.; MüKo-BGB/*K. P. Berger,* vor § 488 BGB Rn. 45 ff.

[80] Siehe zum Begriff etwa Buth/Hermanns/*Kemper,* Restrukturierung, § 3 Rn. 31.

[81] Besonders das (europäische) Bankenaufsichtsrecht ist maßgeblich von dem Bestreben geprägt, die Finanzmarktstabilität zu schützen, eingehend zu den Funktionen des KWG etwa Fischer/Schulte-Mattler/*R. Fischer/Krolop,* KWG, Einführung Rn. 255 ff.

dem Schutz der identifizierten Interessen in der Insolvenzsituation verschreiben.

Ausgehend von den so ermittelten theoretischen Positionierungen der jeweiligen Insolvenzrechte soll sodann in einem zweiten Teil in einer vergleichenden Untersuchung betrachtet werden, wie in den beiden Rechtsordnungen das Anreizproblem der Sanierungsfinanzierer in der Liquidationsphase – gewissermaßen *ex post* – behandelt wird. Hierzu soll beleuchtet werden, ob und inwiefern die Kreditgeber von den wirtschaftlichen Konsequenzen des Scheiterns des Sanierungsversuches freigestellt werden. In einem dritten Teil soll hierauf aufbauend betrachtet werden, ob das bestehende deutsche Schutzinstrumentarium insoweit nach dem Vorbild des französischen Rechts ausgebaut werden könnte und sollte. Hierfür sollen neben den rechtlichen Rahmenbedingungen insbesondere auch die wirtschaftlichen Folgewirkungen derartiger Anpassungen untersucht werden. Schließlich wird in einer abschließenden Betrachtung eruiert werden, welche Schlüsse sich aus der Behandlung der Sanierungsfinanzierer in der Liquidation allgemein auf die Rolle der Verfahrenszwecke ziehen lassen und welche Bedeutung diese für aktuelle und künftige Vereinheitlichungsdebatten spielen müssen.

Teil 1

Sanierungsförderung zwischen Gläubigerschutz und Allgemeininteressen – Frankreich und Deutschland als Gegenpole

Zentral für die Behandlung der Sanierungsfinanzierungen in Liquidationsverfahren scheint zunächst, welche Rolle die Sanierung im Insolvenzrecht überhaupt spielt bzw. (auch *de lege ferenda*) spielen kann. Dabei wird gerade für das deutsche Insolvenzrecht – vor allem im Kontext des § 1 InsO – kontrovers diskutiert, *ob* die Sanierung eigenständiges Ziel des Verfahrens, Nebenziel oder nur Mittel zum Zweck sei und auch das französische Recht ist vor allem in der Vergangenheit nicht von entsprechenden Diskussionen um den Stellenwert der Sanierung verschont geblieben. Zur Beantwortung dieser Frage scheint zunächst klärungsbedürftig, welchen Zielen und Anliegen ein Insolvenzrecht – neben der Sanierung – überhaupt dienen kann, um sodann zu beleuchten, wie sich die deutschen und französischen Insolvenzrechte in dieser Gemengelage positionieren.

1. Kapitel

Die Interessenlage bei Sanierungsversuchen

Zunächst soll also näher untersucht werden, wie die Interessenlage der Beteiligten, aber auch der Allgemeinheit im Fall der Insolvenz ausgeprägt ist und unter welchen Bedingungen hier ein Interesse an der Durchführung von Sanierungsversuchen oder aber an der (sofortigen) Zerschlagung des Unternehmens bestehen kann.

A. Gläubigerseite

Blickt man auf die Interessenlage der Gläubiger, werden diese im Grundsatz fraglos sämtlich ein Interesse an der vollständigen und zeitnahen Befriedigung ihrer Forderungen gegen den Insolvenzschuldner haben. Zu erkennen ist hier jedoch, dass die Durchführung oder das Unterbleiben eines Sanierungsversuchs sehr unterschiedliche Auswirkungen auf diese Befriedigungsaussichten hat, je nachdem, inwiefern die Gläubiger sich bereits gegenüber den Insolvenzrisiken des Schuldners exponiert haben. Denkbar ist dabei aber auch, dass die Gläubiger – auch unabhängig von ihren Befriedigungsaussichten – ein besonderes Interesse daran haben, dass das schuldnerische Unternehmen fortgeführt wird.

I. Die Gläubigerinteressen im Allgemeinen

1. Befriedigungsaussichten

Die Haltung der Gläubiger gegenüber einem Sanierungsversuch wird zunächst vor allem davon abhängen, wie deren Befriedigungsaussichten durch die Durchführung eines solchen Vorhabens beeinflusst werden. Das wiederum hängt maßgeblich einerseits davon ab, ob es sich um Altgläubiger handelt, denen noch offene Forderungen gegen den Schuldner zustehen oder ob diesen im Zeitpunkt der Entscheidung über das Vorhaben noch keine Forderungen gegen den Schuldner zustehen (Neugläubiger), andererseits davon, ob den Gläubigern für ihre Forderungen werthaltige und durchsetzbare Sicherheiten zustehen.

Blickt man zunächst auf Altgläubiger, die Inhaber werthaltiger Sicherheiten[1] sind, zeigt sich, dass diese mit Blick auf ihre Befriedigungsaussichten kein Interesse an der Durchführung eines Sanierungsversuches haben können:[2] Bleibt ein solcher aus, können sie sich zeitnah (und vollständig) aus der Sicherheit befriedigen, während sie bei Durchführung eines Sanierungsversuches unter Umständen der Gefahr ausgesetzt sind, dass sie diese nur verzögert oder nicht in vollem Umfang realisieren können.[3] Demnach erscheint die sofortige Verwertung des Sicherungsguts für diese Gläubiger grundsätzlich als die „sicherste" Variante.[4]

Ganz anders stellt sich die Interessenlage solcher Altgläubiger dar, denen keine werthaltigen Sicherheiten zustehen, die im Fall des Ausbleibens eines Sanierungsversuches folglich nicht mit einer vollständigen (oder auch nur weitgehenden) Befriedigung rechnen können.[5] Hat ein solches Vorhaben Erfolg, werden diese Gläubiger, selbst wenn sie sich durch Stundungen oder teilweise Verzichte aktiv beteiligt haben, infolge der Wiederherstellung der Zahlungsfähigkeit des schuldnerischen Unternehmens deutlich weiter gehend befriedigt werden als bei Ausbleiben eines Sanierungsversuches.[6] Scheitert dieser hingegen, wird das regelmäßig zur Folge haben, dass sich die Befriedigungsaussichten dieser Gläubiger weiter verschlechtern, da ein Sanierungsvorhaben typischerweise mit der Begründung neuer, vorrangig zu erfüllender Verbindlichkeiten einhergehen wird. Das für die Befriedigung dieser Gläubiger verbleibende Vermögen und damit deren Befriedigungsquoten werden durch ei-

---

[1] Das soll hier in einem funktionalen Sinne verstanden werden, so dass nicht nur vereinbarte Kreditsicherheiten, sondern sämtliche, auch gesetzliche Instrumente, die *die Funktion* haben, die Befriedigungsaussichten eines Gläubigers zu wahren, hierunter zu fassen sind.

[2] *Madaus*, Insolvenzplan, S. 41; *Eidenmüller*, Unternehmenssanierung, S. 354; *A. Braun*, Vorinsolvenzliche Sanierung, S. 43; *Schäfer/Ott*, Ökonomische Analyse, S. 719.

[3] Vgl. *A. Braun*, Vorinsolvenzliche Sanierung, S. 43 f.; *Bork*, ZIP 2010, S. 397, 404; *Schäfer/Ott*, Ökonomische Analyse, S. 719.

[4] *Madaus*, Insolvenzplan, S. 41; *Bork*, ZIP 2010, S. 397, 404; *Schäfer/Ott*, Ökonomische Analyse, S. 719.

[5] Siehe die Befriedigungsaussichten für das deutsche Insolvenzrecht von ca. 6 % für einfache Insolvenzgläubiger bei Unternehmensinsolvenzen (https://www.destatis.de/DE/Themen/Branchen-Unternehmen/Unternehmen/Gewerbemeldungen-Insolvenzen/Tabellen/deckungsquoten-nach-art-des-schuldners.html; zuletzt abgerufen am 30.06.2023) und 2 % für die sog. *créanciers chirographaires* im französischen Recht, vgl. *AGS,* Rapport Annuel 2020, S. 78 (abrufbar unter https://www.ags-garantie-salaires.org/files/ags-theme/ags/2021/rapports_annuels_2020/rapport-annuel-dactivité_2020.pdf, zuletzt abgerufen am 30.06.2023). Die AGS, die *Association pour la gestion du régime de Garantie des créances des Salariés* ist eine gesetzlich geregelte Arbeitgeberorganisation (vgl. Art L. 3253-14 Code du travail), die insbesondere einen Fonds, gebildet aus verpflichtenden Beiträgen der französischen Unternehmen, unterhält, aus dem in den *procédures collectives* ein Vorschuss auf Arbeitnehmerforderungen geleistet wird.

[6] *Schäfer/Ott*, Ökonomische Analyse, S. 719.

nen gescheiterten Sanierungsversuch also weiter geschmälert werden (sog. *„claim dilution"*).[7] Der Aussicht auf eine wiederhergestellte Zahlungsfähigkeit mit entsprechenden Folgen für die Befriedigungsaussichten steht hier also das Risiko einer weiteren Verschlechterung der Situation gegenüber. Das führt dazu, dass das Interesse eines solchen Gläubigers an der Durchführung eines Sanierungsversuchs umso größer ist, je schlechter seine Befriedigungsaussichten *a priori* sind[8] und im Übrigen maßgeblich durch dessen Risikoaffinität bestimmt wird.[9]

Die Interessenlage von Neugläubigern, deren (neu entstehende) Forderungen werthaltig besichert sind, weicht hiervon insoweit ab, als diese sowohl im Fall des Scheiterns als auch bei einem Erfolg des Sanierungsversuchs mit vollständiger Befriedigung rechnen können. Für diese Gläubiger ergibt sich aus der aktiven Beteiligung an einer Sanierung demnach kein zusätzliches Risiko. Im Gegensatz hierzu können Neugläubiger, deren Forderungen nicht (werthaltig) besichert sind, im Fall des Erfolges der Sanierung bestenfalls mit vollständiger und pünktlicher Befriedigung ihrer Forderung rechnen, während sie bei deren Scheitern – vorbehaltlich besonderer Sicherungsmechanismen – mit einem weitgehenden Forderungsausfall rechnen müssen. Die aktive Beteiligung an einer Sanierung als ungesicherter Gläubiger stellt sich also prinzipiell als hochgradig riskantes Unterfangen dar, bei dem diese Gläubiger nur wenig zu gewinnen haben.

2. Besondere Kontinuitätsinteressen

Die Interessenlage der Gläubiger wird jedoch nicht nur durch deren konkrete Befriedigungsaussichten bestimmt; vielmehr können Gläubiger auch jenseits und unabhängig von konkreten Befriedigungsinteressen ein besonderes Interesse am Fortbestand des schuldnerischen Unternehmens haben.[10]

Evident ist das zunächst für Arbeitnehmer, die aufgrund der oft existenziellen Bedeutung des Arbeitsverhältnisses typischerweise ein starkes Interesse am

---

[7] *Thole,* Gläubigerschutz, S. 14.

[8] Zu einer besonderen Interessenlage führt das insbesondere bei sog. *distressed debt* Investoren, die ihre Forderungen unter Umständen deutlich unter deren Nominalwert auf dem Sekundärmarkt erwerben, dementsprechend weniger zu verlieren und daher ein größeres Interesse auch an riskanten Sanierungsversuchen haben können, vgl. etwa *Westpfahl,* ZRI 2020, S. 157, 175; eingehend auch *Florstedt,* KTS 2023, S. 51, 53 ff.

[9] Zu pauschal *Vuia,* Verantwortlichkeit, S. 46, der der Auffassung ist, ungesicherte Gläubiger würden der Fortführung stets zustimmen, wenn „überhaupt" die Möglichkeit bestünde, die Haftungsmasse zu vergrößern. Insoweit findet sich verbreitet die Feststellung, dass die Risikoaffinität vieler Menschen steige, wenn es darum gehe Verluste zu vermeiden, während Risiken zugleich häufig systematisch unterschätzt würden, *Eidenmüller,* Unternehmenssanierung, S. 360 f.; *Thole,* Gläubigerschutz, S. 15.

[10] Von *Flessner,* Sanierung, S. 195 als „wirtschaftliche Zukunftserwartungen" bezeichnet.

Fortbestand desselben auch unabhängig von der (vollständigen) Befriedigung ihrer Altforderungen haben.[11] Eine ähnliche Interessenlage kann aber auch jenseits von Arbeitsverhältnissen bestehen, wenn ein Gläubiger sich gegenüber dem Schuldner in einem besonderen wirtschaftlichen Abhängigkeitsverhältnis befindet, kraft dessen er auf das Fortbestehen des schuldnerischen Unternehmens als Geschäftspartner angewiesen ist.[12] Solche Kontinuitätsinteressen können weiterhin bestehen, wenn eine bestellte Kreditsicherheit *noch* nicht werthaltig ist und zum Werthaltigwerden eine Fortsetzung der unternehmerischen Tätigkeit erforderlich ist, was insbesondere bei Projektfinanzierungen der Fall sein kann.[13] Dementsprechend können diese Gläubiger – je nach konkreter Ausprägung dieser Kontinuitätsinteressen – im Einzelfall ein Interesse an der Durchführung von Sanierungsvorhaben haben, deren Erfolg sehr unwahrscheinlich ist und die somit den Interessen der übrigen Gläubigern eher schaden.

Umgekehrt ist aber auch denkbar, dass ein Gläubiger ein besonderes Interesse daran hat, eine bestehende Geschäftsbeziehung zum Schuldner im Insolvenzfall so schnell wie möglich zu beenden. Das kann etwa daraus resultieren, dass ein Gläubiger die mit einem Insolvenzverfahren verbundenen Unsicherheiten vermeiden möchte oder die für das Aufrechterhalten der Geschäftsbeziehung erforderlichen Ressourcen an anderer Stelle effektiver genutzt werden können.[14] Freilich muss das Unternehmen nicht sofort zerschlagen werden, um einem solchen Interesse der Gläubiger gerecht zu werden. Ausreichend wäre vielmehr bereits, diesen die Beendigung der Geschäftsbeziehung aus Anlass der Insolvenz zu gestatten; dann werden diese Gläubiger gegenüber Sanierung oder Liquidation indifferent sein. Der Zusammenhang zur Frage nach Sanierung oder Liquidation ist demnach ein mittelbarer, gewissermaßen negativer: Gestattet man all diesen Geschäftspartnern die insolvenzbedingte Beendigung der Vertragsbeziehungen, verliert der Insolvenzschuldner sein Netzwerk an vertraglichen Beziehungen und damit auch die Grundlage für eine Fortführung

---

[11] *A. Braun*, Vorinsolvenzliche Sanierung, S. 42; *Bork*, ZIP 2010, S. 397, 404; *Flessner*, ZIP 1981, S. 1283, 1287; *Krystek*, Unternehmungskrisen, S. 73 f.

[12] Vgl. *A. Braun*, Vorinsolvenzliche Sanierung, S. 42. Vgl. zu den sog. „Domino-Effekten", bei welchen die Insolvenz des ersten Unternehmens weitere, von diesem abhängige Unternehmen in eine Krise bringt etwa *Thole*, KTS 2019, S. 289, 299; *Krystek*, Unternehmungskrisen, S. 78 f.

[13] Vgl. etwa Obermüller/*H. Huber*, Insolvenzrecht, Rn. 5.828, der die Ausreichung neuer Kredite trotz Insolvenz aus Bankensicht für opportun hält, wenn hierdurch die Verarbeitung von Rohstoffen oder Halbfertigwaren ermöglicht wird.

[14] Vgl. zum Konzept der Opportunitätskosten etwa *Schäfer/Ott*, Ökonomische Analyse, S. 58.

des Unternehmens im Rahmen eines Sanierungsversuchs.[15] Verwehrt man aus diesem Grund den Gläubigern die Beendigung von Geschäftsbeziehungen, werden diese aber unter Umständen ein erhebliches Interesse an dessen sofortiger Zerschlagung haben.

II. Besonderheiten bei (Sanierungs-)Kreditgebern

(Sanierungs-)Kreditgeber sind zunächst einmal schlicht (potentielle) Gläubiger des schuldnerischen Unternehmens, so dass die skizzierte Interessenlage der Gläubiger grundsätzlich auch deren Lage beschreibt. Allerdings ergeben sich einige Besonderheiten: Zunächst besteht für Kreditgeber ein besonderes Bedürfnis nach einer wirksamen Besicherung, da Kreditgeber sich naturgemäß nicht (wie etwa Lieferanten) durch einen Leistungsaustausch Zug-um-Zug absichern können. Das erweist sich gerade für Sanierungsfinanzierer als problematisch, weil in der (akuten) Krisensituation, in der Sanierungsfinanzierungen relevant werden, typischerweise kein werthaltiges, unbelastetes Vermögensgut mehr zur Verfügung steht, das belastet werden könnte und auch Dritte nicht ohne Weiteres bereit sein werden, die mit einer Besicherung verbundenen Risiken in Kauf zu nehmen.[16]

Aufgrund dieser Risiken werden sie solche Kredite typischerweise nur zu deutlich erhöhten Zinssätzen gewähren.[17] Das scheint bei Gegenüberstellung mit der Gefahr des weitgehenden Forderungsausfalls unter Umständen aber auch aus Sicht des Kreditgebers nur als geringer Trost und birgt überdies die Gefahr, dass diese Zinsen prohibitiv hoch werden.[18] Erschwerend tritt hinzu, dass für Kreditgeber bei Scheitern der Sanierung jedenfalls die Möglichkeit einer besonderen Haftung sowie der Anfechtung bereits erhaltener Vorteile besteht, weshalb neben die Gefahr des weitgehenden Forderungsverlusts weiter gehende Einstandspflichten treten können. Gerade in der Sanierungssituation wird dabei jedenfalls Schuldner und Kreditgeber die wirtschaftlich angespannte Situation des Schuldners bewusst sein,[19] so dass sich die Vergabe eines

---

[15] Vgl. zur Bedeutung der existierenden vertraglichen Beziehungen des Schuldners für Fortführung und Sanierung des Unternehmens etwa Roussel Galle/*Roussel Galle*, Entreprises en difficulté 360°, Rn. 686.

[16] Vgl. etwa *H. Huber*, NZI 2014, S. 439, 441; *Geldmacher*, Sanierungsverfahren, S. 216.

[17] Vgl. *Goode/van Zwieten*, Principles, Rn. 12-09; *Payne/Sarra*, IIR 2018, S. 178, 202.

[18] Allgemein zu diesem Risiko, wenn keine werthaltigen Sicherheiten verfügbar sind *L. Martin*, Banque 1975, S. 1.133; vgl. auch *Shupack*, Rutgers Law Review 41 (1989), S. 1067, 1095 f.

[19] Vgl. auch die Vorgaben des § 18 KWG, der Kreditinstitute ab einem Kreditvolumen von 750 000 € verpflichtet, sich die wirtschaftlichen Verhältnisse des Kreditnehmers offenlegen zu lassen und die Maßgabe von MaRisk BTO 1.2.5 Nr. 4, 5, dass Kreditinstitute sich hier auch ein Sanierungskonzept vorlegen lassen und dies fortlaufend evaluieren müssen; siehe zur Informationslage der Banken etwa auch *Paulus*, ZRI 2022, S. 45, 49.

Sanierungskredits aus Bankensicht regelmäßig als *bewusste* Inkaufnahme dieser Risiken darstellt.

Für die Kreditgeber stellt sich das Gewähren neuer (Sanierungs-)Kredite ohne werthaltige Sicherheiten als Vorhaben dar, bei dem sie sehenden Auges das Risiko eines weitgehenden Forderungsausfalls sowie Haftungsrisiken auf sich nehmen, denen im Erfolgsfall nur die pünktliche und vollständige Zahlung von Zins und Tilgung als Vorteil gegenübersteht.[20] Ohne zusätzliche Anreize besteht für die Kreditgeber in Anbetracht dieser Gemengelage bereits bei leisen Zweifeln an den Erfolgsaussichten der Sanierung regelmäßig kaum Anlass zu einer aktiven Beteiligung durch neue Kredite. Anders kann das vor allem sein, wenn der Kreditgeber bereits als Altgläubiger exponiert ist. Im Falle einer nachhaltigen Sanierung (bzw. eines Weiterwirtschaftens) würden dann die Rückzahlungsaussichten bezüglich dieser Altforderungen gesteigert, da diese im Falle der erfolgreichen und nachhaltigen Sanierung wieder werthaltig werden oder, weil durch die fortgesetzte Aktivität ein Sicherungsgegenstand erst werthaltig wird.

B. Schuldnerseite

Blickt man auf Seiten der insolvenzbedrohten Gesellschaft zunächst auf deren Gesellschafter, bietet sich eine Differenzierung zwischen das Unternehmen tragenden Gesellschaften mit und ohne Haftungsbeschränkung an.

Besteht eine Haftungsbeschränkung, bedeutet sowohl das Ausbleiben einer Sanierung als auch deren Scheitern für die Gesellschafter prinzipiell den vollständigen Verlust des eingesetzten Eigenkapitals sowie die vollständige Entwertung der Anteile.[21] Im Fall der erfolgreichen Sanierung besteht hingegen die Aussicht, die Werthaltigkeit der Anteile wiederherzustellen und auch eine Partizipation am künftigen unternehmerischen Erfolg wird wieder möglich. Allerdings kann sich die Lage der Gesellschafter hier aufgrund der Haftungsbeschränkung grundsätzlich nicht mehr verschlechtern (soweit die Sanierung nicht mit Eigenkapital finanziert wird). Die Durchführung eines fremdfinanzierten Sanierungsversuchs kann sich für die Gesellschafter daher als „Spielen mit fremdem Geld" darstellen, so dass die Gesellschafter ein Interesse daran haben können, auch äußerst riskante Sanierungsversuche zu unternehmen (*„gambling for resurrection"*).[22]

---

[20] Vgl. die allgemeine Feststellung von *Drukarczyk*, Unternehmen, S. 21, dass Kreditgeber an den Verlusten, aber nicht an den Gewinnen partizipieren.
[21] Statt aller *Krystek*, Unternehmungskrisen, S. 74.
[22] Treffend *Jackson*, Bankruptcy Law, S. 205; vgl. auch *Thole*, Gläubigerschutz, S. 15 f.; *A. Braun*, Vorinsolvenzliche Sanierung, S. 41.

Haften die Gesellschafter hingegen persönlich für die Verbindlichkeiten der Gesellschaft, kann sich durch einen gescheiterten Sanierungsversuch auch eine weitere Verschlechterung ihrer Situation ergeben. In dieser Konstellation kann daher nicht die Rede davon sein, dass ein Sanierungsversuch *immer* den Interessen der Anteilseigner diene und diese einem solchen stets zustimmen würden.[23] Ein besonders ausgeprägtes Interesse, die Risiken eines Sanierungsversuchs in Kauf zu nehmen, kann vor allem bestehen, wenn die drohende persönliche Haftung bereits ohne Durchführung eines Sanierungsversuchs die finanziellen Möglichkeiten des Gesellschafters übersteigt. Hier kann der Gesellschafter seine Lage durch das Scheitern eines Sanierungsversuchs nicht mehr wesentlich verschlechtern und somit ein Interesse daran haben, Sanierungsversuche immer zu unternehmen, wenn deren Erfolg, der auch die persönliche Haftung vermiede, nicht völlig ausgeschlossen erscheint.[24] Denkbar ist ein solches Interesse eines Gesellschafters auch bei haftungsbeschränkten Gesellschaften, wenn dieser Gesellschafter (Personal-)Sicherheiten für die Verbindlichkeiten der Gesellschaft bestellt hat, aufgrund welcher er im Insolvenzfall gleichwohl mit seinem persönlichen Vermögen haftet.[25]

Hinsichtlich des Führungspersonals des Unternehmens ist schließlich nicht zu vernachlässigen, dass auch persönliche und soziale Faktoren zum Tragen kommen können:[26] Zunächst können hier ähnliche Kontinuitätsinteressen wie bei „normalen" Arbeitnehmern bestehen, aufgrund welcher etwa (angestellte) Geschäftsführer ein prinzipielles Interesse an der Fortführung der Aktivität haben werden.[27] Wenngleich die prinzipielle *rechtliche* Stigmatisierung der Insolvenz jedenfalls in Deutschland und Frankreich seit Ende des 19. Jahrhunderts aufgegeben wurde,[28] ist nicht zu bestreiten, dass die Insolvenz auch hier *sozial* nach wie vor bemäkelt ist.[29] Daher wird das Führungspersonal eines Unternehmens bisweilen versucht sein, dieses persönliche *Scheitern* um jeden

---

[23] Entgegen *Vuia*, Verantwortlichkeit, S. 47, der zu pauschal annimmt, dass ein Sanierungsversuch immer im Interesse der Gesellschafter liege; mit Recht zurückhaltender *Bork*, ZIP 2010, S. 397, 403.
[24] *Thole*, Gläubigerschutz, S. 15.
[25] Vgl. zu diesem in Frankreich besonders verbreiteten Phänomen eingehend etwa *Legeais*, Mélanges Bouloc, S. 599, 600 ff. Zu den Ursachen hiervon eingehend unten, 4. Kapitel, B.II.3.
[26] Vgl. *A. Braun*, Vorinsolvenzliche Sanierung, S. 42.
[27] Vgl. *A. Braun*, Vorinsolvenzliche Sanierung, S. 42; *Bork*, ZIP 2010, S. 397, 403.
[28] BeckOK-InsO/*Madaus*, § 1 InsO Rn. 49; zur historischen Entwicklung der Aufgabe der rechtlichen Stigmatisierung der Insolvenz in Frankreich *Magras Vergez*, Stigmates, Rn. 645 ff., S. 215 ff.
[29] BeckOK-InsO/*Madaus*, § 1 InsO Rn. 50; *Magras Vergez*, Stigmates, Rn. 1402 ff., S. 431 ff., insbesondere Rn. 1414, S. 435: „sentence de mort sociale et économique."

Preis zu verhindern bzw. sich gar der Erkenntnis der Krisensituation (bewusst) verschließen.[30]

C. Allgemeininteressen

Ob und unter welchen Bedingungen ein Sanierungsversuch durchgeführt wird und ob dieser Erfolg hat, hat jedoch nicht nur Auswirkungen auf die individuelle Interessenlage der *stakeholder,* sondern berührt auch diverse Allgemeininteressen.

I. Der Unternehmenserhalt als wirtschafts- und sozialpolitisches Anliegen

Das insolvenzbedingte Ausscheiden eines Unternehmens hat regelmäßig vielfältige negative wirtschaftliche und soziale Auswirkungen, die – ebenso wie die Möglichkeiten zu deren Vermeidung – seit langer Zeit Gegenstand der insolvenzrechtlichen Diskussion sind und aus denen sich ein wirtschafts- und sozialpolitisches Interesse am Erhalt des betroffenen Unternehmens ergeben kann.[31] So kann ein wirtschafts- oder sozialpolitisches Allgemeininteresse an der Verhinderung der insolvenzbedingten Zerschlagung insbesondere wegen der hiermit verbundenen Arbeitsplatzverluste und deren Folgewirkungen bestehen.[32] Weiterhin führt die Zerschlagung eines Unternehmens auch zum Untergang des in diesem gebundenen *know how* oder *goodwill,* weshalb ein wirtschaftspolitisches Interesse am Unternehmenserhalt auch bestehen kann, um diese Potentiale zu erhalten.[33] Hat das betroffene Unternehmen eine besondere Bedeutung für die jeweilige regionale Wirtschaft oder gar einen ganzen Wirtschaftszweig, wird sich auch hieraus bisweilen ein politisches Interesse ergeben, das Unternehmen zu erhalten, um negative Folgewirkungen, etwa in Gestalt von „Domino-Effekten", zu vermeiden.[34]

---

[30] *Merle,* Insolvenzzwecke, S. 300; *Magras Vergez,* Stigmates, Rn. 1410, S. 434, Rn. 1412, S. 434 f.

[31] Zu den vielfältigen staatlichen Interessen, die am Erhalt eines Unternehmens bestehen können *Flessner,* Sanierung, S. 195 f.; siehe auch *Jaeger,* Lehrbuch[8], S. 216; *Pérochon,* Entreprises en difficulté, Rn. 1; *Verdoes/Verweij,* IIR 2018, S. 398, 401.

[32] *Krystek,* Unternehmungskrisen, S. 79 f.; *Pérochon,* Entreprises en difficulté, Rn. 1; vgl. auch *Geldmacher,* Sanierungsverfahren, S. 7 f.; *Baird/Jackson,* University of Chicago Law Review 51 (1984), S. 97, 101.

[33] Vgl. etwa Erwägungsgrund 2 der Restrukturierungsrichtlinie, der ausdrücklich hierauf abstellt.

[34] Vgl. etwa *Thole,* KTS 2019, S. 289, 299; *Pérochon,* Entreprises en difficulté, Rn. 1; *Geldmacher,* Sanierungsverfahren, S. 8; *Baird/Jackson,* University of Chicago Law Review 51 (1984), S. 97, 101.

II. Das insolvenzbedingte Marktausscheiden als Instrument der Marktordnung und Voraussetzung echten Wettbewerbs

Insbesondere von Protagonisten des Ordoliberalismus wurde darüber hinaus – mit teils drastischer Wortwahl – hervorgehoben, dass dem insolvenzbedingten Marktausscheiden von Unternehmen eine für die Ordnung von Markt und Wettbewerb fundamentale Bedeutung zukomme.[35] Dem liegt die Vorstellung zugrunde, dass der Wettbewerb seine Funktionen nur entfalten könne, wenn unternehmerische „Fehlleistungen"[36] auch Konsequenzen in Gestalt der Haftung sowie des Marktausscheidens der unrentablen Marktteilnehmer haben.[37] Nur wenn ein unternehmerisches Scheitern zur Folge hat, dass das Unternehmen aus dem Markt ausscheidet, finde (im Vorfeld) eine sorgfältige Abwägung statt, ob die hierfür benötigten Ressourcen dort sinnvoll gebunden sind.[38] Zugleich ermögliche es die Zerschlagung eines insolventen Unternehmens, die in diesem Unternehmen gebundenen Ressourcen, deren derzeitige Nutzung sich durch den Wettbewerb als ineffizient erwiesen habe, einer neuen, effizienteren Nutzung zuzuführen, nicht zuletzt, um die Konkurrenten des gescheiterten Unternehmens vor Wettbewerbsverzerrungen zu schützen.[39]

III. Das Insolvenzrecht als Sanktionsinstrument

Besonders in der Vergangenheit wurde das Insolvenzrecht, insbesondere das insolvenzbedingte Ausscheiden von Marktteilnehmern, auch als Sanktionsinstrument eingesetzt. Als Beispiel hierfür mag das französische *ancien droit* dienen, in welchem mit großer Kreativität eine Vielzahl entwürdigender Sank-

---

[35] Insbesondere *Röpke*, Wirtschaft, S. 304: „[...] [Es muss] dafür gesorgt sein [...], daß eine Fehlleistung ihre unerbittliche Sühne in Verlusten und schließlich durch den Konkurs im Ausscheiden aus der Reihe der für die Produktion Verantwortlichen findet."; in Anschluss hieran *Eucken*, Wirtschaftspolitik, S. 281; siehe etwa auch *Eidenmüller*, ZIP 2010, S. 649, 650; *Thole*, KTS 2019, S. 289, 291; *Heese*, Funktion, S. 18; *Heese*, JZ 2018, S. 179, 180 f.; *Geldmacher*, Sanierungsverfahren, S. 6 f.; *Baird/Jackson,* University of Chicago Law Review 51 (1984), S. 97, 102; eingehend in diesem Sinn *Merle*, Insolvenzzwecke, S. 288 ff.; kritisch *K. Schmidt*, Möglichkeiten der Sanierung, D. 25 f.; vgl. zum Aufkeimen dieser Idee *Magras Vergez*, Stigmates, Rn. 750 ff., S. 245 ff.; vgl. aber auch die treffende Beobachtung von *Paulus*, ZRI 2022, S. 45, 47, dass in jüngerer Zeit eine Tendenz des Gesetzgebers besteht, diese für das Funktionieren der Marktwirtschaft vorgeblich unentbehrliche Funktion durch Gewährung umfangreicher staatlicher Finanzhilfen an krisenbehaftete Unternehmen auszuschalten.

[36] *Röpke*, Wirtschaft, S. 304.

[37] *Eucken*, Wirtschaftspolitik, S. 280 f.; *Röpke*, Wirtschaft, S. 304 f.; *Baird/Jackson,* University of Chicago Law Review 51 (1984), S. 97, 102.

[38] *Eucken*, Wirtschaftspolitik, S. 280.

[39] *Eidenmüller*, ZIP 2010, S. 649, 650; *Thole*, KTS 2019, S. 289, 291; *Baird/Jackson,* University of Chicago Law Review 51 (1984), S. 97, 102; vgl. auch *Flessner*, ZIP 1981, S. 1283, 1284; *Sämisch*, ZRI 2022, S. 575, 577.

tionen des zahlungsunfähigen Schuldners erdacht wurde.⁴⁰ Auch nach Aufgabe dieser entwürdigenden, Schande auf den jeweiligen Kaufmann bringenden Strafen lag der Insolvenz beispielsweise in der Frühphase des *Code de commerce* eine Betrachtung als Straftat des Schuldners gegenüber den Gläubigern zu Grunde, der dementsprechend mit (drakonischer) Kriminalstrafe belegt wurde.⁴¹ Neben dem Anliegen, den „unehrlichen" Kaufmann für seine Vergehen zu bestrafen, können Sanktionen des Insolvenzschuldners auch dazu dienen, auf das Wirtschaftsleben abschreckend und disziplinierend einzuwirken und auf ein „ehrliches" Verhalten hinzuwirken.⁴² Das zeigt sich wiederum bei den entwürdigenden Strafen des *ancien droit,* die ihre Wirkung über das *öffentliche* Zurschaustellen des Falliten entfalten, so dass diesen durchaus auch ein die Gemeinschaft mahnender und warnender Effekt beigemessen werden kann.⁴³ Dieser Präventionsgedanke tritt deutlich auch bei den im französischen Recht lange Zeit omnipräsenten Berufs- und Tätigkeitsverboten hervor, mit denen ein einmal in die Insolvenz geratener Kaufmann belegt wurde, um zu verhindern, dass dieser wieder in entsprechender Weise in Erscheinung tritt und seine Gläubiger schädigt.⁴⁴

D. Analyse der Interessenlage und Konsequenzen für die Ausrichtung eines Insolvenzrechts

Die Insolvenz und deren Bewältigung erweist sich damit als Konfliktlage, in welcher eine Vielzahl von Beteiligten mit teils stark divergierenden Interessenlagen aufeinandertreffen.⁴⁵ Bezeichnend ist dabei, dass bestimmte Beteiligte grundsätzlich ein Interesse an einer sofortigen Zerschlagung des Unternehmens haben müssen, während für andere ein Rettungsversuch gewissermaßen um je-

---

⁴⁰ Eingehend zu entsprechenden Mechanismen in den französischen *coutumes*, die unter anderem auf das Stadtrecht von Padua und biblische Riten zurückgeführt werden können, *Magras Vergez*, Stigmates, S. 209 ff., S. 69 ff., insbes. Rn. 218, S. 73; siehe auch *Szramkiewicz/Descamps*, Histoire du droit des affaires, Rn. 457; vgl. auch die Beispiele bei *Paulus*, JZ 2009, S. 1148, 1149 f.

⁴¹ Siehe hierzu etwa *Szramkiewicz/Descamps*, Histoire du droit des affaires, Rn. 792; das wird auch an der damals noch verwendeten Bezeichnung *faillite* deutlich, die auf das lateinische *fallere* im Sinne von „täuschen, betrügen" zurückgeführt wird, *Pérochon*, Entreprises en difficulté, Rn. 2; siehe zur nicht ganz eindeutigen Etymologie *Magras Vergez*, Stigmates, Rn. 13, S. 5.

⁴² Vgl. *Terré*, RJCom. 1991, S. 1, 6: „punir pour prévenir"; siehe auch *Paillusseau*, Études Houin, S. 109, 110.

⁴³ Vgl. etwa *Magras Vergez*, Stigmates, Rn. 585 ff., S. 193 ff.

⁴⁴ Vgl. zu diesen *Hamel/Lagarde*, Traité de droit commercial, Bd. I, Rn. 103 ff.; *Magras Vergez*, Stigmates, Rn. 567 ff., S. 187 ff.

⁴⁵ Vgl. *Flessner*, Sanierung, S. 196, der im Kontext der Insolvenz von Großunternehmen von einem „öffentliche[n] Großkonflikt" spricht.

den Preis vorteilhaft scheint. Das kann sich insbesondere daraus ergeben, dass der Fortbestand des Unternehmens für bestimmte Gläubiger von existenzieller Bedeutung ist oder sie auch durch das Scheitern eines Sanierungsversuchs nichts mehr zu verlieren haben.

Gewisse gemeinsame Grundlinien der Interessenlage lassen sich gleichwohl herausarbeiten: Festzustellen ist, dass eine erfolgreiche Sanierung, durch welche die Zahlungsfähigkeit des Schuldners (dauerhaft) wiederhergestellt wird, der Interessenlage aller Beteiligten nützt bzw. zumindest nicht schadet. Umgekehrt nützt aber die Durchführung eines Sanierungsversuchs, der letztendlich scheitert, prinzipiell niemandem. Erhebliche Unterschiede bestehen hier aber insofern, als das Risiko, das die Beteiligten in Bezug auf einen Sanierungsversuch in Kauf zu nehmen bereit sein werden, sich zwischen den Beteiligten ganz erheblich unterscheiden wird. Anders als dies früher vereinzelt angenommen wurde,[46] besteht demnach kein genereller Widerspruch oder gar eine Ausschließlichkeit zwischen Unternehmenserhalt und dem Anliegen, die bestmögliche Gläubigerbefriedigung zu gewährleisten; vielmehr entspricht die Sanierung jedenfalls dann den Interessen der Gläubigergesamtheit, wenn sie bessere Befriedigungsaussichten erwarten lässt als die sofortige Zerschlagung.[47]

Parallel hierzu lassen sich sowohl für die sofortige Zerschlagung als auch für die (prinzipielle) Durchführung von Sanierungsversuchen Allgemeinwohlbelange ins Feld führen, die zu den Interessen gerade der Gläubiger mitunter quer stehen: Insbesondere bei der Insolvenz von Großunternehmen kann ein wirtschafts- und sozialpolitisches Interesse an deren Erhalt bestehen, auch wenn die sofortige Zerschlagung aus Gläubigersicht die vorteilhaftere Lösung wäre. Rückt man hingegen Sanktionsgedanken oder die Funktion der Insolvenz als Instrument zur Marktbereinigung in den Vordergrund, kann auch die Zerschlagung von Unternehmen vorteilhaft scheinen, bei denen eine Fortführung im Interesse der Gläubiger läge.

Dass ein Insolvenzrecht die Sanierung eines Unternehmens aus ganz unterschiedlichen Gründen anstreben kann,[48] bedeutet aber auch, dass die Frage, *ob* ein Insolvenzrecht Sanierungen zulässt oder fördert, kaum Aussagen über dessen grundsätzliche Ausrichtung ermöglicht. Entscheidender scheint, unter welchen Bedingungen und, vor allem, in wessen Interesse ein Insolvenzrecht Sanierungen anstrebt oder fördert.[49] Es geht mit anderen Worten um das *Ver-*

---

[46] *Limmer*, Kölner Schrift², S. 1219, 1221, Rn. 4.

[47] *Henckel*, FS Merz, S. 197, 199; *Eidenmüller*, Unternehmenssanierung, S. 26; *Thole*, Gläubigerschutz, S. 56 f.

[48] Vgl. auch die vielfältigen Rechtfertigungsansätze für eine „business rescue" bei *Verdoes/Verweij*, IIR 2018, S. 398, 401.

[49] Als zutreffend erweist sich damit auch die These *Flessners*, dass es sich bei der Frage nach dem Ob und Wie eines Sanierungsverfahrens um eine rechtspolitische handelt, die nicht durch zwingende (wirtschaftliche) Erwägungen determiniert ist, *Flessner*, Sanierung, S. 194 ff.

hältnis, in das ein Insolvenzrecht die skizzierten Anliegen setzt. Erhebt ein Insolvenzrecht etwa aus sozialpolitischen Gründen den Unternehmens- und Arbeitsplatzerhalt zum Leitmotiv, dem sich alles unterzuordnen hat, wird sich daraus – zumindest bei konsequenter Durchführung – eine gänzlich andere Haltung gegenüber den Bedingungen für die Durchführung einer Sanierung ergeben als wenn allein die Befriedigungsaussichten der Gläubiger in den Vordergrund gerückt werden.

2. Kapitel

Die Positionierung des deutschen und französischen Insolvenzrechts – Sanierung wegen oder trotz der Gläubigerinteressen?

Im Folgenden soll daher näher untersucht werden, wie sich die deutschen und französischen Insolvenzrechte in dieser Gemengelage positionieren. Konkret kann es nach dem Gesagten nicht darum gehen, *ob* in den beiden Rechtsordnungen Sanierungen innerhalb von Insolvenzverfahren stattfinden. Zu untersuchen ist vielmehr primär, unter welchen Bedingungen und vor allem in wessen Interesse diese durchgeführt werden.

A. Das Primat der Gläubigerinteressen als Konstante des deutschen Insolvenzrechts

Blickt man zunächst auf den Stellenwert der Sanierung im deutschen Recht, scheint zuallererst auch eine nähere Betrachtung der Rechtslage unter Geltung von KO und VglO angezeigt, da sich die InsO und damit das Rückgrat der heutigen insolvenzrechtlichen Bestimmungen, als Reaktion gerade auf die Defizite von KO und VglO darstellt.[1]

I. Unter Geltung von KO und VglO

Bis zum Inkrafttreten der Insolvenzordnung im Jahre 1999 war das deutsche Insolvenzrecht seit Anfang des 20. Jahrhunderts von einem – vielkritisierten[2] – Nebeneinander von Konkursordnung und Vergleichsordnung geprägt. Diese unterschieden sich vor allem durch ihre verschiedenen Zwecksetzungen, während die Eröffnungsvoraussetzungen identisch waren (vgl. § 2 Abs. 1 S. 3 VglO).[3]

---

[1] Vgl. die Gesetzesbegründung zum RegE-InsO, BT 12/2443, S. 72 ff., die mit einer Analyse der Mängel der Rechtslage unter Geltung von KO und VglO beginnt.
[2] *Uhlenbruck*, KTS 1981, S. 513, 515; vgl. auch den Überblick zur Kritik hieran bei *Westpfahl*, ZGR 39 (2010), S. 385, 400 f.; *Westpfahl*, ZRI 2020, S. 157, 157 f.
[3] Vgl. etwa *Uhlenbruck*, KTS 1981, S. 513, 515, 545; vgl. auch *Westpfahl*, ZRI 2020, S. 157, 158.

1. Das Konkursverfahren als Liquidationsverfahren

Das Konkursverfahren war letztlich allein auf die Haftungsverwirklichung des Schuldners und die Befriedigung der Gläubiger, nicht aber auf die Sanierung bzw. den Erhalt von Unternehmen im Gemeinwohlinteresse ausgerichtet[4] und wurde allgemein als Vollstreckungsrecht gedeutet.[5] Es bestand gem. §§ 173, 174 KO zwar die Möglichkeit des Zwangsvergleichs, mit dem die Befriedigung der Gläubiger abweichend von den Vorgaben der KO geregelt werden konnte.[6] Dieser konnte grundsätzlich auch in Gestalt eines Sanierungsvergleichs erfolgen und so den Erhalt des Unternehmens regeln.[7] Aufgrund der hohen Hürden für einen Zwangsvergleich im Konkurs (vgl. §§ 173 ff. KO) hatte insbesondere der Sanierungsvergleich allerdings kaum praktische Relevanz.[8] Dieser war als abweichende Regelung der Befriedigung (vgl. § 174 KO) aber ohnehin nicht auf die Sanierung im Gemeinwohlinteresse ausgerichtet, sondern vor allem Instrument, um eine weitreichendere und schnellere Befriedigung der Gläubiger zu erreichen.[9] Um ein praktisch relevantes Sanierungsinstrument handelte es sich hierbei nicht.[10] Im Ergebnis führte das Konkursverfahren daher zur Abwicklung zumindest des Unternehmensträgers.[11]

2. Die VglO: Gesamtwirtschaftlich motivierter Unternehmenserhalt?

Bei Schaffung der Konkursordnung hatte sich der Gesetzgeber noch ausdrücklich und bewusst gegen die Einführung eines Vergleichsverfahrens zur Konkursabwendung entschieden, weil man dies weder für legitim gehalten, noch ein praktisches Bedürfnis hierfür gesehen hatte.[12] Im Zuge der wirtschaftlichen

---

[4] *Baur/Stürner*, Insolvenzrecht, Rn. 1.3, 4.7.

[5] *Jaeger*, Lehrbuch[8], S. 12; *Baur/Stürner*, Insolvenzrecht, Rn. 1.5; *Jauernig*, Zwangsvollstreckungs- und Konkursrecht[18], S. 161, 163; *Pagenstecher/Grimm*, Konkurs, S. 1; Jaeger-KO[8]/*Lent*, Einleitung S. LI; einschränkend *K. Schmidt*, KTS 1988, S. 1, 6 ff., der zwar die Einordnung als „reines" Vollstreckungsrecht kritisiert, aber nicht davon ausgeht, dass Aufgabe des Insolvenzrechts die Sanierung bzw. der Erhalt von Unternehmen im Gemeinwohlinteresse ist.

[6] *Jaeger*, Lehrbuch[8], S. 190; *Baur/Stürner*, Insolvenzrecht, Rn. 24.5.

[7] *Baur/Stürner*, Insolvenzrecht, Rn. 24.5; *Merle*, Insolvenzzwecke, S. 120; vgl. auch *Jaeger*, Lehrbuch[8], S. 191, der hervorhebt, dass der Zwangsvergleich dazu dienen könne, die freie Erwerbstätigkeit des Schuldners früher wieder herzustellen und diesen als handelsrechtlichen Verband aufrechtzuerhalten.

[8] *Merle*, Insolvenzzwecke, S. 120.

[9] Vgl. *Jaeger*, Lehrbuch[8], S. 191.

[10] *Merle*, Insolvenzzwecke, S. 120, 122.

[11] Vgl. etwa *Baur/Stürner*, Insolvenzrecht, Rn. 1.3: „Der Konkurs bezweckt eine Liquidation des Schuldnervermögens durch Gesamt- oder Einzelveräußerung [...]."; *Flessner*, ZIP 1981, S. 1283, 1286.

[12] *Hahn*, Materialien IV, S. 382 f.: „Unter der Voraussetzung eines die freie Bewegung nicht hemmenden Konkursverfahrens ist ein Vergleichsverfahren außerhalb desselben theils

Schieflagen infolge des Ausbruchs des ersten Weltkriegs und der Weltwirtschaftskrise der 20er-Jahre wurden die Schwächen eines Systems, in welchem ein Unternehmenserhalt im Konkurs praktisch kaum möglich war, aber offenkundig.[13] Ab 1914 wurden daher Verfahren zur Abwendung des Konkurses eingeführt,[14] die ihre endgültige Form in der Vergleichsordnung von 1935 fanden.

Mit diesem Verfahren sollte es dem Schuldner ermöglicht werden, gemeinsam mit den Gläubigern eine vergleichsweise Lösung zu finden, um die konkursmäßige Verwertung des Unternehmens zu vermeiden.[15] Motiviert war das ausweislich der Gesetzesbegründung insbesondere durch das Anliegen, durch den gesicherten Fortbestand des schuldnerischen Unternehmens Schäden für die Gesamtwirtschaft abzuwenden.[16] Zugleich waren im Rahmen des Vergleichsverfahrens für die gerichtliche Bestätigung eines Vergleichs aber hohe Mehrheitserfordernisse (vgl. § 74 VglO: Kopfmehrheit sowie eine Summenmehrheit von 75 %, die bei einer Vergleichsquote von unter 50 % auf eine benötigte Summenmehrheit von 80 % stieg) und eine Mindestquote von grundsätzlich 35 %, die bar anzubieten war (§ 7 Abs. 1 S. 2, Abs. 3 VglO), erforderlich. Überdies war die Bestätigung gem. § 79 Nr. 4 VglO zu versagen, wenn der Vergleich dem Gesamtinteresse der Gläubiger widersprach. Das war der Fall, wenn die Gläubiger bei Nichtzustandekommen des Vergleichs besser gestanden hätten als ohne diesen.[17]

In Anbetracht dieser Schutzmechanismen zugunsten der Gläubiger ist damit trotz des ausgewiesenen Ziels der gesamtwirtschaftlichen Schadensminimierung nicht von der Hand zu weisen, dass das Vergleichsverfahren primär den Interessen der Gläubiger und deren Befriedigung diente[18] und eine Sanierung gegen deren Interessen nicht in Betracht kam. Ohnehin erfüllte das Vergleichsverfahren seinen Zweck bereits aufgrund seiner immer weiter abnehmenden

---

überflüssig, theils unzulässig."; vgl. *K. Schmidt*, Möglichkeiten der Sanierung, D. 42; *Merle*, Insolvenzzwecke, S. 119 f.; *Flessner*, Sanierung, S. 8.

[13] Vgl. das Jaegersche Bonmot vom Konkurs als „Wertvernichter schlimmster Art" und „teuerste[m] Schuldenbereinigungsverfahren", *Jaeger*, Lehrbuch[8], S. 216.

[14] Vgl. *Baur/Stürner*, Insolvenzrecht, Rn. 3.24; *Merle*, Insolvenzzwecke, S. 122; *Flessner*, Sanierung, S. 10 ff.

[15] Gottwald/*Uhlenbruck*, Insolvenzrechtshandbuch[1], § 69 Rn. 9; *Baur/Stürner*, Insolvenzrecht, Rn. 25.2; *Jauernig*, Zwangsvollstreckungs- und Konkursrecht[18], S. 240.

[16] *Reichsjustizministerium*, Entwurf einer Vergleichsordnung nebst Einführungsgesetz und Begründung, S. 37; vgl. auch Jaeger-KO[8]/*Lent*, Einleitung S. XLVII f.; Gottwald/*Uhlenbruck*, Insolvenzrechtshandbuch[1], § 69 Rn. 9.

[17] Kilger/*K. Schmidt*, Insolvenzgesetze, § 79 VglO Rn. 5; Gottwald/*Uhlenbruck*, Insolvenzrechtshandbuch[1], § 75 Rn. 20; *Baur/Stürner*, Insolvenzrecht, Rn. 28.11.

[18] Böhle-Stamschräder/*Kilger*, Einleitung S. 4; Mohrbutter/*Mohrbutter*, Einleitung S. 39; Jaeger-KO[8]/*Lent*, Einleitung S. XLVII; Gottwald/*Uhlenbruck*, Insolvenzrechtshandbuch[1], § 69 Rn. 9.

Bedeutung[19] zunehmend nicht mehr.[20] Zusammen mit der ebenfalls konstatierten Funktionslosigkeit des Konkurses[21] war dies einer der Beweggründe für die Einführung der Insolvenzordnung.[22]

II. Seit Inkrafttreten der Insolvenzordnung

Aufgrund dieser Defizite wurde das deutsche Insolvenzrecht mit der Insolvenzordnung grundlegend neu geordnet. Deren Einführung war eine kontrovers geführte Debatte über Funktion und Ziele des Insolvenzrechts vorangegangen, in welcher verschiedentlich auch die Forderung laut wurde, das neue Insolvenzrecht müsse primär wirtschafts- und sozialpolitischen Zielen dienen und Sanierungen im Interesse des Gemeinwohls fördern.[23] An die Stelle des bisherigen Nebeneinanders trat nun ein einheitliches Verfahren, in dessen Rahmen sowohl die Zerschlagung als auch die Sanierung des Unternehmens möglich sein sollte. Es stellt sich daher auch insoweit die Frage, in wessen Interesse unter Geltung der Insolvenzordnung Sanierungen durchgeführt werden und ob insoweit eine Hinwendung zur Durchführung von Sanierungen auch unabhängig von den Gläubigerinteressen erfolgt ist.

1. Die Urfassung der Insolvenzordnung: Der Unternehmenserhalt als Instrument der Gläubigerbefriedigung

Anhaltspunkte für eine Abschwächung des hergebrachten Primats der Gläubigerinteressen gegenüber den Allgemeinwohlbelangen infolge des Inkrafttretens der Insolvenzordnung können sich insbesondere aus dem Wortlaut der Zielbestimmung des § 1 S. 1 InsO ergeben, der den Erhalt von Unternehmen ausdrücklich in Bezug nimmt. So finden sich nach wie vor Stimmen, die insbesondere aufgrund des Wortlauts des § 1 S. 1 InsO die Sanierung von Unternehmen als gegenüber der Gläubigerbefriedigung gleichrangiges Verfahrensziel der Insolvenzordnung sehen wollen.[24] In diese Richtung weist tatsächlich

---

[19] Vgl. *Baur/Stürner*, Insolvenzrecht, Rn. 4.2; *Flessner*, Sanierung, S. 24; *Flessner*, ZIP 1981, S. 1283, 1286; BT-Drs. 12/2443, S. 72.

[20] *Flessner*, Sanierung, S. 24 ff.; *Flessner*, ZIP 1981, S. 1283, 1286; BT-Drs. 12/2443, S. 72.

[21] *Baur/Stürner*, Insolvenzrecht, Rn. 4.7; BT-Drs. 12/2443, S. 72.

[22] BT-Drs. 12/2443, S. 72 f.

[23] Siehe etwa *Flessner*, ZIP 1981, S. 1283, 1285, 1287 f.

[24] MüKo-InsO¹/*Ganter*, § 1 InsO Rn. 85; *Bork*, Einführung, Rn. 413 f.; wohl auch *Kirchhof*, FS Säcker, S. 443; BVerwGE, 123, S. 203, 214 f.; *Paulus*, NZI 2015, S. 1001, 1004 geht von einem Vorrang des Unternehmenserhalts *de facto* aus; *Smid*, Handbuch, § 1 Rn. 38 geht davon aus, dass § 1 S. 1 Hs. 2 InsO den Unternehmenserhalt durch Sanierung des Unternehmensträgers gleichberechtigt neben die Haftungsverwirklichung stelle, nimmt aber dennoch an, dass die Sanierungsfunktion gegenüber den übrigen Funktionen des Insolvenzrechts sekundär sei; *Prütting*, Kölner Schrift², S. 221, 240 f., Rn. 60, 62 stellt zwar fest, dass es sich bei Sanierung und Liquidation um „gleichrangig nebeneinander stehende Verfahrensziele

auch, dass der Rechtsausschuss im Laufe des Gesetzgebungsverfahrens den späteren § 1 InsO nochmals umformuliert hatte, um die Erhaltung von Unternehmen als „Ziel des Insolvenzverfahrens" herauszustellen,[25] die zuvor nur in § 2 Abs. 3 RegE-InsO Erwähnung gefunden hatte.

Ein solches Verständnis der Ziele der Insolvenzordnung müsste konsequenterweise, will man § 1 InsO nicht zur Funktions- und Bedeutungslosigkeit verdammen und soll diese Diskussion nicht nur eine begriffliche sein, zum Schluss führen, dass bei Möglichkeit einer Sanierung die Liquidation nicht nur deshalb erfolgen kann, weil sie für die Gläubiger günstiger ist.[26] Das hätte letztlich zur Folge, dass das zuvor unangefochtene Primat der Gläubigerinteressen jedenfalls relativiert wäre und das haftungsrechtliche Verständnis des Insolvenzrechts zugunsten einer mehr „ordnenden" Qualifikation zurückgedrängt werden müsste. Zumindest in dieser Konsequenz wird das, soweit ersichtlich, aber nicht vertreten und widerspräche neben dem Wortlaut von § 1 InsO auch der gesetzgeberischen Konzeption sowie der Systematik.

Gegen eine solche Deutung spricht zunächst der Wortlaut des § 1 S. 1 InsO, der die Verwertung des schuldnerischen Vermögens und den Erhalt des Unternehmens in sprachlich recht eindeutiger Weise als *„Mittel"*[27] („indem") zur Verwirklichung der bestmöglichen Gläubigerbefriedigung erscheinen lässt.[28] Darüber hinaus ist auch den Gesetzesmaterialien eine klare Positionierung zu entnehmen:[29] Hauptzweck des Insolvenzverfahrens ist ausweislich der Gesetzesbegründung die Haftungsverwirklichung,[30] neben der die Restschuldbefreiung (vgl. § 1 S. 2 InsO) und die vollständige Abwicklung des Schuldnervermögens als weitere eigenständige Verfahrenszwecke stehen sollen.[31] Zugleich

---

handelt", geht aber auch davon aus, dass es sich beim Insolvenzverfahren um ein Vollstreckungsverfahren zur Befriedigung der Gläubiger handelt; ähnlich K/P/B/*Prütting*, § 1 InsO Rn. 23 f.

[25] Siehe BT-Drs. 12/7302, S. 155: „Als ein Weg zue (sic!) Gläubigerbefriedigung wird die Erhaltung von Unternehmen durch einen Insolvenzplan hervorgehoben.", was durch BT-Drs. 12/8506, S. 2 als „redaktionelles Versehen" (S. 1) zu „Als Ziel des Insolvenzverfahrens neben der Gläubigerbefriedigung wird die Erhaltung von Unternehmen durch einen Insolvenzplan hervorgehoben." geändert wurde.

[26] Für einen Vorrang der Sanierung bei bestehenden Erfolgsaussichten für eine Sanierung noch *Bundesministerium der Justiz*, Erster Bericht, S. 91; vgl. hierzu *Merle*, Insolvenzzwecke, S. 130.

[27] Vgl. Jaeger¹/*Henckel*, § 1 InsO Rn. 2; *Henckel*, FS Merz, S. 197, 199.

[28] *Merle*, Insolvenzzwecke, S. 157: Diese Deutung sei „sprachlich zwingend"; *Eidenmüller*, Unternehmenssanierung, S. 26, insbes. Fn. 20; *Heese*, Funktion, S. 16; *Heese*, JZ 2018, S. 179, 180; *Buchalik*, ZInsO 2015, S. 484, 485; HK/*Sternal*, § 1 InsO Rn. 5; *Brinkmann/Zipperer*, ZIP 2011, S. 1337, 1338; wohl auch *von Wilmowsky*, 100 Jahre Rechtswissenschaft in Frankfurt, S. 655, 659; a.A. *Smid*, Handbuch, § 1 Rn. 38.

[29] Vgl. *Buchalik*, ZInsO 2015, S. 484, 485 f.

[30] BT-Drs. 12/2443, S. 83, 108.

[31] BT-Drs. 12/2443, S. 84.

wird dort betont, dass die „Erhaltung von Unternehmen oder von Betrieben […] kein eigenständiges Ziel des Insolvenzverfahrens [ist]."[32] Das beruht auch darauf, dass der Gesetzgeber die Insolvenz nicht als Versagen des Marktes verstand, das es zu überwinden oder berichtigen gilt, sondern als Ergebnis von Wettbewerbs- und Selektionsprozessen, die einer Marktwirtschaft immanent und in einer solchen deshalb grundsätzlich zu respektieren seien.[33] Gegenstand des Insolvenzrechts müsse deshalb die „marktkonforme" Bewältigung dieses wirtschaftlichen Phänomens sein.[34] Das hat zur Folge, dass es nach der gesetzgeberischen Konzeption einen Erhalt bzw. eine Sanierung von Unternehmen, die in einer Marktwirtschaft keinen Selbstzweck darstellten,[35] gegen Marktgesetze – etwa aus sozial- oder wirtschaftspolitischen Gründen – nicht geben könne.[36] Anzustreben sei vielmehr diejenige Lösung, welche die im Unternehmen gebundenen Ressourcen ihrer produktivsten Verwendung zuführt.[37] Zwischen Liquidation, übertragender Sanierung und der Sanierung des Unternehmensträgers bestehe daher ein konzeptioneller Gleichrang.[38]

Die Entscheidung zwischen diesen – *a priori* gleichwertigen – Verwertungsarten liegt nach der gesetzgeberischen Vorstellung ausschließlich bei den Gläubigern, wobei der Gesetzgeber davon ausging, dass deren privatautonome, individuell rationale Entscheidung am ehesten geeignet sei, die Gesamtwohlfahrt zu steigern.[39] Dabei wird das Entscheidungsmonopol der Gläubiger in aller Regel dazu führen, dass Entscheidungsgrundlage für die Wahl der „richtigen" Verwertungsart allein die Interessenlage der Gläubiger sein wird, die typischerweise keine Veranlassung haben, in altruistischer Manier bspw. gesamtwirtschaftliche oder soziale Folgen zu berücksichtigen.[40] Die Gläubiger werden also in aller Regel für die Verwertungsart votieren, die ihnen die größten Befriedigungschancen verspricht und mithin für eine Liquidation optieren, wenn der Liquidationswert den Fortführungswert übersteigt und nur im umgekehrten Fall einen Erhalt des Unternehmens präferieren.[41] Diese gesetzgeberische Konzeption findet sich insbesondere in den §§ 156 f., 217 ff. InsO verwirklicht, welche unter anderem die Entscheidung über Zerschlagung oder Fortführung des Unternehmens in die Hände der Gläubiger legen. Dabei be-

---

[32] BT-Drs. 12/2443, S. 109.
[33] BT-Drs. 12/2443, S. 75.
[34] BT-Drs. 12/2443, S. 77.
[35] BT-Drs. 12/2443, S. 76.
[36] BT-Drs. 12/2443, S. 75 f.
[37] BT-Drs. 12/2443, S. 77.
[38] BT-Drs. 12/2443, S. 76, 77 f.
[39] BT-Drs. 12/2443, S. 76.
[40] Siehe aber auch den zutreffenden Verweis von *Foerste* auf Sonderkonstellationen vor allem bei Großgläubigern *Foerste*, ZZP 125 (2012), S. 265, 267, Fn. 8.
[41] Vgl. BT-Drs. 12/2443, S. 76; vgl. auch *Korch*, ZHR 182 (2018), S. 440, 444; *Landfermann*, FS Wimmer, S. 408, 413 f.

steht mit der Möglichkeit der gerichtlichen Aufhebung der Entscheidung der Gläubiger (§§ 78, 251, 253 InsO) zwar ein Korrektiv zur Gläubigermacht. Hierbei handelt es sich aber nicht um ein Instrument, mit dem das Gericht die aus seiner Sicht zweckmäßige Lösung herbeiführt[42] oder wirtschafts- oder sozialpolitischen Erwägungen zum Durchbruch verhelfen kann. Entscheidungsmaßstab ist vielmehr *allein,* ob die Entscheidung den Interessen der Gläubigergesamtheit widerspricht (§ 78 InsO) bzw. der agierende Gläubiger durch den Insolvenzplan voraussichtlich schlechter gestellt würde als ohne Plan (§ 251 Abs. 1 Nr. 2, 253 Abs. 1 Nr. 3 InsO). Dass eine andere als die von den Gläubigern gewählte Lösung z.B. aus wirtschafts- oder sozialpolitischer Perspektive vorteilhafter wäre, bleibt hingegen außer Betracht. Es handelt sich letztlich um Instrumente, mit denen ein „Missbrauch" der Mehrheitsmacht der Gläubiger verhindert, nicht aber eine allgemeine „Richtigkeitskontrolle" durchgeführt werden soll.[43] Die Gläubigerautonomie steht im System der InsO nicht unter dem Vorbehalt der Unschädlichkeit der Entscheidung für die Allgemeinheit. Damit ist aber auch der These, dass der Unternehmenserhalt im Allgemeininteresse zur Gläubigerbefriedigung gleichrangiges Anliegen der Insolvenzordnung sei, der Boden entzogen.

Die behauptete Stärkung der Bedeutung der Sanierung durch den Rechtsausschuss hat in der InsO selbst, deren grundsätzliche Ausrichtung keine Änderung erfahren hat, demnach keinen Niederschlag gefunden.[44] Daraus folgt wiederum, dass eine Sanierung auf Grundlage der Insolvenzordnung auf Kosten dissentierender Gläubiger nicht stattfindet und dahingehende öffentliche Interessen unberücksichtigt bleiben.[45] Erkennt man dementsprechend an, dass die Sanierung des Unternehmens im System der Insolvenzordnung der Gläubigerbefriedigung dienend untergeordnet ist,[46] scheint die weiter gehende Frage, ob die Sanierung des Unternehmens ein eigenständiges (Neben-)Ziel[47] oder

---

[42] Mit Recht ablehnend zur Frage, ob das Gericht einen Beschluss der Gläubigerversammlung nicht nur aufheben, sondern auch sogleich durch eine eigene Entscheidung ersetzen darf MüKo-InsO/*Ehricke/Ahrens,* § 78 InsO Rn. 29.

[43] Deutlich in diesem Sinne zu § 89 RegE-InsO BT-Drs. 12/2443, S. 134; siehe zum heutigen § 78 InsO auch Uhlenbruck/*Knof,* § 78 InsO Rn. 1, 10.

[44] Jaeger¹/*Henckel*, § 1 InsO Rn. 8

[45] Statt aller Jaeger¹/*Henckel*, § 1 InsO Rn. 8.

[46] MüKo-InsO/*Ganter/Bruns*, § 1 InsO Rn. 85; MüKo-InsO/*Stürner*, Einleitung Rn. 2; vgl. auch *Foerste*, ZZP 125 (2012), S. 265, 266; *Häsemeyer*, Insolvenzrecht, Rn. 1.12.

[47] So MüKo-InsO/*Ganter/Bruns*, § 1 InsO Rn. 85; MüKo-InsO/*Stürner*, Einleitung Rn. 2.

aber nur Mittel zur Verwirklichung der Gläubigerbefriedigung ist,[48] vor allem begrifflicher Natur.[49]

2. Paradigmenwechsel durch das ESUG?

Teilweise ist man jedoch gleichwohl der Auffassung, dass durch das Gesetz zur weiteren Erleichterung der Sanierung von Unternehmen (ESUG), mit dem der Erhalt von sanierungsfähigen Unternehmen und von Arbeitsplätzen erleichtert werden sollte,[50] ein Paradigmenwechsel hin zur Sanierung als gleichrangigem Verfahrensziel erfolgt sei.[51] Begründet wird dies damit, dass der Gesetzgeber mit dem ESUG die Rolle der Sanierung im Insolvenzverfahren habe massiv steigern wollen und zu diesem Zweck auch Rolle und Einfluss der Gläubiger im Schutzschirmverfahren gem. § 270d InsO (§ 270b a.F. InsO) deutlich reduziert habe.[52]

Zu erkennen ist jedoch, dass die Gläubiger auch im Rahmen der mit dem ESUG neu eingeführten Verfahren ein Letztentscheidungsrecht über die Durchführung der Verfahren haben, da § 270d Abs. 1 Nr. 4 InsO (§ 270b Abs. 4 Nr. 2 InsO a.F.) dem vorläufigen Gläubigerausschuss das Recht zugesteht, das Verfahren jederzeit zu beenden.[53] Der Erhalt des Unternehmens ist

---

[48] BGHZ 154, 190, 197: „Die bestmögliche und gemeinschaftliche, d.h. gleichmäßige und anteilige Befriedigung der Insolvenzgläubiger ist gemäß § 1 InsO der Hauptzweck des Insolvenzverfahrens. Die Erhaltung des Unternehmens des Schuldners ist demgegenüber lediglich ein Weg zur Gläubigerbefriedigung."; *BAG*, NZA, 2005, S. 405, 407: „Die Unternehmenssanierung stellt dabei kein eigenständiges Ziel des Insolvenzverfahrens dar, sondern vielmehr nur ein neben der Zerschlagung des Unternehmens gleichwertiges Mittel der Gläubigerbefriedigung. Das einheitliche Insolvenzverfahren ist vermögensorientiert; auch die Sanierung des Schuldners oder seines Unternehmens wird als Verwertung des Schuldnervermögens begriffen."; *Thole*, Gläubigerschutz, S. 56; Jaeger¹/*Henckel*, § 1 InsO Rn. 2 f., 8; FK/*Schmerbach*, § 1 InsO Rn. 12; vgl. BT-Drs. 12/2443, S. 77, wonach Verfahrensziel die bestmögliche Verwertung des Vermögens und die optimale Abwicklung bzw. Umgestaltung der Finanzstruktur im Interesse der Geldgeber sein müsse; davon ging auch der Gesetzgeber des ESUG sowie des StaRUG aus, vgl. BT-Drs. 17/5712, S. 17; BT-Drs. 19/24181, S. 85; zurückhaltend *Heese*, Funktion, S. 67; für eine Einordnung als eigenständiges Verfahrensziel, das der Gläubigerbefriedigung aber dienend untergeordnet sein soll, MüKo-InsO/*Ganter/Bruns*, § 1 InsO Rn. 85; ebenso MüKo-InsO/*Stürner*, Einleitung Rn. 2.

[49] Als wenig hilfreich bezeichnet auch von *Foerste*, ZZP 125 (2012), S. 265, 267.

[50] BT-Drs. 17/5712, S. 17; *Foerste*, ZZP 125 (2012), 265; *Buchalik*, ZInsO 2015, S. 484, 486; *Mönning*, FS Kübler, S. 431, 432.

[51] Insbesondere K/P/B/*Pape*, § 270d InsO Rn. 14-16, 19: „Sanierung von Unternehmen zumindest als gleichrangiges Ziel", a.a.O., Rn. 14, „klares Bekenntnis zur Sanierung von Unternehmen als Ziel des Insolvenzverfahrens", a.a.O., Rn. 16; *Mönning*, FS Kübler, S. 431, 437; in diese Richtung auch *OLG Karlsruhe*, ZIP 2016, S. 1649, 1650.

[52] K/P/B/*Pape*, § 270b InsO Rn. 14.

[53] Ausführlich zu den Veränderungen der Rolle der Gläubiger durch das ESUG *Foerste*, ZZP 125 (2012), S. 265, 272 ff.

demnach auch im Rahmen dieses Verfahrens eindeutig den Interessen der Gläubiger untergeordnet.⁵⁴ So war es auch ausdrückliches Ziel des Gesetzgebers, den Gläubigereinfluss durch das ESUG noch weiter zu stärken.⁵⁵ Der Gesetzgeber ging bei Schaffung des ESUG nach wie vor davon aus, dass eine Sanierung kein Selbstzweck, sondern nur erstrebenswert sei, wenn der Fortführungswert den Zerschlagungswert übersteige und nur in diesem Fall auch im Interesse der Gläubiger liege.⁵⁶ Da die Gläubiger aber auch das Risiko des Gelingens trügen, müsse auch die Entscheidung hierüber in deren Händen liegen.⁵⁷

Eine grundlegende Änderung der Gesamtkonzeption der InsO durch das ESUG, weg vom Primat der Gläubigerbefriedigung, hin zu Sanierungen im Gemeinwohlinteresse, ist damit nicht nur dem Gesetz nicht zu entnehmen, sondern widerspricht auch dem ausdrücklichen Willen des Gesetzgebers. Dieser ging ganz im Gegenteil davon aus, dass „[v]orrangiges Ziel des Insolvenzverfahrens [...] die bestmögliche Gläubigerbefriedigung [ist]".⁵⁸ Die Entscheidung über Fortbestehen oder Zerschlagung solle allein davon abhängen, welche Lösung für die Gläubiger die bessere ist.⁵⁹ Ziel des Insolvenzverfahrens war damit auch nach Inkrafttreten des ESUG die Gläubigerbefriedigung, nicht aber eine Sanierung (im Allgemeininteresse), die allein als Verwertungsart gestärkt werden sollte.⁶⁰

3. Paradigmenwechsel durch SanInsFoG und StaRUG?

Erhebliche Veränderungen im Gesamtgefüge des deutschen Insolvenzrechts haben sich jedoch durch das Gesetz zur Fortentwicklung des Sanierungs- und Insolvenzrechts (SanInsFoG) ergeben. Mit dessen Art. 1 wurde das Unternehmensstabilisierungs- und -restrukturierungsgesetz (StaRUG) eingeführt, durch welches das deutsche Insolvenzrecht erstmals seit Einführung der InsO wieder ein eigenständiges Sanierungsverfahren erhalten hat. Hiermit sollten insbesondere die Vorgaben der Richtlinie EU 2019/1023⁶¹ in nationales Recht umge-

---

⁵⁴ HK¹⁰/*Brünkmans*, § 270b InsO Rn. 5; *Landfermann*, FS Wimmer, S. 408, 422; das konzediert auch K/P/B/*Pape*, § 270b InsO Rn. 88.
⁵⁵ BT-Drs. 17/5712, S. 17 f.; vgl. auch *Landfermann*, FS Wimmer, S. 408, 421; *Foerste*, ZZP 125 (2012), S. 265, 272.
⁵⁶ BT-Drs. 17/5712, S. 17.
⁵⁷ BT-Drs. 17/5712, S. 17.
⁵⁸ BT-Drs. 17/5712, S. 17.
⁵⁹ BT-Drs. 17/5712, S. 17.
⁶⁰ Vgl. *Brinkmann/Zipperer*, ZIP 2011, S. 1337, 1338; *Landfermann*, FS Wimmer, S. 408, 421; *Landfermann*, WM 2012, S. 821, 822; *Buchalik*, ZInsO 2015, S. 484, 486.
⁶¹ Richtlinie (EU) 2019/1023 des Europäischen Parlaments und des Rates vom 20. Juni 2019 über präventive Restrukturierungsrahmen, über Entschuldung und über Tätigkeitsverbote sowie über Maßnahmen zur Steigerung der Effizienz von Restrukturierungs-,

setzt werden.[62] Es tut sich demnach die Frage auf, ob hierdurch, d.h. in Vollzug der unionsrechtlichen Vorgaben im deutschen Insolvenzrecht, der bereits erwähnte Paradigmenwechsel hin zu einem Primat der Gemeinwohlbelange erfolgt ist, mit der Folge, dass nun Sanierungen auch gegen die Interessen der Gläubiger durchgeführt würden.

a) Vorgaben der Richtlinie 2019/1023

Aus Art. 288 Abs. 3, 291 Abs. 1 AEUV ergibt sich die Pflicht der Mitgliedstaaten, den von einer Richtlinie festgesetzten Rechtszustand im innerstaatlichen Recht herzustellen.[63] Eine Pflicht des deutschen Gesetzgebers, das deutsche Recht neu auszurichten, bestünde demnach, wenn sich bereits der Richtlinie eine Ausrichtung auf die Sanierung von Unternehmen auch gegen Gläubigerinteressen entnehmen ließe.

aa) Zielvorgaben der Richtlinie

Ausweislich der Richtlinie und ihrer Erwägungsgründe[64] soll mit der von Art. 4 Abs. 1 der Richtlinie geforderten Einführung eines präventiven Restrukturierungsrahmens eine Vielzahl von Zielen verfolgt werden. So ergibt sich zunächst aus Art. 1, Abs. 1, lit. b), Art. 4 Abs. 1 der Richtlinie, dass der Restrukturierungsrahmen dazu diene, Insolvenzen zu vermeiden und die Bestandsfähigkeit des Unternehmens wiederherzustellen, wodurch insbesondere Arbeitsplätze gesichert werden sollen (vgl. auch ErwG 2–4, 16). Zugleich soll die gesicherte Bestandsfähigkeit den Erhalt von *know how* und Kompetenzen ermöglichen und den Gesamtwert des Unternehmens im Interesse der Gläubiger, der Anteilsinhaber und der Gesamtwirtschaft steigern (ErwG 2, 16). Gleichzeitig soll der gesicherte Fortbestand des Unternehmens dazu dienen, das Entstehen von sog. *non-performing-loans*[65] zu verhindern bzw. deren Bestand zu reduzieren (ErwG 3).

Art. 4 Abs. 3 der Richtlinie eröffnet den Mitgliedstaaten aber auch die Möglichkeit, dem Verfahren eine Bestandsfähigkeitsprüfung vorzuschalten. Auch an anderen Stellen wird betont, dass der Restrukturierungsrahmen nur dem Erhalt bestandsfähiger Unternehmen dienen soll, während nicht bestandsfähige Unternehmen so schnell wie möglich abgewickelt werden sollen, um weitere

---

Insolvenz- und Entschuldungsverfahren und zur Änderung der Richtlinie (EU) 2017/1132, ABl. L 172 vom 26.06.2019, S. 18 ff.

[62] BT-Drs. 19/24181, 84 f.

[63] Grabitz/Hilf/Nettesheim/*Nettesheim*, Art. 288 AEUV Rn. 112 ff.

[64] Zur Bedeutung der Erwägungsgründe bei der Auslegung von Unionsrechtsakten: *EuGH*, NJW 2006, S. 351, 357, Rn. 76 – IATA/ELFAA; NJW 2009, S. 347, 348, Rn. 17 – Wallentin-Herman.

[65] Eingehend zu Begriff und Phänomen Binder/Glos/Riepe/*Glos/Nemeczek*, Bankenaufsichtsrecht, § 22 Rn. 1 ff.

Nachteile für die Beteiligten und die Gesamtwirtschaft zu verhindern (ErwG 1, 3). Insbesondere hierin kann zwar eine Hinwendung zu einem marktkonformen Ansatz gesehen werden.[66] Insgesamt ergibt sich aber weder aus den Erwägungsgründen noch aus den Normen der Richtlinie, die Zielvorgaben enthalten, eine eindeutige Positionierung, ob Sanierungen auch auf Kosten unbeteiligter oder ablehnender Gläubiger erfolgen sollen oder ob der Restrukturierungsrahmen nur Sanierungen ermöglichen soll, die auch im Interesse der Gläubiger liegen.

bb) Tatsächlicher Normbestand

Überhaupt können die Erwägungsgründe einer Richtlinie zwar eine Auslegungshilfe sein, aber keine vom tatsächlichen Normbestand abweichende Auslegung des Rechtsakts begründen,[67] weshalb die Normen der Richtlinie, soweit ihnen eine Positionierung zu entnehmen ist, ausschlaggebend sein müssen.

(1) Ausschluss von Arbeitnehmerforderungen

Auffällig ist zunächst die von Art. 1 Abs. 5 lit. a) der Richtlinie vorgesehene *Option* der Mitgliedstaaten, Arbeitnehmerforderungen generell von den Wirkungen des Restrukturierungsrahmens auszunehmen. Ein solcher Ausschluss ermöglicht es, Sanierungen, von deren Erfolg gerade auch die Arbeitnehmer profitieren, ausschließlich auf Kosten der übrigen Gläubiger durchzuführen, während die Arbeitnehmer von Eingriffen verschont bleiben. Dieser Ausschluss ist letztlich Ausdruck einer Vorstellung des Sanierungs- bzw. Insolvenzrechts (auch) als Instrument zur Verfolgung sozialpolitischer Zwecke. Im Rahmen der Richtlinie wird dieser Befund jedoch dadurch relativiert, dass für die Annahme eines Restrukturierungsplans zwar nicht die Zustimmung aller, aber doch einer Mehrheit der Gläubiger erforderlich ist, Art. 9-11 der Richtlinie,[68] wobei der Plan gegenüber den dissentierenden Gläubigern das sog. Kriterium des Gläubigerinteresses wahren muss. Eine Sanierung völlig gegen die Interessen der betroffenen Gläubiger scheint daher gleichwohl nicht möglich.

---

[66] Vgl. *Cranshaw/Portisch*, ZInsO 2020, S. 2561, 2562.

[67] Vgl. die Nachweise in Fn. 64.

[68] Ob das ein zielführender Ansatz ist, scheint eher zweifelhaft, hängt die Sanierung doch von der Zustimmung jedenfalls einer Mehrheit der übrigen Gläubiger ab (vgl. Art. 9-11), die dann die „Last" der Arbeitnehmer mittragen und dementsprechend größere Einbußen hinnehmen müssen als bei Beteiligung auch der Arbeitnehmer und einer Verteilung der Verluste auf alle Gläubiger, so dass die Hürden für eine erfolgreiche Sanierung steigen. Diese Regelung, die wohl als gut gemeinter „Schutz" für Arbeitnehmer zu verstehen ist, dürfte im Ergebnis Sanierungen und damit auch den Erhalt von Arbeitsplätzen eher erschweren und den Arbeitnehmern einen Bärendienst erweisen. Schon aus diesem Grund scheint der Schutz von Arbeitnehmern mit öffentlichen Geldern als sinnvollere Lösung.

(2) Das Kriterium des Gläubigerinteresses

Entscheidende Bedeutung gewinnt damit, dass ein Plan, den einzelne Gläubiger oder ganze Gläubigergruppen abgelehnt haben, gem. Art. 10 Abs. 2 d) der Richtlinie nur durch eine Justizbehörde bestätigt werden darf und damit Wirkung auch zulasten dieser Gläubiger entfalten kann, wenn der Plan das sog. *Kriterium des Gläubigerinteresses* i.S.d. Art. 2 Abs. 1 Nr. 6 der Richtlinie erfüllt. Folglich kommen Inhalt und Reichweite dieses Kriteriums leitende Bedeutung bei der Beantwortung der Frage zu, ob eine Sanierung auch gegen die Interessen der ablehnenden Gläubiger erfolgen kann. Dieses Kriterium ist gem. Art. 2 Abs. 1 Nr. 6 der Richtlinie erfüllt, wenn die dissentierenden Gläubiger[69] durch den Plan nicht schlechter gestellt werden als in einem Alternativszenario ohne Plan.

(a) Kriterium des Gläubigerinteresses im Richtlinienentwurf

Nach dem ursprünglichen Richtlinienentwurf[70] sollte das maßgebliche Vergleichsszenario dabei – selbst bei Möglichkeit der Fortführung – allein die Verwertung des Unternehmens im Rahmen eines Liquidationsverfahrens durch Zerschlagung oder übertragende Sanierung sein, Art. 2 Nr. 9 des Richtlinienentwurfs.

Eine solche Betrachtung, die der Regelung des § 251 InsO für das Planverfahren im Insolvenzverfahren entspricht,[71] ignoriert jedoch, dass der Restrukturierungsrahmen nach der Richtlinie und deren Entwurf im Vorfeld der Insolvenz angesiedelt ist (vgl. Art. 1 Abs. 1 a), Art. 4 Abs. 1 der Richtlinie: „wahrscheinliche Insolvenz" und Art. 1 Abs. 1 a), Art. 4 Abs. 1 des Richtlinienentwurfs: „drohende Insolvenz"), die betroffenen Unternehmen also noch solvent sind. Die Liquidation ist daher – anders als beim Scheitern eines Plans im Rahmen eines Insolvenzverfahrens – keineswegs unausweichliche Konsequenz des Scheiterns eines Sanierungsversuchs.[72]

---

[69] In Art. 10 Abs. 2 d) der Richtlinie ist die Rede von „ablehnenden Gläubigern". Damit können richtigerweise nur solche Gläubiger gemeint sein, die am Verfahren beteiligt waren und gegen den Plan abgestimmt haben Morgen/*Backes/Blankenburg*, Präventive Restrukturierung, Art. 10 Rn. 31.

[70] Vorschlag für eine Richtlinie des europäischen Parlaments und des Rates über präventive Restrukturierungsrahmen, die zweite Chance und Maßnahmen zur Steigerung der Effizienz von Restrukturierungs-, Insolvenz- und Entschuldungsverfahren und zur Änderung der Richtlinie 2012/30/EU, COM(2016) 723 final.

[71] Siehe etwa *Bork*, ZIP 2017, S. 1441, 1447.

[72] *Bork*, ZIP 2017, S. 1441, 1447 f.; *Flöther/T. Hoffmann/A. Braun*, Sanierungsrecht, F. Rn. 389; *Eidenmüller*, KTS 2014, S. 401, 415; *Heß*, Restrukturierung, S. 174 f.; *Jacoby*, ZGR 39 (2010), S. 359, 368.

Vor allem ermöglicht eine solche Betrachtungsweise weitreichende Eingriffe in die Positionen der betroffenen Gläubiger:[73] In Liquidationsverfahren werden jedenfalls die unbesicherten Gläubiger regelmäßig nur mit sehr geringen Befriedigungsquoten rechnen können.[74] Außerhalb dieser Verfahren können auch diese Gläubiger z.B. durch Forderungsverkäufe oder Zwangsvollstreckungsmaßnahmen hingegen deutlich bessere, wenn nicht sogar vollständige Befriedigung erlangen, da der Schuldner materiell noch solvent ist.[75] Die Zugrundelegung der Liquidation als Vergleichsszenario führt also dazu, dass die Gläubiger durch den Plan schlechter gestellt werden können, als es dem ohne Plan realisierbaren Wert ihrer Positionen entspricht, so dass dieser Vergleichsmaßstab zur Folge hat, dass Sanierungen auf Kosten der dissentierenden Gläubiger möglich werden.[76]

(b) Kriterium des Gläubigerinteresses in der endgültigen Richtlinie

Im weiteren Rechtsetzungsverfahren wurde das Kriterium des Gläubigerinteresses jedoch um die Möglichkeit des Abstellens auf das „nächstbeste Alternativszenario" und damit auch um Vergleichsszenarien, in denen das Unternehmen fortgeführt wird,[77] ergänzt.[78] Das Abstellen allein auf eine Liquidation als Vergleichsmaßstab erlaubt aufgrund der geringen Befriedigungsquoten ungesicherter Gläubiger im Rahmen einer Liquidation Planregelungen, die die Gläubiger schlechter stellen als bei einer Verwertung ihrer Positionen ohne Plan und ermöglicht damit eine weitgehende Preisgabe ihrer Interessen.[79] Die Berücksichtigung von Fortführungsszenarien ermöglicht hingegen die Einbeziehung auch der künftigen wirtschaftlichen Leistungsfähigkeit und Erträge des Unternehmens.[80] Der flexiblere Vergleichsmaßstab ermöglicht es demnach, den ohne Sanierungsverfahren wirklich realisierbaren wirtschaftlichen Wert einer Position zum Bezugspunkt zu machen.[81] Das führt dazu, dass eine Planannahme gegen den Willen betroffener Gläubiger mit Wirkung zulasten dieser nur möglich ist, wenn der Plan keine Verschlechterung ihrer Position

---

[73] Vgl. zum „Kleinrechnen" der Positionen der Gläubiger durch Abstellen auf desolate Vergleichsszenarien *Skauradszun*, KTS 2021, S. 1, 23 f.
[74] Vgl. *Skauradszun*, KTS 2021, S. 1, 24; *Flöther/T. Hoffmann/A. Braun*, Sanierungsrecht, F. Rn. 389; *Heß*, Restrukturierung, S. 175; siehe zu den durchschnittlichen statistischen Befriedigungsquoten dieser Gläubiger die Nachweise oben in Fn. 5.
[75] Vgl. *Flöther/T. Hoffmann/A. Braun*, Sanierungsrecht, F. Rn. 389.
[76] *Flöther/T. Hoffmann/A. Braun*, Sanierungsrecht, F. Rn. 389; kritisch zu diesem Maßstab auch *Bork*, ZIP 2017, S. 1441, 1448; *Eidenmüller*, KTS 2014, S. 401, 415.
[77] *Skauradszun*, KTS 2021, S. 1, 64; *Flöther/Westpfahl/Knapp*, Sanierungsrecht, F. Rn. 215; *Eckelt*, Restrukturierungsrahmen, S. 1061 f.
[78] Vgl. zur Genese *Skauradszun*, KTS 2021, S. 1, 64.
[79] Vgl. hierzu gerade 2. Kapitel, A.II.3.a)(2)(b)(aa).
[80] *Skauradszun*, KTS 2021, S. 1, 65.
[81] Vgl. *Jacoby*, ZGR 39 (2010), S. 359, 378.

gegenüber deren wirklichem Wert herbeiführt. Ein Plan kann bei Berücksichtigung auch von Alternativszenarien daher nur bestätigt werden, wenn er im objektiven Interesse *aller* betroffenen Gläubiger liegt. Sanierungen auf Kosten ablehnender Gläubiger sind damit ausgeschlossen. Allerdings ergibt sich weder aus Art. 10 Abs. 2 d), Art. 2 Abs. 1 Nr. 6 der Richtlinie noch aus den Erwägungsgründen, ob und wann solche Alternativszenarien zu berücksichtigen sind bzw. als Vergleichsmaßstab maßgeblich sein sollen.[82] Es hängt damit letztlich von der Umsetzung dieses Kriteriums in das einzelstaatliche Recht ab, ob in den jeweiligen Restrukturierungsrahmen Sanierungen auf Kosten der Gläubiger möglich sind oder nicht.

cc) Gesamtbild

Die Richtlinie betont also die Beschränkung der Verfügbarkeit des Restrukturierungsrahmens auf bestandsfähige Unternehmen und hebt die Nachteile von Sanierungen endgültig gescheiterter Unternehmen für alle Beteiligten hervor. Zugleich öffnet die Richtlinie den Mitgliedstaaten aber den Weg für Sanierungen auf Kosten ablehnender Gläubiger und damit der Verfolgung wirtschaftspolitischer Ziele zulasten der Gläubiger. Es ergibt sich folglich ein ambivalentes Bild: Die Richtlinie ignoriert die Interessen der Gläubiger zwar nicht,[83] ist aber auch nicht ausschließlich auf eine Verbesserung der Befriedigungsaussichten der Gläubiger durch Sanierung ausgerichtet.[84] Sie gestattet durch die mögliche Berücksichtigung von Fortführungsszenarien als Alternativszenarien aber auch die Beschränkung auf Sanierungen, die im Interesse der Gläubigergesamtheit liegen, und schreibt den Mitgliedstaaten folglich keine Sanierung um jeden Preis vor.[85] Durch die gewährte Flexibilität bezüglich des Anknüpfungspunktes des Kriteriums des Gläubigerinteresses steht den Mitgliedstaaten aber auch der Weg zu Sanierungen zulasten dissentierender Gläubiger offen. Im Ergebnis schreibt die Richtlinie damit allein die Einführung eines präventiven Sanierungsverfahrens vor, in dem die Möglichkeit besteht, Zugeständnisse opponierender Gläubiger zu erzwingen. Demnach lässt sich das Ziel der

---

[82] Nicht überzeugend Morgen/*Backes/Blankenburg*, Präventive Restrukturierung, Art. 10 Rn. 41, die der Auffassung sind, dass aus ErwG 49 folge, dass die Mitgliedstaaten die Fortführung des Unternehmens nicht *a priori* als maßgeblichen Maßstab erklären könnten. Eine solche Beschränkung findet im Wortlaut der Richtlinie allerdings keinerlei Stütze, der vielmehr schlicht eine Alternativität im Sinne eines Gleichrangs suggeriert, weshalb eine abweichende Deutung die Bedeutung der Erwägungsgründe überstrapazierte. Im Übrigen lässt sich eine solche Beschränkung des Umsetzungsspielraums der Mitgliedstaaten auch Erwägungsgrund 49 nicht entnehmen, der im Kern nur die allgemeine Funktionsweise des Kriteriums des Gläubigerinteresses beschreibt.
[83] *Skauradszun*, KTS 2021, S. 1, 25.
[84] *Skauradszun*, KTS 2021, S. 1, 19 f. geht von einer klaren Schuldnerzentrierung der Richtlinie aus.
[85] *Cranshaw/Portisch*, ZInsO 2020, S. 2561, 2562.

Richtlinie letztlich in der Überwindung der Akkordstörer-Problematik sehen,[86] ohne dass die Richtlinie konkret vorgibt, unter welchen Voraussetzungen das möglich sein soll. Einen „Paradigmenwechsel" zu einem Sanierungsrecht im Gemeinwohlinteresse zu Lasten der Gläubiger erzwingt diese für das deutsche Recht daher nicht. Im Ergebnis können die Mitgliedstaaten daher bei ihren bisherigen Insolvenzmodellen bleiben und müssen diese allenfalls um ein vorinsolvenzliches Restrukturierungsverfahren mit Möglichkeit zum „cram-down" ergänzen (vgl. ErwG 16 a.E.).[87]

b) Umsetzung durch das StaRUG

Dem deutschen Gesetzgeber kam bei der Umsetzung der Richtlinie also insbesondere bezüglich der grundsätzlichen Ausrichtung des neuen Restrukturierungsrahmens ein erheblicher Umsetzungsspielraum zu. Fraglich ist demnach, ob der deutsche Gesetzgeber diesen Spielraum genutzt hat, um trotz der „sanierungsfreundlichen" Ansätze der Restrukturierungslinie das bisherige Grundkonzept des deutschen Insolvenzrechts beizubehalten oder ob nun wirklich eine Neuausrichtung erfolgt ist.

aa) Gesetzesbegründung

Eine dem § 1 InsO entsprechende Zielbestimmung enthält das StaRUG nicht, die Gesetzesbegründung des SanInsFoG befasst sich jedoch in sehr grundsätzlicher Weise mit Aufgabe und Positionierung des einzuführenden präventiven Sanierungsverfahrens innerhalb des Insolvenzrechts, die bemerkenswerte Ähnlichkeiten zur Gesetzesbegründung der Insolvenzordnung aufweist.

Hiernach soll der einzuführende Restrukturierungsrahmen die Rahmenbedingungen für frühzeitige Sanierungen, die im Interesse aller Beteiligten liegen, verbessern, indem dem Schuldner ein Instrument zur Überwindung von *holdout*-Strategien an die Hand gegeben wird.[88] Dabei sollte aber ausdrücklich keine konzeptionelle Neuausrichtung erfolgen.[89] Vielmehr sollen Sanierungen auf Kosten der Gläubiger gegen deren Willen nach wie vor ausscheiden[90] und die Sanierung ein Instrument zur marktkonformen Reaktion auf eine Gefährdung der Gläubigerbefriedigung darstellen.[91] Sei die Sanierung ein Instrument

---

[86] Richtig *Skauradszun*, KTS 2021, S. 1, 7, 22; BeckOK-StaRUG/*Skauradszun*, Einleitung, Rn. 12; *Brinkmann*, NZI-Beil., 2019, S. 27, 29; *Bork*, ZRI 2021, S. 345, 356; so auch schon zum Richtlinienentwurf A. Schmidt/*Schröder*, Sanierungsrecht, Teil 2 Rn. 4.
[87] Die Offenheit der Richtlinie insoweit betont auch Morgen/*Morgen*, Präventive Restrukturierung, Einleitung Rn. 8.
[88] BT-Drs. 19/24181, S. 84 f.
[89] BT-Drs. 19/24181, S. 85.
[90] BT-Drs. 19/24181, S. 85.
[91] BT-Drs. 19/24181, S. 86.

zur Gläubigerbefriedigung,[92] müsse auch die Entscheidung, ob eine Sanierung erfolgen solle, von den Gläubigern getroffen werden, die diese letztlich auch finanzierten.[93] Durch diese Beteiligtenautonomie werde zugleich sichergestellt, dass Verfahrensergebnisse nicht gegen Marktgesetze erzielt und durchgesetzt werden.[94] Das sei von entscheidender Bedeutung, um Wettbewerbsverzerrungen und andere Störungen des Marktgeschehens zu verhindern, die durch den Fortbestand nicht bestandsfähiger Unternehmen verursacht würden.[95] Nach der Gesetzesbegründung sollen Sanierungen im Rahmen des StaRUG gegen den Willen opponierender Gläubiger also nur in Betracht kommen, wenn sie den Interessen auch dieser Gläubiger, d.h. insbesondere deren Befriedigungsaussichten, dienen. Das StaRUG-Verfahren soll nach dem legislativen Konzept also auf die Gläubigerbefriedigung ausgerichtet sein und ein Paradigmenwechsel zur Ausrichtung des Rechts auf Sanierungen gegen die Interessen ablehnender Gläubiger jedenfalls nach dieser Gesetzesbegründung nicht erfolgen.

bb) Tatsächlicher Normbestand

Auch insoweit ist jedoch ein Abgleich dieser Einschätzung des Gesetzgebers, die selbst gerade nicht Gesetz geworden ist, mit dem tatsächlichen Normbestand erforderlich.

(1) § 4 S. 1 Nr. 1 StaRUG als Anreiz zu holdout-Strategien der Arbeitnehmer

Von Interesse ist insofern zunächst die Entscheidung des deutschen Gesetzgebers, mit § 4 Abs. 1 S. 1 Nr. 1 StaRUG von der durch Art. 1 Abs. 5 lit. a) der Richtlinie vorgesehenen *Option* Gebrauch zu machen, sämtliche Arbeitnehmerforderungen aus dem Kreis der gem. § 2 StaRUG gestaltbaren Rechtsverhältnisse auszuschließen. Diese Entscheidung des deutschen Gesetzgebers scheint in Anbetracht der durch die Gesetzesbegründung mehrfach betonten angestrebten Marktkonformität[96] und der intendierten Ausrichtung auf die Gläubigerbefriedigung[97] des Verfahrens durchaus bemerkenswert. Denn dieser Ausschluss hat zur Folge, dass Eingriffe in die Forderungen von Arbeitnehmern im Rahmen des StaRUG-Verfahrens nicht möglich sind und ein Widerstand dieser Gläubigergruppe gegen Eingriffe in ihre Forderungen selbst dann

---

[92] BT-Drs. 19/24181, S. 85.
[93] BT-Drs. 19/24181, S. 85 f.
[94] BT-Drs. 19/24181, S. 86.
[95] BT-Drs. 19/24181, S. 86.
[96] BT-Drs. 19/24181, S. 84 ff.
[97] BT-Drs. 19/24181, S. 85.

nicht im Wege des „*cram-downs*" überwunden werden kann, wenn dies im objektiven Interesse der Arbeitnehmer und der übrigen Gläubiger läge.[98]

Zugeständnisse der Arbeitnehmer können damit nur im Rahmen einer außergerichtlichen, konsensualen Sanierung erreicht werden, setzen also stets deren Zustimmung voraus. Mit dem StaRUG soll ausweislich der Gesetzesbegründung jedoch gerade verhindert werden, dass einzelne Gläubiger Sanierungsmaßnahmen verhindern, die im Interesse aller Beteiligten liegen, um ihre Rechte uneingeschränkt durchzusetzen.[99] Der Ausschluss der Arbeitnehmerforderungen aus dem Anwendungsbereich des StaRUG führt nun aber gerade dazu, dass Arbeitnehmer sogar einen Anreiz haben, konsensuale Sanierungsversuche, die mit Einschnitten in ihre Rechte einhergingen, zu blockieren, da sie auch im StaRUG-Verfahren hierzu nicht gezwungen werden können. Sie können daher ein erhebliches Interesse haben, konsensuale Sanierungsvorhaben zu blockieren, die Veränderungen der Arbeitnehmerpositionen vorsehen, aber im Interesse aller Gläubiger lägen. Das StaRUG sanktioniert hier im Ergebnis also ein Trittbrettfahrerverhalten (sog. *free rider*)[100] der Arbeitnehmer auf Kosten der übrigen Gläubiger.

Auf der Suche nach einer Erklärung für diese Divergenz zwischen der Behandlung „normaler" Restrukturierungsforderungen i.S.d. § 2 Abs. 1 Nr. 1 StaRUG und Arbeitnehmerforderungen und für diesen offenen Bruch mit dem Ziel der Vermeidung der beschriebenen Verhaltensweisen, der nicht durch die Richtlinie erzwungen war, nur wenig weiterführend ist die Gesetzesbegründung.

(a) Die Zweckmäßigkeit von Eingriffen in Arbeitnehmerforderungen als Beweis fehlender Bestandsfähigkeit?

Dort findet sich die Erklärung, Unternehmen, die bereits nicht mehr in der Lage seien, die gegenüber Arbeitnehmern bestehenden Forderungen zu bedienen, befänden sich in einer Krise, die so vertieft sei, dass der Restrukturierungsrahmen des StaRUG kein angemessenes Steuerungsinstrument mehr darstellen könne.[101] Allerdings wären die Forderungen der Arbeitnehmer in einem Insolvenzverfahren genauso Insolvenzforderungen i.S.d. § 38 InsO wie die gestaltbaren Restrukturierungsforderungen i.S.d. § 2 StaRUG,[102] und stehen diesen

---

[98] Vgl. BeckOK-StaRUG/*Skauradszun*, § 4 StaRUG Rn. 6, der von einer Privilegierung der Arbeitnehmer spricht.
[99] BT-Drs. 19/24181, S. 84.
[100] Vgl. hierzu *Eidenmüller*, Unternehmenssanierung, S. 346 ff.; *Eidenmüller*, ZHR 160 (1996), S. 343, 350 f.; *Bitter*, ZGR 39 (2010), S. 147, 149 f.; *Kranz*, Rescue Culture, S. 25.
[101] BT-Drs. 19/24181, S. 114.
[102] BeckOK-StaRUG/*Skauradszun*, § 2 StaRUG Rn. 29; HaKo-Restrukturierungsrecht/ *Schröder*, § 2 StaRUG Rn. 11; Uhlenbruck/*Mock*, § 2 StaRUG, Rn. 7; *Marotzke*, ZInsO 2021, S. 1099.

auch außerhalb der Insolvenz gleich. Warum die Notwendigkeit oder bloße Zweckmäßigkeit von Eingriffen in Arbeitnehmerforderungen untrügliches Zeichen für eine fehlende Bestands- und Sanierungsfähigkeit sein soll, während das bei den übrigen Forderungen nicht der Fall sein soll, die rechtlich im Übrigen genau gleich behandelt werden, ist jedoch nicht ersichtlich. Mit dieser Erwägung müsste man vielmehr konsequenterweise Eingriffe in sämtliche vor Verfahrenseröffnung begründete Forderungen ablehnen.

(b) Der fehlende Anspruch auf Insolvenzgeld und die besondere Schutzwürdigkeit der Arbeitnehmer

Auch die weitere Gesetzesbegründung verdunkelt mehr als sie erhellt. So müssten Eingriffe in die Arbeitnehmerforderungen laut dieser auch deshalb ausscheiden, weil außerhalb der Insolvenz kein Insolvenzgeld zur Verfügung stehe und die Arbeitnehmer Eingriffen in ihre Forderungen damit schutzlos ausgeliefert wären, was nicht hingenommen werden könne.[103] Merkwürdig ist insbesondere die lapidare Feststellung, es gebe in dieser Situation eben kein Insolvenzgeld, weshalb der nötige Schutz der Arbeitnehmer anders bewerkstelligt werden müsse, handelt es sich hierbei doch gerade nicht um ein unverrückbares Fixum, sondern um eine bewusste legislative Entscheidung.[104] Es ist zwar nicht zu bestreiten, dass Eingriffe in Arbeitnehmerforderungen (zumal gegen deren Willen) die Arbeitnehmer empfindlich treffen und diese insoweit besonders schutzbedürftig und -würdig sein können.[105] Das erklärt jedoch nicht, warum es Aufgabe gerade der übrigen Gläubiger sein soll, die potentiellen Sanierungsbeiträge der Arbeitnehmer mitzutragen[106] und auf diese Weise die Kosten für die Verfolgung solcher sozialpolitischer Erwägungen zu schultern.[107] Jedenfalls ist das mit der proklamierten Ausrichtung des StaRUG primär auf Gläubigerinteressen nicht in Einklang zu bringen.

(c) § 4 S. 1 Nr. 1 StaRUG als Sanierungshindernis und Fremdkörper innerhalb des StaRUG

Die Ausklammerung der Arbeitnehmer kann also die Durchführung von Sanierungsversuchen erschweren, die bei einer gleichmäßigen Verteilung der Sanierungsbeiträge möglicherweise durchgeführt worden wären. Denn die übrigen Gläubiger werden unter Umständen nicht bereit sein, die durch das Entfallen

---

[103] BT-Drs. 19/24181, S. 115.

[104] Vgl. BT-Drs. 19/24181, S. 87, wo festgestellt wird, die Einführung des Insolvenzgelds für diese Situation sei verzichtbar, weil die Forderungen der Arbeitnehmer von vornherein nicht gestaltbar seien.

[105] Vgl. aber auch die kritische Stellungnahme zu einer behaupteten allgemein fehlenden Verhandlungsmacht der Arbeitnehmer, *J. F. Hoffmann*, Prioritätsgrundsatz, S. 353.

[106] Vgl. *Eidenmüller*, Unternehmenssanierung, S. 348.

[107] Vgl. in anderem Kontext auch *J. F. Hoffmann*, Prioritätsgrundsatz, S. 353 f.

der Sanierungsbeiträge der Arbeitnehmer erforderlich werdenden höheren individuellen Sanierungsbeiträge zu tragen.[108] Ein solches Scheitern wird aber typischerweise zu schlechteren Befriedigungsaussichten für alle Beteiligten führen und lässt sich daher mit der behaupteten Ausrichtung auf Gläubigerinteressen nur schwer in Einklang bringen. In Ermangelung anderer tragfähiger Erklärungsansätze ist § 4 S. 1 Nr. 1 StaRUG damit allein mit dem Arbeitnehmerschutz, also sozialpolitischen Erwägungen zu erklären.[109] Zugleich setzt die Regelung den Arbeitnehmern einen Anreiz, sich in einer Weise zu verhalten, die individuell rational, kollektiv aber schädlich und geeignet ist, auch erfolgversprechende Sanierungen zu verhindern,[110] und bürdet den übrigen Gläubiger die Last für dieses Verhalten auf. In einem auf die Verhinderung von Trittbrettfahrerverhalten und die Gläubigerbefriedigung ausgerichtetem Recht stellt die Norm folglich einen erheblichen Fremdkörper dar, wenngleich aus ihr nicht folgt, dass Sanierungen auch gegen die Interessen dissentierender Gläubiger möglich sind.

(2) Umsetzung des Kriteriums des Gläubigerinteresses, § 6 Abs. 2 StaRUG

Von entscheidender Bedeutung für die grundsätzliche Ausrichtung des Verfahrens ist wie gesehen[111] jedoch die Frage nach dem maßgeblichen Vergleichsmaßstab für die Beurteilung, ob eine – unzulässige – Schlechterstellung der dissentierenden Gläubiger vorliegt. Wie bereits erörtert, lässt die Richtlinie den Mitgliedstaaten insoweit einen Umsetzungsspielraum, indem sie sowohl Liquidations- als auch Fortführungsszenarien als Vergleichsmaßstab zulässt, jedoch nicht bestimmt, ob und wann auf das eine oder das andere Szenario abzustellen ist.

Die deutsche Umsetzung durch § 6 Abs. 2 S. 2 StaRUG sieht dabei nicht etwa ein Wahlrecht des Planerstellers oder eine Orientierung am wahrscheinlichsten Szenario vor. Vielmehr gebietet § 6 Abs. 2 S. 2 StaRUG, bei Sanierungsplänen, die eine Fortführung des Unternehmens vorsehen, zu *unterstellen*, dass das Unternehmen auch ohne Annahme des Plans fortgeführt würde. Für die Vergleichsrechnung sind daher prinzipiell Fortführungswerte maßgeblich.[112] Auf Liquidationswerte kann gem. § 6 Abs. 2 S. 3 StaRUG nur abge-

---

[108] Vgl. *Eidenmüller*, Unternehmenssanierung, S. 348 f.
[109] Im Ansatz auch *Paulus*, ZRI 2022, S. 45, 46.
[110] Vgl. zu diesem Charakteristikum des Trittbrettfahrers in Sanierungssituationen, das zu einem „Gefangenendilemma" i.S.d. Spieltheorie führt *Eidenmüller*, ZHR 160 (1996), S. 343, 350; *Eidenmüller*, Unternehmenssanierung, S. 346; *Bitter*, ZGR 39 (2010), S. 147, 149; *Kranz*, Rescue Culture, S. 23 ff.
[111] Siehe oben, 2. Kapitel, A.II.3.a)bb)(2).
[112] BT-Drs. 19/24181, S. 116; *Skauradszun*, KTS 2021, S. 1, 23 f.; E. Braun-StaRUG/*Böhm*, § 6 StaRUG Rn. 13 ff.; Morgen/*Knapp/Wilde*, StaRUG, § 6 StaRUG Rn. 13 f.; Uhlenbruck/*Streit/Bürk*, § 6 StaRUG Rn. 134.

stellt werden, wenn eine Fortführung *aussichtslos* scheint, wobei es einer „fundierten Begründung"[113] durch den Schuldner bedürfe, warum eine Fortführung nicht in Betracht komme.[114] Der Schuldner kann nach diesem Regelungsansatz also nicht ohne Weiteres die Zerschlagung des Unternehmens in einem Liquidationsverfahren unterstellen, die typischerweise mit minimalen Befriedigungsquoten der Gläubiger einhergeht und so die Befriedigungsaussichten „kleinrechnen"[115].[116] Weil also grundsätzlich Fortführungsszenarien maßgeblich sind, die regelmäßig mit deutlich besseren Befriedigungsaussichten der Gläubiger einhergehen, ist er vielmehr darauf beschränkt, die Positionen der Gläubiger auf den wirtschaftlichen Wert zurückzuführen, den sie auch ohne Plan realisieren könnten.[117] Sanierungsmaßnahmen, die den objektiven Interessen der dissentierenden Gläubiger widersprechen, sind auf der Grundlage des StaRUG folglich nicht möglich; vielmehr lässt das StaRUG gegen den Willen betroffener Gläubiger nur solche Sanierungen zu, die in deren objektivem Interesse liegen, und ist damit maßgeblich auf die Interessen der Gläubiger und die Verbesserung ihrer Befriedigungsaussichten gerichtet.[118]

cc) Zwischenergebnis

Das deutsche Insolvenzrecht – verstanden als Nebeneinander aus StaRUG und InsO – ist damit trotz der Einführung des StaRUG nach wie vor primär auf die Gläubigerbefriedigung ausgerichtet. Die Sanierung hat durch das StaRUG zwar einen gesteigerten Stellenwert erhalten, kann gegen den Willen der betroffenen Gläubiger aber nach wie vor nur erfolgen, wenn diese in deren objektivem Interesse liegt, d.h. ihren Befriedigungsaussichten nützt. Das StaRUG ist folglich primär als Verfahren zu verstehen, mit dem Gläubiger, die Sanierungsmaßnahmen verhindern, die im Interesse aller *stakeholder* liegen, majorisiert werden sollen. Ein Paradigmenwechsel zu einem Insolvenzrecht, das Sa-

---

[113] BT-Drs. 19/24181, S. 116.

[114] BT-Drs. 19/24181, S. 116.

[115] *Skauradszun*, KTS 2021, S. 1, 24.

[116] *Skauradszun*, KTS 2021, S. 1, 24; *Korch*, NZG 2020, S. 1299, 1300; Uhlenbruck/*Streit/Bürk*, § 6 StaRUG Rn. 134.

[117] Vgl. *Jacoby*, ZGR 39 (2010), S. 359, 378. Der Gesetzgeber geht dabei davon aus, dass sich eine Gefährdung der Befriedigungsaussichten und folglich eine Divergenz zwischen nominalem und tatsächlichem Wert der Forderung schon aus der Insolvenznähe des StaRUG-Verfahrens ergibt, das die Möglichkeit einer Vollstreckungs- und Verwertungssperre sowie der Planbestätigung gem. §§ 51 Abs. 1 Nr. 3, 63 Abs. 1 Nr. 1 StaRUG an das Vorliegen einer drohenden Zahlungsunfähigkeit i.S.d. § 18 InsO knüpft, so dass dem Schuldner auch das Stellen eines Insolvenzantrags möglich wäre, BT-Drs. 19/24181, S. 87 f.; a.A. unter Zugrundelegung der drohenden Zahlungsunfähigkeit vorgelagerter Eintrittsvoraussetzungen *Hölzle*, ZIP 2020, S. 585, 590; ähnlich *Bork*, ZIP 2017, S. 1441, 1445.

[118] *Skauradszun*, KTS 2021, S. 1, 25.

nierungen – etwa aus Gemeinwohlerwägungen – auch gegen die Interessen der Gläubiger durchsetzt, ist also nicht erfolgt.

4. Fazit

Das deutsche Insolvenzrecht seit Einführung der Konkursordnung ist insgesamt von einer starken Gläubigerorientierung und von einem Verständnis als Gesamtvollstreckungsrecht geprägt. Das gilt auch für die Vergleichsordnung, die Eingriffe in Gläubigerrechte gegen den Willen dieser Gläubiger nur erlaubte, wenn diese im objektiven Interesse der Gläubiger lagen. Auch bzw. gerade die Insolvenzordnung ist von einem Verständnis des Insolvenzverfahrens als Vollstreckungsrecht, gerichtet auf Gläubigerbefriedigung geprägt, innerhalb dessen die Sanierung oder die Liquidation des betroffenen Unternehmens nicht Selbstzweck oder eigenständige Verfahrensziele, sondern Instrumente zur bestmöglichen Verwirklichung der Gläubigerbefriedigung sind. Durch das ESUG hat die Sanierung zwar eine gewisse Valorisierung erfahren; von einem Gleichrang der Interessen der Allgemeinheit am Unternehmenserhalt, die mit der Gläubigerbefriedigung konkurrierten, kann aber nach wie vor nicht die Rede sein. Vielmehr kommen auch im Rahmen der ESUG-Verfahren Sanierungen nur in Betracht, wenn sie im Gläubigerinteresse liegen. Die Restrukturierungsrichtlinie ist insoweit offen gehalten und lässt den Mitgliedstaaten sowohl die Möglichkeit zu einer Umsetzung, die die Gläubigerinteressen den Sanierungsaussichten des Unternehmens unterordnet, als auch zu einer solchen, die die Sanierungsaussichten dem Primat der Gläubigerinteressen unterordnet. Mit dem StaRUG hat sich der deutsche Gesetzgeber letzterem Modell angeschlossen und ermöglicht Sanierungen damit gegen den Willen betroffener Gläubiger nur, wenn eine solche auch in deren Interesse liegt bzw. diese zumindest nicht beeinträchtigt. In einem auf Haftungsverwirklichung und Gläubigerbefriedigung ausgerichteten Recht stellt sich das StaRUG damit als Instrument zur Sanierungsförderung durch Majorisierung vom Plan betroffener Gläubiger dar, deren Interessen durch diesen aber nicht negativ betroffen werden, um hierdurch die Befriedigungsaussichten aller Gläubiger zu verbessern. Zielvorstellung des deutschen Insolvenzrechts ist folglich auch insoweit die bestmögliche Gläubigerbefriedigung.

B. Die Entwicklung vom vollstreckungsrechtlichen *droit des faillites* zum gemeinwohlorientierten *droit des entreprises en difficulté* in Frankreich

Das heutige französische *droit des entreprises en difficulté*, geregelt im Livre VI (Art. L. 610-1 ff. C. com.) des *Code de commerce,* basiert im Wesentlichen auf der *loi de sauvegarde des entreprises* vom 26.07.2005[119]. Dieser Rahmen ist jedoch das Ergebnis einer jahrzehntelangen Rechtsentwicklung vom „klassischen" *droit des faillites,* das als Gesamtvollstreckungsrecht vor allem die Haftungsverwirklichung sowie die Sanktionierung des Schuldners zum Gegenstand hatte,[120] hin zum heutigen, an wirtschafts- und sozialpolitischen Zielen ausgerichteten *droit des entreprises en difficulté,*[121] mit welchem das Unternehmen in all seinen wirtschaftlichen Beziehungen erfasst und grundsätzlich erhalten werden soll.[122]

I. Das droit des faillites als repressives Gesamtvollstreckungsrecht – Die Rechtslage vor 1967[123]

Das *droit des faillites* des *Code de commerce* in seiner Urfassung von 1807 war als Gesamtvollstreckungsrecht für Kaufleute („*voie d'exécution collective*"[124]) primär auf die Haftungsverwirklichung zugunsten der Gläubiger ausgerichtet.[125] Daneben hatte dieses *droit des faillites* aber auch einen starken repressiven Charakter und war von einer großen Strenge gegenüber den Schuldnern geprägt, mit der diese abgeschreckt werden sollten, um die mit einer *faillite* einhergehenden Schäden für die Gläubiger zu verhindern (*punir pour*

---

[119] Loi n° 2005-845 du 26 juillet 2005, JO n°173 du 27 juillet 2005 und décret n°2005-1677 du 28 décembre 2005.

[120] *Paillusseau,* Études Houin, S. 109, 111; *Mouial-Bassilana,* Journal des Sociétés février 2007, S. 30, 31; *Derrida/Godé/Sortais,* Redressement, Rn. 1, S. 1; *Saint-Alary-Houin/ Monsèrié-Bon/Houin-Bressand,* Entreprises en difficulté, Rn. 70.

[121] Gegen den Begriff „*droit des entreprises en difficulté*" *Lucas,* Droit de la faillite, Rn. 1 f.

[122] *Lucas,* Droit de la faillite, Rn. 6; *Mouial-Bassilana,* Journal des Sociétés février 2007, S. 30, 31; *Saint-Alary-Houin/Monsèrié-Bon/Houin-Bressand,* Entreprises en difficulté, Rn. 1 ff.

[123] Ausgeklammert sein soll hier die Rechtslage vor der Einführung des *Code de commerce* im Jahr 1807, die von der *ordonnance de Colbert* bestimmt wurde und vor deren Inkrafttreten im Jahr 1673 regional stark zersplittert war, vgl. hierzu *Szramkiewicz/Descamps,* Histoire du droit des affaires, Rn. 456 ff.; *Hilaire,* Introduction historique au droit commercial, S. 313 ff.

[124] *Percerou/Desserteaux,* Des faillites & banqueroutes, Bd. I, Rn. 3; *Derrida/Godé/ Sortais,* Redressement, Rn. 1, S. 1; *Monsèrié,* Contrats, Rn. 8, S. 12.

[125] Vgl. die gerade Genannten und insbesondere *Derrida,* Études Rodière, S. 67, 71 f.

prévenir[126]).[127] So wurden die Schuldner prinzipiell inhaftiert (Art. 455 C. com.[1807]),[128] konnten im Fall der *banqueroute* mit bis zu 30 Jahren Zwangsarbeit bestraft werden (Art. 402–404 Code pénal[1810])[129] und verloren neben sämtlichen bürgerlichen Ehrenrechten auch das Recht, kaufmännisch tätig zu werden.[130] Das historische *droit des faillites* diente damit insbesondere auch der Bereinigung des Marktes von insolventen Schuldnern,[131] die *a priori* als „unehrlich" wahrgenommen wurden.[132] Diese Strenge gegenüber den Schuldnern hatte aber insbesondere zur Folge, dass die Schuldner versuchten, ihre *faillite* und vor allem die Verfahrenseröffnung um jeden Preis zu verzögern und zu vermeiden und auf diese Weise ihre Gläubiger weiter schädigten.[133] Aufgrund

---

[126] *Terré*, RJCom. 1991, S. 1, 6.

[127] So auch noch für das Recht von 1967: *Ripert/Roblot*, Traité élémentaire[9], Rn. 2308.

[128] Vgl. *Percerou/Desserteaux*, Des faillites & banqueroutes, Bd. I, Rn. 442 ff., die *contrainte par corps*, deren Zweck es war, die Zahlungsfähigkeit des Schuldners zu prüfen, wurde 1867 zwar abgeschafft, die von Art. 455 C. com. vorgesehene Inhaftierung des Schuldners, durch die insbesondere dessen Mitwirkung am Verfahren sichergestellt werden sollte, blieb zunächst jedoch erhalten.

[129] Vgl. *Mouial-Bassilana*, Journal des Sociétés février 2007, S. 30, 34.

[130] *Mouial-Bassilana*, Journal des Sociétés février 2007, S. 30, 34; *Magras Vergez*, Stigmates, Rn. 558 ff., S. 184 ff.

[131] *Derrida/Godé/Sortais*, Redressement, Rn. 1, S. 1; *Derrida*, Réforme, S. 16 f. bezüglich des Rechts von 1955.

[132] *Magras Vergez*, Stigmates, Rn. 512 ff., S. 170 ff. Berühmt geworden ist die Stellungnahme *Napoléon Bonapartes* im Rahmen der Schaffung des Code de Commerce: „La sévérité devient nécessaire: les banqueroutes servent la fortune sans faire perdre l'honneur […]. […] [D]ans toute faillite, il y a un corps de délit, puisque le failli fait tort à ses créanciers. Il est possible qu'il n'y ait pas mauvaise intention, quoique ce cas soit rare; mais le failli se justifiera. Pourquoi en userait-on autrement pour la faillite que pour beaucoup d'autres affaires? Par exemple, un capitaine qui perd son vaisseau, fût-ce dans un naufrage, se rend d'abord en prison. Si l'on reconnaît que la perte du navire est l'effet d'un accident, on met le capitaine en liberté.", Procès-verbaux du conseil d'état, contenant la discussion du projet de code de commerce. Tome deuxième, 55e Séance, du 28 juillet 1807, S. 260 f. = *Locré*, Législation, Bd. XIX, S. 477 f.

[133] *Szramkiewicz/Descamps*, Histoire du droit des affaires, Rn. 793 ff.; *Magras Vergez*, Stigmates, Rn. 652 ff., S. 218 ff.; *Pétel*, JCl. Proc. Coll. Fasc. 1705, Rn. 4. Diese Gefahr hatte man freilich schon im Gesetzgebungsverfahren erkannt, in welchem darauf hingewiesen wurde, dass eine zu große Strenge gegenüber dem Schuldner im Ergebnis zu einer Bestrafung der Gläubiger führe und das Gesetz ohne Anwendung bliebe, siehe *Locré*, Esprit, S. 32, der auf die Stellungnahme von Tribunal und conseil de commerce de Nantes verweist: „La peine d'être poursuivi criminellement, […] d'être privé de traiter avec ses créanciers, pour la simple négligence d'avoir omis la déclaration, a paru d'une rigueur si excessive, que la loi deviendroit sans exécution; elle seroit d'ailleurs plus funeste encore aux créanciers qu'au débiteur : ce seroit les punir de la négligence de celui-ci."; bemerkenswert ist insofern auch die literarische Verarbeitung des *droit des faillites* des frühen 19. Jahrhunderts und dessen Schwächen in *Honoré de Balzacs* César Birotteau, vgl. hierzu *Guyon*, Études Jauffret, S. 377, 385 ff.

dieser Probleme wurde diese Härte noch im Laufe des 19. Jahrhunderts deutlich aufgeweicht und der Vollstreckungscharakter stärker in den Vordergrund gerückt.[134] Die grundsätzliche Ausrichtung des Rechts auf die Haftungsverwirklichung, die Sanktionierung des Schuldners für Fehlverhalten und die Marktbereinigung blieb jedoch – mit wechselnden Schwerpunkten – bis 1967 erhalten.[135]

Paradigmatisch für dieses tradierte Verständnis des Kaufmannskonkurses nicht nur als wirtschaftlicher Konflikt zwischen Schuldner und Gläubiger, sondern vor allem als *öffentlicher* Konflikt, bei dem ein Verstoß des Schuldners gegen moralische und gesellschaftliche Konventionen im Raum steht,[136] ist das auf das *décret relatif aux faillites et règlements judiciaires et à la réhabilitation* zurückgehende Insolvenzrecht von 1955.[137] In diesem Rahmen war die Entscheidung zwischen (vorläufigem) Fortbestand des Unternehmens im Rahmen eines *règlement judiciaire* und dessen Liquidation im Rahmen der *faillite* allein davon abhängig, ob sich der Geschäftsführer gewisser Vergehen schuldig gemacht hatte, während die wirtschaftliche Lage des Unternehmens völlig außer Betracht blieb (vgl. Art. 12 *décret 1955*).[138] Die Liquidation des schuldnerischen Unternehmens war hier demnach Instrument zur Sanktionierung des Geschäftsführers für Fehlverhalten im Geschäftsverkehr.[139] Entsprechend war die Fortführung des Unternehmens im Rahmen des *redressement judiciaire* weniger Instrument zur Verhinderung vermeidbarer wirtschaftlicher Schäden, sondern vielmehr Privileg für den „ehrlichen" Kaufmann, der vor den Här-

---

[134] *Szramkiewicz/Descamps*, Histoire du droit des affaires, Rn. 796 ff.; *Pétel*, JCl. Proc. Coll. Fasc. 1705, Rn. 5.

[135] *Paillusseau*, Études Houin, S. 109, 110 f.; *Houin*, Liber Amicorum Frédéricq, S. 609, 609 ff.; *Mouial-Bassilana*, Journal des Sociétés février 2007, S. 30, 32 ff.; *Derrida*, Études Rodière, S. 67, 72; *Derrida/Godé/Sortais*, Redressement, Rn. 1, S. 1; *Monsèrié*, Contrats, Rn. 8, S. 11 f.

[136] Vgl. *Magras Vergez*, Stigmates, Rn. 1187, S. 369 und eingehend zur Nichterfüllung von Verbindlichkeiten als gesellschaftlicher und moralischer Regelverstoß, a.a.O. Rn. 73 ff., S. 27 ff.

[137] Décret n° 55-583 du 20 mai 1955, JO n°121 du 21 mai 1955.

[138] *Pérochon*, Entreprises en difficulté, Rn. 8; *Saint-Alary-Houin/Monsèrié-Bon/Houin-Bressand*, Entreprises en difficulté, Rn. 22: „choix antiéconomique"; *Ripert/Roblot*, Traité élémentaire⁹, Rn. 2857 f.; *Magras Vergez*, Stigmates, Rn. 1187, S. 369; *Pétel*, JCl. Proc. Coll. Fasc. 1705, Rn. 9.

[139] Décret n° 55-583 du 20 mai 1955 relatif aux faillites et règlements judiciaires et à la réhabilitation, JO 1955 n° 121, S. 5086: „La faillite, de son côté, est conçue comme une mesure d'élimination, appliquée aux commerçants cessant leurs payements et qui ne méritent pas d'échapper aux déchéances attachées à cette procédure."; *Derrida*, Réforme, S. 17; *Saint-Alary-Houin/Monsèrié-Bon/Houin-Bressand*, Entreprises en difficulté, Rn. 21; siehe auch *Magras Vergez*, Stigmates, Rn. 1187 ff., S. 369 f.

ten der *faillite* geschützt werden sollte.[140] Denn die zur Liquidation führende *faillite* ging mit weitreichenden Sanktionen einher, die zur „*mort civile*",[141] d.h. dem weitgehenden Ausschluss des Kaufmanns aus dem gesellschaftlichen und wirtschaftlichen Leben, führten. So verlor dieser im Fall der *faillite* nicht nur die Wählbarkeit zu öffentlichen Ämtern,[142] sondern bis zur *réhabilitation*, d.h. der vollständigen Befriedigung der offenen Verbindlichkeiten (Art. 171 *décret 1955*), auch das Recht, sich in eigenem oder fremdem Namen kaufmännisch oder in geschäftsführender Funktion in einem Unternehmen zu betätigen (Art. 1, 2°, 12 *loi du 30 août 1947 rélative à l'assainissement des professions commerciales*).[143]

Die Verknüpfung der Schicksale von Unternehmen und Geschäftsführer mochte in Zeiten, in denen die französische Wirtschaft noch ganz überwiegend von Einzelkaufleuten und Personengesellschaften geprägt war, bei welchen eine Trennung bzw. Unterscheidung hiervon schwieriger zu verwirklichen ist, eine gewisse Berechtigung gehabt haben.[144] In einem wirtschaftlichen System, das zunehmend durch juristische Personen geprägt war, bei denen (anders als zuvor) Unternehmen und Unternehmensträger leicht trennbar sind, verlor diese strenge Verknüpfung der Schicksale aber ihre Notwendigkeit und führte zu vermeidbaren wirtschaftlichen Schäden.[145] Denn durch diese Herangehensweise gerieten eigentlich sanierungsfähige Unternehmen in die „*trappe de la faillite*"[146] und wurden allein deshalb liquidiert, weil der Geschäftsführer für sein Verhalten sanktioniert werden sollte, während Unternehmen in ausweglosen wirtschaftlichen Situationen erhalten wurden, nur weil der Geschäftsführer „ehrlich" gewesen war.[147]

---

[140] Vgl. wiederum Décret n° 55-583 du 20 mai 1955 relatif aux faillites et règlements judiciaires et à la réhabilitation, JO 1955 n° 121, S. 5086; siehe zur Einordnung der Nichtanwendung der *faillite* als Gefallen für den ehrlichen Kaufmann *Magras Vergez*, Stigmates, Rn. 1187 f., S. 369, Rn. 1199, S. 372.

[141] Saint-Alary-Houin/Monsèrié-Bon/Houin-Bressand, Entreprises en difficulté, Rn. 14.

[142] Vgl. *Magras Vergez*, Stigmates, Rn. 558, S. 184 ff., Rn. 1182, S. 368.

[143] Loi n° 47-1635 du 30 août 1947 relative à l'assainissement des professions commerciales et industrielles, JO n° 205 du 31 août 1947; siehe hierzu *Hamel/Lagarde*, Traité de droit commercial, Bd. I, Rn. 103 ff.; siehe zu derartigen Sanktionen im Code de commerce von 1807 *Magras Vergez*, Stigmates, Rn. 567, S. 187 ff.

[144] *Houin*, Liber Amicorum Frédéricq, S. 609: In früheren Zeiten habe es sich beim Code de commerce um einen „Code de boutiquiers" gehandelt; *Szramkiewicz/Descamps*, Histoire du droit des affaires, Rn. 785; vgl. auch *Magras Vergez*, Stigmates, Rn. 1212, S. 376.

[145] *Houin*, Liber Amicorum Frédéricq, S. 609, 610 ff.; *Magras Vergez*, Stigmates, Rn. 1218 f., S. 378.

[146] *Houin*, Liber Amicorum Frédéricq, S. 609, 612.

[147] *Houin*, Liber Amicorum Frédéricq, S. 609, 611; *Pérochon*, Entreprises en difficulté, Rn. 8; *Ripert/Roblot/Delebecque/Binctin/Andreu*, Traité de droit des affaires[18], Bd. IV, Rn. 371; *Pétel*, JCl. Proc. Coll. Fasc. 1705, Rn. 10.

II. Die Reformen von 1967 als Zwischenschritt

Dieser kaum mehr zu übersehenden Anachronismen nahm sich der französische Gesetzgeber schließlich mit der *loi du 13 juillet 1967* an.[148] Mit diesem Gesetz wurde erstmals der Erhalt von Unternehmen zum ausdrücklichen gesetzgeberischen Ziel, wobei die Zerschlagung von Unternehmen auf das wirtschaftlich notwendige Mindestmaß beschränkt und überlebensfähige Unternehmen erhalten werden sollten.[149]

Wichtiges Instrument zur Verwirklichung dieses Ziels und bedeutende Innovation dieser Reform war die auf *Houin* zurückgehende sog. *dissociation de l'homme et de l'entreprise*.[150] Mit dieser sollten die – oben beschriebenen – negativen wirtschaftlichen Auswirkungen einer strengen Verknüpfung der Schicksale des Geschäftsführers und des Unternehmens vermieden werden.[151] Fortan war die Entscheidung über Fortbestand oder Abwicklung nicht mehr vom Verhalten des Geschäftsführers, sondern nur noch von der wirtschaftlichen Situation des Unternehmens abhängig (vgl. Art. 7 al. 1 L1967). Es fanden also erstmals ausdrücklich wirtschaftspolitische Erwägungen in das zuvor „antiökonomische"[152], auf moralischen Erwägungen beruhende Recht[153] Eingang,[154] das sich im Übrigen vom früheren Recht aber nur unwesentlich abhob.

Das neu eingeführte *règlement judiciaire* bestand im Kern aus Normen, die an das neue Verfahrensziel des Erhalts von Unternehmen kaum angepasst waren und zumeist auf einer liquidativen Logik beruhten, d.h. auf Gläubigerbe-

---

[148] Loi n° 67-563 du 13 juillet 1967 sur le règlement judiciaire, la liquidation des biens, la faillite personnelle et les banqueroutes, JO n° 163 du 14 juillet 1967; im Folgenden abgekürzt als L1967.

[149] Projet de loi sur le règlement judiciaire, la liquidation des biens, la faillite personnelle et les banqueroutes, JO Doc. Ass. Nat. 1966, Annexe n° 2232, S. 1074: „[…] [É]liminer les entreprises économiquement condamnées, sans cependant frapper d'infamie les dirigeants qui ne l'ont pas mérité et assurer la survie d'entreprises pouvant être financièrement redressées […]."; Rapport Molle, Rapports Sénat, 1966–1967, n° 313, S. 8; *Saint-Alary-Houin/Monsèrié-Bon/Houin-Bressand*, Entreprises en difficulté, Rn. 25; *Foyer*, Études Azard, S. 55, 57 f.; *Derrida*, Études Rodière, S. 67, 72.

[150] Zurückgehend auf *Houin*, Liber Amicorum Frédéricq, S. 609, 609 ff.; vgl. *Saint-Alary-Houin/Monsèrié-Bon/Houin-Bressand*, Entreprises en difficulté, Rn. 25 ff.; *Ripert/Roblot/Delebecque/Binctin/Andreu*, Traité de droit des affaires[18], Bd. IV, Rn. 371, 374; *Le Cannu/Robine*, Entreprises en difficulté, Rn. 221.

[151] Projet de loi sur le règlement judiciaire, la liquidation des biens, la faillite personnelle et les banqueroutes, JO Doc. Ass. Nat. 1966, Annexe n° 2232, S. 1074; *Magras Vergez*, Stigmates, Rn. 1208 ff., S. 375 ff.

[152] *Saint-Alary-Houin/Monsèrié-Bon/Houin-Bressand*, Entreprises en difficulté, Rn. 22; siehe auch *Magras Vergez*, Stigmates, Rn. 1218, S. 378.

[153] Eingehend *Magras Vergez*, Stigmates, Rn. 73 ff., S. 27 ff.

[154] Vgl. *Ripert/Roblot*, Traité élémentaire[9], Rn. 2826; *Ripert/Roblot/Delebecque/Binctin/Andreu*, Traité de droit des affaires[18], Bd. IV, Rn. 371; *Monsèrié*, Contrats, Rn. 8, S. 13.

friedigung durch Liquidation ausgerichtet waren.[155] Vor allem das *règlement judiciaire* von 1967 erscheint dabei als Kompromiss zwischen der traditionellen Konzeption der *faillite* als Vollstreckungsrecht und dem neuen Ziel des Unternehmenserhalts.[156] So führte die Verfahrenseröffnung nach wie vor zur Fälligkeit sämtlicher gegen den Schuldner gerichteten Forderungen (Art. 37 L1967, *déchéance du terme*), womit diese eine erhebliche Verschlechterung der wirtschaftlichen Lage zur Folge hatte und die Sanierungsaussichten empfindlich beeinträchtigte.[157] Auch knüpfte das *règlement judiciaire* an die *cessation des paiements* an, setzte also voraus, dass der Schuldner mit dem verfügbaren Vermögen die fälligen und durchsetzbaren Verbindlichkeiten nicht begleichen konnte.[158] Damit kam dieses Verfahren in einer Situation zum Tragen, in der das Unternehmen bereits nicht mehr in der Lage war, seine Schuldner zu befriedigen und häufig kaum mehr zu sanieren war.[159] In der Folge gelang es nicht nur nicht, das Ziel der Gläubigerbefriedigung in befriedigendem Umfang zu erreichen,[160] sondern es blieb auch eine Seltenheit, dass Unternehmen erhalten wurden.[161]

Bemerkenswert ist jedoch das wenig später mit der *ordonnance du 23 septembre 1967*[162] eingeführte Verfahren der *suspension provisoire des poursui-*

---

[155] *Paillusseau*, Études Houin, S. 109, 114; *Derrida/Godé/Sortais*, Redressement, Rn. 2, S. 4; *Saint-Alary-Houin/Monsèrié-Bon/Houin-Bressand*, Entreprises en difficulté, Rn. 37, Fn. 82; *Ripert/Roblot/Delebecque/Binctin/Andreu*, Traité de droit des affaires[18], Bd. IV, Rn. 380; *Monsèrié*, Contrats, Rn. 9, S. 14.

[156] *Monsèrié*, Contrats, Rn. 9, S. 14; vgl. auch *Derrida/Godé/Sortais*, Redressement, Rn. 2, S. 4.

[157] *Ripert/Roblot*, Traité de droit commercial[12], Rn. 2968; Projet de loi relatif au règlement judiciaire, JO Doc. Ass. Nat. 1982–1983, n° 1578, S. 6; *Paillusseau*, Études Houin, S. 109, 114.

[158] Vgl. *Cass. com.*, 14.02.1978, n° 76-13.718; *Ripert/Roblot*, Traité élémentaire[9], Rn. 2851; vgl. auch *Saint-Alary-Houin/Monsèrié-Bon/Houin-Bressand*, Entreprises en difficulté, Rn. 431.

[159] *Saint-Alary-Houin/Monsèrié-Bon/Houin-Bressand*, Entreprises en difficulté, Rn. 36; *Derrida/Godé/Sortais*, Redressement, Rn. 2, S. 1.

[160] Vgl. Rapport Gouzes, JO Doc. Ass. Nat. 1983–1984, n° 1872, S. 9 f.; Projet de loi relatif au règlement judiciaire, JO Doc. Ass. Nat. 1982–1983, n° 1578, S. 2. Ca. 85 % der Verfahren endeten mit einer *liquidation des biens*, bei der die ungesicherten Gläubiger in 95 % der Fälle überhaupt keine Zahlungen erhielten, während gesicherte Gläubiger in Höhe von 30–40 % ihrer Forderungen befriedigt wurden, *Saint-Alary-Houin/Monsèrié-Bon/Houin-Bressand*, Entreprises en difficulté, Rn. 37

[161] Rapport Gouzes, JO Doc. Ass. Nat. 1983–1984, n° 1872, S. 13 ff.; Projet de loi relatif au règlement judiciaire, JO Doc. Ass. Nat. 1982–1983, n° 1578, S. 2; lediglich 2–3 % der betroffenen Unternehmen blieben nachhaltig erhalten, *Saint-Alary-Houin/Monsèrié-Bon/Houin-Bressand*, Entreprises en difficulté, Rn. 37.

[162] Ordonnance n° 67-820 du 23 septembre 1967 tendant à faciliter le redressement économique et financier des certaines entreprises, JO n° 226 du 28 septembre 1967; im Folgenden abgekürzt als O1967.

tes, das als Vorläufer der späteren Sanierungsverfahren gesehen werden kann.[163] Hiermit wurde für (Groß-)Unternehmen, deren Untergang für die regionale oder nationale Wirtschaft erhebliche Nachteile hätte, erstmals ein rein präventives Verfahren eingeführt (vgl. Art. 1 al. 1 O1967). Das Verfahren knüpfte nicht an die *cessation des paiements*, sondern an Schwierigkeiten im Vorfeld dieser an (*„situation financière difficile mais non irrémédiablement compromise"*, Art. 1 al. 1 O1967) und war letztlich nicht auf die Gläubigerinteressen, sondern ausschließlich auf den Erhalt des Unternehmens im gesamtwirtschaftlichen Interesse ausgerichtet.[164] Im Rahmen dieses Verfahrens erging ein Vollstreckungsmoratorium (Art. 10 al. 2 O1967) sowie ein gegen den Schuldner gerichtetes Verbot, seine Gläubiger zu befriedigen (Art. 17, 19 O1967), um in diesem Zeitraum (maximal drei Monate, Art. 11 O1967) einen Sanierungsplan zu erarbeiten, mit dem das Fortbestehen des Unternehmens sichergestellt werden sollte, Art. 14 O1967.

Allerdings wurden auch diese Reformen bald als gescheitert bewertet.[165] Die *procédure de suspension provisoire des poursuites* kam aufgrund ihres eng begrenzten Anwendungsbereichs kaum zur Anwendung[166] und wurde häufig erst in einem Zeitpunkt eröffnet, in dem eine Sanierung kaum mehr möglich war,[167] so dass die Auswirkungen dieses Verfahrens sehr begrenzt blieben.

---

[163] Vgl. *Saint-Alary-Houin/Monsèrié-Bon/Houin-Bressand*, Entreprises en difficulté, Rn. 34; *Pétel*, JCl. Proc. Coll. Fasc. 1705, Rn. 14.

[164] Exposé des motifs, JO 1967 n° 226, S. 9534; *Saint-Alary-Houin/Monsèrié-Bon/Houin-Bressand*, Entreprises en difficulté, Rn. 30, 32; *Ripert/Roblot*, Traité élémentaire⁹, Rn. 2826.

[165] *Paillusseau*, Études Houin, S. 109, 113; *Derrida/Godé/Sortais*, Redressement, Rn. 2; *Pérochon*, Entreprises en difficulté, Rn. 13; *Saint-Alary-Houin/Monsèrié-Bon/Houin-Bressand*, Entreprises en difficulté, Rn. 35 ff.; *Derrida*, Réforme, Rn. 3; *Ripert/Roblot*, Traité élémentaire⁹, Rn. 3333; Rapport Thyraud, Bd. I, Rapports Sénat, 1983–1984, n° 332, S. 16.

[166] *Pérochon*, Entreprises en difficulté, Rn. 13; *Ripert/Roblot*, Traité élémentaire⁹, Rn. 2828, 3333: Zwischen Inkrafttreten zum 01.01.1968 und dem 31.12.1976 wurden 252 Verfahren eröffnet und 153 Sanierungspläne bestätigt. Hiervon wurden aber lediglich 20 Unternehmen erfolgreich saniert; in 103 Fällen wurde ein *règlement judiciaire* eröffnet, in 20 Fällen das Unternehmen liquidiert; Rapport Thyraud, Bd. I, Rapports Sénat, 1983–1984, n° 332, S. 17: Im Bereich des *Tribunal de commerce* von Paris wurde 1983 in 19 Fällen eine *suspension provisoire des poursuites* beantragt, nur in fünf Fällen wurde überhaupt ein Sanierungsplan bestätigt.

[167] *Ripert/Roblot/Delebecque/Binctin/Andreu*, Traité de droit des affaires¹⁸, Bd. IV, Rn. 380; *Ripert/Roblot*, Traité élémentaire⁹, Rn. 2828, 3333; Rapport Thyraud, Bd. I, Rapports Sénat, 1983–1984, n° 332, S. 16.

III. Der Unternehmenserhalt im Zentrum des Interesses:
Die Reformen ab 1985

Ausgehend von dem Befund, dass die mit dem Recht von 1967 verfolgten Ziele nicht erreicht worden seien, da weder Unternehmen in nennenswerter Zahl erhalten wurden, noch die Gläubiger mit einer Befriedigung in erheblichem Umfang rechnen konnten,[168] folgte 1985[169] eine weitere grundsätzliche Reform mit der Ambition einer „radikalen Transformation".[170] Leitend war dabei die Annahme, dass die bisherigen Instrumente nicht mehr ausreichten, um die Schwierigkeiten von Unternehmen in der modernen Wirtschaft zu bewältigen.[171] Das Recht sollte nach dem Willen des Gesetzgebers nicht mehr nur einen Rahmen für die „dramatische Verschwendung"[172] von wirtschaftlichen Werten bilden, weshalb es nicht mehr auf die Befriedigung von Gläubigern und die Liquidation des schuldnerischen Vermögens beschränkt sein sollte.[173] Daher wurde das Insolvenzrecht nun ausdrücklich in den Dienst sozialer und (gesamt-)wirtschaftlicher Zwecke gestellt, während die Befriedigung der Gläubiger nur noch sekundär und als Konsequenz einer erfolgreichen Sanierung angestrebt war.[174]

---

[168] Projet de loi relatif au règlement judiciaire, JO Doc. Ass. Nat. 1982–1983, n° 1578, S. 1 f.; Rapport Gouzes, JO Doc. Ass. Nat. 1983–1984, n° 1872, S. 9 ff.; *Derrida/Godé/Sortais*, Redressement, Rn. 2, S. 4: „échec total".

[169] Loi n°85-98 du 25 janvier 1985 relative au redressement et à la liquidation judiciaires des entreprises, JO n°22 du 26 janvier 1985, S. 1097 ff.; im Folgenden abgekürzt als L1985.

[170] Projet de loi relatif au règlement judiciaire, JO Doc. Ass. Nat. 1982–1983, n° 1578, S. 3.

[171] Vgl. Projet de loi relatif au règlement judiciaire, JO Doc. Ass. Nat. 1982–1983, n° 1578, S. 3.

[172] Projet de loi relatif au règlement judiciaire, JO Doc. Ass. Nat. 1982–1983, n° 1578, S. 3.

[173] Projet de loi relatif au règlement judiciaire, JO Doc. Ass. Nat. 1982–1983, n° 1578, S. 3; Rapport Gouzes, JO Doc. Ass. Nat. 1983–1984, n° 1872, S. 6, 13.

[174] Projet de loi relatif au règlement judiciaire, JO Doc. Ass. Nat. 1982–1983, n° 1578, S. 3: „[…] [L]a nouvelle procédure aura pour objectif essentiel de rechercher et mettre en œuvre les moyens propres à assurer, par voie de continuation ou de cession de l'entreprise, la sauvegarde d'un potentiel industriel et des emplois qui y sont attachés sans pour autant sacrificier les créanciers."; noch weiter gehend Rapport Gouzes, JO Doc. Ass. Nat. 1983–1984, n° 1872, S. 3: „[…] [L]a mutation économique […] doit nous amener à réformer le droit des entreprises en difficulté et à lui affecter des nouveaux objectifs: une *priorité sociale*, le maintien de l'emploi, et une *priorité économique*, le redressement et la restructuration de notre industrie." und S. 13: „[…] [I]l n'est plus possible de considérer que la fonction des procédures de règlement judiciaire est le paiement des créanciers! […] [L]'objectif est avant tout *le redressement et le sauvetage des entreprises en difficultés. Il faut espérer que la réalisation la plus complète de cet objectif est seul de nature à améliorer, par conséquence, la situation des créanciers.*" (Hervorhebungen im Original).

Augenfällig wurde die reduzierte Bedeutung der Gläubiger im Verfahren bereits anhand des Wortlauts der Zielbestimmung des Art. 1 L1985. Dort war nicht vom *„paiement"* der Gläubiger, also deren Befriedigung, sondern nur vom *„apurement du passif"*, also der Bereinigung der Schulden die Rede, die zwar in Form der Befriedigung erfolgen kann, aber nicht muss.[175] Nach dieser Bestimmung sollte das *redressement judiciaire* dem Erhalt des Unternehmens, der unternehmerischen Aktivität, der Arbeitsplätze sowie der Bereinigung der Schulden des Unternehmens dienen. Das führte jedoch zu gewissen Interpretationsschwierigkeiten, da aus dem Wortlaut der Bestimmung nicht klar wurde, ob zwischen diesen Zielen eine Hierarchie bestehen oder diese gleichberechtigt nebeneinanderstehen sollten.[176] Aus dem Gesamtgefüge der Vorschriften sowie aus der Entstehungsgeschichte des Art. 1 L1985 ergibt sich jedoch eindeutig, dass der Erhalt des Unternehmens, dessen Aktivität sowie der Arbeitsplätze vor der Schuldenbereinigung Vorrang genießen, so dass sich diesem im Wege der (systematischen und historischen) Auslegung eine Hierarchisierung der Ziele entnehmen lässt.[177] Der Reform lag die gesetzgeberische Vorstellung zugrunde, dass *jede* Liquidation eines Unternehmens schädlich sei und daher grundsätzlich jedes Unternehmen saniert werden sollte.[178] Daher wurden nicht mehr wie zuvor die Beziehungen zwischen Schuldner und Gläubiger in den Mittelpunkt der Bemühungen gestellt, sondern versucht, das *Unternehmen* in seiner Gesamtheit und als Wirtschaftsfaktor zu erfassen.[179]

---

[175] *May*, LPA 25.11.1987, S. 18, 23: „apurer n'est pas payer"; *Le Cannu/Robine*, Entreprises en difficulté, Rn. 233; *Delebecque*, JCP N 1986, S. 100414, Rn. 3.

[176] Gegen eine Rangfolge insbesondere *Lyon-Caen*, Annales de l'université des sciences sociales de Toulouse, Bd. 36 (1986), S. 12, 16; offen gelassen bei *Monsèriè*, Contrats, Rn. 10, S. 16.

[177] Rapport Thyraud, Bd. I, Rapports Sénat, 1983–1984, n° 332, S. 47: „[...] dans un ordre qui n'est d'ailleurs pas fortuit [...]"; in diese Richtung auch Projet de loi relatif au règlement judiciaire, JO Doc. Ass. Nat. 1982–1983, n° 1578, S. 3; *May*, LPA 25.11.1987, S. 18, 21; *Derrida/Godé/Sortais*, Redressement, Rn. 4, Fn. 39, S. 11; *Rizzi*, Protection des créanciers, Rn. 390, S. 384; *Ripert/Roblot*, Traité de droit commercial[12], Rn. 2823, 3174; *Frison-Roche*, Mélanges Honorat, S. 109, 114; implizit auch *Cass. com.*, 08.12.1987, n° 87-11.501. Lässt sich die Hierarchisierung in eindeutiger Weise nur im Wege der systematischen Auslegung feststellen, scheint es aber einigermaßen zirkulär, andere Normen im Lichte dieser Zielbestimmung auszulegen, wie dies etwa die *Cour de cassation* getan hat (*Cass. com.*, 08.12.1987, n° 87-11.501), *Merle*, Insolvenzzwecke, S. 163; mit Recht kritisch zu solchen gesetzgeberischen Zielbestimmungen *Derrida/Godé/Sortais*, Redressement, Rn. 4, Fn. 39, S. 11.

[178] Vgl. die Nachweise in Fn. 174.

[179] Projet de loi relatif au règlement judiciaire, JO Doc. Ass. Nat. 1982–1983, n° 1578, S. 3; *Le Cannu/Robine*, Entreprises en difficulté, Rn. 233; *Ripert/Roblot/Delebecque/Binctin/Andreu*, Traité de droit des affaires[18], Bd. IV, Rn. 387; *Monsèriè*, Contrats, Rn. 10 f., S. 16 f.

B. Vom droit des faillites zum droit des entreprises en difficulté   61

Es existierte daher mit dem *redressement judiciaire* nur noch ein Verfahren (Art. 1 L1985), das zu einem *plan de redressement* führen sollte, der die Fortführung des Unternehmens oder seine übertragende Sanierung zum Gegenstand hat, nicht aber mit einer Zerschlagung des Unternehmens enden konnte (vgl. Art. 8, 61 L1985). Auf die Eröffnung des Verfahrens folgte zwingend eine *période d'observation,* in der die Möglichkeit und Wege einer Sanierung des Unternehmens ermittelt werden sollten (Art. 8 L1985). Die Zerschlagung des Unternehmens kam hingegen nur im Rahmen der *liquidation judiciaire* in Betracht. Diese hatte ihre Eigenständigkeit verloren und bildete nur noch eine „Unterart" des *redressement judiciaire*[180] und wurde nur durchgeführt, wenn sich innerhalb der *période d'observation* ergeben hatte, dass weder eine Fortführung des Unternehmens noch eine übertragende Sanierung möglich war (Art. 8 al. 2 L1985).

Um die Sanierungsaussichten nicht zu beeinträchtigen, führte die Verfahrenseröffnung auch nicht mehr zur Fälligkeit aller Forderungen, Art. 56 L1985. Hierdurch wurde im Zusammenwirken mit dem Vollstreckungsverbot für sämtliche Forderungen, die vor Verfahrenseröffnung entstanden waren (Art. 47, 92 al. 3, 169, 161 L1985), die Durchsetzbarkeit und nun auch die Verwertung von Sicherheiten für solche Forderungen ausgeschlossen.[181] Die Verwertung von Realsicherheiten wurde aber nicht mehr nur verzögert, sondern die Sicherungsnehmer wurden in die allgemeine Befriedigungsrangfolge eingegliedert und insbesondere erst nach Erfüllung sämtlicher nach Verfahrenseröffnung entstandener Forderungen (vgl. Art. 40 L1985) befriedigt, um zu verhindern, dass die Verwertung der Sicherheiten sich negativ auf den Unternehmenserhalt auswirkt.[182] Den Sanierungsaussichten wurden die Rechte der Gläubiger auch im Übrigen weitgehend aufgeopfert:[183] So verloren diese jegliches Mitspracherecht in Bezug auf Ausarbeitung und Annahme des Sanierungsplans (vgl. Art. 18, 61 L1985),[184] der durch den Verwalter auszuarbeiten war und durch das Gericht – unabhängig von den Gläubigerinteressen – zu bestätigen war, wenn dieser ernsthafte Aussicht auf Erfolg hatte (Art. 61, 69 L1985). Eine Liquidation kam daher nur mehr in Betracht, wenn der Unter-

---

[180] *Ripert/Roblot,* Traité de droit commercial[12], Rn. 2821; *Derrida/Godé/Sortais,* Redressement, Rn. 4, S. 7.
[181] *Campana,* Les innovations, Bd. I, S. 171, 178 ff.
[182] Vgl. etwa *Dupichot,* Mélanges Aynès, S. 209, 213, Rn. 6; *Crocq,* Propriété, Rn. 356 ff., S. 309 ff. Eingehend hierzu noch unten, 4. Kapitel, B.II.3.a)aa)(1).
[183] Vgl. *Campana,* Les innovations, Bd. I, S. 171, 174 ff.
[184] Es war lediglich eine Anhörung des *représentant des créanciers* (vgl. Art. 10 L1985) vor der Bestätigung des Plans durch das Gericht erforderlich, Art. 61 L1985, wobei jedoch einerseits das Gericht nicht an dessen Auffassung gebunden und andererseits vom Gesetz nicht vorgesehen war, dass dieser verpflichtet gewesen wäre, die Gläubiger vorher zu konsultieren oder gar an deren Auffassung gebunden wäre, vgl. *Campana,* Les innovations, S. 171, 175.

nehmenserhalt *erwiesenermaßen* aussichtslos war (vgl. Art. 8 al. 2 L1985). Die zwingende Durchführung einer *période d'observation* und die damit einhergehende Suche nach Sanierungsmöglichkeiten führten mithin zu einem *„droit au redressement"*[185] dergestalt, dass auch offensichtlich gescheiterte Unternehmen ohne Aussicht auf eine erfolgreiche Sanierung zunächst auf Kosten der Gläubiger am Leben gehalten wurden.[186] Das schwächte die ohnehin schon schlechte Position der Gläubiger noch weiter und ging an der wirtschaftlichen Realität vorbei, in der ca. 90 % der eröffneten Verfahren mit einer *liquidation judiciaire* endeten.[187]

Trotz dieser Kompromisslosigkeit beim Versuch, möglichst jedes Unternehmen zu retten, die bisweilen harsch kritisiert wurde[188] und nicht zuletzt auf das damalige politische und wirtschaftliche Umfeld zurückzuführen sein dürfte,[189] führte auch das neue Verfahren nur in den seltensten Fällen zu erfolgreichen Sanierungen und konnte regelmäßig keine nennenswerte Befriedigung der Gläubiger bewirken.[190] Daher wurde bald auch diese Reform wieder als gescheitert bewertet.[191]

Der Rigorismus des Rechts von 1985 wurde 1994[192] durch die Einführung der *liquidation judiciaire immédiate,* d.h. ohne vorangehende *période d'observation,* und durch die teilweise Wiederherstellung der Rechte der Sicherungsnehmer zwar etwas abgeschwächt. Die Grundstrukturen des Rechts von 1984/1985 blieben durch die Reform von 1994 aber unberührt, so dass weiterhin nur knapp 10 % der betroffenen Unternehmen längerfristig bestehen blie-

---

[185] *Larrieu*, Réformes du nouveau droit de l'entreprise, S. 109, 110.

[186] Vgl. etwa *Pérochon*, Entreprises en difficulté, Rn. 18: „acharnement thérapeutique"; *Dupichot*, Mélanges Aynès, S. 209, 213, Rn. 6.

[187] *Pérochon*, Entreprises en difficulté, Rn. 18; *Saint-Alary-Houin/Monsèrié-Bon/Houin-Bressand*, Entreprises en difficulté, Rn. 72.

[188] Vgl. insbesondere *Terré*, RJCom. 1991, S. 1, 24, der die Gesetzgebung von 1985 in die Nähe des „Marxismus-Leninismus" rückt und dem Gesetzgeber vorwirft, er verfolge eine „analyse doctrinaire" und eine „idéologie diffuse" und habe die Bedürfnisse des Kreditwesens entweder nicht verstanden oder bewusst ignoriert; *Pérochon*, Entreprises en difficulté, Rn. 18: „pétrie d'idéologie", „irréaliste et utopique"; *Frison-Roche*, D. 1994, chron. 17, 19: „[...] [L]a réforme [...] était [...] rêveuse [...]. [...] [E]lle n'était pas loin d'avoir un côté infantin. Elle négligea l'essence de la faillite [...]."; *Ripert/Roblot/Delebecque/Binctin/Andreu*, Traité de droit des affaires[18], Bd. IV, Rn. 387: „excès d'optimisme".

[189] Vgl. *Saint-Alary-Houin/Monsèrié-Bon/Houin-Bressand*, Entreprises en difficulté, Rn. 78; siehe auch *Derrida/Godé/Sortais*, Redressement, Rn. 2, S. 2 f.

[190] Vgl. Rapport Hyest, Rapports Sénat, 2004–2005, n° 335, S. 26 ff.

[191] Vgl. *Terré*, RJCom. 1991, S. 1, 18 ff.; *Pérochon*, Entreprises en difficulté, Rn. 18; zurückhaltend *Saint-Alary-Houin/Monsèrié-Bon/Houin-Bressand*, Entreprises en difficulté, Rn. 74.

[192] Vgl. Loi n° 94-475 du 10 juin 1994 relative à la prévention et au traitement des difficultés des entreprises, JO n°134 du 11 juillet 1994; im Folgenden als L1994 abgekürzt.

ben.[193] Aus dieser Bilanz folgerte der Gesetzgeber später, dass das Recht von 1985 trotz der Reformversuche von 1994 gescheitert war.[194] Dabei weist die gegen das Recht von 1985 gerichtete Kritik eine bemerkenswerte Ähnlichkeit zu jener auf, die seinerzeit gegen das Recht von 1967 vorgebracht wurde:[195] So sah man die Ursache für dieses empfundene Scheitern einmal mehr darin, dass das Recht zu sehr liquidativ ausgerichtet sei, die Verfahren zu spät ansetzten und zu komplex seien.[196]

IV. Die loi de sauvegarde 2005 und folgende Reformen

Daher wurde die Materie 2005 mit der *loi de sauvegarde des entreprises*[197] wiederum von Grund auf neu geregelt. Beibehalten werden sollte die grundsätzliche Ausrichtung des Rechts auf den Erhalt von Unternehmen und Arbeitsplätzen.[198] Die Reform von 2005 ist aber auch von der Bestrebung geprägt, das Recht besser an die wirtschaftliche Realität anzupassen und pragmatischer vorzugehen.[199] So sollte die bisherige, einseitige Fokussierung auf den Erhalt von Unternehmen als Relikt aus Zeiten der *économie dirigée* aufgegeben und ein besserer Ausgleich mit den Interessen der Gläubiger geschaffen werden, um die damit einhergehenden Schäden für die Gläubiger zu vermeiden und das neue Recht besser der aktuellen Wirtschaftsordnung anzupassen.[200] Aufgrund der unter Geltung des Rechts von 1985 gemachten Erfahrung, dass eine Sanierung in aller Regel kaum mehr möglich war, wenn sich das Unternehmen bereits in der *cessation des paiements* befand, sollte mit der Reform von 2005 insbesondere der Präventionsgedanke in den Vordergrund gerückt werden, um die Sanierungsaussichten der betroffenen Unternehmen zu verbessern.[201]

---

[193] Rapport Hyest, Rapports Sénat, 2004–2005, n° 335, S. 25 f.
[194] Projet de loi de sauvegarde des entreprises, Doc. Assemblée nationale, mai 2004, n° 1596, S. 3; Rapport Hyest, Rapports Sénat, 2004–2005, n° 335, S. 23 ff.; kritisch zu dieser Folgerung *Saint-Alary-Houin/Monsèrié-Bon/Houin-Bressand*, Entreprises en difficulté, Rn. 74.
[195] Vgl. auch *Terré*, RJCom. 1991, S. 1, 17; *Saint-Alary-Houin/Monsèrié-Bon/Houin-Bressand*, Entreprises en difficulté, Rn. 71.
[196] Rapport Hyest, Rapports Sénat, 2004–2005, n° 335, S. 26 ff.; vgl. *Saint-Alary-Houin/Monsèrié-Bon/Houin-Bressand*, Entreprises en difficulté, Rn. 71 ff.
[197] Loi n° 2005-845 du 26 juillet 2005, JO n° 173 du 27 juillet 2005.
[198] Projet de loi de sauvegarde des entreprises, Doc. Assemblée nationale, mai 2004, n° 1596, S. 3; Rapport Hyest, Rapports Sénat, 2004–2005, n° 335, S. 23 ff., 43.
[199] Projet de loi de sauvegarde des entreprises, Doc. Assemblée nationale, mai 2004, n° 1596, S. 3.
[200] Projet de loi de sauvegarde des entreprises, Doc. Assemblée nationale, mai 2004, n° 1596, S. 3; Rapport Hyest, Rapports Sénat, 2004–2005, n° 335, S. 43.
[201] Projet de loi de sauvegarde des entreprises, Doc. Assemblée nationale, mai 2004, n° 1596, S. 4; Rapport Hyest, Rapports Sénat, 2004–2005, n° 335, S. 48.

Geleitet wurde die Reform weiterhin von der Annahme, dass sich die betroffenen Unternehmen in sehr verschiedenen wirtschaftlichen Situationen befänden und Probleme unterschiedlicher Art und Schwere hätten.[202] Daher müssten auch die vom Recht bereitgehaltenen Instrumente zur Bewältigung dieser Probleme unterschiedlich und an die jeweilige Situation angepasst sein, um die Chancen auf eine erfolgreiche Sanierung zu maximieren.[203] Deshalb wurde der bisherige Ansatz eines Einheitsverfahrens zugunsten einer Mehrzahl von Verfahren aufgegeben.[204] Diese überschneiden sich teilweise in ihrem Anwendungsbereich, so dass der Schuldner (und nur dieser) das für seine Situation am besten geeignete Regime auswählen können soll.[205]

Das Recht wurde seither verschiedentlich reformiert, wobei es insbesondere durch die Schaffung von vereinfachten und beschleunigten Varianten weiter ausdifferenziert wurde. Die 2005 geschaffenen Grundstrukturen und die prinzipielle Ausrichtung der Verfahren sind jedoch unverändert geblieben. Im Ergebnis besteht heute ein Rechtsrahmen, der prinzipiell darauf ausgerichtet ist, so viele Unternehmen wie möglich zu sanieren und eindeutig an gesamtwirtschaftlichen Erwägungen orientiert ist. Im Unterschied zur Rechtslage von 1985 ist das geltende Recht aber von einem gewissen Pragmatismus und einer großen Flexibilität geprägt, die es ermöglichen sollen, der Situation im Einzelfall bestmöglich gerecht zu werden, um unnötige wirtschaftliche Schäden zu vermeiden.

1. Persönlicher Anwendungsbereich

Traditionell war das *droit des faillites* als Bestandteil des *Code de commerce* Teil des Handelsrechts und dementsprechend nur auf Kaufleute anwendbar (vgl. Art. 457 C. com.[1807]).[206] Mit dem aufgezeigten Wandel vom Vollstreckungsrecht für Kaufleute hin zum wirtschaftlich orientierten *droit des entreprises en difficulté* begann jedoch eine schrittweise Erweiterung des Anwendungsbereichs: Zunächst wurden im Jahr 1967 sämtliche juristischen Personen des Privatrechts unabhängig von ihrer Kaufmannseigenschaft einbezogen, 1985 dann die *artisans,* 1988 auch die Landwirte und schließlich 2005 auch

---

[202] Projet de loi de sauvegarde des entreprises, Doc. Assemblée nationale, mai 2004, n° 1596, S. 3.

[203] Projet de loi de sauvegarde des entreprises, Doc. Assemblée nationale, mai 2004, n° 1596, S. 3 f.

[204] Vgl. Projet de loi de sauvegarde des entreprises, Doc. Assemblée nationale, mai 2004, n° 1596, S. 3.

[205] Projet de loi de sauvegarde des entreprises, Doc. Assemblée nationale, mai 2004, n° 1596, S. 3; *Ripert/Roblot/Delebecque/Binctin/Andreu,* Traité de droit des affaires[18], Bd. IV, Rn. 359.

[206] Ob auch die vor dem Inkrafttreten des Code de commerce geltende Ordonnance de Colbert von 1673 nur auf Kaufleute Anwendung fand, ist streitig, vgl. *Szramkiewicz/ Descamps,* Histoire du droit des affaires, Rn. 462 f.

alle freien Berufe. Vom Anwendungsbereich der *procédures collectives* sind heute gem. Art. L. 620-2, 631-2, 640-2 C. com. nur noch natürliche Personen, die keiner gewerblichen Tätigkeit nachgehen, ausgenommen.[207] Diesen steht nur der Weg des *surendettement des particuliers* gem. Art. L. 711-1 ff. Code de la consommation offen.

2. Procédures amiables

Heute existieren mit den sog. *procédures amiables,* namentlich dem *mandat ad hoc* und der *conciliation,* zwei Verfahren, die rein konsensual und wenig gerichtsintensiv ausgestaltet sind. Diese sollen dem Schuldner die Möglichkeit bieten, gemeinsam mit den Gläubigern frühzeitig eine Lösung für die Probleme des Unternehmens zu finden.

a) Mandat ad hoc

Beim *mandat ad hoc* gem. Art. L. 611-3 C. com., das keine eigentliche Neuschöpfung des Gesetzgebers von 2005 ist, sondern auf eine Gerichtspraxis aus den 1980er-Jahren zurückgeht,[208] wird dem Unternehmer, sofern er sich nicht seit mehr als 45 Tagen in der *cessation des paiements* befindet, auf dessen Antrag durch das Gericht (*Tribunal de Commerce*) ein *mandataire* zur Seite gestellt. Dieser hat rein beratende Funktion und soll lediglich das Zustandekommen eines konsensualen Sanierungsvergleichs mit den Gläubigern unterstützen.[209]

b) Procédure de conciliation

Auch die *procédure de conciliation* ist ausschließlich auf den Erhalt von Unternehmen ausgerichtet[210] und kann ebenfalls nur auf Antrag des Schuldners eröffnet werden. Voraussetzung hierfür ist, dass juristische, wirtschaftliche

---

[207] Eine Sonderrolle nehmen die ehemals deutsch besetzten Gebiete Alsace und Moselle ein, in denen gem. Art. L. 670-1 C. com. auch natürliche Personen, die keiner der in Art. L. 620-2, 631-2, 640-2 C. com. genannten Aktivitäten nachgehen, die Eröffnung einer *procédure collective* beantragen können, vgl. Menjucq/Saintourens/Soinne/*Vallens*, Traité des procédures collectives, Rn. 3992 ff.

[208] *Ripert/Roblot/Delebecque/Binctin/Andreu*, Traité de droit des affaires[18], Bd. IV, Rn. 423; *Saint-Alary-Houin/Monsèrié-Bon/Houin-Bressand*, Entreprises en difficulté, Rn. 324; *Magras Vergez*, Stigmates, Rn. 1293, S. 399; *Pérochon*, Entreprises en difficulté, Rn. 175.

[209] *Saint-Alary-Houin/Monsèrié-Bon/Houin-Bressand*, Entreprises en difficulté, Rn. 329.

[210] *Saint-Alary-Houin/Monsèrié-Bon/Houin-Bressand*, Entreprises en difficulté, Rn. 332; *Le Cannu/Robine*, Entreprises en difficulté, Rn. 156; *Lucas*, Droit de la faillite, Rn. 34; ob eine *liquidation amiable* zulässiges Ergebnis der *conciliation* ist, wird unterschiedlich beurteilt, aber überwiegend verneint, anders v.a. *Pérochon*, Entreprises en difficulté, Rn. 255: Ein solcher *accord* sei aber nicht der *homologation* zugänglich.

oder finanzielle Schwierigkeiten des Schuldners erwiesen oder absehbar sind, Art. L. 611-4 C. com. Die *cessation de paiements,* also die Unmöglichkeit, mit dem verfügbaren Vermögen die fälligen und durchsetzbaren Verbindlichkeiten zu begleichen,[211] die vormals zwingend zur Eröffnung einer *procédure collective* führte,[212] hindert die Eröffnung einer *conciliation* nicht, wenn die *cessation de paiements* bei der Eröffnung maximal 45 Tage andauert, Art. L. 611-4 C. com. Auch der Umstand, dass zuvor bereits eine *conciliation* stattgefunden hat, steht der Eröffnung einer weiteren nicht entgegen, wenn seit Beendigung des ersten Verfahrens mindestens drei Monate vergangen sind, Art. L. 611-6 al. 2 a.E. C. com.

Im Rahmen der *conciliation* wird vom zuständigen Gericht ein *conciliateur* mit beratender Funktion bestellt, der den Abschluss eines *accord de conciliation* mit den wichtigsten Gläubigern unterstützen soll (Art. L. 611-7 al. 1 C. com.). Bei diesem *accord* handelt es sich um einen rein privatrechtlichen Vertrag zwischen dem Schuldner und den involvierten Gläubigern.[213] Ohne Zustimmung der Gläubiger kann es daher – mit Ausnahme von gerichtlich angeordneten Stundungen (*délais de grâce*) gem. Art. L. 611-7 al. 5 C. com. i.V.m. Art. 1343-5 C.C. – prinzipiell keine Eingriffe in deren Rechte geben.[214]

Kommt ein Vergleich zwischen Schuldner und Gläubigern zustande, kann dieser der *constatation* oder der *homologation* durch das *Tribunal de Commerce* zugeführt werden. Diese führen beide dazu, dass das Verfahren beendet wird, Art. L. 611-8 al. 1, 611-10 al. 1 C. com., der *accord* für vollstreckbar erklärt wird und für Forderungen, die Gegenstand des Vergleichs sind, grundsätzlich keine Zinseszinsen entstehen können.[215] Die *homologation* bewirkt über die Wirkungen der *constatation* hinaus, dass in einem anschließenden Kollektivverfahren das Datum der *cessation des paiements* nicht auf einen Zeitpunkt vor der *homologation* bestimmt werden kann (Art. L. 631-8 al. 2 C. com.). Das hat zur Folge, dass in diesem Sanierungsvergleich getroffene Vereinbarungen vor einer Anfechtung auf Grundlage der *nullités de la période*

---

[211] *Saint-Alary-Houin/Monsèrié-Bon/Houin-Bressand*, Entreprises en difficulté, Rn. 431 ff.; *Le Cannu/Robine*, Entreprises en difficulté, Rn. 343 ff.; *Pérochon*, Entreprises en difficulté, Rn. 585 ff.

[212] *Saint-Alary-Houin/Monsèrié-Bon/Houin-Bressand*, Entreprises en difficulté, Rn. 339; *Le Cannu/Robine*, Entreprises en difficulté, Rn. 121.

[213] Statt aller *Saint-Alary-Houin/Monsèrié-Bon/Houin-Bressand*, Entreprises en difficulté, Rn. 332; *Thullier*, JCl. Proc. Coll. Fasc. 2030, Rn. 128.

[214] *Lucas*, Droit de la faillite, Rn. 34; *Le Cannu/Robine*, Entreprises en difficulté[8], Rn. 157; *Pérochon*, Entreprises en difficulté, Rn. 273, 277 f.; *Saint-Alary-Houin/Monsèrié-Bon/Houin-Bressand*, Entreprises en difficulté, Rn. 332, 361.

[215] *Le Cannu/Robine*, Entreprises en difficulté, Rn. 174.

suspecte geschützt sind.[216] Daneben führt die *homologation* unter bestimmten Bedingungen in nachfolgenden Kollektivverfahren zur Entstehung eines Rangvorrechts gegenüber bisherigen und neuen gesicherten Gläubigern für neue Kreditgeber, die den dauerhaften Fortbestand des Unternehmens mit ihren Beiträgen fördern, Art. L. 611-11 C. com. (*„privilège de conciliation"*).[217]

Schon hier zeigt sich also – trotz der prinzipiell konsensualen Natur des Verfahrens – das Primat des wirtschaftspolitisch motivierten Unternehmenserhalts gegenüber den Gläubigerinteressen, da den Gläubigern in Gestalt des *privilège de conciliation* Beeinträchtigungen ihrer Positionen zugemutet werden, um Sanierungen zu ermöglichen.

3. Procédures collectives

Neben diesen konsensualen Verfahren existieren drei Grundformen der *procédures collectives,* und zwar die *procédure de sauvegarde* (Art. L. 620-1 ff. C. com.), das *redressement judiciaire* (Art. L. 631-1 ff. C. com.) und die *liquidation judiciaire* (Art. L. 640-1 ff. C. com.), die durch abgewandelte und vereinfachte Varianten dieser Verfahren (z.B. *sauvegarde (financière) accélérée* (Art. L. 628-1–628-10 C. com.) oder die *liquidation judiciaire simplifiée* (Art. L. 644-1–644-6 C. com.)) ergänzt werden.

Diese *procédures collectives* unterscheiden sich von den *procédures amiables* im Grundsatz dadurch, dass sie sämtliche Gläubiger betreffen, eine starke gerichtliche Beteiligung vorsehen, klarer definierte Eröffnungsvoraussetzungen haben, Eingriffe in die Rechte des Schuldners bzw. der Gläubiger gegen deren Willen ermöglichen und im Rahmen der *liquidation judiciaire* auch zur Zerschlagung des Unternehmens führen können.

a) Procédure de sauvegarde

Das der materiellen Insolvenz und Zahlungsunfähigkeit am weitesten vorgelagerte Verfahren ist die *procédure de sauvegarde.* Diese wird ausschließlich auf Antrag des Schuldners eröffnet, wenn der Schuldner, der sich nicht in der *cessation des paiements* befinden darf, Schwierigkeiten hat, die er nicht selbst überwinden kann, Art. L. 620-1 C. com. Dieses Verfahren, das nicht zur Zerschlagung oder Liquidation des Unternehmens führen kann,[218] soll ausweislich

---

[216] *Le Cannu/Robine,* Entreprises en difficulté, Rn. 192; *Saint-Alary-Houin/Monsèrié-Bon/Houin-Bressand,* Entreprises en difficulté, Rn. 377; eingehend hierzu unten, 4. Kapitel, B.II.4.b)aa).

[217] Eingehend hierzu unten, 4. Kapitel, B.II.1. Des Weiteren führt die *homologation* gem. Art. L. 611-10 C. com. dazu, dass eine gegen den Schuldner ergangene *interdiction bancaire,* d.h. ein Verbot Schecks zu begeben (vgl. Art. L. 131-73 C.mon.fin.) aufgehoben wird.

[218] *Coquelet,* Entreprises en difficulté, Rn. 510 f.; *Pérochon,* Entreprises en difficulté, Rn. 1410 f.; *Saint-Alary-Houin/Monsèrié-Bon/Houin-Bressand,* Entreprises en difficulté, Rn. 913.

der gesetzlichen Zielbestimmung (Art. 620-1 C. com.), die im Kern Art. 1 L1985 entspricht,[219] das Unternehmen reorganisieren, um dieses und die Arbeitsplätze dort zu erhalten und dessen Verbindlichkeiten zu bereinigen. Es stellt sich demnach auch hier die Frage nach der Hierarchisierung der Ziele,[220] konkret ob auch die *procédure de sauvegarde* Sanierungen auf Kosten der beteiligten Gläubiger ermöglicht.

Ebenso wie für das *redressement judiciaire* von 1985 ergibt sich auch hier aus der Gesamtsystematik des Verfahrens unzweifelhaft, dass der Erhalt des Unternehmens und der Arbeitsplätze vor der Wahrung der Gläubigerinteressen Vorrang genießt. Das zeigt sich bereits an den Eröffnungsvoraussetzungen des Verfahrens im Zusammenspiel mit den Wirkungen des Eröffnungsbeschlusses. Eröffnet wird das Verfahren, wenn der Schuldner „Schwierigkeiten" nachweist, die er nicht selbst[221] überwinden kann, Art. L. 620-1 C. com. Unerheblich ist, ob diese Schwierigkeiten die Geschäftätigkeit unmittelbar betreffen,[222] so dass nicht nur leistungswirtschaftliche oder finanzielle Probleme, sondern etwa auch Probleme juristischer Art oder Schwierigkeiten mit der Belegschaft ausreichen können.[223] Unschädlich soll nach der bisherigen Rechtsprechung der *Cour de cassation* gar sein, dass das Verfahren (nur) eingesetzt wird, um bestehenden vertraglichen Verpflichtungen zu entgehen.[224] Das Ver-

---

[219] *Saint-Alary-Houin/Monsèrié-Bon/Houin-Bressand*, Entreprises en difficulté, Rn. 402; *Merle*, Insolvenzzwecke, S. 162.

[220] Vgl. oben, 2. Kapitel, B.III.

[221] Auch bei Unternehmen, die Teil einer Unternehmensgruppe sind, sollen nur die Möglichkeiten und Verhältnisse des betroffenen Unternehmens maßgeblich sein, während jene der übrigen Mitglieder der Gruppe unbeachtlich seien, *Le Cannu/Robine*, Entreprises en difficulté, Rn. 358; *Cass. com.*, 26.06.2007, n° 06-20.820; kritisch hierzu *Pérochon*, Entreprises en difficulté, Rn. 632.

[222] *Cass. com.*, 08.03.2011, n° 10-13.988, 10-13.989, 10-13.990; *Saint-Alary-Houin/Monsèrié-Bon/Houin-Bressand*, Entreprises en difficulté, Rn. 429; *Le Cannu/Robine*, Entreprises en difficulté, Rn. 359; *Pérochon*, Entreprises en difficulté, Rn. 631.

[223] Insbesondere *Cass. com.*, 08.03.2011, n° 10-13.988, 10-13.989, 10-13.990: Aufgrund der Finanzkrise 2009 eingetretene Unmöglichkeit *financial covenants* zu erfüllen; *TGI Bressuire*, 19.12.2007, n° 07/00004 – SAS Rambaud Carrières: Streik der Mitarbeiter, Probleme in der Geschäftsführung; *Saint-Alary-Houin/Monsèrié-Bon/Houin-Bressand*, Entreprises en difficulté, Rn. 427; *Lucas*, Droit de la faillite, Rn. 107.

[224] *Cass. com.*, 08.03.2011, n° 10-13.988, 10-13.989, 10-13.990; anders noch die Vorinstanz *CA Paris*, 25.02.2010, n°09-22756: Die Bindungswirkung der eingegangenen vertraglichen Verpflichtungen stehe einer solchen Instrumentalisierung entgegen. Ob diese Rechtsprechung in Anbetracht der 2016 eingeführten *révision pour imprévision* gem. Art. 1195 C.C. uneingeschränkt aufrechtzuerhalten ist, ist umstritten, da mit dieser eine Möglichkeit geschaffen wurde, vertragliche Vereinbarungen außerhalb der *procédures collectives* abzuändern. Zweifelhaft ist daher, ob es sich hier noch um eine für den Schuldner selbst nicht überwindbare Schwierigkeit handelt, vgl. *Ripert/Roblot/Delebecque/Binctin/ Andreu*, Traité de droit des affaires[18], Bd. IV, Rn. 477; dafür *Cerati-Gauthier/Perruchot-Triboulet*, Réforme du droit des obligations, S. 71, 76 f.; *Delebecque*, BJE mai 2016, S. 209,

fahren wird also weit im Vorfeld der materiellen Insolvenz eröffnet und ist im Fall der *cessation des paiements* sogar unstatthaft, betrifft also Situationen, in denen der Schuldner seine fälligen Verbindlichkeiten noch erfüllen kann.

Dementsprechend führt die Eröffnung des Verfahrens nicht zum Verlust der Verfügungs- und Verwaltungsbefugnis des Schuldners (Art. L. 622-1 C. com.). Dieser wird jedoch mit einem Verbot belegt, vor dem Eröffnungsbeschluss (*jugement d'ouverture*) begründete Forderungen zu befriedigen, Art. L.622-7 C. com. Ergänzt wird dieses Verbot durch ein gegen die Gläubiger gerichtetes Vollstreckungsverbot, Art. L. 622-21 C. com. („*gel du passif*"[225]), das prinzipiell auch gesicherte Gläubiger betrifft.[226] Letztlich werden also Gläubigerrechte, die außerhalb des Verfahrens durchaus noch mit Aussicht auf Erfolg durchgesetzt werden könnten, frühzeitig sistiert, um im Rahmen der *procédure de sauvegarde* eine Reorganisation des Unternehmens zu ermöglichen, welche die wirtschaftlichen Potentiale des Unternehmens erhält.

Das soll im Rahmen der *sauvegarde* durch einen Sanierungsplan geschehen, der während der sog. *période d'observation* durch den Schuldner – mit Unterstützung des *administrateur* und in Abstimmung mit den Gläubigern – erarbeitet wird (Art. L. 626-2, 626-5 C. com.). Im Rahmen dieses Plans, der vom zuständigen Gericht bestätigt werden *muss*, wenn bereits die ernsthafte *Möglichkeit* besteht, dass das Unternehmen erhalten werden kann (Art. L. 626-1, 626-9 C. com.), sind gegen den Willen der jeweiligen Gläubiger grundsätzlich keine Eingriffe in den Nominalwert ihrer Forderungen möglich (vgl. Art. L. 626-5, 626-6, 626-18 C.com.).[227] Das Gericht erlegt Gläubigern, die Erlassen oder Stundungen nicht zugestimmt haben, jedoch von sich aus Stundungen auf, die eine Dauer von bis zu zehn Jahren erreichen können, Art. L. 626-18, 626-12 C. com. In wirtschaftlicher Hinsicht erfolgen durch den Sanierungsplan also gleichwohl massive Eingriffe in die Positionen dissentierender Gläubiger, um den Unternehmenserhalt zu ermöglichen.

Etwas anders liegt die Sache neuerdings bei Plänen, die gem. Art. L. 626-29 ff. C. com., mit denen der französische Gesetzgeber die Restrukturierungsrichtlinie umgesetzt hat,[228] unter Beteiligung von sog. *classes des parties affectées* beschlossen werden. Hier ist Art. L. 626-18 C. com. unanwendbar (Art. L. 626-30-2, al. 2 C. com.), so dass es dem Gericht verwehrt ist, den *créanciers chirographaires* Stundungen aufzuerlegen. Allerdings werden nun – in Umsetzung von Art. 10 f. der Restrukturierungsrichtlinie – auch Eingriffe in den Nominalwert von Forderungen gegen den Willen der betroffenen Gläu-

---

210; auch *Pérochon,* Entreprises en difficulté, Rn. 629 f., nach welcher in dem Antrag, eine *sauvegarde* zu eröffnen, aber stets die von Art. 1195 C.C. geforderte *demande de renégociation* liege.

[225] *Pérochon*, Entreprises en difficulté, Rn. 958 ff.
[226] Eingehend hierzu unten, 4. Kapitel, B.II.3.
[227] Vgl. statt aller *Pérochon*, Entreprises en difficulté, Rn. 1669, 1672.
[228] *Roussel Galle/Fort*, RPC novembre-décembre 2021, S. 68, 68, Rn. 1.

biger im Wege des *cram downs* möglich, wenn dieser Eingriff nicht dem Kriterium des Gläubigerinteresses widerspricht, Art. L. 626- 30-2, al. 1, 626-31, 626-32 C. com. Entscheidend ist damit auch insoweit, wie der französische Gesetzgeber dieses nach den Richtlinienvorgaben sehr flexible Kriterium umgesetzt hat.[229] Dieser hat sich hier auf die Feststellung beschränkt, dass als Vergleichsmaßstab die Verteilung des Erlöses nach einer Zerschlagung, nach einer übertragenden Sanierung oder einer besseren alternativen Lösung in Betracht kommen könne, Art. L. 626-31, al. 1, 4° C. com. Anders als der deutsche Gesetzgeber[230] hat der französische Gesetzgeber also keinen prinzipiellen Vorrang eines dieser Maßstäbe angeordnet.[231]

Verbreitet geht man bislang jedoch davon aus, dass den Fortsetzungsszenarien als Vergleichsmaßstab keine nennenswerte Bedeutung zukomme, da kaum denkbar sei, dass ein Unternehmen auch ohne Zustandekommen eines *plan de sauvegarde* fortgeführt werde.[232] Maßgeblich wären damit in aller Regel Liquidationsszenarien, die – blickt man auf die statistischen Befriedigungsaussichten[233] – ein nahezu vollständiges Aushöhlen der bestehenden Forderungen ermöglichen würden.[234] Dem Kriterium des Gläubigerinteresses käme hiernach keine nennenswerte Schutzfunktion zu, womit das neue Recht wesentlich weitreichendere Eingriffe in die wirtschaftliche Position der Gläubiger erlauben würde, als im bisherigen Rahmen möglich waren.[235] Das hätte die einiger-

---

[229] Siehe oben, 2. Kapitel, A.II.3.a)bb)(2).
[230] Siehe oben, 2. Kapitel, A.II.3.b).
[231] Vgl. *Dammann/Gerrer*, RD bancaire et financier juillet-août 2022, n° 7, Rn. 35; *Pérochon*, Entreprises en difficulté, Rn. 1523.
[232] Deutlich in diesem Sinn *Roussel Galle/Fort*, RPC novembre-décembre 2021, S. 68, 69, Rn. 14 f.; ähnlich *Poujade*, RTDCom. 2021, S. 929, 938, Rn. 18.4, der Verwalter müsse eine Art virtuelles Liquidationsverfahren durchführen; so auch *Saint-Alary-Houin/Monsèrié-Bon/Houin-Bressand*, Entreprises en difficulté, Rn. 976; zurückhaltend zur Bedeutung der Fortführungsszenarien insbesondere ohne Plan auch *Dammann/Bos*, D. 2021, S. 1931, 1932; *Dammann/Gerrer*, RD bancaire et financier juillet-août 2022, n° 7, Rn. 38; *Lucas*, BJE janvier-février 2022, S. 45, 48, Rn. 6, S. 54, Rn. 10; anders namentlich *Pérochon*, Entreprises en difficulté, Rn. 1523, 1590: Maßgeblich müsse der *höchste* Vergleichswert sein.
[233] Siehe bereits oben, 1. Kapitel, Fn. 5.
[234] Ausdrücklich in diesem Sinn *T. com. Pontoise*, 10.02.2023, LEDEN juin 2023, S. 1; *Mailly*, BJE septembre-octobre 2022, S. 64, 65; vgl. die dahingehende Kritik bei *Pérochon*, Entreprises en difficulté, Rn. 1523: Sogar im Fall einer übertragenden Sanierung erhielten die Gläubiger in Frankreich durchschnittlich nur eine Quote i.H.v. 6 %; selbst die übertragende Sanierung als Vergleichsmaßstab erlaube also eine weitgehende Preisgabe der Gläubigerinteressen.
[235] Siehe wiederum *T. com. Pontoise*, 10.02.2023, LEDEN juin 2023, S. 1, das einen erzwungenen Erlass von Forderungen i.H.v. 86 % der ursprünglichen Forderungshöhe der *créanciers chirographaires* für mit dem Kriterium des Gläubigerinteresses vereinbar befunden hat und die Kritik hieran von *Lucas*, LEDEN juin 2023, S. 1; vgl. auch *T. com. Lyon*, 13.04.2022, n° 2021F03177, ein erzwungener Forderungserlass gegenüber den *etablissements de crédit* i.H.v. 90 % des Nominalwerts ihrer Forderungen mit einer Befriedigung über

maßen kuriose Konsequenz, dass die Gläubigerinteressen trotz der Einführung des Kriteriums des Gläubigerinteresses gegenüber dem Anliegen des Unternehmenserhalts noch weiter zurückgedrängt würden.

Einschränkend ist insofern jedoch festzuhalten, dass dieser Rahmen nur Anwendung findet, wenn das Unternehmen erhebliche Umsatz- bzw. Mitarbeiterschwellen überschreitet,[236] oder der Schuldner dies beantragt und der *juge-commissaire* dem zustimmt oder aber eine *procédure de sauvegarde accélérée* gem. Art. L. 628-1 ff. C. com. eröffnet wurde, mit welcher der Widerstand von Gläubigern, die das Zustandekommen eines *accord de conciliation* blockieren, gebrochen werden kann.[237] Trotz der Reformen lässt sich demnach festhalten, dass das Primat der Allgemeininteressen an einem Unternehmenserhalt ungebrochen ist. Etwaige Interessen der Gläubiger an einer Zerschlagung des Unternehmens bleiben auch hier unberücksichtigt.

b) Redressement judiciaire

Das *redressement judiciaire* kann eröffnet werden, wenn der Gläubiger sich in der *cessation des paiements* befindet, d.h. wenn das verfügbare Vermögen nicht ausreicht, um die fälligen Verbindlichkeiten zu befriedigen, Art. L. 631-1 al. 1 C. com. Dieses Verfahren weist große Ähnlichkeiten zur *procédure de sauvegarde* auf und weicht nur punktuell von dieser ab,[238] um der abweichenden wirtschaftlichen Lage des Schuldners Rechnung zu tragen.

Ausgerichtet ist das *redressement judiciaire*, wie auch die *procédure de sauvegarde,* auf die Fortsetzung der unternehmerischen Aktivität, den Erhalt von Arbeitsplätzen sowie die Bereinigung der Verbindlichkeiten, Art. 631-1 al. 3 C. com.[239] Auch das *redressement judiciaire* kann zwar nicht zur Zerschlagung des Unternehmens führen, im Interesse des Erhalts der Arbeitsplätze und des Unternehmens als Produktionseinheit kann aber eine übertragende Sanierung (*cession totale de l'entreprise*) und mithin eine Abwicklung des Unternehmens*trägers* erfolgen.[240] Die *cession totale* gegen den Willen des Schuld-

---

zwei Jahre sei mit dem Kriterium des Gläubigerinteresses vereinbar; vgl. hierzu *Mailly,* BJE septembre-octobre 2022, S. 64, 65.
[236] Erforderlich ist gem. Art. R. 626-52 C. com. entweder ein jährlicher Mindestumsatz von 40 000 000 € oder ein Umsatz von mindestens 20 000 000 € und mindestens 20 Mitarbeiter.
[237] Zurückhaltend zur praktischen Bedeutung dieser Bestimmungen auch *Lucas,* BJE janvier-février 2022, S. 45, 45, Rn. 1.
[238] *Pérochon*, Entreprises en difficulté, Rn. 1854.
[239] *Pérochon*, Entreprises en difficulté, Rn. 1854, 1957; *Saint-Alary-Houin/Monsèrié-Bon/Houin-Bressand,* Entreprises en difficulté, Rn. 1073, 1075; *Coquelet,* Entreprises en difficulté, Rn. 214.
[240] *Coquelet,* Entreprises en difficulté, Rn. 515; *Le Cannu/Robine,* Entreprises en difficulté, Rn. 1252; vgl. aber auch *Pérochon,* Entreprises en difficulté, Rn. 1960 ff., die ausgehend von *Cass. com.*, 04.05.2017, n° 15-25.046 im Fall der *cession totale de l'activité*

ners kommt aber nur in Betracht, wenn dieser nicht selbst in der Lage ist, die Sanierung des Unternehmens zu bewerkstelligen, Art. L. 631-22 C. com. Diese ist also gewissermaßen nur eine „Notlösung", damit der Erhalt des Unternehmens und der Arbeitsplätze nicht an den fehlenden Fähigkeiten bzw. Möglichkeiten des Schuldners scheitert.[241]

Unterschiede ergeben sich auch in Bezug auf den Eröffnungsantrag: Der Schuldner ist gem. Art. L. 631-4 C. com. verpflichtet, innerhalb von 45 Tagen nach Eintritt der *cessation des paiements* einen Antrag auf Eröffnung einer *procédure de redressement* zu stellen, es sei denn, er stellt in dieser Zeit einen Antrag auf Eröffnung einer *procédure de conciliation*.[242] Darüber hinaus sind auch *ministère public* und jeder Gläubiger berechtigt, einen Antrag auf Eröffnung eines *redressement judiciaire* zu stellen, Art. L. 631-5 C. com. Auch hier folgt auf den Eröffnungsbeschluss eine *période d'observation,* in der ein *plan de redressement* erarbeitet werden soll, über den anschließend das *Tribunal de commerce* entscheidet. Art. 631-19 al. 1 C. com. erklärt die Vorschriften der *procédure de sauvegarde* über den *plan de sauvegarde* (Art. L. 626-1 ff. C. com.) für anwendbar, so dass Ausarbeitung und Bestätigung des *plan de redressement* grundsätzlich den gleichen Regeln folgen wie bei der *procédure de sauvegarde.*

Weitere Unterschiede zur *sauvegarde* bestehen aber hinsichtlich des Kräfteverhältnisses zwischen Schuldner und *administrateur.* So kann im Rahmen des *redressement judiciaire,* anders als bei der *sauvegarde,* die Geschäftsführungsbefugnis ganz oder teilweise auf den *administrateur* übertragen werden, Art. L. 631-12 C. com. Darüber hinaus liegt die Zuständigkeit für die Erarbeitung des Plans hier nicht beim Schuldner, sondern beim *administrateur,* Art. L. 631-19 al. 2 C. com. Im Weiteren unterscheidet sich das *redressement judiciaire* von der *procédure de sauvegarde* vor allem dadurch, dass Kündigungen von Arbeitsverhältnissen bei ersterem leichter möglich sind und durch weiter reichende Privilegien und das Einschreiten der *AGS* ein stärkerer Schutz für Arbeitnehmer besteht.[243] Daneben besteht im Rahmen des *redressement*

---

oder, wenn der Schuldner aus anderen Gründen keine unternehmerische Aktivität mehr ausübt, auch einen *plan de redressement* für zulässig hält, der keine Fortsetzung der Aktivität (durch den Schuldner selbst) vorsieht und nur die Befriedigung der Gläubiger regelt, weil es in diesem Fall durch den Plan keine Aktivität des Schuldners mehr zu erhalten gilt.

[241] *Coquelet,* Entreprises en difficulté, Rn. 515; *Pérochon,* Entreprises en difficulté, Rn. 446, 1954 f., 2186.

[242] Unterlässt er diesen Eröffnungsantrag bewusst („*sciemment"*), kann gegen den Schuldner gem. Art. L. 653-8 al. 4 C. com. eine *interdiction de gérer* verhängt werden. Darüber hinaus kommt auch eine zivilrechtliche Haftung des Geschäftsführers (*pour insuffisance de l'actif social*) in Betracht, *Saint-Alary-Houin/Monsèrié-Bon/Houin-Bressand,* Entreprises en difficulté, Rn. 1097.

[243] *Saint-Alary-Houin/Monsèrié-Bon/Houin-Bressand,* Entreprises en difficulté, Rn. 1129 ff.

judiciaire die Möglichkeit, im Wege der *actions en nullité de la période suspecte* bestimmte Handlungen des Schuldners im Zeitraum zwischen *cessation des paiements* und Eröffnung des Verfahrens rückgängig zu machen (sog. *période suspecte*).[244]

c) Liquidation judiciaire

Letztes in der Reihe der Verfahren ist die *liquidation judiciaire*, die als einzige zur Zerschlagung des schuldnerischen Unternehmens führen kann. Diese kann nur eröffnet werden, wenn der Schuldner sich in der *cessation des paiements* befindet und eine Sanierung des Unternehmens *offensichtlich* unmöglich ist, Art. L. 640-1 C. com. Letztlich zeigt sich bereits an dieser Anforderung, die dazu führt, dass eine Sanierung des Unternehmensträgers erst dann nicht mehr angestrebt wird, wenn sie offensichtlich aussichtslos ist, dass der Unternehmenserhalt das alles überragende Anliegen ist, dem sich insbesondere die Gläubiger unterzuordnen haben.

Entsprechend dieses Anwendungsbereichs ist die *liquidation judiciaire* gem. Art. L. 640-1 al. 2 C. com. nicht mehr auf den Erhalt des Unternehmensträgers ausgerichtet, sondern hat die Beendigung der Aktivität des Unternehmens bzw. die Verwertung des Vermögens des Unternehmens im Wege der Übertragung einzelner Vermögensgegenstände oder des ganzen Unternehmens zum Gegenstand. Am Ende des Verfahrens steht daher immer eine Abwicklung zumindest des Unternehmens*trägers*.[245] Gleichwohl wird auch in diesem Rahmen das Ziel, die unternehmerische Aktivität und die damit verbundenen Arbeitsplätze zu erhalten, nicht aufgegeben: Vielmehr ist gem. Art. 642-1, 642-2 C. com. eine übertragende Sanierung (*cession totale ou partielle de l'entreprise*) mit dem Ziel des Erhalts der unternehmerischen Aktivität, der Arbeitsplätze sowie der Bereinigung der Verbindlichkeiten immer dann anzustreben, wenn das Gericht eine solche für „denkbar" hält. Maßgeblich für die Entscheidung zwischen übertragender Sanierung und Zerschlagung sind also auch hier nicht die Befriedigungsaussichten der Gläubiger, sondern die Durchführbarkeit einer übertragenden Sanierung primär im Interesse der Allgemeinheit und der Arbeitnehmer.[246] Es ergibt sich demnach auch im Rahmen der *liquidation judiciaire* ein prinzipieller Vorrang des Erhalts des Unternehmens (zu unterscheiden vom Unternehmensträger) vor dessen Zerschlagung.[247] Somit ist auch

---

[244] *Saint-Alary-Houin/Monsèrié-Bon/Houin-Bressand,* Entreprises en difficulté, Rn. 1150 ff.

[245] Vgl. *Jacquemont/Borga/Mastrullo*, Entreprises en difficulté, Rn. 844.

[246] Vgl. *Le Cannu/Robine*, Entreprises en difficulté, Rn. 1272, 1298.

[247] Etwas verklausuliert *Jacquemont/Borga/Mastrullo*, Entreprises en difficulté, Rn. 844: Die Beendigung der Aktivität sei die Lösung, die (wohl statistisch gesehen) die Regel sei und immer zum Tragen komme, außer wenn eine übertragende Sanierung möglich ist; deutlicher in Richtung einer Priorität der übertragenden Sanierung, a.a.O., Rn. 905.

die *liquidation judiciaire* primär auf den Erhalt des Unternehmens ausgerichtet und den Interessen der Gläubiger kommt auch in dieser Situation nur nachgeordnete Bedeutung zu.[248] Diese Verdrängung der Gläubigerinteressen ist gegenüber *sauvegarde* und *redressement* aber insofern etwas abgeschwächt, als Immobiliarsicherungsgläubiger im Fall der *liquidation* vor den nach Verfahrenseröffnung entstandenen Forderungen befriedigt werden (Art. L. 643-8 C. com.).[249]

Eröffnet werden kann eine *liquidation judiciaire* als *liquidation judiciaire immédiate*, d.h. ohne vorangehende *période d'observation*,[250] ebenso wie das *redressement judiciaire* auf Antrag des Schuldners, den die gleiche Antragspflicht trifft wie beim *redressement judiciaire,* Art. L. 640-4 C. com. Daneben sind jedoch auch die Gläubiger sowie der *ministère public* antragsberechtigt, Art. 640-5 C. com.[251] Darüber hinaus kann auch eine bereits eröffnete *procédure de sauvegarde* bzw. ein *redressement judiciaire* jederzeit von Amts wegen durch das Gericht, auf Antrag des Schuldners, des *administrateur* oder des *mandataire judiciaire* in eine *liquidation judiciaire* umgewandelt werden, wenn sich innerhalb der *période d'observation* zeigt, dass eine Sanierung offensichtlich unmöglich ist, Art. L. 631-15-II C. com. Weiterhin besteht die Möglichkeit, eine *liquidation judiciaire* zu eröffnen, nachdem ein *plan de sauvegarde* gescheitert ist und der Schuldner sich in der *cessation des paiements* befindet, wenn die Sanierung offensichtlich unmöglich ist, Art. L. 626-27 al. 3 C. com. Ist hingegen ein *plan de redressement* gescheitert und die *cessation des paiements* eingetreten, besteht gem. Art. L. 631-20-1 C. com. unabhängig von der tatsächlichen wirtschaftlichen Situation des Unternehmens keine Möglichkeit mehr, eine neue *procédure de redressement judiciaire* zu eröffnen, sondern es ist zwingend eine *liquidation judiciaire* zu eröffnen.[252] Mit dem *jugement d'ouverture* wird ein *liquidateur* benannt, auf den die Verwaltungs- und Verfügungsbefugnis über die Güter des Schuldners übergeht (sog.

---

[248] Vgl. *Pérochon*, Entreprises en difficulté, Rn. 1984; siehe auch *Boustani*, Les créanciers postérieurs, Rn. 148 ff., S. 82 f.; *Lienhard*, Procédures collectives, Rn. 124.21.

[249] Eingehend zur Stellung der Sicherungsgläubiger in der *liquidation* unten, 4. Kapitel, B.II.3.

[250] *Saint-Alary-Houin/Monsèrié-Bon/Houin-Bressand*, Entreprises en difficulté, Rn. 1225; *Le Cannu/Robine*, Entreprises en difficulté, Rn. 452, allgemein zu den Zwecken des *plan de cession,* a.a.O., Rn. 1272.

[251] Die von Art. L. 640-5, 631-5 C. com. a.F. vorgesehene Möglichkeit des *Tribunal de commerce*, die *liquidation judiciaire* bzw. das *redressement judiciaire* von Amts wegen zu eröffnen, hielt der *Conseil constitutionnel* für verfassungswidrig, *Cons. const.*, QPC v. 07.03.2014, n° 2013-368; QPC v. 07.12.2012, n° 2012-286, weshalb diese 2014 vom Gesetzgeber gestrichen und durch die Option des Gerichts, den *ministère public* über die Situation zu informieren, auf dass dieser einen Eröffnungsantrag stelle, ersetzt wurde, Art. L. 640-3-1, 631-3-1 C. com.

[252] Kritisch zu dieser Einschränkung *Le Cannu/Robine*, Entreprises en difficulté, Rn. 1218.

dessaisissement), der bei vorläufiger Fortsetzung der Geschäftstätigkeit auch die Geschäftsführung des Unternehmens übernimmt und auch die Interessen der Gläubigergesamtheit zu wahren hat.[253] Wird die Geschäftstätigkeit des Unternehmens nicht vorläufig fortgesetzt, veräußert der *liquidateur* die Vermögensgüter des Unternehmens und verteilt den Erlös entsprechend der Rangordnung des Art. L. 643-8 C. com. unter den Gläubigern.

4. Zwischenergebnis

Das französische Recht hat sich seit 1967 schrittweise vom „*droit des faillites*" als einem Gesamtvollstreckungsrecht für Kaufleute mit bisweilen stark repressivem Charakter, das auch Marktbereinigungsinstrument war, zum heutigen „*droit des entreprises en difficulté*" entwickelt, das ein Instrument zur Verwirklichung wirtschafts- und sozialpolitischer Ziele ist. Infolgedessen ist der Erhalt jeglicher – nicht nur kaufmännischer – unternehmerischer Aktivität in den Vordergrund der Bemühungen gerückt. Der früher zentralen Zielsetzung der Befriedigung der Gläubiger kommt heute hingegen nur noch nachgeordnete Bedeutung zu. Dabei stellt sich die Reform von 1985 weniger als „*tournant copernicien*"[254] im Sinne einer radikalen Abkehr von traditionellen Konzepten, sondern vielmehr als konsequente Umsetzung von Ansätzen dar, die bereits unter der Gesetzgebung von 1967 präsent waren.[255] So besehen lässt sich das Recht von 1967 als kompromisshafter Zwischenschritt dieser Entwicklung deuten: Es lassen sich sowohl Aspekte der traditionellen Konzeption des „*droit des faillites*" als Vollstreckungsrecht als auch Aspekte des „modernen" Verständnisses eines „*droit des entreprises en difficulté*" ausmachen, in dem das Unternehmen und dessen Erhalt im Interesse wirtschafts- und sozialpolitischer Ziele im Mittelpunkt der Bemühungen stehen.[256]

Die *loi de sauvegarde* von 2005, auf der das heutige *droit des entreprises en difficulté* im Wesentlichen beruht, das aber seither immer wieder reformiert wurde, stellt den vorläufigen Endpunkt dieser Entwicklung dar. Resultat dieser Entwicklung ist ein stark ausdifferenzierter Rechtsrahmen, der ein breites und abgestuftes Instrumentarium zur Krisenbewältigung bereit hält. Im Gegensatz zum auf die Reform von 1985 zurückgehenden Recht weist das heutige Recht einen deutlich pragmatischen und flexiblen Charakter auf, um den wirtschaftlichen Realitäten besser gerecht zu werden. Die *lex lata* beruht jedoch weitgehend auf den gleichen Grundannahmen wie das Recht von 1985, ist also primär

---

[253] Vgl. etwa *Pérochon*, Entreprises en difficulté, Rn. 923.

[254] So aber *Boustani*, Les créanciers postérieurs, Rn. 445, S. 243, die aber auch feststellt, dass der Gesetzgeber mit dem Recht von 1967 bereits erste Schritte in diese Richtung gemacht hatte.

[255] Vgl. *Lyon-Caen*, Annales de l'université des sciences sociales de Toulouse, Bd. 36 (1986), S. 12, 16; *Pétel*, JCl. Proc. Coll. Fasc. 1705, Rn. 15 und die Nachweise in Fn. 156.

[256] *Monsèrié*, Contrats, Rn. 9, S. 14 und die Nachweise in Fn. 156.

darauf gerichtet, die Sanierungschancen des betroffenen Unternehmens zu maximieren, lässt nun aber auch die schnelle Zerschlagung eines Unternehmens zu, wo dies nötig erscheint. Dieser Rahmen lässt sich mit dem *traitement amiable,* d.h. dem *mandat ad-hoc* und der *conciliation* sowie dem *traitement judiciaire* mit den *procédures de sauvegarde, redressement* und *liquidation judiciaire* in zwei Blöcke teilen. Während *mandat ad-hoc* und *conciliation* streng konsensual geprägt, zumeist nur teilkollektiv, gerichtsfern und stets auf den Erhalt des Unternehmens ausgerichtet sind, sind die Verfahren des *traitement judiciaire* nicht von der Zustimmung aller Beteiligten abhängig, kollektiv und gerichtsintensiv und können in Gestalt der *liquidation judiciaire* auch zur Zerschlagung des schuldnerischen Unternehmens führen.

Die Verfahren unterscheiden sich neben ihren unterschiedlichen Eröffnungsvoraussetzungen also insbesondere durch ihre Zielsetzungen. *Mandat ad-hoc* und *conciliation* sind voraussetzungslos bzw. können eröffnet werden, wenn sich das Unternehmen in „*difficultés avérées*" befindet, sollen prinzipiell aber nur zu einer Sanierung des Unternehmens, nicht zu dessen Zerschlagung führen. *Procédure de sauvegarde* und *redressement* können beide ebenfalls nicht zur Zerschlagung des Unternehmens führen und haben dessen Sanierung zum Ziel, unterscheiden sich aber in ihren Eröffnungsvoraussetzungen. Zur Zerschlagung des Unternehmens kann allein die *liquidation judiciaire* führen, die aber erst eröffnet werden kann, wenn sich das schuldnerische Unternehmen in der *cessation des paiements* befindet und eine Sanierung offensichtlich unmöglich ist. Auch in dieser Situation bleibt der Erhalt des wirtschaftlichen Potentials maßgebliches Ziel, zumal die übertragende Sanierung unabhängig von der Interessenlage der Gläubiger immer erfolgen soll, wenn sie möglich erscheint.

C. Vergleichende Würdigung: Frankreich und Deutschland als Gegenpole

Obgleich das heutige deutsche Insolvenzrecht und die französischen Sanierungsverfahren in Gestalt von *sauvegarde* und *redressement* die Interessen der Beteiligten kaum unterschiedlicher gewichten könnten, lassen sich doch gewisse – auch historische – Gemeinsamkeiten feststellen.

Bemerkenswert ist insofern zunächst, dass die beiden Insolvenzrechte noch bis in die zweite Hälfte des 20. Jahrhunderts die tradierte Ausrichtung des Insolvenzrechts (auch) als Gesamtvollstreckungsrecht behalten hatten, wobei das französische Recht noch sehr viel länger als das deutsche einen stark repressiven Charakter aufwies. Gerade am französischen Recht dieser Epoche wird aber deutlich, dass auch diese Verfahren nicht allein im Interesse der Gläubiger durchgeführt wurden, sondern mit der Repression des Schuldners daneben öffentliche Interessen verfolgt wurden. Auffällig ist, dass in dieser Phase sowohl in Frankreich als auch in Deutschland im Umfeld beginnender wirtschaftlicher Strukturveränderungen, die besonders in Frankreich zum Untergang ganzer Industrien führten,[257] ein zunehmender Funktionsverlust der Insolvenzrechte konstatiert wurde, der gar in beiden Staaten mit dem Wortspiel vom „Konkurs des Konkurses" betitelt wurde.[258] Obwohl also die „Diagnose" sehr ähnlich war,[259] hat diese Situation zu sehr unterschiedlichen Lösungen geführt: In Frankreich hat man sich, 1967 zunächst sehr begrenzt, 1985 dafür umso radikaler, dafür entschieden, die Allgemeininteressen am Unternehmenserhalt zu priorisieren. Diese Richtungsentscheidung ist umso bemerkenswerter, wenn man berücksichtigt, dass noch das bis 1967 geltende Recht von 1955 wirtschaftspolitische Interessen zugunsten des Unternehmenserhalts völlig unberücksichtigt gelassen hatte. Dieser Paradigmenwechsel, der bis heute fortwirkt, zeigt sich sowohl in materieller als auch in formeller Hinsicht: In materieller Hinsicht führt das Primat des Unternehmenserhalts dazu, dass die substantiellen Rechte der Gläubiger in den Sanierungsverfahren teils ausgesetzt, teils beschnitten werden, um Sanierungen bzw. als vorzugswürdig bewertete Belange der Allgemeinheit bzw. bestimmter Gläubiger zu fördern. Abgesichert wird dies in formeller Hinsicht dadurch, dass die Verfahrensherrschaft prinzipiell beim Gericht liegt, das seine Entscheidungen nicht an den Interessen der Gläubiger, sondern nur an den Perspektiven des Unternehmenserhalts ausrichtet, so dass die Gläubiger nicht durch eine (gemeinsame) Entscheidung eine andere Lösung herbeiführen können.

Ganz gegenteilig hat man sich in Deutschland, nachdem der erste Reformentwurf einer Insolvenzordnung die Interessen der Allgemeinheit noch stärker gewichtet hatte,[260] für einen stark marktwirtschaftlichen Ansatz entschieden. Ein generelles Interesse der Allgemeinheit am Fortbestand von Unternehmen wird *de lege lata* negiert und stattdessen die Gläubigerinteressen in den Vordergrund gerückt. Dementsprechend verhindert das deutsche Insolvenzrecht prinzipiell Eingriffe in die Position der Gläubiger, seien sie noch so nützlich für den Unternehmenserhalt, und weist den Gläubigern, nicht dem Gericht oder dem Insolvenzverwalter, die exklusive Entscheidungsmacht über die Verwertungsart zu. Das hat insbesondere zur Folge, dass prinzipiell allein

---

[257] Vgl. zur Reform von 1985 Rapport Gouzes, JO Doc. Ass. Nat. 1983–1984, n° 1872, S. 3; gleichermaßen vor der Reform von 1967 Rapport Molle, Rapports Sénat, 1966–1967, n° 313, S. 6.

[258] Vgl. etwa *Terré*, RJCom. 1991, S. 1, 18; *Magras Vergez*, Stigmates, Rn. 1299, S. 402; *Kilger*, KTS 1975, S. 142, 143 ff.

[259] Vgl. *Terré*, RJCom. 1991, S. 1, 18, der feststellt, dass das Insolvenzrecht nicht nur in Frankreich seine ihm zugeschriebenen Funktionen nicht (mehr) erfüllen könne; ebenso *Paillusseau*, Études Houin, S. 109, 113.

[260] Vgl. zur Entwicklung der Reformvorschläge etwa MüKo-InsO/*Stürner*, Einleitung Rn. 36 ff.

deren Interessen zum Entscheidungsparameter werden. Anders als im französischen Recht findet sich das Primat der Gläubigerinteressen also sowohl substantiell als auch in prozeduraler Hinsicht verwirklicht, da deren Interessen für die Verwertungsentscheidung maßgeblich sind und sie auch selbst, und nicht etwa das Insolvenzgericht, für diese Entscheidung zuständig sind. Gleichwohl negiert auch das deutsche Insolvenzrecht die Interessen der Allgemeinheit nicht, sondern legt die Annahme zugrunde, dass die Entscheidung, welche die Gläubigerinteressen am besten verwirklicht, auch am ehesten die Gesamtwohlfahrt fördere.

Das ändert jedoch nichts an dem Befund, dass die beiden Insolvenzrechte in dem skizzierten Interessenspektrum gewissermaßen Gegenpole bilden: Während das französische Recht die Allgemeininteressen am Unternehmenserhalt in den Vordergrund rückt und dementsprechend saniert wird, wo immer dies möglich ist, priorisiert das deutsche Insolvenzrecht die Gläubigerinteressen und führt deshalb nur zu Sanierungen, wenn diese im Interesse der Gläubiger liegen. Kurzum: Im deutschen Insolvenzrecht wird saniert, wenn und weil das im Interesse der Gläubiger liegt; im französischen Insolvenzrecht wird saniert, weil das im Interesse der Allgemeinheit liegt, auch wenn die Gläubiger hieran kein Interesse haben. Zu einem theoretischen Gleichlauf der beiden Rechtsordnungen führt das aber, wenn eine Sanierung auch aus der Perspektive der Gläubiger sinnvoll ist.

Wesentlich näher stehen sich die beiden Insolvenzrechte jedoch in Bezug auf Liquidationsverfahren, mit denen in beiden Staaten auf die wirtschaftliche Unmöglichkeit, den Unternehmensträger zu erhalten, reagiert wird. Auch hier räumt das französische Recht zwar nicht den Gläubigern, sondern – in etwas abgeschwächter Form – den Interessen der Allgemeinheit den Vorrang ein, wohingegen das deutsche Recht die Gläubigerinteressen auch hier zum Entscheidungsparameter macht. Letztlich geht es aber in beiden Rechtsordnungen um die Auflösung der Interessenkonflikte, die sich aus dem endgültigen Scheitern eines Unternehmens(-trägers) ergeben. Selbst wenn man ein sehr enges funktionalen Verständnis zugrunde legt, ist daher von einer Vergleichbarkeit i.S.d. funktionalen Rechtsvergleichung auszugehen.[261] Unterschiedlich sind nach dem Gesagten letztlich nur die gesetzgeberischen Prioritäten bei der Auflösung dieser Konfliktlage. Das führt zur Frage, ob sich diese unterschiedlichen

---

[261] Vgl. zur funktionalen Methode in der Rechtsvergleichung *Zweigert/Kötz*, Rechtsvergleichung, § 3 II, S. 33 ff.; eingehend *Michaels*, Oxford Handbook, S. 345, 346 ff. Zu unterschiedlichen Funktionen und damit einer fehlenden Vergleichbarkeit könnte man bei einem restriktiven Verständnis vor allem zwischen *sauvegarde* und dem deutschen Einheitsverfahren gelangen, weil letzteres prinzipiell die Auflösung eines Verteilungskonflikts zum Gegenstand hat, während die *sauvegarde* vor allem bei „strategischer" Nutzung, etwa zur Beseitigung lästig gewordener vertraglicher Verpflichtungen (vgl. oben Fn. 223 f.) weit im Vorfeld jeglicher Insolvenzsituation zur Anwendung kommt und insofern eher auf die *Vermeidung* einer echten Insolvenzsituation gerichtet ist.

gesetzgeberischen Konzeptionen und Gewichtungen der Interessen auf konkrete Lösungen im Kontext der Sanierungsfinanzierungen auswirken.

Teil 2

Die Behandlung von Sanierungsfinanzierungen im deutschen und französischen Recht *de lege lata*

Ausgehend von dieser theoretischen Analyse der Haltung der beiden Insolvenzrechte gegenüber Sanierungen und Gläubigerinteressen gilt es nun zu beleuchten, wie die Sanierungsfinanzierer in den beiden Rechtsordnungen konkret behandelt werden. Die unterschiedlichen Ausrichtungen der Insolvenzrechte legen dabei insbesondere die Frage nahe, ob sich diese konzeptionellen Unterschiede auch in der konkreten Behandlung der Sanierungsfinanzierung im Fall des Scheiterns der Sanierung niederschlagen.

3. Kapitel

Risiken für Sanierungsfinanzierer aus Liquidationsverfahren

Der im Rahmen dieser Untersuchung zugrunde gelegte funktionale Ansatz[1] gebietet es, für die weitere Untersuchung der Behandlung der Sanierungsfinanzierer nicht isoliert auf gewisse rechtstechnische Konstruktionen abzustellen, sondern die Risiken, die sich aus einem Liquidationsverfahren für Sanierungsfinanzierer ergeben können, und den Schutz vor diesen wirtschaftlichen oder rechtlichen Risiken in den Vordergrund zu rücken. Maßgeblich soll also sein, welche Risiken sich aus dem Scheitern eines Sanierungsversuchs und der Eröffnung eines Liquidationsverfahrens im deutschen und französischen Recht für die Sanierungsfinanzierer ergeben und wie diese Kreditgeber hiervor geschützt werden.

Ein Systematisierungsversuch dieser wirtschaftlichen Risiken und vor allem der rechtlichen Schutzinstrumente muss sich jedoch mit dem Befund konfrontiert sehen, dass eine absolut trennscharfe und überschneidungsfreie Abgrenzung insoweit kaum möglich scheint. Das liegt zunächst darin begründet, dass sich die verschiedenen wirtschaftlichen Risiken auch aus Sicht eines Sanierungsfinanzierers überschneiden und gegenseitig beeinflussen können. Daneben ist zu erkennen, dass ein und dasselbe *rechtliche* Instrument in seinen Wirkungen nicht streng auf eine *wirtschaftliche* Risikokategorie beschränkt sein muss. Behält man diese Begrenzungen im Auge, lässt sich aus der Perspektive des Sanierungsfinanzierers gleichwohl eine grundsätzliche Kategorisierung der wirtschaftlichen Risiken entfalten, die für diesen im Zusammenhang mit einem Liquidationsverfahren entstehen können.

A. Das Risiko einer weiteren Inanspruchnahme

Denkbar ist zunächst, dass es der Verwalter eines Liquidationsverfahrens anstreben wird, (Sanierungs-)Kreditgeber aus bestehenden Kreditverträgen weiter in Anspruch zu nehmen. Ein Interesse des Verwalters hieran kann sich etwa daraus ergeben, dass mit diesen Mitteln die Durchführung des Verfahrens sichergestellt werden kann oder die Kreditkonditionen günstiger sind als bei

---

[1] Vgl. oben Einleitung, C.I.

Neuabschluss eines entsprechenden Kreditvertrags. Denkbar ist insbesondere, dass sich kein Kreditgeber finden lässt, der in dieser Situation freiwillig zur Kreditierung bereit ist.

Dabei wird jedoch regelmäßig ein gegenteiliges Interesse der Kreditgeber bestehen, im Fall des Scheiterns des Sanierungsversuchs eine weitere Fortsetzung der Kreditbeziehung zu vermeiden. Evident ist ein solches Interesse, wenn die Gefahr besteht, dass eine fortgesetzte Kreditbeziehung dazu führt, dass sich die Ausfallrisiken des Kreditgebers weiter erhöhen. Ein derartiges Interesse des Sanierungsfinanzierers ist jedoch selbst dann denkbar, wenn aus der Fortsetzung der Kreditbeziehung keine weiteren Ausfallrisiken drohen: Das kann zunächst aus einer generellen Unwilligkeit eines Sanierungsfinanzierers resultieren, die Unsicherheiten in Kauf zu nehmen, die mit einem Insolvenzverfahren verbunden sind. Daneben liegt es gerade bei professionellen Kreditgebern nahe, dass sie die eingesetzten finanziellen Mittel an anderer Stelle auf lukrativere Art und Weise nutzen könnten, wenn der Sanierungsversuch endgültig gescheitert ist und in der Folge ein Liquidationsverfahren eröffnet wurde. Die weitere Inanspruchnahme kann für den Kreditgeber also insbesondere Opportunitätskosten[2] mit sich bringen, etwa in Gestalt entgangener Zinsgewinne, die sich bei anderweitiger Verwendung der eingesetzten Valuta realisieren ließen.

B. Insolvenzbedingte Ausfallrisiken

Von leitender Bedeutung werden für die Kreditgeber aber vor allem die Ausfallrisiken sein, die sich aus dem endgültigen Scheitern des Sanierungsversuchs und der Eröffnung eines Liquidationsverfahrens ergeben können. Dabei können sowohl das deutsche als auch das französische Insolvenzrecht die Interessen der Kreditgeber an einer vertragsgemäßen Erfüllung ihrer Forderungen prinzipiell in zweierlei Hinsicht beeinträchtigen: Offenkundig ist zunächst die Gefahr, dass die Kreditgeber mit ihren Forderungen einen jedenfalls teilweisen Forderungsausfall erleiden können, weil das verfügbare Vermögen nicht mehr zur Befriedigung aller Gläubiger ausreicht. Sowohl das französische als auch das deutsche Insolvenzrecht belegen die vorinsolvenzlichen Gläubiger prinzipiell aber auch mit einem Verbot, ihre Forderungen im Weg der Zwangsvollstreckung durchzusetzen, das durch ein an den Schuldner gerichtetes Verbot, diese Forderungen zu befriedigen, ergänzt wird. Neben das Risiko, einen Forderungsausfall zu erleiden, kann also auch die Gefahr treten, dass die Befriedigung, soweit sie überhaupt erfolgt, stark verzögert wird. Folglich können die

---

[2] Vgl. zum Konzept der Opportunitätskosten bereits oben, 1. Kapitel, A.I.2. und etwa *Schäfer/Ott,* Ökonomische Analyse, S. 58.

Kreditgeber nicht nur der Gefahr einer unvollständigen, sondern auch der verzögerten Befriedigung ausgesetzt sein.

Denkbar ist weiterhin, dass ein Sanierungsfinanzierer im Fall des Scheiterns eines Sanierungsversuches mit dem Vorwurf konfrontiert wird, er habe sich durch den Sanierungsversuch lediglich in der Krisenphase auf Kosten der übrigen Gläubiger bereichert. Ein Risiko für die Befriedigungsaussichten der Sanierungsfinanzierer kann sich hieraus ergeben, wenn dem Sanierungsfinanzierer – gestützt auf diesen Vorwurf – die Berufung auf besondere Schutzmechanismen versagt oder bereits erlangte wirtschaftliche Vorteile wieder entzogen werden. Ausgehend von dem hier zugrunde gelegten funktionalen Ansatz kann dabei nicht maßgeblich sein, wie derartige Wirkungen rechtstechnisch konstruiert werden. Unerheblich muss also sein, ob es sich etwa um eine kraft Gesetzes wirkende anfängliche Nichtigkeit handelt oder entsprechende Folgen z.B. über das Anfechtungsrecht erzielt werden. Maßgeblich muss vielmehr auch insofern die wirtschaftliche Wirkung eines Instruments sein. Entscheidend kommt es also darauf an, ob die Reichweite von Mechanismen, die grundsätzlich einen Schutz vor den insolvenzbedingten Ausfallrisiken gewähren könnten, beschränkt wird oder den Kreditgebern gewisse Vorteile wieder entzogen werden, wodurch diese Gläubiger (wieder) der Gefahr eines (teilweisen) Forderungsausfalls ausgesetzt sind.

C. Haftungsrisiken

Nach dem Gesagten kann die Durchführung eines Sanierungsversuchs, der letztendlich scheitert, auch zur Folge haben, dass sich die wirtschaftliche Position auch der übrigen Gläubiger gegenüber einer sofortigen Abwicklung des schuldnerischen Vermögens weiter verschlechtert. Das birgt die Gefahr, dass die Kreditgeber, die diesen Sanierungsversuch durch ihre Unterstützung ermöglicht haben, im weitesten Sinne für diese Schäden „verantwortlich" gemacht werden und sie Ansprüchen Dritter oder des Insolvenzverwalters ausgesetzt werden, die aus dem Scheitern resultierenden Nachteile zu ersetzen. Für die Kreditgeber besteht also das Risiko, dass sie nicht nur die eingesetzte Valuta verlieren, sondern darüber hinaus weiteres Kapital aufwenden müssen, um Vermögenseinbußen Dritter oder des Schuldners auszugleichen.

4. Kapitel

Schutzmechanismen im deutschen und französischen Recht *de lege lata*

Im Folgenden soll nun also untersucht werden, wie die Sanierungsfinanzierer im geltenden deutschen und französischen Recht vor diesen Risiken geschützt werden. Dabei stellt sich insbesondere die Frage, ob ein möglicher Schutz Resultat einer Sonderstellung gerade der Sanierungsfinanzierer oder aber schlicht Folge der allgemeinen Regeln ist, die auf alle Gläubiger gleichermaßen Anwendung finden. Ausgehend von den unterschiedlichen (theoretischen) Gewichtungen der Gläubigerinteressen in den beiden Rechtsordnungen stellt sich weiterhin die Frage, ob eine Sanierungsförderung auch dann stattfindet, wenn sie sich zum Nachteil der übrigen Gläubiger auswirken *könnte*.

A. Der Schutz vor einer weiteren Inanspruchnahme

Beleuchtet werden soll also zunächst, ob und inwiefern der Geber eines Sanierungskredits dem Risiko ausgesetzt ist, aus dem bisherigen Kreditverhältnis auch im Fall der Liquidation weiter durch den jeweiligen Verwalter in Anspruch genommen zu werden.

I. Deutsches Recht

Wird ein Insolvenzverfahren eröffnet, steht dem Insolvenzverwalter *de lege lata* prinzipiell das Recht zu, die Erfüllung von Verträgen, die bis zur Verfahrenseröffnung noch nicht vollständig erfüllt wurden, zur Masse zu verlangen (§ 103 Abs. 1 InsO). Dementsprechend besteht hier grundsätzlich die Gefahr, dass auch der Geber einer Sanierungsfinanzierung, obgleich diese Finanzierung ihr ursprüngliches Ziel nicht mehr erreichen kann, gezwungen ist, die Vertragsbeziehung mit dem Insolvenzschuldner fortzusetzen.

1. Auszahlungsansprüche als Teil der Insolvenzmasse

Gem. § 36 Abs. 1 InsO gehören nur solche Gegenstände[1] zur Insolvenzmasse (vgl. § 35 Abs. 1 InsO), die der Zwangsvollstreckung unterliegen. Wären Auszahlungsansprüche aus (Sanierungs-)Krediten unpfändbar, hätte das also grundsätzlich zur Folge, dass diese nicht Bestandteil der Insolvenzmasse wären und dementsprechend auch vom Insolvenzverwalter nicht geltend gemacht werden könnten.

a) Generelle Unpfändbarkeit von Kreditansprüchen?

Lange Zeit entsprach es denn auch verbreiteter Auffassung, dass Ansprüche aus Kreditverträgen generell und ohne Weiteres unpfändbar sein müssten.

aa) Besonderes Vertrauensverhältnis als Hindernis?

Gestützt wurde die These von der Unpfändbarkeit von Kreditansprüchen insbesondere darauf, dass Kreditverträge auf einem besonderen Vertrauen des Kreditgebers in die Zahlungsfähigkeit des Kreditnehmers beruhten und daher höchstpersönlicher Natur seien, was einer Pfändung entgegenstehe.[2]

Allerdings erscheint es bereits nicht zwingend, dass für eine Kreditierung stets ein besonderes Vertrauen in die Zahlungsfähigkeit des Kreditnehmers bestehen muss; denkbar – wenn auch unwahrscheinlich – scheint vielmehr auch, dass die künftige Zahlungsfähigkeit des Kreditnehmers für den Kreditgeber ohne Belang ist, da die Rückzahlung etwa durch besonders werthaltige Sicherheiten ohnehin gewährleistet ist.[3] Entscheidend gegen eine generelle Unpfändbarkeit spricht aber, dass die Pfändung gar nicht zu einer Störung dieses Vertrauensverhältnisses führt.[4] Auch nach einer Pfändung bleibt der ursprüngliche Kreditnehmer zu Rückzahlung verpflichtet, so dass diese insoweit nicht zu einer Veränderung in der Vertragsbeziehung führt.[5]

---

[1] Unter dem Begriff „Gegenstände" sind im Rahmen des § 36 InsO nicht nur körperliche Gegenstände, sondern Rechte zu verstehen K. Schmidt/*Büteröwe*, § 36 InsO Rn. 1; MüKo-InsO/*Peters*, § 36 InsO Rn. 5; Uhlenbruck/*Hirte/Praß*, § 36 InsO Rn. 13.

[2] RGZ 51, 115, 119; *Koch*, JW 1933, S. 2757, 2757 f.; *Schönke*, JW 1934, S. 2745, 2747; *Stauder*, Krediteröffnungsvertrag, S. 144; *Lwowski/Weber*, ZIP 1980, S. 609, 611; *Terpitz*, WM 1979, S. 570, 574; *Sühr*, WM 1981, S. 1149, 1150; *Stürner*, EWiR 1985, S. 619, 619 f.

[3] Vgl. *Koch*, Kredit, S. 2; *Luther*, Darlehen, S. 79.

[4] Vgl. *E. Wagner*, JZ 1985, S. 718, 724; *Gaul*, KTS 1989, S. 3, 12; *Lwowski/Bitter*, WM-Festgabe für Thorwald Hellner 1994, S. 57, 67.

[5] *E. Wagner*, JZ 1985, S. 718, 724; *Gaul*, KTS 1989, S. 3, 12; *Lwowski/Bitter*, WM-Festgabe für Thorwald Hellner 1994, S. 57, 67.

bb) Pfändbarer Vermögenswert?

Verschiedentlich hat man der Pfändbarkeit von Auszahlungsansprüchen auch entgegengehalten, dass der Auszahlungsanspruch des Kreditnehmers als solcher keinen pfändbaren Vermögenswert darstelle.[6] Die Kreditgewährung sei notwendig mit der Pflicht verbunden, die Valuta zurückzuzahlen, weshalb bei einer Kreditierung schon gar keine (pfändbare) Mehrung des schuldnerischen Vermögens gegeben sei.[7] Vor allem dürfe die Pfändung nicht zur Folge haben, dass der pfändende Gläubiger eine bessere Rechtsstellung erhalte, als sie der Kreditnehmer als sein Schuldner innehatte.[8] Der Geschäftszweck des Darlehens, Kapital *zeitweise* zur Nutzung zu überlassen,[9] müsse daher zur Unzulässigkeit der Pfändung eines Auszahlungsanspruchs ohne korrespondierende Pflicht zur Rückzahlung des pfändenden Gläubigers führen.[10]

Der Annahme, eine Kreditgewährung mehre nicht das Vermögen des Kreditnehmers, liegt in der Sache eine Saldierung von Auszahlungs- und Rückzahlungsanspruch zugrunde.[11] Ein solches Vorgehen geht aber daran vorbei, dass es für das Zwangsvollstreckungsrecht nicht auf derartige wirtschaftliche Betrachtungsweisen ankommen kann.[12] Vielmehr muss in diesem Rahmen für Geldforderungen – um eine solche handelt es sich hier –[13] stets und ausschließlich der Nennwert dieser Forderung maßgeblich sein (vgl. § 835 Abs. 1 Var. 2 ZPO), ohne dass es auf etwaige Gegenforderungen ankäme.[14] Überhaupt erlangt der pfändende Gläubiger bei der Pfändung von Ansprüchen aus

---

[6] *Häuser*, ZIP 1983, S. 891, 899 f.; *Olzen*, ZZP 97 (1984), S. 1, 7 ff.; vgl. auch *Lwowski/Weber*, ZIP 1980, S. 609, 611 f.

[7] *Häuser*, ZIP 1983, S. 891, 899; *LG Münster,* WM 1984, S. 1312, 1313; ähnlich *Lwowski/Weber*, ZIP 1980, S. 609, 611 f.

[8] *Häuser*, ZIP 1983, S. 891, 900 unter Berufung auf BGHZ 58, 25, 28; *LG Münster,* WM 1984, S. 1312, 1313.

[9] *Olzen*, ZZP 97 (1984), S. 1, 7; *Häuser*, ZIP 1983, S. 891, 900; *LG Münster,* WM 1984, S. 1312, 1313.

[10] *Häuser*, ZIP 1983, S. 891, 899 f.; *Olzen*, ZZP 97 (1984), S. 1, 8 f.

[11] Vgl. *E. Wagner*, JZ 1985, S. 718, 722. Der Saldierung wird bereits in konstruktiver Hinsicht entgegengehalten, dass der Rückzahlungsanspruch erst mit Auszahlung entstehe, sich im Zeitpunkt der Pfändung des Auszahlungsanspruchs also noch gar keine verrechenbaren Ansprüche gegenüberstünden, so *E. Wagner*, JZ 1985, S. 718, 722; *Gaul*, KTS 1989, S. 3, 11.

[12] *Gaul*, KTS 1989, S. 3, 11; *Lwowski/Bitter*, WM-Festgabe für Thorwald Hellner 1994, S. 57, 66 f.; vgl. auch *E. Wagner*, JZ 1985, S. 718, 722; Ellenberger/Bunte/*Bitter*, Bankrechts-HdB, § 17 Rn. 69; siehe auch BGHZ 147, 193, 196.

[13] *Luther*, Darlehen, S. 82 f.; anders vor allem *Olzen*, ZZP 97 (1984), S. 1, 7 ff., der nur eine Pfändung als Nutzungsrecht gem. § 857 ZPO zulassen will.

[14] BGHZ 147, 193, 196; *Gaul*, KTS 1989, S. 3, 11; *E. Wagner*, JZ 1985, S. 718, 722; *Lwowski/Bitter*, WM-Festgabe für Thorwald Hellner 1994, S. 57, 66 f.; Ellenberger/Bunte/ *Bitter*, Bankrechts-HdB, § 17 Rn. 69; *Luther*, Darlehen, S. 83 f.; vgl. auch *Nassall*, NJW 1986, S. 168, 169.

gegenseitigen Verträgen regelmäßig eine Stellung, die besser ist als jene des Vollstreckungsschuldners, da er die Gegenleistung nicht erbringen muss; warum dieser Umstand bei Krediten, nicht aber sonstigen Verträgen zum Ausschluss der Pfändbarkeit führen soll, ist nicht ersichtlich.[15]

b) Zweckbindung als Hindernis?

Auszahlungsansprüche aus Kreditverträgen sind demnach also nicht generell unpfändbar. Bei Sanierungskrediten handelt es sich jedoch um Kredite, die in aller Regel mit einer ausdrücklich oder konkludent vereinbarten Zweckbindung gewährt werden[16] und vom Kreditgeber dementsprechend nur im Rahmen dieser Zweckbindung verwendet werden sollen. Das wirft die Frage auf, ob diese Zweckbindung einer Inanspruchnahme durch den Insolvenzverwalter entgegensteht, die sich mit größter Dringlichkeit stellt, wenn das Unternehmen liquidiert werden soll, eine zweckentsprechende Verwendung also gar nicht mehr möglich ist.

aa) Unpfändbarkeit zweckgebundener Forderungen?

Zweckgebundene Forderungen sollen außerhalb der Zweckbindung nach ganz herrschender Auffassung nicht pfändbar sein.[17] Das hätte bei wortlautgetreuer

---

[15] Ellenberger/Bunte/*Bitter*, Bankrechts-HdB, § 17 Rn. 69; Lwowski/*Bitter*, WM-Festgabe für Thorwald Hellner 1994, S. 57, 66; ähnlich *Nassall*, NJW 1986, S. 168, 169.

[16] Knops/Bamberger/Lieser/*Knops*, Sanierungsfinanzierung, § 14 Rn. 22; Claussen/*Erne*, Bank- und Börsenrecht, § 5 Rn. 46b; *Kiethe*, KTS 2005, S. 179, 186; Ellenberger/Bunte/ *Häuser*, Bankrechts-HdB, § 65 Rn. 23 f.

[17] BGHZ 147, 193, 197; 229, 94, 97 f.; *BGH*, KTS 1979, S. 61, 63; NJW-RR 2020, S. 821 f.; jeweils unter der einschränkenden Voraussetzung, dass „der Zweckbindung ein schutzwürdiges Interesse zugrunde liegt."; ein schutzwürdiges Interesse des Drittschuldners fordert auch *Erman*, GS R. Schmidt, S. 261, S. 267 ff.; ohne diese Beschränkung Zöller/*Herget*, § 851 ZPO Rn. 3; *BFH*, NJW 2020, S. 2749, 2750 f.; *Peckert*, ZIP 1986, S. 1232, 1233 f.; *Stauder*, Krediteröffnungsvertrag, S. 139; Lwowski/*Weber*, ZIP 1980, S. 609, 610; Musielak/Voit/*Flockenhaus*, § 851 Rn. 6; MüKo-ZPO/*Smid*, § 851 ZPO Rn. 8; MüKo-BGB/*K. P. Berger*, § 488 BGB Rn. 10; Prütting/Gehrlein/*Ahrens*, ZPO, § 851 Rn. 12 f.; *Gaul*, KTS 1989, S. 3, 12 f.; *Luther*, Darlehen, S. 85; Gaul/Schilken/Becker-Eberhard, Zwangsvollstreckungsrecht, § 54 Rn. 27; Baur/Stürner/Bruns, Zwangsvollstreckungsrecht, Rn. 25.6; *Canaris*, Bankvertragsrecht, Rn. 1223, 1225; a.A. Stein/Jonas/*Würdinger*, § 851 ZPO Rn. 20, 29; *C. Berger*, Verfügungsbeschränkungen, S. 162 ff. Umstritten ist insoweit auch, ob jegliche Zweckbindung ausreicht oder ob eine sog. „treuhänderische" oder „treuhandartige" Zweckbindung" erforderlich ist. Dabei ist aber schon unklar, wann eine Zweckbindung „treuhänderisch" bzw. „treuhandartig" ist, ohne eine Treuhand zu begründen, vgl. insbesondere *Hillebrand*, Rpfleger 1986, S. 464, 465, der zwischen (treuhandartiger) Zweckbindung und Zweckbestimmung unterscheiden will und nur bei ersterer von einer Unpfändbarkeit ausgeht; so auch MüKo-ZPO/*Smid*, § 851 ZPO Rn. 8; nur für treuhandartig gebundene Ansprüche auch Musielak/Voit/*Flockenhaus*, § 851 Rn. 6; nebulös *Gaul*, KTS

Anwendung des § 36 Abs. 1 InsO zur Folge, dass ein Auszahlungsanspruch aus einem Sanierungskredit jedenfalls dann kein Teil der Insolvenzmasse wäre, wenn eine Verwendung durch den Insolvenzverwalter im Rahmen der Zweckbindung nicht möglich ist.[18]

Zu unterscheiden ist die Unpfändbarkeit aufgrund vereinbarter Zweckbindung zunächst vom Vorliegen einer „echten" Treuhand,[19] bei welcher der Darlehensgeber als Drittschuldner und Treugeber außerhalb der Insolvenz auf Grundlage des § 771 ZPO intervenieren kann[20] und dem nach Eröffnung des Insolvenzverfahrens ein Aussonderungsrecht gem. § 47 InsO zusteht.[21]

Zur Begründung der Unpfändbarkeit aufgrund vereinbarter Zweckbindung stützt man sich auf § 851 Abs. 1 ZPO i.V.m. § 399 BGB,[22] wonach die Pfändbarkeit einer Forderung von deren Übertragbarkeit (i.S.d. § 399 BGB) abhängig ist. Gem. § 399 Var. 1 BGB ist eine Forderung nicht abtretbar, wenn eine Leistung an einen anderen als den ursprünglichen Gläubiger zu einer Veränderung des Leistungsinhalts führt. Aufgrund der Zweckvereinbarung beziehe sich die Leistungspflicht des Darlehensgebers nicht nur auf die Zurverfügungstellung der vereinbarten Summe, sondern habe den Inhalt, den Darlehensnehmer bei der Verwirklichung des vereinbarten Zwecks durch die Zurverfügungstellung der Summe zu unterstützen.[23] Die zweckentsprechende Verwendung der Darlehenssumme werde demnach zum Inhalt der Forderung.[24] Eine Abtretung an bzw. eine Pfändung durch einen Gläubiger außerhalb dieser Zweckbindung verändere daher den Inhalt der Leistung i.S.d. § 399 Var. 1 BGB.[25] Diese In-

---

1989, S. 3, 14; offen gelassen bei *BGH*, NZI 2001, S. 539, 540; wortgleich *BGH,* NZI 2011, S. 400, 401, Rn. 14.

[18] So in der Tat *Spliedt*, NZI 2001, S. 524, 525; vgl. auch Uhlenbruck/*Hirte/Praß*, § 36 InsO Rn. 5; HK/*Keller*, § 36 InsO Rn. 32.

[19] *Gaul*, KTS 1989, S. 3, 14; *C. Berger*, Verfügungsbeschränkungen, S. 161; Stein/Jonas/*Würdinger*, § 851 ZPO Rn. 20. Durch das Abstellen auf eine „treuhänderische" oder „treuhandartige" Zweckbindung werden die Grenzen freilich verwischt, was sich besonders bei *BGH*, KTS 1979, S. 61 ff. zeigt, wo ein Treuhandverhältnis vorlag, vgl. die gerade Genannten.

[20] Statt aller Stein/Jonas/*Würdinger*, § 851 ZPO Rn. 20.

[21] Statt aller Uhlenbruck/*Brinkmann*, § 47 InsO Rn. 79.

[22] Vgl. die in Fn. 17 Genannten, insbes. *BGH*, KTS 1979, S. 61, 63; *BFH*, NJW 2020, S. 2749; anders wohl nur Stein/Jonas²⁰/*Münzberg*, § 851 ZPO Rn. 20, der die Unpfändbarkeit unmittelbar aus der Zweckbindung ableiten will.

[23] *Erman*, GS R. Schmidt, S. 261, 267.

[24] *BGH*, KTS 1979, S. 61, 63; *Dörner*, Relativität, S. 161; *Peckert*, ZIP 1986, S. 1232, 1233; *Lwowski/Weber*, ZIP 1980, S. 609, 610; MüKo-BGB/*K. P. Berger*, § 488 BGB Rn. 10; Prütting/Gehrlein/*Ahrens*, ZPO, § 851 Rn. 13; *Gaul*, KTS 1989, S. 3, 12; *Erman*, GS R. Schmidt, S. 261, 267; a.A. Stein/Jonas/*Würdinger*, § 851 ZPO Rn. 20.

[25] *BGH*, KTS 1979, S. 61, 63; *Dörner*, Relativität, S. 161; *Peckert*, ZIP 1986, S. 1232, 1233; *Lwowski/Weber*, ZIP 1980, S. 609, 610; Musielak/Voit/*Flockenhaus*, § 851 Rn. 6; MüKo-ZPO/*Smid*, § 851 ZPO Rn. 8; MüKo-BGB/*K. P. Berger*, § 488 BGB Rn. 10; Staudinger/*Freitag*, § 488 BGB Rn. 257; Staudinger/*Busche*, § 399 BGB Rn. 20; *Erman*, GS R.

haltsänderung führe zur Unabtretbarkeit und in der Folge gem. § 851 Abs. 1 ZPO grundsätzlich auch zur Unpfändbarkeit der Forderung.[26] Allerdings sieht § 851 Abs. 2 ZPO vor, dass auch nach § 399 BGB unübertragbare Forderungen gepfändet und zur Einziehung überwiesen werden können, soweit der geschuldete Gegenstand der Pfändung unterliegt. Das hätte grundsätzlich zur Folge, dass Gelddarlehen trotz Zweckbindung der Pfändung unterlägen.[27] § 851 Abs. 2 ZPO sei jedoch zu weit geraten und daher teleologisch zu reduzieren:[28] Zweck des § 851 Abs. 2 ZPO sei nur, zu verhindern, dass der Schuldner Werte, die grundsätzlich pfändbar wären, dem Zugriff seiner Schuldner durch schlichte Parteivereinbarung entzieht.[29] Das beziehe sich aber lediglich auf Fälle des § 399 Var. 2 BGB, in denen die Unabtretbarkeit auf privatautonomer Vereinbarung beruhe.[30] Die Unabtretbarkeit folge in den Fällen des § 399 Var. 1 BGB jedoch bereits aus der Inhaltsänderung, so dass das Telos des § 851 Abs. 2 ZPO insoweit nicht zutreffe und letzterer nur auf Fälle des § 399 Var. 2 BGB Anwendung finden könne.[31] Die angenommene Inhaltsänderung soll folglich trotz § 851 Abs. 2 ZPO zur Unpfändbarkeit der Forderung führen.[32]

bb) Dissoziation von Pfändbarkeit und Massebeschlag

Die für das Insolvenzverfahren aus der Unpfändbarkeit aus § 36 Abs. 1 InsO grundsätzlich folgende Konsequenz der fehlenden Massezugehörigkeit ist insbesondere die Rechtsprechung dennoch nicht zu ziehen bereit.[33] § 36 InsO diene dem Schutz des Schuldners vor dem Verlust sämtlicher Vermögensgüter und solle diesem einen unantastbaren Bereich lebensnotwendiger Güter er-

---

Schmidt, S. 261, S. 267 f.; *Gaul*, KTS 1989, S. 3, 12; dagegen *Blaum*, Abtretungsverbot, S. 61; *Dornwald*, Abtretungsverbot, S. 68; *C. Berger*, Verfügungsbeschränkungen, S. 163.

[26] *BGH*, KTS 1979, S. 61, 63; *Peckert*, ZIP 1986, S. 1232, 1233; *Lwowski/Weber*, ZIP 1980, S. 609, 610; MüKo-BGB/*K. P. Berger*, § 488 BGB Rn. 10; Staudinger/*Freitag*, § 488 BGB Rn. 257, 263.

[27] *Erman*, GS R. Schmidt, S. 261, 268; *Gaul*, KTS 1989, S. 3, 12 f.

[28] Statt aller *Erman*, GS R. Schmidt, S. 261, 268 ff.; *Gaul*, KTS 1989, S. 3, 13; *BGH*, KTS 1979, S. 61, 63.

[29] *Erman*, GS R. Schmidt, S. 261, 268; *Gaul*, KTS 1989, S. 3, 13; vgl. hierzu auch die Gesetzesbegründung *Hahn/Mugdan*, Materialien Bd. VIII, S. 158.

[30] Statt aller *Gaul*, KTS 1989, S. 3, 13; *Meller-Hanich*, KTS 2000, S. 37, 48; in diese Richtung schon *Erman*, GS R. Schmidt, S. 261, 268 ff., der sich aber gegen eine schematische und generelle Überlagerung des § 851 Abs. 2 ZPO ausspricht und schutzwürdige Interessen des Drittschuldners verlangt, die über bloße „Ordnungs- und Bequemlichkeitsinteressen" hinausgehen müssten.

[31] Statt vieler *Gaul*, KTS 1989, S. 3, 13; *Meller-Hanich*, KTS 2000, S. 37, 48; im Prinzip schon *Erman*, GS R. Schmidt, S. 261, 268 f.

[32] Siehe die in Fn. 17 Genannten.

[33] Vgl. *BGH*, NZI 2001, S. 539, 540; NZI 2011, S. 400, 401; *Bork*, Einführung, Rn. 146; anders *Spliedt*, NZI 2001, S. 524, 525.

halten.[34] Die aus § 851 ZPO i.V.m. § 399 Var. 1 BGB resultierende Unpfändbarkeit diene jedoch nicht dem Schutz des Schuldners, weshalb diese Forderungen mit Rücksicht auf den Schutzzweck des § 36 InsO, der hier nicht erfüllt sei, dennoch in die Insolvenzmasse fallen müssten.[35]

cc) Kritik

Erstaunlich ist die weitgehende Einmütigkeit, mit der die Unpfändbarkeit privatautonom zweckgebundener Forderungen befürwortet wird, vor allem, wenn man diese mit der Behandlung von Forderungen vergleicht, für die ein Abtretungsverbot i.S.d. § 399 Var. 1 BGB vereinbart wurde. Ein solches soll nach allgemeiner Auffassung die Pfändbarkeit der Forderung nicht beeinflussen, weil die Pfändbarkeit einer Forderung der Vereinbarung der Parteien nicht zugänglich sei.[36] Obwohl die Zweckbindung für die hier in Rede stehenden Fälle letztlich auf einer Vereinbarung der Parteien beruht, soll diese – vermittels des konstruktiven „Kniffs" der Zuordnung dieser Fälle zu § 399 Var. 1 BGB – anders zu behandeln sein. Dementsprechend drängt sich die Frage auf, ob Unterschiede zwischen diesen Konstellationen bestehen, die jedenfalls auf den ersten Blick sehr nahe beieinander liegen, die diese differenzierende Behandlung rechtfertigen könnten.

Ansetzen kann eine kritische Auseinandersetzung mit diesem Konzept zunächst an der konstruktiven Zuordnung dieser Fälle zu § 399 Var. 1 BGB, sodann – und *a priori* unbeeinflusst hiervon – an der Behandlung solcher Vereinbarungen im Rahmen von § 851 ZPO und §§ 35 f. InsO.

(1) Die zweckentsprechende Verwendung der Valuta als Inhalt der Leistungspflicht des Kreditgebers?

Gegen eine Zuordnung der Fälle der vereinbarten Zweckbindung zu § 399 Var. 1 BGB spricht bereits dessen Wortlaut, in dem die Rede von einer Ver-

---

[34] MüKo-InsO/*Peters*, § 36 InsO Rn. 1; K/P/B/*Holzer*, § 36 InsO Rn. 2; Uhlenbruck/*Hirte/Praß*, § 36 InsO Rn. 1; *Müller*, Verband, S. 30; *Meller-Hanich*, KTS 2000, S. 37, 54.
[35] *BGH*, NZI 2011, S. 400, 401; NZI 2001, S. 539, 540; vgl. auch Jaeger/*Müller*, § 36 InsO Rn. 32 bezüglich gesetzlich zweckgebundener Baugeldforderungen; vgl. auch Uhlenbruck/*Hirte/Praß*, § 36 InsO Rn. 13, nach denen zu beachten sei, dass die meisten Pfändungsverbote auf natürliche Personen zugeschnitten seien und daher in der Insolvenz juristischer Personen keine Anwendung finden könnten; noch weiter gehend Jaeger/*Müller*, § 35 InsO Rn. 182, der § 36 InsO dergestalt teleologisch reduzieren möchte, dass dieser nur auf die Insolvenz natürlicher Personen Anwendung finden könne; *Müller*, Verband, S. 29 ff.; so wohl auch MüKo-InsO/*Peters*, § 36 InsO Rn. 6; K/P/B/*Holzer*, § 35 InsO Rn. 32.
[36] Statt aller *Stauder*, Krediteröffnungsvertrag, S. 139; Stein/Jonas/*Würdinger*, § 851 ZPO Rn. 28 f.; Musielak/Voit/*Flockenhaus*, § 851 Rn. 8; siehe auch BGHZ 95, 99, 101 f.; *BGH*, NJW 2012, S. 678, 681, Rn. 34.

änderung des Inhalts der *Leistung* ist: Wird eine privatautonom zweckgebundene Forderung an einen außerhalb der Zweckbindung stehenden Dritten abgetreten oder von diesem gepfändet, verändert sich nicht die Leistungspflicht des Schuldners, sondern die Mittelverwendung, die allein eine Verpflichtung des (ursprünglichen) Gläubigers darstellt.[37] So bleibt im Fall des zweckgebundenen Darlehens der Darlehensgeber auch nach Abtretung bzw. Pfändung verpflichtet, die geschuldete Summe auszuzahlen.[38] Dass der Personenwechsel an sich, der infolge der Abtretung bzw. der Pfändung aufseiten des Gläubigers eintritt, keine relevante Inhaltsänderung i.S.d. § 399 Var. 1 BGB begründet, folgt bereits aus der prinzipiellen Zulassung der Abtretung durch die §§ 398 ff. BGB.[39] Ebenso wenig ergibt sich eine relevante Inhaltsänderung allein aus einer synallagmatischen Verknüpfung der Forderung,[40] da die §§ 404 ff. BGB, die entsprechende Anwendung auf die Forderungspfändung finden,[41] den (Dritt-)Schuldner auch insoweit vor Veränderungen schützen.[42]

Es verändern sich hier, wenn überhaupt, die Erfolgsaussichten der Durchsetzung einer inhaltlich unveränderten Forderung des (Dritt-)Schuldners gegen den Zedenten bzw. den Vollstreckungsschuldner.[43] Dementsprechend liegt es bereits nach dem Wortlaut der Norm fern, von einer Veränderung des Inhalts der *Leistungspflicht* des Darlehensgebers als Schuldner auszugehen.[44] Insgesamt scheint diese Diskussion aber stark begrifflich geprägt und kaum weiterführend, weil sich die Unabtretbarkeit zweckgebundener Forderungen jedenfalls aus § 399 Var. 2 BGB ergibt[45] und auch § 851 ZPO nach seinem Wortlaut nicht zwischen den Ursachen für die Unabtretbarkeit unterscheidet.

---

[37] *C. Berger*, Verfügungsbeschränkungen, S. 163; *Blaum*, Abtretungsverbot, S. 61 f.; *Dornwald*, Abtretungsverbot, S. 68.
[38] *C. Berger*, Verfügungsbeschränkungen, S. 163; *Dornwald*, Abtretungsverbot, S. 68.
[39] *Dörner*, Relativität, S. 119; *Lieder*, Sukzession, S. 570.
[40] BeckOGK/*Lieder*, § 398 BGB Rn. 177; BeckOGK/*Lieder*, § 399 BGB Rn. 33; MüKo-BGB/*Kieninger*, § 398 BGB Rn. 90; Staudinger/*Busche*, Einl §§ 398 ff. BGB Rn. 43.
[41] Stein/Jonas/*Würdinger*, § 829 Rn. 112; *Baur/Stürner/Bruns*, Zwangsvollstreckungsrecht, Rn. 30.40; *Gaul/Schilken/Becker-Eberhard*, Zwangsvollstreckungsrecht, § 55 Rn. 48 f.; BGHZ 58, 25, 27.
[42] Vgl. *Lieder*, Sukzession, S. 572, 633 ff.
[43] *Blaum*, Abtretungsverbot, S. 62.
[44] *C. Berger*, Verfügungsbeschränkungen, S. 163; *Blaum*, Abtretungsverbot, S. 61 f.; *Dornwald*, Abtretungsverbot, S. 68; vgl. auch Stein/Jonas[20]/*Münzberg*, § 851 ZPO Rn. 20, der eine Normanwendung im „Analogiebereich" konstatiert; für eine Zuordnung zu § 399 Var. 2 BGB auch *Würdinger*, Insolvenzanfechtung, S. 131, Fn. 308; von der generellen Unbeachtlichkeit rein tatsächlicher Verschlechterungen, im Gegensatz zu rechtlichen Verschlechterungen geht *von Olshausen*, Gläubigerrecht, S. 52 aus; zu diesem Gedanken auch – zurückhaltender – *Nörr/Scheyhing/Pöggeler*, Sukzessionen, S. 22 f.
[45] Vgl. *Dornwald*, Abtretungsverbot, S. 69 f.; *C. Berger*, Verfügungsbeschränkungen, S. 163, Fn. 162; *Blaum*, Abtretungsverbot, S. 62; *Würdinger*, Insolvenzanfechtung, S. 131, Fn. 308; Stein/Jonas/*Würdinger*, § 851 ZPO Rn. 20; an der Deutung von Zweckbindungen

(2) Vollstreckungsrechtliche Relevanz der vereinbarten Zweckbindung?

Anders als die Verortung dieser Konstellation in § 399 Var. 1 BGB vermuten ließe, geht es bei dieser Diskussion nur vordergründig um die „korrekte" Zuordnung im Rahmen des § 399 BGB, die für die Frage der Abtretbarkeit ohnehin belanglos ist. Hintergrund der These von der Unpfändbarkeit privatautonom zweckgebundener Forderungen ist vor allem, dass die Pfändung zu einer Verschiebung des wirtschaftlichen Gefüges des Vertrages führe,[46] vor welcher insbesondere § 851 ZPO den Drittschuldner nicht hinreichend schütze.[47]

Die Behauptung, die zweckentsprechende Verwendung werde zum Inhalt der Leistungspflicht des Kreditgebers, stellt sich im Kern als Versuch dar, den Parteien die Möglichkeit zu geben, sich solcher angenommener Veränderungen zu erwehren, ohne offen mit § 851 ZPO zu brechen, der die Wirksamkeit dahingehender Vereinbarungen ausschließt. Die eigentliche Sachfrage ist demnach, ob Vertragsparteien die Möglichkeit haben (sollen), die Pfändbarkeit einer Forderung durch privatautonome Vereinbarungen in Gestalt einer Zweckbindung *erga omnes* auszuschließen, um (vermeintliche) wirtschaftliche Veränderungen im Vertragsgefüge zu verhindern.

(a) Beeinträchtigung legitimer Interessen des Drittschuldners durch die Pfändung?

Das wirft zunächst die Frage auf, ob der durch die Pfändung der Forderung bewirkte Eintritt eines Dritten in die vertraglichen Forderungsbeziehungen überhaupt zu einer Beeinträchtigung *legitimer* Interessen des Drittschuldners führt.

Auf den ersten Blick liegt das durchaus nahe, weil die Pfändung zur Folge hat, dass die Valuta an den pfändenden Gläubiger ausgezahlt wird. Zugleich trifft die Pflicht zur Zahlung von Zins und Tilgung aber unverändert den Darlehensnehmer, der die Valuta nicht zur Erwirtschaftung von Zins und Tilgung verwenden kann.[48] Dieses Problem wird gerade am Beispiel des Sanierungskredits deutlich, wo die Pfändung des Auszahlungsanspruchs dazu führt, dass der Darlehensnehmer sich mit der Valuta nicht wie intendiert sanieren kann, aber gleichwohl mit der Rückzahlung belastet ist. Nicht von der Hand zu

---

als Grund für eine Unabtretbarkeit jenseits von rechtsgeschäftlichen Abtretungsausschlüssen zweifelnd MüKo-BGB/*Kieninger*, § 399 BGB Rn. 15.

[46] Vgl. *Erman*, GS R. Schmidt, S. 261, 268 ff.; BeckOGK/*Lieder*, § 399 BGB Rn. 37, 38.1; Staudinger/*Busche*, § 399 BGB Rn. 12, 20; *Gaul*, KTS 1989, S. 3, 11, 15; *Peckert*, ZIP 1986, S. 1232, 1233 f.

[47] *Lwowski/Weber*, ZIP 1980, S. 609, 610; *Peckert*, ZIP 1986, S. 1232, 1233 f.; *Erman*, GS R. Schmidt, S. 261, 268 f.

[48] BeckOGK/*Lieder*, § 399 BGB Rn. 38.1; *Gaul*, KTS 1989, S. 3, 15; *Stauder*, Krediteröffnungsvertrag, S. 139; *Erman*, GS R. Schmidt, S. 261, 267; vgl. auch *Dörner*, Relativität, S. 161.

weisen ist, dass diese Spaltung aufgrund des eintretenden Liquiditätsverlusts das Potential hat, die Fähigkeit des Darlehensnehmers zur Erbringung der geschuldeten Zahlung zu beeinträchtigen. Zwingend ist eine solche Wirkung aber nicht, weil die Pfändung im unternehmerischen Verkehr typischerweise nicht auf Grundlage von unentgeltlichen Geschäften erfolgen wird. Im Gegenzug erlischt also regelmäßig eine andere gegen den Darlehensnehmer gerichtete Forderung. Die Pfändung einer solchen Forderung hat daher typischerweise nicht zur Folge, dass der wirtschaftliche Wert der Valuta ersatzlos aus dem Vermögen des Darlehensnehmers „verschwindet".

Überhaupt ist die Gefahr, dass der Schuldner aufgrund einer Forderungspfändung nicht in der Lage ist, durch Nutzung des Leistungsgegenstands die zur Erfüllung seiner Gegenleistungspflichten erforderlichen Mittel zu erwirtschaften, kein Alleinstellungsmerkmal zweckgebundener Forderungen. Vielmehr handelt es sich hierbei um ein Risiko, das ganz unabhängig von einer vereinbarten Zweckbindung bei allen Geschäften mit kreditierender Wirkung besteht. Zu denken wäre insoweit z.B. an ein Darlehen ohne vereinbarte Zweckbindung oder den Verkauf einer Forderung etwa beim Factoring, wenn der Rückzahlungs- bzw. Kaufpreisanspruch aus dem Erlös der Nutzung der Valuta bzw. der Forderung erbracht werden soll. Konsequenterweise müsste man auf Grundlage dieser Erwägung bei allen Leistungsansprüchen aus Geschäften mit kreditierender Wirkung von einer Unabtretbarkeit nach § 399 Var. 1 BGB und folglich auch einer Unpfändbarkeit gem. § 851 ZPO ausgehen.[49] Hierzu ist man ganz herrschend aber nicht bereit.[50] Das zeigt, dass der wesentliche Grund für die Annahme einer Unabtretbarkeit in diesen Fällen nicht eine Veränderung des wirtschaftlichen Gefüges des Geschäfts *an sich* ist, sondern dass der Darlehensgeber sich in Gestalt der vereinbarten Zweckbindung gegen die Übernahme solcher Risiken verwahren möchte.

Eine ganz wesentliche Beschränkung erfahren diese Risiken aber bereits dadurch, dass der Drittschuldner dem pfändenden Gläubiger unter Berufung

---

[49] In diese Richtung denn auch *Erman*, GS R. Schmidt, S. 261, 267 f., der bei allen zu Geschäftszwecken gewährten Krediten – auch ohne dahingehende Vereinbarung – davon ausgehen möchte, dass es sich um einen zweckgebundenen Kredit handle, da die Bank dem Kunden das Geld nur unter der Bedingung zur Verfügung stellen wolle, dass dieser durch die Nutzung des Kredits seine wirtschaftliche Position verbessere; ähnlich *Lwowski/Weber*, ZIP 1980, S. 609, 610. Vgl. vor Inkrafttreten von ZPO, KO und BGB *OAG Lübeck,* Seuff A. XXVI (1872), Nr. 212, Ziff. 2: „[...] [J]ede Uebernehmung der Darlehnsschuld durch einen Andern, als den vertragsmäßigen Erborger, [stellt] sich für den Darleiher stets als eine veränderte Leistung [dar], [...] und daß folgeweise der Anspruch auf Auszahlung eines versprochenen Darlehns nur von dem Erborger selbst, nicht von Cessionarien oder Concursgläubigern desselben, geltend gemacht werden kann."

[50] Vgl. oben, 4. Kapitel, A.I.1.a).

auf § 321 Abs. 1 i.V.m. § 404 BGB analog[51] die Auszahlung der Valuta verweigern kann, wenn erkennbar wird, dass der Anspruch auf Zahlung von Zins und Tilgung gegen den Schuldner gefährdet ist.[52] Ungeschützt bleibt der Darlehensgeber letztlich nur vor der Gefahr, dass sich die Leistungsfähigkeit des Darlehensnehmers nach Valutierung an den pfändenden Gläubiger verschlechtert. Dabei handelt es sich in der Sache aber um nichts anderes als das allgemeine Kreditrisiko, das der Darlehensgeber durch das Versprechen eines Darlehens ohnehin übernommen hat. Auch ohne Pfändung kann der Kreditgeber es – jedenfalls jenseits von Abtretungen – nicht mit Wirkung *erga omnes* verhindern, dass der Darlehensnehmer die Valuta zweckwidrig verwendet und dadurch seine Fähigkeit zur Rückzahlung beeinträchtigt. Ebenso wenig wie begründbar ist, dass die Forderungspfändung zu Eingriffen in das vertragliche Pflichtenprogramm führt,[53] kann die Pfändung zur Freistellung von Risiken führen, die der Drittschuldner auch ohne diese bereits infolge des Vertragsschlusses zu tragen hätte.[54] Dass die Pfändung des Auszahlungsanspruchs zu einer hiernach relevanten Risikoverschiebung führt, ist folglich zu bestreiten; unberücksichtigt bliebe bei Zulassung der Pfändung allein die Vereinbarung der Parteien, die Valuta nur entsprechend der vereinbarten Zweckbindung zu verwenden.

(b) Vereinbarte Zweckbindungen und die Teleologie des § 851 Abs. 2 ZPO

Es bleibt die Frage, ob der *Wille* der Parteien, der einem solchen Zugriff Dritter auf die Forderung entgegensteht, im Rahmen der Pfändung und § 851 ZPO Beachtung finden kann.

Zweck des § 851 Abs. 2 ZPO, der nach seinem Wortlaut hier die Pfändbarkeit der Forderung anordnet, ist ausweislich der Gesetzesbegründung, zu verhindern, dass „[…] der Schuldner durch vertragsmäßige Ausschließung der Uebertragbarkeit die ihm zustehenden Forderungen dem Zugriffe seiner Gläu-

---

[51] *Blaum*, Abtretungsverbot, S. 108; allgemein zum Einwendungserhalt bei Pfändung *Gaul*, KTS 1989, S. 3, 23; Stein/Jonas/*Würdinger*, § 829 Rn. 112; vgl. zum Fortbestand der Einrede aus § 321 BGB statt aller MüKo-BGB/*Kieninger*, § 404 BGB Rn. 8, 9; vgl. auch die Nachweise oben in Fn. 41.
[52] *Blaum*, Abtretungsverbot, S. 108 f.; vgl. auch *Dörner*, Relativität, S. 230; *Nörr/Scheyhing/Pöggeler*, Sukzessionen, § 4 III, S. 44.
[53] Im insoweit identischen Kontext der Abtretung *BGH,* WM 2018, S. 472, 475; BeckOGK/*Lieder*, § 399 BGB Rn. 2; *Lieder*, Sukzession, S. 204; *Blaum*, Abtretungsverbot, S. 62; *Dörner*, Relativität, S. 227, 264; jedenfalls in der Sache jeweils gestützt auf die Privatautonomie der Parteien; im Ergebnis auch *von Olshausen*, Gläubigerrecht, S. 33, der dies aber lediglich für ein „Gebot der Gerechtigkeit" hält.
[54] In der Sache auch (wiederum im Kontext der Abtretung) BeckOGK/*Lieder*, § 399 BGB Rn. 2; *Lieder*, Sukzession, S. 641; *Dörner*, Relativität, S. 227, 264, der die zweckwidrige Übertragung eines Anspruchs aber als relevante Inhaltsänderung ansieht, a.a.O., S. 161.

biger entzieht."⁵⁵ Mit Blick hierauf liegt es in der Tat nahe, abweichend vom Wortlaut des § 851 Abs. 2 ZPO die Pfändbarkeit von Forderungen zu verneinen, bei welchen sich eine Übertragung (und damit die Pfändung) auch ohne dahingehende Vereinbarung der Parteien verbietet.⁵⁶ Das ist namentlich der Fall bei höchstpersönlichen Leistungen „ieS".⁵⁷ Hier würde eine Übertragung der Forderung dazu führen, dass sich das vertragliche Pflichtenprogramm ohne Dazutun des Drittschuldners veränderte,⁵⁸ was mit dessen Vertragsfreiheit nicht in Einklang zu bringen ist.⁵⁹ Ansprüche auf Valutierung von Darlehen sind ohne vereinbarte Zweckbindung aber ohne Weiteres pfändbar.⁶⁰ Die Vereinbarung einer Zweckbindung stellt sich demnach als vertragsmäßige Ausschließung der Übertragbarkeit einer eigentlich übertragbaren Forderung dar, so dass die Unpfändbarkeit der Teleologie des § 851 Abs. 2 ZPO entspricht. Dabei wird zwar der entgegenstehende Wille der Parteien nicht beachtet, der nach den gesetzgeberischen Erwägungen und dem klaren Wortlaut aber auch unbeachtlich sein soll. In Anbetracht der Interessenlage der Parteien und der klaren gesetzlichen Regelung kann es keinen Unterschied machen, ob eine solche Beschränkung des Zugriffs Dritter als Abtretungsausschluss vereinbart oder aber in eine Zweckbindung gekleidet wird.⁶¹

(c) Die Unpfändbarkeit kraft vereinbarter Zweckbindung und die Privatautonomie der Parteien

Hinter der These von der Verschiebung des wirtschaftlichen Risikogefüges des Vertrages steht insbesondere die Annahme, dem Darlehensgeber werde durch die Pfändung ein Risiko aufgebürdet, das er nicht habe übernehmen wollen; es werde also die Privatautonomie der Parteien missachtet. Zum einen führt die Pfändung (trotz Zweckbindung) aber nicht zur Entstehung von Risiken, die der Kreditgeber nicht ohnehin kraft Vertragsschlusses übernommen hatte, zum anderen kann auch die Wirksamkeit eines vereinbarten Ausschlusses der Pfändbarkeit nicht aus der Privatautonomie der Parteien abgeleitet werden.

Eine solche Abrede ist einer Kreditsicherheit zwar insofern vergleichbar, als beide die übrigen Gläubiger vom Zugriff auf ein Vermögensobjekt des Schuldners ausschließen. Gleichwohl kann deren Wirkung *erga omnes* noch weniger

---

⁵⁵ *Hahn/Mugdan*, Materialien Bd. VIII, S. 158; vgl. auch BGHZ 56, 228, 232; 95, 99, 102; Stein/Jonas/*Würdinger*, § 851 ZPO Rn. 28.
⁵⁶ Siehe die Nachweise bei Fn. 27 ff. und (statt aller) Musielak/Voit/*Flockenhaus*, § 851 Rn. 4; Zöller/*Herget*, § 851 ZPO Rn. 3; Stein/Jonas/*Würdinger*, § 851 ZPO Rn. 28.
⁵⁷ Vgl. zur Unterscheidung zwischen höchstpersönlichen Ansprüchen „ieS" und „iwS" MüKo-BGB/*Kieninger*, § 399 BGB Rn. 7 f.
⁵⁸ Vgl. das Beispiel eines Anspruchs auf eine ärztliche Operation bei *Lieder*, Sukzession, S. 205 f.; vgl. auch Stein/Jonas/*Würdinger*, § 851 ZPO Rn. 28, 31 ff.
⁵⁹ Vgl. *Blaum*, Abtretungsverbot, S. 62; BeckOGK/*Lieder*, § 399 BGB Rn. 2, 2.1.
⁶⁰ Siehe oben, 4. Kapitel, A.I.1.a).
⁶¹ *C. Berger*, Verfügungsbeschränkungen, S. 163.

als im Bereich der Kreditsicherheiten im Wege eines Größenschlusses aus der Möglichkeit der Übertragung des Vollrechts abgeleitet werden: Der Ausschluss der Pfändbarkeit zielt ausschließlich auf den Ausschluss des Zugriffs Dritter, dient also anderen Zwecken als die Übertragung des Vollrechts durch Abtretung und ist daher nicht *minus,* sondern *aliud* zur Übertragung des Vollrechts durch Abtretung.[62]

Die Anerkennung solcher Vereinbarungen bedeutete im Ergebnis, den Vertragsparteien die Möglichkeit zu gewähren, die Haftung (von Teilen) des schuldnerischen Vermögens für die Verbindlichkeiten des Schuldners *erga omnes* durch bloße Parteivereinbarung auszuschließen und Vermögenszuordnung und Haftung durch Vereinbarung *inter partes* mit Wirkung gegenüber Dritten zu entkoppeln.[63] Die Privatautonomie der Parteien kann jedoch generell keine Grundlage dafür bieten, Positionen Dritter ohne deren Zustimmung zu begrenzen oder auszuschließen.[64] Die Pfändbarkeit eines Vermögenswerts des Schuldners *erga omnes* und die Gesamtvermögenshaftung sind daher von vornherein kein tauglicher Gegenstand privatautonomer Regelungen.[65] Im Ergebnis hätten es die Parteien auf diese Weise in der Hand, die übrigen Gläubiger außerhalb sämtlicher verfügbarer Formen zur Trennung von Vermögensmassen (juristische Personen, Treuhandkonstruktionen) durch schlichte Zweckvereinbarung vom Zugriff auf diese Vermögensgegenstände des Schuldners auszuschließen.[66] Das bedeutete einen Bruch mit den dort aus Verkehrsschutzgründen aufgestellten Publizitätserfordernissen, der angesichts des durch §§ 321, 404 BGB analog bewirkten Schutzes des Drittschuldners weder erforderlich noch zweckmäßig scheint.[67] In Anbetracht dieser Interessenlage scheint die Unpfändbarkeit privatautonom zweckgebundener Forderungen daher selbst unter Rückgriff auf eine – verdeckte – Rechtsfortbildung nicht zu befürworten.

---

[62] Vgl. zur entsprechenden Argumentation im Kontext der Kreditsicherheiten *Brinkmann*, Kreditsicherheiten, S. 233 f.; *J. F. Hoffmann*, Prioritätsgrundsatz, S. 290 f.

[63] Vgl. *C. Berger*, Verfügungsbeschränkungen, S. 165.

[64] *C. Berger*, Verfügungsbeschränkungen, S. 37; vgl. im Kontext von Kreditsicherheiten, die der vertraglich vereinbarten Unabtretbarkeit mit der (angenommenen) Folge der Unpfändbarkeit *insoweit* in den Wirkungen aber vergleichbar erscheinen, da beide zur Folge haben, dass die übrigen Gläubiger auf den „reservierten" Vermögensgegenstand nicht mehr zugreifen können *de Weijs*, EPLJ 7 (2018), S. 63, 80 f.; *J. F. Hoffmann*, AcP 220 (2020), S. 377, 388 f.; *Brinkmann*, Kreditsicherheiten, S. 235 hingegen hält die Wirkung von Kreditsicherheiten außerhalb, nicht aber innerhalb der Insolvenz für mit der Privatautonomie der Parteien begründbar.

[65] *C. Berger*, Verfügungsbeschränkungen, S. 37, 163 ff.; Stein/Jonas/*Würdinger*, § 851 ZPO Rn. 29.

[66] Vgl. *C. Berger*, Verfügungsbeschränkungen, S. 164.

[67] Siehe auch *C. Berger*, Verfügungsbeschränkungen, S. 164 f.

(3) Fehlende Parallelität von § 851 ZPO i.V.m. § 399 BGB und § 36 InsO

Schließlich ist auch festzustellen, dass die von § 36 InsO vorausgesetzte Parallelität der Interessenlagen zwischen Einzelzwangsvollstreckung und Gesamtvollstreckung im Rahmen des Insolvenzverfahrens jedenfalls in den von § 851 ZPO i.V.m. § 399 BGB erfassten Konstellationen nicht gegeben ist.[68]

Verbindendes Merkmal von Forderungspfändung und Abtretung ist die eintretende Übertragung von Gläubigerrechten,[69] die inhaltliche Veränderungen des Pflichtenprogramms mit sich bringen kann. Ein solcher Gläubigerwechsel tritt mit der Eröffnung eines Insolvenzverfahrens jedoch nicht ein:[70] Gläubiger der versprochenen Leistung ist und bleibt der ursprüngliche Darlehensnehmer, der zwar regelmäßig seine Verfügungsbefugnis verliert, aber dennoch der Inhaber der Forderung bleibt.[71] Das geschilderte Risiko der Verschlechterung der Aussichten auf Zahlung von Zins und Tilgung aufgrund des Auseinanderfallens von Auszahlungsanspruch und Rückzahlungspflicht kann sich wegen der hier bestehenden Identität von Empfänger der Valuta und Schuldner des Rückzahlungsanspruchs nicht ergeben.[72] Ein legitimes Interesse des Kreditgebers, die Forderung dem Massebeschlag zu entziehen, ist daher von vornherein nicht anzuerkennen. Selbst wenn man § 36 InsO grundsätzlich auch im Rahmen von Unternehmensinsolvenzen anwendet, muss aufgrund der von Abtretung und Pfändung abweichenden Interessenlage auch ein zweckgebundenes Darlehen dem Insolvenzbeschlag unterliegen.[73]

dd) Zwischenergebnis

Entgegen der ganz herrschenden Meinung handelt es sich bei Auszahlungsansprüchen aus einem Sanierungskredit, der ein zweckgebundener Kredit ist, um pfändbare Forderungen, die folglich auch dem Insolvenzbeschlag unterliegen. Selbst wenn man dem nicht folgt und privatautonom zweckgebundene Forderungen für unpfändbar halten möchte, kann die aus § 36 InsO resultierende Begrenzung des Massebeschlags auf pfändbare Vermögensgegenstände hier keine Anwendung finden, da die Teleologie der Unpfändbarkeit gem.

---

[68] Allgemein für die Einbeziehung auch des pfändungsfreien Vermögens bei der Insolvenz juristischer Personen Jaeger/*Müller*, § 35 InsO Rn. 182; *Müller*, Verband, S. 29 ff.

[69] *Meller-Hanich*, KTS 2000, S. 37, 45 f.

[70] *Meller-Hanich*, KTS 2000, S. 37, 54; vgl. auch *Stahmer*, Darlehen, S. 186.

[71] *Meller-Hanich*, KTS 2000, S. 37, 54.

[72] A.A. *Meller-Hanich*, KTS 2000, S. 37, 54.

[73] Differenzierend *Meller-Hanich*, KTS 2000, S. 37, 54: Eine Verwendung durch den Insolvenzverwalter im Rahmen der inhaltlichen Gebundenheit soll möglich sein; so auch *Stahmer*, Darlehen, S. 186 f.; *K. Schmidt*, JZ 1976, S. 756, 759; vgl. auch BGHZ 56, 228, 233: Auch im Konkurs sei die Beschränkung des § 851 Abs. 2 ZPO zu beachten; von einem Abtretungsverbot erfasste Forderungen könnten durch den Verwalter daher lediglich eingezogen werden.

§ 851 ZPO i.V.m. § 399 BGB auf die Insolvenzsituation nicht passt. Aus der Zweckbindung ergibt sich daher kein Schutz des Darlehensgebers vor einer Inanspruchnahme durch den Insolvenzverwalter.[74]

c) Das Abruferfordernis als Fortsetzungshindernis? – Besonderheiten des Krediteröffnungsvertrags

Schwierigkeiten bereitet auch die Behandlung des Krediteröffnungsvertrages, also eines Vertrages, mit dem sich der Kreditgeber verpflichtet, dem Kreditnehmer auf Abruf unter vereinbarten Bedingungen bis zu einer bestimmten Höhe einen Kredit zu gewähren.[75] Besonderheiten ergeben sich hier daraus, dass dem Kreditnehmer vor diesem Abruf noch kein konkreter und in der Höhe bestimmbarer Anspruch auf Auszahlung der Darlehenssumme zusteht.[76]

aa) Pfändbarkeit?

Auswirkungen hat die Erforderlichkeit eines Abrufs durch den Kreditnehmer – unabhängig von der rechtlichen Konstruktion des Krediteröffnungsvertrages[77] – auf die Frage nach der Pfändbarkeit von Ansprüchen aus Krediteröffnungsverträgen. Hat der Kreditnehmer das Abrufrecht bereits ausgeübt, bestehen gegenüber dem Gelddarlehen i.S.d. § 488 BGB keine Besonderheiten: Dem Kreditnehmer steht ein konkretisierter und bestimmter Auszahlungsanspruch zu, der ohne Weiteres pfändbar ist.[78]

---

[74] Damit ist allerdings nicht gesagt, dass dieser die Valuta auch außerhalb der Zweckbindung verwenden dürfte. Vielmehr setzt sich der Insolvenzverwalter bei zweckwidriger Verwendung grundsätzlich der Gefahr einer Schadensersatzhaftung aus, die im Rahmen des Insolvenzverfahrens aber regelmäßig am Fehlen eines Schadens scheitern wird.

[75] *Canaris*, Bankvertragsrecht, Rn. 1200; *Heermann*, Geld, § 18 Rn. 2; *Klausing*, RabelsZ, Sonderheft 1932, S. 77, 82, 99 f.; *Schoen*, Krediteröffnungsvertrag, S. 75 ff.; *Stauder*, Krediteröffnungsvertrag, S. 49 ff.; Staub/*Renner*, Bankvertragsrecht, 4. Teil, Kreditgeschäft Rn. 102; MüKo-BGB/*K. P. Berger*, vor § 488 BGB Rn. 59; Staudinger/*Freitag*, § 488 BGB Rn. 39.

[76] Statt aller *Lwowski/Weber*, ZIP 1980, S. 609, 610.

[77] Vgl. *Olzen*, ZZP 97 (1984), S. 1, 10 f.; *E. Wagner*, JZ 1985, S. 718, 719. Umstritten ist insofern, ob es beim Abruf durch den Kreditnehmer um ein Gestaltungsrecht handelt, mit dem ein bereits zuvor bestehender Anspruch „aktualisiert" wird (sog. Einheitstheorie, so etwa *E. Wagner*, JZ 1985, S. 718, 720; *Olzen*, ZZP 97 (1984), S. 1, 3 f.) oder ob dieser den Abschluss eines eigenständigen Vertrages bedeutet, aus dem sich der konkrete Kreditgewährungsanspruch ergibt (sog. Trennungstheorie, etwa *Heermann*, Geld, Rn. 6, 10).

[78] *Gaul*, KTS 1989, S. 3, 16; *Gaul/Schilken/Becker-Eberhard*, Zwangsvollstreckungsrecht, § 54 Rn. 13; Stein/Jonas/*Würdinger*, § 851 ZPO Rn. 37; a.A. *Lwowski/Weber*, ZIP 1980, S. 609, 612.

A. Der Schutz vor einer weiteren Inanspruchnahme 101

Komplexer stellt sich die Lage dar, wenn ein Abruf noch nicht erfolgt ist, also noch kein fälliger und durchsetzbarer Zahlungsanspruch besteht.[79] Die Besonderheit dieser Situation ergibt sich daraus, dass der pfändende Gläubiger hier das Abrufrecht des Schuldners ausüben müsste, um eine Auszahlung an sich zu erwirken.[80] Man könnte erwägen, dass das Abrufrecht als Gestaltungsrecht wie auch die übrigen Nebenrechte[81] auf den Vollstreckungsgläubiger übergehen müsste.[82] Das ließe jedoch unberücksichtigt, dass das Abrufrecht nicht nur einen Anspruch des Kreditnehmers ausgestaltet bzw. begründet, sondern zugleich auch den Anspruch des Kreditgebers auf Zins und Tilgung begründet und damit verpflichtende Wirkung zulasten des Kreditnehmers entfaltet.[83] Daher ist auch von einer „Doppelwirkung" des Abrufrechts die Rede.[84]

Dem könnte man mit *Grunsky* entgegenhalten, dass es keine Besonderheit dieser Konstellation sei, dass die Zwangsvollstreckung zur Entstehung von Pflichten des Schuldners führe.[85] Jedoch wäre die Begründung einer Verpflichtung hier unmittelbare und bezweckte Folge der Vollstreckungsmaßnahme.[86] Bei den von *Grunsky* in Bezug genommenen Pflichten[87] handelt es sich jedoch stets um solche, die sich nur als mittelbare Konsequenz der Vollstreckung ergeben und Folge einer zuvor privatautonom eingegangenen Verpflichtung des Schuldners sind.[88] Diese Fälle scheinen der hier in Rede stehenden Konstellation daher nicht vergleichbar.[89] Entscheidend muss daher der Umstand sein, dass die Ausübung des Abrufrechts durch den pfändenden Gläubiger diesem die Macht zur fremdwirksamen Verpflichtung gäbe, die mit der Privatautono-

---

[79] *Lwowski/Weber*, ZIP 1980, S. 609, 610; abweichend *E. Wagner*, JZ 1985, S. 718, 720, der dies als „verhaltenen" Anspruch einordnet.

[80] *Gaul*, KTS 1989, S. 3, 17; *Lwowski/Weber*, ZIP 1980, S. 609, 610.

[81] Vgl. *Olzen*, ZZP 97 (1984), S. 1, 11 ff.

[82] Vgl. *E. Wagner*, JZ 1985, S. 718, 720.

[83] *Olzen*, ZZP 97 (1984), S. 1, 11 ff.; *E. Wagner*, JZ 1985, S. 718, 720 f.; Stein/Jonas/*Würdinger*, § 851 ZPO Rn. 37.

[84] *Lwowski/Weber*, ZIP 1980, S. 609, 611; *Gaul*, KTS 1989, S. 3, 17.

[85] *Grunsky*, ZZP 95 (1982), S. 264, 277 f.; vgl. auch *Grunsky*, JZ 1985, S. 487, 491.

[86] Vgl. *E. Wagner*, JZ 1985, S. 718, 721; *Gaul*, KTS 1989, S. 3, 19; *Lwowski/Bitter*, WM-Festgabe für Thorwald Hellner 1994, S. 57, 68.

[87] *Grunsky* bezieht sich einerseits auf die Schadensersatzpflicht des Schuldners, die daraus resultiert, dass eine Sache, die er bereits einem Dritten versprochen hat, bei ihm gepfändet wird, weshalb dieser die Sache nicht mehr an einen dritten Gläubiger herausgeben kann, andererseits auf Kosten, die dem Schuldner durch die für die Erfüllung von Pflichten gegenüber Dritten notwendige Hinzuziehung von Hilfspersonen entstehen, *Grunsky*, ZZP 95 (1982), S. 264, 277 f. sowie auf den Willen des Schuldners, vorhandenes Bar- oder Buchgeld für bestimmte Zwecke zu verwenden, der in der Zwangsvollstreckung ebenfalls nicht respektiert werde, *Grunsky*, JZ 1985, S. 487, 491.

[88] *Gaul*, KTS 1989, S. 3, 19; vgl. auch *E. Wagner*, JZ 1985, S. 718, 721.

[89] *Gaul*, KTS 1989, S. 3, 19; *Lwowski/Bitter*, WM-Festgabe für Thorwald Hellner 1994, S. 57, 68; *E. Wagner*, JZ 1985, S. 718, 721.

mie kaum zu vereinbaren und der deutschen Privatrechtsordnung insgesamt fremd ist.[90] Auch der noch weiter gehende Vorschlag *Grunskys,* den Schuldner im Wege der Handlungsvollstreckung gem. § 888 ZPO ohne dahingehenden Anspruch und Titel zur Kreditaufnahme zu zwingen,[91] kann in Anbetracht der im Zwangsvollstreckungsrecht als Eingriffsrecht zwingenden strengen Gesetzmäßigkeit[92] nicht überzeugen.[93] Die Ausübung des Abrufrechts steht einem pfändenden Gläubiger demnach nicht zu. Es kann also zwar der Auszahlungsanspruch als künftiger Anspruch gepfändet werden, eine Valutierung kann im Rahmen der Einzelzwangsvollstreckung ohne den Willen des Kreditnehmers aber nicht herbeigeführt werden.[94]

bb) Übertragbarkeit auf die Insolvenz?

Es stellt sich wiederum die Frage, ob diese für die Einzelzwangsvollstreckung gefundenen Lösungen auf die Insolvenz übertragbar sind. Dafür spräche grundsätzlich die den §§ 35, 36 InsO zu entnehmende Wertung, dass der Gläubigerzugriff in Einzel- und Gesamtvollstreckung deckungsgleich sein sollte.[95]

Allerdings besteht in der Sache kein Grund, den Insolvenzschuldner vor einer Ausübung des Abrufrechts durch den Insolvenzverwalter zu schützen. Denn die Verwaltungs- und Verfügungsbefugnis geht mit Verfahrenseröffnung ohnehin auf den Insolvenzverwalter über, der folglich auch in der Lage wäre, den Schuldner durch Abschluss eines entsprechenden Vertrages „direkt" zu verpflichten.[96] Vor diesem Hintergrund kann es nicht überzeugen, dem Insolvenzverwalter ein solches Abrufrecht zu verweigern.[97] Noch deutlicher wird das in eigenverwalteten Verfahren, in welchen die Verwaltungs- und Verfügungsmacht prinzipiell beim Insolvenzschuldner verbleibt (vgl. §§ 270 ff. InsO).

d) Zwischenergebnis

Folglich können weder eine (vereinbarte) Zweckbindung noch ein noch nicht erfolgter Abruf dazu führen, dass ein dem Schuldner zustehender Auszahlungsanspruch nicht in die Insolvenzmasse fällt.

---

[90] *Gaul,* KTS 1989, S. 3, 19; *E. Wagner,* JZ 1985, S. 718, 721; i.E. auch *Olzen,* ZZP 97 (1984), S. 1, 13.
[91] *Grunsky,* ZZP 95 (1982), S. 264, 266 ff.; *Grunsky,* JZ 1985, S. 487, 491 f.
[92] *Baur/Stürner/Bruns,* Zwangsvollstreckungsrecht, Rn. 7.26 ff.; *Gaul/Schilken/Becker-Eberhard,* Zwangsvollstreckungsrecht, § 1 Rn. 16, 27.
[93] *Olzen,* ZZP 97 (1984), S. 1, 14; *E. Wagner,* JZ 1985, S. 718, 723.
[94] Stein/Jonas/*Würdinger,* § 851 ZPO Rn. 37.
[95] Vgl. HK/*Keller,* § 36 InsO Rn. 1.
[96] *Marotzke,* ZInsO 2004, S. 1273, 1274.
[97] *Marotzke,* ZInsO 2004, S. 1273, 1274; a.A. *Spliedt,* NZI 2001, S. 524, 525.

2. Vertragsbeendigung kraft Insolvenz?

Fallen Auszahlungsansprüche aus Sanierungskrediten also nicht an sich aus der Insolvenzmasse, kann der Geltendmachung eines solchen Anspruchs aber möglicherweise entgegenstehen, dass derartige Verträge kraft Eröffnung eines Insolvenzverfahrens beendet sein könnten.

a) Folgen des StaRUG-Verfahrens

Die im Regierungsentwurf zum StaRUG[98] noch vorgesehene Möglichkeit zur Beendigung von gegenseitigen, nicht beiderseitig vollständig erfüllten Verträgen (§§ 51-54 StaRUG-RegE)[99] hat in die finale Fassung des StaRUG keinen Eingang gefunden. Eröffnung und Durchführung eines solchen Verfahrens, für das auch keine den §§ 115 f. InsO entsprechenden Bestimmungen existieren, haben demnach keine Auswirkungen auf den Bestand zuvor geschlossener Verträge.[100]

b) Folgen der Eröffnung eines Insolvenzverfahrens

Es stellt sich jedoch die Frage, ob der Insolvenzverwalter trotz Verfahrenseröffnung die (weitere) Erfüllung dieser Verträge verlangen kann oder ob diese nicht (entsprechend) §§ 115 f. InsO *eo ipso* zur Beendigung dieser Verträge führen muss.

aa) Vertragsbeendigung aufgrund eines besonderen Vertrauensverhältnisses

Verschiedentlich wurde für Kreditverträge – wohl in analoger Anwendung des § 23 Abs. 2 KO,[101] der insoweit unverändert in § 116 InsO übernommen wurde, postuliert, dass diese mit Eröffnung eines Insolvenzverfahrens über das Vermögen des Kreditnehmers *eo ipso* enden müssten.[102] Gestützt wurde das darauf, dass die Verfahrenseröffnung das für diese Verträge fundamentale Ver-

---

[98] BT-Drs. 19/24181.
[99] Kritisch hierzu *Cranshaw/Portisch*, ZInsO 2020, S. 2617, 2625; *M. Hofmann*, NZI 2020, S. 871, 871 ff.
[100] Vgl. *Bork*, ZRI 2021, S. 345, 351.
[101] Vgl. *Luther*, Darlehen, S. 77, Fn. 354; siehe aber auch *Schönke*, JW 1934, S. 2745, 2747 f.: Grundlage für die Vertragsbeendigung sei die Eigenschaft des Krediteröffnungsvertrags als „Vertrauensschuldverhältnis" an sich, die dazu führen müsse, dass § 17 KO keine Anwendung finden könne.
[102] Siehe etwa *RG*, Bolze XX (1896), Nr. 396; *Kohler*, Lehrbuch, S. 140; *Schönke*, JW 1934, S. 2745, 2747 f.; *Canaris*, Bankvertragsrecht, Rn. 1258, 1341; für Krediteröffnungsverträge *Schoen*, Krediteröffnungsvertrag, S. 151; *Stauder*, Krediteröffnungsvertrag, S. 144.

trauen[103] des Kreditgebers in die künftige Leistungsfähigkeit des Kreditnehmers zerstöre, wodurch die Grundlage des Vertrages selbst entfalle.[104] Ausdrücklich wurde das zwar zumeist nur für Krediteröffnungsverträge ausgesprochen,[105] die Interessenlage beim Gelddarlehen i.S.d. § 488 BGB unterscheidet sich insofern aber nicht, so dass der Gedanke übertragbar scheint.[106]

Da es sich bei Geldkrediten nicht um Geschäftsbesorgungsverträge i.S.d. § 116 InsO handelt,[107] ist kein Raum für eine direkte Anwendung desselben. Eine analoge Anwendung aber muss schon am Bestehen einer Regelungslücke scheitern, die geschlossen werden müsste, da auf diese gegenseitigen Verträge ansonsten schlicht § 103 InsO anzuwenden ist.[108] Die automatische Beendigung allein aufgrund Vermögensverfalls widerspräche aber auch der Konzeption der §§ 488 ff. BGB: Hiernach soll eine wesentliche Verschlechterung der Vermögensverhältnisse, die zu einer Gefährdung der Rückzahlung führt, gerade nicht zur Beendigung *eo ipso,* sondern (nur) zu einem fristlosen Kündigungsrecht gem. § 490 Abs. 1 BGB führen.[109] Auch regeln die §§ 115,

---

[103] Besonders weitgehend zur Bedeutung des Vertrauens des Kreditgebers in die Zahlungsfähigkeit des Kreditnehmers *Klausing,* RabelsZ, Sonderheft 1932, S. 77, 82 f.

[104] Insbesondere *Schönke,* JW 1934, S. 2745, 2747 f.: Es handle sich um ein „Vertrauensschuldverhältnis", bei dem das Vertrauen des Kreditgebers in die Kreditwürdigkeit so zentral sei, dass eine Fortsetzung des Vertrages trotz Konkurseröffnung nicht hinnehmbar sei; *Schoen,* Krediteröffnungsvertrag, S. 151; *Stauder,* Krediteröffnungsvertrag, S. 144; *Canaris,* Bankvertragsrecht, Rn. 1258; *Kohler,* Lehrbuch, S. 140. Die Ähnlichkeit dieser Argumentation zu jener, mit der im französischen Recht die Beendigung von Verträgen *intuitu personae* aufgrund der Eröffnung eines Kollektivverfahrens über das Vermögen des Schuldners begründet wurde, ist unverkennbar. Das dürfte insbesondere damit zusammenhängen, dass sich der Gesetzgeber bei der Kodifikation des § 23 KO maßgeblich auf Art. 2003 C.C. gestützt hat (*Hahn/Mugdan,* Materialien, Bd. VII, S. 239; vgl. zur Entstehungsgeschichte auch *Marotzke,* FS Henckel, S. 579, 581 f.), der auch die Grundlage für die Vertragsbeendigung bei Verträgen *intuitu personae* bildete, eingehend hierzu unten, 4. Kapitel, A.II.1.

[105] Noch vor der Kodifikation des § 23 KO ausdrücklich für das Konsensualdarlehen aber *Kohler,* Lehrbuch, S. 140 f.; wohl auch *Canaris,* Bankvertragsrecht, Rn. 1341, der feststellt, die Beendigungsgründe des Darlehensvertrages entsprächen den Gründen für die Beendigung des Krediteröffnungsvertrages, welcher analog § 23 Abs. 2 KO erlösche, vgl. Rn. 1258; ausdrücklich für ein Darlehen, aber ohne Begründung, *RG,* Bolze XX (1896), Nr. 396. Dass dies für Darlehen weniger erörtert wurde, dürfte damit erklärbar sein, dass sich diese Frage auf Grundlage der früher verbreiteten Deutung des Darlehens als Realvertrag, der nicht in den Anwendungsbereich des § 17 KO fiel, gar nicht stellte, da eine Fortsetzung durch den Verwalter ohnehin nicht in Betracht kam, dazu sogleich, 4. Kapitel, A.I.2.b)(2).

[106] *Luther,* Darlehen, S. 77, Fn. 354.

[107] Vgl. zum Begriff der Geschäftsbesorgung im Rahmen des § 116 InsO etwa Uhlenbruck/*Sinz,* § 116 InsO Rn. 2 f.; MüKo-InsO/*Vuia,* § 116 InsO Rn. 6.

[108] Vgl. statt aller Uhlenbruck/*D. Wegener,* § 103 InsO Rn. 29; MüKo-InsO/*M. Huber,* § 103 InsO Rn. 69.

[109] Jaeger/*Jacoby,* § 116 InsO Rn. 132.

116 InsO nach der gesetzlichen Konzeption[110] nicht die Rechtsfolgen eines Vertrauensverlusts des Vertragspartners des Insolvenzschuldners, sondern sollen „[...] sicherstellen, daß die Verwaltung der Masse vom Zeitpunkt der Verfahrenseröffnung an allein in den Händen des Verwalters liegt [...]".[111] Ein Vertrauensverlust kann mithin eine Vertragsbeendigung kraft analoger Anwendung der §§ 116 S. 1, 115 Abs. 1 InsO nicht legitimieren.

bb) Gelddarlehen i.S.d. § 488 BGB

Bezüglich des Gelddarlehens war jedoch lange Zeit die Auffassung verbreitet, dass dieses dem Verwalterwahlrecht auch unabhängig von dem skizzierten Vertrauensverhältnis nicht unterliegen könne und mit Eröffnung des Insolvenz- bzw. Konkursverfahrens enden müsse.

Grundlage war bis zur Schuldrechtsreform die Auffassung, dass das Gelddarlehn i.S.d. § 607 BGB a.F. einen Realvertrag darstelle, der erst durch die Auszahlung der Valuta zustande komme.[112] Diese Qualifikation hat zur Folge, dass es sich um einen einseitigen Vertrag handelt, der allein auf die Rückzahlung der Valuta gerichtet ist.[113] Auch § 17 KO als Vorgängernorm des § 103 InsO war aber nur auf gegenseitige Verträge anwendbar,[114] weshalb ein Wahlrecht des Verwalters zugunsten der Auszahlung auf Grundlage dieser Deutung von vornherein ausscheiden musste.[115] Die Einordnung des Darlehns als Realvertrag war jedoch bereits unter Geltung des § 607 BGB a.F. heftig

---

[110] Diese mit Recht ablehnend *Marotzke*, FS Henckel, S. 579, 583 ff.; in Anschluss hieran Jaeger/*Jacoby*, § 116 InsO Rn. 7 ff.

[111] BT-Drs. 12/2443, S. 151; vgl. auch Staudinger/*Mülbert*, § 488 BGB Rn. 462; *Heise*, Verbraucherkredit, Rn. 311.

[112] RGZ 39, 231, 232; 71, 113, 117; 86, 305, 309; *Oertmann*, vor §§ 607 ff. BGB, Rn. 2; *Cosack/Mitteis*, Bürgerliches Recht, Bd. I, S. 631; Planck/*Gunkel*, vor § 607 BGB III. 1; *Schönke*, JW 1934, 2745; differenzierend *Enneccerus/H. Lehmann*, Schuldverhältnisse, S. 592 f.: Das BGB qualifiziere das Darlehen als Realvertrag, durch privatautonome Vereinbarung sei aber auch der Abschluss eines Konsensualdarlehens möglich. Vgl. zu dieser Diskussion auch *Luther*, Darlehen, S. 17 ff.; *Stahmer*, Darlehen, S. 11 ff.; *Mülbert*, AcP 192 (1992), S. 447, 453 ff.; Staudinger/*Freitag*, § 488 BGB Rn. 8b ff.

[113] *Oertmann*, vor §§ 607 ff. BGB Rn. 5; Planck/*Gunkel*, vor § 607 BGB III. 1; *Enneccerus/H. Lehmann*, Schuldverhältnisse, S. 592; anders *Heck*, Schuldrecht, § 107 1., der das Darlehen zwar als Konsensualvertrag einordnet (vgl. § 80 7. und § 106 3.), die Frage nach der Gegenseitigkeit aber von der Frage nach der Rechtsnatur des Vertrages trennt; ähnlich *Cosack/Mitteis*, Bürgerliches Recht, Bd. I, S. 631, nach denen das Darlehen zwar als Realvertrag einordnen sei, es aber dennoch einen gegenseitigen Vertrag darstelle.

[114] Jaeger-KO⁹/*Henckel*, § 17 KO Rn. 11; Kilger/*K. Schmidt*, Insolvenzgesetze, § 17 KO Rn. 2.

[115] So etwa Jaeger-KO⁸/*Lent*, § 17 KO Anm. 2; *Jaeger*, Lehrbuch⁸, S. 35; *Kilger*, KO, § 17 KO Rn. 2.

umstritten.[116] Im Rahmen der Schuldrechtsreform wurde dieses Verständnis schließlich eindeutig zugunsten der Interpretation als Konsensualvertrag aufgegeben, der durch Willensübereinkunft zustande kommt und als gegenseitiger Vertrag nicht nur auf Rückzahlung gerichtet ist, sondern auch einen Anspruch auf Auszahlung der Valuta beinhaltet.[117] Als gegenseitiger Vertrag[118] fällt der Gelddarlehensvertrag i.S.d. § 488 BGB grundsätzlich in den Anwendungsbereich des § 103 InsO und unterliegt jedenfalls dann dem Verwalterwahlrecht, wenn der Darlehensgeber die Valuta noch nicht vollständig ausgezahlt hat.[119] Es besteht damit die grundsätzliche Möglichkeit, dass dieser trotz Eröffnung des Insolvenzverfahrens den Valutierungsanspruch gegenüber dem Kreditgeber geltend macht.

cc) Krediteröffnungsvertrag

Nach wie vor verbreitet ist jedoch die Auffassung, Krediteröffnungsverträge müssten mit Verfahrenseröffnung in (analoger) Anwendung der §§ 116 S. 1, 115 Abs. 1 InsO *eo ipso* ihr Ende finden.[120] Die Zuordnung eines auf ein Gelddarlehen ausgerichteten Krediteröffnungsvertrags zu den Geschäftsbesorgungsverträgen und eine hieraus abgeleitete direkte Anwendung der §§ 116 S. 1, 115 InsO scheint jedoch wenig überzeugend,[121] da eine solche schemati-

---

[116] Zur historischen Entwicklung der Diskussion Staudinger/*Freitag*, § 488 BGB Rn. 10 f.; eingehend HKK/*Lammel*, §§ 488–512 Rn. 5 ff.

[117] Staudinger/*Freitag*, § 488 BGB Rn. 12; MüKo-BGB/*K. P. Berger*, vor § 488 BGB Rn. 9.

[118] MüKo-BGB/*K. P. Berger*, vor § 488 BGB Rn. 10; MüKo-BGB/*K. P. Berger*, § 488 BGB Rn. 55, 156; *Stahmer*, Darlehen, S. 18; ausführlich *Luther*, Darlehen, S. 27 ff.; *Mülbert*, AcP 192 (1992), S. 447, 453 ff.

[119] Statt aller Uhlenbruck/*D. Wegener*, § 103 InsO Rn. 29; MüKo-InsO/*M. Huber*, § 103 InsO Rn. 69; FK/*B. Wegener*, § 103 InsO Rn. 13; schon unter Geltung von § 17 KO *K. Schmidt*, JZ 1976, S. 756, 759. Heftig umstritten, aber für die hier interessierende Frage nach Bestehen einer Möglichkeit des Insolvenzverwalters, eine Valutierung auch gegen den Willen des Darlehensgebers zu erreichen, ohne Belang ist, ob ein solches Wahlrecht auch nach vollständiger Valutierung noch bestehen kann, vgl. hierzu: *K. Schmidt*, JZ 1976, S. 756, 757 f., 761; und eingehend unten, 4. Kapitel, A.I.2.b)aa).

[120] Staub/*Renner*, Bankvertragsrecht, 4. Teil, Kreditgeschäft Rn. 140; Uhlenbruck/*D. Wegener*, § 103 InsO Rn. 53; Nerlich/Römermann/*Balthasar*, InsO, § 103 InsO Rn. 24; FK/*B. Wegener*, § 103 InsO Rn. 62; MüKo-InsO/*M. Huber*, § 103 InsO Rn. 105; noch zu §§ 17, 23 KO *Stauder*, Krediteröffnungsvertrag, S. 144; *Schoen*, Krediteröffnungsvertrag, S. 151; für eine Anwendung von § 103 InsO: HK/*G. Schmidt*, § 116 InsO Rn. 4; Jaeger/*Jacoby*, § 116 InsO Rn. 132; Staudinger/*Mülbert*, § 488 BGB Rn. 462; Ellenberger/Bunte/*Pamp*, Bankrechts-HdB, § 52 Rn. 46; Langenbucher/Bliesener/Spindler/*H. Huber*, Bankrechts-Kommentar, 32. Kap. Rn. 16; für eine Anwendbarkeit von § 17 KO bei einem kontokorrentgebundenen Krediteröffnungsvertrag *Klausing*, RabelsZ, Sonderheft 1932, S. 77, 125 f.

[121] So aber FK/*B. Wegener*, § 103 InsO Rn. 62; *K. Schmidt*, JZ 1976, S. 756, 762; MüKo-InsO/*M. Huber*, § 103 InsO Rn. 105; *Pape*, Kölner Schrift, S. 353, 364, Rn. 17

sche Einordnung die große Nähe des Krediteröffnungsvertrags zum Gelddarlehen und die weitgehend identische Interessenlage der Parteien ignoriert.[122]

In Betracht käme also allenfalls eine analoge Anwendung,[123] die jedoch bereits am Fehlen einer Regelungslücke scheitern muss. Unterbleibt eine analoge Anwendung der §§ 115, 116 InsO, ist auf den Krediteröffnungsvertrag, der regelmäßig ein gegenseitiger Vertrag ist,[124] § 103 InsO anzuwenden.[125] Eine Analogie scheint aber auch in der Sache nicht überzeugend. Zu erklären wäre, warum ein solcher Vertrag entgegen dem Grundsatz des § 103 InsO, der ohne Analogie anwendbar wäre, erlöschen und dem Erfüllungswahlrecht des Verwalters entzogen werden soll, wodurch dieser Möglichkeit verlöre, die wirtschaftlichen Vorteile aus dem Vertrag zu erhalten.[126] Der Vertrauensverlust des Kreditgebers kann beim Krediteröffnungsvertrag ebenso wenig wie beim Gelddarlehen eine entsprechende Anwendung der §§ 116 S. 1, 115 InsO rechtfertigen, da diese keine Reaktion auf einen Vertrauensverlust des Geschäftspartners darstellen.[127] Vor allem ist nicht erkennbar, inwiefern sich die Interessenlage (auch des Insolvenzverwalters) gegenüber dem Darlehen, das unzweifelhaft in den Anwendungsbereich des § 103 InsO fällt, unterscheiden soll. So wäre der Kreditgeber – wie beim Darlehen – auch ohne die Geltung der §§ 115, 116 InsO, d.h. bei Anwendung des § 103 InsO, nicht in der Lage, vertragliche Verbindlichkeiten der Masse gegen den Willen des Insolvenzverwalters zu begründen.[128] Selbst wenn man annimmt, dass sich die Erlöschensanordnung der §§ 115, 116 InsO zwar nicht mit dem Masseschutz, wohl aber mit dem durch die Verfahrenseröffnung eintretenden Wechsel der Handlungsorganisation rechtfertigen ließe,[129] ergibt sich für den Krediteröffnungsvertrag keine Rechtfertigung für ein Erlöschen des Vertrages *allein* aufgrund der Verfahrenseröff-

---

[122] Vgl. Staub/*Renner*, Bankvertragsrecht, 4. Teil, Kreditgeschäft Rn. 105: Die anwendbaren Regeln müssten sich in erster Linie nach der Rechtsnatur des einzelnen Kreditgeschäfts bestimmen, bei auf Gelddarlehen gerichteten Krediteröffnungsverträgen seien in der Regel also die §§ 488 ff. BGB maßgeblich; so schon *Stauder*, Krediteröffnungsvertrag, S. 84; *Schoen*, Krediteröffnungsvertrag, S. 91 f.; differenzierend Staudinger/*Mülbert*, § 488 BGB Rn. 414 f.; vgl. auch *Mülbert/A. Grimm*, WM 2015, S. 2217, 2219 f., die für eine Einordnung des Kontokorrentkredits, der herrschend als besondere Ausformung des Krediteröffnungsvertrags eingeordnet wird, als Gelddarlehen plädieren.
[123] So Staub/*Renner*, Bankvertragsrecht, 4. Teil, Kreditgeschäft Rn. 140; auf eine Analogie zu §§ 19 ff. KO gestützt *Stauder*, Krediteröffnungsvertrag, S. 144.
[124] Staudinger/*Mülbert*, § 488 BGB Rn. 415; *Stauder*, Krediteröffnungsvertrag, S. 114 ff.; *Klausing*, RabelsZ, Sonderheft 1932, S. 77, 83.
[125] Vgl. Jaeger/*Jacoby*, § 116 InsO Rn. 11 f.; vom Bestehen einer Regelungslücke geht hingegen Staub/*Renner*, Bankvertragsrecht, 4. Teil, Kreditgeschäft Rn. 140 aus.
[126] Aus diesem Grund eine Analogie ablehnend *Stahmer*, Darlehen, S. 185.
[127] Siehe oben, Fn. 111; Staudinger/*Mülbert*, § 488 BGB Rn. 462.
[128] Jaeger/*Jacoby*, § 116 InsO Rn. 11 f.; siehe auch *Marotzke*, FS Henckel, S. 579, 587 ff.
[129] Jaeger/*Jacoby*, § 116 InsO Rn. 23 ff.

nung.[130] Der Inhalt der Leistungspflicht ändert sich durch die Verfahrenseröffnung nicht, weshalb ein Erlöschen auch zum Schutz des Kreditgebers nicht erforderlich ist.[131] Ebenso wenig ist ersichtlich, inwiefern das bloße Verfügbarhalten von Kreditmitteln durch den Kreditgeber die freie Entscheidung des Verwalters über die Handlungsorganisation beeinträchtigen sollte.[132] Auch hieraus ergibt sich daher keine sachliche Rechtfertigung für ein Erlöschen des Krediteröffnungsvertrags.[133] Folglich erlischt der auf einen Geldkredit ausgerichtete Krediteröffnungsvertrag, unabhängig davon, welchem Vertragstypus man diesen zuordnet, nicht gem. §§ 115 f. InsO (analog), sondern muss dem Verwalterwahlrecht aus § 103 InsO unterliegen. Die Verfahrenseröffnung steht der Geltendmachung eines Auszahlungsanspruchs des Verwalters demnach nicht entgegen.

dd) Die Kontokorrentbindung als Fortsetzungshindernis

Eine andere Frage ist, ob das auch gelten kann, wenn eine Kreditgewährung in Verbindung mit einer Kontokorrentabrede erfolgt, oder ob sich aus den besonderen Wirkungen des Kontokorrents andere Rechtsfolgen ergeben müssen. Verbreitet ist insoweit die Auffassung, das Kontokorrentverhältnis müsse mit Verfahrenseröffnung insgesamt *eo ipso* enden[134] und infolgedessen auch ohne Weiteres das aus dem Krediteröffnungsvertrag resultierende Abrufrecht erlöschen.[135] Begründet wird die Beendigung des Kontokorrents teils mit einer An-

---

[130] Im Ergebnis auch Jaeger/*Jacoby*, § 116 InsO Rn. 132.
[131] Vgl. zu diesem Ansatz Jaeger/*Jacoby*, § 116 InsO Rn. 25 ff.
[132] Vgl. zu diesem Rechtfertigungsansatz Jaeger/*Jacoby*, § 116 InsO Rn. 30 ff.
[133] Vgl. auch Jaeger/*Jacoby*, § 116 InsO Rn. 132, der die Beendigung des Kontokorrentkredits letztlich darauf stützt, dass der Krediteröffnungsvertrag unselbständiger Bestandteil des Girovertrags sei, welcher gem. §§ 116 S. 1, 115 Abs. 1 InsO mit Verfahrenseröffnung erlösche.
[134] RGZ 125, 411, 416; BGHZ 58, 108, 111; 70, 86, 93; 74, 253, 254 f.; 157, 350, 356 f.; Staub/*Grundmann*, Bankvertragsrecht, 2. Teil, Allg. Bank-Kunden-Verhältnis Rn. 255; Nerlich/Römermann/*Kießner*, InsO, § 116 InsO Rn. 19; widersprüchlich *Kemper*, Kontokorrentkredit, S. 283, der einerseits feststellt, der Kontokorrentvertrag als solcher, der den Girovertrag sowie die Kontokorrentabrede umfasse, unterliege den Regeln über Geschäftsbesorgungsverträge und erlösche „[...] gem. §§ 115 Abs. 1, und § 116 Abs. 1 (sic!) InsO [...]", gleichzeitig aber postuliert, diese Rechtsfolge ergebe sich bezüglich des Kontokorrentvertrages in analoger Anwendung von § 139 BGB nur aus dem „engen funktionalen Zusammenhang" des Kontokorrentvertrags mit dem Girovertrag, der mit der Verfahrenseröffnung erlösche, a.a.O., S. 284.
[135] BGHZ 157, 350, 356 f.; im Ergebnis auch, aber mit im Einzelnen unterschiedlicher Begründung *K. Schmidt*, JZ 1976, S. 756, 763; *Obermüller*, ZInsO 2002, S. 97, 102; *Kemper*, Kontokorrentkredit, S. 284; *Nobbe*, KTS 2007, S. 397, 402; a.A. *Heise*, Verbraucherkredit, Rn. 312, der dem Kreditgeber aufgrund der modifizierten Abwicklung aber einen Sicherungsanspruch für die noch offene Kreditsumme zubilligen will; grundsätzlich anderer Ansicht *Marotzke*, ZInsO 2004, S. 1273, 1274, Fn. 14, nach dem § 116 InsO nicht zum

wendung der §§ 116, 115 InsO,[136] teils damit, dass das Fortbestehen des Kontokorrents mit dem Verfahrenszweck der gemeinschaftlichen und gleichmäßigen Gläubigerbefriedigung nicht vereinbar sei.[137]

(1) Direkte Anwendung der §§ 116, 115 InsO auf das Kontokorrent?

Eine direkte Anwendung der §§ 116, 115 InsO auf das Kontokorrent als Ganzes scheint kaum überzeugend: Zweifelhaft scheint das bereits, weil das Kontokorrent kein einheitlicher Geschäftsbesorgungsvertrag im Sinne der §§ 116, 115 InsO ist, sondern sich aus mehreren, grundsätzlich selbständigen Abreden zusammensetzt,[138] die prinzipiell getrennt zu behandeln sind.[139] Die Einbindung eines Darlehens oder eines Krediteröffnungsvertrags in ein Kontokorrent führt dabei auch nicht etwa dazu, dass diese sich zu einem einheitlichen Geschäftsbesorgungsvertrag umwandelten, der in den Anwendungsbereich der §§ 116, 115 InsO fiele:[140] Die Funktion des Kontokorrents liegt insbesondere darin, als „Annex"[141] zur zugrundeliegenden Geschäftsverbindung die Abwicklung der hieraus resultierenden Ansprüche zu vereinfachen und zu vereinheitlichen.[142] Ein fundamentaler Wandel des Inhalts der Geschäftsverbindung, der das vertragliche Pflichtenprogramm dergestalt veränderte, dass die Kreditbeziehung nun insgesamt zu einem Geschäftsbesorgungsverhältnis würde, findet demnach nicht statt; es verändern sich schlicht die Abwicklungsmodalitäten der vertraglichen Leistungspflichten, ohne dass das vertragliche Pflichtenprogramm an sich angetastet würde.

Erlöschen des Vertrages selbst, sondern nur der aus diesem resultierenden Geschäftsbesorgungsmacht führt.

[136] BGHZ 157, 350, 356 f.; unter Berufung auf § 23 Abs. 2 KO BGHZ 58, 108, 111; *Kemper*, Kontokorrentkredit, S. 283; *Obermüller*, Insolvenzrecht[9], Rn. 5.761.

[137] BGHZ 74, 253, 255; auf § 91 Abs. 1 InsO bezieht sich *Nobbe*, KTS 2007, S. 397, 399.

[138] *Canaris*, FS Hämmerle, S. 55, 69 ff.; *Stürner*, ZZP 94 (1981), S. 263, 302 f.; *Mülbert/A. Grimm*, WM 2015, S. 2217, 2218, 2220.

[139] *Canaris*, FS Hämmerle, S. 55, 73 ff.; vgl. auch *Stürner*, ZZP 94 (1981), S. 263, 302 f.

[140] *von Wilmowsky*, WM 2008, S. 1189, 1190, Fn. 1; siehe insbesondere auch *Mülbert/A. Grimm*, WM 2015, S. 2217, 2219 f., die für eine Einordnung des Kontokorrentkredits als Gelddarlehensvertrag plädieren; vgl. auch Staub/*Canaris*, § 355 HGB Rn. 251.

[141] Staub/*Canaris*, § 355 HGB Rn. 3 ff.

[142] Vgl. *Canaris*, FS Hämmerle, S. 55, 55 f.; *K. Schmidt*, Handelsrecht, § 21 Rn. 9; die dienende Funktion des Kontokorrents betont auch Jaeger/*Jacoby*, § 116 InsO Rn. 125.

(2) Dennoch Beendigung des Kontokorrents insgesamt?

Ein Erlöschen des Kontokorrents insgesamt ist auch nicht aufgrund einer analogen Anwendung der §§ 116, 115 InsO oder des Insolvenzzwecks geboten: So droht ohne Beendigung des gesamten Kontokorrents selbst bei einem debitorischen Saldo keine bevorzugte Befriedigung vorinsolvenzlicher Forderungen.[143] Die Verfügungswirkungen des Kontokorrents, die sich aus Kontokorrentabrede und Verrechnungsvertrag ergeben, können aufgrund § 91 Abs. 1 InsO nach der Verfahrenseröffnung keine Wirkung für die Zukunft mehr entfalten.[144] Nach diesem Datum entstandene Forderungen können folglich nicht mehr in das Kontokorrent eingestellt werden und auch nicht mehr Gegenstand der kontokorrentmäßigen Verrechnung sein.[145] Auch der Insolvenzzweck der gemeinschaftlichen und gleichmäßigen Befriedigung erfordert kein Erlöschen der obligatorischen Wirkungen des Kontokorrents.[146] Wegen der Teilungsanordnung des § 105 InsO würde sich die aus einer Erfüllungswahl folgende Aufwertung zur Masseverbindlichkeit nicht auf einen vor Verfahrenseröffnung entstandenen debitorischen Saldo beziehen.[147] Selbst eine Erfüllungswahl durch den Insolvenzverwalter hätte wegen § 105 InsO also nicht zur Folge, dass vorinsolvenzliche Forderungen bevorzugt befriedigt würden, weshalb auch aus den obligatorischen Wirkungen des Kontokorrents keine Störung des Verfahrenszwecks droht.[148]

(3) Anwendung der allgemeinen Maßstäbe

Maßgeblich müssen damit die allgemeinen Regeln der §§ 103 ff. InsO sein.[149] Die obligatorische Seite des Kontokorrents muss daher grundsätzlich dem Verwalterwahlrecht aus § 103 InsO unterliegen, da es sich beim Geschäftsvertrag nicht *per se* um einen Geschäftsbesorgungsvertrag handelt.[150]

---

[143] Vgl. K/P/B/*Tintelnot*, § 103 InsO Rn. 90; Jaeger/*Jacoby*, § 116 InsO Rn. 125.
[144] *Canaris*, FS Hämmerle, S. 55, 74; Staub/*Canaris*, § 355 HGB Rn. 243 ff.; HK[10]/*Marotzke*, § 116 InsO Rn. 5; wohl für ein Erlöschen insgesamt, aber unter Rekurs auf § 91 Abs. 1 InsO, HK/*G. Schmidt,* § 116 InsO Rn. 5.
[145] *Canaris*, FS Hämmerle, S. 55, 74.
[146] Vgl. K/P/B/*Tintelnot*, § 103 InsO Rn. 90.
[147] K/P/B/*Tintelnot*, § 103 InsO Rn. 90; im Ergebnis auch Jaeger/*Jacoby*, § 116 InsO Rn. 125.
[148] K/P/B/*Tintelnot*, § 103 InsO Rn. 90; Jaeger/*Jacoby*, § 116 Rn. 125.
[149] Grundlegend *Canaris*, FS Hämmerle, S. 55, 73; Staub/*Canaris*, § 355 HGB Rn. 242 ff.; in Anschluss hieran Jaeger-KO[9]/*Henckel*, § 17 KO Rn. 25; anders *Stürner*, ZZP 94 (1981), S. 263, 304, der sich für die Behandlung des Kontokorrents insgesamt an den §§ 53 ff. KO (entsprechend den heutigen §§ 94 ff. InsO) über die Zulässigkeit der Aufrechnung orientieren will. Der Geschäftsvertrag bestehe fort, soweit er Verrechnungen und Anerkenntnisse regle, die den §§ 53 ff. KO nicht widerstritten. Die §§ 17 ff. KO seien hingegen insgesamt unpassend.
[150] Staub/*Canaris*, § 355 HGB Rn. 251.

Beim Kontokorrentkredit besteht jedoch die Besonderheit, dass der Geschäftsvertrag ein Zahlungsdiensterahmenvertrag i.S.d. § 675f Abs. 2 BGB ist.[151] Dieser erlischt als Geschäftsbesorgungsvertrag gem. §§ 116 S. 1, 115 Abs. 1 InsO mit Verfahrenseröffnung.[152] Die mit diesem Konto verbundenen Kreditverträge bleiben als eigenständige Verträge hiervon jedoch prinzipiell unberührt.[153]

Die Verfahrenseröffnung führt aber dazu, dass ein Kontokorrentkredit nicht mehr wie intendiert funktionieren kann, da das Girokonto, das nicht dem Wahlrecht des Verwalters unterliegt, als dessen Grundlage auch für die Zukunft wegfällt. Hierdurch (und durch die Wirkung des § 91 Abs. 1 InsO) wird verhindert, dass die wechselseitigen Forderungen den Parteien Befriedigung und Sicherung gewähren können, so dass die dem Kontokorrent immanente Sicherungsfunktion[154] nicht mehr erfüllt werden kann.[155] Dadurch verschiebt sich die Risikostruktur einer solchen Kreditgewährung zulasten des Kreditgebers, der nun nicht mehr mit der Rückführung eines debitorischen Saldos durch (regel-

---

[151] *K. Schmidt*, Handelsrecht, § 21 Rn. 9; *Mülbert/A. Grimm*, WM 2015, S. 2217, 2221; *Würdinger*, Insolvenzanfechtung, S. 19; vgl. auch Jaeger/*Jacoby*, § 116 InsO Rn. 123, 132; a.A. Staub/*Canaris*, § 355 HGB 251; MüKo-HGB/*Langenbucher*, § 355 HGB Rn. 8, die zwischen Geschäftsvertrag und der Geschäftsverbindung unterscheiden wollen. Das scheint zumindest bei Girokonten aber kaum durchführbar, ergibt sich die kontokorrentmäßige Abwicklung des Girokontos doch prinzipiell aus dem Girovertrag selbst, Jaeger/*Jacoby*, § 116 InsO Rn. 123; vgl. auch *Mülbert/A. Grimm*, WM 2015, S. 2217, 2219, 2221, nach denen ein Girokonto zwingend im Kontokorrent zu führen sei. Im Übrigen scheint auch der Mehrwert einer solchen Konstruktion zweifelhaft, da das Girokonto jedenfalls nach §§ 116, 115 InsO erlischt, so dass auch auf Grundlage dieser Auffassung die Grundlage für das Kontokorrent entfällt und sich daher ebenfalls die Frage nach dem Schicksal der übrigen Verträge stellt, MüKo-InsO/*Vuia*, § 116 InsO Rn. 39.
[152] BGHZ 221, 212, 216; Staudinger/*Mülbert*, § 488 BGB Rn. 489; *Mülbert/A. Grimm*, WM 2015, S. 2217, 2225; *Würdinger*, Insolvenzanfechtung, S. 26; Uhlenbruck/*Sinz*, § 116 InsO Rn. 16; Jaeger/*Jacoby*, § 116 InsO Rn. 115; prinzipiell anderer Ansicht HK[10]/*Marotzke*, § 115 InsO Rn. 6; im Ergebnis auch *Bitter/Vollmerhausen*, WuB 2019, S. 358, 361 f., die die §§ 115, 116 InsO dergestalt teleologisch reduzieren wollen, dass dem Verwalter der Erhalt massegünstiger Verträge ermöglicht werden soll. Das ist aus rechtspolitischer Perspektive und *de lege ferenda* sicher richtig (so auch *Häsemeyer*, Insolvenzrecht, Rn. 20.72, Fn. 270), müsste bei konsequenter Handhabung aber dazu führen, §§ 115, 116 InsO überhaupt keinen Anwendungsbereich zu lassen, da das Erlöschen dieser Verträge zum Schutz von Masse und Verwaltungshoheit schlicht nicht erforderlich ist (so mit Recht *Marotzke*, FS Henckel, S. 579, 587 f.; *K. Schmidt/Ringstmeier*, § 115 InsO Rn. 3). Das ist mit der – wenngleich rechtspolitisch verfehlten – legislativen Entscheidung der §§ 115, 116 InsO aber nicht zu vereinen.
[153] Vgl. *Mülbert/A. Grimm*, WM 2015, S. 2217, 2220; Staub/*Grundmann*, Bankvertragsrecht, 2. Teil, Allg. Bank-Kunden-Verhältnis Rn. 253.
[154] Vgl. *Canaris*, FS Hämmerle, S. 55, 64; Staub/*Canaris*, § 355 HGB Rn. 6; MüKo-HGB/*Langenbucher*, § 355 HGB Rn. 5.
[155] Vgl. *Heise*, Verbraucherkredit, Rn. 312; *Würdinger*, Insolvenzanfechtung, S. 28; ähnlich Jaeger/*Jacoby*, § 116 InsO Rn. 132.

mäßige) Zahlungseingänge rechnen kann. Der vormalige Kontokorrentkredit würde in der Folge bei Fortbestehen des Kreditvertrags vom revolvierenden Kredit[156] zum Endfälligkeitsdarlehen. Konsequenz wäre für den Zeitraum nach Verfahrenseröffnung eine inhaltliche Änderung des Vertrages. Diese ist weder vom Willen der Parteien gedeckt, noch mit dem Gedanken des § 105 InsO, der Insolvenzmasse bestehende Verträge trotz vorinsolvenzlicher Verletzung von Gegenleistungspflichten durch eine rein zeitliche Spaltung zu erhalten,[157] zu rechtfertigen. Es liegt daher nahe, von einem Erlöschen auch des Kreditvertrages gem. § 139 BGB (analog) auszugehen,[158] wenn anzunehmen ist, dass der Kreditgeber einen Kredit unter diesen Bedingungen nicht gewährt hätte, was regelmäßig der Fall sein wird.[159] Kontokorrentgebundene Kreditverträge müssen folglich trotz ihrer rechtlichen Selbständigkeit regelmäßig mit Verfahrenseröffnung enden.[160]

c) Zwischenergebnis

Die Eröffnung eines Insolvenzverfahrens und diesem vorgelagerte Verfahrensschritte haben demnach grundsätzlich keinen Einfluss auf den Bestand von Kreditverträgen, die auf Geldzahlung gerichtet sind. Anders liegt das nur, wenn ein solcher Kredit kontokorrentgebunden gewährt wird, da mit der Verfahrenseröffnung der zugrundeliegende Zahlungsdiensterahmenvertrag erlischt und eine inhaltlich unveränderte Fortsetzung des Kreditvertrags daher nach Verfahrenseröffnung nicht mehr möglich ist.

---

[156] Staudinger/*Mülbert*, § 488 BGB Rn. 465; *Mülbert/A. Grimm*, WM 2015, 2217; *Würdinger*, Insolvenzanfechtung, S. 28.

[157] Uhlenbruck/*Knof*, § 105 InsO Rn. 5; BeckOK-InsO/*Berberich*, § 105 InsO Rn. 1; vgl. auch *J. F. Hoffmann*, KTS 2018, S. 343, 353, 370 ff.

[158] Vgl. Staudinger/*Mülbert*, § 488 BGB Rn. 489; MüKo-InsO/*Vuia*, § 116 InsO Rn. 39; *Mülbert/A. Grimm*, WM 2015, S. 2217, 2225; generell gegen eine Anwendbarkeit von § 139 BGB Staub/*Canaris*, § 355 HGB Rn. 251; etwas offener *Canaris*, Bankvertragsrecht, Rn. 494.

[159] *Würdinger*, Insolvenzanfechtung, S. 28.

[160] *Würdinger*, Insolvenzanfechtung, S. 28 stützt dieses Ergebnis – etwas unklar – einerseits auf den Rechtsgedanken des § 139 BGB, andererseits auf eine Erstreckung der §§ 115 Abs. 1, 116 S. 1 InsO auf die mit dem Girovertrag untrennbar verbundenen Verträge; ähnlich Jaeger/*Jacoby*, § 116 InsO Rn. 132; auf eine Vertragsbeendigung läuft im Ergebnis auch der Ansatz *Heises*, die weitere Auszahlung von der Stellung von Sicherheiten abhängig zu machen, heraus, da in der Insolvenzsituation typischerweise keine werthaltigen Sicherheiten mehr verfügbar sein werden, *Heise*, Verbraucherkredit, Rn. 312; vgl. auch K/P/B/*Tintelnot*, § 115, 116 InsO Rn. 96; a.A. *Marotzke*, ZInsO 2004, S. 1273, 1274; *Stahmer*, Darlehen, S. 185 f., letztere unter der unklaren Annahme, dass zwar das „laufende Konto" als Geschäftsbesorgungsvertrag erlösche, das Konto aber als „Darlehenskonto" bestehen bleibe.

3. Kündigungsrecht des Kreditgebers

Scheitert eine Sanierung und wird infolgedessen ein Insolvenzverfahren über das Vermögen des Kreditnehmers mit dem Ziel der Liquidation eröffnet, ist aber denkbar, dass sich der Kreditgeber einem Auszahlungsverlangen des Insolvenzverwalters durch Kündigung der Kreditvereinbarung entziehen kann.

a) Voraussetzungen der Kündigungsrechte

Denkbar ist insofern zunächst, dass sich der Kreditgeber individualvertraglich oder in AGB ein (fristloses) Kündigungsrecht gerade für den Fall der Eröffnung eines Insolvenzverfahrens oder für das Vorliegen eines Insolvenzgrundes ausbedungen hat.[161] Deren Tatbestandsvoraussetzungen werden im Fall der Eröffnung eines Liquidationsverfahrens im Anschluss an das Scheitern eines Sanierungsversuchs naturgemäß erfüllt sein.

In Betracht kommen daneben grundsätzlich die außerordentliche, fristlose Kündigung auf Grundlage von § 490 Abs. 1 BGB bzw. Nr. 19 Abs. 3 AGB-Banken/Nr. 26 Abs. 2 a) AGB-Sparkassen, die im Wesentlichen parallel laufen,[162] und die ordentliche Kündigung gem. § 488 Abs. 3 BGB. Letztere kann gem. § 488 Abs. 3 S. 2 BGB nur mit einer Frist von drei Monaten erfolgen und bietet daher keinen Schutz vor einem Auszahlungsverlangen des Insolvenzverwalters in dieser Phase. In ihrer Ausgestaltung durch Nr. 19 Abs. 2 AGB-Banken bzw. Nr. 26 Abs. 1 AGB-Sparkassen kann für unbefristete Kredite jedoch auch die ordentliche Kündigung fristlos erfolgen, so dass auch diese einen Schutz vor einem Auszahlungsverlangen bewirken könnte. Während das von Nr. 19 Abs. 2 AGB-Banken vorgesehene Kündigungsrecht nicht an das Vorliegen weiterer Voraussetzungen gekoppelt ist, ist für das Bestehen eines Kündigungsrechts nach Nr. 26 Abs. 1 AGB-Sparkassen ein „sachgerechter Grund" erforderlich. Mit dem Erfordernis eines sachgerechten Kündigungsgrundes sollen im Kern willkürliche Kreditkündigungen verhindert werden.[163] Dass das endgültige Scheitern eines Sanierungsversuches, das zur Eröffnung eines Insolvenzverfahrens führt, als „sachgerechter Grund" in diesem Sinne anzusehen ist, dürfte unzweifelhaft sein.

Die außerordentlichen Kündigungsrechte aus § 490 Abs. 1 BGB, Nr. 19 Abs. 3 AGB-Banken bzw. Nr. 26 Abs. 2 a) AGB-Sparkassen setzen jeweils

---

[161] Vgl. etwa BeckOGK/*Weber*, § 490 BGB Rn. 172, 172.1 zu entsprechenden Bestimmungen in Nr. 26 Abs. 2 S. 3 a AGB-Sparkassen und Ziff. 23.6, 23.7 des LMA-Mustervertrags für Konsortialkredite.
[162] *Vuia*, Verantwortlichkeit, S. 364.
[163] Bunte/Zahrte/*Bunte/Zahrte*, AGB-Banken, AGB-Sparkassen Rn. 85; vgl. auch BGHZ 222, 74, 87 f., wonach ein sachgerechter Grund vorliegt, „[…] wenn die Umstände, die die Sparkasse zur Kündigung veranlassen, derart beschaffen und zu bewerten sind, dass ein unvoreingenommener, vernünftiger Beobachter das Verhalten der Sparkasse für eine nachvollziehbare und der Sachlage nach angemessene Reaktion halten muss […]."

voraus, dass in den Vermögensverhältnissen des Schuldners oder in der Werthaltigkeit einer Sicherheit eine „wesentliche Verschlechterung" eintritt. Umstände, die bereits bei Darlehensgewährung vorlagen, müssen mangels „Verschlechterung" demnach außer Betracht bleiben.[164] Eine solche Verschlechterung ist aber fraglos gegeben, wenn ein Sanierungsversuch endgültig scheitert und aus diesem Grund ein Insolvenzverfahren, gerichtet auf die Liquidation des schuldnerischen Vermögens, eröffnet wird.[165] Ist aufgrund der Verschlechterung der Vermögenslage die Rückzahlung des Darlehens ernsthaft gefährdet, bestünde hier folglich grundsätzlich ein fristloses Kündigungsrecht, so dass sich die Kreditgeber einer weiteren Inanspruchnahme entziehen könnten.

Diese Voraussetzungen sind stets gegeben, solange der Verwalter (noch) nicht die weitere Erfüllung des Vertrages verlangt hat. In diesem Fall sind die vertraglichen Ansprüche aus dem Kreditverhältnis als einfache Insolvenzforderungen einzuordnen, so dass der Rückzahlungsanspruch des Kreditgebers in der Tat gefährdet ist.[166] Hat der Verwalter hingegen die Erfüllung des Vertrags gewählt, ist richtigerweise zu differenzieren: Wurden vor der Wahl des Verwalters noch keinerlei Leistungen ausgetauscht, führt die Option des Verwalters zugunsten der Durchführung des Vertrags dazu, dass dieser insgesamt aus Massemitteln genauso durchgeführt wird, wie das zwischen den Vertragsparteien vereinbart war. Insbesondere sind dann auch die Rückzahlungspflichten aus Massemitteln zu erfüllen, so dass grundsätzlich nicht davon auszugehen ist, dass der Rückzahlungsanspruch gefährdet wäre und bereits die tatbestandlichen Voraussetzungen der Kündigungsrechte nicht erfüllt sind.[167]

Schwieriger ist das zu beurteilen, wenn die Valuta vor der Option durch den Verwalter bereits teilweise ausgezahlt wurde. Die Erfüllungswahl durch den Verwalter führt dann unter Umständen dazu, dass nur ein Teil der vertraglichen Ansprüche des Kreditgebers zu Masseforderungen aufgewertet wird.[168] Für die vom Kündigungsrecht aus § 490 Abs. 1 BGB und den entsprechenden standardisierten vertragsmäßigen Kündigungsrechten vorausgesetzte Gefährdung des

---

[164] *Regenfus*, ZBB 2015, S. 383, 389; *Waldburg*, ZInsO 2014, S. 1405, 1413.

[165] Vgl. *Obermüller*, ZInsO 2018, S. 1769, 1779; *Kiethe*, KTS 2005, S. 179, 196; *Waldburg*, ZInsO 2014, S. 1405, 1413; *Ebbing*, KTS 1996, S. 327, 356.

[166] Vgl. etwa *von Wilmowsky,* WM 2008, S. 1189, 1191 f.: Eine Gefährdung des Rückzahlungsanspruchs bestehe bei noch nicht valutierten Darlehen, wenn klar sei, dass der Verwalter sich gegen die Durchführung des Vertrages entscheide.

[167] In diese Richtung noch unter Geltung von § 610 BGB a.F. und der KO *Luther,* Darlehen, S. 95; vgl. auch *Schwörer,* Lösungsklauseln, Rn. 408 f., der es dem Kreditgeber für zumutbar hält, die Kündigung eines Darlehensvertrages (im Eröffnungsverfahren) zu versagen und die Valutierung des Darlehens zu verlangen, wenn und weil das Auszahlungsverlangen des (vorläufigen verfügungsbefugten) Insolvenzverwalters zur Entstehung von Masseverbindlichkeiten führt, weshalb der Rückzahlungsanspruch nicht gefährdet sei; anders wohl Staub/*Renner*, Bankvertragsrecht, 4. Teil, Rn. 256; MüKo-InsO/*M. Huber*, § 103 InsO Rn. 69; unklar *Stahmer,* Darlehen, S. 292.

[168] Eingehend hierzu unten, 4. Kapitel, A.I.2.b)bb).

Rückzahlungsanspruchs soll jedoch bereits genügen, dass der Kreditnehmer diesen *zum Teil* nicht im vereinbarten Fälligkeitstermin erfüllen kann.[169] Legt man das zu Grunde, muss ein fristloses Kündigungsrecht trotz Erfüllungswahl bestehen, wenn diese nicht dazu führt, dass der Rückzahlungsanspruch *insgesamt* zur Masseforderung aufgewertet wird.

Auch ohne (individual-)vertraglich vereinbarte Kündigungsrechte gerade für den Fall der Insolvenz besteht auf Grundlage von § 490 Abs. 1 BGB grundsätzlich also ein fristloses Kündigungsrecht, wenn infolge der Vermögensverschlechterung die tatsächliche Gefahr besteht, dass der Kreditnehmer den Rückzahlungsanspruch nicht vollumfänglich vertragsgemäß zu erfüllen in der Lage ist. Besteht diese Gefahr hingegen nicht, weil der Kreditgeber werthaltig besichert ist[170] oder die Erfüllungswahl dazu führt, dass der Vertrag *insgesamt* so durchgeführt wird, wie die Parteien vereinbart hatten, ist der Kreditgeber auf dieser Grundlage auch nicht zur Kündigung berechtigt. Möglich ist dann grundsätzlich nur die Ausübung der voraussetzungslosen ordentlichen Kündigungsrechte sowie solcher ausbedungener Kündigungsrechte, die spezifisch für den Insolvenzfall bestehen.

b) Wirksamkeit von Lösungsrechten in der Insolvenz?

Auch soweit hiernach grundsätzlich ein Kündigungsrecht besteht, stellt sich aber die Frage, ob dieses nach Eröffnung des Insolvenzverfahrens noch zum Tragen kommen kann. Dem könnte namentlich § 119 InsO entgegenstehen, der die Unwirksamkeit von Vereinbarungen anordnet, die von den §§ 103 ff. InsO abweichen.

aa) Insolvenzabhängige Lösungsrechte ohne gesetzliches Vorbild als Verstoß gegen § 119 InsO?

Zu unterscheiden sei bei Kündigungsrechten, die im Insolvenzfall Anwendung finden können, nach verbreiteter Auffassung danach, ob das Kündigungsrecht an insolvenzunabhängige Umstände (insolvenzunabhängige Lösungsrechte) oder aber an einen materiellen oder formellen Eröffnungsgrund oder die Verfahrenseröffnung selbst anknüpft (insolvenzabhängige Lösungsrechte).[171] Erstere seien prinzipiell unbedenklich, weil ihr Zweck nicht darin liege, die §§ 103 ff. InsO zu derogieren und sie auch außerhalb der Insolvenz zur Wirkung gelangen könnten.[172] Die Wirksamkeit insolvenzabhängiger Lösungs-

---

[169] Siehe etwa Staudinger/*Mülbert,* § 490 BGB Rn. 27; BeckOGK/*Weber,* § 490 BGB Rn. 50; *OLG Brandenburg,* WM 2010, S. 605, 607.
[170] Vgl. etwa Staudinger/*Mülbert,* § 490 BGB Rn. 29 ff.
[171] Etwa BGHZ 195, 348, 350 f., Rn. 9; Uhlenbruck/*Sinz,* § 119 InsO Rn. 12 ff.; MüKo-InsO/*M. Huber,* § 119 InsO Rn. 18.
[172] Uhlenbruck/*Sinz,* § 119 InsO Rn. 12; HK/*G. Schmidt,* § 119 InsO Rn. 2; *M. Huber,* ZIP 2013, S. 493, 494.

rechte wird hingegen verbreitet mit der Erwägung bestritten, dass diese geeignet seien, das Wahlrecht aus § 103 Abs. 1 InsO zu unterlaufen.[173] Auch insolvenzabhängige Lösungsrechte sollen aber unbedenklich sein, wenn sie sich unmittelbar aus dem Gesetz ergeben[174] oder eine dahingehende Vereinbarung eng an ein gesetzliches Lösungsrecht angelehnt ist.[175]

Die Kündigungsrechte aus §§ 488 Abs. 3, 490 Abs. 1 BGB und deren Entsprechungen in Nr. 19 Abs. 1, 3 AGB-Banken, Nr. 26 Abs. 1, 2 AGB-Sparkassen wären auf dieser Grundlage unbedenklich, weil sie nicht insolvenzabhängig und recht eng an einem gesetzlichen Lösungsrecht orientiert sind.[176] Problematisch wäre hiernach aber die Wirksamkeit von Nr. 26 Abs. 2 a) Hs. 2 der AGB-Sparkassen. Dieser konkretisiert die wesentliche Verschlechterung der Vermögenslage dahingehend, dass sie insbesondere vorliege, wenn der Kunde seine Zahlungen eingestellt hat oder erklärt, sie einstellen zu wollen. Dieser Kündigungsgrund knüpft mit der Zahlungseinstellung an einen Umstand an, der gem. § 17 Abs. 2 S. 2 InsO die Vermutung der Zahlungsunfähigkeit begründet.[177] Es handelt sich hierbei demnach – insoweit – um ein insolvenzabhängiges Lösungsrecht, das kein gesetzliches Vorbild hat und daher auf dieser Grundlage als unwirksam angesehen werden müsste.[178] Gleiches müsste für individualvertraglich vereinbarte Kündigungsrechte gelten, die das Vorliegen eines Insolvenzgrundes oder die Eröffnung eines Insolvenzverfahrens zum Kündigungsgrund erheben.

---

[173] Vgl. etwa HK/*G. Schmidt*, § 119 InsO Rn. 3 f.; Uhlenbruck/*Sinz*, § 119 InsO Rn. 13; jedenfalls für Verträge über die fortlaufende Lieferung von Waren oder Energie BGHZ 195, 348, 353 f., Rn. 13 ff.; a.A. Ellenberger/Bunte/*Samhat*, Bankrechts-HdB, § 54 Rn. 226, der Lösungsklauseln bei Darlehensverträgen aufgrund der gesetzlichen Kündigungsrechte und der Gesetzgebungsgeschichte allgemein für zulässig hält; sehr kritisch zur Zulässigkeit von Lösungsklauseln bei Darlehensverträgen *Schwörer*, Lösungsklauseln, Rn. 405 ff.

[174] HK/*G. Schmidt*, § 119 InsO Rn. 2; Uhlenbruck/*Sinz*, § 119 InsO Rn. 11.

[175] BGHZ 195, 348, 353, Rn. 13; 170, 206, 210, Rn. 11; MüKo-InsO/*M. Huber*, § 119 InsO Rn. 18, 38; vgl. auch MüKo-BGB/*K. P. Berger*, vor § 488 BGB Rn. 109; zurückhaltend zur Reichweite dieser Ausnahme K/P/B/*Tintelnot*, § 119 InsO Rn. 48.

[176] Vgl. BeckOGK/*Weber*, § 490 BGB Rn. 175; MüKo-InsO/*M. Huber*, § 119 InsO Rn. 37a; *M. Huber*, ZIP 2013, S. 493, 497; siehe auch MüKo-BGB/*K. P. Berger*, vor § 488 BGB Rn. 109, der (ergänzend) auf die Unzumutbarkeit des Festhaltens am Vertrag für den geber abstellt.

[177] Vgl. MüKo-InsO/*M. Huber*, § 119 InsO Rn. 37a; *M. Huber*, ZIP 2013, S. 493, 497.

[178] Mit Recht auf dieser Grundlage an der Wirksamkeit zweifelnd MüKo-InsO/*M. Huber*, § 119 InsO Rn. 37a; *M. Huber*, ZIP 2013, S. 493, 497; a.A. Uhlenbruck/*Sinz*, § 119 InsO Rn. 18 auf Grundlage einer Unzumutbarkeit der Vertragsfortsetzung für den Kreditgeber.

bb) Kündigungsrechte als „insolvenzbezogene Reurechte"?

Andere Stimmen, darunter in jüngster Zeit im Grundsatz auch der BGH,[179] rücken statt des „Unterlaufens" des § 103 InsO die Vertragsfreiheit der Parteien in den Mittelpunkt der Betrachtung und heben hervor, dass es den Parteien grundsätzlich offenstehen müsse, die Grenzen ihrer vertraglichen Bindung selbst zu bestimmen.[180] Die Parteien müssten daher prinzipiell auch vereinbaren können, dass ihre Beziehung im Fall der Insolvenz automatisch endet oder beendet werden kann.[181]

Eine Grenze soll das dort finden, wo die Lösungsklausel nicht der Beseitigung der mit der Verfahrenseröffnung eintretenden Unsicherheit diene, sondern *nur* die (insolvenzzweckwidrige) Funktion habe, das Wahlrecht zu unterlaufen, um eine Verbesserung der ursprünglich vereinbarten Vertragskonditionen durchzusetzen.[182] Im Ergebnis recht ähnlich will *Hoffmann* darauf abstellen, ob das jeweilige Lösungsrecht – gleich ob gesetzlicher oder vertraglicher Natur – ein „insolvenzbezogenes Reurecht" darstellt.[183] Das sei der Fall, wenn das Lösungsrecht nicht dem Schutz des Bindungswillens der Vertragspartner diene, also nicht erforderlich sei, um eine Durchführung des Vertrages zu gewährleisten, die dem Willen und der Vereinbarung der Parteien entspricht, sondern auch dann besteht, wenn der Vertrag trotz Insolvenz wie vereinbart durchgeführt werden könnte.[184] Entscheidend komme es insofern darauf an, ob der Vertrag auch ohne dieses Lösungsrecht geschlossen worden wäre, weil ein solches zum Schutz des begrenzten Bindungswillens nicht erforderlich sei; in diesem Fall stelle sich die Einräumung des Lösungsrechts letztlich als Disposition über die Interessen der Gläubiger dar, da das Reurecht greife, wenn eine Been-

---

[179] *BGH,* NJW 2023, S. 603, 606 ff., Rn. 31 ff., der aber nach wie vor zwischen gesetzlichen bzw. hieran eng angelehnten und vertraglichen Lösungsrechten differenziert; vgl. zur Einordung und Kritik etwa *J. F. Hoffmann,* JZ 2023, S. 464, 466 ff.

[180] *M. Huber,* ZIP 2013, S. 493, 496; *M. Huber,* NZI 2014, S. 49, 53; MüKo-InsO/*M. Huber,* § 119 InsO Rn. 34; *J. F. Hoffmann,* KTS 2018, S. 343, 364; *BGH,* NJW 2023, S. 603, 607, Rn. 36 f.

[181] *M. Huber,* NZI 2014, S. 49, 53; MüKo-InsO/*M. Huber,* § 119 InsO Rn. 34; *M. Huber,* ZIP 2013, S. 493, 496.

[182] *M. Huber,* ZIP 2013, S. 493, 496; MüKo-InsO/*M. Huber,* § 119 InsO Rn. 31 ff.; *M. Huber,* NZI 2014, S. 49, 50; vgl. auch *J.F. Hoffmann,* KTS 2018, S. 343, 364, der sich aber gegen den Rekurs auf die Insolvenzzweckwidrigkeit richtet, a.a.O., S. 366; ähnlich *BGH,* NJW 2023, S. 603, 607, Rn. 42 f.

[183] *J. F. Hoffmann,* KTS 2018, S. 343, 364 ff.

[184] *J. F. Hoffmann,* KTS 2018, S. 343, 364 f. unter Rekurs auf *Hahn,* Materialien IV, S. 86: „Es würde von Seiten des Mitkontrahenten offenbar eine Chikane sein, wenn er eine Leistung des Verwalters zurückweisen wollte, die ihm ganz dasselbe gewährt, was er durch die Leistung des Gemeinschuldners haben würde."; vgl. auch *BGH,* NJW 2023, S. 603, 606 ff.

digung zum Schutz der Interessen der Vertragsparteien nicht geboten sei.[185] Hierauf stellt nun prinzipiell auch der BGH ab,[186] der diesen Maßstab jedoch nur bei solchen Kündigungsrechten zur Anwendung bringen will, für die ein gesetzliches Vorbild nicht existiert.[187]

Für die Maßgeblichkeit *allein* der objektiven Interessenlage der Vertragsparteien spricht dabei zunächst, dass die Differenzierung zwischen gesetzlichen und vertraglichen Lösungsrechten in Anbetracht ihrer Funktionsäquivalenz nicht zu überzeugen vermag.[188] Im Übrigen wird diese Unterscheidung auch nicht konsequent beachtet, wenn vereinbarte Kündigungsrechte, die sich mehr oder weniger eng an einem gesetzlichen Vorbild orientieren, sämtlich für unproblematisch erklärt werden.[189] Gerade an voraussetzungslosen Kündigungsrechten, die nicht im Wortsinne „insolvenzabhängig" sind, zeigen sich darüber hinaus die Schwierigkeiten der Differenzierung nach insolvenzabhängigen und -unabhängigen Lösungsrechten.[190] Sieht man den Grund für die Unwirksamkeit insolvenzabhängiger Lösungsklausel darin, dass die Parteien nicht das Wahlrecht aus § 103 Abs. 1 InsO unterlaufen können sollen,[191] vermag es auch nicht zu überzeugen, *voraussetzungslose* Kündigungsrechte (etwa § 488 Abs. 3 BGB, Nr. 19 Abs. 1, 2 AGB-Banken), auf deren Grundlage der Vertragspartner allein aus Anlass der Insolvenz kündigt, von vornherein aus dem Anwendungsbereich auszugrenzen.[192]

Versucht man, Möglichkeit und Grenzen entsprechender Lösungsrechte zu bestimmen, ist zu beachten, dass die Vertragsparteien zur Durchführung des

---

[185] *J. F. Hoffmann*, KTS 2018, S. 343, 364 f.; siehe auch *BGH,* NJW 2023, S. 603, 607 f., Rn. 43; im Ansatz ähnlich *von Wilmowsky*, ZIP 2007, S. 553, 557 f., der für die Anfechtbarkeit einer Lösungsklausel danach differenzieren will, ob der Vertrag ohne diese nicht zustande gekommen wäre.

[186] Maßgeblich sei, ob „[…] bei objektiver Betrachtung ex ante zum Zeitpunkt des Vertragsabschlusses auf der Grundlage der wechselseitigen Interessen der Parteien berechtigte Gründe […]" für die insolvenzabhängige Beendigung des Vertrages bestehen, *BGH,* NJW 2023, S. 603, 606, Rn. 31, entsprechend S. 607, Rn. 41. Solche berechtigten Interessen seien insbesondere denkbar, wenn die Insolvenz eines Vertragspartners zu einer Risikoerhöhung des Vertragspartners führe, a.a.O., S. 608, Rn. 49, etwa im Fall des Scheiterns einer Sanierung, um die Risiken des Scheiterns abzumildern, a.a.O. S. 609, Rn. 53.

[187] *BGH,* NJW 2023, S. 603, 606, Rn. 31.

[188] *J. F. Hoffmann*, KTS 2018, S. 343, 363; *J. F. Hoffmann*, JZ 2023, S. 464, 467; vgl. auch *Mossler*, ZIP 2002, S. 1831, 1835; *von Wilmowsky*, ZIP 2007, S. 553, 555; anders nach wie vor der *BGH,* NJW 2023, S. 603, 606, Rn. 31; vgl. zur Kritik hieran *J. F. Hoffmann*, JZ 2023, S. 464, 467 f.

[189] Vgl. zur Unschärfe dieses Kriteriums exemplarisch K/P/B/*Tintelnot*, § 119 InsO Rn. 45 ff.

[190] Vgl. *J. F. Hoffmann*, KTS 2018, S. 343, 363.

[191] Vgl. die Nachweise in Fn. 173.

[192] Vgl. die Kritik bei *J. F. Hoffmann*, KTS 2018, S. 343, 363.

Vertrages bereit waren, dessen Durchführung also zunächst ihrem Willen und Interesse entsprochen hat. Wird dieser Vertrag trotz Verfahrenseröffnung entsprechend der Vereinbarung der Parteien durchgeführt, deren Interessen durch die Insolvenz also nicht beeinträchtigt, gebietet es auch der Schutz der Privatautonomie der Vertragsparteien nicht, diesen die Beendigung des Vertrages allein aus Anlass der Insolvenz zu gestatten; hierdurch würden letztlich nicht ihre eigenen Interessen geschützt, sondern nur über die Interessen der übrigen Gläubiger disponiert.[193]

Bezieht man diesen Ansatz auf die hier relevanten Kündigungsrechte, muss sich eine differenziertere Bewertung ergeben: Ausschlaggebend scheint, dass ein Kreditgeber zur Auszahlung der Valuta nicht an sich, sondern nur unter der Bedingung der vollständigen Zahlung von Zins und Tilgung bereit ist.[194] Ohne die Kündigungsrechte aus § 490 Abs. 1 BGB, Nr. 19 Abs. 3 AGB-Banken, Nr. 26 Abs. 2 AGB-Sparkassen, die eingreifen, wenn die Rückzahlung infolge einer Vermögensverschlechterung gefährdet ist, müsste die Kreditbeziehung auch fortgesetzt werden, wenn diese Voraussetzung nicht erfüllt ist. Diese Kündigungsrechte verwirklichen hier also den begrenzten Bindungswillen des Kreditgebers und sind für dessen Interessenlage so wesentlich, dass ein Vertragsschluss ohne ein solches Recht kaum denkbar scheint.[195]

Problematischer scheinen voraussetzungslose, fristlose Kündigungsrechte (etwa Nr. 19 Abs. 2 AGB-Banken) oder solche, die allein an die formelle oder materielle Insolvenz anknüpfen. Diese würden – zumindest bei unbesehener Anwendung –[196] eine Kündigung im Insolvenzfall selbst dann zulassen, wenn die Vermögensinteressen des Kreditgebers gar nicht beeinträchtigt sind, weil etwa ein Dritter dessen Forderungen vollumfänglich und werthaltig besichert hat.[197] In diesem Fall, in dem die Insolvenz des Darlehensnehmers die Vertragsdurchführung nicht in einer für die Interessenlage des Darlehensgebers relevanten Weise beeinträchtigt, erwiese sich die Kündigung nicht als Instrument zur Verwirklichung eines begrenzten Bindungswillens, sondern stellte

---

[193] Vgl. *J. F. Hoffmann*, KTS 2018, S. 343, 364 f.; *BGH,* NJW 2023, S. 603, 607 f., Rn. 41; in der Sache auch MüKo-InsO/*M. Huber*, § 119 InsO Rn. 34 ff.; *M. Huber*, ZIP 2013, S. 493, 496.
[194] Vgl. Staudinger/*Mülbert*, § 490 BGB Rn. 3 f.; BeckOGK/*Weber*, § 490 BGB Rn. 2; siehe auch BT-Drs. 14/6040, S. 254.
[195] Zur Disponibilität von § 490 Abs. 1 BGB etwa MüKo-BGB/*K. P. Berger*, § 490 BGB Rn. 22; Staudinger/*Mülbert*, § 490 BGB Rn. 53a.
[196] Vgl. eingehend zu den Schranken der Kündigung insoweit *Obermüller*, ZInsO 2018, S. 1769, 1771 ff.; *Ebbing*, KTS 1996, S. 327, 355 f.
[197] Vgl. bejahend zur streitigen Frage, ob die Vereinbarung eines außerordentlichen Kündigungsrechts in AGB zulässig ist, bei welchem – abweichend von § 490 Abs. 1 BGB – unberücksichtigt bleibt, ob die Verwertung von Sicherheiten eine vollständige Befriedigung des Kreditgebers ermöglicht, Staudinger/*Mülbert*, § 490 BGB Rn. 54.

sich als reines Reurecht für den Insolvenzfall dar.[198] In der Konsequenz hiervon liegt es demnach auch, dass sich die Unzulässigkeit einer Loslösung nicht allgemein, sondern nur im konkreten Fall beurteilen lässt.[199] Auch von dieser Warte bestehen im Ergebnis demnach aber keine Bedenken gegen die Wirksamkeit von Kündigungsrechten im Insolvenzfall, wenn die Interessen des Kreditgebers durch die Insolvenz tatsächlich beeinträchtigt werden können.

c) Modifikation bei vereinbartem Sanierungszweck

Allerdings gäbe der Kreditgeber dem Schuldner bei einer Kreditkündigung während eines noch andauernden Sanierungsversuchs nicht nur regelmäßig den „Todesstoß",[200] sondern setzte sich auch in Widerspruch zu seiner eigenen Entscheidung, durch die Vergabe einer Sanierungsfinanzierung das Risiko des Gelingens der Sanierung zu übernehmen,[201] wenn er in diesem Zeitpunkt ohne besonderen Grund den Kredit kündigte. Daher ist allgemein anerkannt, dass eine Kündigung ausgeschlossen ist, wenn die Sanierung nach Plan verläuft und gemachte Auflagen eingehalten werden.[202]

Ist die angestrebte Sanierung aber endgültig gescheitert und kann der verfolgte Zweck demnach nicht mehr erreicht werden, hat sich das übernommene Risiko bereits realisiert. Es besteht deshalb auch mit Blick auf die Interessenlage des Kreditnehmers kein Anlass mehr für eine weitere Unterstützung. Durch eine solche setzte sich der Kreditgeber auch dem Risiko einer Haftung nach § 826 BGB gegenüber den Gläubigern des Kreditnehmers aus,[203] weshalb trotz eines vereinbarten Sanierungszwecks kein Grund mehr besteht, den Kre-

---

[198] Grundsätzlich zu solchen Konstellationen *J. F. Hoffmann*, KTS 2018, S. 343, 365.

[199] Vgl. auch *BGH*, NJW 2023, S. 603, 609, Rn. 55, der eine auf Treu und Glauben gestützte Ausübungskontrolle vorsieht; so zuvor bereits *G. Wagner/Klein*, FS Prütting, S. 805, 811 ff.

[200] *Canaris*, ZHR 143 (1979), S. 113, 131; vgl. auch *Waldburg*, ZInsO 2014, S. 1405, 1413.

[201] Vgl. MüKo-BGB/*K. P. Berger*, vor § 488 BGB Rn. 103; *K. P. Berger*, BKR 2009, S. 45, 48; *Regenfus*, ZBB 2015, S. 383, 389.

[202] Im Ergebnis entspricht das allgemeiner Auffassung, die Begründungen für dieses Ergebnis unterscheiden sich jedoch. Von einem konkludenten Ausschluss des Kündigungsrechts ausgehend *BGH*, NJW 2004, S. 3779, 3780; *Vuia*, Verantwortlichkeit, S. 370; so wohl auch Staudinger/*Mülbert*, § 490 BGB Rn. 39; MüKo-BGB/*K. P. Berger*, vor § 488 BGB Rn. 103; MüKo-BGB/*K. P. Berger*, § 490 BGB Rn. 4; *Regenfus*, ZBB 2015, S. 383, 389 f.; besonders weitgehend, unter Rückgriff auf Treuepflichten, *Canaris*, ZHR 143 (1979), S. 113, 113 ff.; auf Treuepflichten stützt sich auch *Kiethe*, KTS 2005, S. 179, 197; so wohl auch *Hopt*, ZHR 143 (1979), S. 139, 169; *Rümker*, KTS 1981, S. 493, 499 stützt sich auf das Verbot widersprüchlichen Verhaltens; ohne konkrete Fundierung *Ebbing*, KTS 1996, S. 327, 356; *RG*, Bank-Archiv 1937/1938, S. 311, 312.

[203] *Rümker*, KTS 1981, S. 493, 499; *Canaris*, ZHR 143 (1979), S. 113, 133; *Obermüller*, ZInsO 2018, S. 1769, 1770.

ditgeber an der Kreditvereinbarung festzuhalten.[204] Eine fristlose Kündigung von Sanierungskrediten ist mithin möglich, wenn die Sanierung endgültig gescheitert ist. Der Kreditgeber kann sich hierdurch bei Eröffnung eines Liquidationsverfahrens folglich stets einem Auszahlungsanspruch des Insolvenzverwalters entziehen, wenn die übrigen Voraussetzungen eines Kündigungsrechts erfüllt sind, dessen Geltendmachung mit § 119 InsO vereinbar ist.

4. Ergebnis

Die Eröffnung eines Insolvenzverfahrens mit dem Ziel der Liquidation des schuldnerischen Unternehmens führt demnach grundsätzlich nicht dazu, dass Kreditverträge *eo ipso* beendet werden. Insbesondere führt auch das Kreditverträgen immanente Vertrauenselement entgegen älteren Ansätzen in Literatur und Rechtsprechung nicht zu einer Vertragsbeendigung kraft Verfahrenseröffnung. Auch fallen Forderungen aus solchen Verträgen, selbst wenn man sie aufgrund der Zweckbindung von Sanierungsfinanzierungen für unpfändbar hielte, in die Insolvenzmasse. Die Eröffnung eines Insolvenzverfahrens führt also nicht an sich dazu, dass der Geber einer Sanierungsfinanzierung im Fall des endgültigen Scheiterns des unterstützten Sanierungsvorhabens nicht mehr durch den Insolvenzverwalter aus diesem Vertrag in Anspruch genommen werden kann. Anders ist das nur, wenn die unveränderte Fortsetzung eines Vertrages mit den Grundsätzen des Insolvenzverfahrens unvereinbar wäre, was namentlich bei kontokorrentgebundenen Krediten der Fall ist.

Gleichwohl kann sich der Geber einer Sanierungsfinanzierung der Inanspruchnahme durch einen Insolvenzverwalter im Einzelfall entziehen. Ist das Sanierungsvorhaben endgültig gescheitert, besteht ein Schutz hiervor insoweit, als eine fristlose Kündigung wegen Vermögensverfalls trotz Eröffnung des Verfahrens und des Sanierungszwecks der Finanzierung möglich ist, wenn die Rückzahlung ernsthaft gefährdet ist.

Es besteht demnach ein wirksamer Schutz vor einer weiteren Verschlechterung der Lage, der grundsätzlich jedoch nicht an den verfolgten Sanierungszweck anknüpft, sondern sämtlichen Kreditgebern unabhängig von den mit der Kreditgewährung verfolgten Zielen zupass wird. Eine Abhängigkeit vom Sanierungszweck ergibt sich zwar insofern, als dem Geber einer Sanierungsfinanzierung die Kündigung derselben verwehrt ist, solange das Sanierungsvorhaben nicht endgültig gescheitert ist. Er bleibt also an dieses Ziel gebunden, solange dessen Verwirklichung noch möglich scheint. Das ist allerdings nicht Folge eines Eingriffs in die vertragliche Beziehung durch das Insolvenzrecht, um Sanierungen – etwa im Interesse der Allgemeinheit – zu fördern, sondern

---

[204] *BGH*, NJW 2004, S. 3782, 3783; *Regenfus*, ZBB 2015, S. 383, 390; *Kiethe*, KTS 2005, S. 179, 197; *Hopt*, ZHR 143 (1979), S. 139, 170; *Canaris*, ZHR 143 (1979), S. 113, 133; *Ebbing*, KTS 1996, S. 327, 356; *Rümker*, KTS 1981, S. 493, 499; *Vuia*, Verantwortlichkeit, S. 371; *RG*, Bank-Archiv 1937/1938, S. 311, 312; *Waldburg*, ZInsO 2014, S. 1405, 1413.

schlicht Ergebnis der privatautonom eingegangenen vertraglichen Bindung, die auch in der Insolvenz fortgilt. Eine Sonderrolle der Kreditgeber allgemein und auch der Sanierungsfinanzierer besteht damit insoweit nicht; vielmehr ist der bestehende Schutz vor einer weiteren Inanspruchnahme Ausfluss der allgemeinen Regeln, die alle Gläubiger gleichermaßen betreffen.

II. Französisches Recht

Im französischen Recht sieht Art. L. 641-11-1 C. com. für die *liquidation judiciaire* ohne Rücksicht darauf, ob die Tätigkeit des Unternehmens vorläufig fortgesetzt wird (vgl. Art. 641-10 C. com.), vor, dass die Beendigung eines sog. *contrats en cours* allein aufgrund der Verfahrenseröffnung unzulässig ist und normiert zugleich ein Recht des *liquidateur*, die Erfüllung solcher Verträge zu verlangen.[205] Was unter einem *contrat en cours* zu verstehen ist, wird vom Gesetz nicht näher bestimmt. Im Grundsatz besteht jedoch Einigkeit darüber, dass der Vertrag sich hierfür „*en cours d'existence*" und „*en cours d'exécution*" befinden müsse,[206] d.h. im Zeitpunkt der Verfahrenseröffnung nicht wirksam beendet und nicht vollständig erfüllt sein darf.[207]

---

[205] Art. L. 641-11-1 C. com. ist eine Neuschöpfung der *ordonnance du 18 septembre 2008*, wobei die grundsätzliche Fortgeltung von Verträgen auch in der *liquidation judiciaire* bereits unter Geltung des Rechts von 1985, das überhaupt keine dahingehende Norm enthielt, anerkannt war. Das Recht von 2005 enthielt zunächst allein in Art. L. 641-10 al. 2 C. com. die Feststellung, dass der *liquidateur judiciaire* bei einer vorläufigen Fortsetzung der unternehmerischen Aktivität die Möglichkeit habe, die Fortsetzung der Verträge entsprechend Art. L. 622-13 C. com. zu verlangen. Umstritten war bis zur Einführung des Art. L. 641-11-1 C. com. jedoch, ob eine Fortsetzung schwebender Verträge auch im Rahmen der *liquidation judiciaire* ohne vorläufige Fortsetzung der unternehmerischen Aktivität möglich war, die sich durch die Einführung des Art. L. 641-11-1 C. com., der insoweit keine Unterscheidung enthält, erledigt hat, vgl. *Saint-Alary-Houin/Monsèrié-Bon/Houin-Bressand*, Entreprises en difficulté, Rn. 1238; *Roussel Galle*, RPC janvier-février 2009, S. 55, 59 f.; *Le Cannu/Robine*, Entreprises en difficulté, Rn. 658; *Vallansan*, JCl. Proc. Coll. Fasc. 2335, Rn. 35.

[206] *Martin-Serf*, RJCom. novembre 1992, S. 8, 9; *Derrida*, RJDA1993, S. 399, 401; *Saint-Alary-Houin/Monsèrié-Bon/Houin-Bressand*, Entreprises en difficulté, Rn. 611; *Pérochon*, Entreprises en difficulté, Rn. 1186.

[207] *Martin-Serf*, RJCom. novembre 1992, S. 8, 9, 11; *Le Cannu/Robine*, Entreprises en difficulté, Rn. 660; *Saint-Alary-Houin/Monsèrié-Bon/Houin-Bressand*, Entreprises en difficulté, Rn. 611; *Derrida*, RJDA 1993, S. 399, 401, 405; *Vallansan*, JCl. Proc. Coll. Fasc. 2335, Rn. 11; *Vallansan*, BJE janvier 2019, S. 43.

A. Der Schutz vor einer weiteren Inanspruchnahme

1. Fortsetzung von Verträgen „intuitu personae" auch in Kollektivverfahren?

Lange Zeit entsprach es dabei der ganz herrschenden Ansicht in Wissenschaft und Rechtsprechung, dass Verträge, die *intuitu personae* geschlossen sind, mit Verfahrenseröffnung *eo ipso* enden müssten.[208] Das sind all jene Verträge, bei welchen die persönlichen Eigenschaften und das gegenseitige Vertrauen in die Person des Vertragspartners eine besondere Rolle spielen,[209] also alle Bankverträge.[210] Weil das Vertrauen des Kreditgebers in den Kreditnehmer die wesentliche Grundlage dieser Verträge bilde, dieses durch die Verfahrenseröffnung aber zerstört werde, könnten derartige Verträge eine Verfahrenseröffnung nicht überdauern.[211] Hiernach wären diese Verträge nicht mehr *„en cours d'existence"* und könnten folglich nicht dem Erfüllungsverlangen des *liquidateur* unterliegen. Normative Grundlage dieser Auffassung war eine analoge Anwendung von Art. 2003 C.C. und Art. 1865 4° C.C. a.F.,[212] nach denen *mandat* und *société* im Fall der *déconfiture* des Vertragspartners von Rechts wegen enden.[213] Begründet wurde diese Analogie mit der Erwägung, dass mit Eröffnung eines Kollektivverfahrens die sog. *masse des créanciers* als juristische Person an die Stelle des Schuldners trete.[214] Es finde auf Seiten des Insolvenzschuld-

---

[208] *Lyon-Caen/Renault,* Traité de droit commercial, Bd. VIII, Rn. 888; *Percerou/Desserteaux,* Des faillites & banqueroutes, Bd. II, 879 ff.; *Escarra,* Droit commercial, Rn. 1562; *Hamel/Lagarde/Jauffret,* Traité de droit commercial, Bd. II, Rn. 1219; *Vasseur,* Banque 1986, S. 630, 630 f.; *Ripert/Roblot,* Traité élémentaire[9], Rn. 3066; *Anselme-Martin,* RD bancaire 1997, S. 55, 56 f.; im Ergebnis auch *Crédot/Gérard,* RD bancaire Nr. 1 1987, S. 14, 15.

[209] *Fabre-Magnan,* Droit des obligations, Rn. 209; *Malaurie/L. Aynès/Stoffel-Munck,* Droit des obligations, Rn. 238; *Terré/Simler/Lequette/Chénedé,* Les obligations, Rn. 286; vgl. auch *Lyon-Caen/Renault,* Traité de droit commercial, Bd. VIII, Rn. 888.

[210] *Ripert/Roblot/Germain/Delebecque/Binctin/Andreu,* Traité de droit des affaires[18], Bd. III, Rn. 72; *Legeais,* Opérations de crédit, Rn. 67; *Saint-Alary-Houin/Monsèrié-Bon/Houin-Bressand,* Entreprises en difficulté, Rn. 607 f.; *Pérochon,* Contentieux bancaire, S. 35, 36, Rn. 2; *Sabathier,* Le droit des entreprises en difficulté après 30 ans, S. 303, 304; *Anselme-Martin,* RD bancaire 1997, S. 55, 57, Rn. 7.

[211] *Vasseur,* Banque 1986, S. 630, 631; *Anselme-Martin,* RD bancaire 1997, S. 55, 56.

[212] *Percerou/Desserteaux,* Des faillites & banqueroutes, Bd. II, Rn. 879, 882; *Lyon-Caen/Renault,* Traité de droit commercial, Bd. VIII, Rn. 888; *Ripert/Roblot,* Traité élémentaire[9], Rn. 3066; *Vasseur,* Banque 1986, 630; auch nach den Reformen von 1985 und 1994 noch *Anselme-Martin,* RD bancaire 1997, S. 55, 56 ff.; vgl. auch *Le Cannu/Robine,* Entreprises en difficulté, Rn. 664; *Ripert/Roblot/Delebecque/Binctin/Andreu,* Traité de droit des affaires[18], Bd. IV, Rn. 680.

[213] Art. 1865 C.C. in der Fassung von 1804, die bis 1978 galt: „La société finit, [...] 4.° Par la mort civile, l'interdiction ou la déconfiture de l'un d'eux [...]."

[214] *Ripert/Roblot,* Traité élémentaire[9], Rn. 3071, 2943bis, 2963; *Escarra,* Droit commercial, Rn. 1545 f.

ners also ein Personenwechsel statt, der mit der Eigenschaft als Vertrag *intuitu personae* nicht vereinbar sei.[215]

Erste Angriffe erfuhr diese Lösung unter Geltung des Rechts von 1967 im Rahmen der *suspension provisoire des poursuites,* um den dort angestrebten Unternehmenserhalt überhaupt erst zu ermöglichen, weil gerade solche Verträge für die Fortführung der unternehmerischen Aktivität oft unentbehrlich sind.[216] Für das *règlement judiciaire,* in welchem die Fortsetzung derartiger Verträge aufgrund des auch hier angestrebten Unternehmenserhalts ähnlich wichtig war wie bei der *suspension provisoire des poursuites,* wurde dies zu diesem Zeitpunkt aber nur ganz vereinzelt und für Teilbereiche in Zweifel gezogen.[217] Eine lebhafte Diskussion über den Fortbestand dieser Verträge setzte jedoch nach der Reform von 1985 und der damit einhergehenden konsequenten Ausrichtung des Verfahrens auf den Erhalt von Unternehmen ein. Verschiedentlich war man dabei trotz dieser Neuausrichtung nach wie vor der Auffassung, dass die Beendigung der Verträge *eo ipso* aufrecht zu erhalten sei, da das Recht insoweit unverändert geblieben sei.[218] Jedenfalls habe der Gesetzgeber die bisherige Lösung nicht ausdrücklich aufgegeben,[219] sondern sei vielmehr davon ausgegangen, dass hier keine Änderung erfolgt sei.[220]

Eine ausdrückliche Regelung dieser Frage ist auch dem heutigen Art. L. 641-11-1 C. com. (und auch Art. L. 622-13 C. com.), der insoweit von der Rechtslage von 1985 nicht abweicht, nicht zu entnehmen. Allerdings enthalten die Normen über die Fortsetzung von Verträgen seit 1985 ein allgemeines Verbot der Anwendung gesetzlicher Vorschriften oder vertraglicher Vereinbarungen, die eine Beendigung von Verträgen aufgrund der Eröffnung einer *procédure collective* vorsehen (Art. L. 641-11-1 al. 1, Art. L. 622-13 al. 1 C. com.). Dieses findet im bis 1985 geltenden Recht keine Entsprechung.[221] Die These,

---

[215] *Percerou/Desserteaux,* Des faillites & banqueroutes, Bd. II, 879; *Escarra,* Droit commercial, Rn. 1562; vgl. auch *Monsèrié,* Contrats, Rn. 180, S. 171 f.

[216] Ein Optionsrecht des Verwalters annehmend insbesondere *CA Paris,* 22.01.1979, RTDCom. 1979, 790 m. zust. Anm. *M. Cabrillac/Rives-Lange; CA Colmar,* 28.11.1972, RTDCom. 1973, 875 m. abl. Anm. *Houin.*

[217] Insbesondere *Derrida,* D. 1979, jurispr., 444, allerdings nicht für Verträge mit kreditierender Funktion; vgl. auch *Cass. com.,* 11.12.1978, D. 1979, jurispr. 442, 442 f.

[218] *Rives-Lange,* Banque 1986, S. 711, 714; vgl. auch *Crédot/Gérard,* RD bancaire 1987 Nr. 1, S. 14.

[219] *Vasseur,* Banque 1986, S. 630, 631; *Rives-Lange,* Banque 1986, S. 711, 714.

[220] *Vasseur,* Banque 1986, S. 630, 631; unter Berufung auf Rapport Gouzes, JO Doc. Ass. Nat. 1983–1984, n° 1872, S. 66 f.: „[...] [L]a loi du 13 juillet 1967, [...] n'a cependant pas fait obstacle à l'application des dispositions du code civil d'après lesquelles les contrats conclus intuitu personae sont résiliés ou résolus de plein droit par la déconfiture du débiteur. [...] Ces solutions [...] ne sont pas remises en cause par le projet de loi."; vgl. auch *Crédot/Gérard,* RD bancaire 1987 Nr. 1, S. 14.

[221] Vgl. den Wortlaut des Art. 38 von 1967: „Le syndic conserve en cas de règlement judiciaire ou de liquidation des biens la faculté d'exiger l'exécution des contrats en cours en

das Recht habe sich insoweit gegenüber dem Stand von 1967 nicht verändert, erweist sich damit als unzutreffend.[222] Diesem Ausschluss der Kündigungsrechte ist eine Ausnahme zugunsten von Verträgen *intuitu personae* nicht zu entnehmen.[223] Daher muss der Ausschluss der Anwendung gesetzlicher Vorschriften, die eine Vertragsbeendigung aufgrund der Eröffnung einer *procédure collective* vorsehen, gerade dazu führen, dass Art. 2003 C.C. keine Anwendung mehr finden kann.[224]

Es besteht aber auch in der Sache kein Grund, solche Verträge aus dem Anwendungsbereich des Art. L. 641-11-1 C. com. auszunehmen. Bereits durch die Reform von 1985 hatte sich der Regelungskomplex, in den die Normen über die Fortsetzung von Verträgen eingebettet sind, gegenüber jenem von 1967 erheblich verändert, weshalb trotz der Ähnlichkeiten des Wortlauts der Normen eine identische Auslegung der Normen nicht zwingend scheint.[225] Vor 1985 war das französische Insolvenzrecht insbesondere auf die Haftungsverwirklichung des Schuldners und die Abwicklung noch offener (schuldrechtlicher) Beziehungen zwischen Schuldner und Gläubiger ausgerichtet.[226] Für die Fortsetzung solcher Verträge bestand daher nur ein begrenztes Bedürfnis. Dem heutigen Recht liegt jedoch selbst in der *liquidation judiciaire* eine Betrachtung des Unternehmens als Wirtschaftsfaktor zugrunde, den es so weit wie

---

fournissant la prestation promise à l'autre partie. [...]."‚ des Art. 37 von 1985: „L'administrateur a seul la faculté d'exiger l'exécution des contrats en cours en fournissant la prestation promise au contractant du débiteur. [...] Nonobstant toute disposition légale ou toute clause contractuelle, aucune indivisibilité, résiliation ou résolution du contrat ne peut résulter du seul fait de l'ouverture d'une procédure de redressement judiciaire. [...]." und Art. L. 641-11-1 Code de commerce: „I. – Nonobstant toute disposition légale ou toute clause contractuelle, aucune indivisibilité, résiliation ou résolution d'un contrat en cours ne peut résulter du seul fait de l'ouverture ou du prononcé d'une liquidation judiciaire. [...] II. – Le liquidateur a seul la faculté d'exiger l'exécution des contrats en cours en fournissant la prestation promise au cocontractant du débiteur. [...]."

[222] Siehe zu den Veränderungen zwischen 1967 und 1985 insoweit *Brunetti-Pons*, RTDCom. 2000, S. 783, 784 f.

[223] *Cass. com.*, 08.12.1987, n° 87-11.501; *Le Cannu/Robine*, Entreprises en difficulté, Rn. 664; *Le Corre*, Procédures collectives, Rn. 431.261; *Sousi-Roubi*, GP 1986, doctr. 515, 515; *Campana*, Banque 1986, 952; *Jeantin*, JCP G 1988, II-20927; *Sabathier*, Le droit des entreprises en difficulté après 30 ans, S. 303, 305.

[224] Vgl. *Cass. com.*, 28.06.2017, n°15-17.394: „L'article 641-11-1, I du code de commerce [...] déroge à l'article 2003 du code civil [...]."; *Derrida/Godé/Sortais*, Redressement, Rn. 398; *Monsèrié*, Contrats, Rn. 179, S. 171; *Campana*, Banque 1986, S. 952; nach *Martin-Serf*, RJCom. novembre 1992, S. 8, 11, Fn. 8 handelt es sich gar um die „*abrogation indirecte*" des Art. 2003 C.C; Menjucq/Saintourens/Soinne/*Lebel*, Traité des procédures collectives, Rn. 1266; in diese Richtung bereits *Guyon*, Droit des affaires II, Rn. 1208; anders wohl nur *Anselme-Martin*, RD bancaire 1997, S. 55, 60, Rn. 18.

[225] *Derrida*, D. 1988, jurispr. 52, 55.

[226] Eingehend oben, 2. Kapitel, B.I.,II.

möglich zu erhalten gilt.[227] Hierfür kommt der Möglichkeit, solche Verträge fortsetzen zu können, entscheidende Bedeutung zu.[228] Darüber hinaus wurde mit der Reform von 1985 auch die *masse des créanciers* abgeschafft.[229] Verträge werden seither mit dem Schuldner selbst fortgesetzt, so dass kein Personenwechsel eintritt, der mit dem Charakter als Vertrag *intuitu personae* unvereinbar wäre und auch insoweit kein Grund mehr für eine Vertragsbeendigung besteht.[230] Folglich ist heute zu Recht allgemein anerkannt, dass auch Verträge, die *intuitu personae* geschlossen sind, trotz Eröffnung einer *procédure collective* fortzusetzen sind.[231]

Ist damit etabliert, dass das einer Kreditbeziehung innewohnende Vertrauenselement den Fortbestand derselben trotz Verfahrenseröffnung nicht berührt, stellt sich die Frage, ob bzw. unter welchen Bedingungen ein Verwalter die Auszahlung der versprochenen Valuta verlangen kann.

2. Die Behandlung des contrat de prêt

Die Frage nach der Möglichkeit der Inanspruchnahme eines Darlehensgebers aus bestehenden Verträgen im Rahmen der *liquidation judiciaire* kann sich zunächst in Bezug auf den *contrat de prêt* i.S.d. Art. 1874 ff. C.C. stellen.

Der *Code civil* unterscheidet zwischen dem *prêt à usage* und dem *prêt de consommation,* Art. 1874 C.C. Ersterer bezieht sich nur auf Gegenstände, die durch ihre Verwendung nicht untergehen und folglich bei Beendigung des Vertragsverhältnisses *in natura* zurückgegeben werden können.[232] Der *prêt de consommation* betrifft umgekehrt nur Gegenstände, die infolge ihres Gebrauchs untergehen (sog. *choses consomptibles*),[233] bei welchen also nur eine Rückgewähr von Sachen gleicher Art und Güte in Betracht kommt,

---

[227] Siehe oben, 2. Kapitel, B.IV.
[228] Roussel Galle/*Roussel Galle*, Entreprises en difficulté 360°, Rn. 686; *Sousi-Roubi*, GP 1986, doctr. 515; *Derrida,* D. 1987, som. 93, 97; *Guyon,* Droit des affaires II, Rn. 1208; *Ripert/Roblot/Delebecque/Binctin/Andreu*, Traité de droit des affaires[18], Bd. IV, Rn. 680; Menjucq/Saintourens/Soinne/*Lebel*, Traité des procédures collectives, Rn. 1266.
[229] Sehr kritisch hierzu *Derrida/Godé/Sortais*, Redressement, Rn. 12, 503.
[230] *Le Corre,* Procédures collectives, Rn. 431.261; *Derrida,* D. 1987, som. 93, 97, Fn. B; *Soinne,* GP 1988, doctrine 128, Rn. 1; *Monsèrié,* Contrats, Rn. 180, S. 171 f.; *Guyon,* Droit des affaires II, Rn. 1208: „[…][L]a période d'observation ne modifie que très peu la situation du débiteur."
[231] Statt aller *Cass. com.*, 08.12.1987, n° 87-11.501; *Lienhard,* Procédures collectives, Rn. 76.92; *Le Cannu/Robine,* Entreprises en difficulté, Rn. 664 ff.; *Lasserre Capdeville*, RD bancaire et financier novembre 2021, S. 82, 83, Rn. 7; *Huet/Decocq/Grimaldi/Lécuyer,* Contrats spéciaux, Rn. 22540; Menjucq/Saintourens/Soinne/*Lebel*, Traité des procédures collectives, Rn. 1266; anders zuletzt *Anselme-Martin,* RD bancaire 1997, S. 55, 56 ff., Rn. 5 ff.
[232] *Huet/Decocq/Grimaldi/Lécuyer,* Contrats spéciaux, Rn. 22142.
[233] *Malaurie/L. Aynès/Gautier,* Droit des contrats spéciaux, Rn. 637; *Huet/Decocq/Grimaldi/Lécuyer,* Contrats spéciaux, Rn. 22142.

Art. 1902 C.C. Die Kategorie der *choses consomptibles* umfasst ausweislich Art. 587 C.C. neben Gegenständen, deren Gebrauch zur physischen Zerstörung führt (*consommation matérielle*),[234] auch Gegenstände, deren Gebrauch nur durch Übertragung möglich ist und durch den beim (ursprünglichen) Inhaber ein Rechtsverlust eintritt (*consommation juridique*).[235] Daher zählt auch Geld, das regelmäßig nur durch Übertragung verwendbar ist,[236] zu den *choses consomptibles*,[237] vgl. Art. 587 C.C. Folglich handelt es sich beim Gelddarlehen prinzipiell um einen *prêt de consommation*.[238] In diesem Rahmen übereignet der *prêteur* dem *emprunteur* eine Geldsumme, Art. 1892 f. C.C., während der *emprunteur* verpflichtet ist, die Summe nach Ablauf des vereinbarten Zeitraums zurückzuzahlen (Art. 1902 C.C.) und einen vereinbarten Zins zu zahlen, Art. 1905 ff. C.C.

Eine Inanspruchnahme auf Valutierung im Rahmen der *liquidation judiciaire* aus einem vor Eröffnung des Verfahrens abgeschlossenen *contrat de prêt* kann nach dem Gesagten nur erfolgen, wenn es sich hierbei um einen Vertrag handelt, der noch *en cours d'exécution* ist. Einigkeit besteht insoweit darüber, dass ein Vertrag nicht mehr *en cours d'exécution* ist, wenn er im Zeitpunkt der Eröffnung des Verfahrens beidseitig vollständig erfüllt ist.[239] Beim *contrat de prêt* ist das mithin der Fall, wenn die Darlehenssumme vollständig ausbezahlt und wieder zurückgezahlt wurde. Ob ein *prêt* auch in den übrigen Fällen als *contrat en cours* i.S.d. Art. L. 641-11-1 C. com. angesehen werden kann, ist seit Langem umstritten.

Im Kern betrifft das die Frage nach der konkreten Reichweite des Optionsrechts des Verwalters hinsichtlich des weiteren Schicksals schwebender Verträge in der Insolvenz. Insoweit geben die Art. L. 622-13, 641-11-1 C. com. dem Verwalter das Recht, vom Vertragspartner des Insolvenzschuldners die weitere Erfüllung des Vertrages zu verlangen, indem er die geschuldete Leistung erbringt (Art. L. 622-13, II, 641-11-1, II C. com.). Alternativ hat der Ver-

---

[234] *Carbonnier*, Droit civil, Bd. II, Rn. 714; *Malaurie/L. Aynès/Julienne*, Les biens, Rn. 85.

[235] *Carbonnier*, Droit civil, Bd. II, Rn. 714; *Malaurie/L. Aynès/Julienne*, Les biens, Rn. 85.

[236] *Malaurie/L. Aynès/Julienne*, Les biens, Rn. 85; *Carbonnier*, Droit civil, Bd. II, Rn. 714; einschränkend *Le Gueut*, Le paiement de l'obligation monétaire, Rn. 243 ff.

[237] *Malaurie/L. Aynès/Gautier*, Droit des contrats spéciaux, Rn. 637; *Cattalano-Cloarec*, Contrat de prêt, Rn. 152, Fn. 192, S. 106.

[238] *Malaurie/L. Aynès/Gautier*, Droit des contrats spéciaux, Rn. 637; *Malaurie/L. Aynès/ Julienne*, Les biens, Rn. 86, Fn. 8; *Legeais*, Opérations de crédit, Rn. 106; *Huet/Decocq/Grimaldi/Lécuyer*, Contrats spéciaux, Rn. 22500; *Cattalano-Cloarec*, Contrat de prêt, Rn. 152, S. 106.

[239] *Le Cannu/Robine*, Entreprises en difficulté, Rn. 660; *Jacquemont/Borga/Mastrullo*, Entreprises en difficulté, Rn. 390; *Pérochon*, Entreprises en difficulté, Rn. 1190, 1192; *Roussel Galle/Roussel Galle*, Entreprises en difficulté 360°, Rn. 691; *Derrida*, RJDA 1993, S. 399, 405; *Lucas*, Droit de la faillite, Rn. 272.

walter die Möglichkeit, die Vertragsbeendigung durch das Gericht anordnen zu lassen, wenn die Vertragsbeendigung für die geordnete Durchführung des Verfahrens notwendig scheint und hierdurch die Interessen des Vertragspartners nicht übermäßig beeinträchtigt werden (Art. L. 622-13, IV, 641-11-1, IV C. com.). Daneben kann er auch die Fortsetzung des Vertrages ablehnen, was außerhalb der *liquidation judiciaire* jedoch nicht zu dessen Beendigung führt, sondern nach der Rechtsprechung der *Cour de cassation* dem Vertragspartner das Recht gibt, die gerichtliche Aufhebung des Vertrages zu verlangen.[240]

a) Ansichten in der Literatur

Die Diskussion in der rechtswissenschaftlichen Literatur um die Reichweite dieses Optionsrechts ist maßgeblich von der Bestrebung geprägt, dem Verwalter die Inanspruchnahme der wirtschaftlichen Vorteile aus den bestehenden Verträgen zu ermöglichen, gleichzeitig aber den Umfang der privilegierten Forderungen zu begrenzen, die sich aus einer Fortsetzung ergeben können.[241] Insbesondere soll vermieden werden, dass der Vertragspartner des Schuldners aufgrund von „Begleiterscheinungen"[242], wie etwa Gewährleistungspflichten, eine privilegierte Forderung erhalten kann, ohne dass hierdurch der Unternehmenserhalt gefördert würde.[243]

Diesen Rahmenbedingungen sucht man verbreitet gerecht zu werden, indem man annimmt, dass ein Vertrag *en cours d'exécution* sei und unter die Art. L. 621-13, 641-11-1 C. com. falle, wenn der Vertragspartner[244] die für den

---

[240] *Cass. com.*, 01.03.2016, n° 14-19.875; 18.09.2007, n° 06-13.284; vgl. Menjucq/Saintourens/Soinne/*Lebel,* Traité des procédures collectives, Rn. 1284; instruktiv zur Rechtsstellung des Verwalters insoweit *J. F. Hoffmann,* IIR 2018, S. 300, 308; eingehend zur Privilegierung von Forderungen aus solchen Verträgen unten, 4. Kapitel, B.II.2.a)bb).

[241] Vgl. etwa *Lienhard,* Procédures collectives, Rn. 76.81; *Ripert/Roblot/Delebecque/ Binctin/Andreu,* Traité de droit des affaires[18], Bd. IV, Rn. 678; *Derrida,* RJDA 1993, S. 399, 399 f., Rn. 2, S. 407, Rn. 28.

[242] Vgl. *Derrida,* RJDA 1993, S. 399, 405, Rn. 21, S. 407, Rn. 28, der vermeiden will, dass das Bestehen von „séquelles" eines Vertrages dazu führt, dass dieser unter das Optionsrecht fiele, ebenso für Verträge, bei welchen nur noch eine „queue" verbleibe.

[243] *Derrida,* RJDA 1993, S. 399, 407, Rn. 28, 400, Rn. 2; *Ripert/Roblot/Delebecque/ Binctin/Andreu,* Traité de droit des affaires[18], Bd. IV, Rn. 678; *Lucas,* Droit de la faillite, Rn. 272. Hintergrund ist der Umstand, dass Forderungen des Vertragspartners, die in der Schwebephase zwischen Verfahrenseröffnung und Ausübung des Optionsrechts durch den Verwalter dadurch entstehen, dass der Vertragspartner die versprochene Leistung erbringt, als *créances nées en contrepartie d'une prestation fournie au débiteur* gem. Art. L. 622-17, I, 641-13, I C. com. bevorrechtigt zu befriedigen sind (*Ripert/Roblot/Delebecque/Binctin/ Andreu,* Traité de droit des affaires[18], Bd. IV, Rn. 687 a.E.). Ein weites Verständnis des Konzepts der *contrats en cours* kann daher zur Entstehung von Privilegierungen führen, die mit dem Zweck des Privilegs und des Verfahrens nicht in Einklang zu bringen sind.

[244] Nach allgemeiner Auffassung ist aufgrund von Wortlaut und Zwecksetzung des Optionsrecht und der Privilegierung des Art. L. 641-13 C. com. das Bestehen nur von Pflichten

jeweiligen Vertrag charakteristische Leistungspflicht noch nicht vollständig erfüllt hat; die übrigen Pflichten aus dem Vertrag sollen hingegen außer Betracht bleiben.[245] Beim *contrat de prêt* soll diese charakteristische Leistungspflicht in der Auszahlung der Darlehenssumme liegen.[246] Der *prêt* wäre hiernach immer *en cours d'exécution*, wenn die Darlehenssumme noch nicht vollständig ausgezahlt ist, womit der *liquidateur* das Recht hätte, die vollständige Auszahlung eines vor Eröffnung des Verfahrens nicht oder nur teilweise valutierten Darlehens auch gegen den Willen des Kreditgebers zu verlangen.[247]

Nach anderer, noch weiter gehender Ansicht soll hingegen bereits ausreichend sein, dass der Schuldner von seinem Vertragspartner die Erfüllung einer Pflicht – gleich welcher Art oder Bedeutung – verlangen könne.[248] Gestützt wird das insbesondere darauf, dass es mit Blick auf die Zielsetzung der Verfahren, der dem *droit des entreprises en difficulté* inhärenten Instrumentalisierung der Verträge für die Verwirklichung dieser Ziele und der Schwierigkeiten bei der Bestimmung der für einen Vertrag charakteristischen Leistungspflicht nicht darauf ankommen könne, ob es sich bei der unerfüllten Pflicht um eine

---

des Schuldners nicht ausreichend, eingehend hierzu *Derrida*, RJDA 1993, S. 399, 404, Rn. 21 ff.

[245] *Jacquemont/Borga/Mastrullo*, Entreprises en difficulté, Rn. 392; *Saint-Alary-Houin/ Monsèrié-Bon/Houin-Bressand*, Entreprises en difficulté, Rn. 613; *Le Cannu/Robine*, Entreprises en difficulté, Rn. 661; *Lucas*, Droit de la faillite, Rn. 272; *Derrida/Godé/Sortais*, Redressement, Rn. 392; *Lasserre Capdeville*, RD bancaire et financier novembre 2021, S. 82, 83, Rn. 6; ähnlich *Pérochon*, Entreprises en difficulté, Rn. 1190: „[…] [L]e débiteur […] doit encore attendre la réalisation d'un effet important du contrat […]."; vgl. auch *Vallansan*, BJE janvier 2019, S. 43, 44.

[246] *Barbier*, RTDCiv. 2016, S. 369; *Stefania*, JCP E 2016, 1280; *Saint-Alary-Houin/ Monsèrié-Bon/Houin-Bressand*, Entreprises en difficulté, Rn. 613; vgl. auch Menjucq/Saintourens/Soinne/*Lebel*, Traité des procédures collectives, Rn. 1265; *Pérochon,* Entreprises en difficulté, Rn. 998; a.A. *Cattalano-Cloarec*, Contrat de prêt, S. 128 ff. kontinuierliches Zurverfügungstellen der geschuldeten Summe.

[247] *Legeais*, Opérations de crédit, Rn. 1511; *Pérochon*, Contentieux bancaire, S. 35, 42, Rn. 12, S. 44, Rn. 14; ausdrücklich gegen ein solches Verständnis *Crédot/Gérard*, RD bancaire 1987 Nr. 1, S. 14, 15.

[248] *Monsèrié*, Contrats, Rn. 176, S. 167 f.; wohl auch *Derrida*, RJDA 1993, S. 399, 408; *Cattalano-Cloarec*, Contrat de prêt, Rn. 181 f., S. 128 ff. Legt man im Rahmen dieser Auffassung eine Deutung des *contrat de prêt* zu Grunde, nach der dieser den Darlehensgeber nicht nur zur Übereignung der Sache verpflichtet, sondern die andauernde Pflicht beinhaltet, den Gegenstand fortwährend zur Nutzung zu belassen (so *Cattalano-Cloarec*, Contrat de prêt, Rn. 182, S. 130; dagegen *Ripert/Roblot/Delebecque/Binctin/Andreu*, Traité de droit des affaires[18], Bd. IV, Rn. 678), stellt sich die Frage, ob ein *contrat de prêt* auch nach vollständiger Valutierung noch *en cours* sein kann, solange der vereinbarte Zeitraum noch nicht verstrichen ist; so in der Tat Cass. com., 03.03.1992, n° 90-12.304; dagegen *Cattalano-Cloarec*, Contrat de prêt, Rn. 182, S. 130.

Haupt- oder Nebenleistungspflicht handle.[249] Auch hiernach stünde dem *liquidateur* also das Recht zu, die vollständige Auszahlung eines Darlehens zu verlangen.

In jüngerer Zeit mehren sich im Schrifttum aber auch Stimmen, die für die Beurteilung, ob ein *prêt,* bei dem der Kreditgeber sog. *„professionnel du crédit"* ist, unter das Wahlrecht fällt, allein darauf abstellen wollen, ob die Einigung über die Kreditvergabe vor der Verfahrenseröffnung erfolgt ist.[250] Ist dies der Fall, handle es sich selbst dann nicht um einen *contrat en cours,* wenn die Valuta bisher nicht oder nicht vollständig ausbezahlt ist.[251] Hintergrund dieser Haltung – und insbesondere der Beschränkung auf professionelle Kreditgeber – ist, dass Rechtsprechung und Literatur dazu übergegangen sind, den *prêt* nicht mehr als Realvertrag, der erst mit Auszahlung entsteht, sondern als Konsensualvertrag einzuordnen, der bereits durch Willensübereinkunft zustande kommt.[252] Anlass für diese Umqualifizierung des *prêt* war die Erkenntnis, dass die Einordnung als Realvertrag, die insbesondere ein Formerfordernis erzeugt,[253] das vor allem dem Schutz des Kreditgebers vor unüberlegten Kreditierungen dient,[254] in einem Zivilrechtssystem, das grundsätzlich auf Konsensualverträgen aufbaut, eine begründungsbedürftige Ausnahme darstellt

---

[249] *Monsèrié*, Contrats, Rn. 176, S. 167 f.; in diese Richtung auch *Cattalano-Cloarec*, Contrat de prêt, Rn. 181-1 f., S. 130.

[250] *Lienhard*, Procédures collectives, Rn. 76.93; *Grua/Cayrol*, JCl. Civil Code Art. 1892 à 1904 – Fasc. Unique, Rn. 35; tendenziell auch *Sabathier*, Le droit des entreprises en difficulté après 30 ans, S. 303, 310 f. anders aber S. 312; *Vallansan*, JCl. Proc. Coll. Fasc. 2335, Rn. 26; vgl. aber auch *Vallansan*, BJE janvier 2019, S. 43, 44: Der bereits valutierte *prêt* sei kein *contrat en cours,* weil der Verwalter hier vom Kreditgeber keine Leistung mehr erzwingen könne; vgl. auch *Lasserre Capdeville*, RD bancaire et financier novembre 2021, S. 82, 84, Rn. 20.

[251] Vgl. *Lienhard*, Procédures collectives, Rn. 76.93; *Grua/Cayrol*, JCl. Civil Code Art. 1892 à 1904 – Fasc. Unique, Rn. 35; *Lasserre Capdeville*, RD bancaire et financier novembre 2021, S. 82, 84, Rn. 20 f.

[252] Cass. civ. 1re, 28.03.2000, n° 97-21.422; *Huet/Decocq/Grimaldi/Lécuyer*, Contrats spéciaux, Rn. 22129, 22510; *Larroumet/Bros*, Traité de droit civil, Bd. III, Rn. 443; eingehend auch zur historischen Entwicklung dieser Qualifikation *Cattalano-Cloarec*, Contrat de prêt, Rn. 30 ff., S. 26 ff.; am Mehrwert der Neuorientierung zweifelnd *Grua*, D. 2003, S. 1492, 1492 ff.; anders noch Cass. civ. 1re, 20.07.1981, n° 80-12.529; vgl. zu dieser Einordnung der Rechtsprechungsänderung *Pérochon*, Contentieux bancaire, S. 35, 42 ff., Rn. 13 f.; *Sabathier*, Le droit des entreprises en difficulté après 30 ans, S. 303, 310 ff.; *Boustani*, Contentieux bancaire, S. 63, 67, Rn. 10; eingehend zur entsprechenden Diskussion im früheren deutschen Recht *Mülbert*, AcP 192 (1992), S. 447, 453 ff.

[253] Vgl. *Terré/Simler/Lequette/Chénedé*, Les obligations, Rn. 197; *Cattalano-Cloarec*, Contrat de prêt, Rn. 49, S. 42, Rn. 104, S. 73; *Aubert*, Defrénois 2000, 720; *Legeais*, Opérations de crédit, Rn. 120; *Carbonnier*, Droit civil, Bd. II, Rn. 1006.

[254] *Terré/Simler/Lequette/Chénedé*, Les obligations, Rn. 213; *Latina*, AJ contrat 2017, S. 209; *Cattalano-Cloarec*, Contrat de prêt, Rn. 49, S. 42, Rn. 104 f., S. 73 f., für unentgeltliche Verträge weiter gehend Rn. 107 ff., S. 75 ff.

(vgl. Art. 1172 C.C.).²⁵⁵ Gegenüber professionellen Kreditgebern sei dies aber nicht zu rechtfertigen, weil diese prinzipiell keinen zusätzlichen Schutz vor unüberlegten Kreditierungen benötigten.²⁵⁶ Verbindet man diese Deutung des *prêt* mit der Annahme, dass Forderungen aus einem Vertrag im Zeitpunkt seiner Begründung entstehen (sog. *thèse volontariste*),²⁵⁷ entsteht das Bild eines Vertrages, bei dem es nur noch um die Abwicklung gestundeter vorinsolvenzlicher Geldforderungen geht, was gegen die Einordnung als schwebender Vertrag spreche.²⁵⁸

b) Die Position der Rechtsprechung

Innerhalb dieses Meinungsspektrums hatte die *Cour de cassation* den Kreis der erfassten Darlehensverträge zunächst relativ weit gezogen und sich in einer Leitentscheidung von 1991,²⁵⁹ die verschiedentlich bestätigt wurde,²⁶⁰ auf den Standpunkt gestellt, dass ein *contrat de prêt* dem Wahlrecht des Art. 37 L1985 unterliege, wenn und soweit die Darlehenssumme nicht vollständig an den Schuldner ausbezahlt ist. In einer allerdings isoliert gebliebenen Entscheidung hatte die *Cour de cassation* die Regelungen des Art. 37 L1985 noch weiter gehend sogar auf einen Darlehensvertrag angewandt, der bereits vor Verfahrenseröffnung vollständig valutiert war.²⁶¹ Obwohl neben der Pflicht des Kreditnehmers, Zins und Tilgung zu zahlen, eine Pflicht des Kreditgebers bestenfalls in Gestalt einer Pflicht zum kontinuierlichen Zurverfügungstellen der Valuta bestand, hatte die *Cour de cassation* dem Verwalter hier also ein Wahlrecht zugunsten der Fortsetzung zugebilligt.²⁶²

---

²⁵⁵ *Larroumet/Bros*, Traité de droit civil, Bd. III, Rn. 424, 442; *Cattalano-Cloarec*, Contrat de prêt, Rn. 50, S. 43.
²⁵⁶ *Cattalano-Cloarec*, Contrat de prêt, Rn. 51, S. 43; *Huet/Decocq/Grimaldi/Lécuyer*, Contrats spéciaux, Rn. 22129, Fn. 46; *Aubert*, Défrénois 2000, 720; vgl. auch *Terré/Simler/Lequette/Chénedé*, Les obligations, Rn. 213; noch weiter gehend *Larroumet/Bros*, Traité de droit civil, Bd. III, Rn. 442 f.: Es gebe keinen Grund, nicht sämtliche *contrat de prêt* als Konsensualverträge einzuordnen; bei den Realverträgen handle es sich um einen Anachronismus.
²⁵⁷ So ausdrücklich *Sabathier*, Le droit des entreprises en difficulté après 30 ans, S. 303, 310; zur *thèse volontariste Pérochon*, Entreprises en difficulté, Rn. 995; *Boustani*, Contentieux bancaire, S. 63, 64, Rn. 4.
²⁵⁸ Vgl. *Vallansan*, JCl. Proc. Coll. Fasc. 2335, Rn. 26 a.E.; *Vallansan*, BJE janvier 2019, S. 43, 44.
²⁵⁹ *Cass. com.*, 09.04.1991, n° 89-18.817.
²⁶⁰ *Cass. com.*, 02.03.1993, n° 90-21.353; 14.12.1993, n° 92-11.647; 13.04.1999, n° 97-11.383.
²⁶¹ *Cass. com.*, 03.03.1992, n° 90-12.304 mit abl. Anmerkung *Pétel*, JCP E 1992, I-192, Rn. 2; *CA Versailles*, 12.11.1991, JCP E 1992, I-195, Rn. 11 mit abl. Anmerkung *Pétel*; dagegen auch *Cass. com.*, 13.04.1999, n° 97-11.383.
²⁶² Ein Interesse des Schuldners an der Fortsetzung eines solchen Vertrags scheint auf den ersten Blick abwegig, kann sich aber daraus ergeben, dass der Rückzahlungsanspruch aus

Seit 2004 hat sich die Rechtsprechung der *Cour de cassation* aber in die entgegengesetzte Richtung entwickelt: So hatte die *Cour de cassation* im Jahr 2004 zunächst entschieden, dass ein Darlehensvertrag mit gestaffelten Auszahlungen, der teilweise noch nicht valutiert war, bei dem die charakteristische Leistungspflicht also jedenfalls teilweise noch nicht erfüllt war,[263] kein *contrat en cours* i.S.d. Art. 37 L1985 bzw. Art. L. 621-28 C. com. a.F. sei.[264] Bestätigt wurde diese Linie mit einem Urteil vom 09.02.2016, in welchem die *Cour de cassation* allgemein und ohne die frühere Einschränkung auf vollständig ausgezahlte Darlehen festgestellt hat, dass ein *contrat de prêt,* der vor Verfahrenseröffnung von einem *professionnel du crédit* gewährt wurde, kein *contrat en cours* i.S.d. Art. L. 622-13 C. com. sei.[265]

Konsequenz dieses Ansatzes und der korrespondierenden Literaturauffassung ist zunächst, dass dem *liquidateur* bzw. dem *administrateur* das Optionsrecht aus Art. L. 622-13, 641-11-1 C. com. nicht zusteht. Das hat zur Folge, dass der Vertragspartner auch die hieran anknüpfende Vorzugsbehandlung der Art. L. 622-17, 641-13 C. com. verliert. Der Kreditgeber kann also weder von einer Freistellung vom Zahlungs- und Vollstreckungsverbot noch von einem Rangprivileg profitieren und mithin nicht mit einer vertragsgemäßen Erfüllung seiner Ansprüche gegen den Schuldner rechnen.[266] Das führt zu der Frage, ob der Verwalter gleichwohl mit Erfolg die tatsächliche Auszahlung der Valuta verlangen kann. Insoweit bestehen mit der auf das Eigentum gestützten *révendication* sowie einem möglichen darlehensrechtlichen Herausgabeanspruch grundsätzlich zwei denkbare Wege. In der Literatur hält man diese, soweit man sich überhaupt mit der Frage beschäftigt, beide für verschlossen.[267]

Dabei hat die Einordnung als Konsensualvertrag nach der Rechtsprechung nicht nur zur Folge, dass der *prêt* bereits durch Willensübereinkunft zustande kommt. Vielmehr führe diese Einordnung entsprechend dem Grundprinzip des Eigentumsübergangs *solo consensu* (vgl. Art. 1896 C.C.) dazu, dass der Dar-

---

dem Darlehen regelmäßig durch eine *caution* des Geschäftsführers besichert ist, dem ohne Fortsetzung eine persönliche Inanspruchnahme droht, vgl. *Derrida*, RJDA 1993, S. 399, 405, Rn. 26.

[263] Vgl. *Sabathier*, Le droit des entreprises en difficulté après 30 ans, S. 303, 311; *Barbier*, RTDCiv. 2016, S. 369.

[264] *Cass. com.*, 16.06.2004, n° 01-17.030: „[...] [U]n contrat de prêt prévoyant le versement échelonné des fonds n'est pas un contrat en cours au sens de l'article 37 de la loi du 25 janvier 1985."

[265] *Cass. com.*, 09.02.2016, n° 14-23.219.

[266] Eine Privilegierung könnte sich hier allenfalls daraus ergeben, dass es sich bei den Forderungen des Kreditgebers, die aus einer Valutierung resultieren, um die *contrepartie d'une prestation fournie* handelt. Die Privilegierung setzt aber auch insofern voraus, dass die Forderung nach Verfahrenseröffnung entstanden sein muss, was auf Grundlage der neuen Rechtsprechung konsequenterweise zu verneinen ist.

[267] *Ripert/Roblot/Delebecque/Binctin/Andreu*, Traité de droit des affaires[18], Bd. IV, Rn. 678; *Legeais*, Opérations de crédit, Rn. 1511.

lehensnehmer bereits mit Willensübereinkunft Eigentümer der geschuldeten Summe werde.[268] Legt man das zu Grunde, scheint es grundsätzlich denkbar, dem Darlehensnehmer, gestützt auf dieses Eigentum, einen Herausgabeanspruch gegen den Darlehensgeber auf Grundlage der *révendication* zuzugestehen. Diese jedoch ist (außer im Rahmen des Eigentumsvorbehalts, vgl. Art. 2369 C.C.) nicht auf die Herausgabe von *choses fongibles*, zu denen auch Geld zählt,[269] sondern nur auf die Herausgabe eindeutig identifizierter und identifizierbarer Gegenstände gerichtet.[270] Die *révendication* von Geld scheitert daher nach traditioneller Auffassung am Fehlen eines individualisierten Gegenstands, dessen Herausgabe verlangt werden könnte.[271]

Ein Anspruch auf die wirkliche Auszahlung der Valuta kann möglicherweise aber aus dem *prêt* selbst resultieren. Ohne einen solchen – durchsetzbaren – Anspruch würde der *prêt* durch die Verfahrenseröffnung in einen eigentümlichen, dauerhaften Schwebezustand versetzt und das wirtschaftliche Ziel des Vertrags, die tatsächliche Nutzbarkeit der Valuta durch den Darlehensnehmer,[272] vereitelt. Eine missliche Konsequenz wäre das vor allem auch deshalb, weil der Eigentumserwerb des Gläubigers bei Geldschulden (*obligations monétaires*) zu deren Erfüllung führen soll.[273] Ohne durchsetzbaren Auszahlungsanspruch entstünde damit das Bild eines Vertrags, bei dem der Darlehensgeber zwar seine Pflicht „erfüllt" hat, der Darlehensnehmer aber dennoch keinen Zugriff auch die Valuta hat. Das scheint mit der Idee der „Erfüllung" vertraglicher Leistungspflichten kaum vereinbar.

Aufschlussreich ist insoweit jedoch die Parallele zum Spezieskauf. Dort kann es aufgrund des Eigentumsübergangs durch Willensübereinkunft (*solo consensu*) gleichermaßen zu der Situation kommen, dass der Käufer bereits Eigentümer der Sache ist, diese sich aber noch beim Verkäufer befindet. Da der Verkäufer hier infolge des Eigentumsübergangs bereits seine Hauptleistungspflicht erfüllt habe, ist der Vertrag nach wohl allgemeiner Auffassung nicht mehr *en cours*.[274] Der Verkäufer würde mit seinem Anspruch auf die Kauf-

---

[268] *Cass.*, 28.11.2016, pourvoi n° 16-70.009; ausdrücklich auch der diesem Urteil zugrunde liegende Rapport *Vitse*, S. 21: „[…] [S]'agissant d'un prêt consenti par un professionnel, ce transfert de propriété s'opère dès l'échange des consentements."

[269] Vgl. bereits oben, 4. Kapitel, A.II.2.

[270] Siehe etwa *Terré/Simler,* Les biens, Rn. 516, S. 405 f.

[271] Vgl. etwa *Terré/Simler*, Les biens, Rn. 516, S. 405 f.; eingehend zu dieser in jüngerer Zeit heftig umstrittenen Frage *François*, D. 2012, S. 1493, 1493 ff.; *Gijsbers*, Sûretés, Rn. 558 ff., S. 560 ff.

[272] *Cattalano-Cloarec*, Contrat de prêt, Rn. 182, S. 130.

[273] *Carbonnier*, Droit civil, Bd. II, Rn. 925, S. 1928; *Terré/Simler/Lequette/Chénedé*, Les obligations, Rn. 354; vgl. auch *Le Gueut*, Le paiement de l'obligation monétaire, Rn. 32, S. 24 f.

[274] Statt aller *Vallansan,* JCl. Proc. Coll. Fasc. 2335, Rn. 23 f.; *Saint-Alary-Houin/Monsèrié-Bon/Houin-Bressand*, Entreprises en difficulté, Rn. 613.

preiszahlung also auf die Stellung als einfacher Insolvenzgläubiger verwiesen, während der Käufer als Eigentümer auf Grundlage der *révendication* die Herausgabe der Sache verlangen könnte. Dieses Ergebnis hielt offenbar aber auch der französische Gesetzgeber für nicht hinnehmbar, der dem Verkäufer in dieser Situation in Art. L. 624-14 C. com. ein Zurückbehaltungsrecht an die Hand gegeben hat. Auf dessen Grundlage kann der Verkäufer hier die Herausgabe verweigern, solange sein Kaufpreisanspruch nicht vollständig erfüllt ist. Überwindbar ist dieses Zurückbehaltungsrecht nur, indem der Verwalter mit Genehmigung des Gerichts den vereinbarten Kaufpreis erbringt (vgl. Art. L. 622-7 C. com.).[275] Die Bedeutung des Eigentumsübergangs *solo consensu* wird durch den Gesetzgeber insofern demnach deutlich relativiert.[276] Die Interessenlage beim Spezieskauf scheint der Lage beim *prêt* nach der Rechtsprechung der *Cour de cassation* durchaus vergleichbar. Eine Übertragung der für den Spezieskauf gefundenen Lösung liegt daher einigermaßen nahe.

Dafür lässt sich auch anführen, dass dem Vertragspartner des Insolvenzschuldners nach den Vorschriften über die *contrats en cours* sowie den daran anknüpfenden gesetzlichen Privilegierungen das Erbringen von Leistungen nach Verfahrenseröffnung nur im Gegenzug zur versprochenen Gegenleistung bzw. zumindest einer dahingehenden Privilegierung abverlangt wird.[277] Bei Bestehen eines Auszahlungsanspruchs auch ohne Optionsrecht wäre der Kreditgeber aber gezwungen, die vereinbarte Leistung ohne diese Sicherungen und damit auch ohne (realistische) Aussicht auf Erhalt der Gegenleistung zu erbringen. Das allein auf das gewandelte zivilrechtliche Verständnis des *prêt* zu stützen, wird der Sonderstellung des *droit des entreprises en difficulté,* welchem auch im Übrigen eine stark wirtschaftliche Betrachtungsweise zugrunde liegt,[278] kaum gerecht. Ein Konflikt mit dessen Zielen entsteht jedoch gleichermaßen, wenn man dem Verwalter allein unter Rekurs auf dieses rein zivilistische Verständnis des *prêt* die Inanspruchnahme eines Kreditvertrags kategorisch verwehrt, der für die Fortsetzung der unternehmerischen Aktivität im Einzelfall unentbehrlich sein kann. Zugleich dürfte die Möglichkeit, ohne werthaltigen Rückgewähranspruch auf die Valutierung in Anspruch genommen werden zu können, aber auch erhebliche negative Auswirkungen auf die Bereitschaft zur Kreditierung im Vorfeld eines Verfahrens und damit auch auf die Bestandsaussichten von Unternehmen haben. Auch ein solches Vorgehen

---

[275] Siehe hierzu etwa *Saint-Alary-Houin/Monsèrié-Bon/Houin-Bressand*, Entreprises en difficulté, Rn. 888.

[276] Allgemein sehr kritisch zu diesem Prinzip und dessen praktischer Bedeutung *Wester-Ouisse*, RTDCiv. 2013, S. 299, 300 ff.

[277] Eingehend zu den Rechtsfolgen der Erfüllungswahl unten, 4. Kapitel, B.II.2.a)bb)(3).

[278] Vgl. spezifisch im Kontext der Behandlung von Verträgen etwa *Sabathier*, Le droit de entreprises en difficulté après 30 ans, S. 303, 309; *Martin-Serf*, RJCom. novembre 1992, S. 8.

würde also Friktionen mit den Zielen des *droit des entreprises en difficulté* verursachen.

Jenseits einer Übertragung der Lösungen des Spezieskaufs scheint dieser Konflikt nach alldem kaum stimmig auflösbar: Entweder wird dem Verwalter die Inanspruchnahme einer für die Fortführung benötigten Leistung verweigert und hierdurch die Unternehmensfortführung im Verfahren gestört sowie der zivilrechtliche Erfüllungsbegriff denaturiert, oder aber es werden die Wertungen der Bestimmungen über die Fortsetzung von Verträgen unterlaufen und eine vorinsolvenzliche Kreditvergabe unattraktiver gemacht. Die entsprechende Anwendung dieses Zurückbehaltungsrechts gerät jedoch in Konflikt mit einem bisweilen angenommenen, nicht auf die *privilèges* beschränkten, *allgemeinen* Grundsatz der restriktiven Auslegung von Kreditsicherheiten und Befriedigungsvorrechten, der insbesondere auch ein Analogieverbot beinhalte.[279]

Denkt man die Lösung der *Cour de cassation*, die gerade im Kontext von Erfüllungswirkungen situiert ist, radikal zu Ende, muss man jedoch davon ausgehen, dass durch den angenommenen Eigentumsübergang Erfüllung eintritt, der Anspruch auf Auszahlung der Valuta also erloschen ist. Ein Anspruch auf tatsächliche Verschaffung der Valuta kann sich dann nur aus der *révendication* ergeben, wenn diese sich ausnahmsweise auf identifizierte Geldscheine richtet.

c) Einordnung und Stellungnahme

Dieses auch im Ergebnis diverse Meinungsspektrum und der Wandel der Rechtsprechung werfen die Frage auf, wie die in Anbetracht der Zielsetzungen der *procédures collectives* „überraschende"[280] jüngste Rechtsprechung der *Cour de cassation* und die korrespondierende Haltung in der Literatur zu erklären sind und ob diese Lösung trotz allem zu überzeugen vermag.

---

[279] Vgl. insbesondere *Théry/Gijsbers,* Droit des sûretés, Rn. 169; *M. Cabrillac/Mouly/S. Cabrillac/Pétel,* Droit des sûretés, Rn. 584, 609; siehe auch zum ideengeschichtlichen Hintergrund dieser These *Zerbo,* Privilèges, Rn. 26 ff., S. 25 ff.: Diese lässt sich auf die Annahme zurückführen, dass die Gläubigergleichbehandlung die Regel darstelle, Abweichungen hiervon (begründungsbedürftige) Ausnahmen, Ausnahmeregelungen aber stets eng auszulegen seien, a.a.O.; ausdrücklich in diesem Sinn auch *M. Cabrillac/Mouly/S. Cabrillac/Pétel,* Droit des sûretés, Rn. 609.

[280] Vgl. *Barbier,* RTDCiv. 2016, S. 369; *Sabathier,* Le droit des entreprises en difficulté après 30 ans, S. 303, 312.

aa) Fehlende Einschränkung als Versehen

Teilweise wird bereits bezweifelt, dass die *Cour de cassation* das Wahlrecht des Verwalters auf diese Weise habe beschneiden wollen und vorgebracht, eine solche Rechtsprechungsänderung sei nicht beabsichtigt gewesen.[281] Dafür spricht zwar, dass das Urteil ein Darlehen betraf, das bereits vollständig ausbezahlt war und nicht die Frage nach dem Bestehen eines Wahlrechts, sondern nach der Möglichkeit eines Vertragsübergangs in Rede stand, es auf die Frage nach dem Bestehen eines Auszahlungsanspruchs also nicht ankam.[282]

Allerdings fügt sich die Entscheidung bruchlos in die Rechtsprechung der *Cour de cassation* seit 2004 ein, nach der Kredite auch ohne vollständige Auszahlung nicht *en cours* seien[283] und Forderungen hieraus sämtlich bereits mit Vertragsschluss entstehen.[284] Darüber hinaus hat dieser Ansatz auch in der Literatur durchaus Zuspruch erfahren,[285] weshalb ein „Versehen" eher fernliegend erscheint.

bb) Der Darlehensvertrag als Realvertrag?

Erklären ließe sich dieses Urteil möglicherweise unter Deutung des *prêt* als Realvertrag, der erst mit Auszahlung der (vollständigen) Darlehenssumme zustande kommt, wie es der früher herrschenden Auffassung entspricht.[286] Vor Valutierung bestünde dann noch kein *contrat de prêt*, so dass ein Wahlrecht *insoweit* richtigerweise nicht in Betracht kommt.[287]

---

[281] *Barbier*, RTDCiv. 2016, S. 369; ähnlich *Ripert/Roblot/Delebecque/Binctin/Andreu*, Traité de droit des affaires¹⁸, Bd. IV, Rn. 678; *Stefania*, JCP E 2016, 1280.

[282] *Ripert/Roblot/Delebecque/Binctin/Andreu*, Traité de droit des affaires¹⁸, Bd. IV, Rn. 678; *Stefania*, JCP E 2016, 1280 schlägt vor, die Wendung „prêt consenti" in einem weiten Sinn zu verstehen, so dass sie auch die Auszahlung der vereinbarten Summe umfasst. Das bewegt sich zwar noch im Rahmen der möglichen Wortbedeutungen, widerspricht aber der üblichen Wortverwendung der *Cour de cassation*, die diese Wendung gerade auch für nicht ausgezahlte Summen verwendet; vgl. Cass. civ. 1re, 07.03.2006, n° 02-20.374, D. 2006, S. 886: „Le prêt qui n'est pas consenti par un établissement de crédit est un contrat réel qui suppose la remise d'une chose."

[283] Cass. com., 16.06.2004, n° 01-17.030.

[284] Cass. com., 11.02.2004, n° 01-11.654; vgl. zu dieser Einordnung auch Menjucq/Saintourens/Soinne/*Lebel*, Traité des procédures collectives, Rn. 1265.

[285] *Lienhard*, D. 2016, S. 423; *Lienhard*, Procédures collectives, Rn. 76.93; *Le Corre*, Procédures collectives, Rn. 431.291; siehe auch *Legeais*, Opérations de crédit, Rn. 1511, nach dem es sich hierbei sogar um die herrschende Auffassung handeln soll.

[286] So etwa noch Cass. civ. 1re, 20.07.1981, n° 80-12.529; vgl. hierzu die Nachweise in Fn. 252.

[287] *Coquelet*, Entreprises en difficulté, Rn. 255; *Pérochon*, Contentieux bancaire, S. 35, 42, Rn. 12; Menjucq/Saintourens/Soinne/*Lebel*, Traité des procédures collectives, Rn. 1265; a.A. wohl *Sabathier*, Le droit des entreprises en difficulté après 30 ans, S. 303, 310; *Le Corre*, Procédures collectives, Rn. 431.291.

Allerdings gehen Rechtsprechung und herrschende Auffassung in der Literatur seit einiger Zeit davon aus, dass es sich beim *prêt* um einen Konsensualvertrag handelt, der durch Willensübereinkunft zustande kommt.[288] Eine Erklärung der Entscheidung, die mit der übrigen Rechtsprechung in Einklang stünde, kann sich hieraus daher nicht ergeben. Im Übrigen entsteht auch bei einer Deutung des *prêt* als Realvertrag mit der Willensübereinkunft eine *promesse de prêt*,[289] aus der sich ein Anspruch des Kreditgebers auf Auszahlung der vereinbarten Summe ergibt.[290] Diese stellt einen *contrat en cours* i.S.d. Art. L. 621-13, 641-11-1 C. com. dar, der dem Optionsrecht des Verwalters unterliegt.[291] Eine Deutung als Realvertrag hätte damit allenfalls zur Konsequenz, dass sich der Bezugspunkt des Wahlrechts auf den dem *prêt* vorgelagerten Vorvertrag verschöbe, würde aber nicht dazu führen, dass der Kreditgeber vor einer Inanspruchnahme gefeit bliebe.[292]

---

[288] *Cass. civ. 1re*, 28.03.2000, n° 97-21.422; *Legeais*, Opérations de crédit, Rn. 121 ff. und die Nachweise in Fn. 252.

[289] *Grua/Cayrol*, JCl. Civil Code Art. 1874 – Fasc. unique, Rn. 37; *Pérochon*, Contentieux bancaire, S. 35, 42, Rn. 12; *Latina*, AJ contrat 2017, S. 209; *Legeais*, Opérations de crédit, Rn. 120; vgl. auch *Cattalano-Cloarec*, Contrat de prêt, Rn. 47, 53 S. 41, 44; *Larroumet/Bros*, Traité de droit civil, Bd. III, Rn. 267. Siehe bereits *CA Colmar*, 08.05.1845, DP 1846, 2, 219 f.

[290] *Legeais*, Opérations de crédit, Rn. 129; *Huet/Decocq/Grimaldi/Lécuyer*, Contrats spéciaux, Rn. 22129. Eine solche *promesse* ist der Durchsetzung im Wege der Zwangsvollstreckung aufgrund des Formerfordernisses der Übergabe aber nur insoweit zugänglich, als der Gläubiger einen Anspruch auf *dommages-intérêts*, nicht aber auf die Darlehenssumme selbst hat, so dass der Gläubiger bei einer Verweigerung der Valutierung keine Möglichkeit hat, die Darlehenssumme selbst zu erlangen, *Cass. civ. 1re*, 20.07.1981, n° 80-12.529; *Legeais*, Opérations de crédit, Rn. 120; *Grua*, D. 2003, S. 1492, 1494, Rn. 9; *Grua/Cayrol*, JCl. Civil Code Art. 1874 – Fasc. unique, Rn. 40; *Terré/Simler/Lequette/Chénedé*, Les obligations, Rn. 212; ablehnend *Huet/Decocq/Grimaldi/Lécuyer*, Contrats spéciaux, Rn. 22129, Fn. 46; anders noch *CA Colmar*, 08.05.1845, DP 1846, 2, 219, 220.

[291] *Pérochon*, Contentieux bancaire, S. 35, 42; Menjucq/Saintourens/Soinne/*Lebel*, Traité des procédures collectives, Rn. 1265; *Pérochon*, Entreprises en difficulté, Rn. 1191; vgl. für die *ouverture de crédit*, die als *promesse de prêt* eingeordnet wird, *Cass. com.*, 08.12.1987, n° 87-11.501.

[292] Bemerkenswert ist insoweit, dass die *Cour de cassation* auch in Zeiten, in denen die Einordnung des *prêt* als Realvertrag noch ständiger Rechtsprechung entsprach, bereit war, Kreditverträge, die noch nicht valutiert waren, dem Wahlrecht zu unterwerfen. Erklären ließe sich das entweder damit, dass auch hier eine *promesse de contracter* bestand und das Wahlrecht sich hierauf bezog, was aber Schwierigkeiten bereitet, weil man sich der zwangsweisen Durchsetzung derartiger Vorverträge traditionell verweigert (vgl. hierzu etwa *Grua/Cayrol*, JCl. Civil Code Art. 1892 à 1904 – Fasc. unique, Rn. 43) oder aber damit, dass die Rechtsprechung diese Konstruktionsfragen mit Rücksicht auf die Teleologie des Wahlrechts schlicht übergangen hat, was weiteres Zeichen des Primats des Unternehmenserhalts über die Gläubigerinteressen wäre.

cc) Zusammenspiel von Konsensualvertrag und sog. thèse volontariste

Auf Grundlage einer Deutung des *prêt* als Konsensualvertrag kann sich eine Begründung dieser Entscheidung möglicherweise aber aus dem Zusammenspiel mit der sog. *thèse volontariste* ergeben. Nach dieser entstehen die Forderungen aus einem Vertrag bereits im Zeitpunkt des Vertragsschlusses, wobei nur deren Durchsetzbarkeit aufgeschoben sein kann.[293] Geht man davon aus, dass ein Vertrag nur *en cours* ist, wenn er zur Neuentstehung von Forderungen nach Verfahrenseröffnung führen kann,[294] könnte es sich bei einem vor Verfahrenseröffnung abgeschlossenen *prêt* auf Grundlage der *thèse volontariste*[295] niemals um einen *contrat en cours* handeln.[296]

Die *thèse volontariste* ist mit den Regelungen über die Fortsetzung von Verträgen jedoch nicht vereinbar.[297] Denn dieser Ansatz hätte zur Folge, dass dem *administrateur* bzw. dem *liquidateur* bei allen vor Verfahrenseröffnung geschlossenen Verträgen das Optionsrecht zugunsten der Fortsetzung des Vertrages verwehrt bliebe.[298] Damit ist aber auch die Inanspruchnahme der wirtschaftlichen Vorteile aus dem Vertrag ausgeschlossen, was zu einem Leerlaufen des Wahlrechts insoweit führt[299] und dessen Zwecksetzungen evident zuwiderläuft.[300] Ein Ausschluss des Wahlrechts widerspräche auch der *lex lata*, die ein Wahlrecht gerade in diesen Konstellationen vorsieht,[301] und in Art. L. 622-13, 641-13 C. com. ausdrücklich davon ausgeht, dass der Anspruch auf die Gegenleistung des Vertragspartners erst im Zeitpunkt des Erbringens der Leistung entsteht.[302] Im Rahmen des *droit des entreprises en difficulté* ist daher nicht von einem Entstehen der Forderungen im Zeitpunkt des Vertrags-

---

[293] Vgl. *Boustani*, Les créanciers postérieurs, Rn. 72, S. 40 f.; *Boustani*, Contentieux bancaire, S. 63, 64, Rn. 4; *Endreo*, RTDCom. 1984, S. 223, 241; *Pérochon*, Entreprises en difficulté, Rn. 995 f.

[294] *Derrida*, D. 1992, S. 257, Rn. 5; vgl. auch *Derrida*, RJDA 1993, S. 399, 406, Rn. 28; siehe auch *Sabathier*, Le droit des entreprises en difficulté après 30 ans, S. 303, 310 f.

[295] Spezifisch für einen Kreditvertrag *Cass. com.*, 11.02.2004, n° 01-11.654.

[296] Vgl. *Cass. com.*, 16.06.2004, n° 01-17.030; siehe auch *Bouthinon-Dumas*, Le Banquier, Rn. 109, S. 98; Menjucq/Saintourens/Soinne/*Lebel*, Traité des procédures collectives, Rn. 1265.

[297] *Pérochon*, Contentieux bancaire, S. 35, 43 f.; *Pérochon*, Entreprises en difficulté, Rn. 996; *Boustani*, Les créanciers postérieurs, Rn. 96, S. 54.

[298] *Boustani*, Les créanciers postérieurs, Rn. 96, S. 54.

[299] *Boustani*, Les créanciers postérieurs, Rn. 95, S. 54; *Boustani*, Contentieux bancaire, S. 63, 69 f., Rn. 13.

[300] *Boustani*, Contentieux bancaire, S. 63, 69 f., Rn. 13; *Boustani*, Les créanciers postérieurs, Rn. 96, S. 54.

[301] *Boustani*, Les créanciers postérieurs, Rn. 157, S. 86 f.; vgl. auch *Le Corre*, D. 2009, S. 2172, 2174.

[302] *Boustani*, Contentieux bancaire, S. 63, 69 f., Rn. 12 f.; *Boustani*, Les créanciers postérieurs, Rn. 157, S. 86; *Henry*, RPC avril-mai-juin 2008, S. 20, 22, Rn. 7; im Ergebnis auch *Le Corre*, D. 2009, S. 2172, 2174.

schlusses, sondern erst in dem Zeitpunkt auszugehen, in dem der wirtschaftliche Leistungsaustausch stattfindet (sog. *thèse matérialiste*).[303] Auf dieser Grundlage können auch aus einem vor Verfahrenseröffnung geschlossenen *prêt* nach Verfahrenseröffnung Forderungen entstehen, da die Rückzahlungsforderung des Darlehensgebers hiernach erst mit Auszahlung entsteht. Die Haltung der jüngeren Rechtsprechung kann daher, ohne das Verwalterwahlrecht auszuhöhlen, nicht darauf gestützt werden, dass bei einem *contrat de prêt* keine für eine Erfüllungswahl tauglichen Ansprüche des Schuldners gegen den Kreditgeber bestünden.

dd) Zusammenspiel von Konsensualvertrag und Eigentumsübergang solo consensu

Eine Erklärung könnte sich auch aus dem Zusammenspiel von Konsensualvertrag und den Regeln über den Eigentumsübergang ergeben. Der Eigentumserwerb erfolgt im französischen Recht grundsätzlich – auch beim *prêt* – *solo consensu*, d.h. kraft Vertragsschlusses, ohne dass es weiterer Akte, etwa einer Übergabe, bedürfte, Art. 1893, 1196 C.C.[304] Dabei geht die *Cour de cassation* ausdrücklich davon aus, dass der Eigentumsübergang auch bezüglich der Valuta beim *prêt* durch Vertragsschluss und unabhängig von einer Auszahlung erfolge, so dass der *emprunteur* kraft Vertragsschluss Eigentümer der geschuldeten Summe werde.[305]

Auf dieser Grundlage könnte man erwägen, dass mit Eigentumsübergang das *objet du contrat*, also das wirtschaftliche Ziel des Vertrages,[306] bereits erreicht sei, weshalb der Vertrag nicht mehr *en cours* i.S.d. Art. L. 622-13, 641-11-1 C. com. sein könnte.[307] Herrschend wird darüber hinaus auch das *paie-*

---

[303] *Pérochon*, Contentieux bancaire, S. 35, 42; *Pérochon*, Entreprises en difficulté, Rn. 996; *Berthelot*, RPC mai-juin 2011, S. 84, 89, Rn. 37 f.; differenzierend *Boustani*, Contentieux bancaire, S. 63, 70, Rn. 14: Die *thèse matérialiste* sei nur dann anzuwenden, wenn nach Verfahrenseröffnung ein Leistungsaustausch stattfinde, von dem der Gläubiger profitiert habe; *Boustani*, Les créanciers postérieurs, Rn. 96, S. 54, Rn. 157, S. 86 f.

[304] *Larroumet/Mallet-Bricout*, Traité de droit civil, Bd. II, 373 f.; *Latina*, AJ contrat 2017, S. 209; a.A. für den *prêt de consommation Grua/Cayrol*, JCl. Civil Code Art. 1892 à 1904 – Fasc. Unique, Rn. 14.

[305] *Cass.*, 28.11.2016, pourvoi n° 16-70.009; ausdrücklich auch der dem Urteil zugrunde liegende Rapport *Vitse*, S. 21: „[…] [S]'agissant d'un prêt consenti par un professionnel, ce transfert de propriété s'opère dès l'échange des consentements."; so auch *Piédelièvre*, D. 2000, S. 482, 484; a.A. *Jobard-Bachellier*, D. 2001, S. 1615; *Latina*, AJ contrat 2017, S. 209; *Crocq*, RTDCiv. 2017, S. 197; *Sabathier*, Le droit des entreprises en difficulté après 30 ans, S. 303, 312; *Grua/Cayrol*, JCl. Civil Code Art. 1892 à 1904 – Fasc. Unique, Rn. 14, 44.

[306] *Terré/Simler/Lequette/Chénedé*, Les obligations, Rn. 355; *Cattalano-Cloarec*, Contrat de prêt, S. 116, 130; vgl. auch *Fabre-Magnan*, Droit des obligations, Rn. 604.

[307] So *Lienhard*, Procédures collectives, Rn. 76.93; ablehnend *Monsèrié*, Contrats, Rn. 174, S. 166.

ment der Geldschuld (*obligation monétaire*) und damit das Erlöschen der Verbindlichkeit an den Eigentumserwerb an der geschuldeten Geldsumme geknüpft.[308] Das hätte bei konsequenter Durchführung zur Folge, dass der Vertrag allein aufgrund des angenommenen Eigentumsübergangs *solo consensu* bereits als vollständig erfüllt anzusehen wäre.

ee) Weder paiement noch Verwirklichung des objet du contrat qua Vertragsschluss

Ansetzen muss eine Auseinandersetzung mit diesen Erklärungsansätzen in Ermangelung konkreter Vorgaben der Art. L. 621-13, 641-11-1 C. com. bei den Zwecksetzungen der *procédures collectives* und des Regimes der *contrats en cours*. Das *droit des entreprises en difficulté* ist nicht nur „Annex" des Zivilrechts im Sinne eines Vollstreckungsrechts, mit dem Ansprüche und zivilrechtliche Wertungen unter Knappheitsbedingungen durchgesetzt werden sollen. Vielmehr werden mit diesem in Gestalt des Erhalts des wirtschaftlichen Potentials der Unternehmen eigene, gegenüber dem Zivilrecht abweichende Zwecke verfolgt.[309] Ohne die Fortsetzung von Verträgen bzw. einer dahingehenden Option ist eine (auch vorläufige) Fortführung eines Unternehmens oder auch dessen geordnete Abwicklung dabei kaum möglich.[310] Zweck der Art. L. 622-13, 641-11-1 C. com. muss daher vor allem sein, dem Verwalter des Unternehmens, sei es als *administrateur*, sei es als *liquidateur*, zu ermöglichen, die noch nicht ausgeschöpften wirtschaftlichen Vorteile aus Verträgen in Anspruch zu nehmen, um damit die Sanierung des Unternehmens bzw. allgemein die Verwirklichung der Verfahrenszwecke zu fördern.[311] Das Konzept des *contrat en cours* erweist sich damit als stark pragmatisch geprägt[312] und zeugt von der Instrumentalisierung, die Verträge im Rahmen der *procédures collectives* er-

---

[308] *Carbonnier*, Droit civil, Bd. II, Rn. 925, S. 1928; vgl. *Terré/Simler/Lequette/Chénedé*, Les obligations, Rn. 354; eingehend hierzu *Le Gueut*, Le paiement de l'obligation monétaire, Rn. 32, S. 24 f.

[309] Eingehend oben, 2. Kapitel, B.IV, B.V, C.

[310] Roussel Galle/*Roussel Galle*, Entreprises en difficulté 360°, Rn. 686; *Roussel Galle*, RPC janvier-février 2009, S. 55: „[...] [L]'entreprise est en effet ‚logée et nourrie' par ses contrats dont le maintien est indispensable à sa survie et même à sa liquidation dans des bonnes conditions."; *Derrida*, RJDA 1993, S. 399; *Brunetti-Pons*, RTDCom. 2000, S. 783, 789.

[311] *Monsèrié*, Contrats, Rn. 163, S. 156; *Boustani*, Les créanciers postérieurs, Rn. 95, S. 54; vgl. Auch *Cattalano-Cloarec*, Contrat de prêt, Rn. 177, S. 125; *Sabathier*, Le droit des entreprises en difficulté après 30 ans, S. 303, 309; *Brunetti-Pons*, RTDCom. 2000, S. 783, 792.

[312] *Cattalano-Cloarec*, Contrat de prêt, Rn. 181, S. 130: „notion essentiellement pratique".

fahren:[313] Diese sind nicht mehr Mittel zur Verwirklichung der Parteiinteressen, sondern werden als Sanierungswerkzeuge instrumentalisiert und in den Dienst der Zwecke des Verfahrens gestellt und vom Willen der Parteien entkoppelt.[314] Der *liquidateur* bzw. der *administrateur* muss zur Verwirklichung dieser Verfahrenszwecke also die Möglichkeit haben, die versprochenen Leistungen, mithin den wirtschaftlichen Wert der Verträge, zu nutzen.[315]

Diese Teleologie legt nahe, dass ein Vertrag nicht mehr *en cours* sein kann, wenn dieser wirtschaftliche Vorteil bereits zugunsten des Unternehmens verwirklicht wurde. Das ist jenseits der vollständigen Erbringung der versprochenen Leistungen durch den Vertragspartner, die zum *paiement,* d.h. dem Erlöschen der Verbindlichkeit führt (vgl. Art. 1342 C.C.),[316] der Fall, wenn das wirtschaftliche Ziel des Vertrages, also das *objet du contrat*, bereits erreicht ist.[317] Allerdings führt der Abschluss eines Darlehensvertrages an sich richtigerweise weder zum *paiement* noch zur Verwirklichung des wirtschaftlichen Ziels des Vertrags (*objet du contrat*).

(1) Kein Eigentumsübergang solo consensu

Selbst wenn man die Eigentumsfähigkeit von Geld unterstellt,[318] kann allein der Abschluss eines Darlehensvertrages auch in einem Zivilrechtssystem, das den Eigentumsübergang grundsätzlich an die bloße Willensübereinkunft knüpft, noch nicht zu einem Eigentumserwerb des Darlehensnehmers an der

---

[313] *Derrida*, RJDA 1993, 399; *Boustani*, Les créanciers postérieurs, Rn. 95, S. 53 f.; *Lasserre Capdeville*, RD bancaire et financier novembre 2021, S. 82, 82, Rn. 1; *Sabathier*, Le droit des entreprises en difficulté après 30 ans, S. 303, 303; *Monsèrié*, Contrats, Rn. 13 ff. S. 19 ff. und passim.

[314] *Martin-Serf*, RJCom. novembre 1992, S. 8; *Monsèrié*, Contrats, Rn. 3 f., S. 5 f., Rn. 13 f., S. 19 ff., Rn. 148 ff., S. 143 ff.; *Boustani*, Les créanciers postérieurs, Rn. 95, S. 53 f.; *Derrida*, RJDA 1993, S. 399; *Sabathier*, Le droit des entreprises en difficulté après 30 ans, S. 303, 309; *Lasserre Capdeville*, RD bancaire et financier novembre 2021, S. 82, 82, Rn. 1.

[315] *Derrida*, RJDA 1993, S. 399, 399 f., Rn. 2; vgl. auch *Cattalano-Cloarec*, Contrat de prêt, Rn. 181-1 f., S. 129 f.; *Monsèrié*, Contrats, Rn. 176, S. 168.

[316] Statt aller *Fabre-Magnan*, Droit des obligations, Rn. 920.

[317] Vgl. *Lienhard*, Procédures collectives, Rn. 76.93.

[318] Die Eigentumsfähigkeit von „Geld" in seinen verschiedenen Erscheinungsformen wird verbreitet schlicht vorausgesetzt, wenn das *paiement* einer *obligation monétaire* an den Eigentumserwerb des Gläubigers geknüpft wird, ist aber umstritten. Vom Eigentum an Geldsummen geht nun auch Art. 2374 C.C. aus. Ausführlich zu dieser Frage *Le Gueut*, Le paiement de l'obligation monétaire, Rn. 123 ff, S. 84 f. und Rn. 250 ff., S. 173 ff., wonach die durch die „instruments monétaires" verkörperten „unités monétaires" eigentumsfähig seien; anders *Carbonnier*, Droit civil, Bd. II, Rn. Rn. 696, S. 1571 und Rn. 925, S. 1928, der die „instruments monétaires" für eigentumsfähig hält; ähnlich *Libchaber*, Recherches sur la monnaie, Rn. 173 ff., S. 139 ff.; wiederum anders *Grua*, D. 1998, chron. 259, 259 f., der die Eigentumsfähigkeit von Geld prinzipiell ablehnt.

geschuldeten Summe führen. Dieser wäre aber allein geeignet, hier das Eintreten der Erfüllungswirkung (*paiement*) oder die Verwirklichung des *objet du contrat* zu begründen. Daher folgt bereits aus dem Umstand, dass der Darlehensnehmer allein durch die Willensübereinkunft kein Eigentum erwirbt, dass weder Erfüllungswirkung eintritt, noch das *objet du contrat* erreicht wird.

Das französische Recht geht für den *contrat de prêt* als *contrat translatif de propriété*, der also zur Übereignung der Darlehenssumme führt, gem. Art. 1893, 1196 C.C. grundsätzlich vom Eigentumsübergang *solo consensu*, d.h. durch bloße Willensübereinkunft aus.[319] Dieses Prinzip gilt aber, wie sich bereits aus Art. 1196 al. 2 C.C. ergibt, nicht schrankenlos.[320] So kann ein Eigentumsübergang nur bezüglich eines *corps certain* erfolgen, also nur, wenn feststeht, welche Gegenstände übertragen werden sollen.[321] Bei Geld handelt es sich aber um eine sog. *chose de genre*,[322] die nur nach Maß, Zahl oder Gewicht bestimmt wird[323] und grundsätzlich untereinander austauschbar ist (sog. *chose fongible*).[324] Da der Darlehensgeber regelmäßig über eine größere Geldmenge als die geschuldete verfügen wird, steht nur kraft Vertragsschluss nicht fest, auf welche konkreten Gegenstände sich das Eigentum des Erwerbers beziehen soll.[325] Für einen Eigentumsübergang ist hier daher eine Individualisierung der zu übertragenden Gegenstände erforderlich, die regelmäßig in der Auszahlung der geschuldeten Summe liegt.[326] Der Vertragsschluss an sich kann folglich noch nicht zu einem Eigentumsübergang führen.[327]

---

[319] Vgl. die Nachweise in Fn. 304; kritisch zur praktischen Bedeutung und Legitimierbarkeit des Prinzips *Wester-Ouisse*, RTDCiv. 2013, S. 299, 300 ff.; vgl. auch *Jobard-Bachellier*, RTDCiv. 1985, S. 1, 8.

[320] *Carbonnier*, Droit civil, Bd. II, Rn. 771, S. 1700; *Jobard-Bachellier*, RTDCiv. 1985, S. 1, 8; *Latina*, AJ contrat 2017, S. 209; *Le Gueut*, Le paiement de l'obligation monétaire, Rn. 374 f., S. 249 f.

[321] *Carbonnier*, Droit civil, Bd. II, Rn. 771, S. 1700; *Malaurie/L. Aynès/Julienne*, Les biens, Rn. 91; *Larroumet/Mallet-Bricout*, Traité de droit civil, Bd. II, Rn. 384; *Latina*, AJ contrat 2017, S. 209; rechtsvergleichend *Del Corral*, EPLJ 3 (2014), S. 34, 39, Rn. 9.

[322] *Le Gueut*, Le paiement de l'obligation monétaire, Rn. 235 ff., S. 158 ff.; *Libchaber*, Recherches sur la monnaie, Rn. 125 ff., S. 100 ff.; *Latina*, AJ contrat 2017, S. 209; *Larroumet/Mallet-Bricout*, Traité de droit civil, Bd. II, Rn. 384.

[323] *Carbonnier*, Droit civil, Bd. II, Rn. 715, S. 1608; *Terré/Simler/Lequette/Chénedé*, Les obligations, Rn. 369; *Le Gueut*, Le paiement de l'obligation monétaire, Rn. 235, S. 158.

[324] *Le Gueut*, Le paiement de l'obligation monétaire, Rn. 232, S. 156.

[325] *Latina*, AJ contrat 2017, S. 209.

[326] *Latina*, AJ contrat 2017, S. 209; ähnlich *Sabathier*, Le droit des entreprises en difficulté après 30 ans, S. 303, 312; noch restriktiver *Le Gueut*, Le paiement de l'obligation monétaire, Rn. 381 ff., S. 252 ff., der für die Erfüllung einer *obligation monétaire* ausnahmslos die *traditio* der geschuldeten Geldeinheiten verlangt.

[327] *Grua/Cayrol*, JCl. Civil Code Art. 1892 à 1904 – Fasc. Unique, Rn. 14, 44; *Latina*, AJ contrat 2017, S. 209.

*(2) Verzerrung von objet du contrat und paiement –
funktionsloses „Eigentum"*

Selbst wenn man von einem Eigentumsübergang ausgehen wollte, vermag es jedoch nicht zu überzeugen, dass aus diesem Grund das *paiement* eintrete oder das *objet du contrat* erreicht werde. Wie gezeigt, liegt es auf Grundlage der Auffassung der *Cour de cassation* aber nahe, davon auszugehen, dass der Kreditnehmer zwar Eigentümer der geschuldeten Summe wäre, der Kreditgeber sich der tatsächlichen Auszahlung aber verweigern könnte.[328] Der Schuldner hätte zwar Eigentum an dem Geld, das für diesen jedoch völlig unbrauchbar wäre und keine der Funktionen erfüllte, die Geld zukommt,[329] da es weder zur Befriedigung seiner Gläubiger verwendet werden kann, noch eine Wertreserve darstellte.[330] Ziel des *prêt de consommation* ist jedoch gerade, dem Darlehensnehmer (*emprunteur*) die Verwendung und den Verbrauch des Geldes zur Befriedigung seiner Gläubiger zu ermöglichen.[331] Das erfordert jedoch in aller Regel die *tatsächliche* Herrschaft über die Valuta.[332] Das wirtschaftliche Ziel des Vertrages kann daher prinzipiell erst mit Auszahlung der geschuldeten Summe erreicht sein. Dementsprechend hat der *prêteur* nicht qua Vertragsschluss seine geschuldete Leistung vollständig erbracht, so dass auch kein *paiement* gegeben sein kann.[333]

ff) Wertungswiderspruch zur ouverture de crédit

Entzöge man den nicht ausbezahlten *prêt* dem Anwendungsbereich der Art. L. 622-13, 641-11-1 C. com., hätte dies auch einen Wertungswiderspruch zur *ouverture de crédit* zur Folge. Diese wird als *promesse de contracter* eingeordnet, deren Inanspruchnahme zum Entstehen eines *contrat de prêt* in Höhe der

---

[328] Siehe oben, 4. Kapitel, A.II.2.b) und vgl. *Ripert/Roblot/Delebecque/Binctin/Andreu*, Traité de droit des affaires[18], Bd. IV, Rn. 678; *Legeais*, Opérations de crédit, Rn. 1511.

[329] Vgl. zu den Funktionen von Geld *Carbonnier*, Droit civil, Bd. II, Rn. 688, S. 1560 ff.; *Le Gueut*, Le paiement de l'obligation monétaire, Rn. 395, S. 260; aus deutscher Sicht *Omlor*, Geldprivatrecht, S. 50 ff.

[330] Vgl. *Le Gueut*, Le paiement de l'obligation monétaire, Rn. 395, S. 260 zur Zweckfreiheit von vom Besitz am Geld entkoppelten Geldeigentum.

[331] *Cattalano-Cloarec*, Contrat de prêt, Rn. 182, S. 130.

[332] Vgl. *Le Gueut*, Le paiement de l'obligation monétaire, Rn. 395, S. 259 f.

[333] Ähnlich *Legeais*, Opérations de crédit, Rn. 1511: „[…] [L]e contrat est en cours dans la mésure où il est formé sans avoir été executé."; dem zustimmend *Lasserre Capdeville*, RD bancaire et financier novembre 2021, S. 82, 84 f., Rn. 23; *Ripert/Roblot/Delebecque/Binctin/Andreu*, Traité de droit des affaires[18], Bd. IV, Rn. 678. Das entspricht im Übrigen der Rechtsprechung zu Überweisungen, bei welchen die Rechtsprechung davon ausgeht, dass *paiement* eintrete, wenn die Bank des Begünstigten die Summe erhalten habe (*Cass. com.*, 03.02.2009, n° 06-21.184), die bloße Einigung insoweit also nicht genügen lässt, vgl. *Le Gueut*, Le paiement de l'obligation monétaire, Rn. 381, S. 252.

ausbezahlten Summe führt.[334] Diese *promesse de prêt* soll immer ein *contrat en cours* i.S.d. Art. L. 622-13, 641-11-1 C. com. sein, wenn die zugesagte Summe noch nicht vollständig ausbezahlt wurde.[335]

Zweck der Art. L. 622-13, 641-11 C. com. ist gerade, dem Verwalter die Möglichkeit zu gewähren, noch nicht ausgeschöpfte wirtschaftliche Vorteile in Anspruch zu nehmen, um so die Sanierung des Unternehmens bzw. den Verfahrensablauf zu fördern.[336] Vor diesem Hintergrund kann es auf die konstruktive Einordnung des jeweiligen Vertrages nicht ankommen. Entscheidend kann nur sein, ob aus dem Vertrag für den Schuldner noch ein wirtschaftlicher Vorteil zu erwarten ist. Das ist aber sowohl bei einem *prêt* als auch bei einer *ouverture de crédit* der Fall, wenn diese noch nicht vollständig ausgeschöpft sind. Warum die *ouverture de crédit* als Vertrag, der auf die Auszahlung einer Geldsumme gerichtet ist, dem Wahlrecht unterliegen soll, wenn der wirtschaftliche Zweck des Vertrages nicht erreicht ist bzw. die versprochene Leistung noch nicht erbracht wurde, das beim *prêt* aber nicht der Fall sein soll, ist vor diesem Hintergrund nicht einzusehen.[337]

d) Fazit

Eine an den Zwecken der *procédures collectives* ausgerichtete Auslegung der Art. L. 622-13, 641-11-1 C. com., die auch zivilrechtlichen Konzepten gerecht wird, muss daher dazu führen, dass der Verwalter noch ausstehende wirtschaftliche Vorteile aus dem *prêt* in Anspruch nehmen kann. Es muss im Verfahren also möglich sein, die Valuta dergestalt zu erhalten, dass auch eine Nutzung dieser Summe zur Befriedigung der Gläubiger des *emprunteur* möglich ist. Wie gezeigt ist das nicht kraft Vertragsschlusses der Fall, sondern erfordert die tatsächliche Auszahlung der Summe. Folglich muss der Vertrag immer *en cours* sein, wenn die Valuta noch nicht ausgezahlt ist. Ist die vereinbarte Summe hingegen bereits vollständig ausbezahlt worden, kann das nicht gelten, weil sich für den *emprunteur* aus dem Vertrag kein wirtschaftlicher Vorteil mehr ergeben kann, dem ihm die Regeln der *procédures collectives* nicht ohnehin schon

---

[334] *Cass. com.*, 21.01.2004, n° 01-01.129; 02.12.2014, n° 13-10.739; *Cattalano-Cloarec*, Contrat de prêt, Rn. 70 f., S. 53, Rn. 180, S. 128; *Lasserre Capdeville/Storck/Mignot/Kovar/ Éréséo*, Droit bancaire, Rn. 1661; *Lasserre Capdeville*, RD bancaire et financier novembre 2021, S. 82, 85, Rn. 24.

[335] *Cass. com.*, 08.12.1987, n° 87-11.501; *Legeais*, Opérations de crédit, Rn. 1511; *Lasserre Capdeville*, RD bancaire et financier novembre 2021, S. 82, 85, Rn. 26 ff.; *Derrida*, D. 1992, S. 257, Rn. 6; *Derrida*, RJDA 1993, S. 399, 405, Rn. 26; *Cattalano-Cloarec*, Contrat de prêt, Rn. 180, S. 128.

[336] Siehe oben, 4. Kapitel, A.II.2.c)ee).

[337] Vgl. aber auch *Sabathier*, Le droit des entreprises en difficulté après 30 ans, S. 303, 311, die mit Recht feststellt, dass diese Unterscheidung bei isoliert zivilrechtlicher Betrachtung eine gewisse Berechtigung hat. Eine solche Betrachtung würde den Zwecksetzungen des *droit des entreprises en difficulté* freilich nicht gerecht.

verschaffen.³³⁸ Demgegenüber scheint die *Cour de cassation* in jüngster Zeit davon auszugehen, dass ein *prêt* nie dem Wahlrecht des Verwalters unterliegt. Das stellt sich nicht nur aus rein zivilistischer Perspektive als wenig überzeugend dar, sondern erweist sich auch aus der stark pragmatischen Perspektive des *droit des entreprises en difficulté* als dysfunktional.

3. Die Einbindung in ein Kontokorrent als Hindernis für eine Fortsetzung?

Regelmäßig werden Kredite jedoch kontokorrentgebunden gewährt sein. Es stellt sich daher auch für das französische Recht die Frage, welchen Einfluss die Kontokorrentbindung auf die Kreditbeziehung im Fall der Eröffnung einer *procédure collective* hat.

a) Vereinbarkeit der Fortsetzung mit den Prinzipien der *procédures collectives*

Bis zur Reform von 1985 war allgemein anerkannt, dass der *compte courant* aufgrund des auch hier gegebenen *intuitus personae* mit der Verfahrenseröffnung enden müsse.³³⁹ Dies stellt seit der Reform von 1985 zwar kein Hindernis mehr dar, die Möglichkeit einer Fortsetzung des *compte courant* wurde vor allem unmittelbar nach der Reform von 1985 dennoch verschiedentlich bestrit-

---

³³⁸ *Cattalano-Cloarec*, Contrat de prêt, Rn. 181 f., S. 129 f. unter unzutreffender Berufung auf *Derrida*, RJDA 1993, S. 399. Die diesem zugeschriebene Formel, wonach für die Einordnung eines Vertrages als *en cours* erforderlich sei, dass der Insolvenzschuldner noch eine Leistung aus dem Vertrag zu erwarten habe („il est nécessaire que le débiteur ait encore quelque chose à attendre du contrat") stammt nicht von *Derrida*, findet sich aber u.a. bei *Le Cannu/Robine*, Entreprises en difficulté, Rn. 661; ähnlich *Vallansan*, BJE janvier 2019, S. 43, 44; *Sabathier*, Le droit des entreprises en difficulté après 30 ans, S. 303, 310; *Saint-Alary-Houin/Monsèrié-Bon/Houin-Bressand*, Entreprises en difficulté, Rn. 613; *Menjucq/Saintourens/Soinne/Lebel*, Traité des procédures collectives, Rn. 1265. Relevant wird die Einschränkung auf Vorteile, die die Verfahrensregeln dem Insolvenzschuldner nicht ohnehin verschaffen, bei der fortgesetzten Nutzbarkeit der bereits ausgezahlten Summe über den vereinbarten Darlehenszeitraum. Das ist zwar ein wirtschaftlicher Vorteil, der sich aus dem *contrat de prêt* ergibt. Diesen erhält der *emprunteur* aber auch ohne eine Option zugunsten der Fortsetzung des Vertrages, da eine Rückzahlung dieser Summe vor Beendigung des Verfahrens gegen das Befriedigungsverbot aus Art. 622-7 C. com. verstieße und die zwangsweise Durchsetzung durch den Kreditgeber am *arrêt des poursuites* scheitert, *Cattalano-Cloarec*, Contrat de prêt, Rn. 181 f., S. 128 ff.

³³⁹ Vgl. etwa *Cass. civ. 1re*, 17.06.1975, n° 74-12.145; *Ripert/Roblot*, Traité élémentaire⁹, Rn. 3066, 2347; *Escarra*, Droit commercial, Rn. 1562; *Percerou/Desserteaux*, Des faillites & banqueroutes, Bd. II, Rn. 882. Siehe aber auch *CA Colmar*, 28.11.1972, RTDCom. 1973, 875 und *CA Paris*, 22.01.1979, RTDCom. 1979, 790, wonach die Eröffnung einer *procédure des suspension provisoire des poursuites* nicht zum Erlöschen des Kontokorrents führe.

ten.³⁴⁰ Vereinzelt wurde insoweit vorgebracht, eine Fortsetzung sei mit dem Willen der Parteien nicht zu vereinbaren und müsse daher von vornherein ausscheiden.³⁴¹ Allerdings ist die Fortsetzung von Verträgen gem. Art. L. 622-13, 641-11-1 C. com. nicht in das Belieben der Parteien gestellt, so dass sich aus dem entgegenstehenden Willen der Parteien kein Hindernis für die Fortsetzung ergibt.³⁴²

Eine unveränderte Fortsetzung hätte jedoch zur Folge, dass nach Verfahrenseröffnung entstandene Forderungen zusammen mit vorinsolvenzlichen Forderungen in den *compte courant* eingestellt und verrechnet würden und so gegen das Verbot der Befriedigung dieser Forderungen aus Art. 622-17-1 al. 1 C. com (i.V.m. Art. L. 641-11-1 al. 1 C. com.). verstoßen würde.³⁴³ Dieser Verstoß ließe sich aber dadurch vermeiden, dass zum Tag des *jugement d'ouverture* ein sog. *solde provisoire* gebildet wird, der alle bis dahin entstandenen Posten enthält, während Rechnungsposten, die nach der Verfahrenseröffnung entstehen, in einem sog. *compte bis* miteinander verrechnet werden; hierdurch würde eine Verrechnung mit Posten, die vor Verfahrenseröffnung entstanden sind, ausgeschlossen.³⁴⁴

Gegen eine solcherart modifizierte Fortsetzung wurde jedoch eingewandt, sie führe nicht nur zu einer zeitlichen Spaltung, sondern verändere die Funktionsweise des *compte courant* und folglich die Wirkungen der vertraglichen Vereinbarung.³⁴⁵ Denn ein etwaiger positiver Saldo vor Verfahrenseröffnung könne nun nicht mehr als Sicherheit für Vorgänge nach der Verfahrenseröffnung dienen.³⁴⁶ Zuzugeben ist, dass der vertragliche Wille der Parteien insoweit nicht beachtet wird.³⁴⁷ *Nach* Verfahrenseröffnung wird der *compte courant* allerdings genauso fortgesetzt wie von den Parteien vereinbart; es wird den Parteien schlicht die Berufung auf eine Wirkung desselben versagt, die mit

---

³⁴⁰ *Campana*, Banque 1986, S. 952, 953 ff.; *Anselme-Martin*, RD bancaire 1997, S. 55, 60 ff., Rn. 20 ff.; *D. Martin*, RJCom. 1985, S. 281, 283 ff., Rn. 7 ff.; *Crédot/Gérard*, RD bancaire 1987 Nr. 1, S. 14, 16 f.; kritisch auch *M. Cabrillac*, JCP E 1986, I-15579, Rn. 13 ff.
³⁴¹ *Campana*, Banque 1986, S. 952, 957.
³⁴² *Derrida*, D. 1987, som. 93, 97; *Soinne*, GP 1988, doctrine 128, Rn. 1.
³⁴³ *Campana*, Banque 1986, S. 952, 953; *D. Martin*, RJCom. 1985, S. 281, 283, Rn. 8; *Anselme-Martin*, RD bancaire 1997, S. 55, 63; *Crédot/Gérard*, RD bancaire 1987 Nr. 1, S. 14, 16; *Pérochon*, Entreprises en difficulté, Rn. 1229; *Le Corre*, Procédures collectives, Rn. 434.111; vgl. zur Funktionsweise des *compte-courant Bonneau*, Droit bancaire, Rn. 505 ff.; *Lasserre Capdeville/Storck/Mignot/Kovar/Éréséo*, Droit bancaire, Rn. 878 ff.
³⁴⁴ *Cass. com.*, 08.12.1987, n° 87-11.501; *Pérochon*, Contentieux bancaire, S. 35, 52; *Pérochon*, Entreprises en difficulté, Rn. 1229; *Roussel Galle/Roussel Galle*, Entreprises en difficulté 360°, Rn. 699; *Le Corre*, Procédures collectives, Rn. 434.111.
³⁴⁵ *Campana*, Banque 1986, S. 952, 956; *Anselme-Martin*, RD bancaire 1997, S. 55, 63.
³⁴⁶ *Campana*, Banque 1986, S. 952, 956; *Anselme-Martin*, RD bancaire 1997, S. 55, 63; vgl. auch *M. Cabrillac*, JCP E 1986, I-15579, Rn. 18; *Martin-Serf*, RJCom. novembre 1992, S. 8, 16: Es handle sich nur um eine scheinbare Fortsetzung.
³⁴⁷ *Derrida*, D. 1987, som. 93, 97.

den Vorschriften der *procédures collectives* unvereinbar ist.[348] Dass derartige Veränderungen bezüglich der Erfüllung der Verträge hinzunehmen sind, ergibt sich jedoch bereits aus den Art. L. 622-13, 641-11-1 C. com., die die unmodifizierte Erfüllung des Vertrages nur für den Zeitraum nach Verfahrenseröffnung anordnen. Bezüglich zuvor entstandener Ansprüche wird der Vertragspartner hingegen auf die Anmeldung zum *passif* verwiesen und ihm die Berufung auf die *exception d'inexécution* wegen der Nichterfüllung des Vertrags vor der Verfahrenseröffnung versagt (Art. L. 622-13, I, al. 2, 641-11-1, I, al. 2 C. com.). Somit ist die „Spaltung" schlicht Folge der gesetzlichen Konzeption. Im Übrigen entspricht diese auch der Zielsetzung des Verfahrens sowie der Art. L. 622-13, 641-11-1 C. com., das *réseau contractuel* zu erhalten und die Inanspruchnahme des hieraus resultierenden wirtschaftlichen Potentials zur Verwirklichung der Verfahrensziele zu ermöglichen.[349]

b) Fortsetzung auch in der liquidation judiciaire?

Nicht gelten soll das nach verbreiteter Auffassung aber in der *liquidation judiciaire*, da mit dem Entfallen der Sanierungsaussichten auch die Rechtfertigung für diese Eingriffe in die Vereinbarung der Parteien fortfalle.[350]

Diese Auffassung mag vor Einführung des Art. L. 641-11-1 C. com. im Jahr 2008,[351] bis zu welchem Zeitpunkt die Fortsetzung von Verträgen in der *liquidation judiciaire* noch keine ausdrückliche gesetzliche Grundlage hatte und auf einer entsprechenden Anwendung des Art. L. 622-13 C. com. (bzw. seiner Vorgängernormen) beruhte,[352] eine gewisse Berechtigung gehabt haben. Die Beendigung des *compte courant* aufgrund der Eröffnung der *liquidation judiciaire* ist jedoch mit Art. R. 641-37 C. com., der vorsieht, dass der *liquidateur* die Konten des Schuldners unter seiner Unterschrift nutzen kann und folglich

---

[348] *Pérochon*, Contentieux bancaire, S. 35, 52; ähnlich *Le Corre*, Procédures collectives, Rn. 434.111; *Derrida*, D. 1987, som. 93, 97.

[349] Vgl. *Bouthinon-Dumas*, Le Banquier, Rn. 98, S. 88; *M. Cabrillac*, JCP E 1986, I-15579, Rn. 15; vgl. auch die ausdrückliche Inbezugnahme von Art. 1 L.1985 bei *Cass. com.*, 08.12.1987, n° 87-11.501.

[350] *Cass. com.*, 13.12.2016, n° 14-16.037; 11.06.2003, n° 00-12.382; 14.05.2002, n° 98-21.521; 20.01.1998, n° 95-17.836; *Lasserre Capdeville/Storck/Mignot/Kovar/Éréséo*, Droit bancaire, Rn. 909; *Derrida*, D. 1987, som. 93, 97; *M. Cabrillac*, RTDCom. 1998, S. 393; *Le Corre*, Procédures collectives, Rn. 434.111; *Ripert/Roblot/Delebecque/Binctin/Andreu*, Traité de droit des affaires[18], Bd. IV, Rn. 680; *Ripert/Roblot/Germain/Delebecque/Binctin/Andreu*, Traité de droit des affaires[18], Bd. III, Rn. 157.

[351] Ordonnance n°2008-1345 du 18 décembre 2008, JO n°0295 du 19 décembre 2008.

[352] Vgl. *Roussel Galle*, RPC janvier-février 2009, S. 55, 59 f. und die Nachweise in Fn. 205.

deren Fortbestehen voraussetzt, kaum zu vereinbaren.[353] Spätestens seit Schaffung des Art. L. 641-11-1 C. com., der die Fortsetzung von Verträgen auch in der *liquidation judiciaire* ohne Ausnahme anordnet, steht diese Auffassung in direktem Widerspruch zur *lex lata*.[354] Unvereinbar ist dieser Ansatz schließlich auch mit dem selbst in der *liquidation judiciaire* noch verfolgtem Ziel des Erhalts des wirtschaftlichen Potentials des Unternehmens und der Arbeitsplätze, dessen Verwirklichung ohne die Fortsetzung der Bankkonten jedenfalls erschwert würde.[355]

c) Keine indivisibilité: Die Teilbarkeit von Kreditbeziehung und Kontokorrent

Selbst wenn man von einem Ende des *compte courant* mit Eröffnung der *liquidation judiciaire* ausgeht, kann dies angesichts des klaren Wortlauts des Art. L. 641-11-1 C. com. („*aucune indivisibilité*") aber nicht dazu führen, dass ein mit dem *compte courant* verbundener Kreditvertrag (als *ouverture de crédit* oder als *prêt*) als unteilbarer Bestandteil des *compte courant* dessen Schicksal teilt.[356] Aus der Verbindung mit dem *compte courant* kann sich demnach kein Schutz vor einer Auszahlung eines versprochenen Kredits ergeben. Dieser müsste vielmehr als Endfälligkeitsdarlehen fortgesetzt werden. Die zeitliche Spaltung des *compte courant* stellt sich vor diesem Hintergrund demnach als kleinerer Eingriff in die vertragliche Vereinbarung dar, da der Kreditvertrag zumindest für den Zeitraum nach Verfahrenseröffnung entsprechend der ursprünglichen Funktionsweise fortgesetzt würde.

---

[353] *Pérochon*, Contentieux bancaire, S. 35, 54 f., Rn. 38; *Pérochon*, Entreprises en difficulté, Rn. 2051; vgl. auch *Sabathier*, Le droit des entreprises en difficulté après 30 ans, S. 303, 307; *Bouthinon-Dumas*, Le Banquier, Rn. 99, S. 89.

[354] *Pérochon*, Contentieux bancaire, S. 35, 54; vgl. *Roussel Galle*, RPC janvier-février 2009, S. 55, 61.

[355] *Roussel Galle*, RPC septembre 2003, S. 240, 241; i.E. auch *Bonneau*, Droit bancaire, Rn. 535, der darauf abstellt, dass Art. 1844-7 C.C. für das Ende der *société* nicht mehr an die Eröffnung, sondern an die *clôture* der *liquidation judiciaire* anknüpft; vgl. auch *Sabathier*, Le droit des entreprises en difficulté après 30 ans, S. 303, 308.

[356] *Derrida*, D. 1987, som. 93, 97; *D. Martin*, RJCom. 1985, S. 281, 285 f., Rn. 13 f.; a.A. *M. Cabrillac*, JCP E 1986, I-15579, Rn. 14.

4. Das Kündigungsrecht aus Art. L. 313-12 C.mon.fin.

Allerdings sieht Art. L. 313-12 al. 2 C.mon.fin. ein Recht des *établissement de crédit*[357] zur fristlosen Kündigung von Finanzierungen insbesondere vor, wenn sich der Kreditnehmer in einer *situation irrémédiablement compromise* befindet.[358] Auf dieser Grundlage kann sich der Kreditgeber hier unter Umständen also trotz allem einer Inanspruchnahme entziehen.

a) Anwendbarkeit trotz Art. L. 622-13-I, 641-11-1, I C. com.

Nicht unproblematisch ist jedoch bereits die Anwendbarkeit dieser Bestimmung nach Eröffnung einer *procédure collective*. Denn die Art. L. 622-13, I, 641-11-1, I C. com. schließen nicht nur Kündigungen von Verträgen nach Verfahrenseröffnung aufgrund der Nichterfüllung von Geldschulden vor Verfahrenseröffnung aus,[359] sondern schlagen Gläubigern des Insolvenzschuldners auch Kündigungsrechte aus der Hand, die an die Eröffnung einer *procédure collective* anknüpfen. Das ist insbesondere durch die Rechtsprechung auf Kündigungsgründe erstreckt worden, die zwar nicht die Verfahrenseröffnung selbst zum Kündigungsgrund erheben, mit dieser aber eng verbunden sind.[360]

Art. L. 313-12 C.mon.fin. knüpft zwar nicht ausdrücklich an die Insolvenzsituation an, gewährt in der Sache jedoch bei irreversiblen Insolvenzsituationen ein gesetzliches Recht zur fristlosen Kündigung von Kreditverträgen und gerät demnach in Konflikt mit den Kündigungsausschlüssen der Art. L. 622-13-I,

---

[357] Zum Begriff siehe die Legaldefinition in Art. L. 511-1-I C. mon. fin.: „Les établissements de crédit sont les personnes morales dont l'activité consiste, pour leur propre compte et à titre de profession habituelle, à recevoir des fonds remboursables du public mentionnés à l'article L. 312-2 et à octroyer des crédits mentionnés à l'article L. 313-1." und die in Art. L. 511-9 al. 1 C.mon.fin. aufgezählten Typen der établissements de crédit: „Les établissements de crédit sont agréés en qualité de banque, de banque mutualiste ou coopérative, d'établissement de crédit spécialisé ou de caisse de crédit municipal."

[358] Art. L. 311-12 al. 2 C. mon. fin.: „L'établissement de crédit ou la société de financement n'est pas tenu de respecter un délai de préavis, que l'ouverture de crédit soit à durée indéterminée ou déterminée, en cas de comportement gravement répréhensible du bénéficiaire du crédit ou au cas où la situation de ce dernier s'avérerait irrémédiablement compromise."

[359] *Saint-Alary-Houin/Monsèrié-Bon/Houin-Bressand*, Entreprises en difficulté, Rn. 626; *Pérochon*, Entreprises en difficulté, Rn. 1197 ff.; *Vallansan*, JCl. Proc. Coll. Fasc. 2335, Rn. 30 f. Unberührt bleiben sollen hingegen Kündigungsrechte, die an andere vorinsolvenzliche Pflichtverletzungen als die Nichterfüllung einer Geldschuld anknüpfen, so insbesondere *Cass. com.*, 28.05.1996, n° 93-16.125; an dieser Einschränkung, die auf eine Parallele zu Art. L. 622-21 C. com. gestützt wird, zweifelnd *Ripert/Roblot/Delebecque/Binctin/Andreu*, Traité de droit des affaires[18], Bd. IV, Rn. 682.

[360] *Cass. com.*, 14.01.2014, n° 12-22.909; 02.03.1993, n° 90-21.849 (Anknüpfung an die cessation des paiements); *Lucas*, Droit de la faillite, Rn. 274; *Le Cannu/Robine*, Entreprises en difficulté, Rn. 668; *Pérochon*, Contentieux bancaire, S. 35, 49, Rn. 26.

641-11-1, I C. com. Ein Ausschluss auch dieses Kündigungsrechts würde bei unbefristeten Krediten jedoch zu unkündbaren Vertragsverhältnissen führen.[361] Das scheint mit Rücksicht auf die Vertragsfreiheit des Kreditgebers und die negativen Auswirkungen, die dies auf die Bereitschaft potentieller Kreditgeber hätte, außerhalb von Verfahren einen Kredit zu gewähren,[362] selbst im Rahmen der *procédures collectives* problematisch.[363] Daher hatten sich Rechtsprechung und Literatur bereits früh auf den Standpunkt gestellt, dass Art. L. 313-12 C.mon.fin. bzw. dessen Vorgängernorm neben dem Optionsrecht des Verwalters anwendbar sein müsse.[364] Den allzu offenen Widerspruch zu Art. L. 622-13, 641-11-1 C. com. sucht man stattdessen durch restriktive Handhabung des Art. L. 313-12 C.mon.fin. zu vermeiden.

b) Voraussetzungen und Rechtsfolgen

Aus Art. L. 313-12 al. 1 C.mon.fin. ergibt sich zunächst ein Kündigungsrecht für sämtliche *concours,* welches allein den Ablauf einer Frist von mindestens 60 Tagen voraussetzt und damit bei Eröffnung einer *liquidation judiciaire* ohne Weiteres eine Kündigung ermöglicht. Das Erfordernis des Fristablaufs führt jedoch dazu, dass der *liquidateur* den Kredit in diesem Zeitraum noch in Anspruch nehmen kann.[365] Ein wirksamer Schutz vor einer Inanspruchnahme im Rahmen der *liquidation judiciaire* kann sich aus dieser Kündigungsmöglichkeit daher nicht ergeben. Allerdings besteht gem. Art. L. 313-12 al. 2 C.mon.fin. im Falle des *comportement gravement répréhensible* sowie bei einer *situation irrémédiablement compromise* ein fristloses Kündigungsrecht, mit dem sich ein Kreditgeber folglich auch der Inanspruchnahme durch den *liquidateur* entziehen könnte.

aa) Erfasste Kredite

Begrenzt wird die Reichweite der durch Art. L. 313-12 C.mon.fin. eingeräumten Kündigungsrechte zunächst bezüglich der erfassten Kredite.

---

[361] *M. Cabrillac*, JCP E 1986, I-15579, Rn. 5; vgl. auch *Lasserre Capdeville*, Mélanges AEDBF VI, S. 313, 313, Rn. 2.

[362] Vgl. *Vasseur*, Banque 1986, S. 630, 632.

[363] *Vasseur*, Banque 1986, S. 630, 632.

[364] *Sabathier*, Le droit des entreprises en difficulté après 30 ans, S. 303, 308 f.; *Lasserre Capdeville*, Mélanges AEDBF VI, S. 313, 329 f., Rn. 61 f.; vgl. zur Vorgängernorm Art. 60 loi bancaire Cass. com., 08.12.1987, n° 87-11.501; 01.10.1991, n° 89-13.127; 02.03.1993, n° 91-10.181.

[365] Vgl. *Gavalda/Stoufflet*, Droit Bancaire, Rn. 613.

(1) Art der Kredite

Gewisse Unsicherheiten verursacht bezüglich der Art der erfassten Kredite zunächst, dass sich das Recht zur fristlosen Kündigung aus Art. L. 313-12 al. 2 C.mon.fin. nach seinem Wortlaut nur auf die „*ouverture de crédit*" bezieht. Das ordentliche Kündigungsrecht des Art. L. 313-12 al. 1 C.mon.fin. besteht nach seinem Wortlaut hingegen für „*tout concours [...] qu'un établissement de crédit [...] consent*". Der Begriff des *concours* umfasst nicht nur Gelddarlehen, sondern Kreditgeschäfte aller Art.[366] Das hätte bei wortlautgetreuer Anwendung zur Folge, dass nur *ouvertures de crédit* fristlos gekündigt werden könnten, während für alle übrigen Kreditierungen stets eine Frist von mindestens 60 Tagen zu beachten wäre.[367] Für eine solche Differenzierung gibt es in der Sache jedoch keinen Grund, weshalb Art. L. 313- 12 al. 2 C.mon.fin. als allgemeine Ausnahme vom Fristsetzungserfordernis in den dort genannten Situationen („*comportement gravement répréhensible*" oder „*situation irrémédiablement compromise*") zu verstehen und die Beschränkung auf *ouvertures de crédit* als Redaktionsversehen des Gesetzgebers einzuordnen ist.[368]

(2) Kredite auf bestimmte oder unbestimmte Zeit

Weiter eingegrenzt wird der Anwendungsbereich des Kündigungsrechts dadurch, dass sich die fristgemäße Kündigung auf Grundlage des Art. L. 313-12 al. 1 C.mon.fin. nur auf *concours à durée indéterminée autres qu'occasionnels* bezieht, d.h. auf permanente Kredite, die auf unbestimmte Zeit gewährt sind.[369] Befristete Kredite scheiden damit aus dem Anwendungsbereich des Art. L. 313-12 al. 1 C. com. aus.[370] Das fristlose Kündigungsrecht des Art. L. 313-12 al. 2 C.mon.fin. erfasst hingegen sowohl Kreditierungen auf bestimmte als auch auf unbestimmte Zeit, so dass fristlose Kündigungen auch bei Kreditierungen möglich sind, die von vornherein nur auf bestimmte Zeit gewährt sind.[371] Aufgrund der Beschränkung auf permanente Kreditierungen sollen insbesondere auch geduldete Kontenüberziehungen, die einen nur gelegent-

---

[366] *Bonneau*, Droit bancaire, Rn. 923; *Lasserre Capdeville/Storck/Mignot/Kovar/Éréséo*, Droit bancaire, Rn. 1746.

[367] *Lasserre Capdeville/Storck/Mignot/Kovar/Éréséo*, Droit bancaire, Rn. 1746; *Lasserre Capdeville*, Mélanges AEDBF VI, S. 313, 317 f., Rn. 18.

[368] *Lasserre Capdeville/Storck/Mignot/Kovar/Éréséo*, Droit bancaire, Rn. 1746 f.; *Bonneau*, Droit bancaire, Rn. 923; *Lasserre Capdeville*, Mélanges AEDBF VI, S. 313, 318, Rn. 20; *Gavalda/Stoufflet*, Droit Bancaire, Rn. 613.

[369] Allgemeine Auffassung, vgl. etwa *Lasserre Capdeville/Storck/Mignot/Kovar/Éréséo*, Droit bancaire, Rn. 1750; *Lasserre Capdeville*, Mélanges AEDBF VI, S. 313, 319, Rn. 25.

[370] *Lasserre Capdeville*, Mélanges AEDBF VI, S. 313, 319, Rn. 22.

[371] *Cass. com.*, 24.03.2015, n° 13-16.076; *Lasserre Capdeville/Storck/Mignot/Kovar/Éréséo*, Droit bancaire, Rn. 1748 f.; *Gavalda/Stoufflet*, Droit Bancaire, Rn. 615; *Lasserre Capdeville*, Mélanges AEDBF VI, S. 313, 319 f., Rn. 25.

lichen Charakter haben und dem Kreditnehmer keinen Anspruch vermitteln, gänzlich aus dem Anwendungsbereich des Art. L. 313-12 C.mon.fin. ausscheiden. Diese kann der Kreditgeber vielmehr ohne Beachtung der Vorgaben des Art. L. 313-12 C.mon.fin. jederzeit beenden.[372]

bb) Kündigungsgründe Art. L. 313-12 al. 2 C.mon.fin.

Während die Kündigung gem. Art. L. 313-12 al. 1 C.mon.fin. zwar die Beachtung einer Kündigungsfrist von mindestens 60 Tagen sowie eine schriftliche Kündigungserklärung erfordert, die auf Verlangen des Kreditnehmers zu begründen ist, aber keinen besonderen Kündigungsgrund voraussetzt,[373] muss dem Schuldner für die fristlose Kündigung gem. Art. L. 313-12 al. 2 C.mon.fin. ein *comportement gravement répréhensible* vorzuwerfen sein oder dieser muss sich in einer *situation irrémédiablement compromise* befinden.

(1) Comportement gravement répréhensible

Das *comportement gravement répréhensible* erfordert ein besonders gravierendes Fehlverhalten des Schuldners, das geeignet ist, die Vertrauensgrundlage der Parteien zu unterminieren.[374] Das wird bei Eröffnung eines Insolvenzverfahrens nicht ohne Weiteres gegeben sein, so dass sich ein Kündigungsrecht regelmäßig nur aus dem Vorliegen einer *situation irrémédiablement compromise* ergeben wird.

(2) Situation irrémédiablement compromise

Nicht ganz eindeutig ist jedoch, wann eine solche gegeben ist. Als Anknüpfungspunkt bietet sich insofern zunächst die Eröffnung einer *procédure collective* an. Das stünde jedoch in direktem Widerspruch zum Wortlaut der Art. L. 623-13, 641-11-1 C. com., die Kündigungen aus Anlass der Verfahrenseröffnung ausdrücklich untersagen. Daneben würde ein solches Verständnis den Kreditgebern selbst bei Eröffnung einer *procédure de sauvegarde* oder *de redressement* ein fristloses Kündigungsrecht eröffnen. Das Unternehmen befindet sich bei Eröffnung eines solchen Verfahrens aber in einer Lage, die nach der gesetzgeberischen Wertung (vgl. Art. L. 620-1, 631-1 al. 2 C. com.)

---

[372] *Cass. com.*, 27.01.2015, n° 13-26.475; 19.06.2007, n° 06-11.065; 30.06.1992, n° 90-18.639; *Lasserre Capdeville/Storck/Mignot/Kovar/Éréséo*, Droit bancaire, Rn. 1751; *Bonneau*, Droit bancaire, Rn. 923; *Lasserre Capdeville*, Mélanges AEDBF VI, S. 313, 320, Rn. 27.

[373] Aus diesem Grund sehr kritisch zur praktischen Bedeutung des Begründungserfordernisses *Lasserre Capdeville*, Mélanges AEDBF VI, S. 313, 324, Rn. 42 ff.

[374] *Rives-Lange*, Mélanges AEDBF I, S. 275, 277 ff.; vgl. *Bonneau*, Droit bancaire, Rn. 925; mit zahlreichen Beispielen aus der Rechtsprechung *Lasserre Capdeville*, Mélanges AEDBF VI, S. 313, 325 f., Rn. 48 ff.

überwindbar und deshalb gerade nicht *irrémédiablement compromise* ist.[375] Vor allem würde ein ausnahms- und fristloses Kündigungsrecht bei Eröffnung eines Kollektivverfahrens die Sanierungschancen in diesen Verfahren erheblich beeinträchtigen und somit auch den Zwecksetzungen der *procédures collectives* und der Art. L. 622-13, 641-11-1 C. com. zuwiderlaufen.[376] Aus diesen Gründen kommt auch eine Anknüpfung an die *cessation des paiements* nicht in Betracht. Nach der gesetzlichen Konzeption soll auch hier noch eine Sanierung möglich sein (vgl. Art. L. 631-1 al. 2 C. com.), so dass die dann möglichen Kündigungen auch insoweit die Zwecksetzungen der *procédures collectives* konterkarieren würden.[377]

Stattdessen knüpfen Rechtsprechung und Literatur verbreitet an die wirtschaftliche Situation des Schuldners an, die von der prozessualen Frage, ob und welche *procédure collective* eröffnet wurde, zu unterscheiden sei.[378] Eine *situation irrémédiablement compromise* soll daher vorliegen, wenn eine Sanierung des Schuldners keine Aussicht auf Erfolg hätte, ohne dass jedoch die Eröffnung einer *liquidation judiciaire* erforderlich sein soll.[379] So soll eine fristlose Kündigung der *concours* etwa auch ohne *cessation des paiements* und außerhalb einer eröffneten *procédure collective* möglich sein, wenn der Schuldner nicht in der Lage ist, die fälligen Zahlungen aus einem bestätigten *plan de redressement* zu erbringen und aufgrund ausbleibender Umsätze keine Aussicht auf eine nachhaltige Sanierung besteht.[380]

Das scheint auf den ersten Blick durchaus stimmig, weil eine solche Lösung dem Wortlaut von Art. 313-12 C.mon.fin. gerecht wird und sich auch nicht in direkten Widerspruch zu Art. L. 622-13-I, 641-11-1-I C. com. setzt, da nicht auf die Eröffnung der *procédure collective* selbst abgestellt wird.[381] Allerdings hätte dies zur Folge, dass bei Eröffnung einer *liquidation judiciaire* stets eine

---

[375] *Bouthinon-Dumas*, Le Banquier, Rn. 118, S. 102; *M. Cabrillac*, JCP E 1986, I-15579, Rn. 7 f.

[376] Vgl. *Bouthinon-Dumas*, Le Banquier, Rn. 118, S. 102; *M. Cabrillac*, JCP E 1986, I-15579, Rn. 11.

[377] *Lasserre Capdeville/Storck/Mignot/Kovar/Éréséo*, Droit bancaire, Rn. 1765; *Le Corre*, Procédures collectives, Rn. 434.231; *Jacquemont/Borga/Mastrullo*, Entreprises en difficulté, Rn. 200; im Ergebnis auch *Lasserre Capdeville*, Mélanges AEDBF VI, S. 313, 327, Rn. 54; *Bonneau*, Droit bancaire, Rn. 925; *Pérochon*, Entreprises en difficulté, Rn. 605; a.A. *Rives-Lange*, Mélanges AEDBF I, S. 275, 280 f. nach dem bereits ausreicht, dass die *cessation des paiements* unausweichlich ist; allerdings noch vor der Reform von 2005; unter Berufung auf den Umstand, dass 90 % aller eröffneten Verfahren in der Liquidation des Unternehmens mündeten auch *Vasseur*, Banque 1986, S. 630, 631 f., Rn. VII.

[378] Insbesondere *Bonneau*, Droit bancaire, Rn. 925; ähnlich *Legeais*, Opérations de crédit, Rn. 792.

[379] *Cass. com.*, 21.11.2006, n° 05-18.879; 11.06.96, n° 93-19.804; *Le Corre*, Procédures collectives, Rn. 434.231; vgl. auch *Bonneau*, Droit bancaire, Rn. 925.

[380] *Cass. com.*, 21.11.2006, n° 05-18.879.

[381] Vgl. schon *M. Cabrillac*, JCP E 1986, I-15579.

fristlose Kündigung der Kredite möglich wäre und damit die Fortsetzung dieser Verträge insoweit weitgehend gegenstandslos würde.[382] Denn die *liquidation judiciaire* kommt definitionsgemäß nur in Betracht, wenn eine Sanierung offenkundig keine Aussicht auf Erfolg hat, Art. L. 640-1 al. 1 C. com. Dem Erhalt der Verträge kommt jedoch auch im Rahmen der *liquidation judiciaire* eine erhebliche Bedeutung zu. Der (vorläufige) Erhalt der unternehmerischen Aktivität, eine eventuelle *cession de l'entreprise*, und damit auch die Verwirklichung des Verfahrensziels, das wirtschaftliche Potential des Unternehmens zu erhalten, würden durch die Möglichkeit der fristlosen Kündigung dieser Verträge wohl erheblich erschwert.[383] Es besteht hier demnach ein Konflikt zwischen dem Kündigungsrecht und den Zielen der *liquidation judiciaire*.[384]

Durch einen Ausschluss des Kündigungsrechts aus Art. L. 313-12 al. 2 C.mon.fin. selbst im Fall der *liquidation judiciaire*, das Kreditgeber gerade davor schützen soll, wirtschaftlich gescheiterte Schuldner und deren Vorhaben weiter unterstützen zu müssen,[385] würde dieses seines Bedeutungsgehalts jedoch weitgehend beraubt und keine nennenswerte Schutzwirkung mehr zugunsten der Kreditgeber entfalten. Der Kreditgeber wäre kraft seines Kreditversprechens verpflichtet, jedenfalls in Teilen auf seine Kosten den Erhalt des Unternehmens im Interesse des Gemeinwohls zu finanzieren. Das scheint ohne ausdrückliche Ausnahme von der gesetzlich vorgesehenen Kündigungsmöglichkeit kaum begründbar[386] und zeitigte im Übrigen wohl erhebliche negative Anreizwirkungen auf Kreditierungsentscheidungen vor Verfahrenseröffnung.[387]

Bestehen keine Aussichten mehr auf eine erfolgreiche Sanierung, kann der Geber einer Sanierungsfinanzierung diese folglich gem. Art. L. 313-12 al. 2 C.mon.fin. fristlos kündigen und sich auf diese Weise der Mitwirkung an einer *liquidation judiciaire* entziehen. Bei Eröffnung einer *procédure de sauvegarde* oder *de redressement* ist eine solche aufgrund der dort noch gegebenen Sanierungsaussichten hingegen nicht möglich. Ein Schutz vor einer Auszahlungspflicht besteht insoweit also, wenn der Zweck der Finanzierung nicht mehr erreicht werden kann.

---

[382] Vgl. im Kontext einer Anknüpfung an die *cessation des paiements*, die bei Eröffnung einer *liquidation judiciaire* ebenfalls stets gegeben ist, Rives-Lange, Mélanges AEDBF I, S. 275, 282: „Le maintien du crédit serait ainsi vidé de tout intérêt pratique et subordonné en fait au bon vouloir du banquier [...]."

[383] Vgl. *Sabathier*, Le droit des entreprises en difficulté après 30 ans, S. 303, 308; *Pérochon*, Contentieux bancaire, S. 35, 56, Rn. 39.

[384] *Roussel Galle*, RPC septembre 2003, S. 240, 241 unter Bezugnahme auf *Soinne*, Traité des procédures collectives, Rn. 1358; *Pérochon*, Contentieux bancaire, S. 35, 56; vgl. auch *Bouthinon-Dumas*, Le Banquier, Rn. 120, S. 103.

[385] *Soinne*, Traité des procédures collectives, Rn. 1358.

[386] Vgl. *Pérochon*, Contentieux bancaire, S. 35, 56, Rn. 39.

[387] *Vasseur*, Banque 1986, S. 630, 632, Rn. VIII.

5. Das Scheitern von Sanierungsplänen als Beendigungsgrund für Kreditverträge?

Eine andere Behandlung kann sich jedoch für Finanzierungen ergeben, die in der *liquidation judiciaire* vorgelagerten Sanierungsverfahren gewährt wurden, die durch Annahme eines Sanierungsplans zunächst erfolgreich beendet wurden. So sieht Art. L. 626-27, I C. com. für *plan de sauvegarde* und *de redressement* deren Auflösung (*résolution*) vor, wenn der Schuldner seine aus dem Plan resultierenden Verpflichtungen nicht erfüllt oder die *cessation des paiements* eingetreten ist. Gleichermaßen bestimmt Art. L. 611-12 C. com. für den *accord de conciliation*, dass dieser im Falle der Eröffnung eines Kollektivverfahrens „*de plein droit*"[388] endet. Ob Finanzierungen, die Teil des Plans sind, oder mit diesem in Zusammenhang stehen, dessen Schicksal teilen oder dem Optionsrecht des *liquidateur* unterliegen, ist hingegen nicht Gegenstand einer ausdrücklichen Regelung.

a) Scheitern eines accord de conciliation

Relativ eindeutig scheint die Lage auf den ersten Blick im Fall des Scheiterns eines *accord de conciliation*, bei dem es sich stets um einen Vertrag handelt.[389] Gem. Art. 1186 C.C. führt die Beendigung eines Vertrages zur *caducité* und damit zur Beendigung von Verträgen (Art. 1187 C.C.), die mit diesem untrennbar verbunden sind. Das ist der Fall, wenn diese auf dasselbe wirtschaftliche Ziel gerichtet sind und die Unwirksamkeit des ersten Vertrages die Erfüllung des zusammenhängenden Vertrages unmöglich macht (*indivisibilité objective*) oder wenn die Erfüllung des unwirksamen Vertrages für eine der Parteien eine entscheidende Voraussetzung für den Abschluss des anderen Vertrages war (*indivisibilité subjective*).[390] Eher fernliegend, wenn auch nicht ausgeschlossen, scheint in dieser Konstellation eine *indivisibilité objective*. Regelmäßig wird der Geber einer Sanierungsfinanzierung zur Kreditierung aber nur unter der Bedingung der Annahme und Durchführung eines Sanierungsplans bereit sein. Demnach wird insoweit eine *indivisibilité subjective* vorliegen, weshalb die Beendigung des *accord de conciliation* zur *caducité* der so verbundenen Finanzierungen führen muss.[391]

Damit ist aufgrund der Eigenständigkeit des *droit des entreprises en difficulté* allerdings noch nicht gesagt, dass der Kreditgeber sich auch im Rahmen eines Folgeverfahrens auf diese Vertragsbeendigung berufen kann, zumal

---

[388] Vgl. eingehend Rechtsnatur und Rechtsfolgen der Beendigung *Ravenne*, RPC novembre-décembre 2009, S. 11, 12 ff.

[389] *Le Cannu/Robine*, Entreprises en difficulté, Rn. 157, 163; *Thullier*, JCl. Proc. Coll. Fasc. 2030, Rn. 128.

[390] *Terré/Simler/Lequette/Chénedé*, Les obligations, Rn. 594.

[391] Ähnlich *Dammann/Alle*, D. 2019, S. 2100, 2101; *Saint-Alary-Houin/Monsèrié-Bon/Houin-Bressand*, Entreprises en difficulté, Rn. 386.

Art. L. 622-13, 641-11-1 C. com. ausdrücklich die Unbeachtlichkeit von *indivisibilités* anordnen. Neuerdings sieht Art. L. 611-10-4 C. com. jedoch vor, dass die Beendigung des *accord* Vereinbarungen der Parteien, mit welchen sie die Rechtsfolgen dieser Beendigung regeln, nicht die Wirksamkeit nimmt. Zumindest bei einer weiten Auslegung dieser Norm liegt es nahe, diese Bestimmung als *lex specialis* gegenüber Art. L. 622-13, 641-11-1 C. com einzuordnen. Dann wäre es den Parteien eines *accord de conciliation* abweichend von der allgemeinen Regel möglich, wirksam die Beendigung von mit dem *accord* untrennbar verbundenen Verträgen zu vereinbaren, wenn der *accord* beendet wird. Hierdurch erhielten (potentielle) Kreditgeber auch einen zusätzlichen Anreiz, sich mit neuen Beiträgen an einer *conciliation* zu beteiligen. Legt man ein solches Verständnis dieser Norm zugrunde, wäre auch eine Inanspruchnahme des Kreditgebers aus dem Kreditvertrag im Rahmen eines Folgeverfahrens ausgeschlossen.

Zweifel hieran können sich aber aus dem Wortlaut von Art. L. 611-10-4 C. com. ergeben, nach welchem die Unwirksamkeit des *accord* Klauseln, die die Folgen dieser Unwirksamkeit regeln, nicht die Wirksamkeit *nimmt*. Daraus könnte man ableiten, dass auch auf Grundlage dieser Bestimmung nur solche Vereinbarungen wirksam sind, deren Unwirksamkeit sich *allein* aus der Beendigung des *accord de conciliation* ergeben würde.[392] Vereinbarungen, denen auch andere Unwirksamkeitsgründe entgegenstehen, müssten hingegen unwirksam bleiben.[393] Legt man ein solches Verständnis zugrunde, müsste man eine Vereinbarung, die die Unteilbarkeit von *accord* und neuem Kredit vorsieht, nach wie vor für unwirksam halten, weil sie mit Art. L. 622-13, 641-11-1 C. com. in Konflikt geriete. Hierfür sprechen namentlich die Gesetzesmaterialien, in denen ausdrücklich festgehalten wird, dass die Parteien von den im Fall der Eröffnung einer *procédure collective* anwendbaren zwingenden Bestimmungen nicht abweichen können.[394] Hierzu zählt insbesondere das Prinzip der Fortsetzung von Verträgen.[395] Auch wenn die Beendigung dieser Verträge aus Perspektive eines Kreditgebers einen zusätzlichen Anreiz schaffen würde, ist diese mit den gesetzlichen Bestimmungen nur schwer in Einklang zu bringen. Für eine erzwungene Fortsetzung trotz Beendigung des *accord de conciliation* lässt sich daneben ins Feld führen, dass sich der Fortbestand dieser Vertragsbeziehungen positiv auf die Aussichten einer Sanierung im eröffneten Verfahren auswirken dürfte.

---

[392] Vgl. *Podeur*, D. 2022, S. 802, 805 f.
[393] Vgl. *Podeur*, D. 2022, S. 802, 805 f.
[394] Rapport au Président de la République relatif à l'ordonnance n° 2021-1193, JO n° 0216, 16.09.2021, texte 20.
[395] Statt aller *Vallansan*, JCl. Proc. Coll. Fasc. 2335, Rn. 37.

b) Scheitern eines plan de sauvegarde/redressement

Noch unübersichtlicher ist die Situation beim Scheitern eines *plan de sauvegarde* oder *de redressement*. Diese werden aufgrund ihres Zustandekommens nicht als Verträge, sondern als Urteile eingeordnet.[396] Art. 1186 al. 2 C.C. kann daher keine direkte Anwendung finden. Allerdings ordnet Art. L. 626-27 C. com. die Beendigung des *plan* als *résolution* ein und rekurriert damit auf ein schuldrechtliches Institut der Beendigung von Verträgen, vgl. Art. 1224-1230 C.C.[397] Daher scheint eine analoge Anwendung von Art. 1186 C.C., die zur *caducité* auch der Kreditverträge führte, nicht von vornherein ausgeschlossen. Auch insoweit ist jedoch ein Abgleich mit den Bestimmungen und Zielsetzungen des *droit des entreprises en difficulté* unumgänglich.[398]

Die Gewissheit, im Fall des Scheiterns des Sanierungsplans nicht weiter in Anspruch genommen werden zu können, dürfte sich dabei auch in dieser Konstellation deutlich positiv auf die Bereitschaft potentieller Kreditgeber zur Kreditvergabe auswirken. Es schiene deshalb auch hier aus dem Blickwinkel der Sanierungsförderung nicht zwingend, diese Verträge gleichwohl fortzusetzen. Die legislative Entscheidung scheint gleichwohl auch in dieser Konstellation eine andere zu sein: Die auf die *caducité* gestützte Vertragsbeendigung gerät auch insoweit in Konflikt mit Art. L. 622-13, 641-11-1 C. com., wobei hier überdies keine Art. L. 611-10-4 C. com. entsprechende Bestimmung existiert, auf die sich eine abweichende Behandlung dieser Verträge stützen ließe. Im Übrigen lassen sich von der erzwungenen Fortsetzung dieser Kreditverträge positive Auswirkungen auf die Sanierungsaussichten innerhalb von Folgeverfahren erwarten, weshalb diese Lösung den Wertungen des *droit des entreprises en difficulté* durchaus gerecht wird.

6. Ergebnis

Soweit die versprochene Summe noch nicht vollständig ausbezahlt wurde, handelt es sich bei *contrat de prêt* und *ouverture de crédit* auch im Falle der Verbindung mit einem Kontokorrent (*compte courant*) um *contrats en cours* i.S.d. Art. L. 622-13, 641-11-1 C. com., die grundsätzlich selbst im Fall der Eröffnung einer *liquidation judiciaire* dem Optionsrecht des *liquidateur* zugunsten einer vollständigen Auszahlung unterliegen. Insoweit besteht also grundsätzlich kein Schutz vor weiteren Auszahlungen nach Verfahrenseröffnung. Eine wichtige Abweichung hiervon ergibt sich jedoch aus Art. L. 313-12 al. 2

---

[396] *Podeur*, D. 2017, S. 1430; *Le Cannu/Robine*, Entreprises en difficulté, Rn. 1136; für eine Einordnung als ein dem *droit des entreprises en difficulté* eigenes Institut plädiert *Saaied*, L'échec du plan de sauvegarde, Rn. 559 ff., S. 277 ff.

[397] *Rémery*, JCP G 2009, 406, Rn. 1; *Saaied*, L'échec du plan de sauvegarde, Rn. 6, S. 4.

[398] *Rémery*, JCP G 2009, 406, Rn. 1; vgl. auch *Saaied*, L'échec du plan de sauvegarde, Rn. 6, S. 4, Rn. 10, S. 6 f.

C.mon.fin., der es dem Kreditgeber im Fall der Eröffnung einer *liquidation judiciaire* ermöglicht, diese Verträge fristlos zu kündigen und sich auf diese Weise dem Optionsrecht des Verwalters zugunsten einer Auszahlung zu entziehen.

a) Kreditverträge im Spiegel der Reformen

Nachzeichnen lässt sich anhand der Behandlung von Kreditverträgen aber auch die Entwicklung des französischen Rechts vom *droit des faillites* als Vollstreckungsrecht zum an wirtschafts- und sozialpolitischen Zielen ausgerichteten *droit des entreprises en difficulté*. Vor den Reformen von 1985 bestand weitgehender Konsens, dass Kreditverträge aufgrund des immanenten Vertrauenselements, das mit der Verfahrenseröffnung zerstört werde, *eo ipso* mit dieser enden müssten. Mit dem Aufkommen der Ausrichtung der Verfahren auf den Unternehmenserhalt hat sich insoweit ab 1967 zunächst ein zögerlicher, mit der konsequenten Neuorientierung der Verfahren ab 1985 dafür aber ein umso deutlicher Auffassungswandel dahingehend ergeben, dass die Eröffnung einer *procédure collective* über das Vermögen des Kreditnehmers grundsätzlich keinen Einfluss auf das Fortbestehen dieser Verträge hat. Vielmehr werden den Vertragspartnern des insolventen Schuldners seither auch inhaltliche Eingriffe in die vertraglichen Vereinbarungen zugemutet, wenn dies für den Unternehmenserhalt förderlich erscheint.

Hintergrund dieses Auffassungswandels war dabei nicht ein verändertes zivilrechtliches Verständnis dieser Verträge, sondern allein die Notwendigkeit der Fortsetzung der Kreditverträge, um deren wirtschaftliches Potential für Sanierung und Fortführung des Unternehmens nutzbar zu machen. Durchbrochen wurde dieses Zwangselement aber bereits unter Geltung des Rechts von 1985, indem den Kreditgebern auf Grundlage des damaligen Art. 60 *loi bancaire,* dem heutigen Art. 313-12 C.mon.fin., ein fristloses Kündigungsrecht an die Hand gegeben wurde, mit welchem sie sich im Fall der Aussichtslosigkeit weiterer Sanierungsversuche vom Vertrag lösen können. Unbeachtlich ist *de lege lata* insoweit hingegen, ob der Vertragspartner mit seiner versprochenen Leistung die Sanierung des Unternehmens bezweckte oder fördern wollte, so dass eine Sonderrolle gerade der Sanierungsfinanzierung hier nicht auszumachen ist.

Erkennen lässt sich insofern auch, dass das französische Insolvenzrecht die Sanierung in zweierlei Hinsicht zu fördern sucht: Einerseits, indem bisherige Vertragspartner grundsätzlich gezwungen werden, ihre Geschäftsbeziehung mit dem schuldnerischen Unternehmen fortzusetzen, andererseits indem potentiellen neuen Vertragspartnern Anreize gesetzt werden, sich in der Krisensituation aktiv an einem Sanierungsversuch zu beteiligen.

b) Sanierungsförderung durch Zwang – Instrumentalisierung von bestehenden Verträgen

Durch die Unterstellung der Kreditverträge unter das Verwalterwahlrecht, selbst wenn dies zu deren inhaltlicher Veränderung führt, und den weitgehenden Ausschluss von Kündigungsrechten erfolgt im Ergebnis eine Entkoppelung dieser Verträge von ihrer eigentlichen Funktion als Werkzeug zur Verwirklichung von Parteiinteressen.[399] Maßgeblich für die Behandlung dieser Verträge im Rahmen der Kollektivverfahren sind weder deren Inhalt noch die Interessen der Vertragsparteien, sondern letztlich allein, wie sich für das Verfahrensziel der Unternehmenssanierung der größte Vorteil aus diesen Verträgen ziehen lässt.[400] Mit Recht ist daher konstatiert worden, dass dem französischen Insolvenzvertragsrecht eine Betrachtung bestehender Verträge primär als durch den Verwalter zu nutzende und zu verwertende Vermögenswerte zu Grunde liegt.[401] Entsprechend der Zielrichtung dieser Eingriffe finden diese ihre Grenzen erst bei Eröffnung einer *liquidation judiciaire,* wenn eine Sanierung, d.h. die Verwirklichung des primären Verfahrensziels, nicht mehr möglich ist. Infolgedessen ist eine weitere Inanspruchnahme gegen den Willen des Kreditgebers im Rahmen einer *liquidation judiciaire,* nicht aber in den übrigen Kollektivverfahren, ausgeschlossen.

Eine bemerkenswerte Durchbrechung dieser Unterordnung der Verträge unter das Verfahrensziel bildet aber die jüngere Linie der Rechtsprechung zur Fortsetzung von Darlehensverträgen, die – weitgehend unbeeinflusst von den Zwecksetzungen des *droit des entreprises en difficulté* – maßgeblich auf genuin zivilrechtlichen Erwägungen beruht und auch im Ergebnis kaum mit den Zielsetzungen des Verfahrens in Einklang zu bringen ist.

c) Sanierungsförderung durch Anreize für Kreditgeber?

Die bisherige Untersuchung hat aber nicht nur diese allgemein diskutierte und anerkannte Instrumentalisierung vorhandener Verträge als zur Sanierung „verwertbare" Vermögensgegenstände im Sinne einer „*patrimonialisation*"[402] zum Vorschein gebracht, sondern auch gezeigt, dass Kreditgeber in den Genuss besonderer Schutzmechanismen kommen. Diese sind weniger Ausdruck einer besonderen Achtung zivilrechtlicher Vereinbarungen an sich, sondern werden den Vertragspartner vielmehr zugestanden, weil sich das mit Rücksicht auf die

---

[399] Vgl. allgemein zur Unterordnung des allgemeinen Zivilrechts unter die Zwecksetzungen des Insolvenzrechts *Oppetit*, Archives de philosophie du droit XXXVII (1992), S. 17, 25.
[400] Vgl. *Brunetti-Pons*, RTDCom. 2000, S. 783, 792.
[401] Vgl. *Martin-Serf*, RJCom. novembre 1992, S. 8: „acte à valeur patrimoniale"; *Monsèrié*, Contrats, Rn. 13, S. 19 f., Rn. 147, S. 142; *Sabathier*, Le droit des entreprises en difficulté après 30 ans, S. 303, 309; *Brunetti-Pons*, RTDCom. 2000, S. 783, 814.
[402] *Sabathier*, Le droit des entreprises en difficulté après 30 ans, S. 303, 309.

Ziele des *droit des entreprises en difficulté* als zweckmäßig erweist. Die Instrumentalisierung der bestehenden Verträge durch eine erzwungene weitere Zusammenarbeit der Vertragspartner mit dem Schuldner wird also ergänzt durch eine subtilere, gewissermaßen „positive" Instrumentalisierung. Potentiellen Kreditgebern werden durch einen selektiven Schutz ihrer Interessen vor Beeinträchtigungen, die sonst mit den *procédures collectives* einhergehen, Anreize zur Zusammenarbeit mit dem Schuldner gesetzt, um Sanierungen zu fördern. Das zeigt sich am fristlosen Kündigungsrecht aus Art. L. 313-2 C.mon.fin., das letzten Endes einen Sondervorteil nur für *kreditgewährende Banken* begründet, da die *insolvenzbedingte* Kündigung von Dauerschuldverhältnissen anderen Gläubigern verwehrt bleibt. Zurückzuführen sein dürfte diese Sonderrolle auf zweierlei: Einerseits entfällt bei Aussichtslosigkeit von Sanierungsversuchen die Rechtfertigung für Eingriffe in Vertragsbeziehungen, die sich auf die Sanierungsförderung stützen, andererseits dürfte sich die Aussicht, selbst in diesem Fall noch das Unternehmen unterstützen zu müssen, negativ auf die Bereitschaft auswirken, *überhaupt* Kredit zu gewähren.[403]

d) Sanierungsförderung nach Verfahrenseröffnung zulasten der Sanierungsaussichten vor Verfahrenseröffnung und der impérialisme des procédures collectives

Es zeigt sich hier ein grundsätzlicher Konflikt zwischen der Sanierungsförderung zulasten von Gläubigern *innerhalb* von Kollektivverfahren und deren Bereitschaft, Unternehmen *außerhalb* von Insolvenzsituationen Kredit zu gewähren. Dieser tut sich auf, wenn die Sanierung von insolventen Unternehmen durch die erzwungene weitere Mitwirkung von Altgläubigern gefördert werden soll, ohne deren Bereitschaft zur Kreditvergabe außerhalb von Insolvenzsituationen zu stören.[404] In Ermangelung einer Pflicht zur Kreditgewährung[405] ist diese freiwillige Bereitschaft zur Kreditgewährung jedoch unentbehrlich. Nach dem Gesagten geht der französische Gesetzgeber bezüglich der Möglichkeit der weiteren Inanspruchnahme von Kreditgebern einen pragmatischen und differenzierenden Weg: Einerseits werden Altkreditgeber in einem eröffneten Verfahren zur Mitwirkung gezwungen, solange eine Sanierung möglich scheint, andererseits wird gerade den Geldkreditgebern die Vertragsbeendigung erlaubt, wenn eine Sanierung aussichtslos ist. Resultat ist eine Behandlung von Auszahlungsansprüchen (bzw. bei Eröffnung der Liquidation bereits bestehender Verträge allgemein), die paradigmatisch ist für das als *impérialisme des procédures collectives* apostrophierte Phänomen, dass zivilrechtlich begründete Ergebnisse im Rahmen des *droit des entreprises en difficulté* nur

---

[403] Vgl. *Vasseur*, Banque 1986, S. 630, 632, Rn. VIII.
[404] Zu diesem Konflikt *Vasseur*, JCP G 1985, I-3201, Rn. 12; *Vasseur*, Banque 1986, S. 630, 632, Rn. VIII; *M. Cabrillac*, JCP E 1986, I-15579, Rn. 19.
[405] Siehe hierzu oben, Einleitung, A.

Geltung beanspruchen, wenn und soweit sie dessen Zwecksetzungen nicht widersprechen.[406]

III. Vergleichende Würdigung

1. Historische Perspektiven

Blickt man zunächst auf die historischen Entwicklungslinien, ist eine gemeinsame frühere Tendenz beider Rechtsordnungen festzustellen, Kreditverträge einer automatischen Beendigung aufgrund einer Verfahrenseröffnung zu unterwerfen. Auffällig ist insoweit, dass die Argumentationsmuster, soweit sie auf ein besonderes Vertrauenselement rekurrierten, weitgehend identisch waren. Das ist möglicherweise mit der Entstehungsgeschichte von § 23 KO als insoweit unveränderte Vorgängernorm der §§ 115 f. InsO zu erklären: Diese Bestimmung, auf die die Beendigung aufgrund eines besonderen Vertrauensverhältnisses im deutschen Recht gestützt wurde, wurde unter direkter Bezugnahme auf Art. 2003 C.C. kodifiziert, der wiederum die Grundlage für die Beendigung von Verträgen *intuitu personae* im französischen Recht bildete.[407]

Im französischen Recht wurden entsprechende Ansätze in jüngerer Zeit aber weitgehend aufgegeben und haben auch im deutschen Recht deutlich an Bedeutung verloren: Im französischen Recht ist diese Entwicklung im Ansatz ab 1967, vor allem aber ab 1985 zu erkennen. Dabei erfolgte diese Wende unter ausdrücklichem Rekurs auf die veränderten Zielsetzungen des neuen Insolvenzrechts in klarer Abweichung und unter Überlagerung der auf Grundlage des allgemeinen Zivilrechts erzielten Ergebnisse. Letzten Endes kann diese Entwicklung in Frankreich also maßgeblich mit der Reform des Insolvenzrechts und dessen neuen Zielsetzungen erklärt werden.

Anders verhält sich das bezüglich des deutschen Rechts, in dem man nach wie vor von einer Beendigung *eo ipso* ausgeht, wenn eine unveränderte Fortsetzung mit den Verfahrenszwecken unvereinbar schiene. Abgerückt ist man hingegen davon, eine Fortsetzung an der Deutung des Darlehens als einseitiger Vertrag oder einem besonderen Vertrauenselement scheitern zu lassen. Aufgrund der historischen Konstanz der konzeptionellen Ausrichtung des deutschen Insolvenzrechts kann diese Entwicklung – anders als für das französische Recht – nicht mit einem gewandelten Verständnis von den Aufgaben des Insolvenzrechts, sondern nur mit veränderten zivilrechtlichen Deutungen der jeweiligen Institute, vor allem des Darlehensvertrages, erklärt werden.

---

[406] Vgl. zu dieser Erscheinung jüngst *Monsèrié-Bon*, BJE novembre 2020, S. 9, 9 ff.; sehr kritisch zu diesem Phänomen *Oppetit*, Archives de philosophie du droit XXXVII (1992), S. 17, 25.

[407] *Hahn/Mugdan*, Materialien, Bd. VII, S. 239: „Nach dem Vorgange des franz. Rechts (code civil Art. 2003) stellt der Entwurf [...] die Regel auf, daß ein vom Gemeinschuldner erteilter Auftrag durch die Konkurseröffnung erlischt [...]."; siehe hierzu auch *Marotzke*, FS Henckel, S. 579, 582.

An Bedeutung gewonnen haben daher in beiden Rechtsordnungen die fristlosen Kündigungsrechte, die Kreditgebern bei Eröffnung eines Liquidationsverfahrens zustehen. Im Ergebnis können sich die Kreditgeber im Fall der Liquidation in beiden Rechtsordnungen also trotz allem typischerweise einer weiteren Inanspruchnahme entziehen. Fundamentale Unterschiede bestehen jedoch bezüglich der Begründung dieser Kündigungsrechte: Während das Kündigungsrecht im deutschen Recht den privatautonomen Bindungsgrenzen Rechnung trägt und immer und nur zum Tragen kommt, wenn die vertragsgemäße Erfüllung gefährdet ist, steht das französische Kündigungsrecht weitgehend unabhängig von den Gläubigerinteressen und wird nur gewährt, wenn durch eine Kündigung die Sanierungsaussichten des Schuldnerunternehmens nicht beeinträchtigt werden.

Trotz der unterschiedlichen Verständnisse von Aufgabe und Funktion des Insolvenzrechts und dessen Verhältnis zum allgemeinen Zivilrecht besteht damit heute im Fall der Eröffnung eines Liquidationsverfahrens im Anschluss an das Scheitern eines Sanierungsversuches eine Konvergenz der Ergebnisse, nicht aber der grundsätzlichen Handhabung bestehender Verträge. Die unterschiedlichen theoretischen Ansätze zeigen sich aber in aller Deutlichkeit, wenn noch Aussicht auf den Erhalt des Unternehmens besteht.

2. Gläubigerschutz zwischen Selbstzweck und Sanierungstool

Die unterschiedliche Grundhaltung der beiden Insolvenzrechte und das Primat des französischen Insolvenzrechts über zivilrechtliche Grundsätze zeigen sich insbesondere darin, dass das französische Recht Vertragspartnern des Schuldners eine Fortsetzung von Kreditverträgen *a priori* selbst dann zumutet, wenn eine Fortsetzung nach Verfahrenseröffnung nicht in unveränderter Form möglich ist, während das deutsche Recht solche Abweichungen von der Parteivereinbarung nicht vorsieht. Eine Grenze findet diese Instrumentalisierung von Kreditverträgen als „Sanierungstools" entsprechend den Zwecksetzungen des französischen Rechts prinzipiell nur, wenn eine Sanierung von vornherein aussichtslos ist. In diesem Fall wird dem Kreditgeber ein fristloses Kündigungsrecht gewährt, mit dem dieser sich einer Inanspruchnahme durch den Insolvenzverwalter entziehen kann. Eine entsprechende Möglichkeit besteht auch im deutschen Recht, wenn das Sanierungsziel nicht mehr erreicht werden kann und die Rückzahlung des Kredits gefährdet ist.

Die Ergebnisse im deutschen und französischen Recht stimmen demnach auch insoweit überein, so dass in beiden Rechtsordnungen im Rahmen von Liquidationsverfahren ein wirksamer Schutz vor einer weiteren Inanspruchnahme besteht. Zwar werden auch im deutschen Recht Sanierungsfinanzierer an ihrer Finanzierungsentscheidung festgehalten, wenn die Sanierung noch nicht gescheitert ist und die Interessen des Kreditgebers gewahrt sind. Dieses Nebeneinander von Schutz und Bindung ist für das deutsche Recht Ergebnis der Anwendung allgemeiner zivilrechtlicher Regelungen, die auch im Insolvenzverfahren auf alle Gläubiger gleichermaßen Anwendung finden, und Ausdruck der durch den Kreditgeber privatautonom eingegangenen Bindungen und deren Grenzen. Im Ergebnis werden die Geber von Sanierungsfinanzierungen hier schlicht als Gläubiger erfasst. Im französischen Recht ist der angesprochene Schutz, der aus dem fristlosen Kündigungsrecht resultiert, hingegen Ergebnis einer Sonderregelung für Kreditgeber, da anderen Gläubigern die *insolvenzbedingte* Kündigung von Dauerschuldverhältnissen verwehrt wird.

Das ist wohl auch Ausdruck des Konflikts zwischen der Sanierungsförderung innerhalb eröffneter Verfahren auch durch Eingriffe in Interessen übriger Gläubiger und dem Problem, (potentielle) Gläubiger außerhalb eines Insolvenzverfahrens nicht durch die Aussicht auf derartige Eingriffe von vornherein abzuschrecken. Im Rahmen eines Insolvenzrechts, das sich den Unternehmenserhalt auch gegen Gläubigerinteressen auf die Fahnen schreibt, scheint dieser Konflikt jedoch unausweichlich und kaum auflösbar. Entsprechend seiner Ausrichtung auf die Wahrung von Gläubigerinteressen bleiben derartige Eingriffe im Rahmen des deutschen Insolvenzrechts insoweit hingegen prinzipiell aus, weshalb dieser Konflikt dem deutschen Insolvenzrecht in dieser Ausgestaltung fremd ist.

Die vorstehende Betrachtung erlaubt demnach auch den Zwischenbefund, dass das deutsche Recht insoweit Gläubigerschutz als Selbstzweck betreibt, mithin auch dort, wo sich andere Lösungen möglicherweise zum Vorteil der übrigen Gläubiger oder der Allgemeinheit auswirkten. Im Gegensatz hierzu zeigt sich im französischen Recht ein stark pragmatischer Umgang mit Gläubigerinteressen, bei welchem die Interessen der Kreditgeber nur dort geschützt werden, wo dies mit Blick auf das Verfahrensziel des Unternehmenserhalts zweckmäßig erscheint. Die unterschiedliche Ausrichtung der Verfahren lässt sich demnach zwar an der grundsätzlichen Behandlung von Verträgen nachzeichnen, die sich aber angleicht, wenn eine Sanierung aussichtslos scheint. Für Liquidationsverfahren hat das zur Folge, dass sich die erzielten Ergebnisse trotz der unterschiedlichen Ansätze gleichen, *weil* derartige Eingriffe in Gläubigerinteressen insoweit auch aus Perspektive des französischen *droit des entreprises en difficulté* nicht zweckmäßig scheinen.

B. Der Schutz vor insolvenzbedingten Ausfallrisiken

Von leitender Bedeutung für die Finanzierungsentscheidung potentieller Sanierungsfinanzierer wird aber vor allem sein, mit welchen Befriedigungsaussichten sie im Fall des Scheiterns des Sanierungsversuchs rechnen können. Näher zu untersuchen ist daher auch insoweit, wie die Geber einer Sanierungsfinanzierung im Fall der Liquidation des Unternehmens behandelt werden und wie sie sich vor den mit dem Scheitern des Sanierungsversuchs verbundenen Ausfallrisiken schützen können.

I. Deutsches Recht

Wird über das Vermögen des Kreditnehmers als Insolvenzschuldner das Insolvenzverfahren eröffnet, droht dem Geber einer (Sanierungs-)Finanzierung gewissermaßen als *worst case* die Einordnung als einfacher Insolvenzgläubiger. In diesem Fall wird er nicht nur einem Zahlungs- und Zwangsvollstreckungsverbot unterworfen, sondern muss sich in das Kollektiv der übrigen Gläubiger einreihen und hat in dieser Eigenschaft typischerweise mit Befriedigungsquoten im einstelligen Prozentbereich zu rechnen.[408] Allerdings bestehen im Rahmen des deutschen Rechts diverse Instrumente, aus denen sich eine Verschonung von diesem Schicksal ergeben kann.

1. Kreditvergabe im Rahmen eines StaRUG-Verfahrens

Art. 17 Abs. 4 der Restrukturierungsrichtlinie sieht für neue Finanzierungen und Zwischenfinanzierungen zwar ausdrücklich vor, dass die Mitgliedstaaten in nachfolgenden Insolvenzverfahren Befriedigungsvorrechte für Forderungen aus solchen Finanzierungen vorsehen können. In der Diskussion um die Umsetzung der Richtlinie in deutsches Recht wurde die Einführung eines derartigen Vorrechts zwar vereinzelt befürwortet,[409] ganz überwiegend jedoch – insbesondere unter Verweis auf den Grundsatz der Gläubigergleichbehand-

---

[408] Vgl. die deutsche Insolvenzstatistik, https://www.destatis.de/DE/Themen/Branchen-Unternehmen/Unternehmen/Gewerbemeldungen-Insolvenzen/Tabellen/deckungsquoten-nach-art-des-schuldners.html (zuletzt abgerufen am 30.06.2023).

[409] Besonders weitgehend *Parzinger*, ZIP 2019, S. 1748, 1755 ff.; bereits vor der Richtlinie bzw. dem vorangegangenen Entwurf, mit gewissen Einschränkungen *A. Braun*, Vorinsolvenzliche Sanierung, S. 304; die positive Anreizwirkung hebt auch *Westpfahl*, ZRI 2020, S. 157, 180 hervor.

lung[410]– kritisch gesehen.[411] Entsprechend dieser Haltung, jedoch ohne nähere Auseinandersetzung mit der von der Richtlinie vorgesehenen Möglichkeit einer solchen Privilegierung und der entsprechenden Diskussion, hat der deutsche Gesetzgeber im Rahmen der Schaffung des StaRUG von der Einführung eines solchen Vorrechts abgesehen. Forderungen, die aus der Kreditgewährung im Rahmen eines StaRUG-Verfahrens entstehen, sind damit in einem späteren Insolvenzverfahren stets nur einfache Insolvenzforderungen i.S.d. § 38 InsO.

2. Masseforderungen

Eine Besserstellung von Sanierungsfinanzierern gegenüber einfachen Insolvenzgläubigern i.S.d. § 38 InsO kann sich aber daraus ergeben, dass es sich bei den aus der Kreditgewährung resultierenden Forderungen um Masseforderungen i.S.d. § 55 InsO handeln kann, die gem. § 53 InsO bevorrechtigt zu berichtigen sind. Für die folgende Betrachtung ist zunächst danach zu unterscheiden, ob die jeweiligen Verträge nach Eröffnung eines Insolvenzverfahrens bzw. im Rahmen eines Eröffnungsverfahrens geschlossen wurden oder ob es sich um Verträge handelt, die bereits vor diesen Zeitpunkten durch den späteren Insolvenzschuldner abgeschlossen wurden.

a) Neue Kredite

Für die Behandlung neuer Kreditverträge ist zunächst entsprechend der gesetzlichen Systematik (vgl. § 55 Abs. 1 und 2 InsO) danach zu unterscheiden, ob diese im eröffneten Verfahren oder im Eröffnungsverfahren abgeschlossen wurden. Schließt der Insolvenzverwalter im eröffneten Verfahren einen neuen Kreditvertrag ab, handelt es sich bei den aus diesem Vertrag entstehenden Forderungen des Vertragspartners stets um Masseforderungen i.S.d. § 55 Abs. 1 Nr. 1 InsO.[412]

Wird ein Vertrag hingegen im Eröffnungsverfahren von einem vorläufigen Insolvenzverwalter abgeschlossen, entstehen gem. § 55 Abs. 2 S. 1 InsO nur Masseverbindlichkeiten, wenn es sich um einen „starken" vorläufigen Insolvenzverwalter handelt, auf den gem. §§ 21 Abs. 2 Nr. 2, 22 Abs. 1 InsO die Verwaltungs- und Verfügungsbefugnis über das Vermögen des Schuldners

---

[410] Insbesondere *Bork*, ZIP 2017, S. 1441, 1446 f.; offener noch *Bork*, ZIP 2010, S. 397, 407; von einer Durchbrechung des Gläubigergleichbehandlungsgrundsatzes ist auch die Rede bei *Westpfahl*, ZRI 2020, S. 157, 180, der sich gleichwohl offen für einen Vorrang sogar vor gesicherten Gläubigern oder Masseforderungen zeigt.

[411] *Bork*, ZIP 2017, S. 1441, 1446 f.; *Kayser*, ZIP 2017, S. 1393, 1400; *Hoegen*, NZI-Beil. 2017, S. 30, 34; *Flöther/Hoegen/Wolf*, Sanierungsrecht, F. V. Rn. 598: „Systembruch"; *Madaus*, NZI 2017, 329, 333; zwischen einem – unproblematischen – Vorrang vor Insolvenzgläubigern und einer Bevorrechtigung auch gegenüber gesicherten Gläubigern, die zu unterlassen sei, unterscheidend *Madaus/Knauth*, ZIP 2018, S. 149, 158.

[412] Statt aller Obermüller/*H. Huber*, Insolvenzrecht, Rn. 5.833.

übergegangen ist. Auf den „schwachen" vorläufigen Verwalter, auf den die Verwaltungs- und Verfügungsbefugnis nicht übergegangen ist, findet § 55 Abs. 2 S. 1 InsO bereits mangels Regelungslücke keine – auch nicht analoge – Anwendung.[413] Ein schwacher Insolvenzverwalter kann auch nicht im Wege einer pauschalen Generalermächtigung durch das Insolvenzgericht ermächtigt werden, nach seinem Ermessen einzelne Masseverbindlichkeiten zu begründen.[414] Denn eine solche pauschale Anordnung wäre mit § 22 Abs. 2 S. 1 InsO unvereinbar, der es dem Gericht auferlegt, die Pflichten des Verwalters konkret zu bestimmen, wenn es von der Anordnung eines Verfügungsverbots absieht.[415] Anwendung soll § 55 Abs. 2 S. 1 InsO jedoch finden, wenn das Insolvenzgericht dem vorläufigen Verwalter klar umrissene Ermächtigungen erteilt,[416] Verpflichtungen zulasten der Masse zu begründen (sog. Einzel- oder Gruppenermächtigungen).[417]

Wird ein neuer Vertrag im eröffneten Verfahren abgeschlossen, sind die daraus resultierenden Forderungen des Vertragspartners also stets Masseverbindlichkeiten, während das im Eröffnungsverfahren nur der Fall ist, wenn ein vorläufiger Verwalter gehandelt hat, auf den die Verwaltungs- und Verfügungsbefugnis übergegangen ist oder wenn ein vorläufiger Verwalter durch das Insolvenzgericht zum Abschluss eines solchen Geschäfts ermächtigt wurde.

b) Bestehende Kredite im eröffneten Verfahren

Hinsichtlich bereits vor Verfahrenseröffnung bzw. Eröffnungsantrag geschlossener Verträge kann sich eine Aufwertung der hieraus resultierenden Forderungen zur Masseverbindlichkeit im eröffneten Verfahren primär aus einer Erfüllungswahl des Insolvenzverwalters gem. § 103 InsO ergeben.

---

[413] BGHZ 151, 353, 358 ff.; MüKo-InsO/*H. Hefermehl*, § 55 InsO Rn. 221; Uhlenbruck/*Sinz*, § 55 InsO Rn. 93; K. Schmidt/*Thole*, § 55 InsO Rn. 41; Jaeger¹/*Gerhardt*, § 22 InsO Rn. 128; Jaeger/*Eichel*, § 55 InsO Rn. 96; Jaeger¹/*Henckel*, § 55 InsO Rn. 88.

[414] Siehe etwa BGHZ 151, 353, 367.

[415] BGHZ 151, 353, 367.

[416] Zu den Anforderungen an eine solche Ermächtigung spezifisch bei Darlehen *Parzinger*, Fortführungsfinanzierung, S. 54 f.

[417] BGHZ 151, 353, 365f.; *BGH*, NZI 2008, S. 39, Rn. 9; 2009, S. 475, 476, Rn. 13; 2011, S. 143, 144, Rn. 9; 2015, S. 273, 275 Rn. 18; K. Schmidt/*Thole*, § 55 InsO Rn. 41; Uhlenbruck/*Sinz*, § 55 InsO Rn. 93; MüKo-InsO/*Haarmeyer/Schildt*, § 22 InsO Rn. 132; einschränkend Jaeger¹/*Henckel*, § 55 InsO Rn. 88, der „gewichtige Gründe" gegen die Bestellung eines „starken" Verwalters fordert; kritisch Jaeger¹/*Gerhardt*, § 22 InsO Rn. 131 f.

aa) Erfasste Verträge

Dieses Wahlrecht steht dem Insolvenzverwalter im eröffneten Verfahren jedenfalls bei noch nicht vollständig valutierten Krediten, soweit diese nicht mit Verfahrenseröffnung *eo ipso* enden oder zuvor wirksam beendet wurden,[418] zu.[419] Heftig umstritten ist das hingegen für Kredite, die bereits vor Verfahrenseröffnung vollständig ausbezahlt wurden.

Die Debatte kreist insbesondere um die Frage, ob ein solcher Vertrag infolge der Valutierung bereits einseitig vollständig erfüllt ist und deshalb aus dem Anwendungsbereich des § 103 Abs. 1 InsO fallen müsse.[420] Das wird verbreitet mit der Erwägung bestritten, dass den Kreditgeber nicht nur die Pflicht zur Auszahlung der Valuta treffe, sondern dieser auch verpflichtet sei, die Valuta für die vereinbarte Zeit beim Kreditnehmer zu belassen.[421] Daher sei der Vertrag nicht i.S.d. § 362 BGB[422] erfüllt, wie dies aber für eine Ausgrenzung aus dem Anwendungsbereich des § 103 Abs. 1 InsO erforderlich sei.[423] Unter den Befürwortern der Anwendung von § 103 InsO besteht im Weiteren aber Unei-

---

[418] Eingehend zu den Gründen für eine Beendigung von Kreditverträgen oben, 4. Kapitel, A.I.2.,3.

[419] Statt aller Uhlenbruck/*D. Wegener*, § 103 InsO Rn. 29; K/P/B/*Tintelnot*, § 103 InsO Rn. 87; MüKo-InsO/*M. Huber*, § 103 InsO Rn. 69; FK/*B. Wegener*, § 103 InsO Rn. 12.

[420] So *Fleckner*, ZIP 2004, S. 585, 596; *Laudenklos/Sester*, ZIP 2005, S. 1757, 1759 ff.; Uhlenbruck/*D. Wegener*, § 103 InsO Rn. 29; FK/*B. Wegener*, § 103 InsO Rn. 13; MüKo-InsO/*M. Huber*, § 103 InsO Rn. 69; Nerlich/Römermann/*Balthasar*, InsO, § 103 InsO Rn. 12; im Ergebnis auch *von Wilmowsky*, WM 2008, S. 1237, 1239 f.; für § 17 KO im Ergebnis auch *K. Schmidt*, JZ 1976, S. 756, 761.

[421] MüKo-BGB/*K. P. Berger*, vor § 488 BGB Rn. 115; MüKo-BGB/*K. P. Berger*, § 488 BGB Rn. 31; *Lind*, ZInsO 2004, S. 580, 582; *Freitag*, ZIP 2004, S. 2368, 2372; *Stahmer*, Darlehen, S. 255 ff.; vgl. auch *Engert/Schmidl*, WM 2005, S. 60, 64 f.; kritisch zu einer solchen Pflicht jüngst etwa *Marotzke*, ZInsO 2021, S. 1099, 1101.

[422] Grundsätzlich gegen die Anknüpfung an § 362 BGB für die Bestimmung der Reichweite von § 103 Abs. 1 InsO MüKo-InsO/*J. F. Hoffmann*, § 108 InsO Rn. 144, Fn. 439; siehe bereits *K. Schmidt*, JZ 1976, S. 756, 761: Nicht erfüllt haben bedeute im Kontext des § 17 KO „nicht hergegeben haben"; in diese Richtung auch *Gehrlein,* ZInsO 2012, S. 101, 102.

[423] Eingehend *Stahmer*, Darlehen, S. 255 ff., die das Bestehen des Erfüllungswahlrechts neben die noch nicht eingetretene Erfüllung darauf stützt, dass an der Erfüllungswahl ein praktisches Bedürfnis bestehe, weil der Verwalter so die Verwertung von Sicherungsgut vorerst verhindern könne; MüKo-BGB/*K. P. Berger*, vor § 488 BGB Rn. 115; Jaeger/*Jacoby*, vor §§ 103-109 InsO Rn. 88; Jaeger/*Jacoby*, § 103 InsO Rn. 123; relativierend aber Jaeger/*Jacoby*, § 108 InsO Rn. 8 f.; *Lind*, ZInsO 2004, S. 580, 582; *Freitag*, ZIP 2004, S. 2368, 2372; grundsätzlich auch Staudinger/*Freitag*, § 488 Rn. 163, der eine praktische Bedeutung des Wahlrechts insofern aber negiert (Rn. 281), weil die Erfüllungswahl bei erfüllten Verträgen nur zur Begründung von Masseverbindlichkeiten führe, ohne dass die Masse hierdurch einen Vorteil erhalte, weshalb eine Erfüllungswahl in diesem Fall eine Haftung des Verwalters aus § 60 InsO begründen müsse; *Engert/Schmidl*, WM 2005, S. 60, 64 f.; K/P/B/*Tintelnot*, § 103 InsO Rn. 87.

nigkeit über die Rechtsfolgen einer Erfüllungswahl. Uneinheitlich wird insofern beurteilt, ob die Erfüllungswahl dazu führen soll, dass nur die ab dem Zeitpunkt der Erfüllungswahl anfallenden Zinsen[424] oder aber sämtliche aus dem Vertrag resultierenden Forderungen – insbesondere der gesamte Anspruch auf Rückzahlung – zu Masseforderungen i.S.d. § 55 Abs. 1 Nr. 2 InsO aufgewertet werden.[425]

Zu beantworten ist dies sinnvollerweise nicht über die stark begriffliche Diskussion über Bestehen und Bedeutung einer Belassenspflicht, sondern nur unter Rückgriff auf die Funktionen des Erfüllungswahlrechts. Auch insoweit muss maßgeblich sein, dass das deutsche Insolvenzrecht der bestmöglichen Verwirklichung von Gläubigerinteressen unter Knappheitsbedingungen verpflichtet ist.[426] Hiermit, und mit den Grundannahmen einer freiheitlichen Privatrechtsordnung,[427] ist es prinzipiell nicht zu vereinbaren, dass die Eröffnung eines Insolvenzverfahrens über das Vermögen einer Vertragspartei zur Folge hat, dass Inhalt und Grenzen einer vertraglichen Vereinbarung verändert würden und der Vertragspartner fortan den Interessen der Masse oder gar übergeordneten sozial- und wirtschaftspolitischen Zielen verpflichtet wäre.[428] Kann die Insolvenz eines Vertragspartners also nicht die Bindungsgrenzen der Vertragsparteien modifizieren,[429] müssen auch die hierauf gründenden Leistungsverweigerungsrechte (§§ 320 f. BGB) insolvenzfest sein.[430] Die Funktion des

---

[424] So wohl Staudinger/*Freitag*, § 488 BGB Rn. 281; *Lind*, ZInsO 2004, S. 580, 582; vgl. auch *Engert/Schmidl*, WM 2005, S. 60, 65.

[425] So MüKo-BGB/*K. P. Berger*, vor § 488 BGB Rn. 115; *Schwörer*, Lösungsklauseln, Rn. 405, Fn. 513 a.E; BeckOGK/*Binder,* § 488 BGB Rn. 196; siehe auch *von Wilmowsky*, WM 2008, S. 1237, 1239, der sich freilich gegen die Annahme einer Belassungspflicht wendet; zweifelnd K/P/B/*Tintelnot*, § 103 InsO Rn. 87; vgl. auch Obermüller/*H. Huber*, Insolvenzrecht, Rn. 5.822: Der Insolvenzverwalter sei gehalten, seine Erfüllungswahl auf den noch nicht valutierten Teil des Kredits zu beschränken, weil sonst auch die Forderungen der Bank für den bereits ausgezahlten Teil zu Masseforderungen würden.

[426] Eingehend hierzu oben 2. Kapitel, A.II.

[427] Vgl. zur (deutschen) Privatrechtsordnung als Rechtszuweisungsordnung bereits oben, Einleitung, A., insbesondere die Nachweise dort in Fn. 17.

[428] Besonders deutlich in diese Richtung aber *K. P. Berger*, Kölner Schrift², S. 499, 502, Rn. 7; wie hier *Stamm*, KTS 2011, S. 421, 425 f.; *J. F. Hoffmann*, KTS 2018, S. 343, 348 f., 364.

[429] Kritisch zu entsprechenden Tendenzen insbesondere der Rechtsprechung Jaeger/*Jacoby*, § 103 InsO Rn. 9; *J. F. Hoffmann*, KTS 2018, S. 343, 348 f.

[430] Jedenfalls ausdrücklich wird die Insolvenzfestigkeit der Leistungsverweigerungsrechte meist nur für § 320 BGB festgestellt, während die Insolvenzfestigkeit von § 321 BGB, der für Kredite von besonderer Relevanz ist, seltener thematisiert wird (vgl. aber *Marotzke*, Gegenseitige Verträge, Rn. 4.85; *Stamm*, KTS 2011, S. 421, 426; *Bork*, FS Zeuner, S. 297, 303; *J. F. Hoffmann*, KTS 2018, S. 343, 353; wohl auch *BGH*, NJW 2023, S. 603, 608, Rn. 52). Versteht man § 321 BGB nur als Ausprägung des Wegfalls der Geschäftsgrundlage und als Ausnahme (!) zum Grundsatz *pacta sunt servanda* (so ausdrücklich BeckOGK/*Rüfner*, § 321 BGB Rn. 5), besteht zumindest ein Anhaltspunkt, die Insolvenzfestigkeit

§ 103 InsO (und vor allem des § 55 Abs. 1 Nr. 2 Alt. 1 InsO) kann auf dieser Grundlage nur darin liegen, dem Verwalter die Möglichkeit zu verschaffen, die „Pattsituation"[431] zu überwinden, die bei gegenseitigen Verträgen aus den – als Ausdruck der Privatautonomie – insolvenzfesten Leistungsverweigerungsrechten resultiert, indem er die versprochene Leistung erbringt.[432]

Legt man dieses Verständnis des § 103 InsO zugrunde, kann es für die Bestimmung von dessen Anwendungsbereich sinnvollerweise nicht (allein) auf die Erfüllung i.S.d. § 362 BGB, sondern (nur) auf das Bestehen – insolvenzfester – Leistungsverweigerungsrechte ankommen.[433] Ist ein versprochener Kredit aber bereits vollständig valutiert, besteht keine Leistung mehr, die der Kreditgeber zurückhalten könnte und auch die Verletzung einer angenommenen Belassungspflicht ist kaum denkbar.[434] Mangels „Pattsituation", die durch Aufwertung von Gegenforderungen des Vertragspartners zu Masseforderungen überwunden werden müsste, besteht hier folglich kein Raum für eine Anwendung des § 103 InsO, dem nur nicht vollständig valutierte Kredite unterfallen können.

---

dieses Leistungsverweigerungsrechts zu bezweifeln. Gerade bei Krediten wird aber deutlich, dass es sich bei der Erbringung der Gegenleistung nicht nur um eine außerhalb der vertraglichen Vereinbarung liegende Erwartung handelt. Der Kredit wird valutiert, *um* die Gegenleistung in Gestalt der Zinsen zu erhalten; der Kreditgeber verspricht die Valutierung nicht schlechthin, sondern, *weil* er dafür eine Gegenleistung erhält. § 321 BGB ist daher jedenfalls auch Ausdruck der synallagmatischen Verbindung bzw. der inhaltlichen Bindungsbegrenzung (BeckOK-BGB/*H. Schmidt*, § 321 Rn. 3; Soergel/*Gsell*, § 321 BGB Rn. 7; *Gernhuber*, Schuldverhältnis, § 15 I 1, IV 1; vgl. auch Staudinger/*Schwarze*, § 321 BGB Rn. 11 f.), die auch in der Insolvenz zu respektieren ist (anders offenbar MüKo-InsO/*M. Huber*, § 119 InsO Rn. 32).

[431] *Stamm*, KTS 2011, S. 421, 424.
[432] *Stamm*, KTS 2011, S. 421, 424 ff.; *J. F. Hoffmann*, KTS 2018, S. 343, 348 f.; *Marotzke*, Gegenseitige Verträge, Rn. 2.12 ff., insbes. 2.78.
[433] MüKo-InsO/*J. F. Hoffmann*, § 108 InsO Rn. 144, Fn. 439; siehe auch *Gehrlein*, ZInsO 2012, S. 101, 102, der darauf abstellt, ob die Leistung „haftungsrechtlich in das Vermögen des anderen Vertragspartners überführt" ist und insofern für ausreichend hält, dass sich der Schuldner der geschuldeten Leistung uneingeschränkt entäußert hat. Das sei bei Darlehen durch Überlassung der Valuta der Fall; in der Sache bereits *K. Schmidt*, JZ 1976, S. 756, 761; vgl. auch *von Wilmowsky*, WM 2008, S. 1237, 1239 f.; a.A. *Engert/Schmidl*, WM 2005, S. 60, 64; Jaeger/*Jacoby*, § 103 InsO Rn. 113; MüKo-InsO/*M. Huber*, § 103 InsO Rn. 122; K/P/B/*Tintelnot*, § 103 InsO Rn. 147; im Grundsatz auch BGHZ 87, 156, 162.
[434] *Gehrlein*, ZInsO 2012, S. 101, 102; *von Wilmowsky*, WM 2008, S. 1237, 1239 f.; *K. Schmidt*, JZ 1976, S. 756, 761; MüKo-InsO/*J. F. Hoffmann*, § 108 InsO Rn. 144; *Marotzke*, ZInsO 2021, S. 1099, 1101; vgl. aber das Beispiel bei *Mülbert*, AcP 192 (1992), S. 447, 458: Die Verletzung einer Belassungspflicht sei etwa denkbar, wenn die Bank des Kreditnehmers diesem die Verfügung über das auf dem Darlehenskonto valutierte Kapital verweigere.

bb) Rechtsfolge

Rechtsfolge der positiven Ausübung dieses Wahlrechts ist gem. § 55 Abs. 1 Nr. 2 InsO die Aufwertung der Forderungen des Vertragspartners auf die vereinbarte Gegenleistung zu Masseforderungen. Das wirft die Frage auf, ob die Aufwertung zur Masseforderung nur die Zinsforderungen betrifft oder ob auch der Anspruch auf Rückzahlung als eine solche zu qualifizieren ist.

Richtigerweise ist hier – grundsätzlich – danach zu differenzieren, ob der Kredit (teilweise) bereits vor Verfahrenseröffnung valutiert wurde oder ob dieser noch gänzlich unvalutiert ist. In letzterem Fall liegt die Sache einfach: Optiert der Verwalter für die Erfüllung eines Vertrages, ist dieser im Grundsatz so zu behandeln, als ob der Verwalter diesen selbst neu abgeschlossen hätte,[435] d.h. er ist genau so zu erfüllen, wie das der Schuldner hätte tun müssen.[436] Daher sind sämtliche Ansprüche aus dem Vertrag vollumfänglich als Masseverbindlichkeiten einzuordnen.[437]

Komplexer stellt sich die Lage dar, wenn der Kredit bereits teilweise vor Verfahrenseröffnung an den Insolvenzschuldner ausbezahlt wurde. Hier modifiziert § 105 S. 1 InsO den Grundsatz der unveränderten Durchführung des Vertrages bei i.S.d. § 105 InsO teilbaren Verträgen dergestalt, dass die vor Verfahrenseröffnung erbrachten Teilleistungen entsprechenden Ansprüche auf die Gegenleistung trotz Erfüllungswahl Insolvenzforderungen i.S.d. § 38 InsO bleiben. Das wirft einerseits die Frage auf, ob es sich bei einem Sanierungskredit um eine teilbare Leistung i.S.d. § 105 InsO handelt, andererseits fragt sich, wie sich eine angenommene Teilbarkeit auf die Rechtsfolgen der Erfüllungswahl auswirkt.

Ganz herrschend geht man davon aus, dass die Teilbarkeit *objektiv* im Sinne einer bloßen rechnerischen Teilbarkeit und Bewertbarkeit zu verstehen sei.[438]

---

[435] Jaeger/*Jacoby*, § 103 InsO Rn. 298 f.; HK/*Marotzke*, § 103 InsO Rn. 110; MüKo-InsO/*M. Huber*, § 103 InsO Rn. 41; Uhlenbruck/*D. Wegener*, § 103 InsO Rn. 133.

[436] HK/*Marotzke*, § 103 InsO Rn. 110; Uhlenbruck/*D. Wegener*, § 103 InsO Rn. 139; MüKo-InsO/*H. Hefermehl*, § 55 InsO Rn. 121; Jaeger /*Eichel,* § 55 InsO Rn. 45; Jaeger¹/ *Henckel*, § 55 InsO Rn. 45.

[437] Allgemein Jaeger/*Jacoby*, § 103 InsO Rn. 300; HK/*Marotzke*, § 103 InsO Rn. 110; MüKo-InsO/*H. Hefermehl*, § 55 InsO Rn. 121; a.A. noch unter Geltung der KO Jaeger-KO⁹/*Henckel*, § 17 KO Rn. 132: Nur soweit sie im Gegenseitigkeitsverhältnis stehen. Hiernach wäre der Rückzahlungsanspruch nicht als Masseverbindlichkeit i.S.d. § 55 Abs. 1 Nr. 2 Var. 1 InsO einzuordnen. Nach Beendigung des Kreditverhältnisses bestünde aber auch ein Anspruch auf Rückzahlung aus § 812 Abs. 1 S. 2 Var. 1 BGB, der bei Auszahlung nach Verfahrenseröffnung als Masseverbindlichkeit i.S.d. § 55 Abs. 1 Nr. 3 InsO einzuordnen wäre.

[438] BGHZ 150, 353, 359; 147, 28, 33 f. (zu § 36 Abs. 2 VglO); MüKo-InsO/*M. Huber*, § 105 InsO Rn. 14; Uhlenbruck/*Knof*, § 105 InsO Rn. 8; K. Schmidt/*Ringstmeier*, § 105 InsO Rn. 8, 10; Jaeger/*Jacoby*, § 105 InsO Rn. 25 ff.; etwas restriktiver K/P/B/*Tintelnot*, § 105 InsO Rn. 19 ff., der fordert, dass sich der Vertrag in hinreichend verselbständigte Teile

Ein Geldkredit wäre demnach ohne Weiteres als teilbares Schuldverhältnis anzusehen.[439] Auf Grundlage dieses Verständnisses wären die Ansprüche des Kreditgebers auf Zahlung der vereinbarten Zinsen nur insofern Masseverbindlichkeiten, als sie dem nach Verfahrenseröffnung valutierten Teil zuzuordnen sind.[440]

Weniger eindeutig ist die Behandlung der Rückzahlungsansprüche, weil „Gegenleistung" (vgl. § 105 InsO) der Valutierung die Zinszahlung und nicht die Rückzahlung ist.[441] Hinter § 105 InsO steht der Gedanke, dem Verwalter bei teilweise erfüllten Verträgen im Interesse der Unternehmensfortführung die Möglichkeit zu verschaffen, die Leistung für die Zukunft zu den bisherigen Konditionen in Anspruch zu nehmen, ohne zugleich auch für die Vergangenheit alle Verbindlichkeiten hieraus erfüllen zu müssen.[442] Dieser Zielsetzung würde es entsprechen, die Wirkung der Erfüllungswahl auch insoweit auf die nach Erfüllungswahl entstandenen Forderungen zu beschränken.[443]

Dieses Verständnis von § 105 InsO hat jedoch das Potential, Vertragsspaltungen und inhaltliche Modifikationen von Verträgen zu erzeugen, die mit den privatautonomen Vereinbarungen der Parteien nicht in Einklang zu bringen sind.[444] Das ist in Anbetracht der Zielsetzungen des deutschen Insolvenzrechts prinzipiell problematisch.[445] Dem ließe sich entgegenhalten, dass § 105 InsO zeitliche Spaltungen von Verträgen und die damit einhergehenden Eingriffe in die vertragliche Vereinbarung ausdrücklich vorsieht, weshalb dies insoweit hinzunehmen sei.[446] Allerdings hatte der Gesetzgeber ausweislich der Gesetzesbegründung bei Schaffung des § 105 InsO vor allem Verträge über die fort-

---

aufspalten lässt und bereits erbrachte Teilleistungen einem bestimmten Teil der Gegenleistung zugeordnet werden können.

[439] K. Schmidt/*Ringsmeier*, § 105 InsO Rn. 17; Uhlenbruck/*Knof*, § 105 InsO Rn. 23; MüKo-InsO/*M. Huber*, § 105 InsO Rn. 15; Jaeger/*Jacoby*, § 105 InsO Rn. 27, 50; im Grundsatz auch K/P/B/*Tintelnot*, § 105 InsO Rn. 61.

[440] Uhlenbruck/*Knof*, § 105 InsO Rn. 23; MüKo-InsO/*M. Huber*, § 105 InsO Rn. 15.

[441] HK/*Marotzke*, § 105 InsO Rn. 13; vgl. auch *K. Schmidt*, JZ 1976, S. 756, 757.

[442] BT-Drs. 12/2443, S. 145 f.; HK/*Marotzke*, § 105 InsO Rn. 2; Uhlenbruck/*Knof*, § 105 InsO Rn. 5; *J. F. Hoffmann*, KTS 2018, S. 343, 353.

[443] K/P/B/*Tintelnot*, § 103 InsO Rn. 87; K/P/B/*Tintelnot*, § 105 InsO Rn. 62; MüKo-InsO/*M. Huber*, § 105 InsO Rn. 15; Uhlenbruck/*Knof*, § 105 InsO Rn. 23; K. Schmidt/*Ringsmeier*, § 105 InsO Rn. 17; auf Grundlage einer analogen Anwendung des § 105 InsO HK/*Marotzke*, § 105 InsO Rn. 13; a.A. Obermüller/*H. Huber*, Insolvenzrecht, Rn. 5.822: Auch die Forderungen, die dem schon ausgezahlten Teil zuzuordnen sind, würden den Rang von Masseverbindlichkeiten erhalten.

[444] Eingehend und mit Recht *J. F. Hoffmann*, KTS 2018, S. 343, 370 ff.

[445] Vgl. *J. F. Hoffmann*, KTS 2018, S. 343, 380.

[446] In diese Richtung Jaeger/*Jacoby*, § 105 InsO Rn. 7 f.; MüKo-InsO/*M. Huber*, § 105 InsO Rn. 2; vgl. aber auch die grundsätzliche Kritik an § 105 InsO etwa bei HK/*Marotzke*, § 105 InsO Rn. 4 f.; *Häsemeyer*, Insolvenzrecht, Rn. 20.27; *Stamm*, KTS 2011, S. 421, 444 f.

laufende Lieferung von Waren und Energie vor Augen.[447] Bei derartigen Verträgen ist diese Problematik typischerweise deutlich weniger stark ausgeprägt, weil diese auch nach dem Willen der Parteien regelmäßig nicht unter dem Vorbehalt der gesamtheitlichen Durchführung stehen und das wirtschaftliche Ziel des Vertrages durch eine zeitliche Spaltung in aller Regel nicht in Frage gestellt wird.[448]

Nach anderer Auffassung soll die Teilbarkeit daher *subjektiv* zu verstehen sein, so dass Leistungen nur als teilbar anzusehen seien, wenn die Parteien ein Interesse auch am Erhalt der geteilten Leistung haben.[449] An der Teilbarkeit fehlt es hiernach, wenn die Anwendung des § 105 S. 1 InsO zum Entstehen einer Teiltransaktion führt, die die Parteien so nie wollten.[450] Bemerkenswerterweise finden sich auch im Kreis derjenigen Autoren, die für eine objektive Handhabung des § 105 InsO plädieren, Stimmen, die die Problematik *bei Krediten* anerkennen und hier eine subjektive Handhabung verlangen.[451] So ist bei (Sanierungs-)Krediten jedenfalls denkbar, dass keiner der Parteien mit einer solchen Spaltung gedient ist, da der Kreditnehmer ein Interesse an der kontinuierlichen Verfügbarkeit nur der gesamten Summe haben kann. Gleichermaßen kann der Kreditgeber zu den vereinbarten Konditionen nur zur Kreditierung der gesamten Summe bereit gewesen sein. Eine Erfüllungswahl oder -ablehnung müsste sich hier mangels Teilbarkeit also auf den gesamten Vertrag beziehen, mit der Folge, dass die Ansprüche des Vertragspartners insgesamt als Masseforderungen zu befriedigen wären.

---

[447] Vgl. BT-Drs. 12/2443, S. 145 f.; siehe auch *J. F. Hoffmann*, KTS 2018, S. 343, 353; HK/*Marotzke*, § 105 InsO Rn. 2 f.

[448] *J. F. Hoffmann*, KTS 2018, S. 343, 370 ff. mit plakativen Beispielen für die Konsequenzen einer extensiven Handhabung des § 105 InsO. Denkbar ist freilich auch bei derartigen Lieferverträgen, dass die Vereinbarung unter einem Einheitlichkeitsvorbehalt steht, z.B. wenn die Preiskalkulation auf der verpflichtenden Abnahme einer Mindestmenge basiert, *J. F. Hoffmann*, KTS 2018, S. 343, 371, Fn. 136; vgl. auch HK/*Marotzke*, § 105 InsO Rn. 4 f.; *Häsemeyer*, Insolvenzrecht, Rn. 20.27.

[449] *J. F. Hoffmann*, KTS 2018, S. 343, 371 f.; eine „Berücksichtigung" der Interessen der Vertragsparteien fordert auch HK/*Marotzke*, § 105 InsO Rn. Rn. 8, der Darlehen für unteilbar hält, wenn der mit diesen verfolgte Zweck bei einer Teilung verfehlt würde; trotz des klaren Plädoyers für eine objektive Bestimmung der Teilbarkeit in Rn. 21 für Darlehen auch K/P/B/*Tintelnot*, § 105 InsO Rn. 61.

[450] Vgl. *J. F. Hoffmann*, KTS 2018, S. 343, 372.

[451] Besonders deutlich K/P/B/*Tintelnot*, § 105 InsO Rn. 61, der in Rn. 21 für eine objektive Bestimmung der Teilbarkeit plädiert, Darlehen aber für unteilbar hält, wenn der mit diesen verfolgte Zweck bei einer Teilung verfehlt würde; ähnlich HK/*Marotzke*, § 105 InsO Rn. 8, der aber schon für die Beurteilung der Teilbarkeit die Interessen der Vertragsparteien „berücksichtigen" will.

c) Bestehende Kredite im Eröffnungsverfahren

Auf Verträge, die bereits vor dem Antrag auf Eröffnung eines Insolvenzverfahrens geschlossen wurden, kann das Eröffnungsverfahren grundsätzlich nur insoweit Auswirkungen haben, als das Insolvenzgericht gem. § 21 InsO vorläufige Maßnahmen anordnen und dadurch insbesondere die Möglichkeiten des Kreditgebers zur Erlangung einer Befriedigung im Eröffnungsverfahren empfindlich beschränken kann. Auch steht selbst einem „starken" vorläufigen Verwalter nicht das Wahlrecht aus § 103 InsO zu,[452] so dass der Gläubiger im Eröffnungsverfahren hieraus keine „Aufwertung" seiner Forderungen zu Masseverbindlichkeiten i.S.d. § 55 Abs. 1 Nr. 2 InsO erlangen kann.

aa) Darlehen als Dauerschuldverhältnisse i.S.d. § 55 Abs. 2 S. 2 InsO

Eine Aufwertung solcher Forderungen kann sich jedoch aus § 55 Abs. 2 S. 2 InsO ergeben.[453] Hiernach sind Forderungen, die aus der Inanspruchnahme der versprochenen Leistung aus Dauerschuldverhältnissen durch einen vorläufigen starken Insolvenzverwalter[454] entstehen, als Masseforderungen zu befriedigen. Teilweise ist man insoweit der Meinung, „Dauerschuldverhältnisse" i.S.d. § 55 Abs. 2 S. 2 InsO könnten nur die von § 108 Abs. 1 S. 1 InsO erfassten sein.[455]

Hiernach würde § 55 Abs. 2 S. 2 InsO von vornherein keine Anwendung auf Darlehensverträge finden. Anders als der durch § 108 InsO verwirklichte Fortbestand bestimmter Dauerschuldverhältnisse bezweckt aber § 55 Abs. 2 S. 2 InsO nicht primär den Schutz privatrechtlicher Kontinuitätsinteressen,[456] sondern steht im Dienst der Erleichterung der Betriebsfortführung im Eröffnungsverfahren und der Unternehmensfortführung.[457] Eine unbesehene Übertragung des engen Begriffsverständnisses des § 108 InsO auf § 55 Abs. 2 S. 2 InsO scheint daher zumindest nicht zwingend.[458] Insofern muss ausschlag-

---

[452] *BGH*, NZI 2008, S. 36, 37, Rn. 9; S. 551, 554, Rn. 30; 2018, S. 111, 112, Rn. 19; MüKo-InsO/*M. Huber*, § 103 InsO Rn. 150; Uhlenbruck/*D. Wegener*, § 103 InsO Rn. 99; K. Schmidt/*Ringstmeier*, § 103 InsO Rn. 21; K/P/B/*Tintelnot*, § 103 InsO Rn. 210; Jaeger/*Jacoby*, § 103 InsO Rn. 161.

[453] Dieser findet gem. § 270c Abs. 4 S. 3 InsO auch im Rahmen der vorläufigen Eigenverwaltung Anwendung, eingehend zu den damit verbundenen Fragen *Klinck*, ZIP 2021, S. 1189, 1192 f.

[454] Eine analoge Anwendung auf den schwachen Verwalter soll auch insofern ausscheiden, BGHZ 151, 353, 358 ff.; K. Schmidt/*Thole*, § 55 InsO Rn. 42.

[455] Jaeger¹/*Henckel*, § 55 InsO Rn. 93; HK/*Lohmann*, § 55 InsO Rn. 31; in diese Richtung auch K/P/B/*Pape/Schaltke*, § 55 Rn. 218; Jaeger/*Eichel*, § 55 InsO Rn. 93.

[456] Siehe zum Zweck des § 108 InsO etwa MüKo-InsO/*J. F. Hoffmann*, § 108 InsO Rn. 3, 158; Jaeger/*Jacoby*, § 108 InsO Rn. 10 ff.

[457] K/P/B/*Pape/Schaltke*, § 55 Rn. 222; MüKo-InsO/*H. Hefermehl*, § 55 InsO Rn. 219, 230; Uhlenbruck/*Sinz*, § 55 InsO Rn. 95; vgl. auch Jaeger¹/*Henckel*, § 55 InsO Rn. 84; Jaeger/*Eichel*, § 55 InsO Rn. 92.

[458] Vgl. *Marotzke*, Gegenseitige Verträge, Rn. 14.41.

gebend sein, dass die für die von § 108 Abs. 1 InsO erfassten Schuldverhältnisse prägende Interessenlage auch beim Darlehen gegeben sein kann: Hier wie dort kann ein Interesse der (künftigen) Masse am Erhalt der versprochenen Leistungen bestehen, die der Vertragspartner aber nur gegen die vereinbarte Gegenleistung erbringen wird (§§ 320 f. BGB).[459] Daher scheint es gerade in Hinblick auf die Zwecksetzung des § 55 Abs. 2 InsO nicht angezeigt, im Rahmen des § 55 Abs. 2 S. 2 InsO innerhalb der Kategorie der „Dauerschuldverhältnisse" zu differenzieren.[460] Zugrunde zu legen ist daher ein weites Verständnis des Begriffs „Dauerschuldverhältnis", das nicht auf die Fälle des § 108 Abs. 1 S. 1 InsO beschränkt ist.[461] Daher werden auch Darlehen erfasst,[462] nicht zuletzt, um dem vorläufigen „starken" Verwalter die Inanspruchnahme von versprochenen Krediten zu ermöglichen, die für die Betriebsfortführung unentbehrlich sein können.

bb) „Inanspruchnahme" der Gegenleistung

Eine „Inanspruchnahme" der Gegenleistung durch den Insolvenzverwalter soll insbesondere nach der Rechtsprechung des BGH auch ohne aktives Einfordern dieser Gegenleistung bereits vorliegen, wenn der vorläufige Verwalter diese nutzt, obwohl er eine solche Nutzung pflichtgemäß hätte verhindern können.[463]

Bei Kreditverträgen steht dem Kreditnehmer prinzipiell ein – bisweilen sogar fristloses (vgl. Nr. 18 Abs. 1 AGB-Banken) – Kündigungsrecht zu. Nach diesem Maßstab müsste also bereits das bloße Innehaben der Valuta – jedenfalls nach Verstreichen des frühestmöglichen Beendigungszeitpunktes – eine Inanspruchnahme der Gegenleistung bedeuten.[464] Hat der vorläufige starke

---

[459] In diese Richtung auch K. Schmidt/*Thole*, § 55 InsO Rn. 42; a.A. Jaeger¹/*Henckel*, § 55 InsO Rn. 94.

[460] *Marotzke*, Gegenseitige Verträge, Rn. 14.41.

[461] Uhlenbruck/*Sinz*, § 55 InsO Rn. 96; *Marotzke*, Gegenseitige Verträge, Rn. 14.41 f.; MüKo-InsO/*J. F. Hoffmann*, § 108 InsO Rn. 158.

[462] Uhlenbruck/*Sinz*, § 55 InsO Rn. 96; *Marotzke*, Gegenseitige Verträge, Rn. 14.42.

[463] BGHZ 154, 358, 364; siehe auch Uhlenbruck/*Sinz*, § 55 InsO Rn. 97; MüKo-InsO/*H. Hefermehl*, § 55 InsO Rn. 231; enger *Marotzke*, Gegenseitige Verträge, Rn. 14.48, der grundsätzlich ein „voluntatives Element" im Sinne eines Verlangens des vorläufigen Verwalters fordert, bei Miet-, Pacht- und Dienstverhältnissen aber genügen lassen will, dass die Erbringung weiterer Leistungen geduldet wird.

[464] Vgl. zu Mietverträgen BGHZ 154, 358, 364 ff., insbes. 366: Der vorläufige Verwalter sei „[…] gehalten, von sich aus alles zu unternehmen, um die weitere Inanspruchnahme der Gegenleistung zu verhindern. Soweit er durch eine noch laufende Kündigungsfrist gebunden ist […], hat er den Vermieter […] aus dessen Überlassungspflicht ‚freizustellen', indem er ihm die weitere Nutzung der Mietsache anbietet. Dies kann durch das Angebot auf Rückgewähr des unmittelbaren Besitzes erfolgen. Ist diese, wie hier, wegen einer fortdauernden Unter- oder Weitervermietung unmöglich, so ist die Übergabe des mittelbaren Besitzes anzubieten. Hierzu gehört auch das Recht, den Untermietzins einzuziehen."

Verwalter im Eröffnungsverfahren keinen Bedarf an der (weiteren) Leistung, führte eine solche Auslegung *de facto* jedoch zu einer „Kündigungspflicht", wenn keine Masseverbindlichkeiten entstehen sollen. Ein solches Verständnis der „Inanspruchnahme" scheint mit Aufgabe und Funktion eines vorläufigen starken Verwalters aber kaum vereinbar. Dieser soll nachteilige Veränderungen der Vermögenslage des Schuldners bis zur Verfahrenseröffnung verhüten und die Durchführung des Verfahrens sichern (§§ 21 Abs. 1 S. 1, 22 Abs. 1 S. 2 InsO), nicht aber bereits das Vermögen des Schuldners endgültig abwickeln.[465] Denn Folge eines solchen Verständnisses wäre, dass bereits in diesem Stadium Vermögenswerte endgültig aufgegeben werden müssten und auf diesem Weg den Regelungen der §§ 103 ff. InsO entzogen würden, wodurch deren Wertungen konterkariert würden.[466] Verlangt der vorläufige starke Insolvenzverwalter hingegen die weitere Auszahlung der Valuta, liegt hierin ohne Weiteres eine Inanspruchnahme i.S.d. § 55 Abs. 2 S. 2 InsO, so dass die resultierenden Forderungen im eröffneten Verfahren als Masseverbindlichkeiten zu befriedigen sind.

Ansprüche des Kreditgebers aus vor dem Eröffnungsantrag geschlossenen Verträgen sind folglich bei Bestellung eines „schwachen" vorläufigen Verwalters stets einfache Insolvenzforderungen i.S.d. § 38 InsO. Wird hingegen ein „starker" vorläufiger Verwalter bestellt und beansprucht dieser *aktiv* die versprochene Leistung aus solchen Verträgen, sind die entsprechenden Forderungen des Vertragspartners als Masseforderungen zu befriedigen.

d) Einordnung

Nach alldem sind die Forderungen eines Kreditgebers, die nach Verfahrenseröffnung dadurch entstehen, dass ein neuer Kreditvertrag mit dem Verwalter abgeschlossen wird oder der Verwalter die weitere Erfüllung eines vor Verfahrenseröffnung geschlossenen Vertrages verlangt, stets Masseforderungen. Ein vorläufiger „starker" Verwalter ist dem endgültigen Verwalter insoweit weitgehend gleichgestellt. Von diesem begründete Forderungen aus Verträgen sind daher ebenfalls als Masseverbindlichkeiten zu behandeln, wenn ein Vertrag neu abgeschlossen wurde oder er die Leistungen aus einem zuvor abgeschlossenen Vertrag in Anspruch genommen hat. In der Praxis stellt die Bestellung eines „starken" vorläufigen Verwalters aufgrund der starken Belastung der

---

[465] So mit Recht K/P/B/*Pape/Schaltke*, § 55 Rn. 222.
[466] Offenkundig ist der Konflikt bei den von § 108 Abs. 1 InsO erfassten Verträgen, die im eröffneten Verfahren mit Wirkung für und gegen die Masse fortgesetzt werden *müssen*. Nach der Rechtsprechung des BGH müssten diese bei Bestellung eines vorläufigen Verwalters, auf den die Verfügungs- und Verwaltungsbefugnis übergegangen ist, aber von diesem im Eröffnungsverfahren gekündigt werden, wenn der vorläufige Verwalter die Entstehung von Masseverbindlichkeiten (für diesen Zeitraum) vermeiden will. Hierdurch würde aber das Regelungsanliegen der § 108 InsO im eröffneten Verfahren vereitelt.

künftigen Insolvenzmasse wegen der aus § 55 Abs. 2 InsO resultierenden undifferenzierten Einordnung von durch den Insolvenzverwalter begründeten Verbindlichkeiten als Masseforderungen aber eine Ausnahme dar. Masseverbindlichkeiten werden daher regelmäßig nur aufgrund von Ermächtigungen durch das Insolvenzgericht entstehen, womit sich insoweit bereits auf „tatbestandlicher" Seite eine nicht unerhebliche Schutzlücke ergeben kann.

Gelangen Masseforderungen aber zur Entstehung, sind diese im eröffneten Verfahren gem. § 53 InsO vorweg zu berichtigen. Das hat zur Folge, dass sie nicht in das Feststellungs- und Verteilungsverfahren der §§ 174 ff., 187 ff. InsO einbezogen werden, volle Befriedigung ihrer Forderung verlangen können und auch nicht dem Vollstreckungsverbot aus § 89 InsO unterliegen. Vorbehaltlich der Beschränkungen des § 90 InsO können die erfassten Gläubiger also jederzeit den Insolvenzverwalter auf die Leistung verklagen und in die Masse vollstrecken.[467] Die Einordnung als Masseforderung bedeutet für die jeweiligen Gläubiger demnach grundsätzlich einen starken Schutz vor Ausfallrisiken; ein lückenloser Schutz im Sinne einer „Garantie" der vollständigen Befriedigung resultiert hieraus aber dennoch nicht.[468]

aa) Masseverbindlichkeiten aus dem Eröffnungsverfahren und die Abweisung mangels Masse gem. § 26 Abs. 1 S. 1 InsO

Dieses Vorrecht kommt schon gar nicht zum Tragen, wenn der Eröffnungsantrag mangels Masse gem. § 26 Abs. 1 S. 1 InsO abgewiesen oder das Verfahren aus anderen Gründen nicht eröffnet wird. Wurde ein vorläufiger starker Verwalter bestellt, hat dieser jedoch gem. § 25 Abs. 2 S. 2 InsO, ohne dass sich hieraus ein Anspruch der Gläubiger unmittelbar gegen den Verwalter ergibt,[469] die Verbindlichkeiten zu berichtigen, die im eröffneten Verfahren Masseverbindlichkeiten gewesen wären. Reicht das vorhandene Vermögen nicht zur Erfüllung aller Verbindlichkeiten aus, ist dieses in entsprechender Anwendung des § 209 Abs. 1 Nr. 1, 3 InsO zu verteilen.[470] Dieser Verteilungsmodus wird aber, da die Forderungen aus solchen Verträgen hiernach erst nach den Verfahrenskosten zu befriedigen sind, im Fall der Abweisung mangels Masse zu einem zumindest teilweisen Ausfall dieser Kreditgeber führen.

---

[467] Jaeger/*Eichel,* § 53 InsO Rn. 26 f.; Jaeger[1]/*Henckel,* § 53 InsO Rn. 23 f.; Uhlenbruck/ *Sinz,* § 53 InsO Rn. 7.

[468] Vgl. *Windel,* ZIP 2009, 101; *Eidenmüller,* Unternehmenssanierung, S. 868; *Parzinger,* Fortführungsfinanzierung, S. 56.

[469] *BGH,* NZI 2007, S. 99, 100, Rn. 13; *AG Duisburg,* DZWiR 2000, S. 306, 307; MüKo-InsO/*Haarmeyer/Schildt,* § 25 InsO Rn. 25; K. Schmidt/*Hölzle,* § 25 InsO Rn. 5; *Parzinger,* Fortführungsfinanzierung, S. 56.

[470] *AG Duisburg;* DZWiR 2000, S. 306, 307; MüKo-InsO/*Haarmeyer/Schildt,* § 25 InsO Rn. 25; K. Schmidt/*Hölzle,* § 25 InsO Rn. 6; Uhlenbruck/*Vallender,* § 25 InsO Rn. 21.

Denkbar ist in diesen Fällen kraft der in § 21 Abs. 2 Nr. 1 InsO enthaltenen Verweisung aber eine Haftung des vorläufigen Insolvenzverwalters aus § 61 InsO. Dieser muss nach seinem Sinn und Zweck, die Bereitschaft (potentieller) Gläubiger, Geschäfte mit dem (vorläufigen) Verwalter abzuschließen, zu stärken und die Unternehmensfortführung zu erleichtern,[471] auch anwendbar sein, wenn das Verfahren, nach dem solche Verbindlichkeiten begründet wurden, gar nicht eröffnet wurde.[472] Der Verwalter kann sich jedoch gem. § 61 S. 2 InsO exkulpieren[473], wenn im Zeitpunkt der Begründung der Verbindlichkeit für den Verwalter nicht erkennbar war, dass die Masse nicht ausreichend sein würde. Diese Exkulpation gelingt dem Verwalter jedenfalls, wenn er die Entscheidung zur Begründung der Verbindlichkeit auf Grundlage einer plausiblen und aktuellen Liquiditätsplanung getroffen hat.[474] Bei der Anwendung von § 61 InsO auf die Situation des Eröffnungsverfahrens und die Abweisung mangels Masse, bei der es sich ausweislich § 21 Abs. 2 Nr. 1 InsO um eine „entsprechende" handelt,[475] müssen jedoch die Besonderheiten des Eröffnungsverfahrens berücksichtigt werden. Hier ist der vorläufige starke Verwalter gem. § 22 Abs. 1 S. 2 Nr. 2 InsO zur Betriebsfortführung verpflichtet, die ohne die Begründung von Masseverbindlichkeiten kaum möglich ist.[476] Zugleich wird er aber aufgrund der Zeitnot und der regelmäßig unübersichtlichen Lage typischerweise nicht über eine verlässliche Liquiditätsplanung verfügen.[477] Forderte man für eine Exkulpation gem. § 61 S. 2 InsO auch in dieser Situation ausnahmslos eine solche Liquiditätsplanung, müsste der vorläufige Verwalter, um einer Haftung wegen Nichterfüllung von Masseverbindlichkeiten zu entgehen, regelmäßig das schuldnerische Unternehmen stilllegen.[478] Ein solches Ergebnis widerspricht aber einerseits der Konzeption des Eröffnungsverfahrens als Verfahren zur Sicherung der Durchführung des Hauptverfah-

---

[471] Uhlenbruck/*Sinz*, § 61 InsO Rn. 1; Jaeger/*Gerhardt*, § 61 InsO Rn. 15, 1 ff.; BT-Drs. 12/2443, S. 129.

[472] Jaeger/*Gerhardt*, § 61 InsO Rn. 28; Uhlenbruck/*Sinz*, § 61 InsO Rn. 32; MüKo-InsO/ *Schoppmeyer*, § 61 InsO Rn. 37.

[473] Nach K/P/B/*Lüke*, § 61 InsO Rn. 2 handelt es sich hierbei nicht um eine Exkulpationsmöglichkeit, sondern eine Beweislastregel; ebenso *Jaeger/Gerhardt*, § 61 InsO Rn. 6.

[474] *BGH*, NZI 2005, S. 222 f.; Uhlenbruck/*Sinz*, § 61 InsO Rn. 26 ff.; MüKo-InsO/ *Schoppmeyer*, § 61 InsO Rn. 24 ff.; K/P/B/*Lüke*, § 61 InsO Rn. 4i.

[475] MüKo-InsO/*Haarmeyer/Schildt*, § 22 InsO Rn. 121; vgl. aber auch HaKo/*Weitzmann*, § 61 InsO Rn. 5, der sich allgemein gegen die Anwendung von § 61 InsO auf den vorläufigen Verwalter wendet, weil dies über den Wortlaut hinausgehe, dabei aber offenbar die Verweisung in § 21 Abs. 2 Nr. 1 InsO übersieht.

[476] Uhlenbruck/*Sinz*, § 61 InsO Rn. 33; *Kirchhof*, ZInsO 1999, S. 365, 366.

[477] Uhlenbruck/*Sinz*, § 61 InsO Rn. 33; MüKo-InsO/*Schoppmeyer*, § 61 InsO Rn. 35; K/P/B/*Lüke*, § 61 InsO Rn. 14; Jaeger¹/*Gerhardt*, § 22 InsO Rn. 214; MüKo-InsO/ *Haarmeyer/Schildt*, § 22 InsO Rn. 121.

[478] Uhlenbruck/*Sinz*, § 61 InsO Rn. 33.

rens, da hierdurch eine entscheidende Weichenstellung vorweggenommen würde,[479] andererseits dem Zweck des § 61 InsO, der gerade die Unternehmensfortführung erleichtern soll.[480] Eine zweckgerechte Auslegung des § 61 InsO, die der Funktion des Eröffnungsverfahrens gerecht wird, gebietet es folglich, diese Situation der Unsicherheit bei der Frage nach der Erkennbarkeit zu berücksichtigen.[481] Dem vorläufigen Verwalter muss eine Exkulpation daher auch offen stehen, wenn er aufgrund der in diesem Moment für ihn verfügbaren Informationen davon ausgehen konnte, dass die Erfüllung möglich sein würde.[482] Demnach bietet auch die Haftung aus § 61 InsO keine Gewähr der vollständigen Erfüllung solcher Verbindlichkeiten. Letztlich sind also auch Gläubiger, die bei Verfahrenseröffnung Massegläubiger gewesen wären, im Fall der Abweisung mangels Masse einem erheblichen Ausfallrisiko ausgesetzt.

bb) Masseunzulänglichkeit im eröffneten Verfahren

Keinen Schutz bietet die Bevorrechtigung als Massegläubiger auch vor der Masseunzulänglichkeit, die im eröffneten Verfahren eintritt (§ 208 InsO). In diesem Fall reicht die verfügbare Masse *per definitionem* nicht mehr aus, um alle Masseverbindlichkeiten zu erfüllen. Die Befriedigung innerhalb der Gruppe der Massegläubiger hat nach der Rangfolge des § 209 Abs. 1 InsO zu erfolgen, nach welcher vor Anzeige der Masseunzulänglichkeit begründete Forderungen, die nicht zu den Kosten des Verfahrens gehören, an letzter Stelle zu erfüllen sind. Daher werden hier auch Kreditgeber, die Inhaber einer Masseforderung sind, regelmäßig weitgehende Ausfälle erleiden.[483] Auch insofern kommt zwar eine Haftung des Insolvenzverwalters aus § 61 InsO in Betracht. Dieser kann sich aber wiederum durch Vorlage eines plausiblen Liquiditätsplans gem. § 61 S. 2 InsO exkulpieren, weshalb hier eine persönliche Haftung des Insolvenzverwalters gleichermaßen regelmäßig ausscheiden wird.

---

[479] Uhlenbruck/*Sinz*, § 61 InsO Rn. 33.
[480] Vgl. BT-Drs. 12/2443, S. 129; vgl. auch MüKo-InsO/*Schoppmeyer*, § 61 InsO Rn. 2; *Kirchhof*, ZInsO 1999, S. 365, 366.
[481] Jaeger¹/*Gerhardt*, § 22 InsO Rn. 214; K/P/B/*Lüke*, § 61 InsO Rn. 4j.
[482] Uhlenbruck/*Sinz*, § 61 InsO Rn. 33 f.; MüKo-InsO/*Schoppmeyer*, § 61 InsO Rn. 27, 36; MüKo-InsO/*Haarmeyer/Schildt*, § 22 InsO Rn. 121; K/P/B/*Lüke*, § 61 InsO Rn. 4j, 13, 14; Jaeger¹/*Gerhardt*, § 22 InsO Rn. 214 f.; weiter gehend *Kirchhof*, ZInsO 1999, S. 365, 366, der die Fortführungspflicht als Rechtfertigungsgrund deutet und daher eine Haftung aus § 61 InsO bei Bestehen der Fortführungspflicht für ausgeschlossen hält.
[483] Vgl. Obermüller/*H. Huber*, Insolvenzrecht, Rn. 5.836, der auch aus aufsichtsrechtlichen Gründen dazu rät, dass eine kreditgewährende Bank sich durch den Insolvenzverwalter zusätzliche Sicherheiten bestellen lassen solle.

cc) Konsequenzen

Wird im Eröffnungsverfahren ein schwacher vorläufiger Verwalter bestellt und dieser durch das Insolvenzgericht nicht zur Begründung von Masseverbindlichkeiten ermächtigt, entstehen keine Masseforderungen, so dass Forderungen der Kreditgeber im eröffneten Verfahren nur einfache Insolvenzforderungen i.S.d. § 38 InsO sind. Vorbehaltlich besonderer Vorrechte kann ein (potentieller) Kreditgeber weitere Auszahlungen in dieser Situation vernünftigerweise also nur verweigern und den Vertrag kündigen.[484]

Weniger dramatisch ist die Situation im eröffneten Verfahren bzw. wenn ein starker vorläufiger Verwalter bestellt oder ein schwacher Verwalter zur Begründung von Masseverbindlichkeiten ermächtigt wurde. In diesen Konstellationen entstehen Masseverbindlichkeiten, die den Gläubigern ein Recht auf vorzugsweise Befriedigung einräumen und insbesondere die Durchsetzung im Wege der Zwangsvollstreckung ermöglichen. Inhaber einer Masseforderung bzw. einer solchen, die im eröffneten Verfahren Masseforderung wäre, sind aber trotz der bevorrechtigten Befriedigung einem gewissen Ausfallrisiko ausgesetzt. So kann sich nach Begründung der Verbindlichkeit erweisen, dass das schuldnerische Vermögen bereits nicht für die Begleichung der Verfahrenskosten ausreicht oder das Verfahren aus anderen Gründen nicht eröffnet wird. Risikofaktor für das Entstehen einer Masseunzulänglichkeit oder die Abweisung mangels Masse kann insbesondere sein, dass auch Deliktsforderungen, die durch den (vorläufigen starken) Insolvenzverwalter begründet werden, als Masseforderungen einzuordnen sind und Einschränkungen der Verpflichtung der Masse durch Handlungen des Insolvenzverwalters nur im Fall der (evidenten) Insolvenzzweckwidrigkeit im Raum stehen.[485] Im Fall der Abweisung mangels Masse bzw. der Masseunzulänglichkeit entsteht entweder keine Masseverbindlichkeit oder diese gelangt zwar zur Entstehung, im eröffneten Verfahren zeigt sich aber, dass die Insolvenzmasse nicht zur Befriedigung aller Forderungen genügt. Bei sorgfältiger Planung vonseiten des Insolvenzverwalters kann hier aufgrund der Exkulpationsmöglichkeit des § 61 S. 2 InsO auch dessen persönliche Haftung keine Abhilfe bieten.[486] Die risikoärmere Verhaltensvariante für Kreditgeber wird damit, selbst wenn Masseverbindlichkeiten entstünden, regelmäßig in der Verweigerung weiterer Kreditgewährungen liegen.

---

[484] Vgl. Obermüller/*H. Huber*, Insolvenzrecht, Rn. 5.677, 5.683; *Obermüller*, ZInsO 2018, 1769.

[485] Vgl. hierzu etwa MüKo-InsO/*H. Hefermehl*, § 55 InsO Rn. 25 ff.; vgl. die eingehende und kritische Untersuchung dieses Topos bei *Klinck*, KTS 2019, S. 1, 2 ff.

[486] Vgl. *Parzinger*, Fortführungsfinanzierung, S. 53.

3. Kreditvergabe nach Annahme eines Insolvenzplans: Der Kreditrahmen gem. § 264 InsO als Anreiz zur Kreditvergabe?

Für die Phase nach der Annahme eines Insolvenzplans i.S.d. §§ 217 ff. InsO sieht § 264 InsO mit dem sog. Kreditrahmen einen weiteren Mechanismus zur Privilegierung von Kreditgebern vor. Ziel dieses Instruments ist es, dem Schuldner eine für die Unternehmensfortführung notwendige Kreditaufnahme zu ermöglichen.[487] Diese droht ansonsten daran zu scheitern, dass dem Schuldner in dieser Phase regelmäßig kein werthaltiges, unbelastetes Sicherungsgut zur Verfügung steht[488] und Kreditgeber kaum dazu bereit sein werden, die mit der Stellung als einfache Insolvenzgläubiger i.S.d. § 38 InsO verbundenen Risiken einer ungesicherten Kreditvergabe einzugehen. Diesem Ziel war zuvor bereits § 106 VglO verschrieben,[489] nach welchem im Zeitraum des Vergleichsverfahrens gewährte Darlehen in einem Anschlusskonkurs als Masseschuld bevorzugt werden konnten.

a) Voraussetzungen

Aus § 264 InsO ergeben sich eine Reihe von formalen und inhaltlichen Voraussetzungen, die teils an die Vereinbarung des Kreditrahmens im Rahmen des Insolvenzplans anknüpfen, teils die konkrete Kreditvergabe im Anschluss hieran betreffen.

Erforderlich ist für eine spätere Privilegierung zunächst, dass im gestaltenden Teil des Insolvenzplans (§§ 219, 221 InsO) die Möglichkeit einer solchen privilegierten Kreditvergabe vorgesehen ist. Dabei muss der Insolvenzplan den Gesamtbetrag der privilegierungsfähigen Forderungen benennen, der den mit Fortführungswerten[490] angesetzten Wert des schuldnerischen Vermögens nicht übersteigen darf, § 264 Abs. 1 InsO. Aus der systematischen Stellung des § 264 InsO sowie dessen Wortlaut folgt weiterhin, dass im Insolvenzplan die Überwachung der Planerfüllung (§ 260 InsO) vorgesehen sein muss.[491] Diese

---

[487] BT-Drs. 12/2443, S. 216; *Dinstühler*, ZInsO 1998, 243; MüKo-InsO/*Drukarczyk/Fridgen*, § 264 InsO Rn. 2; FK/*Jaffé*, § 264 InsO Rn. 2; *E. Braun/Frank*, Kölner Schrift, S. 809, 811, Rn. 5.

[488] BT-Drs. 12/2243, S. 216; *E. Braun/Uhlenbruck*, Unternehmensinsolvenz, S. 645; *E. Braun/Frank*, Kölner Schrift, S. 809, 812, Rn. 7; *Dinstühler*, ZInsO 1998, 243; FK/*Jaffé*, § 264 InsO Rn. 1.

[489] Bley/*Mohrbutter*, § 106 VglO Rn. 1; Böhle-Stamschräder/*Kilger*, § 106 VglO Rn. 1; vgl. auch K/P/B/*Pleister*, § 264 InsO Rn. 1; MüKo-InsO/*Drukarczyk/Fridgen*, § 264 InsO Rn. 3.

[490] K/P/B/*Pleister*, § 264 InsO Rn. 6; für verfehlt halten diese gesetzgeberische Entscheidung Gottwald/Haas/*Koch/de Bra*, InsR-Hdb, § 69 Rn. 9; *E. Braun/Frank*, Kölner Schrift, S. 809, 815, Rn. 20, Fn. 27; Jaeger/*Piekenbrock*, § 264 InsO Rn. 5.

[491] K/P/B/*Pleister*, § 264 InsO Rn. 8; MüKo-InsO/*Drukarczyk/Fridgen*, § 264 InsO Rn. 8; *Dinstühler*, ZInsO 1998, S. 243, 244 f.; Jaeger/*Piekenbrock*, § 264 InsO Rn. 9.

ist ebenso wie der Umfang des vorgesehen Kreditrahmens gem. § 267 Abs. 1, 2 Nr. 3, Abs. 3 i.V.m. § 31 InsO öffentlich bekannt zu machen und ins Handelsregister einzutragen.[492]

In diesen Kreditrahmen fallen nach dem Wortlaut des § 264 Abs. 1 S. 1 InsO – in Abkehr vom engeren Wortlaut des § 106 VglO[493] – nicht nur Darlehen, sondern auch „sonstige Kredite" und damit sämtliche Geld-, Waren- und Haftungskredite,[494] die während der Phase der Planüberwachung neu gewährt wurden oder die Massegläubiger haben stehen lassen. Ausgeschlossen sind jedoch Forderungen auf Rückgewähr eines Gesellschafterdarlehens oder Rechtshandlungen, die wirtschaftlich einem solchen entsprechen, §§ 264 Abs. 3, 39 Abs. 1 Nr. 5 InsO. Der Anwendungsbereich bleibt also auf die kreditweise Zuführung von Fremdkapital beschränkt.[495]

Die Verknüpfung des Kreditrahmens mit der Planüberwachung, deren Dauer durch § 268 Abs. 1 Nr. 2 InsO auf drei Jahre beschränkt ist, hat zur Folge, dass die Privilegierung auf Fälle beschränkt ist, in denen die Kreditvergabe innerhalb dieser höchstens drei Jahre erfolgt und in diesem Zeitraum ein Anschlussverfahren eröffnet wird.[496] In Bezug auf die konkrete Kreditvergabe setzt § 264 Abs. 2 InsO weiterhin voraus, dass zwischen Kreditgeber und Schuldner eine Vereinbarung getroffen wird, ob und in welcher Höhe entstehende Forderungen nach Hauptforderung, Zinsen und Kosten als Teil des Kreditrahmens privilegiert werden sollen, wobei der Verwalter dieser Vereinbarung schriftlich zustimmen muss. Dem Verwalter kommt insoweit jedoch kein Ermessen zu, sondern er hat die Zustimmung zu erteilen, wenn die formalen Voraussetzungen erfüllt sind.[497]

b) Rechtsfolge

Rechtsfolge des Kreditrahmens ist eine Bevorrechtigung dieser Gläubiger mit den einbezogenen Forderungen in nachfolgenden Insolvenzverfahren, die während der Dauer der Planüberwachung eröffnet werden, § 266 Abs. 1 InsO, d.h.

---

[492] Streitig ist, ob nur die Überwachung selbst oder aber auch der Kreditrahmen ins Handelsregister einzutragen ist, für Letzteres richtigerweise Jaeger/*Piekenbrock*, § 267 InsO Rn. 12, Fn. 13; *Dinstühler*, ZInsO 1998, S. 243, 244; a.A. etwa E. Braun-InsO/*E. Braun/ Frank*, § 267 Rn. 4; MüKo-InsO/*Stephan*, § 267 InsO Rn. 10.

[493] Vgl. Bley/*Mohrbutter*, § 106 VglO Rn. 3; Böhle-Stamschräder/*Kilger*, § 106 VglO Rn. 1.

[494] K/P/B/*Pleister*, § 264 InsO Rn. 9 f.; Jaeger/*Piekenbrock*, § 264 InsO Rn. 14; Uhlenbruck/*Lüer/Streit*, § 264 InsO Rn. 4 f.; FK/*Jaffé*, § 264 InsO Rn. 5.

[495] Uhlenbruck/*Lüer/Streit*, § 264 InsO Rn. 3; Jaeger/*Piekenbrock*, § 264 InsO Rn. 14.

[496] BT-Drs-12/2443, S. 217; Jaeger/*Piekenbrock*, § 264 InsO Rn. 18; K/P/B/*Pleister*, § 264 InsO Rn. 11; Uhlenbruck/*Lüer/Streit*, § 264 InsO Rn. 25.

[497] Uhlenbruck/*Lüer/Streit*, § 264 InsO Rn. 22; MüKo-InsO/*Drukarczyk/Fridgen*, § 264 InsO Rn. 12; Jaeger/*Piekenbrock*, § 264 InsO Rn. 22; K. Schmidt/*Spliedt*, § 266 InsO Rn. 10.

innerhalb von drei Jahren nach Aufhebung des ersten Insolvenzverfahrens.[498] Anders als unter Geltung des § 106 VglO[499] und noch nach dem Vorschlag der Ersten Kommission[500] werden die erfassten Forderungen in diesem Verfahren aber nicht als Masseforderungen behandelt.[501] Vielmehr sehen die §§ 264 f. InsO allein einen Nachrang der einfachen Insolvenzgläubiger gegenüber den vom Kreditrahmen erfassten Forderungen vor, die Insolvenzforderungen bleiben.[502] Es ergibt sich demnach eine Rangfolge, in der die Rahmengläubiger nach den Aus- und Absonderungsrechten[503] sowie den Masseforderungen, gleichzeitig mit nicht nachrangigen Neugläubigern (§ 265 InsO), vor den einfachen Insolvenzgläubigern befriedigt werden.[504]

c) Einordnung

Obwohl der Gesetzgeber der InsO sich mit der Schaffung des Kreditrahmens als Instrument zur Bewältigung der Finanzierungsschwierigkeiten in der „Anlaufzeit" nach Annahme eines Insolvenzplans eines der zentralen Anliegen von Schuldner und Kreditgeber angenommen hat, ist dessen praktische Bedeutung sehr gering geblieben.[505]

Als Erklärungsansatz hierfür mag zunächst das komplexe Verfahren dienen, das insbesondere voraussetzt, dass die Insolvenzgläubiger im Planverfahren dem Kreditrahmen zugestimmt haben oder majorisiert wurden.[506] Das erfordert wiederum, dass dissentierende Gläubiger durch den Plan nicht schlechter gestellt werden, als sie ohne diesen stünden, vgl. § 245 InsO. Vorgebracht wird auch, dass die zeitliche Begrenzung der Privilegierung auf drei Jahre dazu

---

[498] K. Schmidt/*Spliedt*, § 266 InsO Rn. 17 f.; FK/*Jaffé*, § 264 InsO Rn. 7; MüKo-InsO/ *Drukarczyk/Fridgen*, § 264 InsO Rn. 16; Gottwald/Haas/*Koch/de Bra*, InsR-Hdb, § 69 Rn. 14; *Dinstühler*, ZInsO 1998, S. 243, 249.

[499] Hierzu Böhle-Stamschräder/*Kilger*, § 106 VglO Rn. 1; Bley/*Mohrbutter*, § 106 VglO Rn. 15.

[500] *Bundesministerium der Justiz*, Erster Bericht, Ls. 2.3.8, S. 46 und S. 214 f.

[501] K/P/B/*Pleister*, § 266 InsO Rn. 9; Uhlenbruck/*Lüer/Streit*, § 264 InsO Rn. 25; MüKo-InsO/*Kern*, § 266 InsO Rn. 22; *Dinstühler*, ZInsO 1998, S. 243, 249.

[502] *Dinstühler*, ZInsO 1998, S. 243, 249.

[503] Ausführlich *E. Braun/Uhlenbruck*, Unternehmensinsolvenz, S. 647 ff.; *E. Braun/ Frank*, Kölner Schrift, S. 809, 819 ff., Rn. 33 ff.; *Dinstühler*, ZInsO 1998, S. 243, 249.

[504] Ausführlich zur Rangfolge MüKo-InsO/*Kern*, § 266 InsO Rn. 12 ff., der zusätzlich einen Ausgleich zwischen den nach § 265 InsO nicht nachrangigen Neugläubigern und den nicht privilegierten Insolvenzgläubigern befürwortet; ähnlich Jaeger/*Piekenbrock*, § 266 InsO Rn. 3 ff.; *Dinstühler*, ZInsO 1998, S. 243, 249.

[505] Vgl. Jaeger/*Piekenbrock*, § 264 InsO Rn. 8; MüKo-InsO/*Kern*, § 266 InsO Rn. 5; HaKo/*Thies/S. Lieder*, § 264 InsO Rn. 1; ähnlich FK/*Jaffé*, § 264 InsO Rn. 19 ff.; kritisch zur Effektivität bereits *Dinstühler*, ZInsO 1998, S. 243, 250.

[506] Vgl. *Dinstühler*, ZInsO 1998, S. 243, 248.

zwinge, die Laufzeit der Kredite entsprechend kurz zu halten.[507] Der Kreditrahmen eigne sich daher allenfalls für „kurzfristige Zwischenfinanzierungen".[508] Daran ist zwar richtig, dass die Privilegierung verloren geht, wenn das Folgeverfahren nicht während der Phase der Planüberwachung eröffnet wird.[509] Jedoch wird ein Kreditgeber im Fall der Anschlussinsolvenz in aller Regel die Möglichkeit haben, die ausgereichten Kredite fristlos zu kündigen.[510] Zwischen der *anfänglichen* Laufzeit des Kredits und der Privilegierung, die nur vom Zeitpunkt der Gewährung des Kredits und der Eröffnung des Anschlussverfahrens während der Dauer der Überwachung abhängt, besteht daher regelmäßig kein besonderer Zusammenhang.

Entscheidender dürfte deshalb sein, dass der Kreditrahmen den erfassten Kreditgebern nur eine relativ schwache Stellung einräumt,[511] die den Einsatz dieses Instruments – gerade mit Rücksicht auf den erforderlichen Aufwand – als wenig attraktiv erscheinen lässt:[512] So ist alles andere als sicher, dass das nach Geltendmachung von Aus- und Absonderungsrechten sowie der Befriedigung der Massegläubiger noch verfügbare Vermögen ausreicht, um die vom Kreditrahmen erfassten Forderungen vollständig zu erfüllen.[513] Problematisch ist das insbesondere, weil die von § 264 Abs. 1 S. 3 InsO i.V.m. § 229 InsO aufgestellte betragsmäßige Obergrenze des Kreditrahmens an Fortführungswerte im Zeitpunkt der Planaufstellung anknüpft und hierfür das gesamte, auch bereits belastete Vermögen mit einbezogen wird.[514]

Diese Betrachtungsweise geht zunächst daran vorbei, dass im Fall einer Folgeinsolvenz regelmäßig die Ansetzung von Liquidationswerten die realistischere Betrachtungsweise ist, und kann bereits aus diesem Grund keine zweckmäßige Begrenzung der Rahmenkredite liefern.[515] Daneben ignoriert dieser

---

[507] Ahrens/Gehrlein/Ringstmeier/*Silcher*, Insolvenzrecht, § 264 InsO Rn. 5; HaKo/*Thies/S. Lieder*, § 264 InsO Rn. 3; K/P/B/*Pleister*, § 264 InsO Rn. 11; vgl. auch Jaeger/*Piekenbrock*, § 264 InsO Rn. 8; MüKo-InsO/*Kern*, § 266 InsO Rn. 5, 7.

[508] K. Schmidt/*Spliedt*, § 266 InsO Rn. 1; ähnlich MüKo-InsO/*Kern*, § 266 InsO Rn. 7.

[509] MüKo-InsO/*Kern*, § 266 InsO Rn. 5.

[510] Siehe oben 4. Kapitel, A.I.3.

[511] Jaeger/*Piekenbrock*, § 264 InsO Rn. 7; *Parzinger*, Fortführungsfinanzierung, S. 76; MüKo-InsO/*Kern*, § 266 InsO Rn. 5.

[512] *E. Braun/Frank*, Kölner Schrift, S. 809, 822, Rn. 43; *Eidenmüller*, Unternehmenssanierung, S. 866 f.

[513] MüKo-InsO/*Kern*, § 266 InsO Rn. 5; *Eidenmüller*, Unternehmenssanierung, S. 866 f.; *E. Braun/Frank*, Kölner Schrift, S. 809, 812 f. Rn. 6 ff.: Ein Vorrecht, das gegenüber den Absonderungsrechten nachrangig ist, sei ein „bloßer Papiertiger".

[514] Vgl. insbes. Gottwald/Haas/*Koch/de Bra*, InsR-Hdb, § 69 Rn. 6: „besonders gravierende gesetzgeberische Fehlleistung"; Jaeger/*Piekenbrock*, § 264 InsO Rn. 5; MüKo-InsO/*Drukarczyk/Fridgen*, § 264 InsO Rn. 24 ff.

[515] Jaeger/*Piekenbrock*, § 264 InsO Rn. 5; Gottwald/Haas/*Koch/de Bra*, InsR-Hdb, § 69 Rn. 9; *E. Braun/Frank*, Kölner Schrift, S. 809, 815, Rn. 20, Fn. 27; K/P/B/*Pleister*, § 264 InsO Rn. 17.

Ansatz, dass mit dinglichen Sicherungsrechten belastete Vermögensgegenstände des Schuldners für die Befriedigung der Rahmengläubiger gerade nicht zur Verfügung stehen.[516] Letztere sind nicht nur gegenüber den absonderungsberechtigten Gläubigern nachrangig, sondern auch gegenüber den Massegläubigern, die aus dem noch verbleibenden Vermögen vorweg zu befriedigen sind. Diese Obergrenze wird daher die für die Befriedigung der Rahmengläubiger real verfügbaren Mittel regelmäßig weit übersteigen.[517] Wenig Sicherheit bietet der Kreditrahmen aufgrund seiner Konstruktion auch, weil der Schuldner nach Planannahme über vorhandenes Vermögen frei verfügen und dieses so dem Zugriff der Rahmenkreditgläubiger entziehen kann.

Insbesondere aufgrund der Einordnung noch nach den Massegläubigern bestehen aus einer Perspektive *ex ante* einigermaßen verlässliche Aussichten der Rahmengläubiger auf vollständige Befriedigung bestenfalls, wenn im Zeitpunkt der Vergabeentscheidung unbelastetes Vermögen vorhanden ist, das, nach Liquidationswerten bewertet, zu deren vollständiger Befriedigung ausreicht.[518] In diesem Fall besteht aber bereits kein Bedürfnis für die Anwendung des § 264 InsO, da die Kreditgeber an den vorhandenen Vermögensgegenständen schlicht Sicherheiten bestellen lassen können, die eine bessere und verlässlichere Befriedigung erwarten lassen.[519] Der Kreditrahmen, der gerade wenn kein Sicherungsgut zur Verfügung steht, Kreditvergaben ermöglichen soll,[520] kann den erfassten Gläubigern damit hinreichende Sicherheit nur in einer Konstellation gewähren, in der mit der Sicherheitenbestellung ein einfacherer und sicherer Weg offen steht. In seinem bestimmungsgemäßen Anwendungsbereich kann der Kreditrahmen aufgrund der Nachrangigkeit der erfassten Forderungen gegenüber Aus- und Absonderungsrechten sowie den Masseforderungen hingegen eine Befriedigung der Kreditgeber nicht sicherstellen und ist daher nicht geeignet, das ausgerufene Ziel zu erreichen.[521]

---

[516] Jaeger/*Piekenbrock*, § 264 InsO Rn. 5; Gottwald/Haas/*Koch/de Bra*, InsR-Hdb, § 69 Rn. 8.

[517] *E. Braun/Frank*, Kölner Schrift, S. 809, 815, Rn. 20, Fn. 27; Jaeger/*Piekenbrock*, § 264 InsO Rn. 5; vgl. auch das Beispiel bei MüKo-InsO/*Drukarczyk/Fridgen*, § 264 InsO Rn. 26.

[518] Ganz erhebliche Unsicherheit besteht aber auch hier insoweit, als nicht feststeht, dass dieses Vermögensgut im Zeitpunkt der Verwertung noch (unbelastet) vorhanden sein wird und auch die Höhe der vorrangigen Masseverbindlichkeiten im Zeitpunkt der Kreditvergabe noch nicht absehbar ist.

[519] Vgl. Jaeger/*Piekenbrock*, § 264 InsO Rn. 6; MüKo-InsO³/*Drukarczyk*, § 264 InsO Rn. 25.

[520] Vgl. BT-Drs. 12/2443, S. 216.

[521] Ähnlich MüKo-InsO/*Kern*, § 266 InsO Rn. 26; *E. Braun/Frank*, Kölner Schrift, S. 809, 822, Rn. 43, S. 824, Rn. 48; FK/*Jaffé*, § 264 InsO Rn. 21; K/P/B/*Pleister*, § 264 InsO Rn. 18; *Dinstühler*, ZInsO 1998, S. 243, 250; *Eidenmüller*, Unternehmenssanierung, S. 867.

4. Bestellung von Kreditsicherheiten

Ein weiter gehender Schutz des Kreditgebers kann sich jedoch aus der Bestellung von Kreditsicherheiten ergeben. Es stellt sich insoweit die grundsätzliche Frage, ob vereinbarte Kreditsicherheiten, sei es durch das „Reservieren" eines Teils der Haftungsmasse durch dingliche Sicherheiten, sei es durch deren Erweiterung durch Drittsicherheiten, zum Schließen der festgestellten Lücken gerade bei Sanierungsfinanzierungen geeignet sind.

Da nach Verfahrenseröffnung über die Masseverbindlichkeiten ein relativ weitreichender Schutz vor einem Forderungsausfall besteht und das Schuldnervermögen hier typischerweise umfassend belastet sein wird, entfalten Kreditsicherheiten ihre hauptsächliche Bedeutung zwar außerhalb von Insolvenzverfahren, können aber auch im Verfahren noch wirksam bestellt werden. Nicht hierher gehören *negative pledges,* mit denen sich der Schuldner verpflichtet, an seinen Vermögensgegenständen *keine* Sicherheiten zu bestellen.[522] Diese haben zwar ebenfalls eine sichernde Wirkung, indem sie dazu führen sollen, dass für die Befriedigung der ungesicherten Gläubiger mehr unbelastetes Vermögen vorhanden ist, geben den Gläubigern aber kein Befriedigungsvorrecht und können insbesondere auch nicht verhindern, dass der Schuldner abredewidrig – wirksam – dingliche Sicherheiten bestellt.[523]

a) Wirkungsmechanismus von Sicherheiten am Schuldnervermögen

Blickt man auf die Geltendmachung und Wirkung von Kreditsicherheiten am Schuldnervermögen, ist zunächst die Grundunterscheidung des deutschen Insolvenzrechts zwischen Aus- und Absonderungsrechten zu beachten. Im Rahmen der Aussonderung gem. § 47 InsO erhält der Berechtigte nach den allgemeinen zivilrechtlichen Regeln die Sache selbst, bleibt also von insolvenzbedingten Verzögerungen und Beschränkungen frei. Demgegenüber ist der absonderungsberechtigte Gläubiger (§§ 49 ff. InsO) darauf beschränkt, sein Recht innerhalb des Verfahrens zur Geltung zu bringen. Dabei hat er aufgrund der Einbindung in das Verfahren mit einer verzögerten Befriedigung zu rechnen und kann auch nicht auf die Sache selbst, sondern nur bevorrechtigt auf den Verwertungserlös zugreifen, soweit ihm dieser durch die InsO zugewiesen wird.

Für die Unterscheidung zwischen diesen Instituten ist dabei, wie sich insbesondere anhand von § 51 Nr. 1 InsO erkennen lässt, nicht die konstruktive Frage entscheidend, ob dem Berechtigten das Vollrecht oder nur ein beschränkt dingliches Recht zusteht.[524] Maßgeblicher Umstand ist vielmehr, zumindest im

---

[522] Ellenberger/Bunte/*Ganter*, Bankrechts-HdB, § 69 Rn. 238; Mülbert/Früh/Seyfried/*Kropf*, Bankrecht, Rn. 6.217.
[523] Mülbert/Früh/Seyfried/*Kropf*, Bankrecht, Rn. 6.217.
[524] Vgl. *Brinkmann*, Kreditsicherheiten, S. 197; *Häsemeyer*, Insolvenzrecht, Rn. 11.04.

Grundsatz,[525] ob der Berechtigte die Verwirklichung der Rechtsposition um ihrer selbst willen begehrt (dann Aussonderung) oder dieser im Kern als Gläubiger an den Insolvenzschuldner herantritt und mit dem dinglichen Recht nur Sicherungszwecke verfolgt (dann Absonderung).[526] Sicherheiten, die der Schuldner einem Kreditgeber an seinem Vermögen bestellt, gewähren diesem in der Insolvenz des Schuldner demnach prinzipiell nur ein Recht zur abgesonderten Befriedigung aus dem aus der Verwertung des Absonderungsguts erzielten Erlös. Deren Verwirklichung und damit auch die Befriedigung des gesicherten Gläubigers wird durch die InsO aber auf verschiedenen Wegen eingehegt.

aa) Verwertungsrecht und Zeitpunkt der Befriedigung

Entscheidend für den Umfang und vor allem den Zeitpunkt der Befriedigung ist zunächst, wer zur Verwertung des Sicherungsguts berechtigt ist. Anders als noch unter Geltung der KO weist die InsO das Verwertungsrecht nicht weitgehend den Sicherungsnehmern zu.[527] Vielmehr liegt dieses *de lege lata* in weiten Teilen beim Insolvenzverwalter.[528] Bei Immobiliarsicherheiten, deren Verwertung sich gem. § 49 InsO auch nach Eröffnung eines Insolvenzverfahrens nach dem ZVG richtet, ist der absonderungsberechtigte Gläubiger zwar grundsätzlich neben dem Insolvenzverwalter (vgl. § 165 InsO) berechtigt, die Zwangsversteigerung der Immobilie zu betreiben.[529] Jedoch ist dieses Vollstreckungsverfahren gem. § 30d ZVG auf Antrag des Insolvenzverwalters einstweilen einzustellen, insbesondere wenn der Berichtstermin (§ 29 Abs. 1 Nr. 1 ZVG) noch aussteht (§ 30d Abs. 1 Nr. 1 ZVG) oder das Grundstück für die Fortfüh-

---

[525] Zu Ausnahmen vgl. etwa *J. F. Hoffmann*, Prioritätsgrundsatz, S. 249 ff. Umstritten ist insbesondere die Behandlung des Vorbehaltseigentums in der Insolvenz des Käufers, in der man dem Vorbehaltskäufer aufgrund seines Eigentums herrschend ein Aussonderungsrecht zubilligt (MüKo-InsO/*Ganter*, § 47 InsO Rn. 62; Jaeger/*J. F. Hoffmann*, § 47 InsO Rn. 42 ff.; Jaeger¹/*Henckel*, § 47 InsO Rn. 42; *de lege lata* auch Uhlenbruck/*Brinkmann*, § 47 InsO Rn. 25; dagegen insbesondere *Häsemeyer*, Insolvenzrecht, Rn. 11.10), obwohl auch hiermit bisweilen *nur* Sicherungszwecke verfolgt werden.

[526] *J. F. Hoffmann*, Prioritätsgrundsatz, S. 235 ff., 239 f.; Jaeger/*J. F. Hoffmann*, § 47 InsO Rn. 30; vgl. auch *Brinkmann*, Kreditsicherheiten, S. 198; *Häsemeyer*, Insolvenzrecht, Rn. 11.04 ff., 11.09; eingehend, auch rechtsvergleichend und rechtshistorisch, zur Funktion der Aussonderung jüngst *J. F. Hoffmann*, KTS 2022, S. 315, 317 ff.

[527] Auch § 127 Abs. 1 KO sah zwar das Recht des Verwalters vor, Pfandrechte und pfandrechtsähnliche Rechte zu verwerten, § 127 Abs. 2 S. 1 KO wurde jedoch das Recht der Parteien entnommen, ein Selbstverwertungsrecht des Sicherungsnehmers zu vereinbaren. Im Ergebnis lag das Verwertungsrecht daher weitgehend bei den Sicherungsnehmern, vgl. MüKo-InsO/*Kern*, vor §§ 166-173 InsO Rn. 1 ff.; Kuhn/Uhlenbruck, § 4 KO Rn. 3, 5.

[528] Insbesondere ist der Verwalter berechtigt, bewegliche Gegenstände, die er in Besitz hat, sowie sicherungszedierte Forderungen zu verwerten, § 166 InsO.

[529] MüKo-InsO/*Ganter*, § 49 InsO Rn. 84a; Stöber/*Keller*, § 15 ZVG Rn. 192; BT-Drs. 12/2443, S. 176.

rung des Unternehmens oder die Durchführung eines Insolvenzplans benötigt wird (§ 30d Abs. 1 Nr. 2, 3 ZVG).

Hierdurch entziehen die InsO und das ZVG den Sicherungsnehmern insoweit die Entscheidungsgewalt über den *Zeitpunkt* der Verwertung und ihrer Befriedigung.[530] Gleichwohl werden die Interessen der Sicherungsnehmer an einer zeitnahen Befriedigung nicht der Willkür des Insolvenzverwalters preisgegeben. Vielmehr wird der Insolvenzverwalter bzw. die Insolvenzmasse insbesondere verpflichtet, die Sicherungsnehmer für eine verzögerte Verwertung durch die Zahlung der geschuldeten Zinsen als Masseschuld zu kompensieren (§ 169 S. 1 InsO, § 49 InsO i.V.m. § 30e Abs. 1 S. 1 ZVG).[531] Infolge dieser Belastung der Masse ist der Insolvenzverwalter letztlich gezwungen, fortlaufend zu evaluieren, ob die Nutzung des Sicherungsguts der Masse einen größeren Nutzen bringt, als durch die Zinspflicht abfließt.[532] Das kann im Zweifel eine starke Anreizwirkung zugunsten einer zügigen Verwertung des Guts entfalten und beschränkt die Entscheidungsfreiheit des Verwalters *faktisch* stark.[533] Die Sicherungsnehmer können folglich, soweit sie als Inhaber des Verwertungsrechts nicht ohnehin den Zeitpunkt der Verwertung bestimmen können, zwar nicht mit unverzüglicher Befriedigung rechnen, werden aber aus der Insolvenzmasse für die eingetretene Verzögerung kompensiert.

bb) Kostenbeiträge und der Umfang der Befriedigung

Wiederum in Abkehr von der Rechtslage unter Geltung der KO[534] sehen die §§ 170 f. InsO, § 49 InsO i.V.m. §§ 10 Abs. 1 Nr. 1a, 109 ZVG grundsätzlich vor, dass die aus der Verwertung des Sicherungsguts resultierenden Kosten und Steuerbelastungen vorab aus dem Verwertungserlös zu berichtigen sind und nicht die Insolvenzmasse treffen sollen.[535] Da diese Posten eine erhebliche Höhe erreichen können[536] und der absonderungsberechtigte Gläubiger, soweit

---

[530] Gottwald/Haas/*Adolphsen*, InsR-Hdb, § 42 Rn. 145.

[531] Vgl. insbesondere BT-Drs. 12/2443, S. 79, 89, 176.

[532] Vgl. Gottwald/Haas/*Adolphsen*, InsR-Hdb, § 42 Rn. 145.

[533] Kritisch hierzu Gottwald/Haas/*Adolphsen*, InsR-Hdb, § 42 Rn. 145, 147; *Häsemeyer*, Insolvenzrecht, Rn. 13.54.

[534] Vgl. etwa MüKo-InsO/*Kern*, vor §§ 166-173 InsO Rn. 7 ff.; eingehend Kuhn/Uhlenbruck, § 4 KO Rn. 16n ff.

[535] Vgl. BT-Drs. 12/2443, S. 89: „In Höhe der hiernach berücksichtigungsfähigen Kosten soll die Insolvenzmasse entlastet und der Sicherungsgläubiger belastet werden. Dem Mißstand des heutigen Rechts, daß bestimmte Aufwendungen des Insolvenzverwalters allein den gesicherten Gläubigern zugutekommen, aber zu Lasten der ungesicherten Gläubiger aus der Insolvenzmasse finanziert werden, wird damit wirksam abgeholfen." und a.a.O., S. 180: „Der [...] Kostenbeitrag dient dazu, diese Unbilligkeit zu vermeiden.", entsprechend für Immobiliarsicherheiten a.a.O., S. 176.

[536] Abzuziehen sind vorab die Kosten für die Feststellung (gem. § 171 Abs. 1 S. 2 InsO pauschal 4 % des Verwertungserlöses), die Verwertung (pauschal 5 % des Verwertungs-

er bei der Verteilung des Verwertungserlöses ausgefallen ist, nur einfacher Insolvenzgläubiger i.S.d. § 38 InsO ist (§ 52 InsO), drohen diese Beiträge einen partiellen Ausfall der Absonderungsberechtigten zu verursachen und die Effektivität der Kreditsicherheiten erheblich zu schwächen.

Jedoch hält man es allgemein für zulässig, dass Sicherungsnehmer diese Belastungen durch eine entsprechende Übersicherung antizipieren.[537] Die Kostenbeteiligung des Absonderungsberechtigten führt bei werthaltigem Sicherungsgut, soweit es dem Gläubiger gelingt, eine solche Vereinbarung durchzusetzen,[538] demnach nicht zu einer Schwächung der Sicherheit. Folglich trägt – entgegen dem gesetzgeberischen Ziel – in diesem Fall nach wie vor die Masse die Kosten der Befriedigung der bevorrechtigten Gläubiger.[539] Damit stehen die Verwertungsmodalitäten im Insolvenzverfahren – eine entsprechend werthaltige Sicherheit vorausgesetzt – einer vollständigen Befriedigung des Gläubigers nicht entgegen.

Die mit einer Sicherheit am Schuldnervermögen gesicherten Gläubiger können folglich zwar nicht unbedingt mit einer unverzüglichen Befriedigung rechnen. Sie können sich – die Werthaltigkeit des Sicherungsguts und eine entsprechende Verhandlungsmacht vorausgesetzt – aber durch Kreditsicherheiten eine vollumfängliche Befriedigung im Insolvenzfall sichern.

cc) Plangestaltbarkeit von Realsicherheiten?

Seit Einführung der InsO sind zwar grundsätzlich auch Kreditsicherheiten plangestaltbar, so dass prinzipiell auch Eingriffe in die hieraus resultierenden Absonderungsrechte möglich sind (vgl. §§ 217 Abs. 1 S. 1, 222 Abs. 1 Nr. 1, 223, 238 InsO). Abgesichert wird die starke Position der Sicherungsnehmer in der Insolvenz des Schuldners aber auch insoweit durch die aus § 245 InsO resultierende Beschränkung, dass die – dissentierenden – Sicherungsnehmer

---

erlöses, § 171 Abs. 2 S. 1 InsO) sowie Umsatzsteuerbelastungen der Masse (§ 171 Abs. 2 S. 3 InsO), die entstehen, wenn die Verwertung – wie im Regelfall – einen steuerbaren Umsatz der Masse i.S.d. §§ 1 Abs. 1, 3 Abs. 1 UstG darstellt, vgl. hierzu Jaeger/*Fehrenbacher*, Steuerrecht in der Insolvenz Rn. 181 ff.

[537] Vgl. BGHZ 137, 212, 228 f.; ausdrücklich auch BT-Drs. 12/2443, S. 181; Jaeger/*Eckardt*, § 170 InsO Rn. 7; Uhlenbruck/*Brinkmann*, § 171 InsO Rn. 2; MüKo-InsO/*Kern*, § 170 InsO Rn. 5; HK/*Hölzle*, § 170 InsO Rn. 7; *Dahl*, NZI 2004, S. 615, 616; Gottwald/Haas/*Adolphsen*, InsR-Hdb, § 42 Rn. 185; *Ebbing*, KTS 1996, S. 327, 337; *Piekenbrock*, ZZP 122 (2009), S. 63, 95; aus rechtspolitischer Sicht ablehnend *Gottwald*, Insolvenzrecht im Umbruch, S. 197, S. 205 f.; anders auch noch *Bundesministerium der Justiz*, Erster Bericht, Ls. 3.3.2 und Begr. S. 314.

[538] Zur Verhandlungsmacht des Gläubigers insoweit zurückhaltend Jaeger/*Eckardt*, § 170 InsO Rn. 7; vgl. auch MüKo-InsO/*Kern*, § 170 InsO Rn. 5.

[539] Jaeger/*Eckardt*, § 170 InsO Rn. 7; *Gottwald*, Insolvenzrecht im Umbruch, S. 197, 206; MüKo-InsO/*Kern*, § 170 InsO Rn. 5; Uhlenbruck/*Brinkmann*, § 170 InsO Rn. 2; *Dahl*, NZI 2004, S. 615, 616; Gottwald/Haas/*Adolphsen*, InsR-Hdb, § 42 Rn. 185.

durch den Plan nicht schlechter gestellt werden dürfen, als sie ohne diesen stünden.[540] Das hat zur Konsequenz, dass eine Beschneidung der Positionen der Sicherungsnehmer auch in diesem Rahmen ohne deren Zustimmung nicht möglich ist.

b) Personalsicherheiten und Sicherheiten an schuldnerfremden Gegenständen

Ein Schutz der Kreditgeber vor insolvenzbedingten Ausfallrisiken lässt sich aber nicht nur durch die Bestellung von Kreditsicherheiten am Schuldnervermögen, sondern auch durch die Bestellung von Personalsicherheiten bzw. Sicherheiten an Vermögensgegenständen Dritter bewerkstelligen. Hierdurch stellen letztlich Dritte dem Kreditnehmer ihre Zahlungsfähigkeit bzw. ihr Vermögen als zusätzliches Haftungssubstrat zur Verfügung.[541]

Der Vorzug einer solchen Vorgehensweise besteht im Wesentlichen darin, dass die Verwertbarkeit der Sicherheit, weil diese sich gegen einen Dritten richtet, von der Insolvenz des Kreditnehmers unbeeinflusst bleibt und daher, sofern der Dritte nicht ebenfalls insolvent ist, den allgemeinen Regeln folgt.[542] Gelten soll das selbst dann, wenn eine durch den Dritten als Sicherheit für eine Kreditforderung an den Kreditgeber übereignete Sache sich im Besitz des insolventen Kreditnehmers befindet, in welchem Fall auch der Kreditgeber beim Kreditnehmer aussondern können soll.[543] Das liegt bei einer formalen Betrachtung in der Tat nahe, weil der Sicherungsnehmer Vollrechtsinhaber ist[544] und die Sache unter diesem Blickwinkel nicht in die Insolvenzmasse gehört. Rückt man jedoch die Funktion des Sicherungseigentums als besitzloses Pfandrecht[545] in den Vordergrund, mag man an dieser Lösung zweifeln: Zunächst gerät die Gewährung eines Aussonderungsrechts in Konflikt mit der Funktion des § 166 InsO. Dieser soll gerade verhindern, dass für die Unternehmensfortführung benötigtes Gut dem Unternehmen durch frühzeitige Verwertungsmaßnahmen der Sicherungsnehmer entzogen wird.[546] Im Hinblick auf diesen

---

[540] Entsprechendes gilt gem. §§ 2 Nr. 2, 26 Abs. 1 Nr. 1 StaRUG im Rahmen des vorinsolvenzlichen Sanierungsverfahrens.

[541] Vgl. etwa Ellenberger/Bunte/*Ganter*, Bankrechts-HdB, § 69 Rn. 26.

[542] Obermüller/*Obermüller*, Insolvenzrecht, Rn. 6.2050 ff.

[543] Uhlenbruck/*Brinkmann*, § 47 InsO Rn. 18; Uhlenbruck/*Brinkmann*, § 51 InsO Rn. 26; Gottwald/Haas/*Adolphsen*, InsR-Hdb, § 43 Rn. 85; K/P/B/*Prütting*, § 51 InsO Rn. 20; MüKo-InsO/*Ganter*, § 47 InsO Rn. 53; MüKo-InsO/*Ganter*, § 51 InsO Rn. 4. Parallel dazu soll auch der Sicherungsgeber zur Aussonderung berechtigt sein, wenn der Dritte ihm gegenüber kein Recht zum Besitz hat, siehe die Genannten.

[544] K/P/B/*Prütting*, § 51 InsO Rn. 20; MüKo-InsO/*Ganter*, § 51 InsO Rn. 4.

[545] Eingehend hierzu Jaeger/*J. F. Hoffmann*, § 51 InsO Rn. 6 ff.; Jaeger¹/*Henckel*, § 51 InsO Rn. 3 ff.; Uhlenbruck/*Brinkmann*, § 51 InsO Rn. 2; *Häsemeyer*, Insolvenzrecht, Rn. 18.27a, 18.28.

[546] Siehe zur Funktion des § 166 InsO etwa Uhlenbruck/*Brinkmann*, § 166 InsO Rn. 5; eingehend auch MüKo-InsO/*Kern*, § 166 InsO Rn. 2 ff.

Zweck scheint es unwesentlich, ob das im Besitz des Schuldners befindliche Sicherungsgut aus dem Vermögen eines Dritten oder des Schuldners selbst stammt.

Jedoch kann im Kontext des deutschen Insolvenzrechts die Nützlichkeit für das Sanierungsziel nicht allein ausschlaggebend sein. In Konflikt gerät die Einordnung als Aussonderungsrecht aber auch mit dem eine funktionale Betrachtung des Sicherungseigentums zugrunde legenden § 51 Nr. 1 InsO. Hiernach steht dem Sicherungseigentümer trotz dessen Stellung als formaler Eigentümer in der Insolvenz des Schuldners, der Sicherungsgeber ist, nur ein Absonderungsrecht zu. Der Sicherungseigentümer erhielte hier, entgegen dem Grundgedanken des § 51 Nr. 1 InsO, trotz des Sicherungszwecks der Abrede aufgrund ihrer formalen Konstruktion als Vollrecht ein Aussonderungsrecht. Im Ergebnis scheint die Zuerkennung eines Aussonderungsrechts gleichwohl überzeugend. Nicht von der Hand zu weisen ist, dass das Sicherungsgut in diesem Fall nicht in die Insolvenzmasse gehört. Entsprechend ist nicht zu begründen, warum ein Übererlös aus der Verwertung (zunächst) in der Masse verbleiben sollte, wie es Folge einer Beschränkung auf eine Absonderung oder eine Masseverbindlichkeit wäre. Kritisch muss außerdem stimmen, dass hier eine (treuhänderische) Bindung an den Sicherungszweck zwar im Verhältnis zwischen Sicherungsgeber und -nehmer, nicht aber zwischen Sicherungsnehmer bzw. -geber und Schuldner besteht.[547] Es schiene daher zweifelhaft, Sicherungsgeber und -nehmer auch gegenüber dem Schuldner an die Beschränkungen der §§ 51, 166 ff. InsO zu binden.

c) Einordnung

Die Werthaltigkeit des Sicherungsguts bzw. die Solvenz des Gebers einer Personalsicherheit vorausgesetzt, können Kreditsicherheiten im deutschen Recht grundsätzlich eine vollständige und je nach Konstruktion der Sicherheit auch unverzügliche Befriedigung des Kreditgebers gewährleisten. Bei Sicherheiten am Schuldnervermögen, zu deren Verwertung der Insolvenzverwalter berechtigt ist, gilt das aber nur, wenn der Kreditgeber hinreichende Verhandlungsmacht hat, um eine Übersicherung durchzusetzen, die die anfallenden Kostenbeiträge ausgleicht. Der Umstand, dass mit der Sicherheit ein Sanierungskredit besichert werden soll, bleibt hingegen unberücksichtigt, so dass die Sanierungsfinanzierer hier dem allgemeinen Rahmen unterworfen sind.

Die Problematik der Kreditsicherheiten im Kontext von Sanierungsfinanzierungen dürfte im deutschen Recht eher auf tatsächlicher denn auf rechtlicher Ebene liegen: Die existierenden Sicherungsmöglichkeiten bieten an sich die Möglichkeit, auch Geber von Sanierungsfinanzierungen von insolvenzbedingten Ausfallrisiken freizustellen. Gerade im deutschen Recht, das sich durch

---

[547] Vgl. K/P/B/*Prütting*, § 51 InsO Rn. 20.

seine Offenheit für Globalsicherheiten am Umlaufvermögen auszeichnet, dürfte es aber eher die Regel als die Ausnahme darstellen, dass in einer Krisensituation, in der die Gewährung eines Sanierungskredits erforderlich wird, noch genügend unbelastetes, werthaltiges Sicherungsgut vorhanden ist. Ebenso wenig dürften sich in einer solchen Situation – jedenfalls nicht ohne erhebliche Gegenleistung – Dritte finden, die bereit sind, für einen solchen Kredit eine Personal- oder Realsicherheit zu stellen.

5. Anfechtungs- und Nichtigkeitsrisiken

Entscheidend ist für die wirklichen Befriedigungsaussichten eines Sanierungsfinanzierers aber auch, dass die beschriebenen Schutzmechanismen nicht an anderer Stelle eingeschränkt werden oder diesen Gläubiger sonstige bereits bestehende wirtschaftliche Vorteile wieder entzogen werden. Letzten Endes ist einem Kreditgeber mit dem stärksten Befriedigungsvorrecht nichts geholfen, wenn dieses dem Scheitern eines Sanierungsversuchs und der Eröffnung eines Liquidationsverfahrens nicht standhält. Solche Wirkungen können sich im Rahmen des deutschen Rechts vor allem aus zweierlei ergeben: Einerseits aus der Insolvenzanfechtung (§§ 129 ff. InsO), andererseits daraus, dass dem Kreditgeber vorgeworfen wird, er habe sich mit der Sanierungsfinanzierung in sittenwidriger Weise über die Interessen des Unternehmens oder der übrigen Gläubiger hinweggesetzt, worauf sodann die Unwirksamkeit insbesondere von Kreditsicherheiten gestützt wird.

a) Die besondere Gefährdungslage der Sanierungsfinanzierer im Rahmen der Insolvenzanfechtung

Dabei besteht bei Sanierungsfinanzierungen zunächst in zweierlei Hinsicht eine Sondersituation, aufgrund welcher diese Kreditgeber in besonderem Ausmaß gefährdet sind, Insolvenzanfechtungsansprüchen ausgesetzt zu werden: Aufgrund der typischerweise großen Nähe einer Sanierungsfinanzierung zur materiellen Insolvenz in zeitlicher sowie wirtschaftlicher Hinsicht werden diese Geschäfte oft in die relevanten Anfechtungszeiträume der §§ 130 ff. InsO fallen. Es besteht daher das Risiko, dass diese Schwellen hier im Einzelfall keine limitierende Wirkung entfalten können. Vor allem sind Schuldner und die Bank als Kreditgeber bei einem Sanierungskredit, mit dem sie gerade die beiderseits als problematisch erkannte wirtschaftliche Lage des Unternehmens überwinden wollen, naturgemäß über die wirtschaftlichen Schwierigkeiten des Schuldners informiert.[548] Es besteht also auch die Gefahr, dass subjektive An-

---

[548] *Paulus*, BB 2001, S. 425, 428; *Schoppmeyer*, ZIP 2021, S. 869, 872; *D. Roth*, Privilegierungen, S. 92; *Vuia*, Verantwortlichkeit, S. 176; Uhlenbruck/*Borries/Hirte*, § 133 InsO Rn. 141; vgl. auch die Informationspflichten von Kreditinstituten aus §§ 18, 25a KWG und

forderungen, die an die Kenntnis der wirtschaftlichen Situation anknüpfen (vgl. etwa §§ 130 Abs. 1 S. 1, 133 Abs. 1 S. 2 InsO), von vornherein erfüllt sind und folglich keine die Anfechtbarkeit beschränkende Wirkung haben können.[549] Das gilt grundsätzlich auch im Rahmen der Vorsatzanfechtung, bei welcher die Rechtsprechung lange Zeit davon ausgegangen ist, dass ein Schuldner, der seine eigene (drohende) Zahlungsunfähigkeit erkannt hat und dennoch gläubigerbenachteiligende Rechtshandlungen vornimmt, regelmäßig wisse und in Kauf nehme, dass sein Vermögen nicht zur Befriedigung aller Gläubiger genügen wird.[550] Hier spreche daher ein Beweisanzeichen für den Benachteiligungsvorsatz des Schuldners.[551] Zugleich wird gem. § 133 Abs. 1 S. 2 InsO die Kenntnis des Gläubigers von diesem Benachteiligungsvorsatz vermutet, wenn er die (drohende) Zahlungsunfähigkeit kannte und wusste, dass die Handlung die Gläubiger benachteiligt. Das ist nach dem Gesagten bei Gebern einer Sanierungsfinanzierung typischerweise der Fall.

Es besteht daher im Grundsatz die latente Gefahr, dass die Voraussetzungen der Insolvenzanfechtung im Fall des Scheiterns eines Sanierungsversuchs ohne Weiteres erfüllt sind. Beließe man es hierbei, wäre die anfechtungsfeste Gewährung von Sanierungskrediten und deren Besicherung regelmäßig unmöglich, so dass auch erfolgversprechende Sanierungsversuche, die den Interessen aller Gläubiger dienen würden, an dieser Hürde scheiterten. Damit würde aber letztlich die Schutzrichtung der Insolvenzanfechtung, die gerade die Interessen der Gläubigergesamtheit schützen soll,[552] in ihr Gegenteil verkehrt, zumal auch Handlungen, die sich auf die Interessenlage der Gläubiger positiv auswirken könnten, prinzipiell verhindert würden.[553]

Andererseits muss auch Beachtung finden, dass der Schuldner in dieser Situation regelmäßig nichts mehr zu verlieren und damit auch Anreize zu übermäßig riskanten Rettungsversuchen hat (*„gambling for resurrection"*), die sich auf die Interessenlage der Gläubigergesamtheit nachteilig auswirken können.[554] Eine ausnahmslose Freistellung von Sanierungsmaßnahmen würde der Interessenlage und der Funktion der Insolvenzanfechtung daher ebenso wenig

---

die Vorgaben für das Kreditgeschäft aus MaRisk BTO 1.2.5 Nr. 4, 5; siehe hierzu bereits oben, Einleitung, A.

[549] Vgl. zu § 133 InsO *Guski*, Sittenwidrigkeit, S. 191.

[550] BGHZ 155, 75, 83 f.; 162, 143, 153; 167, 190, 194 f., Rn. 14; 174, 314, 321; *BGH, NJW* 2018, S. 397, Rn. 9; NZI 2010, S. 439, 441; 2012, S. 137, 138 Rn. 14; 2014, S. 863, 864, Rn. 17; 2018, S. 114, 115 Rn. 8 (bislang st. Rspr.); K/P/B/*Bork*, § 147, Anh. I Rn. 40; K/P/B/*Bork*, § 133 InsO Rn. 48 ff.; relativierend jetzt BGHZ 230, 30, 40 ff.; gegen das Aufstellen von festen Beweiswürdigungsregeln im Rahmen des § 133 InsO Jaeger/*Henckel*, § 133 InsO Rn. 39

[551] Siehe die gerade Genannten.

[552] Jaeger/*Henckel*, § 129 InsO Rn. 2; K/P/B/*Bork*, § 133 InsO Rn. 7.

[553] Vgl. *Thole*, Gläubigerschutz, S. 666 f.; *Klinck*, ZIP 2022, S. 1357, 1361.

[554] *Thole*, Gläubigerschutz, S. 669; vgl. auch *Klinck*, ZIP 2022, S. 1357, 1361.

gerecht, wie eine prinzipielle Anfechtbarkeit.[555] Auch vor diesem Hintergrund unproblematisch sind aber Personal- und sonstige Drittsicherheiten, bei denen die für eine Insolvenzanfechtung erforderliche Gläubigerbenachteiligung fehlt, weil ohne das Hinzutreten weiterer Umstände das Schuldnervermögen durch diese nicht geschmälert wird.[556]

b) Schutzmechanismen für Sanierungsfinanzierer?

Um (potentielle) Kreditgeber in dieser Gemengelage nicht abzuschrecken, wurde immer wieder eine prinzipielle Privilegierung von Sanierungsbemühungen erwogen, was sich aufgrund befürchteter negativer Auswirkungen auf die Interessenlage der übrigen Gläubiger aber nicht durchsetzen konnte.[557] So wurde zuletzt 2015 im Zuge der Reform des Insolvenzanfechtungsrechts ein ausdrücklicher Anfechtungsausschluss für Rechtshandlungen, die „Bestandteil eines ernsthaften Sanierungsversuchs" sind, im Rahmen der Vorsatzanfechtung vorgeschlagen (vgl. § 133 Abs. 1 S. 2 Nr. 2 Ref-E Gesetz zur Verbesserung der Rechtssicherheit bei Anfechtungen[558]). Dieser Vorschlag hat in der finalen Gesetzesfassung jedoch keinen Niederschlag gefunden.[559] In Ermangelung einer allgemeinen und ausdrücklichen gesetzlichen Freistellung von Sanierungsmaßnahmen von der Insolvenzanfechtung muss ein Ausgleich dieser Belange daher auf anderem Weg erreicht werden.

---

[555] Vgl. Jaeger/*Henckel*, § 133 InsO Rn. 29; *Thole*, Gläubigerschutz, S. 667; siehe aber auch *Klinck*, ZIP 2022, S. 1357, 1361, nach welchem die Insolvenzanfechtung zur Setzung eines Anreizes für den Schuldner, derartige Versuche nicht zu unternehmen, gar nicht geeignet sei, weil die Rechtsfolgen der Insolvenzanfechtung nur den Empfänger der Leistung beträfen. Dass die Insolvenzanfechtung primär den Anfechtungsgegner belastet, ist sicherlich richtig. Daraus folgt jedoch nicht, dass sie gegenüber dem Schuldner keine Steuerungs- und Ordnungsfunktion haben kann. Wie auch *Klinck* (a.a.O.) anerkennt, wird sich die (potentielle) Anfechtbarkeit einer Leistung durchaus auf die Handlungen des Schuldners auswirken, weil dessen Geschäftspartner kein Interesse daran haben können, mit diesem Geschäfte zu tätigen, mit deren Anfechtbarkeit sie rechnen müssen und sich in diesem Fall vom Schuldner abwenden werden. Dann hat die Insolvenzanfechtung – mittelbar – aber doch die Wirkung, den Schuldner von solchen Geschäften abzuhalten, weil dessen Geschäftspartner unter diesen Bedingungen kein Interesse hieran haben können.
[556] K/P/B/*Bork*, § 147, Anh. I Rn. 16.
[557] Für einen solchen Ausschluss *Geldmacher*, Sanierungsverfahren, S. 243 f.; vgl. zur Kritik hieran *Thole*, Gläubigerschutz, S. 667 f.; *Vuia*, Verantwortlichkeit, S. 175 f.
[558] Abrufbar unter: https://www.bmj.de/SharedDocs/Downloads/DE/Gesetzgebung/RefE/RefE_Verbesserung_Rechtssicherheit_InsolvenzO.pdf?__blob=publicationFile&v=3 (zuletzt abgerufen am 30.06.2023).
[559] Beachte aber § 89 f. StaRUG, dazu sogleich, 4. Kapitel, B.I.5.b)(3),(4).

aa) Deckungsanfechtung und Bargeschäfteprivileg

Begrenzt wird die Reichweite der Anfechtung von Leistungen des Schuldners zunächst durch das Bargeschäfteprivileg aus § 142 InsO, das Leistungen des Schuldners der Deckungsanfechtung gem. §§ 130 f. InsO entzieht, wenn unmittelbar eine gleichwertige Gegenleistung in das schuldnerische Vermögen gelangt ist. Das Bargeschäfteprivileg setzt tatbestandsmäßig eine Vereinbarung voraus, die Leistung und Gegenleistung verknüpft,[560] die bei Inkongruenz *typischerweise,* aber nicht ausnahmslos, fehlt.[561] Daher ist das Bargeschäfteprivileg auf die Inkongruenzanfechtung regelmäßig unanwendbar.[562] Gleichwertigkeit i.S.d. § 142 InsO liegt vor, wenn die dem Schuldner zugeflossene Gegenleistung dessen Leistung objektiv (mindestens) voll ausgleicht, es also an einer unmittelbaren Benachteiligung i.S.d. § 132 InsO fehlt.[563] Um einen „unmittelbaren" Austausch handelt es sich, wenn dieser in einem „engen zeitlichen Zusammenhang" (§ 142 Abs. 2 S. 1 InsO) dergestalt erfolgt, dass das Geschäft nicht „den Charakter eines Kreditgeschäfts annimmt".[564]

---

[560] BT-Drs. 12/2443, S. 167; Uhlenbruck/*Borries/Hirte,* § 142 InsO Rn. 11; K. Schmidt/ *Ganter/Weinland,* § 142 InsO Rn. 30; MüKo-InsO/*Kirchhof/Piekenbrock,* § 142 InsO Rn. 7; Jaeger/*Henckel,* § 142 InsO Rn. 8; anders K/P/B/*Bartels,* § 142 InsO Rn. 49 ff., nach dem die subjektive Motivlage des Anfechtungsgegners maßgeblich sein müsse.

[561] Jaeger/*Henckel,* § 142 InsO Rn. 8 ff.; MüKo-InsO/*Kirchhof/Piekenbrock,* § 142 InsO Rn. 12; K/P/B/*Bartels,* § 142 InsO Rn. 65.

[562] Jaeger/*Henckel,* § 142 InsO Rn. 8; *Klinck,* Insolvenzanfechtung, S. 398 ff.; auch die Gesetzesbegründung bezieht den Ausschluss der Anfechtbarkeit ausdrücklich auch auf inkongruente Deckungen BT-Drs. 12/2443, S. 167; anders die herrschende Auffassung, nach der sich aus der besonderen Verdächtigkeit inkongruenter Leistungen ergebe, dass die Privilegierung des § 142 InsO insoweit keine Anwendung finden könne, vgl. Uhlenbruck/ *Borries/Hirte,* § 142 InsO Rn. 6; *Thole,* Gläubigerschutz, S. 374 bzw. dies daraus folge, dass bei inkogruenter Deckung die erforderliche Verknüpfung von Leistung und Gegenleistung durch Vereinbarung stets fehle, K. Schmidt/*Ganter/Weinland,* § 142 InsO Rn. 11; BGHZ 123, 320, 328 f. (zu § 30 KO); 150, 122, 130; 167, 190, 199, Rn. 28.

[563] MüKo-InsO/*Kirchhof/Piekenbrock,* § 142 InsO Rn. 13; K/P/B/*Bartels,* § 142 InsO Rn. 80; BT-Drs. 12/2443, S. 167. In Anschluss an *Canaris,* FS 100 Jahre KO, S. 73, 84 f. wird teilweise die Auffassung vertreten, bei Sanierungskrediten sei die Gleichwertigkeit von Kreditgewährung und Sicherheit nicht anhand von (objektiven) Nominalwerten zu bestimmen, sondern von einer fehlenden Gleichwertigkeit und einer unmittelbaren Gläubigerbenachteiligung i.S.d. § 132 InsO auszugehen, wenn der Sanierungsversuch von vornherein aussichtslos ist, so etwa Jaeger/*Henckel,* § 142 InsO Rn. 42; nur für Darlehen mit vereinbarter Zweckbindung MüKo-InsO/*Kirchhof/Piekenbrock,* § 142 InsO Rn. 24; hiergegen *Guski,* Sittenwidrigkeit, S. 179; K/P/B/*Bartels,* § 142 InsO Rn. 31, 92; Uhlenbruck/ *Borries/Hirte,* § 142 InsO Rn. 47; ausdrücklich für eine objektive Bestimmung auch BT-Drs. 12/2443, S. 167.

[564] BT-Drs. 12/2443, S. 167.

(1) Kreditsicherheiten

Versteht man die Begriffe der Leistung und Gegenleistung im Rahmen des § 142 InsO im Sinne einer synallagmatischen Verknüpfung,[565] scheitert eine Anwendung des Bargeschäfteprivilegs auf Kreditsicherheiten schon daran, dass die Bestellung einer Sicherheit nicht die synallagmatisch verknüpfte Gegenleistung zur Darlehensgewährung ist.[566] Eine solche Deutung des § 142 InsO, die *insoweit* wohl auch nicht vertreten wird, würde aber dessen Zwecksetzung nicht gerecht:[567] Das Bargeschäfteprivileg des § 142 InsO beruht auf dem „[…] wirtschaftlichen Gesichtspunkt, daß ein Schuldner, der sich in der Krise befindet, praktisch vom Geschäftsverkehr ausgeschlossen wäre, wenn selbst die von ihm abgeschlossenen wertäquivalenten Bargeschäfte der Anfechtung unterlägen."[568] Im Kern hat das Bargeschäfteprivileg also die Funktion, die Betriebsfortführung und das Weiterwirtschaften zu ermöglichen, das sonst daran scheitern würde, dass in dieser Phase aufgrund der Anfechtungsrisiken niemand zu (neuen) Geschäften mit dem Schuldner bereit wäre.[569] Gerade in der Krise werden potentielle Geschäftspartner zu Geschäften mit dem Schuldner, bei denen der endgültige Leistungsaustausch nicht sofort erfolgt, häufig nur noch gegen Stellung von Sicherheiten bereit sein. Ein Ausklammern von Kreditsicherheiten aus dem Anwendungsbereich des Bargeschäfteprivilegs schlösse den Schuldner daher weitgehend vom Weiterwirtschaften aus und würde damit das Gegenteil von dessen Zweck bewirken.[570] Dementsprechend muss § 142 InsO auch auf Kreditsicherheiten Anwendung finden können.[571]

Der Deckungsanfechtung unterliegen Sicherheitenbestellungen folglich nur, wenn das Bargeschäfteprivileg mangels Kongruenzvereinbarung bereits tatbestandlich nicht einschlägig ist, die bestellte Sicherheit der Forderung wertmäßig nicht entspricht[572] oder zwischen Kreditgewährung und Sicherheitenbestel-

---

[565] Vgl. bezüglich der Rückzahlung der Darlehensvaluta *OLG Celle*, NZI 2012, S. 890 f.; K/P/B/*Bartels*, § 142 InsO Rn. 36.
[566] *Klinck*, Insolvenzanfechtung, S. 403; *Guski*, Sittenwidrigkeit, S. 176.
[567] *Klinck*, Insolvenzanfechtung, S. 403; ausdrücklich gegen eine Inbezugnahme des § 320 BGB auch K/P/B/*Bartels*, § 142 InsO Rn. 32.
[568] BT-Drs. 12/2443, S. 167.
[569] BT-Drs. 12/2443, S. 167; *Klinck*, Insolvenzanfechtung, S. 382, 391 ff.; *J. F. Hoffmann*, Prioritätsgrundsatz, S. 54 f.; vgl. auch Uhlenbruck/*Borries*/*Hirte*, § 142 InsO Rn. 2; MüKo-InsO/*Kirchhof*/*Piekenbrock*, § 142 InsO Rn. 2; vgl. auch die eingehende Auseinandersetzung mit möglichen Normzwecken bei *Guski*, Sittenwidrigkeit, S. 170 ff.
[570] Vgl. *Klinck*, Insolvenzanfechtung, S. 403.
[571] Allgemeine Auffassung, vgl. nur *Klinck*, Insolvenzanfechtung, S. 403; *Guski*, Sittenwidrigkeit, S. 174 ff.; vgl. auch K/P/B/*Bork*, § 147, Anh. I Rn. 34.
[572] Zulässig soll ein Risikoaufschlag von bis zu 50 % sein, K/P/B/*Bartels*, § 142 InsO Rn. 91; *Klinck*, Insolvenzanfechtung, S. 404, Fn. 140.

lung kein hinreichend enger zeitlicher Zusammenhang besteht.[573] Anfechtbar sind auf dieser Grundlage also insbesondere Vereinbarungen, mit denen – auch in kongruenter Weise – für einen bereits bestehenden Rückzahlungsanspruch nachträglich neue oder zusätzliche Sicherheiten bestellt werden.[574] Nicht dem Bargeschäfteprivileg sollen nach der Rechtsprechung auch revolvierende Globalsicherheiten unterliegen.[575] Hier fehle es zwischen den ausscheidenden und neu hereingenommenen Sicherheiten an der für § 142 InsO erforderlichen rechtsgeschäftlichen Verknüpfung von Leistung und Gegenleistung, da neue Gegenstände oder Forderungen der Sicherungsabrede ohne Rücksicht darauf unterfallen, was mit dem bisherigen Sicherheitsgut geschehen ist.[576] Daher seien diese Vereinbarungen nicht auf einen Austausch gleichwertiger Leistungen gerichtet und fielen nicht in den Anwendungsbereich des Bargeschäfteprivilegs.[577]

(2) Zahlung von Zins und Tilgung

Jenseits der anfechtungsfesten Besicherung von Sanierungskrediten wird für die Geber solcher Finanzierungen von besonderer Relevanz sein, ob der Schuldner in der Krisenphase noch anfechtungsfeste Zins- und Tilgungszahlungen erbringen kann. Mit Rücksicht auf die Zwecksetzung des Bargeschäfteprivilegs[578] kann die Erbringung von Tilgungszahlungen auf Altkredite, mit denen die weitere Teilhabe des Schuldners am Wirtschaftsleben nicht gefördert wird, nicht als von § 142 InsO erfasster „unmittelbarer" Leistungsaustausch angesehen werden und muss folglich der Deckungsanfechtung unterfallen.[579]

Schwieriger zu beurteilen ist das für Zinszahlungen für solche Kredite. Blickt man ausschließlich auf die Eigenschaft als Kredit, müsste man fraglos

---

[573] Vgl. K/P/B/*Bork*, § 147, Anh. I Rn. 36: Die Sicherheitenbestellung dürfe nicht solange dauern, dass man zwischenzeitlich von einem ungesicherten Kredit auszugehen habe.

[574] Uhlenbruck/*Borries/Hirte*, § 142 InsO Rn. 46 ff.; K/P/B/*Bork*, § 147, Anh. I Rn. 34 ff.

[575] BGHZ 174, 297, 312 f.

[576] BGHZ 174, 297, 312.

[577] BGHZ 174, 297, 312 f.; zustimmend *Brinkmann*, Kreditsicherheiten, S. 292; dagegen *Klinck*, Insolvenzanfechtung, S. 409 ff.

[578] Siehe oben, Fn. 569.

[579] Vgl. K/P/B/*Bartels*, § 142 InsO Rn. 36; *Klinck*, Insolvenzanfechtung, S. 391; BT-Drs. 12/2443, S. 167; *BGH*, NZI 2013, S. 816; siehe insbesondere auch *OLG Celle*, NZI 2012, S. 890 f., wonach Tilgungszahlungen aus dem Anwendungsbereich des § 142 InsO fielen, weil beim Darlehen nicht die Tilgung, sondern nur die Verzinsung in einem Gegenseitigkeitsverhältnis zur Gewährung des Darlehens stünde, weshalb es sich bei den Tilgungszahlungen nicht um eine „Gegenleistung" i.S.d. § 142 InsO handle; so auch K/P/B/*Bartels*, § 142 InsO Rn. 36; auf Grundlage dieser Erwägung müsste man freilich auch Kreditsicherheiten, die nicht die Gegenleistung für eine Kreditgewährung sind, dem Anwendungsbereich des § 142 InsO entziehen, wozu man aber ganz allgemein nicht bereit ist, vgl. *Klinck*, Insolvenzanfechtung, S. 403.

auch insoweit die Anwendbarkeit des § 142 InsO verneinen. Das scheint jedoch, zumindest in dieser Allgemeinheit, zu kurz gegriffen:[580] Sind laufende Zinszahlungen zu erbringen, welche die Gegenleistung für die fortlaufende Nutzungsmöglichkeit der Valuta darstellen, handelt es sich *insoweit* ebenso wenig um ein Kreditgeschäft wie etwa bei der laufenden Zahlung eines Mietzinses oder von Leasingraten.[581] Das entspricht auch dem Normzweck, weil die Betriebsfortführung im Einzelfall beträchtlich erschwert werden könnte, wenn der Schuldner laufende Zinszahlungen nicht mehr anfechtungsfest erbringen könnte und in der Folge Kredite gekündigt würden.

Ein noch weiter reichender Anfechtungsschutz soll sich aber aus einer von § 142 InsO geschützten Bestellung von Kreditsicherheiten ergeben: Die Erfüllung von anfechtungsfest besicherten Forderungen soll bereits mangels Gläubigerbenachteiligung unanfechtbar sein.[582] Über den Umweg der Besicherung der Forderungen aus dem Kredit insgesamt könnten also auch Tilgungszahlungen anfechtungsfest erlangt werden.

(3) Zwischenbefund

Trotz allem bedroht die Deckungsanfechtung aufgrund ihrer Begrenzung durch das Bargeschäfteprivileg also keine Besicherungen, die gleichzeitig mit der Kreditgewährung bestellt wurden und dieser wertmäßig entsprechen. Problematischer sind in der Krise erbrachte Zinszahlungen, die nur vom Bargeschäfteprivileg erfasst sein können, wenn sie nicht selbst kreditiert wurden. Ungeschützt bleiben jedoch Zahlungen zur Tilgung von Krediten, wenn diese Forderungen einfache Insolvenzforderungen wären, in welchem Fall das Bargeschäfteprivileg keine Schutzwirkung entfaltet.

bb) Vorsatzanfechtung und Sanierungsgutachten

Unanwendbar ist das Bargeschäfteprivileg aber auf die Vorsatzanfechtung gem. § 133 InsO. Lösungsansätze für die skizzierte Problematik können sich hier jedoch insbesondere aus dem Vorsatzerfordernis ergeben. So gehen der BGH und auch die herrschende Auffassung in der Lehre davon aus, dass die Durchführung von ernsthaften Sanierungsbemühungen als Indiz gegen das Vorliegen eines Gläubigerbenachteiligungsvorsatzes des Schuldners zu be-

---

[580] Im Ergebnis auch Uhlenbruck/*Borries/Hirte*, § 142 InsO Rn. 9; in diese Richtung auch *OLG Celle*, NZI 2012, S. 890 f.: Die Zinszahlung könne „im Einzelfall" in den Anwendungsbereich des § 142 InsO fallen.
[581] Vgl. zum Bargeschäftscharakter von „zeitnahen" Mietzahlungen BGHZ 177, 69, 86, Rn. 44; 151, 353, 370; Uhlenbruck/*Borries/Hirte*, § 142 InsO Rn. 61.
[582] Statt aller Uhlenbruck/*Borries/Hirte*, § 129 InsO Rn. 211 ff.; K/P/B/*Bork*, § 129 InsO Rn. 282.

rücksichtigen sei.⁵⁸³ Angesichts der skizzierten Interessenlage⁵⁸⁴ kann eine bloße (irrationale) Hoffnung des Schuldners, die Sanierung werde gelingen, eine pauschale Freistellung von der Vorsatzanfechtung freilich nicht legitimieren.⁵⁸⁵ Von einem privilegierenden Sanierungsversuch ist nach der bisherigen Rechtsprechung des BGH nur auszugehen, wenn dem Schuldner ein Sanierungskonzept vorlag, das von einem branchenkundigen, unvoreingenommenen Fachmann auf Grundlage der hierfür erforderlichen Unterlagen erstellt wurde, das Ursachen und mögliche Lösungswege für die Krise darstellt, jedoch nicht formalen Anforderungen wie z.B. dem IDW Standard S6 entsprechen muss.⁵⁸⁶

Begründbar wird die Freistellung realistischer Sanierungsversuche, wenn man den Geltungsgrund der Vorsatzanfechtung mit der herrschenden Auffassung (auch) im unredlichen, auf eine willkürliche Haftungsvereitelung gerichteten Verhalten des Schuldners sieht, mit dem dieser das „Band" zwischen seiner Obligiertheit und Vermögenshaftung durchtrennt.⁵⁸⁷ Ein solches unredliches und missbilligenswertes Verhalten ist dem Schuldner bei einem „echten" Sanierungsversuch nicht vorzuwerfen. Hatte der Schuldner die *berechtigte* Erwartung, die Rechtshandlung werde seinen Gläubigern nicht zum Nachteil gereichen, weil er darauf vertraut hat (und vertrauen durfte), dass die Sanierung gelingen und folglich auch seine Zahlungsfähigkeit wiederhergestellt werde, geht es ihm gerade nicht darum, seine Haftung zu vereiteln, sondern diese erst wieder zu ermöglichen.

Jüngst hat sich der BGH denn auch auf den Standpunkt gestellt, dass *allein* die Kenntnis des Schuldners von seiner Zahlungsunfähigkeit im Zeitpunkt der Rechtshandlung (§ 140 InsO) keine hinreichend sichere Grundlage für die Annahme eines Benachteiligungsvorsatzes bilde; vielmehr müsse der Schuldner bei Vornahme der Rechtshandlung erkannt oder billigend in Kauf genommen

---

⁵⁸³ BGHZ 180, 98, 104, Rn. 17; 210, 249, 253 f.; *BGH*, ZIP 1993, S. 276, 279 f.; 1996, S. 1475; 1998, S. 248, 251 f.; 2004, S. 957, 959; 2007, S. 1469; 2009, S. 91, 98; 2012, S. 137, 138 f.; 2014, S. 1032, 1036; NZI 2022, S. 385, 387 f., Rn. 26, S. 391 ff., Rn. 71 ff.; *G. Fischer*, NZI 2008, S. 588, 593; MüKo-InsO/*Kayser/Freudenberg*, § 133 InsO Rn. 37; Uhlenbruck/*Borries/Hirte*, § 133 InsO Rn. 129; Jaeger/*Henckel*, § 133 InsO Rn. 29; K/P/B/ *Bork*, § 133 InsO Rn. 58; *Thole*, Gläubigerschutz, S. 669 f.; HK/*Thole*, § 133 InsO Rn. 37 f.; K/P/B/*Bork*, § 147, Anh. I Rn. 41.

⁵⁸⁴ Oben, 1. Kapitel, insbesondere B.

⁵⁸⁵ BGHZ 210, 249, 254, Rn. 15; *Thole*, Gläubigerschutz, S. 669 f.

⁵⁸⁶ BGHZ 210, 249, 254 f., Rn. 16 ff. Lange Zeit hat der BGH darüber hinaus auch verlangt, dass dieses Konzept zumindest in den Anfängen schon in die Tat umgesetzt sein müsse, offener nun *BGH,* NZI 2022, S. 385, 392, Rn. 79 f.

⁵⁸⁷ Ausführlich in diesem Sinn *Guski*, Sittenwidrigkeit, S. 140 f.; vgl. auch *J. F. Hoffmann*, Prioritätsgrundsatz, S. 51 ff.; Jaeger/*Henckel*, § 133 InsO Rn. 2; K/P/B/*Bork*, § 133 InsO Rn. 2, der daher für eine normative Betrachtungsweise plädiert; *Bork*, ZIP 2008, S. 1041, 1046; vgl. aber auch *Klinck*, ZIP 2022, S. 1357, 1362 f., 1366, der eine „Wertungsaporie" der Vorsatzanfechtung feststellt und die Frage, welche Wertung der Vorsatzanfechtung zu Grunde liegt, für nicht klar beantwortbar hält.

haben, dass er seine Gläubiger auch *künftig* nicht werde befriedigen können.[588] Zur Begründung des Benachteiligungsvorsatzes seien daher stets über die Kenntnis des Schuldners von seiner drohenden Zahlungsunfähigkeit hinausgehende Umstände erforderlich.[589]

Die „Neuausrichtung" der Rechtsprechung des BGH hat insofern also jedenfalls zu einer Akzentverschiebung geführt, indem sich der Anfechtungsgegner bei Kenntnis des Schuldners von seiner (drohenden) Zahlungsunfähigkeit nunmehr nicht mehr ausnahmslos durch Nachweis ernsthafter Sanierungsversuche entlasten muss. Im neuen System des BGH ist es vielmehr Aufgabe des Insolvenzverwalters, darzulegen und zu beweisen, dass ein vom Schuldner unternommener Sanierungsversuch untauglich war und der Schuldner dies erkannt und billigend in Kauf genommen hatte.[590] Hiernach wird es auf den Nachweis tauglicher Sanierungsbemühungen durch den Anfechtungsgegner im Kontext der (gem. § 133 Abs. 1 S. 2 InsO vermuteten) Kenntnis des Anfechtungsgegners vom Benachteiligungsvorsatz nur noch ankommen, wenn es dem Insolvenzverwalter, gestützt auf weitere Indizien, gelungen ist, diesen zu beweisen.[591] Im Übrigen wird es nun Aufgabe des Insolvenzverwalters sein, die Untauglichkeit eines Sanierungskonzepts darzulegen, um zu beweisen, dass der Schuldner die Möglichkeit erkannt und billigend in Kauf genommen hatte, seine Gläubiger auch künftig nicht befriedigen zu können, da der Sanierungsplan zur Wiederherstellung der Solvenz ungeeignet war.[592]

cc) Privilegierung der §§ 89 f. StaRUG

Weitere Beschränkungen der Insolvenzanfechtung ergeben sich neuerdings im Kontext des StaRUG-Verfahrens. Ausgeschlossen sein soll nach § 89 Abs. 1 StaRUG zunächst eine Vorsatzanfechtung,[593] die *allein* auf die Kenntnis eines

---

[588] BGHZ 230, 28, 43 ff., Rn. 36 ff.; *BGH,* NZI 2022, S. 385, 387, Rn. 19 ff., in Rn. 71, 74 wird diese Aussage – anders als in Rn. 20, 101 und BGHZ 230, 28, 44 Rn. 39 – allerdings auf kongruente Deckungen beschränkt. Das dürfte sich damit erklären lassen, dass es im konkreten Fall um eine kongruente Deckung ging und die Inkongruenz selbst ein Beweisanzeichen darstellen soll, dass in diesen Fällen den Rückgriff auf die Kenntnis des Schuldners weniger dringlich erscheinen lässt.
[589] BGHZ 230, 30, 45, Rn. 40; *BGH,* NZI 2022, S. 385, 387, Rn. 20.
[590] *BGH,* NZI 2022, S. 385, 391 f., Rn. 74; *Klinck,* ZIP 2022, S. 1357, 1359; sehr kritisch hierzu *Frind,* ZInsO 2022, S. 1885, 1895.
[591] *BGH,* NZI 2022, S. 385, 395, Rn. 109; vgl. auch *Klinck,* ZIP 2022, S. 1357, 1359; *Frind,* ZInsO 2022, S. 1885, 1895.
[592] Vgl. *Klinck,* ZIP 2022, S. 1357, 1360; *Frind,* ZInsO 2022, S. 1885, 1895.
[593] *Schoppmeyer,* ZIP 2021, S. 869, 874; *Hölzle/Curtze,* ZIP 2021, S. 1293, 1301; *Madaus,* NZI-Beil. 2021, S. 35, 37; Flöther-StaRUG/*Hoegen/Herding,* § 89 StaRUG Rn. 23; Jacoby/Thole/*Thole,* § 89 StaRUG Rn. 13 f.; MüKo-StaRUG/*Schultz,* § 89 StaRUG Rn. 39 f.; a.A. Pannen/Riedemann/Smid/*Pannen,* StaRUG, § 89 StaRUG Rn. 84 ff., nach dem § 89 StaRUG auch die Deckungs- sowie Unmittelbarkeitsanfechtung ausschließen soll,

der Beteiligten von der Rechtshängigkeit der Restrukturierungssache oder den Umstand, dass der Schuldner Instrumente des StaRUG in Anspruch genommen hat, gestützt wird.

Etwas verwunderlich ist an dieser Bestimmung, dass die Vorsatzanfechtung bereits nach dem Wortlaut des § 133 InsO nicht allein auf die Kenntnis eines der Beteiligten gestützt werden kann, sondern neben dem Benachteiligungsvorsatz des Schuldners stets die Kenntnis des Anfechtungsgegners von diesem voraussetzt.[594] Auch der Gesetzgeber ging jedoch davon aus, dass die §§ 89 f. StaRUG nur klarstellende Bedeutung hätten.[595] Zugleich wollte der Gesetzgeber mit dieser Regelung aber verhindern, „[…] dass sich die Geschäftspartner des Schuldners allein durch die Rechtshängigkeit der Restrukturierungssache oder die Inanspruchnahme von Instrumenten des Stabilisierungs- und Restrukturierungsrahmens abschrecken lassen, ihre Geschäftsbeziehung zum Schuldner fortzuführen oder sich am Restrukturierungsplan zu beteiligen wegen der Sorge um spätere Insolvenzanfechtungen."[596] Nahe liegt es daher, diese Bestimmung so zu verstehen, dass das Vorliegen der subjektiven Merkmale des § 133 InsO *jeweils* nicht *allein* darauf gestützt werden darf, dass einer der Beteiligten Kenntnis von der Rechtshängigkeit oder der Nutzung von Instrumenten des StaRUG-Verfahrens hatte.[597] Für die Annahme, der Schuldner habe mit dem Vorsatz gehandelt, seine Gläubiger zu benachteiligen, sind hiernach also weitere Umstände hinzuzuziehen.

Das verursacht gewisse Friktionen zur früheren Rechtsprechung des BGH, der aus der Kenntnis des Schuldners von seiner (drohenden) Zahlungsunfähigkeit auf das Vorliegen eines Gläubigerbenachteiligungsvorsatzes schließen wollte, wenn nicht Gegenindizien, wie etwa ein ernsthafter Sanierungsversuch

---

soweit diese (auch) auf die Kenntnis des Anfechtungsgegners von der Inanspruchnahme des Restrukturierungsrahmens gestützt würden; für eine entsprechende Anwendung des § 89 Abs. 2 StaRUG auf § 130 Abs. 1 Nr. 1 InsO Seibt/Westpfahl/*Grell/Klockenbrink*, § 89 StaRUG Rn. 72 f.; auch für § 131 Abs. 1 Nr. 2 InsO Uhlenbruck/*Borries*, § 89 StaRUG Rn. 16, 19 f.

[594] Mit Recht kritisch *Bork*, ZInsO 2020, S. 2177, 2181 zum identischen § 93 StaRUG-RefE; ähnlich Flöther-StaRUG/*Hoegen/Herding*, § 89 StaRUG Rn. 22.

[595] BT-Drs. 19/24181, S. 181.

[596] BT-Drs. 19/24181, S. 181.

[597] Siehe auch BT-Drs. 19/24181, S. 181: „Allein an diese Umstände darf sich daher nicht die Annahme knüpfen, dass der Schuldner mit dem Vorsatz handelte, seine Gläubiger zu benachteiligen […]."; *Schoppmeyer*, ZIP 2021, S. 869, 875; *Hölzle/Curtze*, ZIP 2021, S. 1293, 1301; Morgen/*Bork*, StaRUG, § 89 Rn. 26; *Klinck*, ZIP 2022, S. 1357, 1366; vgl. auch Uhlenbruck/*Borries*, § 89 StaRUG Rn. 56; noch weiter gehend HaKo-Restrukturierungsrecht/*Henkel*, § 89 StaRUG Rn. 23, der – unter unzutreffender Berufung auf *Schoppmeyer* – die Berücksichtigung der Kenntnis des Schuldners von der Restrukturierungssache als Indiz insgesamt ausgeschlossen wissen will; so wohl auch *Bork*, ZInsO 2020, S. 2177, 2178.

B. Schutz vor insolvenzbedingten Ausfallrisiken 201

bestanden.[598] Nachdem der BGH diese Haltung aber jüngst aufgegeben hat und von einem Gläubigerbenachteiligungsvorsatz nur noch ausgehen will, wenn der Schuldner erkannt hatte, dass er seine Gläubiger *künftig* nicht werde befriedigen können,[599] scheint diese Divergenz ausgeräumt.[600] Da die Bestimmung des § 89 StaRUG insofern also tatsächlich keinen weiter gehenden Schutz begründet, handelt es sich hierbei letztlich um eine symbolische Bestimmung,[601] die die prinzipielle Unbedenklichkeit solcher Maßnahmen trotz drohender Zahlungsunfähigkeit gesetzlich festschreibt.

dd) Vollzug von Planmaßnahmen, § 90 StaRUG

Noch weiter reicht § 90 Abs. 1 StaRUG, der die Anfechtung von Rechtshandlungen, mit denen ein rechtskräftig bestätigter Restrukturierungsplan vollzogen wird, der Anfechtbarkeit vollständig entzieht, soweit nicht der Plan aufgrund unrichtiger oder unvollständiger Angaben bestätigt wurde und der Anfechtungsgegner hiervon Kenntnis hatte.

Unklar ist jedoch, welche Rechtshandlungen „im Vollzug eines Plans" erfolgen. Nach der Gesetzesbegründung soll das für die Ausreichung, nicht aber für die Rückzahlung eines Darlehens der Fall sein.[602] Zugleich soll § 90 StaRUG aber die Stabilität des Plans und der für dessen Umsetzung nötigen Maßnahmen schützen.[603] Gerade bei der Rückzahlung eines Darlehens ist der

---

[598] Vgl. die Nachweise in Fn. 550. Diese Kenntnis des Schuldners wird stets gegeben sein, da das StaRUG-Verfahren, das nur auf Initiative des Schuldners durchgeführt wird (vgl. § 23 StaRUG), gem. § 29 Abs. 1 StaRUG eine drohende Zahlungsunfähigkeit des Schuldners voraussetzt, so dass dieser bei Eröffnung eines solchen Verfahrens diese Kenntnis stets haben wird, *Bork*, ZInsO 2020, S. 2177, 2181; Jacoby/Thole/*Thole*, § 89 StaRUG Rn. 6.

[599] Siehe die Nachweise in Fn. 588.

[600] Vgl. zu den Divergenzen zwischen der vormaligen Rechtsprechung des BGH und den heutigen §§ 89 f. StaRUG *Bork*, ZInsO 2020, S. 2177, 2181 f.; Morgen/*Bork*, StaRUG, § 89 Rn. 25; Uhlenbruck/*Borries*, § 89 StaRUG Rn. 61 ff.: Diese konnten sich insbesondere daraus ergeben, dass § 89 Abs. 1 StaRUG nicht voraussetzt, dass ein realistisches Sanierungskonzept vorliegt. Geht man davon aus, dass die bloße Kenntnis von der eigenen drohenden Zahlungsunfähigkeit ein Indiz für das Vorliegen des Gläubigerbenachteiligungsvorsatzes ist, das (nur) durch Vorlage eines realistischen Sanierungskonzepts widerlegt werden kann, stellt § 89 Abs. 1 StaRUG in der Tat nicht nur eine klarstellende Regel dar. Denn die Anfechtung einer in Kenntnis der drohenden Zahlungsunfähigkeit vorgenommenen Handlung ist dann auch ohne Sanierungskonzept nicht gem. § 133 InsO anfechtbar, wenn nicht weitere Umstände hinzutreten.

[601] Sehr zurückhaltend zur Bedeutung des § 89 Abs. 1 StaRUG auch Seibt/Westpfahl/Grell/*Klockenbrink*, § 89 StaRUG Rn. 63; vgl. auch MüKo-StaRUG/*Parzinger/Knebel*, § 12 StaRUG Rn. 115.

[602] BT-Drs. 19/24181, S. 182; zustimmend *Hölzle/Curtze*, ZIP 2021, S. 1293, 1302; *Thole*, ZIP 2020, S. 1985, 1999.

[603] BT-Drs. 19/24181, S. 182; *Hölzle/Curtze*, ZIP 2021, S. 1293, 1301.

betroffene Gläubiger aber auf Anfechtungsschutz angewiesen,[604] während bezüglich der Auszahlung regelmäßig ohnehin keine realistischen Anfechtungsgefahren bestehen.[605] In Anbetracht des offenen Wortlauts und des Zwecks von § 90 StaRUG scheint es daher vorzugswürdig, sämtliche Rechtshandlungen unter § 90 StaRUG zu erfassen, die dem Schuldner durch den Plan auferlegt werden. Entgegen der Gesetzesbegründung können daher auch Rückzahlungen von Darlehen vom Schutz des § 90 StaRUG erfasst sein.[606]

c) Nichtigkeit gem. § 138 BGB

Insbesondere nach der Rechtsprechung des BGH besteht darüber hinaus das Risiko, dass namentlich die Sicherheitenbestellung als sittenwidriges Rechtsgeschäft gem. § 138 BGB nichtig ist. Ausgehend von einer grundlegenden Entscheidung des Reichsgerichts haben sich insoweit Fallgruppen herausgebildet.[607] Diese werden in der Rechtsprechung des BGH nicht als feststehende, subsumtionsfähige Tatbestände behandelt, bei deren Vorliegen immer von einer Sittenwidrigkeit auszugehen wäre, sondern sollen nur indizielle Bedeutung haben, die stets anhand der Besonderheiten des Einzelfalls zu überprüfen sei.[608] Dabei ist insbesondere die Figur der Gläubigergefährdung in der Literatur teils auf grundsätzliche Ablehnung gestoßen: In einer Marktwirtschaft sei nicht zu begründen, warum ein Sicherungsnehmer auf die Interessen Dritter Rücksicht zu nehmen habe, die – entsprechend dem Grundsatz *caveat creditor*[609]– selbst für die Wahrung ihrer Interessen sorgen könnten.[610] In der Sache besteht jedoch

---

[604] *Schoppmeyer*, ZIP 2021, S. 869, 877; *Bork*, ZInsO 2020, S. 2177, 2181; Seibt/Westpfahl/*Grell/Klockenbrink*, § 90 StaRUG Rn. 41.

[605] *Schoppmeyer*, ZIP 2021, S. 869, 877; Seibt/Westpfahl/*Grell/Klockenbrink*, § 90 StaRUG Rn. 41; Uhlenbruck/*Borries*, § 90 StaRUG Rn. 38: „widersinnig".

[606] So mit Recht *Schoppmeyer*, ZIP 2021, S. 869, 878; E. Braun-StaRUG/*Tashiro*, § 90 StaRUG Rn. 4 ff.; ebenso *Bork*, ZInsO 2020, S. 2177, 2181; Seibt/Westpfahl/ *Grell/Klockenbrink*, § 90 StaRUG Rn. 41 f. MüKo-StaRUG/*Schultz*, § 90 StaRUG Rn. 19; im Ergebnis auch *Madaus*, NZI-Beil. 2021, S. 35, 36, der dieses Ergebnis aber auf eine richtlinienkonforme Auslegung stützen möchte; für verfehlt hält auch *Zuleger*, NZI-Beil. 2021, S. 43, 45 den Ausschluss von Rückzahlungen, der dieses Problem aber offenbar für nicht im Wege der Auslegung überwindbar hält; so wohl auch Flöther-StaRUG/*Hoegen/Herding*, § 90 StaRUG Rn. 29; a.A. *Hölzle/Curtze*, ZIP 2021, S. 1293, 1302; Morgen/*Bork*, StaRUG, § 90 Rn. 12; Jacoby/Thole/*Thole*, § 90 StaRUG Rn. 9 f.

[607] RGZ 136, 247, 253 f.: Als Fallgruppen kämen insbesondere in Betracht: die Konkursverschleppung, die Aussaugung, die stille Geschäftsinhaberschaft, der Kreditbetrug sowie die Gläubigergefährdung.

[608] BGHZ 10, 228, 232.

[609] Vgl. hierzu *Vuia*, Verantwortlichkeit, S. 149; siehe auch *Guski*, Sittenwidrigkeit, S. 216 f.; eingehend zur Bedeutung von Rücksichtnahmepflichten in der Rechtsprechung im Kontext der §§ 138, 826 BGB und deren Berechtigung *Wüst*, FS Wilburg, S. 257, 259 ff.

[610] *Vuia*, Verantwortlichkeit, S. 174; *Rümker*, ZHR 143 (1979), S. 195, 199 f.; tendenziell auch *Dorndorf*, Kreditsicherungsrecht, S. 29 ff.; ablehnend zur Fallgruppe der Gläubiger-

weitgehende Einigkeit, *dass* die Besicherung eines in der Krise gewährten (Sanierungs-)Kredits von der Nichtigkeitsfolge des § 138 BGB erfasst sein kann,[611] wobei sich jedoch die dogmatischen Begründungsmuster[612] und folglich mitunter auch die Ergebnisse im Einzelfall unterscheiden.

aa) Anfängliche Übersicherung

Die Nichtigkeit der Besicherung soll sich zunächst aus einer anfänglichen Übersicherung ergeben können.[613] Das setzt jedoch ein grobes Missverhältnis zwischen dem im Fall einer Insolvenz realisierbaren Wert der bestellten Sicherheit und der gesicherten Forderung voraus.[614] Daneben ist eine verwerfliche Gesinnung des Sicherungsnehmers erforderlich,[615] für deren Vorliegen auch bei Bestehen eines solchen Missverhältnisses keine Vermutung streiten soll.[616] Bei einem wirtschaftlich angemessenen und (annähernd) ausgeglichenen Sicherungsgeschäft stellt § 138 BGB in der Fallgruppe der Übersicherung demnach für Kreditgeber von vornherein kein relevantes Risiko dar. Im Fall der Vergabe von Sanierungskrediten in einer Krisensituation wird noch hinzukommen, dass regelmäßig kein unbelastetes Sicherungsgut mehr vorhanden ist, das entsprechend werthaltig wäre, weshalb das Vorliegen einer anfänglichen Übersicherung schon aus tatsächlichen Gründen sehr unwahrscheinlich scheint.[617]

bb) Knebelung

Relevanter dürfte in dieser Situation eine Sittenwidrigkeit aufgrund einer „*Knebelung*" des Schuldners sein. Das soll gegeben sein, wenn der Schuldner

---

gefährdung bereits *Westermann*, Interessenkollisionen, S. 31 ff., insbesondere, weil die Besicherung regelmäßig nicht zu einer Schädigung der übrigen Gläubiger führen könne, da sie nur den Zufluss der neuen Mittel ausgleiche; kritisch zu solchen Ansätzen *Guski*, Sittenwidrigkeit, S. 217.

[611] Vgl. *Guski*, Sittenwidrigkeit, S. 232; anders in jüngerer Zeit insbesondere *Vuia*, Verantwortlichkeit, S. 174.

[612] Vgl. die eingehende und kritische Auseinandersetzung mit den verschiedenen Begründungsansätzen für Rücksichtnahmepflichten bei *Guski*, Sittenwidrigkeit, S. 218 ff.

[613] *BGH*, NJW 1998, 2047; Staudinger/*Fischinger*, § 138 BGB Rn. 378; MüKo-BGB/*Armbrüster*, § 138 BGB Rn. 174.

[614] *BGH*, NJW 1998, 2047; Staudinger/*Fischinger*, § 138 BGB Rn. 378: Vorliegen eines solchen Missverhältnisses, wenn der realisierbare Wert der Sicherheiten mindestens 200 % der gesicherten Forderung erreicht; ebenso *OLG Brandenburg*, 11.12.2013, 4 U 83/13, Rn. 72; *OLG Hamm*, 15.01.2015, I-5 U 81/14, Rn. 91.

[615] *BGH*, NJW 1998, S. 2047; NJW-RR 2010, S. 1529, 1530, Rn. 11; Staudinger/*Fischinger*, § 138 BGB Rn. 379; BeckOGK/*Jakl*, § 138 BGB Rn. 373.

[616] *BGH*, NJW-RR 2010, S. 1529, 1530, Rn. 12; Staudinger/*Fischinger*, § 138 BGB Rn. 379; BeckOGK/*Jakl*, § 138 BGB Rn. 373.

[617] Im Ergebnis auch *Vuia*, Verantwortlichkeit, S. 170.

aufgrund der Vereinbarung mit dem Gläubiger den Spielraum für eigene wirtschaftliche Entscheidungen weitestgehend verliert und in eine zu missbilligende Abhängigkeit gerät.[618] Erforderlich sei hierfür, dass der Schuldner dem Gläubiger sein gesamtes Vermögen als Sicherheit überträgt und deshalb keinen Handlungsspielraum für eigene unternehmerische Entscheidungen mehr hat, weil ihm kein Vermögen zur Verfügung steht, mit dem er wirtschaften könnte.[619] Bleibt der Schuldner trotz Übertragung seines gesamten Vermögens über das Sicherungsgut verfügungsbefugt, verbleibt dem Schuldner aber ebendiese Entscheidungsfreiheit, weshalb sich das Sittenwidrigkeitsverdikt hier bereits durch eine solche Ermächtigung des Schuldners vermeiden lassen soll.[620]

Die Nichtigkeit der Sicherheitenbestellung durch Knebelung soll sich auch daraus ergeben können, dass sich der Kreditgeber Kontrollbefugnisse einräumen lässt, durch die er die faktische Leitungsmacht über das schuldnerische Unternehmen übernimmt.[621] Das kann im Kontext der Sanierung insbesondere der Fall sein, wenn dem Kreditnehmer durch inhaltliche Vorgaben und Beschränkungen (etwa durch Einsetzung eines Treuhänders) die wirtschaftliche Entscheidungsfreiheit im Rahmen des Sanierungsverfahrens weitgehend genommen wird.[622] Allerdings hat der Schuldner im Einzelfall gerade in Insolvenznähe wenig zu verlieren und kann sich daher zu übermäßig riskanten

---

[618] *BGH*, NJW 1952, 1169; *Vuia*, Verantwortlichkeit, S. 171; Staudinger/*Fischinger*, § 138 BGB Rn. 339; MüKo-BGB/*Armbrüster*, § 138 BGB Rn. 113; *Serick*, Eigentumsvorbehalt, Bd. III, § 30 VII 1; Soergel/*W. Hefermehl*, § 138 BGB Rn. 119.

[619] MüKo-BGB/*Armbrüster*, § 138 BGB Rn. 116; Staudinger/*Fischinger*, § 138 BGB Rn. 344; vgl. insbesondere auch *Serick*, Eigentumsvorbehalt, Bd. III, § 30 VII 2 a), der zutreffend feststellt, dass allein die – auch sicherungshalber erfolgende – Übertragung des gesamten Vermögens wegen §§ 419, 311 BGB a.F. (§ 311b Abs. 3 BGB n.F.) noch nicht genügen kann, um die Sittenwidrigkeit des Geschäfts zu begründen; vgl. auch *Guski*, Sittenwidrigkeit, S. 83. Erforderlich ist vielmehr stets, dass der Gläubiger *aufgrund* der Sicherungsübertragung seiner unternehmerischen Entscheidungsfreiheit beraubt ist. *Vuia*, Verantwortlichkeit, S. 171 ist hingegen der Auffassung, eine solche Knebelung durch umfassende Sicherungsübertragung könne nicht mehr eintreten, da der BGH einen ermessensunabhängigen Freigabeanspruch des Sicherungsgebers bei eintretender Übersicherung anerkenne (siehe BGHZ 137, 212, 218 ff.), weshalb der Umfang der bestellten Sicherheiten stets dem Sicherungsbedürfnis des Sicherungsnehmers entspreche. Eine solche Betrachtung verkennt jedoch, dass in diesen Fällen nicht immer auch eine Übersicherung gegeben sein muss; vielmehr ist denkbar, dass der Sicherungsgeber aufgrund einer umfangreichen Kreditgewährung ein entsprechendes Sicherungsbedürfnis hat (so etwa die Konstellation bei BGHZ 10, 228 ff.). Freilich kann sich in einer solchen – vor allem theoretisch relevanten Konstellation – die Sittenwidrigkeit aus anderen Umständen ergeben.

[620] *Serick*, Eigentumsvorbehalt, Bd. III, § 30 VII 2 a); Soergel/*W. Hefermehl*, § 138 BGB Rn. 120.

[621] Soergel/*W. Hefermehl*, § 138 BGB Rn. 119.

[622] Soergel/*W. Hefermehl*, § 138 BGB Rn. 121; vgl. *Vuia*, Verantwortlichkeit, S. 172, der der Auffassung ist, der faktischen Leitungsmacht komme im Kontext der Sicherheitenbestellung keine eigenständige Bedeutung zu.

unternehmerischen Entscheidungen verleitet sehen, durch die die Interessen des Kreditgebers preisgegeben werden.[623] Mit Rücksicht auf diese Interessenlage kann in dieser Situation nicht jede kontrollierende Einflussnahme auf die unternehmerischen Entscheidungen des Geschäftsführers durch den Kreditgeber bereits als sittenwidrige Knebelung gewertet werden.[624] Vielmehr muss dem Kreditgeber in Anbetracht dieser Interessenlage gestattet sein, so weit kontrollierend einzuwirken, als es zur Verhinderung rücksichtsloser unternehmerischer Entscheidungen des Kreditnehmers, die die Sicherungsinteressen des Kreditgebers preisgäben, notwendig ist.[625]

Ob die sittenwidrige Knebelung sich schon aus den objektiven Umständen ergibt oder darüber hinaus voraussetzt, dass der Kreditgeber die Umstände, die den Sittenwidrigkeitsvorwurf begründen, gekannt hat oder sich diesen grob fahrlässig verschlossen hat, ist umstritten.[626] Nach dem Gesagten entgeht eine Sicherheitenbestellung für einen Sanierungskredit dem Sittenwidrigkeitsverdikt aber bereits, wenn dem Schuldner Freiräume für eine eigene wirtschaftliche Betätigung verbleiben und der Kreditgeber sich mit Kontrollmaßnahmen auf das zum Schutz seiner Sicherungsinteressen notwendige Maß beschränkt. Die Sittenwidrigkeit aufgrund einer Knebelung wird damit gleichfalls kein relevantes Hindernis für Sicherheitenbestellungen insoweit darstellen, die einem tatsächlichen Sicherungsbedürfnis des Kreditgebers korrespondieren.[627]

cc) Gläubigergefährdung

Namentlich bei der Besicherung von Sanierungsfinanzierungen soll sich die Nichtigkeit der Sicherheitenbestellung auch aus einer sittenwidrigen Gläubigergefährdung ergeben können.[628] Nach der Rechtsprechung des BGH soll eine

---

[623] Plakativ *Jackson*, Bankruptcy Law, S. 205: „When a firm is insolvent and has $ 100,000 in debts and only $ 80,000 in assets, it is unlikely that it would be in the interest of the creditors to have that $ 80,000 placed on number 20 at a roulette wheel in Atlantic City, but it would clearly be in the interests of a shareholder to do so."; *Eidenmüller*, Unternehmenssanierung, S. 22 f., 142, 375; *Vuia*, Verantwortlichkeit, S. 172.

[624] *BGH*, NJW 1993, S. 1587, 1588; *Vuia*, Verantwortlichkeit, S. 172; vgl. auch Obermüller/*Obermüller*, Insolvenzrecht, Rn. 6.24; Soergel/*W. Hefermehl*, § 138 BGB Rn. 121; Ellenberger/Bunte/*Ganter*, Bankrechts-HdB, § 69 Rn. 405.

[625] Vgl. auch *Vuia*, Verantwortlichkeit, S. 172.

[626] So *Serick*, Eigentumsvorbehalt, Bd. III, § 30 VII 3; *Vuia*, Verantwortlichkeit, S. 172; Obermüller/*Obermüller*, Insolvenzrecht, Rn. 6.32; dagegen insbesondere Staudinger/*Fischinger*, § 138 BGB Rn. 340; differenzierend *Flume*, Allgemeiner Teil, Bd. II, § 18 3, der annimmt, bei einem Knebelungsvertrag ergebe sich die Sittenwidrigkeit bereits aus dem objektiven Inhalt des Rechtsgeschäfts als Regelung, ohne dass es auf ein subjektiv unsittliches Handeln ankomme, während für Rechtsgeschäfte, deren Sittenwidrigkeit sich nicht bereits aus deren objektiven Inhalt ergebe, erforderlich sei, dass ein subjektiver Tatbestand hinzutritt.

[627] Im Ergebnis auch *Vuia*, Verantwortlichkeit, S. 172.

[628] Vgl. etwa BGHZ 10, 228 ff.; 210, 30, 40 f., Rn. 39, 41.

solche gegeben sein, wenn der Schuldner einem Gläubiger sein letztes zur Gläubigerbefriedigung taugliches Vermögen überträgt, infolgedessen (auch künftige) Gläubiger über die Kreditwürdigkeit des Schuldners getäuscht werden, die Vertragspartner bei dieser Täuschung zusammengewirkt haben und Dritte durch die Täuschung zu weiteren Kreditierungen verleitet werden.[629] Nicht erforderlich sei dabei, dass die Täuschung Zweck des Geschäfts war; vielmehr reiche aus, dass die Parteien mit einer solchen gerechnet haben.[630] Auch die Unkenntnis einer solchen Täuschung genüge, wenn sich der Gläubiger trotz Anhaltspunkten für einen nahenden Zusammenbruch des schuldnerischen Unternehmens dieser Kenntnis grob fahrlässig verschlossen habe.[631] Dabei seien die Sorgfaltsanforderungen an den Gläubiger bei der Prüfung der Auswirkungen der Kreditgewährung auf Dritte umso strenger zu fassen, je größer und konkreter die Gefahr eines solchen Zusammenbruchs ist.[632]

Von einer Bank, die einem insolvenzreifen[633] Unternehmen einen besicherten Sanierungskredit gewährt, sei zur Vermeidung des Sittenwidrigkeitsverdikts daher zu verlangen, dass die Parteien sich zuvor auf Grundlage einer objektiven und fachkundigen Prüfung von den Erfolgsaussichten des Sanierungsvorhabens versichert haben.[634] Ist eine solche Prüfung mit dem Ergebnis erfolgt, dass ein Sanierungsversuch erfolgversprechend sei, ist ein Kreditgeber damit vor einer Nichtigkeit der Sicherheitenbestellung auch bei deren späterem Scheitern gefeit. § 138 BGB steht damit auch insoweit einer wirksamen Besicherung von Sanierungskrediten – unter Beachtung dieser Voraussetzung – nicht entgegen.[635]

---

[629] BGHZ 210, 30, 41, Rn. 41; *BGH,* NJW 1995, S. 1668.

[630] BGHZ 10, 228, 233 f.; *BGH,* NJW 1995, S. 1668; siehe aber auch BGHZ 210, 30, 41, Rn. 41: Die Umstände, unter welchen das Sicherungsgeschäft abgeschlossen werde, müssten dazu „bestimmt" sein, Gläubiger über die Kreditwürdigkeit des Schuldners zu täuschen.

[631] BGHZ 10, 228, 233 f.; *BGH*, NJW S. 1995, 1668; so auch Staudinger/*Freitag*, § 488 BGB Rn. 141a; Staudinger/*Fischinger*, § 138 BGB Rn. 490.

[632] *BGH*, NJW 1995, S. 1668; 1955, S. 1272, 1273 f.

[633] Vgl. zu diesem Maßstab BGHZ 210, 30, 44, Rn. 51 f., unschädlich sei, dass der Kreditgeber den Kreditnehmer über lange Zeit als „Sanierungsfall" eingestuft habe, wenn diese Einschätzung ohne Berücksichtigung der tatsächlichen wirtschaftlichen Lage und Entwicklung erfolgt sei.

[634] BGHZ 10, 228, 233; kritisch zu einer generellen Entlastung von Kreditgebern auf dieser Grundlage im Kontext von § 826 BGB *Engert*, Haftung, S. 183 f.; vgl. auch *Eidenmüller*, Unternehmenssanierung, S. 296 f., der feststellt, in der Praxis würden Sanierungsgutachten die Sanierungsfähigkeit oder -würdigkeit eines Unternehmens fast nie generell verneinen.

[635] Nachdrücklich gegen eine extensive Handhabung des § 138 BGB in diesen Fällen, weil hierdurch die §§ 129 ff. InsO als *leges speciales* für die Bewältigung gescheiterter Sanierungsversuche und Abwicklung von Geschäften, deren „Inhalt und Zweck im Wesentlichen darin besteht, die Gläubiger zu benachteiligen" unterlaufen würden, BGHZ 210, 30, 42, 45, Rn. 43, 54; siehe auch Staudinger/*Heinze*, Anh. zu §§ 929 ff. BGB Rn. 80, 89.

dd) Zwischenergebnis

Die Sittenwidrigkeit der Sicherheitenbestellung erweist sich damit insbesondere in der Rechtsprechung des BGH als Instrument, mit dem der Kreditgeber von übermäßigen Eingriffen in die Interessen seines Schuldners aber auch von Dritten abgehalten werden soll, die jedoch kein Hindernis für eine angemessene Wahrnehmung der eigenen Interessen darstellt. Ausgeschlossen wird die Wirksamkeit von Besicherungen nur solcher Finanzierungen, die bereits aus der Perspektive *ex ante* ihr Ziel nicht erreichen können und insbesondere mit Blick auf die Interessen der übrigen Gläubiger besser unterblieben.[636] Nahe liegt bei einer funktionsorientierten Betrachtung von Kreditsicherheiten[637] daher insoweit eine Erfassung des § 138 BGB als Institut, das deren Wirksamkeit auf einen Bereich beschränkt, in dem diese ihren Zweck, die Ermöglichung bzw. Vergünstigung wünschenswerter Kreditierungen[638] auch tatsächlich erfüllen können; es handelt sich letztlich also um ein Instrument, mit dem Zweck und Anwendungsbereich von Kreditsicherheiten in Übereinstimmung gebracht werden.[639]

Aus Perspektive des Kreditgebers dürfte sich insoweit die postulierte Pflicht zur Prüfung der Sanierungsaussichten als größtes Hindernis darstellen, da sich hieraus regelmäßig ein beträchtlicher Aufwand ergeben wird und nicht unerhebliche Transaktionskosten zu entstehen drohen. Die Ermittlung eines zuverlässigen Bildes von der Finanzlage des Unternehmens liegt aber bereits im ureigenen Interesse eines Kreditgebers,[640] der eine risikoadäquate Preisbildung nur in – möglichst genauer – Kenntnis der Kreditrisiken vornehmen kann. Vor allem sind Kreditinstitute aber bereits aus § 18 KWG verpflichtet, sich die wirtschaftlichen Umstände des Kreditnehmers offen legen zu lassen und müssen gem. B.T.O. 1.2.5 Nr. 4, 5 MaRisk die Sanierungsfähigkeit des finanzierten Unternehmens ohnehin auf Grundlage eines Sanierungskonzepts prüfen und fortlaufend überwachen.[641] Die Pflicht zur Überprüfung der Sanierungs-

---

[636] Vgl. *Guski*, Sittenwidrigkeit, S. 279 ff. und zusammenfassend S. 408; vgl. bereits *Koller*, JZ 1985, S. 1013, 1016: „[...] [D]ie Schranken der Gläubigerbenachteiligung und -gefährdung [entspringen] in starkem Maße Vorstellungen über gesamtwirtschaftliche Opportunität und angemessene Distribution [...]."

[637] Vgl. zum sog. *functional approach* etwa *UNCITRAL*, Legislative Guide on Secured Transactions, Rn. 62, S. 23; vgl. etwa auch *J. F. Hoffmann*, AcP 220 (2020), S. 377, 389 f.

[638] *J. F. Hoffmann*, AcP 220 (2020), S. 377, 390; *Brinkmann*, Kreditsicherheiten, S. 4; *UNCITRAL*, Legislative Guide on Secured Transactions, Rn. 49, S. 20.

[639] Vgl. *Guski*, Sittenwidrigkeit, S. 233 ff., unter Rückgriff auf den Topos des Institutsmissbrauchs.

[640] Beck/Samm/Kokemoor/*Ferstl/Wegner*, § 18 KWG Rn. 16; Ellenberger/Bunte/*R. Fischer/Boegl*, Bankrechts-HdB, § 115 Rn. 59, die daher an der Notwendigkeit einer dahingehenden gesetzlichen Bestimmung zweifeln; siehe auch schon *Meyer-Cording*, JZ 1953, S. 665, 667.

[641] *Stohrer*, ZInsO 2018, S. 660, 668; Gottwald/Haas/*Obermüller*, InsR-Hdb, § 97 Rn. 10.

fähigkeit besteht demnach auch unabhängig von § 138 BGB. Ein Kreditinstitut, das die aufsichtsrechtlichen Vorgaben beachtet, wird daher vor einer Nichtigkeit der Sicherheitenbestellung in aller Regel verschont bleiben.[642] In Anbetracht dessen kann auch der durch § 89 Abs. 1 StaRUG eingeführten Privilegierung eine nennenswerte Bedeutung bestenfalls insoweit zukommen, als sie – unbegründeten – Ängsten potentieller Kreditgeber vor einer Sittenwidrigkeit aufgrund der bloßen Kenntnis der Krisensituation die Grundlage nimmt.[643]

d) Ergebnis

Keine nennenswerten Risiken ergeben sich demnach aus der grundsätzlich denkbaren Nichtigkeit von Kreditsicherheiten vor allem wegen eines Sittenverstoßes. Insofern kann sich ein Kreditgeber, der sich auch bei der Besicherung im Rahmen des für die Absicherung seiner tatsächlichen Kreditrisiken angemessenen bewegt, jedenfalls dadurch vor dem Unwirksamkeitsverdikt schützen, dass er ein Sanierungsgutachten anfertigen lässt. Das erzeugt zwar einen Zeit- und Kostenaufwand, liegt aber auch im eigenen Interesse des Kreditgebers und entspricht im Übrigen auch den aufsichtsrechtlichen Anforderungen an eine solche Kreditgewährung.

Auch die anfänglich beschriebene besondere Gefährdungssituation eines Gebers von Sanierungsfinanzierungen bezüglich der Insolvenzanfechtung realisiert sich nach alldem in vollem Umfang nur bei Leistungen des Schuldners, auf die der Kreditgeber keinen Anspruch hatte. Leistungen, die den Vereinbarungen der Parteien entsprechen, sind hingegen durch das Bargeschäfteprivileg, die Berücksichtigung eines ernsthaften Sanierungsversuchs als einen den Gläubigerbenachteiligungsvorsatz ausschließenden Umstand sowie die Privilegierungen aus §§ 89 f. StaRUG vor Anfechtung und Nichtigkeit weitgehend geschützt. Anfechtungsrisiken verbleiben aber außerhalb des Anwendungsbereichs des Bargeschäfteprivilegs, was vor allem die Rückzahlung und gewisse Zinszahlungen bei Krediten sowie die nachträgliche Bestellung von Sicherheiten und die Bestellung von revolvierenden Sicherheiten betrifft. Im Rahmen des Bargeschäfteprivilegs ist die Bestellung von Sicherheiten aber in weitem Umfang möglich, was allerdings an der grundsätzlichen *tatsächlichen* Problematik, dass in Krisensituationen typischerweise kein werthaltiges Sicherungsgut vorhanden ist, nichts zu ändern vermag.

Nach dem Gesagten sind diese Schutzmechanismen auch nicht etwa Folge einer (partiellen) Preisgabe der Gläubigerinteressen, sondern lassen sich gerade auf den Schutz der Gläubigerinteressen zurückführen. Ein zu scharfes Anfechtungsrecht hätte hier letztlich zur Folge, dass potentielle Kreditgeber aus Sorge vor diesen Risiken auch vor Kreditierungen zurückschrecken könnten, die sich

---

[642] Vgl. bereits *Uhlenbruck*, GmbHR 1982, S. 141, 151.
[643] Ähnlich BeckOK-StaRUG/*Fridgen*, § 89 Rn. 7 f.

positiv auf die Interessenlage aller Gläubiger auswirken würden. Dementsprechend sind die Freistellungen von den Anfechtungsrisiken selbst dort, wo sie unmittelbar an das Sanierungsziel anknüpfen (insbesondere § 133 InsO, § 138 BGB), nicht Ausdruck eines Primats des Unternehmenserhalts gegenüber den Gläubigerinteressen. Vielmehr lassen sich diese im Kern alle darauf zurückführen, dass Nichtigkeit oder Anfechtbarkeit in diesen Fällen auch mit Rücksicht auf die Interessen der Gläubiger nicht geboten scheinen. Am zweifelhaftesten ist das noch bei § 90 Abs. 1 StaRUG, der die Anfechtung von Handlungen, die der Umsetzung des Restrukturierungsplans dienen, prinzipiell ausschließt. Dieser Ausschluss knüpft jedoch an die Planbestätigung an, die wiederum voraussetzt, dass die Gläubiger dem Plan zugestimmt haben oder durch diesen nicht schlechter gestellt werden, so dass auch dieser Anfechtungsausschluss letztlich keinen Bruch mit der Gläubigerorientierung bedeutet.

6. Ergebnis

Ein Schutz für Geber von Sanierungsfinanzierungen vor insolvenzbedingten Ausfallrisiken kann sich damit aus der Einordnung als Masseforderungen, durch die Bestellung von Kreditsicherheiten sowie über den Kreditrahmen ergeben. Nur letzterer stellt jedoch eine Reaktion spezifisch auf die Herausforderungen der Sanierungssituation dar.

a) Schutz und Schutzlücken

Kein besonderer Schutz besteht zunächst für sämtliche Finanzierungen, die außerhalb eines eröffneten Insolvenzverfahrens bzw. eines Eröffnungsverfahrens gewährt wurden. Gläubiger, die Inhaber von Forderungen aus solchen Kreditierungen sind, stehen im Insolvenzfall grundsätzlich weitgehend schutzlos da und werden auf eine Befriedigung als einfache Insolvenzgläubiger verwiesen. Keine wirkliche Hilfe stellt auch die Möglichkeit dar, den Kreditgebern für eine Anschlussinsolvenz nach Verfahrenseröffnung einen Vorrang über einen Kreditrahmen einzuräumen. Die hierdurch eingeräumte Vorrangstellung ist so schwach ausgestaltet, dass sie keinen nennenswerten Anreiz zur Gewährung eines Kredits setzen kann und ist in der Praxis daher nahezu bedeutungslos geblieben.

Wesentlich günstiger stellt sich demgegenüber die Lage nach Verfahrenseröffnung bzw. nach Eröffnungsantrag dar: Hier können Masseverbindlichkeiten entstehen, die den Begünstigten aufgrund des Befriedigungsvorrechts und der Freistellung vom Verbot der Einzelzwangsvollstreckung in aller Regel eine vollständige und pünktliche Befriedigung vermitteln können. Auch diese bieten jedoch keinen lückenlosen Schutz, weil sie im Fall der Masseunzulänglichkeit sowie der Abweisung mangels Masse ins Leere gehen.

In diese Lücken könnte die Bestellung von Kreditsicherheiten stoßen, die theoretisch ein mächtiges Instrument darstellen und die Kreditgeber trotz

Insolvenz schadlos halten können. Insbesondere stellen auch die Insolvenzanfechtung und die Sittenwidrigkeit insofern keine nennenswerten Hürden dar, wenn es sich um einen ernsthaften und zumindest *ex ante* erfolgversprechenden Sanierungsversuch handelt, mit dem die Solvenz des schuldnerischen Unternehmens wiederhergestellt werden soll. Die praktische Reichweite der Kreditsicherheiten bleibt aber weit hinter diesem theoretischen Potential zurück, weil die Vermögensgegenstände des Schuldners regelmäßig schon wertausschöpfend belastet sein werden. Auch Dritte werden in dieser Situation kaum bereit sein, die mit einer Besicherung verbundenen Risiken einzugehen. Für (potentielle) Geber von Sanierungsfinanzierungen bleibt daher der Eindruck einer sehr unsicheren Lage.

b) Die Gläubigerinteressen als Paradigma

Hier zeigt sich, dass das deutsche Insolvenzrecht ausgesprochen stark auf den Schutz der Interessen der (vorinsolvenzlichen) Gläubiger ausgerichtet ist: Auch dort, wo Sanierungsfinanzierer vor insolvenzbedingten Ausfallrisiken geschützt werden, sei es in Anwendung der allgemeinen Regeln, sei es auf Grundlage des sanierungsspezifischen Kreditrahmens, geschieht dies letztlich nur, wenn *ex ante* sicher ist, dass die Sanierung nicht den Interessen der Gläubiger(-gesamtheit) widerspricht. Gänzlich unberücksichtigt bleiben insoweit also etwaige öffentliche Interessen an der Durchführung auch von Sanierungsversuchen mit zweifelhaften Erfolgsaussichten.

Anders als man auf den ersten Blick meinen könnte, fallen die Masseverbindlichkeiten, die just Forderungen aus (riskanten) Sanierungsversuchen privilegieren können, nicht aus dem Rahmen: Entscheidend ist, dass deren Entstehung stets die Mitwirkung eines Insolvenzverwalters voraussetzt, den die Pflicht trifft, die Masse im Interesse der Gläubiger bestmöglich zu verwerten.[644] Diese Verpflichtung, die durch dessen persönliche Haftung (§ 61 InsO) untermauert wird, rechtfertigt die typisierende Annahme, dass der Verwalter nur solche Geschäfte tätigen wird, deren Begründung und Erfüllung tatsächlich im Interesse der Insolvenzgläubiger liegen. Vor allem wäre ohne eine solche blankettartige Privilegierung vertraglicher Verbindlichkeiten kaum ein potentieller Vertragspartner bereit, die für die optimale Verwertung der Masse notwendigen Geschäfte mit dem Verwalter zu tätigen, weil sie aufgrund der dann bestehenden Unsicherheiten niemals sicher sein könnten, ob ihre Forderungen wirklich befriedigt werden.[645] Auch diese Regelung lässt sich also auf die Interessen der übrigen Gläubiger zurückführen. Das gilt letztlich auch für den Schutz der Gläubiger vor Anfechtungs- und Nichtigkeitsrisiken, selbst dort, wo

---

[644] Statt aller K/P/B/*Lüke*, § 60 InsO Rn. 23c; Uhlenbruck/*Sinz*, § 60 InsO Rn. 16.
[645] *BGH*, ZIP 2022, S. 1398, 1400, Rn. 18; *J. F. Hoffmann*, Prioritätsgrundsatz, S. 333 f.; MüKo-InsO/*W. Hefermehl*, § 55 InsO Rn. 1; Jaeger/*Eichel*, § 55 InsO Rn. 3; Jaeger¹/*Henckel*, § 55 InsO Rn. 5; K/P/B/*Pape/Schaltke*, § 55 Rn. 12.

für diesen unmittelbar an das verfolgte Sanierungsziel angeknüpft wird. Die partielle Freistellung der Gläubiger von diesen Risiken existiert nicht den Interessen der übrigen Gläubiger zum Trotz, sondern lässt sich gerade auf diese zurückführen. Denn sie besteht nur, wenn und weil zumindest *ex ante* davon auszugehen ist, dass der Sanierungsversuch erfolgreich sein wird, die Solvenz des schuldnerischen Unternehmens also wiederhergestellt wird.

Auch die so eingehegte, aber dennoch sehr starke Stellung von Kreditsicherheiten im Insolvenzverfahren ist nicht Ausdruck einer „Sanierungseuphorie"[646] im Gemeinwohlinteresse, sondern Konsequenz der gesetzgeberischen Auffassung, dass derartige Positionen in der Insolvenz *an sich* schützenswert seien.[647] Deutlich wird diese Philosophie gerade am Kreditrahmen i.S.d. §§ 264 ff. InsO. Dieser kann als einziges der untersuchten Institute eine Reaktion auf den Mangel an werthaltigem Sicherungsgut gerade in der Sanierungssituation (iwS) verstanden werden und vermag insofern eine Sonderstellung von Kreditgebern zu begründen. Hier hat die Unwilligkeit des Gesetzgebers, den gesicherten Gläubigern die Inkaufnahme der Risiken eines (auch erfolgversprechenden) Sanierungsversuchs aufzudrängen, die über die Gläubigerschutzmechanismen der Planbestätigung, insbesondere des Schlechterstellungsverbots (vgl. §§ 245 ff. InsO), abgesichert wird, dazu geführt, dass dieses Instrument weitgehend funktionslos geblieben ist. Kreditgebern, die in dieser Situation kreditieren, wird also eine Sonderstellung eingeräumt, die durch die „Zwänge" der Ausrichtung des Verfahrens auf den Schutz von Gläubigerinteressen aber so stark beschränkt ist, dass sie vor allem von theoretischem Interesse ist.

II. Französisches Recht

Die Eröffnung einer *liquidation judiciaire* (wie auch die einer anderen *procédure collective*) hat grundsätzlich zur Folge, dass dem Schuldner die Befriedigung seiner vorinsolvenzlichen Gläubiger (sog. *créanciers chirographaires*) untersagt und diesen die Führung von Prozessen, die auf die Durchsetzung ihrer Forderung gerichtet sind, sowie die Einzelzwangsvollstreckung insoweit untersagt ist, Art. L. 641-3, 622-7 C. com. Die Gläubiger sind damit grundsätzlich auf eine Anmeldung ihrer Forderungen zum Verfahren und auf eine quotale Befriedigung verwiesen. Zugleich hält das französische Recht jedoch eine Vielzahl von Instituten bereit, die den jeweils erfassten Gläubigern gegenüber dieser Grundordnung eine bevorzugte Stellung einräumen und einen Schutz vor insolvenzbedingten Ausfallrisiken bewirken können.

---

[646] *Meyer-Cording*, NJW 1981, S. 1242, 1244.
[647] Vgl. BT-Drs. 12/2443, S. 78 f., 86, 88 f.

1. Die Kreditvergabe außerhalb von Kollektivverfahren und das *privilège de conciliation*

Ein Schutz der Kreditgeber vor diesen Ausfallrisiken ergibt sich zunächst aus dem sog. *privilège de conciliation* gem. Art. L. 611-11 C. com. Dieses wurde 2005 mit der *loi de sauvegarde* als einer der Kernpunkte dieser Reform eingeführt.[648] Ziel war es, den Geschäftspartnern des Unternehmens einen starken Anreiz zu setzen, sich frühzeitig an der Sanierung des Unternehmens zu beteiligen und die hierfür notwendigen (Finanz-)Mittel zur Verfügung zu stellen.[649] Zuvor bestand mit dem Vorrecht des Art. 40 L1985 zwar innerhalb der *procédures collectives* ein Anreiz für die Finanzierung des Unternehmens, nicht aber außerhalb dieser Verfahren. Für potentielle Kreditgeber war es daher mitunter vorteilhafter, mit einer Kreditvergabe bis zur Eröffnung einer *procédure collective* zu warten, um in den Genuss einer Privilegierung zu kommen,[650] wodurch das gesetzgeberische Ziel eines frühzeitigen Einschreitens konterkariert wurde.

a) Voraussetzungen

Das Entstehen dieser Bevorrechtigung ist an mehrere Voraussetzungen geknüpft: So findet eine Auswahl der zu bevorzugenden Forderungen nach der Art der vom Gläubiger erbrachten Leistung, nach dem mit dieser verfolgten Zweck, in zeitlicher Hinsicht sowie durch die notwendige Beteiligung des Gerichts statt.

aa) Begrenzung der Reichweite nach der Art des Beitrags

Voraussetzung für das Entstehen des *privilège de conciliation* ist gem. Art. L. 611-11 C. com. zunächst, dass im Rahmen[651] einer *conciliation* ein neuer Geld- oder Warenkredit gewährt oder eine Dienstleistung (*nouvel apport en trésorie, un nouveau bien ou service*) an den späteren Insolvenzschuldner erbracht wird. Ermöglicht werden sollen mit diesem *privilège* frühzeitige Sanierungen, indem potentiellen Kreditgebern Anreize gesetzt werden, die hierfür

---

[648] *Laurent/Assant*, JCP G 2008, I-157, Rn. 1: „une des mesures phares".

[649] *Henry*, RPC avril-mai-juin 2008, S. 20, 22; *Saint-Alary-Houin*, LPA 14.06.2007, S. 70, 70, Rn. 4; vgl. auch *Rouland*, Qualité, Rn. 65, S. 76; *Chapon-Le Brethon*, Égalité, Rn. 325, S. 203 f.

[650] *Laurent/Assant*, JCP G 2008, I-157, Rn. 1; vgl. M. *Cabrillac/Mouly/S. Cabrillac/ Pétel*, Droit des sûretés, Rn. 694; *Vallens*, RTDCom. 2007, S. 604, 605 f.; vgl. auch L. *Aynès/Crocq/A. Aynès*, Droit des sûretés, Rn. 311.

[651] Bis 2014 war die Privilegierung gem. Art. L. 611-11 C. com. auf Beiträge beschränkt, die im *accord* selbst gewährt wurden, so dass Finanzierungen, die zwischen Eröffnung der *conciliation* und deren Beendigung gewährt wurden, aus dem Anwendungsbereich des *privilège de conciliation* herausfielen, kritisch hierzu *Bonhomme*, Mélanges Bouloc, S. 59, 64.

benötigten neuen Finanzmittel zur Verfügung zu stellen.[652] Für die Einordnung als „neuer" Kredit soll es daher nicht genügen, wenn nur bestehende Kredite prolongiert oder noviert werden; erforderlich sei vielmehr eine Zufuhr neuer Liquidität.[653] Vereinzelt wurde darüber hinaus bestritten, dass Forderungen aus einer *ouverture de crédit* von dem Vorrecht erfasst sein könnten, soweit sie im Zeitpunkt des Abschlusses des *accord* noch nicht ausbezahlt waren.[654] Mit dem Zweck der Privilegierung stimmt die Privilegierung der Forderungen aus einer *ouverture de crédit* aber unabhängig davon überein, ob sie bei Abschluss des *accord* bereits vollständig ausbezahlt ist. Mit Rücksicht auf die Interessenlage der Parteien, den Normzweck und den insoweit offenen Wortlaut kann es demnach nicht darauf ankommen, ob die versprochene Summe im Zeitpunkt des Abschlusses des *accord* bereits vollständig ausgezahlt war. Eine *ouverture de crédit* muss daher auch in Bezug auf einen im Zeitpunkt des Abschlusses des *accords* noch nicht ausbezahlten Teil in den Anwendungsbereich des Art. L. 611-11 C. com. fallen.[655]

bb) Begrenzung der Reichweite nach dem Ziel des Beitrags

Zusätzlich zu diesem sogenannten „qualitativen" Kriterium muss der *apport* auch einem „teleologischen" Kriterium gerecht werden.[656] Erforderlich ist gem. Art. L. 611-11 C. com., dass dieser mit dem Ziel gewährt wurde, die Fortsetzung der unternehmerischen Aktivität und den *dauerhaften* Fortbestand des Unternehmens zu sichern (*„en vue d'assurer la poursuite d'activité de l'entreprise et sa pérennité"*). Es geht mit anderen Worten um Beiträge, mit denen das Ziel einer nachhaltigen Sanierung des Unternehmens verfolgt wird.[657] Damit scheiden zunächst Finanzierungen aus, die nicht mit der unternehmerischen Aktivität zusammenhängen[658] oder nur zum Zweck einer einverständlichen Liquidation des Unternehmens ausgereicht wurden.[659]

---

[652] Siehe die Nachweise in Fn. 649.

[653] *Bonhomme*, Mélanges Bouloc, S. 59, 63; *Saint-Alary-Houin*, LPA 14.06.2007, S. 70, 72; *Le Corre*, GP 2005, S. 2966, 2968; *Lienhard*, Études Simler, S. 475, 498.

[654] Rapport Hyest, Rapports Sénat, 2004-2005, n° 335, S. 130.

[655] *Bonhomme*, Mélanges Bouloc, S. 59, 63; *Henry*, RPC avril-mai-juin 2008, S. 20, 24, Rn. 17; *Favre-Rochex*, Sûretés, Rn. 166, S. 167 f.; a.A. Rapport Hyest, Rapports Sénat, 2004-2005, n° 335, S. 130.

[656] *Saint-Alary-Houin*, LPA 14.06.2007, S. 70, 73, Rn. 13; *Henry*, RPC avril-mai-juin 2008, S. 20, 24 f., Rn. 17.

[657] Vgl. *Thullier*, JCl. Proc. Coll. Fasc. 2030, Rn. 179; *Henry*, RPC avril-mai-juin 2008, S. 20, 25, Rn. 17; a.A. *Le Corre*, GP 2005, S. 2966, 2968: „ne constitue qu'une fausse limitation du domaine de la garantie".

[658] *Henry*, RPC avril-mai-juin 2008, S. 20, 25, Rn. 17; *Le Corre*, GP 2005, S. 2966, 2968; *Bonhomme*, Mélanges Bouloc, S. 59, 64.

[659] *Saint-Alary-Houin*, LPA 14.06.2007, S. 70, 73.

Zweifelhaft ist auch, ob Finanzierungen von der Privilegierung erfasst sein können, mit denen nur der Zeitraum der Ausarbeitung des Vergleichs abgedeckt werden soll. Hiergegen ließe sich insbesondere der Vergleich mit Art. L. 622-17, III, 2° C. com. ins Feld führen, wo derartige Finanzierungen ausdrücklich angesprochen sind und der Verweis auf das Ziel der Sicherung der *dauerhaften* Bestandsfähigkeit fehlt („*en vue d'assurer la poursuite d'activité pendant la période d'observation*"). Das könnte im Zusammenwirken mit dem Grundsatz der engen Auslegung von *privilèges* (Art. 2330 al. 3 C.C.)[660] Grund sein, eine Privilegierung insoweit zu verneinen. Führt man sich jedoch den Zweck des Privilegs vor Augen, wird man zumindest Finanzierungen, die die Ausarbeitung eines Vergleichs, mit dem die dauerhafte Bestandsfähigkeit des Unternehmens gesichert werden soll, erst ermöglichen, in dessen Anwendungsbereich fassen müssen. Ohne eine solche Privilegierung würden in Anbetracht der mit einer Finanzierung in dieser Phase verbundenen Risiken regelmäßig keine neuen Kredite mehr vergeben. Das kann zur Folge haben, dass Sanierungsversuche mangels hinreichender Liquidität in dieser Zwischenphase (die bei der *conciliation* gem. Art. L. 611-4 C. com. auch nach Eintritt der Zahlungsunfähigkeit stattfinden kann) schon an der fehlenden Finanzierung der Ausarbeitung des Sanierungsvergleichs scheitern könnten. Das wäre mit dem Ziel des Privilegs nicht in Einklang zu bringen. Wird mit einer solchen Finanzierung das Ziel verfolgt, einen bestandssichernden Sanierungsvergleich zu ermöglichen, spricht auch der Wortlaut des Art. L. 611-11 C. com. nicht gegen eine Privilegierung, da es letztlich um die Sicherung der Bestandsfähigkeit des Unternehmens geht. Auch der Grundsatz der engen Auslegung von *privilèges* spricht daher nicht entscheidend gegen eine Bevorrechtigung.

Insbesondere eröffnet dieses „teleologische" Kriterium dem zuständigen Gericht auch die Möglichkeit, die neue Finanzierung auf ihre Übereinstimmung mit dem Zweck des Privilegs zu überprüfen, ob sie also tatsächlich geeignet ist, das Fortbestehen des Unternehmens zu sichern.[661] Dieses Kriterium dient damit insbesondere dem Schutz der übrigen Gläubiger vor übermäßigen Belastungen des Schuldnervermögens mit privilegierten Forderungen.[662] Das Privileg besteht gem. Art. L. 611-11 C. com. aber gerade für den Fall, dass eine *procédure collective* eröffnet wird, die Finanzierung das verfolgte Ziel also nicht erreicht hat, weshalb nicht erforderlich sein kann, dass das Unternehmen schließlich erfolgreich saniert wird.[663] Das Privileg muss daher fortbestehen, wenn sich *ex post* erweist, dass die Finanzierung tatsächlich nicht geeignet war,

---

[660] Vgl. zu diesem Grundsatz *Simler/Delebecque*, Sûretés, Rn. 763.
[661] *Henry*, RPC avril-mai-juin 2008, S. 20, 25, Rn. 17; vgl. auch *Roussel Galle*, CDE juillet-août 2009, S. 41, 42.
[662] Vgl. *Roussel Galle*, CDE juillet-août 2009, S. 41, 42.
[663] *Stoufflet/Mathey*, RD bancaire et financier janvier-février 2006, S. 54, 56.

das Fortbestehen des Unternehmens zu sichern.[664] Für die gerichtliche Beurteilung kann daher nur die Perspektive *ex ante* im Zeitpunkt der *homologation* des Vergleichs maßgeblich sein.[665]

cc) Homologation

Weitere Voraussetzung für die Entstehung des *privilège de conciliation* ist, dass der *accord* gem. Art. L. 611-8, II C. com. durch das *Tribunal de Commerce* homologiert wird. Dies geschieht ausschließlich auf Antrag des Schuldners, unter der weiteren Voraussetzung, dass dieser sich nicht in der *cessation des paiements* befindet oder der *accord* die Zahlungsfähigkeit wiederherstellt (Art. L. 611-8, II, 2° C. com.). Auch muss der *accord* seinem Inhalt nach geeignet sein, das Fortbestehen des Unternehmens zu sichern und darf die Interessen der unbeteiligten Gläubiger nicht beeinträchtigen (Art. L. 611-8, II, 2°, 3° C. com.). Daraus folgt, dass ein *accord,* der allein die Abwicklung des Unternehmens vorsieht, der *homologation* nicht zugänglich ist.[666] Steht die Begründung eines *privilège de conciliation* in Rede, werden die Interessen der unbeteiligten Gläubiger aber notwendigerweise beeinträchtigt,[667] weshalb es bei diesem Kriterium letztlich nur um die Verhinderung exzessiver, illegitimer Beeinträchtigungen gehen kann.[668] Das den *accord* homologierende Urteil, nicht der *accord* selbst, das gem. Art. R. 611-40 C. com. den Umfang der gem. Art. L. 611-11 C. com. privilegierten Forderungen enthalten muss, ist im Anschluss bekannt zu machen und kann von jeder Person mit einem berechtigten Interesse eingesehen werden, Art. L. 611-10 al. 2 C. com.[669]

---

[664] *M. Cabrillac/Mouly/S. Cabrillac/Pétel*, Droit des sûretés, Rn. 695; *Stoufflet/Mathey*, RD bancaire et financier janvier-février 2006, S. 54, 56, Rn. 17.

[665] Vgl. *Lienhard*, Études Simler, S. 475, 499.

[666] *Pérochon*, Entreprises en difficulté, Rn. 362; *Saint-Alary-Houin/Monsèrié-Bon/ Houin-Bressand*, Entreprises en difficulté, Rn. 374.

[667] *Stoufflet/Mathey*, RD bancaire et financier janvier-février 2006, S. 54, 55.

[668] *Le Cannu/Robine*, Entreprises en difficulté, Rn. 179; *Pérochon*, Entreprises en difficulté, Rn. 363; *Stoufflet/Mathey*, RD bancaire et financier janvier-février 2006, S. 54, 55.

[669] Diese Bekanntmachung erfolgt gem. Art. R. 611-43 C. com. durch Anzeige des Urteils im *bulletin officiel des annonces civiles et commerciales (BODACC)* sowie in einem Medium für amtliche Mitteilungen („*support d'annonces légales"*), jeweils verbunden mit dem Hinweis auf die Möglichkeit der Einsichtnahme. Vgl. hierzu aber auch *Lucas,* Droit de la faillite, Rn. 36 a.E.: Die – entgegen Art. R. 611-40 C. com. – fehlende Erwähnung der privilegierten Summen im Urteil könne nicht zur Folge haben, dass der Gläubiger das Privileg verliert, weil diese untergesetzliche Bestimmung nicht die gesetzlich geregelten Entstehungsbedingungen des Privilegs, die eine Publizitätspflicht nicht enthielten, modifizieren könne.

b) Rechtsfolgen

Sind diese Voraussetzungen erfüllt, gewährt Art. L. 611-11 i.V.m. 643-8, I, 5° C. com. insbesondere im Fall der *liquidation judiciaire* ein Rangvorrecht in Gestalt eines sog. *privilège général*.[670] Dass es sich hierbei um ein *privilège* (vgl. Art. 2330, 2375 C.C.) handelt, ergibt sich einerseits aus dem klaren Wortlaut des Art. L. 611-11 C. com., andererseits daraus, dass Art. L. 611-11 C. com. voraussetzt, dass die Forderungen der Sicherung des Fortbestehens des Unternehmens und dessen Aktivität dienen müssen. Das Entstehen des *privilège* hängt in Übereinstimmung mit Art. 2330, 2376 i.V.m. 2324 C.C. also von einer bestimmten Eigenschaft der Forderung ab.[671]

aa) Das Konzept des privilège général

Bei einem *privilège général* handelt es sich um eine gesetzliche, akzessorische (Real-)Sicherheit,[672] die nicht unähnlich den Generalhypotheken des römischen und gemeinen Rechts,[673] das gesamte schuldnerische Mobiliar- und Immobiliarvermögen erfasst.[674] Ein solches *privilège* entfaltet seine Wirkung zugunsten des geschützten Gläubigers in der Insolvenz des Schuldners, indem es dem Gläubiger ein sog. *droit de préférence* vermittelt.[675] Vermöge desselben ist der Erlös aus der Veräußerung des Sicherungsguts (hier des ganzen

---

[670] *Pérochon*, Entreprises en difficulté, Rn. 377 f.; *Le Corre*, GP 2005, S. 2966, 2969.

[671] *Le Corre*, GP 2005, S. 2966, 2969; *Stoufflet/Mathey*, RD bancaire et financier janvier-février 2006, S. 54, 56, Rn. 21 f.; *Rapport Hyest*, Rapports Sénat, 2004-2005, n° 335, S. 131; *Saint-Alary-Houin*, LPA 14.06.2007, S. 70, 70, Rn. 3. Verneint wurde auf dieser Grundlage von der *Cour de cassation* die Einordnung als *privilège* für das Befriedigungsrecht aus Art. 40 L1985, *Cass. com.*, 05.02.2002, n° 98-18.018; vgl. hierzu auch *M. Cabrillac/Mouly/ S. Cabrillac/Pétel*, Droit des sûretés, Rn. 694. Relevant dürfte diese Qualifikation insbesondere für die Frage nach dem Fortbestehen des Vorrechts über mehrere Verfahren sein, dazu sogleich, unter 4. Kapitel, B.II.1.b)(2).

[672] *Simler/Delebecque*, Sûretés, Rn. 760 ff.; kritisch zur Einordnung der *privilèges* als Sicherheiten *Dagot*, Mélanges Mouly, S. 335, 336 ff. Umstritten ist auch, ob es sich bei diesen um ein dingliches Recht handelt, vgl. *M. Cabrillac/Mouly/S. Cabrillac/Pétel*, Droit des sûretés, Rn. 675.

[673] Vgl. zu diesen *Wolff/Raiser*, Sachenrecht, § 129 II. 3, IV; eingehend zur Entwicklung der *privilèges* des modernen französischen Zivilrechts aus den römischen *privilegia inter personales actiones* und der Konstruktion konkludent vereinbarter Hypotheken *Poplawski*, Privilège, S. 17 ff.; eingehend zur Entwicklung auch *Rouland*, Qualité, Rn. 13 f., S. 27 ff.; überblicksweise auch *M. Cabrillac/Mouly/S. Cabrillac/Pétel*, Droit des sûretés, Rn. 589.

[674] *M. Cabrillac/Mouly/S. Cabrillac/Pétel*, Droit des sûretés, Rn. 672; *Hameau*, Journal des Sociétés, mars 2012, S. 40, 45; *L. Aynès/Crocq/A. Aynès*, Droit des sûretés, Rn. 303; allgemein hierzu *Dagot*, Mélanges Mouly, S. 335, 341.

[675] *Simler/Delebecque*, Sûretés, Rn. 755, 761; *L. Aynès/Crocq/A. Aynès*, Droit des sûretés, Rn. 303; siehe auch *Pellier*, Rép. Dr. Civ., Privilèges généraux, Rn. 4: „[…] [I]l représente le droit de préférence ,à l'état pur'[…]."

schuldnerischen Vermögens) vorrangig für die Befriedigung der solcherart privilegierten Gläubiger zu verwenden.[676]

Insofern ergibt sich aus Art. L. 611-11, 643-8 C. com.[677] eine Rangfolge, nach welcher die vom *privilège de conciliation* erfassten Forderungen aus dem Veräußerungserlös des schuldnerischen Vermögens im Rang insbesondere nach den Inhabern sog. exklusiver Sicherheiten,[678] den vom *super privilège des salariés* gem. Art. L. 3253-2 - 3253-6 Code du travail erfassten Arbeitnehmerforderungen (Art. L. 643-8, I, 2° C. com.) sowie den nach Verfahrenseröffnung entstandenen Verfahrensgebühren (*frais de justice*) (Art. L. 643-8, I, 3° C. com.) im fünften Rang zu befriedigen sind.

bb) Fortbestehen über mehrere Verfahren?

Die Eröffnung einer *procédure collective* im Anschluss an die Durchführung einer *conciliation* führt gem. Art. L. 611-12 C. com. zwar zur Beendigung des *accord de conciliation,* von den Wirkungen dieser Beendigung ist das *privilège de conciliation,* das gerade für diesen Fall besteht, jedoch ausdrücklich ausgenommen. Das Fortbestehen des *privilège* im Fall der Eröffnung einer *procédure collective* ergibt sich hier folglich unmittelbar aus dem Gesetz.[679]

Nicht ausdrücklich geregelt ist aber, ob ein Gläubiger sich auch auf das *privilège de conciliation* berufen kann, wenn vor der *liquidation judiciaire* ein anderes Kollektivverfahren eröffnet und wieder beendet oder in eine *liquidation judiciaire* umgewandelt wurde. Denn Art. L. 611-11 C. com. bezieht sich nur auf die Eröffnung einer ersten *procédure collective* und sagt nichts über eine Geltung in einem zweiten Verfahren aus.

Einen ersten Zugriff für die Beantwortung dieser Frage kann jedoch die Rechtsnatur des *privilège de conciliation* bieten: Bei diesem handelt es sich, anders als beim früheren Art. 40 L1985, nicht nur um eine *priorité de paiement,*[680] sondern um ein *privilège.*[681] Das *privilège* ist ein Vorzugsrecht, das auf einer bestimmten Eigenschaft der Forderung beruht (vgl. Art. 2330, 2376 i.V.m. 2324 C.C), dieser als akzessorisches Sicherungsrecht selbst anhaftet und folglich prinzipiell mit dieser entsteht und untergeht.[682] Somit muss das

---

[676] *L. Aynès/Crocq/A. Aynès*, Droit des sûretés, Rn. 303, 252.

[677] Vgl. die entsprechende Regelung des Art. L. 622-17 C. com. für die Rangfolge im Rahmen von *sauvegarde* und *redressement* (anwendbar kraft des Verweises in Art. L. 631-14 C. com.).

[678] Zu diesen sogleich unter 4. Kapitel, B.II.3.c).

[679] Vgl. *Saint-Alary-Houin*, LPA 14.06.2007, S. 70, 71, Rn. 5; *Thullier*, JCl. Proc. Coll. Fasc. 2030, Rn. 185.

[680] Vgl. *Cass. com.*, 05.02.2002, n° 98-18.018; *M. Cabrillac/Mouly/S. Cabrillac/Pétel*, Droit des sûretés, Rn. 694.

[681] Vgl. *Crocq*, Droit & Patrimoine janvier 2005, S. 43, 45.

[682] *Simler/Delebecque*, Sûretés, Rn. 760; *Hameau*, Journal des Sociétés, mars 2012, S. 40, 45; *Boustani*, Les créanciers postérieurs, Rn. 260, S. 140.

privilège grundsätzlich, soweit die Forderung fortbesteht, auch eine Abfolge von *procédures collectives* überdauern.[683] Das steht auch in Einklang mit dem Zweck des *privilège de conciliation*, potentiellen Kreditgebern einen Anreiz zur Finanzierung der Sanierungsbemühungen zu setzen, indem diesen gerade im Fall des Scheiterns der Sanierung ein starkes Sicherungsrecht zur Seite gestellt wird.[684]

cc) Recht zur Zahlung bei Fälligkeit (paiement à l'échéance)?

Nicht ausdrücklich von Art. L. 611-11 C. com., der nur bezüglich der Rangfragen auf Art. L. 643-8 C. com. verweist, geregelt ist auch, ob das *privilège de conciliation* in einem Folgeverfahren zur gerichtlichen Durchsetzung der Forderung durch die Gläubiger und zur Befriedigung durch den Schuldner berechtigt. Es stellt sich also die Frage, ob der Gläubiger in einem nachfolgenden Insolvenzverfahren wie ein einfacher Insolvenzgläubiger der *discipline collective* unterworfen wird und mit einer Befriedigung erst am Ende des Verfahrens aus dem dann noch verfügbaren Vermögen rechnen kann.

Entzündet hat sich diese Diskussion insbesondere an der Frage, ob das Gericht im Rahmen einer auf die *conciliation* folgenden *procédure de sauvegarde/redressement* auf Grundlage von Art. L. 626-18 C. com. wie bei den *créances chirographaires* Stundungen auch gegen den Willen der Gläubiger anordnen kann.[685] Eine Regelung *dieser* Frage ist durch die *ordonnance du 12 mars 2014* mit dem neu eingefügten Art. L. 626-20, I, 3° C. com. erfolgt: Selbiger sieht vor, dass vom *privilège de conciliation* erfasste Forderungen im Rahmen des *plan de sauvegarde/redressement* nur gestundet werden können, wenn die Gläubiger dem zugestimmt hätten. Auf Grundlage dieser Bestimmung sind die von Art. L. 611-11 C. com. erfassten Forderungen nach Beendigung des Verfahrens grundsätzlich im Zeitpunkt der vereinbarten Fälligkeit zu befriedigen und werden insofern den nach Verfahrenseröffnung entstandenen Forderungen gleichgestellt.[686]

Eine ausdrückliche Regelung, ob das auch während einer *période d'observation* gilt oder ob die Gläubiger hier wie „normale" *créanciers antérieurs* der *discipline collective*, insbesondere dem Vollstreckungsverbot, unterworfen sind, enthält das Gesetz jedoch nach wie vor nicht. Ausgangspunkt zur Beantwortung dieser Frage muss sein, dass es sich bei den vom *privilège de con-*

---

[683] *CA Paris*, 06.10.2017, n° 16/20078, RTDCom. 2018, 461 m. Anm. *Macorig-Venier*; *Le Corre*, GP 2005, S. 2966, 2969; *Le Corre*, GP 2014, S. 614, 615; *Saint-Alary-Houin*, LPA 14.06.2007, S. 70, 71, Rn. 5; *Saint-Alary-Houin/Monsèrié-Bon/Houin-Bressand*, Entreprises en difficulté, Rn. 379; *Crocq*, Droit & Patrimoine janvier 2005, S. 43, 45.

[684] Vgl. im Kontext der *privilèges* für Kreditierungen nach Eröffnung eines Kollektivverfahrens *Henry*, RPC avril-mai-juin 2008, S. 20, 29, Rn. 29.

[685] Insbesondere *Lucas/Pérochon*, BJE septembre-octobre 2012, S. 341 ff.

[686] *Le Cannu/Robine*, Entreprises en difficulté, Rn. 191.

ciliation erfassten Forderungen aus dem Blickwinkel des Anschlussverfahrens stets um vor dem Eröffnungsurteil entstandene Forderungen (*créances antérieures*) handelt, die als solche prinzipiell der *discipline collective* unterworfen sind.[687] Die Forderungen sind also grundsätzlich zum Verfahren anzumelden und können nur nach Maßgabe der Vorschriften betreffend die Forderungsprüfung und Befriedigung erfüllt werden.[688] Eine Befriedigung bei Fälligkeit sieht das Gesetz für die von Art. L. 611-11 C. com. erfassten Forderungen – anders als etwa Art. L. 641-13 C. com. – nicht vor.[689]

Gegen eine Gleichstellung mit den von Art. L. 641-13 C. com. erfassten Forderungen auch ohne dahingehende gesetzliche Bestimmung spricht dabei zweierlei: Der in Art. L. 611-11 C. com. enthaltene Verweis auf Art. L. 622-17, 643-8 C. com. betreffend die Behandlung des *privilège de conciliation* im Rahmen von Kollektivverfahren bezieht sich ausdrücklich nur auf die dort geregelten Rangordnungen, nicht auf Ausnahmen von der *discipline collective*.[690] Hierbei handelt es sich ausweislich der Gesetzesmaterialien um eine bewusste Beschränkung der Reichweite der Privilegierung.[691] Darüber hinaus bezieht sich Art. L. 626-18 C. com., dessen Reichweite Art. L. 626-20, I, 3° C. com. beschränkt, nur auf *créances antérieures*.[692] Der systematische Zusammenhang der dort 2014 eingeführten Ausnahme für die von Art. L. 611-11 C. com. betroffenen Forderungen weist also ebenfalls darauf hin, dass es sich hierbei um *créances antérieures* handelt, die nur in Bezug auf mögliche Planregelungen wie *créances postérieures méritantes* zu behandeln sind.[693] Für die von Art. L. 611-11 C. com. erfassten Forderungen ergibt sich damit gewissermaßen ein „Mischregime"[694]: Sie können im Rahmen eines Folgeverfahrens nicht Gegenstand erzwungener Stundungen sein und sind insoweit den *créances*

---

[687] Vgl. *Lucas/Pérochon*, BJE septembre-octobre 2012, 341; *Roussel Galle*, CDE juillet-août 2009, S. 41, 42; *Le Corre*, GP 2014, S. 614, 617; *Le Corre*, RPC janvier-février 2014, S. 102, 103.

[688] *Lucas/Pérochon*, BJE septembre-octobre 2012, S. 341, 341 f.

[689] *Lucas/Pérochon*, BJE septembre-octobre 2012, S. 341, 342 f.; *Saint-Alary-Houin*, LPA 14.06.2007, S. 70, 75, Rn. 23; *Saint-Alary-Houin/Monsèrié-Bon/Houin-Bressand*, Rn. 379; *Le Corre*, GP 2014, S. 614, 617; *Le Corre*, RPC janvier-février 2014, S. 102, 103.

[690] *Le Corre*, GP 2014, S. 614, 617; *Le Corre*, RPC janvier-février 2014, S. 102, 103 f.

[691] Rapport Hyest, Rapports Sénat, 2004-2005, n° 335, S. 132; vgl. auch *Lucas/Pérochon*, BJE septembre-octobre 2012, S. 341, 342; *Le Corre*, GP 2014, S. 614, 617; *Le Corre*, RPC janvier-février 2014, S. 102, 103 f.

[692] Vgl. *Pérochon*, Entreprises en difficulté, Rn. 1645, 1650, 1652; *M. Cabrillac/Mouly/S. Cabrillac/Pétel*, Droit des sûretés, Rn. 697.

[693] *M. Cabrillac/Mouly/S. Cabrillac/Pétel*, Droit des sûretés, Rn. 697.

[694] Vgl. *M. Cabrillac/Mouly/S. Cabrillac/Pétel*, Droit des sûretés, Rn. 697: „un régime original".

postérieures méritantes angenähert, sind im Übrigen aber wie *créances antérieures* der *discipline collective* unterworfen.[695]

c) Einordnung

Auf den ersten Blick ergibt sich damit das Bild einer gesetzlichen Sicherheit, die es nicht ermöglicht, die Forderungen während einer *période d'observation* durchzusetzen. Aufgrund des hervorragenden Rangs, den das *privilège de conciliation* bei der abschließenden Verteilung gewährt und wegen der Erfasstheit des gesamten Vermögens des Schuldners müsste das *privilège* dennoch regelmäßig eine verlässliche Befriedigung ermöglichen.[696] Gleichwohl weist das *privilège de conciliation* einige Schwächen auf, die dazu geführt haben, dass es in der Praxis nur eine – gemessen an den großen Erwartungen[697]– geringe Rolle spielt. Teilweise ist daher gar die Rede von einem Scheitern dieses Konzepts.[698] Kritisiert wurde insbesondere die Pflicht zur Bekanntmachung des den *accord* homologierenden Urteils.[699] Diese Publizität macht es für Dritte, insbesondere Geschäftspartner, möglich, von den Schwierigkeiten des Unternehmens Kenntnis zu erlangen. Infolgedessen können diese sich möglicherweise dazu veranlasst sehen, die Geschäftsbeziehungen mit dem Schuldner zu beenden oder einzuschränken, womit das Gegenteil des Ziels der *conciliation* erreicht würde.[700]

Schwächen des *privilège de conciliation* ergeben sich darüber hinaus aus dessen Verhältnis zu den übrigen bevorrechtigten Forderungen. So bedingt der Vorrang des *super privilège des salariés,* das Arbeitnehmerforderungen (neben Löhnen insbesondere auch Entschädigungsforderungen, vgl. Art. L. 3253-3 Code du travail) für die letzten 60 Tage vor Verfahrenseröffnungen erfasst,[701] dass die Effektivität des *privilège de conciliation* stark von der Anzahl der Arbeitnehmer des Unternehmers abhängt.[702] Postuliert wird insoweit gar, dass die

---

[695] *M. Cabrillac/Mouly/S. Cabrillac/Pétel*, Droit des sûretés, Rn. 697; *Saint-Alary-Houin/ Monsèrié-Bon/Houin-Bressand*, Entreprises en difficulté, Rn. 379; zuvor schon *Le Corre*, GP 2014, S. 614, 617; *Henry*, RPC avril-mai-juin 2008, S. 20, 24; *Roussel Galle*, CDE juillet-août 2009, S. 41, 43.

[696] Vgl. *Pérochon*, Entreprises en difficulté[10], Rn. 220: „[...] C'est enfin la ‚quasi-certitude d'être payé' [...]."; zurückhaltender jetzt *Pérochon*, Entreprises en difficulté, Rn. 379: „C'est presque la ‚quasi-certitude d'être payé' [...] ".

[697] Vgl. wiederum *Laurent/Assant*, JCP G 2008, I-157, Rn. 1: „une des mesures phares".

[698] Besonders kritisch *Laurent/Assant*, JCP G 2008, I-157, Rn. 3: „véritable échec".

[699] Insbesondere *Laurent/Assant*, JCP G 2008, I-157, Rn. 4 ff.; *Henry*, RPC avril-mai-juin 2008, S. 20, 24; *Vallens*, RTDCom. 2007, S. 604, 606.

[700] Insbesondere *Laurent/Assant*, JCP G 2008, I-157, Rn. 4 ff.; *Henry*, RPC avril-mai-juin 2008, S. 20, 24; *Vallens*, RTDCom. 2007, S. 604, 606.

[701] Vgl. zu dessen Reichweite etwa *M. Cabrillac/Mouly/S. Cabrillac/Pétel*, Droit des sûretés, Rn. 689.

[702] *Le Corre*, GP 2014, S. 614, 616; *Le Corre*, RPC janvier-février 2014, S. 102, 103.

Effektivität des Privilegs sich umgekehrt proportional zur Anzahl der Arbeitnehmer des Unternehmens verhalte.[703]

Eine weitere Schwäche ergibt sich aus der Unterwerfung der Gläubiger der privilegierten Forderungen unter die *discipline collective*. Diese macht es den von Art. L. 611-11 C. com. erfassten Gläubigern unmöglich, in einer *période d'observation* die Befriedigung ihrer Forderungen zu erlangen, während dies im selben Zeitraum für die *créanciers postérieurs méritants* möglich ist.[704] Das hat zur Folge, dass von dem für die Befriedigung dieser Gläubiger verfügbaren Vermögen regelmäßig bereits ein erheblicher Teil für die Befriedigung eigentlich nachgeordneter Gläubiger verwendet sein wird.[705] Es besteht also das Risiko, dass die Befriedigungsaussichten der von Art. L. 611-11 C. com. erfassten Gläubiger durch dieses Recht insbesondere der *créanciers postérieurs méritants* erheblich beeinträchtigt werden.[706] Dieses Verhältnis von *privilège de conciliation* und *privilège des créanciers postérieurs méritants* wurde zum Teil heftig kritisiert,[707] weil es (potentiellen) Kreditgebern entgegen der Logik des *privilège de conciliation* Anreize setzt, die Eröffnung eines Kollektivverfahrens abzuwarten, um die mit dem *privilège des créanciers postérieurs méritants* einhergehende Freistellung vom Vollstreckungsverbot zu erlangen.[708]

d) Zwischenergebnis

Das *privilège de conciliation* begründet also in Folgeverfahren eine Sonderstellung für Sanierungskreditgeber, welche im Rahmen der *conciliation* neue Kredite gewährt haben, gerade weil deren Beiträge für das Sanierungsziel förderlich sind. Der diesen Gläubigern in den Folgeverfahren eingeräumte Rang ist zwar grundsätzlich ein sehr vorteilhafter, jedoch wird deren Position durch die anderen Gläubigern eingeräumten, noch stärkeren Vorrechte im Ergebnis stark entwertet. Das *privilège* allein kann den erfassten Kreditgebern daher letztlich keine hinreichende Sicherheit bieten. Diese Schwäche, verbunden mit der für das Entstehen des Vorrechts notwendigen Publizität, dürfte letztendlich auch mitursächlich dafür sein, dass das *privilège de conciliation* nicht die bei Einführung erhoffte Bedeutung erlangt hat.

---

[703] *Le Corre*, GP 2014, S. 614, 616; *Le Corre*, GP 2005, S. 2966, 2971.

[704] Eingehend hierzu noch unten, 4. Kapitel, B.II.2.a)bb)(3)(a); siehe aber auch *Le Corre*, RPC janvier-février 2014, S. 102, 104, der die Bedeutung des *paiement à l'échéance* relativiert.

[705] Vgl. *Henry*, RPC avril-mai-juin 2008, S. 20, 23 f.

[706] *Henry*, RPC avril-mai-juin 2008, S. 20, 23 f.

[707] *Vallens*, RTDCom. 2007, S. 604, 606.

[708] *Vallens*, RTDCom. 2007, S. 604, 606; vgl. aber wiederum *Le Corre*, RPC janvier-février 2014, S. 102, 104, der dieses Recht auch bei den *créanciers postérieurs méritants* mehr für einen theoretischen denn wirklichen Vorteil hält.

2. Die Kreditvergabe nach Eröffnung eines Kollektivverfahrens: Das *privilège des créanciers postérieurs méritants* und das *privilège de sauvegarde/redressement*

Neben das *privilège de conciliation* treten weitere Bevorrechtigungen, die zum Tragen kommen, wenn ein Kollektivverfahren eröffnet wurde und in diesem Rahmen (neue) Kredite zur Insolvenzmasse gewährt wurden. Bestimmt wird die Behandlung dieser Gläubiger grundsätzlich vom aus den Art. L. 622-17, I, 641-13 C. com. resultierenden sog. *privilège des créanciers postérieurs méritants*. Dieses regelt Voraussetzungen und Rechtsfolgen einer privilegierten Befriedigung von nach Verfahrenseröffnung entstandenen Forderungen in allgemeiner Form. Daneben tritt seit 2020 bzw. 2021 mit dem sog. *privilège de sauvegarde/redressement* ein Sonderregime für Kreditierungen, die im Rahmen dieser Verfahren mit dem Ziel gewährt wurden, den Unternehmenserhalt zu fördern.

a) Die Kreditvergabe innerhalb der *liquidation judiciaire*: Die Kreditgeber als einfache *créanciers postérieurs méritants*

Grundregime und bis 2020 bzw. 2021 alleiniger Rahmen für die Behandlung von Forderungen, die nach Eröffnung eines Kollektivverfahrens entstehen, ist das sich aus Art. L. 622-17, I, 641-13 C. com. ergebende *privilège des créanciers postérieurs méritants*. Auf dessen Grundlage kommt den Gläubigern solcher Forderungen unter sogleich näher zu untersuchenden Voraussetzungen eine Vorzugsstellung gegenüber den einfachen Insolvenzgläubigern zu, durch welche diese einen jedenfalls partiellen Schutz vor insolvenzbedingten Ausfallrisiken erhalten.

aa) Entstehungsgeschichte

Unmittelbare Vorgängerregelung des heutigen *privilège des créanciers postérieurs méritants* ist Art. 40 L1985.[709] Wie dieser setzt Art. L. 641-13 C. com. voraus, dass die betreffende Forderung nach Verfahrenseröffnung (*postériorité*)[710] sowie unter Beachtung der gesetzlichen Kompetenzverteilung

---

[709] Dieser wurde zwischenzeitlich ohne inhaltliche Veränderung als Art. L. 621-32 in den Code de commerce übernommen. Zuvor war die bevorrechtigte Befriedigung der nach Verfahrenseröffnung entstandenen Forderungen zwar nicht gesetzlich geregelt, aber in Gestalt der *créanciers de la masse*, in Abgrenzung zu den *créanciers dans la masse*, deren Forderungen vor Verfahrenseröffnung entstanden waren, allgemein anerkannt, vgl. hierzu etwa Zerbo, Privilèges, Rn. 161, S. 168; *Berthelot*, RPC mai-juin 2011, S. 84, 85, Rn. 5.

[710] *Pérochon*, GP 2005, S. 2972, 2973; *Pérochon*, Entreprises en difficulté, Rn. 1287 ff.; *Saint-Alary-Houin/Monsèrié-Bon/Houin-Bressand*, Entreprises en difficulté, Rn. 661 ff.

des Verfahrens entstanden ist (*régularité*).⁷¹¹ Durch die Reform von 2005 hat die Behandlung dieser Forderungen aber insoweit eine bedeutende Veränderung erfahren, als Voraussetzung der Privilegierung seitdem zusätzlich ist, dass die Forderung bestimmten, vom Gesetz abschließend aufgezählten Zwecken dienen muss (*critère téléologique* bzw. *critère d'utilité*).⁷¹²

Hintergrund dieser Ergänzung ist der Befund, dass eine Auswahl der bevorrechtigten Forderungen allein anhand von *postériorité* und *régularité* zur Folge hatte, dass Forderungen privilegiert wurden, die in keinem Zusammenhang mit den Sanierungsbemühungen standen.⁷¹³ Das erwies sich nicht nur auf konzeptioneller Ebene als zweifelhaft, sondern führte auch zu einem Umfang privilegierter Forderungen, der so groß war, dass die Bevorrechtigung keine verlässlichen Befriedigungsaussichten bot und für die Gläubiger nur einen sehr begrenzten Mehrwert hatte.⁷¹⁴ Mit dem neuen *critère téléologique* soll daher sichergestellt werden, dass nur Forderungen privilegiert werden, die der Verwirklichung der Verfahrenszwecke dienen, um den hiervon erfassten Gläubigern einen wirksamen Anreiz zur Beteiligung an der *procédure collective* zu gewähren.⁷¹⁵

Im Kern ist die Einführung des *critère téléologique* also die (verzögerte) Umsetzung des bereits 1985 gewandelten Verständnisses von Aufgabe und Zweck des Insolvenzrechts in diesem Kontext; insofern hatte sich die unter Geltung des Rechts von 1985 noch verwirklichte strenge Verknüpfung von Privilegierung und Zeitpunkt der Forderungsentstehung als Relikt eines gläubigerorientierten Verständnisses des Insolvenzrechts erwiesen.⁷¹⁶ Die durch das

---

⁷¹¹ *Pérochon*, GP 2005, S. 2972, 2973 f.; *Pérochon*, Entreprises en difficulté, Rn. 1303 ff.; *Saint-Alary-Houin/Monsèrié-Bon/Houin-Bressand*, Entreprises en difficulté, Rn. 651 ff.

⁷¹² *Pérochon*, GP 2005, S. 2972, 2974 ff.; *Pérochon*, Entreprises en difficulté, Rn.1309 ff.; *Saint-Alary-Houin/Monsèrié-Bon/Houin-Bressand*, Entreprises en difficulté, Rn. 667 ff.; *Reille*, JCl. Proc. Coll. Fasc. 2388, Rn. 60.

⁷¹³ Siehe etwa Rapport Hyest, Rapports Sénat, 2004–2005, n° 335, S. 200; *Saint-Alary-Houin/Monsèrié-Bon/Houin-Bressand*, Entreprises en difficulté, Rn. 667; *Zerbo*, Privilèges, Rn. 189 ff., S. 189 ff.

⁷¹⁴ Rapport Hyest, Rapports Sénat, 2004–2005, n° 335, S. 200; *Saint-Alary-Houin/Monsèrié-Bon/Houin-Bressand*, Entreprises en difficulté, Rn. 667; *Pérochon*, GP 2005, 2972; *Boustani*, Les créanciers postérieurs, Rn. 167 f., S. 91 f.; *Berthelot*, RPC mai-juin 2011, S. 84, 85, Rn. 8; *Lienhard*, Études Simler, S. 475, 483; *Gréau*, LPA 12.06.2008, S. 4, Rn. 2; *Zerbo*, Privilèges, Rn. 189 ff., S. 189 f.; *Chapon-Le Brethon*, Égalité, Rn. 336 ff., S. 211 ff.; *L. Aynès/Crocq/A. Aynès*, Droit des sûretés, Rn. 16: „[…] [P]référer tout le monde, c'est n'aimer personne […]."; *Dupichot*, Mélanges Aynès, S. 209, 218, Rn. 13.

⁷¹⁵ *Henry*, RPC avril-mai-juin 2008, S. 20, 22; *Gréau*, LPA 12.06.2008, S. 4, Rn. 2; *Pérochon*, GP 2005, 2972.

⁷¹⁶ *Zerbo*, Privilèges, Rn. 191, S. 190 f.; vgl. auch die Kritik bei *Pétel*, Mélanges Guyon, S. 917, 920 ff.; *Cour de Cassation*, Rapport 2002, S. 29 f.; siehe insbesondere auch *Guyon*, Droit des affaires II, Rn. 1248, der die Privilegierung bereits vor der Reform von 2005 auf

critère téléologique bewirkte Auswahl der privilegierten Forderungen nach ihrer (typisierten) Übereinstimmung mit den neuen Verfahrenszielen ist demgegenüber als Hinwendung zu den neuen Zwecksetzungen der Verfahren auch insoweit zu interpretieren; Legitimationsgrundlage der resultierenden Beschränkung der Privilegierung ist in der Sache unmittelbar das Ziel des Unternehmenserhalts.[717]

Auch wenn bisweilen vom *critère d'utilité* die Rede ist,[718] ist Maßstab für die Privilegierung dabei nicht die tatsächliche Nützlichkeit einer Forderung (bzw. deren *fait générateur*) für den Unternehmenserhalt, sondern deren potentielle Nützlichkeit *ex ante*.[719] Im Übrigen erfolgt durch die Kriterien der *contrepartie d'une prestation fournie* und den in Fortsetzung eines *contrat en cours* entstandenen Forderungen auch eine weitreichende Typisierung, da diese Forderungen stets – unabhängig von ihrer wirklichen Nützlichkeit für das Verfahren – privilegiert sind, Art. L. 641-13, I, 2° C. com..[720]

Vor dem Hintergrund dieser Kriterien sind im Folgenden die möglichen Situationen, in denen eine bevorrechtigte Forderung entstehen kann, zu unterscheiden: Zu beleuchten ist zunächst die Auszahlung einer Valuta im Rahmen der *liquidation judiciaire*, entweder aus einem neuen Vertrag oder als Resultat aus der Fortsetzung eines vor Verfahrenseröffnung abgeschlossenen Vertrags. Daneben stellt sich die Frage, ob sich eine Privilegierung in der *liquidation judiciaire* auch daraus ergeben kann, dass in einer vorangegangenen *procédure de sauvegarde/redressement* eine privilegierte Forderung entstanden ist und diese vorangegangene *procédure collective* in eine *liquidation judiciaire* umgewandelt wird oder aber erfolgreich beendet wurde und später eine *liquidation judiciaire* eröffnet wird.

bb) Auszahlungen in der liquidation judiciaire

Zu betrachten ist zunächst die Konstellation der Auszahlung der Valuta nach Eröffnung einer *liquidation judiciaire*. Das kann sich prinzipiell daraus ergeben, dass ein neuer (Sanierungs-)Kredit im Rahmen der *liquidation judiciaire* gewährt wird. Die *liquidation* kann zwar nicht mehr zum Erhalt des Unter-

---

Forderungen beschränken wollte, die unmittelbar aus der Fortsetzung der Aktivität resultieren.

[717] *Chapon-Le Brethon*, Égalité, Rn. 355, S. 224; *Rouland*, Qualité, Rn. 83, S. 90 f.; *Gréau*, LPA 12.06.2008, S. 4, 4, Rn. 3; für eine entsprechende Beschränkung bereits vor der Reform von 2005 *Zerbo*, Privilèges, Rn. 191, S. 190 f.

[718] Etwa *Pérochon*, Entreprises en difficulté, Rn. 1310; *Reille*, JCl. Proc. Coll. Fasc. 2388, Rn. 60.

[719] *Cass. com.*, 09.05.2018, n° 16-24.065; *Le Cannu/Robine*, Entreprises en difficulté, Rn. 730; eingehend auch *Reille*, JCl. Proc. Coll. Fasc. 2388, Rn. 62; *Chapon-Le Brethon*, Égalité, Rn. 345, S. 216; *Pérochon*, Entreprises en difficulté, Rn. 1310.

[720] *Berthelot*, RPC mai-juin 2011, S. 84, 95, Rn. 73; *Henry*, RPC avril-mai-juin 2008, S. 20, 25, Rn. 20; *Gréau*, LPA 12.06.2008, S. 4, Rn. 13.

nehmensträgers selbst führen, wohl aber in eine übertragende Sanierung münden. Die Gewährung einer neuen Finanzierung, die dem Erhalt der unternehmerischen Aktivität dient, ist daher auch in dieser Phase jedenfalls theoretisch denkbar. Gleichermaßen ist vorstellbar, dass der Verwalter Kreditgeber aus einem vor der *liquidation* zugesagten Kreditvertrag, der noch nicht vollständig erfüllt ist, in Anspruch nimmt.

(1) Neue Verträge

Keine Schwierigkeiten bereitet das Entstehen der Forderung nach Verfahrenseröffnung, wenn nach Eröffnung einer *liquidation judiciaire* ein neuer Kreditvertrag abgeschlossen wird.[721] Aufgrund des *dessaisissement* des Schuldners, das gem. Art. L. 641-9 C. com. mit der Eröffnung der *liquidation judiciaire* eintritt, sind dem Schuldner jedoch ab diesem Zeitpunkt sämtliche Akte der Verwaltung und Verfügung (*disposition* und *administration*) untersagt und dürfen nur noch vom *liquidateur* ausgeführt werden.[722] Die aus einem neuen Vertrag resultierende Forderung ist demnach nur dann *régulière*, d.h. unter Beachtung der gesetzlichen Kompetenzordnung entstanden, wenn der Vertrag durch den *liquidateur* geschlossen wurde.[723]

Die Forderungen eines Kreditgebers stellen sich dabei als Gegenleistung für eine erbrachte Leistung (*contrepartie d'une prestation fournie*) dar.[724] Diese Forderungen werden daher stets dem *critère téléologique* gerecht, wenn die vorläufige Fortsetzung der unternehmerischen Aktivität durch das zuständige Gericht genehmigt wurde (vgl. Art. L. 641-13, I, 2°, 641-10 C. com.). Eine privilegierte Forderung kann aus einem im Rahmen der *liquidation judiciaire* neu geschlossenen Vertrag also entstehen, wenn dieser durch den *liquidateur* geschlossen wurde und die Tätigkeit des Unternehmens mit Autorisierung des *Tribunals* vorläufig fortgesetzt wird. Auf den mit der Finanzierung verfolgten Zweck kommt es insoweit nicht an.

(2) Fortsetzung bestehender Verträge

Geht es um Forderungen, die aus der Fortsetzung eines bereits vor Verfahrenseröffnung abgeschlossenen Vertrages i.S. eines *contrat en cours* resultieren, ergibt sich eine erste Hürde für eine Privilegierung aus dem Umstand, dass diese nur nach Verfahrenseröffnung entstandene Forderungen betrifft.

---

[721] *Boustani*, Les créanciers postérieurs, Rn. 83, S. 47; *Pérochon*, Entreprises en difficulté, Rn. 1288.
[722] *Pérochon*, Entreprises en difficulté, Rn. 2011.
[723] *Cass. com.*, 01.02.2000, n° 96-19.456; *Boustani*, Les créanciers postérieurs, Rn. 60, S. 35.
[724] Vgl. *Pérochon*, Entreprises en difficulté, Rn. 1330; *Pérochon*, GP 2005, S. 2972, 2974; vgl. *Berthelot*, RPC mai-juin 2011, S. 84, 95, Rn. 73.

Die vorherrschende Auffassung in Wissenschaft und Rechtsprechung geht grundsätzlich davon aus, dass Forderungen aus Verträgen bereits bei Vertragsschluss entstehen (sog. *thèse volontariste*).[725] Ein vor Verfahrenseröffnung geschlossener Vertrag könnte hiernach niemals zu nach Eröffnung des Verfahrens entstandenen Forderungen führen.[726] Wie bereits im Kontext des Optionsrechts bei den *contrats en cours* festgestellt, ist im Rahmen des Insolvenzrechts jedoch abweichend hiervon mit der sog. *thèse matérialiste* von einer Entstehung der Forderungen im Zeitpunkt des Erbringens der versprochenen Leistung auszugehen.[727] Das muss nicht nur im Rahmen des Verwalterwahlrechts, sondern besonders auch für die hiermit verknüpfte Privilegierung gelten: Die *thèse volontariste* steht in offenem Widerspruch zu Art. L. 641-13, I, 2° C. com., der ausdrücklich von einem Entstehen der Forderungen im Zeitpunkt des Erbringens der versprochenen Leistungen und damit von der sog. *thèse matérialiste* ausgeht.[728] Daneben stünde auch das unter Anwendung der *thèse volontariste* erzeugte Ergebnis, dass Forderungen aus vor Verfahrenseröffnung geschlossenen Verträgen als *créances antérieures* niemals privilegiert werden könnten, in eindeutigem Widerspruch zum Wortlaut Art. L. 641-13, I, 2° C. com., der die Privilegierung solcher Forderungen ausdrücklich vorsieht.[729] Aus einem vor Verfahrenseröffnung geschlossenen Vertrag ergeben sich demnach *créances postérieures,* wenn nach Verfahrenseröffnung Leistungen an den Schuldner erbracht werden, wovon im Rahmen des Insolvenzrechts grundsätzlich auch die Rechtsprechung ausgeht.[730]

Hat der *liquidateur,* dem gem. Art. L. 641-11-1, II C. com. die ausschließliche Entscheidungsmacht über das Schicksal von Verträgen zusteht, zugunsten der Fortsetzung des Vertrages optiert, sind die resultierenden Forderungen seit

---

[725] *Cass. mixte*, 22.11.2002, n° 99-13.935; *Cass. com.*, 11.02.2004, n° 01-11.654; *Cass. civ. 1re*, 16.07.1986, n° 84-12.990: „[...] [L]es obligations contractuelles prennent naissance, sauf convention contraire, au jour de la conclusion du contrat et non au jour de leur exécution [...]."; *Berthelot*, RPC mai-juin 2011, S. 84, 89, Rn. 37; ausführlich zu dieser Theorie *Audit*, La „naissance" des créances, Rn. 100 ff., S. 66 ff.

[726] *Boustani*, Les créanciers postérieurs, Rn. 96, S. 54.

[727] Siehe oben bei 4. Kapitel, A.II.2.c)cc); *Berthelot*, RPC mai-juin 2011, S. 84, 89, Rn. 37 f.; nach *Baron*, RTDCom. 2001, S. 1 sei die im Rahmen der *procédures collectives* auch von der Rechtsprechung angenommene *naissance* bei Austausch der Leistungen keine Ausnahme von der *thèse volontariste*, sondern decke ein allgemeines Prinzip auf; zu dieser *Audit*, La „naissance" des créances, Rn. 184 ff., S. 130 ff.; *Boustani*, Les créanciers postérieurs, Rn. 79 ff., S. 45 ff.

[728] *Boustani*, Les créanciers postérieurs, Rn. 157, S. 86 f.; *Henry*, RPC avril-mai-juin 2008, S. 20, 22. Ob es sich dabei um eine Fiktion handelt, so *Boustani*, Les créanciers postérieurs, Rn. 97 ff., S. 55 f., oder ob die Forderung tatsächlich erst in diesem Zeitpunkt entsteht, so *Le Corre*, D. 2009, S. 2172, 2173 ff., ist für deren Behandlung unerheblich.

[729] Vgl. *Le Corre*, D. 2009, S. 2172, 2174.

[730] Etwa *Cass. com.*, 12.01.2010, n° 08-21.456; anders aber *Cass. com.*, 11.02.2004, n° 01-11.654.

der Reform von 2014 unabhängig davon, ob die unternehmerische Aktivität vorläufig fortgesetzt wird (*maintien provisoire de l'activité*), stets privilegiert, Art. L. 641-13, I, 2° C. com. Steht die Entscheidung des *liquidateur* über die Fortsetzung des Vertrags hingegen noch aus, wird der Vertrag zunächst gleichwohl fortgesetzt.[731] Erbringt der Vertragspartner in dieser Situation die versprochene Leistung, scheidet eine Privilegierung auf Grundlage des Art. L. 641-13, I, 2° Var. 2 C. com. aus, weil dieser eine Entscheidung des Verwalters voraussetzt. Es liegt jedoch auch hier eine *prestation fournie au débiteur* i.S.d. Art. L. 641-13, I, 2° C. com. vor, die eine entsprechende Entscheidung des Verwalters nicht erfordert, so dass es sich um eine privilegierte Forderung handelt, wenn die Aktivität des Unternehmens fortgeführt wird.[732]

Forderungen eines Kreditgebers, die aus der Valutierung eines Kredits nach Eröffnung einer *liquidation judiciaire* entstehen, sind demnach stets privilegiert, wenn der zu Grunde liegende Vertrag nach Verfahrenseröffnung durch den Verwalter geschlossen wurde. Im Falle des Vertragsschlusses vor Verfahrenseröffnung gilt das hingegen nur, wenn der Verwalter zugunsten der Fortsetzung optiert hat oder die unternehmerische Aktivität fortgesetzt wird.

(3) Rechtsfolgen

Aus Art. L. 641-13 C. com. ergibt sich eine Bevorrechtigung dieser Forderungen gegenüber den einfachen *créanciers antérieurs* in zweifacher Hinsicht: Einerseits sieht Art. L. 641-13, I C. com. vor, dass diese Forderungen bei Fälligkeit und nicht erst bei Beendigung des Verfahrens zu befriedigen sind (*paiement à l'échéance*), andererseits bestimmt Art. L. 641-13, II C. com., dass diese auch bei der abschließenden Verteilung bevorzugt zu befriedigen sind (*paiement par privilège*). Das *privilège des créanciers postérieurs méritants* befreit die geschützten Gläubiger also von „prozessualen" Zwängen und begründet zugleich auch eine substantielle Sonderstellung.[733]

(a) Paiement à l'échéance

Das von Art. L. 641-13, I C. com. vorgesehene *paiement à l'échéance* hat zur Folge, dass die erfassten Forderungen nicht den Zwängen der *discipline collective* unterworfen sind.[734] Das bedeutet zunächst, dass diese Gläubiger, anders als die einfachen *créanciers chirographaires,* stets bei Fälligkeit ihrer

---

[731] Statt aller *Pérochon*, Entreprises en difficulté, Rn. 1204.

[732] *Berthelot*, RPC mai-juin 2011, S. 84, 95, Rn. 71; *Pérochon*, GP 2005, S. 2972, 2975 f.; *Henry*, RPC avril-mai-juin 2008, S. 20, 25, Rn. 20.

[733] Vgl. zu dieser Differenzierung im Kontext der vereinbarten Realsicherheiten *Dupichot*, Mélanges Aynès, S. 209, 212, Rn. 5.

[734] *Berthelot*, RPC juillet-août 2011, S. 60, 60, Rn. 86; *Pérochon*, GP 2005, S. 2972, 2978, Rn. 41.

Forderungen zu befriedigen sind.[735] Anderes gilt für Geldforderungen, die aus der Fortsetzung von Verträgen resultieren: Diese sind gem. Art. L. 641-11-1, II al. 2 C. com. nicht erst bei Fälligkeit, sondern *au comptant*, d.h. sofort zu erfüllen, sofern der Vertragspartner einer späteren Befriedigung nicht zustimmt. Sofern diese Bestimmung auf Kreditverträge überhaupt Anwendung finden kann, muss das, um die Vertragsfortsetzung nicht *ad absurdum* zu führen, auf die vereinbarten Zinszahlungen beschränkt bleiben.[736]

Zum für den Vertragspartner sehr vorteilhaften Instrument[737] wird das *paiement à l'échéance* vor allem dadurch, dass hiermit das Recht einhergeht, die erfassten Forderungen auch gerichtlich sowie im Weg der Einzelzwangsvollstreckung durchzusetzen.[738] Das ist für die Gläubiger vor allem von Interesse, weil das *paiement à l'échéance* und die damit zusammenhängenden Rechte von der Befriedigungsrangfolge unabhängig sind.[739] Ohne Bedeutung ist daher auch, ob nach der Befriedigung dieser Gläubiger noch ausreichend Vermögen vorhanden ist, um eigentlich vorrangige Forderungen zu befriedigen.[740] Das folgt daraus, dass die von Art. L. 643-8 C. com. vorgegebene Rangfolge der Befriedigung nach allgemeiner Auffassung nur zum Tragen kommt, wenn mehrere Gläubiger zum gleichen Zeitpunkt in Konkurrenz treten.[741] Begründet wird das damit, dass *privilèges* Verteilungsregeln seien, die nur bei einem derartigen Konflikt von Gläubigern gälten, die zum gleichen Zeitpunkt in Konkurrenz treten.[742]

---

[735] *Berthelot*, RPC juillet-aout 2011, S. 60, 60, Rn. 86, 88.

[736] *Pérochon*, Contentieux bancaire, S. 35, 58, Rn. 43; *Bouthinon-Dumas*, Le Banquier, Rn. 88, S. 81; unrichtig *Stahmer*, Darlehen, S. 231, die meint, die Regel des *paiement comptant* gebe dem Darlehensgeber die Macht, die Valutierung zu verhindern.

[737] Vgl. *Berthelot*, RPC juillet-aout 2011, S. 60, 60, Rn. 88: „meilleure promesse qui puisse être faite à un créancier"; ebenso *Pérochon*, GP 2005, S. 2972, 2978, Rn. 41; *Boustani*, Les créanciers postérieurs, Rn. 229 ff. 124 ff.

[738] *Boustani*, Les créanciers postérieurs, Rn. 228, S. 123; *Berthelot*, RPC juillet-août 2011, S. 60, 62 f., Rn. 107 f.; *Pérochon*, GP 2005, S. 2972, 2978, Rn. 41.

[739] *Berthelot*, RPC juillet-août 2011, S. 60, 62 f., Rn. 107, 109; *Derrida/Godé/Sortais*, Redressement, Rn. 416, S. 292 f.; *Le Corre*, RPC janvier-février 2012, S. 72, 72 f.; *M. Cabrillac/Mouly/S. Cabrillac/Pétel*, Droit des sûretés, Rn. 710; *Pérochon*, Entreprises en difficulté, Rn. 1348 f. Zur Sonderrolle der Arbeitnehmer sogleich unter 4. Kapitel, B.II.2.c)(2)(b)(bb).

[740] *Berthelot*, RPC juillet-août 2011, S. 60, 64, Rn. 115; *Pérochon*, Entreprises en difficulté, Rn. 1348; *Derrida/Godé/Sortais*, Redressement, Rn. 416, S. 292 f.; *Le Corre*, RPC janvier-février 2012, S. 72, 73.

[741] *Cass. com.*, 13.05.2003, n° 98-22.741; *Derrida/Godé/Sortais*, Redressement, Rn. 416, S. 292 f.; *Le Corre*, RPC janvier-février 2012, S. 72; vgl. auch *Pérochon*, Entreprises en difficulté, Rn. 1348.

[742] *Cass. com.*, 13.05.2003, n° 98-22.741; *Derrida/Godé/Sortais*, Redressement, Rn. 416, S. 292 f.; *Berthelot*, RPC juillet-aout 2011, S. 60, 63, Rn. 109.

(b) Paiement par privilège

Ergänzt wird das *paiement à l'échéance* durch das von Art. L. 641-13, II C. com. vorgesehene Rangvorrecht in Gestalt eines *privilège général*, welches das gesamte Mobiliar- und Immobiliarvermögen des Schuldners umfasst.[743] Bislang war bei Bestimmung der Rangfolge der Befriedigung dieser Gläubiger zwischen dem Verhältnis der von Art. L. 641-13 C. com. erfassten Forderungen zu den übrigen Arten von Forderungen (sog. *classement externe*) und dem Verhältnis der *créanciers postérieurs méritants* untereinander (sog. *classement interne*) zu unterscheiden.[744]

Seit der Reform von 2021 ist diese Rangfolge insgesamt im neuen Art. L. 643-8 C. com. aufgegangen: Vor den *créanciers postérieurs méritants* sind hiernach neben den Inhabern exklusiver Sicherheiten insbesondere die vom *super privilège* der Arbeitnehmer (Art. L. 3253-2, 4, 7313-8 Code du travail) erfassten Forderungen (Art. L. 643-8, I, 2° C. com.), sodann die nach der Verfahrenseröffnung entstandenen Verfahrensgebühren (Art. L. 643-8, I, 3° C. com.), die vom *privilège de conciliation* gem. Art. L. 611-11 C. com. erfassten Forderungen (Art. L. 643-8, I, 5° C. com.) und mit Immobiliarsicherheiten besicherte Forderungen (Art. L. 643-8, I, 6° C. com.) zu befriedigen. Innerhalb der Gruppe der *créanciers postérieurs méritants* sind gem. Art. L. 643-8, I, 8° ff. C. com. zunächst Arbeitnehmerforderungen zu befriedigen, die nicht vom Vorschuss der *AGS* erfasst sind (Art. L. 643-8, I, 7° C. com.).

Die größte Neuerung der Reform von 2021 insoweit betrifft Forderungen aus Kreditierungen innerhalb des eröffneten Verfahrens. Diese waren zuvor gem. Art. L. 641-13, III, 3° C. com. a.F. im selben Rang zu befriedigen wie Forderungen aus der Fortsetzung von Verträgen, bei welchen der Vertragspartner einer Stundung zugestimmt hatte und der zuständige Richter die Kreditaufnahme bzw. Stundung genehmigt hatte.[745] Abweichend hiervon sehen

---

[743] *Berthelot*, RPC juillet-août 2011, S. 60, 65, Rn. 116; *Pérochon*, GP 2005, S. 2972, 2979, Rn. 47.

[744] *Pérochon*, GP 2005, S. 2972, 2979 f., Rn. 14.

[745] Uneinigkeit bestand insofern über die Interpretation des Begriffs „*prêt*", wobei umstritten war, ob hiermit nur der *contrat de prêt* i.S.d. Art. 1892 ff. C.C. (für eine „enge" Auslegung, die insbesondere nicht den *crédit-bail* umfassen soll *Monsèrié*, Contrats, Rn. 250, Fn. 697, S. 234) oder aber sämtliche Kreditierungen gemeint waren. Für Letzteres ließ sich ins Feld führen, dass die Rechtsnatur der Kreditierung für die angestrebte Verwirklichung des Unternehmenserhalts ohne Belang ist (vgl. eingehend in diesem Sinn *Bouthinon-Dumas*, Le Banquier, Rn. 206 f., S. 165 ff.; *Pérochon*, Entreprises en difficulté[10], Rn. 832; *Saint-Alary-Houin*, Entreprises en difficulté, Rn. 685; *Ripert/Roblot/Delebecque/Binctin/Andreu*, Traité de droit des affaires[18], Bd. IV, Rn. 652). Rechtsfolge der fehlenden richterlichen Genehmigung der Kreditaufnahme war nicht Verlust des Privilegs insgesamt, sondern Verlust der Bevorrechtigung in der internen Rangfolge, *Le Cannu/Robine*, Entreprises en difficulté[8], Rn. 691; gleichermaßen im Rahmen der Neuregelung von 2021, *Le Cannu/*

Art. L. 643-8, I, 8° f., 11° C. com. nun vor, dass Forderungen aus Kreditierungen innerhalb einer *sauvegarde* oder eines *redressement* vor den „allgemeinen" vertraglichen Forderungen zu befriedigen sind, wenn sie vom neu eingeführten *privilège de sauvegarde/redressement* (vgl. Art. L. 622-17, III, 2°, 626-10 C. com.) erfasst sind.[746]

b) Kreditvergabe in einem Sanierungsverfahren: Die progressive Anerkennung einer rechtlichen Sonderrolle?

Wesentlich relevanter als die Vergabe neuer Kredite in Liquidationsverfahren dürfte jedoch sein, welche Rolle Sanierungsfinanzierern in einem Liquidationsverfahren beigemessen wird, wenn sie dem Schuldner in einem vorangegangenen genuinen Sanierungsverfahren, d.h. einer *procédure de sauvegarde* oder *de redressement* einen Kredit gewährt haben. Nach der Reform von 2005 war die Stellung dieser Kreditgeber zunächst durch den allgemeinen Rahmen des *privilège des créanciers postérieurs méritants* bestimmt. In jüngster Zeit wurde dieser Rahmen aber durch die Einführung eines *privilège de sauvegarde/de redressement,* das sich spezifisch an Kreditgeber richtet, fortentwickelt und weiter ausdifferenziert. Es stellt sich demnach die Frage, ob in dieser Einführung von Sonderregimen für Kreditgeber eine gesetzliche Anerkennung der Sonderrolle gerade der Sanierungsfinanzierer liegt.

aa) Das privilège des créanciers postérieurs méritants als vor der Reform von 2020 allein maßgeblicher Rahmen

Bestimmt war die Behandlung solcher Finanzierungen nach der Reform von 2005 zunächst auch im Rahmen von *sauvegarde* und *redressement* durch das *privilège des créanciers postérieurs méritants* i.S.d. Art. L. 622-1 C. com. Dieses ist mit dem entsprechenden Vorrecht in der *liquidation* im Wesentlichen deckungsgleich. Die Rechtsstellung von Kreditgebern, die im Rahmen eines solchen Sanierungsverfahrens Kredit gewährt hatten, konnte sich von jener der Kreditgeber aus einem Liquidationsverfahren also vor allem aufgrund der Abfolge der Verfahren unterscheiden. Im Kern betrifft das die Frage, welche Rechtsfolgen Privilegierungen, die in einem vorangegangenen Sanierungsverfahren entstanden sind, in einer Liquidation zeitigen können.

Zu unterscheiden sind hier grundsätzlich zwei Konstellationen: Zu betrachten ist zunächst der Fall, dass ein vorangegangenes Sanierungsverfahren während der *période d'observation* in eine *liquidation judiciaire* umgewandelt wird. Daneben stellt sich die Frage, wie Kredite zu behandeln sind, die in einem

---

Robine, Entreprises en difficulté, Rn. 748; a.A. *Ripert/Roblot/Delebecque/Binctin/Andreu,* Traité de droit des affaires[18], Bd. IV, Rn. 652.

[746] Eingehend hierzu sogleich.

Sanierungsverfahren gewährt wurden, wenn dieses zunächst erfolgreich beendet wurde und später eine *liquidation judiciaire* eröffnet wird.

(1) Umwandlung in eine liquidation judiciaire

Für den Fall der Umwandlung in eine *liquidation judiciaire* sieht Art. L. 641-13, I C. com. ausdrücklich vor, dass Forderungen, die während der vorangegangenen *période d'observation* als i.S.d. Art. L. 622-17 C. com. privilegierte Forderungen entstanden sind, dieses Vorrecht auch im Rahmen der *liquidation judiciaire* behalten und behandelt werden, als ob sie im Rahmen der *liquidation* als privilegierte Forderungen entstanden wären.[747] Das ergibt sich auch daraus, dass es sich in dieser Konstellation nicht um zwei voneinander unabhängige Verfahren, sondern um ein und dasselbe handelt, das nur umgewandelt wird.[748]

Die Voraussetzungen der Privilegierung gem. Art. L. 622-17 C. com. sind im Grundsatz die gleichen wie im Rahmen der *liquidation judiciaire*. Anders als bei Art. L. 641-13 C. com. ist die Privilegierung von Forderungen aus fortgesetzten Verträgen jedoch nicht ausdrücklich geregelt. Solche Forderungen können also nur privilegiert sein, wenn es sich dabei um die Gegenleistung für eine erbrachte Leistung handelt oder die Forderung für die Bedürfnisse des Verfahrens bzw. der *période d'observation* entstanden ist, Art. L. 622-17 C. com. Forderungen, die aus neuen Verträgen entstehen, und solche, die aus der Fortsetzung von bestehenden Verträgen durch den *administrateur* resultieren, entstehen stets als Gegenleistung für erbrachte Leistungen des Vertragspartners; insbesondere die Ansprüche des Kreditgebers auf Zins und Tilgung sind daher von Art. L. 622-17 C. com. erfasste *créances postérieures méritantes*.[749] Nach dem Wortlaut des Art. L. 622-17 C. com. wäre das selbst dann der Fall, wenn der *administrateur* bereits erklärt hat, den Vertrag nicht fortsetzen zu wollen, dieser aber noch nicht wirksam beendet wurde und der Vertragspartner gleichwohl an den Schuldner leistet.[750] Das hätte zur Folge, dass der Vertrags-

---

[747] *Saaied*, L'échec du plan de sauvegarde, Rn. 273, S. 131; *Henry*, RPC avril-mai-juin 2008, S. 20, 27, Rn. 25.

[748] *Henry*, RPC avril-mai-juin 2008, S. 20, 27, Rn. 25; *Pérochon*, Entreprises en difficulté, Rn. 1805; *Berthelot*, RPC mai-juin 2011, S. 84, 86.

[749] Vgl. *Berthelot*, RPC mai-juin 2011, S. 84, 95 f., Rn. 73; *Henry*, RPC avril-mai-juin 2008, S. 20, 25, Rn. 20; *Pétel*, RPC juin 2006, S. 142, 144, Rn. 13; *Lienhard*, Études Simler, S. 475, 487.

[750] Vgl. *Boustani*, Les créanciers postérieurs, Rn. 160, S. 88; *Gréau*, LPA 12.06.2008, S. 4, Rn. 12. Diese Konstellation kann sich theoretisch auch in der *liquidation judiciaire* ergeben, wird dort aber seltener vorkommen, insbesondere nicht in der Konstellation eines Gelddarlehens, da Verträge, bei denen die vom Insolvenzschuldner geschuldete Leistung in einer Geldleistung besteht, gem. Art. L. 641-11-1-III, 3° C. com. *eo ipso* beendet werden, wenn der *liquidateur* den Vertragspartner darüber informiert, dass der Vertrag nicht fortgesetzt werden soll. Im Rahmen von *procédure de sauvegarde/redressement* existiert eine entsprechende Bestimmung aber nicht.

partner dem *administrateur* gegen dessen erklärten Willen eine privilegierte Forderung „aufdrängen" könnte. Hierdurch würde das Optionsrecht des Verwalters im Ergebnis aber völlig entwertet, weshalb eine Privilegierung in dieser Konstellation – entgegen dem Wortlaut – zu verweigern ist.[751] Das muss umso mehr gelten, wenn man berücksichtigt, dass es sich hierbei um Leistungen handelt, von denen der *administrateur* angenommen hat, dass sie für das Unternehmen bzw. dessen Erhalt nichts beitragen.[752] Das rechtfertigt die Annahme, dass die Forderung gerade nicht für die Bedürfnisse des Verfahrens bzw. der Fortsetzung der Aktivität entstanden ist.[753]

(2) Die Kreditvergabe in einem abgeschlossenen vorangegangenen Verfahren: Die sog. „créanciers antéro-postérieurs"

Ungleich komplexer stellt sich die Lage dar, wenn die der *liquidation judiciaire* vorangegangene *procédure collective* erfolgreich mit einem *plan* abgeschlossen wurde und in diesem ersten Verfahren eine i.S.d. Art. L. 622-17 C. com. privilegierte Forderung entstanden war. Insoweit sind zwei Fragen abzuschichten. Zunächst führt das zu der Fragestellung, ob und inwieweit das in dem vorangegangenen Verfahren entstandene Vorrecht auch in der *liquidation judiciaire* anzuerkennen ist. Sodann stellt sich die Frage, welcher Rang diesen Forderungen in der *liquidation judiciaire* gegebenenfalls zukommen soll.

(a) Fortbestehen des Privilegs und paiement à l'échéance

Der Fortbestand des *privilège* ist insoweit, anders als bei der Umwandlung der Verfahren, nicht ausdrücklich geregelt.[754] Auch wird das vorangegangene Verfahren durch die Annahme des Sanierungsplans beendet, so dass es sich um zwei voneinander unabhängige Verfahren handelt, weshalb sich das Fortbestehen des *privilège* auch nicht aus der „Identität" der Verfahren ergibt.[755]

Unter Geltung des Rechts von vor 2005 hatte die Rechtsprechung denn auch die Fortgeltung des Vorrechts in einem zweiten Verfahren ausdrücklich verneint, da es sich bei dem zweiten Verfahren um ein vom ersten völlig unabhän-

---

[751] *Boustani*, Les créanciers postérieurs, Rn. 160, S. 88; *Berthelot*, RPC mai-juin 2011, S. 84, 95, Rn. 72; *Gréau*, LPA 12.06.2008, S. 4, Rn. 12; im Ergebnis auch *Cass. com.*, 18.09.2007, n° 06-13.824.

[752] *Berthelot*, RPC mai-juin 2011, S. 84, 95, Rn. 72; *Pérochon*, Entreprises en difficulté, Rn. 1317; *Boustani*, Les créanciers postérieurs, Rn. 160, S. 88.

[753] *Pérochon*, Entreprises en difficulté, Rn. 1317; *Berthelot*, RPC mai-juin 2011, S. 84, 95, Rn. 72; *Boustani*, Les créanciers postérieurs, Rn. 160, S. 88.

[754] *Henry*, RPC avril-mai-juin 2008, S. 20, 28.

[755] *Berthelot*, RPC juillet-août 2011, S. 60, 62; *Pérochon*, GP 2005, S. 2972, 2981; *M. Cabrillac/Mouly/S. Cabrillac/Pétel*, Droit des sûretés, Rn. 702; noch deutlicher *M. Cabrillac/Mouly/S. Cabrillac/Pétel*, Droit des sûretés[10], Rn. 692; *Reille*, JCl. Proc. Coll. Fasc. 2388, Rn. 114.

giges handle.⁷⁵⁶ Das wurde schon vor der Reform von 2005 verbreitet kritisiert,⁷⁵⁷ bewegt sich aber auf einer Linie mit der späteren These der *Cour de cassation,* der damalige Art. 40 L1985 habe kein *privilège,* sondern nur eine *priorité de paiement* begründet.⁷⁵⁸ In Zweifel ziehen könnte man das Fortbestehen auch im geltenden Recht mit Rücksicht auf die enge Verbindung, die das Vorrecht zum ersten Verfahren hat, da das *critère téléologique* nur in Bezug auf dieses erfüllt ist.⁷⁵⁹ Für das Fortbestehen in der *liquidation judiciaire* spricht jedoch dessen nunmehr unzweifelhafte Einordnung als *privilège.*⁷⁶⁰ Dass es sich um ein solches und nicht lediglich um eine *priorité de paiement* handelt, folgt bereits aus dem klaren Wortlaut.⁷⁶¹ Daneben ist Voraussetzung des Vorrechts nunmehr eine bestimmte Qualität der Forderung, nämlich ihre „Nützlichkeit" für das Verfahren (vgl. Art. 2330, 2376 i.V.m. 2324 C.C.).⁷⁶² Aufgrund seiner Akzessorietät⁷⁶³ muss das *privilège* grundsätzlich – soweit die Forderung fortbesteht – auch eine Abfolge von *procédures collectives* überdauern.⁷⁶⁴ Das steht auch in Einklang mit dem Zweck des *privilège,* das potentiellen Gläubigern einen Anreiz bieten soll, sich an den Sanierungsbemühungen bzw. dem Verfahren im Allgemeinen zu beteiligen.⁷⁶⁵ Damit dieses Befriedigungsvorrecht einen wirksamen Anreiz bieten kann, muss es bei Scheitern des ersten Verfahrens, also der Situation, in der es wirklich benötigt wird, zur Wirksamkeit gelangen.⁷⁶⁶

---

⁷⁵⁶ *Cass. com.,* 28.06.1994, n° 91-16.090; 12.07.1994, n° 90-18.265.

⁷⁵⁷ *M. Cabrillac/Pétel,* JCP G 1995, I-3815, n° 5; *Martin-Serf,* RTDCom. 1995, S. 486; vgl. zur Kritik auch *Saaied,* L'échec du plan de sauvegarde, Rn. 267 ff., S. 128 f.

⁷⁵⁸ Hierzu bereits oben, 4. Kapitel, B.II.1.b)bb); vgl. zu dieser Einordnung *Pétel,* RPC juin 2006, S. 142, 142, Rn. 4.

⁷⁵⁹ In diese Richtung *Lienhard,* Études Simler, S. 475, 480; vgl. auch *Saaied,* L'échec du plan de sauvegarde, Rn. 274, S. 131 f.; *Reille,* JCl. Proc. Coll. Fasc. 2388, Rn. 114.

⁷⁶⁰ Statt aller *Pétel,* RPC juin 2006, S. 142, 142, Rn. 4; *Crocq,* Droit & Patrimoine janvier 2005, S. 43, 45.

⁷⁶¹ *Pétel,* RPC juin 2006, S. 142, 142, Rn. 4; *Crocq,* Droit & Patrimoine janvier 2005, S. 43, 45; zurückhaltender *Lienhard,* Études Simler, S. 475, 480.

⁷⁶² *Lienhard,* Études Simler, S. 475, 479; *Saaied,* L'échec du plan de sauvegarde, Rn. 274, S. 132 f.; *Rouland,* Qualité, Rn. 277, S. 332.

⁷⁶³ *Simler/Delebecque,* Sûretés, Rn. 760; *Boustani,* Les créanciers postérieurs, Rn. 260, S. 140; *M. Cabrillac/Mouly/S. Cabrillac/Pétel,* Droit des sûretés, Rn. 702; *Saaied,* L'échec du plan de sauvegarde, Rn. Rn. 274, S. 133; eingehend bereits oben im Kontext des *privilège de conciliation,* 4. Kapitel, B.II.1.b)bb).

⁷⁶⁴ *Pétel,* RPC juin 2006, S. 142, 142, Rn. 4; *Reille,* JCl. Proc. Coll. Fasc. 2388, Rn. 114; *Crocq,* Droit & Patrimoine janvier 2005, S. 43, 45; *Henry,* RPC avril-mai-juin 2008, S. 20, 29, Rn. 29; *M. Cabrillac/Mouly/S. Cabrillac/Pétel,* Droit des sûretés, Rn. 702.

⁷⁶⁵ *Boustani,* Les créanciers postérieurs, Rn. 261, S. 141; *Rouland,* Qualité, Rn. 118 f., S. 127 f.

⁷⁶⁶ *Boustani,* Les créanciers postérieurs, Rn. 261, S. 141; vgl. auch *Saaied,* L'échec du plan de sauvegarde, Rn. 267, S. 128.

Damit ist jedoch noch nicht gesagt, dass die Forderungen in der *liquidation judiciaire,* ebenso wie im ersten Verfahren, von der *discipline collective* ausgenommen sind und befriedigt werden dürfen sowie die Gläubiger das Recht haben, ihre Forderung gerichtlich durchzusetzen. Denn das *paiement à l'échéance* mit den damit zusammenhängenden Rechten wird allgemein als eine vom *privilège* unabhängige Bevorrechtigung behandelt.[767] Die Freistellung von der *discipline collective* ist ausweislich Art. L. 622-7, 622-21 C. com. eine Vorzugsbehandlung, die – anders als das *privilège* – durch das Gesetz nicht im Sinne einer Akzessorietät an die Forderung selbst gebunden wird, sondern prinzipiell davon abhängig gemacht wird, ob die jeweilige Forderung innerhalb des Kollektivverfahrens, in dem sie durchgesetzt werden soll, entstanden ist.[768] Aus der Perspektive des zweiten Verfahrens handelt es sich bei diesen Forderungen jedoch um vor Verfahrenseröffnung entstandene Forderungen (*créances antérieures*), für die das Gesetz keine Ausnahme von der *discipline collective* vorsieht, so dass dies ausscheiden muss.[769] Es handelt sich bei diesen Forderungen also um *créances antérieures,* die nur in Bezug auf das Rangvorrecht den *créances postérieures* gleichgestellt werden.

(b) Rangfragen

Besondere Schwierigkeiten ergeben sich im Zusammenhang mit der Frage, in welchem Rang diese Forderungen, die auch als *antéro-postérieures* bezeichnet werden,[770] zu befriedigen sind. Eine eindeutige gesetzliche Regelung dieser Konstellation existierte bislang nicht.[771] Denkbar sind im Wesentlichen zwei Lösungsmöglichkeiten: Die erste besteht darin, die *créanciers antéro-postérieurs* in der Rangfolge nach den *créanciers postérieurs* des zweiten Verfahrens (die sog. *créanciers postéro-postérieurs*) einzuordnen. Diese würden also nur und erst befriedigt, wenn die *créanciers postérieurs* des zweiten Verfahrens vollständig befriedigt wurden.[772] Die andere Möglichkeit liegt darin, sie

---

[767] *Henry*, RPC avril-mai-juin 2008, S. 20, 30, Rn. 32; *Berthelot*, RPC juillet-août 2011, S. 60, 62, Rn. 101; *Le Corre*, D. 2005, S. 2297, 2312 f., Rn. 46.
[768] Vgl. *Berthelot*, RPC juillet-août 2011, S. 60, 62, Rn. 101; *Henry*, RPC avril-mai-juin 2008, S. 20, 30, Rn. 32.
[769] *M. Cabrillac/Mouly/S. Cabrillac/Pétel*, Droit des sûretés[10], Rn. 692; *Reille*, JCl. Proc. Coll. Fasc. 2388, Rn. 114 a.E; *Boustani*, Les créanciers postérieurs, Rn. 261, Fn. 174, S. 141.
[770] Etwa *Reille*, JCl. Proc. Coll. Fasc. 2388, Rn. 21.
[771] Zur Behandlung entsprechender Forderungen unter der Rechtslage seit 2021 siehe unten, 4. Kapitel, B.II.2.b)cc).
[772] So *M. Cabrillac/Mouly/S. Cabrillac/Pétel*, Droit des sûretés[10], Rn. 692; *Pérochon*, GP 2005, S. 2972, 2981, Rn. 56; anders *Pérochon*, Entreprises en difficulté, Rn. 1806.

mit den *créanciers postérieurs* des zweiten Verfahrens auf eine Stufe zu stellen und gleichrangig mit diesen zu befriedigen.[773]

Für die erste Variante spricht, dass es sich nicht um ein einheitliches, sondern um zwei eigenständige Verfahren handelt, so dass die *créances antéropostérieures* nicht als innerhalb des zweiten Verfahrens entstandene Forderungen angesehen werden können.[774] Vor allem fehlt aufgrund dieser Zäsur auch der *„lien d'utilité"* zwischen Forderung und zweitem Verfahren, der die Legitimationsgrundlage für das Vorrecht bildet und der hier nur zum ersten Verfahren besteht.[775] Eine solche Behandlung hätte jedoch zur Folge, dass für die *créanciers antéro-postérieurs* regelmäßig kein Vermögen mehr verfügbar wäre,[776] womit das *privilège* insoweit entwertet würde und die bezweckte Anreizwirkung verfehlt würde. Vor diesem Hintergrund hält man es in Ermangelung einer gesetzlichen Vorgabe, die eine Differenzierung zwischen diesen Gläubigern vorsieht, ganz überwiegend für vorzugswürdig, die *créanciers antéro-postérieurs* mit den *créanciers postéro-postérieurs* gleichrangig zu behandeln.[777]

(3) Zwischenergebnis

Nach diesem bis 2020 uneingeschränkt[778] geltenden Regime waren Kreditgeber unabhängig vom mit der Kreditierung verfolgten Ziel und prinzipiell auch unabhängig davon, in welchem Verfahren der Kredit gewährt wurde, im Folgeverfahren als *créanciers postérieurs méritants* bevorrechtigt zu befriedigen. Diese Stellung bringt nicht nur ein Rangvorrecht, sondern grundsätzlich auch das Recht mit sich, die Forderung bei Fälligkeit unabhängig von der Befriedigungsrangfolge im Wege der Zwangsvollstreckung durchzusetzen. Diese Rechte bestanden nicht nur bei einer Kreditgewährung in der *liquidation judiciaire* selbst, sondern auch, wenn diese in einer *sauvegarde* oder einem *redressement* erfolgt war, das in eine *liquidation* umgewandelt wurde. Der *discipline collective* mit ihrem Vollstreckungsverbot unterworfen blieben allerdings Forderungen aus einem Sanierungsverfahren, das zunächst (erfolgreich) beendet

---

[773] *Le Corre*, D. 2005, S. 2297, 2312 f., Rn. 46; *Pérochon*, Entreprises en difficulté, Rn. 1806; *Saint-Alary-Houin*, LPA 14.06.2007, S. 70, 77, Rn. 32; *Boustani*, Les créanciers postérieurs, Rn. 263, S. 141 f.

[774] Vgl. *Pérochon*, GP 2005, S. 2972, 2981, Rn. 55; *M. Cabrillac/Mouly/S. Cabrillac/Pétel*, Droit des sûretés[10], Rn. 692.

[775] *M. Cabrillac/Mouly/S. Cabrillac/Pétel*, Droit des sûretés[10], Rn. 692; vgl. *Boustani*, Les créanciers postérieurs, Rn. 263, S. 141 f.

[776] *Pérochon*, GP 2005, S. 2972, 2981, Rn. 56; vgl. auch *Saint-Alary-Houin*, LPA 14.06.2007, S. 70, 77, Rn. 32.

[777] *Le Corre*, D. 2005, S. 2297, 2312 f., Rn. 46; *Boustani*, Les créanciers postérieurs, Rn. 263, S. 142; *Saint-Alary-Houin*, LPA 14.06.2007, S. 70, 77, Rn. 32; *Pérochon*, Entreprises en difficulté, Rn. 1806.

[778] Siehe zur weiteren Entwicklung sogleich unter B.II.b)bb) und B.II.b)cc).

wurde, wenn später eine *liquidation* eröffnet wurde. Auch diese Forderungen profitierten als sog. *créances antéro-postérieures* in einem Liquidationsverfahren aber von dem Rangvorrecht. *Innerhalb* der Befriedigungsrangfolge der *créanciers postérieurs méritants* wurden Kreditgeber den übrigen Vertragsgläubigern gleichgestellt, so dass ihnen in diesem Rahmen keinerlei Sonderbehandlung zukam. Insbesondere wurde auf das mit der Finanzierung verfolgte Ziel – anders als für Finanzierungen aus einer *conciliation* – keine Rücksicht genommen.

bb) Die Einführung eines „privilège de sauvegarde/redressement" im Zuge der Covid-19-Pandemie

Erstmals vorgesehen war eine Ergänzung der Privilegierungen ausdrücklich und nur für Kreditgeber, die im Rahmen eines Kollektivverfahrens neue Kredite gewähren, von Art. 60, I, 14° der sog. *Loi PACTE*.[779] Hiernach sollten im Verordnungsweg neue Instrumente geschaffen werden, die geeignet sind, potentiellen Kreditgebern Anreize zur Kreditgewährung in dieser Phase zu setzen. Eingeführt wurde ein solches Vorrecht zunächst 2020 im Rahmen der *ordonnance* n° 2020-596, mit der zur Bewältigung der wirtschaftlichen Folgen der Covid-19-Pandemie diverse temporäre[780] Anpassungen des Insolvenzrechts vorgenommen wurden. Im Rahmen der insolvenzrechtlichen Covid-19-Maßnahmen wurde in Art. 5, IV dieser *ordonnance* ein ausdrücklich als solches bezeichnetes *privilège de sauvegarde ou de redressement* eingeführt, mit dem ein Anreiz zur Vergabe von Krediten während dieser Verfahren sowie während der Geltungsdauer eines angenommenen Plans geschaffen werden sollte.[781]

Zu unterscheiden ist in Bezug auf Voraussetzungen und Rechtsfolgen dieses Vorrechts zwischen der Kreditvergabe im Rahmen der *période d'observation* einer *sauvegarde* oder eines *redressement judiciaire* und der Kreditvergabe nach gerichtlicher Bestätigung eines Plans, der in einem solchen Verfahren angenommen wurde.

(1) Kreditvergabe während der période d'observation

Voraussetzung der Privilegierung von Kreditierungen im laufenden Verfahren war hiernach, dass dem Unternehmen innerhalb der *période d'observation* einer *sauvegarde* oder eines *redressement judiciaire* ein „*nouvel apport en*

---

[779] Loi n° 2019-486 du 22 mai 2019 relative à la croissance et la transformation des entreprises, JO n° 119 du 23.05.2019

[780] Gem. Art. 10, II der *ordonnance* war die Geltung dieses *privilège de sauvegarde ou de redressement* von vornherein auf den Zeitraum zwischen Inkrafttreten der ordonnance und dem 17.07.2021 beschränkt.

[781] Rapport au Président de la république relatif à l'ordonnance n° 2020-596, JO n° 124 du 21.05.2020, Texte n° 7, Tz. 5.

trésorie" gewährt wurde. Obgleich Art. 60, I, n° 14 der *loi PACTE* ausdrücklich zu einer Privilegierung von Finanzierungen auch während der *liquidation judiciaire* ermächtigt hatte, war die Privilegierung der *ordonnance 2020* explizit auf *sauvegarde* und *redressement* beschränkt.

Die sachlichen Voraussetzungen der Privilegierung ähneln jenen des *privilège de conciliation* gem. Art. L. 611-11 C. com.,[782] weichen aber zugleich insofern hievon ab, als ersteres auch Waren- und Haftungskredite erfasst,[783] wohingegen letzteres aufgrund der Beschränkung auf die *trésorie* nur Geldkredite umfasste.[784] Diese mussten – wie auch beim *privilège de conciliation* – neu sein, so dass hier wie dort Prolongationen oder Novationen eines bereits ausgereichten Kredits eine Privilegierung der Zins- und Tilgungsforderungen nicht begründen können.[785] Wiederum identisch dem *privilège de conciliation* war weiter erforderlich, dass der neue Beitrag mit dem Ziel geleistet wurde, die Fortführung der unternehmerischen Aktivität sowie den dauerhaften Bestand des Unternehmens zu sichern (*„en vue d'assurer la poursuite d'activité de l'entreprise et sa pérénnité"*). Ähnlich dem *privilège des créanciers postérieurs méritants* war des Weiteren erforderlich, dass diese Beiträge durch den *juge-commissaire* genehmigt und bekannt gemacht wurden (Art. 5, IV al. 2 *ordonnance 2020*).[786] Anders als dort war der Umfang der Privilegierung hier aber nicht auf das zur Finanzierung der *période d'observation* notwendige Maß beschränkt, sondern erfasste alle Finanzierungen, die der definierten Zielsetzung entsprechen.[787]

---

[782] *Dumont/Macorig-Venier*, BJE janvier 2021, S. 62, 62 f., I.A; *Le Corre*, GP 2020, S. 2406; vgl. auch *Lasserre Capdeville*, BJE janvier-février 2022, S. 35, 36, Rn. 12.

[783] Vgl. oben 4. Kapitel, B.II.1.a)aa); *Le Corre*, GP 2020, S. 2406, 2407; Menjucq/Saintourens/Soinne/*Macorig-Venier*, Traité des procédures collectives, Rn. 1707.

[784] *Le Corre*, GP 2020, S. 2406 f.; *Dumont/Macorig-Venier*, BJE janvier 2021, S. 62, 63, I.A; Menjucq/Saintourens/Soinne/*Macorig-Venier*, Traité des procédures collectives, Rn. 1707.

[785] Menjucq/Saintourens/Soinne/*Macorig-Venier*, Traité des procédures collectives, Rn. 1707; *Le Corre*, GP 2020, S. 2406; *Dumont/Macorig-Venier*, BJE janvier 2021, S. 62, 63, I.A.

[786] Wie auch beim *privilège des créanciers postérieurs méritants* sollte ein Ausbleiben dieser Autorisierung und Bekanntmachung nicht dazu führen, dass der betroffene Gläubiger die Bevorrechtigung mangels *régularité* der Forderung insgesamt verliert, sondern nur zur Folge haben, dass die Forderung in der internen Rangfolge der *créanciers postérieurs méritants* im letzten Rang steht, *Le Corre*, GP 2020, S. 2406, 2409; *Dumont/Macorig-Venier*, BJE janvier 2021, S. 62, 63, I.B; im Ergebnis auch Menjucq/Saintourens/Soinne/*Macorig-Venier*, Traité des procédures collectives, Rn. 1710.

[787] *Houin-Bressand*, RPC novembre-décembre 2020, n° 156; *Le Corre*, GP 2020, S. 2406, 2407.

Rechtsfolge war zunächst, dass diese Forderungen kraft eines *privilège général*,[788] also aus dem gesamten schuldnerischen Vermögen,[789] sowohl in einem ersten Verfahren, in dem die Forderungen entstanden waren, als auch in einem sich an das Scheitern des Plans anschließenden zweiten Verfahren bevorrechtigt zu befriedigen waren, Art. 5, IV, al. 4 der *ordonnance 2020*. Hiernach waren diese Forderungen innerhalb der Gruppe der *créanciers postérieurs méritants* unmittelbar nach den von Art. L. 622-17, III, 1°, 641-13, III, 1° C. com. a.F. erfassten Arbeitnehmerforderungen, die von der AGS nicht vorgestreckt wurden, im zweiten Rang vor allen übrigen nach Verfahrenseröffnung entstandenen Forderungen zu befriedigen.[790] In einem Folgeverfahren waren die Inhaber einer solchen Forderung gem. Art. 5, IV, al. 5 der *ordonnance 2020* auch vor erzwungenen Stundungen geschützt. Das folgte für das erste Verfahren im Übrigen schon daraus, dass es sich um nach Verfahrenseröffnung entstandene Forderungen handelte, die von Art. L. 626-18 C. com. nicht erfasst werden.[791]

Weniger klar ist, ob den Gläubigern dieser Forderungen im ersten[792] Verfahren hiernach ein Recht zum *paiement à l'échéance* zukam, da die *ordonnance* insoweit keine Regelungen enthielt.[793] Das dürfte aber nur von geringer praktischer Relevanz gewesen sein, da die vom *privilège de sauvegarde ou de redressement* erfassten Forderungen aufgrund der für die Privilegierung erforderlichen langfristigen Zielsetzung der Finanzierung regelmäßig nicht innerhalb des ersten Verfahrens fällig werden dürften.[794] Teilweise war man daher der Auffassung, dass ein solches Recht aufgrund der fehlenden ausdrücklichen Erwähnung nicht bestehen könne.[795] Das hätte jedoch zur Folge gehabt, dass

---

[788] *Le Corre*, GP 2020, S. 2406, 2408; *Dumont/Macorig-Venier*, BJE janvier 2021, S. 62, 64, II.A.

[789] Vgl. *Le Corre*, GP 2020, S. 2406, 2408.

[790] *Le Corre*, GP 2020, S. 2406, 2408.

[791] Vgl. die Nachweise oben in Fn. 692.

[792] Die Behandlung dieser Forderungen im Rahmen eines Folgeverfahrens muss der Stellung von vom *privilège de conciliation* erfassten Forderungen im Rahmen eines sich an den Sanierungsversuch anschließenden Kollektivverfahrens entsprechen (siehe dazu oben 4. Kapitel, B.II.1.b)). Im Rahmen eines Folgeverfahrens handelt es sich bei vom *privilège de sauvegarde ou de redressement* geschützten Forderungen um vor Verfahrenseröffnung entstandene Forderungen (*créances antérieures*) (*Le Corre*, GP 2020, S. 2406, 2408), die, da insoweit keine gesetzliche Ausnahme vorgesehen ist, vom *gel du passif*, d.h. insbesondere vom Zahlungs- und Vollstreckungsverbot erfasst sind.

[793] *Dumont/Macorig-Venier*, BJE janvier 2021, S. 62, 64, II.A.1.

[794] *Dumont/Macorig-Venier*, BJE janvier 2021, S. 62, 64, II.A.1; Menjucq/Saintourens/Soinne/*Macorig-Venier*, Traité des procédures collectives, Rn. 1710 a.E., S. 1392; *Houin-Bressand*, RPC novembre-décembre 2020, n° 156.

[795] *Houin-Bressand*, RPC novembre-décembre 2020, n° 156; vgl. auch *Dumont/Macorig-Venier*, BJE janvier 2021, S. 62, 64, II.A.1, Fn. 14; zweifelnd Menjucq/Saintourens/Soinne/*Macorig-Venier*, Traité des procédures collectives, Rn. 1710 a.E.

diese Gläubiger – entgegen der gesetzlichen Zielsetzung –[796] schlechter gestanden hätten als ohne das *privilège de sauvegarde ou de redressement*,[797] da sie als „normale" *créanciers postérieurs méritants* ohne Weiteres zum *paiement à l'échéance* berechtigt gewesen wären.[798] Überzeugender scheint daher die Annahme, dass das *privilège de sauvegarde ou de redressement* das allgemeine Vorrecht nicht vollständig verdrängt hat, sondern diesem nur in Bezug auf die angeordnete Rangfolge als *lex specialis* vorging; als Inhaber einer Forderung, die nach Verfahrenseröffnung entstanden ist, mussten die Gläubiger hiernach also auch zum *paiement à l'échéance* berechtigt sein.[799]

Das *privilège de sauvegarde ou de redressement* hatte hier mithin zur Folge, dass die Rangfolge innerhalb der Gruppe der *créanciers postérieurs méritants* modifiziert wurde und den Gebern einer solchen Finanzierung gerade aufgrund des verfolgten Sanierungsziels eine Sonderstellung innerhalb dieser Gruppe zukam. Im Übrigen unterschied sich deren Stellung aber nicht von jener der einfachen *créanciers postérieurs méritants*, so dass sich der Mehrwert für die erfassten Gläubiger auf den verbesserten Rang beschränkte.[800]

(2) Kreditvergabe nach Annahme eines Plans

Der wirkliche Innovationsgehalt des *privilège de sauvegarde ou de redressement* liegt denn auch darin, dass – erstmals – Forderungen, die nach Annahme des Plans, d.h. nach Beendigung des ersten Verfahrens entstanden sind, besonders privilegiert wurden.[801] Nach vormaligem Verständnis wären derartige Forderungen in einem Folgeverfahren als außerhalb jedes Verfahrens entstandene Forderungen schlicht den allgemeinen Regeln für einfache Insolvenzforderungen (*créances chirographaires*) unterworfen gewesen.[802]

---

[796] Siehe die Nachweise in Fn. 781.

[797] Menjucq/Saintourens/Soinne/*Macorig-Venier*, Traité des procédures collectives, Rn. 1391.

[798] Menjucq/Saintourens/Soinne/*Macorig-Venier*, Traité des procédures collectives, Rn. 1391.

[799] Vgl. Menjucq/Saintourens/Soinne/*Macorig-Venier*, Traité des procédures collectives, Rn. 1392; im Ergebnis auch *Dumont/Macorig-Venier*, BJE janvier 2021, S. 62, 64, II.A.1; einen Rückgriff auf das *privilège des créanciers postérieurs méritants* hält wohl auch *Le Corre*, GP 2020, S. 2406, 2408 für möglich.

[800] Vgl. *Le Corre*, GP 2020, S. 2406, 2406 f.: „Privilège de procédure et privilège de sauvegarde ou de redressement, la différence [...] est bien mince. [...] [O]n considèrera comme quasiment inutile le privilège de sauvegarde ou de redressement en ce qu'il fait doublon avec le privilège de l'article L. 622-17, III, 2° lorsque l'apport est consenti pendant la période d'observation."; kritisch zum Mehrwert dieser Bestimmung auch *Dumont/Macorig-Venier*, BJE janvier 2021, S. 62, 63, I.A.

[801] *Le Corre*, GP 2020, S. 2406, 2407: „on constate une véritable révolution."; ähnlich *Dumont/Macorig-Venier*, BJE janvier 2021, S. 62, 65, II.A.2.

[802] *Le Corre*, GP 2020, S. 2406, 2407; *Dumont/Macorig-Venier*, BJE janvier 2021, S. 62, 65, II.A.2.

In den Voraussetzungen wich die Privilegierung der nach Planannahme entstandenen Forderungen von der Behandlung während der *période d'observation* entstandener Forderungen zunächst insoweit ab, als der Beitrag hier zur Durchführung des angenommenen oder modifizierten Plans (*pour l'exécution du plan*) erbracht sein musste (Art. 5, IV al. 1 der *ordonnance 2020*). Diese Anforderung ist jedenfalls erfüllt, wenn der gewährte Kredit die Erfüllung der im Plan vorgesehenen Maßnahmen ermöglicht.[803] Aufgrund des klaren Wortlauts ist das hingegen für die Finanzierung von Maßnahmen zu verneinen, die vom Plan selbst nicht vorgesehen sind.[804] Unerheblich ist hingegen, ob eine dahingehende Verpflichtung bereits während des Verfahrens übernommen wurde. Es konnten daher nicht nur Finanzierungen, deren Grundlage in dem angenommenen oder modifizierten Plan zu finden ist, sondern auch solche Finanzierungen von der Privilegierung erfasst sein, die bereits während des Verfahrens zugesagt, aber erst nach Annahme des Plans ausgezahlt wurden.[805] Abweichend von der Vergabe während des Verfahrens war hier auch keine gesonderte Autorisierung der Finanzierungen durch das Gericht erforderlich, sondern ausreichend, dass diese und die Höhe der privilegierten Forderung im Urteil aufgeführt wurden, mit dem der Plan bestätigt oder modifiziert wurde.[806]

Aufgrund der Kreditierung außerhalb eines eröffneten Verfahrens kann sich die Frage nach den konkreten Auswirkungen der Bevorrechtigung von vornherein nur für Folgeverfahren nach Scheitern des Sanierungsplans stellen. In einem solchen waren auch diese Forderungen im zweiten Rang nach dem Superprivileg der Arbeitnehmer zu befriedigen, Art. 5, IV, al. 4 *ordonnance 2020*. Anders als bei Kreditierungen während der *période d'observation* konnte für diese Forderungen, die in einem Folgeverfahren stets *créances antérieures* sind, mangels gesetzlicher Befreiung von der *discipline collective* kein Recht zur Durchsetzung im Wege der Zwangsvollstreckung bestehen. Allerdings schloss Art. 5, IV, al. 5 der *ordonnance 2020* auch insoweit aus, dass diesen Gläubigern im Rahmen eines Folgeverfahrens Stundungen oder Forderungserlass auferlegt wurden, denen sie nicht zugestimmt hätten.

---

[803] *Dumont/Macorig-Venier*, BJE janvier 2021, S. 62, I.A; Menjucq/Saintourens/Soinne/*Macorig-Venier*, Traité des procédures collectives, Rn. 1709.

[804] Tendenziell ablehnend auch *Dumont/Macorig-Venier*, BJE janvier 2021, S. 62, I.A; Menjucq/Saintourens/Soinne/*Macorig-Venier*, Traité des procédures collectives, Rn. 1709.

[805] *Le Corre*, GP 2020, S. 2406, 2407; *Dumont/Macorig-Venier*, BJE janvier 2021, S. 62, 65, II.A.2.

[806] *Dumont/Macorig-Venier*, BJE janvier 2021, S. 62, 64, I.B. Bleibt die gerichtliche Planbestätigung aus, wird man die resultierenden Forderungen mangels anwendbarer gesetzlicher Privilegierung in einem Folgeverfahren als *créances chirographaires* zu behandeln haben, *ebd.* Insbesondere verbietet sich ein Rückgriff auf das allgemeine *privilège des créanciers postérieurs méritants,* weil es sich aus Sicht des Folgeverfahrens um *créances antérieures* handelt.

(3) Zwischenergebnis

Mit dem *privilège de sauvegarde ou de redressement* wurde im Ergebnis ein Vorrecht geschaffen, das eine eigentümliche Mischung aus dem *privilège de conciliation* und dem *privilège de créanciers postérieurs méritants* war. Dabei war insbesondere das Verhältnis des neuen Vorrechts zum – unverändert fortbestehenden – *privilège des créanciers postérieurs méritants* bei Kreditvergabe innerhalb eines eröffneten Verfahrens ausgesprochen unklar. Betreffend die Stellung von Forderungen, die Resultat einer Kreditvergabe während eines eröffneten Verfahrens waren, beschränkte sich die Regelung im Kern auf eine Modifikation der Rangfolge. Für Forderungen aus Kreditvergaben nach Annahme eines Plans bedeutete das *privilège de sauvegarde ou de redressement* hingegen eine echte Innovation.

Auffällig ist an diesem vor allem die Beschränkung der Bevorzugung auf Finanzierungen, die mit dem Ziel des dauernden Unternehmenserhalts gewährt wurden, die so zuvor nur im Rahmen des *privilège de conciliation* gegeben war. Für Kreditvergaben während einer *période d'observation* lässt sich das unmittelbar aus dem Wortlaut ableiten. Wurde der Kredit hingegen erst nach Annahme oder Modifikation eines Plans gewährt, ergibt sich das mittelbar daraus, dass ein solcher Plan immer auf den dauerhaften Erhalt der unternehmerischen Aktivität gerichtet ist (vgl. Art. L. 620-1, 626-1 C. com.),[807] so dass ein Kredit, mit dem die Durchsetzung eines solchen Plans gefördert wird, stets dem Unterhalt des Unternehmens dient.

cc) Verstetigung durch die Reform 2021?

Dieses Anliegen, Gläubigern, die durch weitere Beiträge den Erhalt des Unternehmens aktiv unterstützen und damit auch für die Verfahrensziele besonders „nützlich" sind, eine Sonderbehandlung einzuräumen, hat der französische Gesetzgeber im Rahmen der Reform von 2021 grundsätzlich beibehalten. Gegenüber der Rechtslage unter Geltung der *ordonnance 2020* wurden jedoch einige Anpassungen in formaler und materieller Hinsicht vorgenommen. Festzustellen ist insofern zunächst, dass die Neuregelung nicht als einheitliches und als solches bezeichnetes *privilège de sauvegarde ou de redressement* erfolgt ist, sondern diese Sonderstellung ihre Grundlage nunmehr – je nach Entstehungszeitpunkt – in den Art. L. 622-17, III, 2°, 626-10, 626-20 C. com. findet.

---

[807] Vgl. *Saint-Alary-Houin/Monsèriè-Bon/Houin-Bressand*, Entreprises en difficulté, Rn. 913, 922, 1193, 1210; vgl. eingehend zur Sonderkonstellation, dass ein *plan de redressement* ausnahmsweise ohne Fortsetzung der Aktivität zulässig sein kann, wenn der Schuldner schon bei Eröffnung keine solche Aktivität mehr ausübt, *Pérochon*, Entreprises en difficulté, Rn. 1960 ff.

(1) Kreditvergabe während der période d'observation

Maßgeblich für die Rechtsstellung von Kreditgebern, die während einer *procédure de sauvegarde/redressement* einen Kredit gewährt haben, ist nun nicht mehr ein eigenständiges *privilège*, das nur auf Geldkreditgeber anwendbar ist. Vielmehr kommt im Grundsatz wieder der allgemeine Rahmen der *créanciers postérieurs méritants* zur Anwendung, der zugunsten ausgewählter Kreditgeber modifiziert wird.[808] In systematischer Hinsicht sind Geldkredite, die während einer *période d'observation* gewährt werden, nun wieder eindeutig ein „Unterfall" des *privilège des créanciers postérieurs méritants*.[809] Das folgt daraus, dass Art. L. 622-17, III, 2° C. com., der deren Rechtsstellung definiert, nur die Rangfolge der Befriedigung der von Art. L. 622-17, I C. com. erfassten Forderungen modifiziert. Auch die Rechtsfolgen der Privilegierung entsprechen grundsätzlich denen des „allgemeinen" *privilège des créanciers postérieurs méritants;* Abweichungen ergeben sich nur für den Befriedigungsrang im Rahmen der Erlösverteilung.

Die nun von Art. L. 643-8, I, 8° i.V.m. 622-17, III, 2° C. com. begründete Sonderstellung erfasst nach wie vor nur Geld-, nicht aber Waren- und Haftungskredite.[810] Keine Ausnahmebehandlung existiert auch für im Rahmen einer *liquidation judiciaire* gewährte Kredite, da die Art. L. 641-13, 643-8 C. com. insoweit keine Modifikation der Rangfolge vorsehen. Diese bleiben allein dem allgemeinen Regime der *créanciers postérieurs méritants* unterworfen. Gegenüber der Rechtslage unter Geltung der *ordonnance 2020* ist der Anwendungsbereich der Privilegierung nun aber deutlich weiter gefasst. Für eine über das Grundregime der Vertragsgläubiger hinausgehende Privilegierung ist nicht mehr erforderlich, dass die Finanzierung den dauerhaften Unternehmenserhalt sichern soll. Ausreichen soll nun bereits, dass mit der Finanzierung die Unternehmensfortführung (nur) während der *période d'observation* ermöglicht werden soll (*„consenti en vue d'assurer la poursuite de l'activité pour la durée de la procédure",* Art. L. 622-17, III, n° 2 C. com.).[811] Das dürfte insbesondere zur Folge haben, dass nun auch Finanzierungen, die nur eine Prüfung der Bestandsperspektiven des Unternehmens ermöglichen oder den Zeitraum, in dem eine geordnete Abwicklung vorbereitet wird, überbrücken sollen, in den Anwendungsbereich der Privilegierung fallen.

Modifiziert ist gegenüber der *ordonnance 2020* auch die Stellung, die diesen Gläubigern in der Befriedigungsrangfolge eingeräumt wird: Aus der Gruppe der *créanciers postérieurs méritants* werden diese nun nicht mehr an zweiter Stelle, sondern wieder nach den Verfahrensgebühren (an insgesamt achter

---

[808] *Lasserre Capdeville*, BJE janvier-février 2022, S. 35, 36, Rn. 10; vgl. auch *Théry/Gijsbers,* Droit des sûretés, Rn. 675.

[809] Vgl. *Théry/Gijsbers,* Droit des sûretés, Rn. 675.

[810] *Lasserre Capdeville*, BJE janvier-février 2022, S. 35, 36, Rn. 12.

[811] Vgl. *Lasserre Capdeville*, BJE janvier-février 2022, S. 35, 37, Rn. 13.

Position) befriedigt, Art. L. 643-8, I, n° 8 C. com. Beibehalten wurde jedoch die Grundentscheidung der *ordonnance 2020,* Kreditgeber nicht mehr unterschiedslos auf eine Stufe mit den übrigen Vertragsgläubigern zu stellen, sondern den Finanzierern innerhalb dieser Gruppe eine Sonderstellung einzuräumen, wenn und weil die Finanzierung der Förderung des Verfahrensziels dient.

Aufgrund der systematischen Einordnung als *créanciers postérieurs méritants* sind die Gläubiger solcher Forderungen im Verfahren, in denen diese entstanden sind, auch ohne Weiteres von den Zwängen der *discipline collective* befreit. Konsequenz dieser Qualifikation durch den Gesetzgeber ist es auch, dass die Behandlung in einem Folgeverfahren, das sich an jenes anschließt, in welchem die Forderungen entstanden sind, grundsätzlich jener der übrigen *créanciers postérieurs méritants* entsprechen muss.[812] Diese Gläubiger sind aus der Perspektive eines Folgeverfahrens also zwar als *créanciers antérieurs* prinzipiell der *discipline collective* unterworfen, behalten aber ihr Rangvorrecht.[813] Über den Schutz der „normalen" *créanciers antéro-postérieurs* hinaus können diese im Rahmen eines zweiten *plan de sauvegarde/redressement* aber gegen ihren Willen auch keinen Erlassen oder Stundungen unterworfen werden (Art. L. 626-20, I, n° 4 C. com., werden also *hors plan* befriedigt.[814]

Erledigt haben dürfte sich infolge der Neuregelung der Befriedigungsrangfolge *insofern* jedoch die Diskussion um die Stellung der *créanciers antéropostérieurs* in der Befriedigungsrangfolge: Art. L. 643-8, I, 8° C. com. sieht für die vom *„privilège de sauvegarde/redressement"* erfassten Forderungen ohne Unterscheidung danach, ob es sich um ein umgewandeltes Verfahren oder ein zunächst beendetes Verfahren handelt (anders als etwa in Art. L. 641-13, I, al. 2 C. com.), vor, dass diese im insgesamt achten Rang zu befriedigen sind.[815]

(2) Die Kreditvergabe nach Annahme eines Plans: Das „privilège post-plan"

Die Behandlung von Krediten, die nach Annahme und gerichtlicher Bestätigung oder Veränderung eines Plans vergeben werden, ist nun in Art. L. 626-10, 626-26 C. com. geregelt, entspricht aber weitestgehend der Rechtslage unter Geltung der *ordonnance 2020.* Erfasst sind auch hier nach wie vor nur neue Geldkredite, die wie unter Geltung der *ordonnance 2020* für die Durchführung des angenommenen oder modifizierten Plans gewährt worden sein müssen, Art. L. 626-10 al. 5, 626-26 al. 2 C. com. Auch müssen diese Beiträge nach wie vor im Urteil, mit dem der Plan bestätigt oder modifiziert wird, ausdrücklich benannt sein. Dabei stellt Art. L. 626-2 al. 2 C. com. nun klar, dass diese Beiträge bereits im Planentwurf enthalten sein müssen. Auch in Bezug auf die

---

[812] Hierzu eingehend oben, 4. Kapitel, B.II.2.b)aa).
[813] *Pérochon,* Entreprises en difficulté, Rn. 1398.
[814] *Pérochon,* Entreprises en difficulté, Rn. 1398, die den praktischen Mehrwert dieser Sonderstellung aber für sehr begrenzt hält.
[815] *M. Cabrillac/Mouly/S. Cabrillac/Pétel,* Droit des sûretés, Rn. 702 a.E.

Rechtsfolgen entspricht die Stellung dieser Gläubiger jener unter Geltung der *ordonnance 2020*: Ein Anspruch auf Zahlung bei Fälligkeit (*paiement à l'échéance*) besteht nach wie vor nicht, jedoch werden diese Gläubiger im Rahmen einer *procédure collective* wie zuvor im Wege eines *privilège* bevorzugt befriedigt. Dort stehen diese Forderungen im gleichen Rang wie solche, die aus einer Kreditvergabe während einer *période d'observation* stammen (Art. L. 643-8, I, 8°C.Com.) und können auch nicht Gegenstand erzwungener Stundungen und Forderungsverzichte sein, Art. L. 626-20, I, 4° C. com.

dd) Zwischenergebnis

In diesem einigermaßen unübersichtlichen Regelungsgefüge hat die Reform von 2021 dazu geführt, dass die Behandlung von Kreditgebern, die während eines Kollektivverfahrens einen Kredit gewährt haben, grundsätzlich durch das *privilège des créanciers postérieurs méritants* bestimmt wird. Diese Gläubiger werden nicht nur in der Rangfolge bei der Erlösverteilung bevorzugt, sondern sind prinzipiell auch berechtigt, ihre Forderungen bei Fälligkeit im Wege der Zwangsvollstreckung durchzusetzen. Eine abweichende Behandlung wird jenen Kreditgebern zuteil, deren privilegierte Forderung in einem zwischenzeitlich beendeten Verfahren entstanden sind oder welche die Umsetzung eines Sanierungsplans außerhalb eines laufenden Verfahrens finanziert haben: Diese profitieren in einer *liquidation* zwar ebenfalls vom Rangvorrecht der *créanciers postérieurs méritants,* bleiben aber der *discipline collective* mit ihrem Zahlungs- und Vollstreckungsverbot unterworfen. Seit den Reformen von 2020 werden Kreditgeber in der internen Rangfolge der *créanciers postérieurs méritants* auch nicht mehr den übrigen Vertragsgläubigern gleichgestellt, sondern diesen gegenüber bevorzugt, wenn und weil die Finanzierung im weiteren Sinn mit dem Ziel des Unternehmenserhalts während eines Sanierungsverfahrens gewährt wurde.

Besonders augenfällig wird die ausgewählten Kreditgebern nun eingeräumte herausgehobene Stellung bei Kreditierungen zur Umsetzung eines Sanierungsplans. Hier werden ausschließlich Geldkreditgeber bevorzugt, während alle anderen Gläubiger, die dem Unternehmen in dieser Phase Kredit gewähren und dessen Gesundung fördern, einfache *créanciers chirographaires* bleiben. Die Sonderbehandlung der begünstigten Kreditgeber betrifft jetzt auch, anders als unter Geltung der *ordonnance 2020,* nicht mehr ausschließlich Finanzierungen, mit denen Ziel verfolgt wird, den langfristigen Erhalt des Unternehmens zu ermöglichen. Ausreichend ist nun – jenseits der Finanzierungen, die der Umsetzung eines Sanierungsplans dienen – bereits, dass die Kreditgeber den Erhalt des Unternehmens während des Verfahrens ermöglichen wollen. Unverändert geblieben ist aber die Behandlung von Kreditgebern, die im Rahmen einer *liquidation judiciaire* weitere Kredite gewähren. Diese sind nach wie vor allein dem allgemeinen Regime der *créanciers postérieurs méritants* (vgl. Art.

L. 641-13 C. com.) unterworfen. Als solche werden sie den Kreditgebern aus vorangegangenen Verfahren selbst dann untergeordnet, wenn sie mit der Kreditvergabe – etwa im Rahmen einer übertragenden Sanierung – das Ziel des dauerhaften Unternehmenserhalts verfolgen.

c) Einordnung

Im geltenden Recht sind Forderungen, die aus der Vergabe von (Sanierungs-)Krediten nach der Eröffnung eines Kollektivverfahrens resultieren, folglich Gegenstand eines stark ausdifferenzierten Regimes, das nicht nur nach dem Zeitpunkt der Vergabe sowie der (potentiellen) Befriedigung, sondern auch nach den mit der Finanzierung verfolgten Zielen unterscheidet.

aa) Entwicklungslinien – Sonderstellung der Sanierungsfinanzierung?

Blickt man auf die Entwicklung der Rolle der Geldkreditgeber, die nach Eröffnung eines Kollektivverfahrens weitere Kredite gewährt haben, ergibt sich vor allem in jüngster Zeit ein einigermaßen unscharfes Bild. Bevor dieser Rahmen 2020 zur Bekämpfung der wirtschaftlichen Folgen der Covid-19-Pandemie um das beschriebene *privilège de sauvegarde ou de redressement* erweitert wurde, erfuhr die besondere wirtschaftliche Bedeutung von neuen Finanzierungen nur insoweit Berücksichtigung, als diesen als „nützliche" Vertragsgläubiger die Vorzugsbehandlung der *créanciers postérieurs méritants* zuteil wurde. Im Ergebnis wurden die Sanierungsfinanzierer durch das bis 2020 geltende Recht also allein in ihrer Rolle als Vertragspartner des schuldnerischen Unternehmens erfasst. In dieser Funktion wurden sie gegenüber den einfachen Insolvenzgläubigern, nicht aber gegenüber den übrigen Vertragsgläubigern privilegiert. Insbesondere ein mit einer solchen Finanzierung verfolgter Sanierungszweck blieb, anders als beim *privilège de conciliation*, unberücksichtigt. Infolgedessen wurde die Vergabe von Krediten in dieser Phase und insbesondere nach Annahme eines Plans verbreitet als ausgesprochen unattraktiv und riskant wahrgenommen.[816]

In der Ausnahmesituation der Covid-19-Pandemie wurde mit dem *privilège de sauvegarde ou de redressement* aber ein Mechanismus geschaffen, um die Stellung der Gläubiger in dieser Phase zu stärken. In klarer Anlehnung an das *privilège de conciliation*[817] und unter eindeutiger Beschränkung auf Finanzierungen, die dem dauerhaften Erhalt des Unternehmens dienen sollen (d.h. Sanierungsfinanzierungen), wurde diesen Gläubigern erstmals gerade wegen des verfolgten Ziels eine Sonderrolle im Rahmen der Kollektivverfahren eingeräumt. Gleichwohl ist diese Sonderrolle der Sanierungsfinanzierer in sachlicher und zeitlicher Hinsicht eine unvollständige geblieben: Die Privilegierung

---

[816] Vgl. *Lasserre Capdeville*, BJE janvier-février 2022, S. 35, 37, Rn. 17.
[817] Vgl. die Nachweise in Fn. 782.

war von vornherein auf Geldkreditgeber beschränkt und kam überdies nur für neue Finanzierungen zur Anwendung, die im Rahmen der „echten" Sanierungsverfahren gewährt wurden. Unberücksichtigt blieb ein eventuelles Sanierungsziel also bei Finanzierungen, die im Rahmen einer *liquidation judiciaire* gewährt wurden, sowie bei sämtlichen Waren- und Haftungskrediten.

Mit der dauerhaften Einführung hieran angelehnter Regelungen durch die Reformen von 2021 wurde diese Grundentscheidung, Kreditgebern, die das Unternehmen nach Eröffnung eines Kollektivverfahrens weiter unterstützen, besondere Anreize zu setzen, aufrechterhalten. Eine Sonderrolle gerade der Sanierungsfinanzierer lässt sich seither jedoch nur noch sehr eingeschränkt ausmachen. Der für diese Forderungen geltende Rechtsrahmen steht nun dem *privilège des créanciers postérieurs méritants* wieder deutlich näher als dem *privilège de conciliation*. Das äußert sich insbesondere darin, dass für die Privilegierung von Finanzierungen, die während einer *période d'observation* vergeben wurden, gar nicht mehr erforderlich ist, dass mit diesen der dauerhafte Unternehmenserhalt gefördert werden soll oder sie diesem überhaupt dienen. Nur bezüglich der Finanzierungen, die nach Annahme oder Modifikation eines Sanierungsplans vergeben werden, setzt eine Privilegierung nach wie vor – wenngleich nur mittelbar – voraus, dass die Finanzierung dem Unternehmenserhalt dient. Das ergibt sich daraus, dass nur für die Umsetzung des Plans gewährte Finanzierungen erfasst sind, der wiederum auf den Erhalt des Unternehmens gerichtet sein muss. Hintergrund dieses „Rückschritts" im Sinne einer Wiederannäherung an die Rechtslage vor 2020 dürfte insbesondere die angestrebte europäische Harmonisierung des Insolvenzrechts sein, da Art. 17 Abs. 4 der Restrukturierungsrichtlinie mögliche Privilegierungen von „neuen Finanzierungen" und „Zwischenfinanzierungen" i.S.d. von Art. 2 Abs. 1 Nr. 7 f. der Richtlinie ohne Rücksicht auf die damit verbundenen Ziele vorsieht.[818]

Ein allgemeiner Grundsatz des Inhalts, dass für Sanierungsfinanzierungen, die nach Eröffnung eines Kollektivverfahrens ausgereicht wurden, eine Sonderrolle im Sinne einer bevorzugten Behandlung auch gegenüber den übrigen Inhabern einer nach Verfahrenseröffnung entstandenen Forderung bestünde, lässt sich demnach nicht ausmachen.

bb) Das privilège des créanciers postérieurs méritants als „Papiertiger"[819]*?*

Eine andere Frage ist, ob die Stellung, die den Gebern einer Sanierungsfinanzierung eingeräumt wird, tatsächlich einen hinreichenden Anreiz zu einer solchen Kreditvergabe bieten kann. Theoretisch und isoliert betrachtet haben die bestehenden Privilegierungen aufgrund des eingeräumten Rangs und vor allem

---

[818] Vgl. etwa *Lasserre Capdeville*, BJE janvier-février 2022, S. 35, 36, Rn. 9, der die Bedeutung der Restrukturierungsrichtlinie insoweit hervorhebt.

[819] *Boustani*, Les créanciers postérieurs, Rn. 279, S. 149.

der Freistellung vom Zwangsvollstreckungsverbot das Potential, den Kreditgebern eine ausgesprochen effektive Sicherheit zu gewähren. Gerade das Recht auf das *paiement à l'échéance* und die damit zusammenhängende Möglichkeit, die Forderungen gegen den Schuldner gerichtlich durchzusetzen und die Einzelzwangsvollstreckung zu betreiben,[820] stellen an sich ausgesprochen starke Zahlungsgarantien dar.[821] Das gilt besonders für die Zwangsvollstreckung in Gestalt der *saisie-attribution,* bei der dem Gläubiger eine Forderung des Schuldners gegen einen Dritten zur exklusiven Verwertung zugewiesen wird, so dass der Gläubiger sich unbeeinflusst von der Insolvenz seines Schuldners befriedigen kann.[822] Das eingeräumte Rangvorrecht stellt daneben eine Ergänzung dar, die vor allem relevant wird, wenn es dem Gläubiger nicht gelungen ist, sich im Rahmen des *paiement à l'échéance* zu befriedigen.[823] Aufgrund des Rangvorrechts hat der Gläubiger grundsätzlich aber auch in dieser Situation eine relativ vorteilhafte Stellung inne. Gleichwohl wird immer wieder vorgebracht, die Vorzugsstellung der *créanciers postérieurs méritants* sei ein „Papiertiger"[824] und bringe den erfassten Gläubigern in der Realität keinen echten Vorteil.[825]

(1) Das Bestehen eines wirksamen Rangvorrechts als Trugbild

Zum Entstehen des Eindrucks eines sehr wirksamen Rangvorrechts trägt zunächst bei, dass das *critère téléologique* zu einer deutlichen Beschränkung der bevorrechtigten Forderungen führt. Infolge dieser zusätzlichen Hürde konkurrieren weniger Gläubiger im selben Rang um das vorhandene und zu verteilende Vermögen als vor Einführung der *loi de sauvegarde,* bis zu deren Inkrafttreten alle nach Verfahrenseröffnung entstandenen Forderungen gleichberechtigt zu befriedigen waren.[826] Die Befriedigungsaussichten der vom Rangvorrecht erfassten Gläubiger fallen letztlich umso besser aus, je stärker dessen Reichweite beschränkt ist.

Schwierigkeiten bereitet insofern jedoch die Behandlung außervertraglicher Forderungen, namentlich deliktischer Forderungen sowie von Steuerforderungen. Insbesondere letztere können unter Umständen ein erhebliches Ausmaß annehmen. Ein Ausscheiden dieser Forderungen aus dem Geltungsbereich der

---

[820] *Le Corre*, RPC janvier-février 2012, S. 72, 73.

[821] Vgl. *Boustani*, Les créanciers postérieurs, Rn. 229 ff., S. 124 f. und die Nachweise in Fn. 737.

[822] *Boustani*, Les créanciers postérieurs, Rn. 230 f., S. 124 f.; allgemein zur *saisie-attribution* M. *Donnier/J.-B. Donnier*, Execution, Rn. 931 f., 1040; aus deutscher Sicht *J. F. Hoffmann*, Prioritätsgrundsatz, S. 165 f.

[823] *Le Corre*, RPC janvier-février 2012, S. 72, 73.

[824] *Boustani*, Les créanciers postérieurs, Rn. 279, S. 149.

[825] *Boustani*, Les créanciers postérieurs, Rn. 279, S. 149; ähnlich *Berthelot*, RPC juillet-aout 2011, S. 60, 72, Rn. 169 f.; *Gréau*, LPA 12.06.2008, S. 4, 4 f., Rn. 4.

[826] Eingehend oben, 4. Kapitel, B.II.2.a)aa).

Privilegierung würde für die übrigen Gläubiger daher eine deutliche Aufwertung ihrer Forderungen bedeuten. Sicher ist, dass es sich hierbei nicht um Forderungen handelt, die als Gegenleistung für eine erbrachte Leistung i.S.d. Art. L. 641-13, I C. com. entstanden sind.[827] Uneinheitlich wird jedoch beurteilt, ob diese Forderungen für die Bedürfnisse des Verfahrens i.S.d. Art. L. 641-13, I C. com. entstehen. Eindeutig nicht der Fall ist das bei deliktischen Forderungen, die aus einer *vor* Verfahrenseröffnung begangenen Handlung des Schuldners resultieren.[828] Außerhalb solcher klaren Fälle stellt sich die Behandlung dieser sog. *créances légales*[829] aber als ausgesprochen problematisch dar und ist dementsprechend heftig umstritten.

Auf der einen Seite des Meinungsspektrums wird insoweit die *ratio legis* des Art. L. 641-13 C. com., Gläubigern einen Anreiz zu bieten, sich durch neue Beiträge aktiv am Verfahren zu beteiligen, hervorgehoben.[830] Diese müsse dazu führen, dass nur Gläubiger in den Genuss der Privilegierung kommen dürften, die sich freiwillig am Verfahren beteiligt haben oder wenn diesen, wie bei der Fortsetzung von Verträgen, die Inkaufnahme dieses Risikos aufgezwungen wurde.[831] Ergebnis wäre, dass sämtliche außervertraglichen Forderungen aus dem Anwendungsbereich des Art. L. 641-13 C. com. fielen.[832]

Verschiedentlich verweigert man sich jedoch einer derart restriktiven Deutung, da eine solche Beschränkung der Privilegierung keine Stütze im Gesetz finde.[833] Stattdessen müsse maßgeblich sein, ob der *fait générateur* der Forderung (nicht die Forderung selbst, da diese für das Verfahren nie nützlich sei), also der Umstand, der zu deren Entstehung geführt hat, für das Verfahren potentiell nützlich sei[834] bzw. die Entstehung der Forderung durch die Bedürf-

---

[827] *Le Corre*, GP 2010, S. 2770, 2771; unklar *Teboul*, GP 2011, S. 2571, 2573.

[828] *Pérochon*, GP 2005, S. 2972, 2977, Rn. 32; *Pérochon*, Entreprises en difficulté, Rn. 1337. Das ist vor allem relevant, weil die Rechtsprechung teilweise annimmt, dass gewisse deliktische Forderungen erst im Zeitpunkt der gerichtlichen Entscheidung über diese entstünden, so dass in dieser Konstellation eine *créance postérieure* vorliegen kann, vgl. zu dieser Rechtsprechung *Gréau*, LPA 12.06.2008, S. 4, 8, Rn. 18.

[829] Vgl. *Boustani*, Les créanciers postérieurs, Rn. 462, S. 253; *Saint-Alary-Houin/Monsèrié-Bon/Houin-Bressand*, Entreprises en difficulté, Rn. 668.

[830] *Gréau*, LPA 12.06.2008, S. 4, 10, Rn. 25.

[831] *Gréau*, LPA 12.06.2008, S. 4, 10 f., Rn. 25 f.; in Anschluss hieran *Chapon-Le Brethon*, Égalité, Rn. 347, S. 217.

[832] *Gréau*, LPA 12.06.2008, S. 4, Rn. 25 f., 29 ff.; *Chapon-Le Brethon*, Égalité, Rn. 347 f., S. 217 ff.; ablehnend *Boustani*, Les créanciers postérieurs, Rn. 137 f., S. 77 f., Rn. 461 ff., S. 252 ff.

[833] *Le Corre*, GP 2010, S. 2770, 2771 f.; vgl. auch *Pétel*, RPC juin 2006, S. 142, 144, Rn. 16, der sich auf den Willen des Gesetzgebers stützt, der mit der Reform nur die gröbsten Fehlentwicklungen habe korrigieren wollen.

[834] *Pérochon*, GP 2005, S. 2972, 2976, Rn. 28; *Pérochon*, Entreprises en difficulté, Rn. 1329; *Pétel*, RPC juin 2006, S. 142, 144, Rn. 15.

nisse des Verfahrens gerechtfertigt ist.[835] Die Begründung von deliktischen Schadensersatzansprüchen durch den Schuldner ist regelmäßig weder durch die Bedürfnisse des Verfahrens gerechtfertigt, noch ist typischerweise der *fait générateur* für das Verfahren potentiell nützlich, weshalb diese hiernach nicht von der Privilegierung des Art. L. 641-13 C. com. erfasst wären.[836] Etwas anderes könne nur gelten, wenn zwischen der Entstehung der Schadensersatzforderung und der Fortsetzung der Aktivität eine besonders enge Verbindung besteht.[837] Das wiederum sei der Fall, wenn die Handlung, die zur Entstehung der Forderung geführt hat, der Aktivität inhärent sei, d.h. Gegenstand oder Mittel der unternehmerischen Aktivität ist.[838] Hiernach wären z. B. Steuerforderungen privilegiert, wenn sie sich unmittelbar aus der unternehmerischen Aktivität ergeben (z.B. die auf Verkäufe anfallende Mehrwertsteuer), nicht hingegen solche, die nur bei Gelegenheit dieser Aktivität entstehen, wie etwa Grundsteuern (*taxe foncière*).[839]

Insbesondere Steuerforderungen wird jedoch teilweise eine Sonderrolle zugewiesen, indem angenommen wird, dass sie aufgrund der gesetzlichen Pflicht, diese zu befriedigen, stets als privilegierte Forderungen anzusehen seien.[840] Eine solche Bestimmung der Grenzen der Privilegierung, für deren Begründung bisweilen offen auf staatliche Budgetzwänge verwiesen wird,[841] stimmt aber weder mit dem Willen des Gesetzgebers noch mit der Funktion des *critère téléologique* überein und ist daher zurückzuweisen:[842] Motiv der Einführung des *critère téléologique* war gerade, die Reichweite der Privilegierung in Ein-

---

[835] Vgl. *Saint-Alary-Houin/Monsèrié-Bon/Houin-Bressand*, Entreprises en difficulté, Rn. 667.

[836] Vgl. *Saint-Alary-Houin/Monsèrié-Bon/Houin-Bressand*, Entreprises en difficulté, Rn. 667; *Pérochon*, Entreprises en difficulté, Rn. 1338.

[837] Vgl. etwa *Pérochon*, GP 2005, S. 2972, 2977, Rn. 32 f.

[838] *Pérochon*, GP 2005, S. 2972, 2977, Rn. 32 f.

[839] *Pérochon*, GP 2005, S. 2972, 2977, Rn. 33; *Pérochon*, Entreprises en difficulté, Rn. 1340; i.E. auch *Teboul*, GP 2011, S. 2571, 2574; ähnlich *Saint-Alary-Houin/Monsèrié-Bon/Houin-Bressand*, Entreprises en difficulté, Rn. 668; *Pétel*, RPC juin 2006, S. 142, 144 f., Rn. 16 f.; zur *taxe foncière* Cass. com., 14.10.2014, n° 13-24.555; a.A. *Le Corre*, GP 2010, S. 2770, 2774 f., nach dem Forderungen, die ohne das Verfahren nicht hätten entstehen können, stets als *créances nées pour les besoins de la procédure* privilegiert sind, während Forderungen, die bei Gelegenheit des Verfahrens entstehen, als *créances nées pour les besoins de la période d'observation* oder der *poursuite provisoire de l'activité* privilegiert sind, wenn sie während dieser Zeiträume entstehen; ähnlich *Boustani*, Les créanciers postérieurs, Rn. 461 f., S. 252 f.

[840] Insbesondere *Jeantin/Le Cannu*, Entreprises en difficulté⁷, Rn. 770: „[…] [L]'entrée en procédure collective ne doit pas servir de moyen d'évasion fiscale."; in diese Richtung auch *Boustani*, Les créanciers postérieurs, Rn. 461 f., S. 252 f.

[841] Vgl. *Boustani*, Les créanciers postérieurs, Rn. 462, S. 253.

[842] Vgl. *Saint-Alary-Houin/Monsèrié-Bon/Houin-Bressand*, Entreprises en difficulté, Rn. 669; *CA Limoges*, 04.02.2010, RG n° 08/01716 mit zustimmender Anm. *Martin-Serf*, RTDCom. 2010, S. 611; *Roussel Galle*, Revue des sociétés 2010, S. 197.

klang mit dem Verfahrensziel zu bringen und nur solche Forderungen zu privilegieren, die den Verfahrenszwecken dienen.[843] Damit scheint es kaum vereinbar, Steuerforderungen nur deshalb zu privilegieren, weil sie nach der Verfahrenseröffnung entstanden sind oder der Staat seine fiskalischen Interessen verwirklichen will. Entscheidend muss daher auch bei solchen Forderungen sein, ob deren Entstehung durch die Bedürfnisse des Verfahrens gerechtfertigt ist bzw. deren *fait générateur* für das Verfahren potentiell nützlich ist.[844]

Auf dieser Linie bewegt sich nun auch die Rechtsprechung der *Cour de cassation,* nach der es sich z.B. bei Pflichtbeiträgen des Arbeitgebers zur Krankenversicherung[845], der *contribution sociale généralisée*[846], der *cotisation foncière des entreprises*[847] oder der *taxe d'apprentissage*[848] um privilegierte Forderungen handelt. Dabei stellt die *Cour de cassation* entscheidend darauf ab, dass der *fait générateur* dieser Forderungen die ausgeübte unternehmerische Aktivität selbst sei,[849] bzw. die entstandenen Forderungen der unternehmerischen Aktivität „inhärent" seien.[850] Bei der *taxe foncière* etwa, die allein aufgrund des Besitzes einer Immobilie entsteht, und folglich keinen besonderen Zusammenhang mit der unternehmerischen Aktivität aufweise, handle es sich dementsprechend nicht um eine privilegierte Forderung.[851] Auch wenn die Privilegierung also nicht nur auf Forderungen beschränkt ist, aus denen der Schuldner einen Vorteil zieht und insbesondere die Haftung für Steuerverbindlichkeiten nicht vollständig ausgeschlossen ist, führen die Kriterien des Art. L. 641-13 C. com. gleichwohl zu einer erheblichen Beschränkung des Umfangs der privilegierten Forderungen, wodurch die Effektivität dieser Privilegierung deutlich gesteigert wird.

Allerdings kommt dieses Rangvorrecht gem. Art. L. 643-8, I, 8° C. com. erst an achter Stelle zum Tragen. Für dessen tatsächliche Nützlichkeit scheint vor allem von Bedeutung, dass namentlich mit den vorrangigen Arbeitnehmerforderungen, die im zweiten und siebten Rang stehen, vorab Forderungen vollständig zu befriedigen sind, die regelmäßig einen ganz erheblichen Teil des noch verfügbaren Vermögens aufzehren werden. Die *AGS* berichtet dementsprechend von durchschnittlichen Befriedigungsquoten der *créances posté-*

---

[843] Vgl. zur Entstehungsgeschichte bereits oben, 4. Kapitel, B.II.2.a)aa).

[844] *Saint-Alary-Houin/Monsèrié-Bon/Houin-Bressand,* Entreprises en difficulté, Rn. 668 f.; vgl. auch *Pérochon,* Entreprises en difficulté, Rn. 1340.

[845] *Cass. civ. 2e,* 16.09.2010, n° 09-16.182.

[846] *Cass. com.,* 15.06.2011, n° 10-18.726.

[847] *Cass. com.,* 24.03.2021, n° 20-13.832.

[848] *Cass. com.,* 22.02.2017, n° 15-17.166.

[849] *Cass. civ. 2e,* 16.09.2010, n° 09-16.182.

[850] *Cass. com.,* 15.06.2011, n° 10-18.726; 22.02.2017, n° 15-17.166; 24.03.2021, n° 20-13.832.

[851] *Cass. com.,* 14.10.2014, n° 13-24.555.

rieures méritantes von 25 %.[852] In Anbetracht entsprechender Befriedigungsaussichten lässt sich kaum sagen, dass das Rangvorrecht aus Sicht (potentieller) Kreditgeber einen wirklichen Anreiz zur Kreditierung setzt.

(2) Bezahlung aus dem verfügbaren Vermögen – Paiement à l'échéance

Die festgestellten Schwächen des Rangvorrechts werden jedoch möglicherweise dadurch relativiert, dass mit dem *paiement à l'échéance* eine weitere Bevorrechtigung existiert. Weil dieses von der Befriedigungsrangfolge des Art. L. 643-8 C. com. unberührt bleibt und den Gläubigen einen konkurrenzlosen Zugriff auf Vermögenswerte des Schuldners ermöglichen kann, wäre grundsätzlich zu erwarten, dass die erfassten Gläubiger auf diesem Weg regelmäßig eine vollständige Befriedigung ihrer Forderungen erhalten könnten. Geschwächt wird jedoch auch diese Möglichkeit der Gläubiger dadurch, dass das Vermögen, auf welches sie im Wege der Zwangsvollstreckung zugreifen können, stark beschränkt ist. Die wirkliche Bedeutung des *paiement à l'échéance* ist daher deutlich geringer, als sie auf den ersten Blick scheinen mag.

Gewisse Zweifel an der Effektivität dieses Instruments gerade in der Konstellation der Sanierungsfinanzierung ergeben sich im Übrigen bereits daraus, dass dieses naturgemäß voraussetzt, dass die Zahlungsansprüche des Kreditgebers während des Verfahrens fällig werden, in dem ein Recht zum *paiement à l'échéance* besteht. Finanzierungen, die mit dem Ziel gewährt wurden, den langfristigen Unternehmenserhalt zu ermöglichen, dürften in diesem Rahmen aber regelmäßig bestenfalls teilweise fällig werden.[853] Die Reichweite dieses Instituts scheint hier also bereits aus tatsächlichen Gründen begrenzt. Darüber hinaus ist auch die hierfür effektiv verfügbare Vermögensmasse durch anderweitige Bestimmungen stark beschränkt.

(a) Pflicht zur Einzahlung sämtlicher verfügbaren Summen

Eine Beschränkung des verfügbaren Vermögens folgt zunächst aus der gesetzlichen Pflicht des *liquidateur,* alle Gelder, die aus der Verwertung des Schuldnervermögens herrühren, unverzüglich bei der *Caisse des dépôts et consignations* einzuzahlen (Art. L. 641-8 C. com.). Dort sind diese gem. Art. L. 662-1 C. com. dem Zugriff der Gläubiger im Wege der Einzelzwangsvollstreckung

---

[852] *AGS,* Rapport Annuel 2020, S. 78 (abrufbar unter https://www.ags-garantie-salaires.org/files/ags-theme/ags/2021/rapports_annuels_2020/rapport-annuel-dactivité_2020.pdf; zuletzt abgerufen am 30.06.2023) für den Zeitraum zwischen 01.01.2011 und 31.12.2020; für den Zeitraum zwischen 01.01.2006 und 31.12.2018 wurde eine Befriedigungsquote dieser Forderungen von 26,7 % gemeldet, *AGS,* Rapport Annuel 2018/2019 – Les chiffres AGS, S. 21 (abrufbar unter https://www.ags-garantie-salaires.org/files/ags-theme/ags/Fichiers%202019/Rapport%20d'activite/Rapport_annuel-2018_2019-Les_Chiffres_AGS.pdf, zuletzt abgerufen am 30.06.2023).

[853] Vgl. *Dumont/Macorig-Venier,* BJE janvier 2021, S. 62, 64.

entzogen.[854] Der Umfang dieser Pflicht variiert jedoch nach der Verfahrensart, so dass auch die Befriedigungsaussichten der Kreditgeber nach der Art des eröffneten Verfahrens schwanken und insofern zu unterscheiden ist.[855]

Relativ unproblematisch ist diese Pflicht aus Gläubigersicht innerhalb von *sauvegarde* und *redressement*. Hier ist diese Pflicht des Verwalters auf die Einzahlung von für die Fortsetzung der Aktivität nicht benötigten Summen beschränkt, Art. L. 622-18 C. com. Die solcherart privilegierten Forderungen sind aufgrund des *critère téléologique* aber stets untrennbar mit den Bedürfnissen der Fortsetzung der Aktivität verbunden, so dass die aus Art. L. 622-18 C. com. resultierende Pflicht einem *paiement à l'échéance* insoweit nicht entgegensteht.[856]

Für die *liquidation judiciaire* besteht eine entsprechende Beschränkung aber nicht; hier sind nach dem Wortlaut des Art. L. 641-8 C. com. sämtliche erhaltenen Gelder ohne Ausnahme einzahlungspflichtig. Mit einer (ausnahmsweisen) vorläufigen Fortsetzung der unternehmerischen Aktivität innerhalb der *liquidation judiciaire* ist das jedoch kaum in Einklang zu bringen, weil dann auch die für die Fortsetzung der Aktivität benötigten Geschäftspartner nicht befriedigt werden könnten.[857] Daher wird dafür plädiert, die *liquidation judiciaire* mit vorläufig fortgeführter unternehmerischer Aktivität *sauvegarde* und *redressement* gleichzustellen und für die Fortführung benötigte Mittel von der Einzahlungspflicht auszunehmen.[858] Wird die Aktivität des Unternehmens nicht vorläufig fortgesetzt, gibt es aber auch keine *besoins de la poursuite de l'activité*. Der *liquidateur* müsse hier daher trotz allem alle erhaltenen Gelder an die *Caisse des dépôts et consignations* auskehren, so dass diese nicht für das *paiement à l'échéance* zur Verfügung stünden.[859] Im Rahmen der *liquidation judiciaire* ohne Fortsetzung der unternehmerischen Aktivität könnte eine Befriedigung bei Fälligkeit hiernach nur erfolgen, wenn der *liquidateur* die vorhandenen Gelder (noch) nicht an die *Caisse des dépôts et consignations* ausgekehrt hat.[860] Das bedeutet eine erhebliche Schwächung dieses Mechanismus. Freilich scheint kaum denkbar, dass innerhalb einer *liquidation judiciaire* ein

---

[854] Vgl. *Cass. com.*, 22.05.2007, n° 05-21.936; *Pérochon*, Entreprises en difficulté, Rn. 1350; *Le Cannu/Robine*, Entreprises en difficulté, Rn. 735.

[855] Vgl. *Boustani*, Les créanciers postérieurs, Rn. 239, S. 129.

[856] *Boustani*, Les créanciers postérieurs, Rn. 239, S. 129; *Chapon-Le Brethon*, Égalité, Rn. 331, S. 208; vgl. auch *Pérochon*, Entreprises en difficulté, Rn. 1350.

[857] Vgl. *Boustani*, Les créanciers postérieurs, Rn. 239, S. 129; *Chapon-Le Brethon*, Égalité, Rn. 331, S. 208.

[858] *Boustani*, Les créanciers postérieurs, Rn. 239, S. 129; noch weiter gehend *Chapon-Le Brethon*, Égalité, Rn. 331, S. 208, die die zur Befriedigung dieser Gläubiger nötigen Mittel generell von der *consignation* ausnehmen will.

[859] *Boustani*, Les créanciers postérieurs, Rn. 239, S. 129; a.A. *Chapon-Le Brethon*, Égalité, Rn. 331, S. 208.

[860] *Boustani*, Les créanciers postérieurs, Rn. 239, S. 129.

neuer Sanierungskredit gewährt wird, wenn die unternehmerische Aktivität nicht einmal vorläufig fortgeführt wird. In allen anderen Konstellationen besteht aber ohnehin kein Recht zum *paiement à l'échéance* oder die hierfür benötigten Gelder sind nach dem Gesagten nicht von der Einzahlungspflicht betroffen. Diese Schwäche dürfte insoweit daher eher von theoretischer Bedeutung sein.

(b) Die Sonderrolle des super privilège der Arbeitnehmer

Eine weitere, relevantere Einschränkung des *paiement à l'échéance* ergibt sich aus dessen Verhältnis zum *super privilège des salariés*. Dabei gilt grundsätzlich auch in Bezug auf dieses *super privilège*, dass die Rangordnung der Befriedigungsvorrechte (vgl. Art. L. 643-8 C. com.) keine Bedeutung für das *paiement à l'échéance* hat. Der Vorrang der Arbeitnehmer stellt also prinzipiell kein Hindernis für eine Zwangsvollstreckung durch die *créanciers postérieurs méritants* dar.[861]

Das *super privilège* gewährt den Arbeitnehmern für die erfassten Forderungen jedoch nicht nur den erwähnten ersten Rang bei der abschließenden Verteilung des Vermögens, sondern wird flankiert durch die Verpflichtung des Verwalters, diese Forderungen mit den ersten verfügbaren Geldern zu befriedigen, Art. L. 625-8, 641-4 al. 4 C. com. Um diese Bestimmung nicht ins Leere laufen zu lassen, müssen die erhaltenen Gelder dem Zugriff der übrigen Gläubiger entzogen sein, solange die vom *super privilège* erfassten Forderungen nicht vollständig befriedigt sind.[862] Das hat freilich zur Folge, dass das *paiement à l'échéance* der übrigen Gläubiger weitgehend entwertet wird.[863] Insgesamt wird die Bevorrechtigung der *créanciers postérieurs méritants* hierdurch stark abgeschwächt, was im Hinblick auf den klaren Wortlaut des Art. L. 625-8 C. com. und die Sonderrolle der Arbeitnehmer, die das französische Insolvenzrecht diesen allgemein einräumt, aber hinzunehmen ist.

d) Ergebnis

Bei der den *créanciers postérieurs méritants* zukommenden Bevorrechtigung handelt es sich um ein Vorrecht, das Gebern einer Sanierungsfinanzierung in der *liquidation judiciaire* unabhängig vom Zeitpunkt des Vertragsschlusses und der Art des eröffneten Verfahrens zukommt, wenn eine Auszahlung unter Beachtung der Zuständigkeitsregelungen während einer *procédure collective*

---

[861] *Le Corre*, RPC janvier-février 2012, S. 72, 73; *Chapon-Le Brethon*, Égalité, Rn. 330, S. 207.

[862] *Le Corre*, RPC janvier-février 2012, S. 72, 74; *Boustani*, Les créanciers postérieurs, Rn. 243, S. 131; *Chapon-Le Brethon*, Égalité, Rn. 330, S. 207.

[863] *Boustani*, Les créanciers postérieurs, Rn. 243, S. 131; *Le Corre*, RPC janvier-février 2012, S. 72, 74: „[...] [L]a règle du paiement à l'échéance du créancier postérieur méritant nous semble devoir être écartée."; zustimmend *Chapon-Le Brethon*, Égalité, Rn. 330, S. 207.

oder zur Finanzierung eines gerichtlich bestätigten oder modifizierten Sanierungsplans erfolgt ist. Anders als beim *privilège de conciliation* war das mit der Finanzierung verfolgte Ziel bis in die jüngste Vergangenheit insofern jedoch ohne Belang. In Anlehnung an das *privilège de conciliation* wurde diese Zwecksetzung der Finanzierung durch die Reformen von 2020 und 2021 jedoch in den Vordergrund gerückt. Seither findet der Zweck der Finanzierung insoweit Berücksichtigung, als neue Geldkredite aus den Sanierungsverfahren, die mit dem Ziel gewährt werden, das Unternehmen und dessen Aktivität zumindest während des Verfahrens zu erhalten, gegenüber den übrigen vertraglichen Forderungen bevorzugt werden.

Bemerkenswert ist jedoch, dass die vorübergehende Rechtslage unter Geltung der *ordonnance 2020,* nach welcher nur Geldkredite mit dem Ziel des *dauerhaften* Unternehmenserhalts besonders privilegiert waren, dem Verfahrensziel besser entsprach als die nun geltende, dauerhafte Regelung. Letztere bewirkt insoweit gewissermaßen einen Rückschritt, weil nun der Zweck des Privilegs, die Sanierung zu fördern, indem den Gläubigern Anreize gesetzt werden, sich hieran aktiv durch „nützliche" Beiträge zu beteiligen, und dessen Anwendungsbereich wieder stärker auseinandergehen. Erklärbar ist diese Regelung wohl nur vor dem Hintergrund der europäischen Restrukturierungsrichtlinie, die die *Möglichkeit* der Privilegierung auch von sog. Zwischenfinanzierungen ausdrücklich vorsieht.

Deutlich schwächer ist die Bevorrechtigung, wenn die Auszahlung in einem der *liquidation judiciaire* vorangegangenen, abgeschlossenen Sanierungsverfahren oder zur Finanzierung eines Sanierungsplans erfolgt ist. Denn Ausnahmen vom Zahlungs- und Vollstreckungsverbot (*paiement à l'échéance*) bestehen *de lege lata* nur in dem Verfahren, in dem die jeweiligen Forderungen entstanden sind.

Große Besonderheit des *privilège des créanciers postérieurs méritants* ist, dass dieses nicht allein an den Zeitpunkt des Entstehens der Forderung und die Beachtung der Kompetenzverteilung anknüpft, sondern darüber hinaus eine Übereinstimmung mit den Verfahrenszielen voraussetzt. Es findet insofern zwar keine offene Anknüpfung an die „Nützlichkeit" in dem Sinne statt, dass das Verfahren aus der Forderung (bzw. deren *fait générateur*) einen Vorteil ziehen können muss. Forderungen, wie etwa solche aus deliktischen Handlungen des Schuldners, die nicht in engem Zusammenhang mit der unternehmerischen Aktivität stehen, oder Steuerforderungen, die nur gelegentlich dieser Aktivität entstehen, fallen jedoch nicht in den Anwendungsbereich der Bevorrechtigung. Auf diese Weise erfolgt zum Vorteil der erfassten Gläubiger eine erhebliche Begrenzung der privilegierten Passivforderungen, so dass die Wahrscheinlichkeit eines Forderungsausfalls dieser Gläubiger deutlich reduziert scheint.

Dabei hat besonders die durch Art. L. 641-13 C. com. bewirkte Befreiung von der *discipline collective,* d.h. die Freistellung vom Zahlungsverbot, vom

Verbot der gerichtlichen Geltendmachung der Forderungen und vor allem vom Verbot der Einzelzwangsvollstreckung das Potential, ein ausgesprochen wirksames Instrument zur Befriedigung der Gläubiger zu sein. Gerade für Sanierungskredite wird dieses Recht aufgrund ihrer Laufzeit, die u.U. die Dauer des Verfahrens übersteigt, jedoch nur eine geringe Bedeutung haben.

Weitere Schwächen der eingeräumten Bevorrechtigungen ergeben sich aus deren Verhältnis zu *super privilège des salariés* und *paiement à l'échéance*. Diese Wechselwirkungen führen dazu, dass die bestehenden Bevorrechtigungen regelmäßig keine zuverlässige Befriedigung der Kreditgeber ermöglichen, die dem Unternehmen nach Verfahrenseröffnung weiter Kredit gewährt haben, und haben zur Folge, dass die in diese Privilegierungen gesetzten Erwartungen kaum erfüllt werden.[864] So wird das *paiement à l'échéance* durch die Pflicht zur vorrangigen Befriedigung des *super privilège des salariés* sowie der Beschränkung des verfügbaren Vermögens in der *liquidation judiciaire* stark geschwächt. Das Rangvorrecht wird wiederum dadurch entwertet, dass das Vermögen vor der abschließenden Verteilung desselben, in welchem Fall das *privilège* allein greift, durch die Befriedigung der mit dem *super privilège* geschützten Forderungen regelmäßig bereits weitgehend aufgezehrt sein wird.[865]

3. Die Bestellung von Kreditsicherheiten als Ausweg?

Angesichts dieser Schwächen stellt sich die Frage, ob die Bestellung von Kreditsicherheiten Abhilfe und eine wirksame Zahlungsgarantie bieten kann. Dabei ist zunächst zwischen den Personal- und Drittsicherheiten einerseits und den Realsicherheiten andererseits zu unterscheiden.

Innerhalb der Kategorie der Realsicherheiten ist wiederum zwischen „traditionellen" Realsicherheiten („*sûretés réelles traditionelles*")[866] und den sog. *sûretés exclusives* zu unterscheiden.[867] Zu ersteren gehören neben den gesetzlich begründeten *privilèges*[868] etwa die gesetzlichen oder auf Vereinbarung beruhenden *hypothèques*, die dem Gläubiger ein Recht zur bevorrechtigten Befriedigung aus einem belasteten Grundstück vermitteln, das im Besitz des Schuldners verbleibt und von diesem genutzt werden darf.[869] Diese Sicher-

---

[864] *Boustani*, Les créanciers postérieurs, Rn. 279, S. 149: „Tigres de papier sans efficacité concrète, les avantages tirés des dispositions légales sont décevants, voire inexistants dans leur matérialité."; *Berthelot*, RPC juillet-août 2011, S. 60, 72.

[865] Vgl. die durchschnittlichen Befriedigungsquoten dieser Forderungen, Fn. 852.

[866] *Bougerol-Prud'homme*, Exclusivité, Rn. 8, S. 9 f.; *L. Aynès/Crocq/A. Aynès*, Droit des sûretés, Rn. 252.

[867] *Bougerol-Prud'homme*, Exclusivité, passim; *L. Aynès/Crocq/A. Aynès*, Droit des sûretés, Rn. 6, 253.

[868] Siehe zu den im Rahmen der Kollektivverfahren entstehenden *privilèges généraux* bereits oben, 4. Kapitel, B.II.1 und 2.

[869] Vgl. zur Kategorie der *sûretés traditionelles* statt aller *Théry/Gijsbers*, Droit des sûretés, Rn. 171.

heiten basieren im Grundsatz darauf, dass dem Sicherungsnehmer im Verteilungskonflikt mit anderen Gläubigern ein Recht auf bevorzugte Befriedigung aus dem jeweiligen Sicherungsgut (sog. *droit de préférence*) zugewiesen wird[870] und dieser die Sicherheit kraft seines *droit de suite* auch Dritten entgegenhalten kann.[871] Die *sûretés exclusives,* etwa die auf dem Eigentum basierende *fiducie-sûreté*, zeichnen sich hingegen durch eine jede Konkurrenz von vornherein ausschließende *exklusive* Zuweisung des Sicherungsguts zur Verwertung an den Sicherungsnehmer aus.[872] Niederschlag findet diese Unterscheidung nunmehr auch in Art. 2323 C.C. sowie vor allem in Art. L. 643-8 C. com., der *droit de rétention* und Eigentum, also Situationen, in welchen den Sicherungsnehmern eine Blockadeposition im Sinne einer Exklusivität zukommt,[873] von der allgemeinen Befriedigungsrangfolge ausnimmt.

a) Realsicherheiten ohne Exklusivität: Die sûretés réelles traditionelles

aa) Traditionelle Realsicherheiten im Spiegel der Insolvenzrechtsreformen

Solange das französische Insolvenzrecht primär Sanktions- und Vollstreckungsrecht, der Unternehmenserhalt hingegen kein eigenes Anliegen war (d.h. bis zu den Reformen von 1967),[874] unterlag die Durchsetzung und Verwertung von Kreditsicherheiten keinen Einschränkungen.[875] Gesicherte Gläubiger standen außerhalb des Verteilungskonfliktes (*„hors concours"*) und wurden außerhalb des Verfahrens befriedigt.[876] Die Befriedigungsaussichten der Sicherungsnehmer hingen letztlich nur von der Werthaltigkeit des Sicherungsguts ab.[877] Die traditionellen Realsicherheiten konnten die Sicherungsnehmer

---

[870] *Simler/Delebecque*, Sûretés, Rn. 366 a.E, 364; *Bougerol-Prud'homme*, Exclusivité, Rn. 8, S. 9 f.; *Bourassin/Brémond*, Droit des sûretés, Rn. 710; *L. Aynès/Crocq/A. Aynès*, Droit des sûretés, Rn. 252.

[871] *L. Aynès/Crocq/Aynès*, Droit des sûretés, Rn. 252; *Bourassin/Brémond*, Droit des sûretés, Rn. 710.

[872] *Bougerol-Prud'homme*, Exclusivité, Rn. 19 ff., S. 20 ff., insbes. Rn. 76, S. 56; *Favre-Rochex*, Sûretés, Rn. 209, S. 209; *Crocq*, Propriété, Rn. 303, S. 255 ff.; *Crocq*, Mélanges Mouly, S. 317, 326, Rn. 12; *L. Aynès/Crocq/A. Aynès*, Droit des sûretés, Rn. 253. Ob diese dem Sicherungsnehmer auch ein *droit de préférence* vermitteln, wird uneinheitlich beurteilt, vgl. insbesondere *Crocq*, Propriété, Rn. 301, S. 253 ff.; *L. Aynès/Crocq/A. Aynès*, Droit des sûretés, Rn. 253.

[873] Dazu sogleich.

[874] Vgl. oben 2. Kapitel, B.I.

[875] *Favre-Rochex*, Sûretés, Rn. 3, S. 3, Rn. 45, S. 45; *Boustani*, Les créanciers postérieurs, Rn. 376, S. 206.

[876] *Percerou/Desserteaux*, Des faillites & banqueroutes, Bd. II, Rn. 762 f.; *Amlon*, JCl. Proc. Coll. Fasc. 2383, Rn. 1; *Favre-Rochex*, Sûretés, Rn. 3, S. 5, Rn. 32 ff., S. 33 ff.; *Sortais*, RTDCom. 1976, 269.

[877] *Sortais*, RTDCom. 1976, 269.

vor den Reformen von 1967 also vollumfänglich von den insolvenzbedingten Ausfallrisiken abschirmen.[878]

Grundlage dieses Schutzes war eine zweifache Sonderstellung, die die Sicherheiten den Sicherungsnehmern vermittelten: Neben einem *„substantiellen"* Schutz im Sinne einer durch das Insolvenzverfahren unbeeinflussten prioritären Zuweisung des Werts des Sicherungsguts an die Sicherungsnehmer kam diesen eine *„prozessuale"* Sonderstellung zu, da die Verwertung der Realsicherheiten gänzlich außerhalb des Kollektivverfahrens möglich war.[879]

(1) Fortschreitende Entwertung der Realsicherheiten ab 1967

Erste Einschränkungen der traditionellen Stärke der Kreditsicherheiten ergaben sich durch die *loi du 13 juillet 1967*.[880] Mit dieser wurde das Recht der Sicherungsnehmer, das Sicherungsgut zwangsweise zu verwerten, daran geknüpft, dass der Sicherungsnehmer die gesicherte Forderung zum Verfahren anzumelden hatte.[881] Zugleich wurden nun grundsätzlich[882] auch die gesicherten Gläubiger bis zur endgültigen Feststellung ihrer Forderung zum Verfahren dem Vollstreckungsverbot unterworfen.[883] Die Sicherungsnehmer wurden also in das Verfahren eingebunden.[884] Hierdurch wurde die Verwertung der Sicherheiten durch die Sicherungsnehmer im Ergebnis zwar verzögert, nicht aber verhindert oder deren Werthaltigkeit beeinträchtigt.[885]

Noch weiter gehend – und der ausschließlichen Ausrichtung dieses Verfahrens auf den Erhalt von Unternehmen[886] entsprechend – unterwarf die mit der *ordonnance du 23 septembre 1967* eingeführte *suspension provisoire des poursuites* unterschiedslos sämtliche Gläubiger während des gesamten Verfahrens

---

[878] Vgl. *Beudant/Lerebours-Pigeonnière/Voirin*, Droit civil, Bd. XIII, Rn. 53, S. 21: „Pour obtenir une sécurité complète, il faut recourir aux sûretés réelles."; *Dupichot*, Mélanges Aynès, S. 209, 212, Rn. 5.

[879] Vgl. zu diesem Systematisierungsansatz *Dupichot*, Mélanges Aynès, S. 209, 212, Rn. 5, S. 237, Rn. 28.

[880] *Favre-Rochex*, Sûretés, Rn. 45, S. 44 f.; *Boustani*, Les créanciers postérieurs, Rn. 376, S. 207.

[881] *Cass. com.*, 24.01.1973, n° 71-14.191; *Amlon*, JCl. Proc. Coll. Fasc. 2383, Rn. 3; *Favre-Rochex*, Sûretés, Rn. 45, S. 45; *Crocq*, Propriété, Rn. 353, S. 307; *Sortais*, RTDCom. 1976, S. 269, 275 f.

[882] Wurde mangels realistischer Aussichten auf eine erfolgreiche Sanierung eine *liquidation des biens* eröffnet (vgl. Art. 7 L1967), bestanden Abweichungen von dieser Grundregel insoweit, als gesicherten Gläubigern in diesem Rahmen teilweise das Initiativrecht bezüglich der Verwertung zugebilligt wurde, *Sortais*, RTDCom. 1976, S. 269, 280 ff.

[883] *Cass. com.,* 08.11.1973, n° 72-12.407; *Amlon*, JCl. Proc. Coll. Fasc. 2383, Rn. 3; *Favre-Rochex*, Sûretés, Rn. 45, S. 45; *Sortais*, RTDCom. 1976, S. 269, 276 f.

[884] *Sortais*, RTDCom. 1976, S. 269, 277; vgl. auch *Bougerol-Prud'homme*, Exclusivité, Rn. 8, S. 10.

[885] *Favre-Rochex*, Sûretés, Rn. 45, S. 45

[886] Vgl. oben 2. Kapitel, B.II.

einem Vollstreckungsverbot (vgl. Art. 16 f., 34 O1967). Im Rahmen dieses Verfahrens und während der Geltungsdauer eines angenommenen Plans war die Durchsetzung und Verwertung der Sicherheiten damit ausgeschlossen.[887] Im Zuge dieser Reformen verloren die Sicherungsnehmer also ihre prozessuale Sonderstellung, behielten ihre substantielle Privilegierung aber zunächst noch, da die grundsätzliche Möglichkeit, auf Grundlage einer Realsicherheit auch im Insolvenzfall vollumfänglich befriedigt zu werden, noch unberührt blieb.[888]

Eine markante Erweiterung erfuhren die Beschränkungen der Realsicherheiten, die in ihrer Reichweite durch den engen Anwendungsbereich der *suspension provisoire des poursuites*[889] zunächst stark begrenzt waren, durch die Reform von 1985 wiederum entsprechend der Konzeption der neuen Verfahren.[890] Den Sicherungsnehmern wurde die Verwertung ihrer Sicherheiten bei einer Fortführung des Unternehmens nicht nur während der Ausarbeitung eines Plans und der Plandauer[891] verwehrt,[892] sondern das Gericht konnte sogar über diese Plandauer hinausgehende Zahlungsfristen anordnen.[893] Noch weiter gehend verloren die Sicherungsnehmer das Recht zur Verwertung ihrer Sicher-

---

[887] *Sortais*, RTDCom. 1976, S. 269, 271 ff.; *Amlon*, JCl. Proc. Coll. Fasc. 2383, Rn. 3; *Crocq*, Propriété, Rn. 353, S. 307.

[888] Vgl. *Dupichot*, Mélanges Aynès, S. 209, 212, Rn. 5 f.; *Favre-Rochex*, Sûretés, Rn. 45, S. 45. Eine sehr beschränkte auch substantielle Einschränkung ergab sich nur aus dem auch hier schon bestehenden *super privilège* der Arbeitnehmer. Das war – jedenfalls vor 1973 – in Anwendungsbereich und Rechtsfolge deutlich enger gefasst und für Nehmer von Realsicherheiten kaum von Bedeutung, weil es nur einen relativ kleinen Teil der Arbeitnehmerforderungen umfasste und prinzipiell nur zur Anwendung gelangte, wenn das Sicherungsgut innerhalb des Verfahrens verwertet wurde, was aber grundsätzlich nicht der Fall war, vgl. *Sortais*, RTDCom. 1976, S. 269, 281 ff., insbesondere zur Behandlung des Pfandnehmers, dessen Recht sich beim Verkauf der Sache zwar am Erlös der Sache fortsetzte, der insoweit aber vom *super privilège* der Arbeitnehmer verdrängt werden konnte; gleichwohl sehr kritisch *L. Martin*, Banque 1975, S. 1.133, 1.136.

[889] Vgl. oben 2. Kapitel, B.II.

[890] Vgl. etwa *Bougerol-Prud'homme*, Exclusivité, Rn. 8, S. 9 f.; *Boustani*, Les créanciers postérieurs, Rn. 377, S. 207; *Derrida/Godé/Sortais*, Redressement, Rn. 535, S. 401; *Delebecque*, JCP N 1986,
100414, Rn. 3 und passim.

[891] Anders als heute existierte auch noch keine gesetzlich festgeschrieben Höchstdauer; üblich war wohl aber eine Plandauer zwischen fünf und zehn Jahren, vgl. *Crocq*, Propriété, Rn. 356, S. 309; *Derrida/Godé/Sortais*, Redressement, Rn. 535, S. 401, Rn. 548, Fn. 2519, S. 414.

[892] *Delebecque*, JCP N 1986, 100414, Rn. 9.

[893] *Crocq*, Propriété, Rn. 356, S. 309; *Ripert/Roblot*, Traité de droit commercial[12], Rn. 3188; *Derrida/Godé/Sortais*, Redressement, Rn. 535, S. 401, Rn. 548, S. 414.

heiten selbst im Fall der *liquidation judiciaire* und bei völliger Aussichtslosigkeit von Sanierungsversuchen grundsätzlich[894].[895]

Neben diese weitere Einschränkung der prozessualen Sonderrolle der Realsicherheiten, die praktisch völlig aufgehoben wurde, traten nun aber auch erhebliche substantielle Beschränkungen des „Werts" der Realsicherheiten. Fortan waren aus dem Verwertungserlös neben den Verfahrenskosten selbst im Rahmen der *liquidation judiciaire* zunächst vom *super privilège* erfasste Arbeitnehmerforderungen sowie sämtliche nach Verfahrenseröffnung entstandenen Forderungen zu befriedigen, bevor eine Erlösauskehr an den jeweiligen Sicherungsnehmer erfolgen konnte (Art. 40 L1985).[896] Das hatte zur Folge, dass der Erlös bisweilen schon durch diese bevorrechtigten Forderungen aufgezehrt war und die Sicherungsnehmer leer ausgingen.[897] Besonders weit reichten die Beeinträchtigungen bei übertragenden Sanierungen (*cession totale de l'entreprise*), bei denen das Unternehmen unter Geltung des Rechts von 1985 oftmals für rein symbolische Beträge an den Übernehmer verkauft wurde.[898] Diesem konnten die Sicherungsnehmer, die ihr *droit de suite* verloren,[899] ihre Sicherheiten nicht entgegenhalten und wurden nur entsprechend dem Verhältnis des Werts des Sicherungsgegenstandes zum Gesamtwert des Unternehmens am Übernahmepreis beteiligt (vgl. Art. 93 al. 1 L1985).[900] Das führte aufgrund der niedrigen Übernahmepreise regelmäßig zu einem weitgehenden Ausfall dieser Gläubiger.[901]

Ziel dieser Einschränkungen war primär, die Sanierungsaussichten des Unternehmens zu verbessern, indem dieses von der „Last" der Sicherheiten befreit wurde, wodurch das *gage commun* als wirtschaftliche Grundlage der unternehmerischen Tätigkeit geschützt werden sollte.[902] Die auf diesen Erwägungen beruhenden Einschränkungen der traditionellen Realsicherheiten erwiesen sich

---

[894] Zu den Ausnahmen gem. Art. 161 L1985 bei Eröffnung der *liquidation judiciaire*, die aber erst nach dreimonatiger Untätigkeit des Verwalters griffen und nur zur Anwendung kamen, wenn das Verfahren in diesem Zeitpunkt nicht bereits beendet worden war, weil kein verwertbares Vermögen mehr existierte (*clôture pour insuffisance d'actif*, Art. 167 L1985), *Crocq*, Propriété, Rn. 356, S. 310; *Derrida/Godé/Sortais*, Redressement, Rn. 535, S. 401.

[895] *Crocq*, Propriété, Rn. 356, S. 310; *Pérochon*, Entreprises en difficulté, Rn. 16; *Delebecque*, JCP N 1986, 100414, Rn. 11.

[896] *Crocq*, Propriété, Rn. 359, S. 312; *Derrida/Godé/Sortais*, Redressement, Rn. 543, S. 412; *Delebecque*, JCP N 1986, 100414, Rn. 18; *Dupichot*, Mélanges Aynès, S. 209, 213, Rn. 6.

[897] *Crocq*, Propriété, Rn. 359, S. 312 f.

[898] *Crocq*, Propriété, Rn. 361, S. 315.

[899] *Delebecque*, JCP N 1986, S. 100414, Rn. 21.

[900] *Crocq*, Propriété, Rn. 361, S. 315; *M. Cabrillac/Pétel*, D. 1994, chron. 243, 246, Rn. 21; *Ripert/Roblot*, Traité de droit commercial[12], Rn. 3204; *Delebecque*, JCP N 1986, 100414, Rn. 21.

[901] Vgl. *Pérochon*, Entreprises en difficulté, Rn. 2281, 2290 f.

[902] *Favre-Rochex*, Sûretés, vgl. Rn. 45, S. 45.

jedoch als derart intensiv, dass letztere in der Folge weitgehend wert- und funktionslos wurden.[903]

(2) Wiedererstarken der traditionellen Realsicherheiten 1994?

Diese Entwertung der traditionellen Realsicherheiten wurde jedoch bald heftig von Seiten der Kreditwirtschaft und der Rechtswissenschaft kritisiert,[904] weil die Fixierung auf die Ermöglichung insolvenzförmiger Sanierung letztlich die Kreditvergabe an solvente Unternehmen behinderte und sich auf diesem Weg negativ auf die Bestandsaussichten von Unternehmen auszuwirken vermochte.[905] Dementsprechend wurden die Einschränkungen dieser Sicherheiten schließlich 1994 dort abgeschwächt, wo eine Durchsetzung und Verwertung der Sicherheiten nicht in klarem Widerspruch zum verfolgten Sanierungsziel stand.[906] Im Rahmen der *liquidation judiciaire* wurden Sicherungsnehmer aus dem Verwertungserlös nun wieder vor den nach Verfahrenseröffnung entstandenen Forderungen befriedigt und nur noch vom *super privilège* der Arbeitnehmer und den Verfahrenskosten verdrängt.[907] Fortan konnten Sicherungsrechte von Anschaffungsfinanzierungen am finanzierten Gegenstand bei einer übertragenden Sanierung auch wieder dem Übernehmenden entgegengehalten werden (Art. 93 L1994).[908]

(3) Die Bedeutung der Realsicherheiten de lege lata

Durch die Reform von 2005 und die dieser nachfolgenden Änderungen wurde diese Grundorientierung beibehalten und vor allem an die neue Verfahrensvielfalt angepasst. Im Rahmen von *sauvegarde* und *redressement judiciaire* werden die traditionellen Sicherheiten im Allgemeinen und besonders die durch diese vermittelten *droit de préférence* und *droit de suite* stark eingeschränkt, indem die Sicherungsnehmer neben dem Anmeldeerfordernis (Art. 622-24 f., 631-14 C. com.)[909] auch dem Vollstreckungsverbot (Art. 622-7, 631-14 C.

---

[903] Vgl. *M. Cabrillac/Pétel*, D. 1994, chron. 243, 243, Rn. 1; *M. Cabrillac/Mouly/S. Cabrillac/Pétel*, Droit des sûretés, Rn. 8; vgl. auch die Nachweise bei *Favre-Rochex*, Sûretés, Rn. 1, S. 1; *Boustani*, Les créanciers postérieurs, Rn. 377, S. 207.

[904] Vgl. *M. Cabrillac/Pétel*, D. 1994, chron. 243, 243, Rn. 1; *Vasseur*, JCP G 1985, I-3201, Rn. 8; *Ripert/Roblot*, Traité de droit commercial[12], Rn. 2825; *Dupichot*, Mélanges Aynès, S. 209, 213 f., Rn. 6.

[905] *M. Cabrillac/Pétel*, D. 1994, chron. 243, 243, Rn. 1; *Crocq*, Propriété, Rn. 365, S. 317 f.; vgl. auch *Boustani*, Les créanciers postérieurs, Rn. 375, S. 206; *Ripert/Roblot*, Traité de droit commercial[12], Rn. 2825; *Delebecque*, JCP N 1986, 100414, Rn. 18.

[906] M. Cabrillac/Mouly/S. Cabrillac/Pétel, Droit des sûretés, Rn. 8.

[907] *Crocq*, Propriété, Rn. 359, S. 313.

[908] *M. Cabrillac/Pétel*, D. 1994, chron. 243, 246, Rn. 23 f.

[909] *Saint-Alary-Houin/Monsèrié-Bon/Houin-Bressand*, Entreprises en difficulté, Rn. 761, 769; *Pérochon*, Entreprises en difficulté, Rn. 2775; *Bourassin/Brémond*, Droit des sûretés, Rn. 1355 ff.

B. Schutz vor insolvenzbedingten Ausfallrisiken   261

com.) unterworfen werden.[910] Wird das Sicherungsgut verwertet, werden die Sicherungsnehmer nicht außer Konkurrenz, sondern nach der Rangfolge des Art. L. 622-17 C. com. befriedigt, d.h. insbesondere nach sämtlichen *privilèges de procédure* und dem *super privilège* der Arbeitnehmer.[911] Diese Sicherheiten können hier in der Regel also nicht nur keine pünktliche, sondern auch keine vollständige Befriedigung gewährleisten.[912]

Besonders starke Eingriffe in die Funktionsweise der Sicherheiten bestehen bei einer *cession partielle ou totale,* bei der der Sicherungsnehmer, der kein Anschaffungsfinanzierer ist, dem Übernehmenden die Sicherheit nicht entgegenhalten kann, wenn dieser den Übernahmepreis vollständig entrichtet hat (Art. L. 642-12 al. 3 C. com.).[913] Der Erlös wird zwar entsprechend des Verhältnisses des Werts des Sicherungsgegenstandes zum übergegangenen Gesamtbestand auf die jeweiligen Sicherungsnehmer verteilt (Art. L. 642-12 al. 1 C. com.).[914] Zumeist wird der Übernahmepreis jedoch deutlich unter dem Marktwert der einzelnen Gegenstände liegen, weshalb auch insoweit nicht mit einer vollständigen Befriedigung zu rechnen ist.[915]

Auch einer *liquidation judiciaire*, deren Eröffnung – anders als *sauvegarde* und *redressement* – zur Fälligkeit sämtlicher Forderungen führt (Art. L. 643-1 C. com.), kann eine solche Sicherheit nur entgegengehalten werden, wenn sie rechtzeitig angemeldet wurde (Art. L. 641-3, 622-24 C. com.). Hier sind die Gläubiger, die über ein *privilège spécial*, ein *gage*, ein *nantissement* oder eine *hypothèque* verfügen, sowie der Fiskus aber zur selbständigen Verwertung berechtigt, wenn der Verwalter es nicht innerhalb von drei Monaten ab Verfahrenseröffnung unternimmt, den Sicherungsgegenstand zu verwerten (Art. L. 643-2 C. com.). Auch in diesem Fall gilt jedoch die allgemeine Befriedigungsreihenfolge des Art. L. 643-8 C. com.[916] Demnach kann das Ergreifen der Initiative dem Sicherungsnehmer zwar Zeitersparnis, in Bezug auf die Befriedigungsaussichten aber nur insofern einen besonderen Vorteil bringen, als der Gläubiger unter Umständen einen höheren Verwertungserlös als der *liqui-*

---

[910] *Saint-Alary-Houin/Monsèrié-Bon/Houin-Bressand*, Entreprises en difficulté, Rn. 684 ff.; *Bourassin/Brémond*, Droit des sûretés, Rn. 1394 ff.

[911] *Pérochon*, Entreprises en difficulté, Rn. 1361; vgl. *Bourassin/Brémond*, Droit des sûretés, Rn. 1409, 1418.

[912] *M. Cabrillac/Mouly/S. Cabrillac/Pétel*, Droit des sûretés, Rn. 8.

[913] *Pérochon*, Entreprises en difficulté, Rn. 2290, 2293 f.

[914] *Pérochon*, Entreprises en difficulté, Rn. 2290; *Bourassin/Brémond*, Droit des sûretés, Rn. 1403.

[915] Vgl. *Pérochon*, Entreprises en difficulté, Rn. 2281; *Boustani*, Les créanciers postérieurs, Rn. 382, S. 209 f.

[916] *Pérochon*, Entreprises en difficulté, Rn. 2131; vgl. zum Recht vor der Reform von 2021 *Bourassin/Brémond*, Droit des sûretés, Rn. 1404.

dateur erzielen kann.⁹¹⁷ Zumindest für die Inhaber von Immobiliarsicherheiten sieht Art. L. 643-8 C. com. aber eine Befriedigung vor den *créanciers postérieurs méritants* vor, so dass die Verteilungsordnung für diese Gläubiger deutlich vorteilhafter ist als in den übrigen Verfahren. Die Befriedigungsaussichten hängen insoweit also maßgeblich vom Umfang der noch unerfüllten, vom *super privilège* erfassten Forderungen ab, die den Sicherheiten auch hier vorgehen.

Unabhängig davon, welches Verfahren eröffnet wurde, wird das durch die Sicherheit vermittelte *droit de préférence* bei Eröffnung einer *procédure collective* durch das „Einschieben" neuer, vorrangiger Gläubiger also deutlich entwertet.⁹¹⁸ Zumindest für Immobiliarsicherheiten ist dieser Effekt im Rahmen der *liquidation judiciaire* aber wesentlich schwächer als in den übrigen Verfahren. Diese abgestufte Eingriffsintensität⁹¹⁹ lässt sich im Kern mit dem Zweck der Beschränkung erklären: Ist ein Erhalt der unternehmerischen Aktivität nicht mehr möglich, wie es bei einer *liquidation judiciaire* mit Zerschlagung des Unternehmens der Fall ist, besteht kein Grund mehr, Verwertungen des Vermögensguts zu verhindern.⁹²⁰ Ist hingegen eine Fortsetzung der unternehmerischen Aktivität durch einen Dritten vorstellbar, wie es bei der *cession (partielle)* der Fall ist, spricht die Zielsetzung, die Fortführung dieser Aktivität soweit als möglich zu unterstützen, dafür, den Übernehmenden von der Belastung der zuvor bestellten Sicherheiten zu befreien, um die Fortführung zu erleichtern.⁹²¹

bb) Zwischenbefund

Ergebnis ist demnach auch insoweit eine fortschreitende „Instrumentalisierung" der Kreditsicherheiten,⁹²² an deren Entwicklung sich die Veränderungen bezüglich der Orientierung der französischen Insolvenzverfahren ablesen lassen. *De lege lata* wird die Effektivität der Kreditsicherheiten nicht primär von den Bedürfnissen des Kreditwesens, also deren eigentlicher Zwecksetzung,⁹²³

---

⁹¹⁷ *Pérochon*, Entreprises en difficulté, Rn. 2131; vgl. *Cass. com.*, 19.12.1995, n° 92-19.525: „[…] [A]ttendu que le droit de poursuite individuelle des créanciers, qui ne peut avoir pour effet de modifier l'ordre des paiements, autorise seulement la poursuite ou l'engagement des voies d'exécution […]."

⁹¹⁸ *M. Cabrillac/Mouly/S. Cabrillac/Pétel*, Droit des sûretés, Rn. 8; vgl. auch *Boustani*, Les créanciers postérieurs, Rn. 382, S. 210.

⁹¹⁹ Vgl. *Borga/Pérochon*, RPC juillet-août 2018, dossier n° 20, Rn. 4: „efficacité graduelle".

⁹²⁰ Vgl. *M. Cabrillac/Pétel*, D. 1994, chron. 243, 243, Rn. 5.

⁹²¹ Vgl. *Boustani*, Les créanciers postérieurs, Rn. 383, S. 210.

⁹²² *Boustani*, Les créanciers postérieurs, Rn. 385, S. 211, Rn. 426 ff., S. 231 f. und passim.

⁹²³ Vgl. zu den Funktionen von Kreditsicherheiten *Dupichot*, Mélanges Aynès, S. 209, 209, Rn. 1; *L. Martin*, Banque 1975, S. 1.133, 1.133 ff.; siehe auch die Anforderungen an

sondern vor allem von den autonomen Zielen der *procédures collectives* abhängig gemacht.[924] Dem französischen Recht liegt insoweit spätestens seit 1985 eine Betrachtung der Realsicherheiten am Schuldnervermögen primär als Sanierungshindernis zugrunde, die zur Einschränkung ihrer Wirksamkeit führt, wenn die Verwertung der Sicherheiten die Unternehmensfortführung beeinträchtigen könnte.[925]

Anders als unter Geltung des Rechts von 1985 ist das seit der Reform von 1994 aber nicht mehr ausnahmslos verwirklicht, sondern – gewissermaßen als Konzession an die Bedürfnisse der Kreditwirtschaft[926] – im Rahmen der *liquidation* etwas abgeschwächt. Das ist jedoch nicht Ausdruck einer Aufgabe oder Einschränkung des Primats des Insolvenzrechts, sondern ganz im Gegenteil gerade dessen konsequente Ausformung, da die Wirksamkeit nur dort und auch nur partiell wiederhergestellt wird, wo ein Unternehmenserhalt nur noch im absoluten Ausnahmefall gelingt.[927] Es zeigt sich erneut der bereits identifizierte Konflikt zwischen der Sanierungsförderung innerhalb eröffneter Verfahren und den Finanzierungsmöglichkeiten außerhalb eines Verfahrens, die bei zu starker Einschränkung der Sicherheiten beeinträchtigt werden. Im Umgang mit diesem Konflikt hat sich der französische Gesetzgeber seit 1994 von dem Dogmatismus, der das Recht von 1985 insgesamt durchdrungen hatte, entfernt und zu einer pragmatischeren Handhabung gefunden. Seither gewinnen Kreditsicherheiten an Wirksamkeit, wenn deren Durchsetzung den Unternehmenserhalt realistischerweise nicht mehr stören kann.

b) Drittsicherheiten

Diese Beschränkung der traditionellen Realsicherheiten hat in einer Gegenbewegung allerdings zu einem erheblichen Bedeutungsgewinn der Personalsicherheiten bzw. Drittsicherheiten im Allgemeinen geführt.[928] Denn deren

---

eine „ideale" Kreditsicherheit bei *L. Aynès/Crocq/A. Aynès*, Droit des sûretés, Rn. 8; vgl. auch *M. Cabrillac/Mouly/S. Cabrillac/Pétel*, Droit des sûretés, Rn. 7; eingehend hierzu auch *Gouëzel*, JCl. Contrats – Distribution, Fasc. 2810, Rn. 40 ff.

[924] *Boustani*, Les créanciers postérieurs, Rn. 426, 429, S. 231 f.

[925] So schon unter Geltung des Rechts von 1967 *L. Martin*, Banque 1975, S. 1.133, 1.139.

[926] Vgl. zum Zusammenhang von Kreditierung und Kreditsicherheiten die griffige und vielzitierte Formel *Martins*: „sûretés traquées: crédit détraqué", *L. Martin*, Banque 1975, S. 1.133, 1.133, 1.139; gleichermaßen *Dupichot*, Mélanges Aynès, S. 209, 209, Rn. 1.

[927] Vgl. *SDSE – Service statistique ministériel de la justice*, Infostat n° 185, S. 8, abrufbar unter: https://www.presse.justice.gouv.fr/art_pix/Infostat_185.pdf (zuletzt abgerufen am 30.06.2023), ein *plan de cession* gelinge im Fall der *liquidation* in der Praxis so selten, dass diese Möglichkeit in dieser statistischen Untersuchung zu den Insolvenzverfahren gar nicht betrachtet wurde.

[928] Vgl. *M. Cabrillac/Mouly/S. Cabrillac/Pétel*, Droit des sûretés, Rn. 8; *Bougerol-Prud'homme*, Exclusivité, Rn. 8, S. 10.

Durchsetzbarkeit und Wirksamkeit waren von der Neuausrichtung der Verfahren auf den Unternehmenserhalt zunächst unbeeinträchtigt geblieben.[929]

Limitiert wurde die Wirksamkeit von Drittsicherheiten erstmals durch die Reform von 1994. In einem ersten Schritt wurde das aus der Verfahrenseröffnung resultierende Vollstreckungsverbot gegenüber dem Insolvenzschuldner bei der *caution* auf den Sicherungsgeber erstreckt, wenn es sich bei diesem um eine natürliche Person handelte (Art. 55 al. 2 L1994).[930] Mit den Reformen ab 2005 wurde diese Regelung sodann an die neue Verfahrensvielfalt angepasst und der Schutz des Sicherungsgebers von dem eröffneten Verfahren abhängig gemacht.[931] Daneben wurden die bestehenden Beschränkungen 2005 auf alle Personalsicherheiten und 2008 auf alle Drittsicherheiten erweitert, um Umgehungsstrategien der Sicherungsnehmer zu verhindern.[932] Die Geltendmachung solcher Sicherheiten ist seither während einer *période d'observation* generell ausgeschlossen, wenn der Sicherungsgeber eine natürliche Person ist (Art. 622-28 al. 2 C. com.).[933] Uneingeschränkt wirksam bleiben diese Sicherheiten hingegen, wenn sie von einer juristischen Person gestellt wurden oder eine *liquidation judiciaire* eröffnet wurde.[934]

Hintergrund der Einschränkung der Drittsicherheiten (und vor allem der Personalsicherheiten) ist dabei nicht der Schutz von natürlichen Personen vor finanziellen Überforderungen oder ähnlichem, sondern primär die Förderung von (frühzeitigen) Sanierungsmaßnahmen.[935] Solche Sicherheiten werden oft

---

[929] *Favre-Rochex*, Sûretés, Rn. 101, S. 102 f.; *Atsarias*, Protection des garants, Rn. 785, S. 504 f., Rn. 792 f. S. 509 ff.; *Delebecque*, JCP N 1986, 100414, Rn. 28 ff. Eine Ausnahme bestand insoweit, als das an die verspätete Anmeldung der Hauptforderung zum Verfahren angeknüpfte Erlöschen dieser Forderung (Art. 53 L1985) bei der *caution* als akzessorischer Sicherheit dazu führte, dass sich hier auch der Sicherungsgeber gegenüber dem Gläubiger auf das Erlöschen der Forderung berufen durfte, sich also einer Inanspruchnahme entziehen konnte, vgl. *Delebecque*, JCP N 1986, 100414, Rn. 29.

[930] Menjucq/Saintourens/Soinne/*Macorig-Venier*, Traité des procédures collectives, Rn. 1744, 1748.

[931] Menjucq/Saintourens/Soinne/*Macorig-Venier*, Traité des procédures collectives, Rn. 1745.

[932] Menjucq/Saintourens/Soinne/*Macorig-Venier*, Traité des procédures collectives, Rn. 1745; *Pérochon*, Entreprises en difficulté, Rn. 1091.

[933] Menjucq/Saintourens/Soinne/*Macorig-Venier*, Traité des procédures collectives, Rn. 1748 ff.; *Gout*, JCP N 2012, 1339, Rn. 3.

[934] Menjucq/Saintourens/Soinne/*Macorig-Venier*, Traité des procédures collectives, Rn. 1752, 1754; *Boustani*, Les créanciers postérieurs, Rn. 395, S. 217.

[935] *Simler/Delebecque*, Sûretés, Rn. 185; *Favre-Rochex*, Sûretés, Rn. 97, S. 101, Rn. 110, S. 110; Menjucq/Saintourens/Soinne/*Macorig-Venier*, Traité des procédures collectives, Rn. 1745; *Boustani*, Les créanciers postérieurs, Rn. 396, S. 217 f.; *Atsarias*, Protection des garants, Rn. 785, S. 504 f.; *Gout*, JCP N 2012, 1339, Rn. 3.

von Geschäftsführern des schuldnerischen Unternehmens gestellt.[936] Ohne derartige Schutzmechanismen hätten diese nur wenig Anreiz, die Sanierung des Unternehmens im Wege eines Präventivverfahrens anzustreben, das aber nur auf Schuldnerantrag eröffnet werden kann.[937] Denn die Eröffnung eines solchen Verfahrens hätte aufgrund des Zahlungs- und Vollstreckungsverbots regelmäßig den Eintritt des Sicherungsfalls zur Folge, so dass die Stellung eines Eröffnungsantrags für die Geschäftsführer die persönliche und unbedingte Haftung für die Unternehmensschulden bedeutete.[938] Auch die Durchsetzbarkeit von Drittsicherheiten ist mithin gesetzgeberisches Instrument zur Förderung der Sanierung und ist entsprechend der Erreichbarkeit dieses Ziels variabel ausgestaltet.[939] Für den Fall der *liquidation judiciaire* kann die Bestellung einer Drittsicherheit aber, die Zahlungsfähigkeit des Dritten bzw. die Werthaltigkeit des Sicherungsguts vorausgesetzt, eine vollständige und unverzügliche Befriedigung gewährleisten.

c) Sûretés exclusives

Neben dem beschriebenen Bedeutungszuwachs der Personal- und Drittsicherheiten hat die Beschränkung der traditionellen Realsicherheiten insbesondere zu einer vermehrten Inanspruchnahme von (Sicherungs-)Mechanismen geführt, die jede Konkurrenz der Gläubiger in Bezug auf das Sicherungsgut durch die Einräumung einer exklusiven Stellung des Sicherungsnehmers von vornherein ausschließen.[940]

Ergeben kann sich eine solche exklusive Stellung des Sicherungsnehmers im Rahmen des heutigen Rechts[941] zunächst aus einer Eigentümerstellung des Sicherungsnehmers.[942] Hier, bei den sog. *propriété-sûretés,* gehört das Siche-

---

[936] *Simler/Delebecque*, Sûretés, Rn. 185; *Pérochon*, Entreprises en difficulté, Rn. 1090; *Boustani*, Les créanciers postérieurs, Rn. 396, S. 218; *Gout*, JCP N 2012, 1339, Rn. 3; eingehend hierzu *Legeais*, Mélanges Bouloc, S. 599, 599 ff.

[937] Vgl. Art. L. 611-6, 620-1 C. com.; *Favre-Rochex*, Sûretés, Rn. 110, S. 110; Menjucq/Saintourens/Soinne/*Macorig-Venier*, Traité des procédures collectives, Rn. 1745.

[938] *Simler/Delebecque*, Sûretés, Rn. 185; *Favre-Rochex*, Sûretés, Rn. 110, S. 110; Menjucq/Saintourens/Soinne/*Macorig-Venier*, Traité des procédures collectives, Rn. 1746; *Gout*, JCP N 2012, 1339, Rn. 3; *Legeais*, Mélanges Bouloc, S. 599, 606.

[939] Insbesondere *Boustani*, Les créanciers postérieurs, Rn. 392, S. 215; *Atsarias*, Protection des garants, Rn. 786, S. 505; *Gout*, JCP N 2012, 1339, Rn. 3.

[940] *Bougerol-Prud'homme*, Exclusivité, Rn. 8, S. 10; *Macorig-Venier*, LPA 11.02.2011, S. 59; vgl. auch *Gout*, JCP N 2012, 1339, Rn. 6; *Bourassin/Brémond*, Droit des sûretés, Rn. 712; *Gijsbers*, Sûretés, Rn. 130, S. 127 f.

[941] Vgl. Art. L. 643-8 C. com., der die Behandlung von Eigentum und *droit de rétention* ausdrücklich von der allgemeinen Verteilungsrangfolge ausnimmt.

[942] *Macorig-Venier*, LPA 11.02.2011, S. 59; *Gout*, JCP N 2012, 1339, Rn. 6; *Bourassin/Brémond*, Droit des sûretés, Rn. 712; *L. Aynès/Crocq/A. Aynès*, Droit des sûretés, Rn. 253, 457 f.

rungsgut also (jedenfalls formal) nicht zum schuldnerischen Vermögen und ist dem Sicherungsnehmer zur ausschließlichen Verwertung zugewiesen.[943] Zur Besicherung von Krediten wird dabei aus dieser Gruppe vor allem die Übertragung des Vollrechts am Sicherungsgut zu Sicherungszwecken im Rahmen der *fiducie-sûreté* in Betracht kommen.[944] Eine exklusive Stellung in diesem Sinn kann sich aber auch ohne Eigentümerstellung des Sicherungsnehmers daraus ergeben, dass dieser eine Verwertung durch den Schuldner oder einen Verwalter kraft einer anderweitigen Blockadeposition verhindern kann.[945] Das ist namentlich der Fall, wenn dem Sicherungsnehmer das Recht zusteht, die Herausgabe des Sicherungsguts kraft eines Zurückbehaltungsrechts (*droit de rétention*) zu verweigern, das dem Verfahren entgegengehalten werden kann.[946]

Bereits unter Geltung des Rechts von 1985 kam vollrechtsbasierten Sicherheiten (insbesondere Sicherungsabtretungen (*„cession Dailly"*) und Eigentumsvorbehalten)[947] eine Sonderrolle zu. Diese behielten auch im Rahmen einer *procédure collective* ihre Wirksamkeit,[948] da sie nicht in die allgemeine Befriedigungsrangfolge eingeordnet und insbesondere nicht dem Vorrecht des Art. 40 L1985 untergeordnet wurden,[949] grundsätzlich nicht dem Vollstreckungs- und Verwertungsverbot unterworfen waren[950] und prinzipiell auch durch einen *plan de cession* nicht berührt wurden.[951] Da die Übertragung von Vollrechten zu Sicherungszwecken vor der Kodifikation der *fiducie-sûreté* im Jahr 2007 nur punktuell, vor allem durch die Sicherungszession im unternehmerischen Verkehr im Wege der *cession Dailly,* nicht aber allgemein anerkannt war,[952] blieb diese Sonderstellung der exklusiven Sicherheiten aber lange Zeit von geringerer Relevanz. Umso bemerkenswerter ist aber, dass diese Sicherheiten, soweit sie wirksam bestellt werden konnten, trotz der offenkundigen Unvereinbarkeit einer unbeschränkten Durchsetzbarkeit mit dessen rigorosen

---

[943] *Macorig-Venier*, LPA 11.02.2011, S. 59; vgl. auch *Gijsbers*, Sûretés, Rn. 348, S. 349.

[944] Zur Rechtsstellung des *fiduciaire Fix*, Fiducie-sûreté, S. 29 ff.; eingehend auch zu alternativen Interpretationen *Gijsbers*, Sûretés, Rn. 90 ff., S. 85 ff.

[945] Eingehend zur solchen Konstellationen *Bougerol-Prud'homme*, Exclusivité, Rn. 141 ff., S. 110 ff.

[946] *Macorig-Venier*, LPA 11.02.2011, S. 59; vgl. auch *Le Corre*, LPA 11.02.2011, S. 68; *Gout*, JCP N 2012, 1339, Rn. 6; *Bourassin/Brémond*, Droit des sûretés, Rn. 712.

[947] Vgl. zur Entwicklung und Vorgeschichte dieser Sicherheiten *Favre-Rochex*, Sûretés, Rn. 224 ff., S. 219 ff.

[948] *Derrida/Godé/Sortais*, Redressement, Rn. 535, S. 402.

[949] *Crocq*, Propriété, Rn. 368, S. 322.

[950] *Crocq*, Propriété, Rn. 369 ff., S. 322 ff.; vgl. auch *Delebecque*, JCP N 1986, 100414, Rn. 3.

[951] *Crocq*, Propriété, Rn. 374 ff., S. 328 ff.

[952] Vgl. zu den bereits vor 2007 bestehenden vollrechtsbasierten Sicherungsinstrumenten *Crocq*, Propriété, Rn. 29 ff., S. 22 ff.

Sanierungsdenken unter Geltung des Rechts von 1985 uneingeschränkt verwertbar waren.

aa) Droit de rétention

Eine Zwitterstellung im Rahmen der exklusiven Sicherheiten nimmt das klassische Sachpfand (*gage avec dépossession*) ein. Hier kommt dem Sicherungsnehmer nicht nur ein *droit de préférence* zu,[953] sondern ihm steht kraft seines Besitzes auch eine Blockadeposition zu,[954] die durch ein Zurückbehaltungsrecht gem. Art. 2286 1° C.C. abgesichert ist.[955] Bemerkenswert ist insofern aber vor allem die Einführung der *gages sans dépossession*. Bei diesen bleibt der Sicherungsnehmer – anders als beim herkömmlichen *gage*[956] – im Besitz des Sicherungsgegenstands, ihm wird jedoch ein fiktives Zurückbehaltungsrecht (*droit de rétention fictif*) zugewiesen,[957] Art. 2286 4° C.C. Insoweit besteht also eine gewisse Vermischung der Kategorien der „traditionellen" und exklusiven Sicherheiten, weil diesen Sicherungsnehmern grundsätzlich sowohl ein *droit de préférence* als auch eine Blockadeposition im Sinne einer Exklusivität zukommt.

(1) Das Blockadepotential des Besitzpfands

Außerhalb der Kollektivverfahren erfolgt eine Verwertung des Sicherungsguts bei einem *gage* dadurch, dass der Sicherungsnehmer den Verkauf der Sache erzwingt (*réalisation forcée*), Art. 2346 C.C., wobei er aus dem Verkaufserlös bevorzugt befriedigt wird, Art. 2333 C.C.[958] Daneben besteht die Möglichkeit der *attribution judiciaire*,[959] bei der dem Sicherungsnehmer in einem gericht-

---

[953] *Simler/Delebecque*, Sûretés, Rn. 644; *M. Cabrillac/Mouly/S. Cabrillac/Pétel*, Droit des sûretés, Rn. 777; *L. Aynès/Crocq/A. Aynès*, Droit des sûretés, Rn. 329.

[954] *Macorig-Venier*, LPA 11.02.2011, S. 59; *Gout*, JCP N 2012, 1339, Rn. 6 f.

[955] *Simler/Delebecque*, Sûretés, Rn. 642; *L. Aynès/Crocq/A. Aynès*, Droit des sûretés, Rn. 332.

[956] *Bourassin/Brémond*, Droit des sûretés, Rn. 904 ff.

[957] *L. Aynès/Crocq/A. Aynès*, Droit des sûretés, Rn. 293; sehr kritisch zu Bedeutung und Reichweite des *droit de rétention fictif A. Aynès*, JCP G 2009, I-119, Rn. 7.

[958] *Bourassin/Brémond*, Droit des sûretés, Rn. 922; *L. Aynès/Crocq/A. Aynès*, Droit des sûretés, Rn. 328 f.

[959] *L. Aynès/Crocq/A. Aynès*, Droit des sûretés, Rn. 330; zulässig ist gem. Art. 2348 C.C. zwar auch die Vereinbarung einer Verfallklausel (*pacte commissoire*) für den Fall, dass der Schuldner die gesicherte Verbindlichkeit nicht erfüllt, so dass der Sicherungsnehmer ohne Weiteres das Eigentum an der Sache erhält und diese verwerten kann. Im Rahmen von *sauvegarde* und *redressement* kann sich der Sicherungsnehmer gem. Art. L. 622-7, I al. 3, 631-14 C. com. hierauf aber nicht berufen, vgl. hierzu etwa *M. Cabrillac/Mouly/S. Cabrillac/Pétel*, Droit des sûretés, Rn. 1091 ff., 1099.

lichen Verfahren das Eigentum am Sicherungsgut zugewiesen wird, so dass dieser die Sache selbst verwerten kann, Art. 2347 C.C.[960]

Diese Verwertungsarten sind nach Eröffnung einer *procédure collective* grundsätzlich gesperrt (Art. L. 622-7, 631-14, 641-3 C. com.).[961] Die Verwertung des Sicherungsguts bzw. eine Befriedigung des Sicherungsnehmers auf dessen Initiative sind im Rahmen dieser Verfahren daher prinzipiell nicht möglich.[962] Allerdings kann der Sicherungsnehmer eines *gage,* der sich im Besitz der Sache befindet, sein Zurückbehaltungsrecht (*droit de rétention*) nicht nur dem Schuldner bzw. einem Verwalter, sondern auch Erwerbern der Sache entgegenhalten.[963] Dem Sicherungsnehmer bleibt demnach zwar grundsätzlich die Verwertung der Sache und damit seine Befriedigung verwehrt. Aufgrund seiner Blockadeposition kann jedoch ohne vollständige Erfüllung der gesicherten Forderung auch kein Verlust oder Eingriff in das Sicherungsgut erfolgen.[964]

Allerdings gesteht Art. L. 622-7, II, al. 2, 631-14 C. com. dem Verwalter innerhalb einer *période d'observation* nach Zustimmung des *juge-commissaire* das Recht zu, den Sicherungsnehmer, der beim *gage avec dépossession* aufgrund seines Zurückbehaltungsrechts die Herausgabe des Sicherungsguts bis zu seiner vollständigen Befriedigung verweigern kann (Art. 2286 1° C.C.), vollständig zu befriedigen, wenn diese Sache zur Fortführung des Unternehmens benötigt wird. Die Blockadeposition des Sicherungsnehmers, die sich aus dessen Besitz, verbunden mit dem *droit de rétention* ergibt, führt demnach dazu, dass dieser hier *hors concours,* d.h. außerhalb des Verteilungskonflikts befriedigt wird[965] und auch eine Veräußerung der Sache während des Verfahrens nicht dazu führen kann, dass er seine Position verliert.

Noch stärker ist dessen Stellung im Rahmen einer *liquidation judiciaire,* in der der *liquidateur,* um die Herausgabe der Sache zu erreichen, den Sicherungsnehmer (mit Genehmigung des *juge-commissaire*) auch dann befriedigen kann, wenn die Sache zur Fortführung der Aktivität nicht benötigt wird oder diese gar nicht fortgesetzt wird, Art. L. 641-3 al. 2. C. com. Auch trifft den *liquidateur* die Pflicht, innerhalb von sechs Monaten nach Verfahrenseröffnung

---

[960] *Bourassin/Brémond*, Droit des sûretés, Rn. 925; *L. Aynès/Crocq/A. Aynès*, Droit des sûretés, Rn. 330.

[961] Roussel Galle/*Roussel Galle*, Entreprises en difficulté 360°, Rn. 952; *M. Cabrillac/ Mouly/S. Cabrillac/Pétel*, Droit des sûretés, Rn. 1072 ff.; vgl. auch *Simler/Delebecque*, Sûretés, Rn. 648.

[962] *Simler/Delebecque*, Sûretés, Rn. 648; vgl. auch *Bourassin/Brémond*, Droit des sûretés, Rn. 925; *L. Aynès/Crocq/A. Aynès*, Droit des sûretés, Rn. 330.

[963] *Boustani*, Les créanciers postérieurs, Rn. 607, S. 327; *Bourassin/Brémond*, Droit des sûretés, Rn. 929.

[964] *Boustani*, Les créanciers postérieurs, Rn. 607, S. 327 f.; *Le Corre*, LPA 11.02.2011, S. 68, 70; *L. Aynès/Crocq/A. Aynès*, Droit des sûretés, Rn. 332.

[965] Roussel Galle/*Roussel Galle*, Entreprises en difficulté 360°, Rn. 956; *Gout*, JCP N 2012, 1339, Rn. 7; *Bourassin/Brémond*, Droit des sûretés, Rn. 1369.

den *juge-commissaire* um Erlaubnis der Verwertung der Sache zu ersuchen (Art. L. 642-20-1 al. 1 C. com.). Dabei setzt sich das Zurückbehaltungsrecht des Sicherungsnehmers am Verkaufserlös fort (Art. L. 642-20-1 al. 3 C. com.), so dass der *gagiste* aus dem Erlös auch hier vor allen übrigen Gläubigern befriedigt wird.[966] Vor allem hat der Sicherungsnehmer aufgrund der Möglichkeit, sich das Eigentum im Rahmen der *attribution judiciaire* zuweisen zu lassen (Art. L. 642-20-1 al. 2 C. com), das Recht, die Sache in eigener Initiative zu verwerten und kann auf diese Weise nicht nur eine konkurrenzlose, sondern auch zeitnahe Befriedigung aus dem Sicherungsgut erlangen.[967]

(2) Die Zwitterstellung der besitzlosen Pfandrechte

Etwas anders stellt sich die Lage wiederum bei den besitzlosen Pfandrechten dar, bei welchen dem Sicherungsnehmer nur ein fiktives Zurückbehaltungsrecht zusteht. Diesem Umstand wird *de lege lata* dadurch Rechnung getragen, dass die Stellung solcher Sicherheiten im Kern je nach Verfahrensart zwischen einer traditionellen Realsicherheit, der nur eine eingeschränkte Wirksamkeit zukommt, und einer exklusiven Sicherheit schwankt, welche uneingeschränkt durchsetzbar ist.

(a) Gleichstellung mit traditionellen Realsicherheiten in sauvegarde und redressement

Für die besitzlosen Pfandrechte mit fiktivem Zurückbehaltungsrecht, bei welchen kein dem echten Besitzpfand vergleichbares Blockadepotential des Sicherungsnehmers besteht,[968] wird durch Art. L. 622-7, I, al. 2 C. com. ausdrücklich festgelegt, dass das nur fiktive Zurückbehaltungsrecht *sauvegarde* und *redressement judiciaire* (in Verbindung mit Art. L. 631-14 C. com.) während der *période d'observation* und der Geltungsdauer eines angenommenen Plans nicht entgegengehalten werden kann.[969] Das hat zur Folge, dass die Beteiligten so gestellt werden, als ob das *droit de rétention* gar nicht existierte.[970] Der Verwalter kann also insbesondere nicht die Freigabe des Sicherungsguts durch Erfüllung der gesicherten Forderung (wie nach Art. L. 622-7, II, al. 2 C. com.)

---

[966] *Saint-Alary-Houin/Monsèrié-Bon/Houin-Bressand*, Entreprises en difficulté, Rn. 1394; *Amlon*, JCl. Proc. Coll. Fasc. 2383, Rn. 154; vgl. *Le Corre*, LPA 11.02.2011, S. 68.

[967] *Saint-Alary-Houin/Monsèrié-Bon/Houin-Bressand*, Entreprises en difficulté, Rn. 1395; *Amlon*, JCl. Proc. Coll. Fasc. 2383, Rn. 159; vgl. zu den Vorzügen der *attribution forcée* auch *Bourassin/Brémond*, Droit des sûretés, Rn. 929, 1384; *L. Aynès/Crocq/A. Aynès*, Droit des sûretés, Rn. 330.

[968] *A. Aynès*, JCP G 2009, I-119, Rn. 2; *Amlon*, JCl. Proc. Coll. Fasc. 2383, Rn. 153.

[969] Saint-Alary-Houin/Monsèrié-Bon/Houin-Bressand, Entreprises en difficulté, Rn. 713.

[970] *A. Aynès*, JCP G 2009, I-119, Rn. 4; *Bourassin/Brémond*, Droit des sûretés, Rn. 1370.

erreichen.[971] Da sich das Sicherungsgut hier beim Sicherungsgeber befindet und dieser die Sache grundsätzlich auch nutzen kann,[972] schiene das aber auch widersinnig. Denn die Funktion dieser Möglichkeit des Verwalters liegt gerade darin, dem schuldnerischen Unternehmen die Nutzung von Sicherungsgut zu ermöglichen, das für die Fortführung der Aktivität benötigt wird, sich aber beim Sicherungsnehmer befindet.[973] Dass das *droit de rétention* dem Verfahren nicht entgegengehalten werden kann, hat darüber hinaus zur Folge, dass bei einem isolierten Verkauf des Sicherungsguts während der *période d'observation* oder der Plandauer keine Erstreckung des *droit de rétention* auf den Verkaufserlös erfolgt.[974] Der Sicherungsnehmer kann aus dem schuldnerischen Vermögen also keine Befriedigung *hors concours* erhalten. Das Fehlen einer echten Blockadeposition führt im Zusammenwirken mit der *inopposabilité* weiterhin dazu, dass der Sicherungsnehmer auch den Erwerber der Sache nicht durch Ausübung einer Blockadeposition zur Befriedigung der gesicherten Forderung zwingen kann.[975]

Im Ergebnis bleibt dem *gagiste* hier nur sein *droit de préférence*,[976] so dass er aus dem Verkaufserlös nach Maßgabe des Art. L. 622-8 C. com. befriedigt wird.[977] Diese Sicherungsnehmer werden also der Konkurrenz der Gläubiger und insbesondere dem Vorrang der Arbeitnehmerforderungen sowie der *privilèges de procédure* ausgesetzt.[978] Der *gagiste* mit nur fiktivem Zurückbehaltungsrecht kann im Rahmen einer *sauvegarde* oder eines *redressement judiciaire* also regelmäßig nur mit verzögerter und unvollständiger Befriedigung rechnen.[979] Die Behandlung der Nehmer eines besitzlosen Pfandrechts entspricht insofern der Stellung der Sicherungsnehmer traditioneller Realsicherheiten.

---

[971] *A. Aynès*, JCP G 2009, I-119, Rn. 4; Roussel Galle/*Roussel Galle*, Entreprises en difficulté 360°, Rn. 956 f.

[972] *A. Aynès*, JCP G 2009, I-119, Rn. 1, 5; *Amlon*, JCl. Proc. Coll. Fasc. 2383, Rn. 152.

[973] *A. Aynès*, JCP G 2009, I-119, Rn. 5; Roussel Galle/*Roussel Galle*, Entreprises en difficulté 360°, Rn. 956.

[974] *Pérochon*, Entreprises en difficulté, Rn. 975 f.; *Le Corre*, LPA 11.02.2011, S. 68.

[975] *M. Cabrillac/Mouly/S. Cabrillac/Pétel*, Droit des sûretés, Rn. 1032.

[976] *Bourassin/Brémond*, Droit des sûretés, Rn. 1370.

[977] *Pérochon*, Entreprises en difficulté, Rn. 976; *Le Corre*, LPA 11.02.2011, S. 68, 69.

[978] *Pérochon*, Entreprises en difficulté, Rn. 976, 1370, 1361; Roussel Galle/*Roussel Galle*, Entreprises en difficulté 360°, Rn. 955.

[979] Vgl. *Saint-Alary-Houin/Monsèrié-Bon/Houin-Bressand*, Entreprises en difficulté, Rn. 713: „[…] [C]ette nouvelle sûreté […] n'a pas d'utilité en cas de procédure de sauvegarde […]."

(b) Erstarken zur exklusiven Sicherheit in der liquidation

Aufgegeben wird diese Differenzierung zwischen *gage* mit und ohne *dépossession* und fiktivem oder wirklichem Zurückbehaltungsrecht aber bei Eröffnung der *liquidation judiciaire*. In diesem Rahmen wird das besitzlose Pfandrecht trotz der fehlenden Blockademöglichkeit dem *gage avec dépossession* gleichgestellt.[980] Im Ergebnis wird damit der *gagiste* auch hier *hors concours* befriedigt und das besitzlose Pfandrecht wie eine auf Exklusivität basierende Sicherheit behandelt.[981] Bei den Sicherheiten, die ein *droit de rétention* gewähren, zeigt sich mithin eine vergleichbare Abstufung nach den Verfahrensarten wie bei den „traditionellen" Kreditsicherheiten.[982] Es erfolgt zwar keine Privilegierung von Sanierungsfinanzierungen oder gar eine Anknüpfung an den Sanierungszweck, wohl aber eine Berücksichtigung des Sanierungsziels der Verfahren insoweit, als eine „Verwertung" der Sicherheit bei bestehenden Sanierungsaussichten nur möglich ist, soweit dies der Unternehmensfortführung nützt. Ist eine Sanierung des Unternehmens hingegen aussichtslos, erlangen diese Sicherheiten ihre Durchsetzbarkeit wieder und ermöglichen eine konkurrenzlose Befriedigung des Sicherungsnehmers.

bb) Fiducie-sûreté

Eine besondere Stellung kommt auch der *fiducie-sûreté* zu (Art. 2372-1 ff. C.C.), die 2007 erstmals allgemein kodifiziert wurde.[983] Bei dieser wird zur Sicherung einer Forderung das Vollrecht an Sachen, Rechten oder seit der Reform von 2021 auch an Forderungen auf den Sicherungsnehmer (*fiduciaire*) übertragen. Das Sicherungsgut fällt jedoch nicht in das persönliche Vermögen des Sicherungsnehmers, sondern wird Teil eines eigenständigen Zweckvermögens (sog. *patrimoine d'affectation*),[984] das vom persönlichen Vermögen des *fiduciaire* getrennt (vgl. Art. 2011 C.C.) und daher insbesondere dem Zugriff der Gläubiger des *fiduciaire* entzogen ist, Art. 2024 f. C.C.[985]

---

[980] Vgl. *Saint-Alary-Houin/Monsèrié-Bon/Houin-Bressand*, Entreprises en difficulté, Rn. 1393 ff.; *Bourassin/Brémond*, Droit des sûretés, Rn. 1370.

[981] Vgl. *Le Corre*, LPA 11.02.2011, S. 68.

[982] Vgl. zu dieser „efficacité graduelle" *Borga/Pérochon*, RPC juillet-août 2018, dossier n° 20, Rn. 4 ff.

[983] Vgl. zu früheren Erscheinungsformen von Sicherungsübertragungen des Vollrechts und vorangegangenen – gescheiterten – Gesetzgebungsvorhaben *Gijsbers*, Sûretés, Rn. 84 ff., S. 80 ff.; *Crocq*, Propriété, Rn. 45 ff., S. 36 ff.

[984] *L. Aynès/Crocq/A. Aynès*, Droit des sûretés, Rn. 500; *Bourassin/Brémond*, Droit des sûretés, Rn. 748; ausführlich zur Rechtsstellung des fiduciaire und auch zur historischen Entwicklung der Vermögenslehren im französischen Recht *Fix*, Fiducie-sûreté, S. 27 ff., 66 ff.

[985] *Bourassin/Brémond*, Droit des sûretés, Rn. 770, 772 ff.; *L. Aynès/Crocq/A. Aynès*, Droit des sûretés, Rn. 500.

Für die Stellung der *fiducie-sûreté* im Rahmen der *procédures collectives* ist danach zu unterscheiden, ob der *fiduciaire* dem Sicherungsgeber (*constituant*) das Sicherungsgut auf Grundlage einer *convention de mise à disposition* zur weiteren Nutzung überlassen hat (*fiducie-sûreté sans dépossession*) oder ob dieses in den Besitz des Sicherungsnehmers übergehen soll (*fiducie-sûreté avec dépossession*).[986]

(1) Teilweise Unverwertbarkeit in sauvegarde und redressement

Relevant wird diese Unterscheidung vor allem für den Fall, dass eine *procédure de sauvegarde/redressement* eröffnet wird. Für die *fiducie-sûreté sans dépossession,* bei welcher das Sicherungsgut dem Sicherungsgeber zur Nutzung verbleibt, bestimmt Art. L. 622-13, VI C. com. (vgl. Art. L. 631-14 C. com. für das *redressement*), dass zwar nicht der *contrat de fiducie,* wohl aber die *convention de mise à disposition,* auf deren Grundlage dem Sicherungsgeber die Nutzung des Treuguts überlassen wird, einen *contrat en cours* i.S.d. Art. L. 622-13 C. com. darstellt.[987] Relevant ist das für die Befriedigungsaussichten dieser Sicherungsnehmer, weil Art. L. 624-10-1 C. com. auf das Eigentum gestützte Herausgabeansprüche in Gestalt der *révendication* ausschließt, sofern die herauszugebende Sache Gegenstand eines *contrat en cours* ist.[988] Daher ist die Verwertung einer *fiducie-sûreté* im Rahmen von *sauvegarde* oder *redressement* nicht möglich, wenn das Sicherungsgut dem Sicherungsgeber zur Nutzung überlassen wurde.[989] Weiter untermauert wird diese Anordnung durch Art. L. 622-23-1 C. com.: Hiernach ist während der *période d'observation* und der Plandauer auch die Übertragung des Sicherungsguts auf den Sicherungsnehmer aufgrund der Verfahrenseröffnung, einer Planannahme oder eines Zahlungsausfalls untersagt.[990]

Gleichwohl werden die Interessen des Sicherungsnehmers auch bei einer solchen *fiducie* nicht völlig den Belangen des Verfahrens untergeordnet: Weil das Sicherungsgut bei einer *fiducie-sûreté* nicht zum Schuldnervermögen gehört, ist eine Veräußerung durch den Schuldner oder den Verwalter ohne die Zustimmung des Sicherungsnehmers ausgeschlossen.[991] Grundsätzlich müsste bei einer übertragenden Sanierung (*cession partielle* oder *totale*) auch ein

---

[986] Vgl. zu dieser Unterscheidung etwa *Fix*, Fiducie-sûreté, S. 19 f., 280 f.; *Bourassin/Brémond*, Droit des sûretés, Rn. 1388; die Bezugnahme auf die *dépossession,* eigentlich also die Besitzlage, scheint bzgl. der *fiducie-sûreté* an Rechten und Forderungen einigermaßen unpräzise, ist doch eigentlich die Nutzbarkeit maßgeblich, hat sich in der Literatur jedoch etabliert, während im diesbezüglichen Art. 2018-1 C.C. präziser davon die Rede ist, dass *usage* oder *jouissance* beim Sicherungsgeber verblieben.

[987] *Fix*, Fiducie-sûreté, S. 280.

[988] *Bourassin/Brémond*, Droit des sûretés, Rn. 1388; *Fix*, Fiducie-sûreté, S. 277.

[989] *Fix*, Fiducie-sûreté, S. 281, 277.

[990] *Bourassin/Brémond*, Droit des sûretés, Rn. 1388; *Fix*, Fiducie-sûreté, S. 281.

[991] *Bourassin/Brémond*, Droit des sûretés, Rn. 1389; *Fix*, Fiducie-sûreté, S. 284 f.

Übergang der *convention de mise à disposition* als *contrat en cours* in Betracht kommen, vgl. Art. L. 642-7 al. 2 C. com.[992] Auch hiervor wird der Sicherungsnehmer jedoch bewahrt, indem Art. L. 642-7 al. 6 C. com. bestimmt, dass ein solcher Übergang nur mit Zustimmung des Sicherungsnehmers erfolgen kann. Demnach kann auch durch „Verwertungsmaßnahmen" von Seiten des Schuldners keine Schwächung der Position des Sicherungsnehmers eintreten. Im Rahmen von *sauvegarde* und *redressement judiciaire* ist die Situation des Sicherungsnehmers einer *fiducie-sûreté sans dépossession* also der Stellung eines *gagiste,* der Besitzer der Sache ist, nicht unähnlich: Eine Verwertung des Sicherungsguts durch den Sicherungsnehmer kommt nicht in Betracht, zugleich kann dieser sein Sicherungsrecht nicht ohne seinen Willen oder gegen eine nur teilweise Befriedigung verlieren.

Ganz anders stellt sich jedoch die Position des Sicherungsnehmers einer *fiducie-sûreté avec dépossession* dar. Dieser bleibt von den Zwängen der Sanierungsverfahren vollständig verschont und kann das Sicherungsgut unabhängig vom Verfahren verwerten und sich hieraus befriedigen.[993] Daneben eröffnet Art. L. 622-7, II, al. 2 C. com. dem Schuldner bzw. dem Verwalter mit Zustimmung des *juge-commissaire* die Möglichkeit, die gesicherte Forderung zu erfüllen, um eine Rückübertragung des Treuguts in das schuldnerische Vermögen zu erlangen, wenn das Treugut für die Fortführung der unternehmerischen Aktivität benötigt wird. Der Sicherungsnehmer kann sich das Sicherungsgut also gewissermaßen abkaufen lassen. Dementsprechend stellt sich die *fiducie-sûreté avec dépossession* selbst im Rahmen der Sanierungsverfahren als ausgesprochen starkes Sicherungsrecht dar.

(2) Die fiducie als „reine des sûretés" innerhalb der liquidation

Wiederum anders stellt sich die Rechtsstellung des *fiduciaire* bei Eröffnung einer *liquidation judiciaire* dar: Hier bestimmt Art. L. 641-11-1, VI C. com., dass die Vorschriften über die *contrats en cours* auch auf die *convention de mise à disposition* keine Anwendung finden. Die Beendigung dieser Vereinbarung und eine Verwertung der Sicherheit sind hier daher nicht durch Art. L. 622-23-1 C. com. ausgeschlossen.[994] Mithin kann der Sicherungsnehmer hier auch im Fall einer *sûreté sans dépossession* nach Maßgabe der Art. L. 624-9 ff. C. com. die Herausgabe der Sache verlangen und sich folglich außerhalb von Verfahren und Verteilungskonflikt (*hors concours* und *hors procédure*) aus der Sache befriedigen. Das kann dem Sicherungsnehmer (die

---

[992] *Fix,* Fiducie-sûreté, S. 285.

[993] *L. Aynès/Crocq/A. Aynès,* Droit des sûretés, Rn. 504; *Bourassin/Brémond,* Droit des sûretés, Rn. 1388, insbes. Fn. 3.

[994] *Bourassin/Brémond,* Droit des sûretés, Rn. 1389; *Fix,* Fiducie-sûreté, S. 284.

Werthaltigkeit der Sicherheit vorausgesetzt) nicht nur eine vollständige, sondern auch eine zeitnahe Befriedigung ermöglichen.[995]

Die *fiducie-sûreté* stellt damit gerade im *worst case* der *liquidation judiciaire* eine potentiell ausgesprochen wirksame Sicherheit dar, deren Effektivität nur von der Werthaltigkeit des Sicherungsguts abhängig ist, und wird daher bisweilen auch als *„reine des sûretés"* bezeichnet.[996] In diesem Fall zeitigt eine *fiducie-sûreté* letztlich die gleichen Wirkungen wie die traditionellen Realsicherheiten vor den Reformen von 1967: Sie stellt den Sicherungsnehmer von den verfahrensmäßigen Beschränkungen der *liquidation* frei und setzt diesen auch nicht den sonst durch die Befriedigungsrangfolge eintretenden substantiellen Beschränkungen aus.[997] Hingegen ist die Verwertung des Treuguts gesperrt, solange eine Sanierung noch möglich scheint. Es zeigt sich folglich in aller Deutlichkeit die schon gesehene Unterordnung der Kreditsicherheiten unter das Ziel Unternehmenserhalts, das durch die vorbehaltlose Durchsetzbarkeit einer *fiducie-sûreté,* die auch die Verwertung betriebsnotwendiger Gegenstände ermöglichen würde, empfindlich gestört werden könnte.[998]

d) Sonderfall: Die Besicherung eines accord de conciliation

Erhebliche Schwierigkeiten bereitet aber die Behandlung von Sicherheiten, die im Rahmen einer *procédure de conciliation* bestellt wurden, wenn der getroffene Vergleich später scheitert, aufgelöst und eine *procédure collective* eröffnet wird, die in der *liquidation judiciaire* mündet.

Aufgrund der aufgezeigten Schwächen des *privilège de conciliation*[999] kann es sich bei der Besicherung des *accord* – insbesondere mit einer *fiducie-sûreté* – für die Gläubiger um eine wichtige (zusätzliche) Sicherheit handeln, so dass diese ein erhebliches Interesse an deren Fortbestehen haben können. Besondere Bedeutung hat diese Frage, wenn sich die Parteien aufgrund der mit dem *privilège de conciliation* verbundenen Nachteile, vor allem der Publizität, gegen eine *homologation* entscheiden, die vertraglichen Sicherheiten also die einzige Absicherung der Gläubiger gegen ein Scheitern des Sanierungsversuchs sind.[1000] Relevant ist diese Frage aber auch, wenn die Parteien den Weg der *conciliation* mit anschließender *homologation* wählen, um durch den Mechanismus des Art. 631-8 al. 2 C. com. einen zusätzlichen Schutz vor Anfech-

---

[995] *Bourassin/Brémond*, Droit des sûretés, Rn. 1389; vgl. *Fix*, Fiducie-sûreté, S. 284.

[996] *Crocq*, Fiducie – Assise théorique, S. 107; *Dupichot*, Mélanges Aynès, S. 209, 223, Rn. 16.

[997] Vgl. *Dupichot*, Mélanges Aynès, S. 209, 237, Rn. 28.

[998] *Dupichot*, Mélanges Aynès, S. 209, 226, Rn. 18.

[999] Eingehend oben, 4. Kapitel, B.II.1.c).

[1000] Vgl. zur Bedeutung vereinbarter Sicherheiten in diesem Rahmen *Bourbouloux/Fort/Fornacciari*, BJE janvier-février 2020, S. 12, 15.

tungsrisiken betreffend neu bestellter Sicherheiten zu haben.[1001] Konkret geht es um die Frage, ob die Auflösung des *accord de conciliation* bei Eröffnung einer *procédure collective* (vgl. Art. L. 611-12 C. com.) auch zum Fortfall der im Rahmen der *conciliation* neu bestellten Sicherheiten führen muss.

aa) Sicherheiten für „alte" Forderungen

Zu betrachten ist zunächst die Konstellation einer Sicherheitenbestellung für eine „alte" Forderung, die bereits vor dem *accord de conciliation* bestand.

Die *Cour de cassation* legt insofern zunächst zu Grunde, dass es sich bei der Auflösung des *accord de conciliation* um eine *caducité* (vgl. Art. 1186 f. C.C.) handle.[1002] Diese Auflösung hat gem. Art. L. 611-12 al. 2 C. com. zur Folge, dass im Rahmen der *conciliation* zugesagte Forderungserlasse unwirksam werden. Für ein *cautionnement*, das im Rahmen eines *accord de conciliation* im Gegenzug für einen teilweisen Forderungserlass für eine bereits zuvor entstandene Forderung bestellt wurde, müsse das zur Konsequenz haben, dass auch dieses *cautionnement* mit der Verfahrenseröffnung erlösche.[1003]

Das ist aus einer rein zivilrechtlichen Perspektive konsequent, weil die Erfüllung des *accord de conciliation* für die Parteien die entscheidende Voraussetzung für den teilweisen Erlass, aber auch für die Bestellung der Sicherheit sein wird.[1004] Zwischen Forderungserlass und *accord* liegt also eine *indivisibilité subjective* i.S.d. Art. 1186 al. 2 C.C. vor.[1005] Infolge dieser Unteilbarkeit muss aus einem zivilistischen Blickwinkel die Unwirksamkeit des Sanierungsvergleichs zur Unwirksamkeit (*caducité*) auch der Sicherheit führen.[1006]

Aufgrund der Eigenständigkeit des *droit des entreprises en difficulté* muss eine zivilrechtlich begründete Lösung aber auch dessen Zwecken und Zielen

---

[1001] Vgl. zu diesem Mechanismus, unten 4. Kapitel, B.II.4.b)aa).

[1002] *Cass. com.*, 25.09.2019, n°18-15.655, 21.10.2020, n° 17-31.663; 26.10.2022, n° 21-12.085, Tz. 5; so auch *Rémery*, DP difficultés des entreprises, septembre-octobre 2019, bulletin n° 417/418; *Lucas*, D. 2020, 1857; ablehnend *Bourbouloux/Fort/Fornacciari*, BJE janvier-février 2020, S. 12, 14; kritisch auch *Bordais*, JCP E 2020, 1022, Rn. 4; *Pérochon*, Entreprises en difficulté, Rn. 340 f.; vgl. zu dieser Frage auch *Ravenne*, RPC novembre-décembre 2009, S. 11, 12 ff.

[1003] *Cass. com.*, 25.09.2019, n° 18-15.655.

[1004] *Lucas*, D. 2020, S. 1857, 1858; *Macorig-Venier*, RTDCom. 2020, S. 456, 458; *Pétel*, JCP E 2019, 1551, Rn. 5.

[1005] *Pétel*, JCP E 2019, 1551, Rn. 5; vgl. auch *Rémery*, DP difficultés des entreprises, septembre-octobre 2019, bulletin n° 417/418; *Jacob*, Banque & Droit novembre-décembre 2019, S. 32, 33; vgl. zu den Voraussetzungen der *caducité Terré/Simler/Lequette/Chénedé*, Les obligations, Rn. 594.

[1006] *Pétel*, JCP E 2019, 1551, Rn. 5: „[…] [O]n est ici en présence des caducités en cascade."; zustimmend *Lucas*, D. 2020, S. 1857, 1858; *Bordais*, JCP E 2020, 1022, Rn. 6; *Rémery*, DP difficultés des entreprises, septembre-octobre 2019, bulletin n° 417/418; *Macorig-Venier*, RTDCom. 2020, S. 456, 458.

gerecht werden, um in diesem Kontext überzeugen zu können.[1007] Zweck der *conciliation* ist es, die Sanierung des schuldnerischen Unternehmens zu ermöglichen.[1008] Ein zivilrechtlich begründetes Erlöschen der Sicherheiten kann im Rahmen der *procédures collectives* folglich nur Geltung beanspruchen, wenn auch das Sanierungsziel der *conciliation* nicht das Fortbestehen dieser Sicherheiten verlangt.

Es läge hier sicherlich im Interesse der Sicherungsnehmer, wenn diese Sicherheiten fortbestünden, wobei diese hierdurch auch einen zusätzlichen Anreiz erhielten, sich an einer *conciliation* zu beteiligen, so dass positive Auswirkungen auf Sanierungsaussichten nicht auszuschließen sind.[1009] Allerdings erfolgt durch Art. L. 611-12 al. 2. C. com., welcher im Rahmen des *accord* zugesagte Stundungen und Erlasse im Fall der Beendigung des *accord* rückwirkend für unwirksam erklärt, zugunsten der Gläubiger, die einen solchen Beitrag zugesagt haben, jedenfalls bei Erlassen eine Rückkehr zum *status quo ante*.[1010] Die aktive Beteiligung an einer *conciliation* durch einen teilweisen Erlass erweist sich für diese Gläubiger also als Vorhaben, das beim Scheitern des Sanierungsversuchs gegenüber dem Stillhalten kein zusätzliches Risiko birgt.[1011] Soweit im Rahmen der *conciliation* kein neues tatsächliches Kreditrisiko übernommen wurde, stellt sich der Fortbestand neuer Sicherheiten demnach bereits im Hinblick auf den Zweck von Kreditsicherheiten, Kreditierungen zu ermöglichen oder zu vergünstigen,[1012] als funktionswidrig dar und ist daher insoweit nicht zu rechtfertigen.[1013] Das Fortbestehen der Sicherheiten gerät insofern aber auch in Konflikt mit den Funktionen der *conciliation* und der Kollektivverfahren, da das jeweilige Sicherungsgut bei nachfolgenden Sanierungsversuchen nicht mehr zur Absicherung neuer Risiken zur Verfügung stünde.[1014] Das kann

---

[1007] Vgl. auch *Lucas*, D. 2020, S. 1857, 1858; *Bourbouloux/Fort/Fornacciari*, BJE janvier-février 2020, S. 12, 14.

[1008] *Lucas*, D. 2020, S. 1857, 1858; *Henry*, Revue des sociétés 2019, S. 779.

[1009] Vgl. *Bourbouloux/Fort/Fornacciari*, BJE janvier-février 2020, S. 12, 15; *Henry*, Revue des sociétés 2019, S. 779; *Bordais*, JCP E 2020, 1022, Rn. 11; *Dammann/Alle*, D. 2019, S. 2100; *Jacob*, Banque & Droit novembre-décembre 2019, S. 32, 33.

[1010] *Henry*, Revue des sociétés 2019, S. 779; anders offenbar *Pérochon*, BJE novembre 2019, S. 1; so auch *Bordais*, JCP E 2020, 1022, Rn. 11, der darauf abstellt, dass in der Phase der Ausführung des *accords* regelmäßig der Umfang der Passivverbindlichkeiten ansteige und sich aus diesem Grund das Risikogefüge des Geschäfts verschiebe.

[1011] Vgl. *Lucas*, D. 2020, S. 1857, 1858; *Lucas*, LEDEN novembre 2019, 1.

[1012] Siehe die Nachweise in Fn. 923.

[1013] *Lucas*, D. 2020, S. 1857, 1858; *Bourbouloux/Fort/Fornacciari*, BJE janvier-février 2020, S. 12, 15; *Henry*, Revue des sociétés 2019, S. 779; a.A. *Bordais*, JCP E 2020, 1022, Rn. 11.

[1014] Vgl. zur Anforderung an ein Kreditsicherungsrecht, mit dem Sicherungsgut „sparsam" umzugehen, d.h. dem Sicherungsnehmer nur so viel Sicherungsgut zuzuweisen, wie zur Absicherung der tatsächlich bestehenden Kreditrisiken erforderlich, *L. Aynès/Crocq/A.*

sich gerade auf künftige Sanierungsversuche negativ auswirken, da dann u.U. kein werthaltiges Sicherungsgut mehr zur Verfügung steht, um neue, hierfür benötigte Kredit abzusichern.

Der Fortbestand von neuen Sicherheiten, die im Gegenzug für einen Forderungserlass bestellt werden, stellt sich folglich als kompensationsloser Vorteil dar, der negative Auswirkungen auf die Sanierungsaussichten des schuldnerischen Unternehmens haben kann. Es scheint daher nicht geboten, aufgrund der Ziele der *conciliation,* die die Sanierung des schuldnerischen Unternehmens, nicht aber eine Aufbesserung der Lage der Gläubiger ermöglichen soll,[1015] von der auf Grundlage des Zivilrechts gefundenen Lösung abzuweichen.[1016]

Weniger eindeutig ist das bei Stundungen: Die Aufhebung des Vergleichs führt auch hier *rechtlich* zu einer Rückkehr zum vorherigen Zustand. Das *wirtschaftliche* Risiko einer Stundung kann aber dennoch bestehen bleiben bzw. hat sich möglicherweise bereits realisiert, weil sich die Liquiditätslage des Unternehmens im Zeitraum zwischen ursprünglicher Fälligkeit und Aufhebung des Vergleichs verschlechtert haben kann.[1017] Ebenso ist aber denkbar, dass der Vergleich bereits vor dem *ursprünglichen* Fälligkeitstermin aufgehoben wird, die Stundung auf die wirtschaftliche Position des Gläubigers also keinen nennenswerten Einfluss hat. Naheliegend schiene es mit Blick auf die Funktionen des Kreditsicherungsrechts daher, danach zu unterscheiden, ob der Kreditgeber im Rahmen der *conciliation* ein neues Kreditrisiko übernommen hat, das auch im Fall der Auflösung des *accord* nicht wieder entfällt.[1018]

bb) Sicherheiten für neue Forderungen

Legt man das zugrunde, muss die Sache anders liegen, wenn Sicherheiten nicht für bereits bestehende, sondern für während der *conciliation* neu begründete Forderungen bestellt werden.[1019] Das muss selbst dann gelten, wenn man davon ausgehen wollte, dass ein neuer Kredit, mit dem die Sanierungsbemühungen des *accord* gefördert werden sollen, mit der Auflösung desselben aufgrund einer *indivisibilité subjective* unwirksam (*caduc*), i.S.d. Art. 1186 C. com.

Aynès, Droit des sûretés, Rn. 8; *M. Cabrillac/Mouly/S. Cabrillac/Pétel*, Droit des sûretés, Rn. 7; *Gouëzel,* JCl. Contrats – Distribution, Fasc. 2810, Rn. 48.

[1015] *Lucas*, D. 2020, S. 1857, 1858; *Henry*, Revue des sociétés 2019, S. 779.
[1016] Insoweit auch *Bourbouloux/Fort/Fornacciari*, BJE janvier-février 2020, S. 12, 15.
[1017] *Dammann/Alle*, D. 2020, S. 533; vgl. auch *Jacob*, Banque & Droit novembre-décembre 2019, S. 32, 33; *Robine*, BJE janvier-février 2023, S. 12, 14.
[1018] So im Grundsatz *Lucas*, LEDEN novembre 2019, S. 1, der bei Stundungen aber nicht von der Übernahme eines neuen Risikos ausgehen will; ohne Unterscheidung zwischen Erlassen und Stundungen aber etwa *Cass. com.*, 26.10.2022, n° 21-12.085, Tz. 5 f.; 08.03.2023, n° 21-19.202, Tz. 4 f.
[1019] Im Ergebnis jetzt auch *Cass. com.*, 26.10.2022, n° 21-12.085, Tz. 5 f.: 08.03.2023, n° 21-19.202, Tz. 5.

würde.[1020] Denn allein die Beendigung des Vertrags führt hier nicht zu einer Rückkehr zum *status quo ante*, da der Kreditgeber nach wie vor Gläubiger des Rückzahlungsanspruchs ist.[1021] Aus diesem Grund ist bereits zu bezweifeln, dass zwischen der bestellten *Sicherheit* und dem Sanierungsvergleich bzw. dem neuen Kredit eine *indivisibilité* vorliegt, da die Sicherheit gerade für den Fall bestellt wird, dass der Kredit – weshalb auch immer – nicht zurückgezahlt wird und der *accord* und die Sanierungsbemühungen scheitern.[1022]

Das Fortbestehen der Sicherheiten trotz Scheiterns des *accord* scheint aber auch aufgrund der Zwecke und Ziele des *droit des entreprises en difficulté* geboten.[1023] So hätte ein Entfallen der Sicherheit aufgrund der aufgezeigten Schwächen des *privilège de conciliation* zur Folge, dass sich das Ausfallrisiko der Gläubiger im Einzelfall deutlich erhöhen würde und die Beteiligung an Sanierungsbemühungen im Rahmen einer *conciliation* durch das Gewähren neuer Kredite mit einem erheblichen Risiko verbunden wäre.[1024] Anders als bei Erlassen übernimmt der Kreditgeber hier also ein neues Kreditrisiko, weshalb das Fortbestehen der Kreditsicherheiten auch den Funktionen derselben gerecht wird.[1025] Das Fortbestehen der Sicherheiten entspricht darüber hinaus dem Gedanken der Art. L. 611-12, 611-11 C. com., denen sich entnehmen lässt, dass ein Scheitern der *conciliation* für die beteiligten Gläubiger keine Nachteile begründen soll.[1026] Für den Fortbestand spricht weiterhin die Parallele zum *privilège de conciliation,* dessen Fortbestehen das Gesetz ausdrücklich vorsieht, um den Gläubigern einen Anreiz zu schaffen, die für die Sanierung not-

---

[1020] So *Dammann/Alle*, D. 2019, S. 2100, 2101; eingehend zu diesen Fragen oben 4. Kapitel, A.II.5.a).

[1021] Vgl. *Jacob*, Banque & Droit novembre-décembre 2019, S. 32, 33. Dass der Rückzahlungsanspruch des Kreditgebers auch bei Unwirksamkeit der zugrundeliegenden Verbindlichkeit von der Sicherheit erfasst ist, ist seit 2016 durch Art. 1352-9 C.C. klargestellt und war auch zuvor von der Rechtsprechung anerkannt, *Cass. com.*, 17.11.1982, n° 81-10.757; *Cass. civ. 1re*, 25.05.1992, n° 90-21.031; *Cass. civ. 3e*, 05.11.2008, n° 07-17.357, war aber Gegenstand einer kontroversen Diskussion in der Literatur, vgl. etwa *Simler/Delebecque*, Les sûretés, Rn. 110 f.; befürwortend *M. Cabrillac/Mouly/S. Cabrillac/Pétel*, Droit des sûretés, Rn. 268 f.

[1022] *Pérochon*, Entreprises en difficulté, Rn. 344 f.; *Dammann/Alle*, D. 2019, S. 2100; *Fort/Fornacciari*, BJE janvier 2021, S. 10, 14; *Le Cannu/Robine*, Entreprises en difficulté, Rn. 202.

[1023] Vgl. *Lucas*, LEDEN novembre 2019, 1; *Jacob*, Banque & Droit novembre-décembre 2019, S. 32, 33; *Bourbouloux/Fort/Fornacciari*, BJE janvier-février 2020, S. 12, 15; *Dammann/Alle*, D. 2019, S. 2100.

[1024] *Bordais*, JCP E 2020, 1022, Rn. 11; *Bourbouloux/Fort/Fornacciari*, BJE janvier-février 2020, S. 12, 15.

[1025] Vgl. wiederum *Lucas*, LEDEN novembre 2019, S. 1.

[1026] *Bourbouloux/Fort/Fornacciari*, BJE janvier-février 2020, S. 12, 14 f.

wendigen neuen Finanzmittel zur Verfügung zu stellen.[1027] Vor dem Hintergrund des Sanierungszwecks der *conciliation* gibt es keine überzeugenden Gründe, diese gesetzliche Sicherheit anders zu behandeln als vertraglich vereinbarte, weshalb auch diese die Auflösung des *accord de conciliation* überdauern müssen.[1028]

Neuerdings löst Art. L. 611-10-4 C. com. auch die zuvor heftig umstrittene Frage, ob die Parteien die Rechtsfolgen der Beendigung des *accord* durch Parteivereinbarung regeln können,[1029] dahingehend auf, dass derartige Vereinbarungen zulässig sind. Bei einer entsprechenden Abrede können neu bestellte Sicherheiten also, jedenfalls soweit sie einem neuen Kreditrisiko korrespondieren, die Beendigung des Vergleichs überdauern.[1030]

e) Zwischenbefund

Ist werthaltiges Sicherungsgut vorhanden bzw. sind Dritte zum Stellen werthaltiger Sicherheit bereit, können nach alldem vor allem Drittsicherheiten sowie die auf Exklusivitätssituationen basierenden Kreditsicherheiten im Rahmen einer *liquidation judiciaire* wirksame Sicherungsinstrumente sein. Diese übertreffen die gesetzlich vorgesehenen Schutzmechanismen (*privilège de conciliation, sauvegarde, redressement* und *des créanciers postérieurs méritants*) in ihrer Wirksamkeit deutlich. Eine besondere Berücksichtigung des Sanierungszwecks lässt sich im Kontext der vereinbarten Sicherheiten jedoch nicht erkennen. Vorbehaltlich der Nachteile, die sich aus der Publizitätswirkung der *homologation* eines im Rahmen der *conciliation* getroffenen Sanierungsvergleichs ergeben, dürfte sich aus der Perspektive eines Kreditgebers aber regelmäßig die Bestellung einer *fiducie-sûreté* im Rahmen der *conciliation* als „Königsweg" erweisen. Diese ermöglicht nicht nur die konkurrenzlose Befriedigung aus dem Sicherungsgut, sondern bietet durch die *homologation* auch weitreichenden Schutz vor einer späteren Anfechtung der Sicherheit.

[1027] *Bordais*, JCP E 2020, 1022, Rn. 10; *Dammann/Alle*, D. 2019, S. 2100, 2100 f.; *Pérochon*, Entreprises en difficulté, Rn. 345; *Le Cannu/Robine,* Entreprises en difficulté, Rn. 202.

[1028] Vgl. die gerade Genannten, Fn. 1027.

[1029] Ablehnend *Cass. com.*, 25.09.2019, n° 18-15.655; *Bordais*, JCP E 2020, Rn. 1022, n° 12; *Lucas*, D. 2020, S. 1857; anders *CA Rennes*, 15.10.2019, n° 16/07781; *Bourbouloux/Fort/Fornacciari*, BJE janvier-février 2020, S. 12, 16; *Fort/Fornacciari*, BJE janvier 2021, S. 10, 14; *Pérochon*, Entreprises en difficulté, Rn. 198.

[1030] Im Ergebnis jetzt auch *Cass. com.*, 26.10.2022, n° 21-12.085, Tz. 5 f.; 08.03.2023, n° 21-19.202, Tz. 5; *Pérochon*, Entreprises en difficulté, Rn. 346 f.; zurückhaltend zur Reichweite von Art. L. 611-10-4 C. com. *Podeur*, D. 2022, S. 802, 805 ff.

aa) Der Einfluss auf die Sanierungsaussichten als Determinante der Wirksamkeit

Nach alldem zeigt sich bei Kreditsicherheiten eine ähnliche Instrumentalisierung und Unterordnung unter das allgemeine Ziel des Unternehmenserhalts wie bei Verträgen: Scheint eine Sanierung denkbar, werden den Sicherungsnehmern weitgehende Einschränkungen und Eingriffe in die Mechanismen der Sicherheiten zugemutet, deren Intensität bei Unmöglichkeit einer Sanierung, d.h. in der *liquidation judiciaire* deutlich abgeschwächt ist.

Traditionelle Realsicherheiten, die dem Sicherungsnehmer lediglich ein Recht auf bevorzugte Befriedigung aus dem Sicherungsgut verschaffen, bleiben jedoch auch in diesem Fall in das Korsett der *procédures collectives* eingebunden. Diese Sicherheiten können im Rahmen der *liquidation judiciaire* nicht frei durch den Sicherungsnehmer verwertet werden und sind insbesondere (mit Ausnahme der Immobiliarsicherheiten) den *privilèges de procédure* sowie dem *super privilège* der Arbeitnehmerforderungen nachgeordnet. Folge ist, dass diese Sicherheiten auch im Rahmen der *liquidation judiciaire* keine vollständige oder pünktliche Befriedigung der Sicherungsnehmer gewährleisten können.

Anderes gilt für Drittsicherheiten sowie jene Realsicherheiten, die dem Sicherungsnehmer das Sicherungsgut zur exklusiven Verwertung zuweisen, wie das namentlich beim *gage* sowie der *fiducie-sûreté* der Fall ist. Dort tritt die Abhängigkeit der Wirksamkeit der Sicherheiten von den Auswirkungen, die diese für die Sanierungsaussichten hätte, am deutlichsten zu Tage. Deren Verwertbarkeit ist im Rahmen von *sauvegarde* und *redressement judiciaire* stark eingeschränkt, während sie dem Sicherungsnehmer bei Eröffnung der *liquidation judiciaire* das Recht geben, sich außerhalb der Zwänge des Verfahrens und außerhalb des Verteilungskonflikts exklusiv aus dem Sicherungsgut zu befriedigen. Die Befriedigungsaussichten dieser Sicherungsnehmer sind damit insoweit nur durch die Werthaltigkeit des Sicherungsguts determiniert, da diese Gläubiger insbesondere der ansonsten einschlägigen Rangordnung des Art. L. 643-8 C. com. entgehen.

Es findet mithin keine Anknüpfung an die mit dem besicherten Geschäft verfolgten (Sanierungs-)Zwecke statt. Mit der Eingrenzung der Wirksamkeit der Kreditsicherheiten wird jedoch das Ziel verfolgt, das schuldnerische Vermögen als Basis für den Erhalt des Unternehmens zu erhalten bzw. im Fall der Drittsicherheiten insbesondere Geschäftsführern, die zugleich Sicherungsgeber sind, Anreize zur frühzeitigen (verfahrensförmigen) Bewältigung wirtschaftlicher Schwierigkeiten zu setzen. Es lässt sich daher gleichwohl sagen, dass diese Beschränkungen dem übergeordneten Ziel des Unternehmenserhalts dienen und die Wirksamkeit dieser Sicherheiten durch die Auswirkungen bestimmt wird, die deren Geltendmachung auf die Sanierungsaussichten hätte.

bb) Konstruktionen als Schleier für einen neuen Pragmatismus

Verwundern muss jedoch die Behandlung der exklusiven Kreditsicherheiten im Rahmen der *liquidation judiciaire*. Im Rahmen von *sauvegarde* und *redressement judiciaire* werden Realsicherheiten ohne Rücksicht darauf, ob es sich um traditionelle, auf einer Präferenzsituation oder „moderne", auf Exklusivität basierende Sicherheiten handelt, sämtlich starken Einschränkungen unterworfen, um die Sanierungsaussichten nicht zu beeinträchtigen. In diesem Rahmen wird der Charakter der exklusiven Rechte als Sicherungsrecht also „erkannt"[1031] und diese daher stark eingeschränkt.[1032] Umso merkwürdiger muss es daher – jedenfalls auf den ersten Blick – anmuten, dass der Sicherungszweck[1033] exklusiver Sicherheiten im Rahmen der *liquidation judiciaire* völlig aus dem Blickfeld gerät. Deren rechtliche Stellung oszilliert im Kern letztlich je nach Verfahrensart zwischen „echtem" Eigentum und Kreditsicherheit.[1034]

Augenfällig wird das vor allem bei der *fiducie-sûreté,* die in diesem Rahmen, anders als im Rahmen der *sauvegarde* oder des *redressement judiciaire,* wie „normales" schuldnerfremdes Eigentum behandelt wird. Die „klassischen" Realsicherheiten, mit denen dieselben Ziele verfolgt werden, werden hingegen allein aufgrund ihrer anderen Konstruktion als Sicherheiten den Zwängen des Verfahrens unterworfen. Bemerkenswert ist das vor allem, weil das letztlich eine partielle Rückkehr zu Lösungen bedeutet, die für die traditionellen Realsicherheiten vor der grundsätzlichen Neuausrichtung der Verfahren 1985 gefunden wurden.[1035] Befremdlich ist dieser Befund insbesondere, wenn man sich vor Augen führt, dass exklusive und traditionelle Sicherheiten gleichermaßen primär eine bevorzugte Befriedigung des jeweiligen Gläubigers im Insolvenzfall ermöglichen sollen, also funktionsidentisch sind. Sie haben auch beide das Potential, etwaige Sanierungsbestrebungen in der Insolvenz zu stören, indem für diese benötigte wirtschaftliche Ressourcen prioritär an Gläubiger zugewiesen werden, die zu einem potentiellen Sanierungserfolg nichts beitragen. Stellt man in Rechnung, dass diese beiden Typen von Realsicherheiten also die Verwirklichung der eigenen, gegenüber dem Zivilrecht abweichenden Ziele des *droit des entreprises en difficulté* als *droit dérogatoire* in gleicher Weise stören

---

[1031] Vgl. *Macorig-Venier,* LPA 11.02.2011, S. 59, 61, 65; *A. Aynès,* BJE novembre-décembre 2019, S. 52, 55.

[1032] *Chapon-Le Brethon,* Égalité, Rn. 466, S. 289.

[1033] Vgl. im Kontext der *propriétés-garanties Gijsbers,* Sûretés, Rn. 95, S. 92: Durch die Nutzung als Sicherungsinstrument entferne sich das „Eigentum" von jenem i.S.d. Art. 544 C.C. und nähere sich den Sicherungsrechten an, wie sie bei den traditionellen Realsicherheiten bestehen.

[1034] Vgl. *Macorig-Venier,* LPA 11.02.2011, S. 59, 60 f., 65.

[1035] Siehe zu den „*tendances régressives*" des französischen Kreditsicherungsrecht insoweit bereits *Oppetit,* Mélanges Holleaux, S. 317, 321; vgl. hierzu auch *Dupichot,* Mélanges Aynès, S. 209, 237, Rn. 28, S. 221, Rn. 16; *Théry/Gijsbers,* Droit des sûretés, Rn. 168: „[...] [É]volution de la matière, qui participe d'une régression sur le plan historique [...]".

können, wird deutlich, dass allein diese Unterschiede in der Konstruktion der Sicherheiten kaum als Erklärung für die unterschiedliche Behandlung dieser Sicherheiten in der Insolvenz taugen können.

Erklären lässt sich die Schonung der exklusiven Sicherheiten wohl nur damit, dass auch die (Kredit-)Finanzierung von Unternehmen außerhalb von Kollektivverfahren ohne Kreditsicherheiten, die im Insolvenzfall, also der Konstellation, für die Kreditsicherheiten bestellt werden, durchsetzbar sind, stark beeinträchtigt würde.[1036] Dabei zeigen gerade die Erfahrungen unter Geltung des Rechts von 1985, dass die Wirksamkeit von Kreditsicherheiten Imperativ einer funktionierenden Kreditwirtschaft ist, ohne die auch die Kreditvergabe an Unternehmen außerhalb einer Krisensituation gestört würde.[1037] Erhalten Unternehmen außerhalb von Kollektivverfahren keine Kreditmittel mehr, weil für den Kreditgeber im Insolvenzfall keine hinreichenden Befriedigungsaussichten bestehen, wird sich das auf die wirtschaftliche Bestands- und Leistungsfähigkeit der Unternehmen insgesamt negativ auswirken.[1038] Die fehlende Verfügbarkeit wirksamer Kreditsicherheiten hätte letzten Endes also zur Folge, dass das übergeordnete Ziel des *droit des entreprises en difficulté,* der Unternehmenserhalt,[1039] gestört würde, weil die Kreditversorgung insgesamt beeinträchtigt würde.[1040] Im Grundsatz fügt sich damit die Anerkennung von wirksamen Sicherheiten auch in ein auf Unternehmenserhalt ausgerichtetes Insolvenzrecht harmonisch ein.[1041] Es bleibt jedoch die Frage, warum die übergeordneten (sozial-)politischen Erwägungen, mit denen die Einschränkung der traditionellen Realsicherheiten, etwa durch den Vorrang des *super privilège* der Arbeitnehmer, gerechtfertigt werden, nicht in gleicher Weise auf die exklusiven Sicherheiten zutreffen sollen.[1042] Müssten diese nicht ebenso in das Verfahren eingebunden werden, wodurch im Ergebnis die Belastungen, die heute nur die traditionellen Realsicherheiten treffen, gleichmäßig auf alle Real-

---

[1036] Vgl. *Crocq,* Propriété, Rn. 365, S. 317 f.; *Gijsbers,* Sûretés, Rn. 356, S. 358 f.

[1037] *Crocq,* Propriété, Rn. 365, S. 317 f.; *Boustani,* Les créanciers postérieurs, Rn. 656, S. 359; ablehnend *Chapon-Le Brethon,* Égalité, Rn. 464, S. 288; zurückhaltend auch *Gijsbers,* Sûretés, Rn. 356, S. 358 f.

[1038] *Crocq,* Propriété, Rn. 365, S. 317.

[1039] Siehe oben, 2. Kapitel, B.III.

[1040] *Crocq,* Propriété, Rn. 365, S. 318; *Boustani,* Les créanciers postérieurs, Rn. 676, S. 369; a.A. *Chapon-Le Brethon,* Égalité, Rn. 464, S. 288.

[1041] *Crocq,* Propriété, Rn. 365, S. 317 ff.; a.A. *Chapon-Le Brethon,* Égalité, Rn. 451 ff., S. 282 ff., die der Auffassung ist, die Behandlung der exklusiven Sicherheiten verstoße gegen den Grundsatz der Gläubigergleichbehandlung und lasse sich auch nicht mit übergeordneten Gesichtspunkten rechtfertigen.

[1042] Mit Recht sehr kritisch *Bougerol-Prud'homme,* Exclusivité, Rn. 108, S. 86: „A quoi sert-il d'élaborer un classement conforme à des objectifs socio-économiques si le jeu des techniques ayant un effet opposé est admis?"; *Boustani,* Les créanciers postérieurs, Rn. 676 f., S. 369 f.

sicherheiten verteilt würden und die Sonderstellung der exklusiven Sicherheiten beendet wäre?[1043]

4. *Anfechtungs- und Nichtigkeitsrisiken*

Wie im Rahmen des deutschen Rechts werden die Befriedigungsaussichten auch im französischen Recht maßgeblich durch „Korrekturmechanismen", insbesondere in Gestalt der Insolvenzanfechtung bzw. der allgemeinen Gläubigeranfechtung, beeinflusst. Auch insoweit besteht also grundsätzlich die Gefahr, dass den Sanierungsfinanzierern im Fall des Scheiterns des Sanierungsversuchs auf diesem Weg die Berufung auf bestimmte Schutzmechanismen versagt wird oder sie bereits erhaltene Zahlungen zurückgewähren müssen.

a) Grundstrukturen der Anfechtung und die besondere Gefährdungslage der Sanierungsfinanzierer

Insoweit ist zunächst zwischen den insolvenzspezifischen *nullités de la période suspecte* gem. Art. L. 632-1 ff. C. com. und der *action paulienne* des allgemeinen Zivilrechts (Art. 1341-2 C.C) zu unterscheiden. Mit den *nullités de la période suspecte* kann der Verwalter in einem *redressement judiciaire* oder einer *liquidation judiciaire* bestimmte Handlungen des Schuldners anfechten, die dieser im Zeitraum zwischen der *cessation des paiements* und der Verfahrenseröffnung (sog. *période suspecte*)[1044] vorgenommen hat. Beschränkt wird die Reichweite dieser *nullités* teilweise dadurch, dass auch der Geschäftspartner von der *cessation des paiements* Kenntnis haben musste (Art. L. 632-2 C. com.). Die *action paulienne* ermöglicht es hingegen Gläubigern – prinzipiell unabhängig von einer Insolvenz – Handlungen des Schuldners anzugreifen, wenn Schuldner und begünstigter Dritter (bei entgeltlichen Handlungen) wussten, dass die Handlung die Befriedigungsaussichten der übrigen Gläubiger verschlechtern würde. Es besteht damit ganz ähnlich dem deutschen Recht das Grundproblem, dass diese Anfechtungstatbestände durch ihre Anknüpfung an die zeitliche Nähe zur Insolvenz bzw. die Kenntnis der Beteiligten hiervon auf

---

[1043] So schon *Mouly*, Études Roblot, S. 529, 547 ff.; vgl. auch *Bourassin/Brémond*, Droit des sûretés, Rn. 1389 a.E., die dem geltenden System einen „manque de cohérence" attestieren; vgl. zu den verschiedenen Lösungsvorschlägen auch *Boustani*, Les créanciers postérieurs, Rn. 677 ff., S. 370 ff., die dafür plädiert, die auf Exklusivität basierenden Sicherheiten in gleicher Weise wie die traditionellen Sicherheiten den Zwängen des Verfahrens zu unterwerfen, solange der Unternehmenserhalt möglich scheint, ohne dass eine solche Aussicht eine unterschiedliche Behandlung möglich sein soll.

[1044] *Jacquemont/Borga/Mastrullo*, Entreprises en difficulté, Rn. 265; *Ripert/Roblot/Delebecque/Binctin/Andreu*, Traité de droit des affaires[18], Bd. IV, Rn. 755, 757; *Saint-Alary-Houin/Monsèrié-Bon/Houin-Bressand*, Entreprises en difficulté, Rn. 1150, 1156; Roussel Galle/*Houin-Bressand*, Entreprises en difficulté 360°, Rn. 1278; *Pérochon*, Entreprises en difficulté, Rn. 2625.

Merkmale zurückgreifen, die bei einer Sanierungsfinanzierung regelmäßig erfüllt sein werden.[1045] Ohne Abweichungen von diesem Grundkonzept besteht für diese Gläubiger daher eine besondere Gefahr, Anfechtungsansprüchen ausgesetzt zu werden.

b) Die nullités de la période suspecte

Die Funktion[1046] der *nullités de la période suspecte* ist eine zweifache: Neben dem traditionellen Ziel, die Befriedigungsaussichten der Gläubigergesamtheit zu verbessern,[1047] soll vor allem das schuldnerische Vermögen wiederhergestellt werden, um die Sanierung des Unternehmens und den Erhalt der Arbeitsplätze zu fördern.[1048] Um dies zu erreichen, führen die *nullités de la période suspecte* nicht mehr wie vor der Reform von 1985 zur *inopposabilité* des angegriffenen Akts, der zwar wirksam blieb, aber der *masse des créanciers* nicht entgegengehalten werden konnte,[1049] sondern zur Wiederherstellung der Vermögenszusammensetzung, die vor dem angegriffenen Akt bestand, Art. L. 632-4 C. com. Dieser wird also *erga omnes* rückwirkend in seiner Gesamtheit unwirksam, so dass alle übertragenen Vermögenswerte wieder in das schuldnerische Vermögen fallen.[1050]

[1045] Vgl. *Bouthinon-Dumas*, Le Banquier, Rn. 45, S. 51.

[1046] Zur Legitimation der Anfechtbarkeit der von Art. L. 632-1, 631-2 C. com. erfassten Akte stützt man sich verbreitet (auch) darauf, dass es sich hierbei gewissermaßen um gesetzlich typisierte Fälle einer *fraude* handle, *Jacquemont/Borga/Mastrullo*, Entreprises en difficulté, Rn. 601; differenzierend *Monsèrié-Bon/Saint-Alary-Houin*, JCl. Proc. Coll. Fasc. 2502, Rn. 18; kritisch zu dieser Einordnung *J. F. Hoffmann*, Prioritätsgrundsatz, S. 52, Fn. 196.

[1047] *von Campe*, Insolvenzanfechtung, S. 20; *Menjucq/Saintourens/Soinne/Menjucq*, Traité des procédures collectives, Rn. 2463; *Saint-Alary-Houin/Monsèrié-Bon/Houin-Bressand*, Entreprises en difficulté, Rn. 1150, 1152; *Ripert/Roblot/Delebecque/Binctin/Andreu*, Traité de droit des affaires[18], Bd. IV, Rn. 756; *Le Cannu/Robine*, Entreprises en difficulté, Rn. 814, 917.

[1048] *Cass. com.*, 16.02.1993, n°91-11.235: „[...] [L]'action en nullité a pour effet de reconstituer l'actif du débiteur en vue du maintien de l'activité et de l'emploi [...]."; *Monsèrié-Bon/Saint-Alary-Houin*, JCl. Proc. Coll. Fasc. 2502, Rn. 5 f.; *von Campe*, Insolvenzanfechtung, S. 20; *Jacquemont/Borga/Mastrullo*, Entreprises en difficulté, Rn. 601; *Le Cannu/Robine*, Entreprises en difficulté, Rn. 914, 917.

[1049] *Saint-Alary-Houin/Monsèrié-Bon/Houin-Bressand*, Entreprises en difficulté, Rn. 1153; *Ripert/Roblot/Delebecque/Binctin/Andreu*, Traité de droit des affaires[18], Bd. IV, Rn. 755; *Monsèrié-Bon/Saint-Alary-Houin*, JCl. Proc. Coll. Fasc. 2502, Rn. 3 f.

[1050] *Saint-Alary-Houin/Monsèrié-Bon/Houin-Bressand*, Entreprises en difficulté, Rn. 1190 f.; *Jacquemont/Borga/Mastrullo*, Entreprises en difficulté, Rn. 644; *Ripert/Roblot/Delebecque/Binctin/Andreu*, Traité de droit des affaires[18], Bd. IV, Rn. 759; *Le Cannu/Robine*, Entreprises en difficulté, Rn. 964.

aa) Relevanter Zeitraum und die Einwirkungen der conciliation

Angefochten werden können auf dieser Grundlage nur Handlungen, die der Schuldner in der *période suspecte*, d.h. zwischen der *cessation des paiements* und der Verfahrenseröffnung vorgenommen hat. Diese Begrenzung des Anwendungsbereichs hat für die Gläubiger zwar grundsätzlich eine starke Schutzwirkung, weil Geschäfte außerhalb dieser Periode nur mit der *action paulienne* angegriffen werden können. Gerade Sanierungsfinanzierungen werden aber u.U. erst nach Eintritt der *cessation des paiements* gewährt, um diese zu überwinden. Besonders deutlich wird das bei der *conciliation,* die bis zu 45 Tage nach Eintritt der *cessation des paiements* eröffnet werden kann, Art. L. 611-4 C. com. In diesem Zeitraum vorgenommene Handlungen müssten demnach prinzipiell in den Anwendungsbereich der *nullités de la période suspecte* fallen. Das dürfte sich auf die Bereitschaft potentieller Geschäftspartner, an einem Sanierungsversuch in diesem Rahmen mitzuwirken und das Sanierungsziel insgesamt stark negativ auswirken. Um dies zu verhindern, sieht Art. L. 631-8, al. 2 C. com. vor, dass das Gericht, das den Zeitpunkt der *cessation des paiements* sonst auf einen Zeitpunkt bis zu 18 Monate vor der Verfahrenseröffnung bestimmen kann (Art. L. 631-8 C. com.), diesen Zeitpunkt nicht auf einen Zeitpunkt vor der *homologation* eines *accord de conciliation* bestimmen darf. Das hat zur Folge, dass sämtliche Handlungen, die im Rahmen der *conciliation* vorgenommen wurden, außer bei Vorliegen einer *fraude*, mit den *nullités de la période suspecte* nicht angegriffen werden können, wenn der *accord* durch das Gericht homologiert wurde.[1051]

bb) Angreifbare Rechtshandlungen

Angreifbar sind aber nicht sämtliche Akte, die der Schuldner in diesem Zeitraum vorgenommen hat, sondern nur die von Art. L. 632-1, 632-2 C. com. benannten. Dabei ist zwischen den *nullités de droit* gem. Art. L. 632-1 C. com. und den *nullités facultatives* gem. Art. L. 632-2 C. com. zu unterscheiden.[1052] Die in Art. L. 632-1 C. com. benannten *nullités de droit* führen, ohne dass weitere Voraussetzungen erfüllt sein müssten, stets und allein aufgrund der

---

[1051] *Pérochon,* Entreprises en difficulté, Rn. 388 f.; *Saint-Alary-Houin/Monsèrié-Bon/Houin-Bressand,* Entreprises en difficulté, Rn. 377; *Le Cannu/Robine,* Entreprises en difficulté, Rn. 923. Angreifbar sind Zahlungen, die während einer *conciliation* erbracht wurden aber unter Umständen mit der *action paulienne,* siehe unten, 4. Kapitel, B.II.4.c), insbesondere B.II.4.c)dd)(2).

[1052] *Saint-Alary-Houin/Monsèrié-Bon/Houin-Bressand,* Entreprises en difficulté, Rn. 1154; *Le Cannu/Robine,* Entreprises en difficulté, Rn. 931.

Vornahme der Handlung während der *période suspecte,* zur Nichtigkeit dieser Akte.[1053]

Ist eine Handlung hingegen nur von den *nullités facultatives* i.S.d. Art. L. 632-2 C. com. erfasst, steht die Anordnung der Nichtigkeitsfolge im freien Ermessen des Gerichts,[1054] das insoweit nur einer sehr eingeschränkten Kontrolle unterliegt.[1055] Erforderlich ist hierfür gem. Art. L. 632-2 C. com. weiterhin, dass der begünstigte Dritte im Zeitpunkt der Vornahme des angegriffenen Akts von der *cessation des paiements* Kenntnis hatte. Die Beweislast hierfür liegt beim anfechtenden Verwalter (*demandeur*).[1056] Dieser muss zwar nicht den Nachweis einer Bösgläubigkeit oder gar einer Schädigungsabsicht (*intention frauduleuse*),[1057] wohl aber der positiven Kenntnis der *cessation des paiements* führen, d.h. des Umstands, dass der Schuldner mit dem verfügbaren Vermögen nicht in der Lage war, die fälligen und durchsetzbaren Verbindlichkeiten zu bedienen.[1058] Bloßes Wissen um die wirtschaftlichen Schwierigkeiten des Schuldners ist daher unschädlich.[1059] Erbracht werden kann der Nachweis dieser Kenntnis als *fait juridique* mit allen Beweismitteln,[1060] also auch mit *présomptions* i.S.d. Art. 1382 C.C.[1061] Daher kann sich dieser Beweis insbesondere aus den Umständen, unter denen der Akt vorgenommen wurde oder

---

[1053] *Ripert/Roblot/Delebecque/Binctin/Andreu,* Traité de droit des affaires[18], Bd. IV, Rn. 760; *Saint-Alary-Houin/Monsèrié-Bon/Houin-Bressand,* Entreprises en difficulté, Rn. 1154; *Le Cannu/Robine,* Entreprises en difficulté, Rn. 923.

[1054] *Saint-Alary-Houin/Monsèrié-Bon/Houin-Bressand,* Entreprises en difficulté, Rn. 1185; Menjucq/Saintourens/Soinne/*Menjucq,* Traité des procédures collectives, Rn. 2530; *Pérochon,* Entreprises en difficulté, Rn. 2690; *Ripert/Roblot/Delebecque/Binctin/Andreu,* Traité de droit des affaires[18], Bd. IV, Rn. 782; *Le Cannu/Robine,* Entreprises en difficulté, Rn. 923, 951.

[1055] *Cass. com.,* 15.05.1974, n° 73-11.214; Menjucq/Saintourens/Soinne/*Menjucq,* Traité des procédures collectives, Rn. 2530; *Ripert/Roblot/Delebecque/Binctin/Andreu,* Traité de droit des affaires[18], Bd. IV, Rn. 782; *Saint-Alary-Houin/Monsèrié-Bon/Houin-Bressand,* Entreprises en difficulté, Rn. 1185.

[1056] Menjucq/Saintourens/Soinne/*Menjucq,* Traité des procédures collectives, Rn. 2529; *Saint-Alary-Houin/Monsèrié-Bon/Houin-Bressand,* Entreprises en difficulté, Rn. 1183; *Ripert/Roblot/Delebecque/Binctin/Andreu,* Traité de droit des affaires[18], Bd. IV, Rn. 787.

[1057] *Saint-Alary-Houin/Monsèrié-Bon/Houin-Bressand,* Entreprises en difficulté, Rn. 1183.

[1058] *Cass. com.,* 05.05.2015, n° 14-13.551; *Saint-Alary-Houin/Monsèrié-Bon/Houin-Bressand,* Entreprises en difficulté, Rn. 1183; *Pérochon,* Entreprises en difficulté, Rn. 2697.

[1059] *Cass. com.,* 05.05.2015, n° 14-13.551; Menjucq/Saintourens/Soinne/*Menjucq,* Traité des procédures collectives, Rn. 2529; *Saint-Alary-Houin/Monsèrié-Bon/Houin-Bressand,* Entreprises en difficulté, Rn. 1183; *Ripert/Roblot/Delebecque/Binctin/Andreu,* Traité de droit des affaires[18], Bd. IV, Rn. 787; *Pérochon,* Entreprises en difficulté, Rn. 2697.

[1060] *Saint-Alary-Houin/Monsèrié-Bon/Houin-Bressand,* Entreprises en difficulté, Rn. 1183; *Le Cannu/Robine,* Entreprises en difficulté, Rn. 958; *Pérochon,* Entreprises en difficulté, Rn. 2698; vgl. auch *Terré/Simler/Lequette/Chénedé,* Les obligations, Rn. 1899.

[1061] Vgl. *Terré/Simler/Lequette/Chénedé,* Les obligations, Rn. 1874.

der Art der Beziehung zwischen den Parteien ergeben.¹⁰⁶² Gerade eine Bank als (Sanierungs-)Kreditgeber wird typischerweise präzise über die finanzielle Situation ihrer Kreditnehmer informiert sein; bereits aufgrund dieser besonderen Stellung gegenüber dem Schuldner wird daher regelmäßig die Vermutung nahe liegen, dass die Bank um die *cessation des paiements* wusste.¹⁰⁶³

(1) Begründung von Verbindlichkeiten

Grundsätzlich denkbar ist die Anfechtung bereits der Begründung der Verbindlichkeit, konkret also des Abschlusses der Sanierungsfinanzierung als wirtschaftlich unausgeglichener Austauschvertrag (*contrat commutatif*) i.S.d. Art. 1108 C.C. gem. Art. L. 632-1, I, 2° C.Com, wobei es sich um eine *nullité de droit* handelt. Dies setzt jedoch ein deutliches und bezifferbares, d.h. objektives Ungleichgewicht zwischen der Leistung des Schuldners und der versprochenen Gegenleistung zulasten des Schuldners voraus.¹⁰⁶⁴ Die Beurteilung, ob ein solches Ungleichgewicht gegeben ist, steht zwar im freien Ermessen des Gerichts,¹⁰⁶⁵ ist jedoch anhand einer Gegenüberstellung des wirtschaftlichen Werts der Leistungen vorzunehmen.¹⁰⁶⁶ Die Anfechtung eines Kreditvertrags bei marktüblichen Zinssätzen und Gebühren bzw. leichten Überschreitungen kommt daher nicht in Betracht.¹⁰⁶⁷ Folglich ergibt sich aus dieser Bestimmung kein Risiko für den redlich handelnden Kreditgeber.

---

¹⁰⁶² Vgl. Menjucq/Saintourens/Soinne/*Menjucq*, Traité des procédures collectives, Rn. 2529; *Saint-Alary-Houin/Monsèrié-Bon/Houin-Bressand*, Entreprises en difficulté, Rn. 1183; *Pérochon*, Entreprises en difficulté, Rn. 2698.

¹⁰⁶³ *Bouthinon-Dumas*, Le Banquier, Rn. 45, S. 51; *Pérochon*, Entreprises en difficulté, Rn. 2698; Menjucq/Saintourens/Soinne/*Menjucq*, Traité des procédures collectives, Rn. 2529; *Monsèrié-Bon/Saint-Alary-Houin*, JCl. Proc. Coll. Fasc. 2510, Rn. 49; vgl. aber auch Cass. com., 16.06.2009, n° 08-14.635: *Allein* der Umstand, dass es sich beim (Groß-)Gläubiger um ein Kreditinstitut handelt, bei welchem der Insolvenzschuldner ein Konto unterhält, sei für die Annahme der Kenntnis von der *cessation des paiements* nicht ausreichend.

¹⁰⁶⁴ *Saint-Alary-Houin/Monsèrié-Bon/Houin-Bressand*, Entreprises en difficulté, Rn. 1161; Menjucq/Saintourens/Soinne/*Menjucq*, Traité des procédures collectives, Rn. 2482.

¹⁰⁶⁵ Menjucq/Saintourens/Soinne/*Menjucq*, Traité des procédures collectives, Rn. 2482; *Martin-Serf*, Rép. Dr. Com., Nullités, Rn. 95; *Le Cannu/Robine*, Entreprises en difficulté, Rn. 934; *Pérochon*, Entreprises en difficulté, Rn. 2666; Cass. com., 17.12.1974, n° 73-14.240.

¹⁰⁶⁶ *Saint-Alary-Houin/Monsèrié-Bon/Houin-Bressand*, Entreprises en difficulté, Rn. 1161; Menjucq/Saintourens/Soinne/*Menjucq*, Traité des procédures collectives, Rn. 2482.

¹⁰⁶⁷ Vgl. CA Pau, 30.03.1982, D. 1982, inf. Rap. 332 m. Anm. *Vasseur*, JCP CI 1982, 11025 m. Anm. *Cabrillac/Vivant*; Menjucq/Saintourens/Soinne/*Menjucq*, Traité des procédures collectives, Rn. 2482.

Deutlich weiter reicht Art. L. 632-2 C. com., der für alle entgeltlichen Verträge und damit auch für sämtliche Kreditverträge[1068] die *nullité facultative* unter der alleinigen Voraussetzung der Kenntnis des Gläubigers von der *cessation des paiements* vorsieht. Das Vorliegen oder der Nachweis eines Schadens soll insoweit nach der Rechtsprechung der *Cour de cassation*, die sich zur Begründung ausdrücklich auf die Ziele des Erhalts von Unternehmen und Arbeitsplätzen stützt, nicht erforderlich sein.[1069] Es steht damit letztlich allein im Ermessen des Gerichts, ob es die Unwirksamkeit solcher Verträge anordnet.[1070]

(2) Bestellung von Sicherheiten

Stets nichtig sind gem. Art. L. 632-1, I, 6° C. com. sämtliche Realsicherheiten (*sûretés réelles*), die der Schuldner während der *période suspecte* für eine vor Bestellung der Sicherheit begründete Forderung bestellt hat. Damit fallen zunächst sämtliche *sûretés personelles* aus dem Anwendungsbereich des Art. L. 632-1, I, 6° C. com.[1071] Ausgeschlossen ist eine *nullité de droit* hiernach auch, wenn die Sicherheit gleichzeitig mit der Begründung der Forderung bestellt wird.[1072] Nicht anfechtbar ist gem. Art. L. 631-1, I, 6° C. com. auch der bloße Sicherheitentausch, mit dem eine wirksam bestellte Sicherheit innerhalb der *période suspecte* ersetzt wird, wenn dieser Tausch nicht dazu führt, dass der Gläubiger eine nach Art oder Umfang stärkere Sicherheit erlangt.[1073] Besichert der Schuldner den Saldo eines *compte courant,* ist die Sicherheit nach gefestigter Rechtsprechung unanfechtbar, wenn und soweit mit oder nach ihrer Bestellung auch eine neue Forderung zugunsten des Sicherungsnehmers Ein-

---

[1068] Vgl. Menjucq/Saintourens/Soinne/*Menjucq*, Traité des procédures collectives, Rn. 2526.

[1069] *Cass. com.*, 16.02.1993, n° 91-11.235; 09.01.1996, n° 93-14.933; vgl. *Saint-Alary-Houin/Monsèrié-Bon/Houin-Bressand*, Entreprises en difficulté, Rn. 1182; *Martin-Serf*, Rép. Dr. Com., Nullités, Rn. 6; *Lienhard*, Procédures collectives, Rn. 117.34; *Ripert/Roblot/Delebecque/Binctin/Andreu*, Traité de droit des affaires[18], Bd. IV, Rn. 788.

[1070] Menjucq/Saintourens/Soinne/*Menjucq*, Traité des procédures collectives, Rn. 2530; *Saint-Alary-Houin/Monsèrié-Bon/Houin-Bressand*, Entreprises en difficulté, Rn. 1185.

[1071] *Martin-Serf*, Rép. Dr. Com., Nullités, Rn. 169; vgl. auch *Saint-Alary-Houin/Monsèrié-Bon/Houin-Bressand*, Entreprises en difficulté, Rn. 1170 f.

[1072] *Bouthinon-Dumas*, Le Banquier, Rn. 42, S. 49; *Saint-Alary-Houin/Monsèrié-Bon/Houin-Bressand*, Entreprises en difficulté, Rn. 1171; *Pérochon*, Entreprises en difficulté, Rn. 2679.

[1073] *Saint-Alary-Houin/Monsèrié-Bon/Houin-Bressand*, Entreprises en difficulté, Rn. 1172; das wurde mit der Reform von 2021 ausdrücklich geregelt, entsprach aber bereits zuvor der herrschenden Auffassung, vgl. *Cass. com.*, 20.01.1998, n° 95-16.402; 27.02.2016, n° 15-10.241; *Saint-Alary-Houin*, Entreprises en difficulté, Rn. 1168; *Ripert/Roblot/Delebecque/Binctin/Andreu*, Traité de droit des affaires[18], Bd. IV, Rn. 773; *Le Cannu/Robine*, Entreprises en difficulté[8], Rn. 868; *Pérochon*, Entreprises en difficulté[10], Rn. 1488.

gang in den *compte courant* gefunden hat.[1074] Stets nichtig ist gem. Art. L. 631-1, I, 9°, 10° C. com. darüber hinaus die Begründung einer neuen *fiducie* für zuvor begründete Forderungen sowie die Zuordnung des Sicherungsguts einer bereits begründeten *fiducie* zu einer vorher begründeten Forderung, so dass die *fiducie-sûreté* insoweit den übrigen *sûretés réelles* gleichgestellt ist.[1075] Außerhalb dieser Konstellationen sind sämtliche *sûretés réelles*, die sich ein Gläubiger in Kenntnis der *cessation des paiement* des Schuldners von diesem bestellen lässt, von der *nullité facultative* gem. Art. L. 632-2 C. com. erfasst,[1076] in welchem Rahmen deren Unwirksamkeit wiederum im Ermessen des Gerichts steht.

Ist die bestellte Sicherheit nichtig, findet sich der betroffene Sicherungsnehmer in der Rolle eines einfachen ungesicherten Gläubigers (*créancier chirographaire*) wieder,[1077] muss seine Forderung also als solcher zum Verfahren anmelden.[1078] Wurde der Gläubiger aufgrund der Sicherheit bereits als bevorrechtigter Gläubiger befriedigt und ist die Sicherheit von einer *nullité de droit* erfasst, ist auch die so erhaltene Befriedigung nach der Rechtsprechung der *Cour de cassation eo ipso* nichtig und an die Masse auszukehren.[1079]

(3) Erfüllung von Verbindlichkeiten

Von den *nullités de droit* ist gem. Art. L. 632-1, I, 3° C. com. unabhängig vom gewählten Zahlungsmittel auch die Befriedigung von Forderungen vor ihrer Fälligkeit erfasst, mit der Folge, dass der begünstigte Gläubiger den erhaltenen

---

[1074] *Cass. com.*, 11.02.1970, n° 67-13.398; 16.12.1970, n° 69-14.002; 27.10.1971, n° 70-11.853; *Saint-Alary-Houin/Monsèrié-Bon/Houin-Bressand*, Entreprises en difficulté, Rn. 1171; *Le Cannu/Robine*, Entreprises en difficulté, Rn. 945; *Pérochon*, Entreprises en difficulté, Rn. 2685.
[1075] *Fix*, Fiducie-sûreté, S. 289; *Ripert/Roblot/Delebecque/Binctin/Andreu*, Traité de droit des affaires[18], Bd. IV, Rn. 779; *Pérochon*, Entreprises en difficulté, Rn. 2684.
[1076] Menjucq/Saintourens/Soinne/*Menjucq*, Traité des procédures collectives, Rn. 2511; *Ripert/Roblot/Delebecque/Binctin/Andreu*, Traité de droit des affaires[18], Bd. IV, Rn. 784; *Saint-Alary-Houin/Monsèrié-Bon/Houin-Bressand*, Entreprises en difficulté, Rn. 1181; *Le Cannu/Robine*, Entreprises en difficulté, Rn. 956.
[1077] Menjucq/Saintourens/Soinne/*Menjucq*, Traité des procédures collectives, Rn. 2551; *Jacquemont/Borga/Mastrullo*, Entreprises en difficulté, Rn. 644; *Ripert/Roblot/Delebecque/Binctin/Andreu*, Traité de droit des affaires[18], Bd. IV, Rn. 776; *Le Cannu/Robine*, Entreprises en difficulté, Rn. 964; *Pérochon*, Entreprises en difficulté, Rn. 2651.
[1078] Menjucq/Saintourens/Soinne/*Menjucq*, Traité des procédures collectives, Rn. 2545; *Pérochon*, Entreprises en difficulté, Rn. 2651; *Monsèrié-Bon/Saint-Alary-Houin*, JCl. Proc. Coll. Fasc. 2502, Rn. 67.
[1079] *Cass. com.*, 10.07.2019, n° 18-17.820; *Saint-Alary-Houin/Monsèrié-Bon/Houin-Bressand*, Entreprises en difficulté, Rn. 1191; *Le Cannu/Robine*, Entreprises en difficulté, Rn. 944.

Vorteil an den Verwalter auszukehren hat.[1080] Nichtig sind gem. Art. L. 632-1, I, 4° C. com. darüber hinaus sämtliche Zahlungen des Schuldners, die dieser auf fällige Forderungen erbringt, wenn sie mit Zahlungsmitteln erbracht werden, die im Geschäftsverkehr üblicherweise nicht verwendet werden. Neben den von Art. L. 631-1, I, 4° C. com. ausdrücklich von der *nullité de droit* ausgenommenen Zahlungsmitteln (Bargeld, Überweisungen, Zahlungen mit *effets de commerce,* Forderungsabtretungen mit einem sog. *bordereau Dailly*) sind damit nur Zahlungsmittel, die im geschäftlichen Verkehr üblich sind oder einer allgemeinen und üblichen Praxis in bestimmten Geschäftsbeziehungen entsprechen, vor einer Anfechtung gefeit.[1081] Darüber hinaus ist die Befriedigung auch der Gläubiger, die Inhaber einer fälligen und durchsetzbaren Forderung sind, Gegenstand einer fakultativen Nichtigkeit gem. Art. L. 632-2 C. com., wenn der Gläubiger von der *cessation des paiements* Kenntnis hatte. Hier ist das gewählte Zahlungsmittel ohne Belang, so dass auch Zahlungen mit üblichen Mitteln anfechtbar sind.[1082]

[1080] Menjucq/Saintourens/Soinne/*Menjucq*, Traité des procédures collectives, Rn. 2549; *Ripert/Roblot/Delebecque/Binctin/Andreu*, Traité de droit des affaires[18], Bd. IV, Rn. 771; *Saint-Alary-Houin/Monsèrié-Bon/Houin-Bressand*, Entreprises en difficulté, Rn. 1191; *Le Cannu/Robine*, Entreprises en difficulté, Rn. 964.

[1081] *Cass. com.*, 14.12.1993, n° 92-10.858: „[…] [E]st communément admis le mode de paiement que consacre un usage professionnel, une pratique générale et habituelle, dans des relations d'affaires déterminées […]."; Menjucq/Saintourens/Soinne/*Menjucq*, Traité des procédures collectives, Rn. 2495; *Jacquemont/Borga/Mastrullo*, Entreprises en difficulté, Rn. 611; *Pérochon*, Entreprises en difficulté, Rn. 2676, 2678; *Saint-Alary-Houin/Monsèrié-Bon/Houin-Bressand*, Entreprises en difficulté, Rn. 1165; Roussel Galle/*Houin-Bressand*, Entreprises en difficulté 360°, Rn. 1282; *Le Cannu/Robine*, Entreprises en difficulté, Rn. 937. Nach diesem Maßstab sind insbesondere Forderungsabtretungen, die nicht unter die *loi Dailly* fallen und *délégations* i.S.d. Art. 1336 ff. C.C. sowie *dations en paiement*, bei denen der Schuldner einen anderen als den geschuldeten Gegenstand an Zahlungs statt hingibt, denen die Rechtsprechung einstmals sehr kritisch gegenüberstand (*Cass. com.*, 19.06.1985, n° 82-16.928: „[…] [U]ne cession de créance ne constitue pas un mode normal du paiement […]."; 30.11.1993, n° 91-13.881 (*délégation* einer Versicherungsforderung an einen Warenlieferanten); vgl. auch *Le Cannu/Robine*, Entreprises en difficulté, Rn. 940 f.) anfechtungsfeste Zahlungsmittel, wenn sie in der jeweiligen Geschäftsbeziehung als üblich anzusehen sind (*Cass. com.*, 08.02.1994, n° 91-18.258 (*cession de créance*); 16.03.2010, n° 09-11.430 (*dation en paiement*); 05.02.2013, n° 11-28.364 (*délégation de créance*); *Bouthinon-Dumas*, Le Banquier, Rn. 37, S. 46; *Jacquemont/Borga/Mastrullo*, Entreprises en difficulté, Rn. 612; *Ripert/Roblot/Delebecque/Binctin/Andreu*, Traité de droit des affaires[18], Bd. IV, Rn. 770; *Pérochon*, Entreprises en difficulté, Rn. 2676, 2678; Menjucq/Saintourens/Soinne/*Menjucq*, Traité des procédures collectives, Rn. 2496 ff.; a.A. bezüglich der *dation en paiement Saint-Alary-Houin/Monsèrié-Bon/Houin-Bressand*, Entreprises en difficulté, Rn. 1166; zurückhaltend auch *Le Cannu/Robine*, Entreprises en difficulté, Rn. 938 f.).

[1082] Menjucq/Saintourens/Soinne/*Menjucq*, Traité des procédures collectives, Rn. 2521; *Martin-Serf*, Rép. Dr. Com., Nullités, Rn. 224; *Ripert/Roblot/Delebecque/Binctin/Andreu*, Traité de droit des affaires[18], Bd. IV, Rn. 785; *Saint-Alary-Houin/Monsèrié-Bon/Houin-*

Sowohl im Rahmen der *nullités de droit* als auch bei der *nullité facultative* sind jedoch nur Zahlungen des Schuldners selbst, nicht solche von Dritten erfasst.[1083] Nicht um *paiements* i.S.d. Art. L. 631-1 f. C. com. soll es sich nach traditioneller Auffassung auch bei unfreiwilligen Zahlungen handeln,[1084] also solchen, die der Schuldner aufgrund eines rechtskräftigen Urteils erbringt,[1085] oder die aufgrund von Zwangsvollstreckungsmaßnahmen erfolgen.[1086] Das hatte unter dem bis 2005 geltenden Recht zur Folge, dass durch Zwangsvollstreckungsmaßnahmen erlangte Zahlungen stets unanfechtbar waren.[1087] Seit der Reform von 2005 ist die Möglichkeit einer Anfechtung eines *avis à tiers détenteur,* einer *saisie-attribution* sowie der *opposition* von Art. L. 632-2 al. 2 C. com. jedoch als *nullité facultative* ausdrücklich vorgesehen. Auf Grundlage dieser Vollstreckungsmaßnahmen kann folglich keine ausnahmslos unanfechtbare Befriedigung mehr erlangt werden;[1088] nach wie vor ist jedoch die *saisie-vente* von der Anfechtbarkeit ausgenommen.[1089] Aus Gründen des Verkehrsschutzes ist auch die Anfechtung von Zahlungen, die auf Wechsel, Schuldscheine sowie Schecks (*effets de commerce*) erbracht werden, ausgeschlossen (Art. L. 632-3 C. com.).[1090] Insofern ist jedoch ein Vorgehen des Verwalters,

---

Bressand, Entreprises en difficulté, Rn. 1181; *Le Cannu/Robine*, Entreprises en difficulté, Rn. 955; sehr kritisch hierzu *Pérochon*, Entreprises en difficulté, Rn. 2691.

[1083] Menjucq/Saintourens/Soinne/*Menjucq*, Traité des procédures collectives, Rn. 2523; *Martin-Serf*, Rép. Dr. Com., Nullités, Rn. 227; *Saint-Alary-Houin/Monsèrié-Bon/Houin-Bressand*, Entreprises en difficulté, Rn. 1181.

[1084] *Jacquemont/Borga/Mastrullo*, Entreprises en difficulté, Rn. 633, 635; Menjucq/Saintourens/Soinne/*Menjucq*, Traité des procédures collectives, Rn. 2524; *Le Cannu/Robine*, Entreprises en difficulté, Rn. 957; zweifelnd *Ripert/Roblot/Delebecque/Binctin/Andreu*, Traité de droit des affaires[18], Bd. IV, Rn. 766; *Saint-Alary-Houin/Monsèrié-Bon/Houin-Bressand*, Entreprises en difficulté, Rn. 1181, anders für die *nullité facultative* Rn. 1167 a.E.

[1085] Menjucq/Saintourens/Soinne/*Menjucq*, Traité des procédures collectives, Rn. 2524; vgl. auch *Saint-Alary-Houin/Monsèrié-Bon/Houin-Bressand*, Entreprises en difficulté, Rn. 1181, die die Frage aufwerfen, ob diese traditionelle Lösung weiterhin Geltung beanspruchen könne.

[1086] *Cass. com.*, 16.06.1998, n° 96-17.050; Menjucq/Saintourens/Soinne/*Menjucq*, Traité des procédures collectives, Rn. 2524; *Le Cannu/Robine*, Entreprises en difficulté, Rn. 957.

[1087] *Cass. com.*, 16.06.1998, n° 96-17.050; *Saint-Alary-Houin/Monsèrié-Bon/Houin-Bressand*, Entreprises en difficulté, Rn. 1184; Menjucq/Saintourens/Soinne/*Menjucq*, Traité des procédures collectives, Rn. 2524; *Jacquemont/Borga/Mastrullo*, Entreprises en difficulté, Rn. 636; *Le Cannu/Robine*, Entreprises en difficulté, Rn. 957.

[1088] *Saint-Alary-Houin/Monsèrié-Bon/Houin-Bressand*, Entreprises en difficulté, Rn. 1184; Menjucq/Saintourens/Soinne/*Menjucq*, Traité des procédures collectives, Rn. 2524.

[1089] *Jacquemont/Borga/Mastrullo*, Entreprises en difficulté, Rn. 634.

[1090] *Pérochon*, Entreprises en difficulté, Rn. 2702; Menjucq/Saintourens/Soinne/*Menjucq*, Traité des procédures collectives, Rn. 2492, 2533; *Saint-Alary-Houin/Monsèrié-Bon/Houin-Bressand*, Entreprises en difficulté, Rn. 1164.

gerichtet auf die Herausgabe der erhaltenen Summe,[1091] gegen denjenigen möglich, der vom Inverkehrbringen des Titels profitiert hat (Aussteller des Wechsels, Begünstigter des Schecks, Erstindossant des *billet à ordre*),[1092] vorausgesetzt, der Begünstigte hatte im Zeitpunkt der Emission des Titels Kenntnis von der Zahlungsunfähigkeit.

Die erfolgreiche Anfechtung führt auch hier zur Nichtigkeit, so dass der Begünstigte die erhaltene Zahlung an den Verwalter auszukehren und zu verzinsen hat[1093] und die Forderung zum Verfahren anzumelden ist.[1094]

cc) Fazit

Bei den *nullités de droit* handelt es sich folglich um ein Regime, das in subjektiver Hinsicht voraussetzungslos ist, so dass die strenge Sanktion der Nichtigkeit *erga omnes* auch gutgläubige Gläubiger trifft.[1095] In objektiver Hinsicht ist dieser Rahmen aber eng und auf wenige Akte begrenzt, deren Schädlichkeit für die Verwirklichung der Verfahrensziele sich bereits aus der vorgenommenen Handlungen selbst ergibt.[1096] Es handelt sich daher dennoch um einen eng und klar umrissenen Rahmen.[1097] Damit ist für die Geschäftspartner des Schuldners klar vorhersehbar, bei welchen Handlungen sie dem Risiko einer Unwirksamkeit nach Art. L. 632-1 C. com. ausgesetzt sind, so dass sich diese Rechtsfolge durch ein schlichtes Unterlassen dieser Handlungen ohne Weiteres vermeiden lässt. Die Geber einer Finanzierung sind in Bezug auf diese also selbst bei Kenntnis von der *cessation des paiements* des Schuldners keinem besonderen Risiko aus Art. L. 632-1 C. com. ausgesetzt, wenn sich Zinsen und Gebühren der Finanzierung in einem für eine solche Finanzierung üblichen Rahmen bewegen, Sicherheiten nur gleichzeitig mit der Forderungsentstehung bestellt

---

[1091] *Jacquemont/Borga/Mastrullo*, Entreprises en difficulté, Rn. 640; *Pérochon*, Entreprises en difficulté, Rn. 2703.

[1092] *Jacquemont/Borga/Mastrullo*, Entreprises en difficulté, Rn. 640; *Ripert/Roblot/Delebecque/Binctin/Andreu*, Traité de droit des affaires[18], Bd. IV, Rn. 785.

[1093] *Saint-Alary-Houin/Monsèrié-Bon/Houin-Bressand*, Entreprises en difficulté, Rn. 1191; Menjucq/Saintourens/Soinne/*Menjucq*, Traité des procédures collectives, Rn. 2549; *Ripert/Roblot/Delebecque/Binctin/Andreu*, Traité de droit des affaires[18], Bd. IV, Rn. 789.

[1094] *Jacquemont/Borga/Mastrullo*, Entreprises en difficulté, Rn. 645; Menjucq/Saintourens/Soinne/*Menjucq*, Traité des procédures collectives, Rn. 2548; *Le Cannu/Robine*, Entreprises en difficulté, Rn. 964.

[1095] Menjucq/Saintourens/Soinne/*Menjucq*, Traité des procédures collectives, Rn. 2471; *Le Cannu/Robine*, Entreprises en difficulté, Rn. 964; vgl. aus der Rechtsprechung etwa Cass. com., 30.06.2004, n° 02-13.465; kritisch hierzu *Pérochon*, Entreprises en difficulté, Rn. 2649.

[1096] So *Saint-Alary-Houin/Monsèrié-Bon/Houin-Bressand*, Entreprises en difficulté, Rn. 1154.

[1097] *Bouthinon-Dumas*, Le Banquier, Rn. 43, S. 50.

werden und nur Zahlungen mit üblichen Mitteln und auf fällige Forderungen angenommen werden.

Deutlich unschärfer stellen sich die *nullités facultatives* dar, die sich durch in objektiver Hinsicht uferlose Tatbestände auszeichnen.[1098] Eine Begrenzung der Reichweite erfolgt hier nur über die Erforderlichkeit der positiven Kenntnis des Gläubigers von der *cessation des paiements*. Insoweit befindet sich eine Bank als Kreditgeberin aufgrund der genauen Einblicke in die wirtschaftliche Situation des Schuldners, die diese regelmäßig hat, in einer besonders exponierten Situation. Typischerweise wird hier die Annahme nahe liegen, dass sie von der *cessation des paiements* Kenntnis gehabt haben muss. Folglich ist der Anwendungsbereich der *nullités facultatives* hier regelmäßig eröffnet. Anfechtbar sind in dieser Konstellation nicht nur sämtliche Kredite, hierfür bestellte Sicherheiten, sondern auch sämtliche Zahlungen, die der Gläubiger in der *période suspecte* erhalten hat. Weitere Unsicherheiten ergeben sich daraus, dass die Aufhebung dieser Akte bei Vorliegen der Voraussetzungen des Art. L. 632-2 C. com. allein im Ermessen des zuständigen Gerichts liegt. Es ist daher kaum sicher vorhersehbar, welche Handlungen im Fall der Eröffnung einer *procédure collective* für nichtig erklärt werden. Hat ein Kreditgeber Anhaltspunkte für das Vorliegen der *cessation des paiements,* kann sich dieser folglich grundsätzlich nur durch das Vermeiden jeglicher Rechtshandlungen gegenüber dem Schuldner ab diesem Zeitpunkt effektiv vor den *nullités facultatives* schützen.

Vor jeder Nichtigkeit aufgrund der *nullités de la période suspecte* gefeit sind jedoch sämtliche Gläubiger, gegenüber denen der Schuldner im Rahmen einer *conciliation* mit anschließender *homologation* Rechtshandlungen vorgenommen hat. Demnach können auch sämtliche Handlungen in Zusammenhang mit einem Sanierungskredit in diesem Zeitraum anfechtungsfrei vorgenommen werden. Es besteht hier also eine blankettartige Privilegierung von sämtlichen Handlungen, die vor der *homologation* vorgenommen wurden, also *auch* von Sanierungsbemühungen, die den erfassten Gläubigern einen wirksamen Anfechtungsschutz insoweit vermittelt. Diese Privilegierung begründet demnach keine rechtliche Sonderstellung gerade der Sanierungsfinanzierer, ist aber gleichwohl einem Sanierungsdenken geschuldet, weil mit dieser Privilegierung potentiellen Geschäftspartnern des Schuldners ein zusätzlicher Anreiz zur Beteiligung an Sanierungsversuchen im Rahmen einer *conciliation* gesetzt werden soll.

[1098] Vgl. *Pérochon*, Entreprises en difficulté, Rn. 2691, 2693.

c) Die action paulienne

Angreifbar sind Rechtshandlungen des Schuldners auch auf Grundlage der sog. *action paulienne*[1099] gem. Art. 1341-2 C.C. Diese dient dem Schutz der Gläubiger und deren *gage général* vor Handlungen des Schuldners, mit denen dieser die Befriedigungsaussichten seiner Gläubiger böswillig beeinträchtigt und somit eine *fraude* i.S.d. Art. 1341-2 C.C. begeht.[1100]

aa) Abgrenzung von den nullités de la période de suspecte und Anwendbarkeit bei Eröffnung einer procédure collective

Die *action paulienne* unterscheidet sich von den insolvenzspezifischen *nullités de la période suspecte* zunächst dadurch, dass sie unabhängig von den zeitlichen Schranken der *période suspecte* und den dort abschließend aufgezählten Konstellationen ist. Zugleich müssen für die *action paulienne* aber stets subjektive Voraussetzungen auf Seiten des Schuldners und unter Umständen auch beim betroffenen Gläubiger erfüllt sein.[1101] Anders als die *nullités de la période suspecte* führt diese auch nicht zur Nichtigkeit der angegriffenen Akte, sondern hat grundsätzlich nur deren relative Unwirksamkeit gegenüber dem agierenden Gläubiger zur Folge.[1102] Aufgrund dieser Unterschiede in Bezug auf Voraussetzungen und Rechtsfolgen ist allgemein anerkannt, dass die *action paulienne* auch nach Eröffnung einer *procédure collective* Anwendung finden kann.[1103]

bb) Voraussetzungen im Allgemeinen

Zentrales Element der *action paulienne* ist die Vornahme einer Handlung[1104] durch den Schuldner, die eine *fraude* zulasten der Rechte des Gläubigers dar-

---

[1099] Zur Bezeichnung und historischen Entwicklung *Terré/Simler/Lequette/Chénedé*, Les obligations, Rn. 1575; *Sautonie-Laguionie*, Rép. Dr. Civ., Action paulienne, Rn. 2.

[1100] *Malaurie/L. Aynès/Stoffel-Munck*, Droit des obligations, Rn. 752.

[1101] Vgl. etwa *Monsèrié-Bon/Saint-Alary-Houin*, JCl. Proc. Coll. Fasc. 2502, Rn. 18.

[1102] *Terré/Simler/Lequette/Chénedé*, Les obligations, Rn. 1577, 1602; *Malaurie/L. Aynès/Stoffel-Munck*, Droit des obligations, Rn. 759. Siehe zur abweichenden Handhabung in der Insolvenz sogleich, 4. Kapitel, B.II.4.c)(3)(b).

[1103] *Le Cannu/Robine*, Entreprises en difficulté, Rn. 967 ff.; *Saint-Alary-Houin/Monsèrié-Bon/Houin-Bressand*, Entreprises en difficulté, Rn. 859, 1151; *Pérochon*, Entreprises en difficulté, Rn. 2646; *Pizzio-Delaporte*, RTDCom. 1995, S. 715, Rn. 8 ff.; Menjucq/Saintourens/Soinne/*Menjucq*, Traité des procédures collectives, Rn. 2464; *François*, Traité de droit civil, Bd. IV, Rn. 439; *von Campe*, Insolvenzanfechtung, S. 80; vgl. auch *Sautonie-Laguionie*, Rép. Dr. Civ., Action paulienne, Rn. 25 f.

[1104] Nicht angreifbar im Wege der *action paulienne* sind Unterlassungen des Schuldners, sei es durch die Unterlassung einer Handlung, die zu einem Vermögensvorteil geführt hätte, sei es durch die Nichtausübung eines dem Schuldner zustehenden Rechts, vgl. Art. 1341-2 C.C., der sich nur auf die „*faits*" des Schuldners bezieht. In diesen Fällen kann der Gläubiger aber im Wege der *action oblique* gem. Art. 1341-1 C.C. vorgehen, die es dem agierenden Gläubiger ermöglicht, anstelle des Schuldners dessen Rechte auszuüben.

stellt. Diese *fraude* setzt einerseits voraus, dass die Handlung des Schuldners die Rechte des Gläubigers beeinträchtigt, indem sie deren Durchsetzung erschwert (*élément matériel*), andererseits, dass diese Handlung von einer *intention frauduleuse* des Schuldners motiviert ist (*élément moral*).[1105]

(1) Objektive Voraussetzungen

Erforderlich ist damit zunächst, dass der Gläubiger Inhaber einer Forderung ist, die zwar noch nicht fällig, aber begründet und bestimmbar sein muss.[1106] Prinzipiell muss diese vor dem angegriffenen Akt entstanden sein, da eine *fraude* zulasten des agierenden Gläubigers nicht denkbar ist, wenn dessen Forderung (und damit sein Anteil am *gage général*) erst nach dieser Handlung entstanden ist.[1107]

Der erforderliche Schaden ist jedenfalls gegeben, wenn die Handlung des Schuldners die Befriedigung eines *créancier chirographaire* unmöglich macht, indem der angegriffene Akt dazu führt, dass das schuldnerische Vermögen soweit reduziert wird, dass die Befriedigung des agierenden Gläubigers unmöglich ist (*insolvabilité*).[1108] Neben den Fällen der *insolvabilité* ist jedoch ausreichend, dass die Befriedigung des Gläubigers dadurch erschwert wird, dass der Schuldner mit dem angegriffenen Akt einen Vermögensgegenstand, auf den im Wege der *saisie* leicht zugegriffen werden könnte, durch einen – auch objektiv gleichwertigen – ersetzt, der für den Gläubiger schwieriger greifbar und für den Schuldner leichter zu verbergen ist (etwa Bargeld statt Immobiliarvermögen).[1109] Gleiches gilt, wenn die Verwertung erschwert wird, indem etwa Immobilien in eine Gesellschaft eingebracht werden und somit nur noch ein Zugriff auf die Gesellschaftsanteile möglich ist.[1110] Ist der agierende Gläubiger Inhaber einer Sicherheit, kann sich der Schaden auch daraus ergeben, dass der Schuldner die Verwertung der Sicherheit durch Handlungen nach deren Bestellung beeinträchtigt oder vereitelt, indem er etwa das Sicherungsgut langfristig

---

[1105] *Sautonie-Laguionie*, Rép. Dr. Civ., Action paulienne, Rn. 42 f., 63.

[1106] *Malaurie/L. Aynès/Stoffel-Munck*, Droit des obligations, Rn. 753 f.; *Terré/Simler/Lequette/Chénedé*, Les obligations, Rn. 1589 f.

[1107] *Terré/Simler/Lequette/Chénedé*, Les obligations, Rn. 1589; *Malaurie/L. Aynès/Stoffel-Munck*, Droit des obligations, Rn. 753; *Sautonie-Laguionie*, Rép. Dr. Civ., Action paulienne, Rn. 45.

[1108] *Malaurie/L. Aynès/Stoffel-Munck*, Droit des obligations, Rn. 756; *Terré/Simler/Lequette/Chénedé*, Les obligations, Rn. 1592 f.; *Sautonie-Laguionie*, Rép. Dr. Civ., Action paulienne, Rn. 54 f.

[1109] *Cass. civ. 3e*, 28.11.1973, n° 72-14.443; *Cass. com.*, 01.03.1994, n° 92-15.425; *Sautonie-Laguionie*, La fraude paulienne, Rn. 458 f., S. 311 f.

[1110] *Cass. civ. 1re*, 27.02.1973, n° 71-14.693; 14.02.1995, n° 92-18.886; *Cass. civ. 3e*, 20.12.2000, n° 98-19.343, 99-10.338; 13.11.2003, n° 99-19.684; *Cass. com.*, 28.09.2004, n° 03-10.054; 12.10.2010, n° 09-16.754; *Sautonie-Laguionie*, La fraude paulienne, Rn. 460 ff., S. 312 ff.

vermietet.[1111] Erforderlich, aber auch ausreichend ist damit, dass die Handlung die tatsächlichen Befriedigungsaussichten des agierenden Gläubigers beeinträchtigt, ohne dass es auf eine rechnerische Schmälerung des schuldnerischen Vermögens ankäme.[1112]

(2) Subjektive Voraussetzungen

Bei der Vornahme dieser Handlung muss der Schuldner mit einer sog. *intention frauduleuse* gehandelt haben,[1113] von der der begünstigte Gläubiger bei entgeltlichen Akten Kenntnis gehabt haben muss, Art. 1341-2 C.C. Diese ist stets gegeben, wenn der Schuldner in der Absicht handelt, die Rechte seiner Gläubiger zu beschneiden oder zu vereiteln (*intention de nuire*).[1114] Daneben soll für die Erfüllung des subjektiven Elements der *fraude* auf Seiten des Schuldners jedoch auch dessen sicheres Wissen genügen, dass die angegriffene Handlung den Gläubigern schadet (*conscience du préjudice causé*).[1115] Die bei entgeltlichen Akten erforderliche Kenntnis des begünstigten Dritten beurteilt sich nach denselben Kriterien, so dass ein kollusives Zusammenwirken mit dem Schuldner, aber auch die bloße Kenntnis von dem verursachten Schaden diese *complicité* begründen.[1116] Nicht ausreichend ist jedoch das Wissen des begünstigten Gläubigers, der sich etwa eine Sicherheit bestellen lässt, dass der Schuldner weitere Gläubiger hat, gegenüber welchen er sich durch die Sicherheit eine privilegierte Position schafft; erforderlich ist vielmehr auch insoweit, dass der begünstigte Gläubiger positive Kenntnis hat, dass durch den Akt die Befriedigungsaussichten der übrigen Gläubiger verschlechtert werden.[1117]

Die Beweislast für die Kenntnis von Schuldner und begünstigtem Gläubiger liegt beim agierenden Gläubiger.[1118] Ebenso wie bei den *nullités* kann sich

---

[1111] *Cass. civ. 1re*, 15.10.1980, n° 79-12.489; 18.07.1995, n° 93-13.681; *Sautonie-Laguionie*, La fraude paulienne, Rn. 465, S. 316.

[1112] *Terré/Simler/Lequette/Chénedé*, Les obligations, Rn. 1594; *Sautonie-Laguionie*, La fraude paulienne, Rn. 442, S. 303 f.; *François*, Traité de droit civil, Bd. IV, Rn. 413.

[1113] *Sautonie-Laguionie*, Rép. Dr. Civ., Action paulienne, Rn. 64; *Sautonie-Laguionie*, La fraude paulienne, Rn. 469, S. 319; *Terré/Simler/Lequette/Chénedé*, Les obligations, Rn. 1595.

[1114] *Terré/Simler/Lequette/Chénedé*, Les obligations, Rn. 1595; *Malaurie/L. Aynès/Stoffel-Munck*, Droit des obligations, Rn. 757; *Sautonie-Laguionie*, Rép. Dr. Civ., Action paulienne, Rn. 70.

[1115] *Malaurie/L. Aynès/Stoffel-Munck*, Droit des obligations, Rn. 757; *Terré/Simler/Lequette/Chénedé*, Les obligations, Rn. 1595; *Sautonie-Laguionie*, Rép. Dr. Civ., Action paulienne, Rn. 64, 70.

[1116] *Terré/Simler/Lequette/Chénedé*, Les obligations, Rn. 1599; *Sautonie-Laguionie*, Rép. Dr. Civ., Action paulienne, Rn. 70.

[1117] *Terré/Simler/Lequette/Chénedé*, Les obligations, Rn. 1599.

[1118] *Terré/Simler/Lequette/Chénedé*, Les obligations, Rn. 1597; *Sautonie-Laguionie*, Rép. Dr. Civ., Action paulienne, Rn. 67.

dieser insoweit, da es sich um eine *question de fait* handelt,[1119] insbesondere auf *présomptions* i.S.d. Art. 1382 C.C. berufen.[1120] Hier wie dort kann sich der Beweis der subjektiven Voraussetzungen daher insbesondere aus den Umständen ergeben, unter denen das Geschäft vorgenommen wurde.[1121] Das kann etwa aus dessen wirtschaftlicher Unausgeglichenheit[1122] oder einem engen zeitlichen Zusammenhang zur *insolvabilité*[1123] folgen.

cc) Ausübungsberechtigte und Rechtsfolgen

(1) Grundsatz

Prinzipiell ist nur der von dem angegriffenen Akt negativ betroffene Gläubiger berechtigt, die *action paulienne* auszuüben.[1124] Rechtsfolge der erfolgreich ausgeübten *action paulienne* ist nicht die Nichtigkeit des Akts *erga omnes* oder *inter partes*, sondern dessen *inopposabilité* allein gegenüber dem agierenden Gläubiger (Art. 1341-2 C.C.).[1125] Der Akt bleibt auch im Verhältnis zwischen Schuldner und begünstigten Dritten wirksam, kann dem agierenden Gläubiger aber nicht entgegengehalten werden, *soweit* er dessen Rechte beeinträchtigt.[1126] Insbesondere wird der Schuldner also nicht wieder Eigentümer einer übertragenen Sache.[1127] Allein der agierende Gläubiger wird so gestellt, als ob der Akt nie vorgenommen worden wäre und kann damit etwa im Weg der *saisie* auf

---

[1119] *Terré/Simler/Lequette/Chénedé*, Les obligations, Rn. 1597; *Sautonie-Laguionie,* Rép. Dr. Civ., Action paulienne, Rn. 65.

[1120] *Terré/Simler/Lequette/Chénedé*, Les obligations, Rn. 1597; *Sautonie-Laguionie*, Rép. Dr. Civ., Action paulienne, Rn. 65.

[1121] *Terré/Simler/Lequette/Chénedé*, Les obligations, Rn. 1597; *Sautonie-Laguionie*, Rép. Dr. Civ., Action paulienne, Rn. 65.

[1122] *Terré/Simler/Lequette/Chénedé*, Les obligations, Rn. 1597; *Sautonie-Laguionie*, Rép. Dr. Civ., Action paulienne, Rn. 65; *Sautonie-Laguionie*, La fraude paulienne, Rn. 524, S. 362; vgl. etwa *Cass. civ. 1re,* 13.01.1993, n° 91-11.871

[1123] *Terré/Simler/Lequette/Chénedé*, Les obligations, Rn. 1597; *Sautonie-Laguionie*, Rép. Dr. Civ., Action paulienne, Rn. 65; *Sautonie-Laguionie*, La fraude paulienne, Rn. 545 f., S. 378 ff.; vgl. etwa *Cass. civ. 1re,* 28.02.1978, n° 76-12.126.

[1124] *Terré/Simler/Lequette/Chénedé*, Les obligations, Rn. 1587; *Sautonie-Laguionie*, Rép. Dr. Civ., Action paulienne, Rn. 79 f.; *Sautonie-Laguionie*, La fraude paulienne, Rn. 815 f., S. 567 f.

[1125] *Malaurie/L. Aynès/Stoffel-Munck*, Droit des obligations, Rn. 759; *Terré/Simler/ Lequette/Chénedé*, Les obligations, Rn. 1577, 1602, 1605; vgl. auch zur vor der gesetzlichen Klarstellung von 2016 bestehenden Uneinigkeit *Sautonie-Laguionie*, Rép. Dr. Civ., Action paulienne, Rn. 105.

[1126] *Malaurie/L. Aynès/Stoffel-Munck*, Droit des obligations, Rn. 759; *Sautonie-Laguionie*, Rép. Dr. Civ., Action paulienne, Rn. 105.

[1127] *Terré/Simler/Lequette/Chénedé*, Les obligations, Rn. 1602.

einen wirksam an einen Dritten veräußerten Gegenstand zugreifen.[1128] Im Verhältnis zu den übrigen Gläubigern hat die erfolgreich ausgeübte *action paulienne*, auch wenn diese von dem angegriffenen Akt in gleicher Weise nachteilig betroffen sind, demnach keine Auswirkungen.[1129] Diese können sich aber der Klage anschließen oder selbst im Wege der *action paulienne* vorgehen, um eine *inopposabilité* auch ihnen gegenüber zu erreichen.[1130]

(2) Im Rahmen der procédures collectives

Die Eröffnung einer *procédure collective* hat gem. Art. L. 622-21, 641-3 C. com. grundsätzlich zur Folge, dass den Gläubigern die individuelle gerichtliche Durchsetzung ihrer Forderungen gegen den Schuldner untersagt ist. Die *action paulienne* ist jedoch prinzipiell gegen den begünstigten Dritten gerichtet, während ein – zusätzliches – Vorgehen gegen den Schuldner nicht erforderlich ist.[1131] Darüber hinaus hat sie auch nicht die Verurteilung des Schuldners zur Zahlung einer Geldsumme zum Ziel,[1132] weshalb die Art. L. 622-21, 641-3 C. com. schon ihrem Wortlaut nach nicht einschlägig sind. Schließlich wirkt die *action paulienne* aufgrund der auf das Verhältnis zwischen agierendem Gläubiger und begünstigtem Dritten beschränkten *inopposabilité* nur zulasten des begünstigten Dritten,[1133] weshalb sie von diesem Verbot auch der Sache nach nicht erfasst wird.[1134]

Im Fall der Eröffnung einer *procédure collective* sehen Art. L. 622-20, 641-4 C. com. jedoch vor, dass allein der *mandataire judiciaire* bzw. der *liquidateur* berechtigt ist, Klagen im Namen und Interesse der Gläubigergesamtheit zu erheben. Ein einzelner Gläubiger dürfte hiernach nur berechtigt sein, die

---

[1128] *Terré/Simler/Lequette/Chénedé*, Les obligations, Rn. 1602; *Malaurie/L. Aynès/Stoffel-Munck*, Droit des obligations, Rn. 759; siehe auch *Sautonie-Laguionie*, Rép. Dr. Civ., Action paulienne, Rn. 109.

[1129] *Sautonie-Laguionie*, Rép. Dr. Civ., Action paulienne, Rn. 121.

[1130] *Terré/Simler/Lequette/Chénedé*, Les obligations, Rn. 1605; *Sautonie-Laguionie*, Rép. Dr. Civ., Action paulienne, Rn. 121.

[1131] *Cass. civ. 1re*, 06.11.1990, n° 89-14.948: „[...] [L]'action paulienne doit être dirigée contre le tiers acquéreur."; 14.04.2016, n° 15-12.254; *Terré/Simler/Lequette/Chénedé*, Les obligations, Rn. 1598; *Mazeaud/Chabas*, Leçons de droit civil, Bd. II/1, Rn. 999; *B. Starck/Roland/Boyer*, Les obligations, Bd. III, Rn. 720; *Derrida/Godé/Sortais*, Redressement, Rn. 525, S. 394; *Malaurie/L. Aynès/Stoffel-Munck*, Droit des obligations, vor Rn. 758; *Ghestin/Jamin/Billiau*, Traité de droit civil, Rn. 820 f.; anders *Sautonie-Laguionie*, La fraude paulienne, Rn. 786 f., S. 544 f.; *Sautonie-Laguionie*, Rép. Dr. Civ., Action paulienne, Rn. 85, nach der stets auch ein Vorgehen gegen den Schuldner erforderlich ist.

[1132] *Sautonie-Laguionie*, La fraude paulienne, Rn. 786 f., S. 544 f.

[1133] *Cass. com.*, 02.11.2005, n° 04-16.232; *Sautonie-Laguionie*, La fraude paulienne, Rn. 786, S. 544.

[1134] *Cass. com.*, 02.11.2005, n° 04-16.232; *Terré/Simler/Lequette/Chénedé*, Les obligations, Rn. 1587; *Ghestin/Jamin/Billiau*, Traité de droit civil, Rn. 821; vgl. hierzu auch *von Campe*, Insolvenzanfechtung, S. 81, der die Frage aber offen lässt.

action paulienne zu erheben, wenn der angegriffene Akt nur ihn betrifft, etwa weil eine zu seinen Gunsten bestellte Sicherheit beeinträchtigt wird, während Beeinträchtigungen des *gage général* nur vom jeweiligen Verwalter angegriffen werden dürften.[1135] Gleichwohl geht die *Cour de cassation* davon aus, dass neben dem *mandataire judiciaire* bzw. dem *liquidateur*[1136] stets *auch* die einzelnen Gläubiger berechtigt sind, im Wege der *action paulienne* vorzugehen.[1137] Handelt jedoch der *mandataire judiciaire* oder der *liquidateur,* treten die Wirkungen der *action paulienne* zugunsten der Gesamtheit der Gläubiger ein, vgl. Art. L. 622-20 al. 4 C. com.[1138] Hat hingegen ein einzelner Gläubiger die *action paulienne* erhoben, wirkt diese nach der Rechtsprechung der *Cour de cassation* auch nach Eröffnung einer *procédure collective* nur zu dessen Gunsten und entfaltet gegenüber den übrigen Gläubigern keine Wirkung.[1139]

dd) Die Anfechtung von neuen Verbindlichkeiten, Zahlungen und Sicherheiten im Besonderen

Ausgehend von diesen allgemeinen Maßstäben stellt sich im Einzelnen die Frage, ob und unter welchen Bedingungen die einen Sanierungskreditgeber typischerweise betreffenden Rechtsakte, konkret die Forderungsbegründung, die Erbringung von Zahlungen sowie das Bestellen von Sicherheiten als *fraude* angefochten werden können.

(1) Anfechtbarkeit der Begründung neuer Verbindlichkeiten

Nach teilweise vertretener Auffassung soll die vorinsolvenzliche Begründung neuer Verbindlichkeiten stets aus dem Anwendungsbereich der *action paulienne* ausscheiden, da der Schuldner im Zeitpunkt der angegriffenen Handlung verfügungsbefugt war, so dass ihm auch die Begründung neuer Verbindlichkeiten offenstand.[1140] Gestützt wird die Unbeachtlichkeit der Begründung

---

[1135] So *Sautonie-Laguionie*, Rép. Dr. Civ., Action paulienne, Rn. 82; dem folgend *Le Cannu/Robine*, Entreprises en difficulté, Rn. 969.
[1136] *Cass. com.*, 13.11.2001, n° 98-18.292; *Cass. civ. 1re*, 29.05.2013, n° 12-16.541.
[1137] *Cass. com.*, 08.10.1996, n° 93-14.068; 10.11.2009, n° 08-13.346; vgl. auch *Cass. civ. 1re*, 29.05.2013, n° 12-16.541: „[...] [L]e droit conféré aux créanciers par l'article 1167 précité peut également être exercé [...] par leur représentant [...]."
[1138] *Cass. civ. 1re*, 29.05.2013, n° 12-16.541; *Sautonie-Laguionie*, Rép. Dr. Civ., Action paulienne, Rn. 122; *Le Cannu/Robine*, Entreprises en difficulté, Rn. 970; *Saint-Alary-Houin/Monsèrie-Bon/Houin-Bressand*, Entreprises en difficulté, Rn. 1151.
[1139] *Cass. com.*, 08.10.1996, n° 93-14.068.
[1140] *B. Starck/Roland/Boyer*, Les obligations, Bd. III, Rn. 714; *Ghestin/Jamin/Billiau*, Traité de droit civil, Rn. 834.

neuer Verbindlichkeiten weiterhin darauf, dass das Aktivvermögen des Schuldners durch einen Vertragsschluss nicht verringert werde.[1141]

Die Begründung einer neuen Verbindlichkeit führt jedoch – selbst bei einem wirtschaftlich ausgeglichenen Vertrag – dazu, dass das Risiko der übrigen Gläubiger, nicht vollständig befriedigt zu werden steigt, da der neue Gläubiger in Konkurrenz zu diesen tritt.[1142] Daher ist mit Rücksicht auf den Zweck der *action paulienne,* die Befriedigungsaussichten der übrigen Gläubiger zu schützen,[1143] kein Grund ersichtlich, warum die Begründung neuer Verbindlichkeiten nicht auf der Grundlage der *action paulienne* anfechtbar sein soll, wenn deren übrige Voraussetzungen erfüllt sind.[1144] Das wird jedoch zumeist nicht der Fall sein, da regelmäßig weder die objektiven noch die subjektiven Voraussetzungen der *fraude* erfüllt sein werden.[1145] Anders wird das im Fall der Aufnahme eines (Sanierungs-)Kredits durch den Schuldner etwa sein, wenn dieser und auch der Kreditgeber positive Kenntnis davon haben, dass der Schuldner bei Fälligkeit nicht in der Lage sein wird, die bestehenden Verbindlichkeiten zu erfüllen.[1146] Außerhalb solcher karikaturartiger Fälle scheint die Gewährung eines Sanierungskredits aber kaum jemals anfechtbar. Die *action paulienne* erscheint für den Geber einer Sanierungsfinanzierung daher eher relevant, um Verbindlichkeiten anzugreifen, die der Schuldner gegenüber Dritten begründet hat, die die Erfüllung der Verpflichtungen des Schuldners im Verhältnis zum Kreditgeber gefährden. Mithin wird die *action paulienne* für den Geber einer Sanierungsfinanzierung in Bezug auf neu begründete Verbindlichkeiten eher Schutzinstrument als Risiko darstellen.

(2) Anfechtbarkeit der Erfüllung von Forderungen

Ein erhebliches Risiko für Kreditgeber würde die *action paulienne* auch darstellen, wenn mit dieser vor Verfahrenseröffnung und außerhalb der *période suspecte* erbrachte Zahlungen des Schuldners angefochten werden könnten.

Zweifel an der Anfechtbarkeit können sich zunächst daraus ergeben, dass sich die Befriedigung fälliger Forderungen mit den vereinbarten Mitteln als bilanziell neutral erweist, weil durch sie zugleich auch die Forderung gegen

---

[1141] *Malaurie/L. Aynès/Stoffel-Munck*, Droit des obligations, Rn. 755; *Ghestin/Jamin/Billiau*, Traité de droit civil, Rn. 834.

[1142] *Sautonie-Laguionie*, La fraude paulienne, Rn. 532, S. 366.

[1143] Vgl. die Nachweise oben in Fn. 1100.

[1144] *Sautonie-Laguionie*, La fraude paulienne, Rn. 532, S. 366; *Terré/Simler/Lequette/Chénedé*, Les obligations, Rn. 1579, Fn. 7; *Mazeaud/Chabas*, Leçons de droit civil, Bd. II/1, Rn. 982; i.E. auch *François*, Traité de droit civil, Bd. IV, Rn. 415.

[1145] Vgl. *Terré/Simler/Lequette/Chénedé*, Les obligations, Rn. 1579, Fn. 7.

[1146] Vgl. *Sautonie-Laguionie*, La fraude paulienne, Rn. 532, S. 366.

den Schuldner erlischt.[1147] Jedoch wird hierdurch das für die Befriedigung der übrigen Gläubiger verfügbare liquide Vermögen geschmälert, weshalb diese gleichwohl einem gesteigerten Risiko des Forderungsausfalls ausgesetzt werden.[1148] Die Befriedigung fälliger Forderungen mit den vereinbarten Mitteln schmälert das Vermögen des Schuldners also zwar nicht rechnerisch, kann aber dennoch den für die *action paulienne* erforderlichen materiellen Nachteil begründen.[1149]

Allerdings ist der Schuldner in dieser Konstellation nicht nur verpflichtet, die versprochene Leistung zu erbringen,[1150] sondern ist außerhalb der *procédures collectives* in Ermangelung einer Pflicht zur Gleichbehandlung zugleich frei darin, einzelne Gläubiger bei Fälligkeit prioritär zu befriedigen.[1151] Diese Pflichterfüllung kann nicht zugleich eine *fraude* darstellen.[1152] Im Übrigen handelt es sich bei der Erfüllung von Forderungen um eine entgeltliche Rechtshandlung i.S.d. Art. 1341-2 C.C.,[1153] so dass eine Anfechtung nur in Betracht käme, wenn auch der begünstigte Gläubiger von der *fraude* Kenntnis hatte.[1154] Dieser erhält aber nur, was ihm geschuldet ist, so dass auch dies nicht gegeben ist.[1155] Die Erfüllung fälliger Forderungen mit den vereinbarten Mitteln ist damit mit der *action paulienne* nicht anfechtbar,[1156] weil der Schuldner sich nur im Rahmen seiner rechtlichen Verpflichtungen bewegt. Hieraus folgt jedoch auch, dass eine Anfechtung möglich ist, wenn der Schuldner seine

---

[1147] *B. Starck/Roland/Boyer*, Les obligations, Bd. III, Rn. 711; *Ghestin/Jamin/Billiau*, Traité de droit civil, Rn. 835; *Colombet*, RTDCiv. 1965, S. 5, 7; *François*, Traité de droit civil, Bd. IV, Rn. 419.

[1148] *Sautonie-Laguionie*, La fraude paulienne, Rn. 518, S. 359.

[1149] *Sautonie-Laguionie*, La fraude paulienne, Rn. 518, S. 359; *B. Starck/Roland/Boyer*, Les obligations, Bd. III, Rn. 711; *Ghestin/Jamin/Billiau*, Traité de droit civil, Rn. 835.

[1150] *B. Starck/Roland/Boyer*, Les obligations, Bd. III, Rn. 711; *Mazeaud/Chabas*, Leçons de droit civil, Bd. II/1, Rn. 985; *Ghestin/Jamin/Billiau*, Traité de droit civil, Rn. 835; *Colombet*, RTDCiv. 1965, S. 5, 8; *Sautonie-Laguionie*, Rép. Dr. Civ., Action paulienne, Rn. 29; *François*, Traité de droit civil, Bd. IV, Rn. 419.

[1151] *Terré/Simler/Lequette/Chénedé*, Les obligations, Rn. 1584; *Sautonie-Laguionie*, Rép. Dr. Civ., Action paulienne, Rn. 29; *Sautonie-Laguionie*, La fraude paulienne, Rn. 520, S. 360; *Ghestin/Jamin/Billiau*, Traité de droit civil, Rn. 835; *Colombet*, RTDCiv. 1965, S. 5, 6; *François*, Traité de droit civil, Bd. IV, Rn. 419.

[1152] *Colombet*, RTDCiv. 1965, S. 5, 8 ff.; *Sautonie-Laguionie*, La fraude paulienne, Rn. 519, S. 359; *Ghestin/Jamin/Billiau*, Traité de droit civil, Rn. 835; *B. Starck/Roland/Boyer*, Les obligations, Bd. III, Rn. 711; *Ripert/Roblot/Delebecque/Binctin/Andreu*, Traité de droit des affaires[18], Bd. IV, Rn. 766; *François*, Traité de droit civil, Bd. IV, Rn, 419.

[1153] *Sautonie-Laguionie*, Rép. Dr. Civ., Action paulienne, Rn. 29.

[1154] *Sautonie-Laguionie*, Rép. Dr. Civ., Action paulienne, Rn. 29.

[1155] *Colombet*, RTDCiv. 1965, S. 5, 8, 10; *Sautonie-Laguionie*, La fraude paulienne, Rn. 519, S. 359; *Sautonie-Laguionie*, Rép. Dr. Civ., Action paulienne, Rn. 29; *Mazeaud/Chabas*, Leçons de droit civil, Bd. II/1, Rn. 985; *Ghestin/Jamin/Billiau*, Traité de droit civil, Rn. 835.

[1156] *Terré/Simler/Lequette/Chénedé*, Les obligations, Rn. 1584.

Gläubiger vor Fälligkeit oder mit anderen als den vereinbarten Mitteln befriedigt.[1157] Insoweit besteht keine Verpflichtung des Schuldners, die die *fraude* des Schuldners ausschließen könnte. Eine Anfechtung ist in diesen Fällen möglich, wenn der Schuldner mit Gläubigerbenachteiligungsvorsatz gehandelt hat und der begünstigte Gläubiger hiervon Kenntnis hatte.[1158]

Für den Geber einer Sanierungsfinanzierung wird aber von besonderem Interesse sein, ob auch während einer *conciliation* erfolgte Zahlungen der Anfechtung im Weg der *action paulienne* unterliegen. Insofern ist von Bedeutung, dass der Schuldner nach Eröffnung einer *conciliation* von seinen wirtschaftlichen Schwierigkeiten weiß, sich möglicherweise sogar in der *cessation des paiements* befindet und hiervon Kenntnis hat. Aufgrund der Unabhängigkeit der *action paulienne* von der *période suspecte* kann die Beschränkung des Art. L. 631-8 C. com. insoweit keine Abhilfe bieten. Aber auch hier muss gelten, dass die Erfüllung einer rechtlichen Pflicht nicht zugleich eine *fraude* i.S.d. Art. 1341-2 C. com. darstellen kann. Die Anfechtung muss daher auch insoweit ausscheiden, wenn der Schuldner eine fällige Forderung mit den vereinbarten Mitteln erfüllt.[1159] Mit der Anfechtung bereits erfolgter Zahlungen auch außerhalb der *période suspecte* muss der Geber einer Finanzierung folglich nur rechnen, wenn diese auf ungewöhnlichem Weg erfolgt ist oder die zugrunde liegende Forderung noch nicht fällig war.

(3) Bestellung von Sicherheiten

Im Zusammenhang mit der Bestellung von Sicherheiten wird die entscheidende Schwierigkeit bei der Geltendmachung der *action paulienne* regelmäßig im Nachweis der *intention frauduleuse* durch den agierenden Schuldner liegen. Wird die Sicherheit gleichzeitig oder in engem zeitlichen Zusammenhang mit der Entstehung der gesicherten Forderung bestellt und entspricht die Sicherheit wertmäßig der Forderung, spricht aus dem Geschäft selbst keine Vermutung für das Vorliegen einer *fraude,* so dass dieser Nachweis regelmäßig nicht gelingen wird.[1160] Anders ist das nach der Rechtsprechung der *Cour de cassation* insbesondere, wenn der Schuldner nach Entstehung der Forderung dem Gläubiger ohne Gegenleistung eine (zusätzliche) Sicherheit bestellt, da sich aus

---

[1157] *Terré/Simler/Lequette/Chénedé*, Les obligations, Rn. 1584; *Colombet*, RTDCiv. 1965, S. 5, 10; *Sautonie-Laguionie*, Rép. Dr. Civ., Action paulienne, Rn. 30; *François*, Traité de droit civil, Bd. IV, Rn. 419.

[1158] *Terré/Simler/Lequette/Chénedé*, Les obligations, Rn. 1584; *Sautonie-Laguionie*, Rép. Dr. Civ., Action paulienne, Rn. 30; *François*, Traité de droit civil, Bd. IV, Rn. 419.

[1159] *Cass. com.*, 01.04.2008, n° 07-11.911; *Pétel*, JCP G 2008, I-198, Rn. 16.

[1160] *Sautonie-Laguionie*, La fraude paulienne, Rn. 525, S. 363.

diesem Verhalten regelmäßig die Vermutung ergebe, dass der Schuldner Kenntnis davon hatte, dass hierdurch die übrigen Gläubiger geschädigt werden.[1161]

ee) Zwischenergebnis

Nach alldem sieht Art. 1341-2 C.C. bezüglich der *action paulienne* keine besonderen Schutzmaßnahmen für die Geber einer Sanierungsfinanzierung vor und berücksichtigt diese auch nicht besonders. Gleichwohl führt die *action paulienne* aufgrund der hohen Hürden, die aus dem Erfordernis des Vorliegens einer *fraude* folgen, nicht zu besonderen Risiken für Kreditgeber. Insbesondere ist die Begründung von Verbindlichkeiten, deren Erfüllung sowie deren Besicherung ohne aus der *action paulienne* resultierende Risiken möglich.

d) Zwischenbefund

Besondere Unwirksamkeitsrisiken, die auch die Befriedigungsaussichten eines Sanierungsfinanzierers bedrohen, können sich also prinzipiell aus den *nullités de la période suspecte* sowie der *action paulienne* ergeben. Dabei befinden sich die Sanierungsfinanzierer aufgrund ihrer regelmäßig vorhandenen Kenntnis von der angespannten Wirtschaftslage des Unternehmens und der meist bestehenden großen zeitlichen und wirtschaftlichen Nähe zur materiellen Insolvenz in einer besonders exponierten Situation. Gleichwohl sind für Sanierungsfinanzierer die *nullités de droit* und die *action paulienne* weitgehend unproblematisch, weil diese Handlungen, auf die der Kreditgeber einen Anspruch hatte bzw. die sich im Rahmen des üblichen Geschäftsgangs bewegen, grundsätzlich nicht bedrohen. Problematischer sind hingegen die *nullités facultatives*, die auch solche Handlungen erfassen können, wenn sie nach der *cessation des paiements* in Kenntnis hiervon vorgenommen wurden. Dieses Risiko wird jedoch dadurch begrenzt, dass Handlungen, die im Rahmen einer *conciliation* vorgenommen wurden, auf Grundlage der *nullités de la période suspecte* nicht angefochten werden können, wenn der *accord de conciliation* homologiert wurde. Dabei handelt es sich zwar nicht um ein Privileg nur für Sanierungsfinanzierer, diese Freistellung ist aber gleichwohl Ausdruck des allgegenwärtigen Sanierungsgedankens des französischen Rechts: Mit dieser Freistellung sollen Geschäftspartner des Schuldners allgemein und losgelöst von der Nützlichkeit des einzelnen Beitrags zu einer aktiven Teilnahme an einem Sanierungsversuch animiert werden, um das übergeordnete Ziel des Unternehmenserhalts zu verwirklichen.

[1161] Vgl. *Sautonie-Laguionie*, Rép. Dr. Civ., Action paulienne, Rn. 53; vgl. für ein Beispiel aus der Rechtsprechung *Cass. civ. 3e,* 15.11.1977, n° 76-11.202.

5. Ergebnis

Das französische Recht bietet den Gebern von Sanierungsfinanzierungen demnach eine Vielzahl von Schutzmechanismen, die teils unmittelbar an den Sanierungszweck der Finanzierung anknüpfen, teils gänzlich unabhängig hiervon sind und Sanierungskredite folglich eher miterfassen. Teils beruhen diese Schutzmechanismen unmittelbar auf gesetzlicher Anordnung, teils setzen diese jedoch auch ein Tätigwerden der Parteien bzw. des Gerichts voraus.

a) Die Sanierungsfinanzierer als Schlüsselfiguren der Verfahren?

Unmittelbar an den Sanierungszweck knüpft vor allem das *privilège de conciliation* an, das den erfassten Kreditgebern auch einen sehr vorteilhaften Rang bei der Erlösverteilung (nominell an 5. Stelle) verschafft. Im Ergebnis wird die Wirksamkeit dieses starken Rangvorrechts jedoch durch eine Vielzahl von konkurrierenden Privilegien, die das französische Recht in der Insolvenzsituation vorsieht, empfindlich geschwächt. Zurückhaltend stimmen muss aus Sicht dieser Gläubiger insoweit vor allem, dass neben die Rangvorrechte, die erst am Ende des Verfahrens zum Tragen kommen, bei einigen Gläubigern Freistellungen vom Zahlungs- und Vollstreckungsverbot treten. Es besteht damit die Gefahr, dass das zunächst vorhandene Vermögen im Zeitpunkt, in dem die Rangvorrechte zum Tragen kommen, bereits durch Vollstreckungsmaßnahmen aufgezehrt ist. Problematisch ist das aus Sicht eines (potentiellen) Sanierungsfinanzierers zunächst, weil diese Befreiung auch die superprivilegierten Arbeitnehmerforderungen betrifft, die einen ganz erheblichen Umfang annehmen können. Neben diese „Bedrohung" durch auch nach der Rangfolge vorrangige Gläubiger tritt aber das zusätzliche Problem, dass die Freistellung von der *discipline collective* von dieser Befriedigungsrangfolge gänzlich unabhängig ist. Es besteht daher das Risiko, dass die Rangvorrechte durch Vollstreckungsmaßnahmen eigentlich nachrangiger Gläubiger, wie etwa der *créanciers postérieurs méritants*, unterminiert werden.

Dabei stellt das *privilège des créanciers postérieurs méritants*, das auch Ansprüche aus nach Verfahrenseröffnung ausgezahlten Sanierungskrediten erfasst, an sich keinen Sondervorteil für Sanierungsfinanzierer dar, sondern bildet das allgemeine Regime für nach Eröffnung eines Kollektivverfahrens entstandene Forderungen. Allerdings besteht innerhalb dieses Rahmens neuerdings ein Vorzugsregime für Geldkredite. Anders als das zwischenzeitlich der Fall war, ist diese Sonderstellung aber nicht mehr auf Finanzierungen mit dem Ziel des langfristigen Unternehmenserhalts beschränkt, sondern erfasst auch Finanzierungen, mit denen nur die Verfahrensdauer überbrückt werden soll. Neben der Möglichkeit, Befriedigung für fällige Forderungen im Wege der Einzelzwangsvollstreckung zu erhalten, ist dieses Vorrecht für die erfassten Gläubiger vor allem auch deshalb attraktiv, weil es auf Forderungen beschränkt bleibt, die der unternehmerischen Aktivität inhärent sind. Unprivilegiert bleiben damit namentlich gewisse Steuer- und Deliktsforderungen. Von einem Rangvorrecht erfasst sind seit der Reform von 2021 schließlich auch (Sanierungs-)Finanzierungen, mit denen die Umsetzung und Durchführung eines angenommenen Sanierungsplans finanziert werden soll.

All diesen Rangvorrechten ist aber gemein, dass das zu ihrer Befriedigung verfügbare Vermögen im Zeitpunkt, in dem diese zum Tragen kommen, oft bereits für die Befriedigung anderer bevorrechtigter Gläubiger aufgezehrt sein wird, so dass diese nur eine eingeschränkte Effektivität haben.

Nur einen sehr begrenzten Mehrwert bietet insofern auch die Bestellung von traditionellen Realsicherheiten am schuldnerischen Vermögen, die in der Rangfolge unmittelbar auf das *privilège de conciliation* folgen und folglich von denselben Einschränkungen betroffen sind. Gänzlich anders liegt das aber für die auf einer Exklusivitätssituation (Eigentum, Zurückbehaltungsrechte) basierenden Sicherheiten. Diese können dem Sicherungsnehmer allein aufgrund ihrer Konstruktion ein Recht auf konkurrenzlose Befriedigung außerhalb des Kollektivverfahrens vermitteln und dem Sicherungsnehmer – die Werthaltigkeit des Sicherungsguts und die Fälligkeit der zugrunde liegenden Forderung vorausgesetzt – also die Möglichkeit zu vollständiger und sofortiger Befriedigung gewähren. Gemein ist traditionellen und exklusiven Kreditsicherheiten aber, dass der Sanierungszweck der Finanzierung hier keine Rolle spielt. Auch die besondere Wirksamkeit der exklusiven Sicherheiten kann daher nicht als Instrument eingeordnet werden, das ausschließlich einer besonderen Sanierungsförderung dient, sondern hängt mit dem Unternehmenserhalt nur in einem weiteren Sinne zusammen und ist nicht auf Sanierungskonstellationen beschränkt.

Auch soweit die Befriedigungsaussichten der Sanierungsfinanzierer dadurch geschützt werden, dass sie vor Anfechtungs- und Nichtigkeitsrisiken gefeit bleiben, ist das nur partiell Ausfluss einer besonderen Sanierungsförderung, sondern in weiten Teilen Ergebnis der allgemeinen Regeln. Bemerkenswert ist insofern jedoch die blankettartige Freistellung von sämtlichen Akten, die während einer *conciliation,* die mit einer *homologation* beendet wurde, vorgenommen wurden. Diese knüpft zwar nicht an ein von den Beteiligten eventuell verfolgtes Sanierungsziel an, lässt sich aber nur damit erklären, dass vermieden werden soll, dass eigentlich erfolgversprechende Sanierungsversuche nicht durchgeführt werden, weil die Beteiligten nicht bereit sind, die damit verbundenen Anfechtungsrisiken zu tragen.

Eine wirkliche *rechtliche* Sonderstellung gerade der Sanierungsfinanzierer besteht letztlich nur in sehr eingeschränktem Maße, nämlich vor allem im Rahmen des *privilège de conciliation*. Soweit die Sanierungsfinanzierer im Übrigen vor insolvenzbedingten Ausfallrisiken geschützt werden, ist das hingegen Resultat von Instrumenten, mit denen zwar ebenfalls der Unternehmenserhalt gefördert werden soll, die Sanierungsfinanzierungen aber eher miterfassen. Auch soweit hiernach ein gewisser Schutz vor diesen Ausfallrisiken besteht, ist nach alldem aber zumindest fraglich, ob hieraus wirklich ein Anreiz zur Gewährung eines Sanierungskredits resultiert.

b) Sanierungsaussichten als Leitmotiv und Rückkehr zu alten Lösungen?

Prinzipiell ist beim Schutz der Sanierungsfinanzierer vor insolvenzbedingten Ausfallrisiken zu beobachten, dass das Arsenal gesetzlicher Bevorrechtigungen – vor allem seit der Reform von 1985 – immer weiter vergrößert und immer stärker ausdifferenziert wurde. Mit dieser Ausdifferenzierung geht einher, dass man sich Stück für Stück von den überkommenen, rein zivilrechtlich begründeten Lösungen entfernt hat, um diese rein zivilistischen Wertungen innerhalb der Kollektivverfahren durch das nun prioritäre Anliegen des Unternehmenserhalts zu überlagern. Dementsprechend wird die Sicherungsfunktion gesetzlicher und vereinbarter Kreditsicherheiten heute prinzipiell durch die vorrangigen wirtschafts- und sozialpolitischen Erwägungen des *droit des entreprises en difficulté* überlagert, wo eine unbeschränkte Geltendmachung der Sicherheiten in Konflikt mit diesen Belangen geriete. Daneben führt diese Unterordnung unter das Sanierungsziel aber auch dazu, dass Gläubigern, wenn und weil ihre Beiträge für das Verfahrensziel nützlich sind, eine Sonderstellung eingeräumt wird. Dabei ist im geltenden Recht im Allgemeinen ein stark pragmatisches, gar opportunistisches Abwägen der unterschiedlichen Belange durch den Gesetzgeber festzustellen. Als Beispiel mag etwa der Anfechtungsschutz für Handlungen dienen, die aus einer *conciliation* mit anschließender *homologation* stammen: Hier wird der Förderung der Sanierungsaussichten im Rahmen der *conciliation* der Vorrang eingeräumt gegenüber den Gläubigerinteressen, aber vor allem auch den Sanierungsaussichten in späteren Kollektivverfahren, für die sich die Unanfechtbarkeit etwa von Sicherheitenbestellungen in der *conciliation* als ungünstig erweisen kann. Auch in der *liquidation judiciaire* misst der Gesetzgeber dem Erhalt von Unternehmen und Arbeitsplätzen mangels realistischer Aussichten hierauf eine geringere Bedeutung bei. Hier fallen einerseits jene Einschränkungen der Sicherungsmechanismen, die ihre Grundlage in der Förderung des Unternehmenserhalts finden, schwächer aus, andererseits bestehen auch keine besonderen Schutzinstrumente für neue Finanzierungen, mit denen der Unternehmenserhalt gefördert werden soll.

Zumindest im Ansatz ist jedoch in zweierlei Hinsicht eine Gegenbewegung zu dieser immer feineren Ausdifferenzierung und immer klareren Ausrichtung der Befriedigungsaussichten an den Erwägungen zu erkennen, die den Kollektivverfahren zugrunde liegen: Besonders deutlich ist diese *„tendance regressive"*[1162] bei der Behandlung der exklusiven Sicherheiten, bei welchen vor allem die Reformen ab 2007 auf breiter Fläche Wirkungen von Kreditsicherheiten ermöglicht haben, die weitgehend der Behandlung von Realsicherheiten

---

[1162] Vgl. wiederum *Oppetit*, Mélanges Holleaux, S. 317, 321.

vor der Neuausrichtung der Verfahren entsprechen. Eine – sehr viel verdecktere – Abwendung vom Primat des Sanierungsziels kann daneben bei der Behandlung von Sanierungsfinanzierungen ausgemacht werden, die im Rahmen einer *procédure de sauvegarde/redressement* gewährt wurden. Insoweit erweist sich die seit 2021 bestehende Rechtslage als Rückschritt gegenüber dem Recht auf Grundlage der *ordonnance 2020,* da der Anwendungsbereich der Privilegierung in diesem Rahmen besser an das mit ihr verfolgte Ziel angepasst war, als dies *de lege lata* der Fall ist. Die Ursache des „Rückschritts" ist bezüglich der exklusiven Sicherheiten letztlich darin zu sehen, dass die Sanierungsförderung innerhalb von Insolvenzverfahren mit der Kreditwürdigkeit von Schuldnern außerhalb von Insolvenzverfahren austariert werden sollte. Insoweit wurde das Primat des Insolvenzrechts also tatsächlich eingeschränkt. Für das *privilège de sauvegarde/redressement* lässt sich Entsprechendes hingegen nicht sagen. Die diesbezügliche Entwicklung dürfte allein auf externe Faktoren in Gestalt der Restrukturierungsrichtlinie zurückzuführen sein, die eine entsprechende Unterscheidung nicht vorsieht.

c) Wertungspluralismus?

In der Gesamtschau zeigt sich hier ein Regelungsrahmen von geradezu überbordender Komplexität, in dem eine Vielzahl von divergierenden und auf den ersten Blick konfligierenden Wertungen parallel zur Anwendung gebracht wird. So wird gerade den Sanierungsfinanzierern wegen der Notwendigkeit ihrer Beiträge für das übergeordnete Ziel des Unternehmenserhalts teils eine Sonderstellung eingeräumt, teils werden diese aber auch den allgemeinen Regeln und Zwängen unterworfen. Ganz grundsätzlich lässt sich insofern feststellen, dass besonders der Behandlung von Kreditsicherheiten im weiteren Sinne teils eine Betrachtung als Sanierungshemmnis, teils aber auch als „Sanierungstool" zugrunde liegt. Auf den ersten Blick quer zu diesen Betrachtungsweisen liegt jedoch die Behandlung der exklusiven Sicherheiten.

aa) Die Wirksamkeit von Kreditsicherheiten als Sanierungshemmnis

Vor allem der Behandlung vor Verfahrenseröffnung vereinbarter Kreditsicherheiten liegt weitgehend eine Betrachtung als Störfaktor für die Anliegen der Kollektivverfahren zugrunde. So ist die eingeschränkte Verwertbarkeit von (traditionellen) Kreditsicherheiten und deren Einordnung in die Rangfolge maßgeblich damit zu erklären, dass sich deren uneingeschränkte Durchsetzbarkeit nachteilig auf die Möglichkeiten der Unternehmensfortführung und die ebenfalls verfolgten sozialpolitischen Anliegen auswirken könnte. Entsprechendes lässt sich für die Behandlung der *créanciers postérieurs méritants* in Bezug auf die Freistellung von der *discipline collective* sagen, die prinzipiell nur im Verfahren besteht, in dem auch die Forderung entstanden ist: Für ein im Anschlussverfahren verfolgtes Sanierungsanliegen erwiese sich die Befriedigung solcher Forderungen regelmäßig nicht als vorteilhaft, weshalb sich die eingeschränkte Bevorrechtigung aus diesem Blickwinkel als konsequent erweist. Noch deutlicher wird diese Betrachtungsweise und die an der Schädlichkeit für das Verfahrensziel ausgerichtete Behandlung der Kreditsicherheiten daran, dass die Einschränkungen der Sicherheiten seit 1994 abgeschwächt werden, wenn für einen Unternehmenserhalt keine realistische Perspektive mehr besteht, d.h. in der *liquidation judiciaire*. Am konsequentesten verwirklicht ist das bei der *fiducie-sûreté*, die in den Sanierungsverfahren prinzipiell unverwertbar ist, in der *liquidation judiciaire* aber zu voller Wirksamkeit gelangt. Zu konstatieren ist insofern also auch, dass man sich vom Ansatz des Rechts von 1985 abgesetzt hat, Kreditsicherheiten auch dort einzuschränken, wo das Hauptziel des Unternehmenserhalts nicht mehr erreichbar ist.

bb) Die Wirksamkeit von Kreditsicherheiten und der Anfechtungsschutz als „Sanierungstool"

Teilweise ist aber auch zu erkennen, dass die Wirksamkeit von Kreditsicherheiten vor allem gesetzlicher Art eingesetzt wird, um Anreize zur Mitwirkung an Sanierungsversuchen zu setzen. Bei den gesetzlichen Rangvorrechten lässt sich insofern eine zeitliche Abstufung ausmachen: Je früher ein solcher Kredit gewährt wird, desto besser stehen die Forderungen in der Befriedigungsrangfolge. Das ist maßgeblich damit zu erklären, dass Anreize zu frühzeitiger Beteiligung an Sanierungsversuchen gesetzt werden sollen, da ein früheres Ansetzen eines Sanierungsversuchs mit höheren Erfolgsaussichten assoziiert wird.[1163] Daneben ist aber auch eine sachliche Beschränkung – in unterschiedlicher Intensität – erkennbar, indem diese Instrumente auf Forderungen beschränkt werden, die in besonders engem Zusammenhang mit dem Verfahrensziel stehen. Nicht stringent erklärbar ist insofern aber, warum die so begründete Sonderstellung in der *conciliation* enger beschränkt ist als in den Sanierungsverfahren.

Auch der Anfechtungsschutz für Handlungen, die im Rahmen einer *conciliation* mit abschließender *homologation* vorgenommen wurden, lässt sich auf den Gedanken zurückführen, dass ein Anreiz zur frühzeitigen Beteiligung an Sanierungsversuchen bestehen soll: Die so erreichbare Wirksamkeit insbesondere der Bestellung von Kreditsicherheiten mag sich zwar *ex post* für die Interessen der übrigen Gläubiger und die weiteren Sanierungsaussichten als ungünstig erweisen, stellt sich für Kreditgeber und allgemein die Sanierungsaussichten im Rahmen der *conciliation* aber als wichtiges Schutzinstrument dar. Angesichts der sonst bestehenden Anfechtungsrisiken wäre ohne diesen Schutz wohl kaum ein Kreditgeber bereit, die für einen Sanierungsversuch unent-

---

[1163] Siehe etwa Rapport Hyest, Rapports Sénat, 2004–2005, n° 335, S. 28; vgl. auch *Pérochon,* Entreprises en difficulté, Rn. 381.

behrlichen Kredite zu gewähren, was jeglichen Sanierungsversuch in dieser Phase von vornherein vereiteln dürfte.

cc) Auswirkungen auf die Kreditwürdigkeit außerhalb von Insolvenzverfahren

Blickt man auf die Behandlung vertraglich bestellter Kreditsicherheiten am Schuldnervermögen, hängt diese weder vom Zeitpunkt der Bestellung noch vom mit der Finanzierung verfolgten Zweck ab. Eine leitende Rolle spielt dafür die rechtstechnische Konstruktion dieser Sicherheiten. Während die „traditionellen" Kreditsicherheiten den insbesondere sozialpolitisch motivierten Erwägungen der Befriedigungsrangfolge und allgemein den Zwängen des Verfahrens unterworfen werden, ist dies bei den exklusiven Sicherheiten nicht der Fall. Das partielle „Nichtbeachten" der in großer Detailtiefe ausgearbeiteten gesetzlichen Befriedigungsrangfolge bzw. der sie tragenden Erwägungen lässt sich für die nach Verfahrenseröffnung entstehenden Forderungen wohl damit erklären, dass eine Verfahrensdurchführung ohne vollständige Befriedigung der hierfür benötigten Geschäftspartner an deren fehlender Bereitschaft zur Mitwirkung scheitern dürfte. Für die Sonderrolle der Exklusivsicherheiten, die auch vor Verfahrenseröffnung entstehen können, bei denen die zu Grunde liegenden Forderungen also keinen besonderen Zusammenhang zum Verfahren aufweisen, kann das jedoch nicht gelten. Deren abweichende Behandlung dürfte letztlich Ausweis des Versuchs sein, die Kreditwürdigkeit von Unternehmen außerhalb von Kollektivverfahren nicht auf dem Altar der insolvenzförmigen Sanierungsförderung zu opfern. Jedenfalls zeigen diese Widersprüchlichkeiten die Wechselwirkungen zwischen Maßnahmen zur Sanierungsförderung, mit denen in die Rechte von Altgläubigern eingegriffen wird, und der Kreditwürdigkeit von Unternehmen außerhalb von Insolvenzverfahren und damit einhergehenden Verhaltensänderungen von (potentiellen) Gläubigern.

Im Ergebnis bleibt trotz der Vielzahl in Betracht kommender Mechanismen gleichwohl der – ernüchternde – Befund, dass mit einem Liquidationsverfahren konfrontierte Sanierungsfinanzierer aufgrund der massiven Konkurrenz der Vielzahl von bevorrechtigten Gläubigergruppen um das Schuldnervermögen prinzipiell vor ausgesprochen ungewissen Befriedigungsaussichten stehen. Mit vollständiger Befriedigung können nur solche Sanierungsfinanzierer rechnen, denen eine anfechtungsfeste exklusive Sicherheit am schuldnerischen Vermögen oder eine Drittsicherheit zur Verfügung steht. Anders als man das vermuten könnte, werden die Interessen der Sanierungsfinanzierer trotz ihrer Nützlichkeit für die Verfahrensziele also nicht kompromisslos verwirklicht. Vielmehr ist insoweit – anders als unter Geltung des Rechts von 1985 – ein pragmatisches, abwägendes Vorgehen zu beobachten, das sich letztlich überall auf das generelle Anliegen zurückführen lässt, bestehende Unternehmen auch außerhalb von eröffneten Verfahren zu erhalten. Insoweit besteht also kein

„echter" *impérialisme des procédures collectives,* in welchem die Ergebnisse *ausschließlich* von den Anliegen der Kollektivverfahren determiniert würden, aber doch eine konsequente Ausrichtung am – auch außerinsolvenzlichen – Ziel des Unternehmenserhalts.

III. Vergleichende Würdigung

Eine vergleichende Betrachtung der Befriedigungsaussichten von Gebern von Sanierungsfinanzierungen zeigt zunächst, dass in beiden Rechtsordnungen vielfältige Mechanismen zur Freistellung dieser Gläubiger von den Zwängen und Einschränkungen bestehen, denen einfache, ungesicherte Gläubiger unterworfen sind. Gemein ist den beiden Rechtsordnungen auch, dass Forderungen aus Sanierungskrediten, die außerhalb jedes Verfahrens ausgereicht wurden, keinerlei Sonderstellung zukommt und der Sanierungszweck insoweit unberücksichtigt bleibt. Diese Kreditgeber sind also grundsätzlich einfache Insolvenzgläubiger, die als solche in aller Regel mit sehr weitgehenden Forderungsausfällen zu rechnen haben. Es stellt sich jedoch die Frage, ob die in den beiden Rechtsordnungen bestehenden Schutzmechanismen sich in ihrer theoretischen und praktischen Wirksamkeit im Übrigen unterscheiden. Ganz allgemein fragt sich weiterhin, ob und inwiefern die verschiedenen theoretischen Positionen bezüglich der Gläubigerinteressen ursächlich für eine divergierende Handhabung dieser Konstellation sind.

1. Schutzniveau in Theorie und Wirklichkeit

Der offenkundigste Unterschied bezüglich des Schutzes von Sanierungsfinanzierern vor insolvenzbedingten Ausfallrisiken besteht für den Fall einer Kreditgewährung in einem der materiellen Insolvenz grundsätzlich vorangehenden Sanierungsverfahren der *conciliation,* das seine nächste Entsprechung im deutschen Recht im StaRUG-Verfahren findet: Hier räumt das französische Recht ausschließlich Kreditgebern, die den dauerhaften Erhalt des Unternehmens anstreben, für Folgeverfahren ein Befriedigungsvorrecht ein. Forderungen aus Kreditierungen in einem StaRUG-Verfahren sind aus der Perspektive eines späteren Insolvenzverfahrens hingegen stets einfache Insolvenzforderungen, die erheblichen Ausfallrisiken ausgesetzt sind. Die herausgehobene Stellung, die diesen Gläubigern in Frankreich theoretisch zukommt, wird freilich dadurch relativiert, dass die Bevorrechtigung aufgrund der Konkurrenz mit anderen Vorrechten *de facto* nicht geeignet ist, die Gläubiger umfassend vor Ausfallrisiken zu schützen.

Ein vergleichbares Schutzniveau besteht jedoch auf den ersten Blick für Forderungen, die aus Kreditvergaben nach Verfahrenseröffnung resultieren. Diese werden in beiden Rechtsordnungen von Zahlungs- und Vollstreckungsverboten freigestellt und profitieren von Rangvorrechten. Die Effektivität dieser Bevorrechtigungen *de facto* unterscheidet sich jedoch grundlegend: Während das deutsche Massevorrecht den erfassten Gläubiger – vorbehaltlich einer Masseunzulänglichkeit bzw. dem Ausbleiben der Verfahrenseröffnung bei Forderungen aus dem Eröffnungsverfahren – vollständige Befriedigung gewährleistet, ist das Rangvorrecht der französischen *créanciers postérieurs méritants* nur von sehr begrenzter Wirksamkeit. Diese werden daher regelmäßig nur dann vollständig befriedigt, wenn ihre Forderungen während der Verfahrensdauer fällig werden und es dem jeweiligen Gläubiger gelingt, sich durch Zwangsvollstreckungsmaßnahmen zu befriedigen. Unterschiede bestehen hier auch insofern, als das französische Rangvorrecht eine Binnenrangfolge vorsieht, in deren Rahmen Kreditgebern, welche die Durchführung eines Sanierungsverfahrens fördern, eine Sonderstellung beigemessen wird. Im Rahmen des deutschen Massevorrechts werden die erfassten Gläubiger hingegen grundsätzlich gleich behandelt. Erhebliche Unterschiede bestehen hier im Ergebnis auch hinsichtlich der sachlichen Reichweite des Vorrechts. Während das deutsche Massevorrecht prinzipiell alle nach Verfahrenseröffnung entstandenen Forderungen erfasst, findet im französischen Recht eine offene, negative Selektion der Forderungen nach deren Zusammenhang mit der unternehmerischen Aktivität und der Fortsetzung derselben statt.

Bei genauerer Betrachtung zeigen sich gerade hier die Divergenzen in der Ausrichtung der Verfahren. Sowohl in Frankreich als auch in Deutschland – freilich in sehr viel verdeckterer Form – findet im Rahmen dieser Privilegierung eine Selektion nach der Übereinstimmung der Entstehung der Forderung mit dem Verfahrensziel statt. Aufgrund der unterschiedlichen Verfahrensziele führt diese Selektion, die im Kern in beiden Rechtsordnungen auf der Erwägung beruht, dass Privilegierungen von Forderungen, die in keinem sachlichen Zusammenhang mit dem Verfahrensziel stehen, nicht zu begründen seien, aber zu deutlich divergierenden Ergebnissen: Das *critère téléologique* führt im französischen Recht in Einklang mit dem Verfahrensziel des Unternehmenserhalts zu einem Ausgrenzen aller bzw. vieler hierfür „unnützer" Forderungen, ohne dass viel Aufhebens um die Interessen der betroffenen Gläubiger gemacht würde. Die deutsche Fokussierung auf die Gläubigerinteressen hat hingegen zur Folge, dass allenfalls solche Forderungen, die dem Ziel der bestmöglichen Gläubigerbefriedigung *evident* widersprechen, aus dem Kreis der privilegierten Forderungen ausgegrenzt werden, in welchem Fall auch der betroffene Gläubiger nicht schutzwürdig scheint.[1164]

Ähnliche Schutzmechanismen bestehen auch insofern, als beide Rechtsordnungen für Kreditgeber, die dem schuldnerischen Unternehmen nach Abschluss eines Sanierungsverfahrens Kredite gewähren, in einem Folgeverfahren Vorrechte vorsehen. Diese sind nach einer zwischenzeitlich restriktiven Handhabung in Frankreich in beiden Staaten aber nicht mehr ausschließlich

---

[1164] Siehe etwa *Häsemeyer*, Insolvenzrecht, Rn. 14.09; MüKo-InsO/*H. Hefermehl*, § 55 InsO Rn. 27.

auf Sanierungsfinanzierungen beschränkt, sondern knüpfen nur noch mittelbar an das Sanierungsziel an. Auch erfolgt eine Privilegierung jeweils nur insoweit, als den Gläubigern ein Rangvorrecht zugewiesen wird, diese im Folgeverfahren aber nicht von Zahlungs- und Vollstreckungsverboten ausgenommen werden. Sie werden also gewissermaßen als „besondere Insolvenzgläubiger" behandelt, ohne dass ihnen die weiteren Vorzüge einer Stellung als Massegläubiger zukäme.

Ein unschärferes Bild ergibt sich bei den vereinbarten Kreditsicherheiten, die im deutschen Insolvenzrecht prinzipiell zwar keine unverzügliche, aber doch eine vollständige Befriedigung gewährleisten können. Das französische Insolvenzrecht räumt hingegen zumindest den Inhabern exklusiver Sicherheiten – vergleichbar den deutschen Aussonderungsrechten gem. § 47 InsO – ein Recht zur Befriedigung gänzlich außerhalb des Verfahrens ein. Ergänzt wird dies im französischen Recht durch den vollständigen Anfechtungsausschluss insbesondere für Sicherheitenbestellungen während einer *conciliation*, die mit einer *homologation* beendet wurde. Diese exklusiven Sicherheiten können also, vor allem wenn sie im Rahmen einer *conciliation* mit *homologation* bestellt werden, – die Werthaltigkeit des Sicherungsguts vorausgesetzt – vollständige und sofortige Befriedigung gewährleisten. Die exklusiven Sicherheiten des französischen Rechts können mithin einen stärkeren Schutz vermitteln als die Kreditsicherheiten des deutschen Rechts. Zugleich unterwirft das französische Recht die „traditionellen" Kreditsicherheiten aber in vollem Umfang den Beschränkungen des Verfahrens und mit Rücksicht auf das sozial- und wirtschaftspolitische Ziel des Unternehmenserhalts insbesondere der allgemeinen Befriedigungsrangfolge, wodurch deren Befriedigungsaussichten deutlich beschnitten werden.

Im französischen Recht besteht damit zwar eine breite Palette an Schutzinstrumenten, die primär den Unternehmenserhalt fördern sollen, die isoliert betrachtet auch einen starken Schutz vermitteln müssten, im Ergebnis aber erhebliche Schwächen haben. Einzig die exklusiven Sicherheiten, die sich aber nicht auf den Gedanken einer insolvenzverfahrensförmigen Sanierungsförderung zurückführen lassen, können die Sanierungsfinanzierer insoweit wirklich umfassend schützen. Demgegenüber erkennt das deutsche Recht *de lege lata* zwar keinerlei echte rechtliche Sonderrolle gerade der Sanierungsfinanzierer an und gibt vor allem die Geber vorinsolvenzlicher Kredite gewissermaßen dem freien Spiel der Kräfte preis. Für Kreditierungen nach Verfahrenseröffnung besteht aber trotz allem ein starker Schutz vor Ausfallrisiken.

2. Die Bedeutung der Gläubigerinteressen

Insbesondere die Begründung dieser Vorzugsbehandlungen bzw. der Behandlung der Kreditgeber insgesamt unterscheidet sich demnach grundlegend zwischen den zwei Rechtsordnungen: Die Privilegierungen des französischen

Rechts sind nicht zivilrechtlich motiviert, sondern lassen sich letztlich – mit Ausnahme der exklusiven Sicherheiten – sämtlich auf den Gedanken der Förderung der Unternehmensfortführung in den Verfahren sowie des Arbeitsplatzerhaltes zurückführen. Entgegen diesem pragmatischen bis opportunistischen Verhältnis des französischen Rechts zu Gläubigerinteressen ist die deutsche Behandlung dieser Gläubiger streng am Schutz der Interessen der Gläubigergesamtheit ausgerichtet. Bevorrechtigungen der (Sanierungs-)Kreditgeber bestehen ohne Zustimmung der Gläubigergesamtheit nur dort, wo sie den Interessen der Gläubigergesamtheit dienen. Dass das französische Insolvenzrecht Kreditgeber gleichwohl partiell stärker schützt als das auf Gläubigerinteressen ausgerichtete deutsche Insolvenzrecht, scheint zwar auf den ersten Blick verwunderlich. Letztlich ist das aber damit zu erklären, dass dieser Schutz im französischen Recht nicht Selbstzweck ist, sondern dort eingeräumt wird, wo ein entsprechend ausgestalteter Schutzmechanismus auch für das Ziel des Unternehmenserhalts sinnvoll scheint.

Die Unterschiede betreffend die Befriedigungsaussichten von Sanierungsfinanzierern zwischen den beiden Rechtsordnungen sind im Ergebnis aber gleichwohl kleiner, als angesichts dieser fundamentalen Unterschiede auf den ersten Blick zu vermuten wäre. Denn – gewisse Erfolgsaussichten *ex ante* vorausgesetzt – liegt die Förderung der Vergabe von Sanierungsfinanzierungen auch im Interesse der Gläubigergesamtheit.[1165] Dementsprechend manifestiert sich die abweichende Ausrichtung des französischen Insolvenzrechts vor allem dort, wo dieses Kreditgeber auch gegen die Interessen bzw. auf Kosten der übrigen Gläubiger protegiert, was namentlich beim *privilège de conciliation* sowie beim *privilège des créanciers postérieurs méritants* aufgrund dessen Beschränkung auf „nützliche" Gläubiger der Fall ist. Die Unterschiede in der Ausrichtung der Verfahren führen letztlich also dazu, dass das französische Recht den Gläubigern die Inkaufnahme von mit Sanierungsversuchen verbundenen Risiken[1166] aufbürdet, solange irgendeine Aussicht auf eine Sanierung besteht, auch wenn dies nicht ihrem Willen bzw. Interesse entspricht. Das deutsche Recht zwingt den Gläubigern die Inkaufnahme dieser Risiken gegen ihren Willen hingegen prinzipiell nicht auf, auch wenn das dem Unternehmenserhalt diente.

[1165] Eingehend zur Interessenlage insofern, oben 1. Kapitel, D.
[1166] Siehe zu diesen oben, 1. Kapitel, A.

C. Schutz vor Haftungsrisiken

Weitere Risiken können sich nach dem Gesagten für die Sanierungsfinanzierer daraus ergeben, dass sich infolge eines gescheiterten Sanierungsversuchs die Befriedigungsaussichten insbesondere der übrigen Gläubiger weiter verschlechtern können. Es besteht daher die Gefahr, dass der Sanierungsfinanzierer, der den später gescheiterten Sanierungsversuch durch seine Unterstützung erst ermöglicht hat, für diese Nachteile verantwortlich gemacht und zur Kompensation der entstandenen Nachteile herangezogen wird. Dementsprechend besteht für die Kreditgeber die Gefahr, nicht nur die eigenen Forderungsausfälle, sondern auch die Verluste Dritter tragen zu müssen, letztlich also das Risiko, über den (annähernden) Totalausfall der eingesetzten Valuta (siehe hierzu 4. Kapitel, B.) weitere wirtschaftliche Nachteile zu tragen.

I. Deutsches Recht

Die bisherige Untersuchung hat insbesondere gezeigt, dass das deutsche (Insolvenz-)Recht aufgrund seiner primären Ausrichtung auf die Wahrung der Gläubigerinteressen von einer gewissen Grundskepsis gegenüber Sanierungsversuchen geprägt ist, weil mit diesen notwendig das *Risiko* einer Verschlechterung der Lage der Gläubiger einhergeht. Das führt zu der Frage, ob die Sanierungsfinanzierer, die aufgrund ihrer Schlüsselstellung für die Durchführung eines Sanierungsversuchs für die aus dem Scheitern eines solchen Unterfangens resultierenden Konsequenzen jedenfalls mitursächlich sind, auch rechtlich und wirtschaftlich für diese verantwortlich gemacht werden. Konkret stellt sich also die Frage, ob die Sanierungsfinanzierer unter Rückgriff auf Haftungsinstrumente für die Kompensation dieser Nachteile herangezogen werden oder ob sie trotz der Ausrichtung des deutschen Insolvenzrechts auf die Gläubigerinteressen hiervor geschützt sind.

1. Die Sanierungsfinanzierung als Beihilfe zur Insolvenzverschleppung

Eine Schadensersatzhaftung des Kreditgebers gegenüber den Alt- und Neugläubigern des Insolvenzschuldners kann sich zunächst aus einer möglichen Beihilfe zur Insolvenzverschleppung gem. §§ 823 Abs. 2, 830 Abs. 2 BGB i.V.m. § 15a InsO ergeben, wenn trotz bestehender Insolvenzantragspflicht (§ 15a InsO) weiter Kredit gewährt wurde.[1167] Ein außenstehender Kreditgeber ist nicht selbst Adressat der Insolvenzantragspflicht aus § 15a InsO,[1168] welcher ein Schutzgesetz i.S.d. § 823 Abs. 2 BGB darstellt,[1169] und kann daher

---

[1167] MüKo-InsO/*Klöhn*, § 15a InsO Rn. 151; eingehend hierzu *Engert*, Haftung, S. 36 ff.
[1168] Vgl. Uhlenbruck/*Hirte*, § 15a InsO Rn. 7 ff.; *Engert*, Haftung, S. 30.
[1169] MüKo-InsO/*Klöhn*, § 15a InsO Rn. 140; Uhlenbruck/*Hirte*, § 15a InsO Rn. 39; *Engert*, Haftung, S. 29; *Vuia*, Verantwortlichkeit, S. 253 f.; vgl. BGHZ 29, 100, 102 f. (zu

nicht als Täter gem. § 823 Abs. 2 BGB i.V.m. § 15a InsO haften.[1170] Ersatzfähig sein soll insoweit neben dem Quotenschaden, den die Altgläubiger infolge der insolvenzverschleppenden Kreditierung erleiden, auch das negative Interesse geschädigter Neugläubiger.[1171] Während ersterer nur durch den Insolvenzverwalter geltend zu machen ist (vgl. § 92 InsO),[1172] soll ein Schadensersatzanspruch der Neugläubiger nach vorherrschender Auffassung nur durch die jeweiligen Gläubiger durchgesetzt werden können.[1173]

Voraussetzung dieses Anspruchs ist jedoch nach Auffassung insbesondere des BGH, unter Zugrundelegung eines strafrechtlichen Beihilfebegriffs (§ 27 Abs. 1 StGB), dass der Schuldner als Adressat diese Pflicht vorsätzlich verletzt[1174] und der Kreditgeber als Teilnehmer mit zumindest bedingtem Vorsatz bezüglich der „Haupttat" des Schuldners und seiner Beihilfe handelt.[1175] Die Schadensersatzhaftung betrifft also von vornherein nur Fälle, in denen die Kreditgewährung mehr als drei Wochen nach Eintritt der Zahlungsunfähigkeit bzw. sechs Wochen nach Eintritt der Überschuldung erfolgt (§ 15a Abs. 1 S. 2 InsO). Eine Kreditgewährung an einen Schuldner, bei dem (noch) keine Insolvenzantragspflicht vorliegt, kann hiernach von vornherein keine Haftung auslösen. Das doppelte Vorsatzerfordernis hat weiterhin zur Folge, dass eine Haftung des Kreditgebers nicht besteht, wenn entweder Kreditnehmer oder -geber die Antragspflicht nicht erkannt haben. Die Haftung betrifft also Kreditvergaben innerhalb der Drei- bzw. Sechswochenfrist des § 15a Abs. 1 S. 2 InsO nicht, ist bei fehlender Insolvenzreife gar nicht einschlägig und greift schließlich auch nicht, wenn Schuldner oder Kreditgeber die Insolvenzantragspflicht nicht erkannt haben. Daher wird der Haftung des Kreditgebers wegen Beihilfe zur Insolvenzverschleppung nur geringe Bedeutung zukommen und diese für den (potentiellen) Geber eines Sanierungskredits keinen relevanten Risikofaktor darstellen.[1176]

---

§ 64 Abs. 1 GmbHG a.F.); 75, 96, 106 (zu §§ 92 Abs. 2 AktG a.F. i.V.m. § 283 Nr. 14 AktG); 100, 19, 21; 126, 181, 190; 138, 211, 214; 171, 46, 49 ff. (jeweils zu § 64 Abs. 1 GmbHG a.F.) (st. Rspr.).

[1170] MüKo-InsO/*Klöhn*, § 15a InsO Rn. 142, 275; vgl. auch BGHZ 164, 50, 57 (zu § 64 Abs. 1 GmbHG a.F.).

[1171] Uhlenbruck/*Hirte*, § 15a InsO Rn. 40; *Vuia*, Verantwortlichkeit, S. 254; zu Letzterem grundlegend BGHZ 126, 181, 192 ff.

[1172] BGHZ 138, 211, 214; Uhlenbruck/*Hirte*, § 15a InsO Rn. 55; MüKo-InsO/*Klöhn*, § 15a InsO Rn. 253.

[1173] BGHZ 126, 181, 201 (offenlassend, ob eine parallele Berechtigung des Konkursverwalters besteht); dies verneinend BGHZ 138, 211, 214 ff.; Uhlenbruck/*Hirte*, § 15a InsO Rn. 56; eingehend auch zu alternativen Ansätzen MüKo-InsO/*Klöhn*, § 15a InsO Rn. 256 ff.

[1174] Vgl. BGHZ 164, 50, 57 (zu § 64 Abs. 1 GmbHG a.F.); MüKo-InsO/*Klöhn*, § 15a InsO Rn. 276; *Vuia*, Verantwortlichkeit, S. 251; abweichend *K. Schmidt*, JZ 1978, S. 661, 666: Auch eine vorsätzliche Beteiligung an einer fahrlässigen Pflichtverletzung genüge.

[1175] BGHZ 164, 50, 57; 75, 96, 107; MüKo-InsO/*Klöhn*, § 15a InsO Rn. 276.

[1176] Vgl. *Vuia*, Verantwortlichkeit, S. 254; *Engert*, Haftung, S. 37.

2. Sanierungsfinanzierung als Sittenverstoß

In Ermangelung einer einschlägigen, abschließenden und spezielleren gesetzlichen Grundlage hat man in der deutschen Diskussion für die Abwicklung gescheiterter Sanierungsfinanzierungen verbreitet aber auch auf § 826 BGB zurückgegriffen, es also versucht, diese Konstellation über den Vorwurf eines Sittenverstoßes der kreditgewährenden Bank zu bewältigen.

a) Haftung wegen vorsätzlicher sittenwidriger Schädigung gem. § 826 BGB

Zur Begründung einer Haftung des Gebers einer Sanierungsfinanzierung ziehen Rechtsprechung und Lehre vor allem § 826 BGB heran. Zugleich beeilt man sich jedoch zu betonen, dass Sanierungsfinanzierungen auch bei Scheitern der Sanierung nicht an sich, sondern nur bei Hinzutreten besonderer Umstände als sittenwidrig anzusehen seien.[1177] Zur Konturierung dieser Haftung wurden in jüngerer Zeit verschiedentlich grundsätzlich divergierende Lösungskonzepte präsentiert,[1178] wobei in der Sache jedoch weitgehende Einigkeit besteht, *dass* eine Kreditgeberhaftung für Drittschädigungen bestehen kann, die aus (gescheiterten) Sanierungsfinanzierungen resultieren.[1179]

Insbesondere die Rechtsprechung bedient sich zur Konkretisierung des Begriffs der Sittenwidrigkeit Fallgruppen,[1180] die zwar nicht als subsumtionsfähige Tatbestände zu verstehen seien, aber im Rahmen der vorzunehmenden Einzelfallbetrachtung eine gewisse Orientierung böten.[1181] Eine Haftung des Kreditgebers soll hiernach vor allem bestehen, wenn die Kreditvergabe nur der Insolvenzverschleppung diene.[1182] Das sei der Fall, wenn der Kreditgeber dem

---

[1177] Vgl. RGZ 85, 343, 345; *BGH*, WM 1961, S. 1103, 1106; *Obermüller*, ZIP 1980, S. 1059.

[1178] *Gawaz*, Bankenhaftung, S. 135 ff. schlägt vor, die Konturen des § 826 BGB durch die Annahme von Berufspflichten der Banken bei der Kreditgewährung zu schärfen; *Engert*, Haftung, S. 119 ff. stützt eine Kreditgeberhaftung aus § 826 BGB auf Grundlage einer ökonomischen Analyse darauf, dass Kreditgeber durch ihre Kreditgewährung bei anderen Gläubigern ein schutzwürdiges und -bedürftiges Vertrauen in die Kreditwürdigkeit des Schuldners erzeugten. Das rechtfertige eine Kreditgeberhaftung in Fällen, in welchen die Kreditgeber lediglich einen risikolosen Vorteil erstrebten und sich die Kreditgewährung als unvertretbar darstelle; für ein „bewegliches System" *Mertens*, ZHR 143 (1979), S. 174, 188 ff.

[1179] Siehe etwa *Engert*, Haftung, S. 158 ff.; *Gawaz*, Bankenhaftung, S. 215 ff.

[1180] Zurückgehend auf RGZ 136, 247, 253 f.; vgl. etwa *Waldburg*, ZInsO 2014, S. 1405, 1421 f.

[1181] RGZ 143, 48, 53 f.; BGHZ 10, 228, 232; 210, 30, 41, Rn. 42.

[1182] RGZ 136, 247, 253; BGHZ 75, 96, 114 f.; 90, 381, 399; 96, 231, 235; 210, 30, 40 f., Rn. 40; BeckOGK/*Spindler*, § 826 BGB Rn. 62; Staudinger/*Oechsler*, § 826 BGB Rn. 484 f.; MüKo-BGB/*G. Wagner*, § 826 BGB Rn. 173 f.; *Waldburg*, ZInsO 2014, S. 1405, 1421 f.; *Obermüller*, ZIP 1980, S. 1059, 1059 f.; Ellenberger/Bunte/*Häuser*, Bankrechts-HdB, § 65 Rn. 150.

Schuldner in einem Zeitpunkt der Krise[1183] aus eigennützigen Motiven weiteren Kredit gewährt, obwohl er erkannt und billigend in Kauf genommen hat, dass die Kreditierung zu einer Schädigung der übrigen Gläubiger führen kann.[1184] Die eigennützigen Motive seien nicht im Sinne eines bloßen Erstrebens eigener Vorteile zu verstehen, weil dies auch jede bloße Gewinnerzielungsabsicht umfassen würde und folglich alle Kreditgewährungen im unternehmerischen Verkehr in den Anwendungsbereich des § 826 BGB rückte.[1185] Erforderlich sei vielmehr ein Wille zur Verschaffung von Sondervorteilen, die über jene hinausgehen, die sich allein aus dem Erfolg einer Sanierung ergeben.[1186] Daher wird eine Haftung aus § 826 BGB bei *Neu*kreditgebern, die bei einer erfolgreichen Sanierung außer der Zahlung von Zins und Tilgung bezüglich des neuen Kredits wenig zu erwarten haben, regelmäßig ausscheiden.[1187]

Sittenwidriges Handeln soll weiterhin ausscheiden, wenn der Kreditgeber vernünftigerweise davon ausgehen durfte, dass der Sanierungsversuch Erfolg haben, eine Schädigung der Gläubiger also ausbleiben würde.[1188] Das führt zur Frage, welche Prüfungsanforderungen an den Geber einer Sanierungsfinanzierung zu stellen sind: Die Rechtsprechung hat bisweilen gefordert, dass der Kreditgeber seine Finanzierungsentscheidung auf Grundlage einer fachmännischen Prüfung durch einen außenstehenden Wirtschaftsfachmann treffen müsse.[1189] Diesen Standpunkt hat die Rechtsprechung zwar nie ausdrücklich

---

[1183] Wann von einer solchen auszugehen ist, ist streitig, offen gelassen bei BGHZ 210, 30, 44 f., Rn. 52: Jedenfalls genüge es nicht, dass der Kreditgeber den Schuldner seit längerer Zeit als „Sanierungsfall" betrachtet, ohne aber die tatsächliche wirtschaftliche Lage zu berücksichtigen; BeckOGK/*Spindler*, § 826 BGB Rn. 64 hält die Insolvenzreife des Unternehmens für erforderlich; ebenso MüKo-BGB/*G. Wagner*, § 826 BGB Rn. 175; Staudinger/ *Oechsler*, § 826 BGB Rn. 484 hingegen hält Sanierungsbedürftigkeit, also Kreditunwürdigkeit dergestalt, dass sich das Unternehmen nicht mehr zu Marktbedingungen finanzieren kann, für ausreichend; ähnlich *Obermüller*, ZIP 1980, S. 1059; in diese Richtung auch *H. Huber*, NZI 2015, S. 447, 448 f.; vgl. zur Rechtsprechung auch *Engert*, Haftung, S. 53 f., der sich gegen ein Abstellen auf die Insolvenzeröffnungsgründe wendet.
[1184] BGHZ 75, 96, 114; 90, 381, 399; 96, 231, 235 f.; 210, 30, 40, Rn. 40; *Engert*, Haftung, S. 51 ff.
[1185] *Thole*, WM 2010, S. 685, 687; vgl. auch *Engert*, Haftung, S. 57; *Batereau*, WM 1992, S. 1517, 1521; *Rümker*, ZHR 143 (1979), S. 195, 205; siehe schon *Meyer-Cording*, JZ 1953, S. 665, 666.
[1186] *Engert*, Haftung, S. 57; vgl. auch *Waldburg*, ZInsO 2014, S. 1405, 1422.
[1187] *Ebbing*, KTS 1996, S. 327, 348; *Obermüller*, ZIP 1980, S. 1059, 1060.
[1188] BGHZ 75, 96, 114; 96, 231, 235; *H. Huber*, NZI 2015, S. 447, 451; vgl. aber auch Staudinger/*Oechsler*, § 826 BGB Rn. 494, der annimmt, seit Einführung des StaRUG könne dies nicht mehr gelten und jeder – auch seriöse – Sanierungsversuch außerhalb eines StaRUG-Verfahrens bedeute nun einen Sittenverstoß.
[1189] *BGH*, NJW 1953, S. 1665, 1666 (insoweit in BGHZ 10, 228 ff. nicht abgedruckt); prinzipiell zustimmend *Gawaz*, Bankenhaftung, S. 54, 115, 215 ff., der nur bei Kleinstunternehmen und Einzelkaufleuten Ausnahmen zulassen will; ablehnend *Rümker*, ZHR 143

aufgegeben, später aber nicht mehr wiederholt.[1190] Jüngst hat der BGH denn auch im Kontext des § 138 BGB festgestellt, dass es für die Frage, ob der Kreditgeber die erforderliche Sorgfalt beachtet hat, nicht *allein* darauf ankomme, ob die Einschätzung eines branchenkundigen Wirtschaftsfachmanns eingeholt wurde.[1191] Einzig aus dem Fehlen eines solchen Gutachtens könne noch nicht auf die Sittenwidrigkeit der Kreditvergabe geschlossen werden; vielmehr sei anhand der Umstände des Einzelfalls zu ermitteln, ob der Kreditgeber dennoch von einem erfolgversprechenden Sanierungsversuch ausgehen durfte.[1192] Bei einem ernsthaften Sanierungswillen, der auf Grundlage eines plausiblen, fachmännisch erstellten Sanierungsgutachtens gebildet wurde, wird man aber grundsätzlich kein sittenwidriges Verhalten annehmen können;[1193] jedenfalls wird man in einem solchen Fall den erforderlichen Schädigungsvorsatz zu verneinen haben.

Trotz aller Konturierungsversuche durch Rechtsprechung und Literatur bleibt demnach der Eindruck eines recht unscharfen Haftungstatbestands,[1194] bei dem der einzige *sichere* Weg zur Haftungsvermeidung die Erstellung eines Sanierungsgutachtens durch einen neutralen Fachmann ist.[1195] Das stellt sich

---

(1979), S. 195, 205; kritisch auch *Mertens*, ZHR 143 (1979), S. 174, 187; ebenso *Obermüller*, ZIP 1980, S. 1059, 1060.

[1190] Vgl. etwa BGHZ 75, 96, 114 f.; 90, 381, 399; 96, 231, 235; vgl. *Engert*, Haftung, S. 60; *Gawaz*, Bankenhaftung, S. 113.

[1191] BGHZ 210, 30, 41 f., Rn. 42; in Richtung einer Berücksichtigung aller Umstände des Einzelfalls auch insoweit bereits *BGH,* NJW 1953, S. 1665, 1666 (insoweit nicht in BGHZ 10, 228 ff. abgedruckt); vgl. auch Staudinger/*Oechsler*, § 826 BGB Rn. 497, nach dem diese Grundsätze aber nur noch auf Altfälle vor Einführung des StaRUG Anwendung finden sollen, a.a.O. Rn. 494.

[1192] BGHZ 210, 30, 41, Rn. 42; in diese Richtung bereits *Ebbing*, KTS 1996, S. 327, 349 f.; vgl. auch Staudinger/*Oechsler*, § 826 BGB Rn. 497, der die Aussagekraft von in diesen Situationen erstellten Sanierungsgutachten, die naturgemäß Prognosen auf regelmäßig sehr unsicheren Grundlagen darstellen, relativiert; so schon *Meyer-Cording*, JZ 1953, S. 665, 667; ähnlich *Mertens*, ZHR 143 (1979), S. 174, 187; *Obermüller*, ZIP 1980, S. 1059, 1060.

[1193] *Eidenmüller*, Unternehmenssanierung, S. 376 f.; vgl. *Obermüller*, ZIP 1980, S. 1059, 1060; sehr zurückhaltend zum Mehrwert solcher Gutachten *Engert*, Haftung, S. 183 f.

[1194] Vgl. *BGH,* NJW 1970, S. 657, 658: „Die Grenze zwischen dem, was einer Bank bei Gewährung und Sicherung ihrer Kredite noch erlaubt ist, und dem, was für den redlichen Verkehr unerträglich und deshalb sittlich unstatthaft ist, kann nicht fest gezogen werden; die Grenze fließt."; entsprechend schon RGZ 85, 343, 345.

[1195] Vgl. die Feststellung von *Obermüller*, ZIP 1980, 1059: „[...] [V]or einer Unternehmenssanierung durch Ausweitung von Verbindlichkeiten um einen Sanierungskredit [kann] angesichts der Haltung der Rechtsprechung zur rechtlichen Behandlung von Sanierungskrediten [...] nur gewarnt werden."

aber als zeit- und kostenintensiver Weg dar,[1196] so dass sehr vorsichtigen Kreditgebern, zumindest bei kleinen Unternehmen, bisweilen nur die Wahl zwischen dem Unterlassen eines Sanierungsversuchs und dem Risiko bleibt, Haftungsansprüchen ausgesetzt zu werden.

b) Das Privileg aus § 89 Abs. 1 StaRUG

Ein noch weiter gehender Schutz des Kreditgebers könnte sich grundsätzlich aus § 89 Abs. 1 StaRUG ergeben. Hiernach soll eine Haftung des Kreditgebers aufgrund eines sittenwidrigen Beitrags zur Insolvenzverschleppung nicht allein auf die Kenntnis eines der Beteiligten von der Rechtshängigkeit der Restrukturierungssache bzw. der Inanspruchnahme von Instrumenten des StaRUG gestützt werden können. Das ist nach dem Gesagten aber ohnehin nicht der Fall, so dass § 89 Abs. 1 StaRUG keine (weitere) Beschränkung der Kreditgeberhaftung bewirkt und folglich nur deklaratorische Funktion hat.[1197]

3. Ergebnis

Haftungsrisiken können sich für Geber einer Sanierungsfinanzierung damit grundsätzlich aus § 826 BGB ergeben, wovor auch § 89 StaRUG in der Sache keinen Schutz gewährt. Dabei sind Haftungsrisiken für Geber von Sanierungsfinanzierungen jedoch auch im Fall des Scheiterns des Sanierungsversuches ausgeschlossen, wenn die Sanierungsfinanzierung Teil eines „echten" Sanierungsversuchs war. Die Voraussetzungen, die vor allem die Rechtsprechung für die Unbedenklichkeit eines Sanierungsversuchs aufstellt, sind insoweit aber nicht eindeutig. Ein Kreditgeber wird daher, um auf der „sicheren Seite" zu stehen und jedes Haftungsrisiko auszuschließen, regelmäßig ein externes Sanierungsgutachten erstellen lassen müssen. Das ist aber zeit- und kostenintensiv und droht besonders bei kleineren Unternehmen, bei denen diese Kosten u.U. in keiner Relation zum potentiellen Ertrag stehen, zur unüberwindbaren Hürde zu werden.

Zu erkennen ist insofern aber auch, dass es grundsätzlich schon im eigenen Interesse des Kreditgebers liegt, über die finanzielle Situation des Schuldners genau informiert zu sein. Der durch die Erstellung eines Sanierungsgutachtens bewirkte Schutz kann dabei, obwohl hier unmittelbar an das verfolgte Sanierungsziel angeknüpft wird, nicht als Ausdruck einer Sanierungsförderung auch den Gläubigerinteressen zum Trotz gedeutet werden. Vielmehr fügt sich auch

---

[1196] Kritisch zu den Anforderungen der Rechtsprechung *Westpfahl*, ZRI 2020, S. 157, 180, der aber zugleich feststellt, dass die Voraussetzungen des § 826 BGB „von einem seriösen Sanierungsfinanzierer eigentlich nicht erfüllt werden".

[1197] So auch BT-Drs. 19/24181, S. 181; unklar E. Braun-StaRUG/*Tashiro*, § 89 StaRUG Rn. 15 f., die annimmt, § 89 StaRUG führe zu einem Zeitgewinn, da die Erstellung eines Sanierungsgutachtens keine Voraussetzung der Haftungsfreistellung sei, zugleich aber feststellt, der „Anfechtungsschutz" (sic!) werde nicht alle Zweifel beseitigen.

diese Haftungsfreistellung – ähnlich der Situation vor allem bei der Vorsatzanfechtung – in das Primat der Gläubigerinteressen stimmig ein, weil sie nur dort besteht, wo *ex ante* davon auszugehen ist, dass der Sanierungsversuch erfolgversprechend ist und damit auch den Gläubigerinteressen dient. Bestünde eine solche Freistellung nicht, stünde zu befürchten, dass potentielle Sanierungsfinanzierer ihre Unterstützung auch bei erfolgversprechenden Sanierungsversuchen aus Angst vor möglichen Haftungsrisiken versagten. Die Haftungsfreistellung besteht letztlich also, wenn und weil sich das *ex ante* als für die Gläubigerinteressen nützlich erweist.

II. Französisches Recht

Zu vermuten wäre aufgrund der konsequenten Ausrichtung des französischen Insolvenzrechts auf den Unternehmenserhalt, dass die Geber einer Sanierungsfinanzierung auch umfänglich vor Haftungsrisiken geschützt werden, da sich solche Risiken negativ auf die Bereitschaft zur Kreditvergabe und damit auch auf die Sanierungsaussichten der Unternehmen auswirken könnte.

1. Die deliktische Haftung für missbräuchliche Finanzierungen: Soutien abusif und crédit ruineux

Haftungsrisiken für den Geber einer Sanierungsfinanzierung können sich grundsätzlich aus der sog. *responsabilité pour crédit ruineux* oder der *responsabilité pour soutien abusif* ergeben. Hierbei handelt es sich um richterrechtliche Ausprägungen der allgemeinen deliktischen Haftung aus Art. 1240 C.C. (Art. 1382 C.C. a.F.),[1198] die vor Inkrafttreten der Reform von 2005 entwickelt wurden. Beide beruhen auf dem Gedanken, dass die Kreditierung eine *solvabilité apparente,* also den Anschein der Kreditwürdigkeit erzeuge, der Dritte dazu verleite, Kredit zu gewähren, mit dem sie sodann ausfallen.[1199]

Nach den Grundsätzen des *crédit ruineux* haftet ein Kreditgeber[1200] für Schäden, die dem Unternehmen und dessen Gläubigern dadurch entstehen, dass dem Unternehmen ein Kredit gewährt wurde, der die derzeitige und künftige wirtschaftliche Leistungsfähigkeit des Unternehmens übersteigt, wenn der Kreditgeber dies bei Beachtung der gewöhnlichen Sorgfalt hätte erkennen müssen.[1201]

[1198] *Forray*, RTDCom. 2008, S. 661, 662; *Legeais*, Opérations de crédit, Rn. 1545; *Gavalda/Stoufflet*, Droit Bancaire, Rn. 630.

[1199] *Legeais*, Opérations de crédit, Rn. 1543, 1547, 1556; *Pasqualini/Marain*, Rép. Dr. Com., Responsabilité du banquier, Rn. 52.

[1200] Diese Haftung ist nicht auf Kreditinstitute beschränkt, vgl. *Legeais*, JCl. Droit bancaire et financier, Fasc. 500, Rn. 134.

[1201] *Cass. com.*, 10.01.2018, n° 16-10.284; 07.02.2012, n° 10-28.757, 11-10.252; 25.04.2006, n° 04-14.797; *Lasserre Capdeville/Storck/Mignot/Kovar/Éréséo*, Droit bancaire, Rn. 2016 f.; *Legeais*, Opérations de crédit, Rn. 1556.

Eine Verantwortlichkeit des Kreditgebers aufgrund eines *soutien abusif* besteht, wenn dieser einem Unternehmen in einer ausweglosen wirtschaftlichen Situation (*situation irrémédiablement compromise*) einen neuen Kredit gewährt oder einen alten aufrechterhält, obwohl der Kreditgeber die ausweglose finanzielle Situation des Unternehmens kannte oder hätte kennen müssen.[1202] Ausscheiden sollte die Verantwortlichkeit des Kreditgebers aber auch nach dieser Rechtsprechung, wenn der Kreditgeber sich bei der Finanzierungsentscheidung auf einen glaubwürdigen Sanierungsplan gestützt hatte, selbst wenn der Sanierungsversuch scheitert.[1203] Damit bestand bereits auf Grundlage dieser Rechtsprechung eine enge Begrenzung der Haftung der Kreditgeber auf besonders gravierende Pflichtverletzungen.[1204] Gerade für den Fall der Sanierungsfinanzierungen war die Gefahr einer Haftung durch den Ausschluss der Haftung bei Vorliegen eines konkreten und plausiblen Sanierungsplans bereits auf dieser Grundlage sehr stark reduziert.

2. Die begrenzte Haftungsfreistellung durch ein „principe d'irresponsabilité"

Trotz dieser bereits starken Einhegung der Kreditgeberhaftung wurde mit der Reform von 2005 ein *principe d'irresponsabilité*[1205] der Kreditgeber eingeführt. Ziel war es, jede – auch objektiv unberechtigte – Sorge der Kreditgeber vor einer Haftung auszuschließen, um die Sanierung von Unternehmen zu fördern, die sonst aus Angst vor einer Haftung möglicherweise ausbleiben würde.[1206] Seither kommt eine Haftung der Kreditgeber gem. Art. L. 650-1 C. com. für eine Kreditvergabe im Falle der Eröffnung einer *procédure collective* nur noch in Betracht, wenn ein Fall der *fraude* oder der *immixtion caractérisée* vorliegt oder der Kreditgeber sich für den Kredit unverhältnismäßige Sicherheiten (*garanties disproportionnées*) hat bestellen lassen.

Nicht ganz eindeutig ist aber bereits die systematische Einordnung dieser Bestimmung und damit auch die Reichweite der Haftungsfreistellung. Denkbar wäre einerseits, Art. L. 650-1 C. com. als haftungsbegründende Norm zu verstehen, mit dem Ergebnis, dass der Kreditgeber in den aufgezählten Konstella-

---

[1202] *Cass. com.*, 25.04.2006, n° 04-17.462; *Legeais*, Opérations de crédit, Rn. 1548, 1553.
[1203] *Cass. com.*, 15.06.1993, n° 91-17.660; *Legeais*, Opérations de crédit, Rn. 1557 ff.; *Legeais*, JCl. Droit bancaire et financier, Fasc. 500, Rn. 148; *Pasqualini/Marain*, Rép. Dr. Com., Responsabilité du banquier, Rn. 68.
[1204] *Hoang*, D. 2006, S. 1458, 1459, Rn. 3; Roussel Galle/*Sortais*, Entreprises en difficulté 360°, Rn. 1358; Rapport Hyest, Rapports Sénat, 2004–2005, n° 335, S. 440.
[1205] *Le Corre*, D. 2005, S. 2297, 2322, Rn. 63; Roussel Galle/*Sortais*, Entreprises en difficulté 360°, Rn. 1361.
[1206] Rapport Hyest, Rapports Sénat, 2004-2005, n° 335, S. 441; *Forray*, RTDCom. 2008, S. 661, 662; kritisch hierzu *Hoang*, D. 2006, S. 1458, 1458 f.; *Saint-Alary-Houin/Monsèrié-Bon/Houin-Bressand*, Entreprises en difficulté, Rn. 854; *Stoufflet/Mathey*, RD bancaire et financier janvier-février 2006, S. 54, 57.

tionen stets für eventuell entstandene Schäden haftete.[1207] Andererseits lässt sich Art. L. 650-1 C. com. als haftungsbeschränkende Norm verstehen, nach welcher die deliktsrechtliche Haftung auf Fälle beschränkt wird, in denen *zusätzlich* zu *soutien abusif* oder *crédit ruineux* eine *fraude,* eine *immixtion caractérisée* oder *garanties disproportionnées* gegeben sind.[1208]

Namentlich die *Cour de cassation* geht nunmehr von Letzterem aus, in dem sie zusätzlich zum Vorliegen eines von Art. L. 650-1 C. com. genannten Grundes verlangt, dass die Kreditvergabe selbst *fautif* ist.[1209] Bei der Kreditvergabe muss es sich also um einen *soutien abusif* oder einen *crédit ruineux* im Sinne der Rechtsprechung vor 2005 handeln.[1210] Dafür spricht insbesondere, dass ein Verständnis des Art. L. 650-1 C. com. als haftungsbegründende Norm zu einer teilweisen Ausweitung der Kreditgeberhaftung gegenüber der Rechtslage vor 2005 führen würde.[1211] Vor der Reform von 2005 war die *Cour de cassation* davon ausgegangen, dass allein die Bestellung unverhältnismäßiger Sicherheiten keine Haftung des Kreditgebers begründe, sondern sich diese nur aus der Unverhältnismäßigkeit des gewährten Kredits im Verhältnis zur finanziellen Leistungsfähigkeit des Unternehmens ergeben könne.[1212] Würde das alleinige Vorliegen einer der drei von Art. L. 650-1 C. com. genannten Fälle für die Begründung einer Verantwortlichkeit des Kreditgebers genügen, begründete aber bereits die Bestellung unverhältnismäßiger Sicherheiten an sich die Haftung der Kreditgeber. Die hierdurch bewirkte Haftungsverschärfung gegenüber dem früheren Recht, jedenfalls in den Fällen der Bestellung unverhältnismäßiger Sicherheiten, widerspräche jedoch Zweck und Entstehungsgeschichte des Art. L. 650-1 C. com., mit dem Haftungsrisiken der Kreditgeber weitgehend ausgeschlossen werden sollten.[1213] Daneben weist auch der Wortlaut, der durch die Bezugnahme auf den eingetretenen Schaden und die geforderte Kausalität zwischen Schaden und *concours* die Voraussetzungen des Art. 1240 C.C. aufgreift, in diese Richtung.[1214] Art. L. 650-1 C. com. ist daher nicht als Grundlage der Haftung des Kreditgebers, sondern als Ausschluss der Verantwortlichkeit

---

[1207] So *Bonneau,* Droit bancaire, Rn. 981.

[1208] *Saint-Alary-Houin/Monsèrié-Bon/Houin-Bressand,* Entreprises en difficulté, Rn. 857; *Le Cannu/Robine,* Entreprises en difficulté, Rn. 988, auch zu den übrigen Deutungsmöglichkeiten; *Hoang,* D. 2012, S. 2034, 2036; *Moury,* D. 2006, S. 1743, 1750.

[1209] *Cass. com.,* 27.03.2012, n° 10-20.077; 09.05.2018, n° 17-10.965; so auch *Hoang,* D. 2012, S. 2034, 2036; *Le Cannu/Robine,* Entreprises en difficulté, Rn. 988; *Moury,* D. 2006, S. 1743, 1750; *Saint-Alary-Houin/Monsèrié-Bon/Houin-Bressand,* Entreprises en difficulté, Rn. 857.

[1210] *Saint-Alary-Houin/Monsèrié-Bon/Houin-Bressand,* Entreprises en difficulté, Rn. 857; *Legeais,* Opérations de crédit, Rn. 1578 f.

[1211] Vgl. *Crocq,* Études Simler, S. 291, 304 f.

[1212] Vgl. *Cass. com.,* 07.01.2004, n° 01-11.947; *Crocq,* Études Simler, S. 291, 304.

[1213] *Crocq,* Études Simler, S. 291, 304 f.

[1214] *Hoang,* D. 2012, S. 2034, 2036.

gem. Art. 1240 C.C bzw. als Verteidigungsmittel gegen eine Inanspruchnahme hieraus zu lesen.[1215]

3. Verbleibende Haftungsrisiken

Entscheidende Bedeutung kommt demnach der konkreten Reichweite der Haftungsfreistellung zu. Keine Rolle spielt hierfür die Art des Kredits, da Art. L. 650-1 C. com. wie Art. L. 313-12 C.mon.fin. an den Begriff des *concours* anknüpft.[1216] Hierunter sind Kreditgeschäfte aller Art zu verstehen, so dass insbesondere auch reine Stundungen und Prolongationen in den Anwendungsbereich des Art. L. 650-1 C. com. fallen.[1217] Unerheblich ist mit Rücksicht auf Normzweck und Wortlaut, der insoweit keine Differenzierung enthält, auch in welchem Zeitpunkt dieser gewährt wurde. Daher sind insbesondere auch *concours*, die während der *période suspecte* gewährt wurden, von Art. L. 650-1 C. com. erfasst.[1218]

Gerade die „Rückausnahme" der *fraude* hätte bei einer extensiven Auslegung, wie sie etwa im Rahmen der *action paulienne* befürwortet wird,[1219] aber das Potential, die Haftungsfreistellung der Kreditgeber weitgehend auszuhöhlen.[1220] Nach der Rechtsprechung der *Cour de cassation* soll eine *fraude* im Sinne des Art. L. 650-1 C. com. jedoch nur vorliegen, wenn ein Geschäft durch Einsatz unlauterer Mittel vorgenommen wurde, um die Zustimmung der Gegenseite zu erschleichen, einen ungerechtfertigten Vorteil zu erlangen oder in der Absicht vorgenommen wurde, sich der Anwendung zwingender Gesetze zu entziehen.[1221] Dementsprechend soll etwa das Abweichen von einem *accord de conciliation* durch Gewährung von höheren als den vereinbarten Kreditsummen und die Bestellung entsprechender Sicherheiten ebenso wenig eine *fraude*

[1215] *Cass. com.*, 12.07.2016, n° 14-29.429: „[...] [L]'article L. 650-1 du code de commerce se borne à limiter la mise en œuvre de cette responsabilité [...]."; *Hoang*, D. 2012, S. 2034, 2036; *Robine*, Mélanges Le Cannu, S. 621, 625 deutet Art. L. 650-1 C. com. gar als *fin de non-recevoir* i.S.d. Art. 122 Code de procédure civile, was zur Folge hätte, dass eine Schadensersatzklage gegen den Kreditgeber ohne Vorliegen einer der genannten Gründe bereits als unzulässig abzuweisen wäre; ebenso *Le Cannu/Robine*, Entreprises en difficulté, Rn. 989.

[1216] Eingehend zum Begriff des *concours* oben, 4. Kapitel, A.II.4.b)aa).

[1217] *Cass. com.*, 16.10.2012, n° 11-22.993; *Gouëzel*, GP 2019, S. 1484, 1485.

[1218] *Cass. com.*, 09.05.2018, n° 17-10.965; *Gouëzel*, GP 2019, S. 1484, 1485.

[1219] Dazu sogleich, 4. Kapitel, B.II.4.c).

[1220] *Macorig-Venier*, RLDA 2008, S. 119, 122: „[...] [L]'on pourrait sous couvert de la fraude réintroduire la jurisprudence sur le soutien abusif."; *Legeais*, Opérations de crédit, Rn. 1578; *Legeais*, JCl. Droit bancaire et financier, Fasc. 500, Rn. 166.

[1221] *Cass. com.*, 16.10.2012, n° 11-22.993; 13.12.2017, n° 16-21.498; enger *Le Corre*, D. 2005, S. 2297, 2322, Rn. 63, der nur strafrechtlich relevantes Verhalten eingeschlossen sehen will.

darstellen[1222] wie das Bestellen einer Sicherheit für einen Kredit, auch wenn dies auf Kosten der übrigen Gläubiger geht.[1223]

Die *immixtion caractérisée* umfasst jedenfalls Fälle der faktischen Geschäftsführung durch den Kreditgeber (*gestion de fait*),[1224] die gegeben ist, wenn dieser aktiv und eigenständig Akte der Geschäftsführung übernimmt.[1225] Ob eine *immixtion caractérisée* i.S.d. Art. L. 650-1 C. com. auch unterhalb dieser Schwelle angenommen werden kann, ist nach der Rechtsprechung der *Cour de cassation* nicht eindeutig zu beantworten. Diese geht davon aus, dass eine solche aktive Geschäftsführungsmaßnahmen von Seiten des Kreditgebers oder die Ausübung eines erheblichen Einflusses auf die Geschäftsführung durch den Schuldner voraussetzt.[1226] Eine Beschränkung auf die Fälle der faktischen Geschäftsführung scheint aber zweifelhaft, da die *dirigeants de fait* in dieser Eigenschaft bereits zivil- und strafrechtlichen Sanktionen ausgesetzt sind (vgl. etwa Art. L. 651-2 C. com.).[1227] Eine Begrenzung der *immixtion caractérisée* auf solche Fälle hätte demnach zur Folge, dass der *immixtion caractérisée* gegenüber der Haftung des *dirigeant de fait* kaum ein eigener Bedeutungsgehalt zukäme.[1228] Das scheint angesichts des Wortlauts des Art. L. 650-1 C. com., der, anders als Art. L. 651-2 C. com., keinen direkten Bezug auf die *dirigeants de fait* nimmt, selbst vor dem Hintergrund des gesetzgeberischen Willens, die Haftung der Kreditgeber zu beschränken, nicht überzeugend. Eine *immixtion caractérisée* muss daher auch unterhalb der Schwelle der *gestion de fait* in Betracht kommen, wenn der Kreditgeber aktiv auf Entscheidungen des Schuldners einwirkt.[1229]

Bemerkenswert ist schließlich vor allem die Einordnung der Bestellung von unverhältnismäßigen Sicherheiten als haftungsauslösender Umstand. Erfasst sind hiervon nicht nur die *garanties* im Wortsinne, sondern alle Kreditsicher-

---

[1222] *Cass. com.*, 13.12.2017, n° 16-21.498.

[1223] *Cass. com.*, 08.03.2017, n° 15-20.288.

[1224] *Lasserre Capdeville/Storck/Mignot/Kovar/Éréséo*, Droit bancaire, Rn. 2040; Roussel Galle/*Sortais*, Entreprises en difficulté 360°, Rn. 1369.

[1225] *Saint-Alary-Houin/Monsèrié-Bon/Houin-Bressand*, Entreprises en difficulté, Rn. 1433; *Legeais*, Opérations de crédit, Rn. 1582.

[1226] *Cass. com.*, 21.11.2018, n° 17-21.025.

[1227] *Forray*, RTDCom. 2008, S. 661, 668.

[1228] Roussel Galle/*Sortais*, Entreprises en difficulté 360°, Rn. 1369; *Forray*, RTDCom. 2008, S. 661, 668; *Macorig-Venier*, RLDA 2008, S. 119, 122.

[1229] Vgl. *Saint-Alary-Houin/Monsèrié-Bon/Houin-Bressand*, Entreprises en difficulté, Rn. 856; vgl. auch den Sachverhalt bei *Cass. com.*, 10.01.2018, n° 16-10.824: Hier sahen die Kreditbedingungen des kreditierenden Lieferanten vor, dass alle gewährten Kredite *eo ipso* fällig werden sollten, wenn der Kreditnehmer sich nicht mehr exklusiv vom kreditgebenden Lieferanten beliefern lassen würde, so dass der Kreditnehmer im Ergebnis seine Vertragspartner nicht mehr frei auswählen konnte. Die Vorinstanz (*CA Amiens*, 26.11.2015, n°13/06233) hatte dies als *immixtion caractérisée* eingeordnet, was im Rahmen der *cassation* weder angegriffen noch thematisiert wurde.

heiten.[1230] Die Unverhältnismäßigkeit der Sicherheiten ist nicht im Verhältnis zwischen Kreditvolumen und wirtschaftlicher Leistungsfähigkeit des Schuldners, sondern anhand des Verhältnisses zwischen Kreditvolumen und Wert der Sicherheiten zu beurteilen.[1231] Bei akzessorischen Sicherheiten wie der *caution* kommt daher regelmäßig keine Unverhältnismäßigkeit in Betracht, da der gesicherte Betrag den geschuldeten Betrag nicht übersteigen kann, Art. 2290 C.C.[1232] Etwas anderes kann sich insoweit nur ergeben, wenn akzessorische Sicherheiten mit weiteren, nicht akzessorischen Sicherheiten kombiniert werden.[1233] Die Unverhältnismäßigkeit der Sicherheiten soll dabei nicht anhand von Schwellenwerten, sondern im Einzelfall anhand des übernommenen Risikos des Kreditgebers und den Eigenschaften der bestellten Sicherheiten zu beurteilen sein.[1234]

4. Rechtsfolgen

Ergibt sich auf dieser Grundlage trotz allem eine Haftung des Kreditgebers, ist dieser verpflichtet, den entstandenen Schaden zu ersetzen. Das ist der Schaden, der infolge der durch den *concours* entstandenen Verzögerung der Eröffnung der *procédure collective* eingetreten ist, also die aus diesem Grund entstandene bzw. erhöhte Passivmasse.[1235] Ersatzpflichtig ist der Kreditgeber also für die auf den *concours* zurückzuführende Differenz zwischen dem Fehlbetrag im Zeitpunkt der Entscheidung des Richters über die Haftung und dem Zeitpunkt der Gewährung des *concours* (sog. *préjudice collectif*).[1236] Geltend gemacht werden kann dieser *kollektive* Schaden nach Eröffnung eines Insolvenzverfahrens nur noch durch den Verwalter, wobei die Rechtsprechung die Durchsetzung dieses Anspruchs durch einen einzelnen Gläubiger im Interesse des Kol-

---

[1230] Roussel Galle/*Sortais*, Entreprises en difficulté 360°, Rn. 1370; *Saint-Alary-Houin/Monsèrié-Bon/Houin-Bressand*, Entreprises en difficulté, Rn. 856; *Bonhomme*, Mélanges Bouloc, S. 59, 70; *Le Cannu/Robine*, Entreprises en difficulté, Rn. 993.
[1231] Roussel Galle/*Sortais*, Entreprises en difficulté 360°, Rn. 1370; *Pérochon*, Entreprises en difficulté, Rn. 3027; *Le Cannu/Robine*, Entreprises en difficulté, Rn. 993; *Crocq*, Études Simler, S. 291, 292, 298; a.A. *Bonhomme*, Mélanges Bouloc, S. 59, 69.
[1232] *Cass. com.*, 18.05.2017, n° 15.12-338; *Le Cannu/Robine*, Entreprises en difficulté, Rn. 993.
[1233] *Le Cannu/Robine*, Entreprises en difficulté, Rn. 993; *Lasserre Capdeville/Storck/Mignot/Kovar/Éréséo*, Droit bancaire, Rn. 2044.
[1234] *Le Cannu/Robine*, Entreprises en difficulté, Rn. 993; *Lasserre Capdeville/Storck/Mignot/Kovar/Éréséo*, Droit bancaire, Rn. 2043; *Crocq*, Études Simler, S. 291, 305.
[1235] *Cass. com.*, 10.01.2018, n° 16-10.824; 22.03.2005, n° 03-12.922; 23.04.2013, n° 12-22.843; Roussel Galle/*Sortais*, Entreprises en difficulté 360°, Rn. 1373; *Le Cannu/Robine*, Entreprises en difficulté, Rn. 976; *Lasserre Capdeville/Storck/Mignot/Kovar/Éréséo*, Droit bancaire, Rn. 2043; *Legeais*, Opérations de crédit, Rn. 1586.
[1236] *Cass. com.*, 10.01.2018, n° 16-10.824; *Cass. com.*, 22.03.2016, n° 14-10.066, 14-14.980.

lektivs (*ut singuli*) ausdrücklich ausschließt.[1237] Verteilt wird die resultierende Zahlung, die in das Vermögen des Insolvenzschuldners fällt, im Anschluss nach der allgemeinen Rangordnung unter den Gläubigern.[1238] Ist einem Gläubiger ein individueller Schaden (*préjudice individuel*)[1239] entstanden, der über den *préjudice collectif* hinausgeht, ist dieser Gläubiger auch nach der Rechtsprechung berechtigt, diesen Anspruch individuell und ausschließlich im eigenen Interesse geltend zu machen.[1240]

Neben dieser Pflicht sieht Art. L. 650-1 al. 2 C. com. auch vor, dass die für den *concours* bestellten Sicherheiten durch den Richter annulliert oder reduziert werden können.[1241] Nicht eindeutig ist, ob sich diese Sanktion nur auf den Fall der *garanties disproportionnées* oder auf sämtliche Fälle der Verantwortlichkeit bezieht.[1242] Für eine Erstreckung auf sämtliche Konstellationen spricht insbesondere der Wortlaut, der nur eine *responsabilité* voraussetzt und nicht zwischen den verschiedenen Fällen des Art. L. 650-1 C. com. differenziert.[1243] Dabei handelt es sich nach der hier zugrunde gelegten Lesart des Art. L. 650-1 C. com. auch gar nicht um verschiedene Entstehungsgründe der Verantwortlichkeit. Vielmehr führen die dort genannten Umstände nur zum Entfallen der Privilegierung, so dass es sich in allen Fällen um dieselbe Verantwortlichkeit handelt, weshalb eine Differenzierung auch aus systematischen Gründen nicht angezeigt scheint.[1244]

Gewisse Unsicherheiten bestehen auch bezüglich der genauen Rechtsfolge dieser Unwirksamkeit, die im Wesentlichen Sanktion, nicht Schadensausgleich ist. Diese lässt sich entweder als *inopposabilité* oder noch weiter gehend als *nullité* einordnen.[1245] Jedenfalls führt die Unwirksamkeit dazu, dass das Siche-

---

[1237] *Pasqualini/Marain*, Rép. Dr. Com., Responsabilité du banquier, Rn. 54; *Legeais*, JCl. Droit bancaire et financier, Fasc. 500, Rn. 202; vgl. *Cass. com.*, 03.06.1997, n° 95-15.681, 95-16.661, 95-18.844.

[1238] *Pasqualini/Marain*, Rép. Dr. Com., Responsabilité du banquier, Rn. 55; *Cass. com.*, 11.06.2014, n° 13-12.658; anders zuvor *Cass. com.*, 06.05.1997, n° 94-20.855, wonach der Erlös *au marc le franc*, d.h. gleichmäßig unter allen Gläubigern zu verteilen sei.

[1239] Vgl. hierzu *Pasqualini/Marain*, Rép. Dr. Com., Responsabilité du banquier, Rn. 79.

[1240] *Cass. com.*, 02.06.2004, n° 01-17.945; *Pasqualini/Marain*, Rép. Dr. Com., Responsabilité du banquier, Rn. 54.

[1241] Bis zur *ordonnance du 18 décembre 2008* sah Art. L. 650-1 al. 2 C. com. in diesen Fällen die ausnahmslose Nichtigkeit der Sicherheiten vor.

[1242] Vgl. *Le Cannu/Robine*, Entreprises en difficulté, Rn. 995; *Robine*, Mélanges Le Cannu, S. 621, 626.

[1243] *Robine*, Mélanges Le Cannu, S. 621, 626.

[1244] *Le Cannu/Robine*, Entreprises en difficulté, Rn. 995; im Ergebnis auch *Stoufflet/Mathey*, RD bancaire et financier janvier-février 2006, S. 54, 58; *Crédot/Gérard*, RD bancaire et financier septembre-octobre 2005, S. 10, 11; im Ergebnis wohl auch *Legeais*, Opérations de crédit, Rn. 1587.

[1245] *Pasqualini/Marain*, Rép. Dr. Com., Responsabilité du banquier, Rn. 144; von einer *nullité* geht *Legeais*, JCl. Droit bancaire et financier, Fasc. 500, Rn. 169 aus.

rungsgut wieder zur Befriedigung des Gläubigerkollektivs zur Verfügung steht; das wird wohl auch gelten müssen, wenn Auslöser der Unwirksamkeit die Klage eines einzelnen Gläubigers auf Ausgleich des *préjudice individuel* war.

5. Ergebnis

In Bezug auf Haftung und Schadensersatzansprüche ergibt sich damit aus Art. L. 650-1 C. com. eine weitgehende Freistellung von der zivilrechtlichen Verantwortlichkeit. Es handelt sich hier nicht um eine pauschale Freistellung sämtlicher Gläubiger, sondern es werden – in Übereinstimmung mit den Verfahrenszielen – nur Kreditgeber des Unternehmens privilegiert. Bei dieser Haftungsfreistellung wird es sich in aller Regel um einen sehr wirksamen Schutzmechanismus zugunsten dieser Gläubiger handeln.[1246] Dass keine wirklichen Haftungsrisiken bestehen, dürfte jedoch allenfalls teilweise auf die Einführung des Art. L. 650-1 C. com. zurückzuführen sein. Vielmehr wurden die Haftungsvoraussetzungen von *soutien abusif* oder *crédit ruineux,* die nach wie vor erfüllt sein müssen, durch die Rechtsprechung bereits vor dem Inkrafttreten der Reform von 2005 derart eng eingegrenzt, dass eine Vergabe von echten Sanierungsfinanzierungen ohnehin ohne nennenswerte Haftungsrisiken möglich war. Die durch Art. L. 650-1 C. com. vorgesehene Einschränkung der Haftung wird daher in der Regel nicht zum Tragen kommen, weil schon die erste Voraussetzung für eine Haftung nicht erfüllt sein wird.

Der „Mehrwert" des Art. L. 650-1 C. com. für die Geber einer Sanierungsfinanzierung dürfte sich mithin darauf beschränken, dass der Ausnahmecharakter dieser Haftung auch durch den Gesetzgeber anerkannt wurde und die Gewährung von Sanierungsfinanzierungen nun grundsätzlich auch ohne die Beachtung von Vorsichtsmaßnahmen wie der Erstellung eines Sanierungsplans ohne Haftungsrisiken möglich ist. Dass das ein relevanter Vorteil ist, ist aber zweifelhaft, liegt es doch gerade auch im Interesse der Kreditgeber, über die finanzielle Situation des Unternehmens und dessen Sanierungsaussichten genau informiert zu sein, um Umfang und Risiken des Engagements richtig beurteilen zu können.[1247] Bei Art. L. 650-1 C. com. handelt es sich letztlich um eine stark symbolhafte Sonderregel für sämtliche Kreditgeber, die ihre Legitimation zwar in der Förderung des Unternehmenserhalts findet, jedoch nicht auf Sanierungsfinanzierungen beschränkt ist. Greift die Privilegierung aber einmal nicht, ergibt sich eine weitreichende und scharfe Verantwortlichkeit des Kreditgebers, der nicht nur die durch seine Finanzierung entstandene „Passivlü-

---

[1246] Soweit ersichtlich hat die *Cour de cassation* bislang nur eine (!) Verurteilung auf Grundlage des Art. L. 650-1 C. com. bestätigt, siehe *Cass. com.*, 10.01.2018, n° 16-10.824; vgl. die Nachweise bei *Lasserre Capdeville,* BJE novembre-décembre 2022, S. 42, 45, Fn. 30.

[1247] Siehe bereits oben, 4. Kapitel, B.I.5.c)dd).

cke" decken muss, sondern auch Gefahr läuft, sämtliche für diese Finanzierung bestellten Sicherheiten zu verlieren.

III. Vergleichende Würdigung

Blickt man auf die Behandlung der Sanierungsfinanzierer insoweit im deutschen und französischen Recht, ist eine zweifache Feststellung zu machen: Die bestehenden Schutzmechanismen beruhen in den beiden Rechtsordnungen auf sehr unterschiedlichen konzeptionellen Fundamenten, führen jedoch gleichwohl weitgehend zu übereinstimmenden Ergebnissen. In beiden Rechtsordnungen bestehen jedenfalls bei der Durchführung eines seriösen Sanierungsversuchs, bei welchem sich der Kreditgeber zuvor ernsthaft mit den Sanierungsaussichten auseinandergesetzt hat, *de facto* keine Haftungsrisiken, soweit sich der Kreditgeber mit seinen Handlungen im Rahmen des für einen solchen Kredit wirtschaftlich Angemessenen bewegt.

Sehr unterschiedlich sind jedoch die Fundamente und die Reichweite dieser Freistellungen: Die deutschen Lösungen lassen sich im Ergebnis darauf zurückführen, dass die geschützten Akte zumindest *ex ante* die Interessen der übrigen Gläubiger nicht beeinträchtigen. Die deutlich weiter reichende Privilegierung des französischen Rechts in Gestalt des *principe d'irresponsabilité* des Art. L. 650-1 C. com. ist hingegen weitgehend unabhängig von den Interessen der übrigen Gläubiger an einer Sanierung. Zu erklären ist diese mit dem gesetzgeberischen Willen, Sanierungen zu fördern, weil dies wirtschaftspolitisch erwünscht ist, weshalb hier auch die Interessen der übrigen Gläubiger zumindest teilweise preisgegeben werden. Damit lässt sich auch insofern konstatieren, dass die Reichweite und die Intensität des den Sanierungsfinanzierern zugestandenen Schutzes maßgeblich durch die gesetzgeberischen Vorstellungen von den Aufgaben des Insolvenzrechts determiniert werden: Das französische Recht erklärt grundsätzlich auch solche Finanzierungen für unbedenklich, die bereits *ex ante* nicht erfolgversprechend sind, weil der Unternehmenserhalt *generell* als wünschenswert erachtet wird, und ordnet die Gläubigerinteressen auch hier dem Ziel des Unternehmenserhalts unter. Das deutsche Recht stellt demgegenüber Kreditgeber nur von der Haftung frei, wenn zumindest *ex ante* davon auszugehen ist, dass sich die Finanzierung nicht nachteilig auf die übrigen Gläubiger auswirken wird, weil eine Sanierung nur erwünscht ist, wenn sie den Gläubigerinteressen nützt.

D. Gesamtschau – Sonderrolle der Sanierungsfinanzierer de lege lata?

Blickt man auf die Behandlung der Sanierungsfinanzierer in den beiden Rechtsordnungen insgesamt, wäre in Anbetracht der in Teil 1 festgestellten konzeptionellen Divergenzen der heutigen Insolvenzrechte in Deutschland und Frankreich ein eindeutiges Ergebnis zu erwarten: Zu vermuten wäre, dass Sanierungsfinanzierern im französischen Recht überall dort Sonderrechte eingeräumt werden, wo sich dies auf die Sanierungsaussichten des schuldnerischen Unternehmens positiv auswirken *könnte*. Umgekehrt liegt für das deutsche Recht hiernach die Vermutung nahe, dass solche Sonderstellungen in sehr viel geringerem Umfang existieren und letztlich nur dort bestehen, wo nicht zu erwarten ist, dass sich hieraus eine *Gefährdung* der Gläubigerinteressen ergibt. Weiterhin ließe sich auch vermuten, dass dem nicht immer so war, sondern sich die Lösungen der beiden Rechtsordnungen vielmehr erst ab 1967 auseinanderentwickelt haben.

I. Französisches Recht

1. Entwicklungslinien

Entsprechend der Grundkonzeption des *Code de commerce* in seiner Fassung von 1807 war das französische Insolvenzrecht als *„droit de la faillite"* noch bis weit ins 20. Jahrhundert im Kern Gesamtvollstreckungsrecht für Kaufleute. Mit diesem sollte – mit wechselnder Schwerpunktsetzung und Intensität – auch der Markt von insolventen Schuldnern bereinigt und diese sanktioniert werden, um andere Marktteilnehmer abzuschrecken. Von dieser tradierten Konzeption erfolgte jedoch ab 1967 eine schrittweise Abkehr, indem das nun als *„droit des entreprises en difficulté"* bezeichnete Recht auf den Erhalt von Unternehmen im Interesse wirtschafts- und sozialpolitischer Gemeinwohlziele ausgerichtet wurde. Die zuvor zentrale Funktion der Haftungsverwirklichung wurde im Zuge dieser Reformen hingegen deutlich abgewertet. Mit dieser Neuorientierung ging ein Perspektivwechsel in Bezug auf das Phänomen Insolvenz einher. Anstatt die Insolvenz als *„faillite"*, als „Störung" im Verhältnis von Kaufleuten als Gläubiger und Schuldner zu betrachten, bei welcher die bestmögliche Abwicklung dieser Verhältnisse im Vordergrund stand,[1248] bildete nun das „Unternehmen" den „Zentralstern" des Rechts. Das Unternehmen sollte nicht mehr nur als Schuldner bzw. als Träger von Rechten und Pflichten, sondern gewissermaßen als „lebendiger Organismus"[1249] in seiner Gesamtheit und mit allen Wechselwirkungen erfasst werden. Daher erfasst das heutige *droit des*

[1248] *Paillusseau*, Études Houin, S. 109, 111.
[1249] Vgl. zum Unternehmen als *„organisme vivant"*, *Foyer*, Études Azard, S. 55, 64, Rn. 16.

entreprises en difficulté auch nicht mehr nur Kaufleute, sondern jede unternehmerische Aktivität. Die Neuausrichtung in Bezug auf die Ziele des Verfahrens erfolgte mit der Reform von 1967 zunächst eher zaghaft und nur für einen kleinen Teil der Unternehmen, wurde 1985 dafür aber umso kompromissloser, ja gerade mit doktrinärer Strenge umgesetzt. Diese Kompromisslosigkeit wurde 1994 und 2005 jedoch wieder weitestgehend zugunsten eines pragmatischeren und flexibleren, dafür aber auch komplexeren Rahmens aufgegeben.

Das spiegelt sich auch in der Entwicklung der Behandlung der Sanierungsfinanzierer im Insolvenzfall wider: Das Recht von 1985 hatte Kreditgeber erstmals voll den Zwängen des Verfahrens unterworfen, weil deren Mitwirkung am Verfahren für die Verwirklichung des Verfahrensziels unentbehrlich schien, Anreize zu deren Mitwirkung aber nur in Gestalt des Vorrechts aus Art. 40 L1985 gesetzt. Dieses war *de facto* aber so schwach ausgestaltet, dass es insoweit eher von theoretischer Relevanz war. Seit der Reform von 2005 besteht hier jedoch ein stark differenzierender Rahmen. Nach wie vor wird eine weitere Mitwirkung der bisherigen Kreditgeber an den Verfahren erzwungen, solange dies für den Unternehmenserhalt erforderlich scheint. Neben diese Zwangselemente treten nun aber vielfältige Anreize zur aktiven Beteiligung am Verfahren, mit denen Kreditgeber zumindest in der Theorie vor den aus einer Insolvenz resultierenden Risiken weitgehend geschützt werden. Im Fall des *privilège de conciliation* handelt es sich hierbei um ein Sonderrecht nur für Sanierungsfinanzierer, während das *privilège de sauvegarde/redressement,* das fristlose Kündigungsrecht und die Haftungsfreistellung alle (Geld-)Kreditgeber betreffen und der Anfechtungsschutz aus der *conciliation* alle Gläubiger umfasst.

2. Der *impérialisme des procédures collectives* und die Suche nach einem Interessenausgleich

Geblieben ist die gegenüber dem Zivilrecht eigenständige Stellung des *droit des entreprises en difficulté*. Mit diesem als *droit dérogatoire* werden seither eigene, vom allgemeinen Zivilrecht abweichende Zwecke verfolgt. Nach wie vor ist auch eine prinzipielle Bereitschaft des Gesetzgebers zu erkennen, sämtliche Gläubiger, die keine Arbeitnehmer sind, denen daher nicht *a priori* eine besondere sozialpolitische Schutzbedürftigkeit zugemessen wird, voll in den Dienst dieser Zwecke zu stellen. Das äußert sich namentlich darin, dass die Durchsetzung der Rechte dieser Gläubiger der Verwirklichung der Ziele des *droit des entreprises en difficulté* untergeordnet wird. Im Vergleich zum Recht von 1985 erweist sich der auf die Reform von 2005 zurückgehende heutige Rahmen im Umgang mit den Gläubigern jedoch deutlich pragmatischer, gar opportunistisch: Wo das Recht von 1985 alle Gläubiger undifferenziert den Zwängen des Verfahrens unterwarf, orientiert sich deren Behandlung im heutigen Recht stark an der potentiellen Nützlichkeit ihrer Beiträge für die

Verwirklichung der Verfahrenszwecke. Das zeigt sich zunächst daran, dass die Zwänge, denen sämtliche Gläubiger unterworfen werden, abgeschwächt sind, wenn das primäre Verfahrensziel der Sanierung und des Erhalts des Unternehmens nicht mehr erreicht werden kann und eine *liquidation judiciaire* eröffnet wurde. So gelangen dort etwa zuvor bestellte exklusive Sicherheiten – anders als in den *procédures de sauvegarde/redressement judiciaire* – zur vollen Wirksamkeit und ermöglichen Gläubigern die uneingeschränkte Durchsetzung ihrer Sicherungsinteressen und auch die traditionellen Immobiliarsicherheiten entfalten in diesem Rahmen eine größere Wirksamkeit.

Gerade an der Behandlung der Sanierungsfinanzierung zeigt sich jedoch auch die „positive" Seite dieser Instrumentalisierung der Gläubiger für die Verfahrenszwecke: Sind die Beiträge potentieller Gläubiger für das übergeordnete Ziel des Unternehmenserhalts besonders wertvoll, werden diese Gläubiger mit einer Vielzahl unterschiedlicher Mechanismen vor den Zwängen geschützt, die die Verfahren grundsätzlich mit sich bringen. Dahinter steht das Anliegen, diese Geschäftspartner, deren Mitwirkung *conditio sine qua non* für eine Sanierung ist, zu einer aktiven Mitwirkung an der Sanierung zu animieren. Dabei lässt sich im Allgemeinen sagen, dass dieser Schutz, soweit er unmittelbar auf gesetzlichen Anordnungen beruht, umso stärker ist, je früher – und deshalb potentiell wirksamer – der Beitrag erbracht wird. Diese Schutzmechanismen knüpfen beim *privilège de conciliation* offen an den Sanierungszweck an, indem sie voraussetzen, dass neue Finanzierungen mit dem Ziel gewährt werden, den dauerhaften Fortbestand des Unternehmens zu sichern. Teilweise sind diese Mechanismen aber auch Ausfluss einer typisierenden Annahme, dass gewisse Beiträge für das Verfahren nützlich sind oder berücksichtigen den Sanierungszweck mittelbar, indem sie Risiken ausräumen, die eine aktive Mitwirkung an einem Sanierungsversuch verhindern könnten (*principe d'irresponsabilité* des Art. L. 650-1 C. com., Ausschluss der *nullités de la période suspecte* bei der *conciliation*). Ein allgemeines Prinzip, dass Sanierungsfinanzierungen aufgrund ihrer Nützlichkeit für die Verwirklichung der Verfahrenszwecke eine besondere Stellung auch gegenüber den übrigen Vertragspartnern des schuldnerischen Unternehmens zuteil würde, lässt sich gleichwohl nicht ausmachen; vielmehr ist ein solcher Schutz nur punktuell gegeben und mit Ausnahme des *privilège de conciliation* jedenfalls nicht ausdrücklich auf Sanierungsfinanzierungen beschränkt, die von diesen Mechanismen nur miterfasst werden.

Auf Grundlage dieser Beobachtungen bedarf auch die These vom *impérialisme des procédures collectives* einer gewissen Präzisierung: Maßgeblich sind nicht (mehr) allein die Aussichten der Sanierung *innerhalb* eines Kollektivverfahrens, sondern vielmehr das Ziel des Erhalts von Unternehmen insgesamt, d.h. auch *außerhalb* von Kollektivverfahren. Das findet seinen Ausdruck insbesondere darin, dass das moderne französische Insolvenzrecht auf einer permanenten Suche nach einem Ausgleich zwischen der Sanierungsförderung innerhalb der Verfahren durch Eingriffe in die Positionen der Gläubiger und dem

Schutz der Kreditwürdigkeit solventer Unternehmen ist. Bewerkstelligt wird dies dadurch, dass Kreditgeber nicht mehr nur den Zwängen des Verfahrens unterworfen werden, sondern diesen wirksame Sicherungsrechte an die Hand gegeben und sie partiell von den Zwangswirkungen der Verfahren freigestellt werden.

3. (In-)Effektivität der Schutzmechanismen und Erfolg der Sanierungsverfahren

Der den Gläubigern so zugestandene Schutz stellt sich auf den ersten Blick insbesondere in Bezug auf die Befriedigungsaussichten teilweise als sehr stark dar, leidet im Ergebnis aber deutlich unter den Wechselwirkungen mit anderen Vorrechten. So führt die Pflicht, verfügbares Vermögen prioritär für die Befriedigung bestimmter Arbeitnehmerforderungen einzusetzen und die fehlende Berechtigung der Gläubiger des *privilège de conciliation*, ihre Forderungen im Wege der Einzelzwangsvollstreckung durchzusetzen, andere Gläubiger hingegen schon, dazu, dass das schuldnerische Vermögen aufgezehrt sein kann, bevor es zur abschließenden Erlösverteilung kommt. Nur dort sind jedoch die zugewiesenen Rangvorrechte relevant, so dass sich aus diesen keine Garantie einer vollständigen Befriedigung ergibt.[1250]

Trotz allem ist ein gewisser Erfolg der Sanierungsverfahren nicht von der Hand zu weisen.[1251] Bedenkt man, dass eine Sanierung ohne Zugeständnisse und neue Beiträge der Gläubiger kaum möglich ist, drängt sich die Frage auf, wieso Gläubiger, die nach dem Gesagten durch die Bevorrechtigungen keinen besonderen Anreiz haben, sich an Sanierungsversuchen aktiv zu beteiligen, offenbar dennoch bereit sind, neue Risiken einzugehen.

Eine Erklärung hierfür kann sich neben der jedenfalls theoretisch bestehenden Möglichkeit, auch in dieser Situation wirksam Kreditsicherheiten zu bestellen, aus der Betrachtung der Alternativen der Gläubiger zu einer weiteren Beteiligung ergeben: Verweigern die Gläubiger Zugeständnisse und neue Finanzierungen, wird eine Sanierung regelmäßig scheitern. Konsequenz hiervon ist bei einem Sanierungsversuch im Rahmen einer *conciliation* in der Regel die anschließende Eröffnung einer *procédure collective* und im Rahmen einer *procédure de sauvegarde* oder *de redressement judiciaire* die Eröffnung einer *liquidation judiciaire*. Während dieser Verfahren haben die Gläubiger aber nicht

---

[1250] Vgl. zu den Befriedigungsaussichten auch dieser Gläubiger *AGS*, Rapport Annuel 2018/2019 – Les chiffres AGS, S. 21 (abrufbar unter https://www.ags-garantie-salaires.org/files/ags-theme/ags/Fichiers%202019/Rapport%20d'activite/Rapport_annuel-2018_2019-Les_Chiffres_AGS.pdf; zuletzt abgerufen am 30.06.2023); *AGS*, Rapport Annuel 2020, S. 78 (abrufbar unter https://www.ags-garantie-salaires.org/files/ags-theme/ags/2021/rapports_annuels_2020/rapport-annuel-dactivité_2020.pdf; zuletzt abgerufen am 30.06.2023).

[1251] Vgl. *Altares*, Bilan Altares 2019, S. 11.

nur deutlich geringere Einflussmöglichkeiten auf das weitere Schicksal des Unternehmens, sondern ihnen drohen – besonders im Rahmen der *liquidation judiciaire* – massive Eingriffe in ihre Rechte und Befriedigungsquoten, die einem Totalausfall nahekommen. Im Rahmen eines (konsensualen) Sanierungsversuchs besteht hingegen die – wenngleich unsichere – Aussicht auf eine erfolgreiche Sanierung, die auch den Erhalt des Unternehmens zur Folge hätte und dessen Zahlungsfähigkeit wieder herstellte. Dort besteht also die Möglichkeit einer weiter gehenden Befriedigung und es drohen geringere bzw. keine Eingriffe in die Gläubigerrechte. Die Mitwirkung – insbesondere an konsensualen – Sanierungsversuchen stellt sich aufgrund der hier bestehenden Aussicht auf eine erfolgreiche Sanierung und der infolgedessen gestärkten Befriedigungsaussichten also trotz allem regelmäßig als die deutlich vorteilhaftere Variante dar. Bei der Eröffnung oder der Umwandlung einer *procédure collective* handelt es sich aus der Perspektive der Gläubiger hingegen um ein Szenario, dem echtes Drohpotential innewohnt.[1252] Mithin haben die Gläubiger, auch ohne dass die ihnen zugewiesenen Privilegien eine vollständige Befriedigung und deshalb einen starken positiven Anreiz böten, aufgrund der mit den *procédures collectives* einhergehenden Zwänge und Nachteile einen starken Anreiz, diese zu vermeiden. Denn die Einschränkungen, die mit den *procédures collectives* und vor allem der Durchführung einer *liquidation judiciaire* und einer Zerschlagung einhergehen, stellen sich gegenüber freiwilligen Zugeständnissen als noch schlechtere Alternative dar, die es unbedingt zu vermeiden gilt.

II. Deutsches Recht

1. Entwicklungslinien

Richtet man den Blick auf die Entwicklung des deutschen Insolvenzrechts, wird zunächst deutlich, dass das Insolvenzrecht seit der erstmaligen Einführung eines nationalstaatlichen Insolvenzrechts mit der Konkursordnung von 1877 ohne grundlegende konzeptionelle Änderungen primär Vollstreckungsrecht und damit den Interessen der Gläubiger verpflichtet geblieben ist. Dabei hat man es seither, etwa in Gestalt der Vergleichsordnung und vor allem mit den Reformen der Insolvenzordnung seit deren Inkrafttreten und der Einführung des StaRUG verschiedentlich unternommen, den Stellenwert von Sanierungen in der Insolvenz zu steigern, ohne aber hierdurch die Fokussierung auf die Gläubigerinteressen aufzulockern. Entsprechend dieser theoretischen Konstanz sind auch die Lösungen gerade für die Konstellation der (gescheiterten)

[1252] Besonders drastisch *Le Corre*, BJE mai 2012, S. 142: „Les débiteurs doivent voir dans la sauvegarde ce que le chef des armées voit dans la bombe atomique: une arme de dissuasion, à n'utiliser que pour exploser les créanciers rebelles."; vgl. *Pérochon*, Entreprises en difficulté, Rn. 276: „la menace de sauvegarde", entsprechend a.a.O., Rn. 164.

Sanierungsfinanzierungen über die Zeit im Ergebnis weitgehend unverändert geblieben. Wo sich im Laufe der Zeit Veränderungen ergeben haben, ist das also nicht Folge veränderter Gewichtungen der durch eine Insolvenz berührten Belange. So lässt sich die veränderte Behandlung von Kreditverträgen insbesondere auf ein verändertes zivilrechtliches Verständnis des Darlehensvertrags zurückführen. Auch die gegenüber der Rechtslage unter Geltung der Konkursordnung eingeschränkte Durchsetzbarkeit und Werthaltigkeit von Realsicherheiten soll das Finden der bestmöglichen Verwertungsart des Schuldnerunternehmens im Interesse der übrigen Gläubiger, nicht aber Sanierungen im Allgemeininteresse ermöglichen. Bemerkenswert ist insofern auch die heutige Gestaltung des Kreditrahmens, der in unmittelbarer Konsequenz der Grundhaltung des historischen Gesetzgebers der Insolvenzordnung, jegliche „Umverteilung" abzulehnen, noch schwächer ausgestaltet ist als unter Geltung von Konkurs- und Vergleichsordnung.

2. Primat der Gläubigerinteressen

Insgesamt ist damit für das deutsche Recht festzustellen, dass das Primat der Gläubigerinteressen nicht nur theoretische Zielvorstellung ist, sondern auch die Rechtsstellung der Gläubiger des Insolvenzschuldners determiniert. Das ist besonders deutlich bei der Einräumung von Befriedigungsvorrechten. Hier wird den Sanierungsfinanzierern trotz ihrer wirtschaftlichen Schlüsselstellung keinerlei rechtliche Sonderstellung zugestanden, wenn die übrigen Gläubiger dem nicht zugestimmt haben, weil sich dies negativ auf deren Interessenlage auswirken könnte. Leitend sind die Interessen der Gläubigergesamtheit letzten Endes auch für den Schutz vor Haftung und Anfechtung, der nur besteht, wenn und weil zumindest im Vorhinein davon auszugehen ist, dass der jeweilig Sanierungsversuch den Gläubigerinteressen nützt. Infolgedessen können auch Lösungen, die das Potential haben, die Position aller Beteiligten zu verbessern, aber mit der Gefahr einer Verschlechterung der Position der Gläubiger einhergehen, diesen während eines Insolvenzverfahrens nicht aufgezwungen werden. Unbenommen bleibt es den Gläubigern aber, den Sanierungsfinanzieren individuell oder kollektiv eine Sonderstellung einzuräumen, indem sie etwa auf eigene Sicherungsrechte verzichten und so eine wirksame Besicherung ermöglichen. Das führt zu gewissen Schutzlücken vor allem für neue Finanzierungen, die im Rahmen eines vorinsolvenzlichen Sanierungsverfahrens gewährt werden, aber auch für solche, mit denen die Umsetzung eines Insolvenzplans finanziert werden soll und im Einzelfall selbst für Finanzierungen, die während eines Insolvenzverfahrens gewährt werden.

III. Gesamtvergleich

1. Historische Perspektiven

Vergleicht man zunächst die historische Entwicklung der beiden Insolvenzrechte und die Entwicklung der Behandlung der Sanierungsfinanzierer, zeigt sich, dass die in den beiden Rechtsordnungen bis 1967 gefundenen Ergebnisse weitgehend identisch waren. So ging man etwa in Deutschland und Frankreich von einer Beendigung von Kreditverträgen *eo ipso* aus und auch Kreditsicherheiten ermöglichten in beiden Rechtsordnungen eine zeitnahe und vollständige Befriedigung. In der weiteren Entwicklung ist jedoch eine schrittweise Erosion dieser Gemeinsamkeiten zu erkennen. Die Ursache dieser Entwicklung lässt sich darin erblicken, dass sich die Rechte in Bezug auf die verfolgten Ziele auseinander entwickelt haben, da das deutsche Recht auf die Gläubigerinteressen fokussiert geblieben ist, während das französische Recht grundlegend neu ausgerichtet wurde. Diese Neuausrichtung des französischen Rechts hatte zur Folge, dass die überkommenen Lösungen mit Blick auf die neuen Ziele des Insolvenzrechts jedenfalls teilweise funktionswidrig schienen und daher aufgegeben wurden. Mangels Neuausrichtung der Verfahren in Deutschland ist eine solche Entwicklung hier jedoch prinzipiell nicht zu erkennen.

Gleichwohl lässt sich feststellen, dass sich partiell auch die im deutschen Recht gefundenen Lösungen fortentwickelt haben und den französischen Lösungen *im Ergebnis* nicht unähnlich sind. Das ist namentlich bei der Behandlung der Kreditverträge der Fall, bei welchen man auch in Deutschland weitgehend davon abgerückt ist, diese einer Beendigung *eo ipso* aufgrund der Verfahrenseröffnung zu unterwerfen. Grund hierfür ist anders als in Frankreich aber nicht das Anliegen der Sanierungsförderung, sondern ein gewandeltes zivilrechtliches Verständnis dieser Verträge. Auch mit Blick auf Kreditsicherheiten ist in Frankreich ebenso wie in Deutschland zu erkennen, dass deren Verwertung, die einstmals von den Verfahren relativ unberührt gewesen war, heute in beiden Rechtsordnungen gegenüber der Situation außerhalb von Kollektivverfahren stark eingeschränkt ist. In Frankreich ist das wiederum darauf zurückzuführen, dass die Verwertbarkeit der Sicherheiten als Störfaktor für den Unternehmenserhalt empfunden wurde. Die deutschen Regelungen sind hingegen dadurch motiviert, dass die unbeschränkte Verwertbarkeit der Kreditsicherheiten die Interessen der Gläubigergesamtheit beeinträchtigen kann, da sie die geordnete und optimale Verwertung des Schuldnervermögens zu stören geeignet ist.

2. Der theoretische Stellenwert der Gläubigerinteressen und praktische Konsequenzen

Zu erwarten wäre in Anbetracht der konzeptionellen Unterschiede der heutigen Insolvenzrechte der beiden Staaten auch, dass sich diese gerade bei der Behandlung der Sanierungsfinanzierer zeigen. Aus Sicht des deutschen Insolvenzrechts müssten diese schlicht Gläubiger sein, während das französische Recht den Sanierungsfinanzierern aufgrund der Notwendigkeit ihrer Mitwirkung für das Verfahrensziel auch eine rechtliche Sonderrolle beimessen müsste.

Insofern hat die bisherige Untersuchung gezeigt, dass eine solche Sonderrolle der Sanierungsfinanzierer aufgrund ihrer Wichtigkeit für eine Sanierung im deutschen Recht letzten Endes nur besteht, wenn die übrigen Gläubiger ihnen durch Vereinbarung eine solche beimessen. Gesetzliche Institute, die eine Sonderrolle gerade dieser Gläubiger begründen, existieren nach dem Gesagten hingegen nicht. Ganz anders das französische Recht, das die wirtschaftliche Schlüsselstellung der Sanierungsfinanzierer mit gesetzlichen Privilegierungen nachvollzieht, gerade weil diese Finanzierungen dem Unternehmenserhalt und damit dem Allgemeinwohl dienen. Zugleich unterwirft das französische Recht aber auch die Sanierungsfinanzierer weitreichenden Eingriffen in ihre Positionen, wo das für das Ziel des Unternehmenserhalts nützlich scheint, macht deren Behandlung in opportunistischer Weise also prinzipiell davon abhängig, welche Lösung am ehesten den Unternehmenserhalt ermöglicht.

Die Unterschiede zwischen den beiden Rechtsordnungen liegen also weniger im „Ob" des Schutzes der Sanierungsfinanzierer vor den Risiken eines Liquidationsverfahrens, sondern vor allem in den Bedingungen, unter denen diese geschützt werden. Kurz gesagt werden die Geber von Sanierungsfinanzierungen im französischen Recht von diesen Risiken freigestellt, wenn und weil das für die Sanierungsförderung nützlich scheint, während unberücksichtigt bleibt, ob die Sanierung auch den Gläubigerinteressen nützt. Ganz anders das deutsche Recht, das Sanierungsfinanzierer im Kern nur vor den Risiken des Liquidationsverfahrens schützt, wenn der Kreditgeber zumindest *ex ante* darauf vertraut hat und vertrauen durfte, dass die Sanierung erfolgreich sein würde. Denn nur in diesem Fall liegt der Schutz der Kreditgeber grundsätzlich auch im Interesse aller übrigen Gläubiger.

Die konzeptionellen Unterschiede der Verfahren sind damit also nicht nur Lippenbekenntnisse, sondern spiegeln sich in den konkreten Lösungen in dieser Konstellation wider. Ganz entsprechend dem theoretischen Primat des Unternehmenserhalts schützt das französische Recht Kreditgeber auch dort, wo das auf Kosten der übrigen Gläubiger geht und deren Position beeinträchtigt. Es lässt sich daher mit Fug und Recht von einem *impérialisme des procédures collectives* sprechen, wenn man deren Ziel nicht auf den Unternehmenserhalt in Kollektivverfahren reduziert, sondern in der Förderung des Unternehmenserhalts allgemein sieht. Das deutsche Recht schließt – entsprechend des theoretischen Primats der Gläubigerinteressen – derartige Eingriffe in die Interessen der übrigen Gläubiger aus und erzwingt keine Sanierungsversuche, die schon *ex ante* auf Kosten der übrigen Gläubiger gingen, auch wenn dies etwa aus sozialpolitischer Sicht sinnvoll schiene.

Zu einem gewissen Gleichlauf der beiden Rechtsordnungen im Ergebnis führt das aber dann, wenn eine Sanierung *ex ante* erfolgversprechend scheint, weil die Sanierungsförderung dann auch im Kontext des deutschen Rechts nicht systemwidrig ist. Dieser Gleichlauf bleibt aber begrenzt, weil das deutsche Insolvenzrecht auch unter diesen Bedingungen eine Privilegierung im Rahmen des StaRUG-Verfahrens nicht vorsieht. Dementsprechend bestehen im deutschen Insolvenzrecht insoweit teils erhebliche Schutzlücken. Das gilt vor allem für Finanzierungen, die im Rahmen eines StaRUG-Verfahrens gewährt werden, sowie für solche, die zur Finanzierung eines Insolvenzplans ausgereicht werden, weil der Kreditrahmen keine nennenswerte Wirkung entfaltet.

Lücken bestehen *de lege lata* auch bei der Finanzierung im eröffneten Verfahren, weil die Masseverbindlichkeiten keinen vollständigen Schutz gewährleisten können. Insofern besteht im französischen Recht jeweils ein Schutzniveau, dass das deutsche jedenfalls in der Theorie übersteigt. Im Folgenden soll daher die Möglichkeit einer Übertragung dieser Instrumente untersucht werden. Keine echte Lücke besteht im deutschen Recht nach dem Gesagten bei den Haftungs-, Anfechtungs- und Nichtigkeitsrisiken, jedoch bietet das französische Recht vor allem für Haftungsrisiken starke Schutzinstrumente, weshalb dennoch zu erwägen sein könnte, ein solches Instrument im deutschen Recht einzuführen.

Teil 3

Schaffung von Schutzmechanismen nach französischem Modell

Wie gesehen hält das französische Recht diverse Mechanismen bereit, die Kreditgebern, die mit Liquidationsverfahren konfrontiert werden, einen gewissen Schutz vor dessen Risiken bieten, die also einen Beitrag zur Bewältigung des beschriebenen Anreizproblems erbringen können und jedenfalls partiell über das deutsche Schutzinstrumentarium hinausgehen. Das wirft die Frage auf, ob diese Instrumente trotz der Unterschiede in der Ausrichtung der Verfahren ein Vorbild für die Bewältigung des gleichen Anreizproblems im deutschen Recht bilden können.

5. Kapitel

Französische Mechanismen als Modell – Ausscheiden ungeeigneter Instrumente

Eine solche Übertragung wird aufgrund der hierfür erforderlichen Übersetzung, vor allem aber der unterschiedlichen rechtlichen und kulturellen Rahmenbedingungen, niemals gänzlich unverändert erfolgen können. Die französischen Regelungen können daher bestenfalls als Modell für eine nachahmende Ergänzung des deutschen Rechts dienen.[1] Diese Herangehensweise bietet insbesondere den Vorzug, dass Friktionen, wie sie bei – vermeintlich unveränderter – Einfügung systemfremder Normen in eine andere Rechtsordnung fast zwangsläufig entstehen müssen, durch entsprechende Anpassungen vermieden werden können. Insofern gilt es zunächst diejenigen französischen Institute zu identifizieren, die im deutschen Recht einen zusätzlichen Schutz der Kreditgeber und damit einen nennenswerten Beitrag zur Bewältigung des Anreizproblems bringen können.

A. Aussonderungskraft gewisser Realsicherheiten

Das französische Recht gewährt den Inhabern von Realsicherheiten, die dem Sicherungsnehmer eine Exklusivitätssituation verschaffen, ein Recht auf konkurrenzlose Befriedigung außerhalb des Verfahrens. Diese haben also, die Werthaltigkeit des Sicherungsguts vorausgesetzt, die Aussicht auf eine unverzügliche sowie vollständige Befriedigung.[2] Diesen Sicherungsnehmern kommt demnach eine Rechtsstellung zu, die in der Sache einem Aussonderungsrecht i.S.d. § 47 InsO entspricht, wohingegen das deutsche Insolvenzrecht Sicherungsnehmer einer Realsicherheit prinzipiell auf ein Absonderungsrecht i.S.d. §§ 49 ff. InsO verweist.[3] Auch dieses ist in der Lage, den Sicherungsnehmern vollständige Befriedigung zu vermitteln,[4] mutet den Sicherungsnehmern jedoch prinzipiell zu, die Verwertung des Sicherungsguts durch den Verwalter abzuwarten, verzögert deren Befriedigung also. Insofern übertrifft das franzö-

---

[1] Eingehend zu den Veränderungen bei der „Übertragung" von Rechtsnormen oben, Einleitung, C.II.
[2] Siehe oben, 4. Kapitel, B.II.3.c).
[3] Siehe zur Abgrenzung von Aus- und Absonderung oben, 4. Kapitel, B.I.4.a).
[4] Siehe oben, 4. Kapitel, B.I.4.c).

sische Schutzregime also das deutsche, weshalb eine Nachahmung jedenfalls *prima facie* geeignet sein könnte, potentiellen Kreditgebern zusätzliche Anreize für eine aktive Mitwirkung an einem Sanierungsversuch zu setzen.

I. Ungeeignetheit zur Bewältigung des Anreizproblems

Dabei darf jedoch nicht außer Betracht bleiben, dass Kern des Anreizproblems gerade ist, dass in der Sanierungssituation häufig kein werthaltiges und unbelastetes Sicherungsgut mehr vorhanden ist.[5] Die Krux liegt nicht auf der *rechtlichen* Ebene in einer unzureichenden Effektivität der Realsicherheiten, sondern liegt dem vorgelagert in *tatsächlichen* Schwierigkeiten begründet. Ein gesteigerter Schutz der Sicherungsnehmer ändert hieran nichts, da dieser nicht dazu führt, dass fortan in Krisensituationen mehr unbelastetes, werthaltiges Sicherungsgut für die Besicherung von Sanierungskrediten zur Verfügung stünde. Überdies werden die Sicherungsnehmer bereits *de lege lata* durch laufende Zahlungen in Höhe der geschuldeten Zinsen aus der Insolvenzmasse für die Verzögerung der Verwertung entschädigt, um diese vor aus dem Fehlen des Verwertungsrechts resultierenden Nachteilen zu schützen.[6] Den Sicherungsnehmern entsteht aus dieser Verzögerung also bereits auf dem Boden des geltenden Rechts kein Schaden.[7]

Eine Einordnung gewisser Realsicherheiten als zur Aussonderung berechtigende Rechte kann also von vornherein keinen nennenswerten Beitrag zur Lösung des Anreizproblems erbringen und sieht sich überdies gewichtigen systematischen Einwänden ausgesetzt.

II. Übergehen der Differenzierung zwischen Aus- und Absonderungsrechten

Einen systematischen Bruch würde die Ausgestaltung gewisser Realsicherheiten als zur Aussonderung berechtigendes Recht – analog der französischen Rechtslage etwa der vollrechtsbasierten Sicherheiten sowie der Besitzpfandrechte – zunächst bei der Unterscheidung zwischen den Aus- und Absonderungsrechten verursachen.

Die Absonderungsberechtigung i.S.d. §§ 49 ff. InsO erfasst in der Sache absolute Rechte, die nicht Zweck an sich sind, sondern durch *Gläubiger* des Schuldners als *Vehikel* zur privilegierten Durchsetzung einer vermögensmäßi-

---

[5] Vgl. hierzu bereits Einleitung, A.
[6] Siehe hierzu oben, 4. Kapitel, B.I.4.a)aa).
[7] Vgl. die Begründung zu § 194 RegE-InsO, BT-Drs. 12/2443, S. 180; BGHZ 166, 215, 218, Rn. 13; *BGH*, NZI 2011, S. 247, 248, Rn. 13; 2014, S. 1044, 1046 f, Rn. 19; BeckOK-InsO/*Lütcke*, § 169 InsO Rn. 1; MüKo-InsO/*Kern*, § 169 InsO Rn. 1; K/P/B/*Flöther*, § 169 InsO Rn. 2; HK/*Hölzle*, § 169 InsO Rn. 1; Uhlenbruck/*Brinkmann*, § 169 InsO Rn. 1; sehr kritisch *Grub*, DZWiR 2002, 441, der die Norm für überflüssig hält.

A. Aussonderungskraft gewisser Realsicherheiten

gen Haftung eingesetzt werden.[8] Demgegenüber sind die Aussonderungsrechte prinzipiell[9] nicht auf die Durchsetzung einer obligatorischen Haftung, sondern auf die Verwirklichung eines absoluten Rechts, das als massefremd nicht zur Haftungsmasse des Schuldners gehört,[10] um seiner selbst willen gerichtet.[11] Letztlich geht es also darum, dass der Insolvenzschuldner sich in seinen Rechtskreis zurückzieht.[12] Stattete man gewisse Kreditsicherheiten nun mit einer Aussonderungsberechtigung aus, durchbräche man ohne Not diese Differenzierung. Diesem Einwand könnte man sich zwar entziehen, indem man es beim Bestehen eines Absonderungsrechts beließe, den Sicherungsnehmern aber abweichend von der Grundregel der §§ 165 f. InsO ein eigenes Verwertungsrecht zubilligte.[13] Ein solcher Ansatz entfernte sich aber ein Stück weit vom französischen Vorbild der Befriedigung gänzlich außerhalb des Verfahrens. Denn die Gläubiger blieben grundsätzlich[14] dem Risiko ausgesetzt, dass sich ihre Befriedigung durch die auch im Fall der Verwertung durch die Gläubiger abzuziehenden Feststellungskosten[15] schmälert, die den Sicherungsnehmern im französischen Recht nicht aufgebürdet werden.

III. Störung der Betriebsfortführung: Das Insolvenzverfahren als Weg zur „Entdeckung der optimalen Verwertungsart"

Unabhängig davon, ob man eine Ausgestaltung als Aussonderungsrecht oder als eigenes Verwertungsrecht der Sicherungsnehmer wählte, verursachte das auch erhebliche Friktionen mit dem Anliegen der (vorläufigen) Betriebsfort-

---

[8] *J. F. Hoffmann*, Prioritätsgrundsatz, S. 236; Jaeger/*J. F. Hoffmann*, § 47 InsO Rn. 30; plakativ zur Instrumentalisierung absoluter Rechte zur Erlangung einer bevorrechtigten Befriedigung *M. Cabrillac/Mouly/S. Cabrillac/Pétel*, Droit des sûretés, Rn. 583: „Le paiement préférentiel est la finalité essentielle […] de la sûreté réelle, qui n'a d'autre raison d'être que de l'assurer."; *Dupichot*, Mélanges Aynès, S. 209, 209, Rn. 1: „[…] [L]es sûretés n'ont de sens que par et pour les procédures collectives."

[9] Zu Ausnahmen vgl. *J. F. Hoffmann*, Prioritätsgrundsatz, S. 249 ff.

[10] *J. F. Hoffmann*, Prioritätsgrundsatz, S. 236; Jaeger/*J. F. Hoffmann*, § 47 InsO Rn. 30; Uhlenbruck/*Brinkmann*, § 47 InsO Rn. 2; Jaeger¹/*Henckel*, § 47 InsO Rn. 30.

[11] *J. F. Hoffmann*, Prioritätsgrundsatz, S. 236 f.; Jaeger/*J. F. Hoffmann*, § 47 InsO Rn. 30;

[12] *J. F. Hoffmann*, Prioritätsgrundsatz, S. 236 f.; eingehend zur Aussonderung als insolvenzfester negatorischer Schutz absoluter Rechte auch *J. F. Hoffmann*, KTS 2022, S. 315, 325 ff.; Jaeger/*J. F. Hoffmann*, § 47 InsO Rn. 5 f.; die divergierenden Zwecke von Aus- und Absonderung betont auch Jaeger¹/*Henckel*, § 47 InsO Rn. 20.

[13] Eine solche Herangehensweise entspräche in der Sache weitgehend der Rechtslage unter Geltung der KO, wo die Befriedigung der Absonderungsberechtigten gem. §§ 4 Abs. 2, 127 KO unabhängig vom Konkursverfahren und in der Praxis regelmäßig durch den Absonderungsberechtigten selbst erfolgte, Jaeger/*Eckardt*, § 166 InsO Rn. 23 ff.; Kuhn/Uhlenbruck, § 4 KO Rn. 3, 5.

[14] Zur mittelbaren Disponibilität des Kostenbeitrags im Wege der Übersicherung siehe oben, 4. Kapitel, B.I.4.a)bb).

[15] Eingehend zu diesen oben, 4. Kapitel, B.I.4.a)bb).

führung. Denn eine Übertragung der französischen Lösungen gäbe den Gläubigern die Möglichkeit, dem Insolvenzschuldner auch betriebsnotwendiges Sicherungsgut sofort zu entziehen.

Eines der gesetzgeberischen Kernanliegen bei der Einführung der InsO war jedoch die Einbeziehung der dinglich gesicherten Gläubiger ins Verfahren im Allgemeinen und die Konzentration der Verwertungsbefugnis beim Verwalter im Besonderen.[16] Mit dieser Monopolisierung sollte gerade verhindert werden, dass gesicherte Gläubiger dem Schuldner (bzw. dem Verwalter) betriebsnotwendiges Vermögen entziehen[17] und so die (vorläufige) Betriebsfortführung und eine Sanierung erschwert oder vereitelt[18] werden und infolgedessen der Weg zur aus Sicht der Gläubigergesamtheit optimalen Verwertungsentscheidung versperrt wird.[19] Die Konzentration der Verwertungsbefugnis beim Insolvenzverwalter bezweckt also insbesondere, dass im Verfahren tatsächlich „die optimale Verwertungsentscheidung [...] entdeckt"[20] werden kann. Verhindert werden soll, dass es in der Hand einzelner Gläubiger liegt, diese Suche durch ihre – individuell rationalen, aber kollektiv schädlichen –[21] Maßnahmen zu torpedieren und eine Verwertung herbeizuführen, die aus Sicht der Gläubigergesamtheit suboptimal ist.[22] Die Monopolisierung des Verwertungsrechts dient also der Verhinderung von Verwertungsmaßnahmen, die dem Verfahrenszweck der bestmöglichen Gläubigerbefriedigung zuwiderlaufen.[23] Insoweit hat diese Lösung auch einen verfahrens- und vor allem zuständigkeitssichernden Charakter, indem sie verhindert, dass die Entscheidung über die optimale Verwertung des schuldnerischen Unternehmens durch die Verwertungsmaßnah-

---

[16] Vgl. BT-Drs. 12/2443, S. 79, 86 ff.; *Gottwald*, Insolvenzrecht im Umbruch, S. 197, 199: „unbestrittene[s] Kernstück der Reform".

[17] BT-Drs. 12/2443, S. 87 f., 178; BGHZ 207, 23, 31, Rn. 22; *BGH*, NZI 2016, S. 633, 635, Rn. 20; MüKo-InsO/*Kern*, vor §§ 166-173 InsO Rn. 21; MüKo-InsO/*Kern*, § 166 InsO Rn. 2; Uhlenbruck/*Brinkmann*, § 166 InsO Rn. 5; BeckOK-InsO/*Lütcke*, § 166 InsO Rn. 3; HK/*Hölzle*, § 166 InsO Rn. 5; Jaeger/*Eckardt*, § 166 InsO Rn. 8.

[18] BT-Drs. 12/2443, S. 79, 178 und S. 87: Die Möglichkeit der Ausübung der Absonderungsrechte ohne Rücksicht auf die Verfahrensabwicklung unter der Geltung der KO sei „die Hauptursache für die Zerschlagungsautomatik des heutigen Insolvenzrechts."; BGHZ 207, 23, 31, Rn. 22; *BGH*, NZI 2014, S. 1044, 1045 f., Rn. 19; 2016, S. 633, 635, Rn. 20; Gottwald/Haas/*Adolphsen*, InsR-Hdb, § 42 Rn. 133; MüKo-InsO/*Kern*, § 166 InsO Rn. 2; Uhlenbruck/*Brinkmann*, § 166 InsO Rn. 5; Jaeger/*Eckardt*, § 166 InsO Rn. 8: Mit der Verwertung des Sicherungsguts durch den Sicherungsnehmer gehe „geradezu mit Notwendigkeit einher, dass die Fortführung des Unternehmens in der bisherigen Weise gestört, uu. sogar unmöglich gemacht wird."

[19] Vgl. BT-Drs. 12/2443, S. 79; 178; MüKo-InsO/*Kern*, § 166 InsO Rn. 2.

[20] So allgemein zur Funktion des Insolvenzverfahrens, BT-Drs. 12/2443, S. 76.

[21] Vgl. BT-Drs. 12/2443, S. 79, 178; BeckOK-InsO/*Lütcke*, § 166 InsO Rn. 3.

[22] BT-Drs. 12/12443, S. 79, 86, 178; BeckOK-InsO/*Lütcke*, § 166 InsO Rn. 3; MüKo-InsO/*Kern*, § 166 InsO Rn. 2.

[23] Vgl. BT-Drs. 12/2443, S. 178.

men gesicherter Gläubiger präjudiziert wird.[24] In der vorliegenden Konstellation würde die Berechtigung zur sofortigen Befriedigung also zu erheblichen systematischen Verwerfungen führen und liefe unter Umständen auch dem Verfahrenszweck der bestmöglichen Gläubigerbefriedigung entgegen.

IV. Fazit

Da die Ausstattung gewisser Kreditsicherheiten mit einem Aussonderungsrecht nach alldem keine bzw. nur marginale positive Auswirkungen auf die Interessenlage potentieller Kreditgeber hätte, zugleich aber erhebliche Störungen verursachte, scheint dies von vornherein nicht als ein geeigneter Ansatz zur Lösung des Anreizproblems und soll daher im Folgenden nicht weiter berücksichtigt werden.

B. Haftungsfreistellung für Kreditvergaben

In Betracht kommen könnte auch die Schaffung einer Haftungsprivilegierung entsprechend Art. L. 650-1 C. com., die Kreditgeber von einer Haftung wegen einer fehlerhaften Kreditvergabe im Rahmen eines Sanierungsverfahrens grundsätzlich freistellen würde.

In der Sache ergäbe sich aus einer Art. L. 650-1 C. com. entsprechenden Haftungsfreistellung aber kein Schutz des Kreditgebers, der den bereits *de lege lata* bestehenden Schutzumfang wesentlich übersteigt. Bei Art. L. 650-1 C. com. handelt es sich nur auf den ersten Blick um eine blankettartige Freistellung, die vielmehr im Einzelfall nach wie vor Raum für eine Haftung des Kreditgebers lässt. Auch im deutschen Recht besteht jedoch bereits *de lege lata* besonders über den Vorsatzausschluss im Kontext des § 826 BGB bei Vorliegen eines plausiblen Sanierungsplans ein weitreichender Haftungsausschluss. Somit ergäbe sich aus einer entsprechenden Regelung schon kein nennenswerter Anreiz zu einer weniger zurückhaltenden Kreditvergabe. Zwar stellt das Erfordernis der Erstellung eines Sanierungsplans einen gewissen (Kosten-) Aufwand für Kreditgeber bzw. -nehmer dar. Es liegt jedoch regelmäßig im ureigenen Interesse des Kreditgebers, einen solchen Sanierungsplan zu erstellen, da ein genaues Bild über die Kreditwürdigkeit des Schuldners bereits zur Beurteilung des eigenen Risikos und zur Bildung eines Preises, der dieses Risiko angemessen abbildet, unerlässlich ist.[25] Ein Verzicht auf die Beurteilung der Sanierungsaussichten scheint damit bereits aus der individuellen Perspektive eines (potentiellen) Sanierungsfinanzierers kaum als sinnvolles Vorgehen.

---

[24] Vgl. auch K. Schmidt/*Sinz*, § 166 InsO Rn. 2.
[25] Vgl. hierzu bereits oben, 4. Kapitel, C.I.3.; siehe statt aller wiederum *Meyer-Cording*, JZ 1953, S. 665, 667.

C. Rangvorrecht für Kreditvergaben im StaRUG-Verfahren

Anders könnte sich das namentlich für die Einführung eines Rangvorrechts entsprechend dem *privilège de conciliation* darstellen. Dem französischen Vorbild am nächsten käme die Schaffung eines insolvenzspezifischen Rangvorrechts für Forderungen aus Krediten, die im Rahmen eines StaRUG-Verfahrens mit dem Ziel, den Erhalt bzw. die dauerhafte Bestandsfähigkeit des Unternehmens zu sichern, neu vergeben wurden. Entsprechend dem französischen Vorbild könnte das so ausgestaltet sein, dass eine Privilegierung für solche Kredite in einem Folgeverfahren unter den weiteren Voraussetzungen stünde, dass der Sanierungsvergleich nach Maßgabe der §§ 24 ff. StaRUG durch die Gläubiger angenommen und anschließend durch das Gericht bestätigt wird (vgl. §§ 60 ff. StaRUG).

Auf Grundlage dieses Vorrechts wären die erfassten Forderungen nach den Aussonderungsrechten aber vor den Absonderungsrechten zu erfüllen. Diese Gläubiger könnten also in aller Regel selbst bei Massearmut und bei vollumfänglich und wertausschöpfend mit Sicherungsrechten belastetem Schuldnervermögen mit einer vollständigen Befriedigung rechnen, ohne auf die Bereitschaft Dritter zur Stellung von Sicherheiten angewiesen zu sein. Dementsprechend könnte eine solche Regelung gegenüber der *lex lata* starke zusätzliche Anreize zur Kreditvergabe in der Krisensituation setzen, da den Kreditgebern das Ausfallrisiko regelmäßig vollständig abgenommen würde. Aufgrund des erheblichen Eingriffs in das System des Kreditsicherungsrechts wirft ein solches Vorrecht jedoch vielfältige Fragestellungen auf, die einerseits dessen konkrete Ausgestaltung, andererseits die grundsätzliche Vereinbarkeit eines solchen Vorrechts mit dem deutschen Insolvenzrecht betreffen, die es im Folgenden näher zu untersuchen gilt.

D. Beschränkung von Masseverbindlichkeiten

Ähnlich stellt sich die Lage bezüglich der Möglichkeit dar, den Umfang der Masseverbindlichkeiten in Anlehnung an die Regelungen betreffend das französische *privilège des créanciers postérieurs méritants* zu beschränken.

I. Beitrag zur Bewältigung des Anreizproblems

Hierdurch ließe sich – je nach konkreter Ausgestaltung – das Risiko eines Forderungsausfalls von Kreditgebern, die nach Eröffnung eines Insolvenzverfahrens bzw. der Stellung eines Eröffnungsantrags weitere Kredite gewährt haben, infolge einer Masseunzulänglichkeit oder einer Abweisung mangels Masse unter Umständen deutlich begrenzen. Grundsätzlich sieht § 61 InsO für diesen Fall zwar eine Haftung des Insolvenzverwalters vor. Diese besteht jedoch insbesondere dann nicht, wenn sich die Liquiditätslage des Unternehmens trotz sorgfältiger Planung und wider Erwarten so entwickelt, dass eine vollständige Rückzahlung nicht gelingt. Auch für solche Kredite können im Einzelfall daher durchaus Haftungslücken bestehen.[26] Die Beschränkung der Masseverbindlichkeiten könnte damit gerade für diese Fälle das Ausfallrisiko der Kreditgeber begrenzen und so einen zusätzlichen Anreiz für Kreditvergaben im Insolvenzverfahren setzen.

II. Interpretationsoffenheit des französischen Vorbilds und Übertragung

Hier stellt sich aber mit besonderer Deutlichkeit die Frage nach der konkreten Reichweite einer „Übertragung" des französischen Vorbilds. Eine „Übertragung", die sich eng am an den Verfahrenszweck anknüpfenden Wortlaut der französischen Regelung orientierte („*[...] créances nées pour les besoins du déroulement de la procédure ou de la période d'observation [...]*", Art. L. 622-17, I, C. com. (ähnlich Art. L. 641-13, I C. com.)), schiene kaum weiterführend. Ein solcher Regelungsansatz kann zwar im französischen Recht aufgrund des Verfahrensziels des Unternehmensunterhalts zu einer Beschränkung der geschützten Forderungen führen. Aufgrund des Verfahrensziels der Gläubigerbefriedigung müsste ein derartiges Vorgehen im deutschen Recht aber zur Folge haben, dass sämtliche nach Verfahrenseröffnung entstandenen Forderungen als Masseforderungen einzuordnen wären. Weiterführend scheint daher allein eine Orientierung an den im französischen Recht erzielten Rechtsfolgen. Das bedeutete aber nicht nur eine Entfernung von der Offenheit des Wortlauts des französischen Vorbilds, sondern setzt vor allem bereits eine Auslegung der französischen Normen voraus. In der Sache liefe das nach dem hier zugrunde gelegten Verständnis des *privilège des créanciers postérieurs méritants* auf eine Beschränkung der Masseverbindlichkeiten i.S.d. § 55 InsO auf solche Forderungen heraus, die nicht nur bei Gelegenheit der Unternehmensfortführung entstehen, sondern mit dieser in einem inneren Zusammenhang stehen bzw. für diese notwendig sind.[27] Unabhängig von ihrem Entstehungszeitpunkt wären damit insbesondere die meisten Delikts- sowie Steuerforderungen, die nicht in einem inneren Zusammenhang mit der unternehmerischen Tätigkeit stehen, nicht mehr als Masseforderungen bevorrechtigt, sondern als einfache Insolvenzforderungen i.S.d. § 38 InsO zu behandeln. Das würde aber einen offenkundigen Bruch jedenfalls mit der tradierten deutschen Insolvenzrechtsdogmatik darstellen,[28] so dass sich hier in aller Deutlichkeit grundsätzli-

---

[26] Siehe hierzu oben, 4. Kapitel, B.I.2.d).

[27] Vgl. zu dieser Auslegung und der Kontroverse insbesondere um die Einbeziehung von Steuerforderungen, siehe oben 4. Kapitel, B.II.2.c)bb)(1).

[28] Vgl. im Kontext der Insolvenzzweckwidrigkeit insbesondere *Klinck*, KTS 2019, S. 1, 19 f.

che Fragen nach der Vereinbarkeit einer solchen Modifikation mit den Grundsätzen des deutschen Insolvenzrechts stellen.

E. Privilegierung von Kreditforderungen bei Masseunzulänglichkeit bzw. als Supermasseforderung

Alternativ oder kumulativ hierzu könnte auch eine Übertragung des *„privilège de sauvegarde/redressement"* in Betracht kommen. Das würde im Ergebnis eine Bevorrechtigung von Forderungen aus Krediten, die nach Verfahrenseröffnung gewährt wurden, vor den übrigen Masseverbindlichkeiten bedeuten. Analog der französischen Regelungen wäre diese Bevorrechtigung auf Kredite zu beschränken, die während eines Insolvenzverfahrens oder zur Finanzierung der Umsetzung eines Insolvenzplans gewährt werden, um die Fortführung der unternehmerischen Aktivität während des Verfahrens bzw. den dauerhaften Fortbestand des Unternehmens zu finanzieren.

Auch eine solche Modifikation der Masseverbindlichkeiten würde im Kern nur im Fall der Masseunzulänglichkeit relevant und könnte gerade in massearmen Verfahren durch die Begrenzung des Ausfallrisikos der privilegierten Kreditgeber einen zusätzlichen Anreiz zur Kreditvergabe setzen. Die Unterschiede zu einer Beschränkung der Masseverbindlichkeiten lägen hierbei vor allem darin, dass die bevorrechtigte Befriedigung im Fall der Masseunzulänglichkeit einerseits gezielter erfolgte, da nur Kreditgeber erfasst wären, andererseits die Last dieser Bevorrechtigung gleichmäßiger auf die Schultern sämtlicher Massegläubiger verteilt würde. Denkbar wäre dabei auch, dieses Instrument nach dem Vorbild des französischen Rechts mit einer Beschränkung der Masseforderungen auf „nützliche" Forderungen zu kumulieren.

F. Exkurs: *debtor-in-possession-financing* nach US-amerikanischem Recht

Bemerkenswerterweise wird trotz der festgestellten erheblichen Unterschiede hinsichtlich der grundsätzlichen Ausrichtung der Verfahren und der Behandlung der Gläubiger sowohl im deutschen[29] als auch im französischen Schrifttum[30] das US-amerikanische Recht – konkret das *Chapter-11-Verfahren* – als

---

[29] *Gruber*, EuZW 2019, S. 181, 187; in Bezug auf Eigenverwaltung und das Planverfahren *Parzinger*, Fortführungsfinanzierung, S. 81; vgl. etwa auch zur Entstehungsgeschichte der InsO MüKo-InsO/*Stürner*, Einleitung Rn. 40, 44.

[30] *Boustani*, Les créanciers postérieurs, Rn. 6, S. 5 hebt die „philosophie commune" von französischem und US-amerikanischem Insolvenzrecht hervor; vgl. auch *Le Cannu/Robine*, Entreprises en difficulté, Rn. 230; *Gruber*, EuZW 2019, S. 181, 187; zurückhaltender *Stouf-*

Inspirationsquelle für die jeweilige Rechtsordnung hervorgehoben.[31] Eine Einbeziehung des US-Rechts in Gestalt des sog. *debtor-in-possession-financing* und ein Abgleich hiermit drängen sich folglich geradezu auf.

Dieses Chapter-11-Verfahrens zielt grundsätzlich darauf ab, den Mehrwert des Unternehmens als *„going concern"* auch im Interesse der Gläubiger durch eine Reorganisation des Unternehmens zu erhalten.[32] Die Geschäftsführungsbefugnis und die Verfügungsmacht verbleiben hier beim Schuldner (*debtor-in-possession*, regelmäßig als DIP abgekürzt),[33] der alle wesentlichen Rechte und Pflichten eines *trustee* innehat.[34] Um dieses Ziel zu erreichen, hält 11 U.S.C. § 364 eine Reihe von Mechanismen bereit, die (potentiellen) Kreditgeber Anreize zur Beteiligung an dieser Sanierung bieten sollen.[35] Es handelt sich hierbei um eine *„escalating series"*[36] von Anreizen, bei welchen mit der (potentiellen) Kreditgebern zugestandenen Schutzintensität zugleich die formellen und materiellen Voraussetzungen ansteigen.[37]

I. Kreditforderungen als administrative expenses, 11 U.S.C. § 364 (a), (b)

Am unteren Ende dieser Rangfolge stehen 11 U.S.C. § 364 (a) und (b), nach welchen vom Schuldner aufgenommene Kredite als sog. *administrative expense* i.S.v. 11 U.S.C. § 503 (b) (1) und damit gleichrangig mit anderen für die Fortführung notwendigen bzw. dieser inhärenten Forderungen befriedigt werden können.[38] Keine weiteren formalen Hürden bestehen hierfür, wenn die Kreditaufnahme Teil des *„ordinary course of business"* ist, 11 U.S.C. § 364 (a).[39]

---

flet/Mathey, RD bancaire et financier janvier-février 2006, S. 54, 55, Rn. 10 und Fn. 6, die das *privilège de conciliation* als französische Interpretation des US-amerikanischen Vorbilds beschreiben; vgl. auch die Inbezugnahme des Chapter-11-Verfahrens bei Rapport Hyest, Rapports Sénat, 2004–2005, n° 335, S. 55 f.; *Stankiewicz-Murphy*, Influence du droit américain, passim.

[31] Siehe auch *Merle*, Insolvenzzwecke, S. 91 f.
[32] MüKo-InsO/*Grauke/Fail/Hwangpo*, Länderbericht USA Rn. 49; nuanciert, auch zum Verhältnis zum Verfahren nach Chapter 7 *Norton*, Bankruptcy Law, § 94:1; vgl. zur durchaus umstrittenen Funktion des US-Insolvenzrechts auch BeckOK-InsO/*Madaus*, § 1 InsO Rn. 22.6 ff.; *Madaus*, Insolvenzplan, S. 436 f., Fn. 10.
[33] *Parzinger*, Fortführungsfinanzierung, S. 83.
[34] *Parzinger*, Fortführungsfinanzierung, S. 83; *Norton*, Bankruptcy Law, § 94:1.
[35] *Norton*, Bankruptcy Law, § 94:33.
[36] *Norton*, Bankruptcy Law, § 94:21.
[37] *Norton*, Bankruptcy Law, § 94:21; *Parzinger*, Fortführungsfinanzierung, S. 94.
[38] *Parzinger*, Fortführungsfinanzierung, S. 85 f.
[39] Uneinheitlich wird beurteilt wann dies der Fall ist; für eine Deutung im Sinne einer „Alltäglichkeit" *In re Cascade Oil Co. Inc.*, 51 B.R. 877, 882, (Bankr. D. Kan. 1985): „The ‚ordinary course of business' generally refers to day-to-day business affairs."; anders *In re Dant & Russell Inc.*, 853 F.2d 700, 704 f., (9th Cir. 1988), wonach erforderlich sei, dass es sich um ein Geschäft handelt, dass ähnliche, derselben Branche angehörige Unternehmen als übliche (*ordinary*) Geschäfte tätigen würden (*horizontal dimension*) und dieses Geschäft

Ist das nicht der Fall, erfordert 11 U.S.C. § 364 (b) eine Beteiligung des Gerichts in Form von „*notice and hearing*" nach 11 U.S.C. § 102 (1), d.h. durch gerichtlichen Antrag und Anhörung.[40]

Beiden Varianten ist jedoch gemein, dass sie den Kreditgebern, insbesondere für den Fall des Scheiterns der Sanierung, keinen wirklichen Anreiz zur Kreditvergabe bieten können. Forderungen, die *administrative expenses* aus einem Chapter-11-Verfahren sind, werden erst nach sämtlichen gesicherten Gläubigern befriedigt, wobei im Fall der Eröffnung eines Chapter-7-Liquidationsverfahrens auch die *administrative expenses* aus diesem Verfahren jenen aus dem Chapter-11-Verfahren vorgehen.[41] Eine vollständige Befriedigung dieser Gläubiger ist durch das Vorrecht aus 11 U.S.C. § 364 (a), (b) also keineswegs gesichert.[42]

II. Bevorrechtigung von Kreditforderungen nach 11 U.S.C. § 364 (c)

Attraktiver scheinen für Kreditgeber und Schuldner daher die Möglichkeiten der Bevorrechtigung von Kreditforderungen nach 11 U.S.C. § 364 (c). Dieser hält mit der Einräumung eines Vorrangs vor den übrigen *administrative expenses*, der Möglichkeit zur Besicherung an unbelastetem Vermögen sowie der Bestellung von nachrangigen Sicherheiten an bereits belastetem Vermögen drei Varianten vor.

1. Massevorrang, 11 U.S.C. § 364 (c)(1)

Voraussetzung ist für die Einräumung eines Vorrangs vor den übrigen *administrative expenses* nach 11 U.S.C. § 364 (c)(1) zunächst die Durchführung des gerichtlichen Verfahrens von *notice and hearing* wie bei 11 U.S.C. § 364 (b). Erforderlich ist weiterhin, dass dem Schuldner ohne dieses Vorrecht kein Kredit verfügbar ist. Dieser muss also nachweisen, dass potentielle Kreditgeber nur auf Grund eines Vorrangs nach 11 U.S.C. § 364 (a), (b) nicht bereit sind, den benötigten Kredit zu gewähren.[43] Hierfür muss der Schuldner zwar nicht belegen, dass er jeden denkbaren Kreditgeber kontaktiert hat,[44] er muss dem

---

auch aus der Perspektive eines hypothetischen Gläubigers nicht aus dem Rahmen des Erwartbaren fällt (*vertical dimension*), vgl. auch *Norton*, Bankruptcy Law, § 94:23, Fn. 7; *Parzinger*, Fortführungsfinanzierung, S. 86.

[40] Zu den formalen Anforderungen im Einzelnen, *Parzinger*, Fortführungsfinanzierung, S. 87 f.

[41] *Parzinger*, Fortführungsfinanzierung, S. 89; *Norton*, Bankruptcy Law, § 94:23, insbes. Fn. 5.

[42] *Parzinger*, Fortführungsfinanzierung, S. 89; *Norton*, Bankruptcy Law, § 94:23.

[43] *Parzinger*, Fortführungsfinanzierung, S. 90; *Norton*, Bankruptcy Law, § 94:25.

[44] *In re Snowshoe Company, Inc.*, 789 F.2d 1085, 1088 (4th Cir. 1991) unter besonderer Betonung der Eilbedürftigkeit im konkreten Fall; ähnlich *In re Reading Tube Industries*, 72 B.R. 329, 332 (Bankr. E.D. Pa. 1987); *In re 495 Central Park Avenue Corp.*, 136 B.R. 626,

Gericht aber darlegen, dass er ernsthafte Versuche unternommen hat, Kredite ohne einen solchen Vorrang zu erhalten,[45] bzw. dass und warum ein solcher Versuch von vornherein aussichtslos wäre.[46] Weiterhin müssen Schuldner und Kreditgeber durch vertragliche Vereinbarung festlegen, gegenüber welchen Klassen von *administrative expenses* ein Vorrang bestehen soll.[47] Im Falle des Scheiterns des Chapter-11-Verfahrens soll diesen Forderungen nach (bislang) überwiegender Auffassung allerdings kein Vorrang gegenüber den *administrative expenses* des nachfolgenden Chapter-7-Verfahrens zukommen.[48] Es scheint daher gerade hier zweifelhaft, ob dieser Vorrang den Kreditgebern hinreichend sichere Befriedigungsaussichten gewähren kann.[49]

2. Besicherung an unbelastetem Vermögen, 11 U.S.C. § 364 (c)(2)

Möglich ist in diesem Rahmen und unter denselben Voraussetzungen auch die Besicherung der Kreditforderungen an unbelastetem Vermögen nach 11 U.S.C. § 364 (c)(2). Das setzt naturgemäß voraus, dass werthaltiges[50] Sicherungsgut

---

630 f. (Bankr. S.D.N.Y. 1992); *In re Mid-State Raceway, Inc.*, 323 B.R. 40, 58 (Bankr. N.D.NY 2005); *Norton*, Bankruptcy Law, § 94:25; *Parzinger*, Fortführungsfinanzierung, S. 90.

[45] *In re Reading Tube Industries*, 72 B.R. 329, 332 (Bankr. E.D. Pa. 1987); *In re Plabell Rubber Products, Inc.*, 137 B.R. 897, 899 f. (Bankr. N.D. Ohio 1992); *In re Mid-State Raceway, Inc.*, 323 B.R. 40, 58 (Bankr. N.D.NY 2005); im Grundsatz auch *In re Crouse Group, Inc.*, 71 B.R. 544, 550 (Bankr. E.D. Pa. 1987), wobei das Gericht hier weitere (inhaltliche) Voraussetzungen an die Kreditvergabe aufstellt; *Parzinger*, Fortführungsfinanzierung, S. 90; *Norton*, Bankruptcy Law, § 94:25.

[46] Vgl. *In re 495 Central Park Avenue Corp.*, 136 B.R. 626, 630 f. (Bankr. S.D.N.Y. 1992), wo der Schuldner, unterstützt durch einen Experten als Zeuge („*a specialist in commercial lending practices*"), vortrug, dass Banken prinzipiell nicht bereit seien, Kredite zu gewähren, die nur nachrangig besichert sind; die bloße Annahme des Schuldners, ohnehin keinen Kredit zu erhalten, soll hingegen nicht genügen, *In re Phase-I Molecular Toxicology Inc.*, 285 B.R. 494, 496 (Bankr. D. N.M. 2002); s.a. *Parzinger*, Fortführungsfinanzierung, S. 90; *Norton*, Bankruptcy Law, § 94:25.

[47] *Parzinger*, Fortführungsfinanzierung, S. 91.

[48] Vgl. *In re Sun Runner Marine, Inc.*, 134 B.R. 4, 6 f. (9th Cir. 1991); *In re California Devices*, Inc. 126 B.R. 82, 86 f. (Bankr. N.D. Cal. 1991); *In re Summit Ventures, Inc.* 135 B.R. 478, 483 (Bankr. D. Vt. 1991); *In re Visionaire Corp.*, 290 B.R. 348, 352 f. (Bankr. E.D. Mo. 2003); *Norton*, Bankruptcy Law, § 94:23 insbes. Fn. 5; *Parzinger*, Fortführungsfinanzierung, S. 91 f.; dagegen *In re Packaging Systems, LLC*, 559 B.R. 123, 127 ff. (Bankr. D. N.J. 2016); *In re National Litho, LLC*, 2013 WL 2303786 (Bankr. S.D. Fla. 2013); *In re Energy Cooperative, Inc.*, 55 B.R. 957, 968 ff. (Bankr. N.D. Ill. E.D. 1985).

[49] *Parzinger*, Fortführungsfinanzierung, S. 92 hingegen geht von „weitgehend sichere[n] Befriedigungsaussicht[en] für Kreditgeber" aus.

[50] Anschaulich insoweit *In re Sobiech*, 125 B.R. 110 ff. (Bankr. S.D.NY 1991), wo einem Kreditgeber für neue Kredite i.H.v. 500 000 $ im Wege von 11 U.S.C. § 364 (c)(2) eine Sicherheit an ungeerntetem Getreide eingeräumt wurde. Dieses ließ sich später jedoch nur für einen Erlös verkaufen, der deutlich unter der Höhe der Kreditforderung lag, so dass der

vorhanden ist. Das wird regelmäßig nicht der Fall sein, weshalb dieser Variante typischerweise nur geringe Bedeutung zukommen wird.[51] Ist das aber ausnahmsweise der Fall, kann sich hieraus ein starker Anreiz zur Kreditvergabe ergeben, da der Kreditgeber dann grundsätzlich mit vollständiger Befriedigung rechnen kann.

3. Nachrangige Besicherung an belastetem Vermögen, 11 U.S.C. § 364 (c)(3)

Schließlich besteht, wenn auf anderem Wege kein Kredit erlangt werden kann, nach *notice and hearing* die Möglichkeit, die Kreditforderungen an bereits belastetem Vermögen nachrangig zu besichern, 11 U.S.C. § 364 (c)(3). Hinreichende Befriedigungsaussichten können sich hieraus jedoch nur ergeben, wenn die bereits bestehenden (vorrangigen) Sicherheiten den Wert des Sicherungsguts nicht ausschöpfen und der Erlös aus der Verwertung nach deren Befriedigung für die Erfüllung der Kreditforderungen ausreicht. Auch diese Möglichkeit wird potentiellen Kreditgebern daher in aller Regel keinen wirklichen Anreiz bieten können.[52]

III. Vorrang auch vor gesicherten Gläubigern nach 11 U.S.C. § 364 (d)

Schließlich besteht die Möglichkeit, gem. 11 U.S.C. § 364 (d) auch an bereits belastetem Vermögen erstrangige Sicherheiten zu bestellen. Erforderlich ist hierfür – ebenso wie im Rahmen von 11 U.S.C. § 364 (c) – neben der Durchführung von *notice and hearing,* dass der Schuldner nicht in der Lage ist, den benötigten Kredit ohne diesen Vorrang zu erhalten, 11 U.S.C. § 364 (d)(1)(A).

Weiterhin verlangt 11 U.S.C. § 364 (d)(1)(B), dass den durch die vorrangige Sicherheit im Rang verdrängten Sicherungsnehmern *adequate protection* gewährt wird. Hiermit soll insbesondere aufgrund angenommener verfassungsrechtlicher Anforderungen[53] verhindert werden, dass die Sicherungsnehmer

---

Kreditgeber weitestgehend ausfiel und Forderungen i.H.v. 413 332,33 $ offen blieben. Verschärft wird das Problem dadurch, dass die Rechtsprechung insoweit davon ausgeht, dass diesen Gläubigern nicht ohne Weiteres auch ein Vorrang gegenüber den *administrative expenses* zukommt, *ebd.*; vgl. auch *Parzinger*, Fortführungsfinanzierung, S. 92; *Norton*, Bankruptcy Law, § 94:30.

[51] *Parzinger*, Fortführungsfinanzierung, S. 93.
[52] Vgl. *Parzinger*, Fortführungsfinanzierung, S. 93.
[53] Betroffen seien die Rechte aus dem Fifth Amendment, vgl. insbes. *Wright v. Vinton Branch of Mountain Trust Bank of Roanoke, Va.,* 57 S.Ct. 556, 559 ff.; *Wright v. Union Central Life Ins. Co.,* 61 S.Ct. 196, 199 ff.; *Forrester,* Florida Law Review 51 (1999), S. 851, 857 ff.; *Parzinger*, Fortführungsfinanzierung, S. 94; *Norton*, Bankruptcy Law, §§ 42:1, 45:7; ablehnend zu dieser These *Rogers*, Harvard Law Review 96 (1983), S. 973, 977 ff.; dem folgend *Baird/Jackson,* University of Chicago Law Review 51 (1984), S. 97, 100; vgl. auch *Bebchuk/Fried,* Yale Law Journal 105 (1996), S. 857, 932, Fn. 226; eingehend in diesem Sinne jüngst *Tabb*, University of Illinois Law Review 2015, S. 765, 772 ff. Die Vehemenz mit der Kreditsicherheiten hier herrschend für unverbrüchlich erklärt werden, ist

kompensationslos um den Wert ihrer Sicherheiten gebracht werden.[54] Gem. 11 U.S.C. § 361 kann das durch einzelne oder wiederkehrende Zahlungen an den Sicherungsnehmer (§ 361 (1)), die Bestellung anderer oder zusätzlicher Sicherheiten (§ 361 (2)) oder durch das Erbringen eines anderen sicheren Äquivalents (§ 361 (3) „*indubitable equivalent*") erfolgen, wobei dieser Ersatz den gesamten durch die Verdrängung eintretenden Wertverlust abdecken muss.[55] Überwiegend hält man insoweit auch das Bestehen eines sog. *equity cushion* als *adequate protection* für ausreichend,[56] das bestehe, wenn der Wert des verfügbaren Sicherungsguts die besicherten Forderungen trotz des neuen Darlehens übersteigt.[57] Verstärkt wird der Schutz der verdrängten Sicherungsnehmer dadurch, dass diese, falls sich der Ausgleich später doch als unzureichend erweist, prioritär vor den übrigen *administrative expenses* befriedigt werden, 11 U.S.C. § 507 (b).[58] In der Summe ergibt sich hier also ein weitreichender Schutz auch der verdrängten Sicherungsnehmer vor Beeinträchtigungen ihrer Position.[59] Die Werthaltigkeit des Sicherungsguts vorausgesetzt, kann der Mechanismus des 11 U.S.C. § 364 (d) potentielle Kreditgeber wirksam vor einem

---

bemerkenswert, wenn man in Rechnung stellt, dass diese verfassungsrechtliche Argumentation andere Autoren nicht anficht, im Rahmen vorgeschlagener *partial priority rules* erhebliche Einschnitte in die Positionen gesicherter Gläubiger zu befürworten und diese verfassungsrechlichen Aspekte im Rahmen dieser Diskussion kaum eine Rolle spielen; siehe zum Verhältnis dieser Position zu den Vorschlägen einer *partial priority*, Fn. 201.

[54] Vgl. *In re First South Savings Association,* 820 F.2d 700, 710 (5th Cir. 1987); *In re Beker Industries Corp.,* 58 B.R. 725, 736 (Bankr. S.D.N.Y. 1986)

[55] *Norton,* Bankruptcy Law, § 45:7; vgl. auch *Jackson,* Bankruptcy Law, S. 183; *Wright v. Union Central Life Ins. Co.,* 61 S.Ct. 196, 199 f.: „Safeguards were provided to protect the rights of the secured creditors [...] to the extent of the value of the property. There is no constitutional claim of the creditor to more than that."; umstritten ist insofern insbesondere auch, ob die *adequate protection* auch verzögerungsbedingte Wertverluste abdecken muss, was von der Rechtsprechung regelmäßig verneint wird, insbesondere *United Savings Association of Texas v. Timbers of Inwood Forest Associates, Ltd.,* 484 U.S. 365, 370 ff.; *Norton,* Bankruptcy Law, § 94:7, Fn. 5 m.w.N. auch zu weiteren Bewertungsfragen; kritisch zu dieser Position *Baird,* Bankruptcy, S. 206 f.; *Jackson,* Bankruptcy Law, S. 184 ff.; *Baird/ Jackson,* University of Chicago Law Review 51 (1984), S. 97, 99.

[56] So etwa *In re Mellor,* 734 F2d. 1396, 1400, Fn. 2 (9th Cir. 1984); *In re Snowshoe Company, Inc.,* 739 F.2d 1085, 1090 (4th Cir. 1986); dagegen *In re Aqua Associates,* 132 B.R. 192, 196; vgl. zur Diskussion auch *Norton,* Bankruptcy Law, § 94: 7, Fn. 9 mit zahlreichen Nachweisen aus der Rechtsprechung.

[57] *Parzinger,* Fortführungsfinanzierung, S. 96; *Norton,* Bankruptcy Law, § 94:7, Fn. 9; vgl. auch *In re Mellor,* 734 F2d. 1396, 1400, Fn. 2 (9th Cir. 1984).

[58] *Norton,* Bankruptcy Law, § 42:8; *Parzinger,* Fortführungsfinanzierung, S. 97; *Baird,* Bankruptcy, S. 205.

[59] Vgl. *Parzinger,* Fortführungsfinanzierung, S. 97; s.a. *Baird,* Bankruptcy, S. 205, wonach der Mehrwert dieser Bestimmung vor allem darin liege, denjenigen, die das Verfahren betreiben, einen Anreiz zu setzen, die Interessen der Sicherungsnehmer angemessen zu berücksichtigen, weil sie selbst erst nach diesen befriedigt werden.

Forderungsausfall schützen und daher grundsätzlich einen starken Anreiz zur Kreditvergabe setzen.

Die Komplexität des Verfahrens und vor allem die Notwendigkeit der *adequate protection* führen jedoch dazu, dass dieser Möglichkeit nur geringe praktische Relevanz zukommt.[60] Die Notwendigkeit der *adequate protection* hat zur Konsequenz, dass eine solche vorrangige Besicherung nur möglich ist, wenn freies Vermögen vorhanden ist, mit dem den verdrängten Gläubigern entstehende Nachteile ausgeglichen werden können. Wenn aber ausreichend freies Vermögen vorhanden ist, um diese Nachteile auszugleichen, bleibt die Frage, warum der neue Kreditgeber nicht auf Grundlage von 11 U.S.C. § 364 (c)(2),(3), d.h. in einem wesentlich weniger komplexen Verfahren, am freien Vermögen besichert wird.[61] Namentlich wenn ein *equity cushion* besteht, liegt die einfachere – und bei *tatsächlichem* Bestehen dieses Mehrwerts – gleichermaßen wirksame Variante in der (nachrangigen) Besicherung an diesem Vermögensgut.

IV. Ergebnis

Wirft man den Blick zurück auf die Ausgangsfeststellung, dass sowohl in der deutschen als auch in der französischen Literatur die Ähnlichkeiten des jeweiligen Insolvenzrechts mit dem US-Recht hervorgehoben werden, muss sich zunächst der Eindruck ergeben, dass das französische Recht hinsichtlich des *DIP-financing* dem US-Recht nähersteht als das deutsche Insolvenzrecht. Das französische Recht trägt der Schlüsselrolle der (Sanierungs-)Finanzierer durch das Setzen entsprechender Anreize – ähnlich wie das US-Recht – Rechnung und misst diesen auch rechtlich eine Sonderrolle bei. Dabei scheinen die Mechanismen der beiden Rechtsordnungen auf den ersten Blick relativ ähnlich: Beide anerkennen grundsätzlich einen Vorrang von Kreditgebern vor den übrigen „Masseforderungen" und sehen die Möglichkeit vor, solchen Gläubigern ein Vorrecht auch vor dinglich gesicherten Gläubigern einzuräumen. Insgesamt ist man im US-Recht hierbei aber wesentlich zurückhaltender als es zunächst scheinen mag, da diese Privilegierungen voraussetzen, dass ein entsprechender Kredit ohne selbige nicht verfügbar wäre. Vor allem die Notwendigkeit der *adequate protection* führt dazu, dass den verdrängten gesicherten Gläubigern grundsätzlich kein Nachteil entsteht, also keine Sanierungsförderung auf deren Kosten stattfindet.[62] Das französische Recht sieht hingegen auch eine Umverteilung zulasten der gesicherten Gläubiger vor, um die Sanierungsaussichten des Unternehmens zu fördern. In Bezug auf die konsequente Ausrichtung an den Gläubigerinteressen scheint das deutsche Insolvenzrecht dem US-Recht

---

[60] *Parzinger*, Fortführungsfinanzierung, S. 98.
[61] *Parzinger*, Fortführungsfinanzierung, S. 99.
[62] Ausdrücklich gegen den Einsatz des Insolvenzrechts zur Umverteilung *Jackson*, Bankruptcy Law, S. 183 f.

demnach näher zu stehen als das französische, das die Gläubigerinteressen zugunsten der Sanierungsaussichten weitgehend preisgibt.[63] Umgekehrt erkennt das französische Recht in viel weiterem Ausmaß als das deutsche eine rechtliche Sonderstellung der für die Fortführung des Unternehmens benötigten Kreditgeber an, scheint aus dieser Perspektive also näher am US-Recht zu liegen, geht hierbei aber zugleich deutlich über das US-Recht hinaus.

Es ergibt sich der Eindruck, dass vor allem bezüglich des *privilège de conciliation* und dem Vorrecht aus 11 U.S.C. § 364 (d) eine *„philosophie commune"*[64] nicht besteht. Vielmehr handelt es sich beim *privilège de conciliation* mehr um eine an die Grundausrichtung des französischen Rechts auf Unternehmenssanierungen auch gegen Gläubigerinteressen anpassende Nachahmung von 11 U.S.C. § 364 (d), gewissermaßen ein *DIP-financing à la française*.[65]

Das deckt sich im Übrigen mit der eingangs[66] aufgestellten These, dass der Import von Regelungsmechanismen immer mit deren inhaltlicher Veränderung einhergeht. Da sich die Instrumente des *DIP-financing* nach alldem teils mit jenen des französischen Rechts decken, in Reichweite und Rechtsfolgen teils aber auch deutlich hinter diesen zurückbleiben, sollen diese im Folgenden nur noch ergänzend herangezogen werden. Insbesondere scheint zweifelhaft, ob ein 11 U.S.C. § 364 (d) entsprechender Mechanismus überhaupt einen nennenswerten zusätzlichen Anreiz zur Kreditvergabe bieten könnte. Denn die Notwendigkeit der *adequate protection* führt in den Konstellationen, in denen diese Voraussetzungen erfüllt wären, dazu, dass regelmäßig schlicht Sicherheiten an freien Vermögenswerten bestellt werden könnten. Ein wirklicher Bedarf für eine solche Lösung lässt sich daher kaum ausmachen.[67]

G. Ergebnis

Einen nennenswerten Beitrag zur Lösung des Anreizproblems können demnach Rangvorrechte – auch vor dinglich gesicherten Gläubigern – für Kreditgeber im StaRUG-Verfahren analog dem *privilège de conciliation*, eine Beschränkung der Masseverbindlichkeiten entsprechend der Regelungen des *privilège des créanciers postérieurs méritants* sowie eine Bevorrechtigung von

---

[63] Dabei handelt es sich nicht um einen Ansatz, der dem US-Recht entlehnt wäre, vgl. das Erfordernis der *adequate protection,* 5. Kapitel, F.III.

[64] So *Boustani*, Les créanciers postérieurs, Rn. 6, S. 5.

[65] Vgl. *Stoufflet/Mathey*, RD bancaire et financier janvier-février 2006, S. 54, 55, Fn. 6; siehe auch die Feststellung von *Merle*, Insolvenzzwecke, S. 91 f., dass die deutschen und französischen Insolvenzrechte das US-Recht als gemeinsames Vorbild hätten, dieses aber in beiden Rechtsordnungen sehr unterschiedlich interpretiert werde.

[66] Siehe oben, Einleitung, C.II.

[67] Sehr zurückhaltend auch *Parzinger*, Fortführungsfinanzierung, S. 275 ff.; anders jetzt *Parzinger*, ZIP 2019, S. 1748, 1758.

im eröffneten Verfahren entstandenen Kreditforderungen gegenüber den übrigen Masseverbindlichkeiten bieten. Aufgrund der Veränderungen, die bei der Übertragung von Regelungsmechanismen in andere Rechtsordnungen notwendig entstehen, muss eine – vermeintlich – exakte Kopie der französischen Vorbilder ausscheiden; vielmehr kann nur eine das Vorbild an die Gegebenheiten und den Kontext des deutschen Insolvenzrechts anpassende Nachahmung in Betracht kommen. Gleichwohl bietet es sich – unter Berücksichtigung der entstehenden Unterschiede – an, bei deren Bewertung auch auf die im französischen Recht gemachten Erfahrungen zurückzugreifen, um auch etwaige Defizite und Probleme erkennen und vermeiden zu können.[68] Im Folgenden sollen für die Beurteilung dieser Nachahmung zunächst einige allgemeine Parameter entwickelt werden, die insoweit zu berücksichtigen sind.

---

[68] Vgl. zur Rechtsvergleichung als Weg, auch auf die Erfahrungen, die in einer Rechtsordnung mit einem Modell gemacht wurden, zuzugreifen *Kischel*, Rechtsvergleichung, § 2 Rn. 29.

6. Kapitel

Allgemeine Parameter im Kontext der Verfahrenszwecke

Zunächst soll es also darum gehen, einige allgemeine Leitlinien für die Bewertung des Imports der angesprochenen Mechanismen zu entwickeln. Aufgrund der festgestellten unterschiedlichen Ausrichtungen der deutschen und französischen Insolvenzrechte stellt sich jedoch auch die Frage, inwiefern die unterschiedlichen Verfahrenszwecke insoweit von Bedeutung sein können.[1]

A. Verfassungsrechtliche Zulässigkeit

Bedenken verfassungsrechtlicher Art gegen eine Bevorrechtigung neuer Gläubiger insbesondere vor gesicherten Gläubigern wurden nicht nur in der deutschen, sondern auch in der französischen Diskussion erhoben. Während die französische Debatte sich vor allem auf Gleichheitsaspekte fokussiert hat, kreist die deutsche Diskussion insbesondere um den Eigentumsschutz der verdrängten (gesicherten) Gläubiger aus Art. 14 Abs. 1 S. 1 GG[2].

---

[1] Vgl. *J. F. Hoffmann*, Prioritätsgrundsatz, S. 230 f.
[2] Dabei bildet das Grundgesetz jedenfalls den zutreffenden Prüfungsmaßstab, wenn eine solche Änderung aus eigener Initiative der deutschen Legislative erfolgen würde. Das Grundgesetz bleibt als Prüfungsmaßstab aber auch bei europäischen Harmonisierungsmaßnahmen maßgeblich, soweit die Einführung eines Vorrechts nicht durch das Unionsrecht *vollständig* determiniert ist (siehe zur Anwendbarkeit des Grundgesetzes als Prüfungsmaßstab in diesen Konstellationen etwa BVerfGE 152, 169 Rn. 42), wie das etwa bei Art. 17 Abs. 4 der Restrukturierungsrichtlinie und Art. 33 des Richtlinienentwurfs der Fall ist, die Ob bzw. Ausgestaltung eines Vorrangs den Mitgliedstaaten überlassen, siehe hierzu 7. Kapitel, A.II. Im vollharmonisierten Bereich bildete zwar insbesondere Art. 17 GrCh den zutreffenden Maßstab, dort würden sich jedoch, freilich unter etwas veränderten Vorzeichen, dieselben Sachfragen, insbesondere zur Rechtfertigung eines Eingriffs, stellen (siehe zur Einbeziehung von Sicherungsrechten in den Schutzbereich von Art. 17 GrCh etwa *Jarass*, Charta der Grundrechte, Art. 17 Rn. 9).

I. Verletzung der Eigentumsfreiheit?

Insbesondere in der deutschen Diskussion um die Reform des Insolvenzrechts der 1980er-Jahre wurde vorgebracht, eine Beschneidung der Rechte der gesicherten Gläubiger, wie sie durch eine Bevorrechtigung der Kreditgeber auch gegenüber den gesicherten Gläubigern eintreten würde, verletze die Sicherungsnehmer in ihrer Eigentumsfreiheit aus Art. 14 Abs. 1 S. 1 GG.[3] Das wurde in jüngerer Zeit unter anderem von *Parzinger* aufgegriffen, nach welchem jedenfalls eine entschädigungslose Verdrängung mit Art. 14 Abs. 1 S. 1 GG nicht zu vereinen sei.[4]

Für die Beurteilung dieser Frage ist zunächst eine Unterscheidung zwischen der Begründbarkeit von Eingriffen in bereits bestehende Sicherungsrechte und einer Umgestaltung der Rangfolge in Insolvenzverfahren *pro futuro* vorzunehmen.[5] Der Gesetzgeber ist bei der Reform eines Rechtsgebiets zwar nicht generell vor die Wahl gestellt, bereits bestehende Rechte unangetastet zu lassen oder aber deren Inhaber vollständig zu entschädigen.[6] Bei Veränderungen bereits bestehender Rechtspositionen werden jedoch in besondere Weise Aspekte des Vertrauensschutzes relevant,[7] weshalb insoweit eine differenzierte Betrachtung erforderlich ist.

1. Umgestaltung für die Zukunft

a) Sicherungsrechte als „Eigentum" i.S.d. Art. 14 Abs. 1 S. 1 GG?

Relevant ist für die Frage nach den Grenzen einer Umgestaltung des Kreditsicherungsrechts auch für die Zukunft zunächst, dass man ganz überwiegend davon ausgeht, dass den gesicherten Gläubiger kraft ihrer Kreditsicherheit eine

---

[3] Besonders weitgehend *Stern*, FS Helmrich, S. 739, 744 ff.; ähnlich *Seuffert*, ZIP 1986, S. 1157, 1157 ff.; *Serick*, ZIP 1989, S. 409, 419; vgl. zur entsprechenden Auffassung in der US-amerikanischen Diskussion bereits oben, 5. Kapitel, Fn. 53.

[4] *Parzinger*, Fortführungsfinanzierung, S. 267 ff.; *Parzinger*, ZIP 2019, S. 1748, 1757 ff.; jüngst auch *Tilgner*, Restrukturierung, S. 341 f., nach der „das Differenzierungsgebot i.V.m. Art. 14 Abs. 1 GG die Besserstellung dinglich gesicherter Gläubiger [gebietet]", die nicht mehr gewährleistet wäre, wenn gesicherte Gläubiger im Rang durch Finanzierungsgeber verdrängt würden, die zugleich aber feststellt, dieses Differenzierungsgebot müsse nicht dazu führen, dass gesicherte Gläubiger von jedem Sanierungsbeitrag freigestellt blieben, a.a.O., S. 178 f.

[5] So auch *Baum*, KTS 1989, S. 535, 565; *Seuffert*, ZIP 1986, S. 1157, 1160; vgl. auch *Parzinger*, Fortführungsfinanzierung, S. 270.

[6] Etwa BVerfGE 83, 201, 211 f.; *Baum*, KTS 1989, S. 535, 565; von Mangoldt/Klein/Starck/*Depenheuer*/*Froese*, Art. 14 GG Rn. 209, 232.

[7] *Baum*, KTS 1989, S. 535, 565; vgl. etwa von Mangoldt/Klein/Starck/*Depenheuer*/*Froese*, Art. 14 GG Rn. 232 f.

als „Eigentum" von Art. 14 Abs. 1 S. 1 GG geschützte Position zukomme.[8] Diese gehe über jene hinaus, die Gläubiger bereits aufgrund ihrer schuldrechtlichen Forderung innehaben, die ebenfalls eine von Art. 14 Abs. 1 S. 1 GG geschützte Position darstellt.[9]

Das ist immer wieder bezweifelt worden, weil Sicherungsrechte lediglich „unselbständige Hilfsrechte"[10] zur Durchsetzung eines ohnehin bestehenden Anspruchs darstellen würden.[11] Anders als „echtem" Eigentum komme den Kreditsicherheiten aufgrund dieser Funktionsbindung auch kein eigener Vermögenswert zu,[12] weshalb sie mit den klassischen Konstellationen des Art. 14 Abs. 1 S. 1 GG wenig gemein hätten.[13] Funktion des Eigentumsgrundrechts ist, dem Einzelnen „[...] einen Freiheitsraum im vermögensrechtlichen Bereich zu sichern [...]",[14] indem die Positionen dem Inhaber Herrschafts-, Nutzungs- und Verfügungsrechte gewähren.[15] Stellt man dies in Rechnung,[16] scheint der Einwand, die Sicherungsrechte hätten als Hilfsrechte nur die dienende Funktion,

---

[8] *Stern*, FS Helmrich, S. 739, 744; *Seuffert*, ZIP 1986, S. 1157, 1157 f.; jedenfalls für Hypotheken und Grundschulden auch Sachs/*Wendt*, Art. 14 GG Rn. 24; ähnlich Dürig/Herzog/Scholz/*Papier/Shirvani*, Art. 14 GG Rn. 162; *Parzinger*, Fortführungsfinanzierung, S. 266; *Lepa*, Verfassungsrecht, S. 236, Fn. 124; implizit *Adam*, DZWiR 2009, S. 441, 446 f.; kritisch *Häsemeyer*, Insolvenzrecht, Rn. 18.05; *Brinkmann*, Kreditsicherheiten, S. 232; *Gottwald*, Insolvenzrecht im Umbruch, S. 197, 207.

[9] Allg. Auffassung, vgl. BVerfGE 45, 142, 179 (Kaufpreisforderung); 68, 193, 222; 70, 278, 285; 92, 262, 271 (Darlehensforderung); von Mangoldt/Klein/Starck/*Depenheuer/Froese*, Art. 14 GG Rn. 153; Dreier/*Wieland*, Art. 14 GG Rn. 58.

[10] *Brinkmann*, Kreditsicherheiten, S. 232.

[11] *Brinkmann*, Kreditsicherheiten, S. 232; *Häsemeyer*, Insolvenzrecht, Rn. 18.05; auf die fehlende funktionale Vergleichbarkeit von „echtem" Eigentum und Sicherungsrechten verweist auch *Gottwald*, Insolvenzrecht im Umbruch, S. 197, 207; ähnlich im Rahmen der US-amerikanischen Diskussion, ob es sich bei Sicherheiten um *property* im Sinne des Fifth Amendment handelt, *Tabb,* University of Illinois Law Review 2015, S. 765, 798 ff., der darauf abstellt, dass die Sicherungsnehmer kein Interesse an der Sache selbst hätten, sondern deren *property interests* nur Instrument seien, um eine bevorrechtigte Befriedigung zu erlangen, insbes. a.a.O., S. 805: „[...] [F]or insolvent debtors [sic!, gemeint sind wohl die secured creditors], the significance lies not in a *property* right but in the *priority* ranking it confers [...]." (Hervorhebungen im Original); entsprechend zuvor bereits *Rogers,* Harvard Law Review 96 (1983), S. 973, 991 ff., der insbesondere hervorhebt, dass es sich um eine historische Zufälligkeit handle, dass das US-amerikanische Recht den Vorrang bestimmter Gläubiger über das Vehikel der *property interests* verwirkliche, statt den funktional gleichwertigen Weg zu wählen, Rangordnungen über bloße vertragliche Vereinbarungen zu implementieren, a.a.O., S. 994.

[12] *Häsemeyer*, Insolvenzrecht, Rn. 18.05.

[13] *Gottwald*, Insolvenzrecht im Umbruch, S. 197, 207.

[14] St. Rspr., vgl. BVerfGE 24, 367, 389; 50, 290, 339; 68, 193, 222; 149, 86, 112, Rn. 70; ähnlich BVerfGE 31, 229, 239; vgl. auch Dreier/*Wieland*, Art. 14 GG Rn. 57.

[15] Etwa BVerfGE 31, 229, 239; Dreier/*Wieland*, Art. 14 GG Rn. 57; Sachs/*Wendt*, Art. 14 GG Rn. 5.

[16] Vgl. zu diesem Gedanken *Häsemeyer*, Insolvenzrecht, Rn. 18.05.

bestehende Ansprüche durzusetzen, durchaus treffend. Das zeigt vor allem auch, dass die bisweilen betriebene Gleichstellung der Kreditsicherheiten mit (beschränkt) dinglichen Rechten wie dem Erbbaurecht[17] zweifelhaft ist. Denn letzteren kommt – losgelöst von möglichen schuldrechtlichen Bindungen – eine selbständige Funktion im Sinne der Schaffung eines Freiraums im vermögensrechtlichen Bereich zu, die Sicherungsrechten *an sich* so kaum zukommt. Gleichwohl ist nicht von der Hand zu weisen, dass Sicherungsrechte, zumindest im Zusammenwirken mit den zugrunde liegenden Forderungen, den Begünstigten Rechte der angesprochenen Art gewähren, die sich nicht schon aus der schuldrechtlichen Forderung ergeben. Das spricht entscheidend dafür, die Forderung auch in ihrer Verstärkung durch das Sicherungsrecht unter den Schutz von Art. 14 Abs. 1 S. 1 GG zu stellen.

b) Rechtfertigung einer Umgestaltung

In der Einführung eines Vorrechts auch vor den gesicherten Gläubigern läge dabei eine Inhalts- und Schrankenbestimmung, nicht eine Enteignung, da diese nicht gezielt zur Erfüllung hoheitlicher Aufgabe eine Rechtsposition entzöge.[18] Der Gesetzgeber ist aber auch bei der Schaffung einer Inhalts- und Schrankenbestimmung nicht frei, sondern muss die Schranken des Verfassungsrechts, insbesondere die Institutsgarantie des Eigentums bzw. die Wesensgehaltsgarantie sowie die Verhältnismäßigkeit der Regelung beachten.[19] Jedenfalls hinsichtlich der Institutsgarantie bestünden hier keine Bedenken:[20] Die aus Kreditsicherheiten resultierenden Rechte würden letztlich nur marginal betroffen, weil diese außerhalb der Insolvenz gänzlich unbeeinträchtigt blieben[21] und auch im Fall der Insolvenz nicht völlig ausgeschaltet würden. Sie würden auch hiernach nur in dem wahrscheinlich seltenen Fall beschränkt, dass im StaRUG-Verfahren ein neuer Kredit gewährt würde, der Sanierungsversuch anschließend scheitert und das (besicherte) Schuldnervermögen bei Eröffnung eines Liquidationsverfahrens nicht mehr ausreicht, um die Sanierungsfinanzierer und die gesicherten Gläubiger zu befriedigen. Dabei bliebe auch das Ausmaß der – rein prospektiven – Umgestaltung, die nur künftig zu bestellende Sicherheiten

---

[17] So etwa *Parzinger*, Fortführungsfinanzierung, S. 266; Sachs/*Wendt*, Art. 14 GG Rn. 24.

[18] *Parzinger*, Fortführungsfinanzierung, S. 266 f. Allgemein zum Maßstab vgl. etwa BVerfGE 70, 191, 199 f.; 79, 174, 191; 83, 201, 211; von Mangoldt/Klein/Starck/*Depenheuer/Froese*, Art. 14 GG Rn. 207.

[19] St. Rspr.; vgl. etwa BVerfGE 42, 263, 294; 143, 246, 338, Rn. 257; von Münch/Kunig/*Bryde/Wallrabenstein*, Art. 14 GG Rn. 106 ff.; Dürig/Herzog/Scholz/*Papier/Shirvani*, Art. 14 GG Rn. 422 ff.

[20] S.a. *Brinkmann*, Kreditsicherheiten, S. 231 sogar für die völlige Aufhebung der Insolvenzfestigkeit von Kreditsicherheiten; anders wohl *Stern*, FS Helmrich, S. 739, 746.

[21] Vgl. *Brinkmann*, Kreditsicherheiten, S. 231.

beträfe, sehr beschränkt. Anders als im US-Recht[22] würde die Last der neuen Bevorrechtigung bei einer Ausgestaltung entsprechend dem französischen Recht nicht einzelne Gläubiger treffen, sondern würde auf den Schultern sämtlicher gesicherter Gläubiger verteilt und hätte daher auf die Werthaltigkeit künftiger Sicherheiten nur geringe Auswirkungen.[23] Hinzu kommt, dass diese Veränderung, um es in der Diktion der US-amerikanischen Diskussion zu fassen, nur *künftige* Transaktionen von *„adjusting creditors"* beträfe. Diese Gläubiger können die veränderte Werthaltigkeit von künftigen Realsicherheiten ohne Weiteres in ihre erst noch zu treffende Finanzierungsentscheidung einbeziehen. Die Modifikationen schienen also auch mit Blick auf die Funktionen des verfassungsrechtlichen Eigentumsschutzes marginal.

An der Geeignetheit eines solchen Vorrangs, der mit dem Unternehmenserhalt ein legitimes Ziel verfolgte, dessen Erfüllung auch im Interesse der Allgemeinheit liegt,[24] zur Förderung dieses Ziels bestehen ebenso wenig Zweifel wie an der Erforderlichkeit. Ein gleich geeignetes Mittel, das Inhalt und Schranken des Eigentums weniger stark veränderte, ist nicht ersichtlich; insbesondere würde eine Ausgleichspflicht zu einer erheblichen Beschränkung des Anwendungsbereichs führen[25] und schiene daher als weniger wirksames Mittel.

Mit Blick auf die Angemessenheit muss zunächst Berücksichtigung finden, dass die Entscheidung, ob und inwieweit künftigen gesicherten Gläubiger in zukünftigen Insolvenzverfahren ein Vorrang zukommt, nicht nur den Schutzbereich von Art. 14 Abs. 1 S. 1 GG betrifft. Die Frage nach der Verteilung des unzureichenden Vermögens in der Insolvenz berührt vielmehr ein multipolares Rechtsverhältnis, das sich dadurch auszeichnet, dass eine vollständige Verwirklichung der Rechtspositionen aller Beteiligten aufgrund der bestehenden Knappheit nicht möglich ist. Von Bedeutung ist das vor allem, weil sich nicht nur die gesicherten Gläubiger auf eine grundrechtlich geschützte Position berufen können, sondern die Forderungen der ungesicherten Gläubiger gleichermaßen von Art. 14 Abs. 1 S. 1 GG geschützt sind.[26] Darüber hinaus betrifft die Entscheidung über Erhalt oder Zerschlagung des Unternehmens die Arbeitnehmer in ihrer von Art. 12 Abs. 1 GG sowie die Anteilsinhaber in ihrer ebenfalls

---

[22] Siehe hierzu bereits oben, 5. Kapitel, F.II.3.; *Parzinger*, Fortführungsfinanzierung, S. 266 ff.

[23] Vgl. *Parzinger*, Fortführungsfinanzierung, S. 268 f., nach welchem der Vorrang eines Kreditgebers gegenüber einem gesicherten Gläubiger in einem (fiktiven) Beispiel zur Verringerung des Erwartungswerts um ca. 4 % führen würde, selbst wenn die gesamte Last nur einen Gläubiger träfe.

[24] *Baum*, KTS 1989, S. 535, 572; anders *Seuffert*, ZIP 1986, S. 1157, 1163; wohl auch *Stern*, FS Helmrich, S. 739, 746 f., die aber verkennen, dass Veränderungen bezüglich der Durchsetzbarkeit Auswirkungen auf die Allgemeinheit haben können, die über die Interessen der ungesicherten Gläubiger hinausgehen.

[25] Vgl. oben, 5. Kapitel, F.II.3 und *Parzinger*, Fortführungsfinanzierung, S. 275 ff.

[26] Vgl. Fn. 9; *Gottwald*, Insolvenzrecht im Umbruch, S. 197, 207.

von Art. 14 Abs. 1 S. 1 GG geschützten Stellung.[27] In dieser Gemengelage wird die These, dem Gesetzgeber sei von Verfassungs wegen jegliche prospektive Einschränkung des Vorrangs künftiger Sicherungsnehmer verwehrt,[28] dem Umstand nicht gerecht, dass sich ein vollständiger Vorrang der Sicherungsnehmer angesichts der Knappheitssituation letztlich nur auf Kosten der gleichermaßen grundrechtlich geschützten Positionen der übrigen Gläubiger erreichen lässt und schiene auch mit dem Gedanken der praktischen Konkordanz kaum vereinbar.[29] Daher muss dem Gesetzgeber grundsätzlich die Möglichkeit offenstehen, hier für künftige Konflikte andere Gewichtungen vorzunehmen, d.h. auch die Reichweite des Befriedigungsvorrechts gesicherter Gläubiger umzugestalten, um anderen grundrechtlich geschützten Belangen mehr Gewicht zu verleihen.[30]

Auch für die Frage nach der Angemessenheit des konkreten Vorrangs scheint von Bedeutung, dass Sicherungsrechte als unselbständige Hilfsrechte für die personale Freiheit im vermögensrechtlichen Bereich einen ungleich niedrigeren Stellenwert haben müssen als etwa Privateigentum oder Eigentum an Produktionsmitteln, mit denen sie insofern kaum vergleichbar scheinen.[31] Zugleich bleibt die durch Kreditsicherheiten eingeräumte Möglichkeit zur vorrangigen Befriedigung im Grundsatz bestehen und wird lediglich eingeschränkt, wenn in einem solchen Verfahren ein Sanierungskredit gewährt wird und anschließend ein Insolvenzverfahren eröffnet wird, in dem das Sicherungsgut nicht ausreicht, um „normale" Sicherungsnehmer und bevorrechtigte Sanierungsfinanzierer bevorrechtigt zu befriedigen. Dabei dürfte diese Einschränkung durch die Verteilung der Last auf die Schultern aller gesicherten Gläubiger auch recht gering ausfallen,[32] wobei die „normalen" gesicherten Gläubiger die geringere Werthaltigkeit künftiger Sicherheiten im Übrigen ohne Weiteres in ihre erst noch zu treffende Finanzierungsentscheidung einpreisen und auf diese Weise ausgleichen können.

Diesen Einschränkungen gegenüber steht die Aussicht, dass infolge dieses Vorrangs (erfolgversprechende) Sanierungen durchgeführt werden, die ansonsten ausblieben und bei deren Erfolg nicht nur die gesicherten Gläubiger

---

[27] Vgl. zur Stellung der Anteilsinhaber BVerfGE 14, 263, 277 f.; 25, 371, 407; 50, 290, 341 ff.; 100, 289, 301 f.; von Mangoldt/Klein/Starck/*Depenheuer/Froese*, Art. 14 GG Rn. 142 ff.; von Münch/Kunig/*Bryde/Wallrabenstein*, Art. 14 GG Rn. 42 ff.

[28] Vgl. oben Fn. 3.

[29] In der Sache auch *Baum*, KTS 1989, S. 535, 569 f.; *Baur/Stürner*, Insolvenzrecht, Rn. 6.29.

[30] MüKo-InsO/*Stürner*, Einleitung Rn. 96; *Baur/Stürner*, Insolvenzrecht, Rn. 6.30; *Baum*, KTS 1989, S. 535, 569 f.

[31] *Gottwald*, Insolvenzrecht im Umbruch, S. 197, 207; *Baur/Stürner*, Insolvenzrecht, Rn. 6.29.

[32] Vgl. wiederum die Berechnungen von Parzinger *Parzinger*, Fortführungsfinanzierung, S. 268 f.

mit einer vollständigen Befriedigung rechnen können, sondern auch die Positionen der übrigen Beteiligten verbessert würden.[33] Einer recht schmalen Modifikation der Wirksamkeit erst noch zu begründendender Positionen künftiger gesicherter Gläubiger stünden demnach erhebliche potentielle positive Auswirkungen auf die grundrechtlich geschützten Positionen der übrigen *stakeholder* gegenüber.

Will man nicht die Wertung des Grundgesetzes, dass Sozialbindungen, anders als Enteignungen, grundsätzlich entschädigungslos hinzunehmen sind,[34] unterlaufen, muss auch eine Ausgleichspflicht bei Inhalts- und Schrankenbestimmungen die Ausnahme sein,[35] die nur zum Ausgleich besonderer Härten angezeigt ist.[36] Stellt man das und die geringe Eingriffsintensität in Rechnung, scheint die Annahme einer Ausgleichspflicht aus verfassungsrechtlichen Gründen für Umgestaltungen künftiger, noch gar nicht bestehender Positionen (!) einigermaßen abwegig.[37] Alles andere liefe in der Sache auf die Anerkennung eines schutzwürdigen Vertrauens des Einzelnen auf den unveränderten Bestand nicht nur bereits erworbener Positionen,[38] sondern auch der Eigentumsordnung (im verfassungsrechtlichen Sinn) insgesamt heraus. Ein dahingehender Vertrauensschutz kann jedoch grundsätzlich nicht bestehen, weil sonst die Gestaltungsmöglichkeiten des Gesetzgebers auch außerhalb der Grenzen der Instituts- bzw. Wesensgehaltsgarantie ausgehöhlt würden.[39] Dementsprechend bestehen aus verfassungsrechtlicher Sicht auch ohne Ausgleichsleistung an die verdrängten Gläubiger keine stichhaltigen Einwände gegen einen solchen Vorrang.

---

[33] Vgl. zu den Auswirkungen einer erfolgreichen Sanierung auf die Gläubiger, 1. Kapitel, A.

[34] Dürig/Herzog/Scholz/*Papier/Shirvani*, Art. 14 GG Rn. 481; Dreier/*Wieland*, Art. 14 GG Rn. 154.

[35] St. Rspr., vgl. BVerfGE 143, 246, 339, Rn. 260; Dreier/*Wieland*, Art. 14 GG Rn. 154; Dürig/Herzog/Scholz/*Papier/Shirvani*, Art. 14 GG Rn. 489.

[36] BVerfGE 100, 226, 244; Dreier/*Wieland*, Art. 14 GG Rn. 154; von Mangoldt/Klein/Starck/*Depenheuer/Froese*, Art. 14 GG Rn. 240.

[37] So aber *Parzinger*, Fortführungsfinanzierung, S. 269 f., der diese Ausgleichspflicht aber insbesondere auf den Gedanken stützt, dass hier einem gesicherten Gläubiger ein Sonderopfer abgerungen würde, weil der Vorrang des Kreditgebers nach seinem am US-Recht orientierten Modell zulasten eines einzelnen Gläubigers verwirklicht wird. Das ist auf das hier in Rede stehende Modell von vornherein nicht übertragbar; wie *Parzinger* wohl auch *Jaffé*, FS Görg, S. 233, 244.

[38] Dazu sogleich.

[39] Vgl. *Baum*, KTS 1989, S. 535, 565; allgemein auch Sachs/*Sachs*, Art. 20 GG Rn. 139; Dürig/Herzog/Scholz/*Grzeszick*, Art. 20 GG VII, Rn. 71.

2. Vorrang auch gegenüber schon bestehenden Sicherungsrechten

Damit ist aber noch nicht gesagt, dass ein solcher Vorrang auch gegenüber jenen gesicherten Gläubigern, die bereits vor Inkrafttreten einer Reform zur Einführung eines solchen Vorrangs ein Sicherungsrecht erworben haben, verfassungsrechtlich unproblematisch wäre. Hier wird über die bereits untersuchten Gesichtspunkte hinaus relevant, dass das Eigentumsgrundrecht seine Funktion, dem Grundrechtsträger Freiräume im vermögensrechtlichen Bereich zu verschaffen,[40] nur erfüllen kann, wenn dieser prinzipiell darauf vertrauen kann, dass einmal erworbene Rechte fortbestehen.[41] Daneben ist in einem Rechtsstaat grundsätzlich ein schutzwürdiges Vertrauen des Einzelnen anzuerkennen, dass sich rechtliche Rahmenbedingungen, auf die er sich eingestellt hat, nicht nachträglich zu seinen Ungunsten verändern.[42]

Insofern wäre es bereits auf den ersten Blick nicht unproblematisch, wenn eine Reform wie die hier diskutierte auch Kreditsicherheiten beträfe, die vor deren Inkrafttreten bestellt wurden. In der Sache würde es sich hierbei um eine sog. *unechte Rückwirkung* handeln, da die Regelung nicht nachträglich in einen bereits vollständig abgewickelten Tatbestand eingriffe (sog. echte Rückwirkung), sondern für die Zukunft auf die (künftigen) Rechte aus dem Sicherungsvertrag bzw. der Sicherheit einwirken würde.[43] Eine solche ist grundsätzlich zulässig, soweit nicht ausnahmsweise das Vertrauen des Betroffenen in den unveränderten Bestand der Rechtsposition die mit der Veränderung verfolgten Gemeinwohlbelange überwiegt.[44]

Anzuerkennen ist insoweit, dass der Sicherungsnehmer regelmäßig auf Grundlage der Erwartung disponiert haben wird, bei der Befriedigung aus dem belasteten Gegenstand nicht durch andere Gläubiger verdrängt zu werden. Zugleich ist aber bereits nach der *lex lata* durch die Bestellung einer Kreditsicherheit selbst bei Werthaltigkeit des Sicherungsguts *ex ante* keine vollständige Befriedigung gesichert, da sich das Sicherungsgut zwischenzeitlich verschlechtern oder untergehen kann. Ein Sicherungsnehmer kann daher ohnehin nicht uneingeschränkt auf die Sicherung seiner Befriedigungsaussichten vertrauen. Weiterhin wäre die Eingriffsintensität regelmäßig relativ gering und der Eingriff würde gewichtigen Allgemeinwohlbelangen dienen.

Gleichwohl scheint die Einführung einer vorrangigen Sicherheit für Geber von Sanierungskrediten, die auch zulasten bereits zuvor erworbener Siche-

---

[40] Siehe die Nachweise in Fn. 15.
[41] von Münch/Kunig/*Bryde/Wallrabenstein*, Art. 14 GG Rn. 109; Dreier/*Wieland*, Art. 14 GG Rn. 128; Dürig/Herzog/Scholz/*Papier/Shirvani*, Art. 14 GG Rn. 440.
[42] Vgl. Dürig/Herzog/Scholz/*Grzeszick*, Art. 20 GG VII, Rn. 72 f.; Sachs/*Sachs*, Art. 20 GG Rn. 131; Dreier/*Schulze-Fielitz*, Art. 20 GG Rechtsstaat Rn. 146 ff.
[43] *Parzinger*, Fortführungsfinanzierung, S. 271 f.; grundsätzlich zur Unterscheidung etwa Dreier/*Schulze-Fielitz*, Art. 20 GG Rechtsstaat Rn. 154 ff.
[44] Dürig/Herzog/Scholz/*Papier/Shirvani*, Art. 14 GG Rn. 442.

rungsrechte wirkte, ohne Ausgleich mit Art. 14 Abs. 1 S. 1 GG kaum vereinbar.[45] Insbesondere scheinen die durch eine rückwirkende Gesetzesänderung eintretenden Veränderungen mit den bereits *de lege lata* bestehenden Risiken des Untergangs oder der Verschlechterung des Sicherungsguts nicht vergleichbar. Letztere kann der Sicherungsnehmer bei seiner Finanzierungsentscheidung ohne Weiteres einpreisen oder er kann Vorkehrungen gegen deren Eintritt treffen. Das ist für künftige, noch ungewisse Gesetzesreformen kaum möglich, ohne die Kreditsicherheit insgesamt in Frage zu stellen. Denn es wäre schon nicht absehbar, ob, in welcher Art und Weise und in welcher Intensität eine solche Veränderung erfolgt. Nimmt man die Funktion des verfassungsrechtlichen Eigentumsschutzes[46] in den Blick, wird deutlich, dass derartige rückwirkende Änderungen mit diesem nicht in Einklang zu bringen sind: Ist für einen Sicherungsnehmer bei Bestellung der Sicherheit nicht vorhersehbar, inwiefern diese im Insolvenzfall Wirkung entfalten kann, weil auch rückwirkende Veränderungen der Regelungsstruktur möglich sind, vermögen diese Sicherheiten auch keinen „Freiheitsraum im vermögensrechtlichen Bereich"[47] zu sichern und werden ihrer Funktion insgesamt beraubt. Die Einführung eines Vorrechts, das auch gegenüber Sicherheiten vorrangig ist, die vor einer dahingehenden Gesetzesreform begründet wurden, scheint daher ohne Ausgleich der resultierenden Einschnitte vor Art. 14 Abs. 1 GG kaum begründbar.

3. Die Stellung der übrigen Gläubiger

Verfassungsrechtlich relevant wäre aber auch die Einführung eines „Supervorrangs" der Sanierungskreditgeber vor den übrigen Massegläubigern sowie die Einordnung bisheriger Masseforderungen als einfache Insolvenzforderungen. Hierdurch würden die Forderungen der betroffenen Gläubiger allgemein bzw. im Fall der Masseunzulänglichkeit entwertet, weshalb hier gleichfalls der Schutzbereich von Art. 14 Abs. 1 GG betroffen würde.[48] Als Abwehrrechte des Einzelnen gegen den Staat sind diese für die denkbaren Beschneidungen von Steuerverbindlichkeiten hingegen von vornherein bedeutungslos. Soweit jedoch ein Eingriff in von Art. 14 Abs. 1 S. 1 GG geschützte Positionen vorläge, würde es sich um einen Eingriff in Gestalt einer Inhalts- und Schrankenbestim-

---

[45] Vgl. *Drobnig*, ZGR 1986, S. 252, 275: Verfassungsmäßigkeit der Reformvorschläge der Insolvenzrechtskommission nur mit Übergangsvorschriften; ebenso *Bundesministerium der Justiz*, Erster Bericht, S. 302; siehe auch *Parzinger*, Fortführungsfinanzierung, S. 271 f., der zwar eine Umgestaltung auch für die Vergangenheit für zulässig hielte, aber allgemein einen Ausgleich der Einschnitte für verfassungsrechtlich geboten hält.
[46] Vgl. hierzu bereits oben, 6. Kapitel, A.I.1.a).
[47] Siehe die Nachweise in Fn. 14.
[48] Vgl. zum Schutz einfacher Forderungen als Eigentum i.S.d. Art. 14 Abs. 1 GG BVerfGE 45, 142, 179; 70, 278, 285 und oben, 6. Kapitel, A.I.1.a), insbesondere Fn. 9.

mung handeln.⁴⁹ Stellt man das zu den Eingriffen in die Position der Sicherungsnehmer Gesagte in Rechnung, bestehen aber auch insoweit keine ernsthaften Zweifel an der Begründbarkeit dieser Einschränkungen.

Diese dienten auch hier über den Unternehmenserhalt gewichtigen Gemeinwohlbelangen. Jedenfalls bei einem Supervorrang schiene auch die Eingriffsintensität gering. Dieser wirkte sich zulasten der übrigen Gläubiger und deren grundrechtlich geschützter Positionen nur aus, wenn tatsächlich eine Masseunzulänglichkeit einträte, nach dem ein privilegierter Kredit im Rahmen eines eröffneten Verfahrens ausgereicht wurde. In aller Regel würde sich die Position der übrigen Gläubiger durch einen Supervorrang also gar nicht verändern. Der Eingriff in die Position der Massegläubiger schiene daher, stellt man die beschriebene Gemengelage⁵⁰ in Rechnung, nicht unverhältnismäßig.

Größer stellt sich die Eingriffsintensität für Beschränkungen der Masseverbindlichkeiten dar. Die ausgegrenzten „unnützen" Gläubiger hätten – anders als bei einem Supervorrang – ausnahmslos mit einem erheblichen Ausfall zu rechnen, weil sie statt des Nominalwerts ihrer Forderung nun nur noch als einfache Insolvenzgläubiger quotal befriedigt würden. Dahinter stünde jedoch auch insofern das Anliegen, diesen Verteilungskonflikt, in welchem die Bevorzugung einer Gläubigergruppe sich notwendig nachteilig auf andere Gläubiger auswirkt, in einer Weise auszugestalten, die den Erhalt von Unternehmen und den damit verbundenen Arbeitsplätzen auch dort ermöglicht, wo dieser sonst an der Zurückhaltung potentieller Kreditgeber scheiterte. Relevant scheint weiterhin, dass auch die ausgegrenzten Gläubiger im Erfolgsfall wieder mit verbesserten Befriedigungsaussichten rechnen könnten. Beherzigt man dies, scheint der Eingriff auch insoweit nicht unverhältnismäßig.

II. Die Bevorrechtigung von Sanierungsfinanzierern als Gleichheitsverstoß?

Auch das französische *privilège de conciliation* ist nicht von verfassungsrechtlich motivierten Angriffen verschont geblieben und wurde vor dem *Conseil constitutionnel* – erfolglos – angegriffen, weil es eine gleichheitswidrige Bevorzugung der vom Privileg erfassten Gläubiger konstituiere und daher gegen das verfassungsrechtliche Gleichheitsprinzip⁵¹ verstoße. Vorgebracht wurde, dass durch das Privileg gleiche Situationen ungleich behandelt würden, ohne dass dies mit Rücksicht auf den Gesetzeszweck durch das *interêt général* ge-

---

⁴⁹ Vgl. oben, 6. Kapitel, A.I.1.b).
⁵⁰ Siehe oben, 6. Kapitel, A.I.1.b).
⁵¹ Resultierend aus Art. 6 der *Declaration des Droits de l'homme et du citoyen du 26 août 1789*: „La Loi est l'expression de la volonté générale. Tous les citoyens ont droit de concourir personnellement, ou par leurs Représentants, à sa formation. Elle doit être la même pour tous, soit qu'elle protège, soit qu'elle punisse. Tous les citoyens étant égaux à ses yeux sont également admissibles à toutes dignités, places et emplois publics, selon leur capacité, et sans autre distinction que celle de leurs vertus et de leurs talents."

A. Verfassungsrechtliche Zulässigkeit

boten sei.[52] Dem ist jedoch von *Conseil constitutionnel* und Literatur entgegengehalten worden, dass sich Gläubiger, die in der Phase der *conciliation* einen neuen Kredit gewährten, und solche, die vom *privilège de conciliation* nicht erfasst würden, bereits nicht in vergleichbaren Situationen befänden.[53] Denn nur erstere gingen bewusst ein besonderes Risiko ein, indem sie einem insolvenzgefährdeten Unternehmen weiter Kredit gewährten.[54] Mit Rücksicht auf das gesetzgeberische Ziel, Gläubigern einen Anreiz zu setzen, an der Sanierung des Unternehmens durch einen neuen Beitrag positiv mitzuwirken und derartige Risiken einzugehen,[55] liege in dieser Differenzierung daher kein verfassungswidriger Gleichheitsverstoß.[56] Entsprechend dieser Argumentation lässt sich auch für das deutsche Recht die Frage aufwerfen, ob Bevorrechtigungen von Sanierungsfinanzierern einen Verstoß gegen das Gleichheitsprinzip des Art. 3 Abs. 1 GG begründen würden.

Ob man entsprechend dem in der französischen Diskussion vorgebrachten Ansatz auch im Kontext von Art. 3 Abs. 1 GG einen Gleichheitsverstoß schon deshalb ausschließen kann, weil in den Gebern neuer Kreditmittel und den übrigen vorinsolvenzlichen Gläubigern von vornherein keine vergleichbaren Gruppen zu sehen seien, ist zweifelhaft.[57] Für beide Gruppen besteht grundsätzlich das gleiche Risiko, das verbindendes Merkmal *aller* vorinsolvenzlichen Gläubiger ist, dass der Schuldner künftig nicht in der Lage sein wird, ihre Forderungen zu befriedigen. Wenn überhaupt, ließe sich sagen, dass dieses Risiko bei Geldkreditgebern im Allgemeinen besonders stark ausgeprägt ist, weil diese sich nicht wie die meisten übrigen Gläubiger durch einen Rückgriff auf Zurückbehaltungsrechte hiervor schützen können.

Diese Ungleichbehandlung diente mit der Förderung des Unternehmenserhalts aber ebenso wie der Eingriff in Art. 14 Abs. 1 S. 1 GG einem legitimen Ziel des Allgemeinwohls, wäre hierfür geeignet, erforderlich und auch angemessen, weil nicht erkennbar ist, dass dieser Vorrang zur Förderung des verfolgten Ziels völlig ungeeignet wäre, ein milderes, gleich geeignetes Mittel

---

[52] *Conseil constitutionnel*, n°2005-522 DC, 22.07.2005, Rn. 3 f.; vgl. zu dieser Argumentation auch *Reygrobollet*, LPA 17.02.2006, S. 58, 59, Rn. 8; *Schoettl*, LPA 04.08.2005, S. 14, I.A.

[53] Vgl. *Conseil constitutionnel*, n°2005-522 DC, 22.07.2005, Rn. 5; *Chapon-Le Brethon*, Égalité, Rn. 325, S. 204; *Reygrobollet*, LPA 17.02.2006, S. 58, 59, Rn. 10; *Schoettl*, LPA 04.08.2005, S. 14, I.A.

[54] *Conseil constitutionnel*, n°2005-522 DC, 22.07.2005, Rn. 5; *Chapon-Le Brethon*, Égalité, Rn. 325, S. 204; *Reygrobollet*, LPA 17.02.2006, S. 58, 59, Rn. 10; *Schoettl*, LPA 04.08.2005, S. 14, I.A.

[55] *Conseil constitutionnel*, n°2005-522 DC, 22.07.2005, Rn. 5.

[56] *Conseil constitutionnel*, n°2005-522 DC, 22.07.2005, Rn. 7.

[57] Ohnehin ist heftig umstritten, ob im Rahmen von Art. 3 Abs. 1 GG eine solche „Vorauswahl" vergleichbarer Gruppen überhaupt erfolgen sollte, ablehnend etwa BeckOK-GG/*Kischel*, Art. 3 Rn. 18.

auch insoweit nicht ersichtlich ist und diese Ungleichbehandlung auch nicht außer Verhältnis zu den verfolgten Zielen steht.

Eine Ungleichbehandlung in diesem Sinn entstünde auch bei einer differenzierenden Behandlung innerhalb der Gruppe der Gläubiger, die ihre Forderungen gegen den Schuldner nach Eröffnung eines Insolvenzverfahrens erworben haben und die sich hiernach grundsätzlich in einer vergleichbaren Situation befänden. Für problematisch halten könnte man die hier erwogene Differenzierung, die sowohl bei einem „Supervorrang" als auch bei einer Ausgrenzung bestimmter Forderungen aus dem Kreis der Masseforderungen im Kern auf eine Unterscheidung nach der Nützlichkeit der Forderungen für den Unternehmenserhalt herausliefe, weil sie mit dem primären Verfahrensziel des Unternehmenserhalts nur mittelbar verbunden ist.[58] Diese Differenzierung ist jedoch jedenfalls mit dem Ziel des Unternehmenserhalts (auch) im Allgemeininteresse sachlich begründbar und stellt auch keinen vollständigen Bruch mit dem Ziel der Gläubigerbefriedigung dar, weil durch eine hierdurch ermöglichte erfolgreiche Sanierung auch die Interessen der verdrängten Gläubiger wiederhergestellt würden. Demnach schiene auch diese Differenzierung nicht gleichheitswidrig.

III. Ergebnis

Verfassungsrechtliche Bedenken bestehen gegen die Einräumung der diskutierten Vorrechte für Kreditgeber, soweit diese nur für die Zukunft erfolgen, demnach nicht. Insbesondere löste deren Einführung grundsätzlich keine Ausgleichspflicht zugunsten der im Rang verdrängten gesicherten Gläubiger aus. Anders ist das nur, soweit ein Vorrang vor gesicherten Gläubiger auch Sicherheiten betreffen sollte, die vor einem entsprechenden Reformgesetz bestellt wurden. Insofern schiene ein Ausgleich der Beeinträchtigung verfassungsrechtlich geboten. Die unterschiedlichen Verfahrenszwecke sind damit für die Frage nach der verfassungsrechtlichen Begründbarkeit dieser Vorrechte – jedenfalls im Ergebnis – nur von nachgeordneter Bedeutung.

---

[58] Vgl. zum Topos der Folgerichtigkeit bzw. der Systembindung im Gefüge von Art. 3 Abs. 1 GG und der ablehnenden Haltung des BVerfG, hieraus an sich einen Gleichheitsverstoß abzuleiten, BeckOK-GG/*Kischel*, Art. 3 Rn. 95 ff.; ausdrücklich im Sinne einer Deckungsgleichheit von Folgerichtigkeit und den Anforderungen von Art. 3 Abs. 1 GG, BVerfGE 149, 127, 153, Rn. 70; ähnlich BVerfGE 118, 1, 28; weiter gehend *Lepa*, Verfassungsrecht, S. 176 f., 263, die aus einer „Systemwidrigkeit" ein Indiz für einen Gleichheitsverstoß ableiten will, das aber durch das Vorliegen plausibler Gründe für die Differenzierung entkräftet werden könne.

B. Gläubigergleichbehandlung und Verfahrenszweck

Näher liegt eine Relevanz der unterschiedlichen Verfahrenszwecke aber beim Grundsatz der Gläubigergleichbehandlung. Trotz der kaum zu überblickenden Vielzahl an Befriedigungsvorrechten wird auch in Frankreich nach wie vor verbreitet der Stellenwert der Gläubigergleichbehandlung als zentrales Prinzip des Insolvenzrechts hervorgehoben.[59] Das wirft die Frage auf, wie dies in Frankreich miteinander in Einklang gebracht wird,[60] während man das *prima facie* gleiche Prinzip in Deutschland, das sowohl in Deutschland als auch in Frankreich verschiedentlich auf das römische Recht zurückgeführt wird,[61] verbreitet als Bollwerk gegen jegliche Privilegierung von Gläubigern in der Insolvenz in Stellung bringt. Daran schließt sich die Folgefrage an, ob Erklärungsansätze des französischen Rechts auch für die deutsche Diskussion fruchtbar gemacht werden können. Der Bezug dieses Grundsatzes zur Gläubigerbefriedigung und allgemein zu den Gläubigerinteressen legt dabei jedoch die Vermutung nahe, dass die unterschiedliche Gewichtung der Gläubigerinteressen in den beiden Rechtsordnungen auch Auswirkungen auf Bedeutungsgehalt oder Relevanz dieses auf den ersten Blick identischen Grundprinzips hat.

---

[59] *Chapon-Le Brethon*, Égalité, Rn. 215, S. 139: „L'égalité entre créanciers constitue la ‚pierre angulaire' des procédures collectives […]."; zum Recht von 1985 bzw. 1994 *Pollaud-Dulian*, JCP G 1998, I-138, Rn. 30 f.: „balise dans la tempête", „l'âme du violon"; *Derrida/Godé/Sortais*, Redressement, Rn. 544, S. 412. Auch die *Cour de Cassation* greift regelmäßig auf dieses Prinzip zurück, vgl. statt vieler *Cass. civ. 1re,* 24.10.2019, n° 18-22.549; *Cass. com.*, 03.04.2019, n° 18-11.281, beschränkt dessen Geltungsbereich bisweilen aber ausdrücklich auf die Gruppe der *créanciers chirographaires*, so etwa *Cass. civ. 1re,* 24.10.2019, n° 18-22.549; *Cass. com.*, 17.10.2018, n° 17-10.522; 12.05.2009, n° 08-11.421; ebenso *Bougerol-Prud'homme*, Exclusivité, Rn. 89, S. 71; *Pérochon*, Entreprises en difficulté[10], Rn. 3; etwas offener jetzt *Pérochon*, Entreprises en difficulté, Rn. 3

[60] Vgl. die Kritik bei *M. Cabrillac*, Mélanges Breton/Derrida, S. 31, 33 f., Rn. 6, der von einer „[…] religion du privilège peu conciliable avec l'existence d'un principe d'égalité qui s'étendrait à tous les créanciers" spricht.

[61] Für Frankreich etwa *Leguevaques*, GP 2002, S. 162, 162 ff.; *Chapon-Le Brethon*, Égalité, Rn. 72 f., S. 48 f.; *Viala*, Égalité, Rn. 11 f., S. 13 ff. Für das deutsche Recht etwa *Merle*, Insolvenzzwecke, S. 235; *Thole*, Gläubigerschutz, S. 61; sehr zurückhaltend zur Rückführung der Gläubigergleichbehandlung im heutigen Sinn auf das römische Recht *Klinck*, Insolvenzanfechtung, S. 3 ff.; *J. F. Hoffmann*, Prioritätsgrundsatz, S. 5; in diesem Sinn auch *Guski*, Sittenwidrigkeit, S. 109 ff.

I. Stand der Diskussion in Frankreich

1. Pragmatismus vor 1985

Mit Blick auf die grundsätzliche Einordnung und Haltung gegenüber dem Grundsatz der Gläubigergleichbehandlung, dessen positive Verankerung man allgemein in Art. 2285 C.C. (Art. 2093 C.C. a.F.) erblickt,[62] ist bereits vor der (konsequenten) Ausrichtung des Insolvenzrechts auf Belange des Gemeinwohls, d.h. vor den Reformen von 1985,[63] eine pragmatisch zweckorientierte und differenzierte Handhabung zu erkennen.

So hat namentlich *Vasseur* lange vor den Reformen von 1967, mithin in einem Zeitpunkt, in dem das französische Insolvenzrecht noch ganz überwiegend Vollstreckungsrecht war,[64] die Grundlage der Gläubigergleichbehandlung in der Ermöglichung bzw. der Förderung der Kreditvergabe erblickt.[65] In der Sache handelt es sich nach diesem also um ein bloßes Gebot wirtschaftlicher Zweckmäßigkeit. Dass die Gläubigergleichbehandlung die Kreditvergabe fördere, ergebe sich daraus, dass Gläubiger bei deren Geltung zumindest mit einer partiellen Befriedigung rechnen und nicht von wachsameren Gläubigern verdrängt werden könnten.[66] Freilich werde sich kein Kreditgeber durch die Aussicht auf eine bestenfalls bruchteilhafte Befriedigung zu einer Kreditierung ermutigt sehen.[67] Die Bedürfnisse des Kreditwesens erforderten es daher zugleich, dass bestimmten Gläubigern eine bevorzugte Stellung eingeräumt wird, so dass die Kreditförderung zugleich Grundlage und Grenze der Gleichbehandlung sei.[68] Die Bevorzugung einzelner Gläubiger, die zu einer Stärkung der Kreditwürdigkeit gegenüber den privilegierten Gläubiger führen würde, schwäche aber zugleich die allgemeine Kreditwürdigkeit des Schuldners.[69] Entsprechend dieser Grundhaltung wurde auch unter Geltung des Rechts von 1967 gefordert, die Gleichbehandlung dürfe nicht „*dogme absolu*"[70] sein; erforderlich sei vielmehr ein Interessenausgleich zwischen den Belangen von gesicherten und ungesicherten Gläubigern.[71] Dabei könne eine Ungleichbehand-

---

[62] *Nemedeu*, RTDCom. 2008, S. 241, 245, Rn. 17; *Leguevaques*, GP 2002, S. 162, 165; *Vasseur*, Égalité, Rn. 3, S. 12 f.

[63] Hierzu bereits oben, 2. Kapitel, B.I.,II.

[64] Siehe oben, 2. Kapitel, B.I.

[65] *Vasseur*, Égalité, Rn. 5, S. 17 ff.; ebenso *Derrida*, Études Rodière, S. 67, 71 ff.

[66] *Vasseur*, Égalité, Rn. 5, S. 17.

[67] *Vasseur*, Égalité, Rn. 5, S. 17; *Chapon-Le Brethon*, Égalité, Rn. 112, S. 73.

[68] *Vasseur*, Égalité, Rn. 5, S. 18; vgl. die Kritik bei *M. Cabrillac*, Mélanges Breton/ Derrida, S. 31, 36, Rn. 14, der diesen „negativen" Aspekt der Gleichbehandlungsthese *Vasseurs*, auf den er sich wohl bezieht, aber außer Betracht lässt und diese Fundierung daher zurückweist; siehe hierzu auch *Chapon-Le Brethon*, Égalité, Rn. 112, S. 73 f.

[69] *Vasseur*, Égalité, Rn. 5, S. 19.

[70] *Reymond de Gentile*, Égalité, Rn. 348, S. 216.

[71] *Reymond de Gentile*, Égalité, Rn. 348, S. 216.

lung zugunsten gesicherter Gläubiger durchaus den Interessen der ungesicherten Gläubiger entsprechen, wenn eine solche Differenzierung Voraussetzung des Fortbestehens des Unternehmens sei.[72]

2. „Désacralisation"[73] des Grundsatzes nach 1985

Waren demnach bereits bevor das französische Insolvenzrecht konsequent in den Dienst der Verfolgung von Gemeinwohlbelangen gestellt wurde Tendenzen zur pragmatischen Handhabung dieses Grundsatzes erkennbar, ist wenig verwunderlich, dass diese sich seither noch verstärkt haben und die *„désacralisation"*[74] dieses Prinzips gefordert wurde.[75] Teilweise geht man sogar so weit, den Übergang zu einem Prinzip der Ungleichbehandlung zu fordern, weil die Gleichbehandlung aufgrund der Ausrichtung des Verfahrens auf Gemeinwohlbelange kein geeignetes Regelungsprinzip mehr darstelle.[76]

Verbreitet wird heute daher auch hervorgehoben, dass die Gleichbehandlung der Gläubiger in den modernen Verfahren kein Ziel, sondern nur *Instrument* zur Verwirklichung des übergeordneten Sanierungsziels sein könne und daher nur noch dort verwirklicht werde, wo dies das Sanierungsziel nicht störe.[77] Auch entspricht es wohl allgemeiner Auffassung, dass die Gleichbehandlung in diesem Kontext keine *„égalité niveleuse"*[78] bedeuten könne, die alle Gläubiger derselben Behandlung unterwerfe.[79] Zulässig und geboten seien vielmehr differenzierte Behandlungen, soweit die unterschiedlichen Gläubiger sich mit Rücksicht auf das Gesetzesziel bereits in nicht vergleichbaren Positionen befänden (*„égalité matérielle"*).[80] Darüber hinaus könnten auch Belange des Allgemeinwohls (*interêt général*), das mit dem Unternehmenserhalt deckungs-

---

[72] *Reymond de Gentile*, Égalité, Rn. 348, S. 216.

[73] Zuerst *M. Cabrillac*, Mélanges Breton/Derrida, S. 31, 39, Rn. 22; ebenso *Nemedeu*, RTDCom. 2008, S. 241, 249, Rn. 37.

[74] *M. Cabrillac*, Mélanges Breton/Derrida, S. 31, 39, Rn. 22; *Nemedeu*, RTDCom. 2008, S. 241, 249, Rn. 37.

[75] *M. Cabrillac*, Mélanges Breton/Derrida, S. 31, 37, Rn. 16: „[…] [L]'égalité entre les créanciers est peut-être moins un grand principe qu'un expédient."; *Nemedeu*, RTDCom. 2008, S. 241, 249, Rn. 37, S. 265 ff., Rn. 107 ff.

[76] *Nemedeu*, RTDCom. 2008, S. 241, 264 ff., Rn. 107 ff.

[77] *Zerbo*, Privilèges, Rn. 57, S. 52; *Viala*, Égalité, Rn. 21, S. 20 f., Rn. 790, S. 402; *Pollaud-Dulian*, JCP G 1998, I-138, 969, 972, Rn. 19.

[78] *Pollaud-Dulian*, JCP G 1998, I-138, Rn. 24.

[79] *Pollaud-Dulian*, JCP G 1998, I-138, Rn. 24; *Lucas*, BJE novembre-décembre 2019, S. 78, 78 f.; *A. Aynès,* BJE novembre-décembre 2019, S. 52, 53; *Boustani*, Les créanciers postérieurs, Rn. 636, S. 346 f.

[80] *Chapon-Le Brethon*, Égalité, Rn. 99 ff., S. 64 ff.; vgl. *Lucas*, BJE novembre-décembre 2019, S. 78, 80; *A. Aynès,* BJE novembre-décembre 2019, S. 52, 54.

gleich sei,[81] differenzierende Behandlungen erfordern,[82] so dass die Interessen der einzelnen Gläubiger durch die verfolgten Gemeinwohlbelange überlagert würden.[83] Dementsprechend besteht heute weitgehende Einigkeit, dass der Grundsatz der Gläubigergleichbehandlung, soweit man diesen nicht ohnehin für einen „Mythos"[84] oder gegenstandslos hält,[85] entsprechenden Differenzierungen nicht entgegensteht. Im Sinne einer formellen Gleichbehandlung sei die Gläubigergleichbehandlung heute vor allem als organisatorische und verfahrenssichernde Regel und weniger als Verteilungsregel von Bedeutung.[86]

3. Übertragbarkeit ins deutsche Recht?

Dieses Ergebnis wirft die Frage auf, ob – trotz der Unterschiede in der Ausrichtung der Verfahren – eine Übertragung dieser Argumentationsmuster ins deutsche Recht möglich ist und auf dieser Grundlage Privilegierungen auch im deutschen Recht begründbar sein können.

a) Ungleichbehandlung von Ungleichem?

Die These, Ungleichbehandlungen, die Ausdruck einer *égalité matérielle* seien, bildeten schon keine rechtfertigungsbedürftige Abweichung vom Grundsatz der Gläubigergleichbehandlung, entspricht in der Sache dem auch in der deutschen Diskussion genutzten Topos, Gleiches sei gleich, Ungleiches aber ungleich zu behandeln.[87] Was gleich und was ungleich ist, lässt sich aber nicht

---

[81] *Chapon-Le Brethon*, Égalité, Rn. 205 f., S. 130 f.; Rn. 371, S. 233; vgl. auch *Zerbo*, Privilèges, Rn. 160, S. 168.

[82] Deutlich etwa *Bourassin/Brémond*, Droit des sûretés, Rn. 622: „[...] [L]'impératif de justice distributive commande d'accorder des faveurs aux contractants victimes d'une certaine violence économique et sociale."; *Boustani*, Les créanciers postérieurs, Rn. 638, S. 347 f.; *Chapon-Le Brethon*, Égalité, Rn. 371 ff., S. 233 ff.

[83] Vgl. *Nemedeu*, RTDCom. 2008, S. 241, 270 Rn. 124.

[84] *Coudert*, LPA 26.08.1992, S. 12, 15.

[85] Besonders weitgehend *Nemedeu*, RTDCom. 2008, S. 241, 265 ff., Rn. 109 ff., der die Gläubigergleichbehandlung als leere Hülle („coquille vide", Rn. 37, S. 249) beschreibt; vgl. auch *M. Cabrillac*, RabelsZ 44 (1980), S. 737, der die Gläubigergleichbehandlung schon unter Geltung des Rechts von 1967 als „règle [...] tout à fait illusoire" bezeichnete.

[86] Vgl. zu dieser Unterscheidung, die insbesondere daraus abgeleitet wird, dass das heutige französische Insolvenzrecht – anders als vor allem vor 1967 – sämtliche, d.h. auch gesicherte Gläubiger in das Verfahren einbezieht und diese etwa Zahlungs- und Zwangsvollstreckungsverboten unterwirft, worin eine verfahrensrechtliche Gleichbehandlung zu erkennen sei, *Nemedeu*, RTDCom. 2008, S. 241, 248, Rn. 30, S. 249, Rn. 39 ff.; *Chapon-Le Brethon*, Égalité, Rn. 221 ff., S. 143 ff.; vgl. auch *Viala*, Égalité, Rn. 34, S. 37

[87] Insbesondere *Baur/Stürner*, Insolvenzrecht, Rn. 5.37; *Gassert-Schumacher*, Privilegien, S. 326 f.; *Henckel*, FS Uhlenbruck, S. 19, 30; *Eidenmüller*, Unternehmenssanierung, S. 24; gegen eine Reduktion von „Gleichheit und Gerechtigkeit" auf eine formale Gleichheit *Stürner*, ZZP 94 (1981), S. 263, 269.

B. Gläubigergleichbehandlung und Verfahrenszweck 373

allgemein, sondern nur vor dem Hintergrund des Regelungszusammenhangs und dem verfolgten Regelungsziel beantworten.[88] Das mit dem jeweiligen Insolvenzrecht verfolgte Ziel ist hierfür also von entscheidender Bedeutung.[89]

Unter diesem Blickwinkel scheint es für das französische Recht durchaus naheliegend, Gläubiger, deren Beiträge für die Sanierung des Unternehmens von Vorteil sind, anders zu behandeln als solche, bei denen das nicht der Fall ist.[90] Ziel des deutschen Insolvenzrechts ist aber gerade nicht die Sanierung an sich, sondern die Befriedigung der Gläubiger.[91] Die Begründung eines Privilegs, die sich darauf stützt, die privilegierten Gläubiger befänden sich in einer ungleichen Situation, weil sie für die Verwirklichung der Verfahrenszwecke nützlicher sind, müsste sich demnach darauf stützen, dass der Beitrag dieser Gläubiger für die Gläubigerbefriedigung insgesamt nützlicher ist als jene der „normalen" Insolvenzgläubiger. Das wird man nur für solche Forderungen behaupten können, die insgesamt dem Interesse der Gläubigergesamtheit dienen.[92] Es könnten also auch Beiträge, die den Unternehmenserhalt fördern sollen, nicht *per se,* sondern nur, wenn sie im Interesse der Gläubigergesamtheit liegen, privilegiert werden. Dieser Topos kann im deutschen Recht also nicht in gleicher Weise wie im französischen Recht herangezogen werden, um Abweichungen von der Gleichbehandlung zu begründen, mit denen der Unternehmenserhalt gefördert werden soll.

Es ist aber ohnehin sehr zweifelhaft, ob die Regel, Gleiches gleich und Ungleiches ungleich zu behandeln, eine taugliche Leitlinie für den Gesetzgeber sein kann. Will man den Grundsatz der Gläubigergleichbehandlung als differenzierende Regel verstehen, in deren Rahmen jedem das Seine zukommen bzw. Gleiches gleich und Ungleiches ungleich behandelt werden soll, wird zur entscheidenden Frage, was „das Seine" bzw. was „gleich" ist. Das ist aufgrund des hohen Abstraktionsgrades aber nur schwer zu beantworten, so dass es bereits praktisch kaum möglich ist, aus derartigen Losungen verbindliche Ergebnisse betreffend die Behandlung verschiedener Gläubiger abzuleiten.[93] Bester Beweis für die Untauglichkeit dieses Topos zur Herleitung und Begründung

---

[88] Vgl. *Henckel,* FS Uhlenbruck, S. 19, 30: „Eine rechtspolitische Frage, aber auch eine Frage gerechter Verteilung von Risiken und Chancen ist es, was als gleich und was als ungleich angesehen wird."

[89] Siehe insbesondere *Chapon-Le Brethon,* Égalité, Rn. 100 ff., S. 65 ff.

[90] Siehe etwa *Chapon-Le Brethon,* Égalité, Rn. 325, S. 203 f. Rn. 344 ff., S. 215 ff.; vgl. auch *Nemedeu,* RTDCom. 2008, S. 241, 249, Rn. 37, S. 265 ff., Rn. 109 ff.

[91] Siehe oben, 2. Kapitel, A.II.

[92] Vgl. zu diesem Topos *J. F. Hoffmann,* Prioritätsgrundsatz, S. 210, 383.

[93] Vgl. *Spitzer,* Aussonderung, S. 144; *Klinck,* Insolvenzanfechtung, S. 60 f., Fn. 124; vgl. *Nemedeu,* RTDCom. 2008, S. 241, 243, Rn. 7: „Le concept d'égalité permet souvent de dire tout et son contraire […]."; siehe auch *M. Cabrillac,* Mélanges Breton/Derrida, S. 31, 32, Rn. 2: „En effet l'égalité entre les créanciers est traitée comme une auberge espagnole où chacun apporte ce qu'il veut y trouver […]."

konkreter, trennscharfer Ergebnisse sind die drastisch auseinandergehenden Ergebnisse, die man auf dieser Grundlage zu finden meint: Während die einen hieraus ein Differenzierungsgebot des Gesetzgebers zugunsten der Kreditgeber ableiten wollen, das jeden „Eingriff" in deren Stellung verbiete,[94] wollen andere diesen in der Sache auf eine bloße Willkürkontrolle beschränken, so dass etwa auch sozialpolitisch motivierte Abweichungen zulässig wären,[95] während wieder andere dies ganz gegenteilig im Sinne eines grundsätzlichen Differenzierungsverbots verstanden wissen wollen.[96]

Neben dieses praktische Problem treten theoretische Schwierigkeiten: Zu erkennen ist, dass solche Formeln für die Beantwortung dieser eigentlichen Frage nichts hergeben; was „das Seine" ist, das jedem zustehen soll, ist letztlich nur unter Rückgriff auf die geltende Rechtsordnung zu beantworten.[97] Damit läuft diese Formel im Kern auf die tautologische Affirmation heraus, dass jedem das zukommen soll, was ihm nach der geltenden Rechtsordnung zusteht.[98] Für die Verteilung im Insolvenzverfahren bedeutete das also, dass Gläubiger, denen *nach der geltenden Rechtsordnung* „mehr" zusteht, auch mehr erhalten, d.h. unterschiedlich behandelt werden müssten.[99] Weil diesen Formeln also kein über das geltende Recht hinausgehender, absoluter Bedeutungsgehalt zukommt,[100] scheinen diese kaum tauglich, um hieraus Handlungsanweisungen an den Gesetzgeber abzuleiten[101] und können daher auch keine Fundierung eines allgemeinen, überpositiven Prinzips der Gläubigergleichbehandlung bilden.

Die Abhängigkeit dieser Formeln von der *lex lata* lässt sich gerade am Beispiel des französischen Insolvenzrechts aufzeigen. Dort ist man *heute* aufgrund der wirtschafts- und sozialpolitischen Zielsetzung der Insolvenzverfahren allgemein der Auffassung, dass eine nach der Nützlichkeit ihrer Beiträge für das Verfahrensziel des Unternehmenserhalts differenzierende Behandlung der Gläubiger jedenfalls legitim sei.[102] Eine solche Differenzierung bedeutete im Kontext des geltenden deutschen Rechts hingegen einen erheblichen sys-

---

[94] In diese Richtung *Tilgner*, Restrukturierung, S. 341, offener aber S. 179.
[95] Vgl. *Gassert-Schumacher*, Privilegien, S. 325 ff.
[96] Vgl. *Adam*, DZWiR 2009, S. 441, 442 f.
[97] *Kelsen*, Gerechtigkeit, S. 23, 25; *Kelsen*, Reine Rechtslehre, S. 366 f.; *Westen*, Harvard Law Review 95 (1982), S. 537, 556 f.; ausdrücklich auch *Chapon-Le Brethon*, Égalité, Rn. 52, S. 35, Rn. 101 ff., S. 65 ff.
[98] Siehe *Kelsen*, Reine Rechtslehre, S. 366; *Kelsen*, Gerechtigkeit, S. 23, der noch weiter gehend der Auffassung ist, einer solchen Formel komme überhaupt kein Aussagegehalt zu; kritisch hierzu *Honsell*, Gerechtigkeit, S. 24 f., Fn. 55.
[99] *Gassert-Schumacher*, Privilegien, S. 326 f.
[100] *Kelsen*, Gerechtigkeit, S. 24; *Kelsen*, Reine Rechtslehre, S. 367; vgl. auch *Spitzer*, Aussonderung, S. 144.
[101] Vgl. *Spitzer*, Aussonderung, S. 144; *Kelsen*, Gerechtigkeit, S. 23 f.; *Kelsen*, Reine Rechtslehre, S. 367.
[102] Siehe bereits, 6. Kapitel, B.I.2.

tematischen Bruch und wurde auch im früheren französischen Recht jedenfalls in dieser Konsequenz nicht vorgenommen.[103]

b) Gemeinwohlbelange

Auch die zweite „Haltelinie" der französischen Argumentation, eine Abweichung von der Gleichbehandlung sei zulässig, wenn sie dem *interêt général* diene, scheint für das französische Recht durchaus konsequent. Hier wurde das Recht jedenfalls seit den Reformen von 1985 in den Dienst der Förderung des Unternehmenserhalts *im Allgemeininteresse* gestellt.[104] Privilegierungen, die dem so verstandenen *interêt général* dienen, scheinen innerhalb dieses Systems daher stimmig.

Nimmt man das Primat der Gläubigerinteressen im deutschen Insolvenzrecht ernst, kann Entsprechendes hier nicht gelten: Würde man den Grundsatz der Gläubigergleichbehandlung unter den Vorbehalt (behaupteter) öffentlicher Interessen stellen, würde das schuldnerische Vermögen letztlich auf Kosten der Gläubiger zur Verfolgung öffentlicher Belange verwendet, diese also durch die Gläubiger finanziert. Das schuldnerische Vermögen steht im Fall der materiellen Insolvenz aufgrund der durch den Schuldner eingegangenen Bindungen nach privatrechtlichem Maßstab jedoch gänzlich den Gläubigern zu.[105] Eine hiervon abweichende Verwendung des Vermögens, die nicht im Interesse der Gläubiger liegt, scheint in einem Insolvenzrecht, das den Schutz der Gläubigerinteressen zum Leitmotiv erklärt, daher kaum stimmig begründbar.[106] Das kurzerhand unter Rückgriff auf die Sozialpflichtigkeit des Eigentums zu übergehen, ist schon bei einer rein verfassungsrechtlichen Analyse sehr zweifelhaft.[107]

---

[103] Vgl. oben, 4. Kapitel, B.II.2.a)aa).

[104] Siehe oben, 2. Kapitel, B.III.

[105] *J. F. Hoffmann*, Prioritätsgrundsatz, S. 10 ff., 210 f.; *Schlüter*, Rückabwicklung, S. 113, 128; auf Grundlage einer haftungsrechtlichen Zuweisung des Schuldnervermögens zu den Gläubigern im Ergebnis auch *Thole*, Gläubigerschutz, S. 59 f.; *Häsemeyer*, Insolvenzrecht, Rn. 9.03 ff.; *Henckel*, FS Weber, S. 237, 251 f.

[106] Vgl. den Ausspruch von *Häsemeyer*, Insolvenzrecht, Rn. 2.19: „Wer öffentliche Zwecke fördern will, muss öffentliche Mittel einsetzen."; zustimmend *J. F. Hoffmann*, Prioritätsgrundsatz, S. 210 ff.; *J. F. Hoffmann*, KTS 2017, S. 17, 30; *Brehm*, FS Jelinek, S. 15, 28; vgl. auch *Thole*, Gläubigerschutz, S. 57; a.A. *Piekenbrock*, ZZP 122 (2009), S. 63, 106; *Gassert-Schumacher*, Privilegien, S. 328 ff.

[107] Vgl. aber *Stamm*, Grundstrukturen, S. 180 ff., der hieraus sogar einen Zwang zur Bildung von privilegierten Gläubigerklassen ableiten will. Diese Argumentation stützt sich auf das grundrechtlich geschützte Existenzminimum aus Art. 2 Abs. 1 i.V.m. Art. 1 Abs. 1 GG, a.a.O., S. 181, 183. Das setzt aber zunächst voraus, dass die Gleichbehandlung zu einer Gefährdung des Existenzminimums führte, was zwar möglich, aber jedenfalls nicht zwingend scheint. Selbst wenn dies der Fall ist und eine entsprechende staatliche Pflicht besteht, blendet diese Argumentation aus, dass der Schutz des Existenzminimums zwar über einen Eingriff in Eigentumspositionen anderer erfolgen *könnte,* dies aber keineswegs der einzige Weg ist, das grundrechtlich geschützte Existenzminimum zu wahren, vermischt also

Im Kontext des deutschen Insolvenzrechts vermag das noch weniger zu überzeugen, weil nicht zu begründen ist, warum die Insolvenz eine zeitliche Zäsur darstellen soll, ab der sich die Forderungen, die zuvor nur dem Interessenausgleich von Schuldner und Gläubiger dienten, zu einem Instrument zur Verwirklichung öffentlicher Zwecke wandeln.[108] Im französischen Recht mag ein solcher Funktionswandel noch begründbar sein;[109] im deutschen Recht würde er einen offenen Bruch mit dem Primat der Gläubigerinteressen darstellen. Das stellt auch keine „Kapitulation des Privatrechts"[110] dar, sondern bedeutet – ganz im Gegenteil – eine Achtung der privatrechtsautonomen Bindungen zwischen Gläubigern und Schuldnern.[111]

c) Zwischenfazit zur Rolle der Verfahrenszwecke

Die unterschiedlichen Funktionen und Ziele der Insolvenzrechte in Deutschland und Frankreich müssen daher dazu führen, dass Deutungen des Gläubigergleichbehandlungsgrundsatzes, die im französischen System stimmig scheinen, auf das deutsche Recht nicht ohne Weiteres übertragbar sind und Privilegierungen demnach nicht stützen können. Damit ist jedoch noch nicht gesagt, dass eine solche Begründung nicht möglich ist; sie kann jedoch nicht auf die Förderung des Unternehmenserhalts im Allgemeininteresse gestützt werden.

d) (Un-)Gleichbehandlung (nur) als Frage der Zweckmäßigkeit?

Diesem Einwand weniger ausgesetzt ist die von *Vasseur*[112] und insbesondere *Cabrillac*[113] vorgebrachte Deutung des Gläubigergleichbehandlungsgrundsatzes nicht als Gebot der Gerechtigkeit, sondern vielmehr als Regel der (wirtschaftlichen) Zweckmäßigkeit, von der dementsprechend immer abgewichen werden könne, wenn dies zweckmäßig erscheint. Besonders im Kontext der Diskussion um die Legitimität von Kreditsicherheiten erfreuen sich Erwägungen wirtschaftlicher Zweckmäßigkeit auch in der deutschen Debatte gewisser

---

die Frage nach dem „*Ob*" des Anspruchs auf Wahrung des Existenzminimums mit der Frage nach dem „*Wie*" und vor allem: „*Auf wessen Kosten?*". So ist ohne weiteres vorstellbar – und wird *de lege lata* etwa durch das Insolvenzgeld praktiziert – dass diese Gewährleistung aus öffentlichen Mitteln erfolgt. Aus der staatlichen Pflicht zur Gewährleistung des Existenzminimums zu folgern, dies müsse auf Kosten der anderen Gläubiger geschehen, scheint daher einigermaßen abwegig, liefe das doch auf die Annahme einer staatlichen Pflicht heraus, das Existenzminimum aus Mitteln anderer Gläubiger zu gewährleisten.

[108] *J. F. Hoffmann*, Prioritätsgrundsatz, S. 211; a.A. wiederum *Stamm*, Grundstrukturen, S. 182 f.
[109] Vgl. zur Instrumentalisierung von Forderungen als Sanierungsinstrumente im französischen Recht siehe oben, 4. Kapitel, A.II.6.
[110] So aber *Gassert-Schumacher*, Privilegien, S. 328.
[111] Vgl. *J. F. Hoffmann*, Prioritätsgrundsatz, S. 211.
[112] *Vasseur*, Égalité, Rn. 5, S. 17 ff. Hierzu bereits oben, 6. Kapitel, B.I.1.
[113] *M. Cabrillac*, Mélanges Breton/Derrida, S. 31, 37, Rn. 16.

Beliebtheit, wenn etwa vorgebracht wird, dass diese anerkannt werden müssten, weil sonst die gesamte Kreditwirtschaft zusammenbreche.[114] Allerdings kann ein solcher Ansatz, auf dessen Grundlage eine Legitimierbarkeit diverser Vorrechte durchaus denkbar schiene, nur verfangen, wenn dem Grundsatz der Gläubigergleichbehandlung kein darüber hinausgehender Bedeutungsgehalt zukommt, der eine abweichende Handhabung gebieten würde. Ebendies wird im Kontext des deutschen Rechts aber ganz überwiegend befürwortet, weshalb im Folgenden zunächst zu untersuchen ist, ob diesem Grundsatz im deutschen Recht ein solcher Bedeutungsgehalt beigemessen werden kann.

II. Meinungsbild in Deutschland

In der deutschen Literatur hat sich insoweit eine Vielzahl von unterschiedlichen Deutungsversuchen entwickelt, die sich in der Fundierung und insbesondere auch betreffend die Anforderungen an eine Abweichung von einer formalen Gleichbehandlung unterscheiden. Einen Schwerpunkt der Diskussion bildet dabei, wie zu erklären sei, dass ab dem Zeitpunkt der materiellen Insolvenz[115] das Prioritätsprinzip durch den Grundsatz der Gläubigergleichbehandlung verdrängt wird.

1. Gleichbehandlung als ordnungsrechtliches Gebot

Von vornherein nicht weiterführend erscheint insoweit der bisweilen unternommene Versuch, dem Insolvenzrecht nicht nur allgemein eine befriedende Funktion beizumessen,[116] sondern noch weiter gehend zu postulieren, die Gläubigergleichbehandlung sei erforderlich, um die öffentliche Ordnung zu wahren, da ansonsten Gewalt oder gar bürgerkriegsähnliche Verhältnisse drohen würden.[117] Dass ohne Gesamtvollstreckungsrecht mit gewaltsamen Auseinandersetzungen zu rechnen wäre, scheint aber bereits mit Rücksicht auf das französische Recht sehr zweifelhaft.[118] Außerhalb jener Gebiete, die zwischen 1871 und 1918 zum Deutschen Reich gehörten, besteht dort kein Gesamtvollstreckungsrecht für Nichtkaufleute. Gleichwohl sind dort keine Gewaltausbrüche

---

[114] Vgl. etwa *Gassert-Schumacher*, Privilegien, S. 331, die einen „Zusammenbruch" des Kreditwesens befürchtet, wenn gesicherte Gläubiger nicht mehr bevorzugt befriedigt würden; ähnlich *Merle*, Insolvenzzwecke, S. 248 f.

[115] Eingehend zu diesem Begriff *J. F. Hoffmann*, Prioritätsgrundsatz, S. 60 ff.

[116] Vgl. *Häsemeyer*, Insolvenzrecht, Rn. 2.01 ff.

[117] *Smid*, Handbuch, Rn. 20 ff., der sich zur Begründung auf den albanischen Lotterieaufstand von 1997 stützt. Hieraus für das deutsche Insolvenzrecht Schlussfolgerungen ziehen zu wollen, scheint aber schon deshalb verfehlt, weil dieser Aufstand von einem jedenfalls teilweisen Zusammenbruch der staatlichen Ordnung begleitet war.

[118] *J. F. Hoffmann*, Prioritätsgrundsatz, S. 194; vgl. allgemein auch *Thole*, Gläubigerschutz, S. 58.

im Zusammenhang mit Insolvenzen zu erkennen.[119] Selbst wenn dem so wäre, könnte damit allenfalls erklärt werden, warum überhaupt ein Gesamtvollstreckungsrecht existiert. Über den Verteilungsmodus innerhalb eines Gesamtvollstreckungsverfahrens lässt sich hieraus wenig ableiten, will man sich nicht zu der Behauptung versteigen, dass nur die gleichmäßige Verteilung des Vermögens geeignet sei, die öffentliche Ordnung zu wahren.[120]

2. Gleichbehandlung (nur) als verfassungsrechtliches Prinzip

Verschiedentlich hat man es auch unternommen, den Grundsatz der Gläubigergleichbehandlung (nur) als verfassungsrechtlich gebotene Regelung zu deuten. Die Grundlage hierfür möchte man teils allein in Art. 3 Abs. 1 GG,[121] teils in Art. 3 Abs. 1 i.V.m. Art. 14 Abs. 1 GG und dem Gebot des effektiven Rechtsschutzes[122] oder in Art. 14 Abs. 1 GG i.V.m. dem Gebot des effektiven Rechtsschutzes[123] erblicken. Bei einer Orientierung allein an Art. 3 Abs. 1 GG kommen auch außerprivatrechtliche Rechtfertigungsgründe in Betracht, so dass eine Ungleichbehandlung insbesondere mit Gemeinwohlerwägungen legitimiert werden kann.[124] Es bereitet auf dieser Grundlage also wenig Schwierigkeiten, Bevorrechtigungen zu begründen, mit denen Belange des Gemeinwohls unterstützt werden sollen.[125] Das Zusammenwirken mehrerer Grundrechte soll hingegen dazu führen, dass Abweichungen von einer quotalen, gleichmäßigen Befriedigung prinzipiell verfassungswidrig seien.[126] Absonderungsrechte der Sicherungsnehmer seien hiervon jedoch nicht betroffen.[127] Das folge daraus, dass die ungesicherten Gläubiger auch ohne Insolvenz keine (von Art. 14 Abs. 1 GG) geschützte Rechtsposition gehabt hätten, die durch die Anerkennung von Absonderungsrechten beschnitten würde, weil sie auch in diesem Fall keinen Zugriff auf das Absonderungsgut gehabt hätten.[128] Außerdem habe das

---

[119] *J. F. Hoffmann*, Prioritätsgrundsatz, S. 194; vgl. auch *Thole*, Gläubigerschutz, S. 58.

[120] Vgl. *Bauer*, Ungleichbehandlung, S. 65; *J. F. Hoffmann*, Prioritätsgrundsatz, S. 195; *Brehm*, FS Jelinek, S. 15, 26; *Häsemeyer*, Insolvenzrecht, Rn. 2.14, 2.17; *Thole*, Gläubigerschutz, S. 58 f.

[121] *Gassert-Schumacher*, Privilegien, S. 326; vgl. auch *Lepa*, Verfassungsrecht, S. 262 f.; Rattunde/Smid/Zeuner/*Smid*, § 1 InsO Rn. 22; insgesamt ablehnend gegenüber einem Rückgriff auf Art. 3 Abs. 1 GG insoweit *Knospe*, ZInsO 2014, S. 861, 861 ff.

[122] *Adam*, DZWiR 2009, S. 441, 442.

[123] *Bauer*, Ungleichbehandlung, S. 72 ff.

[124] Vgl. etwa *Gassert-Schumacher*, Privilegien, S. 328 ff.; ablehnend *Bauer*, Ungleichbehandlung, S. 66 f.

[125] Vgl. oben, 6. Kapitel, A.I., A.II.

[126] *Adam*, DZWiR 2009, S. 441, 442 f.; *Bauer*, Ungleichbehandlung, S. 73 f.; *Bauer*, DZWiR 2007, S. 188, 192.

[127] *Bauer*, Ungleichbehandlung, S. 88 f.; vgl. *Adam*, DZWiR 2009, S. 441, 446 f.

[128] *Bauer*, Ungleichbehandlung, S. 88 f.; ohne Begründung *Adam*, DZWiR 2009, S. 441, 446 f.

Insolvenzrecht Rechtspositionen, die außerhalb der Insolvenz wirksam erworben wurden, schlicht zu respektieren.[129]

Derartige Ansätze scheinen zur Ausdeutung der insolvenzrechtlichen Gleichbehandlung aber ungeeignet: Es ist schon im Ansatz nicht einsichtig, wieso der Gesetzgeber aus verfassungsrechtlichen Gründen daran gehindert sein soll, in einem Konflikt zwischen mehreren gleichermaßen grundrechtlich geschützten Positionen, die nicht alle vollständig verwirklicht werden können, zu differenzieren, um legitime Gesetzeszwecke zu fördern.[130] Diese Multipolarität und die bestehenden Wechselwirkungen verkennt *Adam* in grundsätzlicher Weise, wenn er in der Sache behauptet, jede Privilegierung verstoße gegen das Grundgesetz,[131] aber ignoriert, dass auch Kreditsicherheiten, die er gleichwohl für legitim hält,[132] letztlich nur Vehikel für eine privilegierte Befriedigung sind. Diesen kommt daher nicht an sich eine besondere verfassungsrechtliche Dignität zu, die sie gewissermaßen unantastbar macht.[133]

Diesem Einwand ist die Deutung des Grundsatzes der Gläubigergleichbehandlung lediglich als Ausformung von Art. 3 Abs. 1 GG zwar nicht ausgesetzt. Dann stellt sich jedoch die Frage, ob dieser verfassungsrechtliche Minimalstandard, der in der Sache auf wenig mehr als ein Willkürverbot herausliefe, die Gleichbehandlung der Gläubiger in der Insolvenz erschöpfend beschreibt. Wie gesehen ist eine Ungleichbehandlung aus Gründen des Gemeinwohls, die mit Art. 3 Abs. 1 GG prinzipiell ohne größere Schwierigkeiten in Einklang zu bringen ist, mit den Grundprinzipien des deutschen Insolvenzrechts nicht vereinbar.[134] Der Gleichheitssatz aus Art. 3 Abs. 1 GG kann eine abschließende Beschreibung der insolvenzrechtlichen Gleichbehandlung daher kaum liefern,[135] sondern nur einen Minimalstandard für die differenzierende Behandlung verschiedener Gläubiger bilden.

3. Gleichbehandlung als verfahrensrechtliches Prinzip

Wiederum einen anderen Weg geht *Berger,* nach dem der Grundsatz der Gläubigergleichbehandlung kein materiell-rechtliches Vorbild habe, sondern allein ein verfahrensrechtliches Verteilungsprinzip dergestalt sei, dass der Staat, wenn er im Rahmen des Insolvenzrechts die Forderungsrealisierung an sich ziehe, aufgrund seiner Grundrechtsbindung gehalten sei, die Gläubiger gleich

---

[129] *Bauer*, Ungleichbehandlung, S. 86 ff.; *Bauer*, DZWiR 2007, S. 188, 190.
[130] Siehe hierzu oben, 6. Kapitel, A.I.1.b) und A.II.
[131] *Adam*, DZWiR 2009, S. 441, 442 f.
[132] Vgl. *Adam*, DZWiR 2009, S. 441, 446 f.
[133] Eingehend zu Bedeutung und Funktion der Kreditsicherheiten insoweit oben, 6. Kapitel, A.I.1.a).
[134] Siehe oben, 6. Kapitel, B.I.3.b).
[135] Insofern zutreffend *Bauer*, Ungleichbehandlung, S. 67.

zu behandeln.[136] Dass es sich hierbei um eine reine Verfahrensregel handle, ergebe sich namentlich daraus, dass außerhalb des Insolvenzverfahrens, d.h. insbesondere nach dessen Beendigung oder wenn eine Verfahrenseröffnung etwa mangels Masse ausbleibe, allein das Prioritätsprinzip gelte.[137]

Richtig ist an diesem Ansatz sicher, dass die Gläubigergleichbehandlung nicht völlig vom Insolvenz*verfahren* getrennt werden kann.[138] Weniger überzeugend scheint es aber, der Gleichbehandlung in der Insolvenz jeden materiell-rechtlichen Gehalt abzusprechen.[139] Das schiene plausibel, wenn das Insolvenzverfahren und damit die Gläubigergleichbehandlung nur Sistierung der vollständigen Durchsetzbarkeit einer Forderung und des Prioritätsprinzips bedeutete, wie es *Berger* durch die Inbezugnahme insbesondere von § 201 InsO auch zu implizieren scheint.[140] Das berücksichtigt jedoch nicht hinreichend, dass die Beendigung des Insolvenzverfahrens sowie die Abweisung mangels Masse bei juristischen Personen zu deren Liquidation führt (vgl. etwa § 60 Abs. 1 Nr. 4, 5 GmbHG) und bei natürlichen Personen die Möglichkeit zur Restschuldbefreiung besteht (§§ 286 ff. InsO), weshalb die Nachhaftung (vgl. § 201 InsO) häufig ins Leere geht.[141] Das auf Grundlage der Gläubigergleichbehandlung gefundene Verteilungsergebnis ist damit regelmäßig nicht (mehr) „vorläufige Abschlagszahlung"[142], sondern endgültige Entscheidung über die Forderung und finale Auflösung des Verteilungskonflikts[143] und hat damit einen echten materiell-rechtlichen Gehalt.[144]

4. Gleichbehandlung als Ausdruck einer Interessengemeinschaft

Vor allem unter Geltung der KO wurde das Prinzip der Gläubigergleichbehandlung, in ausdrücklicher oder impliziter Anlehnung an die Entscheidung des Reichsgerichts im sog. Zuckerrübenfall,[145] damit begründet, dass die (förmliche) Insolvenz des Schuldners dessen Gläubiger zu einer Interessengemeinschaft, einer *„communio incidens"*,[146] gerichtet auf die gerechte Vertei-

---

[136] *C. Berger*, ZZP 121 (2008), S. 407, 414 f.
[137] *C. Berger*, ZZP 121 (2008), S. 407, 415.
[138] *Brinkmann*, Kreditsicherheiten, S. 248.
[139] *Brinkmann*, Kreditsicherheiten, S. 248; *J. F. Hoffmann*, Prioritätsgrundsatz, S. 208.
[140] Vgl. *J. F. Hoffmann*, Prioritätsgrundsatz, S. 207 f.
[141] *Brehm*, FS Jelinek, S. 15, S. 26 f.; in der Sache auch *J. F. Hoffmann*, Prioritätsgrundsatz, S. 208.
[142] *Brehm*, FS Jelinek, S. 15, 27.
[143] *Brehm*, FS Jelinek, S. 15, 27; *J. F. Hoffmann*, Prioritätsgrundsatz, S. 208.
[144] *J. F. Hoffmann*, Prioritätsgrundsatz, S. 208.
[145] RGZ 84, 125 ff.; ausdrücklich in Bezug genommen von *Berges*, KTS 1957, S. 49, 54 f.
[146] *Berges*, KTS 1957, S. 49, 52; vgl. auch *Hahn*, Materialien IV, S. 47; anders später *Berges*, FS 100 Jahre KO, S. 363, 373, dazu sogleich.

lung des verbleibenden Vermögens verbinde.[147] Im Zuckerrübenfall hatte das Reichsgericht angenommen, dass zwischen den Gläubigern einer Vorratsschuld, bei der der Vorrat zwar für die vollständige Befriedigung eines der Gläubiger, nicht aber für alle genügt, eine Interessengemeinschaft der Gläubiger bestehe.[148] Diese hätten ein gemeinsames Interesse an der gleichmäßigen, weil gerechten Verteilung des unzureichenden Vorrats.[149] Da der „Vorrat" nicht für alle genüge, müssten die Verluste von allen getragen und diese auf eine gleichmäßige, anteilsmäßige Befriedigung verwiesen werden.[150]

Eine solche Interessengemeinschaft besteht, wenn überhaupt, aber nur hinsichtlich der gemeinschaftlichen Verwaltung des Vermögens, ist aber schon insoweit nicht unzweifelhaft, weil zumindest denkbar ist, dass einzelne Gläubiger ein Interesse an einer sofortigen Zerschlagung und Verwertung haben.[151] In Anbetracht der ohnehin stark divergierenden Interessen der Gläubiger eines insolventen Schuldners[152] vollends unhaltbar und zur bloßen Fiktion wird die Annahme einer Interessengemeinschaft aber, wenn behauptet wird, die Gläubiger hätten ein gemeinsames Interesse an einer gleichmäßigen Befriedigung und der gleichmäßigen Zuweisung der Verluste.[153] Vielmehr wird es hier im ureigenen Interesse jedes einzelnen Gläubigers liegen, für sich selbst eine vollständige Befriedigung erhalten zu wollen.[154] Dass es in dieser Situation aus Sicht des Kollektivs vernünftig ist, wenn jeder Gläubiger sich beschränkt, ändert nichts daran, dass aus individueller Sicht jeder einzelne Gläubiger daran

---

[147] *Berges*, KTS 1957, S. 49, 52; *Gottwald*, FS Giger, S. 195, 196; in diese Richtung in jüngerer Zeit unter Rückgriff auf eine Verbindung der Gläubiger zu einer echten Rechtsgemeinschaft im Innenverhältnis auch BeckOK-InsO/*Madaus*, § 1 InsO Rn. 31, der diese Bindung aber nicht unmittelbar aus einem Gleichlauf der Interessen der Gläubiger ableiten will, sondern sich darauf stützt, dass diesen gemeinsamschaftlich ein Beschlagsrecht am schuldnerischen Vermögen zustehe, a.a.O., Rn. 30.
[148] RGZ 84, 125, 128 f.
[149] RGZ 84, 125, 128 f.
[150] RGZ 84, 125, 128 f.; *Gottwald*, FS Giger, S. 195, 196; *Berges*, KTS 1957, S. 49, 52; auf Grundlage der Annahme einer echten Rechtsgemeinschaft zwischen den Gläubigern auch BeckOK-InsO/*Madaus*, § 1 Rn. 31; in eine ähnliche Richtung in jüngerer Zeit *Würdinger*, Insolvenzanfechtung, S. 368, der meint die Gläubiger seien einander zu gegenseitiger „Solidarität" verpflichtet. Warum sich das aus einer faktischen und unfreiwilligen „Gläubigergemeinschaft" ergeben soll, bleibt freilich undurchsichtig; so mit Recht *Klinck*, KTS 2014, S. 197, 203.
[151] Vgl. oben 1. Kapitel, A.
[152] Siehe hierzu oben, 1. Kapitel, A.
[153] *J. F. Hoffmann*, Prioritätsgrundsatz, S. 206: „[...] nicht einmal zirkulär, sondern unrichtig."; *Guski*, Sittenwidrigkeit, S. 123, Fn. 75; *Klinck*, Insolvenzanfechtung, S. 56; *Häsemeyer*, KTS 1982, S. 507, 523 f.; im Kontext des Zuckerrübenfalls *de Boor*, Kollision, S. 23: „hoffnungslos falsch".
[154] *J. F. Hoffmann*, Prioritätsgrundsatz, S. 206; *Guski*, Sittenwidrigkeit, S. 123, Fn. 75; *Klinck*, Insolvenzanfechtung, S. 56; *Häsemeyer*, KTS 1982, S. 507, 523 f.; wiederum im Kontext des Zuckerrübenfalls *de Boor*, Kollision, S. 23.

interessiert sein wird, für sich die bestmögliche Befriedigung zu erhalten.[155] Auch dieser Ansatz scheint daher kaum weiterführend.

5. Gleichbehandlung als (hypothetische) privatautonome Regelung

Verschiedentlich hat man es auch unternommen, die Gläubigergleichbehandlung als privatautonom legitimierten Verteilungsmaßstab zu erklären. Vereinzelt wurde das darauf gestützt, dass es sich bei der Gleichbehandlung der Gläubiger um eine „konkludente Verteilungsabrede" der Gläubiger untereinander handle, die der kaufmännischen Billigkeit entspreche.[156] Im Ansatz ähnlich, aber weniger radikal ist es, die Gläubigergleichbehandlung zum Verteilungsmaßstab zu erklären, auf den die Gläubiger sich im Rahmen einer hypothetischen Verhandlung über die Verteilung des schuldnerischen Vermögens geeinigt hätten.[157] Zur Begründung stützt man sich verbreitet darauf, dass die Gläubiger sich in einem sog. *common-pool*-Problem befänden.[158] Dieses zeichne sich dadurch aus, dass das individuell rationale Verhalten jedes einzelnen Gläubigers, also die sofortige Vollstreckung in das schuldnerische Vermögen, kollektiv, d.h. für alle Beteiligten ungünstig ist, wenn sich mehrere (oder alle) Gläubiger in derselben Weise verhalten, weil dies zu einem *race to the assets* und damit unweigerlich zu einer Zerschlagung des schuldnerischen Unternehmens führe.[159] Würden die Gläubiger hingegen als einheitliche Gruppe handeln, würde es ihnen möglich, das Vermögen zunächst zusammenzuhalten und koordiniert zu verwerten.[160] Hierdurch würden die Gläubiger auch in die Lage versetzt, Fortführungswerte zu realisieren, die ihnen bei Geltung des Prioritätsprinzips unzugänglich blieben.[161] Es liege deshalb auch im individuellen Interesse der Gläubiger, zusammenzuarbeiten.[162] Im Rahmen einer hypothetischen Verhandlung vor Begründung ihrer Forderungen, die unter dem *veil of ignorance* im Sinne von *Rawls*[163] geführt würde,[164] würden diese daher einen

---

[155] Vgl. *Klinck*, Insolvenzanfechtung, S. 56 f.

[156] *Berges*, FS 100 Jahre KO, S. 363, 373.

[157] *Jackson*, Yale Law Journal 91 (1982), S. 857, 860 ff.; *Thole*, Gläubigerschutz, S. 64; *von Wilmowsky*, Kreditsicherungsrecht, S. 261; *von Wilmowsky*, NZG 1998, S. 481, 483; *R. H. Schmidt*, Ökonomische Analyse, S. 44 ff.

[158] Eingehend insbesondere *Jackson*, Bankruptcy Law, S. 11 ff.; vgl. etwa auch *Thole*, Gläubigerschutz, S. 54 f., 64.

[159] Insbesondere *Jackson*, Bankruptcy Law, S. 11 ff.; siehe auch *R. H. Schmidt*, Ökonomische Analyse, S. 45.

[160] Vgl. *Jackson*, Bankruptcy Law, S. 14 f.; *R. H. Schmidt*, Ökonomische Analyse, S. 45.

[161] Vgl. *Jackson*, Bankruptcy Law, S. 14 f.; *R. H. Schmidt*, Ökonomische Analyse, S. 45; *Thole*, Gläubigerschutz, S. 64.

[162] *Jackson*, Bankruptcy Law, S. 15.

[163] Siehe hierzu *Rawls*, Gerechtigkeit, S. 159 ff.

[164] Insbesondere *Jackson*, Bankruptcy Law, S. 17, Fn. 22.

Verzicht auf die individuelle Durchsetzung ihrer Forderungen und eine gleichmäßige Verteilung der Verwertungserlöse vereinbaren.[165]

Die Konstruktion als nur *hypothetische* Vereinbarung entzieht den *creditors' bargain* zwar dem Einwand, dass eine Einigung der Gläubiger auf einen solchen Verteilungsmaßstab mangels rechtsgeschäftlichem Kontakt zwischen diesen nur Fiktion sein kann.[166] Im Übrigen muss sich diese Konstruktion aber den gleichen durchgreifenden Einwänden ausgesetzt sehen wie eine Fundierung als konkludente Verteilungsabrede: Hier wie dort ist eine gemeinsame Interessenlage der Gläubiger, die Grundlage einer hypothetischen Vereinbarung sein könnte, bestenfalls in Bezug auf die Verhinderung einer Zerschlagung durch ein *race to the assets* gegeben. Nicht ohne Weiteres zu erkennen ist hingegen, warum diese sich auf eine gleichmäßige Verteilung des Vermögens einigen würden.[167] Es ist jedenfalls in keiner Weise zwingend, dass der Ausschluss eines *race to the assets* zur Folge haben müsste, dass das vorhandene Vermögen *gleichmäßig* verteilt wird.[168] Denkbar wäre etwa auch, dass das Vermögen im Anschluss nicht gleichmäßig, sondern z.B. nach dem Zeitpunkt der Forderungsanmeldung, nach Gesichtspunkten der sozialen Schutzwürdigkeit oder schlicht zufällig verteilt wird.[169] Soweit darauf rekurriert wird, die Gläubiger seien in der Regel risikoavers und würden sich daher auf eine gleichmäßige Befriedigung einlassen,[170] scheint das jedenfalls in dieser Allgemeinheit kaum überzeugend.[171]

Nicht schlüssig zu erklären ist innerhalb dieses Konzepts auch, warum die gesicherten Gläubiger vom *creditors' bargain* ausgenommen und nicht der Gleichbehandlung unterworfen sein sollen,[172] weil letztlich offenbleibt, warum

---

[165] *Jackson*, Bankruptcy Law, S. 14 ff., 30 f.; vgl. auch *R. H. Schmidt,* Ökonomische Analyse, S. 44 f.

[166] *J. F. Hoffmann*, Prioritätsgrundsatz, S. 201.

[167] Vgl. in diesem Zusammenhang die Kritik von *Finch/Milman*, Corporate Insolvency, S. 31: „The creditors' bargain model explains the rule of creditor equality only by presupposing what it sets out to prove."

[168] *Garrido*, IIR 1995, S. 25, 26; siehe auch *Mokal*, Cambridge Law Journal 60 (2001), S. 581, 592 f., der diesen Fehlschluss als „immunity/priority fallacy" bezeichnet; in Anschluss hieran *J. F. Hoffmann*, Prioritätsgrundsatz, S. 204; besonders deutlich wird diese Gleichsetzung von Kollektivierung der Forderungsdurchsetzung und der Gleichbehandlung bei der Verteilung bei *Jackson*, Bankruptcy Law, S. 15; ähnlich *Thole*, Gläubigerschutz, S. 64.

[169] Vgl. *J. F. Hoffmann*, Prioritätsgrundsatz, S. 204; zu einem alternativen Verteilungsmodus etwa auch *Baird*, Bankruptcy, S. 78.

[170] *Jackson*, Bankruptcy Law, S. 15; in diese Richtung auch *R. Schmidt*, Ökonomische Analyse, S. 44.

[171] *J. F. Hoffmann*, Prioritätsgrundsatz, S. 203; vgl. zur Interessenlage der Gläubiger bereits oben, 1. Kapitel, A.

[172] Vgl. etwa *Jackson*, Yale Law Journal 91 (1982), S. 857, 868 ff.; *von Wilmowsky*, NZG 1998, S. 481, 484.

gerade diese Positionen sakrosankt sein sollen. Vereinzelt stützt man sich hierfür darauf, dass eine gleichmäßige Befriedigung der gesicherten Gläubiger die – angenommenen –[173] Effizienzvorteile von Kreditsicherheiten zerstöre, weshalb es auch im Interesse der ungesicherten Gläubiger liege, diese Gläubiger bevorzugt zu befriedigen.[174] Das wäre zwar konsequent, setzt aber voraus, dass ein allgemeiner Effizienzvorteil von Kreditsicherheiten besteht, was in dieser Allgemeinheit nicht zu beantworten ist.[175] *Von Wilmowsky* wiederum will dem *creditors' bargain* nur solche Gläubiger unterworfen sehen, die sich an einer entsprechenden Abrede beteiligt hätten, weil sie durch diese Überwachungskosten einsparen könnten.[176] Das sei bei den gesicherten Gläubigern aber nicht der Fall, weil diese auch bei einem Wettlauf der Gläubiger mit vollständiger Befriedigung rechnen könnten.[177] Der Zirkelschluss, der dieser These zugrunde liegt, drängt sich förmlich auf, setzt die aus der Kreditsicherheit resultierende Einsparung von Überwachungskosten doch gerade voraus, dass die Sicherheiten insolvenzfest und von der Gleichbehandlung ausgenommen sind.

Wiederum andere wollen einen Ausschluss der Sicherungsnehmer unter impliziter oder ausdrücklicher Berufung auf das sog. *Butner*-Prinzip[178] erreichen: Hiernach ist Aufgabe des Insolvenzrechts nicht, vorinsolvenzliche Positionen (*nonbankruptcy entitlements*) umzugestalten, sondern nur, diese unter den Bedingungen des *common-pool*-Problems und unter Wahrung der vorinsolvenzlichen Wertverhältnisse der Rechte zu verwirklichen, soweit dies möglich und eine abweichende Lösung nicht geboten ist, um diesen Konflikt zu bewältigen.[179] Auch die Berufung auf dieses Prinzip, das in jüngerer Zeit heftig als inhaltsleer und zirkulär kritisiert wurde,[180] scheint jedoch kaum weiterführend:

---

[173] Vgl. zu dieser Frage sogleich unter 7. Kapitel, C.II.

[174] *Jackson*, Yale Law Journal 91 (1982), S. 857, 868 ff.; zurückhaltender *Jackson*, Bankruptcy Law, S. 61, Fn. 81.

[175] Siehe hierzu sogleich unter 7. Kapitel, C.II.

[176] *von Wilmowsky*, NZG 1998, S. 481, 484.

[177] *von Wilmowsky*, NZG 1998, S. 481, 484; davon geht auch *Jackson*, Yale Law Journal 91 (1982), S. 857, 868 f. aus, der die Insolvenzfestigkeit der Kreditsicherheiten in der Sache aber mit Effizienzvorteilen begründet, die diese böten.

[178] Angelehnt an *Butner v. United States,* 440 U.S. 48 ff. (1979): „Unless some federal interest requires a different result, there is no reason why such interests should be analyzed differently simply because an interested party is involved in a bankruptcy proceeding."; grundlegend zur Verallgemeinerung dieser Entscheidung *Jackson*, Bankruptcy Law, S. 21 ff.

[179] *Jackson*, Bankruptcy Law, S. 21 ff., insbes. S. 22, 26; *Jackson*, University of Pennsylvania Law Review 166 (2018), S. 1867, 1872 f., insbes. Fn. 18: „[…] [B]ankruptcy law shouldn't change state-created rights without a clearly defined *bankruptcy-related* reason for doing so." (Hervorhebung im Original); *Eidenmüller*, Unternehmenssanierung, S. 24 f.; im Ergebnis auch BeckOK-InsO/*Madaus*, § 1 Rn. 32.

[180] *Casey*, Columbia Law Review 120 (2020), S. 1709, 1728: „ [T]he Butner Fallacy is a prescription that bankruptcy law should not interfere with nonbankruptcy entitlements unless

Zum Entscheidungskriterium wird hierbei, ob eine Position eine vorinsolvenzliche ist. Ob ein Vorzugsrecht als vorinsolvenzliches Recht oder als insolvenzspezifisches Vorrecht ausgestaltet ist, ist aber regelmäßig eine Frage insbesondere historischer und konstruktiver Zufälligkeiten,[181] etwa der Abneigung des historischen deutschen Gesetzgebers gegenüber Generalhypotheken,[182] zumal diese Rechte bezüglich ihrer Wirkungen in der Insolvenz austauschbar sind.[183] Würde eine Bevorrechtigung von Gebern einer vorinsolvenzlichen Sanierungsfinanzierung nach dem französischen Vorbild des *privilège de conciliation* als dingliches Recht in Gestalt einer Generalhypothek ausgestaltet, müsste man diese als vorinsolvenzlich und demnach nicht der Gleichbehandlung unterworfen behandeln. Eine – funktionsäquivalente – Ausgestaltung als insolvenzspezifisches Vorrecht, die innerhalb des deutschen Systems näher läge, weil dieses *de lege lata* dem französischen *privilège* entsprechende Rechte nicht kennt, wäre hingegen nicht vorinsolvenzlich und müsste hiernach vom *creditors' bargain* erfasst werden, obwohl die Wirkung in der Insolvenz dieselbe wäre.

6. „Ausgleichshaftung" nach Häsemeyer

Einen weiteren Versuch, die Gläubigergleichbehandlung als privatrechtlichen Grundsatz zu erklären, bildet der Ansatz *Häsemeyers*, diesen als „Ausgleichshaftung" der Gläubiger untereinander zu deuten.[184] Die Gleichbehandlung der Gläubiger ist hiernach nicht Folge einer Interessengemeinschaft der Gläubiger[185] oder bloße Verteilungsregel, sondern sei Ausdruck einer wechselseitigen „Verantwortung" der Gläubiger für die unvollständige Befriedigung ihrer Forderungen.[186] Diese „Verantwortung" resultiere aus einer Einflussnahme der Gläubiger auf Zusammensetzung und Entwicklung des schuldnerischen Ver-

---

it should.", der gleichwohl eine „soft version" hiervon im Sinne einer Faustregel beibehalten will, a.a.O., S. 1751; kritisch zu diesem Prinzip auch *Moringiello*, University of Illinois Law Review 2015, S. 657, 659.

[181] *J. F. Hoffmann*, Prioritätsgrundsatz, S. 270 f.; *J. F. Hoffmann*, KTS 2017, S. 17, 22.

[182] Siehe insbesondere *Mugdan*, Materialien III, S. 333 f.: „Ihre Schädlichkeit für den Kredit bedarf einer weiteren Darlegung nicht; sie ist längst erkannt, und schwerlich wird Jemand die Wiederbelebung der Generalhypothek durch das BGb. empfehlen."; zuvor bereits *Hahn*, Materialien IV, S. 39: „[...] [I]hre Beseitigung wird als ein wirthschaftlicher Fortschritt empfunden werden [...]."; vgl. auch *Henckel*, FS Weber, S. 237, 238; *J. F. Hoffmann*, Prioritätsgrundsatz, S. 28, insbes. Fn. 96; *Schlüter*, Rückabwicklung, S. 152.

[183] *Häsemeyer*, KTS 1982, S. 507, 525, 531, 544, 567; *J. F. Hoffmann*, Prioritätsgrundsatz, S. 270 f.; *Schlüter*, Rückabwicklung, S. 152, Fn. 405; vgl. zur Funktionsäquivalenz von (dinglichen) Generalhypotheken und Konkursprivilegen bereits *Hahn*, Materialien IV, S. 185.

[184] Grundlegend *Häsemeyer*, KTS 1982, S. 507, 515 ff.; *Häsemeyer*, Insolvenzrecht, Rn. 2.26 ff.; zustimmend *Brinkmann*, Kreditsicherheiten, S. 245 ff.; *Smid*, Handbuch, Rn. 25.

[185] Vgl. *Häsemeyer*, KTS 1982, S. 507, 523.

[186] *Häsemeyer*, KTS 1982, S. 507, 517.

mögens durch die Begründung, Verfolgung und Durchsetzung ihrer Forderungen.[187] Maßgeblich für das Ausmaß der Einflussnahme sei allein die Höhe der Forderung, ohne dass es darauf ankomme, ob das konkrete Geschäft tatsächlich nützlich oder schädlich war, da hierfür allein der Schuldner verantwortlich sei.[188] Diese wechselseitige Verantwortlichkeit der Gläubiger für die Insolvenz des Schuldners rechtfertige es, dass die Gläubiger einander mit ihren Forderungen im Sinne einer ausgleichenden Gerechtigkeit für die Befriedigung aus der Masse hafteten, wobei es sich um eine sekundäre, gegenständlich begrenzte Haftung handle.[189] Zugleich handelt es sich hierbei nach der Konzeption *Häsemeyers* um eine Legalhaftung, die der Privatautonomie der Parteien entzogen sein soll.[190] Daher müssten Kreditsicherheiten und Vorrechte, da sie in der Sache eine Freistellung des bevorrechtigten Gläubigers von der Haftung mit seiner Forderung bedeuteten,[191] ohne dass dessen Einfluss auf das schuldnerische Vermögen ausgeglichen würde,[192] eigentlich ihre Insolvenzfestigkeit verlieren.[193] Diese Konsequenz ist aber offenbar auch *Häsemeyer* nicht zu ziehen bereit, der es vielmehr zur Aufgabe des Gesetzgebers erklärt, zu bestimmen, inwieweit dingliche Sicherheiten „enthaftet" sein sollen.[194] Immerhin führe aber die Publizität einer Sicherheit zu einer partiellen Enthaftung, weil durch diese der ausgeübte Einfluss offengelegt werde, so dass zumindest freiwillige Gläubiger ihre Dispositionen hieran anpassen könnten.[195]

Weil die „Verantwortung" der Gläubiger bzw. deren Einfluss nicht im Sinne einer Verantwortung aufgrund zurechenbaren Verhaltens zu verstehen sein soll,[196] fehlt insoweit jedoch jegliche privatrechtliche Fundierung, die diesem Gedanken Konturen geben könnte.[197] Daher scheint bereits diese Kategorie, die das Fundament des Ansatzes bildet, ausgesprochen diffus und wenig greifbar.[198] Von einer – wie auch immer verstandenen – Verantwortlichkeit der

---

[187] *Häsemeyer*, KTS 1982, S. 507, 517; *Häsemeyer*, Insolvenzrecht, Rn. 2.26.
[188] *Häsemeyer*, KTS 1982, S. 507, 517; *Häsemeyer*, Insolvenzrecht, Rn. 2.26.
[189] *Häsemeyer*, KTS 1982, S. 507, 517, 528.
[190] *Häsemeyer*, KTS 1982, S. 507, 532; vgl. auch *Häsemeyer*, Insolvenzrecht, Rn. 2.36.
[191] *Häsemeyer*, KTS 1982, S. 507, 531; *Häsemeyer*, Insolvenzrecht, Rn. 2.35.
[192] *Häsemeyer*, KTS 1982, S. 507, 518 f., 542, 567 ff.
[193] *J. F. Hoffmann*, Prioritätsgrundsatz, S. 196; *von Wilmowsky*, Kreditsicherungsrecht, S. 142 f.; *Klinck*, Insolvenzanfechtung, S. 61 f.; vgl. auch *Brinkmann*, Kreditsicherheiten, S. 243, 249; und *Wiórek*, Gläubigergleichbehandlung, S. 89, die Ausgleichshaftungstheorie scheine dafür ausgedacht worden zu sein, den publizitätslosen Mobiliarsicherheiten die Sonderstellung in der Insolvenz abzusprechen.
[194] *Häsemeyer*, KTS 1982, S. 507, 568.
[195] *Häsemeyer*, KTS 1982, S. 507, 571.
[196] *Häsemeyer*, KTS 1982, S. 507, 521; *Brinkmann*, Kreditsicherheiten, S. 241.
[197] *J. F. Hoffmann*, Prioritätsgrundsatz, S. 196; vgl. auch *Guski*, Sittenwidrigkeit, S. 122.
[198] *Dorndorf*, Kreditsicherungsrecht, S. 44; *Guski*, Sittenwidrigkeit, S. 122; *Klinck*, Insolvenzanfechtung, S. 63; *J. F. Hoffmann*, Prioritätsgrundsatz, S. 196; *von Wilmowsky*, Kreditsicherungsrecht, S. 143.

Gläubiger auszugehen, scheint jedoch auch deshalb problematisch, weil es letztlich die Umsetzungen und Geschäfte des Schuldners sind, die allein in dessen Verantwortung liegen, die zur Insolvenz führen.[199]

Bildet Grundlage für die Ausgleichshaftung die „[...] wechselseitige „Verantwortung" der Konkursgläubiger für die nicht vollständige Tilgung aller Konkursforderungen [...]",[200] wird auch nicht so recht klar, warum allein die Forderungshöhe für die Bemessung des ausgeübten Einflusses maßgeblich sein soll.[201] So scheint etwa die These, der Gläubiger einer Forderung aus einem für den Schuldner sehr vorteilhaften Geschäft sei in gleichem Umfang für die Insolvenz des Schuldners „verantwortlich" wie der Gläubiger einer Forderung aus einem ungünstigen Geschäft, nur weil deren Forderungen gleich hoch sind, ausgesprochen zweifelhaft.[202] Dass eine „Rückrechnung" auf „nutzen- oder schadenstiftende Wirkungen" ausbleiben soll,[203] dürfte im Ergebnis vor allem mit Praktikabilitätserwägungen zu erklären sein.[204] Im Rahmen einer privatrechtlichen Haftung können solche Erwägungen eine Nivellierung der Haftung aber nicht legitimieren.[205] Kaum begründbar ist auf Grundlage dieser Theorie auch, worin die Einflussnahme von Bereicherungs- oder Deliktsgläubigern auf das Schuldnervermögen liegen soll, was vor allem bei Eingriffen in Rechtspositionen des Gläubigers durch den Schuldner deutlich wird.[206]

Nicht weniger gravierend sind die Einwände, die sich gegen die Enthaftungsordnung, d.h. die Voraussetzungen und Rechtsfolgen einer Befreiung von der Ausgleichshaftung vorbringen lassen: Archetyp der Enthaftungsgründe, der am ehesten zu einer vollständigen Enthaftung führe, soll die Erfüllung der Forderung durch den (späteren) Insolvenzschuldner sein.[207] Das scheint jedoch eher Praktikabilitätserwägungen bzw. der Durchführbarkeit dieses Ansatzes als der dogmatischen Stringenz geschuldet, bildet diese doch durch den hieraus resultierenden Vermögensabfluss die stärkste und dauerhafteste Einflussnahme auf das Schuldnervermögen.[208] Der Rückgriff auf Vertrauensschutzerwägun-

---

[199] *C. Berger*, ZZP 121 (2008), S. 407, 414; *J. F. Hoffmann*, Prioritätsgrundsatz, S. 197.

[200] *Häsemeyer*, KTS 1982, S. 507, 517.

[201] *J. F. Hoffmann*, Prioritätsgrundsatz, S. 197; *Guski*, Sittenwidrigkeit, S. 122; vgl. auch *Klinck*, Insolvenzanfechtung, S. 60, der dem Ansatz entgegenhält, eine solche Nivellierung entspreche nicht der ausgleichenden Gerechtigkeit auf die *Häsemeyer* sich beruft, da diese nicht formale Gleichbehandlung im Ergebnis, sondern genaue Differenzierung gebiete.

[202] Vgl. *Brehm*, FS Jelinek, S. 15, 25, 29; *Guski*, Sittenwidrigkeit, S. 122; *J. F. Hoffmann*, Prioritätsgrundsatz, S. 197.

[203] *Häsemeyer*, KTS 1982, S. 507, 517.

[204] *J. F. Hoffmann*, Prioritätsgrundsatz, S. 197; auf Beweisschwierigkeiten weist etwa *Brehm*, FS Jelinek, S. 15, 29 hin; ebenso *Brinkmann*, Kreditsicherheiten, S. 242 f.

[205] *J. F. Hoffmann*, Prioritätsgrundsatz, S. 197; vgl. auch *Brehm*, FS Jelinek, S. 15, 29.

[206] *J. F. Hoffmann*, Prioritätsgrundsatz, S. 197 f.; vgl. *Dorndorf*, Kreditsicherungsrecht, S. 44.

[207] *Häsemeyer*, KTS 1982, S. 507, 559.

[208] *C. Berger*, ZZP 121 (2008), S. 407, 414; *Klinck*, Insolvenzanfechtung, S. 61.

gen²⁰⁹ scheint insoweit zwar grundsätzlich naheliegend, fügt sich jedoch nicht in ein Haftungssystem, das allein die Einflussnahme auf das Schuldnervermögen für maßgeblich erklärt.²¹⁰

Nicht so recht in das Konzept einfügen will sich auch, dass Arbeitslohnforderungen aufgrund der besonderen sozialen Abhängigkeit der Arbeitnehmer (teilweise) enthaftet werden sollen.²¹¹ Denn eine soziale Abhängigkeit vermag nichts daran zu ändern, dass nach diesem Konzept auch die Arbeitnehmer entsprechend der Höhe ihrer Forderungen auf das Schuldnervermögen Einfluss genommen haben.²¹² Noch gravierender scheint daran aber, dass auf dieser Grundlage – entgegen den Bekundungen *Häsemeyers*²¹³ – letztlich doch Tür und Tor für die Berücksichtigung sozialer Gesichtspunkte und Abweichungen von der Gleichbehandlung aus derartigen Gründen geöffnet sind, lassen sich Konstellationen, in denen eine besondere Abhängigkeit besteht, doch nahezu beliebig vermehren.²¹⁴

Unter dem Gesichtspunkt der Einflussnahme ist letztlich auch nicht zu erklären, warum Kreditsicherheiten (zumindest teilweise) insolvenzfest sein sollen.²¹⁵ Insbesondere vermag die Publizität nichts daran zu ändern, dass der Sicherungsnehmer durch die Sicherheitenbestellung auf die Zusammensetzung des Schuldnervermögens bereits Einfluss genommen hat.²¹⁶

7. Gleichbehandlung als Auffangprinzip

Die bisherige Auseinandersetzung mit Deutungsversuchen des Gläubigergleichbehandlungsgrundsatzes hat zwar gezeigt, dass keiner der diskutierten Ansätze vollends zu überzeugen vermag, hat jedoch auch – gewissermaßen *ex negativo* – Merkmale der Gläubigergleichbehandlung offengelegt, die eine weitere Annäherung ermöglichen: Es handelt sich nach dem bisher Gesagten um eine Verteilungsregel, die einen materiell-rechtlichen Gehalt hat und einer Derogation aus Gründen des Allgemeinwohls nicht zugänglich ist. Nach der Entkräftung der vorgenannten Deutungsversuche verbleiben im Kern die Möglichkeiten, den Geltungsgrund der Gläubigergleichbehandlung in (wirtschaftsrechtlicher) Billigkeit zu sehen²¹⁷ oder aber diese als Gerechtigkeitsgebot ein-

---

²⁰⁹ *Häsemeyer*, KTS 1982, S. 507, 559 f.
²¹⁰ Vgl. *J. F. Hoffmann*, Prioritätsgrundsatz, S. 197.
²¹¹ *Häsemeyer*, KTS 1982, S. 507, 569.
²¹² *J. F. Hoffmann*, Prioritätsgrundsatz, S. 199.
²¹³ *Häsemeyer*, KTS 1982, S. 507, 515 ff., 553 f.
²¹⁴ Vgl. *Wiórek*, Gläubigergleichbehandlung, S. 87.
²¹⁵ *J. F. Hoffmann*, Prioritätsgrundsatz, S. 199; *Klinck*, Insolvenzanfechtung, S. 61 f.; *Wiórek*, Gläubigergleichbehandlung, S. 87.
²¹⁶ *J. F. Hoffmann*, Prioritätsgrundsatz, S. 199; *Klinck*, Insolvenzanfechtung, S. 61 f.; *Wiórek*, Gläubigergleichbehandlung, S. 87.
²¹⁷ Etwa *Wiórek*, Gläubigergleichbehandlung, S. 88 f.; *Guski*, Sittenwidrigkeit, S. 125 ff.

zuordnen.[218] Dass einer Verteilungsregel, die nicht nur eine „vorläufige Abschlagszahlung"[219] bewirkt, sondern die endgültige Auflösung eines Verteilungskonflikts bedeutet, ein gewisser Gerechtigkeitsgehalt zukommt, dürfte kaum von der Hand zu weisen sein, weshalb die Einordnung als reine Billigkeitsregel zu kurz greift.[220]

Im Rahmen einer Deutung der Gläubigergleichbehandlung als Gerechtigkeitsregel bleibt jedoch die Frage, ob es sich hierbei um eine Regel differenzierender Gerechtigkeit im Sinne eines *suum cuique*[221] oder um eine solche formaler Gleichbehandlung handelt, nach welcher grundsätzlich allen Gläubigern der gleiche Anteil zusteht.[222] Wie gesehen kommt Formeln wie „jedem das Seine" oder Gleiches sei gleich, Ungleiches ungleich zu behandeln, kein über die die *lex lata* hinausgehender Bedeutungsgehalt zu, weshalb diese nicht zur Grundlage für Handlungsanweisungen an den Gesetzgeber gemacht werden können. Es verbleibt daher nur die Deutung der Gläubigergleichbehandlung als Regel formeller Gleichbehandlung, die als „urwüchsige Form der Verteilungsgerechtigkeit"[223] bzw. als „Verlegenheitsregel"[224] dann gelten muss, wenn kein anderer, „besserer" Verteilungsmodus angezeigt ist.[225] Nach dem Gesagten können hierfür im Kontext des deutschen Rechts aufgrund dessen Ausrichtung auf die Gläubigerinteressen[226] nicht Zweckmäßigkeitserwägun-

---

[218] In unterschiedlichen Ausprägungen *Dorndorf*, Kreditsicherungsrecht, S. 42 ff.; *Gassert-Schumacher*, Privilegien, S. 325 ff.; *J. F. Hoffmann*, Prioritätsgrundsatz, S. 208 f.; *Häsemeyer*, KTS 1982, S. 507, 517.
[219] *Brehm*, FS Jelinek, S. 15, 27.
[220] *J. F. Hoffmann*, Prioritätsgrundsatz, S. 207, 209; a.A. *Wiórek*, Gläubigergleichbehandlung, S. 88 f.; gegen den Rückgriff auf Gerechtigkeitserwägungen auch BeckOK-InsO/*Madaus,* § 1 InsO Rn. 31.
[221] In der Sache *Stürner*, ZZP 94 (1981), S. 263, 269; *Baur/Stürner*, Insolvenzrecht, Rn. 5.37; MüKo-InsO/*Stürner*, Einleitung Rn. 62; *Dorndorf*, Kreditsicherungsrecht, S. 42 ff.; *Gassert-Schumacher*, Privilegien, S. 325 ff.; für Frankreich eingehend für eine differenzierende Gleichbehandlung *Chapon-Le Brethon*, Égalité, Rn. 99 ff., S. 64 ff.
[222] Für Letzteres *J. F. Hoffmann*, Prioritätsgrundsatz, S. 208 f.; *Wilburg*, JBl. 1949, S. 29, 30.
[223] *J. F. Hoffmann*, Prioritätsgrundsatz, S. 208.
[224] *Wilburg*, JBl. 1949, S. 29, 30.
[225] *J. F. Hoffmann*, Prioritätsgrundsatz, S. 208 f.; *Wilburg*, JBl. 1949, S. 29, 30; vgl. auch *Knospe*, ZInsO 2014, S. 861, 869 f., der aber auch aus rein wirtschaftspolitischen Gründen hiervon abweichen will.
[226] Eine gewisse Relativität dieses Gerechtigkeitsprinzips besteht demnach auch hier, die aber – anders als beim *suum cuique* bzw. der Gleichbehandlung von Gleichem – nicht so weit reicht, dass der Inhalt der Regel unabhängig von der jeweiligen Rechtsordnung überhaupt nicht zu bestimmen ist, wohl aber dahin geht, dass die Beantwortung der Frage, *wann* die formale Gleichbehandlung – als letzter Verteilungsmodus – zur *Anwendung* gelangt, von den rechtlichen Rahmenbedingungen abhängt.

gen aller Art,²²⁷ sondern nur privatrechtsinterne Gründe in Betracht kommen. Das folgt daraus, dass in diesem Kontext nicht zu legitimieren ist, dass das Schuldnervermögen, das materiell-rechtlich bereits vollumfänglich den Gläubigern zugewiesen ist, hiervon abweichend verteilt wird.²²⁸

8. Verhältnis zum Prioritätsprinzip

Es bleibt allerdings die Hürde, zu erklären, wie ein so verstandener Grundsatz der Gläubigergleichbehandlung mit dem außerhalb der Insolvenz geltenden einzelzwangsvollstreckungsrechtlichen Prioritätsprinzip in Einklang zu bringen ist. Dabei dürften die gerade zurückgewiesenen Versuche, die Gläubigergleichbehandlung als zwingende verfassungsrechtliche Vorgabe oder etwa als Ausfluss der Privatautonomie dogmatisch zu „überhöhen", maßgeblich dadurch motiviert sein, diesen Grundsatz gegen einen als Ausfluss der Privatautonomie²²⁹ bzw. materieller Gerechtigkeit²³⁰ verstandenen Prioritätsgrundsatz zu verteidigen.²³¹ Es wäre dann in der Tat nur unter der Annahme, dass die Gleichbehandlung eine der Priorität überlegene oder zumindest gleichwertige Regel darstellt, zu erklären, warum eine außerhalb der Insolvenz als gerecht deklarierte Verteilungsordnung nach zeitlicher Priorität in der Insolvenz plötzlich so ungerecht sein soll, dass die Gleichbehandlung diese verdrängen müsste bzw. das zuvor als privatautonom legitimierte Ergebnis in der Insolvenz nicht mehr gelten soll.²³²

---

²²⁷ So aber *Gassert-Schumacher*, Privilegien, S. 328; für Frankreich *M. Cabrillac*, Mélanges Breton/Derrida, S. 31, 37; vgl. auch *Vasseur*, Égalité, S. 18 f., wonach die Bedürfnisse des Kreditwesens d.h. Erwägungen wirtschaftlicher Zweckmäßigkeit Abweichungen rechtfertigen könnten.

²²⁸ Siehe hierzu bereits oben bei Fn. 105 und *J. F. Hoffmann*, Prioritätsgrundsatz, S. 209 ff.; *Brehm*, FS Jelinek, S. 15, 28.

²²⁹ *C. Berger*, ZZP 121 (2008), S. 407, 411; *Würdinger*, Insolvenzanfechtung, S. 360; *Baur/Stürner/Bruns*, Zwangsvollstreckungsrecht, Rn. 7.35.

²³⁰ *Gaul/Schilken/Becker-Eberhard*, Zwangsvollstreckungsrecht, § 5, Rn. 85; *Gaul*, ZZP 112 (1999), S. 135, 156 ff.

²³¹ Vgl. zu dieser Problematik *J. F. Hoffmann*, Prioritätsgrundsatz, S. 193 f.; *Dorndorf*, Kreditsicherungsrecht, S. 38 ff.

²³² Vgl. etwa die These *Gauls* von der „gestuften Verteilungsgerechtigkeit", nach welcher das Prioritätsprinzip nur solange angemessen, d.h. gerecht ist, wenn ausreichend Haftungsmasse vorhanden ist, wohingegen in der Insolvenz die Gleichbehandlung gerecht sei, *Gaul*, ZZP 112 (1999), S. 135, 157 ff.; *Gaul/Schilken/Becker-Eberhard*, Zwangsvollstreckungsrecht, § 1 Rn. 45, § 5 Rn. 85; in diesem Sinne auch *Henckel*, 51. DJT, O 8, 9, der meint, das Prioritätsprinzip erweise sich als „extrem ungerecht", wenn es auch in der Insolvenzsituation gelte; verquer ist die Behauptung von *von Gleichenstein*, NZI 2015, S. 49, 51 es handle sich bei Prioritätsprinzip und Gläubigergleichbehandlung um die „jeweilige Kehrseite derselben Medaille", d.h. ein und derselben Gerechtigkeitsregel, da der Gleichbehandlungsgrundsatz logisches Gegenstück zum Prioritätsprinzip sei. In der Sache handelt es sich hierbei lediglich um eine Paraphrasierung des Umstands, dass das deutsche Einzelzwangsvollstreckungsrecht

a) Das Prioritätsprinzip als Ausfluss der Privatautonomie des Schuldners?

Verbreitet geht man davon aus, dass durch die Zwangsvollstreckung die privatautonome Verfügung, die der Schuldner hätte vornehmen müssen, die prioritär gewirkt hätte, funktionsidentisch substituiert werde; aufgrund dieser Funktionsgleichheit könne für die Wirkungen der Zwangsvollstreckung nichts anderes gelten, weshalb wie nach dem materiellen Privatrecht das Prioritätsprinzip gelten müsse.[233] Die These vom Prioritätsprinzip als „bruchlose Fortsetzung der Privatautonomie im Einzelzwangsvollstreckungsrecht"[234], hätte fraglos gewisse Überzeugungskraft, wenn das Prioritätsprinzip an die Begründung der schuldrechtlichen *causa* anknüpfen würde.[235] *De lege lata*[236] knüpft das einzelzwangsvollstreckungsrechtliche Prioritätsprinzip jedoch nicht hieran, sondern an den verfügungsrechtlichen Vollzugsakt an.[237] Insofern gilt es zu erkennen, dass die Möglichkeit des Schuldners, Verfügungen vorzunehmen, die der Rechtslage und der Obligiertheit des Schuldners *inter partes* widersprechen, *erga omnes* aber wirksam sind bzw. allgemeiner formuliert, dass die absolute Zuordnung eines Guts regelmäßig von der schuldrechtlichen Bindung getrennt und für diese ein besonderer Vollzugsakt erforderlich ist, ihre innere Berechtigung nicht in der Privatautonomie des Schuldners findet, sondern auf Verkehrsschutzgründen beruht.[238] Dem liegt zu Grunde, dass der Schuldner sich bereits durch die Begründung einer Verbindlichkeit seiner Freiheit zur Nichtvornahme des erforderlichen Vollzugsakts bzw. zur Vornahme desselben in einer anderen als der versprochenen Reihenfolge begeben hat.[239] Die Begründung einer Verbindlichkeit stellt sich als Unterwerfung des Schuldners unter die „obligatorische Willensherrschaft"[240] des Gläubigers insoweit dar,

---

die Gläubiger als nacheinander kommend erfasst, während sie im Insolvenzverfahren als gleichzeitig kommend erfasst werden, was konstruktiv durchaus auch anders ausgestaltet sein könnte. Völlig offen bleibt letztlich auch, warum die Gleichbehandlung logisch nicht von dieser trennbares Gegenstück der Priorität sein soll; mit Recht hiergegen *J. F. Hoffmann*, Prioritätsgrundsatz, S. 193, Fn. 2.

[233] Insbesondere *C. Berger*, ZZP 121 (2008), S. 407, 411.

[234] *Würdinger*, Insolvenzanfechtung, S. 360.

[235] Vgl. *J. F. Hoffmann*, Prioritätsgrundsatz, S. 11, 31.

[236] Vgl. zur Implementierung eines schuldrechtlichen Prioritätsprinzips *de lege ferenda* und historischen Vorbildern *J. F. Hoffmann*, Prioritätsgrundsatz, S. 11 (insbes. Fn. 6), 31 f.

[237] *J. F. Hoffmann*, Prioritätsgrundsatz, S. 10 ff.

[238] *J. F. Hoffmann*, Prioritätsgrundsatz, S. 12 ff.; *Schlüter*, Rückabwicklung, S. 128.

[239] *J. F. Hoffmann*, Prioritätsgrundsatz, S. 10 ff., plakativ S. 30, wonach „[…] der obligationsrechtlich verpflichtete Schuldner nicht als privatautonomes Subjekt, sondern in Anbetracht der bestehenden Verbindlichkeit eher als gebundener Verwalter […]" agiert; vgl. auch *Schlüter*, Rückabwicklung, S. 113; vgl. *Grotius*, De iure belli ac pacis, 2. Buch, 11. Kap., IV 1, S. 237.

[240] *Mugdan*, Materialien I, S. 506; vgl. auch *von Savigny*, System I, S. 338 f.; *von Savigny*, Obligationenrecht I, S. 4.

durch die der Schuldner einen Teil seiner Freiheit aufgibt[241] und dem Gläubiger ein entsprechendes Herrschaftsrecht über die Leistungshandlung verschafft.[242] Hintergrund des Erfordernisses eines Vollzugsaktes und der Anknüpfung des Prioritätsprinzips hieran ist damit im Kern, dass verhindert werden soll, dass der Rechtsverkehr die absolute Zuordnung nur durch Rekonstruktion undurchsichtiger schuldrechtlicher Vereinbarungen ermitteln kann,[243] die überdies stark manipulationsanfällig sind.[244] Steht das Erfordernis eines verfügungsrechtlichen Vollzugsaktes demnach nicht in Zusammenhang mit der Privatautonomie des Schuldners, scheidet diese auch als Grundlage eines an den Vollzugsakt anknüpfenden Prioritätsprinzips aus.

---

[241] *Grotius*, De iure belli ac pacis, 2. Buch, 11. Kap., IV. 1, S. 237; *Schlüter*, Rückabwicklung, S. 113; *J. F. Hoffmann*, Prioritätsgrundsatz, S. 10 f.; *von Savigny*, Obligationenrecht I, S. 4.

[242] *J. F. Hoffmann*, Prioritätsgrundsatz, S. 10 f.; *Schlüter*, Rückabwicklung, S. 112 f.; *von Savigny*, System I, S. 338 f.: „Die erste mögliche Beziehung zu einer fremden Person ist die, worin dieselbe, auf ähnliche Weise wie eine Sache, in das Gebiet unsrer Willkühr herein gezogen, also unsrer Herrschaft unterworfen wird. Wäre nun diese Herrschaft eine absolute, so würde dadurch in dem Andern der Begriff der Freyheit und Persöhnlichkeit aufgehoben; wir würden nicht über eine Person herrschen, sondern über eine Sache, unser Recht wäre Eigenthum an einem Menschen, so wie es das Römische Sklavenverhältniß in der That ist. Soll dieses nicht seyn, wollen wir uns vielmehr ein besonderes Rechtsverhältniß denken, welches in der Herrschaft über eine fremde Person, ohne Zerstörung ihrer Freyheit, besteht, so daß es dem Eigenthum ähnlich, und doch von ihm verschieden ist, so muß die Herrschaft nicht auf eine fremde Person im Ganzen, sondern nur auf eine einzelne Handlung derselben bezogen werden; diese Handlung wird dann, als aus der Freyheit des Handelnden ausgeschieden, und unserm Willen unterworfen gedacht. Ein solches Verhältniß der Herrschaft über eine einzelne Handlung der fremden Person nennen wir *Obligation* [Hervorhebung im Original]."; *von Savigny*, Obligationenrecht I, S. 4: „Sie [die Obligation] besteht in der Herrschaft über eine fremde Person; jedoch nicht über diese Person im Ganzen (wodurch deren Persönlichkeit aufgehoben würde), sondern über einzelne Handlungen derselben, die als aus ihrer Freiheit ausscheidend, und unserm Willen unterworfen, gedacht werden müssen." Verbreitet ist in jüngerer Zeit eine Gegenauffassung, die sich gegen den Gedanken einer Herrschaftsmacht des Gläubigers über den Schuldner mit entsprechendem Freiheitsverlust sträubt und die Forderung lediglich als „Sollensanforderung an den Schuldner, die sich auf eine dem Gläubiger zu erbringende Leistung richtet" einordnet (*Larenz*, Schuldrecht I, § 2 II, S. 18; ähnlich *Gernhuber*, Schuldverhältnis, § 3 I, 4), S. 32 ff.), d.h. sich darin erschöpft, dass die Forderung dem Gläubiger ein Recht gebe, die Leistung zu bekommen und sie zu behalten. Dies führt nicht nur dazu, dass die Forderung zum objektlosen Substanzrecht wird und daher das Verhältnis zwischen Gläubiger und Schuldner nur unzureichend beschreibt, sondern beruht auf unberechtigten grundsätzlichen Vorbehalten gegen die Idee einer „Herrschaft" des Gläubigers, die sich bei Lichte besehen von der Herrschaftsmacht des Eigentümers über eine Sache aber nicht wesentlich unterscheidet, weil es sich in beiden Fällen um eine normative, durch die Rechtsordnung vermittelte Herrschaftsmacht handelt. Eingehend zum Ganzen *J. F. Hoffmann*, Zession, S. 95 ff.

[243] *J. F. Hoffmann*, Prioritätsgrundsatz, S. 32; *Schlüter*, Rückabwicklung, S. 128.

[244] *J. F. Hoffmann*, Prioritätsgrundsatz, S. 32.

b) Das Prioritätsprinzip als gerechte Lösung?

Großer Beliebtheit erfreut sich auch der Begründungsansatz, das an die Verfügung anknüpfende Prioritätsprinzip sei materiell gerecht, weil es diejenigen Gläubiger „belohne", denen es durch größere Wachsamkeit gelungen sei, sich frühzeitig zu befriedigen.[245] Die gleichmäßige Befriedigung führe demgegenüber dazu, dass die weniger wachsamen Gläubiger von den Mühen der vorsichtigeren Gläubiger profitierten und diesen die Früchte ihrer Arbeit entzögen.[246]

Die Einordnung der aus der Verteilung nach zeitlicher Priorität resultierenden Bevorzugung bestimmter („wachsamerer") Gläubiger als auf größerem Verdienst beruhender gerechter Verteilungsmodus setzt aber voraus, dass die Gläubiger *tatsächlich* die gleichen Chancen haben, durch ihre Wachsamkeit frühzeitig zu vollstrecken, der Zeitpunkt der Vollstreckung also wirklich nur von ihrem Einsatz abhängt.[247] Dem ist jedoch nicht so: Der für das Prioritätsprinzip maßgebliche Zeitpunkt des Vollstreckungszugriffs hängt ganz entscheidend von der Dauer des diesem regelmäßig vorangehenden Erkenntnisverfahrens ab. Diese kann der Gläubiger aber nur eingeschränkt kontrollieren, so dass der Zeitpunkt des Vollstreckungszugriffs nicht allein durch die „Wachsamkeit" des Gläubigers bestimmt wird und aus dessen Perspektive stets auch ein Stück weit zufällig ist.[248] Das lässt sich auch nicht dadurch überspielen, dass man den Gläubiger auf die Möglichkeit verweist, sich eine vollstreckbare Urkunde zu verschaffen und deren Erwerb zu einem größeren Verdienst des Gläubigers erklärt.[249] Denn das erfordert die Mitwirkung des Schuldners, so dass auch insoweit nicht die Rede davon sein kann, eine frühere Vollstreckung beruhe allein auf einem größeren Verdienst des Gläubigers.[250] Gegen die Annahme, eine frühere Vollstreckung beruhe stets auf größerer Wachsamkeit und

---

[245] Vgl. die Nachweise in Fn. 230.

[246] *Hahn*, Materialien II, S. 449: „Wer ohne vorsichtige Prüfung Kredit gewährt oder die Einziehung einer fälligen Schuld versäumt, versetzt sich selbst in eine wesentlich andere Lage, als derjenige, welcher aufmerksam die Solvenz seines Schuldners prüft oder überwacht und sich um Einziehung seiner Forderung rechtzeitig bemüht. Werden beide gleich behandelt, so hat der letztere für den ersteren gearbeitet und dieser entzieht jenem die Früchte seiner Wachsamkeit […]."; *Stamm*, Grundstrukturen, S. 174; *Baur/Stürner/Bruns*, Zwangsvollstreckungsrecht, Rn. 6.42.

[247] Vgl. *Fragistas*, Präventionsprinzip, S. 69; davon scheinen in der Tat die Gesetzesmaterialien auszugehen vgl. *Hahn*, Materialien II, S. 449; vgl. aber auch die hiergegen gerichteten Einwände von *Grimm* und *Lasker* im weiteren Gesetzgebungsverfahren *Hahn*, Materialien II, S. 825, 1022 f.

[248] *J. F. Hoffmann*, Prioritätsgrundsatz, S. 111; *Baur/Stürner*, Insolvenzrecht, Rn. 6.2; *Baur/Stürner/Bruns*, Zwangsvollstreckungsrecht, Rn. 6.42; *Gaul*, ZZP 112 (1999), S. 135, 160; vgl. schon der Einwand *Grimms*, ein auf die Wachsamkeit der Gläubiger gestütztes Prioritätsprinzip müsste an den Zeitpunkt der Klage anknüpfen *Hahn*, Materialien II, S. 825.

[249] So aber *Fragistas*, Präventionsprinzip, S. 69.

[250] *J. F. Hoffmann*, Prioritätsgrundsatz, S. 111.

damit auf größerem Verdienst spricht auch, dass die Überwachung der wirtschaftlichen Situation des Schuldners für die Gläubiger regelmäßig mit sehr ungleichem Aufwand verbunden sein wird.[251] Dafür muss man nicht einmal auf transnationale Sachverhalte zurückgreifen, wo dies evident ist.[252] So wird z.B. die Hausbank des Schuldners allein aufgrund ihrer besonderen Stellung ohne besonderen Informationsaufwand besonders präzise über die finanzielle Lage des Schuldners informiert sein, während die übrigen Gläubiger, sofern ihnen dieses überhaupt gelingt, für entsprechende Informationen einen wesentlich höheren Aufwand betreiben müssen. Diesen Umstand zu einem größeren „Verdienst" des Gläubigers zu erklären, der etwa kraft einer besonderen Stellung einen geringeren Informationsaufwand betreiben muss, scheint kaum überzeugend. Wenig weiterführend scheint in diesem Kontext auch, auf die Möglichkeit der Informationsbeschaffung mittels Internet oder Covenants zu verweisen.[253] „Das Internet" ist offenkundig nicht geeinigt, sämtliche Unterschiede bei Informationsbeschaffung und -verwertung auszugleichen und trägt insbesondere nichts zur Vereinfachung der Anerkennung von ausländischen Vollstreckungstiteln bei. Covenants wiederum erfordern die Mitwirkung des Schuldners, so dass auch diese nicht dazu führen, dass alle Gläubiger prinzipiell auf gleichem Fuße stehen.

Weiter geschwächt wird die These von der Gerechtigkeit eines so verstandenen Prioritätsprinzips dadurch, dass man allgemein davon ausgeht, dass eine nach dem Eintritt der materiellen Insolvenz im Wege der Zwangsvollstreckung erlangte Befriedigung der besonderen Insolvenzanfechtung unterliegt.[254] Dieser vermeintlich gerechte Verteilungsmodus wird demnach gerade dann, wenn es zum Schwur kommt, also ein Gläubiger aufgrund seiner „Wachsamkeit" die finanziellen Schwierigkeiten in Gestalt der materiellen Insolvenz des Schuldners rechtzeitig erkennt und vollstreckt, nicht durchgehalten, weil diesem seine „Belohnung" im Wege der Insolvenzanfechtung wieder entzogen wird.[255] Das Prioritätsprinzip gelangt letztlich also vor allem zur Geltung, wenn gar kein Verteilungskonflikt besteht, weil das Vermögen für alle Gläubiger ausreicht.[256]

---

[251] *J. F. Hoffmann*, Prioritätsgrundsatz, S. 112; vgl. schon *Hahn*, Materialien II, S. 825, 1022 f.

[252] *J. F. Hoffmann*, Prioritätsgrundsatz, S. 112; a.A. *Foerste*, ZZP 130 (2017), S. 511, 516.

[253] So aber *Foerste*, ZZP 130 (2017), S. 511, 516.

[254] *J. F. Hoffmann*, Prioritätsgrundsatz, S. 112 f.

[255] *J. F. Hoffmann*, Prioritätsgrundsatz, S. 112 f.

[256] *J. F. Hoffmann*, Prioritätsgrundsatz, S. 112 ff. Deutlich wird dieses Verständnis, wenn davon die Rede ist, das Prioritätsprinzip sei „Ausdruck gestufter Verteilungsgerechtigkeit", das nur angemessen sei, wenn das Schuldnervermögen für die Befriedigung aller Gläubiger reiche; im Übrigen bilde die Gläubigergleichbehandlung das gerechte Prinzip, so *Gaul*, ZZP 112 (1999), S. 135, 153 ff.; *Gaul/Schilken/Becker-Eberhard*, Zwangsvollstreckungsrecht, § 1 Rn. 45, § 5 Rn. 85; vgl. auch *Baur/Stürner*, Insolvenzrecht, Rn. 6.2 und *Baur/Stürner/*

Wenn ein Verteilungsmodus gerade in den Fällen, in denen er wirklich zum Tragen käme, *ex post* wieder korrigiert wird, scheint dessen Gerechtigkeitsgehalt insgesamt nicht weit her zu reichen.[257]

Beruht das vollstreckungsrechtliche Prioritätsprinzip in seiner derzeitigen Ausgestaltung also weder auf der Privatautonomie der Parteien noch auf einer Gerechtigkeitsregel, sondern allein auf Verkehrsschutzerwägungen, löst sich der Konflikt zum Gleichbehandlungsgrundsatz ohne Weiteres auf: Der Wechsel vom Prioritätsprinzip auf die Gläubigergleichbehandlung ab dem Eintritt der materiellen Insolvenz stellt sich von vornherein nicht als Durchbrechung der Privatautonomie oder als Abweichung von einem Gerechtigkeitsprinzip, sondern als Abweichung von einem Verkehrsschutzprinzip dar.[258] Der Schutz des Rechtsverkehrs ist kein Selbstzweck, sondern hat letzten Endes freiheitssichernde Funktion, indem er erst die Voraussetzungen für eine echte privatautonome Gestaltung der Rechtsverhältnisse schafft.[259] Indes ist zu erkennen, dass sich zwar ein Unterschreiten des absoluten Mindestmaßes an verkehrsschützenden Bestimmungen ebenso wie ein Überschreiten des notwendigen Schutzes als freiheitswidrig darstellt, zwischen diesen Polen jedoch ein erheblicher Gestaltungsspielraum des Gesetzgebers besteht.[260]

III. Ergebnis

Am Stellenwert der Gläubigergleichbehandlung zeigt sich demnach einmal mehr, wie stark das Insolvenzrecht von seinen Zwecksetzungen durchdrungen ist. Deutlich wird das gerade am Wandel im französischen Recht, in dem auch dieser eherne Grundsatz dem *„impérialisme des procédures collectives"*[261] zum Opfer gefallen ist und heute nur noch verwirklicht ist, soweit das dem Unternehmenserhalt als primärem Verfahrensziel dient.[262] Dementsprechend können entsprechende Ansätze aus der französischen Diskussion nicht ohne Systembruch im deutschen Recht zur Geltung gelangen. Vielmehr ist für das deutsche Insolvenzrecht ein Verständnis des Grundsatzes der Gläubiger-

---

Bruns, Zwangsvollstreckungsrecht, Rn. 6.43, 7.36: Das Prioritätsprinzip sei nur mit Art. 3 GG vereinbar, wenn das Insolvenzverfahren mit Gläubigergleichbehandlung als reale Alternative bestehe, falls das Schuldnervermögen nicht ausreiche; ähnlich *Henckel*, 51. DJT, O 8, 9: Das Prioritätsprinzip sei „extrem ungerecht", wenn es auch Geltung beansprucht, wenn die Haftungsmasse nicht zur Befriedigung aller Gläubiger ausreicht.

[257] Vgl. auch *J. F. Hoffmann*, Prioritätsgrundsatz, S. 113 f.; *J. F. Hoffmann*, KTS 2017, S. 17, 29
[258] Vgl. *J. F. Hoffmann*, Prioritätsgrundsatz, S. 33; *J. F. Hoffmann*, KTS 2017, S. 17, 28 f.
[259] *J. F. Hoffmann*, Prioritätsgrundsatz, S. 33.
[260] *J. F. Hoffmann*, Prioritätsgrundsatz, S. 33; *J. F. Hoffmann*, KTS 2017, S. 17, 28; in anderem Kontext auch *Schlüter*, Rückabwicklung, S. 152.
[261] Vgl. hierzu bereits oben, 4. Kapitel, A.II.6. und etwa *Monsèrié-Bon*, BJE novembre 2020, S. 9, 9 ff.; *Oppetit*, Archives de philosophie du droit XXXVII (1992), S. 17, 25.
[262] In diesem Sinn zum Recht von 1985 *Zerbo*, Privilèges, Rn. 57, S. 52.

gleichbehandlung als formale Gerechtigkeitsregel zugrunde zu legen, mit der Verteilungskonflikte aufgelöst werden, bei welchen das vorhandene Vermögen *inter partes* durch die schuldrechtlichen Bindungen bereits vollständig verteilt ist, dieses aber nicht ausreicht, um diese Bindungen auch *erga omnes* umfassend nachzuvollziehen. Diese Regel gelangt zur Geltung, wenn ein anderer Verteilungsmodus *privatrechtlich* nicht angezeigt ist. Für die weitere Untersuchung folgt aus alldem zunächst, dass französische Begründungsmuster für Privilegierungen auch insoweit nicht ohne Weiteres übertragen werden können, sondern grundsätzlich an diesem Maßstab zu messen sind.

C. Die ökonomische Effizienz als Prinzip des deutschen Insolvenzrechts?

Eine andere mit Bedeutung und Reichweite der Verfahrenszwecke eng zusammenhängende Frage ist jene nach dem Stellenwert der ökonomischen Effizienz für die Beurteilung der hier in Rede stehenden Instrumente bzw. des deutschen Insolvenzrechts allgemein. Für das französische Insolvenzrecht wird das soweit ersichtlich nicht diskutiert. Das ist jedoch nicht weiter verwunderlich, wenn man berücksichtigt, dass dieses – unabhängig von der wirtschaftlichen Effizienz einer solchen Maßnahme – den Unternehmenserhalt immer anstrebt, wenn dieser möglich scheint, weil hieran ein insbesondere sozialpolitisches Interesse bestehe.[263] Anders liegt das beim deutschen Insolvenzrecht, wo jedenfalls die Gesetzesbegründungen deutliche Fingerzeige in Richtung einer besonderen Bedeutung der Effizienz enthalten. Es stellt sich daher die Frage, welche Bedeutung der Effizienz im System des deutschen Insolvenzrechts zukommt.

I. Ökonomische Effizienz

Der Begriff der „Effizienz" soll hier nicht im Sinne einer allgemeinen Leistungsfähigkeit oder Wirksamkeit,[264] sondern in einem spezifisch ökonomischen Sinne, konkret als Maximierung der Gesamtwohlfahrt, verstanden werden.[265] Denkbar wäre hierfür zunächst, auf das sog. *Pareto*-Kriterium[266] abzustellen, nach welchem ein Zustand X einem Zustand Y vorzuziehen ist, wenn mindestens eine Person diesen Zustand X und keine den Zustand Y vorzieht.[267]

---

[263] Eingehend oben, 2. Kapitel, B.IV.
[264] So etwa noch *Leisner*, Effizienz, S. 6 ff.
[265] Vgl. *Schäfer/Ott*, Ökonomische Analyse, S. XI; *Eidenmüller*, Effizienz, S. 41 ff.; *Brinkmann*, Kreditsicherheiten, S. 67, Fn. 85; *Horn*, AcP 176 (1976), S. 307, 308; *Ott/Schäfer*, JZ 1988, S. 213, 217 f.; *Posner*, Economic analysis, S. 14.
[266] Zurückgehend auf *Pareto*, Manuel, Chap. VI., Rn. 33, S. 354, Appendice, Rn. 89, S. 647.
[267] *Eidenmüller*, Effizienz, S. 48; *Schäfer/Ott*, Ökonomische Analyse, S. 13.

Problematisch hieran ist, dass bereits die abweichende Präferenz einer Person die Entscheidung zugunsten eines anderen Zustandes verhindert.[268] Gerade bei Änderungen von Rechtsnormen scheint jedoch kaum denkbar, dass es keine Person gibt, die nicht negativ betroffen wird und diese daher ablehnt.[269] Das *Pareto*-Kriterium ist hier daher kaum erfüllbar und führte faktisch zu einer Festschreibung des *status quo*.[270] Für die Bewertung von Änderungen der Rechtslage scheint dieses als Maßstab daher ungeeignet.[271]

Diesem Einwand nicht ausgesetzt ist das sog. *Kaldor-Hicks*-Kriterium.[272] Hiernach ist ein Zustand X einem Zustand Y auch dann vorzuziehen, wenn dieser für bestimmte Personen Nachteile mit sich bringt, vorausgesetzt, anderen Personen entstehen durch die Veränderung Vorteile, die so groß sind, dass sie die entstehenden Nachteile ausgleichen *könnten*.[273] Entscheidend ist dabei, dass dieser Ausgleich nicht tatsächlich geleistet werden muss, sondern die *hypothetische Ausgleichsmöglichkeit* genügt.[274] Es können also auch Veränderungen, die sich für einige nachteilig auswirken, als wohlfahrtssteigernd und damit effizient anzusehen sein.[275] Aufgrund der Schwächen des *Pareto*-Kriteriums bei der Beurteilung von Rechtsänderungen soll daher im Folgenden auf das *Kaldor-Hicks*-Kriterium abgestellt werden.

II. Stellenwert der ökonomischen Effizienz im Kontext des deutschen Insolvenzrechts

Das führt zu der Frage, ob und inwiefern derartige Erwägungen bei der Beurteilung künftiger Rechtssetzungsakte eine Rolle spielen können. Weitestgehend anerkannt dürfte heute sein, dass die so verstandene Effizienz nicht allgemein alleiniger[276] bzw. auch nur primärer Leitgedanke des gesamten deut-

---

[268] *Schäfer/Ott*, Ökonomische Analyse, S. 13; *Eidenmüller*, Effizienz, S. 49 f.; *Posner*, Economic analysis, S. 14.
[269] *Eidenmüller*, Effizienz, S. 49 f.; *Posner*, Economic analysis, S. 14.
[270] *Eidenmüller*, Effizienz, S. 49 f.; *Brinkmann*, Kreditsicherheiten, S. 70.
[271] *Eidenmüller*, Effizienz, S. 50, 52 f.; *Schwarcz*, Duke Law Journal 47 (1997), S. 425, 481.
[272] Zurückgehend auf *Kaldor*, The Economic Journal 49, Nr. 195 (1939), S. 549, 550; *Hicks*, The Economic Journal 49, Nr. 196 (1939), S. 696, 706.
[273] *Eidenmüller*, Effizienz, S. 51; *Schäfer/Ott*, Ökonomische Analyse, S. 21.
[274] *Eidenmüller*, Effizienz, S. 51; *Schäfer/Ott*, Ökonomische Analyse, S. 21.
[275] *Eidenmüller*, Effizienz, S. 51.
[276] Die rechtswissenschaftliche Kritik (etwa *Fezer*, JZ 1986, S. 817, 821 ff.) an der ökonomischen Analyse des Rechts richtet sich verbreitet gegen einen Exklusivitätsanspruch dieser Lehre, nach welcher das gesamte (Privat-)Recht an Effizienzgesichtspunkten auszurichten sei, der so jedoch kaum anzufinden ist, vgl. *Taupitz*, AcP 196 (1996), S. 114, 122 ff., der sich gegen einen solchen „Alleinvertretungsanspruch" wendet, zugleich aber anerkennt, dass auch die meisten Verfechter der ökonomischen Analyse des Rechts einen solchen nicht erheben, a.a.O., S. 126; gegen einen solchen Anspruch etwa auch *Posner*, Economic

schen (Zivil-) Rechts sein kann.[277] Denn namentlich das *Kaldor-Hicks*-Kriterium kann Ergebnisse für effizient und damit wünschenswert erklären, die mit der Werteordnung des Grundgesetzes nicht in Einklang zu bringen sind.[278] Zu erkennen ist jedoch auch, dass das Grundgesetz keinen Katalog legitimer Gesetzeszwecke kennt,[279] der Gesetzgeber grundsätzlich also in der Auswahl der zu fördernden Ziele und zu verfolgenden Regelungszwecke frei ist.[280] Dementsprechend steht es dem Gesetzgeber – im Rahmen der allgemeinen Grenzen der verfassungsmäßigen Ordnung –[281] frei, Effizienzerwägungen bei der Schaffung neuer Normen nicht nur zu berücksichtigen, sondern die Effizienzmaximierung auch zum alleinigen oder vorrangigen Ziel einer gesetzlichen Regelung zu erklären.[282]

1. Die Effizienz als Leitmotiv der Gesetzesbegründung

Anhaltspunkte dafür, dass der deutsche Gesetzgeber dies bei der Schaffung der Insolvenzordnung getan hätte, diese also als dem Effizienzgedanken verpflichteter Rahmen einzuordnen ist, ergeben sich insbesondere aus der Gesetzesbegründung zur InsO. Dort wird nicht nur wiederholt betont, dass das Insolvenz-

---

analysis, S. 35; vgl. hierzu auch *G. Wagner*, FS Canaris II, S. 281, 292 f.; *Zickgraf*, ZfPW 2021, S. 482, 485 f.

[277] Siehe aber *Schäfer/Ott*, Ökonomische Analyse, S. XVII f.: Die Regeln des menschlichen Zusammenlebens könnten sich zwar nicht ausschließlich am Effizienzziel orientieren, es sei jedoch gleichfalls nicht gerechtfertigt „[…] juristische Zielsetzungen wie Verkehrssicherheit und Rechtssicherheit gleichrangig neben oder gar über das Effizienzziel [zu stellen].“; vgl. auch *Ott/Schäfer*, JZ 1988, S. 213, 219 f.: Es könne „[…] notwendig sein, zum Schutz höherwertiger Rechtsgüter auch Effizienzverluste in Kauf zu nehmen.“

[278] Besonders weitgehend *Fezer*, JZ 1986, S. 817, 822: Es bestehe eine „[…] prinzipielle Unvereinbarkeit der Theorie mit den Aufgaben des Rechts […]“, „REMM ist nicht der Mensch eines verfassungsgestalteten Privatrechts einer offenen Gesellschaft der Grundrechtsdemokratie.", „Ökonomische Rechtsanalyse und freiheitliches Rechtsdenken sind unvereinbar." a.a.O., S. 824; dagegen die Replik von *Ott/Schäfer*, JZ 1988, S. 213, 219 ff. und die Duplik von *Fezer*, JZ 1988, S. 223, 223 ff., insbes. S. 227; vgl. auch *Eidenmüller*, Effizienz, S. 445 ff. am Beispiel der Zuweisung des Sorgerechts für ein Kind nach der sog. *willingness to pay*; *Brinkmann*, Kreditsicherheiten, S. 68; *Taupitz*, AcP 196 (1996), S. 114, 122 ff.; *Horn*, AcP 176 (1976), S. 307, 333; *G. Wagner*, FS Canaris II, S. 281, 292 f.; mit weiteren Beispielen *Posner*, Economic analysis, S. 35; ein grundsätzliches Legitimationsdefizit hält auch *Canaris*, JZ 1993, S. 377, 384 der ökonomischen Analyse des Rechts vor.

[279] *G. Wagner*, FS Canaris II, S. 281, 294; Herdegen/Masing/Poscher/Gärditz/*Poscher*, HdB-Verfassungsrecht, § 3 Rn. 53; im Kontext der für eine Enteignung erforderlichen Gemeinwohlziele ausdrücklich BVerfGE 134, 242, 293: „Es ist […] dem demokratisch legitimierten, parlamentarischen Gesetzgeber vorbehalten, diejenigen Ziele des Gemeinwohls festzulegen, deren Erreichung […] durchgesetzt werden soll."

[280] *Zickgraf*, ZfPW 2021, S. 482, 486; *G. Wagner*, FS Canaris II, S. 281, 293 f.

[281] Vgl. *Eidenmüller*, Effizienz, S. 445 ff.

[282] *Zickgraf*, ZfPW 2021, S. 482, 485 f.; *G. Wagner*, FS Canaris II, S. 281, 293 ff.; *Eidenmüller*, Effizienz, S. 414 ff.; kritisch *Taupitz*, AcP 196 (1996), S. 114, 122 ff.

recht nicht die Aufgabe haben könne, in Marktgesetze einzugreifen,[283] sondern ausdrücklich festgehalten, dass „[d]ie Effizienz des volkswirtschaftlichen Ressourceneinsatzes [...] nicht beeinträchtigt [...] werden [...]"[284] dürfe. Das Insolvenzrecht habe hiernach die Aufgabe, „[...] die in dem insolventen Unternehmen gebundenen Ressourcen der wirtschaftlich produktivsten Verwendung zuzuführen".[285] Vorgebracht wird dort weiter, dass die angestrebten „[...] privatautonome[n] Entscheidungen ein höheres Maß an wirtschaftlicher Effizienz verbürgen als die hoheitliche Regulierung wirtschaftlicher Abläufe"[286] und diese Entscheidungsmechanismen auch „[...] am ehesten ein Höchstmaß an Wohlfahrt herbeiführen und somit auch im gesamtwirtschaftlichen Interesse liegen."[287] Schließlich wird dort sogar das *Pareto*-Kriterium paraphrasiert, indem festgestellt wird, dass „[...] das wirtschaftliche Optimum durch diejenige Lösung verwirklicht [wird], die mindestens einen Beteiligten besser und alle anderen Beteiligten nicht schlechter stellt als jede andere Lösung."[288] Jedenfalls im Rahmen der Gesetzesbegründung hat sich der Gesetzgeber also offen dem ökonomischen Effizienzdenken verschrieben und sich das Gedankengut der ökonomischen Analyse des Rechts zu eigen gemacht.[289]

2. Gläubigerautonomie und Effizienz im System der Insolvenzordnung

Die Insolvenzordnung selbst knüpft allerdings nirgendwo ausdrücklich an entsprechende Kriterien an, sondern legt insbesondere die Verwertungsentscheidung allein in die Hände der Gläubiger, die auch für eine andere als die effizienteste Verwertungsart optieren können: So können die Gläubiger (genauer die Gläubigerversammlung) im Regelinsolvenzverfahren gem. § 157 InsO auch dann für eine Stilllegung des Unternehmens optieren, wenn eine Fortführung des Unternehmens allen Beteiligten Vorteile brächte, also sogar die Bedingungen des *Pareto*-Kriteriums erfüllt wären.

Insoweit besteht über § 78 InsO zwar ein Korrektiv, das es ermöglicht, Entscheidungen der Gläubigerversammlung, die den Gläubigerinteressen zuwiderlaufen (wie es hier der Fall wäre[290]), aufzuheben, wobei hier auch der Insolvenzverwalter antragsberechtigt ist. Dieser Mechanismus soll jedoch kein Instrument der allgemeinen Richtigkeitskontrolle sein, sondern vor allem ge-

---

[283] BT-Drs. 12/2443, S. 75 ff.
[284] BT-Drs. 12/2443, S. 76.
[285] BT-Drs. 12/2443, S. 77.
[286] BT-Drs. 12/2443, S. 78; „Effizienzvorteile des neuen marktkonformen Insolvenzrechts" werden a.a.O. auch auf S. 80 hervorgehoben.
[287] BT-Drs. 12/2443, S. 76.
[288] BT-Drs. 12/2443, S. 78; vgl. hierzu MüKo-InsO/*Eidenmüller*, vor §§ 217-269 Rn. 24.
[289] Vgl. MüKo-InsO/*Eidenmüller*, vor §§ 217-269 Rn. 24 ff.; BeckOK-InsO/*Madaus*, § 1 InsO Rn. 22.
[290] Eingehend zur Bestimmung des Interesses der Gläubigergesamtheit etwa MüKo-InsO/ *Ehricke/Ahrens*, § 78 InsO Rn. 17 ff.

währleisten, dass der Mehrheitsmechanismus der Entscheidung nicht zu Lasten einer Minderheit missbraucht wird, während Entscheidungen, die alle Gläubiger(gruppen) gleichermaßen betreffen, Bestand haben sollen.[291] Waren an der Entscheidung alle Gläubiger(gruppen) beteiligt, die richtig informiert waren[292] und ist der Beschluss einstimmig ergangen, soll daher nach allgemeiner Auffassung eine Antragsbefugnis des Insolvenzverwalters nicht gegeben sein,[293] um die in Autonomie der Gläubiger getroffene Entscheidung nicht zu untergraben.[294]

Noch klarer tritt das im Rahmen des Insolvenzplanverfahrens zu Tage. Dort wird die Mehrheitsmacht vor allem durch das Schlechterstellungsverbot des § 245 InsO begrenzt. Ist dieses gewahrt, stehen die dissentierenden Gläubiger also nicht schlechter als ohne Plan, was regelmäßig mit der Zerschlagung des Unternehmens gleichbedeutend ist, sind die Gläubiger nicht daran gehindert, einen Liquidationsplan zu beschließen, auch wenn ein Fortführungsplan für alle Beteiligten vorteilhafter wäre. Problematisch ist insofern, dass gesicherte Gläubiger *de lege lata* auch im Rahmen einer Liquidation mit einer (nahezu) vollständigen Befriedigung rechnen können.[295] Das kann im Zusammenwirken mit der Anknüpfung des Schlechterstellungsverbots des § 245 InsO an ebendiese Befriedigungsaussichten dazu führen, dass die gesicherten Gläubiger auch effiziente Fortführungspläne verhindern können.[296]

---

[291] Deutlich in diese Richtung BT-Drs. 12/2443, S. 134: „Ein Beschluß, der für alle Gläubigergruppen ähnliche Chancen und Risiken enthält, kann nicht mit Erfolg angegriffen werden.", vgl. auch a.a.O., S. 76: „Fehlentscheidungen werden auch künftig vorkommen; sie sind dann jedoch denen zuzurechnen, um deren Vermögenswerte es in dem Verfahren geht, und nicht etwa der Justiz."; Uhlenbruck/*Knof*, § 105 InsO Rn. 10; K/P/B/*Kübler*, § 78 InsO Rn. 2; MüKo-InsO/*Ehricke/Ahrens*, § 78 InsO Rn. 1, 27; E. Braun-InsO/*Herzig*, § 78 InsO Rn. 1; für eine restriktive Handhabung auch *BGH*, NZI 2017, S. 758, 759, Rn. 12.

[292] Zu dieser Einschränkung MüKo-InsO/*Ehricke/Ahrens*, § 78 InsO Rn. 27.

[293] MüKo-InsO/*Ehricke/Ahrens*, § 78 InsO Rn. 8; K/P/B/*Kübler*, § 78 InsO Rn. 15; zurückhaltender HK/*Riedel*, § 78 InsO Rn. 2 nur „in der Regel" kein Antragsrecht.

[294] Vgl. zu dem grundsätzlichen Anliegen der InsO, die Verwertungsentscheidung in die Hände der Gläubiger zu legen, weil diese auch die damit verbundenen Investitionen tätigen müssen, BT-Drs. 12/2443, S. 76.

[295] Siehe oben 4. Kapitel, B.I.4.c).

[296] Vgl. *Eidenmüller*, Unternehmenssanierung, S. 71 ff. mit dem folgenden, von *Hart*, Firms, S. 166 f. übernommenen, Beispiel: Gesetzt sei, dass eine Liquidation einen Erlös von 90 verspreche, der Fortführungswert hingegen 110 betrage (Mittelwert zweier *gleich wahrscheinlicher* Szenarien: Bei einer erfolgreichen Sanierung betrage der Unternehmenswert 180, bei deren Scheitern 40); die Forderungen der gesicherten Gläubiger betragen 100. Da der Fortführungswert den Liquidationswert übersteigt, läge die wirtschaftlich sinnvolle Entscheidung in der Fortführung. Die gesicherten Gläubiger, die bei einer sofortigen Liquidation mit 90 rechnen, bei Fortführung hingegen nur 70 erwarten können (100 bei einem Erfolg; 40 im Fall des Scheiterns der Sanierung), können, da ein Fortführungsplan sie also schlechter stellte, die Fortführung verhindern, obwohl der bei den übrigen Gläubigern anfallende Vorteil (auf diese wären bei einem Erfolg 80 zu verteilen; bei einem Scheitern erhielten

Die Entscheidungsregeln der InsO führen also nicht in jeder Konstellation zur effizientesten Verwertungsentscheidung, da sie die Gläubigerautonomie in den Mittelpunkt stellen und den Gläubigern in bestimmten Konstellationen die Möglichkeit lassen, das schuldnerische Unternehmen zu zerschlagen, selbst wenn eine Fortführung die effiziente Lösung wäre.[297] Diese Entscheidungsregeln beruhen zwar auf der Annahme, dass die in Gläubigerautonomie gefundenen Lösungen am ehesten jene seien, die die Gesamtwohlfahrt steigerten,[298] also effizient sind. Wie gesehen besteht jedoch kein Korrektiv für den Fall, dass die autonome Entscheidung der Gläubiger einmal nicht zur effizienten Lösung führt. Obwohl die Gläubigerautonomie im System der InsO insbesondere mit Effizienzgesichtspunkten begründet wird, steht diese *de lege lata* nicht unter einem Effizienzvorbehalt, wie dies etwa im Vertragsrecht im Rahmen der Theorie des *efficient breach of contract* von jenen Stimmen teils befürwortet wird, die Grund und Grenze der vertraglichen Bindungswirkung in der Effizienz erblicken wollen.[299] Das in der Gesetzesbegründung ausgedrückte Anliegen der ökonomischen Effizienz wird demnach nicht konsequent verwirklicht und vor allem nicht gegen den (erklärten) Willen der Gläubiger durchgesetzt.

Gewissermaßen als Gegenbeispiel mögen insofern Alternativmodelle dienen, die in der Literatur vorgeschlagen wurden, um diese und andere (Effizienz-)Defizite zu bewältigen.[300] Paradigmatisch ist das von *Baird* vorgeschlagene Modell, insolvente Unternehmen stets einer Versteigerung zuzuführen.[301] Akzeptiert man dessen theoretische Prämissen,[302] führt dieses Modell dazu, dass die wirtschaftlichen Ressourcen des Unternehmens stets der Person zugeordnet werden, die die beste Verwendung für diese hat.[303] Vor allem hat dieses Modell zur Folge, dass die Entscheidung über das Schicksal des Unternehmens von jener über die (gerechte) Verteilung des Erlöses getrennt wird.[304] Das hat

---

sie nichts, der Erwartungswert betrüge bei einer Wahrscheinlichkeit von jeweils 50 % also 40) so groß ist, dass sie die Nachteile der gesicherten Gläubiger ausgleichen könnten und dennoch besser stünden also ohne Fortführung.

[297] Vgl. auch Seibt/Westpfahl/*Seibt/Westpfahl,* Einführung, Rn. 31.

[298] Ausdrücklich in diesem Sinn BT-Drs. 12/2443, S. 76, 78.

[299] Vgl. hierzu insbesondere *Posner,* Economic Analysis, S. 152 ff., 989 f.; eingehend auch *Schäfer/Ott,* Ökonomische Analyse, S. 547 ff.

[300] Ausführlich zu solchen Modellen *Eidenmüller,* Unternehmenssanierung, S. 96 ff.; *Madaus,* Insolvenzplan, S. 449 ff.

[301] *Baird,* Journal of Law and Economics 36 (1993), S. 633, 635 ff.; zu diesem Modell auch *Madaus,* Insolvenzplan, S. 449 ff.

[302] Entscheidende Voraussetzung für dieses Modell ist insbesondere die Existenz vollkommener Kapitalmärkte, die in der Realität so aber kaum existieren, *Madaus,* Insolvenzplan, S. 474 f.

[303] *Baird,* Journal of Law and Economics 36 (1993), S. 633, 639; vgl. allgemein zu Auktionsmechanismen zur Ermittlung der optimalen Ressourcenallokation, *Schäfer/Ott,* Ökonomische Analyse, S. 22f.

[304] *Baird,* Journal of Law and Economics 36 (1993), S. 633, 638 f.

zur Konsequenz, dass die Entscheidung über Fortführung oder Zerschlagung nicht durch Partikularinteressen einzelner Gläubiger gestört wird.[305] Diese Entscheidung wird in einem solchen System allein durch die neuen Eigentümer getroffen, die das Unternehmen immer (und nur) fortführen werden, wenn der Fortführungswert den Liquidationswert übersteigt.[306] Nach diesem Modell wird also allein die effiziente Ressourcenallokation zum Entscheidungskriterium über das Schicksal des Unternehmens.

Nach alldem kann keine Rede davon sein, dass das deutsche Insolvenzrecht die Effizienz zum Leitkriterium erhebt, an dem das ganze Recht ausgerichtet wäre. Allein aus einer festzustellenden (In-)Effizienz einer Regelung kann daher nicht auf die Begründbarkeit einer Norm geschlossen werden. Gerade in Anbetracht der Gesetzesbegründung und dem Umstand, dass das hier in Rede stehende Unternehmensinsolvenzrecht exklusiv wirtschaftliche Vorgänge betrifft, stellt das jedoch kein Hindernis dar, im Rahmen der ökonomischen Analyse gefundene Ergebnisse gewissermaßen als Richtschnur zu berücksichtigen.[307]

D. Ergebnis und weiterer Gang der Darstellung

Keine relevante Hürde stellt für die Einführung von neuen Bevorrechtigungen der Sanierungskreditgeber nach französischem Vorbild zunächst das Verfassungsrecht dar. Das gilt jedenfalls, soweit eine Reform nur Sicherheiten beträfe, die nach dieser bestellt wurden. Soll eine Reform aber auch rückwirkende Wirkung entfalten, wären jedoch die Einschränkungen der „alten" Sicherungsnehmer auszugleichen. Insoweit spielen auch die unterschiedlichen Zwecke der Insolvenzrechte keine Rolle. Im Übrigen ist für die weitere Betrachtung der möglichen Ansätze zur Bewältigung des beschriebenen Anreizproblems aber stets in Rechnung zu stellen, dass die unterschiedlichen Verfahrenszwecke dazu führen müssen, dass für das französische Recht gefundene Lösungen und Begründungsansätze nicht unbesehen übertragen werden können. Besonders deutlich wird das am Grundsatz der Gläubigergleichbehandlung. Dieser ließe sich zwar sowohl für das französische als auch das deutsche Recht als Auffangregel formaler Gerechtigkeit deuten, die zum Tragen kommt, wenn eine andere Verteilung nicht in Einklang mit dem jeweiligen Insolvenzrechtssystem erklärt werden kann. Die unterschiedlichen Ausrichtungen der Insolvenzrechte müssen jedoch dazu führen, dass Abweichungen von der formalen Gleichbehandlung, die sich mit den durch den Unternehmenserhalt geförderten Gemein-

---

[305] *Baird*, Journal of Law and Economics 36 (1993), S. 633, 638 f.
[306] Vgl. *Baird*, Journal of Law and Economics 36 (1993), S. 633, 639.
[307] Vgl. auch *Brinkmann*, Kreditsicherheiten, S. 71; *J. F. Hoffmann*, Prioritätsgrundsatz, S. 293.

wohlbelangen erklären lassen, im französischen Recht unproblematisch begründbar sind, während das für das deutsche Recht nicht der Fall ist. Das bedeutet freilich nicht, dass eine Begründung entsprechender Instrumente für das deutsche Recht nicht gelingen kann. Denkbar ist vielmehr auch, dass sich Begründungen finden lassen, die mit dem deutschen insolvenzrechtlichen Rahmen in Einklang gebracht werden können. Hierbei kann auch der ökonomischen Analyse eine gewisse Bedeutung zukommen, diese kann aber nach dem Gesagten nicht alleine entscheidend sein.

7. Kapitel

Ein *privilège de conciliation* im deutschen Recht?

Im Folgenden soll also zunächst näher untersucht werden, ob eine „Nachahmung" des *privilège de conciliation* für das deutsche Recht zu befürworten wäre. Es soll folglich beleuchtet werden, ob sich die Einführung eines Vorrechts vor den übrigen gesicherten Gläubigern für die Geber einer Sanierungsfinanzierung empfehlen würde, die im Rahmen eines StaRUG-Verfahrens[1] gewährt wurde. Zum Tragen käme dieses Vorrecht im Falle des Scheiterns der Sanierung in einem Liquidationsverfahren.

A. Bisherige Reformdiskussion

I. Deutsche Diskussion

Die Einführung eines Befriedigungsvorrechts für Geber von Sanierungsfinanzierungen im Rahmen eines Sanierungsverfahrens war in der bisherigen deutschen Debatte bereits verschiedentlich Diskussionsgegenstand. Zuletzt war das vor allem im Zuge der Diskussion um die Umsetzung der Restrukturierungsrichtlinie der Fall. Deren Art. 17 Abs. 4 sieht die *Möglichkeit* der Einführung eines solchen Vorrechts vor, hat die Entscheidung hierüber aber den Mitgliedstaaten überlassen.[2]

Verbreitet hat man sich insoweit auf den Standpunkt gestellt, dass ein Vorrecht zwar möglicherweise wirtschaftliche Vorteile bringen könne, indem es Finanzierungen ermöglichen würde, die ansonsten scheitern würden.[3] Zugleich wird aber auch betont, dass ein solches Vorrecht einen nicht legitimierbaren Bruch mit dem Grundsatz der Gläubigergleichbehandlung begründen würde

---

[1] Vgl. zur Möglichkeit eines entsprechenden Vorrechts für Kreditierungen nach Verfahrenseröffnung, siehe unten, 7. Kapitel, D.

[2] Morgen/*Bork*, Präventive Restrukturierung, Art. 17 Rn. 55; skeptisch zu der Entscheidung, die Vorrechtseinführung optional zu machen Paulus/Dammann/*Lynch Fannon*, European Preventive Restructuring, Art. 17 Rn. 28.

[3] In diese Richtung *Westpfahl*, ZRI 2020, S. 157, 180; *Parzinger*, ZIP 2019, S. 1748, 1757; *H. Schmidt*, WM 2017, S. 1735, 1743; *Singer*, Restrukturierungsrahmen, S. 334; *Geldmacher*, Sanierungsverfahren, S. 216 ff.

und bereits deshalb abzulehnen sei.⁴ Auch wurde die wirtschaftliche Sinnhaftigkeit eines solchen Vorrechts in Zweifel gezogen, da jedenfalls fraglich sei, ob ein Unternehmen, dem kein unbelastetes Vermögen mehr zur Verfügung stehe, noch sanierungswürdig sei.⁵ Vorgebracht wurde weiter, dass ein solches Vorrecht den vorzugswürdigen Weg der freien Sanierung unattraktiver machen würde.⁶ Immer wieder wurde in der deutschen Debatte auch postuliert, dass eine Beschränkung der Rechte der gesicherten Gläubiger, wie sie mit diesem Vorrecht verbunden wäre, bereits aus verfassungsrechtlichen Gründen abzulehnen sei, weil sie zu einer Verletzung der Eigentumsfreiheit i.S.d. Art. 14 GG führten oder einen Gleichheitsverstoß i.S.d. Art. 3 GG bewirkten.⁷

II. „Fresh-money"-Privilegien als Gegenstand von Reformvorschlägen

1. Der UNCITRAL Legislative Guide on Insolvency Law und der Vorentwurf für ein europäisches Wirtschaftsgesetzbuch der Association Henri Capitant

Ausführlich thematisiert werden Fragen rund um die bevorrechtigte Befriedigung von Gebern neuer Finanzierungen auch im *UNCITRAL Legislative Guide on Insolvency Law*,⁸ der insoweit in der deutschen Diskussion bislang kaum rezipiert worden ist.⁹

In diesem *Legislative Guide* wird insoweit zunächst die entscheidende Bedeutung neuer Finanzierungen für die Unternehmensfortführung betont.¹⁰ Diese drohe ohne bevorrechtigte Befriedigung von neuen Finanzierungen auch zum Nachteil der Gläubiger daran zu scheitern, dass potentielle Gläubiger nicht bereit seien, die mit einer Kreditvergabe ohne Vorrechte verbundenen Risiken in Kauf zu nehmen.¹¹ Zur Behebung dieses Problems könnten Staaten diesen Kreditgebern insbesondere *„priming liens"* gewähren, die auch gegenüber ge-

---

⁴ *Kayser*, ZIP 2017, S. 1393, 1400; Morgen/*Bork*, Präventive Restrukturierung, Art. 17 Rn. 56 f., 60; Flöther/*Hoegen*/*Wolf*, Sanierungsrecht, F. V. Rn. 598: „Systembruch"; zweifelnd *Bork*, ZIP 2017, S. 1441, 1446 f.; *Geldmacher*, Sanierungsverfahren, S. 216; *Singer*, Restrukturierungsrahmen, S. 335; offener insoweit noch *Bork*, ZIP 2010, S. 397, 407; offen auch *Westpfahl*, ZRI 2020, S. 157, 180.

⁵ So Morgen/*Bork*, Präventive Restrukturierung, Art. 17 Rn. 58, nach dem das erhöhte Risiko in einer Marktwirtschaft durch höhere Zinsen auzugleichen sei; *Bork*, ZIP 2017, S. 1441, 1447.

⁶ *Kayser*, ZIP 2017, S. 1393, 1400; vgl. auch *Singer*, Restrukturierungsrahmen, S. 336.

⁷ Jüngst wieder *Tilgner*, Restrukturierung, S. 177 ff., 341 f. unter Berufung auf einen Verstoß gegen ein (wohl aus Art. 20 GRCh und Art. 3 Abs. 1 GG abgeleitetes) Differenzierungsgebot zwischen gesicherten und ungesicherten Gläubigern i.V.m. Art. 14 Abs. 1 GG; siehe zur Kritik hieran oben, 6. Kapitel, A.I.

⁸ *UNCITRAL*, Legislative Guide on Insolvency Law, S. 113 ff.

⁹ Vgl. aber *Parzinger*, Fortführungsfinanzierung, S. 168.

¹⁰ *UNCITRAL*, Legislative Guide on Insolvency Law, S. 113 f., Chapter II, Rn. 94.

¹¹ *UNCITRAL*, Legislative Guide on Insolvency Law, S. 113 f., Chapter II, Rn. 94 ff. und Recommendation 63, S. 118.

sicherten Gläubigern bevorrechtigt zu befriedigen seien, wobei jedoch darauf zu achten sei, dass der wirtschaftliche Wert der Rechte der verdrängten gesicherten Gläubiger gewahrt bleibe.[12] Eine solche bevorrechtigte Befriedigung auch gegenüber den gesicherten Gläubiger sei so auszugestalten, dass die gesicherten Gläubiger zuvor anzuhören seien, der Schuldner nachweisen müsse, dass er ohne ein solches Vorrecht die Finanzierung nicht erhalten könne und die Interessen der gesicherten Gläubiger geschützt werden.[13] Im Wesentlichen bildet der *Legislative Guide* also die US-amerikanische Rechtslage zur Bestellung von erstrangigen Sicherheiten an belastetem Vermögen ab.[14]

Unter ausdrücklicher Bezugnahme auf diese Empfehlungen enthält nun auch der Vorentwurf der *Association Henri Capitant* für ein europäisches Wirtschaftsgesetzbuch den Vorschlag, ein solches „*fresh-money*"-Privileg" zu schaffen, das weitgehend dem französischen *privilège de conciliation* gleicht, wobei aber unklar bleibt, gegenüber welchen Gläubigern ein Vorrang bestehen soll.[15] Entsprechend dem französischen *privilège de conciliation* ist dort auch ausdrücklich vorgesehen, dass das Vorrecht nach der gerichtlichen Entscheidung hierüber in einem Register publik zu machen ist.

2. Der europäische Richtlinienentwurf zur Harmonisierung bestimmter Aspekte der nationalen Insolvenzrechte

Eine Privilegierung der Forderungen mancher neuer Kreditgeber in Folgeverfahren sieht nun auch Art. 33 Abs. 1 b) des Richtlinienentwurfs zur Harmonisierung bestimmter Aspekte der nationalen Insolvenzrechte[16] vor.

Hiernach sollen Zwischenfinanzierungen i.S.d. Art. 2 (i) des Entwurfs, die im Rahmen eines sog. *pre-pack*-Verfahrens gewährt wurden, mit dem die übertragende Sanierung eines Unternehmens organisiert werden soll, das sich in „*financial distress*" befindet (vgl. ErwG 22), in Folgeverfahren privilegiert werden. Diese Bevorrechtigung steht nach Art. 33 Abs. 1 b) des Richtlinienentwurfs nur unter der Voraussetzung, dass es sich um eine Zwischenfinanzierung i.S.d. Art. 2 (i) des Entwurfs[17] handelt und dass diese im Rahmen eines solchen *pre-pack*-Verfahrens gewährt wurde. Dabei soll dies ausweislich der

---

[12] *UNCITRAL*, Legislative Guide on Insolvency Law, S. 117, Rn. 104.
[13] *UNCITRAL*, Legislative Guide on Insolvency Law, S. 118, Recommendation 67.
[14] *McCormack/Keay/Brown*, European Insolvency Law, S. 126.
[15] Siehe Art. 2.3.3., S. 15, http://henricapitant.de/content/wb/media/Ceda/TexteDe/Avant-projet_Insolvenzrecht_DE.pdf (zuletzt abgerufen am 30.06.2023).
[16] Proposal for a directive of the European Parliament and of the Council harmonising certain aspects of insolvency law, COM 2022 (722) final.
[17] Der Begriff der Zwischenfinanzierung bzw. des *interim financing* ist dort legaldefiniert als: „[…] any new financial assistance, provided by an existing or a new creditor, that includes, as a minimum, financial assistance during pre-pack proceedings, and that is reasonable and immediately necessary for the debtor's business or part thereof to continue operating, or to preserve or enhance the value of that business […]".

systematischen Stellung des Art. 33 des Entwurfs sowohl für Finanzierungen, die in der sog. *preparation phase*, in der die übertragende Sanierung vorbereitet wird, als auch für Finanzierungen in der *liquidation phase* gelten, in der der Unternehmensträger abgewickelt wird, die ein echtes Insolvenzverfahren sein soll (Art. 19 f.). Art. 23 des Entwurfs, wonach die Schuldner, falls sie bereits materiell insolvent sind oder sich in einem Zustand drohender Insolvenz befinden, auch in der *preparation phase* Vollstreckungsschutz iSd Art. 6 f. der Restrukturierungsrichtlinie erhalten können sollen, legt dabei die Annahme nahe, dass diese *preparation phase* sowohl vor als auch nach Eintritt der materiellen Insolvenz durchführbar sein soll, solange sich das Unternehmen nur in *financial distress* befindet (vgl. ErwG 22). Ein gewisser Schutz der übrigen Gläubiger wird primär dadurch verwirklicht, dass der *monitor* des Verfahrens (vgl. Art. 22) bzw. der Verwalter (vgl. Art. 25) verpflichtet sein soll, die Zwischenfinanzierung zu den niedrigst möglichen Kosten zu erlangen, Art. 33 Abs. 1 a). Dieses Vorrecht soll gem. Art. 33 Abs. 1 b) in „*subsequent insolvency procedures*", d.h. in Folgeverfahren, die nach Beendigung des *pre-pack*-Verfahrens eröffnet werden, zum Tragen kommen.

Nicht eindeutig geregelt ist aber, in welchem Rang diese Forderungen befriedigt werden sollen, weil der Entwurf hier nur bestimmt, dass die Befriedigung „[...] with priority [...] in relation to other creditors that would otherwise have superior or equal claims [...]" erfolgen soll, Art. 33 Abs. 1 b). Das kann aufgrund der Einbeziehung der Gläubiger mit vorrangigen Forderungen so verstanden werden, dass dieser Vorrang gegenüber allen übrigen Gläubigern, also auch Inhabern von Kreditsicherheiten bestehen soll. Aufgrund der Unschärfe dieser Formulierung und vor allem dem Umstand, dass dies nicht ausdrücklich ausgedrückt ist (etwa durch die Wendung „with priority [...] in relation to *all* other creditors that would otherwise have superior or equal claims [...]"), lässt sich das aber auch so verstehen, dass die Mitgliedstaaten ein Wahlrecht haben sollen, gegenüber welchen Gläubigern des Folgeverfahrens der Vorrang eingeräumt wird. Daneben sieht Art. 33 Abs. 1 c) des Entwurfs die Möglichkeit vor, dass den Gebern einer Zwischenfinanzierung Sicherungsrechte (*security interests*) am Verkaufserlös aus der übertragenden Sanierung eingeräumt werden. Auch insofern bleibt jedoch offen, in welchem Rang diese *security interests* stehen sollen.

B. Gläubigergleichbehandlung als Hürde?

Verbreitet wird im Kontext eines solchen Vorrechts darauf verwiesen, dass entsprechende Bevorzugungen mit dem insolvenzrechtlichen Grundsatz der Gläubigergleichbehandlung nicht zu vereinbaren und daher zurückzuweisen seien.[18] Dabei bestehen jedoch nicht nur in der deutschen Diskussion erhebliche Uneinigkeiten über „Anwendungsbereich" sowie Inhalt dieses Grundsatzes und folglich auch hinsichtlich der Voraussetzungen für die Rechtfertigung einer eventuellen Abweichung, weshalb eine eingehende Auseinandersetzung hiermit angezeigt scheint.

I. Stand der Diskussion in Frankreich

Zwar wird dem Grundsatz der Gläubigergleichbehandlung in der französischen Diskussion ein anderer Bedeutungsgehalt beigemessen als in Deutschland.[19] In Anbetracht des verbreiteten Zugriffs auf die Gläubigergleichbehandlung als Argument gegen die Einführung eines solchen Vorrechts in der deutschen Diskussion soll dennoch zunächst ein Blick auf die Auseinandersetzung mit dem *privilège de conciliation* in der französischen Diskussion geworfen und untersucht werden, ob sich hieraus für eine Übertragung ins deutsche Recht Lehren ziehen lassen.

1. Beurteilung des privilège de conciliation

Versteht man den Grundsatz der Gläubigergleichbehandlung als ein dem Unternehmenserhalt untergeordnetes und dienendes Prinzip, wie es in der Sache der heute vorherrschenden Auffassung in Frankreich entspricht,[20] hat man wenig Schwierigkeiten, das *privilège de conciliation* für mit dem Grundsatz der Gläubigergleichbehandlung vereinbar zu erklären.[21] Von vornherein unproblematisch ist dies auch, wenn man diesen Grundsatz auf das Verhältnis der *créanciers chirographaires* untereinander beschränkt und derartige Vorrechte deshalb schlicht für nicht rechtfertigungsbedürftig erklärt.[22]

Soweit man das *privilège* überhaupt für begründungsbedürftig hält, wird vorgebracht, der Unternehmenserhalt, d.h. die Verwirklichung des Verfahrens-

---

[18] Siehe bereits die Nachweise in Fn. 4.
[19] Eingehend hierzu bereits 6. Kapitel, B.I.2.
[20] Siehe hierzu oben, 6. Kapitel, B.I.2.
[21] Eingehend hierzu vor allem *Chapon-Le Brethon*, Égalité, Rn. 325, S. 203 f.
[22] Vgl. insbesondere *Pérochon*, Entreprises en difficulté[10], Rn. 3; etwas offener jetzt *Pérochon,* Entreprises en difficulté, Rn. 3: Der Grundsatz sei „omniprésent" und komme als Grundregel *jedenfalls* im Verhältnis der *créanciers chirographaires* untereinander zur Anwendung, a.a.O., Rn. 3, Fn. 17, vgl. auch a.a.O, Rn. 2344.

ziels, sei ohne (neue) Finanzierungen nicht möglich.[23] Das *privilège de conciliation,* das gerade die Gewährung solcher Finanzierungen ermöglichen soll,[24] steht damit in unmittelbarem Zusammenhang mit der Verwirklichung dieses Ziels. Infolgedessen ist man allgemein der Auffassung, dass die Bevorzugung dieser Gläubiger dem Grundsatz der Gläubigergleichbehandlung nicht entgegenstehe, weil sie in Gestalt der Förderung des Unternehmenserhalts dem *interêt général*[25] diene.[26] Daneben stützt man sich auch darauf, dass die vom *privilège de conciliation* geschützten Gläubiger sich aufgrund der eingegangen Risiken und des für die verfolgten Ziele nützlichen geleisteten Beitrags in einer ungleichen Situation befänden.[27] Das *privilège* sei daher Ausdruck einer *égalité matérielle* und begründe schon gar keine rechtfertigungsbedürftige Ungleichbehandlung.[28]

2. Übertragbarkeit ins deutsche Recht?

Dieses Ergebnis wirft die Frage auf, ob – trotz der Unterschiede in der Ausrichtung der Verfahren – die Unbedenklichkeit des Vorrangs analog dem französischen Recht begründet werden kann. In der Sache muss insofern zwischen den verschiedenen Argumentationstopoi, auf die die Vereinbarkeit des *privilège de conciliation* mit dem Grundsatz der Gläubigergleichbehandlung gestützt wird, unterschieden werden.

a) „Ungleichheit" der Geber von Sanierungsfinanzierungen aufgrund ihres Beitrags zum Unternehmenserhalt?

Die These, das *privilège de conciliation* sei Ausdruck der *égalité matérielle* und begründe deshalb schon keine rechtfertigungsbedürftige Abweichung vom Grundsatz der Gleichbehandlung, lässt sich im Kern auf den auch in der deutschen Diskussion genutzten Topos reduzieren, Ungleiches sei ungleich zu behandeln[29] und die vom *privilège de conciliation* erfassten Gläubiger befänden sich in einer ungleichen Situation. Dass ein derartiger Ansatz für die Bewertung möglicher Regelungen *de lege ferenda* ungeeignet ist, wurde bereits dar-

---

[23] Statt aller *Nemedeu,* RTDCom. 2008, S. 241, 249, Rn. 97: „La survie de l'entreprise passe par son financement [...]."; ähnlich etwa auch *Pérochon,* Entreprises en difficulté, Rn. 1275.
[24] Siehe oben 4. Kapitel, B.II.1.
[25] Siehe oben 6. Kapitel, Fn. 81.
[26] Vgl. *Nemedeu,* RTDCom. 2008, S. 241, 249, Rn. 37.
[27] *Chapon-Le Brethon,* Égalité, Rn. 325, S. 204; *Conseil constitutionnel,* n°2005-522 DC, 22.07.2005, Rn. 5
[28] So *Chapon-Le Brethon,* Égalité, Rn. 325, S. 204; in diese Richtung weist auch die Begründung des *Conseil constitutionnel,* n°2005-522 DC, 22.07.2005, Rn. 5.
[29] Insbesondere *Baur/Stürner,* Insolvenzrecht, Rn. 5.37; *Gassert-Schumacher,* Privilegien, S. 326 f.

gelegt.[30] Überhaupt mag die These, diese Gläubiger befänden sich ob ihres größeren Beitrags für den Unternehmenserhalt in einer anderen Situation als die übrigen Gläubiger für das französische Recht aufgrund der Übereinstimmung dieser Forderungen mit dem Verfahrensziel des Unternehmenserhalts nahe liegen. Auf das (geltende) deutsche Recht ist sie in dieser Form nicht übertragbar. Kann die Bestimmung, was gleich und ungleich ist, nur unter Rückgriff auf die geltende Rechtsordnung und insbesondere deren Ziele erfolgen,[31] müsste ein dahingehender Legitimationsversuch für das geltende deutsche Recht an das Ziel der bestmöglichen Gläubigerbefriedigung anknüpfen. Das liefe darauf hinaus, dass darzulegen wäre, dass die Einräumung eines solchen Vorrechts der Gläubigerbefriedigung insgesamt dient.[32] *De lege ferenda* kann ein entsprechendes Vorrecht im deutschen Recht demnach nicht darauf gestützt werden, dass die Sanierungsfinanzierer sich aufgrund ihres nützlicheren Beitrags in einer „ungleichen" Position befänden.

b) Gemeinwohlbelange

Auch der zweite Begründungstopos, der im französischen Recht vorgebracht wird, das *privilège de conciliation* sei legitim, weil es dem *interêt général* diene, kann im Kontext des deutschen Rechts nicht verfangen. Mit dem im deutschen Insolvenzrecht bestehenden Primat der Gläubigerinteressen ist es unvereinbar, das schuldnerische Vermögen, das nach privatrechtlichem Maßstab den Gläubigern zustehen muss,[33] auf Kosten dieser Gläubiger zur Verfolgung öffentlicher Belange zu verwenden.[34]

c) Zwischenbefund

Die unterschiedlichen Funktionen und Ziele der Insolvenzrechte in Deutschland und Frankreich müssen daher dazu führen, dass Begründungsansätze für das *privilège de conciliation*, die im französischen System stimmig scheinen, auf das deutsche Recht nicht übertragbar sind und ein solches Vorrechts hier nicht tragen können. Damit ist jedoch noch nicht gesagt, dass eine Begründung für das deutschen Recht nicht möglich ist. Sie kann jedoch nicht auf die Förderung des Unternehmenserhalts im Allgemeininteresse gestützt werden und

---

[30] Siehe 6. Kapitel, B.I.3.a).

[31] Siehe oben, 6. Kapitel, B.I.3.a).

[32] So in der Tat *Parzinger*, ZIP 2019, S. 1748, 1756. Für die Frage, ob dies wirklich der Fall ist, gibt die französische Diskussion freilich wenig her, weshalb dieser Frage im Kontext der deutschen Diskussion nachgegangen werden soll, siehe unten, 7. Kapitel, B.II.6.

[33] Siehe oben, 6. Kapitel, B.I.3.b); *J. F. Hoffmann*, Prioritätsgrundsatz, S. 210 f.

[34] Vgl. den Ausspruch von *Häsemeyer*, Insolvenzrecht, Rn. 2.19: „Wer öffentliche Zwecke fördern will, muss öffentliche Mittel einsetzen."; zustimmend *J. F. Hoffmann*, Prioritätsgrundsatz, S. 210 ff.; *J. F. Hoffmann*, KTS 2017, S. 17, 30; a.A. offenbar *Piekenbrock*, ZZP 122 (2009), S. 63, 106.

kann auch nicht daran anknüpfen, dass die Kreditgeber wegen ihres Beitrags zum Unternehmenserhalt „nützlicher" wären.

II. Bisherige Ansätze im deutschen Recht

Sind die zum *privilège de conciliation* in der französischen Diskussion vorgebrachten Ansätze in das deutsche Recht nicht übertragbar, bleibt ein Zugriff auf im deutschen Recht für Befriedigungsvorrechte genutzte Begründungstopoi als Rechtfertigungsoption.

1. Konstruktionsbezogene Begründungsmuster

Verbreitet rekurriert man für die Begründung von Vorrechten in der Insolvenz auf Rechtfertigungstopoi, die mit der „Vorinsolvenzlichkeit" oder der „Dinglichkeit" des in Rede stehenden Rechts unmittelbar an dessen Konstruktion anknüpfen.

a) Konstruktionsmöglichkeiten einer Bevorrechtigung

Das wirft zunächst die Frage auf, wie ein dem *privilège de conciliation* funktional entsprechendes Vorrecht im deutschen Recht abgebildet werden könnte. Dem französischen Vorbild des *privilège général* am nächsten käme eine Ausgestaltung als „Generalhypothek", d.h. als dingliches Sicherungsrechts des Kreditgebers am gesamten Schuldnervermögen. Derartige Rechte sind dem heutigen deutschen Sachen- bzw. Insolvenzrecht aufgrund ihrer Unversöhnlichkeit mit dem Grundsatz der Spezialität, der solche Rechte an unbestimmten Sachgesamtheiten gerade untersagt,[35] grundsätzlich fremd.[36] Allerdings steht dieser Grundsatz als Verkehrsschutzinstrument zur Disposition des Gesetzgebers und könnte daher *de lege ferenda* modifiziert oder insoweit aufgegeben werden.[37] Eine solche Ausgestaltung ist daher nicht *a priori* ausgeschlossen.

Grundsätzlich denkbar wäre auch eine Ausgestaltung als dingliche Spezialsicherheit an einem bestimmten Vermögensgegenstand. Das hätte jedoch zur Folge, dass die „Last" des Vorrechts nicht – wie beim französischen Vorbild – gleichmäßig von allen gesicherten Gläubigern, sondern – ähnlicher dem US-Recht – isoliert von einem einzelnen Gläubiger getragen werden müsste. Eine solche Umsetzung würde sich demnach erheblich vom französischen Recht entfernen. In der Wirkung dem französischen Vorbild deutlich näher stünde die Schaffung eines insolvenzspezifischen Vorrechts (ähnlich etwa dem Massevorrecht). Auf dieser Grundlage könnten die erfassten Kreditgeber im Fall der

---

[35] Vgl. etwa *Wilhelm*, Sachenrecht, Rn. 20.

[36] *J. F. Hoffmann*, Prioritätsgrundsatz, S. 28; *Schlüter*, Rückabwicklung, S. 152.

[37] *Schlüter*, Rückabwicklung, S. 152; allgemein zur Ausgestaltung von Verkehrsschutzinstrumenten durch den Gesetzgeber *J. F. Hoffmann*, Prioritätsgrundsatz, S. 33.

Insolvenz aus dem schuldnerischen Vermögen nach den Aussonderungsrechten aber vor den Absonderungsrechten befriedigt werden.

Zu erkennen ist insoweit, dass bezüglich der Wirkungen in der Insolvenz zwischen einer Generalhypothek und einem insolvenzspezifischen Vorrecht keinerlei Unterschiede bestünden.[38] Berücksichtigt werden muss auch, dass sich letztlich jede Privilegierung in der Insolvenz konstruktiv sowohl durch eine „dingliche" Sicherheit als auch durch ein insolvenzspezifisches Vorrecht verwirklichen lässt.[39] Die Entscheidung für die eine oder die andere Konstruktion kann damit nicht von unterschiedlichen Wirkungen in der Insolvenz abhängig gemacht werden, sondern wird maßgeblich von der rechtspolitischen Frage beeinflusst werden, ob man sich zu einer offenen Durchbrechung des Spezialitätsgrundsatzes durchringen kann. Aus dieser Konstruktionsoffenheit folgt, dass die Diskussion über die Legitimität von Bevorrechtigungen nicht bei klassischen insolvenzspezifischen Vorrechten halt machen kann. Einzubeziehen sind auch dingliche Sicherheiten und alle übrigen Instrumente, die der Durchsetzung einer Vermögenshaftung dienen, mit der eine Kreditvergabe ermöglicht oder vergünstigt werden soll, kurzum sämtliche Instrumente, die in einem funktionalen Sinn als Kreditsicherheiten verstanden werden können.

b) „Dinglichkeit" als petitio principii

Im Kontext der dinglichen Sicherheiten erfreut sich nach wie vor der Topos der „Dinglichkeit" gewisser Beliebtheit, um deren Wirkungen in der Insolvenz zu legitimieren.[40] Auf dieser Grundlage wäre jedoch nur eine als dingliche General- oder Spezialsicherheit konstruierte Bevorrechtigung legitimierbar, während insolvenzspezifische Vorrechte hiermit nicht zu begründen wären. Gegen diesen Ansatz ist daher zunächst einzuwenden, dass die Begründbarkeit des Vorrechts damit von dessen Konstruktion abhinge. Das vermag aufgrund der

---

[38] *Hahn*, Materialien IV, S. 185: „[...] [A]lle dinglichen Rechte schrumpfen im Konkurse zu Vorzugsrechten zusammen."; *Häsemeyer*, KTS 1982, S. 507, 531 f., 542, 567; *J. F. Hoffmann*, Prioritätsgrundsatz, S. 28 f., 270 f.; *Schlüter*, Rückabwicklung, S. 152, Fn. 405; etwas unscharf *S. Huber*, Erfüllungshaftung, S. 287, Fn. 327, der feststellt, die „Wirkweise" von Sicherungsrechten und insolvenzrechtlichen Vorrechten sei unterschiedlich, aber auch feststellt, dass beide zu einer Besserstellung der Gläubiger führten und daher beide der „allgemeinen Kategorie der Privilegierung" zuordnet.

[39] *J. F. Hoffmann*, Prioritätsgrundsatz, S. 270 f., 292; *J. F. Hoffmann*, KTS 2017, S. 17, 22.

[40] BT-Drs. 12/2443, S. 78; *Hahn*, Materialien IV, S. 191; *Gassert-Schumacher*, Privilegien, S. 329 f.; *R. H. Schmidt*, Ökonomische Analyse, S. 94; auf den Status von Kreditsicherheiten als „proprietary rights" stützen deren Wirkung in der Insolvenz auch *Allan/Drobnig*, RabelsZ 44 (1980), S. 615, 617; in diese Richtung für Frankreich auch *A. Aynès*, BJE novembre-décembre 2019, S. 52, 54 f.

funktionalen Austauschbarkeit der Konstruktionen von insolvenzspezifischen Vorrechten und „dinglichen" Sicherheiten aber nicht zu überzeugen.[41]

Es ist ohnehin zu erkennen, dass aus der „Dinglichkeit" eines Rechts für die Begründbarkeit von dessen Wirkungen in der Insolvenz nichts zu gewinnen ist:[42] Das dingliche Recht als Unterfall der absoluten Rechte[43] zeichnet sich nach herkömmlicher Auffassung gegenüber den relativen Rechten dadurch aus, dass es neben dem Sukzessionsschutz und dem umfassenden Schutz vor Rechtsverletzungen Dritter durch seine Insolvenzfestigkeit umfassend gegenüber Dritten wirkt.[44] Ist Wesensmerkmal eines dinglichen Rechts dessen Insolvenzfestigkeit, bedeutet der Schluss von der Dinglichkeit eines Rechts auf dessen Insolvenzfestigkeit die Insolvenzfestigkeit mit der Dinglichkeit, diese aber mit der Insolvenzfestigkeit zu begründen. Es würde also von den Voraussetzungen der Dinglichkeit auf deren Wirkungen geschlossen und umgekehrt, so dass es sich geradezu um ein Paradebeispiel eines begrifflichen Zirkelschlusses handelt.[45]

c) Vorinsolvenzlichkeit des Rechts

Verbreitet stützt man sich für die Legitimation von Kreditsicherheiten auch auf deren „Vorinsolvenzlichkeit".[46] Vermögensumverteilung sei keine legitime Aufgabe des Insolvenzrechts, das vielmehr grundsätzlich die zivilrechtliche Haftungsordnung auch im Verhältnis der Gläubigergruppen untereinander zu achten habe.[47] Zu überzeugen vermag aber auch dieser Ansatz nicht: Dagegen spricht, dass hiernach wiederum der Konstruktion des Vorrechts entscheidende Bedeutung zukommt, obwohl sämtliche Konstruktionsmöglichkeiten funktional identisch und damit austauschbar sind, so dass dies eine wenig sachgerechte

---

[41] Vgl. *J. F. Hoffmann*, KTS 2017, S. 17, 22 f.

[42] *Häsemeyer*, KTS 1982, S. 507, 531 f., 545; eingehend *Brinkmann*, Kreditsicherheiten, S. 227 ff.; *J. F. Hoffmann*, Prioritätsgrundsatz, S. 292; *J. F. Hoffmann*, KTS 2017, S. 17, 23.

[43] *Brinkmann*, Kreditsicherheiten, S. 229; *Canaris*, FS Flume I, S. 371, 373 ff.

[44] Grundlegend *Canaris*, FS Flume I, S. 371, 373 ff.; *J. F. Hoffmann*, JuS 2016, S. 289, 290 ff.

[45] Eingehend *Brinkmann*, Kreditsicherheiten, S. 227 ff.; *J. F. Hoffmann*, Prioritätsgrundsatz, S. 292; *J. F. Hoffmann*, KTS 2017, S. 17, 23.

[46] MüKo-InsO/*Ganter*, vor §§ 49–52 Rn. 10; *Bauer*, Ungleichbehandlung, S. 86 f.; *Eidenmüller*, Unternehmenssanierung, S. 24 f.; *Thole*, Gläubigerschutz, S. 54; *von Wilmowsky*, Kreditsicherungsrecht, S. 260 f.; BeckOK-InsO/*Madaus*, § 1 InsO Rn. 32. Verbreitet ist dieser Ansatz insbesondere im Umfeld der US-amerikanischen *law-and-economics*-Bewegung, wo man dieses Ergebnis insbesondere aus dem gleichbedeutenden sog. *Butner*-Prinzip ableitet, zu diesem und der Kritik hieran bereits oben, 6. Kapitel, B.II.5.

[47] BT-Drs. 12/2443, S. 78; MüKo-InsO/*Ganter*, vor §§ 49–52 Rn. 10; ähnlich *von Wilmowsky*, Kreditsicherungsrecht, S. 261 f.; vgl. auch BeckOK-InsO/*Madaus*, § 1 InsO Rn. 32.

Differenzierung zur Folge hätte.[48] Vor allem bleibt hierbei offen, warum gerade die Kreditsicherheiten unberührt bleiben müssen, während ungesicherte Gläubiger, die ebenfalls eine vorinsolvenzliche Position haben, der Gläubigerkonkurrenz ausgesetzt werden. Jedenfalls mit der Dinglichkeit der Kreditsicherheiten ist das nicht zu begründen.[49] Wenn insofern postuliert wird, das Insolvenzrecht habe auch das Verhältnis der Gläubigergruppen untereinander zu beachten,[50] weist das deutlich zirkuläre Züge auf, weil das die „Höherwertigkeit" der Kreditsicherheiten nutzt, um deren Insolvenzfestigkeit zu begründen. Diese Höherwertigkeit ergibt sich in der Sache aber erst daraus, dass diese *de lege lata* insolvenzfest sind.

2. Privatautonomie als Grundlage?

Immer wieder hat man es auch unternommen, die Insolvenzfestigkeit von Kreditsicherheiten mit der Privatautonomie der Parteien zu begründen.[51] Das wird insbesondere auf einen *maiore ad minus* Schluss dahingehend gestützt, dass es den Parteien, wenn sie die Möglichkeit haben, ein Recht insgesamt zu übertragen, erst recht offen stehen müsse, lediglich einen Teil dieses Rechts abzuspalten[52] und zu übertragen.[53] Die Bestellung einer Kreditsicherheit und deren Wirkungen in der Insolvenz würden sich demnach als Ausfluss der Privatautonomie der Beteiligten darstellen.[54]

a) Privatautonome Rekonstruierbarkeit des Vorrechts?

Selbst wenn das zutreffend wäre, ist für die vorliegende Konstellation jedoch bereits ausgesprochen zweifelhaft, ob sich die Einräumung einer vorrangigen Sicherheit an bereits belastetem Sicherungsgut auf die Privatautonomie der Parteien stützen lässt. Anders als man zunächst meinen könnte, steht und fällt

---

[48] Vgl. *J. F. Hoffmann*, Prioritätsgrundsatz, S. 270 f.; a.A. *Bauer*, Ungleichbehandlung, S. 87 f.

[49] Vgl. oben, 7. Kapitel, B.II.1.b); *J. F. Hoffmann*, Prioritätsgrundsatz, S. 292; eingehend auch *Brinkmann*, Kreditsicherheiten, S. 227 ff.

[50] BT-Drs. 12/2443, S. 78; MüKo-InsO/*Ganter*, vor §§ 49–52 Rn. 10.

[51] *Guski*, Sittenwidrigkeit, S. 134 ff.; *Bauer*, Ungleichbehandlung, S. 86 f.; *Harris/Mooney*, Virginia Law Review 80 (1994), S. 2021, 2049 ff.; unter dem Vorbehalt, dass durch die Sicherheitenbestellung keine direkten negativen Auswirkungen auf die an der Vereinbarung unbeteiligten Gläubiger entstehen, was bei *new money secured credit* nicht der Fall sei, auch *Schwarcz*, Duke Law Journal 47 (1997), S. 425, 489, Fn. 272; vgl. für Frankreich *Lucas,* BJE novembre-décembre 2019, S. 78, 79.

[52] Zur Bestellung einer Kreditsicherheit als Abspaltung eines Teilinhalts des Eigentums *Wellenhofer*, Sachenrecht, § 1 Rn. 10; *Brinkmann*, Kreditsicherheiten, S. 233 f., Fn. 37; *Raiser*, FS Sontis, S. 167, 172 ff.

[53] Vgl. etwa *Harris/Mooney,* Virginia Law Review 80 (1994), S. 2021, 2024.

[54] In der Sache *Bauer*, Ungleichbehandlung, S. 87; eingehend hierzu *Brinkmann*, Kreditsicherheiten, S. 233 ff.

das nicht mit der Konstruktion dieses Vorrechts als vereinbarte, dingliche Sicherheit, da sich auch gesetzliche Kreditsicherheiten auf den Willen der Parteien zurückführen lassen, wenn sie abbilden, was die Parteien ohnehin typischerweise vereinbart hätten.[55]

So wird man wohl davon ausgehen können, dass ein Kreditgeber und ein krisenbehafteter Kreditnehmer, dem kein anderweitiges werthaltiges Vermögen mehr zur Verfügung steht, eine vorrangige Kreditsicherheit an bereits belastetem Vermögen bestellen würden, wenn die Rechtsordnung ihnen diese Möglichkeit eröffnet. *Insoweit* würde eine vorrangige Sicherheit also dem Willen der Parteien entsprechen. Eine vollständige privatautonome Rekonstruktion setzte in dieser Konstellation aber weiter gehend voraus, dass dem auch die zu verdrängenden Gläubiger zustimmen würden. Dass bereits gesicherte Gläubiger der späteren Einräumung einer vorrangigen Sicherheit am jeweiligen Sicherungsgut zustimmen (*ex ante* oder *ex post*), ist aber allenfalls theoretisch denkbar: Eine solche Gestaltung gäbe dem Sicherungsgeber die Möglichkeit, die Stellung des Sicherungsnehmers durch nachträgliche, vorrangige Sicherheitenbestellungen vollständig auszuhöhlen und ihm auf diese Weise das aus der Sicherheit resultierende Rangvorrecht zu nehmen.[56] Das müsste sich dann auch in den Kreditkosten widerspiegeln, da der erste Sicherungsnehmer den ausgereichten Kredit rationalerweise insgesamt als ungesichert behandeln müsste.[57] Eine solche Möglichkeit des Sicherungsgebers nähme der Sicherheitenbestellung im Verhältnis zwischen dem Sicherungsgeber und dem ersten Sicherungsnehmer weitgehend die Vorteile, die sie dem Sicherungsnehmer (Rangvorrecht) und dem Sicherungsgeber (reduzierte Kreditkosten) grundsätzlich verschaffen kann.[58] Es scheint daher unplausibel, dass die Parteien eine solche Möglichkeit vereinbaren würden.[59] Die Rechtfertigung des Vorrechts mit der Privatautonomie der Parteien scheitert also bereits daran, dass nicht anzunehmen ist, dass diese ihre Verhältnisse in dieser Weise gestalten würden.

b) Disponibilität der Haftungsordnung?

Im Übrigen scheint die Privatautonomie ganz grundsätzlich ungeeignet, um die Wirkungen von Kreditsicherheiten in der Insolvenz zu erklären, weil der diesen Ansätzen zu Grunde liegende *maiore ad minus* Schluss von der Möglichkeit zur Übertragung des Vollrechts auf die Einräumung eines Befriedigungsvorrechts durch Bestellung einer Sicherheit[60] unzutreffend ist: Die vollständige

---

[55] Vgl. etwa im Kontext der gesetzlichen Pfandrechte *J. F. Hoffmann*, Prioritätsgrundsatz, S. 305; *Medicus/Petersen*, Bürgerliches Recht, Rn. 594; *Canaris,* Handelsrecht, § 27 Rn. 33.
[56] Vgl. *Jackson/Kronman*, Yale Law Journal 88 (1979), S. 1143, 1163.
[57] *Jackson/Kronman*, Yale Law Journal 88 (1979), S. 1143, 1163.
[58] Vgl. *Jackson/Kronman*, Yale Law Journal 88 (1979), S. 1143, 1163.
[59] Vgl. *Jackson/Kronman*, Yale Law Journal 88 (1979), S. 1143, 1163.
[60] Vgl. etwa *Harris/Mooney,* Virginia Law Review 80 (1994), S. 2021, 2024.

Übertragung eines Rechts geht als Neuzuordnung der Zugehörigkeit eines Gegenstands zu einem Vermögen im Sinne einer „Selbstgestaltung der Rechtsverhältnisse des einzelnen nach seinem Willen"[61] dahin, dass das Gut aus dem Vermögen des Veräußerers vollständig ausscheidet. Dementsprechend haftet das Gut auch nicht mehr für dessen Verbindlichkeiten und wird stattdessen Bestandteil des Vermögens des Erwerbers, wo es diesem zur wirtschaftlichen Nutzung und als Haftungssubstrat für seine Verbindlichkeiten zur Verfügung steht.[62] Die Bestellung einer Kreditsicherheit als *„agreement between A and B that C take nothing"*[63] ist hingegen nicht darauf gerichtet, die Vermögenszugehörigkeit eines Gutes zu verändern – das Sicherungsgut verbleibt im Vermögen des Sicherungsgebers. Diese zielt vielmehr primär darauf ab, die Verteilungsordnung im Insolvenzfall zugunsten des Sicherungsnehmers und zulasten der übrigen Gläubiger zu verändern. Aufgrund dieser unterschiedlichen Funktion weicht die Sicherheitenbestellung entscheidend von der vollständigen Übertragung eines Rechts ab und stellt hierzu deshalb ein *aliud*, nicht ein *minus* dar.[64] Die negativen Auswirkungen einer Vereinbarung zweier Subjekte auf Dritte können jedoch prinzipiell nicht mit deren Privatautonomie erklärt werden, weshalb gerade die Verteilungsordnung *erga omnes* im Insolvenzfall nicht zur Disposition einzelner Beteiligter stehen kann.[65] Demnach bietet auch die Privatautonomie keine Grundlage für eine Legitimation eines solchen Vorrechts in der Insolvenz.

3. Wirtschaftliches Leistungsprinzip nach Dorndorf

Einen grundsätzlich anderen Weg, der konzeptionell der Idee einer *égalité matérielle* entspricht, wie sie im französischen Recht befürwortet wird,[66] geht *Dorndorf,* indem er den Grundsatz der Gläubigergleichbehandlung auf einen „wirtschaftlichen Gerechtigkeitsbegriff" im Sinne eines „Leistungsprinzips"

---

[61] *Flume*, Allgemeiner Teil, Bd. II, § 1, 1, S. 1.

[62] *Brinkmann*, Kreditsicherheiten, S. 236.

[63] So die Zuspitzung bei *LoPucki*, Virginia Law Review 80 (1994), S. 1887, 1899; daraus folgt freilich nicht, dass es sich bei der Sicherheitenbestellung um einen – unzulässigen – Vertrag zulasten Dritter handeln würde, *Brinkmann*, Kreditsicherheiten, S. 237 f.; *Guski*, Sittenwidrigkeit, S. 235; *Dorndorf*, Kreditsicherungsrecht, S. 25 f.; unrichtig im Kontext der Einführung eines an das *privilège de conciliation* angelehnten Vorrechts im deutschen Recht *Medla*, Unternehmenssanierung, S. 486.

[64] *Brinkmann*, Kreditsicherheiten, S. 235 f.; *J. F. Hoffmann*, Prioritätsgrundsatz, S. 291; *J. F. Hoffmann*, AcP 220 (2020), S. 377, 389; ähnlich *de Weijs*, EPLJ 7 (2018), S. 63, 81 f.

[65] *Brinkmann*, Kreditsicherheiten, S. 236; *McCormack*, Secured Credit, S. 14; *de Weijs*, EPLJ 7 (2018), S. 63, 81; *J. F. Hoffmann*, AcP 220 (2020), S. 377, 389; *Bebchuk/Fried*, Yale Law Journal 105 (1996), S. 857, 933; *Finch*, MLR 62 (1999), S. 633, 661; vgl. auch *Dorndorf*, Kreditsicherungsrecht, S. 26.

[66] Sie oben 6. Kapitel, B.I.2; vgl. *Guski*, Sittenwidrigkeit, S. 133: „wirtschaftliches suum cuique".

stützt.⁶⁷ Hiernach seien die Gläubiger in einem Insolvenzverfahren nach Maßgabe dessen zu befriedigen, was sie an produktivem Beitrag zur Haftungsmasse geleistet haben.⁶⁸ Für die Bewertung dieses Beitrags sei allein dessen Nützlichkeit *ex ante*, d.h. im Zeitpunkt des Vertragsschlusses maßgeblich, wofür grundsätzlich auf den Marktpreis abzustellen sei, der in funktionierenden Märkten durch die vereinbarte Gegenleistung abgebildet werde.⁶⁹

Eine Besserstellung gesicherter Gläubiger gegenüber den einfachen ungesicherten Gläubiger sei hiernach nur gerechtfertigt, wenn diese Gläubiger einen höher zu bewertenden produktiven Beitrag zur Haftungsmasse geleistet haben.⁷⁰ Eine Kreditleistung sei dabei zwar nicht an sich höherwertig, weil sie nur gegen Sicherheit gewährt wurde.⁷¹ Jedoch verlange das Prinzip der Leistungsgerechtigkeit, dass Äquivalenzbewertungen, die unter Bedingungen eines funktionierenden Marktes zwischen Gläubiger und Schuldner entstanden sind, akzeptiert werden; ein solches Äquivalenzverhältnis trage die Rechtfertigung für seine Sanktionierung in sich selbst.⁷² In diese Äquivalenzbewertung sei auch das Bestehen eines Sicherungsrechts eingegangen, da ein Kredit ohne Sicherheit u.U. gar nicht oder nicht in derselben Höhe gewährt worden wäre, weshalb die Anerkennung solcher insolvenzfesten Sicherheiten ein Gebot der Gerechtigkeit und nicht lediglich wirtschaftlicher Zweckmäßigkeit sei.⁷³

Dementsprechend wäre auch eine vorrangige Sicherheit unabhängig von ihrer rechtstechnischen Konstruktion als insolvenzfest anzuerkennen, wenn und weil die auch gegenüber den gesicherten Gläubigern bevorrechtigte Befriedigung in die Äquivalenzbewertung der Parteien mit einbezogen wird. Besteht die Möglichkeit der Einräumung eines Vorrangs auch gegenüber gesicherten Gläubigern, werden auch diese in die Leistungsbewertung einstellen, dass sie später u.U. im Rang verdrängt werden, so dass auch deren Stellung nicht gegen die Begründbarkeit dieses Vorrechts spräche.

Soll maßgeblich sein, welchen produktiven Beitrag die Gläubiger zur Haftungsmasse geleistet haben, scheint an diesem Ansatz aber problematisch, dass hierfür die Bewertung der Parteien *ex ante* ausschlaggebend sein soll.⁷⁴ Denn die eingetretene Insolvenz ist gerade auch Ausweis dafür, dass die Bewertungen des produktiven Beitrags durch den Schuldner jedenfalls teilweise unzutreffend waren.⁷⁵

---

⁶⁷ *Dorndorf*, Kreditsicherungsrecht, S. 42 ff.
⁶⁸ *Dorndorf*, Kreditsicherungsrecht, S. 45 f.
⁶⁹ *Dorndorf*, Kreditsicherungsrecht, S. 46.
⁷⁰ *Dorndorf*, Kreditsicherungsrecht, S. 47.
⁷¹ *Dorndorf*, Kreditsicherungsrecht, S. 47.
⁷² *Dorndorf*, Kreditsicherungsrecht, S. 48.
⁷³ *Dorndorf*, Kreditsicherungsrecht, S. 48 f.
⁷⁴ Vgl. *J. F. Hoffmann*, Prioritätsgrundsatz, S. 296; *Guski*, Sittenwidrigkeit, S. 133 f.
⁷⁵ Vgl. *J. F. Hoffmann*, Prioritätsgrundsatz, S. 296; *Guski*, Sittenwidrigkeit, S. 133 f.

Dieser Ansatz stützt sich für die Anerkennung von Kreditsicherheiten maßgeblich darauf, dass die Parteien deren Anerkennung bei der Bewertung der Leistung vorausgesetzt und in diese eingestellt haben.[76] Das ist insofern begrüßenswert, als diese Konzeption die Entscheidungsfreiheit der Kreditgeber, die über Kreditvergabe und -konditionen auf Grundlage der *lex lata* entschieden haben, achtet, indem eine kaum durchführbare und in Anbetracht der Selbstbestimmung der Parteien auch nicht statthafte Rekonstruktion des Verteilungskonflikts ohne Vorrecht unterbleibt.[77] Auf dieser Grundlage lässt sich aber allenfalls begründen, dass und warum Vorrechte, die als Bestandteil der *lex lata* bereits zur Grundlage einer Kreditgewährung gemacht worden sind, im Insolvenzfall beachtet werden müssen.[78] Eine Aussage darüber, ob und inwieweit die Rechtsordnung *de lege ferenda* derartige Vorrechte anerkennen *soll,* es den Parteien also möglich sein soll, das Bestehen von Vorrechten dergestalt in ihre Vereinbarungen miteinzubeziehen, lässt sich hieraus aber ohne unzulässigen Schluss vom Ist- auf den Soll-Zustand nicht ableiten.[79] Wie gerade das hier in Rede stehende Vorrecht zeigt, würden bei einer Umgestaltung der Vorrechtsordnung auch die Äquivalenzbewertungen der Parteien anders ausfallen. Diese Bewertung der Parteien ist folglich vor allem Ausdruck der Ausgestaltung des Kreditsicherungsrechts *de lege lata*, weshalb sich hieraus keine Handlungsanweisungen an den Gesetzgeber ableiten lassen.[80] Es zeigt sich hier in aller Deutlichkeit das Grundproblem des *suum cuique,* das zur Bestimmung seines Inhalts von der geltenden Rechtsordnung als Bezugsrahmen abhängig ist und deshalb keine von dieser geltenden Ordnung unabhängigen Aussagen erlaubt.[81]

4. Ausgleichshaftung und haftungsrechtliche Neutralität?

Gerade im hiesigen Kontext des „*new money secured credit"*[82] ist auch die Fortentwicklung bzw. Ergänzung der Theorie *Häsemeyers* von der Gläubigergleichbehandlung als Ausgleichshaftung der Gläubiger untereinander[83] durch *Brinkmann* von Interesse. Dieser hat es im Kontext dieses Modells, in dessen

---

[76] *Brinkmann,* Kreditsicherheiten, S. 245.

[77] Vgl. *J. F. Hoffmann,* Prioritätsgrundsatz, S. 299 f.

[78] *J. F. Hoffmann,* Prioritätsgrundsatz, S. 299 f.

[79] *Brinkmann,* Kreditsicherheiten, S. 245 f.; in der Sache auch *J. F. Hoffmann,* Prioritätsgrundsatz, S. 299 f., 302, der annimmt, dass in einem konkreten Verteilungskonflikt bereits bestehende Privilegien aufgrund der Entscheidungsfreiheit der Parteien unangetastet bleiben müssen, aber auch davon ausgeht, dass sich aus dem Grundsatz der Gläubigergleichbehandlung nichts für die Frage der Ausgestaltung eines künftigen Kreditsicherungsrechts gewinnen lässt.

[80] Vgl. *Brinkmann,* Kreditsicherheiten, S. 245 f.

[81] Siehe oben 6. Kapitel, B.I.3.a).

[82] Auf diesen bezieht *Brinkmann* sich ausdrücklich, *Brinkmann,* Kreditsicherheiten, S. 263 f.

[83] Eingehend oben, 6. Kapitel, B.II.6.

Grundform die Insolvenzfestigkeit von Kreditsicherheiten nicht stimmig zu begründen ist,[84] unternommen, diese Lücke zu schließen und stützt sich hierfür auf den Topos der „haftungsrechtlichen Neutralität".[85]

Vorrechte seien hiernach legitimierbar, wenn die in der Sicherheitenbestellung liegende Masseverkürzung durch eine gleichwertige Masseerhöhung im Sinne einer „haftungsrechtlichen Surrogation" ausgeglichen werde.[86] Eine solche Surrogation sei gegeben, wenn der aus der haftenden Masse ausscheidende Gegenstand durch ein anderes Gut ersetzt werde, das nunmehr an dessen Stelle für die Verbindlichkeiten des Schuldners hafte.[87] Nicht begründbar seien auf dieser Grundlage demnach sämtliche Sicherheiten an künftigen Vermögensgegenständen, also insbesondere revolvierende Sicherheiten am Umlaufvermögen, weil der Zusammenhang zwischen Kreditgewährung und (Neu-)Entstehen der Sicherheiten zu lose sei, um von einer Surrogation zu sprechen.[88] Zur Begründung seines Ansatzes stützt *Brinkmann* sich maßgeblich auf eine Parallele zu § 142 InsO, der wertmäßig neutrale Veränderungen des Schuldnervermögens selbst innerhalb der Krise für unbeachtlich erkläre, wenn und weil sich hieraus keine relevante Gläubigerbenachteiligung ergebe.[89]

Da dieses Modell auf die Ausgleichshaftung nach *Häsemeyer* aufbaut, muss es sich zunächst der gleichen grundsätzlichen und durchgreifenden Kritik an diesem Konzept ausgesetzt sehen.[90] Hinter dieser Fortentwicklung des Konzepts der Ausgleichshaftung verbirgt sich jedoch eine erhebliche und sehr grundsätzliche Modifikation desselben.[91] Die Gläubigergleichbehandlung als Ausgleichshaftung beruht auf dem Grundgedanken, dass die Gläubiger durch die getätigten Geschäfte auf die Vermögenszusammensetzung Einfluss genommen haben und sich deshalb wechselseitig für die Nichterfüllung ihrer Ver-

---

[84] Siehe oben, 6. Kapitel, B.II.6.
[85] *Brinkmann*, Kreditsicherheiten, S. 259 ff.
[86] *Brinkmann*, Kreditsicherheiten, S. 260 ff.
[87] *Brinkmann*, Kreditsicherheiten, S. 260 ff.
[88] *Brinkmann*, Kreditsicherheiten, S. 268 ff.; kritisch hierzu *Eidenmüller*, Future of Secured Credit, S. 273, 275. Solche Sicherheiten seien aber auch nach *Brinkmann* legitimierbar, wenn sie mit einer Publizität ausgestattet sind, die es erlaube, von einer konkludenten Zustimmung der nachträglich hinzutretenden, rechtsgeschäftlichen Gläubiger zu der Vorrangstellung auszugehen, was freilich zur Folge hat, dass die Legitimation der revolvierenden Sicherheiten bei einem erkennbaren entgegenstehenden Willen (etwa bei *negative pledge covenants*) diesen Gläubigern gegenüber scheitert, *Brinkmann*, Kreditsicherheiten, S. 302 ff.
[89] *Brinkmann*, Kreditsicherheiten, S. 260 ff., insbes. S. 260 f., 266 f.; vgl. zu dieser Fundierung des § 142 InsO etwa *BGH*, NZI 2005, S. 497, 498; NJW 2010, S. 3578, 3580, Rn. 24; NZI 2014, S. 775, 776, Rn. 15; *BAG*, NZI 2014, S. 372, 376, Rn. 47; Uhlenbruck/Borries/Hirte, § 142 InsO Rn. 3.
[90] Siehe zur Kritik eingehend oben, 6. Kapitel, B.II.6.
[91] Vgl. *J. F. Hoffmann*, Prioritätsgrundsatz, S. 297.

bindlichkeiten „verantwortlich" sind.[92] Weshalb eine Sicherheitenbestellung die durch die Kreditgewährung auf die Vermögenszusammensetzung ausgeübte Einflussnahme ausgleichen können soll, bleibt aber unklar,[93] stellt sich die Bestellung einer (insolvenzfesten) Sicherheit doch eher als weitere Vertiefung der Einflussnahme auf das Schuldnervermögen dar. Die „haftungsrechtliche Neutralität" der Sicherheitenbestellung führt denn auch zu der vor dem Hintergrund des Grundkonzepts ausgesprochen merkwürdigen Konsequenz, dass die *besicherte* Kreditgewährung haftungsrechtlich neutral sein soll, die für die Insolvenzgläubiger wesentlich vorteilhaftere *unbesicherte* Kreditgewährung hingegen eine unausgeglichene Einflussnahme darstellte.[94] Nicht von der Hand zu weisen ist aber, dass von ersterer eine erheblich größere Einflussnahme auf die Nichterfüllung der Verbindlichkeiten des Schuldners ausgeht, so dass diese Fortentwicklung gewissermaßen das Konzept *Häsemeyers* auf den Kopf stellt.

Schließlich ist auch sehr zweifelhaft, ob dieser Ansatz wirklich auf eine Parallele zu § 142 InsO gestützt werden kann.[95] Denn § 142 InsO schließt die besondere Insolvenzanfechtung von Austauschgeschäften auch dann aus, wenn eine *mittelbare* Gläubigerbenachteiligung gegeben ist.[96] Das Bargeschäfteprivileg des § 142 InsO betrifft also auch Geschäfte, bei denen es sich nicht nur um eine wertneutrale Vermögensumschichtung handelt und lässt sich mit diesem Gedanken deshalb nicht stimmig erklären.[97] Bedenklich ist schließlich auch, dass sich auf Grundlage der „haftungsrechtlichen Neutralität" in der Sache jedes Vorrecht legitimieren lässt, das „Gegenleistung" für eine wertmäßig äquivalente Massemehrung ist. Letztlich ist auf dieser Grundlage bei Austauschgeschäften jeder Art eine Privilegierung statthaft, wenn unmittelbar eine wertmäßig äquivalente Gegenleistung erbracht wird.[98] Selbst wenn die Gegenleistung nicht wertäquivalent ist, wird man auf dieser Grundlage zumindest über eine teilweise Enthaftung – soweit der Abfluss eben ausgeglichen ist – nachdenken müssen. Von der Gläubigergleichbehandlung bleibt damit aber wenig übrig. Wirklich zum Tragen kommen müsste diese dann wohl nur noch, wenn gar keine Gegenleistung in die Masse erfolgt oder diese stark zeitversetzt ist.

---

[92] Siehe oben, 6. Kapitel, B.II.6.
[93] *J. F. Hoffmann*, Prioritätsgrundsatz, S. 297; davon ging im Grunde wohl auch *Häsemeyer* aus, vgl. *Häsemeyer*, KTS 1982, S. 507, 570.
[94] Vgl. *J. F. Hoffmann*, Prioritätsgrundsatz, S. 298.
[95] *J. F. Hoffmann*, Prioritätsgrundsatz, S. 298.
[96] Uhlenbruck/*Borries/Hirte*, § 142 InsO Rn. 7; *Klinck*, Insolvenzanfechtung, S. 378 ff.; *J. F. Hoffmann*, Prioritätsgrundsatz, S. 55; vgl. auch *Guski*, Sittenwidrigkeit, S. 172.
[97] *Klinck*, Insolvenzanfechtung, S. 378 ff.; *J. F. Hoffmann*, Prioritätsgrundsatz, S. 55 f.
[98] Vgl. die beispielhafte Aufzählung bei *J. F. Hoffmann*, Prioritätsgrundsatz, S. 298 f.

5. Wertverfolgung

Recht nah am Gedanken der haftungsrechtlichen Neutralität liegt der verschiedentlich insbesondere unter dem Stichwort der Wertverfolgung diskutierte Ansatz, Abweichungen von der Gleichbehandlung der Gläubiger darauf zu stützen, dass die Masse durch einen Beitrag eines Gläubigers gemehrt worden sei, der wertmäßig noch in dieser vorhanden sei.[99] Diese Mehrung des schuldnerischen Vermögens durch den jeweiligen Gläubiger rechtfertige es, diesen mit der dem eingebrachten Wert korrespondierenden Forderung bevorzugt zu befriedigen.[100] Mit besonderer Konsequenz ist dies etwa von *Wilburg* befürwortet worden.[101] Dieser wollte einen allgemeinen Rechtssatz des Inhalts annehmen, dass Gläubiger, die einen Wert in das schuldnerische Vermögen gebracht und einen Anspruch auf „Rückgabe oder Vergütung" desselben haben, mit diesem Anspruch bevorzugt aus dem eingebrachten Wert zu befriedigen seien.[102] So sei etwa ein Darlehensgeber, der nachweisen könne, dass sich der Darlehenswert noch im Schuldnervermögen befinde, bevorzugt aus diesem zu befriedigen.[103]

Eine Privilegierung setzt auf dieser Grundlage voraus, dass sich die jeweiligen Bevorrechtigungen auf den Gedanken der Wertverfolgung bzw. -erhöhung zurückführen lassen, die Gläubiger also den Wert der Masse erhöht haben müssten und dieser Wert dort noch vorhanden ist. Keine nennenswerten Hindernisse bereitete im hiesigen Kontext das Erfordernis des Vorhandenseins des Werts im schuldnerischen Vermögen, da sich mit gewisser Berechtigung sagen

---

[99] Siehe etwa *Wilburg*, JBl. 1949, S. 29; *Koziol*, FS Wesener, S. 267, 273 f.; für Frankreich bereits früh in diesem Sinn *Labbé*, Revue critique de législation et de jurisprudence 1876, S. 571 ff., 665 ff. unter Bezugnahme auf *Demolombe*, Traité des contrats, Bd. II, S. 138, Rn. 139; gegen die These *Labbés* etwa *Théry/Gijsbers*, Droit des sûretés, Rn. 212; siehe zur Kritik hieran auch *Zerbo*, Privilèges, Rn. 256, S. 239 f.; *Gijsbers*, Sûretés, Rn. 129, S. 124 f., die die Ablehnung dieser These jeweils auf das Prinzip der strengen Gesetzesbindung bei *privilèges* stützen.

[100] Für § 51 Nr. 2 InsO MüKo-InsO/*Ganter*, § 51 InsO Rn. 10; für die Privilegierung von Arbeitnehmerforderungen *Gassert-Schumacher*, Privilegien, S. 341; so für Frankreich etwa *Calomili*, LPA 11.02.2011, S. 20, Rn. 1; vgl. insoweit schon *Hahn*, Materialien IV, S. 248; im Kontext von Bereicherungsansprüchen *Brehm*, FS Jelinek, S. 15, 27 ff.; *Koziol*, FS Wesener, S. 267, 273 ff.; als allgemeines Prinzip des französischen Rechts befürwortet von *Labbé*, Revue critique de législation et de jurisprudence 1876, S. 571 ff., 665 ff.

[101] *Wilburg*, JBl. 1949, S. 29, 29 ff.

[102] *Wilburg*, JBl. 1949, S. 29; zustimmend *Koziol*, FS Wesener, S. 267, 273 f.; vgl. auch *Behr*, Wertverfolgung, S. 579 f.

[103] *Wilburg*, JBl. 1949, S. 29, 33; insoweit a.A. *Koziol*, FS Wesener, S. 267, 272 ff., weil ein freiwilliger Kreditgeber aufgrund seiner freiwilligen Risikoübernahme nicht schutzwürdig sei; so zuvor schon *Behr*, Wertverfolgung, S. 492 f.

lässt, dass das Schuldnervermögen solange um den Wert der Darlehensvaluta erhöht ist, wie diese (zu Unrecht) nicht zurückgeführt worden ist.[104]

Beim Versuch, eine *vorrangige* Kreditsicherheit auf die Wertverfolgung zurückzuführen, müssen sich jedoch gewisse Schwierigkeiten ergeben. Hierfür wäre konsequenterweise zu erklären, warum den von dem Vorrecht erfassten Forderungen gegenüber den übrigen werterhöhenden Leistungen der Gläubiger, die nicht von diesem Vorrecht profitierten, eine größere „Wertigkeit" zukommt. Das gelänge allenfalls unter dem Gesichtspunkt einer (typisierten) größeren wirtschaftlichen Nützlichkeit der privilegierten Forderungen. Konsequenterweise müsste man dann aber nicht nur hier, sondern ganz allgemein dazu übergehen, Forderungen statt nach ihrem nominellen Wert nach ihren tatsächlichen wirtschaftlichen Auswirkungen auf das Schuldnervermögen zu bewerten.[105] Das scheint nicht nur völlig impraktikabel,[106] sondern hat auch das Potential, das Haftungssystem in der Insolvenz zu sprengen,[107] ohne in der Sache wirklich weiterführend zu sein. Denn letztlich lässt sich für jeden Gläubiger, dessen Forderung durch den Schuldner noch nicht erfüllt wurde, behaupten, dass die Masse hierdurch im Wert erhöht sei.[108]

6. Gläubigerinteressen

Schließlich bleibt der Weg, die Vereinbarkeit eines solchen Vorrechts mit dem Grundsatz der Gläubigergleichbehandlung darauf zu stützen, dass dieses den Interessen der Gläubigergesamtheit dienen würde.[109] Das stellt grundsätzlich auch einen tauglichen Rechtfertigungstopos dar.[110] Bei Lichte besehen macht man es sich mit einem pauschalen Verweis auf die Gläubigerinteressen bei der Begründung dieses Vorrechts aber zu einfach: Dass die Einräumung einer Vor-

---

[104] Vgl. *J. F. Hoffmann*, Prioritätsgrundsatz, S. 382 f.; *J. F. Hoffmann*, KTS 2017, S. 17, 31; eine mehr gegenstandsbezogene Betrachtung zugrunde legend *Brehm*, FS Jelinek, S. 15, 29; ähnlich *Koziol*, FS Wesener, S. 267, 274 ff., der auch die negativen Auswirkungen der Wertverlagerung berücksichtigen will.

[105] In diese Richtung denn auch *Brehm*, FS Jelinek, S. 15, 29; im Grundsatz auch *Koziol*, FS Wesener, S. 267, 275, der dies aber dadurch relativiert, dass immer dann, wenn nicht ausgeschlossen werden könne, dass auch negative Einwirkungen eingetreten seien, anzunehmen sei, dass der jeweilige Vermögenswert „in demselben Maße zum vorhandenen Haftungsfonds des Schuldners beigetragen hat wie die von allen anderen Gläubigern stammenden Zuflüsse."

[106] Vgl. aber *Brehm*, FS Jelinek, S. 15, 29, nach welchem es sich nur um Beweisprobleme handle, die auch bei Schadensberechnungen aufträten und daher bewältigbar seien.

[107] *J. F. Hoffmann*, Prioritätsgrundsatz, S. 382; *J. F. Hoffmann*, KTS 2017, S. 17, 31.

[108] *J. F. Hoffmann*, Prioritätsgrundsatz, S. 382 f.; *J. F. Hoffmann*, KTS 2017, S. 17, 31; vgl. auch *Swadling*, Legal Studies 28 (2008), S. 506, 527; *Dagan*, American Bankruptcy Law Journal 78 (2004), S. 247, 270 f.

[109] *Parzinger*, ZIP 2019, S. 1748, 1756; *Jaffé*, FS Görg, S. 233, 245.

[110] Das dürfte unstreitig sein, vgl. etwa *J. F. Hoffmann*, Prioritätsgrundsatz, S. 210, 383.

zugsstellung für Kreditgeber *generell* den Interessen der Gläubigergesamtheit dient, ist evident unrichtig, wird sie doch gerade für den Fall gewährt, dass die Sanierung scheitert. Auch wenn mit einem solchen Vorrecht Sanierungsversuche ermöglicht würden, die von vornherein keine Aussicht auf Erfolg hätten, stünde das in eklatantem Widerspruch zu den Interessen der übrigen Gläubiger. In diesen Fällen wirkt sich die weitere Kreditvergabe gerade negativ auf die Interessenlage der Gläubigergesamtheit aus.

Unterkomplex scheint es im Rahmen des deutschen Rechts daher, wenn man die Legitimation eines solchen Vorrechts gegenüber dem Grundsatz der Gläubigergleichbehandlung schlicht darauf stützt, dass es die *bestmögliche* Gläubigerbefriedigung und damit die Interessen der Gläubigergesamtheit schütze.[111] Denn dies ist in den Fällen, in denen es zum Tragen kommt, gerade nicht der Fall. Das wirft die – sehr grundsätzlichen – Fragen auf, ob und inwiefern den gesicherten Gläubigern auch ohne deren Zustimmung diese Prognoserisiken aufgebürdet werden können und wer diese Entscheidung an deren Stelle treffen kann und sollte. Hierbei handelt es sich aber um Fragestellungen, zu deren Lösung sich dem Grundsatz der Gläubigergleichbehandlung legitimerweise nichts entnehmen lässt, weshalb es insgesamt wenig weiterführend scheint, diese durch den Grundsatz der Gläubigergleichbehandlung zu überlagern.[112]

III. Gläubigergleichbehandlung als Grundprinzip eines Kreditsicherungsrechts?

Die bisherige Diskussion hat in positiver Hinsicht vor allem gezeigt, dass eine freiheitliche Rechtsordnung, die die Entscheidungsfreiheit der Parteien respektiert, die auf dem Boden der *lex lata* getroffene Entscheidung eines Kreditgebers, einen Kredit nur gegen Einräumung eines – wie auch immer konstruierten Vorrechts – zu gewähren, im Insolvenzfall zu achten hat. Das folgt daraus, dass nicht rekonstruierbar ist, ob und wie die Kreditgewährung auch ohne Vorrecht erfolgt wäre, weshalb auch gar nicht ermittelbar ist, wie die Masse in diesem Fall aussähe.[113] Das erklärt aber nur, dass derartige Finanzierungsentscheidungen und auf Grundlage des geltenden Rechts bereits erworbene Vorrechte bei Eintritt der Insolvenz nicht unter Berufung auf eine formale Gleichbehandlung durchbrochen werden können.[114]

---

[111] Besonders weitgehend insoweit die rabulistische These von *Parzinger*, ZIP 2019, S. 1748, 1756, bei einem Supervorrang für Geber neuer Finanzierungen gehe „[…] nicht um ein Vorrecht für einen bestimmten Gläubiger, sondern um die bestmögliche Gläubigerbefriedigung."; so im Ergebnis auch *Jaffé*, FS Görg, S. 233, 245.

[112] Zutreffend *J. F. Hoffmann*, KTS 2017, S. 17, 29 f.: „Der Gläubigergleichbehandlungsgrundsatz liefert kein Kreditsicherungsrecht im „Westentaschenformat" […]."

[113] Eingehend in diesem Sinn *J. F. Hoffmann*, Prioritätsgrundsatz, S. 299 f.; siehe auch Jaeger/*J. F. Hoffmann*, § 51 InsO Rn. 4.

[114] Vgl. *J. F. Hoffmann*, Prioritätsgrundsatz, S. 300.

Für die Frage, ob und unter welchen Voraussetzungen es eine (künftige) Rechtsordnung gestatten *soll,* dass potentielle Gläubiger die Einnahme einer Gläubigerstellung von der Gewährung eines Vorrechts abhängig machen können, lässt sich hieraus aber nichts gewinnen. Insoweit ist auch festzustellen, dass die bisherigen Versuche, dies unter Rückgriff auf den Grundsatz der Gläubigergleichbehandlung zu lösen und insgesamt die Vereinbarkeit von Kreditsicherheiten[115] mit dem Grundsatz der Gläubigergleichbehandlung zu begründen, wenig wirklich Überzeugendes vorgebracht haben.

Nüchtern betrachtet ist das wenig verwunderlich, wenn man sich vor Augen führt, dass Hauptzweck, die *„raison d'être"* einer Kreditsicherheit ist, den Sicherungsnehmer von den Zwängen der Gläubigerkonkurrenz und -gleichbehandlung freizustellen.[116] Es ginge im Kern also darum, eine Regelung, die gewissermaßen das Gegenstück zur Gläubigergleichbehandlung ist, für mit dieser vereinbar zu erklären. Daraus zu folgern, die bevorrechtigte Befriedigung von gesicherten Gläubigern in Insolvenzverfahren sei insgesamt illegitim, wäre zwar konsequent, wird aber Rechtswirklichkeit und -geschichte, in der Kreditsicherheiten in der einen oder anderen Form immer existiert haben,[117] nicht gerecht und wurde in dieser Konsequenz soweit ersichtlich auch nie vertreten.[118]

Es scheint in Anbetracht dieser Rechtswirklichkeit insgesamt nicht weiterführend, diesen Grundsatz gegenüber Kreditsicherheiten in Stellung zu bringen und diese dadurch einem Rechtfertigungsdruck auszusetzen, dem sie kaum standhalten können, um schließlich – wohl aus Gründen wirtschaftspolitischer Zweckmäßigkeit – dennoch deren Zulässigkeit zu postulieren.[119] Ehrlicher scheint es daher anzuerkennen, dass der Grundsatz der Gläubigergleichbehandlung zur Frage, ob und unter welchen Bedingungen die Rechtsordnung es *potentiellen* Gläubigern gestatten soll, eine Kreditgewährung von der Einräu-

---

[115] Auch wenn die Diskussion in Deutschland zumeist im Kontext vereinbarter dinglicher Sicherheiten geführt wird, ist aufgrund der Funktionsgleichheit auch insoweit von einem funktionalen Verständnis auszugehen.

[116] *M. Cabrillac/Mouly/S. Cabrillac/Pétel,* Droit des sûretés, Rn. 580, 583; vgl. auch *Brinkmann,* Kreditsicherheiten, S. 61; *Guski,* Sittenwidrigkeit, S. 250 f.

[117] *Brinkmann,* Kreditsicherheiten, S. 249; *Schwarcz,* Duke Law Journal 47 (1997), S. 425, 428 unter Berufung auf Deuteronomium 24, 10-13, wo sich Regeln über als Sicherheit gegebene Sachen finden.

[118] Das stellt auch *von Wilmowsky,* Kreditsicherungsrecht, S. 142 fest; vgl. insbesondere die Handhabung der Kreditsicherheiten bei *Häsemeyer,* KTS 1982, S. 507, 567 ff., der diese eigentlich wohl für illegitim hätte befinden müssen.

[119] Vgl. *J. F. Hoffmann,* Prioritätsgrundsatz, S. 302; bemerkenswert ist insofern die Feststellung *Brinkmanns,* dass es, wenn es nicht gelingt, Kreditsicherheiten und Gläubigergleichbehandlung miteinander in Einklang zu bringen, näher liege, „[...] die Theorie der Rechtswirklichkeit anzupassen, als von der Wirklichkeit zu erwarten, dass sie sich der Theorie beugt.", *Brinkmann,* Kreditsicherheiten, S. 249.

mung eines Privilegs abhängig zu machen, im Grundsatz nichts aussagt:[120] Der Grundsatz der Gläubigergleichbehandlung beinhaltet keine normative Aussage, wie ein Kreditsicherungsrecht der Zukunft ausgestaltet sein sollte.[121] Dieser ist als Regel betreffend die gerechte Verteilung des unzureichenden Schuldnervermögens unter den Gläubigern in einem konkreten Verteilungskonflikt zu verstehen. Eine Vorgabe, ob und unter welchen Bedingungen es potentiellen Gläubigern *ex ante* möglich sein soll, sich einem solchen (noch nicht entstandenen) Verteilungskonflikt von vornherein zu entziehen und gleichwohl Geschäfte mit dem Schuldner zu tätigen, ist diesem hingegen nicht zu entnehmen.[122]

Ein solcher Umgang mit der Gläubigergleichbehandlung läuft auch mitnichten auf einen „Abschied" von derselben heraus,[123] sondern fokussiert deren Anwendungsbereich auf die Bereiche, wo diese wirklich zur Geltung gebracht wurde und wird.[124] Richtigerweise kann diese These daher nur Kreditsicherheiten in einem funktionalen Sinn betreffen, d.h. sämtliche Instrumente, mit denen Kreditgewährungen ermöglicht oder vergünstigt werden. Demnach eröffnet ein solcher Ansatz auch nicht Tür und Tor für alle möglichen Vorrechte, die vielmehr auch hiernach gegenüber dem Grundsatz der Gläubigergleichbehandlung standhalten müssen, wenn sie nicht eine solche Kreditsicherheit darstellen. Diesem Grundsatz unterworfen bleiben müssen damit etwa Fiskus- und Arbeitnehmervorrechte, die keine Kreditsicherheiten in diesem funktionalen Sinn darstellen. Insbesondere öffnet diese Eingrenzung der Gläubigergleichbehandlung auch den Weg zu einer Untersuchung der eigentlichen Fragen solcher Vorrechte mit unverstelltem Blick, die sich im hiesigen Kontext etwa in Gestalt der Publizität mit aller Dringlichkeit stellen.

---

[120] *J. F. Hoffmann*, Prioritätsgrundsatz, S. 302; *J. F. Hoffmann*, KTS 2017, S. 17, 29 f.; *J. F. Hoffmann*, AcP 220 (2020), S. 377, 389 f.; Jaeger/*J. F. Hoffmann*, § 51 InsO Rn. 4 f.; vgl. auch *Uhlenbruck*, KTS 1981, S. 513, 568, der darauf verweist, der Grundsatz der Gläubigergleichbehandlung habe schon immer nur die nicht bevorrechtigten und nicht besicherten Gläubiger betroffen; ähnlich *Flessner*, ZIP 1981, S. 113, 117 f.; siehe auch *Thole*, Gläubigerschutz, S. 61; für eine entsprechende Beschränkung des „Geltungsbereichs" im französischen Recht etwa *Pérochon*, Entreprises en difficulté[10], Rn. 3.

[121] Vgl. wiederum *J. F. Hoffmann*, KTS 2017, 17, 29 f.; Jaeger/*J. F. Hoffmann*, § 51 InsO Rn. 4 f.

[122] Ähnlich *J. F. Hoffmann*, Prioritätsgrundsatz, S. 302; *J. F. Hoffmann*, KTS 2017, S. 17, 29 f.

[123] Das forderte *Flessner*, ZIP 1981, S. 113, 117 f.; für eine „Neudefinition" der *par condicio creditorum* Uhlenbruck, KTS 1981, S. 513, 568.

[124] Vgl. die Nachweise in Fn. 120.

C. Funktionelle Analyse

Scheidet die Gläubigergleichbehandlung als Maßstab für Zulässigkeit und Ausgestaltung eines solchen Vorrechts demnach aus, ergibt sich zwanglos, dass es sich hierbei um eine Frage der rechtspolitischen Zweckmäßigkeit handelt, die mit Blick auf die Funktionen eines Kreditsicherungsrechts zu beantworten ist.[125] Es stellt sich also die Frage, ob und unter welchen Bedingungen sich die Einführung eines solchen Vorrechts mit den Funktionen des Kreditsicherungsrechts insgesamt verträgt.

I. Funktionen und Funktionsbedingungen von Kreditsicherheiten

Es ist deshalb zunächst erforderlich, einen Blick auf die Funktionen von Kreditsicherheiten im Allgemeinen zu werfen. Kreditsicherheiten können eine Vielzahl von Funktionen erfüllen,[126] „Zentralstern" ist jedoch die durch die Sicherheit vermittelte bevorrechtigte Befriedigung im Insolvenzfall.[127] Diese befreit den Kreditgeber von seinem Ausfallrisiko bzw. begrenzt dieses jedenfalls und ermöglicht hierdurch, weil die Kreditkosten regelmäßig das mit dem Kredit verbundene Risiko widerspiegeln,[128] eine Kreditvergabe zu niedrigeren Zinsen.[129] Denkbar ist darüber hinaus, dass die Freistellung vom Ausfallrisiko eine Kreditvergabe erst ermöglicht.[130] Das ist vor allem vorstellbar, wenn die ohne Sicherheit anfallenden Kreditkosten aus Sicht des Kreditnehmers prohibitiv hoch sind oder aus Sicht eines (risikoaversen) Kreditgebers keine angemessene Kompensation darstellen, da sie die im Insolvenzfall aus dem Verweis auf die Insolvenzquote resultierenden Verlustrisiken nicht auszugleichen vermögen.[131]

---

[125] *J. F. Hoffmann*, Prioritätsgrundsatz, S. 302; *J. F. Hoffmann*, AcP 220 (2020), S. 377, 390; Jaeger/*J. F. Hoffmann*, § 51 InsO Rn. 3 ff.

[126] Vgl. die Aufzählung möglicher Funktionen bei *Guski*, Sittenwidrigkeit, S. 249 f.; eingehend auch *Brinkmann*, Kreditsicherheiten, S. 50 ff.

[127] *Brinkmann*, Kreditsicherheiten, S. 60; *Guski*, Sittenwidrigkeit, S. 250; *M. Cabrillac/Mouly/S. Cabrillac/Pétel*, Droit des sûretés, Rn. 583; *Dupichot*, Mélanges Aynès, S. 209, 209, Rn. 1. Damit soll nicht bestritten werden, dass (dingliche) Kreditsicherheiten auch außerhalb der Insolvenz Wirkungen entfalten können; diese sind jedoch Konsequenz der vorrangigen Zuweisung des Sicherungsguts an den Sicherungsnehmer zu dessen Befriedigung und scheinen auch insofern sekundär, als sie eine Durchsetzung der gesicherten Forderung zwar – gerade bei Zahlungsunwilligkeit – vereinfachen können; sie sind aber – anders als im Fall der Insolvenz – nicht *conditio sine qua non* für eine vollständige Befriedigung.

[128] *Brinkmann*, Kreditsicherheiten, S. 4; *L. Aynès/Crocq/A. Aynès*, Droit des sûretés, Rn. 7.

[129] *Brinkmann*, Kreditsicherheiten, S. 4; *UNCITRAL*, Legislative Guide on Secured Transactions, Rn. 46, 49, S. 19 f.; *J. F. Hoffmann*, AcP 220 (2020), S. 377, 390.

[130] Vgl. insbesondere *Harris/Mooney*, Virginia Law Review 80 (1994), S. 2021, 2030; *Schwarcz*, Duke Law Journal 47 (1997), S. 425, 449.

[131] Vgl. hierzu *Harris/Mooney*, Virginia Law Review 80 (1994), S. 2021, 2030; *Schwarcz*, Duke Law Journal 47 (1997), S. 425, 449; *Shupack*, Rutgers Law Review 41

C. Funktionelle Analyse

Es drängt sich in diesem Kontext geradezu auf, dass die Kreditsicherheiten jedenfalls dem Zweck, die Kreditkosten zu senken, nur dienen können, wenn die durch die Begrenzung des Ausfallrisikos erreichten Kostenersparnisse nicht an anderer Stelle wieder aufgezehrt werden. Das kann z.B. der Fall sein, wenn im Rahmen der Begründung oder Verwirklichung des Rechts Transaktionskosten entstehen[132] oder wenn die Sicherheitenbestellung besondere Opportunitätskosten erzeugt, etwa weil das Sicherungsgut aufgrund der Sicherheitenbestellung nicht mehr in wirtschaftlich sinnvoller Weise verwendet werden kann.[133] Daher ist es mit Blick auf die Funktionen von Kreditsicherheiten grundsätzlich erforderlich, derartige Kosten so gering wie möglich zu halten.[134]

Zugleich können Kreditsicherheiten ihren Zweck nur erreichen, wenn die Gläubiger die durch die Sicherheit bewirkte Begrenzung des Ausfallrisikos verlässlich einschätzen und auf dieser Grundlage einpreisen können, also ein hinreichender Grad an Rechtssicherheit besteht.[135] Das muss jedoch auch für die übrigen Beteiligten, also insbesondere die ungesicherten Gläubiger gelten, denen es ebenfalls möglich sein muss, die Risiken ihrer Geschäfte zuverlässig einzuschätzen.[136] Andernfalls besteht die Gefahr, dass die Kostenersparnis gegenüber den gesicherten Gläubiger aufgrund der erzeugten Unsicherheit auf Seiten der ungesicherten Gläubiger zu Kostensteigerungen führt, die die Vorteile der Kreditsicherung überwiegen.[137] Ganz grundsätzlich lässt sich damit sagen, dass dem Kreditsicherungsrecht die Aufgabe zukommt, Kreditvergaben zu vergünstigen oder erst zu ermöglichen.[138] Im Allgemeinen gelingt das umso besser, je geringer die hierbei entstehenden (Transaktions-)Kosten für die

---

(1989), S. 1067, 1095 ff.; vgl. auch *UNCITRAL*, Legislative Guide on Secured Transactions, Rn. 46, S. 19; *J. F. Hoffmann*, AcP 220 (2020), S. 377, 390; unter Rekurs auf die Eigenkapitalanforderungen nach Basel-III *L. Aynès/Crocq/A. Aynès*, Droit des sûretés, Rn. 7.

[132] *UNCITRAL*, Legislative Guide on Secured Transactions, Rn. 51, S. 20; *Brinkmann*, Kreditsicherheiten, S. 4; *L. Aynès/Crocq/A. Aynès*, Droit des sûretés, Rn. 8; *Gouëzel*, JCl. Contrats – Distribution, Fasc. 2810, Rn. 44.

[133] Vgl. *M. Cabrillac/Mouly/S. Cabrillac/Pétel*, Droit des sûretés, Rn. 7; *Gouëzel*, JCl. Contrats – Distribution, Fasc. 2810, Rn. 48.

[134] *M. Cabrillac/Mouly/S. Cabrillac/Pétel*, Droit des sûretés, Rn. 7; *L. Aynès/Crocq/A. Aynès*, Droit des sûretés, Rn. 8; vgl. auch *Brinkmann*, Kreditsicherheiten, S. 5.

[135] Vgl. *Brinkmann*, Kreditsicherheiten, S. 4 f.; siehe auch *UNCITRAL*, Legislative Guide on Secured Transactions, Rn. 54, S. 21.

[136] Im Ansatz auch *UNCITRAL*, Legislative Guide on Secured Transactions, Rn. 58, S. 22.

[137] Vgl. *L. Aynès/Crocq/A. Aynès*, Droit des sûretés, Rn. 8.

[138] Statt aller *J. F. Hoffmann*, AcP 220 (2020), S. 377, 390; Jaeger/*J. F. Hoffmann*, § 51 InsO Rn. 3 ff.; *Brinkmann*, Kreditsicherheiten, S. 4; *UNCITRAL*, Legislative Guide on Secured Transactions, Rn. 5, S. 2 und *passim*.

Beteiligten aber auch Dritte sind und je „sicherer" die dem Kreditgeber so eingeräumte Position ist.[139]

II. Die ökonomische Effizienz einer vorrangigen Kreditsicherheit

Bei einer funktionalen Betrachtung des hier in Rede stehenden Vorrechts bietet es sich weiter an, dessen Wirkungen im Sinne der ökonomischen Analyse des Rechts zu betrachten, d.h. zu untersuchen, ob sich die Einführung eines solchen Vorrechts effizienzsteigernd auswirken würde. Dabei ist die Frage, ob das *privilège de conciliation* wirklich effizient ist, in der französischen Literatur bislang nicht diskutiert worden.[140]

Da es sich um eine gesetzliche und vorrangige Kreditsicherheit handelte, wirft das unmittelbar die Frage nach der Effizienz von Kreditsicherheiten im Allgemeinen auf,[141] um die vor allen in der US-amerikanischen Literatur eine jahrzehntelange Debatte geführt wurde.[142] Diese wurde verbreitet als „*puzzle of secured credit*"[143] apostrophiert und kreist im Kern um die Frage, ob Kreditsicherheiten nur eine Verschiebung von Vermögenswerten im Sinne eines „Nullsummenspiels"[144] oder als „*engine for economic growth*"[145] eine echte Wohlfahrtssteigerung im Sinne des *Kaldor-Hicks*-Kriteriums erzeugen. Die hier in Rede stehende Konstellation wirft jedoch das über diese klassische Fragestellung hinausgehende Problem auf, welche Rolle der Vorrang dieser Gläubiger gegenüber den „einfachen" Kreditsicherheiten insoweit spielt.

---

[139] Vgl. die Anforderungen an eine ideale Sicherheit bei *L. Aynès/Crocq/A. Aynès*, Droit des sûretés, Rn. 8.

[140] Vgl. etwa *Dupichot*, LPA 16.04.2010, S. 7, 7 ff.; *Dupichot*, LPA 14.04.2010, S. 3, 3 ff., der die Effizienz von Personal- und Realsicherheiten einer ausführlichen Analyse unterzieht, die *privilèges de procédure* aber außer Betracht lässt.

[141] Vgl. *Dahiya/Ray*, Emory Bankruptcy Development Journal 34 (2017), S. 57, 61.

[142] Statt aller *Jackson/Kronman*, Yale Law Journal 88 (1979), S. 1143, 1143 ff.; *Kripke*, University of Pennsylvania Law Review 133 (1985), S. 929, 929 ff.; *Shupack*, Rutgers Law Review 41 (1989), S. 1067, 1067 ff.; *LoPucki*, Virginia Law Review 80 (1994), S. 1887, 1888 ff.; *Harris/Mooney,* Virginia Law Review 80 (1994), S. 2021, 2025 ff.; *Bebchuk/Fried*, Yale Law Journal 105 (1996), S. 857, 857 ff.; *Finch*, MLR 62 (1999), S. 633, 637 ff.; *Schwarcz*, Duke Law Journal 47 (1997), S. 425, 425 ff.; aus der deutschen Literatur insbesondere *Brinkmann*, Kreditsicherheiten, S. 70 ff.; überblicksartig *J. F. Hoffmann*, Prioritätsgrundsatz, S. 292 ff.; in der französischen Literatur insbesondere *Dupichot*, LPA 16.04.2010, S. 7, 7 ff.; *Dupichot*, LPA 14.04.2010, S. 3, 3 ff.

[143] Etwa *Shupack*, Rutgers Law Review 41 (1989), S. 1067; aus der deutschen Literatur *J. F. Hoffmann*, Prioritätsgrundsatz, S. 293.

[144] *Kripke*, University of Pennsylvania Law Review 133 (1985), S. 929, 949; vgl. auch *Brinkmann*, Kreditsicherheiten, S. 74.

[145] Vgl. *McCormack*, Secured Credit, S. 15; ähnlich *UNCITRAL*, Legislative Guide on Secured Transactions, Rn. 46, S. 19: „fundamental to the growth of the economy."

1. Die Reduktion von Kreditkosten zwischen Modigliani-Miller-Theorem und nonadjusting creditors

Einen Schwerpunkt dieser Debatte bildet die Diskussion um die Frage, ob die Bestellung von Kreditsicherheiten insgesamt zu einer Reduktion der Kreditkosten führt, also ein (Kosten-)Vorteil entsteht, der nicht durch andere Nachteile aufgewogen wird, und bereits aus diesem Grund im Sinne des *Kaldor-Hicks*-Kriteriums effizient wäre.

Ausgangspunkt für diese Diskussion war die Annahme, dass die Bestellung einer Kreditsicherheit – verglichen mit einer Kreditaufnahme ohne Sicherheit –[146] zu einer Reduktion der Kreditkosten führte, weil der Kreditgeber nicht mehr das Ausfallrisiko trägt und daher auch Überwachungskosten hinfällig werden.[147] Diskutiert wurde die Frage, ob diese Kostenersparnisse nicht an anderer Stelle aufgewogen werden, insbesondere im Kontext des sog. *Modigliani-Miller*-Theorems.[148] Dieses besagt in seiner Grundform, dass die Kapitalstruktur eines Unternehmens unabhängig von dessen Wert ist, eine Reduktion der Risiken und Kosten in einem Teil der Kapitalstruktur also notwendig zu einer exakt *identischen* Erhöhung der Risiken und Kosten in einem anderen Teil der Kapitalstruktur führt.[149]

Auf dieser Grundlage kam man verbreitet zum Schluss, dass die Besicherung zwar zu einer Reduktion der Kreditkosten gegenüber den besicherten Kreditgebern führen müsse.[150] Da die ungesicherten Gläubiger für die Befriedigung ihrer Forderungen nun aber nicht mehr auf das Sicherungsgut zugreifen könnten, müsste ihr Ausfallrisiko und damit die Kosten ihrer Kredite im *exakt*

---

[146] Zur Problematik dieses Vergleichsmaßstabs sogleich unter C.II.2 und *Armour*, Future of Secured Credit, S. 3, 10 f.

[147] Statt aller *Jackson/Kronman*, Yale Law Journal 88 (1979), S. 1143, 1152 f.; *Schwartz*, Journal of Legal Studies 10 (1981), S. 1, 7; vgl. auch *UNCITRAL*, Legislative Guide on Secured Transactions, Rn. 5, S. 2. Ob das immer der Fall ist, ist nicht ganz eindeutig; berücksichtigt werden muss insoweit, dass besicherte und unbesicherte Kredite nicht ohne Weiteres vergleichbar sind, weil besicherte Kredite regelmäßig für riskantere Projekte verwendet werden als unbesicherte, zutreffend *Armour*, Future of Secured Credit, S. 3, 10 f. Bemerkenswert ist aber, dass für das US-amerikanische *DIP-Financing*, bei dem ausgesprochen geringe Ausfallrisiken bestehen, berichtet wird, dass die Kosten solcher Kredite jenen von *junk bonds* entsprächen, *Tung*, Yale Journal on Regulation 37 (2020), S. 651, 685 ff., der bei *DIP*-Krediten von insgesamt zwei Ausfällen berichtet, während die kostenmäßig vergleichbaren *junk bonds* typischerweise Ausfallquoten von mindestens 10 % jährlich hätten; vgl. auch *Parzinger*, Fortführungsfinanzierung, S. 115.

[148] *Modigliani/Miller*, The American Economic Review 48 (1958), S. 261, 261 ff.; unter ausdrücklicher Berufung hierauf etwa *Jackson/Kronman*, Yale Law Journal 88 (1979), S. 1143, 1154, Fn. 46.

[149] *Modigliani/Miller*, The American Economic Review 48 (1958), S. 261, 268 ff.

[150] Siehe die Fn. 147 Genannten.

selben Umfang ansteigen.[151] Folge einer Sicherheitenbestellung wäre hiernach bestenfalls eine wertneutrale *Verschiebung* von Vermögenswerten, ein Nullsummenspiel.[152] Ein Effizienzgewinn wäre aus einer Besicherung auf dieser Grundlage demnach nicht zu erwarten.[153]

Diese Anwendung des *Modigliani-Miller*-Theorems, dem insbesondere die Annahme vollkommener Märkte zugrunde liegt,[154] setzt jedoch voraus, dass die Beteiligten tatsächlich in der Lage sind, die eintretenden Risikoveränderungen zutreffend zu bewerten, entsprechende Anpassungen vorzunehmen und dies auch tun.[155] In der Realität ist jedoch nicht auszuschließen, dass Gläubiger existieren, denen die rechtliche oder tatsächliche Macht fehlt, entsprechende Anpassungen durchzusetzen, die als sog. *nonadjusting creditors*[156] in die Diskussion eingegangen sind.[157] Das hätte zur Folge, dass die durch die Besicherung eingetretene Risikoerhöhung auf Seiten der ungesicherten Gläubiger beim Schuldner zu unausgeglichenen Vorteilen führen würde.[158]

---

[151] *Jackson/Kronman*, Yale Law Journal 88 (1979), S. 1143, 1154; auf anderer Grundlage auch *Drukarczyk*, ZIP 1987, S. 205, 209; vgl. für vollkommene Märkte auch *Bebchuk/Fried*, Yale Law Journal 105 (1996), S. 857, 881 f.

[152] *Kripke*, University of Pennsylvania Law Review 133 (1985), S. 929, 949; vgl. auch *Brinkmann*, Kreditsicherheiten, S. 74.

[153] Vgl. *Jackson/Kronman*, Yale Law Journal 88 (1979), S. 1143, 1158 ff.: Ein Effizienzgewinn könne sich aus der Besicherung allenfalls ergeben, wenn die Gläubiger des Schuldners unterschiedlich hohe Überwachungskosten haben; vgl. auch *Drukarczyk*, ZIP 1987, S. 205, 209: In einem vollkommenen Kapitalmarkt sei die Existenz von Kreditsicherheiten nicht erklärbar.

[154] *Modigliani/Miller*, The American Economic Review 48 (1958), S. 261, 267 f.; siehe hierzu auch *de Weijs*, EPLJ 7 (2018), S. 63, 68 f.; *Brealey/Myers/Allen*, Principles, S. 453.

[155] Vgl. *de Weijs*, EPLJ 7 (2018), S. 63, 75; insgesamt ablehnend gegenüber der Anwendung dieser Theorie, da diese bereits innerhalb der ökonomischen Diskussion nicht unumstritten und nicht in der Lage sei, die wirtschaftliche Realität zu erklären *Kripke*, University of Pennsylvania Law Review 133 (1985), S. 929, 965 f.; vgl. zur Kritik auch *Brinkmann*, Kreditsicherheiten, S. 74, Fn. 118.

[156] Der Begriff geht auf *Bebchuk/Fried*, Yale Law Journal 105 (1996), S. 857, 882 ff. zurück; siehe auch *Bebchuk/Fried*, Cornell Law Review 82 (1997), S. 1279, 1294 ff.; in der Sache zuvor bereits *Shupack*, Rutgers Law Review 41 (1989), S. 1067, 1093 f., 1099 ff.

[157] Insbesondere *Bebchuk/Fried*, Yale Law Journal 105 (1996), S. 857, 882 ff.; für unfreiwillige Gläubiger *Shupack*, Rutgers Law Review 41 (1989), S. 1067, 1093 f., 1099 ff.; *Brinkmann*, Kreditsicherheiten, S. 74 f.; *Finch*, MLR 62 (1999), S. 633, 644 f.; siehe aber auch *Armour*, Future of Secured Credit, S. 3, 12, der bezweifelt, dass solche Gläubiger in nennenswertem Umfang existieren; eingehend zu den Annahmen, die dem *Modigliani-Miller*-Theorem zugrunde liegen, bei der Bestellung von Kreditsicherheiten in der Praxis aber nicht erfüllt sind, *de Weijs*, EPLJ 7 (2018), S. 63, 75 ff.

[158] *Bebchuk/Fried*, Yale Law Journal 105 (1996), S. 857, 893 f.; *Shupack*, Rutgers Law Review 41 (1989), S. 1067, 1093 ff.; dagegen *Schwarcz*, Duke Law Journal 47 (1997), S. 425, 446 ff.; vgl. auch *Brinkmann*, Kreditsicherheiten, S. 74 f.

Mehr als das angesprochene Nullsummenspiel im Sinne einer bloßen effizienzneutralen Wertverlagerung zulasten der *nonadjusting creditors* wird daraus aber erst, wenn man annimmt, dass Kreditsicherheiten dazu führen, dass der Kreditnehmer keine unnötig hohen Risikoprämien entrichten muss, die ohne Kreditsicherheiten fällig werden könnten.[159] Diese können, wenn man eine begrenzte Voraussicht zugrunde legt, daraus resultieren, dass ein Kreditgeber sich ohne Kreditsicherheiten nicht darauf verlassen könnte, dass seine Forderung im Zeitpunkt der Forderung werthaltig ist, weil unsicher ist, welche Forderungen gegen den Schuldner (insbesondere von unfreiwilligen Gläubigern) später noch entstehen.[160] Ein vorsichtiger ungesicherter Gläubiger müsste seine Forderung daher insgesamt als wertlos betrachten und entsprechende Risikozuschläge verlangen.[161] Diese erwiesen sich als überflüssig, wenn sich später zeigt, dass sich diese Gefahr nicht realisiert hat.[162] Die Besicherung von Krediten erlaube damit eine Bepreisung, die den tatsächlichen Risiken besser gerecht werde und ermögliche Kreditierungen und Wertzuwächse, die sonst an prohibitiv hohen Kosten scheitern würden.[163]

Die These von der Wertverlagerung zulasten der *nonadjusting creditors* leuchtet zwar intuitiv ein, scheint aber nicht über jeden Zweifel erhaben. Nach dieser Theorie müsste ein rational agierender Schuldner überall wo möglich besicherte Kredite aufnehmen, weil er auf diese Weise unkompensierte Vorteile zulasten dieser Gläubiger zu erzielen könnte.[164] Dabei müsste der Anreiz zu einem solchen Verhalten umso stärker ausfallen, je mehr nicht anpassungsfähige Gläubiger ein Schuldner hat.[165] Erfahrung und Empirie zeigen jedoch, dass auch Schuldner unbesicherte Kredite aufnehmen, denen werthaltiges Sicherungsgut zur Verfügung steht.[166] Auch besteht jedenfalls kein ausnahmsloser Zusammenhang zwischen Anzahl und Umfang der Forderungen nichtanpassungsfähiger Gläubiger und dem Ausmaß der Sicherheitenbestellungen.[167] Hintergrund dieses Schuldnerverhaltens, das in Widerspruch zum nach der

---

[159] *Shupack*, Rutgers Law Review 41 (1989), S. 1067, 1103.
[160] *Shupack*, Rutgers Law Review 41 (1989), S. 1067, 1105 f.
[161] *Shupack*, Rutgers Law Review 41 (1989), S. 1067, 1106.
[162] *Shupack*, Rutgers Law Review 41 (1989), S. 1067, 1106.
[163] Eingehend in diesem Sinn *Shupack*, Rutgers Law Review 41 (1989), S. 1067, 1103 ff.
[164] *Brinkmann*, Kreditsicherheiten, S. 80; *Armour*, Future of Secured Credit, S. 3, 11.
[165] *Listokin*, Duke Law Journal 57 (2008), S. 1037, 1041, 1056; vgl. *Armour*, Future of Secured Credit, S. 3, 11; *Brinkmann*, Kreditsicherheiten, S. 80.
[166] *Schwarcz*, Duke Law Journal 47 (1997), S. 425, 446 ff., insbesondere Fn. 91.
[167] *Brinkmann*, Kreditsicherheiten, S. 80; *Armour*, Future of Secured Credit, S. 3, 11; ausführlich auf empirischer Grundlage *Listokin*, Duke Law Journal 57 (2008), S. 1037, 1044 ff. am Beispiel von Zigarettenherstellern, die – da sie in großem Umfang deliktischen Forderungen ausgesetzt seien – besonders viele gesicherte Verbindlichkeiten haben müssten, diese Möglichkeit tatsächlich aber in unterdurchschnittlichem Umfang nutzten.

Theorie von den *nonadjusting creditors* erwartbaren Verhalten steht,[168] dürfte (auch) sein, dass die Bestellung von Kreditsicherheiten – selbst bei Außerachtlassung von Transaktionskosten – für den Schuldner mit Kosten verbunden ist.[169] Diese Kosten schmälern die Attraktivität der Besicherung und lassen diese nicht lediglich als Mittel erscheinen, mit dem sich Schuldner auf Kosten ihrer Gläubiger „bereichern" können.

Nach alldem muss man die Frage, ob sich die Effizienz von insolvenzfesten Kreditsicherheiten aus möglichen Kostenvorteilen ergeben kann, jedenfalls für unvollkommene Märkte als unbeantwortet und ohne empirische Grundlage für kaum beantwortbar halten.[170] In einer Welt vollkommener Märkte mit Akteuren, die vollständig rational handeln und eine unbegrenzte Voraussicht haben, lässt sich ein Effizienzvorteil von Kreditsicherheiten aber nur schwer ausmachen.[171] Das scheint aber auch wenig überraschend, sind Sicherheiten doch gerade Instrumente, die bei ungewissen Entwicklungen Schutz bieten können und sollen.

2. Kreditsicherheiten als Voraussetzung für die Kreditvergabe: Mittel zur Wertsteigerung oder Anreiz für „debtor misbehavior" und „overinvestment"?

Entfernt man sich von diesen Annahmen, wird deutlich, dass sich die möglichen Wirkungen einer Kreditsicherheit nicht in Kostenreduktionen erschöpfen. Vielmehr können diese auch dazu dienen, Kreditvergaben erst möglich zu machen, die ohne Kreditsicherheiten nicht erfolgt wären. Denkbar ist daher auch, dass sich ein Effizienzvorteil von vorrangigen Kreditsicherheiten daraus ergibt, dass diese die Durchführung von Vorhaben ermöglichen, die insgesamt wertsteigernd wären, ohne Kreditsicherheiten aber nicht durchgeführt werden.

---

[168] *Listokin*, Duke Law Journal 57 (2008), S. 1037, 1041, 1045; *Armour*, Future of Secured Credit, S. 3, 11; *Brinkmann*, Kreditsicherheiten, S. 80; vgl. auch *Schwarcz*, Duke Law Journal 47 (1997), S. 425, 446.

[169] *Schwarcz*, Duke Law Journal 47 (1997), S. 425, 446 ff. verweist unter anderem auf den Wert von unbelastetem Sicherungsgut als „Reserve" für den Fall, dass Kreditgeber zu einer unbesicherten Kreditierung nicht bereit sind und auf die negativen Auswirkungen auf die Kreditwürdigkeit, die eine vollständige Belastung des Vermögens haben kann; *Listokin*, Duke Law Journal 57 (2008), S. 1037, 1047 f.; das erkennen grundsätzlich auch *Bebchuk/Fried*, Yale Law Journal 105 (1996), S. 857, 877 f. an.

[170] Vgl. *Finch*, MLR 62 (1999), S. 633, 651; *Brinkmann*, Kreditsicherheiten, S. 83; *J. F. Hoffmann*, Prioritätsgrundsatz, S. 295.

[171] Vgl. wiederum *Drukarczyk,* ZIP 1987, S. 205, 209.

a) Kreditrationierung als Reaktion auf Unsicherheiten

Dass die Besicherung nicht nur zu einer Reduktion der Kreditkosten führen kann, sondern bisweilen schlicht notwendige Bedingung für die Kreditgewährung ist,[172] ist in der Effizienzdebatte lange Zeit weitgehend unberücksichtigt geblieben.[173] Ein solcher Effekt kann sich namentlich daraus ergeben, dass höhere Zinsen ab einem gewissen Risikoniveau kaum mehr einen geeigneten Ausgleich für das Ausfallrisiko darstellen können.[174] Kreditsicherheiten können also möglicherweise Effizienzvorteile bieten, weil sie Projekte ermöglichen, die sonst an fehlender Finanzierung scheiterten. Dass dies zumeist unberücksichtigt geblieben ist, dürfte insbesondere daran liegen, dass man verbreitet von Modellen vollkommener Märkte ausgegangen ist.[175] Innerhalb dieser Modelle ist die Kreditrationierung, d.h. das Ausbleiben wirtschaftlich sinnvoller Kreditgewährungen,[176] die im Kern ein Versagen des Marktes ist,[177] aber nicht denkbar.[178] Paradigmatisch für diese Haltung sind die von *Schwartz* zugrunde gelegten Annahmen.[179] Diese führen dazu, dass Kreditgeber unabhängig vom Insolvenzrisiko und der zu erwartenden Befriedigungsquote zwischen Kreditvergabe mit und ohne Sicherheiten indifferent sind, solange nur der Erwartungswert der Forderungen aufgrund entsprechender Risikoaufschläge auf die ungesicherten Kredite gleich bleibt.[180] Das hätte bei konsequenter Durchführung zur Folge, dass – solange eine berechenbare Wahrscheinlichkeit der Insolvenzabwendung besteht – Kreditgeber zu u.U. exorbitanten Zinssätzen stets zur Kreditvergabe ohne Sicherheiten bereit wären.[181] Besteht eine bestimmbare Erfolgsaussicht, wäre hiernach ausgeschlossen, dass eine Kredit-

---

[172] *Harris/Mooney*, Virginia Law Review 80 (1994), S. 2021, 2030; *Schwarcz*, Duke Law Journal 47 (1997), S. 425, 449, 452 ff.; *Brinkmann*, Kreditsicherheiten, S. 72.

[173] Vgl. etwa *Bebchuk/Fried*, Cornell Law Review 82 (1997), S. 1279, 1293, die ihre These, dass Kreditsicherheiten zu *overinvestment* führten, auch auf die Annahme stützen, dass die Transaktionen auch ohne Sicherheiten erfolgten. Anders vor allem *Harris/Mooney*, Virginia Law Review 80 (1994), S. 2021, 2030; *Schwarcz*, Duke Law Journal 47 (1997), S. 425, 449 (insbes. Fn. 104), 452 ff.; *Brinkmann*, Kreditsicherheiten, S. 72.

[174] *Schwarcz*, Duke Law Journal 47 (1997), S. 425, 449, insbes. Fn. 104; *Shupack*, Rutgers Law Review 41 (1989), S. 1067, 1095 ff.

[175] Vgl. die Annahmen bei *Schwartz*, Journal of Legal Studies 10 (1981), S. 1, 7; kritisch hierzu *Shupack*, Rutgers Law Review 41 (1989), S. 1067, 1072 Fn. 14; siehe auch die Kritik von *Kripke*, University of Pennsylvania Law Review 133 (1985), S. 929, 931 ff.: „academic reasoning reminiscent of the cloister", a.a.O., S. 931, „vacuum of fact" a.a.O., S. 941.

[176] *Engert*, Haftung, S. 15; grundlegend *Stiglitz/Weiss*, The American Economic Review 71 (1981), S. 393, 394 f.

[177] *Engert*, Haftung, S. 20 ff.

[178] Vgl. *Stiglitz/Weiss*, The American Economic Review 71 (1981), 393.

[179] *Schwartz*, Journal of Legal Studies 10 (1981), S. 1, 7.

[180] *Shupack*, Rutgers Law Review 41 (1989), S. 1067, 1095 f.

[181] Mit Recht ablehnend *Shupack*, Rutgers Law Review 41 (1989), S. 1067, 1095 ff.

vergabe am Fehlen von Sicherheiten scheitert.[182] Für die Frage nach der Effizienz einer Kreditsicherheit erschiene die Kreditvergabe ohne Sicherheit in der Tat generell als zutreffender Vergleichsmaßstab.

Realistischerweise wird man jedoch kaum davon ausgehen können, dass ein (potentieller) Kreditgeber, der ernsthafte Zweifel daran hat, dass sein Schuldner zur vollständigen Rückzahlung in der Lage ist, allein das Versprechen höherer Zinssätze als hinreichende Kompensation ansehen wird.[183] Deutlich wird das gerade in der Konstellation der Sanierungskredite in Insolvenznähe. Hier wird sich angesichts der regelmäßig bestehenden Unsicherheiten und Verlustrisiken kaum ein Kreditgeber finden, der bereit ist, einen ungesicherten Kredit zu vergeben. Das Fehlen werthaltigen Sicherungsguts kann hier also zum Scheitern bzw. Ausbleiben auch wirtschaftlich sinnvoller Sanierungsversuche führen.[184] Richtiger Vergleichsmaßstab kann daher nicht in jedem Einzelfall die Kreditvergabe ohne Sicherheiten (mit entsprechenden Zinssätzen) sein. Einzubeziehen ist vielmehr auch das Ausbleiben der Finanzierung und damit auch der Durchführung des zu finanzierenden Projektes insgesamt.[185]

b) Ausbleiben solcher Vorhaben als effizientere Alternative?

Eine andere Frage ist, ob die Ermöglichung von Unterfangen, die ohne (vorrangige) Kreditsicherheit nicht durchgeführt würden, nicht auch zu erheblichen Ineffizienzen führen kann.[186] So wurde gegen die Anerkennung von insolvenzfesten Kreditsicherheiten immer wieder vorgebracht, dass diese Fehlanreize zur Finanzierung und Durchführung von übermäßig riskanten und letztlich ineffizienten Projekten setzen würden (sog. *overinvestment*).[187] In der hier interessierenden Konstellation der Sanierungskredite wäre das etwa der Fall, wenn dadurch (auch) Sanierungsvorhaben durchgeführt würden, bei denen schon *ex ante* der Liquidationswert den Fortführungswert übersteigt.

---

[182] Vgl. *Shupack*, Rutgers Law Review 41 (1989), S. 1067, 1095.

[183] *Schwarcz*, Duke Law Journal 47 (1997), S. 425, 449, Fn. 104. Das scheint im Übrigen schon aus aufsichtsrechtlichen Gründen ausgeschlossen, weil die aufsichtsrechtlichen Eigenkapitalanforderungen an kreditgewährende Banken insbesondere von der Risikoträchtigkeit des Geschäfts abhängen und sich die benötigten Eigenmittel durch Bestellung von Sicherheiten reduzieren lassen, vgl. etwa *L. Aynès/Crocq/A. Aynès*, Droit des sûretés, Rn. 7.

[184] Allgemein *Brinkmann*, Kreditsicherheiten, S. 72.

[185] *Schwarcz*, Duke Law Journal 47 (1997), S. 425, 452: „[...] [A] debtor's real choice is often between borrowing on a secured basis and trying reorganize under Chapter 11 of the Bankruptcy Code."; *Harris/Mooney*, Virginia Law Review 80 (1994), S. 2021, 2030; *Brinkmann*, Kreditsicherheiten, S. 72.

[186] Vgl. *Bork*, ZIP 2017, S. 1441, 1447, der die Frage aufwirft, ob bei wertausschöpfender Belastung des schuldnerischen Vermögens ein durch Einräumung eines vorrangigen Sicherungsrechts ermöglichter Sanierungsversuch sinnvoll wäre.

[187] Insbesondere *Bebchuk/Fried*, Yale Law Journal 105 (1996), S. 857, 895 ff., 918 f.; vgl. auch *Brinkmann*, Kreditsicherheiten, S. 78.

Diese Gefahr könne daraus resultieren, dass der Kreditgeber aufgrund der Sicherheit gegenüber dem Scheitern des Vorhabens indifferent werde.[188] Zugleich könne auch der Schuldner Anlass haben, die Valuta in möglichst riskanter Weise zu verwenden (sog. *„debtor misbehavior"*).[189] Denn der Schuldner erhalte, da der Zinssatz typischerweise zu Beginn fixiert wird, auf diese Weise einen Kredit für ein hochriskantes Vorhaben zu einem Preis, der ein niedrigeres Risiko abbildet, bekäme im Ergebnis also einen unkompensierten Vorteil.[190] Dabei könne gerade in Insolvenznähe ein Interesse von Geschäftsführern und Anteilsinhabern an der Durchführung auch hochriskanter Sanierungsvorhaben bestehen, da sie hierdurch ihre Situation regelmäßig nur noch unwesentlich verschlechtern könnten, aber von einem Erfolg in vollem Umfang profitieren würden.[191]

Ganz unzweifelhaft ist das jedoch nicht, denn der Schuldner bzw. die Geschäftsführer des schuldnerischen Unternehmens können auch gute Gründe haben, keine aussichtslosen (Sanierungs-)Vorhaben durchzuführen. Vorgebracht wird, dass die Durchführung eines Insolvenzverfahrens diesen eine größere Chance biete, ihre Arbeitsplätze zu erhalten als die Verzögerung einer unvermeidbaren Insolvenz durch Aufnahme eines (vorrangig) besicherten Kredits, in welchem Fall sie ihre Arbeitsplätze stets verlieren würden.[192] Da die Besicherung einer Forderung, anders als eine Haftungsbeschränkung,[193] auch nicht dazu führe, dass der Schuldner von den negativen Folgen des Scheiterns des Vorhabens freigestellt werde,[194] schaffe die Besicherung auch für den Schuldner keinen zusätzlichen Anreiz für das Eingehen übermäßiger Risiken.[195] Schließlich hat auch der Kreditgeber trotz der Sicherheit, auch unabhängig von aufsichtsrechtlichen Fragen, regelmäßig keinen besonderen Grund, Kredite für erkennbar aussichtslose Vorhaben zu gewähren: Die Besicherung kann dem Kreditgeber *de lege lata* zwar das insolvenzbedingte Ausfallrisiko nehmen, vermag jedoch nichts daran zu ändern, dass der Kreditnehmer bei Eröffnung eines Insolvenzverfahrens nicht mit sofortiger Befriedigung rechnen kann. Dieser hat im Rahmen des geltenden deutschen Rechts vielmehr prinzipiell mit einer deutlich verzögerten Befriedigung zu rechnen, so dass die Eröffnung ei-

---

[188] *Bebchuk/Fried*, Yale Law Journal 105 (1996), S. 857, 899 f.

[189] Vgl. *Jackson/Kronman*, Yale Law Journal 88 (1979), S. 1143, 1149.

[190] So *Jackson/Kronman*, Yale Law Journal 88 (1979), S. 1143, 1149; vgl. auch *Brinkmann*, Kreditsicherheiten, S. 78 f.

[191] Vgl. wiederum *Jackson*, Bankruptcy Law, S. 205.

[192] *Schwarcz*, Duke Law Journal 47 (1997), S. 425, 459 f.

[193] Auf einen solchen Zusammenhang weisen aber *LoPucki*, Virginia Law Review 80 (1994), S. 1887, 1915 und *Bebchuk/Fried*, Yale Law Journal 105 (1996), S. 857, 899 hin.

[194] *Brinkmann*, Kreditsicherheiten, S. 80.

[195] *Schwarcz*, Duke Law Journal 47 (1997), S. 425, 437; *Brinkmann*, Kreditsicherheiten, S. 80.

nes Insolvenzverfahrens für Kreditgeber trotz Besicherung erhebliche Opportunitätskosten erzeugen kann.[196]

Auch insoweit scheint daher eine differenziertere Beurteilung angezeigt: Aufgrund der teilweisen Freistellung des Kreditgebers von den negativen Auswirkungen des Scheiterns eines Vorhabens und der Interessenlage vor allem der Anteilsinhaber in Insolvenznähe, die im Fall des Scheiterns wenig zu verlieren haben, besteht durchaus die Möglichkeit, dass mit (vorrangigen) Sicherheiten ineffiziente Vorhaben ermöglicht werden, die sonst unterblieben wären. Damit ist aber nicht gesagt, dass die Möglichkeit der vorrangigen Besicherung *immer* zu ineffizienten Ergebnissen führen muss. Vielmehr scheint aufgrund tatsächlicher Unsicherheiten denkbar, dass ohne vorrangige Sicherheit Sanierungsvorhaben ausbleiben, die wirtschaftlich sinnvoll wären, weil sich kein Kreditgeber findet, der bereit wäre, die damit verbundenen Risiken einzugehen. Welcher dieser Aspekte in einer Welt unvollkommener Märkte überwiegt, scheint allein auf theoretischer Grundlage kaum zu beantworten.

3. Die Auswirkungen auf „einfache" Kreditsicherheiten: Effizienzverluste durch die Möglichkeit zur vorrangigen Besicherung?

Wiederum eine andere Frage ist, welche Auswirkungen die Möglichkeit der *vorrangigen* Besicherung solcher Kredite auf die Effizienz gerade auch der *einfachen* Kreditsicherheiten hat. Insbesondere fragt sich, ob die Ermöglichung von wirtschaftlich sinnvollen Sanierungsvorhaben durch vorrangige Kreditsicherheiten nicht andernorts Ineffizienzen zur Folge hat, die diese Vorteile möglicherweise deutlich übersteigen. Insofern scheint die US-amerikanische Diskussion betreffend das *DIP-financing*[197] jedoch nicht übertragbar. Die Notwendigkeit eines äquivalenten Ausgleichs zugunsten der verdrängten Gläubiger im US-Recht (*„adequate protection"*),[198] die nach dem französischen Vorbild nicht erforderlich wäre, führt dazu, dass die Instrumente insofern kaum vergleichbar scheinen.

In den Auswirkungen auf die verdrängten gesicherten Gläubiger besteht jedoch eine gewisse Ähnlichkeit zu den Folgen, die das sog. *Henckel*-Modell auf gesicherte Gläubiger gehabt hätte. Hiernach sollte aus den Verwertungserlösen der Sicherheiten vorab ein flexibler Anteil einbehalten werden, dessen Umfang

---

[196] Vgl. *Schwarcz*, Duke Law Journal 47 (1997), S. 425, 456 ff.; ähnlich *Parzinger*, ZIP 2019, S. 1748, 1757. vgl. zur Stellung der Sicherungsnehmer im deutschen Insolvenzrecht 4. Kapitel, B.I.4.

[197] Festzustellen ist insofern auch, dass diese Diskussion nicht (mehr) auf rein theoretischer Ebene, sondern auf Grundlage von empirischen Untersuchungen geführt wird (vgl. insbesondere die Analyse von *Tung*, Yale Journal on Regulation 37 (2020), S. 651, 674 ff.), die aufgrund der unterschiedlichen rechtlichen Parameter nicht ohne Weiteres übertragbar sind.

[198] Siehe hierzu oben 5. Kapitel, F.II.

sich nach dem Verhältnis des Erlöses aus der Verwertung des Sicherungsguts zum gesamten Verwertungserlös bestimmen sollte.[199] Dabei haben namentlich *Bebchuk/Fried* unter ausdrücklicher Bezugnahme auf die Erwägungen aus der deutschen Reformdiskussion der 1970er- und 1980er-Jahre auch für das US-Recht vorgeschlagen,[200] die Vorrangstellung der gesicherten Gläubiger aus Effizienzgründen zu beschränken, wobei diese sich aber letztlich zugunsten eines Modells *fester* Kostenbeiträge aussprachen.[201]

a) Verlust von Kostenvorteilen der einfachen Kreditsicherheiten am Schuldnervermögen und mögliche Ausweichbewegungen

Bedenklich ist insoweit zunächst, dass der Möglichkeit zur Bestellung vorrangiger Kreditsicherheiten das Potential innewohnt, sämtliche denkbaren Kostenvorteile, die die Bestellung einfacher Kreditsicherheiten am Schuldnervermögen bringen kann, wieder zunichte zu machen.[202] Denn durch einen solchen Vorrang würden die bisher gesicherten Gläubiger teilweise ungesichert, trügen also soweit sie durch eine vorrangige Sicherheit verdrängt wurden, wieder das Ausfallrisiko, was wiederum zu höheren Überwachungskosten und damit ins-

---

[199] *Henckel*, 51. DJT, O 8, 26 f.; *Henckel*, ZIP 1981, S. 1296, 1300 ff.

[200] *Bebchuk/Fried*, Yale Law Journal 105 (1996), S. 857, 859, 866 und insbes. 909 ff.

[201] *Bebchuk/Fried*, Yale Law Journal 105 (1996), S. 857, 909 ff.; vgl. auch *Bebchuk/Fried*, Cornell Law Review 82 (1997), S. 1279, 1326, wo diese sich zurückhaltend zur Ähnlichkeit einer solchen Regelung zur *superpriority* äußern. Der Vorschlag einer *partial priority* der Sicherungsgeber steht in Konflikt mit der verbreiteten Auffasung von der verfassungsrechtlichen Ausgleichspflicht für Einschränkungen des Vorrangs der Sicherungsgeber, vgl. hierzu bereits oben Fn. 53 und lässt sich mit dieser These nicht ohne Weiteres in Einklang bringen, vgl. *Forrester*, Florida Law Review 51 (1999), S. 851, 909 ff., die diese – nur vereinzelt diskutierte – Frage letztlich offen lässt. Halten lässt sich die Möglichkeit einer *partial priority* der Sicherungsnehmer, bei welcher kein Ausgleich der Einschränkungen erfolgt, wohl nur, wenn man insbesondere mit *Rogers,* Harvard Law Review 96 (1983), S. 973, 977 ff. und *Tabb*, University of Illinois Law Review 2015, S. 765, 772 ff. davon ausgeht, dass prospektive Änderungen der Wirksamkeit von Sicherungsrechten in der Insolvenz nicht von der *takings clause* des *Fifth Amendment,* sondern nur von der *bankruptcy clause* der US-Verfassung begrenzt werden. Diese These beruht insbesondere auf der Annahme, dass Sicherheiten kein *property* im Sinne des *Fifth Amendment* seien. Soweit die Frage überhaupt ausdrücklich diskutiert wird, scheinen die Befürworter einer *partial priority* bzw. einer dahingehenden Möglichkeit in der Tat hiervon auszugehen, vgl. insbesondere *Klee,* Cornell Law Review 82 (1997), S. 1466, 1477 f.; siehe auch *Baird/Jackson,* University of Chicago Law Review 51 (1984), S. 97, 100.

[202] Im Kontext der Einführung einer sog. „*partial priority rule*", bei welcher auch bei Bestellung einer Kreditsicherheit nur ein bestimmter Teil der Forderung (z.B. 75 %) als besichert, der Rest als ungesichert behandelt würde, *Schwarcz*, Duke Law Journal 47 (1997), S. 425, 438; *Drukarczyk/Duttle*, ZIP 1984, S. 280, 287; vgl. auch *Jackson/Kronman*, Yale Law Journal 88 (1979), S. 1143, 1163.

gesamt zu gesteigerten Kreditkosten führen würde.²⁰³ Problematisch ist hieran insbesondere, dass für die gesicherten Kreditgeber *ex ante* nicht ersichtlich ist, ob und inwiefern sie in einem *eventuellen* späteren Insolvenzverfahren durch Sanierungskreditgeber verdrängt würden.²⁰⁴ Es bestünde daher die Gefahr, dass ein vorsichtiger Kreditgeber einen eigentlich gesicherten Kredit *insgesamt* als ungesichert behandeln müsste, was zu objektiv überflüssigen und ineffizienten Kostenerhöhungen führt, wenn eine vorrangige Kreditsicherheit später gar nicht bestellt wird.²⁰⁵

Ob und inwieweit potentielle Kreditgeber dieses *ex ante* kaum bestimmbare Risiko tatsächlich einpreisen würden, lässt sich in einer Welt unvollkommener Kreditmärkte ohne empirische Grundlage aber kaum beantworten.²⁰⁶ Ohnehin scheint insofern eine Differenzierung nach den Umständen der Kreditgewährung angezeigt. Ohne Auswirkungen auf Kreditkosten dürfte die Möglichkeit der Einräumung vorrangiger Sicherheiten auf Kredite sein, die zinslos gewährt werden. Das wird namentlich beim Warenkredit regelmäßig der Fall sein.²⁰⁷ Unbeeinflusst blieben wohl auch kurzfristige Kredite bzw. allgemeiner gesprochen alle Kredite, bei denen für den Zeitpunkt der Fälligkeit realistischerweise nicht mit einer (drohenden) Zahlungsunfähigkeit zu rechnen ist. Bedeutung dürften diese Unsicherheiten demnach vor allem bei langfristigen oder unbefristeten Krediten erlangen, bei welchen sich aufgrund des langen Prognosezeitraums keine verlässlichen Aussagen über die Insolvenzwahrscheinlichkeit mehr treffen lassen.

Ein solcher Eingriff hätte also die mögliche Konsequenz, dass Kreditsicherheiten am Schuldnervermögen ihrer Daseinsberechtigung und denkbarer Effizienzvorteile zumindest teilweise beraubt würden. Daraus folgt jedoch nicht ohne Weiteres, dass die Möglichkeit vorrangiger Kreditsicherheiten zu verwerfen wäre. Denkbar ist vielmehr, dass sich dieser Eingriff neben den bereits angesprochenen, aus der Ermöglichung von Kreditvergaben resultierenden potentiellen Effizienzvorteilen auch an anderer Stelle positiv bzw. zumindest

---

²⁰³ *Jackson/Kronman*, Yale Law Journal 88 (1979), S. 1143, 1163; *Drukarczyk/Duttle*, ZIP 1984, S. 280, 287.

²⁰⁴ Vgl. zu den Unischerheiten, die eine „*adjustable-priority rule*" verursachen würde, *Bebchuk/Fried*, Yale Law Journal 105 (1996), S. 857, 909 ff.

²⁰⁵ Vgl. *Shupack*, Rutgers Law Review 41 (1989), S. 1067, 1105 ff., der die Effizienz von Kreditsicherheiten im Ergebnis damit begründet, dass diese verhinderten, dass der Schuldner unnötig hohe Risikoprämien zu zahlen habe, die ohne Kreditsicherheiten daraus resultieren würden, dass ein Kreditgeber sich nicht darauf verlassen könne, dass im Zeitpunkt der Fälligkeit genügend freies Vermögen verfügbar sei, weshalb er seine „*rights to the assets*" *ex ante* insgesamt als wertlos ansehen müsse, selbst wenn sich *ex post* zeigt, dass ausreichend Vermögen vorhanden ist.

²⁰⁶ Vgl. zu den Kreditkosten beim *DIP-financing*, die mit deren niedrigen Risiko kaum in Einklang zu bringen sind, bereits Fn. 147.

²⁰⁷ *Drobnig*, Mobiliarsicherheiten, F. 20.

nicht negativ auswirken würde. Zu erwarten wäre, gerade, wenn man die in Frankreich mit Eingriffen in Sicherungsrechte gemachten Erfahrungen berücksichtigt, dass potentielle Kreditgeber auf Kreditsicherheiten ausweichen, bei denen das Risiko einer solchen Verdrängung nicht besteht,[208] wie es namentlich bei Personal- und sonstigen Drittsicherheiten der Fall wäre.[209] Nicht auszuschließen ist jedoch, dass die Besicherung einer Forderung mit Drittsicherheiten unter diesen Bedingungen für den Schuldner mit höheren Kosten verbunden ist als die Besicherung mit einem Gegenstand aus dem eigenen Vermögen. Denn zumindest im Geschäftsverkehr wird kein Dritter bereit sein, solche Risiken ohne entsprechende Gegenleistung zu übernehmen. Diese Gegenleistung müsste hier, auch wenn sich der Dritte eine Sicherheit am Schuldvermögen bestellen ließe, höher sein als in einer Welt mit vollwertigen dinglichen Sicherheiten, da sich der Dritte seinerseits nicht auf die Werthaltigkeit der Sicherheit verlassen könnte.[210] Dabei fielen diese erhöhten Kreditkosten selbst dann an, wenn später gar keine vorrangige Kreditsicherheit bestellt würde, die Kreditgeber also trotz allem eine werthaltige Sicherheit hätten. Folge einer solchen Veränderung könnte demnach eine Verteuerung und Verknappung der Kreditvergabe insgesamt sein.[211]

Nicht auszuschließen ist aber auch, dass ein Attraktivitätsverlust von Kreditsicherheiten am Schuldnervermögen, wenn er zu einer zögerlicheren Kreditvergabe führt, zur Folge hat, dass in einer Krisensituation mehr unbelastetes Vermögen vorhanden ist. Das könnte dazu führen, dass eine angestrebte (Sanierungs-)Finanzierung auch ohne vorrangige Sicherheit nicht an der fehlenden Verfügbarkeit von Kreditsicherheiten scheiterte.[212] Die Möglichkeit der vorrangigen Besicherung könnte also dazu beitragen, die Situation, in welcher sie Abhilfe schaffen soll, von vornherein zu verhindern und insgesamt mehr Verhandlungsspielraum für eine Sanierung schaffen, weil noch unbelastetes Vermögen vorhanden wäre.[213] Würden insgesamt weniger Kreditsicherheiten be-

---

[208] Vgl. zu diesem Gedanken *Drukarczyk/Duttle*, ZIP 1984, S. 280, 287 f.; *Kripke*, University of Pennsylvania Law Review 133 (1985), S. 929, 975 ff.; *Bebchuk/Fried*, Cornell Law Review 82 (1997), S. 1279, 1336 ff.

[209] Siehe zu ebendieser dieser Entwicklung im französischen Recht, nachdem Kreditsicherheiten am schuldnerischen Vermögen vor allem durch die Reform von 1985 stark entwertet worden waren, die zunächst zu einem Bedeutungsgewinn der Personalsicherheiten und, besonders nach deren Einhegung, zur Entwicklung der exklusiven Sicherheiten geführt hat, eingehend 4. Kapitel, B.II.3. Eine andere Ausweichmöglichkeit läge in der Versicherung der Kreditrisiken.

[210] Vgl. *Bebchuk/Fried*, Cornell Law Review 82 (1997), S. 1279, 1331.

[211] Skeptisch insoweit *Bebchuk/Fried*, Cornell Law Review 82 (1997), S. 1279, 1330.

[212] Freilich müssten die Kreditkosten auch insoweit höher sein als bei vollwertigen Realsicherheiten; das Risiko, dass die versprochenen oder zu erwartenden Zinssätze aus Sicht des Kreditgebers nicht zur Kompensation des Risikos ausreichen und deshalb eine Kreditvergabe scheitert, würde aber wohl reduziert.

[213] Vgl. zu diesem Gedanken *Häsemeyer*, KTS 1982, S. 507, 554.

stellt, ist auch denkbar, dass hierdurch ungesicherte Kredite günstiger würden, weil im Insolvenzfall mehr unbelastetes Vermögen zur Verfügung stünde und die einfachen Insolvenzgläubiger daher mit höheren Befriedigungsquoten rechnen könnten.[214] Letztlich gilt es aber zu erkennen, dass derartige Erwägungen in einer Welt unvollkommener Kreditmärkte und nicht vollständig rationaler Akteure wenig mehr sind als Spekulation über mögliche Verhaltensweisen der Beteiligten. In Ermangelung einer empirischen Grundlage lässt sich eine verlässliche Aussage zur Frage, ob und inwiefern aufgrund eines möglichen Verlusts eventueller Kostenvorteile dinglicher Sicherheiten durch die Einführung einer vorrangigen Sicherheit *Effizienz*verluste drohen, nicht treffen.[215]

b) Internalisierung von Risiken und Vermeidung von ineffizienten Maßnahmen

Vorgebracht wird weiterhin, dass eine Beschränkung des Vorrangs von Sicherheiten dazu führe, dass der Kreditgeber Anreize habe, den Schuldner genauer zu überwachen.[216] Dies sei geeignet, Effizienzvorteile zu erzeugen, weil die Kreditkosten dann besser dem tatsächlichen Risiko des finanzierten Geschäfts entsprächen und daher die Belastung der nicht anpassungsfähigen Gläubiger mit den Kreditrisiken, die nun der Kreditnehmer trage, reduziert werde.[217] Das setzt jedoch voraus, dass eine solche Externalisierung tatsächlich stattfindet und berücksichtigt zugleich nicht, dass ein genaueres Monitoring auf die ungesicherten Gläubiger auch nachteilige Auswirkungen haben kann.[218] Auch die These, die Beschränkung des Vorrangs von dinglichen Sicherheiten verhindere ineffiziente, nicht aber effiziente Vorhaben,[219] steht und fällt mit den Annahmen, dass durch die Kreditvergabe die Wahrscheinlichkeit der Insolvenz in einem gegebenen Zeitpunkt nicht gesenkt wird und die Kreditmittel in diesem Zeitpunkt ersatzlos aufgezehrt sind.[220] Ein allgemeingültiges Urteil über die Effizienz lässt sich auf Grundlage dieser Annahme also gleichfalls kaum treffen.

---

[214] Siehe zu diesem Ansatz bereits *Vasseur,* Égalité, Rn. 5, S. 18 f.
[215] Zurückhaltend auch *Bebchuk/Fried*, Cornell Law Review 82 (1997), S. 1279, 1334.
[216] *Bebchuk/Fried*, Yale Law Journal 105 (1996), S. 857, 913 ff.
[217] *Bebchuk/Fried*, Yale Law Journal 105 (1996), S. 857, 913 ff.
[218] *Schwarcz*, Duke Law Journal 47 (1997), S. 425, 438.
[219] *Bebchuk/Fried*, Yale Law Journal 105 (1996), S. 857, 918 f.
[220] Eingehend hierzu und zur Kritik an dieser Annahme *Schwarcz*, Duke Law Journal 47 (1997), S. 425, 441 ff.

c) Beseitigung von Blockadepotentialen und -interessen

Ein Eingriff in die Stellung der dinglich gesicherten Gläubiger, wie er mit der Einräumung einer vorrangigen Sicherheit verbunden ist, bietet darüber hinaus auch den potentiellen Vorteil, dass damit Blockadepotentiale, die diesen Gläubigern *de lege lata* im Rahmen des StaRUG- und Insolvenzverfahrens zukommen,[221] abgebaut werden können. Denkbar ist daher auch, dass aus dieser Schwächung der Stellung der einfachen Sicherungsnehmer ein neuer Anreiz für die gesicherten Gläubiger resultiert, sich konstruktiv an frühzeitigen Sanierungsversuchen zu beteiligen.

aa) Blockadepotentiale in StaRUG- und Insolvenzplanverfahren

Können die dinglich gesicherten Gläubiger aufgrund der Einräumung einer vorrangigen Sicherheit im Falle der Liquidation nicht mehr mit einer vollständigen Befriedigung rechnen, verlieren sie einen großen Teil der Blockademacht, die sonst aus dem Schlechterstellungsverbot gem. § 26 Abs. 1 Nr. 1 StaRUG bzw. § 245 InsO resultiert. Damit verlieren sie insoweit auch die Macht, effiziente Sanierungsversuche zu unterbinden. Das folgt daraus, dass die gesicherten Gläubiger dann nicht mehr regelmäßig jegliche Abweichung vom Nominalwert ihrer Forderungen verhindern könnten. Da sie durch die Mitwirkung an einer Sanierung ihre Situation im Einzelfall nun auch verbessern können, erhalten sie zugleich einen Anreiz, an (erfolgversprechenden) Sanierungsversuchen mitzuwirken. Freilich gälte das nur, wenn eine vorrangige Sicherheit tatsächlich eingeräumt wird und im Anschluss ein weiteres StaRUG- oder Insolvenzverfahren durchgeführt wird. Hieraus resultierende Effizienzvorteile dürften daher aller Wahrscheinlichkeit nach marginal sein.

bb) Anreiz zur Beteiligung an freien Sanierungen

De lege lata haben Sicherungsnehmer, deren Sicherungsgut werthaltig ist und zur Erfüllung der gesicherten Forderung ausreicht, regelmäßig wenig Interesse an der aktiven Mitwirkung selbst an erfolgversprechenden Sanierungsversuchen. Bleibt ein Sanierungsversuch aus und wird das Unternehmen (sofort) liquidiert, können diese Gläubiger mit vollständiger und typischerweise zeitnäherer Befriedigung rechnen als bei Durchführung eines Sanierungsvorhabens.[222] Würde ein an das *privilège de conciliation* angelehntes Vorrecht eingeführt, bestünde für diese Gläubiger nun aber die Gefahr, dass sie durch neue Kreditgeber im Rang verdrängt würden und im Fall der Liquidation folglich nicht mehr mit einer vollständigen Befriedigung rechnen könnten. In dieser Konstellation besteht – wie die Erfahrungen mit dem französischen Recht

---

[221] Zu diesen vgl. oben 6. Kapitel, C.II.2.

[222] Vgl. zur Interessenlage oben 1. Kapitel, A.I.; vgl. auch *K. Schmidt*, Möglichkeiten der Sanierung, D. 54.

zeigen –[223] für gesicherte Gläubiger aller Anreiz, an erfolgversprechenden *außergerichtlichen* Sanierungsversuchen aktiv mitzuwirken. Auf diesem Weg ist es ihnen möglich, eine eventuelle spätere Entwertung ihrer Sicherheiten im Rahmen eines gerichtlichen Sanierungsversuchs von vornherein zu verhindern. Ein Effizienzvorteil ergibt sich hieraus, wenn deshalb wirtschaftlich sinnvolle Sanierungsversuche durchgeführt würden, die sonst am Widerstand der gesicherten Gläubiger scheiterten, die bei Einführung eines solchen Vorrangs weniger Interesse an der Nichtdurchführung entsprechender Sanierungsvorhaben hätten.

d) Zwischenfazit

Ohne empirische Grundlage lässt sich damit auch insofern kaum beurteilen, ob und inwiefern die Effizienzvorteile, die die Möglichkeit zur Bestellung einer vorrangigen Kreditsicherheit mit sich bringen könnte, an anderer Stelle durch negative Auswirkungen aufgewogen würden. Solche Nachteile können sich vor allem aus den Auswirkungen auf die Kreditvergabe außerhalb einer Krisensituation ergeben. Insbesondere können aus der Einführung vorrangiger Sicherheiten negative Folgen für Kreditkosten und -verfügbarkeit resultieren.

4. Entstehung von „effets pervers" und die Abstimmung mit anderen Schutzmechanismen

Namentlich dem französischen *privilège de conciliation* wurde auch entgegengehalten, dass es als *„effets pervers"*[224] titulierte Fehlanreize erzeuge. Begründet wurde das damit, dass es – zumindest aus einem theoretischen Blickwinkel –[225] aus Sicht eines Kreditgebers attraktiver sein könne, den Schuldner in ein formales Insolvenzverfahren zu drängen und erst in diesem Rahmen Kredit zu gewähren.[226] Ein solches Verhalten ermögliche es den Kreditgebern, in (späteren) Kollektivverfahren von der Freistellung vom Zahlungs- und Zwangsvollstreckungsverbot zu profitieren, die nur für Kreditierungen nach Verfahrenseröffnung besteht.[227] Entsprechende Einwände, ein solches Vorrecht bzw. allgemein ein präventiver Restrukturierungsrahmen erzeuge Fehlanreize, finden sich auch in der deutschen Reformdiskussion. So wurde ganz ähnlich der französischen Debatte vorgebracht, der präventive Restrukturierungsrahmen könne eine „negative Sogwirkung" entfalten und die Beteiligten in ein

---

[223] Siehe oben, 4. Kapitel, D.I.3.
[224] *Vallens*, RTDCom. 2007, S. 604, 605 ff.
[225] Zur begrenzten Bedeutung dieser Erwägung bei Kreditvergaben siehe oben, 4. Kapitel, B.II.2.a)bb)(3)(a).
[226] *Vallens*, RTDCom. 2007, S. 604, 606; *Henry*, RPC avril-mai-juin 2008, S. 20, 24, Rn. 12.
[227] *Vallens*, RTDCom. 2007, S. 604, 606; *Henry*, RPC avril-mai-juin 2008, S. 20, 24, Rn. 12.

„Insolvenzverfahren light" zwingen.²²⁸ Geäußert wird auch die Befürchtung, die Möglichkeit der vorrangigen Besicherung der Kreditforderungen setze einen Fehlanreiz zulasten der eigentlich vorzugswürdigen freien Sanierung, die unattraktiv werde, weil die Gläubiger in diesem Rahmen keine entsprechenden Vorrechte erlangen könnten.²²⁹

a) Verhältnis zur freien Sanierung

Tatsächlich ist nicht von der Hand zu weisen, dass jedenfalls der Schuldner sowie neue und alte, ungesicherte Gläubiger bei Einführung eines Vorrechts ein gesteigertes Interesse daran haben müssen, dass das präventive Restrukturierungsverfahren genutzt wird, da in diesem Rahmen eher mit der für eine Sanierung notwendigen Kreditgewährung zu rechnen ist. Gleichzeitig müssen alte gesicherte Gläubiger dann aber ein ganz massives Interesse daran haben, den Eintritt in ein solches Verfahren auch durch eigenes Entgegenkommen zu vermeiden, weil dort Eingriffe in ihre Rechtsstellung in im Voraus nicht sicher bestimmbaren Umfang drohen.²³⁰

Weil ein solches Vorrecht bei bestimmten Gläubigern also auch erhebliche Anreize erzeugt, ein Restrukturierungsverfahren zu vermeiden, scheint bereits die Annahme zweifelhaft, dass dieses einen Fehlanreiz zulasten freier Sanierungen setzen würde. Freie Sanierungen sind aber auch nicht an sich vorzugswürdig, sondern nur wenn und weil sie aufgrund ihrer Gerichtsferne und Vertraulichkeit die mit förmlichen Verfahren verbundenen direkten und indirekten Kosten²³¹ vermeiden und dennoch interessengerechte Lösungen ermöglichen können.²³² Gelingt das aber nicht, weil Schlüsselgläubiger eine konsensuale Lösung blockieren bzw. eine solche Blockade absehbar ist, besteht kein Grund, die freie Sanierung gegenüber Verfahren vorzuziehen, die die Überwindung dieses Problems und damit eine für die Gläubigergesamtheit vorteilhaftere Lösung ermöglichen. Einen *Fehl*anreiz setzte das Vorrecht demnach nur, wenn es eine „Sogwirkung" zugunsten des Restrukturierungsverfahrens auch dort entfaltete, wo im Rahmen einer freien Sanierung eine günstigere Lösung möglich wäre. Das scheint aber zweifelhaft, weil die Parteien auch im Rahmen einer freien Sanierung konsensuale Vereinbarungen über die Befriedigungsrangfolge treffen und auf diesem Weg die mit der Begründung des Vorrechts in einem Restrukturierungsverfahren verbundenen Kosten vermeiden können. Einen Grund für den Gang ins förmliche Verfahren bildet das Vorrecht daher nur,

---

²²⁸ *Hoegen/Kranz*, NZI-Beil. 2019, S. 53, 56.
²²⁹ *Kayser*, ZIP 2017, S. 1393, 1400.
²³⁰ Siehe oben, 7. Kapitel, C.II.3.
²³¹ Vgl. zu den direkten und indirekten Kosten etwa *Madaus*, Insolvenzplan, S. 37 f.; *Eidenmüller*, Unternehmenssanierung, S. 74 ff.
²³² Eingehend zu den Vorteilen einer freien Sanierung *Eidenmüller*, Unternehmenssanierung, S. 331 ff.; siehe auch *Madaus*, Insolvenzplan, S. 37 f.

wenn eine solche Vereinbarung nicht erzielbar scheint und die hieraus resultierenden Vorteile die entstehenden Kosten übersteigen. In diesem Fall scheint es aber nicht weiterführend, von einem Fehlanreiz zu sprechen.

b) Verhältnis zu den Vorrechten bei Kreditvergabe im eröffneten Verfahren

Wie die französische Erfahrung zeigt, könnte sich auch das Verhältnis zu den im Rahmen eines eröffneten Verfahrens entstehenden Vorrechten, namentlich den Masseforderungen, als problematisch erweisen. Das liegt im französischen Recht darin begründet, dass die vom *privilège de conciliation* erfassten Gläubiger während eines Insolvenzverfahrens nicht zur zwangsweisen Durchsetzung der Forderung berechtigt sind, die nominell nachrangigen *créanciers postérieurs méritants* hingegen schon und die Berechtigung zur Zwangsvollstreckung von der Befriedigungsrangfolge unabhängig ist. Es ist daher denkbar, dass das Schuldnervermögen durch solche Zwangsvollstreckungsmaßnahmen eigentlich nachgeordneter Gläubiger aufgezehrt wird, bevor das *privilège de conciliation* zum Tragen kommt.[233] Aus Sicht eines potentiellen Kreditgebers kann es daher attraktiv sein, eine Kreditierung im Rahmen einer *conciliation* zu verweigern, sie dann aber nach Eröffnung eines Kollektivverfahrens vorzunehmen.[234] Das gilt aber auch im Rahmen des französischen Rechts nur, wenn der Zeitraum der Kreditgewährung so bemessen ist, dass die Rückzahlung noch während des laufenden Verfahrens fällig wird. Deshalb ist dieser Effekt für die vom *privilège de conciliation* erfassten Sanierungskredite kaum von Bedeutung.[235] Überdies existiert der im französischen Recht bestehende Konflikt zwischen Rangvorrecht und Freistellung vom Verbot der Zwangsvollstreckung, die die Rangvorrechte beeinträchtigen kann, im deutschen Recht in dieser Form nicht: Auch die Massegläubiger, die zur Zwangsvollstreckung berechtigt sind, können auf diesem Weg nicht auf das mit dinglichen Sicherheiten belastete Vermögen zugreifen. Die Gefahr, dass das Vorrecht durch diese Konkurrenz ausgehöhlt würde, bestünde im deutschen Recht also schon im Ansatz nicht.

5. Ergebnis

Insgesamt bleibt die – ernüchternde – Feststellung, dass diese Diskussion, die erheblich von sich widersprechenden Argumenten und teils von Prämissen geprägt ist, die nicht nur unplausibel sind, sondern ganz unvermeidlich den Gang der Argumentation und die gefundenen Ergebnisse verzerren müssen, nicht in der Lage ist, eine eindeutige Antwort auf die Frage nach der Effizienz (vorran-

---

[233] Eingehend zu diesen Zusammenhängen oben 4. Kapitel, B.II.1.c).
[234] Vgl. *Vallens*, RTDCom. 2007, S. 604, 606.
[235] Siehe oben, 4. Kapitel, B.II.2.a)bb)(3)(a), vgl. auch 4. Kapitel B.II.2.b)bb)(1).

giger) Kreditsicherheiten zu liefern.[236] Für die weitere Frage nach der Begründbarkeit solcher Maßnahmen scheint diese Diskussion daher auf den ersten Zugriff wenig weiterführend.

Allerdings lassen sich auf Grundlage der vorangegangenen Analyse die möglichen Auswirkungen eines solchen Vorrechts dahingehend erfassen, dass dieses das Potential hat, Kreditvergaben und damit auch Sanierungsversuche zu ermöglichen, die ohne ein solches Vorrecht aufgrund des hohen Risikos unterblieben, obwohl sie möglicherweise wirtschaftlich sinnvoll wären. Daneben kann dieses Vorrecht dazu beitragen, Blockadepotentiale und -interessen der gesicherten Gläubiger im Rahmen von freien Sanierungen zu reduzieren und auf diese Weise wirtschaftlich sinnvolle Sanierungen auch außerhalb (förmlicher) Sanierungsverfahren ermöglichen. Dem gegenüber steht jedoch das Risiko, dass dies zu einem Anstieg der Kreditkosten außerhalb der Insolvenz führt, weil einfache Sicherheiten entwertet würden. Das Ausmaß dieser Kostenerhöhung ist *ex ante* nicht sicher zu prognostizieren. Daneben besteht die Gefahr, dass ein solches Vorrecht Kreditgeber durch die damit einhergehende Freistellung von den Risiken der Kreditvergabe und des Scheiterns der Sanierung auch zur Unterstützung wirtschaftlich unsinniger Vorhaben animiert, die nur dem neuen Kreditgeber nützen und für die meisten der Beteiligten schädlich sind. Diese Betrachtung kann demnach auch die Grundlage für die weitere Untersuchung bilden, ob und wie sich die negativen Effekte des Vorrechts durch die konkrete Ausgestaltung desselben dergestalt limitieren lassen, dass dessen Einführung mit Blick auf die freisetzbaren wirtschaftlichen Vorteile und die Funktionen des Kreditsicherungsrechts vorteilhaft scheint.

III. Die Publizität als Voraussetzung einer vorrangigen Kreditsicherheit?

Ein solcher Vorrang kann nach dem Gesagten, wenn er nicht erkennbar ist, für die übrigen Gläubiger erhebliche Unsicherheiten und dementsprechend auch Kostennachteile verursachen. Das führt zu der Frage, ob ein solches Vorrecht, entsprechend dem *privilège de conciliation* oder dem insoweit übereinstimmenden Vorschlag der *Association Henri Capitant,* einer Publizitätspflicht unterworfen sein sollte.

Diese Publizitätspflicht ist in der französischen Diskussion jedoch teils heftig kritisiert worden und wurde gar mit dem „Tod" dieses Vorrechts in Verbindung gebracht.[237] Begründet wird diese Kritik vor allem damit, dass die Publizität den Rechtsverkehr auf die wirtschaftlichen Schwierigkeiten des Unter-

---

[236] Vgl. *J. F. Hoffmann,* Prioritätsgrundsatz, S. 295; *Brinkmann,* Kreditsicherheiten, S. 83.

[237] *Laurent/Assant,* JCP G 2008, I-157, Rn. 1 ff.; ausgesprochen kritisch auch *Henry,* RPC avril-mai-juin 2008, S. 20, 24, Rn. 12, die feststellt, die Publizität habe das *privilège de conciliation* funktionslos gemacht, zugleich aber konzediert, dass diese Feststellung angesichts des Erfolgs des neuen Verfahrens relativiert werden müsse, a.a.O., S. 24, Fn. 49.

nehmens aufmerksam macht, die aufgrund der Vertraulichkeit der *conciliation* Unbeteiligten zuvor unbekannt waren.[238] Bemerkenswert ist diese ablehnende Haltung gegenüber der Publizität aber, weil insbesondere im Kontext des US-amerikanischen *DIP-financing* berichtet wird, dass sich das Zustandekommen und das Bekanntwerden einer solchen Finanzierung regelmäßig positiv auf die Aktienkurse der betroffenen Unternehmen auswirke, weil der Wirtschaftsverkehr dies als Beweis des Vertrauens in die Bestandsfähigkeit des Unternehmens werte.[239] In Anbetracht dieser widersprüchlichen Informationen über die tatsächlichen wirtschaftlichen Auswirkungen einer Publizität bietet es sich zunächst an, zu untersuchen, ob diese nicht ohnehin zwingend erforderlich ist.

1. Publizität als Voraussetzung für eine bevorrechtigte Befriedigung?

Der Publizität eines Vorrechts wurde insbesondere in den Motiven zur KO[240] und später im Rahmen der Diskussion um die Reform (publizitätsloser) Mobiliarsicherheiten legitimierende Bedeutung für eine bevorrechtigte Befriedigung in der Insolvenz beigemessen.[241] Dahinter stand zumeist das Anliegen, die übrigen Gläubiger präzise über die Vermögenslage des Schuldners zu informieren, um ihnen informierte Finanzierungsentscheidung zu ermöglichen. In der Sache ging es darum, dass sich eine Zurückstellung der einfachen ungesicherten Gläubiger gegenüber den bevorrechtigten Gläubigern nur rechtfertigen lasse, wenn die ungesicherten Gläubiger das Risiko ihres Handelns zutreffend abschätzen können, die ungesicherte Kreditierung also bewusste Inkaufnahme dieser Risiken ist.[242]

---

[238] Kritisch etwa auch *Vallens*, RTDCom. 2007, S. 604, 606; *Henry*, RPC avril-mai-juin 2008, S. 20, 24, Rn. 12.

[239] *Chatterjee/Dhillon/Ramírez*, Journal of Banking & Finance 28 (2004), S. 3097, 3102 ff.; *Ayotte/Skeel*, University of Chicago Law Review 73 (2006), S. 425, 463; *Tung*, Yale Journal on Regulation 37 (2020), S. 651, 659 f.; *Parzinger*, Fortführungsfinanzierung, S. 135 f.; das stellen im übrigen auch *Laurent/Assant*, JCP G 2008, I-157, Rn. 9 fest.

[240] *Hahn*, Materialien IV, S. 185 f.

[241] *Henckel*, FS Weber, S. 237, 247 f.; *Henckel*, 51. DJT, O 8, 18 ff.; vgl. auch Jaeger[1]/ *Henckel*, vor §§ 49–52 InsO Rn. 3; *Bundesministerium der Justiz*, Erster Bericht, S. 298; jüngst auch wieder *Brinkmann*, Kreditsicherheiten, S. 302 ff.; differenzierend und zurückhaltend *Drobnig*, Mobiliarsicherheiten, F. 56 ff.; gänzlich gegen eine Bedeutung der Publizität für die Legitimation von Kreditsicherheiten *Drobnig*, ZGR 1986, S. 252, 269.

[242] Insbesondere *Hahn*, Materialien IV, S. 186: „[...] [S]ollen die späteren Gläubiger in der Beurtheilung der Vermögenslage ihres Schuldners nicht ungebührlich getäuscht und der Kredit überhaupt nicht empfindlich verletzt werden, so muß Jedermann in der Lage gewesen sein, diese rechtliche Absonderung des Gegenstandes thatsächlich zu erkennen."; vgl. *Henckel*, FS Weber, S. 237, 248; *Bundesministerium der Justiz*, Erster Bericht, S. 298; vgl. zu diesem Gedanken auch *Stürner*, ZZP 94 (1981), S. 263, 269; *Drobnig*, ZGR 1986, S. 252, 269.

C. Funktionelle Analyse

a) Inkonsequente Verwirklichung in KO und InsO

Festzustellen ist jedoch, dass dieser Gedanke in der *lex lata* nur sehr eingeschränkt verwirklicht ist, die in Gestalt des Absonderungsrechts für Sicherungseigentümer (§ 51 Nr. 1 InsO) und dem Fiskusvorrecht gem. § 51 Nr. 4 InsO Vorrechte vorsieht, die nicht ohne Weiteres erkennbar sind.[243] Die lückenhafte Publizität ist dabei auch keine Neuerung der InsO. Schon unter Geltung der KO war dieser Publizitätsgedanke nur lückenhaft umgesetzt, indem etwa postuliert wurde, dass bestimmte Vorrechte erkennbar seien, weil der Rechtsverkehr mit diesen zu rechnen habe.[244] Entsprechend dieser Haltung hat sich der historische Gesetzgeber bereits bei der Schaffung des BGB wieder von dem Gedanken abgesetzt, dass die Publizität notwendig sei, um bevorrechtigte Befriedigungen zu legitimieren und Irreführungen von (potentiellen Gläubigern zu vermeiden).[245] So hat man sich seinerzeit im Kontext der Frage nach der Zulässigkeit einer Sicherungsübereignung auf den Standpunkt gestellt, dass der durch den Besitz des Sicherungsgebers an der Sache bewirkte Anschein der Kreditwürdigkeit nicht die Unzulässigkeit der Sicherungsübereignung gebiete, „[...] denn die Gläubiger seien ganz im Allgemeinen nicht berechtigt, sich darauf zu verlassen, daß alle im Besitze des Schuldners befindlichen Sachen diesem auch gehörten."[246]

b) Fehlende Eignung der sachenrechtlichen Publizität als Informationsgrundlage für eine Kreditgewährung

Gewichtiger scheint jedoch der Einwand, dass die sachenrechtliche Publizität, selbst wenn dieser Gedanke in der *lex lata* konsequent verwirklicht wäre, zur Verwirklichung der ihr im Kontext des Kreditsicherungsrechts zugeschriebenen Aufgabe, d.h. das Ermöglichen informierter Finanzierungsentscheidungen, überhaupt nicht taugt.

aa) Beschränkte Reichweite der Publizität in personeller Hinsicht

Das fängt damit an, dass sich mit diesem Gedanken allenfalls eine Zurücksetzung jener ungesicherten Gläubiger rechtfertigen ließe, die *nach* der Entstehung des jeweiligen Vorrechts *freiwillig* kreditiert haben.[247] Gegenüber unfreiwilligen Gläubigern, etwa Deliktsgläubigern, ist der Gedanke, sie hätten sich vor „Einnahme" der Gläubigerstellung über die Vermögenslage des Schuldners

---

[243] Vgl. *J. F. Hoffmann*, Prioritätsgrundsatz, S. 272 f.
[244] Vgl. *Hahn*, Materialien IV, S. 248, siehe auch S. 203; siehe hierzu *J. F. Hoffmann*, Prioritätsgrundsatz, S. 272.
[245] Vgl. *Mugdan*, Materialien III, S. 627; *Guski*, Sittenwidrigkeit, S. 260 f.
[246] *Mugdan*, Materialien III, S. 627.
[247] *Henckel*, FS Weber, S. 237, 248 f.

informieren und ihre dahingehende Entscheidung hiervon abhängig machen können, offensichtlich untauglich.[248]

Aber auch Gläubigern, die vor der Entstehung eines Vorrechts kreditiert haben, nützt dessen Publizität wenig. Das kann auch nicht ohne Weiteres mit der Erwägung überwunden wurden, dass diese Gläubiger durch die Gewährung eines ungesicherten Kredits das Risiko einer Verdrängung bewusst in Kauf genommen hätten, weshalb in ihrem Verhalten eine konkludente Zustimmung hierzu zu sehen sei.[249] Denn das setzte in tatsächlicher Hinsicht voraus, dass einer ungesicherten Kreditgewährung stets die (bewusste) Entscheidung hierfür und die Inkaufnahme der damit verbundenen Risiken zu Grunde läge.[250] Das ist zwar nicht ausgeschlossen, aber jedenfalls nicht zwingend. Häufig wird die ungesicherte Kreditierung, selbst wenn die Einnahme der Gläubigerstellung an sich freiwillig ist, schlicht aufgrund fehlender Verhandlungsmacht erfolgen.[251] In diesem Fall erschiene die Annahme einer konkludenten Zustimmung aber als bloße Fiktion.[252] Zu begründen wäre ein Vorrang der Inhaber publiker Vorrechte auf dieser Grundlage daher nur gegenüber solchen Gläubigern, die nach der Entstehung des Vorrechts freiwillig ungesichert Kredit gewährt haben, obwohl sie die tatsächliche Möglichkeit gehabt hätten, eine Si-

---

[248] *J. F. Hoffmann*, Prioritätsgrundsatz, S. 273; vgl. auch *Henckel*, FS Weber, S. 237, 248.
[249] So aber *Brinkmann*, Kreditsicherheiten, 316 f.; in diese Richtung auch *Henckel*, 51. DJT, O 8, 11, 18.
[250] Das erkennt grundsätzlich auch *Brinkmann*, Kreditsicherheiten, S. 318 an; vgl. auch *Henckel*, 51. DJT, O 8, 11.
[251] *Brinkmann*, Kreditsicherheiten, S. 318; vgl. auch *Stürner*, ZZP 94 (1981), S. 263, 269 f.; *Henckel*, FS Weber, S. 237, 248.
[252] Das konzediert auch *Brinkmann*, Kreditsicherheiten, S. 318 f., der gleichwohl aufgrund der „Prinzipien der formalen Vertragsfreiheit und -gerechtigkeit" grundsätzlich an diesem Ergebnis festhalten will und sich zur Begründung auf eine Richtigkeitsgewähr privatautonomer Vereinbarungen, die vom Rechtsanwender grundsätzlich zu respektieren seien, stützt. Dieser Ansatz scheint jedoch außerordentlich problematisch: Die These *Brinkmanns* läuft letztlich darauf hinaus, einen Vertrag mit einem entsprechenden Inhalt jenseits der Rechtsgeschäftelehre und völlig unabhängig vom tatsächlichen oder mutmaßlichen Willen des verdrängten Gläubigers zu behaupten. Mit einer privatautonomen Regelung hat das also wenig zu tun. Gleichwohl soll das so konstruierte Ergebnis dann unter Berufung auf Prinzipien und Konzepte, die ihre Rechtfertigung in der Sache in der Privatautonomie der Parteien finden, für unverbrüchlich erklärt werden. Bezeichnenderweise knüpft auch *Schmidt-Rimpler,* auf den *Brinkmann* sich insoweit beruft, die „Richtigkeitsgewähr" des Vertrages nicht an die *Form* des Vertrages, sondern die Willensübereinstimmung der Vertragsparteien (*Schmidt-Rimpler*, AcP 147 (1941), S. 130, 149 ff., insbes. S. 157 dort auch Fn. 34 mit Beispielen von Konstellationen fehlender Richtigkeitsgewähr), die in dieser Konstellation aber eine bloße Fiktion bleibt. Dieser Versuch zeigt letztlich auch, wie problematisch privatautonome Erklärungsansätze insoweit sind, weil sie dem Problem ausgesetzt sind, Ergebnisse, die den Interessen der ungesicherten Gläubiger widersprechen, auf deren Willen zurückzuführen.

cherheit zu erlangen.²⁵³ Das scheint kaum praktikabel²⁵⁴ und zeigt, dass die Publizität nach der *lex lata* nicht die Legitimationsgrundlage für die Wirkung von Vorrechten auch gegenüber den übrigen Gläubigern bilden kann.

bb) Beschränkte Reichweite der Publizität in sachlicher Hinsicht

Jenseits dieser Einwände ist die Publizität von Kreditsicherheiten aber auch gar nicht dazu geeignet, potentiellen Kreditgeber im Vorfeld der Kreditgewährung ein zutreffendes Bild vom im Fall der Insolvenz für die Befriedigung ihrer Forderungen verfügbaren Haftungssubstrat zu vermitteln. Dementsprechend ermöglicht sie jedenfalls ungesicherten Gläubigern keine verlässliche Einschätzung der Kreditrisiken²⁵⁵ und kann auch nicht die Grundlage für eine konkludente Zustimmung zu einer Bevorrechtigung durch die verdrängten Gläubiger bilden.

Die aus Besitz und Grundbuch resultierende sachenrechtliche²⁵⁶ Publizität vermag es bereits nicht, das vorhandene Aktivvermögen des Schuldners zutreffend und umfassend abzubilden:²⁵⁷ Einerseits werden (vermögenswerte) Forderungen gegen Dritte durch diese nicht abgebildet, andererseits müssen Sachen, die sich im Besitz des Schuldners befinden, nicht diesem gehören oder können bereits wertausschöpfend belastet sein.²⁵⁸ Die Publizität ist insoweit

---

²⁵³ Vgl. auch *Henckel*, 51. DJT, O 8, 24, der die vom damaligen § 59 Abs. 1 Nr. 3 KO erfassten Gläubiger besonders schützen wollte, weil diese nicht in der Lage seien, sich hinreichend durch vertragliche Vereinbarung zu schützen und dies nicht durch die Vereinbarungen anderer Gläubiger unterlaufen werden dürfe und *Henckel*, FS Weber, S. 237, 248: Die Publizität sei nur gegenüber Gläubigern, die frei entscheiden könnten, ob sie Kredit gewähren wollten, von Bedeutung. Das sei insbesondere bei Arbeitnehmern oder Ärzten nicht der Fall. Ihnen gegenüber lasse sich die Anerkennung von Absonderungsrechten nicht auf die Publizität derselben stützen.
²⁵⁴ *Drobnig*, Mobiliarsicherheiten, F. 89.
²⁵⁵ In diesem Sinne für Frankreich *Witz,* Fiducie, Rn. 261, S. 257: „[...] [Q]ue l'on puisse croire que le crédit est habituellement accordé à la seule vue de l'actif apparent du débiteur, heurte le bon sens le plus élémentaire. Il suffit d'imaginer les dispensateurs de crédit visiter les locaux de l'emprunteur et juger la surface financière de celui-ci d'après les biens et les marchandises qu'il détient, pour se rendre compte du caractère irréaliste d'une telle démarche."; dem folgend *Crocq*, Propriété, Rn. 446, S. 399; eine solche Wirkung der Publizität zugrundelegend aber etwa *Henckel*, FS Weber, S. 237, 248; *Drobnig*, Mobiliarsicherheiten, F. 35; *Bundesministerium der Justiz*, Erster Bericht, S. 298.
²⁵⁶ Statt aller *Stadler*, Gestaltungsfreiheit, S. 120.
²⁵⁷ Vgl. wiederum *Witz*, Fiducie, Rn. 261, S. 257 in Anschluss an *Bellamy*, JCP G 1974, I-2650, Rn. 12: „[...] [L]e temps n'est plus où les limites de l'actif apparent rejoignaient sensiblement celles de l'actif non grevé [...]."
²⁵⁸ *Stadler*, Gestaltungsfreiheit, S. 121, 126; so schon *Mugdan*, Materialien III, S. 627: „[...] [D]ie Gläubiger seien ganz im Allgemeinen nicht berechtigt, sich darauf zu verlassen, daß alle im Besitze des Schuldners befindlichen Sachen diesem auch gehörten."; *Wilburg*,

also zugleich zu eng und zu weit. Daneben bildet die Publizitätslage aber auch die Passivseite des Schuldnervermögens nicht zutreffend ab. Aus dem Grundbuch werden zwar am schuldnerischen Immobiliarvermögen besicherte Forderungen gegen den Schuldner ersichtlich, die übrigen Forderungen, insbesondere die ungesicherten, bleiben aber vollständig intransparent.[259]

Noch weit gravierender als diese Ungeeignetheit, das schuldnerische Vermögen im Zeitpunkt der Kreditvergabe zutreffend abzubilden, muss aus Sicht eines Kreditgebers aber anmuten, dass die Publizität es erst recht nicht ermöglicht, die Vermögenslage des Schuldners und die Befriedigungsaussichten im Zeitpunkt der Fälligkeit einer Forderung zu beurteilen.[260] Das ergibt sich schlicht daraus, dass der Schuldner in der Zwischenzeit neue Forderungen begründen, über bestehende Vermögensgegenstände verfügen oder diese zerstören kann oder diese auch einem Wertverlust unterliegen können.[261] Der Publizitätslage *ex ante* kann also nur eine sehr geringe Aussagekraft betreffend das verfügbare Vermögen in Zukunft zukommen.

Bei Lichte besehen ist die sachenrechtliche Publizität, deren Funktion auch gar nicht darin liegt, Dritte umfassend und zutreffend über die Vermögenslage des Schuldners zu informieren, sondern die allein den Verkehrsschutz im Zusammenhang mit dem Erwerbsvorgang zum Gegenstand hat,[262] als Grundlage für eine informierte Finanzierungsentscheidung also nur sehr eingeschränkt geeignet.

c) Ergebnis

Nach alldem handelt es sich bei der Publizität als Voraussetzung für die Wirkung von Kreditsicherheiten um ein Konzept, das schon unter Geltung der KO nicht konsequent verwirklicht war und das auch in der *lex lata* keine Stütze findet. Auch darüber hinaus schiene das Postulat von der legitimierenden Be-

---

JBl. 1949, S. 29, 30; *Wiórek*, Gläubigergleichbehandlung, S. 87; vgl. zur begrenzten Reichweite der aus dem Besitz resultierenden Vermutungswirkung auch BGHZ 77, 274, 279.

[259] *von Wilmowsky*, Kreditsicherungsrecht, S. 161; *Merkt*, Unternehmenspublizität, S. 18 f.; *Dorndorf*, Kreditsicherungsrecht, S. 33 f.; vgl. auch *Wilburg*, JBl. 1949, S. 29, 30; *Wiórek*, Gläubigergleichbehandlung, S. 87.

[260] Vgl. *von Wilmowsky*, Kreditsicherungsrecht, S. 162; *Merkt*, Unternehmenspublizität, S. 18 f.; *Wiórek*, Gläubigergleichbehandlung, S. 87.

[261] Vgl. *von Wilmowsky*, Kreditsicherungsrecht, S. 162; *Dorndorf*, Kreditsicherungsrecht, S. 33; *Guski*, Sittenwidrigkeit, S. 261; *Wiórek*, Gläubigergleichbehandlung, S. 87.

[262] *Stadler*, Gestaltungsfreiheit, S. 126; *Guski*, Sittenwidrigkeit, S. 262; vgl. auch *von Wilmowsky*, Kreditsicherungsrecht, S. 162; vgl. für das französische Recht *Gijsbers*, Sûretés, Rn. 280, S. 272 f., der klar zwischen den Funktionen einer „sachenrechtlichen" Erwerbspublizität, die den Rechtsverkehr vor unehrlichem, „asozialem" Verhalten schützen solle, und der kreditsicherungsrechtlichen Publizität unterscheidet, die darauf beruhe, dass Kreditsicherheiten auch jenseits von solchen Verhaltensweisen dazu bestimmt seien, gegenüber Dritten zu wirken und daher der Publizität bedürften.

deutung der Publizität nur überzeugend, wenn diese notwendige Bedingung für eine informierte Finanzierungsentscheidung der zurückgesetzten Gläubiger wäre.[263] Das ist aber nicht der Fall, weil die sachenrechtliche Publizität nur ein sehr unvollständiges Bild von der Haftungslage im Zeitpunkt der Fälligkeit einer Forderung vermitteln kann. Selbst wenn die Publizität eine informierte Finanzierungsentscheidung ermöglichte, könnte das allenfalls den Nachrang der späteren, freiwilligen Gläubiger legitimieren.

2. Publizität als Frage der Zweckmäßigkeit

Der Publizität kommt danach für die Legitimation der Wirkung von Kreditsicherheiten in der Insolvenz keine Bedeutung zu; es handelt sich um einen reinen Verkehrsschutzmechanismus, bezüglich dessen konkreter Ausgestaltung dem Gesetzgeber ein Gestaltungsspielraum zukommt.[264] Richtigerweise handelt es sich dementsprechend auch bei der Frage, inwiefern Kreditsicherheiten publik zu machen sind, um eine Frage der Zweckmäßigkeit, die mit Blick auf die skizzierten Funktionen des Kreditsicherungsrecht zu beantworten ist.[265] Zu beleuchten sind also die Auswirkungen einer Publizität des Vorrechts auf Kreditverfügbarkeit und -kosten.

a) Schadenswirkungen der Publizität

Denkbar ist insofern zunächst, dass die Eintragung eines solchen Rechts etwa ins Grundbuch oder in das Handelsregister zusätzliche Transaktionskosten verursacht, welche die Kosten der Kreditgewährung erhöhen. Vorstellbar ist – entsprechend den in der französischen Diskussion geäußerten Vorbehalten –[266] außerdem, dass die Publizität des Vorrechts negative Auswirkungen auf das Unternehmen haben kann. So können sich etwa Geschäftspartner, die auf diesem Weg von den wirtschaftlichen Schwierigkeiten des Unternehmens erfahren und die nicht bereit sind, die damit verbundenen Unsicherheiten einzugehen, vom schuldnerischen Unternehmen distanzieren.[267] Gerade im Kontext der Kreditfinanzierung ist auch damit zu rechnen, dass die Kenntnis potentieller Geschäftspartner von der prekären wirtschaftlichen Lage insbesondere auch weitere Kredite verteuern kann.

---

[263] Ähnlich *Stürner*, ZZP 94 (1981), S. 263, 269.
[264] Vgl. *J. F. Hoffmann*, Prioritätsgrundsatz, S. 302.
[265] So auch *J. F. Hoffmann*, Prioritätsgrundsatz, S. 302.
[266] Siehe die Nachweise in Fn. 237
[267] Vgl. zu den sog. indirekten Kosten, die durch das Bekanntwerden einer wirtschaftlichen Krise und vor allem der Insolvenz entstehen können *Eidenmüller*, Unternehmenssanierung, S. 74 ff., 405 ff.

b) Die Publizität als wirtschaftliche Notwendigkeit

Denkbar ist jedoch auch, dass die Publizität eines solchen Vorrechts positive Auswirkungen haben kann. Zu erwähnen ist insofern zunächst die bereits beschriebene, namentlich in der US-Diskussion berichtete, vertrauensfördernde Wirkung des Bekanntwerdens des Vorrechts.[268] Insbesondere kann sich die Publizität einer vorrangigen Kreditsicherheit positiv auf die Kreditkonditionen auswirken. Durch die Publizität des Vorrechts wird nachfolgenden gesicherten Kreditgebern erlaubt, den Umfang der vorrangigen Kreditgewährung und damit auch das Ausmaß einer möglichen Verdrängung in einer späteren Liquidation zuverlässig einzuordnen und auf dieser Grundlage die Kreditkosten zu bestimmen. Ohne eine solche Publizität müsste ein vorsichtiger gesicherter Kreditgeber hingegen für den schlimmsten Fall unterstellen, dass seine Sicherheit aufgrund der *potentiellen* Verdrängung durch ein Vorrecht, dessen Existenz und Umfang unbekannt wären, im Fall der Liquidation wertlos ist. Er müsste den Kredit im Kern also stets als ungesichert mit entsprechenden Kreditkosten behandeln, auch wenn später gar kein derartiges Vorrecht entsteht.[269] Die Publizität des Vorrechts böte damit insbesondere den Vorzug, dass sie für diese Gläubigergruppe einen teilweisen Erhalt der aus einer Besicherung erzielbaren Kostenvorteile ermöglichte und die Entstehung überflüssiger Risikoaufschläge verhindern würde. Dem gegenüber stünden eine wohl überschaubare Erhöhung der Transaktionskosten und das Risiko, dass durch diese indirekte Kosten verursacht werden. In Anbetracht der ohne Publizität drohenden weitgehenden Entwertung der übrigen Kreditsicherheiten scheint das jedoch das geringere Übel zu sein, weshalb die Publizität des Vorrechts mit Blick auf die Funktionstüchtigkeit des Kreditsicherungsrechts letztlich zu befürworten ist.

c) Praktische Fragen

Noch nicht entschieden ist damit, in welcher Form diese Publizität sinnvollerweise ausgestaltet sein sollte. Als Vorbild bietet sich grundsätzlich wiederum die französische Regelung an. Diese sieht vor, dass das Urteil, mit dem der jeweilige Sanierungsvergleich homologiert wird, und die Summe der privilegierten Forderungen im *BODACC* und einem *journal d'annonces légales* bekannt zu machen sind (Art. R. 611-43 C. com.).[270] Daneben bieten sich als Orientierung grundsätzlich auch die Regelungen zum Kreditrahmen (§§ 264 ff. InsO) an, bei welchem gem. § 267 Abs. 2 Nr. 3, Abs. 3 S. 1 i.V.m. § 31 InsO die Höhe des Kreditrahmens öffentlich bekannt zu machen sowie dem

---

[268] Siehe bereits die Nachweise in Fn. 239
[269] Vgl. oben, 7. Kapitel, C.II.3.a).
[270] Vgl. zu Inhalt und Bedeutung der Publizitätspflicht bereits oben, 4. Kapitel, B.II.1.a)cc), dort insbesondere Fn. 669.

C. Funktionelle Analyse

Registergericht mitzuteilen ist.[271] Zu berücksichtigen ist insoweit aber, dass eine Ausgestaltung, die entsprechend dem französischen Recht zu einer Belastung des *gesamten* Vermögens führt, auch das Immobiliarvermögen des Schuldners betrifft. Soll die (kreditsicherungsrechtliche) Publizität ihre Funktion erfüllen, Dritten eine zuverlässige Beurteilung der Werthaltigkeit ihrer Sicherheiten (zumindest *ex ante*) ermöglichen, wird man die Publizität des Vorrechts auch auf das Immobiliarvermögen zu erstrecken haben. Dann scheint eine öffentliche Bekanntmachung allein aber unzureichend und eine Eintragung im Grundbuch erforderlich. Das entspricht auch der Konzeption der Insolvenzordnung, die bei der Betroffenheit von Grundstücken vom Insolvenzverfahren prinzipiell entsprechende Eintragungen im Grundbuch vorsieht (vgl. §§ 32, 267 Abs. 3 S. 2 InsO).

Richtet man den Blick auf das Mobiliarvermögen, ist im Grundsatz das gleiche praktische Bedürfnis der einfachen gesicherten Gläubiger für eine Publizität zu erkennen. Jedoch ist die Publizität von Mobiliarsicherheiten im deutschen Kreditsicherungsrecht nur sehr unvollständig verwirklicht. Ein publizitätsloses Vorrecht würde also jedenfalls insoweit keinen Tabubruch darstellen. In praktischer Hinsicht ließe sich für einen Verzicht auf die Publizität auch vorbringen, dass die mit Mobilien gesicherten Forderungen typischerweise von geringerem Umfang sein werden als bei Immobiliarsicherheiten. Absolut betrachtet drohen den einzelnen Gläubigern hier also im Regelfall kleinere Ausfälle. In relativer Hinsicht wird zwischen den Inhabern von einfachen Mobiliar- und Immobiliarsicherheiten und den Ausfallrisiken, denen diese ausgesetzt sind, aber kein Unterschied bestehen. Stellt man das und die weitgehende Entwertung in Rechnung, die auch einfachen Mobiliarsicherheiten bei fehlender Publizität aufgrund der bestehenden Unsicherheiten droht, wäre auch insoweit die Publizität des Vorrechts angezeigt. Zweckmäßiger als eine bloße öffentliche Bekanntmachung scheint insoweit aufgrund ihrer größeren zeitlichen Permanenz die Eintragung im Handelsregister, wie sie auch für den Kreditrahmen befürwortet wird.[272]

---

[271] Ob auch das Bestehen eines Kreditrahmens und dessen Umfang im Handelsregister eingetragen werden *müssen* oder ob hier nur der Umstand einzutragen ist, *dass* eine Planüberwachung erfolgt, wird uneinheitlich beurteilt, vgl. Jaeger/*Piekenbrock*, § 267 InsO Rn. 12, Fn. 13. Nimmt man die Funktion der Publizität ernst, liegt auch die Eintragung der Höhe des Kreditrahmens nahe, muss ein Dritter dessen Umfang doch sonst beim Registergericht erfragen, überzeugend Jaeger/*Piekenbrock*, § 267 InsO Rn. 12, Fn. 13.

[272] Siehe gerade Fn. 271.

IV. Verfahrensmäßige Umsetzung

Von erheblicher Bedeutung für Reichweite und Wirkungen des Vorrechts ist weiterhin dessen verfahrensmäßige Umsetzung. Ließ sich in der Vergangenheit noch vorbringen, dass dem deutschen Insolvenzrecht ein hierfür erforderliches vorinsolvenzliches Verfahren fehlte,[273] steht nunmehr mit dem StaRUG-Verfahren ein solcher Rahmen zur Verfügung. In diesem Kontext ergeben sich jedoch einige Fragen, die insbesondere aus verfahrensrechtlichen Besonderheiten des französischen Rechts resultieren, die eine unveränderte Übertragung ins deutsche Recht verhindern.

1. Gläubigerbeteiligung und Rechtsmittel

Die erste dieser Fragen betrifft die Beteiligung der (gesicherten) Gläubiger an der Entscheidung über die Einräumung einer vorrangigen Sicherheit und daran anknüpfend, ob diese gegen eine dahingehende gerichtliche Entscheidung Rechtsmittel einlegen können (müssen).

Trotz des mit der Begründung des *privilège de conciliation* verbundenen Eingriffs in ihre Position verzichtet das französische Recht grundsätzlich auf eine Beteiligung der gesicherten Gläubiger am Verfahren und sieht vor allem eine Prüfung durch das Gericht vor, ob deren Interessen hinreichend gewahrt sind.[274] Gleichwohl schließt das französische Recht diese Gläubiger nicht vollständig von einer Verfahrensbeteiligung aus: Im französischen Zivilverfahrensrecht existiert mit der *tierce-opposition* gem. Art. 582 ff. CPC ein Rechtsbehelf, der auch von einer *homologation* negativ betroffenen Gläubigern offensteht, die nicht Partei des Vergleichs sind oder am Verfahren beteiligt waren (Art. L. 611-10, al. 2 C. com.).[275] Mit der *tierce-opposition* können an einem gerichtlichen Verfahren Unbeteiligte, die von einem Urteil negativ betroffen werden, dieses angreifen.[276]

In Ermangelung eines entsprechenden Instruments im deutschen Recht hieße eine „unveränderte" Übertragung des Verfahrens die gesicherten Gläubiger vollständig von der Beteiligung am gerichtlichen Verfahren und einer Möglichkeit zur Überprüfung auszuschließen. Das scheint mit Blick auf den

---

[273] Vgl. die Ablehnung einer solchen Bevorrechtigung aus diesem Grund bei *Medla*, Präventive Unternehmenssanierung, S. 486.

[274] Siehe hierzu oben, 4. Kapitel, B.II.1.a)cc).

[275] *Pérochon*, Entreprises en difficulté, Rn. 369; *Saint-Alary-Houin/Monsèrié-Bon/Houin-Bressand*, Entreprises en difficulté, Rn. 375; *Le Cannu/Robine*, Entreprises en difficulté, Rn. 175.

[276] Siehe etwa *Héron/Le Bars/Salhi*, Droit judiciaire privé, Rn. 913 ff.; *Cadiet/Jeuland*, Droit judiciaire privé, Rn. 861 ff.

Justizgewährleistungsanspruch[277] und den Anspruch auf rechtliches Gehör (Art. 103 Abs. 1 GG) aber ausgesprochen zweifelhaft. Die gesicherten Gläubiger hätten insoweit weder einen Zugang zu Gerichten, also auch keine Möglichkeit, die Entstehung der vorrangigen Sicherheit und ihre Verdrängung in einem förmlichen Verfahren überprüfen zu lassen, noch wäre es ihnen möglich, ihre Sicht der Dinge als von der Entscheidung unmittelbar rechtlich Betroffene[278] zu präsentieren. Jedenfalls wenn über die Entstehung des Vorrechts in einem gerichtlichen Verfahren entschieden würde, schiene eine Beteiligung der gesicherten Gläubiger bereits im Verfahren daher unumgänglich.[279]

2. Insolvenzgerichte als Entscheidungsinstanz?

Orientierte sich die verfahrensmäßige Umsetzung eng am französischen Vorbild, wäre die Privilegierung an eine mehrfache, gestufte Entscheidung und Kontrolle über Kreditvergabe und Privilegierung geknüpft: Zunächst müssten sich Kreditgeber und Kreditnehmer auf eine entsprechende Kreditvergabe einigen, sodann müsste die Finanzierung als Bestandteil des Restrukturierungsplans durch die Gläubiger gem. §§ 17 ff. bzw. 45 f. StaRUG angenommen und schließlich durch das Gericht gem. §§ 60 ff. StaRUG bestätigt werden.

Angesichts der Komplexität dieser Entscheidungsfindung drängt sich die Frage auf, ob eine solche gestufte Kontrolle tatsächlich erforderlich und zweckmäßig ist. Vor allem stellt sich die Frage, ob und inwieweit eine solche Entscheidung, die in der Sache eine wirtschaftliche Prognoseentscheidung unter Unsicherheit ist,[280] in die Hände des Insolvenzgerichts gelegt werden *sollte*. Das liegt für das französische Insolvenzrecht näher als für das deutsche Recht: Im französischen Insolvenzrecht kommt dem Gericht spätestens seit der Reform von 1985 allgemein eine ausgesprochen starke Stellung zu, da wesentliche Entscheidungen nicht in die Hände der Gläubiger gelegt werden, sondern dem Gericht anvertraut sind.[281] Vor allem sind die französischen Insolvenzrichter erfahrene Kaufleute und nicht Juristen,[282] weshalb diese eher über den

---

[277] Siehe hierzu etwa BVerfGE 54, 277, 291; 85, 337, 345 f.; 107, 395, 406 f.; 141, 121, 134, Rn. 44; BGHZ 210, 292, 312 Rn. 52; Dürig/Herzog/Scholz/*Grzeszick,* Art. 20 GG VII, Rn. 135.

[278] Vgl. *BVerfG*, NJW 2018, S. 1077, 1077 f.; BeckOK-GG/*Radtke,* Art. 103 GG Rn. 4.

[279] Vgl. auch *Parzinger,* Fortführungsfinanzierung, S. 244, der es für zwingend hält, den verdrängten Gläubigern eine Rechtsschutzmöglichkeit einzuräumen.

[280] Vgl. im Kontext der Entscheidung über verschiedene Verwertungsoptionen *Madaus,* Insolvenzplan, S. 503 f.; und BT-Drs. 12/2243, S. 77, 79 f.; für Frankreich *Ghandour,* Traitement Judiciaire, Rn. 258, S. 190.

[281] Eingehend oben, 2. Kapitel, B.IV.

[282] Siehe insbesondere Art. L. 723-4, al. 1 5° C. com., der für die Wählbarkeit als Richter (sog. *juge consulaire*) eines *Tribunal de Commerce* voraussetzt, dass die zu wählende Person zuvor mindestens während einer Zeit von fünf Jahren im Handelsregister eingetragen, in geschäftsführender Position im Sinne des Art. L. 713-3, I C. com. in einem Unternehmen

wirtschaftlichen Sachverstand, der für derartige Entscheidungen erforderlich ist, verfügen als ihre deutschen Gegenüber.[283]

a) Entscheidungsmonopol von Schuldner und Kreditgeber?

Das wirft die grundsätzliche Frage auf, warum eine solche gestufte Kontrolle in dieser Konstellation überhaupt erforderlich ist. Die Besonderheit an der Einräumung eines Vorrechts innerhalb des StaRUG-Verfahrens liegt darin, dass Voraussetzung für die Durchführung des Verfahrens in positiver Hinsicht gem. § 29 Abs. 1 StaRUG zwar eine drohende Zahlungsunfähigkeit i.S.d. § 18 Abs. 2 InsO ist, der Eintritt von Überschuldung oder Zahlungsunfähigkeit gem. § 33 Abs. 2 Nr. 1 StaRUG aber prinzipiell zur Aufhebung des Verfahrens führen muss. Der Schuldner ist also grundsätzlich noch nicht materiell insolvent[284] und dementsprechend nicht nur formell, sondern auch materiell-rechtlich noch verfügungsbefugt.[285] Dementsprechend lässt sich die Ersetzung der Entscheidungsgewalt des Schuldners hier nicht auf dessen insolvenzbedingten Verlust der materiell-rechtlichen Verfügungsmacht stützen. Es fragt sich also, warum die Entscheidung nicht allein in den Händen des Schuldners und des jeweiligen Kreditgebers liegen sollte. Das ließe sich praktisch etwa dergestalt realisieren, dass den Kreditgebern, die während eines StaRUG-Verfahrens einen entsprechenden Kredit gewährt haben, in einem anschließenden Insolvenzverfahren ein Rangvorrecht gewährt würde, das nur an Zeitpunkt und Zweck der Kreditvergabe anknüpft. Das hätte insbesondere den Vorteil, das Verfahren ganz wesentlich zu vereinfachen und brächte damit insbesondere Kosten- und Zeitersparnisse.

Die Entscheidung über die weitere Finanzierung ist dabei regelmäßig auch Entscheidung über das Schicksal des Unternehmens insgesamt, so dass ein solches Vorgehen die Entscheidung über die Sanierung des Unternehmens letztlich in die Hände einzelner Kreditgeber legte. Damit wiese ein solcher Ansatz deutliche Ähnlichkeiten zu vor allem im Kontext des US-Rechts diskutierten

---

tätig war oder eine entsprechende Tätigkeit in Schiff- oder Luftfahrt ausgeübt hat, Art. 713-1, II, n° 1, d) C. com.; eingehend hierzu *Ghandour*, Traitement Judiciaire, Rn. 171 ff., S. 127 ff.

[283] Grundsätzlich kritisch zur Kompetenz von Richtern insoweit *Madaus*, Insolvenzplan, S. 506, Fn. 283; ablehnend gegenüber der Übertragung von notwendigerweise auf unsicherer wirtschaftlicher Grundlage zu treffenden Verwertungs- und Investitionsentscheidungen auf die Gerichte insbesondere BT-Drs. 12/2443, S. 77 f, 79 f.; trotz des Hintergrunds der französischen *juges consulaires* auch insoweit kritisch, weil diese nicht für alle Branchen über die erforderlichen Kenntnisse verfügen werden, *Ghandour*, Traitement Judiciaire, Rn. 259, S. 191.

[284] BeckOK-StaRUG/*Skauradszun*, Einleitung Rn. 12; vgl. zur materiellen Insolvenz *J. F. Hoffmann*, Prioritätsgrundsatz, S. 60 ff.

[285] *J. F. Hoffmann*, Prioritätsgrundsatz, S. 36 f.

Modellen auf, nach welchen die Entscheidung über die Verwertung des Unternehmens prinzipiell allein bei einzelnen Kreditgebern liegen soll.[286]

Es wäre bei einer solchen Vorgehensweise zwar nicht generell damit zu rechnen, dass es zu ineffizientem *overinvestment* kommt, das letztlich auf Kosten der übrigen Gläubiger ginge. Mit einem solchen Modell würden jedoch die Partikularinteressen des Schuldners sowie des (potentiellen) Kreditgebers zur Entscheidungsgrundlage gemacht. Gerade aufgrund der Privilegierung, die dem neuen Kreditgeber eine im Wesentlichen risikolose Finanzierung ermöglicht, wird die Interessenlage des Kreditgebers aber deutlich von jener der übrigen Gläubiger abweichen. Der neue Kreditgeber würde zwar wie diese von einem Erfolg der Sanierung profitieren, die Risiken eines Sanierungsversuchs lägen aber allein bei den übrigen Gläubigern. Zugleich kann es auch für den Schuldner bzw. die Geschäftsführer des schuldnerischen Unternehmens attraktiv scheinen, auch Sanierungsversuche in Angriff zu nehmen, die wirtschaftlich ineffizient sind und den Interessen der Gläubigergesamtheit widersprechen.[287]

Besonders deutlich treten derartige Interessenkonflikte zutage, wenn der neue Kreditgeber zugleich auch Inhaber alter Forderungen ist, die im Fall eines Insolvenzverfahrens als einfache Insolvenzforderungen zu befriedigen wären: Durch die Privilegierung für neue Finanzierungen hätte der Kreditgeber nun die Aussicht, im Fall des Gelingens der Sanierung sowohl mit Forderungen aus neuen als auch aus alten Krediten vollständig befriedigt zu werden. Das Risiko einer nennenswerten Verschlechterung der eigenen Lage hätten sie hingegen nicht zu tragen. Die Forderungen aus dem neuen Kredit würden auch im Fall des Scheiterns vollständig befriedigt, während die alten Forderungen nach wie vor als Insolvenzforderungen behandelt würden und sich hier schlimmstenfalls die Befriedigungsquote verschlechtern würde. Ein potentieller Kreditgeber kann hier daher ein starkes Interesse daran haben, ein Sanierungsvorhaben zu unterstützen, selbst wenn dieses minimale Erfolgsaussichten hat. Noch problematischer muss dabei anmuten, dass die Privilegierung zu einem sog. *roll-up* genutzt werden kann. Bei diesem werden die neu ausgereichten Mittel (nur) genutzt, um alte, nicht privilegierte Forderungen zu befriedigen.[288] Das hat zur Folge, dass dieser Kreditgeber gegenüber einem Scheitern des Sanierungsversuchs indifferent wird, weil er auch in diesem Fall aufgrund des Privilegs mit einer vollständigen Befriedigung rechnen kann.

---

[286] Siehe etwa *Baird/Rasmussen*, Virginia Law Review 87 (2001), S. 921, 954 ff.; *Rotem*, University of Pennsylvania Journal of Business and Employment Law 10 (2008), S. 509, 511 ff.; aus deutscher Sicht hierzu *Madaus*, Insolvenzplan, S. 490 ff.
[287] Vgl. zum „*gambling for resurrection*" oben, 1. Kapitel, B.
[288] Vgl. zu diesem Phänomen *Tung*, Yale Journal on Regulation 37 (2020), S. 651, 654, 660, 668 ff.; *Payne/Sarra*, IIR 2018, S. 178, 206; sehr kritisch zur Praxis der US-amerikanischen Gerichte, die ensprechende Gestaltungen zulassen, *Tabb*, Syracuse Law Review 71 (2021), S. 557, 576.

Die Zuweisung der Entscheidungsmacht allein an Schuldner und Kreditgeber würde damit Risikoherrschaft und Folgenverantwortung weitgehend entkoppeln und Kreditgewährungen auch dort ermöglichen, wo diese weder aus Effizienzgründen sinnvoll sind, noch im Interesse der Beteiligten außer Kreditgeber und Schuldner liegen. Eine solche Ausgestaltung scheint damit auch mit Blick auf die Funktionen von Kreditsicherheiten nicht zweckmäßig. In Konflikt geriete eine derartige Herangehensweise darüber hinaus mit Art. 10 Abs. 1 b) der Restrukturierungsrichtlinie. Hiernach ist für die Verbindlichkeit eines Restrukturierungsplans, der neue Finanzierungen i.S.d. Art. 2 Abs. 1 Nr. 7 der Richtlinie enthält, erforderlich, dass der Plan von einer Justiz- oder Verwaltungsbehörde bestätigt wird. Dieses Erfordernis wird jedoch dadurch in Frage gestellt, dass Art. 17 Abs. 1 b) der Richtlinie insoweit ein Wahlrecht der Mitgliedstaaten normiert.[289]

b) „magistrature économique" oder Gläubigerherrschaft?

Mit Blick auf diese Interessenlage von Schuldner und Kreditgeber scheint es daher jedenfalls zweckmäßig, die Privilegierung von der Zustimmung einer Kontrollinstanz abhängig zu machen. Das berührt die grundsätzliche Frage, wie insoweit die (Kontroll-)Macht zwischen Gläubigern und Gericht verteilt sein sollte, insbesondere ob und inwieweit es Aufgabe eines Gerichts sein sollte, derartige Prognoseentscheidungen zu treffen.

aa) Mindeststandard der Restrukturierungsrichtlinie

Die Restrukturierungsrichtlinie stellt insoweit in Art. 10 Abs. 2, 3 einen Mindeststandard auf, der notwendige Voraussetzung einer jeden gerichtlichen Bestätigung eines Restrukturierungsplans ist.

(1) Das Kriterium des Gläubigerinteresses und „unangemessene" Beeinträchtigungen der Interessen durch neue Finanzierungen

Gewisse Schwierigkeiten ergeben sich für die Privilegierung neuer Finanzierungen jedoch aus Art. 10 Abs. 2 S. 1 d), e), S. 2 der Richtlinie. Hiernach ist bei einer entsprechenden Rüge eines Gläubigers durch das Gericht zu prüfen, ob der Restrukturierungsplan das Kriterium des Gläubigerinteresses (Art. 2 Nr. 6 der Richtlinie) erfüllt. Zugleich stellt Art. 10 Abs. 2 S. 1 e) der Richtlinie

---

[289] Zu diesem Widerspruch Paulus/Dammann/*Garcimartín*, European Preventive Restructuring, Art. 10 Rn. 6, insbes. Fn. 4; vgl. Flöther/*Hoegen/Wolf*, Sanierungsrecht, F. V. Rn. 487, die meinen, das von Art. 16 Abs. 1a der Trilogfassung (heute Art. 17 Abs. 1 b)) vorgesehene Optionsrecht der Mitgliedstaaten würde „eher leerlaufen"; siehe auch BeckOK-StaRUG/*Fridgen*, § 12 StaRUG Rn. 6, nach welchem die deutsche Umsetzung durch das StaRUG nicht richtlinienkonform sei, weil nach dieser hier eine gerichtliche Bestätigung nicht zwingend erforderlich ist.

spezifisch für neue Finanzierungen aber die Voraussetzung auf, dass die Interessen der Gläubiger durch die neue Finanzierung nicht in „unangemessener" Weise beeinträchtigt werden dürfen. Das wirft die Frage nach dem Verhältnis dieser Bestimmungen auf. Konkret stellt sich die Frage, ob das Schlechterstellungsverbot, das *jegliche* Verschlechterung gegenüber dem maßgeblichen Alternativszenario untersagt, auch gegenüber den verdrängten gesicherten Gläubigern erfüllt sein muss[290] oder ob es insoweit genügt, dass deren Interessen nicht in *unangemessener* Weise beeinträchtigt werden, vgl. Art. 10 Abs. 2 e) der Richtlinie.

Ersteres hätte zur Folge, dass diesen Gläubigern, um einen Verstoß gegen das Schlechterstellungsverbot zu vermeiden, unter Umständen ein Ausgleich geboten werden müsste. Das wäre in Anbetracht der dahingehenden Regelungen des US-amerikanischen *DIP-financing* zwar nicht ohne Vorbild,[291] würde Bedeutung und Reichweite des Vorrangs aber deutlich beschränken. Aufgrund der Ausgestaltung von Art. 10 Abs. 2 der Richtlinie als Mindeststandard würde sich eine entsprechende Umsetzung jedoch sicherlich im Rahmen des Richtlinienkonformen bewegen.

Nach Systematik und Wortlaut des Art. 10 Abs. 2 S. 1 d), e) liegt es jedoch näher, Art. 10 Abs. 2 S. 1 e) und seinen Maßstab der unangemessenen Beeinträchtigung bezüglich der in Folge der neuen Finanzierung eintretenden Veränderungen der Interessenlage der verdrängten Gläubiger als *lex specialis* anzusehen.[292] Unschädlich wären auf Grundlage dieses Verständnisses „angemessene" Beeinträchtigungen, die durch die Einräumung des Vorrechts für die neue Finanzierung bei den im Rang verdrängten Gläubigern entstehen. Für Veränderungen der Interessenlage der Gläubiger, die nicht aus einer neuen Finanzierung resultieren, käme hingegen das Kriterium des Gläubigerinteresses zum Tragen. Dafür spricht zunächst der Wortlaut des Art. 10 Abs. 2 S. 1 e), der nur *unangemessene* Beeinträchtigungen der Interessen der Gläubiger durch die neue Finanzierung zum Bestätigungshindernis erhebt. Das legt den Umkehrschluss der Unschädlichkeit „angemessener" Beeinträchtigungen insoweit nahe. Gegen eine zwingende kumulative Anwendung spricht auch, dass der Maßstab der unangemessenen Beeinträchtigung neben dem Kriterium des Gläubigerinteresses nur zum Tragen käme, wenn Gläubiger schlechter gestellt würden, die auf eine dahingehende Rüge i.S.d. Art. 10 Abs. 2 S. 2 verzichtet haben.[293] In diesem Fall würde aber das Rügeerfordernis unterlaufen, das gerade verhindern soll, dass präzise Planbewertungen für jeden Plan unternom-

---

[290] So wohl Morgen/*Bork*, Präventive Restrukturierung, Art. 17 Rn. 61; *Bork*, ZIP 2017, S. 1441, 1447.
[291] Siehe oben, 5. Kapitel, F.III.
[292] Unklar *Parzinger*, ZIP 2019, S. 1748, 1749, Fn. 10.
[293] Vgl. Morgen/*Backes/Blankenburg*, Präventive Restrukturierung, Art. 10 Rn. 53: Eine unangemessene Beeinträchtigung sei ausgeschlossen, wenn der Plan das Kriterium des Gläubigerinteresses erfüllt.

men werden müssen (ErwG 50).[294] Dieses Verständnis hat schließlich vor allem den Vorzug, einen deutlich größeren Beitrag zur durch die Richtlinie angestrebten Harmonisierung der Sanierungs- und Insolvenzrechte (vgl. etwa ErwG 8) zu leisten. Denn die Anknüpfung an das Schlechterstellungsverbot würde hier dazu führen, dass die jeweilige unharmonisierte Rechtsstellung der verdrängten Gläubiger in einem Alternativszenario zum Maßstab für die Umsetzungsmöglichkeiten der Mitgliedstaaten würde. Das hätte aber gravierende Unterschiede für Umsetzungsspielräume und -möglichkeiten zur Folge, die dem Harmonisierungsanliegen zuwiderliefen und eine Harmonisierung teilweise sogar verhinderten. So wären bei strikter Anwendung des Schlechterstellungsverbots etwa im französischen Recht weitgehende Eingriffe in die Stellung gesicherter Gläubiger möglich, weil diese auch in Alternativszenarien nur mit einer unvollständigen Befriedigung rechnen könnten. Der starke Schutz von Kreditsicherheiten im geltenden deutschen Insolvenzrecht müsste hingegen dazu führen, dass die Umsetzungsmöglichkeiten hier sehr begrenzt wären. Es scheint daher überzeugender, das Kriterium des Gläubigerinteresses insofern außer Betracht zu lassen und nur „unangemessene" Beeinträchtigungen der Interessen der verdrängten Gläubiger zum Maßstab zu machen.

(2) Diktat der Mehrheit und Verhinderung von Missbrauch

Gleichwohl setzt auch eine so verstandene Richtlinie die verdrängten Gläubiger nicht der Willkür der Gläubigermehrheit aus. Missbrauchsgefahren werden durch Art. 10 Abs. 3 der Richtlinie begrenzt, nach welchem die Justiz- oder Verwaltungsbehörden die Möglichkeit haben müssen, die Bestätigung auch von angenommenen Plänen zu versagen, wenn keine realistische Aussicht darauf besteht, dass dieser die Insolvenz des Schuldners verhindert oder die Bestandsfähigkeit des Unternehmens sichert. Das bedeutet im Kern eine Plausibilitätskontrolle des Restrukturierungsplans.[295]

Die Mehrheitsmacht wird weiter dadurch beschränkt, dass die neue Finanzierung zur Umsetzung des Plans erforderlich sein muss, Art. 10 Abs. 2 S. 1 e) der Richtlinie. Das dürfte insbesondere verhindern, dass die Privilegierung nur

---

[294] Vgl. Paulus/Dammann/*Garcimartín*, European Preventive Restructuring, Art. 10 Rn. 28; besonders deutlich tritt dieses Unterlaufen des Rügeerfordernisses bei Morgen/*Backes/Blankenburg*, Präventive Restrukturierung, Art. 10 Rn. 54 zu Tage, die auch dann, wenn das Kriterium des Gläubigerinteresses (mangels Rüge) nicht zu prüfen sei, anhand einer Vergleichsrechnung, für welche die Vorgaben des Kriteriums des Gläubigerinteresses zu beachten seien, überprüfen wollen, ob einzelne Gläubiger und Gläubigergruppen durch den Plan schlechter gestellt werden.
[295] Vgl. Morgen/*Backes/Blankenburg*, Präventive Restrukturierung, Art. 10 Rn. 116; Paulus/Dammann/*Garcimartín*, European Preventive Restructuring, Art. 10 Rn. 30.

genutzt wird, um mit den Mitteln aus den neuen Krediten, deren Rückzahlung privilegiert ist, alte unprivilegierte Kredite zurückzuführen (sog. *roll-up*).[296]

Relativiert wird die Mehrheitsmacht auch dadurch, dass die Majorisierung ablehnender Gläubiger, mit Ausnahme der durch ein Vorrecht im Rang verdrängten, unter der Voraussetzung steht, dass diese durch den Plan voraussichtlich nicht schlechter gestellt werden als in einem Alternativszenario ohne Plan. Ein Sanierungsversuch ist dabei in aller Regel für alle Gläubiger mit erheblichen Risiken verbunden und betrifft die verschiedenen Gläubiger(gruppen) typischerweise in ganz unterschiedlicher Weise.[297] Werden die Gläubiger trotz ihrer divergierenden Interessenlagen durch den Plan nicht schlechter gestellt oder haben sie diesem (ganz überwiegend) zugestimmt, lässt das erwarten, dass es sich bei dem angestrebten Erfolg nicht nur um die bloße Hoffnung einzelner Gläubiger handelt. Stimmt eine Mehrheit der Gläubiger trotz ihrer sehr unterschiedlichen Interessenlagen[298] für die Durchführung eines Sanierungsversuchs, besteht demnach eine gewisse Gewähr für die Richtigkeit der Einschätzung der Gläubigermehrheit, letztlich also auch dafür, dass die verdrängten Gläubiger keine Nachteile erleiden werden, wenn und weil die Sanierung gelingt.[299] Gleichwohl ist nicht zu bestreiten, dass die Beurteilung der Gläubigermehrheit unzutreffend sein kann, in welchem Fall sich die Mehrheitsentscheidung zuungunsten verdrängter Gläubiger auswirkte. Das wirft die Frage auf, ob dem durch weitere Hürden sinnvoll begegnet werden kann.

bb) Weitere materielle Bestätigungsschwellen?

Besonders wenn man das *privilège de conciliation* mit dessen Äquivalent im Rahmen des US-amerikanischen *DIP-financing* kontrastiert, wird deutlich, dass das *privilège de conciliation* auf die Aufstellung zusätzlicher materieller Hürden, etwa das Scheitern einer anderweitigen Kreditaufnahme verzichtet.[300] Auch eine zeitliche Beschränkung, wie sie etwa für den Kreditrahmen gem. §§ 264 ff. InsO vorgesehen ist,[301] bestünde ebenso wenig wie eine allgemeine Prüfung der Erfolgsaussichten der Sanierung jenseits einer bloßen Plausibilitätskontrolle. Das führt zu der Frage, ob die Entscheidungsmacht über eine privilegierte neue Finanzierung, die hier weitestgehend bei den Gläubigern liegt, zum Schutz der im Rang verdrängten Gläubiger durch das Errichten zusätzlicher materieller Hürden weiter auf das Gericht übertragen werden sollte. Die

---

[296] Paulus/Dammann/*Garcimartín*, European Preventive Restructuring, Art. 10 Rn. 26.
[297] Eingehend oben, 1. Kapitel, A.
[298] Siehe oben, 1. Kapitel, A.
[299] Vgl. *Madaus*, Insolvenzplan, S. 228, 508 ff.
[300] Siehe oben, 5. Kapitel, F.III.
[301] Hierzu oben, 5. Kapitel, B.I.3.; für eine enstprechende zeitliche Beschränkung Morgen/*Bork*, Präventive Restrukturierung, Art. 17 Rn. 64; ähnlich Flöther/*Hoegen/Wolf*, Sanierungsrecht, F. V. Rn. 600.

Restrukturierungsrichtlinie dürfte solchen Erweiterungen des gerichtlichen Prüfungskatalogs aufgrund der Ausgestaltung von Art. 10 Abs. 2 als Mindeststandard kaum entgegenstehen.

Von vornherein nicht weiterführend scheint die aus dem US-amerikanischen Recht bekannte Voraussetzung des Scheiterns einer anderweitigen Kreditaufnahme. Diese würde zwar das Verfahren weiter verkomplizieren, in der Sache aber kaum einen Mehrwert bringen. Ein rational agierender Kreditgeber, dem bekannt ist, dass das Scheitern einer ungesicherten Kreditaufnahme Voraussetzung für eine Privilegierung ist, wird die ungesicherte Kreditgewährung zunächst schlicht verweigern, um sie dann in privilegierter Form vorzunehmen.[302] Ein solches Erfordernis wird also nur die Kreditierung zeitlich verzögern, aber keinen nennenswerten Schutz der übrigen Gläubiger vor schädlichen Finanzierungen bewirken.

Auch eine zeitliche Begrenzung der Privilegierung, die immer wieder erwogen wurde,[303] scheint mit Blick auf die Funktionen dieses Vorrechts problematisch. Eine solche zeitliche Begrenzung würde letzten Endes die Durchführung von längerfristigen Sanierungsmaßnahmen erheblich erschweren, indem ein Anreiz zu kurzfristigeren Finanzierungen und zur frühzeitigen Rückforderung der ausgereichten Mittel gesetzt würde.[304] Zu erwarten wäre daher eine Verteuerung der Kredite bzw. deren eingeschränkte Verfügbarkeit, weil sich der Kreditgeber letztlich nicht darauf verlassen könnte, im Sicherungsfall über werthaltige Sicherheiten zu verfügen.[305]

Auch jenseits dieser Vorschläge scheint es vorzugswürdig, die Entscheidung über Finanzierung und Durchführung eines Sanierungsvorhabens in die Hände der Gläubigermehrheit statt eines Gerichts zu legen und auf eine *„magistrature économique"*[306] im Sinne einer richterlichen Beurteilung genuin wirtschaftlicher Fragen zu verzichten. Gerade dies wäre aber die Folge der Einführung etwa einer gerichtlichen Überprüfung der Erfolgsaussichten eines Sanierungsvorhabens jenseits einer bloßen Plausibilitätskontrolle. Dafür spricht zunächst, dass die deutschen Insolvenzrichter regelmäßig nicht selbst den wirtschaftlichen Sachverstand aufweisen werden, um derartige Fragen beurteilen

---

[302] Mit Recht ablehnend *Parzinger*, Fortführungsfinanzierung, S. 243, der dies als „Augenwischerei" bezeichnet.

[303] Siehe die Nachweise in Fn. 301.

[304] Das erkennt auch Morgen/*Bork*, Präventive Restrukturierung, Art. 17 Rn. 64, insbes. Fn. 94 an.

[305] Zu entsprechenden Auswirkungen von Unsicherheiten betreffend die Wirksamkeit von Sicherheiten bereits oben, 7. Kapitel, C.II.3.a).

[306] Vgl. zum Hintergrund des Begriffs *Ghandour*, Traitement Judiciaire, Rn. 255, Fn. 261, S. 189.

zu können.³⁰⁷ Sie sind also nicht an sich besser platziert als die Gläubigermehrheit und müssten daher regelmäßig auf Expertenwissen zurückgreifen.³⁰⁸ Auch die Einschaltung eines Experten vermag aber nichts daran zu ändern, dass es sich um eine Prognoseentscheidung auf unsicherer Tatsachengrundlage handelt, die notwendigerweise mit Unsicherheiten behaftet ist.³⁰⁹ Es besteht daher das Risiko, dass dies nur dazu führt, dass die (subjektive und unsichere) Einschätzung der Lage durch den Experten an die Stelle der Beurteilung des Gerichts bzw. der Gläubiger tritt.³¹⁰ Wenn also auch die Einbeziehung eines Experten ohne Einfluss auf den Charakter der Entscheidung als unsichere Prognoseentscheidung ist, spricht wenig dafür, die Beurteilung der Frage, ob diese Risiken in Kauf genommen werden sollen, einer anderen Instanz als der Gläubigergesamtheit anzuvertrauen, die auch die wirtschaftlichen Folgen dieser Entscheidung trifft. Das stimmt nicht nur mit der im deutschen Insolvenzrecht omnipräsenten Grundidee der Gläubigerautonomie überein,³¹¹ sondern bietet aufgrund der notwendigen mehrheitlichen Zustimmung zum Plan durch die Gläubiger (trotz ihrer divergierenden Interessen) auch eine gewisse Richtigkeitsgewähr.³¹²

D. Das *privilège de conciliation* als Vorbild auch für einen wirkungsvollen Kreditrahmen?

Der Einführung eines an das *privilège de conciliation* angelehnten Vorrechts in das deutsche Recht stehen nach dem Gesagten also zumindest bei einer Ausstattung mit einer umfassenden Publizität und den beschriebenen Entscheidungsmechanismen, die Missbrauchsrisiken begrenzen, keine zwingenden Einwände entgegen. Gezeigt hat sich auch, dass ein solches Vorrecht prinzipiell einen starken Anreiz zur Vergabe von Sanierungskrediten in Sanierungsverfahren setzen kann. Deutliche Schutzlücken bestehen im deutschen Recht

---

³⁰⁷ So für die französischen *magistrats,* die juristisch qualifiziert sind, aber keine wirtschaftliche Ausbildung benötigen, Ghandour, Traitement Judiciaire, Rn. 173, S. 129, Rn. 259, S. 191.
³⁰⁸ Vgl. *Madaus*, Insolvenzplan, S. 506, Fn. 283; für die französischen *magistrats* Ghandour, Traitement Judiciaire, Rn. 259, S. 191 f.; siehe auch § 270d Abs. 1 S. 1 InsO, der im Rahmen des vorläufigen Eigenverwaltungsverfahrens zur Beurteilung der Sanierungsfähigkeit die Vorlage einer Bescheinigung einer in Insolvenzsachen besonders qualifizierten Person verlangt.
³⁰⁹ Vgl. bereits die Kritik von *Meyer-Cording*, JZ 1953, S. 665, 667; *Madaus*, Insolvenzplan, S. 505 f.
³¹⁰ Vgl. *Ghandour*, Traitement Judiciaire, Rn. 259, S. 191 f.; *Madaus*, Insolvenzplan, S. 505 f.
³¹¹ In diesem Sinn insbesondere BT-Drs. 12/2443, S. 76
³¹² Vgl. *Madaus*, Insolvenzplan, S. 226 ff., 508 ff.

de lege lata aber auch für (Sanierungs-)Kredite, die nach Eröffnung eines Insolvenzverfahrens gewährt werden. Insbesondere kann der Kreditrahmen gem. §§ 264 ff. InsO für Kredite, die zur Umsetzung eines Insolvenzplans gewährt werden, keine nennenswerte Anreizwirkung entfalten und auch die Masseverbindlichkeiten lassen Schutzlücken.[313]

Entsprechend dem eingangs zugrunde gelegten theoretischen Ansatz, dass eine unveränderte Übertragung von Instituten ausländischer Rechtsordnungen ohnehin nicht möglich ist,[314] führt das zu der Frage, ob sich das Vorrecht in das eröffnete Verfahren „erstrecken" ließe, um diese Lücken zu schließen. Es soll also untersucht werden, ob sich eine Privilegierung der Sanierungsfinanzierer analog dem *privilège de conciliation,* d.h. vor den absonderungsberechtigten Gläubigern auch für neue Finanzierungen nach Eröffnung eines Insolvenzverfahrens in das deutsche Recht einfügen würde. Das schiene für das deutsche Recht vor allem deshalb von Interesse, weil sich auf diese Weise die Wirksamkeitsdefizite des Kreditrahmens[315] überwinden ließen.

Denkbar wäre eine „Übertragung" in zweierlei Hinsicht: Einerseits könnte analog dem französischen *privilège de conciliation* für Finanzierungen, die während des Verfahrens gewährt werden, ein Vorrecht vor gesicherten Gläubigern (auch) in einem Folgeverfahren eingeräumt werden. Andererseits könnten – entsprechend dem *privilège de sauvegarde/redressement* und dem deutschen Kreditrahmen – Finanzierungen, die zur Umsetzung des Sanierungsplans während des Verfahrens vereinbart werden, ausschließlich in einem Folgeverfahren in dieser Weise bevorrechtigt werden. In letzterem Fall schiene es naheliegend, die formellen Entstehungsvoraussetzungen dieser Vorrechte zu übernehmen, also zu verlangen, dass die Privilegierung als Bestandteil eines bestätigten Insolvenzplans angenommen wurde. In ersterem Fall wäre die Entscheidungsgewalt hingegen grundsätzlich beim Insolvenzverwalter zu verorten.

I. Funktionelle Analyse

Auch insoweit ginge es darum, Sanierungsfinanzierern einen Vorrang auch vor den gesicherten Gläubigern einzuräumen, so dass die Auswirkungen solcher Vorrechte den Folgen der bereits diskutierten Bevorrechtigung analog dem *privilège de conciliation* weitgehend entsprechen.[316] Dabei schiene das Risiko des gläubigerschädigenden *overinvestments* auch insofern durch die notwendige Beteiligung entweder des Insolvenzverwalters oder aber der Gläubigermehrheit sowie des Gerichts stark reduziert. Es wäre daher auch hier davon auszugehen, dass es sich um Instrumente handelt, welche das Potential haben, er-

---

[313] Eingehend hierzu oben, 4. Kapitel, B.I.2.d) und B.I.3.c).
[314] Eingehend Einleitung, C.II.
[315] Eingehend zu diesen, 4. Kapitel, B.I.3.c).
[316] Eingehend oben, 7. Kapitel, C.II.

folgreiche Sanierungen zu ermöglichen, die gerade in massearmen Verfahren sonst ausbleiben könnten. Dem gegenüber stünde hier wie dort das Risiko der Entwertung der „einfachen" Realsicherheiten, weshalb hier ebenfalls die Publizität des Vorrangs erforderlich schiene. Unberührt von einem solchen Vorrang blieben die Masseforderungen, so dass sich aus einer Beeinträchtigung deren Stellung kein Einwand ergeben kann. Dementsprechend hätten auch solche Vorrechte das Potential, wirtschaftliche Werte freizusetzen, die sonst unzugänglich blieben, während die wirtschaftlichen Nachteile des Vorrangs bei entsprechender Ausgestaltung[317] recht gering schienen.

II. Verhältnis zur Gläubigergleichbehandlung

Nicht ganz unproblematisch ist jedoch das Verhältnis einer solchen Bevorrechtigung zum Grundsatz der Gläubigergleichbehandlung. Der wesentliche Unterschied zur Einführung eines Vorrechts für Kreditierungen im Rahmen des StaRUG-Verfahrens liegt insoweit darin, dass bei Eröffnung des Insolvenzverfahrens prinzipiell bereits ein Verteilungskonflikt besteht, bei welchem das verfügbare Vermögen nicht mehr zur Erfüllung aller bestehenden Verbindlichkeiten ausreicht. Nach dem hier zugrunde gelegten Verständnis handelt es sich beim Grundsatz der Gläubigergleichbehandlung um einen Maßstab zur gerechten Abwicklung von Verteilungskonflikten, die sich dadurch auszeichnen, dass das schuldnerische Vermögen nicht ausreicht, um alle bestehenden Verbindlichkeiten (vollständig) zu erfüllen. Das vorhandene Vermögen genügt also nicht, um den durch die Obligiertheit *inter partes* bereits eingetretenen Freiheitsverlust vollumfänglich *erga omnes* nachzuvollziehen. Es handelt sich hingegen nicht um eine Regel, inwiefern es den Gläubigern eines solventen und materiell-rechtlich verfügungsbefugten Schuldners möglich sein soll, sich einem *potentiellen* Verteilungskonflikt dieser Art von vornherein zu entziehen.[318] Nach diesem Verständnis stehen Kreditsicherheiten, die Gläubigern für Kreditierungen im Vorfeld eines solchen Verteilungskonfliktes eingeräumt werden, unabhängig von ihrer Konstruktion außerhalb des Geltungsanspruchs des Grundsatzes der Gläubigergleichbehandlung.[319]

Für Vorrechte, deren Entstehungsgründe – hier die Kreditierung – vollständig nach Eintritt der materiellen Insolvenz liegen, kann das aber prinzipiell nicht gelten:[320] Es handelt sich hier um den eigentlichen Kernbereich dieses Grundsatzes. Aufgrund der vollständigen Obligiertheit des Schuldners besteht

---

[317] Siehe oben, 7. Kapitel, C.III, IV.

[318] Eingehend hierzu oben, 7. Kapitel, B.III.

[319] Siehe Teil 7. Kapitel, B.III.

[320] Auch *J. F. Hoffmann* beschränkt die These, dass zwischen Kreditsicherheiten und Gläubigergleichbehandlungsgrundsatz kein Spannungsverhältnis bestehe, jedenfalls implizit auf vorinsolvenzliche Kreditierungen, *J. F. Hoffmann*, Prioritätsgrundsatz, S. 302; deutlicher *J. F. Hoffmann*, KTS 2017, S. 17, 29.

bereits ein Verteilungskonflikt, bei welchem das verfügbare Vermögen *inter partes* verteilt ist, das Vermögen für den vollständigen Vollzug *erga omnes* aber nicht genügt. In dieser Situation, d.h. für die gerechte Abwicklung dieses Konflikts, spricht der Gläubigergleichbehandlungsgrundsatz allen Gläubigern grundsätzlich, also soweit eine andere Verteilung privatrechtlich nicht angezeigt ist, den gleichen Anteil an der defizitären Masse zu.[321] Dabei ist hier auch, anders als bei einer vorinsolvenzlichen Kreditierung,[322] ohne Weiteres ermittelbar, wie der Verteilungskonflikt, der ja bereits besteht, ohne neue, nachinsolvenzliche Bevorrechtigung ausgestaltet ist.

Aufgrund der Beliebigkeit der Konstruktionen kann es dabei nicht darauf ankommen, ob eine Kreditsicherheit als vorinsolvenzliches dingliches Recht oder als insolvenzspezifisches Befriedigungsvorrecht ausgestaltet ist.[323] Maßgeblich kann nur die Entstehungsursache des Vorrechts, d.h. die Kreditierung sein. Damit erlangt auch der Topos der *Vorinsolvenzlichkeit* in diesem Kontext eine gewisse Berechtigung dergestalt, dass Sicherheiten für vorinsolvenzliche *Kreditierungen* außerhalb des Anziehungsfeldes der Gläubigergleichbehandlung stehen.[324] Hier muss die Sicherheit demnach aber grundsätzlich in deren Anwendungsbereich fallen, weil das schuldnerische Vermögen bereits vollständig verteilt und jede von der Gleichbehandlung abweichende Verteilung sich als Neuzuweisung eines Anteils erweist, der (*inter partes*) bereits den Insolvenzgläubigern zugewiesen ist.

Die Besonderheit dieses Vorrechts liegt aber darin, dass dieses, auch wenn es nach Verfahrenseröffnung eingeräumt wird oder entsteht, nicht wie „klassische" Kreditsicherheiten primär zulasten der Insolvenzgläubiger geht. Betroffen wären vor allem und zunächst die absonderungsberechtigten Sicherungsnehmer, die hierdurch im Rang verdrängt würden. Berücksichtigt werden muss allerdings, dass die Absonderungsberechtigten, soweit sie mit ihren gesicherten Forderungen ausfallen, gem. § 52 InsO mit den übrigen Insolvenzgläubigern in Konkurrenz treten. Gewissermaßen als Reflex beeinträchtigte die Einräumung eines solchen Vorrechts also auch die einfachen Insolvenzgläubiger. Deren Befriedigungsquoten würden geschmälert, wenn das Vorrecht dazu führt, dass die absonderungsberechtigten Gläubiger (teilweise) ausfallen.

---

[321] Hierzu bereits oben, 6. Kapitel, B.II.7, 8; 7. Kapitel, B.III; vgl. auch *J. F. Hoffmann*, Prioritätsgrundsatz, S. 210 f.
[322] Vgl. *J. F. Hoffmann*, Prioritätsgrundsatz, S. 299.
[323] Eingehend hierzu oben, 7. Kapitel, B.II.1.
[324] Andeutungsweise *J. F. Hoffmann*, KTS 2017, S. 17, 29.

1. Begründungsbedürftigkeit gegenüber Absonderungsberechtigten?

Das führt zunächst zu der Frage, ob es sich hier auch gegenüber den absonderungsberechtigten Gläubigern, die durch das Vorrecht im Rang verdrängt würden, um ein gleichbehandlungsspezifisches Problem handelt. Versteht man die Gläubigergleichbehandlung als Gerechtigkeitsregel, die eine formale Gleichbehandlung gebietet, scheint es bereits auf den ersten Blick nicht naheliegend, eine *Einschränkung* der Sonderstellung der Absonderungsberechtigten als Gleichbehandlungsproblem zu deuten. Auf Grundlage einer solchen Deutung ist die Gläubigergleichbehandlung als Regel zu verstehen, die jedem Gläubiger im Fall eines Verteilungskonflikts, bei welchem das verfügbare Vermögen nicht zur vollständigen Befriedigung aller Gläubiger ausreicht, den gleichen quotalen Anteil an der unzureichenden Masse zuweist. Dann erscheint die Beschränkung der Sonderstellung der Absonderungsberechtigten und deren (partielle) Einreihung in die Gruppe der einfachen Insolvenzgläubiger eher als Stärkung der Gleichbehandlung. Entscheidend spricht gegen die Einordnung als Gleichbehandlungsproblem aber, dass die Frage, ob und inwiefern Sicherungsnehmern in der Insolvenz des Schuldners eine Sonderstellung eingeräumt wird, nach dem hier zugrunde gelegten Konzept prinzipiell eine Frage nur der rechtspolitischen und kreditsicherungsrechtlichen Zweckmäßigkeit ist. Dementsprechend handelt es sich bezüglich der Beschränkung der Stellung der absonderungsberechtigten Gläubiger nur um eine Frage der rechtspolitischen Zweckmäßigkeit, so dass der Gesetzgeber deren Sonderstellung auch modifizieren und einschränken kann.

2. Begründungsbedürftigkeit und Begründbarkeit gegenüber Insolvenzgläubigern

Eine andere Frage ist, ob das auch gegenüber den einfachen Insolvenzgläubigern gelten kann. Diese würden von einem solchen Vorrecht nur mittelbar über die Ausfallforderungen der Absonderungsberechtigten (§ 52 InsO) betroffen. Maßgeblich muss auch insoweit sein, dass in dieser Situation bereits ein Verteilungskonflikt besteht, in welchem das schuldnerische Vermögen *inter partes* vollumfänglich verteilt ist, das vorhandene Vermögen aber nicht ausreicht, um den eingetretenen Freiheitsverlust des Schuldners *erga omnes* vollständig nachzuvollziehen. In dieser Konstellation weist der Grundsatz der Gläubigergleichbehandlung allen Gläubigern *a priori* den gleichen Anteil an der vorhandenen Masse zu.[325] Jede Verteilung, die hiervon abweicht, stellt sich nach dem Gesagten grundsätzlich als begründungsbedürftig dar.

Wird nun nach Verfahrenseröffnung ein neues Vorrecht für eine nachinsolvenzliche Kreditierung begründet, kann das über die Ausfallforderungen i.S.d. § 52 InsO dazu führen, dass sich der den einfachen Insolvenzgläubigern zuge-

---

[325] Vgl. oben 6. Kapitel, B.II.7, 8; 7. Kapitel, B.III, B.II.

wiesene Anteil gegenüber dem Ausgangszustand verkleinert und der diesen zunächst zugewiesene Anteil den ausgefallenen Absonderungsberechtigten neu zugewiesen wird. Diese Neuzuweisung muss sich nach dem hier zugrunde gelegten Verständnis an den für eine Abweichung von der Gläubigergleichbehandlung ausgemachten Hürden messen lassen. Auch insoweit kommen nur privatrechtsinterne Gründe in Betracht, die sich nach der Widerlegung der übrigen diskutierten Topoi vorliegend allenfalls aus dem Interesse der Gläubigergesamtheit an einer solchen Neuzuweisung ergeben können.

Auf den ersten Blick scheint das abwegig, führt die Bevorrechtigung hier doch gerade dazu, dass die Insolvenzgläubiger weitere Nachteile erleiden können. Zu bedenken ist jedoch, dass die Einräumung eines solchen Vorrechts gerade bei Masseamut *conditio sine qua non* für die Durchführung auch von erfolgversprechenden Sanierungsversuchen sein kann. In diesem Fall würden auch die Insolvenzgläubiger von der Begründung des Vorrechts profitieren.

a) Gegenüber den Gläubigern des ersten Verfahrens

Betrachtet werden sollen zunächst die Auswirkungen auf die Insolvenzgläubiger des ersten Verfahrens, deren Quote durch einen Ausfall der gesicherten Gläubiger gemindert werden könnte. Zu unterscheiden ist insofern danach, ob die Privilegierung während des Verfahrens durch den Insolvenzverwalter begründet würde oder, entsprechend dem bisherigen Kreditrahmen, durch den von der Gläubigermehrheit angenommen und gerichtlichen bestätigten Insolvenzplan.

In der zweiten Konstellation scheint die Lage einfach. Entstehungsvoraussetzung wäre, dass die Gläubigermehrheit der Privilegierung zustimmt und dissentierende Gläubiger durch das Vorrecht nicht schlechter gestellt werden als ohne. Eine relevante Beeinträchtigung der Gläubigerinteressen schiene in diesem Fall demnach von vornherein nicht plausibel. Überdies ist in dieser Konstellation schon praktisch kaum vorstellbar, wie sich die Privilegierung nachteilig auf die Quote der Insolvenzgläubiger des ersten Verfahrens auswirken sollte, da die Privilegierung erst mit Abschluss des ersten Verfahrens entstünde.

Entsteht die Privilegierung hingegen während des laufenden Verfahrens, kann sich das Vorrecht auch *de facto* zu Lasten der Insolvenzgläubiger auswirken. Das wäre der Fall, wenn das verfügbare Sicherungsgut nicht ausreicht, um privilegierte Kreditgeber und absonderungsberechtigte Gläubiger zu befriedigen und letztere daher in Konkurrenz zu den einfachen Insolvenzgläubigern träten (vgl. § 52 InsO). Entscheidend ist insoweit letzten Endes, dass an der Entscheidung über eine solche Privilegierung der Insolvenzverwalter beteiligt wäre. Das rechtfertigt aufgrund dessen haftungsbewehrter Pflicht, die Interessen der Insolvenzgläubiger bestmöglich zu verwirklichen,[326] die – typisierende – Annahme, dass eine solche Privilegierung deren Interessen entspricht.[327] Untermauern lässt sich das durch einen Vergleich zur Situation *de lege lata:* Wird (trotz Massearmut) ein unbesicherter Kredit gewährt und tritt später Masseunzulänglichkeit ein, trifft die Last der Kreditierung einerseits die übrigen (Alt-)Massegläubiger, andererseits die Insolvenzgläubiger, die nun leer ausgehen werden. Das scheint für die Interessen der Insolvenzgläubiger ungünstiger als ein Vorrang der neuen Finanzierer auch vor den gesicherten Gläubigern. Zu erkennen ist zunächst, dass sich die rechnerische Position der einfachen Insolvenzgläubiger *de lege lata* schlechter darstellt als bei Bestehen eines Vorrangs vor den gesicherten Gläubigern: Fällt ein gesicherter Gläubiger wegen des neuen Vorrangs aus, tritt er in Konkurrenz zu den Insolvenzgläubigern (§ 52 InsO). Ist dessen Ausfallforderung groß genug, ist eine sehr starke Verwässerung der Insolvenzquote bis nahe null zwar denkbar, aber nicht zwingend. Tritt hingegen die Masseunzulänglichkeit ein, werden die Insolvenzgläubiger zwingend leer ausgehen. Deren Lage würde sich durch die Einführung eines Vorrangs gegenüber der *lex lata* also jedenfalls nicht verschlechtern.

Dazu kommt noch ein Weiteres: Die Insolvenzgläubiger haben ein Interesse vor allem am Bestehen eines wirksamen Massevorrechts, weil sonst kein Gläubiger bereit wäre, die für die Verfahrensdurchführung notwendigen Geschäfte mit dem Verwalter einzugehen.[328] *De lege lata* wirkt sich eine neue Kreditierung nach Verfahrenseröffnung im Fall der Masseunzulänglichkeit aber gerade zu Lasten der Massegläubiger aus. Bei Bestehen eines solchen Vorrangs vor gesicherten Gläubigern würden die Massegläubiger hingegen vor Eingriffen verschont bleiben.[329] Da dieser Vorrang also auch die Wirksamkeit des Masseprivilegs steigerte, ließe sich daher auch sagen, dass dieser schon deshalb im Interesse der Gläubiger des ersten Verfahrens liegen muss.

---

[326] Statt aller Uhlenbruck/*Sinz,* § 60 InsO Rn. 16.

[327] Vgl. allgemein zur Begründung des Massevorrechts für Forderungen aus Verträgen und Rechtshandlungen mit dem Insolvenzverwalter mit den Interessen der Insolvenzgläubiger, MüKo-InsO/*H. Hefermehl,* § 55 InsO Rn. 1; K/P/B/*Pape/Schaltke,* § 55 Rn. 12; Jaeger¹/*Henckel,* § 55 InsO Rn. 5; Jaeger/*Eichel,* § 55 InsO Rn. 4; *J. F. Hoffmann,* Prioritätsgrundsatz, S. 334; *R. H. Schmidt,* Ökonomische Analyse, S. 93; jüngst auch *BGH,* ZIP 2022, S. 1398, 1400, Rn. 18.

[328] MüKo-InsO/*H. Hefermehl,* § 55 InsO Rn. 1; K/P/B/*Pape/Schaltke,* § 55 Rn. 12; Jaeger¹/*Henckel,* § 55 InsO Rn. 5; Jaeger/*Eichel,* § 55 InsO Rn. 4; *J. F. Hoffmann,* Prioritätsgrundsatz, S. 334; *R. H. Schmidt,* Ökonomische Analyse, S. 93; *BGH,* ZIP 2022, S. 1398, 1400, Rn. 18.

[329] Das steht freilich unter der Voraussetzung, dass der Vorrang vor gesicherten Gläubigern und die Privilegierung als Massegläubiger alternativ wären.

b) Gegenüber den Gläubigern des zweiten Verfahrens

Zu beachten ist jedoch, dass die Privilegierung nicht nur zu Lasten der am Ausgangsverfahren beteiligten Gläubiger wirkte, sondern gerade auch solche Gläubiger betreffen könnte, deren Forderungen zwischen dem Abschluss des ersten Verfahrens und der Eröffnung des Liquidationsverfahrens entstehen. Auch im Folgeverfahren würde ein Ausfall der verdrängten gesicherten Gläubiger dazu führen, dass diese gem. § 52 InsO in Konkurrenz zu den Insolvenzgläubigern träten. Insofern ließe sich jedoch nicht sagen, dass die Übereinstimmung der Privilegierung mit den Gläubigerinteressen schon durch die Entstehungsvoraussetzungen gegeben ist. Die später verdrängten Insolvenzgläubiger des zweiten Verfahrens sind an der Entstehung des Vorrechts nicht beteiligt und deren Interessen sind generell nicht Gegenstand des ersten Insolvenzverfahrens. Wenig weiterführend ist auch insoweit ein Rückgriff auf eine an die Publizität des Vorrechts geknüpfte konkludente Zustimmung der Gläubiger des zweiten Verfahrens. Denn das gälte auch hier nur gegenüber freiwilligen Gläubigern und könnte das Vorrecht daher jedenfalls nicht allgemein begründen.[330]

Allerdings wird durch die erfolgreiche Beendigung des ersten Verfahrens, in welchem Fall sich das Problem nur stellen kann, auch die Solvenz des Schuldners wiederhergestellt. Die Anwendung des Gläubigergleichbehandlungsgrundsatzes hieße hier also, diesen als Regel zu deuten, wie künftige, noch nicht bestehende Verteilungskonflikte ausgestaltet sein sollen. Es geht *insofern* nicht um die Auflösung des konkreten, bereits bestehenden Konflikts, sondern um die Organisation eines künftigen, potentiellen Konflikts. Das entspricht aber der Situation der „normalen" Bestellung von Kreditsicherheiten, auf die der Grundsatz der Gläubigergleichbehandlung nach dem Gesagten nicht anwendbar ist.[331] Dementsprechend kann dieser Grundsatz richtigerweise auch insoweit nicht zur Anwendung kommen, weil er nicht als Regel zur Ausgestaltung künftiger Verteilungskonflikte, sondern nur als Regel zur Bewältigung bereits bestehender Konflikte zu verstehen ist. Inwieweit sich ein Kreditgeber durch Kreditsicherheiten für künftige Verteilungskonflikte absichern und seine Kreditierung hiervon abhängig machen kann, ist allein eine Frage der rechtspolitischen Zweckmäßigkeit.

III. Ergebnis

Die Lücken, die *de lege lata* bei den Masseverbindlichkeiten sowie beim Kreditrahmen bestehen, ließen sich folglich durch eine „Erstreckung" des *privilège de conciliation* in den Zeitraum nach Eröffnung eines Insolvenzverfahrens grundsätzlich schließen. Insbesondere steht dem nicht der Grundsatz der Gläubigergleichbehandlung entgegen. Es handelt sich damit auch insoweit um eine

---

[330] Eingehend hierzu oben, 7. Kapitel, C.III.1.b).
[331] Eingehend oben, 7. Kapitel, B.III.

Frage rechtspolitischer Zweckmäßigkeit, ob man vor allem die damit zwangsläufig verbundene Schwächung der Realsicherheiten am Schuldnervermögen in Kauf nehmen möchte.

E. Gesamtschau

Der Einführung eines an das *privilège de conciliation* angelehnten Vorrechts für die Zukunft stehen folglich weder verfassungsrechtliche Gründe noch der Grundsatz der Gläubigergleichbehandlung entgegen, dem hinsichtlich Kreditsicherheiten für vorinsolvenzliche Kreditierungen kein Aussagegehalt zukommt.

Zu beantworten ist die Frage, ob es sich hierbei um eine zu begrüßende Ergänzung des deutschen Insolvenzrechts handelt, insoweit nur mit Blick auf die Funktionen des Kreditsicherungsrechts. Soweit die Einräumung eines hieran angelehnten Vorrechts auch für die Situation nach Eröffnung eines Insolvenzverfahrens in Rede steht, kommt der Grundsatz der Gläubigergleichbehandlung zwar zur Anwendung, soweit hierdurch die Stellung der einfachen Insolvenzgläubiger beeinträchtigt würde. Allerdings steht dieser Grundsatz einer Bevorrechtigung der Sanierungsfinanzierungen auch insoweit nicht entgegen. Die Entscheidungsmechanismen und insbesondere die Beteiligung des Insolvenzverwalters an der Entscheidung über die Kreditierung und das Vorrecht rechtfertigen hier die Annahme, dass die Privilegierung den Interessen der Insolvenzgläubiger entspricht.

Ein dem *privilège de conciliation* entsprechendes Vorrecht hätte auch im deutschen Recht das Potential, wirtschaftlich sinnvolle Sanierungsversuche, die sonst an der fehlenden Bereitschaft zur Finanzierung zu scheitern drohen, zu ermöglichen. Das gilt nicht nur für vorinsolvenzliche Kreditierungen, sondern auch für Kredite, die während eines Insolvenzverfahrens und vor allem zur Umsetzung eines Insolvenzplans gewährt werden, weil insoweit, vor allem in letzterer Konstellation, *de lege lata* Ausfallrisiken der Kreditgeber bestehen, die diese von Kreditierungen abhalten können. Eine solche Ergänzung könnte damit nicht nur Effizienzvorteile bringen, sondern auch die Befriedigungsaussichten der übrigen Gläubiger verbessern. Zugleich würde hierdurch die Position gesicherter Gläubiger geschwächt und damit auch deren Interesse an Akkordstörungen im Rahmen von freien Sanierungen begrenzt. Ein solches Vorrecht könnte daher, auch ohne dass es tatsächlich zum Tragen kommt, Sanierungen erleichtern, weil die einfachen gesicherten Gläubiger nun Anreize zu einem konzilianteren Verhalten in diesem Rahmen hätten.

Das ist aber nur um den Preis zu haben, dass die Wirksamkeit von einfachen Kreditsicherheiten gestört wird. Das lässt einerseits Ausweichbewegungen zu anderen Sicherungsinstrumenten, andererseits Beeinträchtigungen bei Kreditkosten und -verfügbarkeit erwarten. Darüber hinaus besteht die Gefahr, dass dieses Vorrecht zu *overinvestment*, d.h. zur Durchführung ineffizienter Sanierungsversuche führt, weil neue Kreditgeber von dieser auch bei deren Scheitern nur profitieren können, während die übrigen Gläubiger hierdurch Nachteile erleiden werden. Im Rahmen des deutschen Insolvenzrechts können den Gläubigern diese Risiken nicht ohne Weiteres unter Verweis auf die Nützlichkeit der Sanierung für Gemeinwohlbelange aufgebürdet werden.

Bedeutsam ist daher, dass durch die konkrete Ausgestaltung des Privilegs, d.h. durch dessen Publizität und die stark formalisierten Entstehungsvoraussetzungen die Risiken des Missbrauchs und des *overinvestments* deutlich eingedämmt werden dürften. Aufgrund des prognostischen Charakters dieser Entscheidung können diese Risiken aber ebenso wenig vollständig ausgeschlossen werden, wie sie die Funktionsbeeinträchtigung der vorinsolvenzlichen Kreditsicherheiten verhindern können. Weil die Möglichkeit, ein solches Vorrecht einzuräumen im Einzelfall vor allem den Insolvenzgläubigern erhebliche Vorteile bringen könnte, scheint im Ergebnis dennoch einiges für die Einführung eines solchen Vorrechts zu sprechen. Wegen der des den Schutz der übrigen Beteiligten wahrenden Entscheidungsverfahrens bedeutete das letztlich auch keinen Dammbruch hin zu einem Primat des Unternehmenserhalts.

8. Kapitel

Modifikation der Masseverbindlichkeiten

Denkbar ist daneben auch, die Behandlung der Masseverbindlichkeiten im deutschen Recht nach dem französischen Vorbild zu modifizieren, wobei insoweit zweierlei in Betracht kommt: Einerseits könnte Kreditgebern, die nach Eröffnung eines Insolvenzverfahrens einen neuen Kredit gewährt haben, innerhalb der Gruppe der Massegläubiger ein Vorrang eingeräumt werden, andererseits könnte der Umfang der privilegierten Masseverbindlichkeiten analog der französischen Regelung auf solche Forderungen beschränkt werden, die für den Unternehmenserhalt „nützlich" sind.

A. Bisherige Reformdiskussion

Eine Diskussion über die Modifikation der Masseverbindlichkeiten zur Erleichterung der Kreditvergabe im eröffneten Verfahren wurde in Deutschland bisher in deutlich geringerer Intensität geführt als jene über die Einführung eines Vorrechts für vorinsolvenzliche Kreditvergaben, wobei sich in jüngerer Zeit wiederum insbesondere *Parzinger* mit derartigen Fragen auseinandergesetzt hat.[1] Nach diesem sei die Einräumung eines solchen „Supervorrangs" wirtschaftlich sinnvoll, weil sie bei geringen Nachteilen dazu beitrage, wirtschaftlich sinnvolle Sanierungen zu ermöglichen.[2] Eine solche Regelung werde auch weder durch verfassungsrechtliche Aspekte[3] noch durch die Gläubigergleichbehandlung gesperrt.[4]

Thematisiert wird die Möglichkeit eines „Supervorrangs" von Kreditgebern auch im *UNCITRAL Legislative Guide on Insolvency Law,* der deren bevorrechtigte Befriedigung *mindestens* vor den übrigen ungesicherten Gläubigern, einschließlich jenen, denen eine *administrative priority* eingeräumt wurde, empfiehlt.[5] Im Kontext des deutschen Rechts entspräche das einem Vorrang

---

[1] Vgl. *Parzinger*, Fortführungsfinanzierung, S. 250 ff.
[2] *Parzinger*, Fortführungsfinanzierung, S. 260 ff.; vgl. auch *Jaffé*, FS Görg, S. 233, 244.
[3] *Parzinger*, Fortführungsfinanzierung, S. 253 f.
[4] *Parzinger*, Fortführungsfinanzierung, S. 264; *Jaffé*, FS Görg, S. 233, 245.
[5] *UNCITRAL*, Legislative Guide on Insolvency Law, S. 119, Recommendation 64.

der Kreditgeber auch gegenüber den übrigen Massegläubigern.[6] Auch der bereits angesprochene Art. 33 Abs. 1 b) des Richtlinienentwurfs zur Harmonisierung bestimmter Aspekte der nationalen Insolvenzrechte[7] lässt sich so verstehen, dass den Zwischenfinanzierern in Folgeverfahren ein Vorrang gegenüber den Massegläubigern dieses Verfahrens zukommen soll.[8]

Die Möglichkeit, den Umfang der Masseverbindlichkeiten *a priori* zu beschneiden und auf diese Weise die Befriedigungsaussichten der Massegläubiger zu verbessern, ist für das deutsche Recht ebenfalls von *Parzinger* erörtert worden.[9] Dieser beschränkt seine Untersuchung jedoch auf Steuerverbindlichkeiten und wendet sich nur insoweit gegen § 55 Abs. 4 InsO, als dieser auch Steuerverbindlichkeiten aus dem Eröffnungsverfahren, die eigentlich Insolvenzforderungen wären, als Masseverbindlichkeiten privilegiert.[10] Im Übrigen zieht *Parzinger* die Einordnung von Steuerforderungen als Masseverbindlichkeiten als „gerecht und billig"[11] aber nicht in Zweifel.[12] Im Allgemeinen wird bezüglich der Privilegierung von für den Unternehmenserhalt „unnützen" Forderungen festgehalten, dass deren gleichrangige Erfassung mit den „nützlichen" Forderungen gewissermaßen notwendiges Übel der Fortsetzung der unternehmerischen Aktivität sei.[13]

B. Ökonomische Effizienz

Auch insoweit bietet sich zunächst ein Blick auf die ökonomischen Auswirkungen solcher Modifikationen an, insbesondere auf die Frage, ob diese sich effizienzsteigernd auswirken würden. Hierfür wäre nach dem oben dargelegten Verständnis erforderlich, dass die Veränderungen bei den „Gewinnern" gegenüber der *lex lata* zu Vorteilen führen, die ausreichend groß sind, dass sie die Verluste der „Verlierer" kompensieren *könnten* und dennoch besser stünden als zuvor.[14]

---

[6] Vgl. zum Umfang der *administrative costs and expenses* im Sinne des Guides *UNCITRAL*, Legislative Guide on Insolvency Law, S. 270, Chapter V, Rn. 66 und S. 128, Chapter II, Rn. 133.
[7] COM 2022 (702) final.
[8] Siehe hierzu oben, 7. Kapitel, A.II.2.
[9] *Parzinger*, Fortführungsfinanzierung, S. 196 ff.
[10] *Parzinger*, Fortführungsfinanzierung, S. 196 ff.
[11] *Parzinger*, Fortführungsfinanzierung, S. 197.
[12] *Parzinger*, Fortführungsfinanzierung, S. 196 ff.
[13] *Baird*, Bankruptcy, S. 229 f.; *J. F. Hoffmann*, Prioritätsgrundsatz, S. 334 f.
[14] Zu diesem Maßstab eingehend oben, 6. Kapitel, C.I.

B. Ökonomische Effizienz

I. Auswirkungen auf die Kreditkosten

Relevant sind insofern zunächst die Auswirkungen, die solche Veränderungen auf die Kreditkosten haben können. Zu unterscheiden ist hierbei zwischen vorinsolvenzlichen Gläubigern, deren Forderungen aus einer Kreditvergabe vor Verfahrenseröffnung stammen und solchen, die erst im Rahmen des Verfahrens Kredit gewährt haben und demnach grundsätzlich als Massegläubiger bevorrechtigt zu befriedigen sind.

1. Auswirkungen auf die vorinsolvenzliche Kreditgewährung

In den Blick zu nehmen sind zunächst die Auswirkungen, die Modifikationen der Masseverbindlichkeiten auf ungesicherte, vorinsolvenzliche Kreditgeber hätten. Insofern ist von dem Befund auszugehen, dass die hieraus resultierenden Forderungen grundsätzlich einfache Insolvenzforderungen i.S.d. § 38 InsO sind. Im Fall der Masseunzulänglichkeit, in der diese Modifikationen allein relevant würden, sind diese ohnehin wertlos. Zu einer Veränderung der Risiken dieser Gläubiger würde die Modifikation der Masseverbindlichkeiten demnach nur führen, wenn hierdurch die Wahrscheinlichkeit des Eintretens der Masseunzulänglichkeit verändert würde. Das scheint jedoch unwahrscheinlich, weshalb davon auszugehen ist, dass sowohl die Einführung eines Supervorrangs als auch die Beschränkung der Masseverbindlichkeiten ohne Auswirkungen für Kreditvergaben vor der Insolvenz sind.[15]

2. Auswirkungen auf die Kreditgewährung im Rahmen eines Insolvenzverfahrens

Gewichtiger dürften die Auswirkungen auf Kreditgewährungen im Rahmen eines Insolvenzverfahrens ausfallen. Aufgrund der sehr unterschiedlichen Wirkweisen der verschiedenen Instrumente des französischen Rechts ist insofern jedoch weiter zu unterscheiden zwischen der Einführung eines „Supervorrangs" der Kreditgeber *innerhalb* der Gruppe der Massegläubiger und einer Begrenzung der Gruppe der Massegläubiger auf Inhaber „nützlicher" Forderungen.

a) Folgen eines Supervorrangs

Positiv auswirken würde sich die Einführung eines Vorrangs für Kreditgeber vor den übrigen Masseverbindlichkeiten zunächst auf die Ausfallrisiken der neu bevorrechtigten Gläubiger im Fall der Masseunzulänglichkeit. Grundsätzlich ist daher davon auszugehen, dass die Kreditkosten insoweit durch die Einführung eines Supervorrangs schrumpften.[16] Zugleich hätte dieser Vorrang

---

[15] Für den Supervorrang auch *Parzinger*, Fortführungsfinanzierung, S. 260.
[16] Vgl. zu diesem Zusammenhang und den Vorbehalten hiergegen, oben 7. Kapitel, C.II.1.

aber zur Folge, dass die nicht privilegierten Massegläubiger im Fall der Masseunzulänglichkeit mit größeren Ausfällen zu rechnen hätten.[17] Das müsste sich insofern wiederum in gesteigerten Kreditkosten widerspiegeln, wobei diese Kostensteigerung – zumindest in der Theorie – exakt den andernorts erzielten Vorteilen entsprechen sollte.[18] Auch hier ist jedoch mit der Existenz von *nonadjusting creditors* zu rechnen, die die Konditionen ihrer Kreditierung nicht an diese Risiken anpassen, so dass unausgeglichene Kostenvorteile beim Insolvenzschuldner verbleiben können.[19] *Parzinger* verweist insoweit auch darauf, dass die Befriedigungsaussichten der nicht privilegierten Massegläubiger dadurch positiv beeinflusst würden, dass diese nun aus den Darlehensmitteln befriedigt werden könnten und nicht auf eine „Befriedigung als Massegläubiger"[20] beschränkt seien.[21] Das würde allerdings voraussetzen, dass die Forderungen dieser Gläubiger fällig sind und erfüllt werden, bevor die Masseunzulänglichkeit eintritt bzw. absehbar wird. Für alle übrigen Fälle ist hingegen nicht von der Hand zu weisen, dass sich die Befriedigungsaussichten der übrigen Massegläubiger im Fall der Masseunzulänglichkeit verschlechtern. In der Folge ist damit zu rechnen, dass Vorbehalte potentieller Geschäftspartner gegen Geschäfte mit dem Insolvenzverwalter zunehmen, weil die Gefahr eines Forderungsausfalls der „einfachen" Massegläubiger deutlich steigen würde.

b) Folgen einer Begrenzung der Masseverbindlichkeiten

Auch die Begrenzung der Masseverbindlichkeiten auf „nützliche" Forderungen würde dazu führen, dass die Ausfallrisiken der nach wie vor erfassten Gläubiger und damit auch die Kreditkosten insoweit sinken. Im Gegenzug würden jedoch auch hier die Ausfallrisiken der ausgegrenzten Gläubiger steigen. Die diesen entstehenden Nachteile sind jedoch ungleich größer als bei einer bloßen Hierarchisierung innerhalb der Gruppe der Massegläubiger, da diese Gläubiger nun ausnahmslos einfache Insolvenzgläubiger wären. Sie hätten also nicht nur im Fall der Masseunzulänglichkeit, sondern stets mit teils dramatisch verschlechterten Befriedigungsaussichten zu rechnen.

Grundsätzlich wäre zwar auch insoweit denkbar, dass sich dies in entsprechend erhöhten Kreditkosten auf Seiten dieser Gläubiger widerspiegelt. Zu bedenken ist jedoch, dass hier insbesondere Delikts- und Steuerforderungen aus dem Kreis der Masseforderungen ausgeschieden würden. Diese Veränderung beträfe also gerade *nonadjusting creditors,* also solche Gläubiger, bei denen aufgrund der Unfreiwilligkeit der Einnahme der Gläubigerstellung eine Anpassung der Konditionen an die bestehenden Risiken nicht erfolgt. Die entstehen-

---

[17] *Parzinger*, Fortführungsfinanzierung, S. 260.
[18] Vgl. bereits oben, 7. Kapitel, C.II.1.
[19] Siehe oben, 7. Kapitel, C.II.1.
[20] *Parzinger*, Fortführungsfinanzierung, S. 260.
[21] *Parzinger*, Fortführungsfinanzierung, S. 260.

den Nachteile müssten insoweit theoretisch also weitestgehend unausgeglichen bleiben. Inwiefern dies tatsächlich der Fall wäre, lässt sich in einer Welt unvollkommener Kreditmärkte und nicht vollständig rational handelnder Akteure allein auf Grundlage dieser theoretischen Annahme aber auch insoweit nicht im Vorhinein beurteilen.[22]

II. Ermöglichung von Finanzierungen – Vermeidung von underinvestment

Entscheidender als die unsicheren Auswirkungen auf die Kreditkosten dürfte ohnehin – ähnlich wie bei der Übertragung des *privilège de conciliation* – der Gesichtspunkt sein, dass solche Bevorrechtigungen Kreditvergaben zur Durchführung wirtschaftlich sinnvoller Sanierungsversuche ermöglichen können, die sonst an den mit der Masseunzulänglichkeit verbundenen Risiken scheitern würden. Das resultierte auch insoweit daraus, dass diese Modifikationen die Ausfallrisiken potentieller Kreditgeber im Fall der Masseunzulänglichkeit reduzieren würden. Dementsprechend können solche Vorrechte gerade bei Massearmut die Realisierung von den Liquidationswert übersteigenden Fortführungswerten ermöglichen, wo sonst mangels hinreichender finanzieller Mittel für eine Fortführung nur die Zerschlagung des Unternehmens in Betracht käme.

Dass es in dieser Konstellation ohne Vorrecht zu Kreditrationierungen[23] kommt, ist zwar theoretisch denkbar, dürfte aber deutlich weniger relevant sein als bei der vorinsolvenzlichen Kreditvergabe. Für Kreditvergaben nach Verfahrenseröffnung bestehen mit der bevorrechtigen Befriedigung von Masseforderungen und der Haftung des Insolvenzverwalters gem. § 61 InsO bereits *de lege lata* Instrumente, die im Gros der Fälle jeglichen Forderungsausfall verhindern.[24] Bei Fällen, in denen es trotz des bereits bestehenden Schutzniveaus zur Verweigerung einer für den Erhalt des Unternehmens notwendigen Kreditvergabe kommt, obwohl dies wirtschaftlich sinnvoll wäre, dürfte es sich um atypische Randerscheinungen handeln. Die durch eine weitere Bevorrechtigung zu erzielenden Vorteile dürften daher wohl geringer ausfallen als bei der Privilegierung vorinsolvenzlicher Kreditvergaben.

III. Setzung von Fehlanreizen?

Zugleich können die hier in Rede stehenden Veränderungen des Regimes der Masseverbindlichkeiten aber auch zu unter Umständen empfindlichen Fehlanreizen führen.

---

[22] Eingehend zu den Unsicherheiten insoweit, oben, 7. Kapitel, C.II.1.
[23] Zu Phänomen und Begriff siehe oben, 7. Kapitel, C.II.2.a).
[24] Eingehend hierzu, 4. Kapitel, B.I.2.d).

1. Die Privilegierung als Ursache für overinvestment?

Denkbar ist auch hier, dass die Freistellung der Kreditgeber vom Ausfallrisiko, die mit diesen Modifikationen erfolgte, den Kreditgebern Anreize zur Finanzierung von Sanierungsversuchen setzt, bei denen der Liquidationswert von vornherein den Fortführungswert übersteigt. In diesen Fällen wäre eine schnelle Zerschlagung also der effizientere Weg. Dass die Kreditgeber im Allgemeinen aber keinen Grund haben, (erkennbar) unrentable Unterfangen zu unterstützen, wurde bereits festgestellt.[25] Für die vorliegende Konstellation tritt hinzu, dass ab Eröffnung des Insolvenzverfahrens die Entscheidungsgewalt über die Aufnahme eines solchen Kredits nicht mehr beim Schuldner bzw. dessen Organen, die durchaus Anreize zu einer übermäßigen Kreditaufnahme haben können,[26] sondern beim Insolvenzverwalter liegt. Diesen trifft gegenüber den Gläubigern aber die haftungsbewehrte Pflicht, die Insolvenzmasse optimal zu verwerten.[27] Der Insolvenzverwalter hat in aller Regel also keinerlei Anreiz, ineffiziente Sanierungsversuche zu wagen. Die Gefahr des *overinvestment* scheint in dieser Konstellation daher vernachlässigbar.

2. Anreiz zu übermäßig riskantem Verhalten

Fehlanreize können sich darüber hinaus vor allem aus einer Beschränkung der Masseverbindlichkeiten auf „nützliche" Forderungen ergeben. Durch den weitgehenden Ausschluss von Deliktsforderungen aus dem Kreis der Masseforderungen und der infolgedessen stark reduzierten Verantwortlichkeit für Schädigungen Dritter ist diese geeignet, ineffiziente Anreize zu setzen, Sorgfaltsstandards zu missachten.[28] Dabei ist aus der Perspektive der ökonomischen Analyse des Rechts auch das Deliktsrecht am Effizienzgedanken auszurichten.[29] Diesem kommt hiernach die Funktion zu, das Verhalten der Privatrechtssubjekte so zu steuern, dass Schäden dort verhütet werden, wo die durch Verhütungsmaßnahmen entstehenden Kosten kleiner sind als die aus dem Eintritt des schädigenden Ereignisses resultierenden Kosten.[30]

---

[25] Oben, 7. Kapitel, C.II.2.b); in diesem Kontext allgemein zurückhaltend zur Gefahr des *overinvestments Parzinger,* Fortführungsfinanzierung, S. 141 ff.

[26] Hierzu 1. Kapitel, B.

[27] Statt aller Uhlenbruck/*Sinz,* § 60 InsO Rn. 16.

[28] Vgl. *M. Cabrillac/Mouly/S. Cabrillac/Pétel,* Droit des sûretés, Rn. 704 a.E.; *Pérochon,* Entreprises en difficulté, Rn. 1335, 1339; weniger kritisch insoweit *Pérochon,* Entreprises en difficulté[10], Rn. 798 f.

[29] So insbesondere *Posner,* Economic Analysis, S. 191 ff.; *Schäfer/Ott,* Ökonomische Analyse, S. 166 ff.

[30] *Kötz/G. Wagner,* Deliktsrecht, 4. Kap. Rn. 7 ff.; *Schäfer/Ott,* Ökonomische Analyse, S. 166 ff.; MüKo-BGB/*G. Wagner,* vor § 823 BGB Rn. 45 ff.; Staudinger/*Hager,* vor § 823 BGB Rn. 14 ff.; *Posner,* Economic analysis, S. 191 ff.

Wird der Insolvenzschuldner (bzw. der Insolvenzverwalter) aber weitgehend von der Deliktshaftung freigestellt, wie es Folge der Begrenzung der Masseverbindlichkeiten nach französischem Vorbild wäre, kann diese Steuerungsfunktion insoweit nicht mehr erfüllt werden, weil der Schuldner keinen Anreiz für Vorsichtsmaßnahmen im Interesse Dritter mehr hat.[31] Das droht sich nicht nur zu Ungunsten des einzelnen Geschädigten auszuwirken, sondern kann auch Ineffizienzen im Sinne eines Verlusts an Gesamtwohlfahrt verursachen. Denn der Insolvenzschuldner bzw. dessen Insolvenzverwalter kann bei einer solchen Beschränkung der Masseverbindlichkeiten Anreiz auch zu Verhaltensweisen haben, die zwar aus individueller Sicht vorteilhaft, mit Blick auf die Gesamtwohlfahrt aber schädlich sind, wenn und weil die Vorteile auf Seiten des Insolvenzschuldners gegenüber dem Ausgangszustand kleiner sind als die andernorts erzeugten Nachteile.[32]

3. Anreiz zum Gang ins Insolvenzverfahren und Entstehung von Wettbewerbsverzerrungen

Weiterhin setzte vor allem die Beschränkung der Masseverbindlichkeiten trotz der mit einem Insolvenzverfahren verbundenen direkten und indirekten Kosten[33] unter Umständen einen starken Anreiz zum frühzeitigen Gang in ein (eigenverwaltetes) Insolvenzverfahren. Die freie Sanierung ist den förmlichen Insolvenzverfahren zwar nicht an sich vorzuziehen.[34] Die förmlichen Insolvenzverfahren könnten nun aber dazu genutzt werden, ein Unternehmen befreit von diesen Verbindlichkeiten, d.h. mit deutlich niedrigeren Kostenlasten zu

---

[31] Vgl. *Kötz/G. Wagner*, Deliktsrecht, 4. Kap. Rn. 9.

[32] Das lässt sich etwa an folgendem hypothetischen Rechenbeispiel zeigen: Gesetzt sei, dass eine Handlung, die dem Insolvenzschuldner (I) einen Gewinn von 100 verspricht, bei Dritten mit einer Wahrscheinlichkeit von p=0,1 Schäden i.H.v. 200 verursacht, für die I haftet (unterstellt sei, dass diese Haftung effizient ist). Der Eintritt des Schadens kann mit einem Kostenaufwand i.H.v. 5 sicher vermieden werden. Im Ausgangspunkt wird I diese Vermeidungskosten aufwenden, weil er hier besser steht (Erwartungswert=95) als ohne (Erwartungswert=100-0,1*200=80). Geht man nun davon aus, dass I nicht mehr in voller Höhe, sondern nur noch mit der Insolvenzquote haftet, die mit 10 % angesetzt sei, stellt sich die Lage wie folgt dar: Der Erwartungswert für I bleibt unverändert bei 95, wenn I die Vermeidungskosten auf sich nimmt. Wendet I die Vermeidungskosten nicht auf, steigt der Erwartungswert nun aber auf 98 (E=100-0,1x20). I wird die Vorsichtsmaßnahmen nun also unterlassen, weil sich für ihn die Situation hier um 3 besser darstellt als wenn er die Vermeidungskosten aufwendet. Für den Geschädigten stellt sich die Lage aber so dar, dass er bei vollständiger Haftung mit vollumfänglichem Ausgleich seines Schadens (Erwartungswert=0) rechnen kann, während der Erwartungswert im zweiten Zustand auf -18 sinkt (E=-200x0,1+0,1x20). Ohne Haftung des I erleidet G also einen rechnerischen Nachteil von -18 gegenüber dem Ausgangszustand, den I aus seinen gegenüber dem Ausgangszustand erzielten Vorteilen nicht ausgleichen kann.

[33] Vgl. die Nachweise oben in Fn. 231.

[34] Siehe hierzu, 7. Kapitel, C.II.4.a).

sanieren. Problematisch ist das, da die Befreiung insolventer Unternehmen von außervertraglichen Verbindlichkeiten zu massiven Wettbewerbsverzerrungen führen würde, weil diese Unternehmen hierdurch einen erheblichen Kosten- und Wettbewerbsvorteil gegenüber Konkurrenzunternehmen außerhalb der Insolvenz erhielten.[35] Die Sanierung des Unternehmens würde damit wegen der Befreiung von Steuerverbindlichkeiten einerseits auf Kosten der Allgemeinheit, andererseits aufgrund der Freistellung von Deliktsforderungen auf Kosten der Geschädigten geschehen. Sie ginge daneben aber vor allem zu Lasten der Konkurrenzunternehmen, die nicht von entsprechenden Befreiungen profitieren.[36] Mit dem Grundanliegen des deutschen Insolvenzrechts, die Insolvenzsituation *marktkonform* abzuwickeln,[37] hätte das wenig gemein.[38]

IV. Ergebnis

Nach alldem hätten die hier in Rede stehenden Veränderungen der Masseverbindlichkeiten nur einen geringen Einfluss auf die Kreditkosten und würden nicht in nennenswertem Ausmaß zu *overinvestment* führen. Sie hätten insbesondere bei ausgeprägter Massearmut das Potential, Finanzierungen zu ermöglichen, die für die Sanierung des Unternehmens erforderlich sind, aber ohne ein solches Vorrecht unterblieben. Problematisch scheint jedoch, dass die Beschränkung von Masseverbindlichkeiten die Präventionsfunktion des Deliktsrechts zu unterminieren geeignet ist und zu Verlusten an Gesamtwohlfahrt zu führen droht. Weiterhin setzte eine solche Veränderung einen Anreiz zum frühzeitigen Gang ins Insolvenzverfahren, was vor allem deshalb bedenklich ist, weil durch diese Modifikation auch Wettbewerbsverzerrungen eintreten können.

---

[35] Vgl. auch *Pérochon,* Entreprises en difficulté, Rn. 1342, 1339, 1335, die die negativen Auswirkungen einer starken Beschränkung der Privilegierung gegenüber Wettbewerbern hervorhebt.
[36] Vgl. die entsprechende Kritik am Insolvenzausfallgeld, dessen Umlagefinanzierung durch die Arbeitgeber (§§ 358 ff. SGB III) zur Folge hat, dass es die übrigen Arbeitgeber – und damit auch die Konkurrenten des insolventen Unternehmens – sind, die die Sanierung des Unternehmens indirekt mitfinanzieren, *A. Zeuner,* Insolvenzrecht im Umbruch, S. 261, 270 f.; *Häsemeyer,* Insolvenzrecht, Rn. 23.19; *Marquardt,* NZI 2020, S. 455, 457; vgl. auch *BVerfG,* ZIP 2009, S. 680, 681 f. Allerdings wäre dieser Effekt bei der hier in Rede stehenden Begrenzung der Masseverbindlichkeiten und der resultierenden Kostenvorteile für insolvente Unternehmen wesentlich direkter und ausgeprägter. Vgl. zu den durch das Chapter-11-Verfahren eingetretenen Wettbewerbsverzerrungen bei Fluggesellschaften *Heese,* JZ 2018, S. 179, 184.
[37] Eingehend oben, 2. Kapitel, A.II.
[38] Vgl. wiederum die dahingehende Kritik an der Umlagefinanzierung des Insolvenzausfallgeldes bei *A. Zeuner,* Insolvenzrecht im Umbruch, S. 261, S. 270 f.

C. Vereinbarkeit mit dem Grundsatz der Gläubigergleichbehandlung

Es stellt sich weiterhin die Frage nach der Vereinbarkeit dieser Modifikationen mit dem Grundsatz der Gläubigergleichbehandlung, da diese Veränderungen zu einer weiteren Ausdifferenzierung der Verteilung des Verwertungserlöses führen würden.

I. Vorrang von neuen Kreditgebern gegenüber Massegläubigern („Supervorrang")

Betrachtet werden soll zunächst die Einräumung eines Vorrangs für Sanierungsfinanzierer gegenüber Massegläubigern. Dieser würde dazu führen, dass die „normalen" Massegläubiger die ganze Last einer Masseunzulänglichkeit zu tragen hätten und die nun bevorrechtigten Kreditgeber auch in dieser Situation vollständig befriedigt würden.

1. Begründungsbedürftigkeit gegenüber dem Grundsatz der Gläubigergleichbehandlung?

Das wirft die Frage auf, ob und inwiefern dem Grundsatz der Gläubigergleichbehandlung insofern überhaupt ein Aussagegehalt zukommt.

a) Sicherheiten für Kreditierungen nach Eintritt der materiellen Insolvenz und die Gläubigergleichbehandlung

Bezweifeln könnte man einen normativen Geltungsanspruch des Grundsatzes der Gläubigergleichbehandlung insoweit auf Grundlage des hier zu Grunde gelegten Verständnisses, weil es sich bei funktionaler Betrachtung bei einem „Supervorrang" gegenüber Massegläubiger um eine Kreditsicherheit handeln würde.[39] Auch insofern muss jedoch das im Kontext des zu einer Erstreckung des *privilège de conciliation* ins eröffnete Insolvenzverfahren Gesagte[40] gelten: Nach dem hier zu Grunde gelegten Verständnis kommt dem Grundsatz der Gläubigergleichbehandlung zwar kein Aussagegehalt zu, inwiefern es potentiellen Gläubigern im *Vorfeld* eines Verteilungskonflikts möglich sein soll, sich diesem durch Bestellung von Kreditsicherheiten zu entziehen und dennoch Kredit zu gewähren. Besteht hingegen bereits ein Verteilungskonflikt, bei welchem die vorhandene Vermögensmasse nicht ausreicht, um den *inter partes* erfolgten Freiheitsverlust *erga omnes* vollständig nachzuvollziehen, kann das nicht gelten. Das Schuldnervermögen ist hier *inter partes* schon vollumfäng-

---

[39] Siehe zum Verhältnis von Gläubigergleichbehandlung und Kreditsicherheiten für vorinsolvenzliche Kreditierungen oben, 7. Kapitel, B.III.
[40] Siehe oben, 7. Kapitel, D.II.

lich verteilt. Jede Verteilung des Vermögens, die von der formalen Gleichbehandlung aller Gläubiger abweicht, erweist sich daher als Neuzuweisung eines Anteils, der *inter partes* bereits den Insolvenzgläubigern zugewiesen ist und stellt in der Folge eine begründungsbedürftige Abweichung von der Gläubigergleichbehandlung dar.[41]

b) Masseunzulänglichkeit und Gläubigergleichbehandlung

In Zweifel ziehen könnte man die Rechtfertigungsbedürftigkeit eines „Supervorrangs" der neuen Kreditgeber vor den übrigen Massegläubigern gleichwohl mit der Erwägung, dass dieser im Kern die Befriedigungsaussichten der übrigen Gläubiger verbessern würde.[42] Bei einer solchen Betrachtungsweise würde jedoch ignoriert, dass dieser Vorrang im Kern seines Anwendungsbereiches, der Masseunzulänglichkeit, gerade zu einer Verschlechterung der Befriedigungsaussichten der übrigen Massegläubiger führen muss. Diese These ist daher offenkundig defizitär und jedenfalls in dieser allgemeinen Form zu verwerfen.

Dabei besteht im Fall der Masseunzulänglichkeit als „Insolvenz in der Insolvenz"[43] nun auch unter den Massegläubigern – gewissermaßen auf höherer Stufe – ein Verteilungskonflikt des Gepräges wie sonst unter den Insolvenzgläubigern.[44] Das zur Befriedigung der Massegläubiger verfügbare und *diesen inter partes* bereits zugewiesene Vermögen genügt nicht mehr zu deren vollständiger Befriedigung, weshalb auch unter den Massegläubigern prinzipiell der Grundsatz der Gläubigergleichbehandlung Geltung beanspruchen muss.[45]

Legt man dieses Verständnis zu Grunde, offenbart sich zwanglos, dass der „Supervorrang", der Kreditgebern im Fall der Masseunzulänglichkeit vor den einfachen Massegläubigern eingeräumt würde, eine begründungsbedürftige Abweichung von der Gläubigergleichbehandlung darstellt: Durch diesen würde zwar nicht zulasten der einfachen Insolvenzgläubiger, wohl aber der übrigen Massegläubiger in einem konkreten Verteilungskonflikt, in welchem das verfügbare Vermögen nicht ausreicht, um alle Masseforderungen zu erfüllen, von der gleichmäßigen Verteilung abgewichen. Das ist nach dem Gesagten nur zu begründen, wenn sich hierfür privatrechtliche Gründe finden lassen.

---

[41] Zum Ganzen siehe oben, 7. Kapitel, D.II.

[42] Vgl. *Jaffé*, FS Görg, S. 233, 245.

[43] Vgl. nur Uhlenbruck/*Ries*, § 208 InsO Rn. 1; MüKo-InsO/*H. Hefermehl*, § 208 InsO Rn. 3; K. Schmidt/*Jungmann*, § 208 InsO Rn. 16; *J. F. Hoffmann*, Prioritätsgrundsatz, S. 368; grundsätzlich anderer Auffassung *Häsemeyer*, Insolvenzrecht, Rn. 14.02.

[44] *J. F. Hoffmann*, Prioritätsgrundsatz, S. 367 f.

[45] BGHZ 154, 354, 358 f.; *J. F. Hoffmann*, Prioritätsgrundsatz, S. 368; unter Rekurs auf eine Forderungs- und Verlustgemeinschaft, die die Massegläubiger im Fall der Masseunzulänglichkeit bildeten *Pape*, KTS 1995, S. 189, 203; Uhlenbruck/*Ries*, § 208 InsO Rn. 34; MüKo-InsO/*H. Hefermehl*, § 208 InsO Rn. 61; a.A. wiederum *Häsemeyer*, Insolvenzrecht, Rn. 14.02.

2. Begründbarkeit einer Abweichung

Zur Rechtfertigung dieser Abweichungen kann nun – anders als für das französische Recht – nicht darauf rekurriert werden, dass diese der Sanierungsförderung und damit dem Allgemeinwohl dienten. Ebenso wenig kann eine differenzierende Behandlung darauf gestützt werden, dass die besonders privilegierten Gläubiger sich aufgrund der Nützlichkeit der Entstehungsgründe ihrer Forderungen bereits in einer anderen Situation befänden und daher ungleich zu behandeln seien.[46] Auch insofern muss vielmehr maßgeblich sein, dass das gesamte schuldnerische Vermögen aufgrund der vollumfänglichen Obligiertheit des Schuldners bereits dessen Gläubigern (*inter partes*) zugewiesen ist und das deutsche Insolvenzrecht die bestmögliche Verwirklichung dieser Gläubigerinteressen zum Ziel hat. Jede Verteilung, die von der Gläubigergleichbehandlung als privatrechtlichem Verteilungsmaßstab abweicht, muss sich daher daran messen lassen, ob hierfür Gründe bestehen, die mit diesen Leitlinien in Einklang stehen, d.h. genuin privatrechtlicher Natur sind.[47]

Da die bereits diskutierten, in der Literatur für Bevorrechtigungen vorgebrachten Rechtfertigungstopoi eine Abweichung von der Gläubigergleichbehandlung nicht tragen können,[48] bleibt nur die Möglichkeit, diese darauf zu stützen, dass die Bevorrechtigung den Interessen der Gläubigergesamtheit diene, wie dies für den Supervorrang auch bereits vertreten wurde.[49] In einem Insolvenzrecht, das die bestmögliche Verwirklichung der Gläubigerinteressen zum Ziel hat, ist prinzipiell auch anzuerkennen, dass Abweichungen von der Gleichbehandlung, die der Förderung dieser Interessen dienen, legitim sind.[50] Weniger klar ist jedoch, ob das bei den hier in Rede stehenden Vorrechten wirklich der Fall ist.

Am Bestehen eines wirksamen Massevorrechts für sämtliche Forderungen, die aus Geschäften mit dem Insolvenzverwalter resultieren, haben dabei sowohl die einfachen Insolvenzgläubiger als auch die Massegläubiger grundsätzlich ein starkes Interesse. Denn ohne dieses Vorrecht ließe sich angesichts der sonst drohenden Befriedigungsquoten kein Gläubiger freiwillig auf Geschäfte mit dem Verwalter ein, die zu einer interessengerechten Verfahrensabwicklung aber erforderlich sind.[51] Ein Interesse der Massegläubiger und der Insolvenz-

---

[46] Eingehend oben, 6. Kapitel, B.I.3.a).
[47] Siehe hierzu oben, 6. Kapitel, B.II.7.
[48] Eingehend oben, 7. Kapitel, B.II.
[49] *Jaffé*, FS Görg, S. 233, 245; im Kontext eines entsprechenden Vorrangs für vorinsolvenzliche Finanzierungen *Parzinger*, ZIP 2019, S. 1748, 1756.
[50] *J. F. Hoffmann*, Prioritätsgrundsatz, S. 210; *J. F. Hoffmann*, KTS 2017, S. 17, 32.
[51] MüKo-InsO/*H. Hefermehl*, § 55 InsO Rn. 1; K/P/B/*Pape/Schaltke*, § 55 Rn. 12; Jaeger¹/*Henckel*, § 55 InsO Rn. 5; Jaeger/*Eichel*, § 55 InsO Rn. 4; *J. F. Hoffmann*, Prioritätsgrundsatz, S. 334; *R. H. Schmidt*, Ökonomische Analyse, S. 93; *BGH*, ZIP 2022, S. 1398, 1400, Rn. 18.

gläubiger am Bestehen eines Supervorrangs scheint daher prinzipiell nicht naheliegend, weil dieser zu einer Schwächung der „normalen" Masseverbindlichkeiten führen würde. Ein Supervorrang hat letztlich also das Potential, die Verwaltung und Verteilung der Masse insgesamt zu beeinträchtigen, weil die für eine ordnungsgemäße Verfahrensdurchführung benötigten Massegläubiger im Fall der Masseunzulänglichkeit nun mit weitreichenderen Ausfällen zu rechnen hätten.

Eine andere Bewertung könnte sich aber ergeben, wenn die Bevorrechtigung *conditio sine qua non* für die Durchführung eines Sanierungsvorhabens ist, welches das Potential hat, die Befriedigungsaussichten insbesondere der einfachen Insolvenzgläubiger zu verbessern.[52] Das Heikle einer solchen Betrachtungsweise liegt nun aber darin, dass im Fall des (unerwarteten) Scheiterns des Vorhabens mit anschließender Masseunzulänglichkeit die gesamte Last des Kredits nicht auf den Schultern der Insolvenzgläubiger, sondern der Massegläubiger liegt. Die Insolvenzgläubiger wären es aber allein, die im Falle des Gelingens vom durch den Vorrang gesetzten Anreiz tatsächlich profitieren könnten. Die Last des Vorrangs träfe hier jedoch nur die Massegläubiger, die durch ein solches Vorrecht und Sanierungsversuche prinzipiell nichts zu gewinnen haben, weil sie in aller Regel auch ohne diese mit vollständiger Befriedigung rechnen können. Ein Vorrang der neuen Kreditgeber vor den übrigen Masseverbindlichkeiten liegt also allenfalls im Interesse der Insolvenzgläubiger, nicht aber der verdrängten Massegläubiger.

Das Interesse der Insolvenzgläubiger an einem Vorrang vermag eine Verdrängung der Massegläubiger im Fall der Masseunzulänglichkeit aber nicht zu legitimieren. Der Supervorrang der Sanierungskreditgeber hätte im Ergebnis zur Folge, dass die Massegläubiger Sanierungsvorhaben finanzieren müssten, die nicht in ihrem Interesse liegen. Bei Masseunzulänglichkeit besteht – entsprechend der Situation der Insolvenzgläubiger bei materieller Insolvenz – ein Verteilungskonflikt, der dadurch gekennzeichnet ist, dass der Schuldner sich kraft seiner Obligiertheit seiner vermögensmäßigen Freiheit vollumfänglich begeben hat und die Insolvenzmasse als das zur vollständigen Bereinigung des Konflikts unzureichende Haftungssubstrat *den Massegläubigern* prioritär privatrechtlich zugewiesen ist.[53] Die Verfahrenseröffnung bildet insoweit gewissermaßen eine „Zäsur", nach der das Schuldnervermögen, das bei materieller Insolvenz zunächst vollumfänglich den Insolvenzgläubigern zugewiesen ist,[54] den Massegläubigern (jedenfalls teilweise) prioritär zugewiesen wird, wenn und weil das im Interesse der Insolvenzgläubiger liegt. Aufgrund dieser vorrangigen Zuweisung des Schuldnervermögens an die Massegläubiger stellt sich jede Verteilung, die von der proportionalen Berechtigung der Massegläubiger

---

[52] So *Jaffé*, FS Görg, S. 233, 245.
[53] *J. F. Hoffmann*, Prioritätsgrundsatz, S. 367 f., 210 f.
[54] *J. F. Hoffmann*, Prioritätsgrundsatz, S. 210 f.

an der Insolvenzmasse nach Maßgabe des Gläubigergleichbehandlungsgrundsatzes[55] abweicht, ohne gegenüber den verdrängten Massegläubigern privatrechtlich begründbar zu sein, als freiheitswidrig dar. Auf die Interessen der Insolvenzgläubiger kann es im Fall der Masseunzulänglichkeit aufgrund der vollständigen (und prioritären) Zuweisung der Haftungsmasse an die Massegläubiger daher nicht ankommen. Im vorliegenden Fall ist die Bevorrechtigung aber nicht mit den Interessen der Massegläubiger in Einklang zu bringen. Im Übrigen ist sogar die Übereinstimmung mit den Interessen der Insolvenzgläubiger zweifelhaft, weil sie das Massevorrecht entwerten würde, an dessen Existenz und Wirksamkeit gerade auch die Insolvenzgläubiger ein starkes Interesse haben. Das hat zur Folge, dass dieses Vorrecht in Ermangelung anderer Ansätze für eine Rechtfertigung dem Legitimationsdruck des Grundsatzes der Gläubigergleichbehandlung nicht standhalten kann.

3. Ergebnis

Festzuhalten bleibt damit, dass ein Vorrang neuer Kreditgeber vor den übrigen Massegläubigern dem Legitimationsdruck des Grundsatzes der Gläubigergleichbehandlung, dem dieser als Sicherheit für eine nachinsolvenzliche Kreditierung ausgesetzt ist, nicht standhält. Insbesondere kann eine Rechtfertigung insoweit nicht aus den Interessen der Insolvenzgläubiger abgeleitet werden, da dieses Vorrecht letztlich zu einer freiheitswidrigen Externalisierung der mit einem Sanierungsversuch verbundenen Risiken auf die Massegläubiger führen würde.

II. Die Beschränkung von Masseverbindlichkeiten als Problem der Gläubigergleichbehandlung?

Auch mit Blick auf die Beschränkung der Masseverbindlichkeiten auf „nützliche" Forderungen ist zunächst zu klären, ob und inwiefern dem Grundsatz der Gläubigergleichbehandlung insoweit etwas abzugewinnen ist.

1. Französische Diskussion

Bemerkenswert ist in diesem Kontext die französische Diskussion um den damaligen Art. 40 L1985 sowie das heutige *privilège des créanciers postérieurs méritants* gem. Art. L. 622-17, 641-13 C. com. Ersterer bildete in der Sache eine Kodifikation der früheren Rechtsprechung zu den *créanciers de la masse*, die keine ausdrückliche gesetzliche Grundlage hatte,[56] und setzte nur voraus, dass eine Forderung nach Verfahrenseröffnung unter Beachtung der Zuständigkeitsregeln des Verfahrens entstanden war. Das heutige *privilège des*

---

[55] *J. F. Hoffmann*, Prioritätsgrundsatz, S. 210 f.
[56] Zur Vorgeschichte des Art. 40 L1985 *Zerbo*, Privilèges, Rn. 161, S. 168.

créanciers postérieurs méritants erfordert hingegen *zusätzlich* zu den bisherigen Anforderungen, dass diese Forderungen auch ein „teleologisches" Kriterium erfüllen.[57]

Vorangegangen war dieser Einschränkung eine Diskussion um die Reichweite der Privilegierung des Art. 40 L1985, dem entgegengehalten worden war, dass durch die Einbeziehung der „unnützen" Gläubiger in den Kreis der bevorrechtigten Forderungen der Umfang der privilegierten Forderungen zu stark ausgedehnt worden sei.[58] Daher habe das Vorrecht den neuen, nützlichen Gläubigern – entgegen dem ausdrücklichen Anliegen bei Schaffung des Art. 40 L1985 – keinen hinreichenden Anreiz zur Beteiligung am Verfahren bieten können.[59] Vor allem wurde an Art. 40 L1985 kritisiert, dass die Auswahlkriterien dazu führten, dass Forderungen privilegiert wurden, die in keinem Zusammenhang mit dem verfolgten Ziel des Unternehmenserhalts standen und deshalb „unnütze" Forderungen in ungerechtfertigter Weise bevorrechtigt worden seien.[60] Deren Gleichstellung mit für den Unternehmenserhalt „nützlichen" Forderungen wurde im Kern demnach als ungerechtfertigte Gleichbehandlung von Ungleichem kritisiert.[61] Diese Analyse hat sich in der Folge auch der Reformgesetzgeber von 2005 zu eigen gemacht und es mit der Einführung des *critère téléologique* unternommen, eine Übereinstimmung zwischen der Auswahl der bevorrechtigt zu befriedigenden Forderungen und dem Unternehmenserhalt herzustellen.[62] Entsprechend der unter Geltung des Rechts von 1985 geäußerten Kritik entspricht es heute unwidersprochener Auffassung, dass die Differenzierung der *lex lata* angesichts des Verfahrensziels gerechtfertigt und sogar geboten, die Differenzierung hier also ein Gebot der Gleichbehandlung sei.[63]

Auf das deutsche Recht ist das ohne Paradigmenwechsel jedoch nicht übertragbar, weil Anknüpfungspunkt dieser Argumentation die fehlende „Nützlichkeit" der ausgeschiedenen Forderungen für das Ziel des Unternehmenserhalts

---

[57] Eingehend zum Ganzen, oben, 4. Kapitel, B.II.2.
[58] Statt aller *Cour de Cassation*, Rapport 2002, S. 29 f.
[59] Vgl. zur Kritik etwa *Zerbo*, Privilèges, Rn. 189 ff., S. 189 ff.; zurückblickend *Pérochon*, GP 2005, S. 2972, 2972, Rn. 5; *Berthelot*, RPC mai-juin 2011, S. 84, 85, Rn. 8; *Boustani*, Les créanciers postérieurs, Rn. 168, S. 92.
[60] *Cour de Cassation*, Rapport 2002, S. 29 f.; Projet de loi de sauvegarde des entrepises, Doc. Assemblée nationale, mai 2004, n° 1596, S. 12; *Boustani*, Les créanciers postérieurs, Rn. 168, S. 92; *Pérochon*, GP 2005, S. 2972, 2972, Rn. 5; *Berthelot*, RPC mai-juin 2011, S. 84, 85, Rn. 8; jüngst insbesondere *Chapon-Le Brethon*, Égalité, Rn. 336 ff., S. 211 ff. nach welcher erst die Ergänzung um das „*critère téléologique*" dazu geführt habe, dass die so beschränkte Vorrangstellung der *créanciers postérieurs* mit dem Grundsatz der Gläubigergleichbehandlung in Einklang stehe.
[61] So ausdrücklich etwa *Chapon-Le Brethon*, Égalité, Rn. 337, S. 211 f.
[62] Vgl. die ausdrückliche Inbezugnahme der Kritik der *Cour de cassation* bei Rapport Hyest, Rapports Sénat, 2004–2005, n° 335, S. 200.
[63] Besonders deutlich in diesem Sinn *Chapon-Le Brethon*, Égalité, Rn. 344 ff., S. 215 ff.

ist. Eine solche Differenzierung verbietet sich für das deutsche Insolvenzrecht aufgrund dessen Ausrichtung auf die Gläubigerinteressen aber und auch die Förderung der Sanierung kann in diesem System eine Differenzierung nicht *per se* legitimieren.[64]

2. Die Beschränkung von Privilegierungen als Gleichbehandlungsproblem?

Es stellt sich jedoch die Frage, ob eine Betrachtung der Beschränkung von Masseverbindlichkeiten und damit von Privilegierungen als gleichbehandlungsspezifisches Problem für das deutsche Recht überhaupt weiterführend ist. Das liegt bereits auf den ersten Blick eher fern, weil eine solche Modifikation dazu führte, dass die faktische Gleichbehandlung der Gläubiger gestärkt würde, weil bestimmte Gläubiger, die nach der *lex lata* als Massegläubiger gegenüber den einfachen Insolvenzgläubigern privilegiert sind, diesen gleichgestellt würden. Der Anwendungsbereich der Gläubigergleichbehandlung als Auffangregel formaler Gerechtigkeit würde demnach ausgedehnt und begründungsbedürftige Abweichungen hiervon eingedämmt.

Als gleichbehandlungsspezifisches Problem wäre diese Beschränkung allenfalls zu betrachten, wenn sie zur Folge hätte, dass das Massevorrecht hierdurch seine Stimmigkeit insgesamt verlöre, dieses sich also als willkürliches Herausgreifen bestimmter Situationen darstellte.[65] Legte man insoweit den Gedanken der Wertverfolgung zu Grunde, schiene das eine Überlegung wert. Die Privilegierung der „nützlichen" Gläubiger gegenüber den Insolvenzgläubigern wäre auf dieser Grundlage einigermaßen unproblematisch, weil bei all diesen „nützlichen" Gläubigern eine Werterhöhung des Schuldnervermögens gegeben wäre. Nicht zu erklären wäre aber das Verhältnis der „nützlichen" zu den „unnützen" Gläubigern, die nicht mehr privilegiert wären: Auch für diese Gläubiger ließe sich sagen, dass sie den Wert der Masse erhöht haben.[66] Die Privilegierung der nützlichen Gläubiger stellte sich hiernach als Herausgreifen einiger werterhöhender Gläubiger dar, während andere, die den Wert gleichermaßen erhöht haben, ausgegrenzt blieben. Diese Differenzierung ließe sich auf der Grundlage des Werterhöhungsgedankens demnach kaum stimmig erklären. Legte man dies zu Grunde, würde eine entsprechende Veränderung also zu

---

[64] Zum Ganzen siehe oben, 6. Kapitel, B.I.2.

[65] Das ist in der Sache der Gedanke, der der französischen Reform, die zur Einführung des *critère téléologique* führte, zu Grunde lag, vgl. oben 4. Kapitel, B.II.2.a)aa). Das scheint jedoch sehr zweifelhaft, weil dies in der Sache dazu führt, dass sich aus dem Grundsatz der Gläubigergleichbehandlung auch ein Grundsatz der Ungleichbehandlung ergäbe.

[66] So wird gerade für Bereicherungsgläubiger, die nach dem Maßstab der „Nützlichkeit" des Entstehungsgrundes der Forderung im Sinne des französischen Verständnisses zumindest bei restriktiver Handhabung ebenfalls aus dem Kreis der privilegierten Forderungen ausgegrenzt werden müssten (vgl. *Cass. com.*, 02.12.2014, n° 13-20.311; *Chapon-Le Brethon*, Égalité, Rn. 347, S. 217) eine Privilegierung auf Grundlage des Werterhöhungs- bzw. -verfolgungsgedankens postuliert, etwa *Brehm*, FS Jelinek, S. 15, 27 ff.

einer Unstimmigkeit des Massevorrechts aus § 55 Abs. 1 InsO führen. Letztlich ist der Gedanke einer Werterhöhung aber ungeeignet, um Abweichungen von der Gläubigergleichbehandlung zu rechtfertigen,[67] weshalb sich hieraus auch insofern nichts gewinnen lässt.

Stützt man sich für die Legitimation der Masseverbindlichkeiten hingegen auf die Interessen der Gläubigergesamtheit,[68] schiene eine Beschränkung der Masseverbindlichkeiten auf „nützliche" Forderungen aber jedenfalls auf den ersten Blick durchaus stimmig: Ein echtes Interesse der Insolvenzgläubiger an der bevorrechtigten Befriedigung der „unnützen" Gläubiger ist kaum plausibel.[69] Daher scheint es nicht überzeugend, aus dem Grundsatz der Gläubigergleichbehandlung eine Pflicht herzuleiten, diese Forderungen bevorrechtigt zu befriedigen, liefe das doch darauf hinaus, diesen Grundsatz jedenfalls für diese Konstellation in ein Prinzip der Ungleichbehandlung zu wenden.

D. Die Beschränkung der Masseverbindlichkeiten als Durchbrechung des Gleichlaufs von Freiheit und Verantwortung

Anzuerkennen ist gleichwohl, dass, auch wenn der Grundsatz der Gläubigergleichbehandlung insoweit nicht weiterführt, eine Differenzierung im Rahmen der Privilegierung von Forderungen nach deren „Nützlichkeit" für den Unternehmenserhalt für das deutsche Insolvenzrecht nicht haltbar ist.

I. Der Gleichlauf von Freiheit und Verantwortung als Grundsatz

Wenig erhellend scheint insofern jedoch die in jüngerer Zeit wieder intensiver geführte Debatte um den Zusammenhang von Schuld und Haftung,[70] die unter anderem um die Frage kreist, ob die (gerichtliche) Durchsetzbarkeit zum Wesensmerkmal einer „Forderung" gehört.[71] Denn letztlich erkennen auch die

---

[67] Siehe oben, 7. Kapitel, B.II.5.
[68] Vgl. bereits, 4. Kapitel, B.I.6.b), 8. Kapitel, C.I.2. und die Nachweise in Fn. 51.
[69] Vgl. *J. F. Hoffmann*, Prioritätsgrundsatz, S. 334.
[70] Vgl. etwa *Larenz*, Schuldrecht I, § 2 III, IV, S. 19 ff.; *Gernhuber*, Schuldverhältnis, § 4, S. 63 ff.; Staudinger/*Olzen*, Einleitung §§ 241 ff. BGB Rn. 239 ff.; *Nunner-Krautgasser*, Vermögenshaftung, passim; eingehend zu dieser Unterscheidung und dem Begriffspaar auch *von Tuhr*, Allgemeiner Teil I, S. 110 ff.; siehe zur historischen Entwicklung der Debatte HKK/*Dorn*, § 241 Rn. 40 ff.
[71] So etwa *Riehm*, FS Canaris II, S. 345, 356 ff.; im Grundsatz auch *von Kübel*, Vorentwürfe, Vorl. 14, S. 10 f.: „Das Schuldverhältniß ergreift an sich das ganze Vermögen des Verpflichteten; er haftet mit Allem was er hat, und es müßte eine Vereinbarung des Inhalts, daß der Schuldner nur mit einem Theil oder bestimmten Gegenständen haftbar sein solle, als mit dem Wesen des Forderungsrechts unverträglich, als ungiltig und unwirksam, betrachtet werden, wo nicht aus besonderen Gründen kraft positiver Gesetzesbestimmung eine Ausnahme für gewisse Schuldverhältnisse festgelegt oder zugelassen wird."; ähnlich *Mugdan*,

Befürworter eines solchen Verständnisses an, dass subjektive Privatrechte (auf Leistung) bestehen können, die nicht gerichtlich durchsetzbar sind, für die also auch keine Haftung in diesem Sinn besteht.[72] Derartige Rechte sollen zwar nicht unter den *Begriff* der Forderung bzw. Verbindlichkeit fallen, woraus jedoch nicht die Konsequenz gezogen wird, dass die Rechtsordnung derartige Rechte nicht anerkennen sollte.[73] Es handelt sich hierbei demnach – zumindest insoweit – um einen Streit um Begrifflichkeiten, der keine Orientierung bieten kann, ob und unter welchen Bedingungen die Rechtsordnung eine Entkoppelung von Schuld und Haftung zulassen *soll*.

Als Ausgangspunkt für die Beantwortung dieser Frage vielversprechender scheint demgegenüber das verbreitete Postulat, Herrschaft und Haftung[74] bzw., in der Sache insoweit gleichbedeutend, Freiheit und Verantwortung[75] müssten in einer freiheitlichen Rechtsordnung miteinander einhergehen. Diese Verknüpfung ist kein Selbstzweck, sondern jedenfalls im Grundsatz unerlässlich für ein funktionierendes Rechts- und Wirtschaftsleben und hat insbesondere eine verhaltenssteuernde und wirtschaftsordnende Funktion.[76] Weil der Einzelne auf Grundlage dieser Verknüpfung nicht nur die (wirtschaftlichen) Vorteile, sondern auch die Nachteile seines Verhaltens zu tragen hat, besteht für diesen ein Anreiz zu einem vorsichtigen Umgang mit (seinen) wirtschaftlichen Ressourcen und allgemein zu bedachten Dispositionen.[77]

Insoweit hat bereits die Analyse der wirtschaftlichen Auswirkungen einer solchen Beschränkung des Massevorrechts gezeigt, dass das Auseinanderreißen von Risikoherrschaft und -verantwortung außerordentlich problematisch ist, weil sie insbesondere bei Fehlen einer wirksamen Schadensersatzhaftung

---

Materialien II, S. 2; a.A. etwa *Larenz*, Schuldrecht I, § 2 III, S. 20 und § 2 IV, S. 23 f., Haftung und Schuld seien zwar begrifflich zu trennen, die Haftung folge der Schuld aber „gleichsam wie ein Schatten nach."; zustimmend *Gernhuber*, Schuldverhältnis, § 4 I, 5 a), b), S. 67 ff.

[72] Siehe etwa *Riehm*, FS Canaris II, S. 345, 357 ff.; vgl. auch *Gernhuber*, Schuldverhältnis, § 4 I, 5, S. 67 ff., § 4 III, S. 77 ff.

[73] Besonders deutlich insoweit die Gesetzesmaterialien, *Mugdan*, Materialien II, S. 2: Der Entwurf vermeide die Begriffe „unvollkommene oder natürliche Obligation"; siehe auch *von Kübel*, Vorentwürfe, Vorl. 14, S. 10 f., nach dem Haftungsbeschränkungen zulässig seien, wenn sie durch positive Gesetzesbestimmung gestattet oder bestimmt sind; vgl. hierzu auch HKK/*Dorn*, § 241 Rn. 41.

[74] Besonders deutlich in diesem Sinn *Eucken*, Wirtschaftspolitik, S. 280 f.; *Röpke*, Lehre von der Wirtschaft, S. 304; *Marotzke*, KTS 2014, S. 113, 114; siehe zu dieser Koppelung im Ordoliberalismus auch die Analyse bei *Meyer*, Haftungsbeschränkung, S. 988.

[75] *Flume*, Allgemeiner Teil, Bd. II, § 4, 8, S. 61 f.; *Häsemeyer*, Insolvenzrecht, Rn. 1.13; *Guski*, Sittenwidrigkeit, S. 141; *J. F. Hoffmann*, KTS 2017, S. 17, 32.

[76] Vgl. insbesondere *Eucken*, Wirtschaftspolitik, S. 280 f.; *Röpke,* Lehre von der Wirtschaft, S. 304.

[77] Vgl. *Eucken*, Wirtschaftspolitik, S. 280 f.; *Röpke,* Lehre von der Wirtschaft, S. 304.

Anreize zu riskantem Verhalten setzt, das letztlich zu Lasten Dritter geht.[78] Nimmt man das Ziel des deutschen Insolvenzrechts, die Insolvenzsituation als Ergebnis wirtschaftlicher Wettbewerbsprozesse *marktkonform* abzuwickeln ernst, scheint es kaum hinnehmbar, Schuldner aus Anlass der Insolvenz von dieser Risikotragung freizustellen. Das muss umso mehr gelten, als dies zur Folge hätte, dass die Insolvenzschuldner aufgrund der Freistellung von „unnützen" Forderungen Kostenvorteile erhielten, die es ihnen auch ermöglichten, sich zum Nachteil ihrer Konkurrenten, die entsprechende Vorteile nicht hätten, zu sanieren. Auch unabhängig von einem Gleichlauf von Herrschaft und Haftung bedeutete die Begrenzung auf „nützliche" Forderungen im Kern, die Ordnungsfunktionen von Bereicherungs- und Deliktsrecht auf dem Altar der insolvenzförmigen Sanierung zu opfern. Das ist mit der Idee einer gläubigerorientierten und marktkonformen Insolvenzabwicklung nicht in Einklang zu bringen.

II. Sonderrolle der öffentlichen Hand?

Denkbar scheint jedoch, der öffentlichen Hand mit ihren Steuerforderungen insofern eine Sonderrolle beizumessen. Dafür ließe sich der Gedanke vorbringen, dass die Last der Sanierungsförderung im öffentlichen Interesse dann – entsprechend dem Postulat *Häsemeyers* („Wer öffentliche Zwecke verfolgen will, muss öffentliche Mittel einsetzen."[79]) – zumindest auf den ersten Blick und primär dort läge, wo sie nach dem Gesagten hingehört: Auf den Schultern der Öffentlichkeit.

Eine solche Beschränkung ließe sich gewissermaßen als antizipierender Verzicht der öffentlichen Hand auf die eigenen Forderungen für den Fall der Insolvenz des Steuerschuldners interpretieren. Solange der Bundesgesetzgeber sich hierbei im Rahmen seiner Gesetzgebungskompetenz bewegt, scheint auf den ersten Blick wenig Zwingendes dagegen zu sprechen, die Insolvenzschuldner auf diese Weise freizustellen, zumal auch die Ordnungsfunktion privatrechtlicher Institute unberührt bliebe.

Zu bedenken ist jedoch, dass die Insolvenzverfahren damit als Instrumente zur Steuervermeidung, als *„moyens d'évasion fiscale"*[80] ausgesprochen attraktiv würden und die Insolvenzverfahren eine erhebliche „Sogwirkung"[81] auf krisenbehaftete Unternehmen entfalten würden. Letzteres ist nicht an sich problematisch, jedoch würde die Freistellung von Steuerforderungen ebenso wie die Befreiung von Delikts- oder Bereicherungsforderungen dazu führen, dass die Insolvenzschuldner von Kosten befreit würden, die ihre Konkurrenten, die sich

---

[78] Siehe oben, 8. Kapitel, B.III.; in anderem Kontext bereits früh sehr kritisch zu einem „*droit de ne pas payer ses dettes*" *Ripert*, DH 1936, chron. 57, 60.
[79] *Häsemeyer*, Insolvenzrecht, Rn. 2.19.
[80] *Jeantin/Le Cannu*, Entreprises en difficulté⁷, Rn. 770.
[81] In anderem Zusammenhang *Hoegen/Kranz*, NZI-Beil. 2019, S. 53, 56.

nicht in einem Insolvenzverfahren befinden, weiterhin zu tragen hätten. Ergebnis wäre also auch insoweit eine Wettbewerbsverzerrung, die mit einem Insolvenzrecht, das sich marktkonform gibt, nicht in Einklang zu bringen ist.

E. Ergebnis

Obgleich die Einräumung eines Supervorrangs das Potential hätte, gerade in massearmen Verfahren Sanierungen zu ermöglichen, die sonst an unsicheren Befriedigungsaussichten scheitern würden, muss diese Möglichkeit für das deutsche Insolvenzrecht verworfen werden. In einem Insolvenzrecht, das sich den Schutz der Gläubigerinteressen auf die Fahnen schreibt, ist nicht begründbar, warum letzten Endes die Massegläubiger Sanierungsversuche zu finanzieren haben, die nicht in ihrem Interesse liegen. Ebenso wenig verträgt es sich mit einem solchen Insolvenzrecht, die Masseverbindlichkeiten auf „nützliche" Forderungen zu beschränken. Das folgt jedoch nicht aus dem Grundsatz der Gläubigergleichbehandlung, sondern ergibt sich daraus, dass solche Beschränkungen die Ordnungsfunktionen von Delikts- und Bereicherungsrecht stören und zu gravierenden Wettbewerbsverzerrungen führen müssen. Denn Konsequenz hiervon wäre, dass die Insolvenzschuldner sich dann, freigestellt von solchen Verbindlichkeiten, innerhalb eines Insolvenzverfahrens zum Nachteil ihrer Konkurrenten sanieren können.

Gesamtschau: Die Verfahrensziele als Determinanten der Übertragbarkeit von Bevorrechtigungen

Die Untersuchung hat nach alldem auch insoweit gezeigt, dass die Verfahrensziele eine bestimmende Rolle, insbesondere für die Begründbarkeit von Bevorrechtigungen spielen. Daraus folgt allerdings nicht, dass eine Legitimation von Vorrechten, die den französischen Modellen nachempfunden sind, gar nicht möglich wäre. Im Einzelfall können vielmehr auch derartige Bevorrechtigungen im Kontext des deutschen Rechts stimmig begründet werden. Das ist im Ergebnis vor allem der Fall, wenn sich ein Vorrecht nicht nur mit der Sanierungsförderung im Allgemeininteresse erklären lässt, sondern dieses auch mit den Interessen der Gläubiger in Einklang gebracht werden kann. Für Modifikationen der Masseverbindlichkeiten nach französischem Vorbild kann das gar nicht bzw. nur sehr eingeschränkt gelingen, während das für Bevorrechtigungen in Anlehnung an das *privilège de conciliation* – bei entsprechender Ausgestaltung – durchaus funktionieren kann, ohne mit der Grundausrichtung des deutschen Insolvenzrechts zu brechen.

Schlussbetrachtung

A. Perspektiven einer (europäischen) Rechtsvereinheitlichung

Nach alldem hat die Untersuchung der Behandlung der Sanierungsfinanzierung *de lege lata* und *ferenda* in allergrößter Deutlichkeit gezeigt, wie sehr die nationalen Insolvenzrechte von ihren verschiedenen theoretischen Grundausrichtungen durchdrungen werden. Diese beeinflussen nicht nur die Behandlung von Sanierungsfinanzierungen, sondern die Ergebnisfindung ganz allgemein.

Das stellt das Anliegen einer (europäischen) Rechtsvereinheitlichung auf dem Gebiet des Insolvenzrechts gezwungenermaßen vor ganz erhebliche Herausforderungen. Wie gerade am Beispiel des *privilège de conciliation* sichtbar wird, bedeuten diese unterschiedlichen Vorstellungen von Funktion und Aufgabe eines Insolvenzrechts aber nicht zwangsläufig, dass eine Harmonisierung unmöglich ist. Die konzeptionellen Differenzen machen es jedoch erforderlich, von Institut zu Institut kritisch zu überprüfen, ob und inwiefern eine „Übertragung" möglich ist, will man nicht systematische Brüche erzeugen. So ließe sich zwar etwa das *privilège de conciliation* in das deutsche Insolvenzrecht übertragen, weil es sich – gewissermaßen zufällig – auch mit den für das deutsche Insolvenzrecht maßgeblichen Gläubigerinteressen in Einklang bringen lässt. Auch dort wäre aber damit zu rechnen, dass die neue Begründung und sonstige, gegebenenfalls erforderliche Anpassungen die Wirkungen des „übertragenen" Instituts in der übernehmenden Rechtsordnung beeinflussten. Eine identische Wirkung wäre also auch in diesem Fall kaum zu erwarten. Ganz anders müsste das aber etwa für Arbeitnehmervorrechte liegen, die aus Perspektive des französischen Rechts geradezu zwingend sein mögen, im deutschen Recht aber kaum begründbar sind.

Auflösen lässt sich das ehrlicherweise nur auf zwei Wegen, will man nicht für jede Regelungsmöglichkeit separat evaluieren, inwiefern sich diese harmonisch in verschiedene Insolvenzrechte einfügen würde: Die erste, einfache Lösung bestünde schlicht darin, das Anliegen einer (europäischen) Rechtsvereinheitlichung der europäischen Insolvenzrechte insofern aufzugeben. Will man sich einem solchen „Defaitismus" nicht hingeben, bleibt nur die zweite Lösungsmöglichkeit, eine – überfällige – transnationale Debatte über Funktion und Aufgabe eines harmonisierten Insolvenzrechts zu führen, um die Diskussion über einzelne insolvenzrechtliche Lösungen auf Grundlage einer gemeinsamen Grundhaltung führen zu können. Auf dieser Basis können dann auch gemeinsame widerspruchsfreie Lösungen selbst in „Kernmaterien" des Insolvenzrechts gefunden werden. Bis dahin scheint jeder Harmonisierungsversuch bildlich gesprochen als Bauen auf losem Untergrund, bei dem früher oder später notwendigerweise gewisse Verwerfungen auftreten müssen.

Ausgesprochen problematisch ist daher die bisweilen anzufindende Tendenz, die konzeptionellen Unterschiede der nationalen Insolvenzrechte bzw. deren Bedeutung für die Harmonisierungsbestrebungen insoweit kleinzureden.[1] Die Probleme, die ein Vereinheitlichungsversuch ohne gemeinsame Vorstellung von den Funktionen des Insolvenzrechts aufwerfen muss, lassen sich gerade am jüngsten europäischen Richtlinienentwurf zur Harmonisierung bestimmter Aspekte der nationalen Insolvenzrechte[2] aufzeigen. Dieser weist eine in Anbetracht früherer europäischer Regelungsvorschläge, vor allem des ursprünglichen Richtlinienentwurfs für die Restrukturierungsrichtlinie,[3] ebenso bemerkenswerte wie problematische Zurückhaltung in diesen Fragen auf.

Das fängt damit an, dass dieser Vorschlag, anders als noch die Restrukturierungsrichtlinie, keine Bestimmung zu den mit diesem verfolgten Zielen enthält. Verschiedentlich werden zwar die Interessen der Gläubiger hervorgehoben,[4] während etwa sozialpolitische Belange, ebenfalls anders als noch bei der Restrukturierungsrichtlinie,[5] gänzlich unerwähnt bleiben. Angesichts dieser Zurückhaltung hinsichtlich der Frage nach der Grundausrichtung des Insolvenzrechts ist daher durchaus begrüßenswert, dass der Entwurf im Grundsatz alle wesentlichen Entscheidungen, die die Grundausrichtung eines Insolvenzrechts bestimmen, in den Händen der Mitgliedstaaten belässt und mehrfach betont wird, dass es sich nur um einen Mindeststandard handle.[6] Insbesondere sieht Art. 30 des Entwurfs vor, dass die Entscheidungskriterien zur Auswahl des „besten" Angebots für eine übertragende Sanierung im Rahmen des *pre-pack*-Verfahrens die gleichen sein sollen wie auch sonst im Rahmen der Abwicklungsverfahren der einzelnen Mitgliedstaaten. Der Entwurf weist also auch insoweit keine Tendenz zugunsten der Gläubigerinteressen oder von Allgemeinwohlbelangen auf. Auch lässt Art. 64 Abs. 2 des Entwurfs den Mitgliedstaaten im Wesentlichen freie Hand, inwieweit Gläubigerkomitees in die im Rahmen der Verfahren zu treffenden Entscheidungen einzubeziehen sind.

Allerdings enthält der Entwurf auch Bestimmungen, die genuine Verteilungsfragen und damit Kernfragen des Insolvenzrechts betreffen. Bei diesen wird die Frage nach der Grundausrichtung des Verfahrens aber besonders re-

---

[1] Vgl. insbesondere *Vallens,* BJE juillet-août 2022, S. 38.

[2] COM 2022 (702) final.

[3] COM 2016 (723) final.

[4] COM 2022 (702) final, S. 11, 13, 15, 19 der Begründung und insbesondere ErwG (3), (5), (24).

[5] Eingehend zu deren Ausrichtung oben, 2. Kapitel, A.II.3.a).

[6] COM 2022 (702) final, insbesondere ErwG (4) und Begründung, S. 6 und passim.

levant, weshalb die dahingehende Zurückhaltung des Entwurfs ausgesprochen problematisch scheint.

Relativ unbedenklich ist insoweit aus Perspektive des deutschen Rechts jedoch Art. 12 des Entwurfs, der nur bestimmt, dass der Anfechtungsschutz aus Art. 17 f. der Restrukturierungsrichtlinie durch den Richtlinienentwurf unberührt bleiben soll, so dass sich hieraus für das deutsche Recht keine relevante Änderung ergibt. Für das deutsche Recht stellt sich letztlich auch die von Art. 33 Abs. 1 b) des Entwurfs vorgesehene Privilegierung von Zwischenfinanzierungen aus dem *pre-pack*-Verfahren in Folgeverfahren, die sich an dieses anschließen, als recht unproblematisch dar, soweit diese Zwischenfinanzierungen vor dem Eintritt der materiellen Insolvenz gewährt wurden. Bei einer solchen Privilegierung handelte es sich, weil diese erst und nur in einem eventuellen, späteren Insolvenzverfahren zur Geltung gelangen würde, im Kern um eine (funktionale) Kreditsicherheit, die in einem künftigen, noch nicht bestehenden Verteilungskonflikt zum Tragen kommen soll. Diese stehen nach dem hier zugrunde gelegten Verständnis außerhalb des normativen Geltungsanspruchs des Grundsatzes der Gläubigergleichbehandlung.[7] Insoweit bestehen für das deutsche Recht daher keine zwingenden Einwände, wobei es auf die rechtstechnische Konstruktion des Vorrechts und dessen konkreten Rang nicht ankommen kann.

Komplexer ist die Lage, wenn die Finanzierung nach Eintritt der materiellen Insolvenz gewährt wird, wenn also bereits ein konkreter Verteilungskonflikt besteht. Zu unterscheiden wäre hierfür nach dem hier zugrunde gelegten Konzept zunächst danach, ob das Befriedigungsvorrecht in diesem konkreten Verteilungskonflikt zur Geltung kommen soll oder ob dieses, ähnlich etwa dem deutschen Kreditrahmen, nur nach zunächst erfolgreichem Abschluss des Verfahrens, mit dem dieser Verteilungskonflikt aufgelöst wird, in einem eventuellen späteren Insolvenzverfahren zum Tragen kommen soll, demnach nur einen künftigen, noch nicht bestehenden Verteilungskonflikt betrifft. Bei letzterer Konstellation handelt es sich nach dem hiesigen Verständnis gleichermaßen nicht um ein Gleichbehandlungsproblem, weil es sich im Kern um eine Kreditsicherheit für einen künftigen Verteilungskonflikt handelte,[8] so dass auch einem solchen Vorrecht keine zwingenden Einwände entgegenstünden.

Soll das Vorrecht aber im bereits bestehenden Verteilungskonflikt zur Geltung gelangen, ist weiter zu differenzieren. Bei einem Vorrecht nur gegenüber den Insolvenzgläubigern bestünden auch insoweit keine zwingenden Einwände, weil an dessen Entstehung der *monitor* bzw. der Verwalter beteiligt wären, die die Interessen der Gläubigergesamtheit zu wahren haben (vgl. Art. 33 Abs. 1 a)). Daher ist die typisierende Annahme gerechtfertigt, dass diese Privilegierung deren Interessen entspricht, was die hier bestehende Ab-

---

[7] Eingehend hierzu oben, 7. Kapitel, B.III., D.II.2.b).
[8] Eingehend zu dieser Konstellation oben, 7. Kapitel, D.II.2.b).

weichung von der Gläubigergleichbehandlung rechtfertigen würde.[9] Auch ein Vorrang gegenüber den absonderungsberechtigten Gläubigern schiene hier unbedenklich, weil die Ausgestaltung und Wirksamkeit der Kreditsicherheiten nach dem hiesigen Verständnis allein eine Frage rechtspolitischer Zweckmäßigkeit ist.[10] Problematisch wäre nach dem Gesagten in dieser Konstellation aber ein Vorrang gegenüber den Massegläubigern, weil im Fall der Masseunzulänglichkeit, in der dieser Vorrang allein wirklich relevant wird, auch unter den Massegläubigern der Grundsatz der Gläubigergleichbehandlung gelten muss und sich eine solche Bevorrechtigung insoweit im Rahmen des deutschen Insolvenzrechts nicht stimmig begründen lässt.[11]

Auch jenseits dieser Fragen scheint es mit Rücksicht auf die negativen Auswirkungen, die entsprechende Vorrechte auf die verdrängten Gläubiger haben können, wenn sie nicht wissen, ob und in welchem Umfang eine solche Bevorrechtigung besteht, jedenfalls bedenklich, dass die Richtlinie keine Vorgaben zur Publizität eines solchen Privilegs enthält.[12]

Solche Privilegierungen scheinen im Übrigen etwa auch aus dem Blickwinkel des französischen Rechts nicht unzweifelhaft. Denn damit würden in einem Folgeverfahren Forderungen, deren Entstehung nichts zum Erhalt des Unternehmens in der konkreten Situation beiträgt, die also keinen konkreten Bezug zum Verfahren und dessen Zielen haben, bevorzugt befriedigt. Das birgt jedenfalls die Gefahr, dass hierdurch im Folgeverfahren der angestrebte Unternehmenserhalt erschwert wird. An der bevorzugten Befriedigung der vom *privilège de conciliation* geschützten Gläubiger, die die Zielerreichung des Folgeverfahrens ebenfalls nicht fördern,[13] zeigt sich zwar, dass dies auch für das französische Recht nicht bedeuten *muss*, dass eine solche Bevorrechtigung unbegründbar wäre. Ein solcher Begründungsversuch wirft für das französische Recht aufgrund dessen vom deutschen Recht abweichender Grundausrichtung aber jedenfalls gänzlich andere Fragen auf, als sie sich für das deutsche Recht stellen, wo die Auswirkungen einer solchen Privilegierung auf sozialpolitische Belange im Folgeverfahren für dessen Begründbarkeit keine Bedeutung haben. Das zeigt erneut, dass eine solche vermeintliche *one-size-fits-all*-Lösung, die die unterschiedlichen Ausrichtungen der nationalen Insolvenzrechte nicht berücksichtigt, ausgesprochen problematisch ist.

Dass der Richtlinienentwurf in seiner derzeitigen Fassung zu einer echten Harmonisierung der nationalen Insolvenzrechte führt, ist im Übrigen schon deshalb ausgesprochen zweifelhaft, weil dieser Entwurf, wohl aufgrund der berechtigten Sorge, sonst systematische Brüche in den nationalen Insolvenzrech-

---

[9] Siehe hierzu, 7. Kapitel, D.II.2.a).
[10] Näher hierzu, 7. Kapitel, D.II.1.
[11] Eingehend hierzu, 8. Kapitel, C.I.
[12] Siehe zu den Publizitätsfragen, 7. Kapitel, C.III.
[13] Vgl. *Pérochon*, Entreprises en difficulté, Rn. 386.

ten zu verursachen,[14] darauf verzichtet, einheitliche Entscheidungskriterien für die Auswahl des Angebots im Rahmen der Annahme des *pre-pack*-Plans vorzusehen (siehe Art. 30). Maßgeblich sollen hiernach die bisherigen Maßstäbe der jeweiligen nationalen Insolvenzrechte sein. Ein Insolvenzrecht, das den Erhalt von Arbeitsplätzen gegenüber den Gläubigerinteressen priorisiert, wird insoweit jedoch regelmäßig zu gänzlich anderen Ergebnissen führen als etwa das deutsche Recht, das nach den Maßgaben der Richtlinie darauf abstellen müsste, ob dieser Plan im Interesse der Gläubiger liegt. Für das Anliegen einer wirklichen Harmonisierung scheint durch ein solches Vorgehen damit aber wenig gewonnen.

B. Gesamtergebnis

Anliegen dieser Arbeit war es, zu untersuchen, wie das bei Sanierungskrediten bestehende Anreiz- und Prognoseproblem in Frankreich und in Deutschland im Ergebnis aufgelöst wird und insbesondere zu klären, ob die verschiedenen Verständnisse von den Aufgaben des Insolvenzrechts hier zu unterschiedlichen Lösungen führen. Getrieben war das auch von dem Anliegen, als Grundlage für eine fundierte Harmonisierungsdebatte zu ermitteln, welche Rolle die Verständnisse der Insolvenzrechte, die gerade zwischen Frankreich und Deutschland kaum unterschiedlicher sein könnten, für die Begründung und Begründbarkeit von insolvenzrechtlichen Regelungen spielen. Dabei hat die Untersuchung gezeigt, dass diese Ausrichtungen nicht nur von theoretischer Bedeutung sind, sondern gerade für die Bewältigung von Kernproblemen des Insolvenzrechts, wie etwa der gerechten Erlösverteilung, eine entscheidende Rolle spielen.

Besonders bei der Sanierungsfinanzierung führen diese unterschiedlichen Verständnisse dazu, dass sich der Schutz der Kreditgeber zwischen den beiden Rechtsordnungen stark unterscheidet und folglich auch dieses Anreizproblem sehr unterschiedlich aufgelöst wird. Das französische Insolvenzrecht räumt Sanierungsfinanzierern vor den Risiken der Liquidation immer einen jedenfalls partiellen Schutz ein, weil der Unternehmenserhalt generell wünschenswert sei. Das deutsche Recht hingegen schützt die Sanierungsfinanzierer vor diesen Risiken prinzipiell nur dort, wo das den Interessen der übrigen Gläubiger nicht widerspricht, weil das Insolvenzrecht primär den Interessen dieser Gläubiger zu dienen habe.

Das bedeutet trotz allem nicht, dass eine Übertragung von Regelungen und eine Harmonisierung nicht möglich wären. Behält man die unterschiedlichen

---

[14] Vgl. COM 2022 (702) final, S. 8, in der darauf hingewiesen wird, dass einige Mitgliedstaaten Bedenken gegen eine weitere Harmonisierung der Insolvenzrechte angemeldet hätten.

Verständnisse von Aufgabe und Funktion des Insolvenzrechts bei, steht eine erfolgreiche Übertragung bzw. Harmonisierung, die nicht zu eklatanten Widersprüchen führen soll, aber unter der Voraussetzung, dass sich eine bestimmte Lösung der Ausgangsrechtsordnung auch stimmig in einer anderen Rechtsordnung begründen lässt. Gerade in der hiesigen Konstellation setzt das voraus, dass eine ganz neue Begründung gefunden wird, die nicht auf ein Primat des Unternehmenserhalts rekurriert. Das kann – wie etwa beim *privilège de conciliation* – gelingen, weil sich dieses letztlich auch mit der deutschen Ausrichtung auf Gläubigerinteressen verträgt. Genau so kann das – etwa bei den Modifikationen der Masseverbindlichkeiten – aber an den grundlegenden Unterschieden scheitern. Auch wenn eine Übertragung gelingt, ist jedoch zu beachten, dass das neue Fundament einer Regelung dazu führt, dass diese ihre Funktionsweise verändert. Für eine echte Harmonisierung ist damit wenig gewonnen. In diesen echten Kernbereichen des Insolvenzrechts muss eine wirkliche Harmonisierung, die keinen Systembruch erzeugen soll, letzten Endes an den unterschiedlichen Vorstellungen von der Aufgabe des Insolvenzrechts scheitern, solange kein gemeinsames Verständnis von Funktion und Aufgabe des Insolvenzrechts besteht.

Zusammenfassung der wesentlichen Ergebnisse

1. Teil

1. Die Insolvenz und das weitere Schicksal des Unternehmens stellen sich als Konfliktlage dar, bei der viele verschiedene Interessen der Gläubiger, der Schuldnerseite, aber auch der Allgemeinheit aufeinandertreffen und nicht generell miteinander in Einklang gebracht werden können. Es ist letztlich gesetzgeberische Aufgabe zu entscheiden, welchen dieser Belange ein Insolvenzrecht dienen soll. Besonders die Frage, ob und vor allem unter welchen Bedingungen ein Insolvenzrecht Sanierungen und den Unternehmenserhalt fördert, hängt im Ergebnis vor allem davon ab, welchen Belangen der jeweilige Gesetzgeber den Vorrang einräumt. Die vor allem im deutschen Recht verbreitet gestellte Frage danach, *ob* die Sanierung ein Verfahrensziel darstelle, ist vor diesem Hintergrund wenig weiterführend.

2. Festzustellen ist insofern, dass die französischen und deutschen Gesetzgeber für das jeweils geltende Recht gewissermaßen gegensätzliche Gewichtungen vorgenommen haben. Wo das deutsche Recht grundsätzlich alles davon abhängig macht, ob eine Regelung den Gläubigerinteressen dient, knüpft das französische Recht daran an, ob eine Maßnahme – unabhängig von den Interessen der übrigen Gläubiger – dem Unternehmenserhalt dient.

3. Das deutsche Recht weist insofern eine gewisse historische Konstanz auf, da seit Inkrafttreten der Konkursordnung das Primat der Gläubigerinteressen unangetastet geblieben ist. Das deutsche Insolvenzrecht ist im Kern nach wie vor Vollstreckungsrecht, in dem eine Sanierung nur stattfindet, wenn sie den Befriedigungsaussichten der Gläubiger nützt.

4. Daran haben auch die Reformen seit Inkrafttreten der Insolvenzordnung nichts geändert. Das gilt insbesondere für die deutsche Umsetzung der Restrukturierungsrichtlinie in Gestalt des StaRUG, bei welcher der deutsche Gesetzgeber die durch die Richtlinie gelassenen Spielräume so genutzt hat, dass weiterhin keine Sanierungen auf Kosten der übrigen Gläubiger stattfinden.

5. Das französische Recht hat sich seit 1967 schrittweise, aber kontinuierlich vom *„droit des faillites"* i.S. eines Gesamtvollstreckungsrechts für Kaufleute, das vor allem auf die Befriedigung der Gläubiger und die Marktbereinigung ausgerichtet war, phasenweise aber auch einen stark repressiven Charakter hatte, zum heutigen *„droit des entreprises en difficulté"* entwickelt. In diesem

heutigen Rahmen steht die Verwirklichung wirtschafts- und sozialpolitischer Ziele im Vordergrund, die vor allem durch die Sanierung des schuldnerischen Unternehmens gefördert werden sollen.

6. Das geltende *droit des entreprises en difficulté* beruht im Wesentlichen auf der *loi de sauvegarde* von 2005 und stellt den vorläufigen Endpunkt dieser Entwicklung dar. Das heutige Recht zeigt sich dabei als stark ausdifferenzierter und flexibler Rahmen, mit dem die wirtschaftlichen Schwierigkeiten der Unternehmen bewältigt werden sollen.

7. Dabei ist das heute geltende Recht, anders als vor allem das Recht von 1985, von einem gewissen Pragmatismus geprägt und geht nicht mehr darauf aus, Unternehmen um jeden Preis zu erhalten. Vielmehr erlaubt das heutige Recht auch die schnelle Zerschlagung von Unternehmen, wo deren Erhalt nicht durchführbar scheint.

8. Wesentlicher Bestandteil des geltenden *droit des entreprises en difficulté*, der durch die Reform von 2005 erheblich an Bedeutung gewonnen hat, ist das sog. *traitement amiable* (bestehend aus *mandat ad hoc* und *conciliation*). Hiermit soll eine frühzeitige, teilkollektive, konsensuale und gerichtsferne Bewältigung der Schwierigkeiten ermöglicht werden.

9. Neben dem *traitement amiable* stehen die *procédures collectives* in Form der *procédure de sauvegarde*, des *redressement judiciaire* und der *liquidation judiciaire*. Diese zeichnen sich dadurch aus, dass sie, anders als die Verfahren des *traitement amiable*, klarer definierte Eröffnungsvoraussetzungen haben, kollektiv und gerichtsintensiv sind, sowie Eingriffe in die Rechte der Gläubiger auch ohne deren Zustimmung ermöglichen.

10. Dabei sind die *procédure de sauvegarde* und das *redressement judiciaire* vor allem auf die Überwindung der wirtschaftlichen Schwierigkeiten des Unternehmens gerichtet und können – anders als die *liquidation judiciaire* – nicht zur Zerschlagung des Unternehmens führen.

11. Der möglichst weitgehende Erhalt des wirtschaftlichen Potentials des Unternehmens bleibt jedoch selbst in der *liquidation judiciaire* relevant. Eine übertragende Sanierung soll auch in diesem Rahmen immer erfolgen, um die mit der Unternehmung verbundenen Arbeitsplätze zu erhalten, wenn sie möglich erscheint, auch wenn eine andere Art der Verwertung – insbesondere eine Zerschlagung – für die Gläubiger vorteilhafter wäre.

2. Teil

1. Relevante Risiken können sich für Kreditgeber aus Liquidationsverfahren in dreifacher Hinsicht ergeben: Zunächst werden diese ein Interesse daran haben, die weitere Inanspruchnahme aus bestehenden Verträgen zu verhindern, um die Entstehung von Opportunitätskosten zu vermeiden und allgemein den

Unsicherheiten eines Insolvenzverfahrens zu entgehen. Daneben, und wohl primär, werden sie ein erhebliches Interesse daran haben, mit ihren Forderungen insgesamt pünktlich und vollständig befriedigt zu werden. Schließlich werden sie auch daran interessiert sein, dass ihnen erhaltene Vorteile nicht aus Anlass des Scheiterns der Sanierung wieder aus der Hand geschlagen werden oder sie noch weiter gehend für die Schäden der übrigen Gläubiger verantwortlich gemacht werden.

2. *Im Ergebnis* gewähren sowohl das deutsche als auch das französische Recht Kreditgebern im Fall der Liquidation des Schuldnerunternehmens einen wirksamen Schutz vor einer weiteren Inanspruchnahme. Dabei haben sich in beiden Rechtsordnungen gleichermaßen die Begründungswege für diesen Schutz weitgehend von früher präsenten, automatischen Beendigungen mit Verfahrenseröffnung entfernt. Dieses Ergebnis wird heute weitgehend über fristlose Kündigungsrechte des Kreditgebers erreicht.

3. Sehr unterschiedlich ist jedoch die Begründung dieser Kündigungsrechte: In Deutschland lässt sich die Kündigungsmöglichkeit im Kern darauf zurückführen, dass in diesem Fall eine weitere Fortsetzung der Kreditbeziehung mit dem begrenzten Bindungswillen des Kreditgebers nicht vereinbar wäre. Die französische Kündigungsmöglichkeit beruht hingegen auf der Erwägung, dass ein Fortbestand der Beziehung hier auch aus dem Blickwinkel des Insolvenzrechts und der Sanierungsförderung nicht geboten ist.

4. Deutliche Unterschiede bestehen zwischen den beiden Rechtsordnungen auch hinsichtlich des Schutzes der Kreditgeber vor Ausfallrisiken. Das französische Recht hält hier eine Vielzahl von gesetzlichen Privilegierungen bereit. Diese knüpfen zwar nur im Fall des *privilège de conciliation* unmittelbar an den Sanierungszweck an, lassen sich aber letztlich alle darauf zurückführen, dass eine bevorrechtigte Befriedigung in diesen Fällen für das Verfahrensziel des Unternehmenserhalts förderlich scheint. Die praktische Wirksamkeit dieser Vorrechte bleibt jedoch oft hinter deren theoretischem Potential zurück, weil sie mit anderen, stärkeren Bevorrechtigungen in Konkurrenz treten und von diesen ausgehöhlt werden.

5. Einen Ausweg können insoweit vor allem die exklusiven Sicherheiten bieten, die, anders als die traditionellen Sicherheiten, eine vollständige und zeitnahe, weil konkurrenzlose und außerhalb des Verfahrens erfolgende Befriedigung ermöglichen. Werden diese im Rahmen einer *conciliation* mit anschließender *homologation* bestellt, sind sie insbesondere auch vor einer Anfechtung geschützt. Hintergrund hiervon ist nicht eine wiedergefundene Wertschätzung für Gläubigerinteressen an sich, sondern die Erkenntnis, dass wirksame Kreditsicherheiten erforderlich sind, um den Unternehmensbestand (außerhalb von Insolvenzverfahren) nicht auf dem Altar der verfahrensförmigen Sanierungsförderung zu opfern. Im Ergebnis ist die Exklusivität daher vor allem ein Schleier für einen neuen, pragmatischen Umgang des Insolvenzrechts mit vorinsolvenzlichen Positionen.

6. Auch das deutsche Recht hält insoweit verschiedene Schutzmechanismen bereit. Diese sind jedoch nicht Ausdruck einer Hinwendung zur Sanierungsförderung auch auf Kosten der übrigen Gläubiger, sondern sind im Ergebnis dadurch motiviert, dass ein Privileg in diesen Fällen auch im Interesse der übrigen Gläubiger liegt. Denn sie bestehen im Ergebnis nur in Fällen, in denen die Kreditierungen voraussichtlich für die Befriedigungsaussichten dieser Gläubiger förderlich ist.

7. Dabei kann das Massevorrecht den Kreditgeber, der einen Sanierungsversuch im Rahmen eines Insolvenzverfahrens unterstützt hat, regelmäßig umfassend von Ausfallrisiken freistellen. Erhebliche Schutzlücken bestehen *de lege lata* aber für Finanzierungen, mit denen die Durchführung eines Insolvenzplans ermöglicht werden soll, weil der Kreditrahmen keine wirkliche Schutzwirkung entfaltet. Überhaupt kein Schutz besteht gar für Finanzierungen vor Verfahrenseröffnung bzw. vor einem Eröffnungsantrag, wenn kein werthaltiges Sicherungsgut vorhanden ist.

8. Ist hingegen noch werthaltiges Sicherungsgut vorhanden, kann dieses im Fall der Insolvenz zwar keine unverzügliche, bei hinreichender Verhandlungsmacht der Kreditgeber aber doch eine vollständige Befriedigung ermöglichen. Hat sich der Kreditgeber vor der Finanzierung über die Erfolgsaussichten versichert, insbesondere durch Erstellung eines Sanierungsgutachtens, stehen dem auch keine Anfechtungs- oder Nichtigkeitsgründe entgegen. Auch dieser Schutz lässt sich letztlich auf die Gläubigerinteressen zurückführen. In diesem Fall resultiert aus der Finanzierung und der zugehörigen Sicherheit zumindest *ex ante* keine Beeinträchtigung der Gläubigerinteressen. Bestünden auch hier Anfechtungs- und Nichtigkeitsrisiken, drohten auch wirtschaftlich sinnvolle Sanierungsversuche zu unterbleiben, die im Interesse auch der übrigen Gläubiger lägen, weil potentielle Kreditgeber nicht bereit wären, die damit verbundenen Risiken einzugehen.

9. Im Ergebnis läuft auch der Schutz vor Haftungsfolgen weitgehend parallel. Hier schützen beide Rechtsordnungen jedenfalls seriöse Sanierungsversuche. Auch hier sind jedoch die Fundamente sehr unterschiedlich: In Frankreich wird das von dem Gedanken getragen, dass die Freistellung nötig ist, um den generell als wünschenswert betrachteten Unternehmenserhalt zu ermöglichen. Deshalb besteht der Schutz hier teilweise selbst für *ex ante* aussichtslose Sanierungsversuche, die letztlich auf Kosten der übrigen Gläubiger gehen. In Deutschland lässt sich die Freistellung hingegen wiederum darauf zurückführen, dass das Risiko von Haftungsfolgen bei ernsthaften Sanierungsversuchen auch aus Perspektive der übrigen Gläubiger schädlich ist, weil dann unter Umständen aus Sorge vor diesen Risiken Sanierungsversuche unterblieben, die sich für die übrigen Gläubiger als vorteilhaft erwiesen.

10. Im Kern spiegelt sich in der unterschiedlichen Behandlung der Sanierungsfinanzierungen zwar nicht immer im Ergebnis, doch aber in der Begründung die unterschiedliche Ausrichtung der Insolvenzrechte durchgehend wi-

der. Während das deutsche Recht Sanierungsfinanzierer schützt, wenn und weil das für die Interessen der übrigen Gläubiger nützlich ist, schützt das französische Recht die Sanierungsfinanzierer auch dort, wo das nicht der Fall ist, aber ein Unternehmenserhalt vorstellbar ist.

3. Teil

1. Für die Fortentwicklung des deutschen Rechts nach dem Vorbild des französischen Rechts von vornherein zu verwerfen sind die Einordnung gewisser Realsicherheiten als Aussonderungsrechte und die Haftungsfreistellung nach dem Vorbild des Art. L. 650-1 C. com., weil sie keinen nennenswerten Beitrag zur Bewältigung des Anreizproblems leisten und erhebliche systematische Brüche verursachen würden.

2. Auch soweit eine „Übertragung" der französischen Instrumente insoweit einen Mehrwert bringen würde, ist zu gewärtigen, dass eine unveränderte Transposition von Rechtsnormen von einer Rechtsordnung in eine andere nicht möglich ist, weshalb die Auswirkungen, die ein solches Institut im deutschen Recht hätte, für das deutsche Recht separat zu beleuchten sind.

3. Trotz der verschiedenen Ausrichtungen der Verfahren keine relevante Hürde bildet das Verfassungsrecht, soweit Modifikationen der Befriedigungsvorrechte der Sicherungsnehmer nur mit Wirkung für die Zukunft erfolgen sollen. Entscheidend ist insoweit, dass in der Insolvenzsituation eine Konfliktlage besteht, in der keine der grundrechtlich geschützten Positionen voll verwirklicht werden kann, ohne zugleich eine andere solche Position zu beschneiden. In einer solchen Konstellation ist es dem Gesetzgeber grundsätzlich nicht verwehrt, von der *lex lata* abweichende Gewichtungen vorzunehmen, wenn – wie hier – Allgemeinwohlbelange für diese sprechen.

4. Zu gewärtigen ist jedoch, dass der Grundsatz der Gläubigergleichbehandlung aufgrund der verschiedenen Ausrichtungen der Verfahren in beiden Rechtsordnungen nicht die gleiche Bedeutung hat. Für das französische Recht scheinen Differenzierungen aus Gründen des Allgemeinwohls durchaus legitim. Dieser Grundsatz ist für das deutsche Recht hingegen als Gerechtigkeitsregel formaler Gleichheit zu verstehen. Hiernach steht jedem Gläubiger in einem konkreten Verteilungskonflikt, bei welchem das schuldnerische Vermögen *inter partes* vollständig verteilt ist, das vorhandene Vermögen aber unzureichend ist, um dies auch *erga omnes* umfassend nachzuvollziehen, grundsätzlich der gleiche Anteil zu. Abweichungen hiervon sind im Kontext des deutschen Rechts nur zulässig, wenn sich für diese genuin privatrechtliche Gründe finden lassen.

5. Obgleich vor allem die Gesetzesbegründung der InsO starke Anleihen bei der ökonomischen Analyse des Rechts nimmt, findet sich das Effizienzdenken

in der InsO nur unvollständig verwirklicht, weil die Interessen bzw. der Wille der Gläubiger auch dann maßgeblich ist, wenn eine andere Lösung effizienter wäre.

6. Anders als das verbreitet angenommen wird, bestehen gegen die Einführung eines an das *privilège de conciliation* angelehnten Vorrechts im deutschen Recht keine zwingenden Einwände. Insbesondere lässt sich der Gläubigergleichbehandlung insoweit nichts entnehmen. Ein solches Vorrecht der Sanierungsfinanzierer auch vor den gesicherten Gläubigern hat das Potential, sinnvolle Sanierungen zu ermöglichen, die sonst an der fehlenden Verfügbarkeit werthaltigen Sicherungsguts zu scheitern drohen und würde auch ineffiziente Blockadepotentiale der gesicherten Gläubiger im Insolvenzverfahren reduzieren. Es brächte jedoch auch eine Schwächung der einfachen Kreditsicherheiten mit sich, die sich durch eine Publizität des Vorrechts aber auf ein Mindestmaß reduzieren ließe. Die Entscheidungsmacht sollte insofern bei der Gläubigermehrheit liegen, wobei die gerichtliche Mitwirkung auf eine Missbrauchskontrolle beschränkt bleiben sollte.

7. Denkbar ist auch eine zeitliche Erstreckung des *privilège de conciliation* ins eröffnete Insolvenzverfahren, d.h. eine Bevorrechtigung von Sanierungsfinanzierern in Folgeverfahren auch gegenüber gesicherten Gläubigern, wenn diese im Insolvenzverfahren neue Kredite gewährt haben. Das hätte ähnliche wirtschaftliche Auswirkungen wie das *privilège de conciliation* außerhalb der Insolvenz und würde auch nicht gegen den Gläubigergleichbehandlungsgrundsatz verstoßen. Diesem kommt einerseits für die verdrängten Gläubiger eines zweiten Verfahrens kein Aussagegehalt zu, andererseits entspräche die Bevorrechtigung den Interessen der Insolvenzgläubiger des ersten Verfahrens.

8. Zu verwerfen ist hingegen eine Modifikation der Masseverbindlichkeiten nach französischem Vorbild. Für die Einräumung eines Supervorrangs folgt das schon daraus, dass dies eine gegenüber den Massegläubigern nicht zu begründende Abweichung vom Grundsatz der Gläubigergleichbehandlung darstellen würde. Dieser steht einer Beschränkung der Masseforderungen auf nützliche Forderungen zwar nicht entgegen, jedoch bewirkte dies erhebliche Wettbewerbsverzerrungen und Fehlanreize, die mit der Konzeption des deutschen Insolvenzrechts unvereinbar sind.

9. Die Situation der Sanierungsfinanzierung zeigt in aller Deutlichkeit, wie sehr die verschiedenen Verfahrenszwecke der nationalen Insolvenzrechte diese durchdringen und die sich auch in konkreten Lösungen widerspiegeln. In Anbetracht dessen scheint eine echte Harmonisierung dieser Bereiche des Insolvenzrechts, die weder zu Systembrüchen führen, noch unterschiedliche Ergebnisse in den einzelnen Mitgliedstaaten erzeugen soll, kaum vorstellbar. Erforderlich wäre insoweit zunächst die Herbeiführung eines gemeinsamen Verständnisses von Aufgabe und Funktion des Insolvenzrechts.

Literaturverzeichnis

Adam, Roman F., Insolvenzrecht und Grundgesetz, DZWiR 2009, S. 441–450.
Ahrens, Martin/Gehrlein, Markus/Ringstmeier, Andreas (Hrsg.), Insolvenzrecht – Kommentar, 4. Auflage 2020 (zitiert als: Ahrens/Gehrlein/Ringstmeier/*Bearbeiter*, Insolvenzrecht).
Allan, David/Drobnig, Ulrich, Secured Credit in Commercial Insolvencies – A Comparative Analysis, RabelsZ 44 (1980), S. 615–618.
Amlon, Guy, Sauvegarde, Redressement et liquidations judiciaires: Créanciers antérieurs titulaires de sûretés réelles, JCl. Proc. Coll. Fasc. 2383, Stand: 31.07.2022.
Anselme-Martin, Olivier, Pour un retour à la clôture du compte-courant bancaire en cas de redressement judiciaire, RD bancaire 1997, S. 55–64.
Armour, John, The Law and Economics Debate About Secured Lending: Lessons for European Lawmaking?, in: Eidenmüller, Horst (Hrsg.), The Future of Secured Credit in Europe, 2008, S. 3–29.
Atsarias, Sophie, La protection des garants des dettes de l'entreprise, 2018.
Aubert, Jean-Luc, Anmerkung zu Cass. civ. 1re, 28.03.2000, n° 97-21422, Defrénois 2000, S. 720.
Audit, Pierre-Emmanuel, La „naissance" des créances – Approche critique du conceptualisme juridique, 2015.
d'Avout, Louis, Das erstaunliche Projekt eines europäischen Wirtschaftsgesetzbuches, ZEuP 2019, S. 653–661.
Aynès, Augustin, Précisions sur le sort du gage sans dépossession en cas de procédure collective, JCP G 2009, I-119.
ders., Les causes classiques de préférence: l'égalité respectée? Le traitement differencié des créanciers titulaires des sûretés rélles, BJE novembre-décembre 2019, S. 52–56.
ders./Crocq, Pierre/Aynès, Augustin, Droit des sûretés, 16. Auflage 2022.
Ayotte, Kenneth/Skeel, David A., An Efficiency-Based Explanation for Current Corporate Reorganization Practice, University of Chicago Law Review 73 (2006), S. 425–468.
Baird, Douglas G., Revisiting Auctions in Chapter 11, Journal of Law & Economics 36 (1993), S. 633–654.
ders., Elements of bankruptcy, 6. Auflage 2014.
ders./Jackson, Thomas H., Corporate Reorganizations and the Treatment of Diverse Ownership Interests: A Comment on Adequate Protection of Secured Creditors in Bankruptcy, University of Chicago Law Review 51 (1984), S. 97–130.
ders./Rasmussen, Robert K., Control Rights, Priority Rights, and the Conceptual Foundations of Corporate Reorganizations, Virginia Law Review 87 (2001), S. 921–960.
Barbier, Hugo, L'engagement de rembourser un prêt pris par le repreneur d'une entreprise en difficulté n'emporte pas novation de la dette – Anmerkung zu Cass. com. 09.02.2016, n° 14-23.219, RTDCiv. 2016, S. 369.
Baron, Frédéric, La date de naissance des créances contractuelles à l'épreuve du droit des procédures collectives, RTDCom. 2001, S. 1–30.
Batereau, Ludwig Hans, Die Haftung der Bank bei fehlgeschlagener Sanierung, WM 1992, S. 1517–1522.

Bauer, Joachim, Ungleichbehandlung der Gläubiger im geltenden Insolvenzrecht, DZWiR 2007, S. 188–192.

ders., Ungleichbehandlung der Gläubiger im geltenden Insolvenzrecht – Zugleich zur Dogmatik gesetzlich geschaffener Gläubigerprivilegien am Beispiel des § 32 DepotG, § 13c UStG und des Entwurfs der (vorigen) Bundesregierung eines Gesetzes zum Pfändungsschutz der Altersvorsorge und zur Anpassung des Rechts der Insolvenzanfechtung vom 10. August 2005, 2007.

Baum, Harald, Von der Freiheit des Reformgesetzgebers – Verfassungskonforme Behandlung der publizitätslosen Mobiliarsicherheiten im Diskussionsentwurf einer Insolvenzordnung, KTS 1989, S. 535–591.

Baur, Fritz/Stürner, Rolf, Zwangsvollstreckungs-, Konkurs- und Vergleichsrecht – Band II – Insolvenzrecht, 12. Auflage 1990 (Insolvenzrecht).

dies./Bruns, Alexander, Zwangsvollstreckungsrecht, 14. Auflage 2022.

Bebchuk, Lucian Arye/Fried, Jesse M., The Uneasy Case for the Priority of Secured Claims in Bankruptcy, Yale Law Journal 105 (1996), S. 857–934.

dies., Uneasy Case for the Priority of Secured Claims in Bankruptcy: Further Thoughts and a Reply to Critics, Cornell Law Review 82 (1997), S. 1279–1348.

Beck, Heinz/Samm, Carl-Theodor/Kokemoor, Axel (Hrsg.), Gesetz über das Kreditwesen – Kommentar nebst Materialien und ergänzenden Vorschriften, 2022 (zitiert als: Beck/Samm/Kokemoor/*Bearbeiter*).

Behr, Volker, Wertverfolgung – Rechtsvergleichende Überlegungen zur Abgrenzung kollidierender Gläubigerinteressen, 1986.

Bellamy, Marcel, Malaise et déséquilibre du droit du crédit en France, JCP G 1974, I-2650.

Bellivier, Florence, Brinz et la réception de sa théorie du patrimoine en France, in: Beaud, Olivier (Hrsg.), La science juridique française et la science juridique allemande de 1870 à 1918 – Actes du colloque organisé à la Faculté de Droit de Strasbourg, les 8 et 9 décembre 1995, 1997, S. 165–177 (Science juridique).

Berger, Christian, Rechtsgeschäftliche Verfügungsbeschränkungen, 1998.

ders., Haftungsrechtliche Verteilungsprinzipien an der Schnittstelle von Einzelzwangsvollstreckung und Insolvenz, ZZP 121 (2008), S. 407–426.

Berger, Klaus Peter, Lösungsklauseln für den Insolvenzfall, in: Arbeitskreis für Insolvenz- und Schiedsgerichtswesen (Hrsg.), Kölner Schrift zur Insolvenzordnung – Das neue Insolvenzrecht in der Praxis, 2. Auflage 2000, S. 499–530 (Kölner Schrift²).

ders., Besteht eine Kreditversorgungspflicht der Banken? in: Aderhold, Lutz/Grunewald, Barbara/Klingberg, Dietgard/Paefgen, Walter, G. (Hrsg.), Festschrift für Harm Peter Westermann zum 70. Geburtstag, 2008, S. 109–123 (FS Westermann).

ders., Finanzkrise und Kreditklemme: Kann das Kreditvertragsrecht helfen?, BKR 2009, S. 45–51.

Berges, August Maria, Die rechtlichen Grundlagen der Gläubigergleichbehandlung im Konkurs, KTS 1957, S. 49–59.

ders., Vergleich und Konkurs in der Evolution der Marktwirtschaft, in: Uhlenbruck, Wilhelm/Klasmeyer, Bernd/Kübler, Bruno M. (Hrsg.), Einhundert Jahre Konkursordnung – 1877–1977; Festschrift des Arbeitskreises für Insolvenz- und Schiedsgerichtswesen e.V. Köln zum 100jährigen Bestehen der Konkursordnung vom 10. Februar 1877, 1977, S. 363–400 (FS 100 Jahre KO).

Berthelot, Geoffroy, Les créanciers postérieurs méritants (1re partie), RPC mai-juin 2011, S. 84–97.

ders., Les créanciers postérieurs méritants (2e partie), RPC juillet-août 2011, S. 60–72.

Beudant, Robert/Lerebours-Pigeonnière, Paul/Voirin, Pierre, Cours de droit civil français – Tome XIII: Les sûretés personelles et réelles, 1948 (Droit civil, Bd. XIII).
Binder, Jens-Hinrich/Glos, Alexander/Riepe, Jan (Hrsg.), Handbuch Bankenaufsichtsrecht, 2. Auflage 2020 (zitiert als: Binder/Glos/Riepe/*Bearbeiter*, Bankenaufsichtsrecht).
Bitter, Georg, Sanierung in der Insolvenz – Der Beitrag von Treue- und Aufopferungspflichten zum Sanierungserfolg, ZGR 39 (2010), S. 147–200.
ders./Laspeyres, Anne, Kurzfristige Waren- und Geldkredite im Recht der Gesellschafterdarlehen – Kritische Anmerkungen zu den BGH-Urteilen vom 07.03.2013 – IX ZR 7/12 und 04.07.2013 – IX ZR 229/12, ZInsO 2013, S. 2289–2296.
ders./Vollmerhausen, Marcel, Erlöschen eines Girovertrags gemäß §§ 115, 116 InsO; Freigabeerklärung nach § 35 Abs. 2 InsO; Entstehen von Zahnarztforderungen – Anmerkung zu BGH IX ZR 246/17, WuB 2019, S. 358–362.
Blaum, Matthias, Das Abtretungsverbot nach § 399, 2. Alternative BGB und seine Auswirkungen auf den Rechtsverkehr, 1983.
Bley, Erich, Vergleichsordnung – Band 2: §§ 82–132, 4. Auflage 1981 (zitiert als: Bley/*Bearbeiter*).
Böhle-Stamschräder, Aloys, Vergleichsordnung, 11. Auflage 1986 (zitiert als: Böhle-Stamschräder/*Bearbeiter*).
Bonhomme, Régine, La place des établissements de crédit dans les nouvelles procédures collectives, in: Les droits et le Droit – Mélanges dédiés à Bernard Bouloc 2007, S. 59–74 (Mélanges Bouloc).
Bonneau, Thierry, Droit bancaire, 14. Auflage 2021.
de Boor, Hans Otto, Die Kollision von Forderungsrechten, 1928.
Bordais, Pierre, L'indivisibilité de l'accord de conciliation et des sûretés consenties en vue de son acceptation – Anmerkung zu Cass. com. 25.09.2019, n° 18-15.655, JCP E 2020, 1022.
Borga, Nicolas/Pérochon, Françoise, La réalisation des garanties réelles: en restructuration ou en liquidation? Dans ou hors la procédure?, RPC juillet-août 2018, dossier n° 20.
Bork, Reinhard, Zur Dogmatik des § 17 KO, in: Bettermann, Karl August (Hrsg.), Festschrift für Albrecht Zeuner – Zum siebzigsten Geburtstag, 1994, S. 297–315 (FS Zeuner).
ders., Grundtendenzen des Insolvenzanfechtungsrechts, ZIP 2008, S. 1041–1049.
ders., Grundfragen des Restrukturierungsrechts, ZIP 2010, S. 397–413.
ders., Präventive Restrukturierungsrahmen: „Komödie der Irrungen" oder „Ende gut, alles gut"?, ZIP 2017, S. 1441–1450.
ders., Die Regelung der Insolvenzanfechtung im StaRUG, ZInsO 2020, S. 2177–2184.
ders., Einführung in das Insolvenzrecht, 10. Auflage 2021 (Einführung).
ders., Neue Grundfragen des Restrukturierungsrechts, ZRI 2021, S. 345–361.
Bougerol-Prud'homme, Laetitia, Exclusivité et garanties de paiement, 2012 (Exclusivité).
Bourassin, Manuella/Brémond, Vincent, Droit des sûretés, 7. Auflage 2020.
Bourbouloux, Hélène/Fort, Charlotte/Fornacciari, Théophile, Il faut sauver les sûretés en conciliation!, BJE janvier-février 2020, S. 12–16.
Boustani, Diane, Le fait générateur des créances bancaires, in: Le Corre-Broly, Emmanuelle (Hrsg.), Contentieux bancaire des procédures collectives – L'établissement de crédit et l'entreprise en difficulté –colloque organisé à la Faculté de droit de Nice, 10 et 11 avril 2014, 2014, S. 63–71 (Contentieux bancaire).
dies., Les créanciers postérieurs d'une procédure collective confrontés aux enjeux du droit des entreprises en difficulté, 2015.
Bouthinon-Dumas, Vanessa, Le banquier face à l'entreprise en difficulté, 2008.
Braun, Andrea, Die vorinsolvenzliche Sanierung von Unternehmen, 2015.

Braun, Eberhard (Hrsg.), Unternehmensstabilisierungs- und -restrukturierungsgesetz – (StaRUG): Kommentar, 2021 (zitiert als: E. Braun-StaRUG/*Bearbeiter*).

ders. (Hrsg.), Insolvenzordnung – InsO mit EuInsVO (2015), 9. Auflage 2022 (zitiert als: E. Braun-InsO/*Bearbeiter)*.

ders./Frank, Achim, Der Kreditrahmen gem. § 264 InsO als Finanzierungsinstrument des Sanierungsplans – Papiertiger oder weiterer „Kostenbeitrag" für absonderungsberechtigte Gläubiger?, in: Arbeitskreis für Insolvenzwesen (Hrsg.), Kölner Schrift zur Insolvenzordnung, 3. Auflage 2009, S. 809–824 (Kölner Schrift).

ders./Uhlenbruck, Wilhelm, Unternehmensinsolvenz – Grundlagen, Gestaltungsmöglichkeiten, Sanierung mit der Insolvenzordnung, 1997 (Unternehmensinsolvenz).

Brealey, Richard A./Myers, Stewart C./Allen, Franklin, Principles of corporate finance, 13. Auflage 2020.

Brehm, Wolfgang, Der Bereicherungsanspruch im Insolvenzverfahren – Gedanken zum Gleichbehandlungsgrundsatz, in: Simotta, Daphne-Ariane (Hrsg.), Der Zivilprozess zu Beginn des 21. Jahrhunderts – Vergangenheit, Gegenwart und Perspektiven: Festschrift für Wolfgang Jelinek zum 60. Geburtstag, 2002, S. 15–30 (FS Jelinek).

Brinkmann, Moritz, Kreditsicherheiten an beweglichen Sachen und Forderungen, 2011.

ders., Der präventive Restrukturierungsrahmen als trojanisches Pferd für Finanzinvestoren – Zur Richtline (EU) 2019/1023 des Europäischen Parlaments und des Rates v. 20.06.2019, NZI-Beilage 2019, S. 27–29.

ders./Zipperer, Helmut, Die Eigenverwaltung nach dem ESUG aus Sicht von Wissenschaft und Praxis, ZIP 2011, S. 1337–1347.

Brunetti-Pons, Clotilde, La spécificité du régime des contrats en cours dans les procédures collectives, RTDCom. 2000, S. 783–816.

Buchalik, Robert, § 1 InsO – der Erhalt des Unternehmens als Ziel des Insolvenzverfahrens nach Inkrafttreten des ESUG?, ZInsO 2015, S. 484–489.

Bundesministerium der Justiz (Hrsg.), Erster Bericht der Kommission für Insolvenzrecht, 1985 (Erster Bericht).

Bunte, Hermann-Josef/Zahrte, Kai (Hrsg.), AGB-Banken, AGB-Sparkassen, Sonderbedingungen – Kommentar, 6. Auflage 2023 (zitiert als: Bunte/Zahrte/*Bearbeiter*, AGB-Banken).

Buth, Andrea Katharina/Hermanns, Michael (Hrsg.), Restrukturierung, Sanierung, Insolvenz, 5. Auflage 2022 (zitiert als: Buth/Hermanns/*Bearbeiter*, Restrukturierung).

Cabrillac, Michel, Les créanciers munis de sûretés dans les procédures de faillite en droit français, RabelsZ 44 (1980), S. 737–756.

ders., Le banquier peut-il être contraint de réaliser au profit d'une entreprise en redressement judiciaire la totalité d'une ouverture de crédit en compte courant?, JCP E 1986, I-15579.

ders., Les ambiguïtés de l'égalité entre les créanciers, in: Mélanges en hommage à André Breton et Fernand Derrida – Liber amicorum discipulorumque, 1991, S. 31–39 (Mélanges Breton/Derrida).

ders., Compte courant. Liquidation judiciare. Clôture de plein droit – Anmerkung zu Cass. com. 20.01.1998, Delpico/CRCAM Sud, RTDCom. 1998, S. 393.

ders./Mouly, Christian/Cabrillac, Séverine/Pétel, Philippe, Droit des sûretés, 10. Auflage 2015 (Droit des sûretés[10]).

dies., Droit des sûretés, 11. Auflage 2022 (Droit des sûretés).

Cabrillac, Michel/Pétel, Philippe, Juin 1994, le printemps des sûretés réelles?, D. 1994, chron. 243–249.

dies., Redressement et liquidation judiciaires des entreprises, JCP G 1995, I-3815.

Cadiet, Loïc/Jeuland, Emmanuel, Droit judiciaire privé, 11. Auflage 2020.

Calomili, Cécile, L'efficacité du superprivilège des salariés, LPA 11.02.2011, S. 20–25.

Campana, Marie-Jeanne, De la continuation du compte-courant en cas de redressement judiciaire du remettant, Banque 1986, S. 952–957.

dies., La situation des créanciers, in: Les innovations de la loi sur le redressement judiciaire des entreprises – Tome 1, RTDCom. Sonderheft, 1986, S. 171–186.

von Campe, Moritz, Insolvenzanfechtung in Deutschland und Frankreich, 1994.

Canaris, Claus-Wilhelm, Funktionen und Rechtsnatur des Kontokorrents, in: Wünsch, Horst (Hrsg.), Festschrift für Hermann Hämmerle, 1972, S. 55–78 (FS Hämmerle).

ders., Aktuelle insolvenzrechtliche Probleme des Zahlungsverkehrs und des Effektenwesens, in: Uhlenbruck, Wilhelm/Klasmeyer, Bernd/Kübler, Bruno M. (Hrsg.), Einhundert Jahre Konkursordnung – 1877 - 1977; Festschrift des Arbeitskreises für Insolvenz- u. Schiedsgerichtswesen e.V. Köln zum 100jährigen Bestehen der Konkursordnung vom 10. Februar 1877, 1977, S. 73–109 (FS 100 Jahre KO).

ders., Die Verdinglichung obligatorischer Rechte, in: Jakobs, Horst Heinrich/Knobbe-Keuk, Brigitte/Picker, Eduard/Wilhelm, Jan (Hrsg.), Festschrift für Werner Flume zum 70. Geburtstag – Band 1, 1978, S. 371–427 (FS Flume).

ders., Kreditkündigung und Kreditverweigerung gegenüber sanierungsbedürftigen Bankkunden, ZHR 143 (1979), S. 113–138.

ders., Bankvertragsrecht, 3. Auflage 1981.

ders., Funktion, Struktur und Falsifikation juristischer Theorien, JZ 1993, S. 377–391.

ders., Handelsrecht, 24. Auflage 2006.

Carbonnier, Jean, Droit civil – Tome 2 – Les biens, les obligations, 2. Auflage 2017, Nachdruck der 19. und 22. Auflage 2000.

Casey, Anthony J., Chapter 11's Renegotiation Framework and the Purpose of Corporate Bankruptcy, Columbia Law Review 120 (2020), S. 1709–1770.

Cattalano-Cloarec, Garance, Le contrat de prêt, 2015.

Cerati-Gauthier, Adeline/Perruchot-Triboulet, Vincent, Réforme du droit des obligations et droit des entreprises en difficulté, in: Bloch, Cyril/Cerati-Gauthier, Adeline/Perruchot-Triboulet, Vincent (Hrsg.), L'influence de la réforme du droit des obligations sur le droit des affaires – The influence of the new French law of obligations on business law, 2018, S. 71–82.

Chapon-Le Brethon, Aurélie, Le principe d'égalité entre créanciers, 2021.

Chatterjee, Sris/Dhillon, Upinder S./Ramírez, Gabriel G., Debtor-in-possession financing, Journal of Banking & Finance 28 (2004), S. 3097–3111.

Claussen, Carsten Peter, Kapitalersetzende Darlehen und Sanierungen durch Kreditinstitute, ZHR 147 (1983), S. 195–219.

ders. (Begr.), Bank- und Börsenrecht, 5. Auflage 2014 (zitiert als: Claussen/*Bearbeiter*, Bank-und Börsenrecht).

Colombet, Claude, De la règle que l'action paulienne n'est pas reçue contre les paiements, RTDCiv. 1965, S. 5–21.

Coquelet, Marie-Laure, Entreprises en difficulté – Instruments de paiement et de crédit, 7. Auflage 2022.

del Corral, Julie, Transfer of generic goods in so-called consensual transfer systems, EPLJ 3 (2014), S. 34–51.

Cosack, Konrad/Mitteis, Heinrich, Lehrbuch des Bürgerlichen Rechts – Erster Band – Die allgemeinen Lehren und das Schuldrecht, 8. Auflage 1927 (Bürgerliches Recht, Bd. I).

Coudert, Jean-Luc, Dans les procédures collectives l'égalité des créanciers est-elle un mythe ou une réalité?, LPA 26.08.1992, S. 12–15.

Cour de Cassation (Hrsg.), Rapport de la Cour de cassation 2002, 2003 (Rapport 2002).

Cranshaw, Friedrich L./Portisch, Wolfgang, Paradigmen des Unternehmensstabilisierungs- und -restrukturierungsgesetzes (StaRUG) nach dem Regierungsentwurf aus Gläubigersicht – Teil 1, ZInsO 2020, S. 2561–2579.
dies., Paradigmen des Unternehmensstabilisierungs- und -restrukturierungsgesetzes (StaRUG) nach dem Regierungsentwurf aus Gläubigersicht – Teil 2, ZInsO 2020, S. 2617–2630.
Crédot, Francis/Gérard, Yves, L'ouverture de crédit, le compte courant et l'article 37 de la loi du 25 janvier 1985, RD bancaire 1987 Nr. 1, S. 14–17.
dies., Encadrement de la responsabilité pour soutien abusif, RD bancaire et financier septembre-octobre 2005, S. 10–11.
Crocq, Pierre, Propriété et garantie 1995.
ders., L'évolution des garanties du paiement – de la diversité à l'unité, in: Mélanges Christian Mouly, 1998, S. 317–333 (Mélanges Mouly).
ders., Le projet de loi sur la sauvegarde des entreprises et le respect des concepts du droit des sûretés, Droit & Patrimoine janvier 2005, S. 43–47.
ders., Sûretés et proportionnalité, in: Études offertes au doyen Philippe Simler, 2006, S. 291–313 (Études Simler).
ders., Salve de clauses déclarées abusives an matière de réserve de propriété – Anmerkung zu Cass. avis n° 16011, 28.11.2016, RTDCiv. 2017, S. 197.
ders., La fiducie, reine des sûretés, in: La fiducie, assise théorique et applications pratiques – Actes du colloque tenu le 29 septembre 2017 à l'Université de Lyon 2, 2018, S. 107–117 (Fiducie – assise théorique).
Dagan, Hanoch, Restitution in Bankruptcy: Why All Involuntary Creditors Should Be Preferred, American Bankruptcy Law Journal 78 (2004), S. 247–278.
Dagot, Michel, La notion de privilège, in: Mélanges Christian Mouly, 1998, S. 335–348 (Mélanges Mouly).
Dahiya, Sandeep/Ray, Korok, A Theoretical Framework for Evaluating Debtor-in-Possession Financing, Emory Bankruptcy Development Journal 34 (2017), S. 57–88.
Dahl, Michael, Die Behandlung der Kostenbeiträge nach §§ 170, 171 InsO bei Übersicherung des Sicherungsgläubigers unter besonderer Berücksichtigung des Sicherheitenpools, NZI 2004, S. 615–618.
Dammann, Reinhard/Alle, Anaïs, La fragilisation des accords de conciliation – Anmerkung zu Cass. Com. 25.09.2019, n° 18-15.655, D. 2019, S. 2100–2101.
dies., Conciliation (ouverture d'une procédure collective): absence d'effet rétroactif – Anmerkung zu CA Rennes, 3e chambre commerciale, 15.10.2019, n° 16/077881, D. 2020, S. 533.
Dammann, Reinhard/Bos, Thomas, Le nouveau droit de la restructuration financière: les classes des parties affectées, D. 2021, S. 1931–1940.
ders./Gerrer, Mélanie, La nouvelle procédure de sauvegarde accélérée: le test du meilleur intérêt des créanciers, RD bancaire et financier juillet-août 2022, n° 7.
Delebecque, Philippe, Les sûretés dans les nouvelles procédures collectives, JCP N 1986, 100414.
ders., Le risque de détournement de la procédure de sauvegarde, BJE mai 2016, S. 209–211.
Demolombe, Charles, Cours de Code Napoléon, Tome XXV – Traité des contrats ou des obligations conventionnelles en general, Tome Deuxième, 1869 (Traité des contrats, Bd. II).
Derrida, Fernand, Anmerkung zu CA Douai, 05.01.1979, D. 1979, jurispr., 444.
ders., La réforme du règlement judiciaire et de la faillite – Étude de la loi n° 67-563 du 13 juillet 1967 et du décret n° 67-1120 du 22 décembre 1967, 1969 (Réforme).

ders., Le crédit et le droit des procédures collectives, in: Études offertes à René Rodière, 1981, S. 67–84 (Études Rodière).

ders., Droit des faillites, D. 1987, som. 93.

ders., Anmerkung zu Cass. com. 08.12.1987, D. 1988, jurispr. 52–56.

ders., Ne sont pas des contrats en cours au sens de l'art. 37 de la loi du 25 janv. 1985 les contrats de vente et de prêt conclus antérieurement au jugement d'ouverture – Anmerkung zu Cass. com. 09.04.1991, n° 89-18.817 und CA Paris, 17.01.1990, D. 1992, S. 257.

ders., La notion de contrat en cours à l'ouverture de la procédure de redressement, RJDA 1993, S. 399–408.

ders./Godé, Pierre/Sortais, Jean-Pierre, Redressement et liquidation judiciaires des entreprises – Cinq années d'application de la loi du 25 janvier 1985, 3. Auflage 1991.

Dinstühler, Klaus-Jürgen, Kreditrahmenabreden gem. den §§ 264 ff. InsO, ZInsO 1998, S. 243–250.

Donnier, Marc/Donnier, Jean-Baptiste, Voies d'exécution et procédures de distribution, 10. Auflage 2020.

Dorndorf, Eberhard, Kreditsicherungsrecht und Wirtschaftsordnung, 1986.

Dörner, Heinrich, Dynamische Relativität, 1985.

Dornwald, Werner, Grenzen und Umfang des Abtretungsverbots gemäß § 399 1. Alt. BGB, 1978.

Dreier, Horst (Hrsg.), Grundgesetz Kommentar – Band 1: Präambel, Art. 1–19 GG, 3. Auflage 2013 (zitiert als: Dreier/*Bearbeiter*).

ders. (Hrsg.), Grundgesetz Kommentar – Band 2: Art. 20–82 GG, 3. Auflage 2015 (zitiert als: Dreier/*Bearbeiter*).

Drescher, Ingo/Fleischer, Holger/Schmidt, Karsten (Hrsg.), Münchener Kommentar zum Handelsgesetzbuch – Band 5: §§ 343–406 HGB, CISG, 5. Auflage 2021 (zitiert als: MüKo-HGB/*Bearbeiter*).

Drobnig, Ulrich, Empfehlen sich gesetzliche Maßnahmen zur Reform der Mobiliarsicherheiten? – Gutachten F zum 51. Deutschen Juristentag, 1976

ders., Die Kreditsicherheiten im Vorschlag der Insolvenzrechtskommission, ZGR 1986, S. 252–280.

Drukarczyk, Jochen, Kreditsicherheiten und Insolvenzverfahren, ZIP 1987, S. 205–217.

ders., Unternehmen und Insolvenz – Zur effizienten Gestaltung des Kreditsicherungs- und Insolvenzrechts, 1987.

ders./Duttle, Josef, Zur geplanten Behandlung von Mobiliarsicherheiten im Konkurs, ZIP 1984, S. 280–293.

Dumont, Marie-Pierre/Macorig-Venier, Francine, Le privilège de la sauvegarde et du redressement judiciaire, BJE janvier 2021, S. 62–66.

Dupichot, Philippe, L'efficience économique du droit des sûretés personnelles, LPA 14.04.2010, S. 3–15.

ders., L'efficience économique du droit des sûretés réelles, LPA 16.04.2010, S. 7–22.

ders., Les sûretés réelles à l'épreuve des procédures collectives, entre passé, présent et avenir, in: Cuif, Pierre-François/Hontebeyrie, Antoine/Julienne, Maxime/Stoffel-Munck, Philippe/Aynès, Laurent (Hrsg.), Mélanges en l'honneur du professeur Laurent Aynès – Liberté, justesse, autorité, 2019, S. 209–240 (Mélanges Aynès).

Dürig, Günter (Begr.)/*Herzog, Roman/Scholz, Rupert/Herdegen, Matthias/Klein, Hans H.* (Hrsg.), Grundgesetz Kommentar, 99. Ergänzungslieferung 2022 (zitiert als: Dürig/Herzog/Scholz/*Bearbeiter*).

Ebbing, Frank, Gläubigerbanken in der Unternehmenskrise – Handlungsoptionen unter Berücksichtigung der neuen Insolvenzordnung, KTS 1996, S. 327–358.

Eckelt, Florian, Der präventive Restrukturierungsrahmen – Europäische Vorgaben und Umsetzungsspielräume für die EU-Mitgliedstaaten, 2020.
Eidenmüller, Horst, Die Banken im Gefangenendilemma: Kooperationspflichten und Akkordstörungsverbot im Sanierungsrecht, ZHR 160 (1996), S. 343–373.
ders., Unternehmenssanierung zwischen Markt und Gesetz – Mechanismen der Unternehmensreorganisation und Kooperationspflichten im Reorganisationsrecht, 1999.
ders., Forschungsperspektiven im Unternehmensrecht, JZ 2007, S. 487–494.
ders., Secured Credit in Insolvency Proceedings, in: Eidenmüller, Horst (Hrsg.), The Future of Secured Credit in Europe, 2008, S. 273–283.
ders., Reformperspektiven im Restrukturierungsrecht, ZIP 2010, S. 649–660.
ders., Die Restrukturierungsempfehlung der EU-Kommission und das deutsche Restrukturierungsrecht, KTS 2014, S. 401–422.
ders., Effizienz als Rechtsprinzip, 4. Auflage 2015.
Ellenberger, Jürgen/Bunte, Hermann-Josef (Hrsg.), Bankrechts-Handbuch, 6. Auflage 2022 (zitiert als: Ellenberger/Bunte/*Bearbeiter*, Bankrechts-HdB).
Endreo, Gilles, Fait générateur des créances et échange économique, RTDCom. 1984, S. 223–251.
Engert, Andreas, Die Haftung für drittschädigende Kreditgewährung, 2005.
ders./Schmidl, Michael, Verkaufte Darlehen in der Insolvenz des Darlehensgebers, WM 2005, S. 60–68.
Enneccerus, Ludwig/Lehmann, Heinrich, Recht der Schuldverhältnisse, 15. Auflage 1958.
Epping, Volker/Hillgruber, Christian (Hrsg.), Beck'scher Online-Kommentar Grundgesetz, 55. Edition, 15.05.2023 (zitiert als: BeckOK-GG/*Bearbeiter*).
Erman, Walter, Zur Pfändbarkeit der Ansprüche eines Kontokorrentkunden gegen seine Bank aus deren Kreditzusage, in: Seidl, Erwin (Hrsg.), Aktuelle Fragen aus modernem Recht und Rechtsgeschichte – Gedächtnisschrift für Rudolf Schmidt, 1966, S. 261–277 (GS R. Schmidt).
Escarra, Jean, Cours de droit commercial, 1952.
Espagne, Michel, Les transferts culturels franco-allemands, 1999.
ders., La notion de transfert culturel, Revue Sciences/Lettres 2013 Nr. 1.
Eucken, Walter, Grundsätze der Wirtschaftspolitik, 7. Auflage 2004.
Fabre-Magnan, Muriel, Droit des obligations – Tome 1: Contrat et engagement unilateral, 6. Auflage 2021.
Favre-Rochex, Clément, Sûretés et procédures collectives, 2020.
Fezer, Karl-Heinz, Aspekte einer Rechtskritik an der economic analysis of law und am property rights approach, JZ 1986, S. 817–824.
ders., Nochmals: Kritik an der ökonomischen Analyse des Rechts, JZ 1988, S. 223–228.
Finch, Vanessa, Security, Insolvency and Risk: Who pays the price?, MLR 62 (1999), S. 633–670.
dies./Milman, David, Corporate insolvency law – Perspectives and principles, 3. Auflage 2017.
Fischer, Gero, Gläubigerbenachteiligungsvorsatz bei kongruenter Deckung, NZI 2008, S. 588–594.
Fischer, Reinfrid/Schulte-Mattler, Hermann (Hrsg.), KWG, CRR-VO – Kommentar zu Kreditwesengesetz, VO (EU) Nr. 575/2013 (CRR) und Ausführungsvorschriften, 5. Auflage 2023 (zitiert als: Fischer/Schulte-Mattler/*Bearbeiter*, KWG).
Fix, Christian, Die fiducie-sûreté – Eine Untersuchung der französischen Sicherungstreuhand aus deutscher Sicht, 2014.

Fleckner, Andreas M., Insolvenzrechtliche Risiken bei Asset Backed Securities – zur Insolvenzfestigkeit „lediglich schuldrechtlicher Treuhandabreden", zur Abgrenzung von Forderungskauf und Darlehensgewährung sowie zum Anwendungsbereich des § 103 InsO – zugleich Besprechung von BGH ZIP 2003, 1613, ZIP 2004, S. 585–598.

Flessner, Axel, Sanierung und Reorganisation, 1982.

ders., Das rechtspolitische Für und Wider eines Sanierungsverfahrens – Geringfügig überarbeitete Fassung eines Vortrags auf der Konkursrechtlichen Arbeitstagung der IG Metall am 29.10.1981 in Frankfurt am Main, ZIP 1981, S. 1283–1288.

ders., Grundfragen des künftigen Sanierungsrechts, ZIP 1981, S. 113–119.

Florstedt, Tim, Sanierung durch Konsens heute – Herausforderungen für das Recht der Unternehmenssanierung durch Distressed Debt Investing, KTS 2023, S. 51–103.

Flöther, Lucas F. (Hrsg.), Sanierungsrecht – Einführung zur Richtlinie der Europäischen Kommission über präventive Restrukturierungsrahmen, 2019 (zitiert als: Flöther/*Bearbeiter*, Sanierungsrecht).

ders. (Hrsg.), Unternehmensstabilisierungs- und -restrukturierungsgesetz (StaRUG) – Kommentar 2021 (zitiert als: Flöther-StaRUG/*Bearbeiter*).

Flume, Werner, Allgemeiner Teil des bürgerlichen Rechts – Zweiter Band: Das Rechtsgeschäft, 3. Auflage 1979 (Allgemeiner Teil, Bd. II).

Foerste, Ulrich, Gläubigerautonomie und Sanierung im Lichte des ESUG, ZZP 125 (2012), S. 265–284.

ders., Rezension zu Jan Felix Hoffmann: Prioritätsprinzip und Gläubigergleichbehandlung, ZZP 130 (2017), S. 511–519.

Foljanty, Lena, Rechtstransfer als kulturelle Übersetzung, KritV 2015, S. 89–107.

Forray, Vincent, Commentaire complémentaire de l'article L. 650-1 du code de commerce, RTDCom. 2008, S. 661–675.

Fort, Charlotte/Fornacciari, Théophile, Il faut sauver la procédure de conciliation BIS! – Anmerkung zu Cass. com. 21.10.2020, n° 17-31.663, BJE janvier 2021, S. 10–14.

Forrester, Julia Patterson, Bankruptcy Takings, Florida Law Review 51 (1999), S. 851–912.

Foyer, Jean, De l'exécution collective des biens du débiteur à la médecine des entreprises, in: Aspects contemporains du droit des affaires et de l'entreprise: Études à la mémoire du doyen Pierre Azard, 1980, S. 55–65 (Études Azard).

Fragistas, Ch. N., Das Präventionsprinzip in der Zwangsvollstreckung, 1931 (Präventionsprinzip).

François, Jérôme, Retour sur la revendication des sommes d'argent, D. 2012, S. 1493–1502.

ders., Traité de droit civil, Tome 4 – Les obligations: régime général, 5. Auflage 2020.

Freitag, Robert, Der Darlehensvertrag in der Insolvenz, ZIP 2004, S. 2368–2372.

Fridgen, Alexander/Geiwitz, Arndt/Göpfert, Burkard (Hrsg.), BeckOK InsO – mit COVInsAG, InsVV, EuInsVO, und Spezialthemen, 31. Edition, 15.01.2023 (zitiert als: BeckOK-InsO/*Bearbeiter*).

Frind, Frank, Die Folgen der anfechtungsrechtlichen „Neuorientierung" des BGH für die Insolvenz(gerichts)praxis, ZInsO 2022, S. 1885–1895.

Frison-Roche, Marie-Anne, Les difficultés méthodologiques d'une réforme du droit des faillites, D. 1994, chron. 17–20.

dies., Le législateur des procédures collectives et ses échecs, in: Procédures collectives et droit des affaires – Morceaux choisis/mélanges en l'honneur d'Adrienne Honorat, 2000, S. 109–119 (Mélanges Honorat).

Gadamer, Hans-Georg, Wahrheit und Methode – Grundzüge einer philosophischen Hermeneutik, 6. Auflage 1990.

Garrido, José M., The distributional question in insolvency: Comparative aspects, IIR 1995, S. 25–53.
Gassert-Schumacher, Heike, Privilegien in der Insolvenz, 2001.
Gaul, Hans Friedhelm, Die Zwangsvollstreckung in den Geldkredit, KTS 1989, S. 3–28.
ders., Rechtsverwirklichung durch Zwangsvollstreckung aus rechtsgrundsätzlicher und rechtsdogmatischer Sicht, ZZP 112 (1999), S. 135–184.
ders./*Schilken, Eberhard/Becker-Eberhard, Ekkehard*, Zwangsvollstreckungsrecht, 12. Auflage 2010.
Gavalda, Christian/Stoufflet, Jean, Droit bancaire, 9. Auflage 2015.
Gawaz, Klaus-Dieter, Bankenhaftung für Sanierungskredite, 1997.
Gehrlein, Markus, Behandlung eines Darlehens in der Insolvenz des Darlehensgebers, ZInsO 2012, S. 101–103.
Geldmacher, Christoph, Das präventive Sanierungsverfahren als Teil eines reformierten Insolvenz- und Sanierungsrechts in Deutschland, 2012.
Gernhuber, Joachim, Das Schuldverhältnis – Begründung und Änderung, Pflichten und Strukturen, Drittwirkungen, 1989.
Ghandour, Bertille, Le traitement judiciaire des entreprises en difficulté, 2018.
Ghestin, Jacques/Jamin, Christophe/Billiau, Marc, Traité de droit civil – Les effets du contrat: Interprétation, qualification, durée, inexécution, effet relatif, opposabilité, 3. Auflage 2001.
Gijsbers, Charles, Sûretés réelles et droit des biens, 2015.
Glanert, Simone, Translation matters, in: Glanert, Simone (Hrsg.), Comparative law – engaging translation, 2014, S. 1–19.
dies., On the Untranslatability of Laws, in: Glanert, Simone/Mercescu, Alexandra/Samuel, Geoffrey (Hrsg.), Rethinking comparative law, 2021, S. 161–182.
von Gleichenstein, Hans, Par condicio creditorum: Subsidiäre Verteilungsregel oder abstrakte Ausprägung des verfassungsrechtlichen allgemeinen Gleichheitssatzes?, NZI 2015, S. 49–55.
Goode, Royston Miles/van Zwieten, Kristin, Goode on principles of corporate insolvency law, 5. Auflage 2019.
Gottwald, Peter, Die Interessengemeinschaft der Gläubiger eines insolventen Schuldners, in: Habscheid, Walther J. (Hrsg.), Freiheit und Zwang – Rechtliche, wirtschaftliche und gesellschaftliche Aspekte – Festschrift zum 60. Geburtstag von Professor Dr. iur. Dr. phil. Hans Giger, 1989, S. 195–211 (FS Giger).
ders. (Hrsg.), Insolvenzrechtshandbuch, 1. Auflage 1990 (zitiert als: Gottwald/*Bearbeiter*, Insolvenzrechtshandbuch[1]).
ders., Die Rechtsstellung dinglich gesicherter Gläubiger, in: Leipold, Dieter (Hrsg.), Insolvenzrecht im Umbruch – Analysen und Alternativen, 1991, S. 197–209.
ders./*Haas, Ulrich* (Hrsg.), Insolvenzrechts-Handbuch, 6. Auflage 2020 (zitiert als: Gottwald/Haas/*Bearbeiter*, InsR-Hdb).
Gouëzel, Antoine, Le domaine d'application de l'article L. 650-1 du Code de commerce relatif au soutien abusif, GP 2019, S. 1484–1487.
ders., Le choix de la garantie, JCl. Contrats – Distribution, Fasc. 2810, Stand: 06.10.2016.
Gout, Olivier, Les sûretés face aux procédures collectives, JCP N 2012, 1339.
Grabitz, Eberhard; Hilf, Meinhard; Nettesheim, Martin, Das Recht der Europäischen Union, 78. Auflage 2023 (zitiert als: Grabitz/Hilf/Nettesheim/*Bearbeiter*).
Graziadei, Michele, Comparative Law, legal transplants and receptions, in: Reimann, Mathias/Zimmermann, Reinhard (Hrsg.), The Oxford handbook of comparative law, 2. Auflage 2019, S. 443–473 (Oxford Handbook).

Gréau, Fabrice, Pour un véritable privilège de procédure, LPA 12.06.2008, S. 4–12.

Grotius, Hugo, De iure belli ac pacis libri tres – Drei Bücher vom Recht des Krieges und des Friedens, deutsche Übersetzung von Walter Schätzel, 1950.

Grua, François, Le prêt d'argent consensuel, D. 2003, S. 1492–1495.

ders., Le dépôt de monnaie en banque, D. 1998, chron. 259–261.

ders./Cayrol, Nicolas, Prêt – Distinction entre prêt à usage et le prêt de consommation, JCl. Civil Code Art. 1874 – Fasc. Unique, Stand: 14.06.2022.

dies., Prêt de consommation, ou prêt simple, JCl. Civil Code Art. 1892 à 1904 – Fasc. Unique, Stand: 06.07.2022.

Grub, Volker, Die Zinspflicht nach 169 InsO – eine wirtschaftlich und rechtlich unsinnige Regelung, DZWiR 2002, S. 441–444.

Gruber, Urs Peter, Drei Schritte zu einer deutsch-französischen Annäherung im Bereich Insolvenz und Restrukturierung, EuZW 2019, S. 181–187.

ders./Herrmann, Christoph/Lehmann, Matthias/Schulze, Reiner/Teichmann, Christoph, Harmonisierung des deutschen und französischen Wirtschaftsrechts, EuZW 2021, S. 413–425.

Grunsky, Wolfgang, Durchsetzung einer Geldforderung durch Kreditaufnahme, ZZP 95 (1982), S. 264–280.

ders., Anmerkung zu BGH, Urteil vom 21.01.1985 – IX ZR 65/84, JZ 1985, S. 487–492.

Gsell, Beate/Krüger, Wolfgang/Lorenz, Stefan/Reymann, Christoph (Hrsg.), Beck-online Großkommentar, 2023 (zitiert als: BeckOGK/*Bearbeiter*).

Guski, Roman, Sittenwidrigkeit und Gläubigerbenachteiligung, 2006.

Guyon, Yves, Une faillite au début du XIXe siècle selon le roman de Balzac „César Birotteau", in: Études offertes à Alfred Jauffret, 1974 (Études Jauffret).

ders., Droit des affaires – Tome 2: Entreprises en difficultés – Redressement judiciaire – Faillites, 9. Auflage 2003.

Hahn, Carl, Die gesammten Materialien zu den Reichs-Justizgesetzen – Zweiter Band – Materialien zur Civilprozeßordnung, 1880 (Materialien II).

ders., Die gesammten Materialien zu den Reichs-Justizgesetzen – Vierter Band – Materialien zur Konkursordnung, 1881 (Materialien IV).

ders./Mugdan, Benno, Die gesammten Materialien zu den Reichs-Justizgesetzen – Siebenter Band – Materialien zum Gesetz über die Angelegenheiten der freiwilligen Gerichtsbarkeit, Materialien zum Gesetz betreffend Aenderungen der Konkursordnung nebst Einführungsgesetz, 1898 (Materialien VII).

dies., Die gesammten Materialien zu den Reichs-Justizgesetzen – Achter Band – Materialien zum Gesetz betreffend Aenderungen der Civilprozeßordnung, Gerichtsverfassungsgesetz und Strafprozessordnung, 1898 (Materialien VIII).

Hameau, Philippe, Le privilège de conciliation, Journal des Sociétés mars 2012, S. 40–46.

Hamel, Joseph/Lagarde, Gaston, Traité de droit commercial – Tome premier, 1954 (Traité de droit commercial, Bd. I).

dies./Jauffret, Alfred, Traité de droit commercial – Tome deuxième, 1966 (Traité de droit commercial, Bd. II).

Harris, Steven L./Mooney, Charles W., Jr., A property–based Theory of Security Interests: Taking Debtors' Choices Seriously, Virginia Law Review 80 (1994), S. 2021–2072.

Hart, Oliver, Firms, contracts, and financial structure, 1995.

Häsemeyer, Ludwig, Die Gleichbehandlung der Konkursgläubiger, KTS 1982, S. 507–576.

ders., Insolvenzrecht, 4. Auflage 2007.

Hau, Wolfgang/Poseck, Roman (Hrsg.), Beck'scher Online-Kommentar BGB, 66. Edition, 01.05.2023 (zitiert als: BeckOK-BGB/*Bearbeiter*).

Häuser, Franz, Die Reichweite der Zwangsvollstreckung bei debitorischen Girokonten – Zugleich Anmerkung zu dem Urteil des OLG Köln vom 25.03.1983 – 20 U 257/82, ZIP 1983, 810), ZIP 1983, S. 891–900.

Heck, Philipp, Grundriss des Schuldrechts, 1929.

Heermann, Peter W., Geld und Geldgeschäfte, 2003.

Heese, Michael, Die Funktion des Insolvenzrechts im Wettbewerb der Rechtsordnungen, JZ 2018, S. 179–191.

ders., Die Funktion des Insolvenzrechts im Wettbewerb der Rechtsordnungen – Kritische Bemerkungen zur fortschreitenden Rezeption einer Sanierungskultur US-amerikanischer Provenienz, 2018.

Heise, Volker, Verbraucherkredit und Geschäftskredit in der Insolvenz, 2001.

Henckel, Wolfram, Vom Wert und Unwert juristischer Konstruktion, in: Bökelmann, Erhard (Hrsg.), Festschrift für Friedrich Weber zum 70. Geburtstag – Am 19. Mai 1975, 1975, S. 237–252 (FS Weber).

ders., Empfehlen sich gesetzliche Maßnahmen zur Reform der Kreditsicherung? Referat vor dem 51. Deutschen Juristentag, in: Verhandlungen des einundfünfzigsten Deutschen Juristentages – Band II – Sitzungsberichte 1976, O 8–31 (51. DJT).

ders., Die Verbindungen des Sanierungsverfahrens zum Konkursverfahren, ZIP 1981, S. 1296–1303.

ders., Insolvenzrechtsreform zwischen Vollstreckungsrecht und Unternehmensrecht, in: Gerhardt, Walter (Hrsg.), Festschrift für Franz Merz – Zum 65. Geburtstag am 3. Februar 1992, 1992, S. 197–215 (FS Merz).

ders., Die letzten Vorrechte im Insolvenzverfahren, in: Prütting, Hanns (Hrsg.), Insolvenzrecht in Wissenschaft und Praxis – Festschrift für Wilhelm Uhlenbruck zum 70. Geburtstag, 2000, S. 19–31 (FS Uhlenbruck).

Hendry, Jennifer, Legal comparison and the (im)possibility of legal translation, in: Glanert, Simone (Hrsg.), Comparative law – engaging translation, 2014, S. 87–103.

Henry, Laurence-Caroline, La notion de privilège de procédure dans la loi de sauvegarde, RPC avril-mai-juin 2008, S. 20–31.

dies., Anéantissement de l'accord de conciliation par l'ouverture d'un redressement judiciaire: le sort de la caution dirigeante – Anmerkung zu Cass. com. 25.09.2019, n° 18-15.655, Revue des sociétés 2019, S. 779.

Herdegen, Matthias/Masing, Johannes/Poscher, Ralf/Gärditz, Klaus Ferdinand (Hrsg.), Handbuch des Verfassungsrechts – Darstellung in transnationaler Perspektive, 2021 (zitiert als: Herdegen/Masing/Poscher/Gärditz/*Bearbeiter*, HdB-Verfassungsrecht).

Héron, Jacques/Le Bars, Thierry/Salhi, Karim, Droit judiciaire privé, 7. Auflage 2019.

Heß, Henrik, Die Restrukturierung des Insolvenzrechts – Eine Analyse des Richtlinienentwurfs COM(2016) 723 final, 2019.

Hicks, John Richard, The Foundations of Welfare Economics, The Economic Journal 49 (1939), S. 696–712.

Hilaire, Jean, Introduction historique au droit commercial, 1986.

Hillebrand, Klaus-Peter, Zur Unpfändbarkeit zweckgebundener Forderungen, Rpfleger 1986, S. 464–466.

Hoang, Patrice, De la suppression du dispositif prétorien de la responsabilité pour soutien abusif, D. 2006, S. 1458–1465.

ders., L'octroi abusif de crédit s'invite à la table de l'exclusion de responsabilité de l'article L. 650-1 du code de commerce, D. 2012, S. 2034–2043.

Hoegen, Peter H., Schutz für Sanierungsfinanzierungen – Zu Art. 16 und 17 des Richtlinienvorschlags der Europäischen Kommission vom 22.11.2016, COM(2016) 723 final, NZI-Beil. 2017, S. 30–34.

ders./Kranz, Christopher, Die Auswirkungen des präventiven Restrukturierungsrahmens auf die außergerichtliche Unternehmenssanierung – droht die Bedeutungslosigkeit?, NZI-Beil. 2019, S. 53–56.

Hoffmann, Jan Felix, Zession und Rechtszuweisung, 2012.

ders., Das mobiliarsachenrechtliche Anwartschaftsrecht in der juristischen Ausbildung, JuS 2016, S. 289–294.

ders., Prioritätsgrundsatz und Gläubigergleichbehandlung, 2016.

ders., Zur Konstruktion und Legitimation von Insolvenzprivilegien im nationalen und Europäischen Insolvenzrecht, KTS 2017, S. 17–48.

ders., Executory Contracts, Ipso Facto Clauses and Licensing Agreements in Cross-Border Insolvencies, IIR 2018, S. 300–319.

ders., Vertragsbindung kraft Insolvenz? – Lösungsklauseln und Vertragsspaltungen im Kontext der §§ 103 ff. InsO, KTS 2018, S. 343–380.

ders., Rangordnung und Rechtsfortbildung im Kreditsicherungsrecht, AcP 220 (2020), S. 377–410.

ders., Ordnungsfunktion und „Gegenstand" der Aussonderung, KTS 2022, S. 315–339.

Hofmann, Matthias, Vertragsbeendigung nach §§ 49 ff. StaRUG-E – praktisches Sanierungstool oder untaugliches Ungetüm?, NZI 2020, S. 871–874.

Hölzle, Gerrit, Zur Umsetzung des präventiven Restrukturierungsrahmens in Deutschland, ZIP 2020, S. 585–595.

ders./Curtze, Karl-Friedrich, Eine Krise – Ein Verfahren! – Folgen eines vorangegangenen Restrukturierungsverfahrens nach StaRUG in der späteren Insolvenz, ZIP 2021, S. 1293–1305.

Honsell, Heinrich, Was ist Gerechtigkeit?, 2019.

Hopt, Klaus, Rechtspflichten der Kreditinstitute zur Kreditversorgung, Kreditbelassung und Sanierung von Unternehmen – Wirtschafts- und bankrechtliche Überlegungen zum deutschen und französischen Recht, ZHR 143 (1979), S. 139–173.

Horn, Norbert, Zur ökonomischen Rationalität des Privatrechts — Die privatrechtstheoretische Verwertbarkeit der „Economic Analysis of Law", AcP 176 (1976), S. 307–333.

Houin, Roger, Permanence de l'entreprise à travers la faillite, in: Liber Amicorum Baron Louis Frédéricq, 1966, S. 609–618 (Liber amicorum Frédéricq).

Houin-Bressand, Caroline, Création d'un privilège „post-monnaie", RPC novembre-décembre 2020, n° 156.

Huber, Herwart, Finanzierungsoptionen für ein Kreditinstitut im Eröffnungsverfahren – unter besonderer Berücksichtigung der unechten Massekredite, NZI 2014, S. 439–446.

ders., Unternehmenskrise und die besonderen Anforderungen der Rechtsprechung für eine Kreditgewährung, NZI 2015, S. 447–452.

Huber, Michael, Unwirksamkeit von insolvenzbedingten Lösungsklauseln – Vertragspraxis, was nun?, ZIP 2013, S. 493–500.

ders., Schicksal des bauvertraglichen Kündigungsrechts nach § 8 II Nr. 1 VOB/B als insolvenzbedingte Lösungsklausel, NZI 2014, S. 49–54.

Huber, Stefan, Erfüllungshaftung Vertragsfremder, 2017.

Huet, Jérôme/Decocq, Georges/Grimaldi, Cyril/Lécuyer, Hervé, Les principaux contrats spéciaux, 3. Auflage 2012.

Jackson, Thomas H., Bankruptcy, Non-Bankruptcy Entitlements, and the Creditors' Bargain, Yale Law Journal 91 (1982), S. 857–907.

ders., The logic and limits of bankruptcy law, 1986.
ders., A Retrospective Look at Bankruptcy's New Frontiers, University of Pennsylvania Law Review 166 (2018), S. 1867–1880.
ders./Kronman, Anthony T., Secured Financing and Priorities Among Creditors, Yale Law Journal 88 (1979), S. 1143–1182.
Jacob, François, Fragilité des garanties obtenues dans le cadre d'une procédure de conciliation – Anmerkung zu Cass. com. 25.09.2019, n° 18-15.655, Banque & Droit novembre-décembre 2019, S. 32–36.
Jacoby, Florian, Vorinsolvenzliches Sanierungsverfahren, ZGR 39 (2010), S. 359–384.
ders./Thole, Christoph (Hrsg.), Unternehmensstabilisierungs- und -restrukturierungsgesetz, 2023 (zitiert als: Jacoby/Thole/*Bearbeiter*).
Jacquemont, André/Borga, Nicolas/Mastrullo, Thomas, Droit des entreprises en difficulté, 12. Auflage 2022.
Jaeger, Ernst, Lehrbuch des deutschen Konkursrechts, 8. Auflage 1932, Reprint 2014.
ders. (Begr.), Konkursordnung mit Einführungsgesetzen, 8. Auflage 1958 (zitiert als: Jaeger-KO[8]/*Bearbeiter*).
ders. (Begr.), Konkursordnung: §§ 1–42 – Großkommentar, 9. Auflage 1997 (zitiert als: Jaeger-KO[9]/*Bearbeiter*).
ders. (Begr.), Insolvenzordnung: Band 1: §§ 1–55, 1. Auflage 2004 (zitiert als: Jaeger[1]/*Bearbeiter*).
ders. (Begr.), Insolvenzordnung: Band 2: §§ 56–102, 1. Auflage 2007 (zitiert als: Jaeger/*Bearbeiter*).
ders. (Begr.), Insolvenzordnung: Band 4: §§ 129–147, 1. Auflage 2008 (zitiert als: Jaeger/*Bearbeiter*).
ders. (Begr.), Insolvenzordnung: Band 5/1: §§ 148–155, Insolvenzsteuerrecht, 1. Auflage 2016 (zitiert als: Jaeger/*Bearbeiter*).
ders. (Begr.), Insolvenzordnung: Band 5/2: §§ 156–173, 1. Auflage 2018 (zitiert als: Jaeger/*Bearbeiter*).
ders. (Begr.), Insolvenzordnung: Band 7: §§ 217–285, 1. Auflage 2019 (zitiert als: Jaeger/*Bearbeiter*).
ders. (Begr.), Insolvenzordnung: Band 4, §§ 103–128, 2. Auflage 2022 (zitiert als: Jaeger/*Bearbeiter*).
ders. (Begr.), Insolvenzordnung: Band 2, §§ 35–55, 2. Auflage 2023 (zitiert als: Jaeger/*Bearbeiter*).
Jaffé, Michael, Massedarlehen: Defizite der Rechtslage in Deutschland und ein vergleichender Blick in die USA, in: Dahl, Michael/Jauch, Hans-Gerd H./Wolf, Christian (Hrsg.), Sanierung und Insolvenz – Festschrift für Klaus Hubert Görg zum 70. Geburtstag, 2010, S. 233–245 (FS Görg).
Jarass, Hans D., Charta der Grundrechte der Europäischen Union – unter Einbeziehung der sonstigen Grundrechtsregelungen des Primärrechts und der EMRK, 4. Auflage 2021.
Jauernig, Othmar, Zwangsvollstreckungs- und Konkursrecht – Ein Studienbuch, 18. Auflage 1987.
Jeantin, Michel, Anmerkung zu Cass. com. 08.12.1987 (deux arrêts), JCP G 1988, II-20927.
ders./Le Cannu, Paul, Droit commercial – Entreprises en difficulté, 7. Auflage 2007.
Jobard-Bachellier, Noëlle, Existe-t-il encore des contrats réels en droit français? Ou la valeur des promesses de contrat réel en droit positif, RTDCiv. 1985, S. 1–62.
dies., Le prêt consenti par un professionnel du crédit n'est pas un contrat réel, D. 2001, S. 1615–1616.

Kaldor, Nicholas, Welfare Propositions of Economics and Interpersonal Comparisons of Utility, The Economic Journal 49 (1939), S. 549–552.

Kayser, Godehard, Eingriffe des Richtlinienvorschlags der Europäischen Union in das deutsche Vertrags-, Insolvenz- und Gesellschaftsrecht, ZIP 2017, 1393–1401.

ders./Thole, Christoph (Hrsg.), Insolvenzordnung, 10. Auflage 2020 (zitiert als: HK^{10}/*Bearbeiter*).

dies., Insolvenzordnung, 11. Auflage 2023 (zitiert als: HK/*Bearbeiter*).

Kelsen, Hans, Was ist Gerechtigkeit?, 1953.

ders., Reine Rechtslehre – Mit einem Anhang: Das Problem der Gerechtigkeit, 2. Auflage 1960.

Kemper, Ralf, Der Kontokorrentkredit in der Krise des Unternehmens, 2010.

Kiethe, Kurt, Der Sanierungskredit in der Insolvenz, KTS 2005, S. 179–212.

Kilger, Joachim, Der Konkurs des Konkurses, KTS 1975, S. 142–166.

ders. (Begr.), Konkursordnung, 15. Auflage 1987 (zitiert als: Kilger/*Bearbeiter*, KO).

ders. (Begr.), Insolvenzgesetze – KO, VglO, GesO, 17. Auflage 1997 (zitiert als: Kilger/*Bearbeiter*, Insolvenzgesetze).

Kirchhof, Hans-Peter, Rechtsprobleme bei der vorläufigen Insolvenzverwaltung, ZInsO 1999, S. 365–369.

ders., Die Ziele des Insolvenzverfahrens in der Rechtsprechung des Bundesgerichtshofs, in: Joost, Detlev/Oetker, Hartmut/Paschke, Marian (Hrsg.), Festschrift für Franz Jürgen Säcker zum 70. Geburtstag, 2011, S. 443–456 (FS Säcker).

ders./Lwowski, Hans-Jürgen/Stürner, Rolf (Hrsg.), Münchener Kommentar zur Insolvenzordnung – Band 1: §§ 1–102, InsVV, 1. Auflage 2001 (zitiert als: MüKo-InsO^1/*Bearbeiter*).

ders./Stürner, Rolf/Eidenmüller, Horst (Hrsg.), Münchener Kommentar zur Insolvenzordnung – Bd. 3, §§ 217–359 InsO, Art. 103a–110 EGInsO – Konzerninsolvenzrecht, Insolvenzsteuerrecht, 3. Auflage 2014 (zitiert als: MüKo-InsO^3/*Bearbeiter*).

Kischel, Uwe, Rechtsvergleichung, 2015.

Klausing, Friedrich, Der Krediteröffnungsvertrag, RabelsZ 1932 Sonderheft, S. 77–145.

Klee, Kenneth M., Barbarians at the Trough: Riposte in Defense of the Warren Carve-Out Proposal, Cornell Law Review 82 (1997), S. 1466–1482.

Klinck, Fabian, Die Grundlagen der besonderen Insolvenzanfechtung, 2009.

ders., Buchbesprechung zu Markus Würdinger: Insolvenzanfechtung im bargeldlosen Zahlungsverkehr, KTS 2014, S. 197–206.

ders., Insolvenzzweckwidrigkeit, KTS 2019, S. 1–28.

ders., Die Begründung von Masseverbindlichkeiten im vorläufigen Eigenverwaltungsverfahren nach dem SanInsFoG, ZIP 2021, S. 1189–1193.

ders., Die Vorsatzanfechtung im Wertungssystem der Insolvenzanfechtung, ZIP 2022, S. 1357–1367.

Knof, Béla, Erfordert die Fortführungsfinanzierung (doch) einen Umverteilungstatbestand im Insolvenzrecht?, ZInsO 2010, S. 1999–2008.

Knops, Kai-Oliver/Bamberger, Heinz Georg/Lieser, Jens (Hrsg.), Recht der Sanierungsfinanzierung, 2. Auflage 2019 (zitiert als: Knops/Bamberger/Lieser/*Bearbeiter*, Sanierungsfinanzierung).

Knospe, Armin, Scharfes Schwert oder harmlose Gerechtigkeitsregel? – Die insolvenzrechtliche Monstranz der Gläubigergleichbehandlung, ZInsO 2014, S. 861–876.

Koch, Arwed, Kredit im Recht – Eine systematische Darstellung unter besonderer Berücksichtigung der Bankpraxis, 1925.

ders., Entgegnung – Pfändbarkeit des Kreditanspruchs, JW 1933, S. 2757–2758.

Kohler, Josef, Lehrbuch des Konkursrechts, 1891.

Koller, Ingo, Sittenwidrigkeit der Gläubigergefährdung und Gläubigerbenachteiligung, JZ 1985, S. 1013–1024.

Korch, Stefan, Insolvenzrecht und Marktgesetze – Eine Standortbestimmung in Angesicht des EU-Kommissionsvorschlags für einen präventiven Restrukturierungsrahmen, ZHR 182 (2018), S. 440–481.

ders., Restrukturierungsgesellschaftsrecht – Zur Überformung des Gesellschaftsrechts durch den StaRUG-Regierungsentwurf, NZG 2020, S. 1299–1303.

Kötz, Hein/Wagner, Gerhard, Deliktsrecht, 14. Auflage 2021.

Koziol, Helmut, Zur Abschwächung des Gleichbehandlungsgrundsatzes im Konkursverfahren, in: Klingenberg, Georg (Hrsg.), Vestigia iuris romani – Festschrift für Gunter Wesener zum 60. Geburtstag am 3. Juni 1992, 1992, S. 267–277 (FS Wesener).

Kramer, Ernst A., Hauptprobleme der Rechtsrezeption, JZ 2017, S. 1–11.

Kranz, Christopher, Die Rescue Culture in Großbritannien, 2016.

Kripke, Homer, Law and Economics: Measuring the Economic Efficiency of Commercial Law in a Vacuum of Fact, University of Pennsylvania Law Review 133 (1985), S. 929–985.

Krüger, Wolfgang/Rauscher, Thomas (Hrsg.), Münchener Kommentar zur Zivilprozessordnung, Band 2: §§ 355–945b, 6. Auflage 2020 (zitiert als: MüKo-ZPO/*Bearbeiter*).

Krystek, Ulrich, Unternehmungskrisen – Beschreibung, Vermeidung und Bewältigung überlebenskritischer Prozesse in Unternehmungen, 1987.

von Kübel, Franz Philipp, Entwurf eines Bürgerlichen Gesetzbuches für das Deutsche Reich, Recht der Schuldverhältnisse – Allgemeiner Theil, 1882, in: Schubert, Werner (Hrsg.), Die Vorlagen der Redaktoren für die erste Kommission zur Ausarbeitung des Entwurfs eines Bürgerlichen Gesetzbuches – Recht der Schuldverhältnisse Teil 1 Allgemeiner Teil; Nachdruck der als Manuskript vervielfältigten Ausgabe aus den Jahren 1876 – 1887, 1980 (Vorentwürfe).

Kübler, Bruno M./Prütting, Hanns/Bork, Reinhard/Jacoby, Florian (Hrsg.), InsO – Kommentar zur Insolvenzordnung, 96. Ergänzungslieferung 2023 (zitiert als: K/P/B/*Bearbeiter*).

Kuhn, Georg/Uhlenbruck, Wilhelm (Hrsg.), Konkursordnung – Kommentar, 11. Auflage 1994 (zitiert als: Kuhn/Uhlenbruck/*Bearbeiter*).

Labbé, J. E., Des privilèges sur créances, Revue critique de legislation et jurisprudence 1876, S. 571–590, 665–694.

Landfermann, Hans-Georg, Das neue Unternehmenssanierungsgesetz (ESUG) – Überblick und Schwerpunkte, WM 2012, S. 821–831.

ders., Die Befriedigung der Gläubiger im Insolvenzverfahren – bestmöglich und gleichmäßig!, in: Paulus, Christoph G./Wimmer-Amend, Angelika (Hrsg.), Festschrift für Dr. Klaus Wimmer, 2017, S. 408–445 (FS Wimmer).

Langenbucher, Katja/Bliesener, Dirk H./Spindler, Gerald (Hrsg.), Bankrechts-Kommentar, 3. Auflage 2020 (zitiert als: Langenbucher/Bliesener/Spindler/*Bearbeiter*, Bankrechts-Kommentar).

Larenz, Karl, Lehrbuch des Schuldrechts – Band I – Allgemeiner Teil, 14. Auflage 1987.

ders., Methodenlehre der Rechtswissenschaft, 6. Auflage 1991 (Methodenlehre).

Larrieu, Jacques, Introduction générale, in: Centre de droit des affaires de l'université de sciences sociales de Toulouse I (Hrsg.), Les réformes du droit de l'entreprise – Commentaires des lois du 11 février 1994 relative à l'initiative et à l'entreprise individuelle, du 10 juin 1994 relative à la prévention et au traitement des difficultés des entreprises: actes des colloques, 1995, S. 109–116 (Réformes du droit de l'entreprise).

Larroumet, Christian/Bros, Sarah, Traité de droit civil – Tome 3: Les obligations – Le contrat, 10. Auflage 2021.

ders./Mallet-Bricout, Blandine, Traité de droit civil – Tome 2: Les biens, droit réels principaux, 6. Auflage 2019.

Lasserre Capdeville, Jérôme, Le droit de rompre un crédit octroyé à une entreprise, in: Gourio, Alain/Daigre, Jean-Jacques (Hrsg.), Droit bancaire et financier – Mélanges AEDBF-France VI, 2013, S. 313–334 (Mélanges AEDBF VI).

ders., La continuation des contrats en cours: le cas des opérations de crédit, RD bancaire et financier novembre 2021, S. 82–87.

ders., Une évolution du droit des entreprises en difficulté importante pour les banquiers: le renforcement du privilège bénéficiant aux apporteurs „d'argent frais", BJE janvier-février 2022, S. 35–38.

ders., Article L. 650-1 du Code de commerce: retour sur quelques incertitudes persistantes, BJE novembre-décembre 2022, S. 42–48.

ders./Storck, Michel/Mignot, Marc/Kovar, Jean-Philippe/Éréséo, Nicolas, Droit bancaire, 3. Auflage 2021.

Latina, Mathias, L'instant du transfert de propriété dans le prêt d'argent consensuel, AJ contrat 2017, S. 209–211.

Laudenklos, Frank/Sester, Peter, Darlehenskomponenten in der Akquisitionsfinanzierung: Risiken bei Insolvenz des Darlehensgebers, ZIP 2005, S. 1757–1765.

Laurent, Nicolas/Assant, Olivier, Bilan de l'efficacité du privilège de new money instauré par la loi de sauvegarde du 26 juillet 2005, JCP G 2008, I-157.

Le Cannu, Paul/Robine, David, Droit des entreprises en difficulté, 8. Auflage 2020 (Entreprises en difficulté[8]).

dies., Droit des entreprises en difficulté, 9. Auflage 2022.

Le Corre, Pierre-Michel, Le privilège de conciliation, GP 2005, S. 2966–2971.

ders., Premiers regards sur la loi de sauvegarde des entreprises, D. 2005, S. 2297–2327.

ders., Continuation des contrats en cours, date de naissance des créances et mandat, D. 2009, S. 2172–2177.

ders., La taxe foncière, une créance postérieure méritante?, GP 2010, S. 2770–2776.

ders., Un exemple d'exclusivité: le droit de rétention fictif du gagiste sans dépossession, LPA 11.02.2011, S. 68–71.

ders., Éclairage – L'objectivisation des conditions d'ouverture de la sauvegarde, BJE mai 2012, S. 142.

ders., La règle du paiement à l'échéance des créanciers postérieurs méritants et l'obligation de payer le super privilège des salaires sur les premières rentrées de fonds, RPC janvier-février 2012, S. 72–74.

ders., De quelques difficultés intéressant le privilège de conciliation, RPC janvier-février 2014, S. 102–105.

ders., Le privilège de conciliation: questions-réponses, GP 2014, S. 614–617.

ders., Le nouveau privilège de sauvegarde ou de redressement, GP 2020, S. 2406–2409.

ders., Droit et pratique des procédures collectives, 12. Auflage 2022.

Le Gueut, Thomas, Le paiement de l'obligation monétaire en droit privé interne, 2016.

Legeais, Dominique, Responsabilité du banquier fournisseur du crédit, JCl. Droit bancaire et financier, Fasc. 500, Stand: 10.03.2022.

ders., La caution dirigeante, in: Les droits et le Droit – Mélanges dédiés à Bernard Bouloc, 2007, S. 599–611 (Mélanges Bouloc),

ders., Opérations de crédit, 2. Auflage 2018.

Legrand, Pierre, The Impossibility of „Legal Transplants", Maastricht Journal of European and Comparative Law 4 (1997), S. 111–124.
ders., What „Legal Transplants"?, in: Nelken, David/Feest, Johannes (Hrsg.), Adapting legal cultures, 2001, S. 55–70.
Leguevaques, Christophe, L'égalité des créanciers dans les procédures collectives: flux et reflux, GP 2002, S. 162–169.
Lehmann, Matthias/Schmidt, Jessica/Schulze, Reiner, Das Projekt eines europäischen Wirtschaftsgesetzbuches, ZRP 2017, S. 225–229.
Leisner, Walter, Effizienz als Rechtsprinzip, 1971.
Lepa, Brita, Insolvenzordnung und Verfassungsrecht – Eine Untersuchung der Verfassungsmäßigkeit der InsO und der Einwirkung verfassungsrechtlicher Wertungen auf die Anwendung dieses Gesetzes, 2002.
Libchaber, Rémy, Recherches sur la monnaie en droit privé, 1992.
Lieder, Jan, Die rechtsgeschäftliche Sukzession, 2013.
Lienhard, Alain, Le nouveau privilège de procédure: entre restauration entre éclatement, in: Abry, Bernard (Hrsg.), Études offertes au doyen Philippe Simler, 2006, S. 475–502 (Études Simler).
ders., Liquidation judiciaire (cession des contrats): reprise d'un prêt par le cessionaire – Anmerkung zu Cass. com. 09.02.2016, n° 14-23.219, D. 2016, S. 423.
ders., Procédures collectives – Prévention et conciliation, sauvegarde, sauvegarde accélérée, redressement judiciaire, liquidation judiciaire, rétablissement professionnel, sanctions, procédure, 9. Auflage 2020.
Limmer, Peter, Unternehmensrestrukturierungen vor und in der Insolvenz unter Einsatz des Umwandlungsrechts, in: Arbeitskreis für Insolvenz- und Schiedsgerichtswesen (Hrsg.), Kölner Schrift zur Insolvenzordnung – Das neue Insolvenzrecht in der Praxis, 2. Auflage 2000, S. 1219–1252 (Kölner Schrift²).
Lind, Thorsten Patric, Der Darlehensvertrag in der Insolvenz des Darlehensgebers, ZInsO 2004, S. 580–585.
Listokin, Yair, Is Secured Debt Used to Redistribute Value from Tort Claimants in Bankruptcy? An Empirical Analysis, Duke Law Journal 57 (2008), S. 1037–1080.
Locré, Jean-Guillaume, Esprit du Code de commerce, ou Commentaire de chacun des articles du Code – Tome 3, 2. Auflage 1829 (Esprit).
ders., La législation civile, commerciale et criminelle de la France ou commentaire et complément des code français – Tome Dix-Neuvième, 1830 (Législation, Bd. XIX).
Lobinger, Thomas, Rechtsgeschäftliche Verpflichtung und autonome Bindung – Zu den Entstehungsgründen vermögensaufstockender Leistungspflichten im Bürgerlichen Recht, 1999.
ders., Die Grenzen rechtsgeschäftlicher Leistungspflichten – Zugleich ein Beitrag zur Korrekturbedürftigkeit der §§ 275, 311a, 313 BGB n.F., 2004.
LoPucki, Lynn M., The Unsecured Creditor's Bargain, Virginia Law Review 80 (1994), S. 1887–1967.
Lucas, François-Xavier, Manuel de droit de la faillite – Prévention, restructuration, liquidation, 4. Auflage 2022.
ders., Caducité de l'accord de conciliation en cas d'une ouverture d'une procédure collective – Anmerkung zu Cass. com. 25.09.2019, n° 18-15.655, LEDEN novembre 2019, S. 1.
ders., L'égalité des créanciers face à la procédure collective de leur débiteur: rapport de synthèse, BJE novembre-décembre 2019, S. 78–81.
ders., Anmerkung zu Cass. com. 25.09.2019, n° 18-15.655, D. 2020, S. 1857–1859.

ders., Les plans de sauvegarde et de redressement adoptés par les classes de parties affectées, BJE janvier-février 2022, S. 45–58.

ders., Application forcée interclasse et mortification des créanciers – Anmerkung zu T. com. Pontoise, 10.02.2023, n° 2022L01806, LEDEN juin 2023, S. 1.

ders./Pérochon, Françoise, Argent frais: paiement hors plan ou selon le plan? – Controverse entre François-Xavier Lucas et Françoise Pérochon, BJE septembre-octobre 2012, S. 341–345.

Luther, Walter, Darlehen im Konkurs, 1989.

Lwowski, Hans-Jürgen/Bitter, Georg, Grenzen der Pfändbarkeit von Girokonten, WM-Festgabe für Thorwald Hellner 1994, S. 57–72.

ders./Weber, Ahrend, Pfändung von Ansprüchen auf Kreditgewährung, ZIP 1980, S. 609–613.

Lyon-Caen, Antoine, Les orientations générales de la réforme, in: Annales de l'université des sciences sociales de Toulouse – Band 36, 1986, S. 12–24.

Lyon-Caen, Charles/Renault, Louis, Traité de droit commercial, Tome Huitième: Des Faillites, Banqueroutes et Liquidations judiciaires, II, 4. Auflage 1916 (Traité de droit commercial, Bd. VIII).

Macorig-Venier, Francine, Le soutien abusif, RLDA 2008, S. 119–125.

dies., L'exclusivité, LPA 11.02.2011, S. 59–67.

dies., Fin de l'accord de conciliation pour cause d'une ouverture d'une procédure judiciaire – Anmerkung zu Cass. com. 25.09.2019, n° 18-15.655, RTDCom. 2020, S. 456–459.

Madaus, Stephan, Der Insolvenzplan, 2010.

ders., Einstieg in die ESUG-Evaluation – Für einen konstruktiven Umgang mit den europäischen Ideen für einen präventiven Restrukturierungsrahmen, NZI 2017, S. 329–334.

ders., Die (begrenzte) Insolvenzfestigkeit des Restrukturierungsplans, der Planleistungen sowie unterstützender Rechtshandlungen während der Restrukturierungssache, NZI-Beil. 2021, S. 35–37.

ders./Knauth, Philipp, Die Wirkungsweise des Schutzes von Sanierungsfinanzierungen durch eine Restrukturierungsrichtlinie am Beispiel des unechten Massekredits, ZIP 2018, S. 149–159.

Magras Vergez, Célia, La constance des stigmates de la faillite – De l'Antiquité à nos jours, 2019.

Mailly, Myriam, Une première validation judiciaire du mécanisme de l'application forcée interclasse (*cross class cram down*), BJE septembre-octobre 2022, S. 64–67.

Malaurie, Philippe/Aynès, Laurent/Julienne, Maxime, Droit des biens, 9. Auflage 2021.

ders./Aynès, Laurent/Gautier, Pierre-Yves, Droit des contrats spéciaux, 12. Auflage 2022.

ders./Aynès, Laurent/Stoffel-Munck, Philippe, Droit des obligations, 12. Auflage 2022.

von Mangoldt, Hermann/Klein, Friedrich/Starck, Christian (Begr.), Grundgesetz – Band 1: Präambel, Art. 1–19, 7. Auflage 2018 (zitiert als: von Mangoldt/Klein/Starck/*Bearbeiter*).

Marotzke, Wolfgang, Der Einfluß des Insolvenzverfahrens auf Auftrags- und Geschäftsbesorgungsverhältnisse – Kritische Gedanken zu § 23 KO (§§ 115 ff. InsO), in: Gerhardt, Walter (Hrsg.), Festschrift für Wolfram Henckel zum 70. Geburtstag am 21. April 1995, 1995, S. 579–591 (FS Henckel).

ders., Gegenseitige Verträge im neuen Insolvenzrecht, 3. Auflage 2001.

ders., Darlehen und Insolvenz, ZInsO 2004, S. 1273–1283.

ders., Das deutsche Insolvenzverfahren: Ein Hort institutionalisierter Unverantwortlichkeiten?, KTS 2014, S. 113–154.

ders., Die restrukturierungsrechtliche Plangestaltbarkeit von Darlehens-, Miet-, Pacht- und Lizenzverträgen, ZInsO 2021, S. 1099–1116.

Marquardt, Nick, Finger weg vom Insolvenzgeld! Wider die Verlängerung des Insolvenzgeldzeitraums!, NZI 2020, S. 455–457.

Martin, Didier, Le redressement judiciaire et la relation de compte-courant, RJCom. 1985, S. 281–287.

Martin, Lucien, Sûretés traquées: crédit détraqué, Banque 1975, S. 1.133–1.139.

Martin-Serf, Arlette, Entreprise en difficulté: nullités de la période suspecte, Répertoire de droit commercial, Stand: Mai 2022 (Rép. Dr. Com, Nullités).

dies., Les contrats en cours avant option de l'administrateur, RJCom. novembre 1992, S. 8–19.

dies., Anmerkung zu Cass. com. 28.06.1994, URSSAF de Paris c/SA Boucherie Carteau et autres und Cass. com. 12.07.1994, Percepteur de Hoerdt c/M. Stoll et autre, RTDCom. 1995, S. 486.

dies., Créances fiscales. Les créances fiscales ne naissent pas pour les besoins de la procédure – Anmerkung zu CA Limoges, chambre civile, 04.02.2010, n° 08/01717, Direction générale des finances publiques d'Epinal c/Sté ALCEE, RTDCom. 2010, S. 611.

May, Jean-Claude, La triple finalité de la loi sur le redressement et la liquidation judiciaire, LPA 25 novembre 1987, S. 18–24.

Mazeaud, Jean/Chabas, François, Leçons de droit civil, Tome 2, Volume 1 – Obligations: Théorie générale, 9. Auflage 1998 (Leçons de droit civil, Bd. II/1).

McCormack, Gerard, Secured credit under English and American law, 2004.

ders./Keay, Andrew/Brown, Sarah, European Insolvency Law – Reform and harmonization, 2017.

Medicus, Dieter/Petersen, Jens, Bürgerliches Recht – Eine nach Anspruchsgrundlagen geordnete Darstellung zur Examensvorbereitung, 28. Auflage 2021.

Medla, Natalia Alexandra, Präventive Unternehmenssanierung im deutschen und französischen Recht – Rechtsvergleichende Analyse unter Berücksichtigung der Reform des Code de commerce vom 26. Juli 2005, 2007.

Meller-Hanich, Caroline, Verfügbarkeit von Forderungen und Gläubigerzugriff – Untersuchungen im Rahmen des Zusammenhangs zwischen Prozessrecht und materiellem Recht, KTS 2000, S. 37–69.

Menjucq, Michel, Loi en faveur de l'activité professionnelle indépendante: la deuxième mort d'Aubry et Rau, RPC janvier-février 2022, S. 1–2.

ders./Saintourens, Bernard/Soinne, Bernard (Hrsg.), Traité des procédures collectives, 3. Auflage 2021 (zitiert als: Menjucq/Saintourens/Soinne/*Bearbeiter,* Traité des procédures collectives).

Merkt, Hanno, Unternehmenspublizität – Die Offenlegung von Unternehmensdaten als Korrelat der Marktteilnahme, 2001.

Merle, Saskia Naomi, Insolvenzzwecke in Deutschland und Frankreich – Möglichkeiten und Grenzen der Förderung der Sanierung durch das Unternehmensinsolvenzrecht, 2019.

Mertens, Hans-Joachim, Zur Bankenhaftung wegen Gläubigerbenachteiligung, ZHR 143 (1979), S. 174–194.

Meyer, Justus, Haftungsbeschränkung im Recht der Handelsgesellschaften, 2000.

Meyer-Cording, Ulrich, Anmerkung zu BGH, Urteil vom 09.07.1953 – IV ZR 242/52, JZ 1953, S. 665–667.

ders., Konkursverzögerung durch erfolglose Sanierungsversuche, NJW 1981, S. 1242–1245.

Michaels, Ralf, The Functional Method of Comparative Law, in: Reimann, Mathias/Zimmermann, Reinhard (Hrsg.), The Oxford handbook of comparative law, 2. Auflage 2019, S. 345–389.

Modigliani, Franco/Miller, Merton H., The Cost of Capital, Corporation Finance and the Theory of Investment, The American Economic Review 48 (1958), S. 261–297.

Mohrbutter, Jürgen (Hrsg.), Vergleichsordnung – Band 1: §§ 1– 81, 4. Auflage 1979 (zitiert als: Mohrbutter/*Bearbeiter*).

Mokal, Rizwaan Jameel, Priority as Pathology: The pari passu myth, Cambridge Law Journal 60 (2001), S. 581–621.

Mönning, Rolf-Dieter, Der Schutzschirm: Strategische Insolvenz und Haftung, in: Bork, Reinhard (Hrsg.), Festschrift für Bruno M. Kübler zum 70. Geburtstag, 2015, S. 431–449 (FS Kübler).

Monsèrié, Marie-Hélène, Les contrats dans le redressement et la liquidation judiciaires des entreprises, 1994.

dies., Flux et reflux de l'impérialisme du droit des procédures collectives, BJE novembre 2020, S. 9–11.

dies./Saint-Alary-Houin, Corinne, Redressement et liquidation judiciaires – Nullités de droit et nullités facultatives – Notion, Actions voisines (action paulienne, abus de droit) – Exercice de l'action et conséquences, JCl. Proc. Coll. Fasc. 2502, Stand: 04.09.2020.

dies., Redressement et liquidation judiciaires – Nullités facultatives, JCl. Proc. Coll. Fasc. 2510, Stand: 10.03.2023.

Morgen, Christoph (Hrsg.), Präventive Restrukturierung – Kommentar und Handbuch zur Richtlinie über präventive Restrukturierungsmaßnahmen, 1. Auflage 2019 (zitiert als: Morgen/*Bearbeiter*, Präventive Restrukturierung).

ders. (Hrsg.), StaRUG – Kommentar zum Gesetz über den Stabilisierungs- und Restrukturierungsrahmen für Unternehmen, 2. Auflage 2022 (zitiert als: Morgen/*Bearbeiter*, StaRUG).

Moringiello, Juliet M., When Does Some Federal Interest Require a Different Result?: An Essay on the Use and Misuse of Butner v. United States, University of Illinois Law Review 2015, S. 657–674.

Mossler, Patrick, Rücktrittsrecht vor Fälligkeit bei solvenzbedingten Zweifeln an der Leistungsfähigkeit des Schuldners (§ 323 Abs. 4 BGB), ZIP 2002, S. 1831–1838.

Mouial-Bassilana, Eva, 1807–2007: De la faillite à la sauvegarde, Journal des Sociétés février 2007, S. 30–36.

Mouly, Christian, Procédures collectives: assainir le régime des sûretés, in: Aspects actuels du droit commercial français – Commerce, sociétés, banque et opérations commerciales, procédures de règlement du passif – Études dédiées à René Roblot, 1984, S. 529–564 (Études Roblot).

Moury, Jacques, La responsabilité du fournisseur de „concours" dans le marc de l'article L. 650-1 du code de commerce, D. 2006, S. 1743–1751.

Mugdan, Benno, Die gesammten Materialien zum Bürgerlichen Gesetzbuch für das Deutsche Reich – Band 1: Einführungsgesetz und Allgemeiner Theil, 1899 (Materialien I).

ders., Die gesammten Materialien zum Bürgerlichen Gesetzbuch für das Deutsche Reich – Band 2: Recht der Schuldverhältnisse, 1899 (Materialien II).

ders., Die gesammten Materialien zum Bürgerlichen Gesetzbuch für das Deutsche Reich – Band 3: Sachenrecht, 1899 (Materialien III).

Mülbert, Peter O., Das verzinsliche Darlehen – Konsensualvertrag statt Realkontrakt – oder: synallagmatisches Entgelt statt akzessorischer Zinsen, AcP 192 (1992), S. 447–515.

ders./Früh, Andreas/Seyfried, Thorsten (Hrsg.), Bankrecht und Kapitalmarktrecht, 6. Auflage 2022 (zitiert als: Mülbert/Früh/Seyfried/*Bearbeiter*).
ders./Grimm, Annemarie, Der Kontokorrentkredit als Gelddarlehensvertrag – rechtsdogmatische Vereinfachungen und praktische Konsequenzen, WM 2015, S. 2217–2226.
Müller, Hans-Friedrich, Der Verband in der Insolvenz, 2001.
von Münch, Ingo/Kunig, Philip (Begr.), Grundgesetz Kommentar – Band 1: Präambel, Art. 1–69 GG, 7. Auflage 2021 (zitiert als: von Münch/Kunig/*Bearbeiter*).
Musielak, Hans-Joachim/Voit, Wolfgang (Hrsg.), Zivilprozessordnung mit Gerichtsverfassungsgesetz – Kommentar, 20. Auflage 2023 (zitiert als: Musielak/Voit/*Bearbeiter*).
Nassall, Wendt, Unterliegen Dispositionskredite der Pfändung?, NJW 1986, S. 168–169.
Nemedeu, Robert, Le principe d'égalité des créanciers: vers une double mutation conceptuelle, RTDCom. 2008, S. 241–273.
Nerlich, Jörg/Römermann, Volker (Hrsg.), Insolvenzordnung, 46. Ergänzungslieferung 2023 (zitiert als: Nerlich/Römermann/*Bearbeiter*).
Nicolle, Marie, Essai sur le droit au crédit, 2014.
Nobbe, Gerd, Zahlungsverkehr und Insolvenz, KTS 2007, S. 397–421.
Nörr, Knut Wolfgang/Scheyhing, Robert/Pöggeler, Wolfgang, Sukzessionen – Forderungszession, Vertragsübernahme, Schuldübernahme, 2. Auflage 1999.
Norton, William L. III., Norton Bankruptcy Law and Practice 3d, 2022.
Nunner-Krautgasser, Bettina, Schuld, Vermögenshaftung und Insolvenz – Wechselwirkungen zwischen materiellem und formellem Recht und ihr Einfluss auf den Inhalt und die Durchsetzung von Rechten, 2007.
Obermüller, Manfred, Die Gewährung neuer Kredite in der Krise, ZIP 1980, S. 1059–1063.
ders., Kreditkündigung von Banken angesichts einer Insolvenz, ZInsO 2002, S. 97–103.
ders., Insolvenzrecht in der Bankpraxis, 9. Auflage 2016 (zitiert als: *Obermüller*, Insolvenzrecht[9]).
ders., Kündigungsmöglichkeiten und -schranken bei notleidenden Unternehmenskrediten in der Bankpraxis, ZInsO 2018, S. 1769–1782.
ders. (Hrsg.), Insolvenzrecht in der Bankpraxis, 10. Auflage 2023 (zitiert als: Obermüller/*Bearbeiter*, Insolvenzrecht).
Oertmann, Paul, Kommentar zum Bürgerlichen Gesetzbuch und seinen Nebengesetzen – Bürgerliches Gesetzbuch – Zweites Buch: Recht der Schuldverhältnisse, Zweite Abteilung: §§ 433–853, 5. Auflage 1929.
von Olshausen, Eberhard, Gläubigerrecht und Schuldnerschutz bei Forderungsübergang und Regress, 1988.
Olzen, Dirk, Die Zwangsvollstreckung in Dispositionskredite, ZZP 97 (1984), S. 1–32.
Omlor, Sebastian, Geldprivatrecht – Entmaterialisierung, Europäisierung, Entwertung, 2014.
Oppetit, Bruno, Les tendances régressives dans l'évolution du droit contemporain, in: Jestaz, Philippe/Pillebout, Jean-François (Hrsg.), Mélanges dédiés à Dominique Holleaux, 1990, S. 317–330 (Mélanges Holleaux).
ders., Droit et économie, Archives de philosophie du droit XXXVII (1992), S. 17–26.
Ott, Claus/Schäfer, Hans-Bernd, Die ökonomische Analyse des Rechts – Irrweg oder Chance wissenschaftlicher Rechtserkenntnis?, JZ 1988, S. 213–223.
Pagenstecher, Max/Grimm, Max, Der Konkurs, 4. Auflage 1968.
Paillusseau, Jean, Du droit des faillites au droit des entreprises en difficulté, in: Études offertes à Roger Houin – Problèmes d'actualité posés par les entreprises, 1985, S. 109–150 (Études Houin).

Pannen, Klaus/Riedemann, Susanne/Smid, Stefan (Hrsg.), Unternehmensstabilisierungs- und -restrukturierungsgesetz – (StaRUG), 2021 (zitiert als: Pannen/Riedemann/Smid/*Bearbeiter*).

Pape, Gerhard, Die Verfahrensabwicklung und Verwalterhaftung bei Masselosigkeit und Massearmut (Masseunzulänglichkeit) de lege lata und de lege ferenda, KTS 1995, S. 189–220.

ders., Ablehnung und Erfüllung schwebender Rechtsgeschäfte durch den Insolvenzverwalter, in: Arbeitskreis für Insolvenzwesen (Hrsg.), Kölner Schrift zur Insolvenzordnung, 3. Auflage 2009, S. 353–401 (Kölner Schrift).

Pareto, Vilfredo, Manuel d'économie politique, 1909.

Parzinger, Josef, Fortführungsfinanzierung in der Insolvenz, 2012.

ders., Der Vorrang für neues Geld nach der Restrukturierungsrichtlinie, ZIP 2019, S. 1748–1759.

Pasqualini, François/Marain, Gaëtan, Responsabilité du banquier dispensateur de crédit de l'entreprise, Répertoire de droit commercial, Stand: April 2023 (Rép. Dr. Com., Responsabilité du banquier).

Paulus, Christoph G., Ein Spannungsfeld in der Praxis: Sanierung und Insolvenzanfechtung, BB 2001, S. 425–430.

ders., Ein Kaleidoskop aus der Geschichte des Insolvenzrechts, JZ 2009, S. 1148–1155.

ders., § 1 InsO und sein Insolvenzmodell, NZI 2015, S. 1001–1006.

ders., Die „Aufgabe" des Insolvenzrechts, ZRI 2022, S. 45–51.

ders./Dammann, Reinhard, Präsidentielle Vorgaben und Symbiosen im Insolvenzrecht: Annäherungen zwischen Deutschland und Frankreich, ZIP 2018, S. 249–253.

dies. (Hrsg.), European preventive restructuring – Directive (EU) 2019/1023: article-by-article commentary, 1. Auflage 2021 (zitiert als: Paulus/Dammann/*Bearbeiter*, European Preventive Restructuring).

Payne, Jennifer/Sarra, Janis, Tripping the Light Fantastic: A comparative Analysis of the European Commission's Proposals for New and Interim Financing of Insolvent Businesses, IIR 2018, S. 178–222.

Peckert, Joachim, Pfändbarkeit des Überziehungs- und Dispositionskredits, ZIP 1986, S. 1232–1239.

Pellier, Jean-Denis, Privilèges généraux, Répertoire de droit civil, Stand: Juli 2022 (Rép. Dr. Civ., Privilèges généraux).

Percerou, Jean/Desserteaux, Marc, Des faillites & banqueroutes et des liquidations judiciaires – Tome premier, 2. Auflage 1935 (Des faillites & banqueroutes, Bd. I).

dies., Des faillites & banqueroutes et des liquidations judiciaires – Tome deuxième, 2. Auflage 1937 (Des faillites & banqueroutes, Bd. II).

Pérochon, Françoise, Les créanciers postérieurs et la réforme du 26 juillet 2005, GP 2005, S. 2972–2983.

dies., Entreprises en difficulté, 10. Auflage 2014 (Entreprises en difficulté[10]).

dies., Entreprises en difficulté, 11. Auflage 2022.

dies., La continuation des concours bancaires en faveur d'une entreprise en difficulté, in: Le Corre-Broly, Emmanuelle (Hrsg.), Contentieux bancaire des procédures collectives – L'établissement de crédit et l'entreprise en difficulté, 2014, S. 35–61 (Contentieux bancaire).

dies., Échec de l'accord de conciliation homologué et discutable caducité des sûretés, BJE novembre 2019, S. 1.

Pétel, Philippe, Entreprises en difficulté – Généralités, JCl. Proc. Coll. Fasc. 1705, Stand: 15.10.2021.

ders., Pour une relecture de l'article L. 621-32 du code de commerce (ancien article 40 de la loi du 25 janvier 1985), in: Aspects actuels du droit des affaires – Mélanges en l'honneur de Yves Guyon, 2003, S. 917–923 (Mélanges Guyon).

ders., Les créanciers postérieurs, RPC juin 2006, S. 142–147.

ders., Sauvegarde, redressement et liquidation judiciaires des entreprises – Anmerkung zu Cass. com. 01.04.2008, n° 07-11.911 – chronique, JCP G 2008, I-198.

ders., Sauvegarde, redressement et liquidation judiciaires des entreprises – Anmerkung zu Cass. com. 25.09.2019, n° 18-15.655, JCP E 2019, 1551.

Piédelièvre, Stéphane, Vers la disparition des contrats réels?, D. 2000, S. 482–484.

Piekenbrock, Andreas, Insolvenzprivilegien im deutschen, ausländischen und internationalen Recht, ZZP 122 (2009), S. 63–106.

Pizzio-Delaporte, Corinne, L'action paulienne dans les procédures collectives, RTDCom. 1995, S. 715–736.

Planck, Gottlieb (Begr.), Planck's Kommentar zum Bürgerlichen Gesetzbuch nebst Einführungsgesetz – II. Band, 2. Hälfte – Recht der Schuldverhältnisse (Besonderer Teil), 4. Auflage 1928 (zitiert als: Planck/*Bearbeiter*).

Podeur, Gilles, Accords de conciliation et plans de sauvegarde – Les restructurations de dettes au confluent du contractuel et du judiciaire, D. 2017, S. 1430–1438.

ders., Comment aménager la caducité des accords de conciliation résultant de l'ouverture d'une procédure collective?, D. 2022, S. 802–807.

Pollaud-Dulian, Frédéric, Le principe d'égalité dans les procédures collectives, JCP G 1998, I-138.

Poplawski, Robert, La notion de privilège en droit romain et en droit civil français – Étude historique et critique, 1913.

Posner, Richard A., Economic analysis of law, 9. Auflage 2014.

Poujade, Hélène, La réforme des plans de restructuration financière, RTDCom. 2021, S. 929–942.

Prütting, Hanns, Allgemeine Verfahrensgrundsätze der Insolvenzordnung, in: Arbeitskreis für Insolvenz- und Schiedsgerichtswesen (Hrsg.), Kölner Schrift zur Insolvenzordnung – Das neue Insolvenzrecht in der Praxis, 2. Auflage 2000, S. 221–247 (Kölner Schrift[2]).

ders./*Gehrlein, Markus* (Hrsg.), Zivilprozessordnung – Kommentar, 14. Auflage 2022 (zitiert als: Prütting/Gehrlein/*Bearbeiter*, ZPO).

Raiser, Ludwig, Funktionsteilung des Eigentums, in: Baur, Fritz (Hrsg.), Beiträge zur europäischen Rechtsgeschichte und zum geltenden Zivilrecht – Festgabe für Johannes Sontis, 1977, S. 167–179 (FS Sontis).

Rattunde, Rolf/*Smid, Stefan*/*Zeuner, Mark* (Hrsg.), Insolvenzordnung (InsO) – Band 1: §§ 1–147, 4. Auflage 2019 (zitiert als: Rattunde/Smid/Zeuner/*Bearbeiter*).

Ravenne, Sylvain, La résolution de l'accord de conciliation, RPC novembre–décembre 2009, S. 11–18.

Rawls, John, Eine Theorie der Gerechtigkeit, 21. Auflage 2019 (Gerechtigkeit).

Reichsjustizministerium (Hrsg.), Entwurf einer Vergleichsordnung nebst Einführungsgesetz und Begründung, 1933.

Regenfus, Thomas, Die Kündigung des Kredits wegen Verschlechterung der Vermögensverhältnisse – Voraussetzungen, Erkenntnisdefizite und Risiken für den Darlehensgeber, ZBB 2015, S. 383–395.

Reille, Florence, Sauvegarde, Redressement et liquidation judiciaires – Créanciers postérieurs, JCl. Proc. Coll. Fasc. 2388, Stand: 01.08.2022.

Rémery, Jean-Pierre, Les résolutions de plans dans le droit des entreprises en difficulté, JCP G 2009, 406.

ders., Sort des sûretés consenties en conciliation en cas de l'échec de l'accord – Anmerkung zu Cass. com. 25.09.2019, n° 18-15.655, DP difficultés des entreprises septembre-octobre 2019, bulletin n° 417/418.

Reygrobollet, Arnaud, Brefs propos sur la décision du Conseil Constitutionnel rejetant les recours contre la loi de sauvegarde, LPA 17.02.2006, S. 58–62.

Reymond de Gentile, Marie-Jeanne, Le principe d'égalité entre les créanciers chirographaires et la loi du 13 juillet 1967, 1973.

Riehm, Thomas, Rechtsgrund – Pflicht – Anspruch, in: Grigoleit, Hans Christoph/Petersen, Jens (Hrsg.), Privatrechtsdogmatik im 21. Jahrhundert – Festschrift für Claus-Wilhelm Canaris zum 80. Geburtstag, 2017, S. 345–369 (FS Canaris).

Ripert, Georges, Le droit de ne pas payer ses dettes, DH 1936, chron. 57–60.

ders./Roblot, René, Traité élémentaire de droit commercial – Effets de commerce. Opérations de banque et de bourse. Contrats commerciaux. Liquidation des biens. Suspension provisoire des poursuites, 9. Auflage 1981 (Traité élémentaire[9]).

dies., Traité de droit commercial, 12. Auflage 1990 (Traité de droit commercial[12]).

dies./Delebecque, Philippe/Binctin, Nicolas/Andreu, Lionel, Traité de droit des affaires – Tome 3: Opérations bancaires et Contrats commerciaux, 18. Auflage 2018 (*Ripert/Roblot/Germain/Delebecque/Binctin/Andreu*, Traité de droit des affaires[18], Bd. III).

Ripert, Georges/Roblot, René/Delebecque, Philippe/Binctin, Nicolas/Andreu, Lionel, Traité de droit des affaires – Tome 4: Effets de commerce et entreprises en difficulté, 18. Auflage 2018 (*Ripert/Roblot/Delebecque/Binctin/Andreu*, Traité de droit des affaires[18], Bd. IV).

Rives-Lange, Jean-Louis, Chronique de jurisprudence bancaire, Banque 1986, S. 711–715.

ders., La rupture immédiate d'un concours bancaire, in: Mattout, Jean-Pierre/de Vauplane, Hubert (Hrsg.), Droit bancaire et financier – Mélanges AEDBF-France, 1997, S. 275–283 (Mélanges AEDBF I).

Rizzi, Aldo, La protection des créanciers à travers l'évolution des procédures collectives, 2007.

Robine, David, L'article L. 650-1 du Code de commerce: un Janus à deux visages, in: Le droit des affaires à la confluence de la théorie et de la pratique – Mélanges en l'honneur du professeur Paul Le Cannu, 2014, S. 621–636 (Mélanges Le Cannu).

Rogers, James Steven, The Impairment of Secured Creditors' Rights in Reorganization: A Study of the Relationship Between the Fifth Amendment and the Bankruptcy Clause, Harvard Law Review 96 (1983), S. 973–1031.

Röpke, Wilhelm, Die Lehre von der Wirtschaft, 13. Auflage 1994.

Rotem, Yaad, Better Positioned Agents: Introducing a New Redeployment Model for Corporate Bankruptcy Law, University of Pennsylvania Journal of Business and Employment Law 10 (2008), S. 509–598.

Roth, Dominic, Insolvenzanfechtungsrechtliche Privilegierungen von Sanierungsbemühungen, 2015.

Roth, Jürg, Sanierungsdarlehen – Nachrang – Gleichrang – Vorrang, 2009.

Rouland, Michaël, La qualité de la créance, 2007.

Roussel Galle, Philippe, Contrats en cours et liquidation judiciaire – Compte courant, RPC septembre 2003, S. 240–241.

ders., Les créanciers au centre des conflits d'intérêts dans l'entreprise en procédure collective, GP 2008, S. 1741–1746.

ders., Les „nouveaux" régimes des contrats en cours et du bail, RPC janvier-février 2009, S. 55–63.

ders., Les privilèges de procédure, CDE juillet-août 2009, S. 41–45.

ders., Le fisc est-il toujours un créancier méritant? – Anmerkung zu CA Limoges, 04.02.2010, RG n° 08/01716, Revue des sociétés 2010, S. 197.

ders. (Hrsg.), Entreprises en difficulté 360°, 2012 (zitiert als: Roussel Galle/*Bearbeiter*, Entreprises en difficulté 360°).

ders./*Fort, Charlotte*, L'élaboration et l'arrêté du plan de continuation avec ou sans classes, RPC novembre-décembre 2021, S. 68–72.

Rümker, Dietrich, Gläubigerbenachteiligung durch Gewährung und Belassung von Krediten, ZHR 143 (1979), S. 195–207.

ders., Verhaltenspflichten der Kreditinstitute in der Krise des Kreditnehmers, KTS 1981, S. 493–512.

Saaied, Semia, L'échec du plan de sauvegarde de l'entreprise en difficulté, 2015.

Sabathier, Sophie – Contrats bancaires et droit des entreprises en difficulté, in: Macorig-Venier, Francine (Hrsg.), Le droit des entreprises en difficulté après 30 ans, 2017, S. 303–313.

Sacco, Rodolfo, Legal Formants: A Dynamic Approach to Comparative Law – Installment II of II, American Journal of Comparative Law 39 (1991), S. 343–401.

ders./*Rossi, Piercarlo*, Einführung in die Rechtsvergleichung, 3. Auflage 2017.

Sachs, Michael (Hrsg.), Grundgesetz – Kommentar, 9. Auflage 2021 (zitiert als: Sachs/*Bearbeiter*).

Säcker, Franz Jürgen/*Rixecker, Roland*/*Oetker, Hartmut*, *Limperg, Bettina* (Hrsg.), Münchener Kommentar zum Bürgerlichen Gesetzbuch Bd. 1: Allgemeiner Teil, §§ 1–240, AllgPersönlR, ProstG, AGG, 9. Auflage 2021 (zitiert als: MüKo-BGB/*Bearbeiter*).

dies. (Hrsg.), Münchener Kommentar zum Bürgerlichen Gesetzbuch Bd. 3: Schuldrecht – Allgemeiner Teil II, 9. Auflage 2022 (zitiert als: MüKo-BGB/*Bearbeiter*).

dies. (Hrsg.), Münchener Kommentar zum Bürgerlichen Gesetzbuch Band 4/2: Schuldrecht – Besonderer Teil I/2, §§ 481–534, Finanzierungsleasing, 9. Auflage 2023 (zitiert als: MüKo-BGB/*Bearbeiter*).

dies. (Hrsg.), Münchener Kommentar zum Bürgerlichen Gesetzbuch Bd. 7: Schuldrecht – Besonderer Teil IV, §§ 705–853, Partnerschaftsgesellschaftsgesetz, Produkthaftungsgesetz, 8. Auflage 2020 (zitiert als: MüKo-BGB/*Bearbeiter*).

Saint-Alary-Houin, Corinne, Les privilèges de la procédure, LPA 14.06.2007, S. 70–78.

dies., Droit des entreprises en difficulté, 12. Auflage 2020.

dies./*Monsèrié-Bon, Marie-Hélène*/*Houin-Bressand, Caroline,* Droit des entreprises en difficulté, 13. Auflage 2022.

Sämisch, Henning, Über die Gefahr von Zombieunternehmen für eine innovative Marktwirtschaft, ZRI 2022, S. 575–580.

Sautonie-Laguionie, Laura, Action paulienne, Répertoire de droit civil, Stand: April 2023 (Rép. Dr. Civ., Action paulienne).

dies., La fraude paulienne, 2008.

von Savigny, Friedrich Carl, System des heutigen Römischen Rechts – Erster Band, 1840.

ders., Das Obligationenrecht als Theil des heutigen Römischen Rechts – Erster Band, 1851.

Schäfer, Hans-Bernd/*Ott, Claus*, Lehrbuch der ökonomischen Analyse des Zivilrechts, 6. Auflage 2020.

Schluck-Amend, Alexandra, Non Performing Loans nach der EU-Richtlinie – Zur Richtlinie (EU) 2019/1023 des Europäischen Parlaments und des Rates v. 20.06.2019, NZI-Beilage 2019, S. 14–17.

Schlüter, Philipp, Rückabwicklung und Selbstbestimmung, 2021.

Schmidt, Andreas (Hrsg.), Sanierungsrecht – Außergerichtliche Sanierung, präventive Restrukturierung, Insolvenzordnung: Kommentar, 2. Auflage 2019 (zitiert als: A. Schmidt/ *Bearbeiter*, Sanierungsrecht).

ders. (Hrsg.), Hamburger Kommentar zum Insolvenzrecht, 9. Auflage 2022 (zitiert als: HaKo/*Bearbeiter*).

ders. (Hrsg.), Hamburger Kommentar zum Restrukturierungsrecht – StaRUG, Krisen-Compliance, IDW S6, Exit-Strategien, Arbeitsrecht, Steuerrecht, 3. Auflage 2022 (zitiert als: HaKo-Restrukturierungsrecht/*Bearbeiter*).

Schmidt, Holger, Der Richtlinienvorschlag für präventive Restrukturierungsrahmen aus Bankensicht, WM 2017, S. 1735–1744.

Schmidt, Karsten, Darlehn, Darlehnsversprechen und Darlehnskrediteröffnung im Konkurs, JZ 1976, S. 756–763.

ders., Konkursantragspflichten bei der GmbH und bürgerliches Deliktsrecht, JZ 1978, S. 661–666.

ders., Möglichkeiten der Sanierung von Unternehmen durch Maßnahmen im Unternehmens-, Arbeits-, Sozial- und Insolvenzrecht – Unternehmens- und insolvenzrechtlicher Teil: Gutachten für den 54. Deutschen Juristentag, 1982.

ders., Das Insolvenzrecht und seine Reform zwischen Prozeßrecht und Unternehmensrecht, KTS 1988, S. 1–18.

ders., Handelsrecht – Unternehmensrecht I, 6. Auflage 2014.

ders. (Hrsg.), Insolvenzordnung – InsO mit EuInsVO, 20. Auflage 2022 (zitiert als: K. Schmidt/*Bearbeiter*).

ders./Uhlenbruck, Wilhelm (Hrsg.), Die GmbH in Krise, Restrukturierung und Insolvenz, 6. Auflage 2023 (zitiert als: K. Schmidt/Uhlenbruck/*Bearbeiter*, Krise, Restrukturierung und Insolvenz).

Schmidt, Reinhard H., Ökonomische Analyse des Insolvenzrechts, 1980.

Schmidt-Rimpler, Walter, Grundfragen einer Erneuerung des Vertragsrechts, AcP 147 (1941), S. 130–197.

Schmoeckel, Mathias/Rückert, Joachim/Zimmermann, Reinhard (Hrsg.), Historisch-kritischer Kommentar zum BGB – Band II Schuldrecht: Allgemeiner Teil, 1. Teilband §§ 241–304, 2007 (zitiert als: HKK/*Bearbeiter*).

dies. (Hrsg.), Historisch-kritischer Kommentar zum BGB – Band III Schuldrecht: Besonderer Teil, §§ 433–853, 2013 (zitiert als: HKK/*Bearbeiter*).

Schoen, Gerd-Dieter, Der Krediteröffnungsvertrag als schuldrechtliche Rahmenverpflichtung, 1965.

Schoettl, Jean-Eric, La loi de sauvegarde des entreprises devant le Conseil constitutionnel, LPA 04.08.2005, S. 14.

Scholz, Franz (Begr.), Kommentar zum GmbH-Gesetz – III. Band – §§ 53–88, 12. Auflage 2021 (zitiert als: Scholz/*Bearbeiter*).

Schönke, Die Einwirkung der Konkurseröffnung auf Krediteröffnungs- und Kontokorrentverträge, JW 1934, S. 2745–2748.

Schoppmeyer, Heinrich, Sanierungsprivilegien im Insolvenzanfechtungsrecht nach dem StaRUG, ZIP 2021, S. 869–882.

Schwarcz, Steven L., The Easy Case for the Priority of Secured Claims in Bankruptcy, Duke Law Journal 47 (1997), S. 425–489.

Schwartz, Alan, Security Interests and Bankruptcy Priorities: A Review of Current Theories, Journal of Legal Studies 10 (1981), S. 1–37.

Schwörer, Frank, Lösungsklauseln für den Insolvenzfall, 2000.

Seibt, Christoph/Westpfahl, Lars (Hrsg.), StaRUG – Unternehmensstabiliserungs- und -restrukturierungsgesetz, 2023 (zitiert als Seibt/Westpfahl/*Bearbeiter*).
Serick, Rolf, Eigentumsvorbehalt und Sicherungsübertragung – Band III – Die einfache Sicherungsübertragung – Zweiter Teil, 1970 (Eigentumsvorbehalt, Bd. III).
ders., Mobiliarsicherheiten im Diskussionsentwurf zur Reform des Insolvenzrechts – Möglichkeiten der Enteignung von Vorbehaltslieferanten zum Nulltarif, ZIP 1989, S. 409–421.
Seuffert, Walter, Verfassungsrechtliche Fragen zu den Reformvorschlägen der Kommission für Insolvenzrecht Der Beitrag geht auf eine gutachterliche Stellungnahme für mehrere Warenkreditversicherer zurück, ZIP 1986, S. 1157–1165.
Shupack, Paul M., Solving the Puzzle of Secured Transactions, Rutgers Law Review 41 (1989), S. 1067–1130.
Simler, Philippe/Delebecque, Philippe, Les sûretés, la publicité foncière, 8. Auflage 2023.
Singer, Jan, Vorinsolvenzlicher Restrukturierungsrahmen für Deutschland unter dem Einfluss der EU-Restrukturierungsrichtlinie, 2021.
Skauradszun, Dominik, Grundfragen zum StaRUG – Ziele, Rechtsnatur, Rechtfertigung, Schutzinstrumente, KTS 2021, S. 1–74.
ders./*Fridgen, Alexander* (Hrsg.), Beck'scher Online-Kommentar StaRUG, 8. Edition 01.04.2023 (zitiert als: BeckOK-StaRUG/*Bearbeiter*).
Smid, Stefan, Handbuch Insolvenzrecht, 7. Auflage 2018.
Soergel, Hans Theodor (Begr.), Bürgerliches Gesetzbuch mit Einführungsgesetz und Nebengesetzen – Band 2: Allgemeiner Teil 2, §§ 104–240, 13. Auflage 1999 (zitiert als: Soergel/*Bearbeiter*).
ders. (Begr.), Bürgerliches Gesetzbuch mit Einführungsgesetz und Nebengesetzen – Band 5/2: Schuldrecht 3/2 §§ 320–327, 13. Auflage 2005 (zitiert als: Soergel/*Bearbeiter*).
Soinne, Bernard, La continuation du compte-courant après jugement d'ouverture, GP 1988, doctrine 128.
ders., Traité des procédures collectives – Commentaires des textes, formules, 2. Auflage 1995 (Traité des procedures collectives[2]).
Sortais, Jean-Pierre, La situation des créanciers titulaires de sûretés et de privilèges dans les procédures collectives, RTDCom. 1976, S. 269–284.
Sousi-Roubi, Blanche, La situation du banquier ayant consenti un découvert avant l'ouverture d'un redressement judiciaire, GP 1986, doctrine 515–516.
Spitzer, Martin, Das persönliche Recht auf Aussonderung (§ 44 Abs. 1, 2. Fall IO), 2017.
Spliedt, Jürgen D., Anfechtung einer Gläubigerbefriedigung trotz zweckgebundener Mittelverwendung?, NZI 2001, S. 524–527.
Stadler, Astrid, Gestaltungsfreiheit und Verkehrsschutz durch Abstraktion – Eine rechtsvergleichende Studie zur abstrakten und kausalen Gestaltung rechtsgeschäftlicher Zuwendungen anhand des deutschen, schweizerischen, österreichischen, französischen und US-amerikanischen Rechts, 1996.
Stahmer, Kerstin, Verzinsliches Darlehen in der Insolvenz, 2001.
Stamm, Jürgen, Die Entmystifizierung des Insolvenzverwalterwahlrechts aus zivilrechtlicher Sicht, KTS 2011, S. 421–451.
ders., Die Prinzipien und Grundstrukturen des Zwangsvollstreckungsrechts – Ein Beitrag zur Rechtsvereinheitlichung auf europäischer Ebene, 2012.
Stankiewicz-Murphy, Sophie, L'influence du droit américain de la faillite en droit français des entreprises en difficulté – Vers un rapprochement des droits?, 2011.
Starck, Boris/Roland, Henri/Boyer, Laurent, Droit civil – Les Obligations, 3. Régime général, 6. Auflage 1999 (Les Obligations, Bd. III).

Staub, Hermann (Begr.), Handelsgesetzbuch – Großkommentar – Dritter Band, 2. Halbband: §§ 343–382 HGB, 4. Auflage 2004 (zitiert als: Staub/*Bearbeiter*).
ders. (Begr.), Handelsgesetzbuch – Großkommentar – 10. Band, 2. Teilband – Bankvertragsrecht 2. Teil, 5. Auflage 2015 (zitiert als: Staub/*Bearbeiter*).
ders. (Begr.), Handelsgesetzbuch – Großkommentar – 10. Band, 1. Teilband – Bankvertragsrecht 1. Teil, 5. Auflage 2016 (zitiert als: Staub/*Bearbeiter*).
Stauder, Bernd, Der bankgeschäftliche Krediteröffnungsvertrag – nach deutschem Recht unter Berücksichtigung der in der Schweiz und in Frankreich vertretenen Theorien zu seiner rechtlichen Qualifikation, 1968.
von Staudinger, Julius (Begr.), Kommentar zum Bürgerlichen Gesetzbuch: Staudinger BGB – Buch 1: Allgemeiner Teil §§ 134–138; ProstG, Bearbeitung 2021 (Staudinger/*Bearbeiter*).
ders. (Begr.), Kommentar zum Bürgerlichen Gesetzbuch: Staudinger BGB – Buch 2: Recht der Schuldverhältnisse §§ 241–243 BGB, Bearbeitung 2019 (Staudinger/*Bearbeiter*).
ders. (Begr.), Kommentar zum Bürgerlichen Gesetzbuch: Staudinger BGB – Buch 2: Recht der Schuldverhältnisse §§ 315–326 BGB, Bearbeitung 2020 (Staudinger/*Bearbeiter*).
ders. (Begr.), Kommentar zum Bürgerlichen Gesetzbuch: Staudinger BGB – Buch 2: Recht der Schuldverhältnisse §§ 397–432 BGB, Bearbeitung 2022 (Staudinger/*Bearbeiter*).
ders. (Begr.), Kommentar zum Bürgerlichen Gesetzbuch: Staudinger BGB – Buch 2: Recht der Schuldverhältnisse §§ 488–490; 607–609 BGB, Bearbeitung 2015 (Staudinger/*Bearbeiter*).
ders. (Begr.), Kommentar zum Bürgerlichen Gesetzbuch – Buch 2: Recht der Schuldverhältnisse – § 823 A–D (Unerlaubte Handlungen 1 – Teilband 1), Bearbeitung 2017 (Staudinger/*Bearbeiter*).
ders. (Begr.), Kommentar zum Bürgerlichen Gesetzbuch: Staudinger BGB – Buch 2: Recht der Schuldverhältnisse: §§ 826–829, §§ 1–19 ProdHaftG, Bearbeitung 2021 (Staudinger/*Bearbeiter*).
ders. (Begr.), Kommentar zum Bürgerlichen Gesetzbuch: Staudinger BGB – Buch 3: Sachenrecht §§ 925–984; Anhang zu §§ 929–931, Bearbeitung 2020 (Staudinger/*Bearbeiter*).
Stefania, Thomas, L'étendue du cautionnement d'un prêt en cas de reprise de la dette bancaire par le cessionaire – Anmerkung zu Cass. com. 09.02.2016, n° 14-23.219, JCP E 2016, 1280.
Stein, Friedrich/Martin, Jonas (Begr.), Kommentar zur Zivilprozessordnung, Band 4, Teilband 2, §§ 704– 882a ZPO, 20. Auflage 1986 (zitiert als: Stein/Jonas[20]/*Bearbeiter*).
dies. (Begr.), Kommentar zur Zivilprozessordnung – Band 8: §§ 802a–915h, 23. Auflage 2017 (zitiert als: Stein/Jonas/*Bearbeiter*).
Stern, Klaus, Insolvenzrechtsreform und verfassungsrechtlicher Schutz der Mobiliarsicherungsgläubiger, in: Letzgus, Klaus (Hrsg.), Für Recht und Staat: Festschrift für Herbert Helmrich zum 60. Geburtstag 1994, 1994, S. 739–754 (FS Helmrich).
Stiglitz, Joseph E./Weiss, Andrew, Credit Rationing in Markes with Imperfect Information, The American Economic Review 71 (1981), S. 393–410.
Stohrer, Karin, Der Gläubigerschutz im präventiven Restrukturierungsrahmen, ZInsO 2018, S. 660–668.
Stolleis, Michael, Transfer normativer Ordnungen – Baumaterial für junge Nationalstaaten, Rg 20 (2012), S. 72–84.
Stoufflet, Jean/Mathey, Nicolas, Loi sur la sauvegarde des entreprises du 26 juillet 2005 – Commentaire des dispositions applicables aux concours financiers, RD bancaire et financier janvier-février 2006, S. 54–59.

Stöber, Kurt (Fortgef. v.), Zwangsversteigerungsgesetz – Kommentar zum ZVG der Bundesrepublik Deutschland mit einem Anhang einschlägiger Texte und Tabellen, 23. Auflage 2022 (zitiert als: Stöber/*Bearbeiter*).

Stürner, Rolf, Aktuelle Probleme des Konkursrechts – Zur Neubearbeitung des Jaegerschen Kommentars, ZZP 94 (1981), S. 263–310.

ders., Forderungspfändung/Darlehensauszahlungsanspruch/Kreditlinie/Kontenpfändung – Anmerkung zu LG Hannover, Beschluss vom 20.05.1985 – 11 T 65/85, EWiR 1985, S. 619–620.

ders./Eidenmüller, Horst/Schoppmeyer, Heinrich (Hrsg.), Münchener Kommentar zur Insolvenzordnung – Band 1: §§ 1–79, InsVV, 4. Auflage 2019 (zitiert als: MüKo-InsO/*Bearbeiter*).

dies. (Hrsg.), Münchener Kommentar zur Insolvenzordnung – Band 2: §§ 80–216, 4. Auflage 2019 (zitiert als: MüKo-InsO/*Bearbeiter*).

dies. (Hrsg.), Münchener Kommentar zur Insolvenzordnung – Band 3: §§ 217–359 InsO, 4. Auflage 2020 (zitiert als: MüKo-InsO/*Bearbeiter*).

dies. (Hrsg.), Münchener Kommentar zur Insolvenzordnung – Band 4: Art. 102a–102c EGInsO, Länderberichte, 4. Auflage 2021 (zitiert als: MüKo-InsO/*Bearbeiter*).

dies./Madaus, Stephan, Münchener Kommentar StaRUG, 2023 (zitiert als: MüKo-StaRUG/*Bearbeiter*).

Sühr, Hubert, Die Ansprüche und Forderungen eines Kontoinhabers gegen ein Kreditinstitut aus dem Girovertrag auf Gutschrift aller künftigen Eingänge und auf fortlaufende Auszahlung der Guthaben sowie auf Durchführung von Überweisungen an Dritte sind pfändbar, WM 1981, S. 1149–1150.

Swadling, William, Policy arguments for proprietary restitution, Legal Studies 28 (2008), S. 506–530.

Szramkiewicz, Romuald/Descamps, Olivier, Histoire du droit des affaires, 3. Auflage 2019.

Tabb, Charles J., The Bankruptcy Clause, the Fifth Amendment, and the Limited Rights of Secured Creditors in Bankruptcy, University of Illinois Law Review 2015, S. 765–810.

ders., What's Wrong with Chapter 11?, Syracuse Law Review 71 (2021), S. 557–596.

Taupitz, Jochen, Ökonomische Analyse und Haftungsrecht – Eine Zwischenbilanz, AcP 196 (1996), S. 114–167.

Teboul, Georges, Le casse-tête des créances utiles méritantes: une tentative d'éclaircissement, GP 2011, S. 2571–2574.

Terpitz, Werner, Zur Pfändbarkeit von Ansprüchen aus Bankkonten – zugleich Besprechung des Urteils des OLG Oldenburg vom 29.11.1978, WM 1979, S. 570–574.

Terré, François, Droit de la faillite ou faillite du droit?, RJCom. 1991, S. 1–29.

ders./Simler, Philippe, Droit civil – Les biens, 10. Auflage 2018.

dies./Lequette, Yves/Chénedé, François, Droit Civil – Les obligations, 13. Auflage 2022.

Teubner, Gunther, Rechtsirritationen: Der Transfer von Rechtsnormen in rechtssoziologischer Sicht, in: Brand, Jürgen A. (Hrsg.), Soziologie des Rechts – Festschrift für Erhard Blankenburg zum 60. Geburtstag, 1998, S. 233–244 (FS Blankenburg).

Théry, Philippe/Gijsbers, Charles, Droit des sûretés, 2. Auflage 2022.

Thole, Christoph, Gläubigerbenachteiligung und Gläubigerbegünstigung unter § 826 BGB – zur Dritthaftung von Kreditgebern wegen sittenwidrigen Verhaltens, WM 2010, S. 685–692.

ders., Gläubigerschutz durch Insolvenzrecht, 2010.

ders., Was kann das Insolvenzrecht leisten?, KTS 2019, S. 289–305.

ders., Der Entwurf des Unternehmensstabilisierungs- und -restrukturierungsgesetzes (StaRUG-RefE), ZIP 2020, S. 1985–2000.

Thullier, Béatrice, Procédure de conciliation et concordat amiable, JCl. Proc. Coll. Fasc. 2030, Stand: 10.03.2023.

Tilgner, Britta, Restrukturierung und Grundrechte, 2021.

von Tuhr, Andreas, Der Allgemeine Teil des Deutschen Bürgerlichen Rechts – Erster Band – Allgemeine Lehren und Personenrecht, 1910, unveränderter Nachdruck 1957 (Allgemeiner Teil I).

Tung, Frederick, Financing Failure: Bankruptcy Lending, Credit Market Conditions, and the Financial Crisis, Yale Journal on Regulation 37 (2020), S. 651–707.

Uhlenbruck, Wilhelm, Sanierung und Reorganisation als drittes Insolvenzverfahren in einem künftigen Recht?, KTS 1981, S. 513–575.

ders., Privilegierung statt Diskriminierung von Sanierungskrediten de lege lata und als Problem der Insolvenzrechtsreform, GmbHR 1982, S. 141–153.

ders. (Begr.), Insolvenzordnung, 15. Auflage 2019 (zitiert als: Uhlenbruck/*Bearbeiter*).

ders. (Begr.), Insolvenzordnung – Band 2: EuInsVO, SanInsKG, StaRUG, 16. Auflage 2023 (zitiert als: Uhlenbruck/*Bearbeiter*).

UNCITRAL (Hrsg.), Legislative Guide on Insolvency Law, 2005.

UNCITRAL (Hrsg.), Legislative Guide on Secured Transactions, 2010.

Vallansan, Jocelyne, La notion de contrat en cours, BJE janvier 2019, S. 43–45.

dies., Sauvegarde, Redressement et liquidation judiciaires – Continuation des contrats en cours – Généralités, JCl. Proc. Coll. Fasc. 2335, Stand: 10.03.2023.

Vallens, Jean-Luc, Les „effets pervers" de la loi de sauvegarde des entreprises, RTDCom. 2007, S. 604–610.

ders., Quelles sont les zones de convergence possibles en matière de restructuration dans l'Europe de demain?, BJE juillet-août 2022, S. 38–43.

Vasseur, Michel, Le principe d'égalité entre les créanciers chirographaires dans la faillite, 1949.

ders., Le crédit menacé – Brèves réflexions sur la nouvelle législation relative aux entreprises en difficulté, JCP G 1985, I-3201.

ders., Maintien des ouvertures de crédit bancaire en dépit du jugement de redressement judiciaire? – Réflexions sur la rôle du banquier, Banque 1986, S. 630–632.

Verdoes, Tim/Verweij, Anthon, The (Implicit) Dogmas of Business Rescue Culture, IIR 2018, S. 398–421.

Viala, Ysaline, Le principe de l'égalité entre les créanciers dans le redressement et la liquidation judiciaires des entreprises, 2001.

Vuia, Mihai, Die Verantwortlichkeit von Banken in der Krise von Unternehmen, 2005.

Wagner, Eberhard, Zur Pfändbarkeit nicht zweckgebundener Kontokorrentkreditforderungen, JZ 1985, S. 718–725.

Wagner, Gerhard, Privatrechtsdogmatik und ökonomische Analyse, in: Grigoleit, Hans Christoph/Petersen, Jens (Hrsg.), Privatrechtsdogmatik im 21. Jahrhundert – Festschrift für Claus-Wilhelm Canaris zum 80. Geburtstag, 2017, S. 281–318 (FS Canaris).

ders./Klein, Fabian, Insolvenzbedingte Lösungsklauseln: Ausübungskontrolle statt Invalidierung, in: Brinkmann, Moritz/Effer-Uhe, Daniel/Völzmann-Stickelbrock, Barbara/Wesser, Sabine/Weth, Stephan (Hrsg.), Dogmatik im Dienste von Gerechtigkeit, Rechtssicherheit und Rechtsentwicklung – Festschrift für Hanns Prütting zum 70. Geburtstag, 2018, S. 805–817 (FS Prütting).

Waldburg, Oliver, Überbrückungskredite und Sanierungskredite, ZInsO 2014, S. 1405–1423.

Watson, Alan, Legal transplants – An approach to comparative law, 2. Auflage 1993 (Legal transplants).

ders., Legal Transplants and European Private Law, 2006.
de Weijs, Rolef J., Secured credit and partial priority: Corporate finance as a creation or an externalisation practice?, EPLJ 7 (2018), S. 63–101.
Wellenhofer, Marina, Sachenrecht, 37. Auflage 2022.
Westen, Peter, The Empty Idea of Equality, Harvard Law Review 95 (1982), S. 537–596.
Westermann, Harry, Interessenkollisionen und ihre richterliche Wertung bei den Sicherungsrechten an Fahrnis und Forderungen – Vortrag gehalten vor der juristischen Studiengesellschaft in Karlsruhe am 23. April 1954, 1954.
Wester-Ouisse, Véronique, Le transfert de propriété solo consensu: principe ou exception?, RTDCiv. 2013, S. 299–313.
Westpfahl, Lars, Vorinsolvenzliches Sanierungsverfahren, ZGR 39 (2010), S. 385–436.
ders., Wesentliche Elemente eines vorinsolvenzlichen Sanierungsregimes für Deutschland, ZRI 2020, S. 157–183.
Wilburg, Walter, Gläubigerordnung und Wertverfolgung, JBl. 1949, S. 29–33.
Wilhelm, Jan, Sachenrecht, 7. Auflage 2021.
von Wilmowsky, Peter, Europäisches Kreditsicherungsrecht – Sachenrecht und Insolvenzrecht unter dem EG-Vertrag, 1996.
ders., Aufrechnung in der Insolvenz, NZG 1998, S. 481–489.
ders., Lösungsklauseln für den Insolvenzfall – Wirksamkeit, Anfechtbarkeit, Reform, ZIP 2007, S. 553–563.
ders., Darlehensnehmer in der Insolvenz – Teil 1, WM 2008, S. 1189–1196.
ders., Darlehensnehmer in der Insolvenz – Teil 2, WM 2008, S. 1237–1244.
ders., Insolvenzrecht: Seine Aufgaben und Prinzipien, in: 100 Jahre Rechtswissenschaft in Frankfurt – Erfahrungen, Herausforderungen, Erwartungen, 2014, S. 655–674 (100 Jahre Rechtswissenschaft in Frankfurt).
Wimmer, Klaus (Hrsg.), Frankfurter Kommentar zur Insolvenzordnung – Mit EuInsVO, InsVV und weiteren Nebengesetzen, 9. Auflage 2018 (zitiert als: FK/*Bearbeiter*).
Windel, Peter, Modelle der Unternehmensfortführung im Insolvenzeröffnungsverfahren, ZIP 2009, S. 101–110.
Wiórek, Piotr Marcin, Das Prinzip der Gläubigergleichbehandlung im europäischen Insolvenzrecht, 2005.
Witz, Claude, La fiducie en droit privé français, 1981.
Wolff, Martin/Raiser, Ludwig, Sachenrecht – ein Lehrbuch, 10. Auflage 1957.
Wörner-Schönecker, Maximilian, Rechtstransfers – Eine Analyse anhand von Typologien, 2022.
Würdinger, Markus, Insolvenzanfechtung im bargeldlosen Zahlungsverkehr, 2010.
Wüst, Günther, Vom ungebundenen Individualgläubiger zum rücksichtsvollen Mitgläubiger, in: Festschrift zum 60. Geburtstag von Walter Wilburg, 1965, S. 257–272 (FS Wilburg).
Zerbo, Zakeye, Le dualisme dans l'interprétation des privilèges, 1999.
Zeuner, Albrecht, Interessenausgleich, Beschlußverfahren zum Kündigungsschutz, Sozialplan und Insolvenzausfallgeld, in: Leipold, Dieter (Hrsg.), Insolvenzrecht im Umbruch – Analysen und Alternativen, 1991, S. 261–272.
Zickgraf, Peter, Das rechtsökonomische Argument in der Wertungsjurisprudenz, ZfPW 2021, S. 482–512.
Zitelmann, Ernst, Aufgaben und Bedeutung der Rechtsvergleichung, DJZ 1900, S. 329–332.
Zöller, Richard (Begr.), Zivilprozessordnung, 34. Auflage 2022 (zitiert als: Zöller/*Bearbeiter*).
Zuleger, Ralf, Kreditsicherheiten nach dem StaRUG, NZI-Beil. 2021, S. 43–45.
Zweigert, Konrad/Kötz, Hein, Einführung in die Rechtsvergleichung – auf dem Gebiete des Privatrechts, 3. Auflage 1996.

Sachregister

Abrufrecht 100–102, *siehe auch* Krediteröffnungsvertrag
Absonderungsrechte
– Abgrenzung zur Aussonderung 185 f., 189 f.
– Kostenbeiträge 187 f.
– Verwertungszeitpunkt 186 f.
accord de conciliation
– Besicherung 274–279
– *homologation* 66 f., 215 f.
– Rechtsnatur, Zustandekommen 66 f.
– Scheitern 155 f.
Action paulienne, siehe auch Insolvenzanfechtung
– Ausübungsberechtigung 297–299
– und *nullités de la période suspecte* 283 f., 294
– Voraussetzungen 294–297
– Rechtsfolge 297–303
adequate protection 352–355, 436 f.
– *equity cushion* 353 f.
– *indubitable equivalent* 353
– Verfassungsrecht 353 Fn. 53, 437 Fn. 201
administrative expenses 349–353
AGB-Banken 113–116, 118 f.
AGB-Sparkassen 113, 116, 119
ancien droit 27 f.
Arbeitnehmer
– Interessenlage 21 f., 25
– *super privilège* 253, 255
– Restrukturierungsrichtlinie 41
– StaRUG 46–49
Association Henri Capitant 405 f.
Auktionsmodelle 401 f.
Ausgleichshaftung 385–388, 418–420, *siehe auch* Gläubigergleichbehandlung

Aussonderungsrechte, *siehe auch* Absonderungsrechte
– Abgrenzung zur Absonderung 185 f., 189 f.
– Kreditsicherheiten *de lege ferenda* 341–345

Bankenaufsichtsrecht 2, 4, 207 f.,
Bargeschäfteprivileg 194–197, 420, *siehe auch* Insolvenzanfechtung
Belassenspflicht 167–169, *siehe auch* Erfüllungswahl
Butner-Prinzip 384, 413 Fn. 46, *siehe auch* Vorinsolvenzlichkeit

Caisse des dépôts et consignations (Einzahlungspflicht) 251–253
common-pool-Problem 382–384
communio incidens 381 f., *siehe auch* Gläubigergleichbehandlung
compte courant 145–148, 288 f. *siehe auch* Kontokorrent
Chapter-7-Verfahren 350
Chapter-11-Verfahren 348–356
contrat en cours, siehe auch Erfüllungswahl
– Begriff 122, 126–144
– *contrat de prêt* 126–144, *siehe auch* Darlehen
– *compte courant* 145–148, *siehe auch* Kontokorrent
– *intuitus personae* 123–126
– *ouverture de crédit* 143 f.
– Rechtsfolgen 122, 225–245
– *thèse matérialiste* und *volontariste* 131, 138 f, 226
contrat de prêt
– als *contrat en cours* 126–144

- als Realvertrag 136 f.
- Eigentumsübergang 132–135, 139 f., 141 f.
- *objet du contrat* 140–143
- zivilrechtliche Einordnung 126 f., 132–137

cram-down 42–50, 461, *siehe auch* Kriterium des Gläubigerinteresses

créances antéro-postérieures 232–236, 243

créanciers postérieurs méritants
- *créances légales* 247–251, *siehe auch* Deliktsforderungen, Steuerforderungen
- *critère téléologique* 223–225, 233, 249, 252, 486
- Entstehungszeitpunkt 131, 138 f., 226
- Entwicklungsgeschichte 222–224, 245 f.
- *fait générateur* 224, 248–250, 254
- *privilège* 222–255
- *paiement à l'échéance* 227 f., 232–234, 238–240, 251–253

creditors bargain 382–285, *siehe auch* Gläubigergleichbehandlung

Darlehen, *siehe auch contrat de prêt*
- Dauerschuldverhältnis (Eröffnungsverfahren) 173 f.
- Erfüllungswahl 167–175
- Pfändbarkeit 87–100
- Realvertrag 105 f.
- Vertrauensverhältnis 87
- vollständige Erfüllung 167–169
- Zweckbindung 89–100

Dauerschuldverhältnisse im Eröffnungsverfahren 173 f.

debtor-in-possession-financing 347–355

debtor misbehavior 432–436

Deckungsanfechtung 194–197, *siehe auch* Insolvenzanfechtung

Deliktsforderungen 179, 305, 478–480, *siehe auch créances légales*
- als *créances postérieures méritantes* 247–251
- als Masseforderungen 179, 476–490

Dinglichkeit 411–414, 466

discipline collective 218–221, 227 f., 234, 240, 243 f. 254 f., 304, 307, *siehe auch paiement à l'échéance*

Domino-Effekt 22 f., 26

Drittsicherheiten 189 f., 193, 263–265

droit de
- *préférence* 216, 256, 260, 262, 267, 270
- *rétention* 256, 267–271
- *suite* 256, 259–262

droit des
- *entreprises en difficulté* (historische Entwicklung) 56–76
- *faillites* 52–55

Effizienz
- allgemein 396 f.
- *efficient breach of contract* 401 f.
- in der InsO 396–402
- von Kreditsicherheiten 428–446

égalité matérielle 371–375, 408–410, 416–418, *siehe auch* Gerechtigkeit, Leistungsprinzip

Eigentumserwerb
- bei Geld 141–143
- beim *prêt* allgemein 139–143
- *révendication* 132–135
- *solo consensu* 132–134, 139–143
- Spezieskauf 133–135

equity cushion 353 f., *siehe auch adequate protection*

Erfüllungswahl (deutsches Recht), für Frankreich *siehe unter contrat en cours*
- Darlehen 167–175
- Kontokorrent 108–112
- Krediteröffnungsvertrag 100–102, 106–108.
- Rechtsfolgen 170–172
- Teilbarkeit 148, 170–172

Eröffnungsverfahren
- Dauerschuldverhältnisse 173 f.
- vorläufiger Insolvenzverwalter 165 f., 174 f.

ESUG 38 f.

fait générateur 224, 248–250, 254, *siehe auch créanciers postérieurs méritants*

Sachregister

fiducie-sûreté 256, 265 f., 271–274, 281–283, *siehe auch* exklusive Sicherheiten
fraude, siehe unter action paulienne
Freie Sanierung 443 f.,479 f.
Funktionale Rechtsvergleichung 7–9, 78

gage 267–271
gambling for resurrection 24 f., 192, 457
Gemeinwohlbelange
– im Kontext der Verfahrenszwecke 26–30, 52–80, 336 f.,
– und Gläubigergleichbehandlung 370–372, 375 f., 378 f., 388–390, 410
– Verfassungsrecht 361, 364, 366 f.
Generalhypothek 12, 216, 385, 411 f., *siehe auch privilège général*
Gerechtigkeit
– ausgleichende 386 f.
– formelle 388–390
– Leistungsprinzip 416–418
– materielle 371–375, 390, 393–395, 408–410, 416–418
– *suum cuique* 371–375, 389, 418
Gläubigerautonomie
– deutsches Recht *de lege lata* 36–39, 399–402
– Effizienzvorbehalt (*efficient breach of contract*) 36 f., 399–402
– *magistrature économique*, Richtermacht 458–463
Gläubigergleichbehandlung
– Erklärungsansätze in Deutschland 377–390
– Erklärungsansätze in Frankreich 370–376
– Kreditsicherheiten 383–385, 388, 408–425
– Masseunzulänglichkeit 482
– Privatautonomie 382–385, 414–416
– *privilège de conciliation* 408–411
– *privilège des créanciers postérieurs méritants* 481–491
– Verhältnis zum Prioritätsprinzip 390–395
– Verfassungsrecht 366–368, 378 f.

Gläubigerinteressen im deutschen und französischen Insolvenzrecht 31–79
Gläubigerversammlung 399–402, *siehe auch* Gläubigerautonomie

Haftungsrechtliche Neutralität 418–420
Henckel-Modell 436 f., *siehe auch partial priority*
holdout-Probleme 47–51, 332 f., 441–443
homologation
– und Insolvenzanfechtung 285
– und *privilège de conciliation* 215 f.

IDW S6, *siehe unter* Sanierungsutachten
Impérialisme des procédures collectives 160 f., 309 f., 330–332, 336 f., 395 f.
Indivisibilité 148, 155 f., 275, *siehe auch* Teilbarkeit
indubitable equivalent 160 f., 309 f., 330–332, 336 f., 395 f., *siehe auch adequate protection*
inopposabilité 284, 297–299, 326 f.
Insolvenzanfechtung
– *action paulienne* 294–304
– Bargeschäfteprivileg 194—197, 420
– Deckungsanfechtung 194–197
– Erfüllungsleistungen 196 f., 289–292, 300–302
– Kreditsicherheiten 195 f., 197–199, 288 f., 302 f.
– *nullités de la période suspecte* 284–293
– Planmaßnahmen 201 f.
– Sanierungsgutachten 197–199
– Vorsatzanfechtung 197–199
Insolvenzverschleppung 314 f., *siehe auch* Kreditgeberhaftung
Insolvenzzwecke in der historischen Entwicklung
– *droit des entreprises en difficulté* 59–76
– *droit des faillites* 52–58
– ESUG 38 f.
– Gläubigerinteressen 19–24, 31–79
– Insolvenzordnung 34–51
– Konkursordnung 31 f.
– Marktbereinigung 27
– Sanktion 27 f.

- Unternehmenserhalt im Allgemeininteresse 26, 31–79
- Vergleichsordnung 32–34
Interessenlage bei Sanierungsversuchen 19–30
Intuitus personae 104 Fn. 104, 123–126, 145

Kontinuitätsinteressen 21–23, 25
Kontokorrent 108–112, *siehe auch compte courant*
Krediteröffnungsvertrag 100–102, 106–112, *siehe auch ouverture de crédit*
Kaldor-Hicks-Kriterium 397 f., *siehe auch* Effizienz
Kreditgeberhaftung
- Insolvenzverschleppung 314 f.
- *principe d'irresponsabilité* 321–325
- *soutien abusif* 320 f.
- vorsätzlich sittenwidrige Schädigung 316–319
Kreditkosten 414 f., 426–432, 437–440, 452, 475–477
Kreditrahmen
- de lege lata 180–184, 209–211
- Reformerwägungen 463–471
Kreditrationierung, s.a. *underinvestment* 433–436
Kreditsicherheiten
- Anfechtbarkeit 195 f., 197–199, 288 f., 302 f.
- Aussonderung 185 f., 341–344
- Effizienz 428–445
- exklusive 265–274
- Funktionen 426–428
- Gläubigergleichbehandlung 383–385, 388, 408–425
- Kostenbeitrag 187 f.
- *Modigliani-Miller-Theorem* 429–432
- Publizität 445–453
- Privatautonomie 415 f.
- traditionelle 256–263
- Übersicherung 188, 203
- Verfassungsrecht 358–360
Kreditversorgungspflicht 3
Kriterium des Gläubigerinteresses
- deutsches Recht 49 f.
- französisches Recht 69–71

- Rangvorrechte 458–460
- Restrukturierungsrichtlinie 42–44
Kündigungsrechte, *siehe auch* Lösungsklauseln
- Deutschland 113–121
- Frankreich 149–157

legal transplants, siehe auch transfert culturel 9–12
loi de sauvegarde 63–76, *siehe auch droit des entreprises en difficulté*

magistrature économique 458–463, *siehe auch* Gläubigerautonomie
mandat ad hoc 65
Marktkonformität 35–38, 45–49, 479 f., 488–491
Masseforderungen, *siehe auch créanciers postérieurs méritants*
- Beschränkung 474–491
- Entstehung 165–175
- Rechtsfolge 175–179
- Supervorrecht 474–484
Massezugehörigkeit und Pfändbarkeit 86–102
Masseunzulänglichkeit
- Gläubigergleichbehandlung 482
- Vorrechte 475–485
ménace de sauvegarde 332 f.
Modigliani-Miller-Theorem 429–432

nonadjusting creditors 429–432, 476 f.
nullités de la période suspecte, siehe unter Insolvenzanfechtung

objet du contrat 139–143
obligation monétaire 139 f.
Opportunitätskosten 84, 427, 436
ouverture de crédit 143 f., *siehe auch* Krediteröffnungsvertrag
overinvestment 432–436, 464 f., 478–480

paiement à l'échéance, siehe auch discipline collective
- *créanciers postérieurs méritants* 227 f., 232–234, 238–240, 251–253

- Einzahlungspflicht 251–253, *siehe auch* Caisse des dépôts et consignations
- *privilège de conciliation* 218–220
- *super privilège des salariés* 253

Pareto-Kriterium 396 f., 399, *siehe auch* Effizienz

partial priority 352 f. Fn. 43, 436–440, insbes. 437 Fn. 201 f., *siehe auch* Henckel-Modell

Pfändbarkeit, *siehe auch* Massezugehörigkeit
- Kreditansprüche 87–89
- Krediteröffnungsvertrag 100–102
- Zweckgebundene Forderungen 89–100

Planmaßnahmen 201 f., *siehe auch* Insolvenzanfechtung

praesumtio similitudinis 9

pre-pack-Verfahren 5, 406 f., 494–497

principe d'irresponsabilité, siehe unter Kreditgeberhaftung

Prioritätsprinzip 390–395

priorité de paiement 217, 233

Privatautonomie
- Gläubigergleichbehandlung 382–385
- Kreditsicherheiten 97 f., 414–416
- Pfändbarkeit 97 f.
- Prioritätsprinzip 390–392

Privilège de conciliation
- im deutschen Recht 404–472
- Rechtsfolgen 216–221
- Voraussetzungen 212–215

privilège de sauvegarde/redressement 236–246

privilège des créanciers postérieures méritants, siehe unter créanciers postérieurs méritants

procédure de
- *conciliation* 64–67
- *liquidation judiciaire* 73–75
- *redressement judiciaire* 71–73
- *sauvegarde* 67–71

Privilège général
- Auslegung 12, 214
- Begriff 216 f.

promesse de prêt 137, 144, *siehe auch* Krediteröffnungsvertrag

proprieté-sûreté 265–267, 271–274

Publizität 445–453

puzzle of secured credit 428–445

race to the assets 382 f.

Rangvorrechte *de lege ferenda*
- Ausgleichspflicht 352–354, 361–363, 437 Fn. 201, *siehe auch adequate protection*
- Effizienz 428–445, 474–480
- Entscheidungsmacht 454–463
- Gläubigergleichbehandlung 408–425, 481–488
- in präventiven Restrukturierungsverfahren 404–463
- in Insolvenzverfahren 464–471, 473–491, 495–497
- Publizität 445–453
- Rechtsmittel 454 f.
- Restrukturierungsrichtlinie 404 f., 458–460
- Verfassungsrecht 357–368
- Wechselwirkungen 436–444, 475–480

Restrukturierungsrichtlinie
- Ausrichtung 40–45
- Kriterium des Gläubigerinteresses 42–44
- unangemessene Beeinträchtigung 458–460
- Umsetzung 45–51, 69–71

Révendication 132–135, *siehe auch* Eigentumserwerb

Richtermacht, *siehe unter magistrature économique,* Gläubigerautonomie

Richtigkeitsgewähr 448 Fn. 252, 463

roll-up 457, 460 f.

Sanierungsfinanzierung (Begriff) 14 f.

Sanierungskonzept/-gutachten 197–199, 318 f.,

Schadensersatz, *siehe auch* Kreditgeberhaftung

Scheitern von Sanierungsplänen 155–158

Schlechterstellungsverbot, *siehe unter* Kriterium des Gläubigerinteresses

Sittenwidrigkeit von Sicherheiten 202–208

Situation irrémédiablement compromise, siehe unter Kündigungsrechte
Soutien abusif, siehe unter Kreditgeberhaftung
StaRUG
– Arbeitnehmerforderungen 46–49
– Ausrichtung 45–51
– Kriterium des Gläubigerinteresses 49 f.
– Schutz für Finanzierer 199–202
Steuerforderungen, *siehe unter créances légales*
– *créanciers postérieurs méritants* 247–251
– Masseforderungen 476–480, 485–490
super privilège, siehe unter Arbeitnehmer
sûretés exclusives 265–274
suspension provisoire des poursuites 57 f.
suum cuique, siehe unter Gerechtigkeit

Teilbarkeit 148, 170–172, *siehe unter indivisibilité,* Erfüllungswahl
thèse matérialiste und *volontariste* 131, 138 f., 226, *siehe auch* Erfüllungswahl
tierce-opposition 454
Transaktionskosten 207, 427, 451 f.

transfert culturel 9–12, *siehe auch legal transplant*

Übersicherung
– Anfängliche 203
– Kostenbeitrag 188
Übertragende Sanierung 61, 71–73, 76, 259
UNCITRAL 405 f.
US-Recht, *siehe unter debtor-in-possession-financing*

Verfahrenszwecke, *siehe unter* Insolvenzzwecke
Verfassungsrecht 352 f. Fn. 53, 357–368, 437 Fn. 201
Vorinsolvenzlichkeit 413 f., 466 *siehe auch Butner*-Prinzip
Vorsatzanfechtung, *siehe unter* Insolvenzanfechtung
Vorsätzliche sittenwidrige Schädigung, *siehe unter* Kreditgeberhaftung
Vorverständnis 9–12

Wertverfolgung, *siehe unter* Gläubigergleichbehandlung

Zweckbindung, *siehe unter* Massezugehörigkeit